中国商标及不正当竞争案例精要

黄　晖◎编著

知识产权出版社
全国百佳图书出版单位
—北京—

图书在版编目（CIP）数据

中国商标及不正当竞争案例精要/黄晖编著. —北京：知识产权出版社，2021.2（2021.10 重印）
ISBN 978 - 7 - 5130 - 7176 - 5

Ⅰ. ①中… Ⅱ. ①黄… Ⅲ. ①商标法—案例—中国②反不正当竞争—经济法—案例—中国
Ⅳ. ①D923. 435②D922. 294. 5

中国版本图书馆 CIP 数据核字（2020）第 226453 号

内容提要

本书为响应司法界类案检索的需求，汇集了 1988 年以来最高人民法院发布的商标及不正当竞争的全部指导案例、年报案例、公报案例、典型案例、创新案例，共计四百多个，最高人民检察院发布的案例十多个，以及自选典型案例近二百个；按法律适用要点归入《商标法》和《反不正当竞争法》条文之下，并配有条文导读，当事人、审级、管辖、案号及法官组成等案件基本信息和案情概要；摘引裁判文书精彩段落，方便全局通览或定位检索，是商标及反不正当竞争领域审判、教研及实务之常备工具书。

责任编辑：龚　卫　　　　　　　　　　责任印制：刘译文

封面设计：博华创业·张冀

中国商标及不正当竞争案例精要
ZHONGGUO SHANGBIAO JI BUZHENGDANGJINGZHENG ANLI JINGYAO

黄　晖　编著

出版发行：知识产权出版社 有限责任公司	网　　址：http：//www. ipph. cn
电　　话：010 - 82004826	http：//www. laichushu. com
社　　址：北京市海淀区气象路 50 号院	邮　　编：100081
责编电话：010 - 82000860 转 8120	责编邮箱：laichushu@ cnipr. com
发行电话：010 - 82000860 转 8101	发行传真：010 - 82000893
印　　刷：三河市国英印务有限公司	经　　销：各大网上书店、新华书店及相关专业书店
开　　本：720mm ×1000mm　1/16	印　　张：59. 75
版　　次：2021 年 2 月第 1 版	印　　次：2021 年 10 月第 2 次印刷
字　　数：1320 千字	定　　价：280. 00 元

ISBN 978 - 7 - 5130 - 7176 - 5

▶ 编写说明

　　案例是法律在司法实践中的具体运用，法律是演绎的根本，案例是归纳的基础。由于我国秉持"以事实为依据、以法律为准绳"的原则，案例自然没有英美法系中判例的效力和地位，但这并不妨碍我们重视案例的作用，毕竟法律和案例密不可分。

　　这些年，随着司法改革的深入推进，法官在审理案件时面临更大的挑战，为了"总结审判经验，统一法律适用，提高审判质量，维护司法公正"，最高人民法院建立了案例指导制度。同时，为了"统一法律适用，提升司法公信力"，最高人民法院也在推动"类案检索、类案同判"的工作。最高人民检察院也有类似制度。

　　正因为如此，各类案例的筛选、编辑和出版一直都是大家着力推进的一项工作，各种案例汇编尤其是知识产权的案例汇编更是琳琅满目。最高人民法院每年也都通过指导案例、年报案例、公报案例、典型案例、创新案例等形式向社会公布各种值得关注和参考的案例。这些案例时间跨度三十多年，其中不乏大家耳熟能详具有首创之功的经典案例。这些案例经过广泛的传播仍然具有巨大的现实意义和说服价值，而实际生活中往往是"书到用时方恨少"。案例汇编如何做到应有尽有并持续更新已经成为一大痛点。

　　也许有人会说，现在已经是大数据和人工智能的时代，没有做不到，只有想不到，传统的案例书籍已经过时了。应该说，除了那些从来都没有被上传的判决书之外，当你确凿的知道查询的对象时，互联网上付费乃至免费的案例库基本都能满足你的查询需求。但是当你不知道有这样一个案例时，在浩如烟海的判决中，如果没有一个标注得当的智能数据库，要想快速找到一个或数个最贴近的案例则并非易事；即使千辛万苦找到一个合适的案例也可能并不知道它已刚刚被改判；找到值得钻研的判决之后，几十页的判决书从头读下来直到找出最为相关的段落还会花去不少宝贵的时间。

　　所以，编写一本既好查又好用的案例工具书也就成为我们的一个需求和心愿。我们努力通过"案例精要"的独特编排为你节约时间、聚焦要点。本书具有以下几个特点：

　　一是**案件齐全**，本书收集了商标及与商业仿冒、虚假宣传和商业诋毁有关的不正当竞争案例共计 655 个，其中 449 个是最高人民法院以多种形式公布的典型案例，13 个是最高人民检察院公布的典型案例，193 个是本书自选的有代表性的案例。案例纵跨三十多年，最早的判决是 1988 年 3 月 30 日的"龙泉剑案"，最新的判决是 2020 年 4 月 10 日的"ABB 案"。本书按性质对案例以字母 A、B、C、D、E、F、P、S、W、X、Y、Z 进行了标注，各字母含义请见"编辑体例"中的说明。案件性质和层级一目了然。

二是**编目详细**，本书将这些案例分解为 846 个法律点，按判决时间倒序编入最新的《商标法》和《反不正当竞争法》的各个法条之下，每个法律点我们都归纳了一句话的要点提示、简明扼要的案情概要和关联案件参引，通过检索目录即可快速定位到相关的案例。

三是**脉络清楚**，本书在每个法条下面还编写了"本条导读"，里面既有该条立法背景的介绍，也有各个法律问题的归纳和梳理，并将各个案例编入这些问题的后面，有不同方向的判决也特别加以说明，以便于开拓审理或代理思路。本书特意没有对案例进行直接的评论，而是将最后的判断留给读者。

四是**内容保真**，除个别年代久远或者调解结案的案例，本书摘录了最为相关的判决原文，并采用自"本院认为"起算的自然段落序数定位，使大家能够直接阅读最有价值的段落并便于引用。另外，本书还特别标明了合议庭的组成，因为他们才是判决书的真正作者。

五是**检索便利**，本书在最后还编制了各个历史版本的《商标法》和《反不正当竞争法》的对照表、关联案件的说明及全部案件的索引。这样既能定位各个时期的法律规定，又能通过根据系争商标命名的案件名称直接查找。

当然，预想未来的立法和解释当下的司法毕竟做不到无缝衔接，现实总能提出令人意想不到的鲜活问题。只要我们能有鉴往知来、推陈出新的心态，案例精要也就能集思广益、日臻完善。

黄　晖

2020 年 12 月 31 日于北京

▶ 编辑体例

一、本书的总体布局、法条顺序、本条导读、案件顺序和法条系属

本书分为商标法和与商业仿冒、虚假宣传及商业诋毁有关的反不正当竞争法（本书将"反不正当竞争法"简称为"反法"）两大部分。每个部分以案例所涉及的法条顺序排列，法条按下列规则简化，如第十条第一款第（一）项简化为 10.1（1），第五十七条第（一）项简化为 57（1），第六十条第一款第一个问题简化为 60.1［1］。

每个法条先引原文，注明条文要旨。为确保法条与颁布时完全一致，法条序号在这个部分用汉数表示。其他除"裁判摘录"以外的表述用阿数表示。为了便于读者快速查阅相关案例，我们编撰了"本条导读"，一方面梳理立法背景及变迁，另一方面按照主要争议点梳理本条项下各个案例，尤其是有重要变化或改判的案例。涉及不止一个争议点的案件可被多次提及。导读部分仅限于客观介绍，不代表编者对案件的看法和倾向。

每条项下的案例按时间顺序倒叙排列。案例的法条系属以判决（含裁定、决定或调解书等）原文为准，但现行法法条位置或内容有变化的，以现行法为准；系属不明的，则以现行法的规定和理解为准。为便于查阅旧法，"附表"中我们准备了各个时期的《商标法》《反不正当竞争法》的对照表。

二、案例题目由案件来源 + 案件简称 + 裁判时间 + 入选时间 + 要点提示组成

"案件来源"用字母"A、B、C、D、E、F、P、S、W"表示。其中，A 代表最高人民法院指导性案例（简称为"指导案例"）；B 代表最高人民法院知识产权案件年度报告案例（简称为"年报案例"），C 代表最高人民法院公报案例（简称为"公报案例"），D 代表最高人民法院发布的"中国法院十大知识产权案件"（简称为"十大案例"），E 代表最高人民法院发布的"中国法院十大创新性知识产权案件"（简称为"十大创新案例"），F 代表最高人民法院发布的"中国法院五十件典型知识产权案件"（简称为"五十典型案例"），P 表示最高人民检察院公布的"检察机关保护知识产权典型案例"（简称为"检察机关案例"）。以上前六项全部收录，第七项部分收录。S 表示编者自选案例，W 表示前八项中由万慧达代理的案例。字母"X、Y、Z"分别代表行政、民事和刑事案件。如果案例兼有前述多种属性，字母叠加使用。

"案件简称"表示为"某某案"，一般以涉案商标为名，个别没有文字商标或涉及多个商标的则以主要当事人或与其他案件密切相关的词语为名。涉案商标存在密切关联的，会命名为"某某Ⅰ案""某某Ⅱ案""某某Ⅲ案"等，编号越小，时间越早。为便于梳理比对，本书"附表"中编制了关联案件汇总。此外，本书在"附表"中还编制了以案件名称检索法条位置的全部案件索引。

"裁判时间" 是该案判决或其他有关文书作出的时间,案件按时间倒序排列,个别案件无法查证确切时间的用数码 "0" 表示,如 2012 年但月日不详的判决会用 "20120000" 表示。

"入选时间" 由字母 "A、B、C、D、E、F、P" 与数字组合而成,字母部分表示如前所述的案件来源,数字表示该案入选的年份和序号,如 2015 年五十典型案例第 12 个,就表示为 "F2015 – 12"。如果是 A 类案件,入选时间会具体到 "月日"。

"要点提示" 简要概括案件节录所体现的核心法律问题。如果最高人民法院在公布案例时提到了该案的要点,本书收录时一般会与最高人民法院公布的要点保持一致,但也可能会有适当调整或增删。

三、每个案例的主体信息包括 "基本信息" "案情概要" 和 "裁判摘录" 三部分

"基本信息" 由案件的当事人(以 "X v Y" 形式体现,"X" 为一审原告,"Y" 为一审被告,当事人为自然人的,姓名中会有一字以 "某" 字代替)、案件审级(一审、二审或再审)、法院名称、判决文号、合议庭成员组成。个别文书因年代久远等原因,无法查明文号或合议庭成员的,在正文相应部分注明 "[缺]"。

"案情概要" 采用关键词/句的形式简单概述,仅供读者了解案件的基本情况,而非全部情节。

"裁判摘录" 是相关文书(不限于判决书)的原文摘录。摘录仅限于与所选取的司法观点密切相关的文字,其余文字以 "……" 省略。

每段摘录前的【数字】表示自判决正文首个 "本院认为" 后的段落序号。个别没有 "本院认为" 的文书(如大喜大案等),则以法院实际开始表达判决意见的首个段落起算。部分刑事案例也节取了 "本院认为" 前的事实评析内容,段号因此为负数,意为起自 "本院认为" 的倒数段落序号。

个别情况下,因为历史和技术原因未能直接摘录原文的,会注明材料出处。个别案件(如千禧龙案)与最高人民法院的批复有关,相关批复将一并收录在案件之后。

案例所涉图样一般列在 "裁判摘录" 之后,个别也可能出现在正文之中,因资源有限而无法落实的图片,使用 "(缺图)" 注明,并将在今后的修订中逐步完善。

案件有程序衔接包括改判、和解或获奖信息的,一般会特别用脚注做出说明,如 "某某Ⅰ案" 的二审 "某某Ⅱ案" 上榜最高人民法院 2012 年度五十件典型案例。

如前所述,"基本信息" 如有缺失,或 "裁判摘录" 中的内容需要说明,相应内容后使用 "[ ]",但 "[ ]" 内的文字均非判决原文,仅系编者说明、补充或勘误。

"裁判摘录" 部分除根据出版规范的要求对涉案当事人的名字酌情隐去全名,对个别有明显错误的文字及标点加以改正外,其余则尊重原文,原样摘录。

▶ 目录

第一部分　商标法

第十四条 【驰名商标认定考量因素】 ···················· 77

本条导读 ··· 77

第二部分　反不正当竞争法

第三部分　附表

第一部分　商标法

第四条 【商标申请注册】

自然人、法人或者其他组织在生产经营活动中，对其商品或者服务需要取得商标专用权的，应当向商标局申请商标注册。不以使用为目的的恶意商标注册申请，应当予以驳回。

本法有关商品商标的规定，适用于服务商标。

本条导读

1982 年《商标法》第 4 条不涉及服务商标，主要列举了需要申请商标注册的生产、加工、拣选等各种具体场景，1993 年《商标法》增加了服务商标注册的内容，2013 年《商标法》又将两者统一精简到生产经营活动中。2019 年 4 月该条再次修改，并自同年 11 月 1 日生效，主要是允许商标主管机关主动驳回"不以使用为目的的恶意商标注册申请"，也是对之前严格解释"需要"才能申请注册商标相关做法的一种确认（海棠湾案、优衣库Ⅱ案）。北京市高级人民法院（以下简称"北京高院"）在 2019 年 4 月出台的《商标授权确权行政案件审理指南》7.1 也允许将修改前的第 4 条用以处理不以使用为目的的申请。

当然，在谁有权申请商标的问题上，民法仍然具有更为基础的法律地位。例如，对于具有财产信托关系的申请，最高人民法院（以下简称"最高院"）对商标申请进行了实际归属的判定（如 TMT 案）；至于因为商标申请权的争议，法院也认为属于民事争议（如土家人案）。

BDY，优衣库Ⅱ案[1]（20181228/B2018-20/D2018-03）：恶意取得并行使商标权不受法律保护

指南针公司等 v 优衣库公司等，再审，最高院（2018）最高法民再 396 号判决书，王闯、王艳芳、杜微科

案情概要

原告指南针公司和中唯公司注册有第 25 类服装上的第 10619071 号"UL"商标一起

---

[1] 该案二审是 2016 年度五十典型案例"优衣库Ⅰ案"。

诉被告优衣库公司及优衣库月星店使用与"UL"相同标识的行为侵犯其商标权——另在多地针对优衣库公司等提起了42起商标侵权诉讼——一审认为被告构成侵权，但原告并无实际使用涉案商标的意图，只是不正当利用商标作为索赔工具，没有损失，被告不需承担赔偿责任——二审维持一审——优衣库公司申请再审——2018年2月27日商标评审委员会（以下简称"商评委"）根据北京高院终审判决，认为原告涉案商标是"以其他不正当手段取得注册"，应予无效——再审撤销一、二审判决——驳回指南针公司和中唯公司全部诉讼请求——指南针公司、中唯公司主观恶意明显，其行为明显违反诚实信用原则，对其借用司法资源以商标权谋取不正当利益之行为，依法不予保护

裁判摘录

【2】商标法第四条规定："自然人、法人或者其他组织对其生产、制造、加工、拣选或者经销的商品，需要取得商标专用权的，应当向商标局申请商品商标注册。"根据本院查明的事实，北京市高级人民法院（2017）京行终5603号判决认定"中唯公司申请注册了1931件商标，指南针公司申请注册了706件商标，其中部分商标与他人知名商标在呼叫或者视觉上高度近似……指南针公司、中唯公司曾在华唯商标转让网上公开出售诉争商标，并向迅销公司提出诉争商标转让费800万元"，"指南针公司、中唯公司超出经营范围，非以使用为目的且无合理或正当理由大量申请注册并囤积包括诉争商标在内的注册商标，还通过商标转让、诉讼等手段实现牟利，其行为严重扰乱了商标注册秩序、损害了公共利益，并不当占用了社会公共资源，构成商标法第四十一条第一款规定的'以其他不正当手段取得注册'的情形"。2018年2月27日，商标评审委员会作出第309号裁定，对北京市高级人民法院的判决予以确认，并对涉案注册商标予以无效宣告。2018年8月6日，商标局发布第1610期商标公告，该期公告显示涉案注册商标在全部商品上宣告无效。【5】……指南针公司、中唯公司以不正当方式取得商标权后，目标明确指向优衣库公司等，意图将该商标高价转让，在未能成功转让该商标后，又分别以优衣库公司、迅销公司及其各自门店侵害该商标专用权为由，以基本相同的事实提起系列诉讼；在每个案件中均以优衣库公司或迅销公司及作为其门店的一家分公司作为共同被告起诉，利用优衣库公司或迅销公司门店众多的特点，形成全国范围内的批量诉讼，请求法院判令优衣库公司或迅销公司及其众多门店停止使用并索取赔偿，主观恶意明显，其行为明显违反诚实信用原则，对其借用司法资源以商标权谋取不正当利益之行为，本院依法不予保护；优衣库公司关于指南针公司、中唯公司恶意诉讼的抗辩成立，予以支持。二审法院虽然考虑了指南针公司、中唯公司之恶意，判令不支持其索赔请求，但对其是否诚实信用行使商标权，未进行全面考虑，适用法律有所不当，本院予以纠正。

BEX，海棠湾案[●]（20130812/B2013-22/E2013-8）：无真实使用意图即不具备注册商标的正当性

李某丰 v 商评委等，再审，最高院（2013）知行字第 41 号裁定书，夏君丽、殷少平、董晓敏

案情概要

李某丰的"海棠湾"商标被提起无效—商评委裁定无效—一审认为属正当使用，不应无效—二审推翻一审—再审认为无不良影响，非抢注他人在先使用并有一定影响的标志—属于不正当手段取得注册—应予无效

裁判摘录

【1】……审查判断诉争商标是否属于商标法第四十一条第一款规定的"以其他不正当手段取得注册"的情形，要考虑其是否属于欺骗手段以外的扰乱商标注册秩序、损害公共利益、不正当占用公共资源或者以其他方式谋取不正当利益的手段……民事主体申请注册商标，应该有使用的真实意图，以满足自己的商标使用需求为目的，其申请注册商标的行为应具有合理性或正当性。根据商标评审委员会及原审法院查明的事实，在李某丰申请注册争议商标之前，"海棠湾"标志经过海南省相关政府机构的宣传推广，已经成为公众知晓的三亚市旅游度假区的地名和政府规划的大型综合开发项目的名称，其含义和指向明确。李某丰自己在接受媒体采访时也承认是在看到报纸报道香港著名企业家将参与开发海棠湾的消息后，认为该标志会非常知名、作为商标会具有较高的价值，因而才将它申请注册为商标的；李某丰作为个人，不仅在第 43 类的住所（旅馆、供膳寄宿处）、旅游房屋出租、饭店、餐馆等服务上注册了本案的争议商标……李某丰利用政府部门宣传推广海棠湾休闲度假区及其开发项目所产生的巨大影响力，抢先申请注册多个"海棠湾"商标的行为，以及没有合理理由大量注册囤积其他商标的行为，并无真实使用意图，不具备注册商标应有的正当性，属于不正当占用公共资源、扰乱商标注册秩序的情形。

BY，土家人案（20101011/B2010-35）：商标申请权权属争议属于民事纠纷

酒业公司 v 湘西公司等，再审，最高院（2010）民监字第 407 号裁定书，于晓白、骆电、马秀荣

[●] 同时上榜年报案例的还有（2013）知行字第 42 号裁定书，内容基本相似，不再单独整理收录。

第四条

案情概要

　　原告酒业公司起诉被告湘西公司等，请求确认"土家人及图"商标注册申请权归其所有，并要求赔偿——一审认为涉案商标申请权归酒业公司——商标尚未核准，湘西公司私刻公章的转让行为不侵犯注册商标权，不支持赔偿——二审认为酒业公司不能证明自己有"土家人及图"商标标识所有权，因此主张该商标的申请权没有依据。谁是商标注册在先申请人，应由有关行政机关审查——再审认为本案符合民事纠纷受理条件，应当受理，即使认定商标注册申请转让无效，也不影响双方关于涉案申请注册的商标应归属于湘西公司的约定的效力，不支持酒业公司再审请求

裁判摘录

　　【1】……当事人在商标注册申请过程中因申请权权属发生的争议，属于民事纠纷，只要符合民事诉讼法第一百零八条规定的条件，人民法院即应予以受理。二审法院认为本案应由有关行政机关审查，法院不应进行审理的判决理由不当，应予纠正。根据湘西公司与酒业公司签订的"生产营销责任书"等证据，已获注册的第 3006185 号"土家人及图"商标应属于湘西公司所有，故本案即使认定商标注册申请转让无效，也不影响双方关于涉案申请注册的商标应归属于湘西公司的约定的效力。二审法院从实体上驳回酒业公司诉讼请求适当，且考虑酒业公司已过申请再审法定期限和原审法院不予受理其再审申请的实际情况，本院对酒业公司申请再审的请求不予支持。

CY，TMT 案（20000515/C2000-04）：事实上的商标权财产信托关系应受法律保护

TMT 公司 v 轻工业品公司，二审，最高院（1998）知终字第 8 号判决书，蒋志培、董天平、王永昌

案情概要

　　被告轻工业品公司与东明公司（案外人）合作，使用东明公司提供的 TMT 商标生产吊扇，并约定东明公司定牌包销其相关品牌的吊扇——被告在中国境内注册 TMT、TMC、SMT 商标——原告 TMT 公司接手原东明公司与被告经营的 TMT、TMC、SMT 牌吊扇等业务，承受 TMT 等三个商标——原告认为被告没有依约打击国内侵权行为造成其巨大经济损失，要求返还 TMT、TMC、SMT 商标——一审认定原、被告存在商标注册委托关系，TMT、TMC、SMT 三个商标专用权归 TMT 公司所有，TMT 公司补偿轻

工业品公司 50 万元—二审认定原、被告有事实上的商标信托关系—涉案商标归 TMT 公司，轻工业品公司协助进行变更手续—二审期间原告同意增加补偿额，补偿轻工业品公司 250 万元

裁判摘录

【1】……TMT 等文字加菱形图案的组合商标是本案各项争议商标的核心商标，与出口商品上使用的商标以及 TMT 公司对外宣传的商标相一致。该商标是由原东明公司股东、总经理，现 TMT 公司股东、法定代表人王某明在担任东明贸易公司法定代表人和东明公司总经理期间完成的设计。王某明是东明公司与轻工业品公司签订贸易合同的最早的和主要的经办人，根据证人证言和定牌加工的有关协议、合同等可以认定其代表东明公司提出由东明公司提供商标，轻工业品公司按照所提供的商标负责组织生产 TMT、TMC 等牌号吊扇的要求，轻工业品公司予以同意；王某明还首先提出了将 TMT 等商标在国内注册的意见。由于受轻工业品公司的误导，东明公司错误认为当时香港公司不能在内地注册商标，故与轻工业品公司商定，由轻工业品公司在国内办理商标注册。在东明公司歇业后，轻工业品公司又按照当时任 TMT 公司法定代表人王某明的要求，在国内办理了本案争议商标第 200833 号文字加图形组合商标的注册。按照双方定牌加工合同的约定，轻工业品公司负责组织生产 TMT 等品牌的吊扇并办理出口手续，东明公司负责提供铭牌、商标并进行产品的广告宣传，负责联系订单，包销全部商品到境外国家和地区。在履行合同过程中，TMT 公司接替东明公司负责提供技术，监督生产，包销商品，进行商品的全部广告宣传并代替东明公司承担了归回所欠轻工业品公司款项的责任。王某明设计并代表东明公司提供 TMT 等商标，目的是要求轻工业品公司定牌生产东明公司指定牌号的商品，且双方已经实际履行了定牌生产合同，故双方形成了事实上的商标权财产信托法律关系。第 200833 号商标则是直接由王某明以 TMT 公司法定代表人的身份要求轻工业品公司进行注册的。上诉人与被上诉人双方的这一法律关系不仅由商标设计、交付使用与要求注册的事实来证明，还可以由双方定牌贸易合同的约定及只有东明公司（后来是 TMT 公司）进行商品销售及商品与商标的广告宣传，逐步形成争议商标的知名度和资产增值的事实来证明。1987 年 10 月 23 日和 12 月 16 日轻工业品公司出具的两份证明文件的内容，在证明轻工业品公司与 TMT 公司存在委托进行商标注册并管理关系的同时，也印证了在东明公司歇业前与轻工业品公司之间存在着这一委托关系。这两份证据经鉴定证实是真实性的。此外，香港黎锦文律师行证实了 1987 年 10 月 23 日的证明文件在 1988 年使用过。因此对上述两份证据应当采信。本案争议商标是由轻工业品公司基于东明公司的委托和要求而在国内办理注册的。轻工业品公司是相关商标的名义上的权利人，TMT 公司是相关商标的实质上的权利人，在轻工业品公司请求查扣 TMT 公司出口产品的情况下，TMT 公司以委托人的身份请求将 TMT 商标归还该公司，有充分的事实依据。原审法院根据民法通则的有关规定判决将商标权返还 TMT 公司是正确的，但原审判决认定存在委托关系，

未考虑该商标是以被委托人名义注册并管理的这一事实，未认定存在信托关系，所作认定欠当。双方于 1994 年签订的协议对商标权属问题再次作了约定。根据 TMT 公司的陈述和轻工业品公司 1994 年 7 月的通知函，可以认定签订该协议的目的是加强商标管理，打击假冒商品。由于当时双方尚未发生纠纷，TMT 公司也未提出返还商标权的问题，轻工业品公司仍是商标的注册人，因此，这份协议中关于商标权的约定应当看作是对商标权当时状况的一种确认，不影响 TMT 公司在双方发生纠纷后提出返还商标权的主张……

第五条 【共有】

两个以上的自然人、法人或者其他组织可以共同向商标局申请注册同一商标，共同享有和行使该商标专用权。

本条导读

2001 年《商标法》允许两个以上的主体共同享有和行使商标专用权，应该是对 1986 年《民法通则》财产共有制度的明确回应。

法院进一步明确不仅商标申请可以共同提出，即使商标名义上注册在一人名下，共有约定也得到法律的尊重（名趣案），商标转让时也可以约定共有（傻子瓜子案），没有特别约定的，共有商标申请应当随股份一并出让（龙大哥案）。另外，法院也对共有商标注册人如何通过许可使用的方式共同行使商标专用权划定了明确界限（田霸案）。

BY，名趣案（20190929/B2019-42）：当事人关于商标权属的约定应该得到尊重

郭某亮等 v 周某祥等，再审，最高院（2019）最高法民申 3915 号裁定书，佟姝、戴怡婷、毛立华

案情概要

二原告郭某亮、李某鹏与被告周某祥合伙做生意—以周某祥个人名义注册了第 7098601 号"名趣"商标—三人协议约定商标持有人为三方，三方有共同的权利和义务，风险共担、利润共享—周某祥将第 7098601 号注册商标转让给新乡名仁公司—二原告认为第 7098601 号"名趣"商标应归二原告及被告周某祥三方共有，周某祥与新乡名仁公司签订的"名趣"注册商标专用权转让协议无效—一审认为虽然注册在周某祥一人名下，但商标专用权应当由郭某亮、李某鹏、周某祥共同享有—周某祥未经郭某亮、李某鹏同意将注册商标"名趣"转让给新乡名仁公司无效—二审认为商标归周某祥所有，其转让行为有效—再审认为应当尊重当事人的意思自治，根据案件的具体情况确定商标权的归属—指令河南高院再审

裁判摘录

【1】……本案为商标权权属争议，在商标权权属确认过程中，应当尊重当事人的意思自治，根据案件的具体情况确定商标权的归属。【2】本案中，虽然涉案商标的注册人曾为周某祥一人，但周某祥曾与郭某亮、李某鹏订立《协议书》，明确约定"名趣"商标由三方投资注册，三方持有，共享权利、共担风险。各方达成协议后，"名趣"商标获准注册。涉案《协议书》体现了当事人的真实意思表示，合法有效，应予履行。在此前提下，二审法院应当结合《协议书》订立的过程，以《协议书》的明确约定为依据，进一步审查各方当事人订立《协议书》时对于商标权属约定的真实意思表示，进而确定商标权的归属。在此基础上，进一步判断周某祥转让涉案商标权行为的效力，以及新乡名仁公司是否构成善意取得。

BCFY，田霸案（20160331/B2016-09/C2017-04/F2016-12）：商标共有人不能阻止其他共有人的普通许可行为

张某恒 v 朱某峰等，再审，最高院（2015）民申字第 3640 号裁定书，周翔、郎贵梅、罗霞

案情概要

张某恒与朱某峰曾共同成立科丰公司—公司无法继续经营，双方对科丰公司进行清算—清算纠纷中，双方达成调解协议，法院调解书中明确约定"田霸"商标归张某恒和朱某峰共同所有，张某恒承诺不再以任何方式追究朱某峰的任何责任或以任何方式再向其提出任何主张—后朱某峰未经张某恒同意，将涉案商标许可给田霸公司使用—张某恒诉两被告侵权，认为作为商标权共有人，朱某峰无权单独许可田霸公司使用"田霸"商标——一、二审基于清算纠纷中双方已达成的协议没有支持张某恒主张—再审认为在先共有人不能阻止另一方的普通许可—田霸公司使用"田霸"商标，经过了商标权共有人朱某峰的许可—田霸公司的使用行为不侵权

裁判摘录

【6】……商标权作为一种私权，在商标权共有的情况下，其权利行使的规则应遵循意思自治原则，由共有人协商一致行使；不能协商一致，又无正当理由的，任何一方共有人不得阻止其他共有人以普通许可的方式许可他人使用该商标。【7】……如果因为商标权共有人难以协商一致导致注册商标无法使用，不仅难以体现出注册商标的

价值，有悖于商标法的立法本意，也难以保障共有人的共同利益。……商标权共有人单独以普通许可方式许可他人使用该商标，一般不会影响其他共有人利益，其他共有人可以自己使用或者以普通许可方式许可他人使用该商标，该种许可方式原则上应当允许。商标权共有人如果单独以排他许可或者独占许可的方式许可他人使用该商标，则对其他共有人的利益影响较大，原则上应禁止。……从保证商品质量和商标商誉的角度，商标权共有人单独进行普通许可，对其他共有人的利益一般也不会产生重大影响……即便商标权共有人单独进行普通许可造成了该商标商誉的降低，损害到了其他共有人的利益，这也是商标权共有制度自身带来的风险。在商标权共有人对权利行使规则没有作出约定的情况下，共有人应对该风险有所预期。……要求商标权共有人全部同意才可进行普通许可，无疑会增加商标许可使用的成本，甚至导致一些有价值的商标因共有人不能达成一致而无法使用。……【8】按照上述规则，本案中"田霸"商标共有人朱某峰有权单独以普通许可方式许可田霸公司使用该商标，田霸公司使用该商标的行为不构成侵权。

SY，龙大哥案（20060808）：合伙企业股东出让自己股份时未对商标等相关事宜作特别约定的，视为商标申请权与股份一并出让

黄某青等 v 李某祥等，二审，贵州高院（2006）黔高民二终字第 39 号判决书，余波、李丽、干秋晗

案情概要

原被告合伙筹办饭店，筹建期间申请"龙大哥"商标—黄某青代表全体合伙人办理商标注册申请事宜—因经营问题多名合伙人退伙—黄某青等合伙人将自己在龙大哥饭庄中持有的股份有偿转让给李某祥—龙大哥饭庄由合伙经营转为李某祥个人经营—李某祥申请变更"龙大哥"商标申请人为自己—黄某青等认为李某祥假冒签名受让"龙大哥"商标申请权，应认定转让无效；非法侵占"龙大哥"商标，应认定侵权—一审认为合伙股份转让时没有对商标申请人资格做处理，因此商标申请权仍为共有—转让申请应撤回—二审认为股份转让时无特别约定，转让的应是在合伙中的全部权利—李某祥购买了黄某青等七人在合伙体中的股份后，龙大哥已由其独资经营，"龙大哥"注册商标申请权已由其独自享有

裁判摘录

【4】……本案中，全体合伙人经合意授权黄某青代表其向国家商标局申请"龙大哥"注册商标，并同意黄某青从合伙资金中拿出 2200 元交纳商标注册申请费，且国家

商标局也正式受理了该注册申请，故该商标申请权应属于全体合伙人所共有。……合伙人以其在合伙体中持有的股份对合伙体进行经营管理、承担亏损、享有利益。因此，合伙人在出让自己的股份时，出让人理应对自己股份所包括的范围尽到必要的注意义务。除有特别约定外，在得到受让人支付的对价后，出让人在合伙体中的全部权利和义务就转让给了受让人，其在合伙体不再享有任何权利，包括有形财产权和无形财产权。本案中，黄某青、陈某、李某等七个合伙人将自己在龙大哥饭庄中持有的股份有偿转让给李某祥时，并没有进行特别约定。因此，其转让的应是其对龙大哥饭庄享有的全部权利，当然应包括其享有的"龙大哥"的注册商标申请权。因黄某青、陈某、李某已不再与李某祥共有"龙大哥"商标的注册申请权，故一审认定"龙大哥"注册商标属于黄某青、陈某、李某、李某祥四人共有不当，应予纠正。李某祥关于其在购买了黄某青等七人在合伙体中的股份后，龙大哥已由其独资经营，"龙大哥"注册商标申请权已由其独自享有的诉请有理，应予支持。

SY，傻子瓜子案（20020326）：商标转让过程中可约定共有

傻子总厂 v 傻子公司，二审，安徽高院（2002）皖民二终字第12号判决书，张坤、杨华、张红生

案情概要

傻子总厂、傻子公司与年某九三方约定傻子总厂、傻子公司从年某九处受让"傻子"注册商标，傻子公司负责办理受让手续，并准许傻子总厂无偿享有"傻子"注册商标长期共有权，由傻子公司向登记主管机关申请备案—傻子公司受让涉案商标专有权后，承诺备案，但随后否认傻子总厂对该商标有使用权—傻子总厂请求法院确认其商标使用权—一审支持傻子总厂，认为傻子公司以相关备案手续未办理来抗辩傻子总厂不具有"傻子"注册商标使用权不当—二审肯定三方转让合同的效力，认为商标权是私权，可约定共有—是否已经履行商标许可使用备案手续并不影响许可使用合同的效力—傻子总厂要求依据三方协议的约定确认对"傻子"注册商标具有使用权的理由正当

裁判摘录

【5】……本案争议商标的专用权共有行为发生在注册商标的转让过程中，并不是在申请注册过程中，"法无禁止不违法"。我国合同法第五十二条的规定，是指违反国家法律、行政性法规强制性规定的合同无效。现行商标法第五条完全明确了注册商标

专用权共有的合法性。"8·4"三方协议［2000 年 8 月 4 日，年某九、傻子公司、傻子总厂三方签订的《注册商标转让协议书》］中约定"傻子"注册商标专用权共有，是三方当事人的真实意思表示。既不违反原商标法及其实施细则禁止性规定，也未损害他人和社会公共利益。商标权是一种民事权利，从民法原理看，应当允许两个以上主体共同享有同一商标权；该约定既是一种私法行为，也是当事人意思自治原则下的适法行为。因此，该约定并不违法，应为有效。

第五条

第七条 【诚信原则】

申请注册和使用商标，应当遵循诚实信用原则。

商标使用人应当对其使用商标的商品质量负责。各级工商行政管理部门应当通过商标管理，制止欺骗消费者的行为。

本条导读

1986 年写进《民法通则》，1993 年写进《反不正当竞争法》的诚实信用原则最初体现在 1993 年《商标法》"不得以不正当手段取得商标注册"的规定中以及 2001 年《商标法》的一系列具体法条中，并最终在 2013 年直接写进《商标法》，明确成为规范商标注册和使用的一项基本要求。2019 年增加禁止不以使用为目的的恶意注册条款后，第 7 条在解决恶意注册并意图使用问题上可能具有特殊的意义。

该原则在商标司法保护的进程中首先体现为对在后商标使用状况的负面评价（啄木鸟案、日产案、福联升案、乔丹 I 案、路虎 III 案），后来也延伸到评判民事案件中原告商标是否构成权利滥用的主要指标（银成案、iska 案、歌力思 I 案、赛克斯案、妙多案）。

但在驳回复审案件中直接适用该原则排除在先商标的效力时，法院持相对谨慎的态度（POPSTAR 案），至于在异议或无效的案件中是否仍然可以尝试将"歌力思"指导案例（歌力思 I 案）举一反三还有待观察。同时，在涉及同一商标被诉侵权的案例中，法院似乎并未适用同样的理由驳回被告的注册商标抗辩（歌力思 II 案）。

另外，在处理诸如共存协议（良子案）、代理认定驰名商标（大闽案）等与商标有关的合同争议中，诚实信用的原则也发挥了重要作用。

FY，银成案（20191226/F2019-14）：以在后恶意注册的商标权利人起诉善意在先使用人是权利滥用

湖南银成公司 v 怀化医诚公司，二审，湖南高院（2019）湘知民终 642 号判决书，陈小珍、刘雅静、邓国红

[案情概要]

2012—2015 年，湖南银成公司原法定代表人陈某和怀化医诚公司股东刘某、刘某

某三人合伙，经案外人武汉银成公司授权，以"银成医考"标识对外进行临床执业（助理）医师资格考试培训等服务—后三人解除合作，分别以湖南银成公司和怀化医诚公司的名义各自与武汉银成公司签订 2016 年合作协议—2017 年 9 月 7 日，湖南银成公司注册取得第 41 类上的第 18241499 号商标—起诉怀化医诚公司未经其许可，使用"银成医考"字号和商标，侵犯其企业名称权和商标专用权—一审认为案外人武汉银成公司在湖南银成公司之前，对"银成"进行了大量使用、宣传—涉案商标申请注册之前，武汉银成公司的"银成"在医考教育培训服务行业已经具有一定影响—涉案商标申请注册之前，怀化医诚公司已从武汉银成公司获得许可，属于在原有范围内使用—在先权利—不侵权—二审维持一审判决—在武汉银成公司的"银成"已经有一定影响的情况下，湖南银成公司仍将含有"银成"字样的标识申请注册为商标，有悖诚实信用原则—以非善意取得的商标权对怀化医诚文化传播有限公司的正当使用行为提起的侵权之诉，构成权利滥用

裁判摘录

【1】……在案证据显示，怀化医诚公司使用被诉侵权标识系基于武汉银成公司的授权，怀化医诚公司所提出的在先权利抗辩中被诉侵权标识是否先于涉案商标注册人使用应当以武汉银成公司的相关标识的使用时间为依据。自 2011 年 2 月开始，武汉银成公司在组织出版的医考培训教材以及开展的医考教育培训服务上，对"银成"进行了大量使用、宣传。且武汉银成公司对"银成"的使用时间不仅远在湖南银成公司之前，武汉银成公司的"银成"在涉案商标申请注册之前，在医考教育培训服务行业已经具有一定影响。另外，在湖南银成公司对涉案商标申请注册之前，怀化医诚公司已从武汉银成公司获得许可，属于在原有范围内使用。故怀化医诚公司将"银成"标识使用于医师资格考试培训服务上构成在先权利，不构成对湖南银成公司涉案商标权的侵害。【2】本院还认为，湖南银成公司原法定代表人以及现股东陈某曾与武汉银成公司就医师资格考试培训服务有过多年合作，知晓"银成"品牌，在武汉银成公司的"银成"在 2015 年已经有一定影响的情况下，湖南银成公司仍将含有"银成"字样的标识申请注册为商标，其行为有悖诚实信用原则。湖南银成公司以非善意取得的商标权对怀化医诚公司的正当使用行为提起的侵权之诉，构成权利滥用，对其诉讼请求不予支持。

SX，POPSTAR 案（20181022）：引证商标是否恶意注册不能在驳回复审程序中一并审查

掌游天下公司 v 商评委等，二审，北京高院（2018）京行终 4115 号判决书，刘晓军、樊雪、蒋强

案情概要

掌游天下公司申请注册诉争商标—商标局驳回—掌游天下公司申请复审，认为诉争商标在中国大陆由原告在先商业使用，具有较高市场知名度，拥有合法在先权利，引证商标是恶意注册—商评委维持驳回—一审通知引证商标注册人嘉丰永道公司作为本案第三人参加诉讼—认定引证商标恶意注册，支持掌游天下公司诉讼请求—二审认为一审严重违反法定程序，嘉丰永道公司不应作为本案第三人参加诉讼—发回重审

裁判摘录

【1】……依照我国行政诉讼法的相关规定，参加诉讼的第三人应为同被诉行政行为有利害关系或者同案件处理结果有利害关系。行政诉讼行为中的利害关系应为法律上的利害关系，即为一种法定的权利义务关系，必须直接或间接地影响到公民、法人或其他组织的权利和义务。【3】首先，虽然被诉决定中有关诉争商标是否被获准注册会影响到嘉丰永道公司作为引证商标权利人的相关权利，可能会造成嘉丰永道公司权利的丧失或减损，商标评审委员会作出的被诉决定与嘉丰永道公司有一定的利害关系。但是，……当事人主体资格问题系作为平衡公私利益的重要门槛，对于利害关系的理解需进行合理合法的界定，不能过于宽泛，否则不仅浪费了有限的司法资源，而且加重了行政机关一方不必要的诉讼负担。【4】……行政权和司法权要有一定的界限，在行政机关依法行政时，法院不能替代行政机关作出判断，并进而认定行政机关作出的行政行为是否违法。本案中，商标评审委员会系依照商标法第三十条的相关规定，在商标驳回复审中审查诉争商标是否同他人在同一种或类似商品上已经注册的商标相同或者近似。在无证据证明商标评审委员会作出被诉决定违反法律法规相关规定的情形下，原审法院通过追加嘉丰永道公司参加诉讼并主动审查引证商标的合法性，从而撤销被诉决定的认定违反了行政诉讼法中合法性审查的原则。【5】……本案系商标授权确权行政案件，被诉决定的合法性问题需回归商标法下进行审查。……在商标法已经有相关制度予以规制的前提下，掌游天下公司仍有其他法定救济途径，引证商标的合法性问题无需在本案诉争商标申请驳回复审行政诉讼中一并进行审理。【6】……原审法院在商标驳回复审行政纠纷案中追加嘉丰永道公司作为第三人参加诉讼，不仅对现行商标法中的商标授权确权制度造成冲击，亦不符合行政诉讼法的相关规定和立法目的……

DY，路虎Ⅲ案（20170527/D2017-07）：利用合法形式掩盖侵权实质行为的有违诚信原则

路虎公司 v 奋力公司等，二审，广东高院（2017）粤民终 633 号判决书，邱永清、喻

洁、肖海棠

案情概要

路虎公司认为奋力公司在其"路虎维生素饮料"等商品上使用的涉案标识侵犯其注册在第 12 类"陆地机动车辆"等商品上的"路虎""LANDROVER"商标——原告主张引证商标驰名——一审认为，奋力公司的商标经异议并未核准注册——路虎公司的商标构成驰名商标——被告的使用构成侵权——赔偿 120 万元——二审维持一审

裁判摘录

【7】……第二，奋力公司使用的被诉标识均为摹仿、复制路虎公司涉案三个驰名商标的全部或主要部分，攀附驰名商标声誉的主观恶意明显，情节恶劣；第三……奋力公司的被诉侵权行为在路虎公司提起本案诉讼后仍在持续，侵权行为持续的时间较长、传播范围较广；第四，本案的证据显示，奋力公司并非被诉标识的善意使用者，除了本案所涉被诉标识之外，奋力公司还申请注册了大量与其他名人和知名企业称谓相同的商标，其利用我国商标注册制度囤积和不当使用商标的主观恶意明显。在本院二审期间，奋力公司不仅无法对其使用被诉标识的行为作出合理解释，反而以其使用的商标曾经获得授权、申请商标注册并不违法为由坚称不侵权，其利用合法形式来掩盖侵权实质行为的主观恶意明显，严重有违诚实信用原则。

第七条

FY，妙多案（20170110/F2017-19）：以非善意取得的商标权对在先权利人及在先使用人提起侵权之诉是滥用注册商标权

德生食品厂 v 康赢公司等，一审，济南中院（2016）鲁 01 民初 1856 号判决书，李宏军、颜峰、庄辛晓

案情概要

原告德生食品厂在第 30 类调味品上注册有第 15018196 号商标——原告认为被告在销售的咖喱膏商品外观上突出使用与其商标相同的标识构成商标侵权，并主张赔偿——被告提出多项在先权利抗辩，并指出原告商标是恶意注册——一审认可康赢公司在涉案商标申请注册前，已经在同一种商品上先于原告使用相同商标标识并产生了较广泛的影响力——康赢公司法定代表人就类似标识享有外观设计专利权——康赢公司就涉案标识享有在先著作权——原告滥用注册商标权，被告在先使用涉案标识不构成侵权

【2】……被告康赢公司在涉案商标申请注册前，已经在同一种商品上先于原告使用相同商标标识并产生了较广泛的影响力……有权在原使用范围内继续使用该商标。【3】……被告康赢公司法定代表人就类似标识享有外观设计专利权，被告康赢公司就涉案标识享有在先著作权。……【4】被告康赢公司使用涉案标识的方式正当，主观上没有恶意……没有攀附原告商标及商品知名度的动机。【5】原告德生食品厂与被告康赢公司的经营领域相同，存在竞争关系，被告康赢公司使用涉案商标标识的时间长、影响范围广，原告不可能不知情，在此情况下仍然将被告康赢公司享有在先著作权、在先使用并有一定影响的标识抢先注册为商标，其行为有违诚实信用，违反了商标法的上述法律规定。虽然原告注册的涉案商标目前仍处于有效状态，但因其注册行为不具有正当性基础，其以非善意取得的商标权对在先权利人及在先使用人提起侵权之诉，系对其注册商标的滥用。

ABDX，乔丹Ⅰ案❶（20161207/A20191224-113/B2016-24/D2016-01）：非以诚信经营获得的商业成功与市场秩序不能维持注册

迈克尔·乔丹 v 商评委等，再审，最高院（2016）最高法行再 27 号判决书，陶凯元、王闯、夏君丽、王艳芳、杜微科

案情概要

乔丹公司申请"乔丹"商标并获准注册——美国篮球明星迈克尔·杰弗里·乔丹提起争议撤销——商评委，一、二审认为不侵犯迈克尔·杰弗里·乔丹姓名权——无"其他不良影响"——不属于"以其他不正当手段取得注册"——再审认为非诚信手段获得的市场秩序不能维持注册

【47】……乔丹公司恶意申请注册争议商标，损害再审申请人的在先姓名权，明显有悖于诚实信用原则。商标评审委员会、乔丹公司主张的市场秩序或者商业成功并不完全是乔丹公司诚信经营的合法成果，而是一定程度上建立于相关公众误认的基础之

---

❶ 此案的关联文书（2016）最高法行再 15、20、25、26、28、29、30、31、32 号行政判决书同时入选十大案例。

上。维护此种市场秩序或者商业成功，不仅不利于保护姓名权人的合法权益，而且不利于保障消费者的利益，更不利于净化商标注册和使用环境。

SY，歌力思 II 案（20160630）：在先注册商标起诉在后恶意注册商标仍需先经过行政程序处理

歌力思公司 v 王某永等，再审，最高院（2016）最高法民申 1617 号裁定书，周翔、秦元明、罗霞

案情概要

　　歌力思公司起诉被告刘某销售"歌力思女包"及王某永恶意申请注册及使用第 7925873 号"歌力思"商标的行为侵害其第 1348583 号"歌力思"商标——起诉刘某销售"歌力思女包"及王某永恶意申请及使用"歌力思"商标的经营行为侵害其"歌力思"知名商号权、知名商品特有的名称权——一审认可歌力思公司的"歌力思"商标及字号的知名度，未认定知名商品特有名称——对王某永商标注册问题的争议需通过行政程序解决——对王某永注册商标在核定商品的使用，是注册商标之间的纠纷，需通过行政程序解决，无需认定驰名商标（以下简称"认驰"）——在生产、经营活动中使用"歌力思"的行为具有攀附歌力思股份公司商誉、"搭便车"的主观故意——有误认——两被告侵犯原告的在先字号，构成不正当竞争——二审维持一审——再审认为一、二审对于歌力思公司提出的两个注册商标之间产生的权利冲突争议未予受理，对歌力思公司提出的不正当竞争纠纷予以受理，依法有据——已有生效判决确认王某永涉案商标的注册难谓正当——王某永等对于"歌力思"商标的使用侵犯歌力思公司在先商号权

裁判摘录

　　【2】……现行商标法设置了较为完善的法律救济程序，且为维护现行的商标全国集中授权制度，根据商标法的规定，对于已经注册的商标有争议的，可以通过商标争议程序获得相应的救济，还可以针对行政评审行为提起行政诉讼。根据《最高人民法院关于审理注册商标、企业名称与在先权利冲突的民事纠纷案件若干问题的规定》（以下简称《规定》）第一条第二款的规定，"原告以他人使用在核定商品上的注册商标与其在先的注册商标相同或者近似为由提起诉讼的，人民法院应当根据民事诉讼法第一百一十一条第（三）项的规定，告知原告向有关行政主管机关申请解决。"……因此，一、二审法院对于歌力思公司提出的两个注册商标之间产生的权利冲突争议未予受理……依法有据。

第七条

BCFX，福联升案（20151118/B2015-22/C2016-06/F2015-47）：没有合理避让驰名商标的使用不予考虑

福联升公司 v 商评委等，再审，最高院（2015）知行字第 116 号裁定书，王艳芳、杜微科、佟姝

案情概要

福联升公司申请注册"福联升 FULIANSHENG 及图"商标—内联升公司引证"内联升"商标提出异议—商标局认定商标不近似，驳回异议—商评委认定近似—一审认为两者有市场区分，不近似—二审和再审认定近似，支持异议

裁判摘录

【6】……再审申请人作为同地域的同业竞争者，理应对被申请人及其引证商标的知名度和显著性有相当程度的认识。……理应遵守诚实信用原则，注意合理避让而不是恶意攀附被申请人及其引证商标的知名度和良好商誉，造成相关公众混淆误认。……再审申请人在注册、使用被异议商标时存在攀附被申请人与引证商标的明显恶意。……再审申请人从商标、注册地乃至企业名称上，都有意贴近被申请人及其引证商标。……不仅无正当理由注册具有"联升"字样的被异议商标，还围绕"联升"字样，在同类商品及其他类别商品上另行申请注册十余项包含有"联升"文字的其他商标，其主观恶意愈加明显。……虽然被异议商标经过一定时间和范围的使用，客观上形成了一定的市场规模，但是，有关被异议商标的使用行为大多是在被异议商标申请日之后，尚未核准注册的情况下发生的。再审申请人在其大规模使用被异议商标之前，理应认识到由于被异议商标与引证商标近似，并且引证商标具有较高的知名度和显著性，故存在被异议商标不被核准注册，乃至因使用被异议商标导致侵犯引证商标注册商标权的法律风险。再审申请人未能尽到合理的注意和避让义务，仍然申请注册并大规模使用被异议商标，由此带来的不利后果理应自行承担。相反，在再审申请人作为同业竞争者明知或者应知引证商标具有较高知名度和显著性，仍然恶意申请注册、使用与之近似的被异议商标的情形下，如果仍然承认再审申请人此种行为所形成的所谓市场秩序或知名度，无异于鼓励同业竞争者违背诚实信用原则，罔顾他人合法在先权利，强行将其恶意申请的商标做大、做强。这样既不利于有效区分市场，亦不利于净化商标注册、使用环境，并终将严重损害在先商标权人的合法权益以及广大消费者的利益，违背诚实信用原则以及商标法"保护商标专用权""维护商标信誉""保障消费者和生产、经营者的利益"等立法宗旨。

BFY，赛克思案（20151030/B2015-18/F2015-08）：缺乏合法性基础的注册商标专用权不能对抗他人正当使用

邵某军 v 赛克思公司，再审，最高院（2014）民提字第 168 号判决书，于晓白、骆电、李嵘

案情概要

邵某军诉赛克思公司侵犯其"赛克思 SAIKESI"注册商标专用权——一审认为被告有合法在先权利，不构成侵权——二审认为被告侵权，但原告商标未使用，只需赔偿合理维权费用——再审认为邵某军系恶意注册，提起侵权之诉是滥用商标专用权——赛克思公司属于正当使用

裁判摘录

【10】……利用职务上的便利或业务上的优势，恶意注册商标，损害他人在先权利，为自己谋取不正当利益，属于违反诚实信用的行为，不应受法律的保护。本案中，邵某军原系宁波市工商行政管理局江北分局的工作人员，于 2003 年辞去公职。因赛克思厂的企业字号"赛克思"、注册商标"SKS"及域名"saikesi.com"在 2003 年邵某军辞职之前均已注册使用，作为与赛克思厂、广天赛克思公司同处一地的工商部门工作人员，邵某军在辞职时应当知悉赛克思厂、广天赛克思公司商标的实际注册情况、字号（或字号主要部分）及企业名称简称的实际使用状况等相关信息资料，其于辞职后在与广天赛克思公司经营范围同类的商品上，注册与广天赛克思公司企业字号主要部分中文及拼音相同的商标，直至本案二审结束时仍未使用，却针对在先权利人提起侵权之诉，其行为有违诚实信用，不具有正当性，不应受法律保护。因此，邵某军以非善意取得的商标权对广天赛克思公司的正当使用行为提起侵权之诉，属于对其注册商标专用权的滥用，其诉讼请求不应得到支持。

FY，大闽案（20150804/F2015-09）：刻意制造案件认定驰名有违诚信

大闽食品 v 新华商公司等，再审，最高院（2015）民申字第 1272 号裁定书，夏君丽、殷少平、董晓敏

案情概要

新华商公司在驰名商标认定代理合同中承诺大闽食品，如果在约定期限内驰名商

标认定不成功，就全额退还收取的代理费—大闽公司提供虚假的材料—案件未成功—大闽公司索要代理费—一、二审法院基本支持原告—再审法院认为被告有失信行为—不能证明被告签订合同有欺诈—被告以原告提供虚假材料等理由拒绝返代理费—构成违约

裁判摘录

【2】……新华商公司、傅某春作为专业商标代理机构及人员，为谋取不当利益，诱导并积极帮助大闽公司刻意制造商标异议案件以达到认定驰名商标的目的，不仅明显违反商标法的基本精神和驰名商标保护制度的基本目的，更是有违民事活动应该遵守的诚实信用原则，本院对新华商公司及傅某春的失信行为予以谴责。鉴于本案不能排除新华商公司利用大闽公司提供的材料制造假材料、新华商公司与大闽公司共谋制造并提供假材料等可能性，故对其提交的证据及其陈述的可信性应予严格审查。新华商公司在原审程序中及在申请再审时提交的证据，均是经过该公司整理后提交给商标局的材料，而不是大闽公司提供的原始材料，在大闽公司否认其向新华商公司提供了虚假材料的情况下，这些证据不能充分证明大闽公司提交给新华商公司的材料是虚假材料；由于大闽公司是根据新华商公司指导和要求准备有关材料，而且中国饮料工业协会出具的推荐函中所述的"大闽牌速溶茶粉"指向的商标并不具有唯一性，因此该证据也不能证明大闽公司提供了虚假材料。此外，新华商公司有责任和能力对大闽公司提供的材料进行审核、甄别，只要其按照正常注意标准核实重要材料就能发现真假，所以新华商公司提交的证据也不能充分证明大闽公司在合同订立和履行过程中对其存在欺骗行为。虽然大闽公司向新华商公司支付代理费预付款的时间晚于合同约定的时间，但是新华商公司当时并未要求大闽公司承担违约责任或者终止代理合同，而是选择了继续履行合同，并且在明知逾期提交补充材料违反法定程序的情况下，仍然甘冒风险强行向商标局提交补充申报材料、推进有关程序，更说明其没有基本的守法意识。在合同约定的代理事项不成功的情况下，新华商公司又以大闽公司逾期付款增加其风险等理由拒绝承担约定的返还代理费的义务，其诉讼主张不应得到支持。因此原审法院判决新华商公司应该按照合同约定返还代理费，认定事实及适用法律并无不当。

ABFY，歌力思Ⅰ案（20140814/A20170306-82/B2014-20/F2014-22）：恶意取得并行使商标权不受法律保护

王某永 v 歌力思公司等，再审，最高院（2014）民提字第 24 号判决书，王艳芳、朱理、佟姝

案情概要

原告王某永诉被告歌力思公司等在女士手提包上使用的标志侵犯其第 4157840 号及第 7925873 号商标—一、二审认定被告侵权—再审期间，关联案件认定引证商标之一侵犯歌力思公司在先字号权，属不当注册—再审认为第 4157840 号商标迄今为止尚未被核准注册，王某永持有的商标注册证系商标行政管理机关误发，王某永无权据此对他人提起侵害商标权之诉—第 7925873 号商标是王某永非善意取得，用以对歌力思公司的正当使用行为提起侵权之诉，属于权利滥用—歌力思公司不侵权

裁判摘录

【7】诚实信用原则是一切市场活动参与者所应遵循的基本准则。一方面，它鼓励和支持人们通过诚实劳动积累社会财富和创造社会价值，并保护在此基础上形成的财产性权益，以及基于合法、正当的目的支配该财产性权益的自由和权利；另一方面，它又要求人们在市场活动中讲究信用、诚实不欺，在不损害他人合法利益、社会公共利益和市场秩序的前提下追求自己的利益。诉讼活动同样应当遵循诚实信用原则。一方面，它保障当事人有权在法律规定的范围内行使和处分自己的民事权利和诉讼权利；另一方面，它又要求当事人在不损害他人和社会公共利益的前提下，善意、审慎地行使自己的权利。任何违背法律目的和精神，以损害他人正当权益为目的，恶意取得并行使权利、扰乱市场正当竞争秩序的行为均属于权利滥用，其相关权利主张不应得到法律的保护和支持。【8】……"歌力思"本身为无固有含义的臆造词，具有较强的固有显著性，依常理判断，在完全没有接触或知悉的情况下，因巧合而出现雷同注册的可能性较低。歌力思公司地处广东省深圳市，王某永曾长期在广东省广州市经营皮具商行，作为地域接近、经营范围关联程度较高的商品经营者，王某永对"歌力思"字号及商标完全不了解的可能性较低。在上述情形之下，王某永仍于 2009 年在与服装商品关联性较强的手提包、钱包等商品上申请注册第 7925873 号商标，其行为难谓正当。据此，王某永以非善意取得的商标权对歌力思公司的正当使用行为提起的侵权之诉，构成权利滥用，其与此有关的诉讼请求不应得到法律的支持。

FY, iska 案（20120605/F2012-27）：民事活动应当遵守诚实信用基本原则

年年红公司 v 舒乐达公司等，二审，福建高院（2012）闽民终字第 378 号判决书，陈一龙、陈茂和、蔡伟

案情概要

被告舒乐达公司在中国委托加工"iska"牌罐头食品—原告年年红公司受让获得"iska"商标—一审认定被告不侵权—原告商标注册存在不正当性，其保护范围应受到限制—被告舒乐达公司作为在先使用人可继续使用商标—二审认为年年红公司申请注册或转让该商标的动机和目的均具有不正当性—被告方已尽合理审查注意义务—不侵权

裁判摘录

【9】……诚实信用原则……是民事活动的"帝王条款"，包括商标注册、转让等在内的一切民事活动均应当予以遵守。……可以认定苏某宁和苏某石父子知道或应当知道 iska 商标是舒乐达公司已获得欧共体注册和马德里国际注册的商标，标识是舒乐达公司长期委托国内相关企业贴牌加工罐头产品所使用的标识。作为曾经的实际贴牌加工商，瑞宁食品厂在舒乐达公司未在中国进行相关商标注册的情况下，向国家商标局申请注册与前述 iska 商标、标识相同或近似的商标；而由苏某石完全控股的年年红公司，在受让该商标后又依其起诉舒乐达公司及其在中国国内另外的委托加工商国贸公司，由此可见，二者关于该商标的注册申请和转让系出于不正当目的，主观恶意明显，均有悖于诚实信用原则……虽然商标的注册和转让系经法定程序，国贸公司授权贴牌加工产品所标注的标识与商标也构成近似，但鉴于瑞宁食品厂、年年红公司申请注册或转让该商标的动机和目的均具有不正当性，且国贸公司已尽到了合理的审查注意义务，主观上没有侵权故意，客观上也未在国内市场给年年红公司造成实际损失，故对舒乐达公司和国贸公司在本案中的相关贴牌加工行为不予认定属于商标侵权行为。所以，年年红公司有关侵权方面的上诉理由不能成立，不予采信。【10】……虽然适用法律原则的前提是必须穷尽法律规则，但为了实现个案正义，可以舍弃法律规则而直接适用法律原则。原审法院正是基于本案的具体情况，为体现案件处理结果的公平与正义，未简单地适用《中华人民共和国商标法》第五十二条的有关规定认定舒乐达公司和国贸公司的行为构成侵权，而是依据诚实信用这一民事活动应当遵循的基本原则作出相应判决，应属适用法律正确，故年年红公司的前述主张不当，不予支持。

BFX，日产案（20111130/B2011-24/F2011-42）：刻意接近他人商标不符合使用的诚信要求

华夏长城公司 v 商评委等，再审，最高院（2011）知行字第 45 号裁定书，夏君丽、殷少平、周云川

案情概要

　　华夏长城公司注册有"日产嘉禾及图"商标—日产公司提起无效—商评委、一审、二审、再审都认为引证商标驰名—争议商标是对驰名商标的复制、模仿—应予无效

裁判摘录

　　【8】……争议商标的使用情况确实是应当考虑的因素，但这种使用应该是在遵守诚实信用原则基础上的使用，且对其使用状况有较高的证据要求。本案中，华夏长城公司提交的证据尚不足以达到其已经形成自身的相关公众群体的程度，而且其实际使用状况明显看出其仍然在刻意造成与日产株式会社的联系，而不是通过使用消除这种联系，形成自身商标的区别力，故对其该项主张本院不予支持。

BFX，良子案（20111115/B2011-25/F2011-43）：违反共存协议和诚信原则的主张不予支持

山东良子公司 v 商评委等，再审，最高院（2011）知行字第 50 号裁定书，余红梅、钱小红、周云川

案情概要

　　北京良子公司对山东良子公司的"良子"商标提起无效—山东良子公司认为违反双方之前的共存协议，具有恶意—商评委裁定部分无效，部分维持—一审维持商评委裁定—二审、再审支持注册—认为涉案行为违反共存协议的约定和诚实信用原则

裁判摘录

　　【1】……本案纠纷的发生有着特定的历史过程，在处理时必须予以充分考虑，以作出公平、合理的裁决。……按照共存协议的约定，济南市历下区良子健身总店放弃了对新疆良子公司注册的引证商标的异议申请，引证商标从而获准注册，然而新疆良子公司法定代表人朱某凡成立的北京良子公司却违反协议约定，向商标评审委员会提出撤销争议商标的申请，以致商标评审委员会撤销争议商标。北京良子公司的上述行为，违反了共存协议的约定和诚实信用原则，而撤销争议商标的结果，显然打破了共存协议约定的利益平衡和多年来形成的市场格局，对山东良子公司明显不公平。

BCX，啄木鸟案（20110712/B2011-22.23/C2012-12）：搭车模仿的商标有实际使用也不能获得支持

啄木鸟公司 v 商评委等，再审，最高院（2011）知行字第 37 号驳回再审申请通知书

案情概要

啄木鸟公司注册了啄木鸟图形商标，被提起无效——商评委认为争议商标与引证商标不近似，维持注册——一审支持商评委裁定——二审认为构成近似，争议商标系采用不正当手段注册，应予无效——再审认为，二审判决虽然在部分法律适用上存在不当之处，但结论正确

裁判摘录

【12】……对于使用时间较长、已建立较高市场声誉和形成相关公众群体的商标，应当准确把握商标法有关保护在先商业标志权益与维护市场秩序相协调的立法精神，充分尊重相关公众已在客观上将相关商业标志区别开来的市场实际，注重维护已经形成和稳定的市场秩序。但是，商标授权确权程序的总体原则仍是遏制搭车抢注，保护他人在先商标，尽可能消除商业标志混淆的可能性。……你公司从商标注册到实际使用均具有搭车摹仿的主观意图。虽然通过你公司的经营和对争议商标的实际使用，你公司的产品和商标也具有较高的知名度，但是由于你公司与七好公司在经营活动中均使用差别不大的"鸟图形"以及相同的"TUCANO""啄木鸟"等商标，显然对于不了解内情的相关公众而言，会认为两者提供主体同一，或者存在特定联系，容易造成来源混淆，因此本案客观上并未形成已将相关商业标志区别开来的市场实际。同时，虽然本案中引证商标权利人七好公司在《区分表》将服装与鞋划分为非类似商品的情况下，没有及时积极在鞋类商品上申请注册商标，在造成目前冲突的局面中也存在一定过失，但是，考虑到遏制搭车、避免混淆的基本原则以及你公司的主观意图和容易混淆误认的客观现实，加之你公司除争议商标外，还拥有其他实际使用的商标，撤销争议商标的注册并不会对你公司的经营造成实质性影响，你公司可以通过适当的方式延续多年经营所形成的商誉，并以此为契机创立自有品牌，尽量消除与七好公司商业标识的混淆可能性，故本院认为二审判决撤销争议商标的结论正确，应予维持。你公司关于争议商标已经大量使用，不应撤销的主张本院不予支持。

第八条 【商标可注册范围】

任何能够将自然人、法人或者其他组织的商品与他人的商品区别开的标志，包括文字、图形、字母、数字、三维标志、颜色组合和声音等，以及上述要素的组合，均可以作为商标申请注册。

本条导读

为了顺应"入世"的需要，2001 年《商标法》显著扩充了商标的可注册范围，一方面规定视觉可见的任何识别标记都可以注册为商标，另一方面在具体列举时也施加了较为封闭的范围。2013 年《商标法》取消了视觉可见的要求，进一步扩大了可注册范围，除了明确列举声音商标之外，列举具体形态时也以"等"字结束，较之前更为开放。当然，《商标法》第 27 条关于申报事项和材料应当"真实、准确、完整"的要求也需要严格执行。

法院在涉及一香水瓶立体商标的表现形式是否符合形式审查的要求以及是否与之前的申请为同一申请的案件中给出了解决思路（迪奥真我香水瓶案）；在另两件立体商标申请案件中，法院则提出了严格的要求（宝利通电话案、王老吉Ⅲ案）；在涉及特定位置的颜色商标是否属于商标法允许的注册范围上，法院则持相对较为开放的态度（红鞋底案）。

SX，红鞋底案（20191224）：正确确定商标审查对象才能审查其显著性

克里斯提·鲁布托 v 国知局，再审，最高院（2019）最高法行申 5416 号裁定书，王艳芳、钱小红、晏景

案情概要

克里斯提·鲁布托申请将其国际注册第 1031242 号商标延伸保护到中国——该商标指定使用于第 25 类的女高跟鞋上——商标局驳回——商评委认为诉争商标由常用的高跟鞋图形及鞋底指定单一的颜色组成，缺乏显著性，维持驳回——一审认为本商标标志应当属于三维标志，表示了高跟鞋商品本身的外形，并在局部部位填涂红色，商评委认定诉争商标属于图形商标的认定有误，应结合证据重新判定涉案三维标志是否具有

显著特征——二审认为涉案商标是限定位置的单一颜色商标，商评委应结合证据重新裁定——再审维持二审

裁判摘录

【2】本案诉争商标系克里斯提·鲁布托申请在中国获得领土延伸保护的商标国际注册申请，根据《中华人民共和国商标法实施条例》（2014 年修订）第四十四条的规定，审查对象应当根据世界知识产权组织对该商标的公告加以确定。根据《世界知识产权组织 – ROMARIN – 国际注册详细信息》，诉争商标由图样中显示的"用于鞋底的红色（潘通号 18.1663TP）构成（高跟鞋的外形不属于商标的一部分，仅用于指示商标的位置）"，即诉争商标由指定使用位置的红色构成，属于限定了使用位置的单一颜色商标。被诉决定认为"诉争商标由常用的高跟鞋图形及鞋底指定单一的颜色组成"，二审法院认定其未准确界定诉争商标的商标标志及其构成要素，其在此基础上作出的决定亦缺乏相应的事实基础，依法应予撤销并无不当。【3】《商标法》第八条规定："任何能够将自然人、法人或者其他组织的商品与他人的商品区别开的标志，包括文字、图形、字母、数字、三维标志、颜色组合和声音等，以及上述要素的组合，均可以作为商标申请注册。"本院认为，虽然本案诉争商标的标志构成要素不属于《商标法》第八条中明确列举的内容，但其并未被商标法明确排除在可以作为商标注册的标志之外，国家知识产权局认为其不属于《商标法》第八条保护之商标类型无法律依据，不予支持。【4】关于诉争商标是否符合《商标法》第十一条第一款第（三）项规定之情形的问题。被诉决定认定：诉争商标由常用的高跟鞋图形及鞋底指定单一的颜色组成，指定使用在女高跟鞋商品上，相关公众不易将其作为区分商品来源的标志加以认知，缺乏商标应有的显著性。克里斯提·鲁布托提交的证据尚不足以证明诉争商标整体标志在指定使用商品上，经其实际有效的商业使用已具有商标应有的显著性。鉴于前述分析，原国家工商行政管理总局商标评审委员会系基于非正确的审查对象作出前述决定，二审法院为保障各方当事人的程序性权利、避免审级利益损失，认定其应当结合克里斯提·鲁布托在评审程序和本案一、二审诉讼过程中提交的相关证据，重新就诉争商标是否具备显著特征作出认定，并无不当。

第 G1031242 号（涉案商标图样）

SX，王老吉Ⅲ案（20190730）：未提交三面视图的立体商标申请不予支持

王老吉公司 v 国知局，二审，北京高院（2019）京行终3105号判决书，苏志甫、俞惠斌、陈曦

案情概要

　　王老吉公司申请注册第12242987号立体商标"加多寶及图"—商标局认为诉争商标在指定商品上直接表示了商品的质量等特点，且用在凉茶以外的商品上易导致消费者误认，驳回申请—商评委认为不具显著性，也没有使用获得显著性，维持驳回—一审认为形状与文字的整体具有显著性—二审（第3031号）认为依据现有商标图样，无法确定该标志的三维形状—商评委重审，驳回申请—一审支持王老吉公司，认为商评委依据第3031号判决重审应给予王老吉公司补充提交诉争商标的三面视图机会，不应直接驳回—二审（第3105号）认为不应给予王老吉公司补充提交诉争商标三面视图机会—撤销一审

裁判摘录

　　【1】……本案中，判断被诉通知是否合法，应当以2013年商标法及2014年商标法实施条例的相关规定为依据。【2】2014年商标法实施条例第十三条第三款规定："以三维标志申请商标注册的，应当在申请书中予以声明，说明商标的使用方式，并提交能够确定三维形状的图样，提交的商标图样应当至少包含三面视图。"上述条款对于申请人以三维标志申请商标注册应提交的申请文件作出了规定。2014年商标法实施条例第十八条第二款规定："商标注册申请手续不齐备、未按照规定填写申请文件或者未缴纳费用的，商标局不予受理，书面通知申请人并说明理由。"第五十七条第三款规定："商标评审委员会受理商标评审申请后，发现不符合受理条件的，予以驳回，书面通知申请人并说明理由。"【3】本案中，王老吉公司在申请注册诉争商标时提交的商标图样仅包含两幅图片，未提交三面视图，无法确定其申请商标注册的标志的三维形状。商标评审委员会在第14003号决定未援引2014年商标法实施条例第十三条第三款规定，但本院作出的第3031号判决对诉争商标是否应予注册的理由作出了指引，商标评审委员会根据第3031号判决的指引，依据2014年商标法实施条例第十三条第三款的规定作出了本案被诉通知。【4】关于商标评审委员会在重新作出行政行为时是否应当给予王老吉公司补充提交诉争商标三面视图的机会。通常而言，对商标注册申请的审查，应当以当事人申请注册时提交的申请文件为依据。若允许当事人补充提交商标图样，则将实质性地修改商标档案中记载的诉争商标标志，相当于引入新的商标标志，从而改变行政行为审查的对象和范围。原审法院认为商标评审委员会在重新作出行政行为时应当给予王老吉公司补充提交诉争商标三面视图的机会，缺乏法律依据，本院不予支

第八条

持。【5】此外，根据2002年实施的中华人民共和国商标法实施条例第十三条第三款的规定，以三维标志申请注册商标的，应当在申请书中予以声明，并提交能够确定三维形状的图样。从上述规定看，尽管新旧商标法实施条例的相关规定有所差异，但对于以三维标志申请注册商标的申请文件均以"能够确定三维形状的图样"为要求，本案适用新旧商标法实施条例并未对王老吉公司的权益产生具有实质性差别的影响，不能将此作为应当给予王老吉公司补充提交诉争商标三面视图机会的依据。

第 12242987 号（涉案商标图样）

SX，宝利通电话案❶（20181224）：缺乏确定性则无法判断显著性并因此不能注册

音络公司 v 商评委等，二审，北京高院（2018）京行终175号判决书，周波、俞惠斌、苏志甫

案情概要

宝利通公司享有第8341029号三维标志商标的专用权—音络公司提起无效—商评委维持注册—认为争议商标未违反《商标法》第11条、第12条，不属于有害于社会主义道德风尚或者产生其他不良影响的标志—一审维持注册—承认使用获得显著性—标志无消权、负面影响—不构成以欺骗手段或者其他不正当手段取得注册—二审认为争议商标不是具体的、确定的商业标志—原审判决和被诉裁定在事实认定和法律适用方面均存在不当—令商评委重新作出裁定

裁判摘录

【2】……争议商标的注册是否符合商标法的相关规定，应当以商标档案中载明的

---

❶ 宝利通公司申请再审。2020年6月22日，最高院作出（2019）最高法行申10746号裁定书驳回其再审申请。

商标图样为准。根据商标档案中载明的争议商标的四幅视图，虽然能够大体确定争议商标的基本轮廓，但在喇叭、卡槽、键盘、拾音孔等多个关键部位上不能毫无异议地确定争议商标三维标志的具体形状及其比例关系。在此情形下，若维持争议商标的注册，给予保护的实际上就是对争议商标所体现的产品外观设计思路的保护，而非是对具体的、确定的商业标志的保护，无疑超出了商标法的调整范围，显然是不适当的。

【5】……商标授权确权程序不同于商标权取得后商标权保护的民事司法程序，它涉及的是商标注册申请人与不特定的社会公众之间的权利义务关系，其运行目的在于赋予相关市场经营主体以特定的民事权利，以禁止他人未经权利人许可而在相同或者类似商品和服务上使用相同或者近似的商标，因此，此种通过商标授权确权程序授予的商标权的权利边界和范围必须是明确而具体的。对于商标的保护而言，除非法律另有规定，权利边界范围之外即应是他人行为自由之所在。在商标权的实际保护过程中，商标法第五十六条规定，注册商标的专用权以核准注册的商标和核定使用的商品为限；第五十七条第（一）项更是不问混淆与否，而直接规定"未经商标注册人的许可，在同一种商品上使用与其注册商标相同的商标的"行为属于侵犯注册商标专用权的行为。因此在商标法律制度框架下，商标权权利范围的确定尤其是商标标志的确定，其意义十分重大。虽然商标授权确权案件所涉及的诸多法律条款，存在因个案情况不同而有可以自由裁量之空间，但对于商标标志这一审查对象而言，标志的准确无误、唯一确定则是其他法律条款准确适用的前提，商标授权确权审查机关和法院在此问题上应当极为谨慎，尽量避免法律适用过程中的不确定性。【6】……判断相关标志是否具备显著特征、是否能够作为商标注册，必须结合相关标志加以具体的审查。审查对象的确定性是判断其是否具备商标注册所需的显著特征的前提条件。在具体案件中，若审查判断的标志无法准确、唯一地确定，即无法确定其是否具备商标注册所需的显著特征。就本案具体而言，由于争议商标标志存在不确定性，即无法得出争议商标是否具备显著特征或者是否经过使用取得了显著特征的结论。原审判决和被诉裁定有关争议商标具备显著特征因而未违反商标法第十一条规定的认定缺乏事实基础，本院予以纠正。……【7】在本案二审程序中，虽然宝利通公司提交了书面的情况说明，对争议商标作出了说明并提交了修改后的商标图样作为参考，但上述说明和参考图样已实质性地修改了商标档案中记载的争议商标标志，相当于引入了新的商标标志。……为了保证商标权权利范围的确定性和公示性，不应在商标法和商标法实施条例规定的法律程序之外，引入新的商标标志修改文本。争议商标因其自身在标志方面存在的瑕疵所导致的不利法律后果，应当由宝利通公司自行承担。

第八条

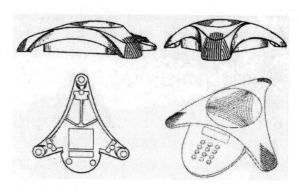

第 8341029 号（涉案商标图样）

ABDX，迪奥真我香水瓶案（20180426/A20191224-114/B2018-21/D2018-01）：显著性审查应持统一标准

迪奥尔公司 v 商评委，再审，最高院（2018）最高法行再 26 号判决书，陶凯元、王闯、佟姝

案情概要

迪奥尔公司申请将其国际注册第 1221382 号领土延伸保护到中国—商标局以申请商标缺乏显著性为由全部驳回—商评委、一审、二审法院均未支持迪奥尔公司有关涉案商标具有显著性的主张—迪奥尔公司认为其已有第 7505828 号相同商标获得注册—再审认为商标局迳行将申请商标类型变更为普通商标，并作出不利于迪奥尔公司的审查结论—商评委在迪奥尔公司明确提出异议的情况下，对此未予纠正—可能损害行政相对人合理的期待利益，有违行政程序正当性的原则—应重新审查

裁判摘录

【10】……由于迪奥尔公司在国际注册程序中已将申请商标类型明确为三维立体商标，商标局将申请商标作为图形商标并对其显著性予以评判的做法，缺乏事实依据。因此，商标评审委员会应当基于迪奥尔公司在复审程序中提出的与商标类型有关的复审理由，纠正商标局的不当认定，并根据三维标志是否具备显著特征的评判标准，对申请商标指定中国的领土延伸保护申请是否应予准许的问题重新进行审查。本院认为，商标局、商标评审委员会在重新审查认定中应重点考量如下因素：一是申请商标的显著性与经过使用取得的显著性，特别是申请商标进入中国市场的时间，在案证据能够证明的实际使用与宣传推广的情况，以及申请商标因此而产生识别商品来源功能的可

能性；二是审查标准一致性的原则。商标评审及司法审查程序虽然要考虑个案情况，但审查的基本依据均为商标法及其相关行政法规规定，不能以个案审查为由忽视执法标准的统一性问题。

G1221382 号（涉案商标图样）　　　　　第 7505828 号

第
八
条

第九条　【在先权利】

申请注册的商标，应当有显著特征，便于识别，并不得与他人在先取得的合法权利相冲突。

商标注册人有权标明"注册商标"或者注册标记。

本条导读

本条第一款中关于申请注册的商标不得与他人在先取得的合法权利相冲突的规定，是在 1993 年《商标法实施细则》基础上发展起来，并按照《保护工业产权巴黎公约》（以下简称《巴黎公约》）及《与贸易有关的知识产权协定》的要求写进 2001 年《商标法》的。授权确权程序中的在先权利保护规定在第 32 条。

在是否可以起诉涉及注册商标使用构成著作权侵权的问题上，最早 1997 年时法院已判决可以对抗（武松打虎案、三毛案），2008 年权利冲突司法解释实际已有明确规定，最高法院在一批复中也认为应当作为民事争议受理（蜡笔小新 I 案）。另外，当在先著作权的使用受到在后注册商标投诉、警告的时候，法院允许在先权利人提起确认不侵权之诉（水宝宝 I 案），或允许其合理使用（彼得兔 I 案、HCBank 案）。仅因他人商标申请中使用其作品的则应通过授权确权程序解决（鳄鱼 I 案）。

SY，水宝宝 I 案（20180308）：在先著作权人对其作品的使用不侵犯在后申请注册的商标

拜耳关爱公司等 v 李某等，一审，杭州余杭区法院（2017）浙 0110 民初 18624 号判决书，成文娟、唐少鹏（陪）、凌金才（陪）

案情概要

两原告起诉要求法院确认其对涉案标识享有合法在先权利，涉案标识在涉案产品上的使用系合法使用，不侵犯李某涉案商标权——要求判令李某立即停止利用涉案商标权进行侵权投诉、侵权警告等行为——一审确认原告不侵权——本案并非侵权赔偿之诉，李某的投诉行为本身是否侵权需在另案中作出认定——不支持原告要求被告停止侵权投诉与侵权警告——不支持原告赔偿请求

【裁判摘录】

【7】……两原告提供的纽约柯文设计公司的说明阐明了拜耳关爱公司委托纽约柯文设计公司创作涉案图案的过程及创作意图，而瓦内萨 A. 伊格纳西奥及硕科公司的说明反映了拜耳关爱公司就涉案图案在美国申请商标的过程，以及就（图三）标识最终于 2013 年 10 月 1 日取得美国商标权的事实，结合涉案产品包装中注明 "© Copyright & Distributed by MSD Consumer Care，Inc."，而 "MSD Consumer Care，Inc." 系原告拜耳关爱公司的曾用名，也即涉案产品包装中注明版权属于原告拜耳关爱公司，再结合两原告提供的多个公证书显示早在 2014 年 5 月我国多个电商平台上即有使用涉案图案的涉案两款产品在售，远早于原告申请涉案商标的时间，由此可见，两原告提供的相应证据能够相互印证，证明拜耳关爱公司对涉案图案享有在先著作权。美国与中国均为伯尔尼公约的参约国，因此，拜耳关爱公司就涉案图案所享有的著作权受我国法律保护。故本院确认拜耳关爱公司对涉案两款产品上使用的涉案图案即（图一）（图三）享有著作权。【8】……两原告在确美同儿童产品（Coppertone Kids）上使用拜耳关爱公司享有在先著作权的（图一）图案不侵犯李某第 16890535 号（图二）商标权及在确美同超防护产品（Coppertone Ultra Guard）使用拜耳关爱公司享有在先著作权的（图三）图案不侵犯李庆第 16886091 号 "（图四）" 商标权。

图一　（拜耳关爱公司享有
在先著作权的标志）

图二　第 16890535 号
（李某涉案商标）

图三　（拜耳关爱公司
享有在先著作权的标志）

图四　第 16886091 号
（李某涉案商标）

第九条

FY，HCBank 案（20120824/F2012-23）：在后注册商标不得限制在先著作权的合理使用

吕某阳 v 哈尔滨银行，二审，黑龙江高院（2012）黑知终字第 50 号判决书，刘淑敏、马文婧、李锐

案情概要

吕某阳诉哈尔滨银行侵犯其第 5867623 号图形商标——一审认为哈尔滨银行对相关标志有在先著作权，对涉案商标的使用有合法根据，不构成侵权——二审维持一审

裁判摘录

【1】……哈尔滨银行对诉争商标提起的异议程序既不属于法律规定必须中止本案审理的前置程序，本案审理亦不需要以该行政裁决的结果为依据。……法院有权就注册商标专用权与在先权利冲突进行独立的实质审查……【3】……应尊重和保护在先权利。即要求在后权利的创设、行使均不得侵犯在此之前已存在并受法律保护的在先权利。因此，擅自将他人享有著作权的作品注册产生的商标权，是一种存在于他人合法在先权利基础上的有瑕疵的民事权利，将可能被认定无效或权利受到限制。当注册商标专用权与在先著作权发生冲突时，在先著作权人可以阻却商标注册申请，也可以据此申请撤销注册商标专用权。……哈尔滨银行已向国家商标局提出异议申请，吕某阳的注册商标专用权已处于不稳定状态。虽然涉案商标专用权的效力需待行政机关最终作出确认，但并不影响本院对本案被控侵权行为是否构成商标侵权进行审查并作出认定。根据保护在先权利的基本原则，吕某阳作为在后注册商标专用权人无权限制著作权人对其作品的合理使用。

第 5867623 号 （涉案商标图样）

BWY，蜡笔小新Ⅰ案（20081106/B2008-08）：将他人作品作为商标使用引发民事争议，法院应当受理

双叶社 v 恩嘉公司等，再审，最高院（2007）民三监字第 14－1 号裁定书

案情概要

　　双叶社起诉恩嘉公司未经许可在产品销售、宣传时非法使用其享有著作权的美术作品——一审认为是注册商标之间的争议，不应受理——二审维持一审——再审认为双叶社对涉案标记在涉案产品销售、宣传等实际使用行为提起诉讼，属于民事权益争议——应予受理

裁判摘录

　　【1】……双叶社的起诉请求不仅主张诚益公司、世福公司在注册或者持有的商标中非法使用了其享有著作权的"蜡笔小新"美术作品，还主张恩嘉公司未经许可在产品销售、宣传时非法使用其美术作品。双叶社对上述产品销售、宣传等实际使用行为提起诉讼，属于民事权益争议，在符合民事诉讼法第一百零八条规定的情况下，人民法院应当予以受理。原审法院以本案属于涉及注册商标授权争议的知识产权权利冲突案件，应由行政主管机关处理，不属于人民法院受案范围，驳回双叶社起诉，适用法律错误，应当予以纠正。

图一　　　　　　　　　　　图二

原告享有著作权的标志

第 1026605 号　　　　　　第 1026606 号

被告涉案商标图样

SWY，鳄鱼Ⅰ案（20050608）：仅因他人申请注册商标时使用其作品而主张保护著作权的，应通过商标行政救济程序解决

鳄鱼公司等 v 拉科斯特公司，二审，上海高院（2004）沪高民三（知）终字第97号裁定书，朱丹、王静、马剑峰

案情概要

被告拉科斯特公司将由"Crocodile"和鳄鱼组成的图案申请注册商标，申请使用的商品范围为洗衣用漂白剂等—两原告主张被告涉案申请行为侵犯其著作权—被告认为不由法院主管—一审认定应由法院主管，被告侵犯原告著作权—被告就主管问题上诉—二审裁定［（2003）沪高民三（知）终字第43号］认为应由法院主管—最高院推翻43号裁定—上海高院作出本案判决［（2004）沪高民三（知）终字第97号］，撤销一审，驳回原告起诉—应通过商标法规定的异议等救济程序解决

裁判摘录

【1】……在商标授权程序中，当事人仅因他人申请注册商标时使用其作品而主张保护著作权的，应通过商标法规定的异议等救济程序解决。在已提出异议的情况下，当事人又以他人使用其作品申请注册商标并获初审公告的行为构成侵权为由，提起民事诉讼的，人民法院不宜受理。

附：

最高人民法院关于在商标授权程序中当事人仅因他人申请注册商标时使用其作品而主张保护著作权问题的批复

（2005）民三监字第2号

上海市高级人民法院：

申请再审人（法国）拉科斯特衬衫股份有限公司不服上海市高级人民法院（2003）沪高民三（知）终字第43号民事裁定书，向我院申请再审。经审查认为，在商标授权程序中，当事人仅因他人申请注册商标时使用其作品而主张保护著作权的，应通过商标法规定的异议等救济程序解决。在已提出异议的情况下，当事人又以他人使用其作品申请注册商标并获初审公告的行为构成侵权为由，提起民事诉讼的，人民法院不宜受理。如本案属于上述情况，建议你院根据具体案情，按照《中华人民共和国商标法》第三十条、第三十三条及《中华人民共和国民事诉讼法》第一百一十一条第（三）项及最高人民法院关于适用《中华人民共和国民事诉讼法》若干问题的意见第186条的规定审查处理。

2005 年 4 月 27 日

SY，彼得兔Ⅰ案（20041223）：商标权人不能限制他人对公有作品的正当使用

社科出版社 v 沃恩公司，一审，北京一中院（2003）一中民初字第 6356 号判决书，张广良、苏杭、姜颖

案情概要

"彼得兔"作品的著作权已经进入公有领域，任何人可以自由使用—沃恩公司在第 16 类"书"等商品上合法注册了一系列商标—其商标权受到法律保护—其商标直接标识了作品的内容—该商标专用权应受到一定限制—不得阻碍他人对"彼得兔"作品的正当使用—社科出版社的涉案使用行为属于对"彼得兔"作品的正当使用—符合出版惯例—未侵犯被告的商标专用权—确认原告的使用行为不侵权—社科出版社上诉后撤回上诉

裁判摘录

【13】……自 1994 年 1 月 1 日起，毕翠克丝·波特的作品在中国已进入公有领域，任何人均可以自由使用。【15】由于被告注册的上述商标文字和图形均来源于毕翠克丝·波特的作品，直接标识了作品的内容，而毕翠克丝·波特的作品已进入公有领域，因此，被告对这些商标享有的专用权将受到一定限制，即不得以其享有上述商标专用权为由阻碍他人对毕翠克丝·波特作品进行正当使用。如果他人对上述商标中的文字和图形的使用是用于说明作品的内容，而非作为商业标识使用时，则不构成对被告注册商标专用权的侵犯。

SY，三毛案（19970819）：注册商标不能用来抗辩在先著作权

冯某音等 v 三毛集团，二审，上海高院（1997）沪高民终（知）字第 48 号判决书，须建楚、陈子龙、邓思聪

案情概要

已故作家张乐平在漫画作品中创作了小男孩"三毛"的漫画形象—张乐平去世后，其生前全部著作中的相关权利皆由其法定继承人继承和保护—原告为法定继承人—原告认为被告未经其同意，擅自将张乐平创作的"三毛"漫画形象作为其企业的商标进

行注册并广泛使用，侵犯其著作权—被告用其注册的"三毛"商标抗辩—一审认为注册商标不能抗辩在先著作权—被告将"三毛"漫画形象作为商标申请注册和企业形象使用，侵犯了原告的著作权—被告商标专用权的问题不是本案审理范围—二审维持一审

> ### 裁判摘录

【1】本院认为，大脑袋、头上长着三根毛、鼻子圆圆的小男孩"三毛"漫画形象系张乐平独立创作，并享有著作权，现该权利归其合法继承人，即被上诉人所有。上诉人江苏三毛集团公司辩称"三毛"形象为瑞典奥斯卡·雅各布生所创作一节显与事实不符。张乐平创作的"三毛"是我国公众所熟悉的漫画形象，上诉人理应知道擅自将该美术作品作为商标在其产品上使用是侵犯他人著作权的行为，现上诉人提出该商标由他人设计，对此产生的法律后果其不负责，于法无据，本院不予支持。本案涉及的是上诉人侵犯被上诉人的在先权利，故上诉人认为其"三毛"商标已注册，属合法使用，不侵犯他人权利，也属无理。

SY，武松打虎案（19970611）：未经许可将他人美术作品申请注册为商标构成著作权侵权

裴某等 v 景阳岗酒厂等，二审，北京一中院（1997）一中知终字第 14 号判决书，赵宪忠、刘海旗、任进

> ### 案情概要

画家刘某卣创作组画《武松打虎》—景阳岗酒厂对组画中的第 11 幅进行修改后，作为装饰用在其所生产的白酒酒瓶上，又将该图案向商标局申请商标注册并被核准——一审认定被告行为破坏了该作品的完整性，侵害了原告的权利—二审维持一审

> ### 裁判摘录

【1】依据我国著作权法的规定，刘某卣系《武松打虎》组画的作者，依法享有该绘画作品的著作权。刘某卣去世后，其妻裴某、女刘某为其合法继承人，有权继承该作品的使用权和获得报酬权，并有权保护刘某卣对《武松打虎》组画享有的署名权、修改权和作品完整权。【3】关于许可的问题，景阳岗酒厂认为其使用《武松打虎》组画是合法使用，但其提供的证据大多是证明该厂在刘某卣生前曾与之有过接触，均不能证明刘某卣当时已经口头许可景阳岗酒厂使用其《武松打虎》组画作为瓶贴和装潢用于景阳岗陈酿酒瓶上。因此其使用经过刘某卣许可的事实依然无法确认。其次，尽

管本案涉及一些历史背景，但在有关法律实施后，当事人应依法规范自己的行为。著作权法规定，使用他人作品应当同著作权人订立合同或者征得著作权人的许可。上诉人在我国著作权法实施后至 1996 年原审原告起诉时仍未与裴某、刘某就《武松打虎》组画在其产品上使用进行协商或订立协议，其主观上存在过错。故上诉人关于其合法使用的主张证据不足，本院不予支持。

涉案著作权图样

第十条 【商标注册：合法性】

下列标志不得作为商标使用：

（一）同中华人民共和国的国家名称、国旗、国徽、国歌、军旗、军徽、军歌、勋章等相同或者近似的，以及同中央国家机关的名称、标志、所在地特定地点的名称或者标志性建筑物的名称、图形相同的；

（二）同外国的国家名称、国旗、国徽、军旗等相同或者近似的，但经该国政府同意的除外；

（三）同政府间国际组织的名称、旗帜、徽记等相同或者近似的，但经该组织同意或者不易误导公众的除外；

（四）与表明实施控制、予以保证的官方标志、检验印记相同或者近似的，但经授权的除外；

（五）同"红十字"、"红新月"的名称、标志相同或者近似的；

（六）带有民族歧视性的；

（七）带有欺骗性，容易使公众对商品的质量等特点或者产地产生误认的；

（八）有害于社会主义道德风尚或者有其他不良影响的。

县级以上行政区划的地名或者公众知晓的外国地名，不得作为商标。但是，地名具有其他含义或者作为集体商标、证明商标组成部分的除外；已经注册的使用地名的商标继续有效。

本条导读

现行《商标法》第 10 条是从 1982 年、1993 年《商标法》第 8 条演变过来的，之前还包括显著性的内容，后来这一部分变成了第 11 条。

关于中国国名和外国国名，法院都认为应当整体判断（中国劲酒案、沙特阿美案），这一原则后来被吸收到 2017 年《最高人民法院关于审理商标授权确权行政案件若干问题的规定》（以下简称《商标授权确权司法解释》）第 3 条中。对于外文标志构成的商标，法院认为应当结合中国境内相关公众的通常认识来判断（Jordan 案），这在上述司法解释第 8 条中也有体现。

对于不良影响条款，入选案例主要涉及可能伤害宗教感情的标志（城隍案、泰山大帝案），有害于社会主义道德风尚的标志（大姨妈案、MLGB 案），以及已经过世的有一定行业影响的公众人物（李兴发案）。值得注意的是，因为整体与国名不近似的标志仍有可能与相关国家发生联系并产生不良影响（中国劲酒案、沙特阿美案），所以在上述司法解释第 3 条第 2 款中也有体现。

没有形成"第二含义"的地名不能注册（阿尔山案）。

10.1（1）国名

BCFX，中国劲酒案（20101224/B2010-19/C2012-04/F2010-45）：与中国国名是否近似应进行整体判断

劲牌公司 v 商评委，再审，最高院（2010）行提字第 4 号判决书，王艳芳、周云川、夏君丽

案情概要

　　劲牌公司申请注册"中国劲酒"商标—商标局、商评委不支持注册—国家名称——一、二审认为国名仅表示申请人所属国，商评委裁定应予撤销—再审认为商标整体与国名不相同不近似—仍应审查不良影响

裁判摘录

　　【1】如果该标志含有与我国国家名称相同或者近似的文字，且其与其他要素相结合，作为一个整体已不再与我国国家名称构成相同或者近似的，则不宜认定为同中华人民共和国国家名称相同或者近似的标志。本案中，申请商标可清晰识别为"中国""劲""酒"三部分，虽然其中含有我国国家名称"中国"，但其整体上并未与我国国家名称相同或者近似，因此申请商标并未构成同中华人民共和国国家名称相同或者近似的标志……

10.1（2）外国国名

BX，沙特阿美案（20160627/B2016-39）：整体与外国国名不相同或不近似，不适用国名禁止条款

黄某东 v 商评委等，再审，最高院（2016）最高法行申 356 号裁定书，夏君丽、郎贵梅、傅蕾

案情概要

　　黄某东申请注册"沙特阿美及图"商标—被提起异议—商标局核准注册—商

评委、一、二审认为申请商标易使消费者理解为外国国名"沙特阿拉伯",不应核准—再审认为标记整体不构成与国名的相同或近似—有不良影响—二审适用法律错误,但裁判结果正确—再审申请不予支持

裁判摘录

【1】……根据 2001 年修正的《中华人民共和国商标法》(简称《商标法》)第十条第一款第(二)项规定,同外国的国家名称相同或者近似的标志不得作为商标使用,但经该组织同意或者不易误导公众的除外。此处所称同外国的国家名称相同或者近似的标志,是指该标志作为整体同外国国家名称相同或者近似。如果该标志含有与外国国家名称相同或者近似的文字,且其与其他要素相结合,作为一个整体已不再与外国国家名称构成相同或者近似的,则不宜认定为同外国国家名称相同或者近似的标志……

沙特阿美

第 4378454 号 (涉案被异议商标图样)

BX,Jordan 案(20151202/B2015-20):外文商标的识别应以相关公众知识水平和认知能力为准

耐克公司 v 商评委,再审,最高院(2015)知行字第 80 号裁定书,王艳芳、杜微科、佟姝

案情概要

耐克公司申请注册"JORDAN 及图"商标—商标局、商评委均认为与在先商标近似,且是外国国名,不应核准—耐克公司针对外国国名的理由提起诉讼—一、二审认为商标是外国国名—再审基于相关公众认知,认定不属于外国国名

裁判摘录

【2】……相关公众基于知识水平和认知能力,不会认为申请商标整体上与外国

国家名称相同或近似的，应认定申请商标未违反商标法第十条第一款第（二）项的规定。……【3】本案中，申请商标为组合商标，由上方的"  "图形和下方的"JORDAN"文字共同组成。其中文字部分"Jordan"除了构成约旦国（全称约旦哈希姆王国）英文国家名称"The Hashemite Kingdom of Jordan"的重要组成部分外，还具有人名、地名等其他含义。而且，申请商标的文字部分与图形部分" "紧密结合，整体上与"Jordan"形成了一定的差异。由于地理差距、语言差异等因素，我国境内的相关公对"JORDAN"为约旦国家英文名称重要组成部分的了解程度相对有限，相关公众基于其知识水平和认知能力，一般不会将申请商标中的"JORDAN"与约旦国联系在一起，更不会认为申请商标整体上与约旦的国家名相同或者近似。因此，一、二审判决以及被诉决定有关申请商标不符合商标法第十条第一款第（二）项规定的认定错误，本院予以纠正。

第 7752573 号 （涉案申请商标图样）

10.1（8）不良影响

BFX，大姨妈案（20191227/B2019-43/F2019-47）：法院可以主动审查有关不良影响的绝对理由

北京康智公司 v 国知局等，再审，最高院（2019）最高法行再 240 号判决书，张志弘、曹刚、江建中

案情概要

原告北京康智公司在第 38 类电话会议等服务上申请并获得注册第 13379061 号"大姨妈及图"商标——厦门美柚公司提起无效——国知局（商评委）认为涉案商标缺乏显著性，应予无效——厦门美柚公司无充分证据证明涉案商标的注册采取了欺骗或不正当手段，违反诚信——一审认为商标有显著性，应维持注册——二审维持一审——再审中厦门美柚公司主张诉争商标具有《商标法》第 10 条第 1 款第（八）项规定的情形，具有不良影响——商评委、一、二审阶段没有提出，也没有审查——再审进行审查——认定有不良影响

裁判摘录

【2】厦门美柚公司再审中主张诉争商标具有《商标法》第十条第一款第（八）项规定的情形，具有不良影响。【3】对此，虽然厦门美柚公司没有在商标无效评审阶段提出此问题，原商标评审委员会以及一、二审法院亦没有对此进行审理，但依据《中华人民共和国行政诉讼法》第八十七条关于对被诉行政行为进行全面审查的原则、《最高人民法院关于适用〈中华人民共和国行政诉讼法〉的解释》第一百二十条关于人民法院审理再审案件应当围绕再审请求和被诉行政行为合法性进行的规定以及《最高人民法院关于审理商标授权确权行政案件若干问题的规定》第二条"人民法院对商标授权确权行政行为进行审查的范围，一般应当根据原告的诉讼请求及理由确定。原告在诉讼中未提出主张，但商标评审委员会相关认定存在明显不当的，人民法院在各方当事人陈述意见后，可以对相关事由进行审查并做出裁判"之规定，对于本案诉争商标是否具有商标法第十条第一款第八项规定的不良影响，在再审阶段对此进行审查并不违反上述法律及司法解释的规定。【4】况且，《商标法》第十条第一款第（八）项系商标注册的绝对条款，如果商标的注册违反此条规定，应当被禁止。【5】本案诉争商标系由文字"大姨妈"及图像构成，其显著识别部分为文字"大姨妈"。"大姨妈"，原义是指母亲的姐妹。近来作为月经的俗称，指代女性月经。【6】将"大姨妈"文字作为商标注册，使用在第38类"电话会议服务；电子公告牌服务（通讯服务）；计算机辅助信息和图像传送；视频会议服务；数字文件传送；提供互联网聊天室；提供在线论坛；移动电话通讯"等服务上，与我国文化传统不相符，有损公众情感和女性尊严，有违公序良俗，系有害于社会主义道德风尚或者有其他不良影响的标志，应当宣告无效。【7】原商标评审委员会做出的无效裁定结果正确，但没有认定该商标属于《商标法》第十条第一款第（八）项规定的具有不良影响的情形，有所不当。

第 13379061 号
（涉案商标图样）

DX，MLGB 案（20190203/D2019-03）：含义消极、格调不够的商标可认定具有"其他不良影响"

上海俊客公司 v 商评委，二审，北京高院（2018）京行终 137 号判决书，陶钧、孙柱永、陈曦

【案情概要】

上海俊客公司获准注册第 8954893 号"MLGB"商标—核定使用在第 25 类服装等商品上—姚某军提起无效宣告申请—有害于社会主义道德风尚—不良影响—上海俊客公司称争议商标是指"My Life's Getting Better"—商评委裁定无效争议商标—一审多数意见认为被诉裁定正确—少数意见认为不符合"其他不良影响"，被诉裁定应予撤销—二审维持原判

【裁判摘录】

【3】……诉争商标标志或其构成要素是否属于"其他不良影响"情形的判断主体应当为"社会公众"……而非诉争商标指定使用的商品或者服务的"相关公众"，否则所得出判断结论容易"以偏概全"，不利于对社会公共利益和公共秩序的保护。【4】……在审查判断商标标志或者其构成要素是否具有"其他不良影响"的情形时，一般应当以诉争商标申请注册时的事实状态为准。若申请时不属于上述情形，但在核准注册时诉争商标已经具有"其他不良影响"的，考虑到为避免对我国政治、经济、文化、宗教、民族等社会公共利益和公共秩序产生消极、负面影响，也可以认定诉争商标构成《商标法》第十条第一款第（八）项所规定的情形。【5】此外，应当区分商标授权和确权程序的制度差异。特别在商标确权案件中，即使由于公众使用文字的习惯、方式发生了改变，使已注册商标标志被赋予了其他含义，但从保护商标权利人信赖利益的角度出发，应当合理平衡私有权利与公共利益的关系，除非存在维持诉争商标注册会明显违背公序良俗的情形，否则一般不宜将注册日之后的事实状态作为评价诉争商标是否具有"其他不良影响"的依据。【6】……在审查判断诉争商标标志或者其构成要素是否具有"其他不良影响"的情形时，一般应当根据其"固有含义"进行判断，特别是对由单独字母或者字母组合构成的标志，就诉争商标标志或者其构成要素含义的理解，应以我国公众通常认知为标准，即以辞典、工具书等正式官方出版物或者能够为公众广泛接触的具有"公信力"的信息载体等所确定的内容为准，但是若我国公众基于生活常识已经对相关内容形成普遍认知的情况下，亦可以经过充分说明予以确定。【7】避免将诉争商标标志或者其构成要素在特殊语境、场合等情况下，通过演绎、联想等方式后，所形成的非通常含义负载于诉争商标标志或者其构成要素之上，作为认定其具有"其他不良影响"的标准。否则势必造成对经营者在商业活动中应属自由表

达创造空间的不当限缩，亦不利于对我国社会主义道德文化进行积极、正向的指引。【8】若对诉争商标含义的认识存在分歧，为了得出更加符合社会公众普遍认知的结论，可以通过参考诉争商标申请注册主体、使用方式、指定使用的商品或者服务等因素，就诉争商标的使用是否可能对我国社会公共利益和公共秩序产生消极、负面的影响形成"高度盖然性"的内心确认。例如，将特定经济领域的公众人物姓名申请注册为商标时，可能会因申请注册主体的差异，而导致是否具有"其他不良影响"认定结论的不同。【9】……在审查判断商标标志或者其构成要素是否具有"其他不良影响"的情形时，一般应当由主张诉争商标具有"其他不良影响"的当事人承担举证证明责任。当事人主张标志固有含义的，应当提交辞典、工具书等予以证明，但是若诉争商标的含义基于生活常识已经能够形成普遍认知的，此时经过充分说明亦可以予以接受。然而，应当避免在诉争商标含义存在不确定性或者并未形成普遍认知的情况下，仅凭特定群体的心理预设就赋予诉争商标特定含义。【10】……本案中争议商标由字母"ML-GB"构成，虽然该字母并非固定的外文词汇，但是结合姚某军在行政审查阶段提交的部分形成于争议商标申请注册日前的相关网页截图，以及考虑到我国网络用户数量规模之大、网络与社会公众生活密切相关等因素，在网络环境下已经存在特定群体对"MLGB"指代为具有不良影响含义的情形下，为了积极净化网络环境、引导青年一代树立积极向上的主流文化和价值观，制止以擦边球方式迎合"三俗"行为，发挥司法对主流文化意识传承和价值观引导的职责作用，应认定争议商标本身存在含义消极、格调不高的情形。同时，考虑到虽然上海俊客公司在使用争议商标时，与英文表达一并使用，但其在申请争议商标的同时，还申请了"caonima"等商标，故其以媚俗的方式迎合不良文化倾向的意图比较明显，在实际使用过程中存在对争议商标进行低俗、恶俗商业宣传的情形。因此，综合在案情形，原审判决及被诉裁定关于争议商标的注册违反2001年《商标法》第十条第一款第（八）项规定的认定并无不当，本院予以确认……

BX，沙特阿美案（20160627/B2016-39）：外国国名与其他要素一起使用，如有不良影响则不予注册

黄某东 v 商评委等，再审，最高院（2016）最高法行申356号裁定书，夏君丽、郎贵梅、傅蕾

案情概要

黄某东申请注册"沙特阿美及图"商标—被提起异议—商标局核准注册—商评委、一、二审认为申请商标易使消费者理解为外国国名"沙特阿拉伯"，不应核准—再审认为标记整体不构成与国名的相同或近似—有不良影响—二审适用法律错误，但裁判结果正确—再审申请不予支持

裁判摘录

【1】……本案中，被异议商标的构成要素中含有"沙特"和狗头图形，且被异议商标指定使用于"石油"等相关商品上，相关公众容易认为其指定使用的商品与沙特阿拉伯王国有所联系。在此情况下，如果允许被异议商标在我国予以注册并作商业使用，将产生不良影响。因此，被异议商标违反了《商标法》第十条第一款第（八）项的规定，不应当予以核准注册。……

沙 特 阿 美

第 4378454 号

（涉案被异议商标图样）

BCX，泰山大帝案（20160511/B2016-15/C2017-01）：伤害宗教感情的标志可以认定为"具有其他不良影响"

泰山公司 v 商评委等，再审，最高院（2016）最高法行再 21 号判决书，钱小红、杜微科、王艳芳

案情概要

泰山公司对万佳公司享有权利的"泰山大帝"商标提起撤销申请—有害于宗教信仰、宗教感情或者民间信仰，易产生误认—恶意—商评委及一审支持泰山公司—二审认为涉案商标没有不良影响，反有较高知名度、良好社会效益和积极评价，不应撤销—再审同意商评委和一审认定

裁判摘录

【2】……判断有关标志是否构成具有其他不良影响的情形时，应当考虑该标志或者其构成要素是否可能对我国政治、经济、文化、宗教、民族等社会公共利益和公共秩序产生消极、负面影响。如果某标志具有宗教含义，不论相关公众是否能够普遍认知，标志是否已经使用并具有一定知名度，通常可以认为该标志的注册有害于宗教感情、宗教信仰或者民间信仰，具有不良影响。……本院认为，判断"泰山大帝"是否

系道教神灵的称谓，是否具有宗教含义，不仅需考量本案当事人所提交的相关证据，也需考量相关宗教机构人士的认知以及道教在中国民间信众广泛的历史渊源和社会现实。首先，虽然当事人提交的大部分证据，也即二审法院认定的官方记载未记载"东岳大帝"或"泰山神"称为"泰山大帝"，但有部分书籍、新闻报道和论文中提及"东岳大帝"或"泰山神"称为"泰山大帝"。其次，泰安市民族与宗教事务局、泰安市道教协会也出具说明证明"泰山大帝"系道教神灵的称谓，他们的认知本身即是相关宗教机构人士的认知。最后，道教是我国具有悠久历史传统的一种宗教，在漫长的历史过程中，道教信众广泛，有关记载道教的书籍、杂志、报道众多，因此，关于道教神灵的称谓也难言仅限于国家官方记载。故，即便二审认定的官方记载未记载"泰山大帝"为"泰山神"或"东岳大帝"，"泰山大帝"不是"东岳大帝"或"泰山神"称谓的唯一对应，但相关证据和宗教界机构人士的认知表明，"泰山大帝"均指向"泰山神"或"东岳大帝"，而不是指向其他道教神灵，"泰山大帝"的称谓系客观存在，具有宗教含义。万佳公司以及争议商标原申请注册人将"泰山大帝"作为商标加以注册和使用，可能对宗教信仰、宗教感情或者民间信仰造成伤害，从而造成不良影响。

FX，城隍案（20140603/F2014-47）：伤害宗教感情的标志可以认定为"具有其他不良影响"

城隍公司 v 商评委等，二审，北京高院（2014）高行终字第485号判决书，莎日娜、周波、俞惠斌

案情概要

城隍公司受让争议商标"城隍"—豫园公司以伤害宗教感情，具有不良影响等为由提起撤销—商评委支持不良影响—一审维持商评委认定—二审认为有不良影响，应予撤销

裁判摘录

【1】……审查判断有关标志是否构成具有其他不良影响的情形时，应当考虑该标志或者其构成要素是否可能对我国政治、经济、文化、宗教、民族等社会公共利益和公共秩序产生消极、负面的影响。对于具有多种含义的标志，如其所具有的一种含义属于上述具有其他不良影响的情形，则该标志仍应被认定为具有其他不良影响而不应作为商标使用。【2】……虽然"城隍"具有"护城河"等含义，但除此之外，"城隍"也被用来指代道教的特定神灵。……将"城隍"作为商标加以使用，将对信奉道教的相关公众的宗教感情产生伤害，并对社会公共利益和公共秩序产生消极、负面的影响。……

【3】在商标授权确权行政案件中，虽然应当考虑相关商业标志的市场知名度，尊重相关公众已在客观上将相关商业标志区别开来的市场实际，……但这种对市场客观实际的尊重不应违背《商标法》的禁止性规定。在争议商标违反《商标法》第十条第一款第（八）项的情况下，即使争议商标经使用具有了较高知名度甚至曾被商标局认定为驰名商标，也不应因此而损害法律规定的严肃性和确定性。

BX，李兴发案（20120326/B2012-26）：用已故的具有行业影响力的人名注册商标可以认定具有不良影响

美酒河公司 v 商评委等，再审，最高院（2012）知行字第 11 号裁定书，于晓白、骆电、王艳芳

案情概要

美酒河公司注册了"李兴发"商标—李某寿以侵犯其已故父亲李兴发的姓名权，借助李兴发知名度和权威性，提高自己商品的知名度，主观恶意明显等理由提起撤销—商评委认为李兴发已故，姓名权主张不能得到支持—李兴发在酒行业内具有一定的知名度和影响力—将其姓名作为商标注册涉案商品上，易使相关消费者将商品的品质特点与李兴发本人或茅台酒的生产工艺相联系—误导消费者，并造成不良影响—一、二、再审维持商评委裁定

裁判摘录

【1】……人民法院在审查判断有关标志是否构成具有其他不良影响的情形时，应当考虑该标志或者其构成要素是否可能对我国政治、经济、文化、宗教、民族等社会公共利益和公共秩序产生消极、负面影响。本案中，争议商标由"李兴发"文字及图组成，……李兴发生前……为茅台酒的酿造工艺做出一定贡献，在酒行业内具有一定的知名度和影响力，将其姓名作为商标注册在"酒精饮料（啤酒除外）"商品上，易使相关消费者将商品的品质特点与李兴发本人或茅台酒的生产工艺相联系，从而误导消费者，并造成不良影响。

10.2 地名

SWX，阿尔山案（20191206）：地名商标没有强于地名的含义且没有使用获得显著性的不能注册

蓝海矿泉水公司 v 国知局等，二审，北京高院（2019）京行终 4880 号判决书，杨柏

勇、苏志甫、陈曦

案情概要

　　蓝海矿泉水公司是第 9522017 号"阿尔山"商标的注册人—云露水业公司提起无效申请—阿尔山是内蒙古自治区县级行政区划名称，阿尔山矿泉资源丰富，是知名矿泉水水源地—诉争商标仅仅直接表示了核定商品的原料、产地，缺乏显著性—商评委、一审、二审均支持云露水业公司

裁判摘录

　　……本案中，诉争商标为中文"阿尔山"，阿尔山是位于内蒙古自治区兴安盟西北部的县级市，属于县级以上行政区划的地名，且现有证据亦不足以证明诉争商标中的文字"阿尔山"已形成强于地名的含义。因此，被诉裁定认定诉争商标的注册违反 2001 年《商标法》第十条第二款规定的结论正确。【2】……审理商标授权确权行政案件时，应当根据诉争商标指定使用商品的相关公众的通常认识，从整体上对商标是否具有显著特征进行审查判断。标志中含有的描述性要素不影响商标整体上具有显著特征的，或者描述性标志是以独特方式进行表现，相关公众能够以其识别商品来源的，应当认定其具有显著特征。如果某标志只是或者主要是描述、说明所使用商品的质量、主要原料、功能、用途、重量、数量、产地等特点，应当认定其不具有显著特征。标志或者其构成要素暗示商品的特点，但不影响其识别商品来源功能的，不属于上述情形。本案中，诉争商标为中文"阿尔山"，使用在指定商品上，直接表示了商品的品质、来源等特点，缺乏注册商标应有的显著性，且蓝海矿泉水公司提交的证据亦不足以证明诉争商标经其使用取得了显著性。因此，被诉裁定认定诉争商标违反 2001 年《商标法》第十一条第一款第（二）项之规定的结论正确。

第十一条 【商标注册：显著性】

下列标志不得作为商标注册：

（一）仅有本商品的通用名称、图形、型号的；

（二）仅直接表示商品的质量、主要原料、功能、用途、重量、数量及其他特点的；

（三）其他缺乏显著特征的。

前款所列标志经过使用取得显著特征，并便于识别的，可以作为商标注册。

本条导读

现行《商标法》第 11 条是从 1982 年、1993 年《商标法》第 8 条中分离出来的，之前不仅不能注册，而且也不能使用。分离出来以后，只是不能注册，但可以使用，而且使用之后如果能取得显著性，则可以获得注册。

判断是否具有显著性，不限于消费者的认知，相关的生产经营者也属于相关公众的考量范围（羊栖菜案）。直接描述服务特点的不具有显著性（微信 II 案）。由于商标法中使用的是"仅"字，显著性的认定首先应当整体进行（沩山茶案、BEST BUY 案、避风塘 III 案），2017 年《商标授权确权司法解释》第 7 条对此也有明确规定。在判断通用名称的时间点上如果事实发生变化，一般采用的是从新原则（散利痛案、金骏眉案、BEST BUY 案），这也与上述司法解释第 10 条的意见一致。药品法定通用名称的成立时间是正式进入药典成为药品标准的时间，而不是药品获批后试产期实施试行标准的时间（杏灵案）。仅仅收录进行业标准还不能当然认定构成原料的通用名称（莫代尔案），但根据日常经验法则可以认定商品通用名称（马卡龙案）。商品本身的形状一般不认为具有内在显著性（爱马仕案），见上述司法解释第 9 条。在证明商标的问题上，显著性要求没有作区别对待（BLUETOOTH 案）。

对于第 2 款规定的经过使用取得显著性的标志，文字商标相对容易判断一些（小肥羊 I 案），商品包装现状以及颜色组合商标的显著性获得相对会困难一些（雀巢瓶 II 案、斯蒂尔橙灰颜色案）。非遗名称经过使用取得显著性的也可以获得注册（汤瓶八诊案）。至于取得显著性的具体商品范围，法院采取了较为严格的标准（腾讯 QQ 声音案）。

11.1（1）通用词汇

SX，马卡龙案（20181217）：众所周知的事实也可用来判断是否属于通用名称

徐某辉 v 商评委等，二审，北京高院（2018）京行终 5610 号判决书，周波、俞惠斌、苏志甫

案情概要

徐某辉注册有第 7839763 号"马卡龙（指定颜色）"商标，核定使用在第 30 类若干商品—陈某仁提出无效宣告请求，理由主要是争议商标申请时已经是指代"杏仁小圆饼"的通用名称—商评委裁定争议商标作为商标用于指定使用的糕点、面包、甜食商品上，直接表示了上述商品的通用名称，属于 2001 年《商标法》第 11 条第 1 款第（一）项规定的不能作为商标注册的标志—一审撤销商评委裁定—证据不足以确定争议商标在申请注册或核准注册时已属于法定的或者约定俗成的商品名称—二审认为是否属于通用名称一般以提出商标注册申请时的事实状态为准—"糕点、甜食"商品上直接表述了上述商品的通用名称—在面包等商品上不违反《商标法》第 11 条第 1 款第（一）项的规定—纠正一审相关错误，维持一审结论

裁判摘录

【2】……审查判断争议商标是否属于通用名称，一般以提出商标注册申请时的事实状态为准。本案中，争议商标为"马卡龙（指定颜色）"，核定使用在"蛋黄酱、巧克力、咖啡、巧克力酱"等商品上。根据陈某仁在商标评审阶段提交的证据，并结合众所周知的事实，在徐某辉未提供相反证据加以反驳的情况下，根据日常生活经验法则可以推定，在争议商标申请日前，"马卡龙"又称作"玛卡龙"，是一种用蛋白、杏仁粉、白砂糖和糖霜制作，并夹有水果酱或奶油的法式甜点。因此，"马卡龙"作为商标用于指定使用的"糕点、甜食"商品上，直接表述了上述商品的通用名称，不能起到识别商品来源的作用，缺乏商标应有的显著性，属于 2001 年《商标法》第十一条第一款第（一）项规定的不能作为商标注册的标志。但"马卡龙"作为商标指定使用在"面包"商品上，与使用在"巧克力、咖啡"等其他商品上一样，亦不违反《商标法》第十一条第一款第（一）项的规定，对被诉裁定的相关内容予以纠正。原审判决虽不准确，但在结论上于法有据，本院在纠正其相关错误的基础上，对其结论予以维持。

BDX，避风塘Ⅲ案（20150108/B2014-29/D2014-08）：包含通用名称的商标的显著性应该整体认定

上海避风塘公司 v 商评委等，再审，最高院（2013）行提字第 8 号判决书，王闯、王艳芳、何鹏

【案情概要】

　　上海避风塘公司对竹家庄公司的"竹家庄避风塘及图"商标提起无效—不正当手段和欺骗手段获得注册—商评委、一、二、再审均认为争议商标整体具有显著性—无不正当手段和欺骗手段—支持争议商标的注册

【裁判摘录】

　　【7】……关于避风塘已被商标评审委员会认定为菜肴的通用名称一节，由于争议商标由竹子图案与"竹家庄避风塘"文字组成，不仅仅是"避风塘"文字，故争议商标具有显著性。

第 1427895 号（涉案争议商标）

DX，金骏眉案（20131212/D2013-09）：核准注册时变为通用名称的不能注册

桐木茶叶公司 v 商评委等，二审，北京高院（2013）高行终字第 1767 号判决书，张雪松、周波、戴怡婷

第十一条

案情概要

正山茶叶公司申请"金骏眉"商标—桐木茶叶公司以违反《商标法》第11条第1款第（一）、（二）项为由异议—商标局认为"金骏眉"非红茶品种名称，亦未直接表示商品的主要原料、特点、不会导致消费者的误认—核准注册—商评委、一审法院均认为在案证据不足以证明是通用名称—二审认为被诉商评委裁定作出时"金骏眉"已成为通用名称—不应核准注册

裁判摘录

【1】……审查判断诉争商标是否属于通用名称，一般以提出商标注册申请时的事实状态为准。如果申请时不属于通用名称，但在核准注册时诉争商标已经成为通用名称的，仍应认定其属于本商品的通用名称；虽在申请时属于本商品的通用名称，但在核准注册时已经不是通用名称的，则不妨碍其取得注册。……【2】商品的法定通用名称，是指依据法律规定或者国家标准、行业标准确定的商品通用名称。……【3】约定俗成的通用名称一般以全国范围内相关公众的通常认识为判断标准。对于由于历史传统、风土人情、地理环境等原因形成的相关市场较为固定的商品，在该相关市场内通用的称谓，可以认定为通用名称。【4】……商品通用名称的形成，除法律规定或者国家标准、行业标准的规定外，主要依赖于市场的客观使用情况，因此，商品通用名称的认定并不能单纯或者仅仅依据某一特定市场主体的使用情况而加以认定，只有该商品所在领域的相关公众均使用该名称指代该商品时，才能认定该名称为该商品的通用名称。【5】……依据现有在案证据，不能证明在被异议商标申请注册时，"金骏眉"已被相关公众作为茶等商品的通用名称加以识别和对待，故不能认定在被异议商标申请注册时，"金骏眉"属于茶等商品的通用名称。【10】……相关证据，足以证明在第53057号裁定作出时，"金骏眉"已作为一种红茶的商品名称为相关公众所识别和对待，成为特定种类的红茶商品约定俗成的通用名称。因此，基于第53057号裁定作出时的实际情况，应当认定被异议商标的申请注册，违反了《商标法》第十一条第一款第（一）项的规定。第53057号裁定和原审判决的相关认定错误，本院予以纠正。桐木茶叶公司的相关上诉理由成立，本院予以支持。

SX，羊栖菜案（20120904）：判断通用名称不能仅考虑消费者的认知

三丰公司 v 商评委等，二审，北京高院（2012）高行终字第668号判决书，张冰、刘晓军、袁相军

案情概要

　　三丰公司注册有第 4525535 号"ひじき"商标，核定使用在第 29 类的若干商品上—佳海公司提出撤销申请—商评委裁定争议商标在海菜、羊栖菜（加工过的）商品上的注册予以撤销，在其余商品上的注册予以维持—一审撤销商评委裁定—中国境内的相关公众在看到争议商标时，难以将其理解为羊栖菜，不会将其识别为商品的通用名称—二审推翻一审—涉案商标是通用名称，不具显著性

裁判摘录

　　【2】……"消费者"并不是认定通用名称唯一的"相关公众"，中国境内特定地域、特定行业的生产者、经营者也可以成为通用名称判定的主体。就本案而言，佳海公司提交的证据可以证明：洞头县系中国唯一的羊栖菜养殖、加工和出口基地，享有"羊栖菜之乡"美誉，当地自 1982 年开始加工羊栖菜，其产品 90% 出口日本。羊栖菜作为中国特定地区主要供出口日本的产品，其养殖、加工、销售出口涉及中国境内的市场区域系以浙江省温州市洞头县为主的特定地域范围，相关市场较为固定，故上述区域内的羊栖菜加工出口企业应系"相关公众"。因此，判定争议商标是否是通用名称应以当地羊栖菜相关行业的认识为标准。在争议商标申请注册之前的长期对日贸易中，洞头县羊栖菜加工出口企业均在其产品包装上标注羊栖菜的日文名称"ひじき"，将其作为羊栖菜的商品名称使用，并且类似包装至今仍为相关企业所普遍采用，同时，争议商标已被多部辞典列为通用名称。故"ひじき"在争议商标申请注册之前已成为浙江省温州市洞头县相关行业对羊栖菜的俗称，争议商标构成了通用名称，争议商标不具有区分商品提供者的功能，缺乏显著性。原审法院关于争议商标不构成通用名称的认定有误，本院予以纠正，商标评审委员会、佳海公司的相关上诉理由成立，本院予以支持。

SX，杏灵案（20110228）：试产期实施试行药品标准的药品的名称不能认为是通用名称

杏灵公司 v 商评委等，二审，北京高院（2011）高行终字第 11 号判决书，莎日娜、钟鸣、周波

案情概要

　　原告杏灵公司 2000 年 7 月 7 日获得注册第 1416354 号"杏灵"商标，核定使用商

品为第 5 类的兽医用制剂等商品—他人以争议商标系药品通用名称为由提起无效—商评委裁定撤销争议商标—一审认为是否属于通用名称，一般以提出商标注册申请时的事实状态为准—"杏灵颗粒"正式具有法律确定意义上的中药药品名称的时间是 2002 年 12 月 16 日—争议商标核准注册时并未成为通用名称—撤销商评委裁定—二审维持一审

裁判摘录

【2】……判断争议商标是否属于通用名称，一般以提出商标注册申请时的事实状态为准。如果申请时不属于通用名称，但在核准注册时已经成为通用名称的，仍应认定其属于本商品的通用名称；虽在申请时属于本商品的通用名称，但在核准注册时已经不是通用名称的，则不妨碍其取得注册。【3】依据《药品管理法》第三十二条及第五十条的规定，国务院药品监督管理部门颁布的《中华人民共和国药典》和药品标准为国家药品标准，列入国家药品标准的药品名称为药品通用名称。已作为药品通用名称的，该名称不得作为药品商标使用。【4】本案中，争议商标的申请日为 1999 年 2 月 8 日，核准注册日为 2000 年 7 月 7 日。国家药品监督管理局将"杏灵颗粒"纳入国家药品标准的时间是 2002 年 12 月 16 日，在本案争议商标核准注册之后，因此争议商标在被核准注册时尚未成为药品的通用名称，争议商标不具有《商标法》第十一条第一款第（一）项规定的不得予以注册的情形。商标评审委员会关于"杏灵颗粒"于 2000 年 4 月 29 日被国家药品监督管理局批准转入正式生产并实施试行标准就意味着争议商标构成通用名称的上诉主张缺乏依据，本院不予支持。

BWX，散利痛案（20090113/B2008-04）：评审时已不再是通用名称的标志可以维持注册

西南药业 v 商评委等，再审，最高院（2007）行监字第 111-1 号驳回再审申请通知书

案情概要

西南药业申请无效拜耳公司的"散利痛"商标—通用名称—评审时状态—商评委及一、二、再审均未支持

裁判摘录

【2】"散利痛"虽因列入四川、上海地方药品标准而成为该药品的通用名称，但 2001 年 10 月 31 日以后，因相关国家药品标准的修订不再是法定的通用名称，商标评

审委员会根据作出评审裁定前同行业对该名称的实际使用情况等事实，认定"散利痛"具有显著性并维持其注册的裁定并无不当，原审法院维持其裁定的裁判结果正确。

11.1（2）叙述词汇

SX，微信Ⅱ案（20161227）：直接描述服务特点的标志缺乏显著性

创博亚太公司 v 商评委等，再审，最高院（2016）最高法行申 3313 号裁定书，夏君丽、郎贵梅、傅蕾

案情概要

创博亚太公司申请注册"微信"商标，指定使用在第 38 类"信息传送"等服务上—张某河提起异议—商评委认为被异议商标构成《商标法》第 10 条第 1 款第（八）项所禁止的情形—一审维持商评委裁定—二审认为不能认定被异议商标具有"其他不良影响"，但是缺乏显著性，不应核准—再审维持二审

裁判摘录

【3】本案中，被异议商标由中文"微信"二字构成，指定使用在第 38 类"信息传送、电话业务、电话通信、移动电话通信、电子邮件、传真发送、电信信息、提供全球计算机网络用户接入服务（服务商）、为电话购物提供电讯渠道、语音邮件服务"上。"微"具有"小""少"等含义，与"信"字组合使用在上述服务项目上，易使相关公众将其理解为是比电子邮件、手机短信等常见通信方式更为短小、便捷的信息沟通方式，是对上述服务功能、用途或其他特点的直接描述，而不易被相关公众作为区分服务来源的商标加以识别和对待，因此，被异议商标在上述服务项目上缺乏显著特征，属于《商标法》第十一条第一款第（二）项所指情形。……

BFX，BLUETOOTH 案（20161227/B2016-16/F2016-47）：证明商标也需证明显著性

布鲁特斯公司 v 商评委等，再审，最高院（2016）最高法行申 2159 号裁定书，夏君丽、曹刚、傅蕾

案情概要

布鲁特斯公司申请注册第 5918201 号"蓝牙"商标，使用在第 42 类"计算机编程"等相关服务上—商标局认为违反《商标法》第 11 条第 1 款第（二）项和第 28 条的规定，驳回申请—商评委、一、二、再审均支持商标局决定—证明商标也要有显著性

裁判摘录

【3】显著性是商标发挥识别不同商品或者服务功能的基础。虽然《商标法》第三条第三款对证明商标的申请主体、使用主体及基本功能作出了规定，但其作为注册商标的一种类型，应当符合注册商标的一般性规定，具有显著性，便于识别，符合《商标法》第十一条的规定。【6】……蓝牙作为一种短距离无线通信技术，注册使用在"计算机编程、与数据、声音、影像及照明的录制、传送及复制有关的计算机硬件及软件咨询"等服务上，直接表示了指定服务的技术特点，缺乏商标应有的显著特征，属于《商标法》第十一条第一款第（二）项所指情形。布鲁特斯公司在再审阶段提交的其关于申请商标使用和知名度的相关证据，不足以证明其"蓝牙"商标未直接表示指定服务的技术特点，已具备注册商标应有的显著性。

SX，莫代尔案（20110829）：收入行业标准并不必然是原料的通用名称

兰精公司 v 商评委等，二审，北京高院（2011）高行终字第 1072 号判决书，李燕蓉、潘伟、万迪

案情概要

赛洋公司注册有第 4123072 号"莫代尔 MA ALLO 及图"商标，核定使用在第 25 类的服装、鞋、帽等商品上—兰精公司提出撤销—商评委裁定维持注册—一审维持商评委裁定—争议商标申请时间早于国家标准—即便"莫代尔"一词根据国家标准具有某种纤维的含义，并不因此必然排除其具有表明商品来源标志的含义—二审维持一审

裁判摘录

【2】本案中，争议商标"莫代尔 MA ALLO 及图"于 2004 年 8 月 22 日申请，而"莫代尔"一词被收入国家标准的时间是 2005 年 12 月 31 日，该标准是 2006 年 3 月 1

日实施的，故争议商标申请的时间早于"莫代尔"收入国家标准的时间，兰精公司未提供证据证明在争议商标申请或者核准注册时，"莫代尔"一词已经成为某种纤维的特有名称，况且争议商标除含有文字"莫代尔"外，还包含"MA ALLO 及图"，故商标评审委员会及原审法院认定争议商标未违反《商标法》第十一条第一款第（二）项的规定正确，本院应予维持。兰精公司提供的证据不足以证明相关消费者仅仅将"莫代尔"认知为某种纤维，原审法院考虑到一词多义的现象极为普遍，认定即便"莫代尔"一词根据国家标准具有某种纤维的含义，但并不因此必然排除其具有表明商品来源标志的含义，并无不妥……

BFX，BEST BUY 案（20111028/B2011-19/F2011-45）：不能因含有描述性因素否认整体显著性，且需考虑新提交证据

佳选公司 v 商评委，再审，最高院（2011）行提字第 9 号判决书，夏君丽、殷少平、周云川

案情概要

　　佳选公司申请注册"BEST BUY 及图"商标—商标局、商评委、一、二审均认为缺乏显著性—再审认为描述性要素不影响整体显著性—支持注册

裁判摘录

　　【2】商标驳回复审案件中，申请商标的注册程序尚未完成，评审时包括诉讼过程中的事实状态都是决定是否驳回商标注册需要考虑的。本案中，佳选公司在一审诉讼过程中提交了申请商标实际使用的大量证据，这些证据所反映的事实影响申请商标显著性的判断，如果不予考虑，佳选公司将失去救济机会，因此在判断申请商标是否具有显著特征时，应当考虑这些证据。一审法院以这些证据为诉讼中提交的新证据，且无正当理由，对上述证据不予采纳的做法不妥。【3】……人民法院在审理商标授权确权行政案件，应当根据诉争商标指定使用商品的相关公众的通常认识，从整体上对商标是否具有显著特征进行审查判断。标志中含有的描述性要素不影响商标整体上具有显著特征，相关公众能够以其识别商品来源的，应当认定其具有显著特征。……虽然其中的"BEST"和"BUY"对于指定使用的服务具有一定描述性，但是加上标签图形和鲜艳的颜色整体上具有显著特征，便于识别。……申请商标在国际上有较高知名度，且申请商标在我国已经实际使用，经过使用也具有了一定的知名度……申请商标能够起到识别服务来源的功能，相关公众能够以其识别服务来源。

第 3909917 号

（涉案商标图样）

BFX，沩山茶案（20110629/B2011-20/F2011-44）：不能因含有描述性因素否认整体显著性

沩山茶业 v 商评委等，再审，最高院（2011）行提字第 7 号判决书，于晓白、骆电、王艳芳

案情概要

沩山茶业受让获得"沩山牌及图"商标—被他人以该商标是茶叶商品的通用名称为由提起无效—商评委支持无效，认为涉案商标仅仅直接表示了指定使用商品的品质特点，缺乏显著特征，违反了《商标法》第 11 条第 1 款第（二）（三）项——一、二审亦支持无效—再审认为不能仅因含有描述性文字就认定整体缺乏显著性—涉案商标使用获得声誉，可作为来源标志，具有显著性

裁判摘录

【5】根据《商标法》第十一条第一款第（二）（三）项之规定，"仅仅直接表示商品的质量、主要原料、功能、用途、重量、数量及其他特点的"，"缺乏显著特征的"的标志不得作为商标注册。判断争议商标是否应当依据上述法律规定予以撤销时，应当根据争议商标指定使用商品的相关公众的通常认识，从整体上对商标是否具有显著特征进行判断，不能因为争议商标含有描述性文字就认为其整体缺乏显著性。本案争议商标由沩山牌文字、拼音及相关图形组成，并非仅由沩山文字及其拼音组成，其商标组成部分中的图形亦属该商标的重要组成部分。……争议商标 1991 年 5 月 20 日核准注册，已经经过了近二十年的使用，且在 2002 年被评为湖南省著名商标。鉴于以上事实，本院认为本案争议商标使用时间较长，已经建立一定的市场声誉，相关公众能够以其识别商品来源，并不仅直接表示商品的质量、主要原料、功能、用途、重量、数量及其他特点，商标评审委员会、原审法院以争议商标含有沩山文字就认为其整体缺乏显著性，属于认定事实错误，应予纠正。

第 552102 号
（涉案商标图样）

11.1（3）其他缺乏显著性

BWX，爱马仕案（20121213/B2012-25）：商品外观要起到标识商品来源的作用才有显著性

爱马仕公司 v 商评委等，再审，最高院（2012）知行字第 68 号裁定书，夏君丽、周云川、董晓敏

> **案情概要**

爱马仕公司申请国际注册第 798099 号"立体图形"的领土延伸保护—被驳回—商评委、一、二、再审均认为缺乏显著性，不能注册

> **裁判摘录**

【2】……申请商标是以商品部分外观的三维形状申请注册的情形，在通常情况下，这种三维形状不能脱离商品本身而单独使用，故相关公众更易将其视为商品的组成部分。除非这种三维形状的商品外观作为商标，其自身具有区别于同类商品外观的显著特征，或者有充分的证据证明，通过使用，相关公众已经能够将这种商品外观与特定的商品提供者联系起来。爱马仕公司既未能证明申请商标具有内在显著性，也未能证明申请商标通过使用而获得了显著性，故二审法院对第 5961 号决定予以维持的做法是正确的。

第 G798099 号（涉案立体商标图样）

11.2　使用取得显著性

BX，汤瓶八诊案（20190820/B2019-44）：非遗名称使用获得了显著性也可作为商标保护

杨某祥 v 国知局等，再审，最高院（2018）最高法行再 63 号判决书，佟姝、郎贵梅、马秀荣

案情概要

涉案第 3993808 号"汤瓶八诊"商标 2004 年 4 月 2 日由杨某祥申请，并于 2007 年 2 月 21 日注册——李某红等以缺乏显著性等理由提起无效——曾被认定为非物质文化遗产名称——商评委认为具有表述服务内容、服务方式等特点之虞，缺乏商标应有的显著性，也无证据证明使用获得显著性——应予无效——一、二审维持商评委裁定——再审认为使用获得了显著性，应予维持

裁判摘录

【4】……商标标志中含有描述性要素，但不影响其整体具有显著特征的；或者描述性标志以独特方式加以表现，相关公众能以其识别商品来源的，应当认定其具有显著特征。因此，判断包含描述性因素的商标是否具有显著性，还应根据商标所指定使用商品的相关公众的通常认识，从整体上进行判断，相关商标的实际使用情况，以及是否经过使用产生识别商品来源的作用，也是需要考虑的因素。【5】……由此可见，基于杨某祥及其杨氏家族长期以来对争议商标的实际使用，争议商标已经与杨某祥形成了较为明确的服务来源指向关系，相关公众在看到争议商标时，能够将其与杨某祥及其杨氏家族建立联系，争议商标在客观上已经发挥了指示特定服务来源的功能，争议商标的注册应当予以维持。【6】……可见，对非物质文化遗产的传承与发展，并不当然排斥知识产权的保护方式。本案中，在争议商标申请并获准注册后，"回族汤瓶八诊疗法"被列入非物质文化遗产名录。作为争议商标权利人的杨某祥，同时也是"回族汤瓶八诊疗法"的传承人。根据非物质文化遗产法的相关规定，其负有传承非物质文化遗产的义务。在案证据显示，杨某祥及其杨氏家族在通过培训、提供医疗服务等多种方式推广"回族汤瓶八诊疗法"同时，也使得争议商标"汤瓶八诊"产生了指向特定服务来源的功能。因此，维持争议商标的注册，实质上也促进了传统文化的传承与发展。

FX，腾讯 QQ 声音案（20180927/F2018-48）：经使用获得的显著性仅限于实际使用的商品或服务

腾讯深圳公司 v 商评委，二审，北京高院（2018）京行终 3673 号判决书，周波、俞惠斌、苏志甫

案情概要

腾讯深圳公司申请注册"嘀嘀嘀嘀嘀嘀"声音商标——指定使用于第 38 类有关服务——商标局驳回，认为申请商标由简单、普通的音调或旋律组成，使用在指定使用项目上缺乏显著性——商评委维持驳回——一审认为申请商标经使用获得显著性，在相关服务上起到了商标应有的标识服务来源的功能——二审纠正一审相关错误，认为在某些服务上没有使用，因此也没有显著性

裁判摘录

【4】特定的标志其本身在特定的商品或者服务上可能缺乏商标注册所需的显著特征，但是当其经过使用而能够发挥识别作用时，则可以根据《商标法》第十一条第二款的规定予以核准注册。由于这种显著特征的取得建立在使用的基础之上，因此，此类商标获准注册的商品或者服务范围，也应当以其实际使用的商品或者服务为限。通常情况下，不存在在一个商品或者服务项目上经过使用而取得显著特征的标志，即可仅因其在该商品或者服务上的使用行为，而在其他商品或者服务项目上当然获得显著特征。对于通过使用而取得显著特征的商标的审查，必须遵循"商品和服务项目特定化"之审查原则，避免显著特征使用取得认定过程中的泛化处理和以偏概全。【5】本案中，腾讯公司提供的证据能够证明申请商标"嘀嘀嘀嘀嘀嘀"声音通过在 QQ 即时通讯软件上的长期持续使用，具备了识别服务来源的作用。……但是，申请商标并未在"电视播放、新闻社、电话会议服务"上实际使用，原审判决以"电话会议服务"与"超级群聊天"服务功能完全相同以及综合性即时通讯软件服务平台存在提供电视播放、新闻服务的可能性为由，认定申请商标在上述三个服务项目上亦具有显著特征，显然不符合申请商标经过使用方才取得显著特征的案件事实，不适当地为申请商标预留了申请注册的空间，属于适用法律错误，本院对此予以纠正。……

第十一条

SWX，斯蒂尔橙灰颜色案（20180807）：颜色组合经使用可以获得显著性

斯蒂尔公司 v 商评委等，一审，北京知产院（2017）京 73 行初 6150 号判决书，宁勃、

李新平（陪）、张锋（陪）

案情概要

斯蒂尔公司申请注册"橙灰颜色组合"商标，使用商品为第 7 类"链锯"商品—商标局驳回申请，认为缺乏显著性，不具有商标识别作用—商评委也认为缺乏显著性——一审认可使用获得显著性，支持注册

裁判摘录

【7】……将颜色组合作为商标申请注册是《商标法》所允许的，颜色是丰富多彩的，有许多种变化，因此颜色的组合可以成为识别商品来源的标志。【9】……诉争商标本身虽不具有固有显著性，但诉争商标在使用过程中取得了较强的显著性。原告提交的相关证据能够证明原告的链锯产品在中国市场具有极高的市场份额，诉争商标这种橙灰颜色组合也随之为相关公众所熟知。原告对诉争商标的使用行为，使得诉争商标在长期、广泛的使用过程中显著特征得到进一步增强，使得相关公众完全能将其作为商品来源与原告的标识加以准确认知，即诉争商标在使用过程中取得了显著性。【10】……原告申请注册的第 9137205 号颜色商标在第 7 类林业和园艺用链锯商品上已经被核准注册，诉争商标与第 9137205 号颜色商标的颜色色谱号及颜色所在位置均完全相同，这说明商标评审委员会并不认为颜色商标缺乏显著性，按照审查标准一致性原则及同案同判的公平原则，本案诉争商标经过长期广泛使用后亦不应被认定缺乏显著性。虽然商标审查实行个案审查原则，但在情况基本相同的情况下，也应确保前后审查标准的一致性、连续性，否则就破坏了行政法上的信赖利益保护原则，导致商标申请人无所适从。

BX，雀巢瓶 II 案（20141024/B2014-23）：同业经营者的使用对判断使用获得显著性有影响

味事达公司 v 商评委等，再审，最高院（2014）知行字第 21 号裁定书，夏君丽、钱小红、董晓敏

案情概要

雀巢公司瓶形立体商标国际注册延伸保护—味事达公司提起无效—商评委认可使用获得显著性，维持注册—一审认为商评委程序违法，遂撤销其裁定—商评委再次裁定，仍维持注册—随后一、二、再审均认为不具显著性，应予无效

第一部分　商标法 ‖ 067

裁判摘录

【2】……争议商标指定使用的"调味品"是普通消费者熟悉的日常用品，在争议商标申请领土延伸保护之前，市场上已存在与争议商标瓶型近似的同类商品的包装，且由于 2001 年修改前的《商标法》并未有三维标志可申请注册商标的相关规定，故相关公众不会将其作为区分不同商品来源的标志，一、二审法院认为争议商标不具有固有的显著性是正确的。【3】……一、二审法院关于"大量同行业企业使用近似的瓶型作为调味品包装这一事实进一步强化了争议商标瓶型仅是商品包装这一认知"的认定正确。在此基础上，一、二审法院认为雀巢公司所提交的证据不足以克服相关公众的上述认知，从而不足以获得注册商标所需的显著性正确……况且，在证据中能够体现争议商标瓶型的雀巢公司广告中，其所展示的均为附加了"Maggi 美极鲜味汁"标志的产品，并未单独显示争议商标所涉瓶型或者以其他方式向消费者说明该瓶型本身亦为指示商品来源的标志，相关公众难以将所涉瓶型单独认知为商标。

SWX，小肥羊 I 案（20060519）：使用获得显著性可以获得注册

陕西小肥羊 v 商评委等，二审，北京高院（2006）高行终字第 92 号判决书，刘继祥、孙苏理、焦彦

案情概要

内蒙古小肥羊公司申请注册第 3043421 号"小肥羊及图"组合商标—陕西小肥羊公司提出异议—商标局驳回异议—商评委维持商标局决定—一、二审均认为涉案商标经使用已经获得显著性，应予注册

裁判摘录

【1】依据《商标法》第十一条的规定，仅有本商标或服务的通用名称，仅直接表示本商品的主要原料及其他特点的标志不得作为商标注册，但上述标志经过使用获得显著特征并便于识别的，可以作为商标注册。本案中，"小肥羊"并非"涮羊肉"这一餐饮行业的固有名称，也并不构成本商品或服务的通用名称，但其又确实表示了"涮羊肉"这一餐饮服务行业的内容和特点。因此，包头市小肥羊酒店于 1999 年 12 月 14 日在第 42 类申请注册小肥羊商标，西安小肥羊烤肉馆于 2000 年 10 月 23 日在第 42 类上申请"小肥羊及图"商标，商标局对于"小肥羊"文字标识均不予批准。但内蒙古小肥羊公司自 2001 年 7 月成立后，其服务的规模、范围急剧扩张，被评为 2001 年度

中国餐饮百强企业，2002 年度又获得中国餐饮百强企业第二名，至第 3043421 号商标于 2003 年审定公告时，"小肥羊"在全国具有了很高的知名度。同时，通过大规模的使用与宣传，"小肥羊"具备了商标应有的显著性，实际上已起到了区分商品或服务来源的作用，消费者能对来源不同的"涮羊肉"餐饮服务区分开来。故"小肥羊"通过内蒙古小肥羊公司的使用与宣传，已经获得了"第二含义"，应准予作为商标注册。……

第 3043421 号（涉案被异议商标图样）

第十三条 【驰名商标保护】

为相关公众所熟知的商标，持有人认为其权利受到侵害时，可以依照本法规定请求驰名商标保护。

就相同或者类似商品申请注册的商标是复制、摹仿或者翻译他人未在中国注册的驰名商标，容易导致混淆的，不予注册并禁止使用。

就不相同或者不相类似商品申请注册的商标是复制、摹仿或者翻译他人已经在中国注册的驰名商标，误导公众，致使该驰名商标注册人的利益可能受到损害的，不予注册并禁止使用。

本条导读

驰名商标的保护条款在 2001 年正式写进《商标法》，并根据驰名商标的注册情况进行了区别对待，2013 年则实质性地增加了驰名商标即公众熟知商标的定义。2009 年出台的《驰名商标司法解释》以及 2017 年的《商标授权确权司法解释》进一步明确了在民事和行政程序中驰名商标的保护条件。

本条主要收录的都是授权确权过程中的行政案件，涉及驰名商标的民事侵权案件则收录到 57 (7) [3] 中。主要案例包括对于已注册驰名商标的保护实际暗含了涉案商标的固有显著程度以及被告使用是否具有正当理由的条件（杏花村案），对于驰名度高的商标保护范围可以相应扩大到不会产生混淆的商品（伊利Ⅰ案、联想Ⅰ案、圣象案）。当然，这种跨类并非没有限制，驰名商标本身的显著性和知名度会对跨类保护产生影响（酒鬼案）。同时，相同、类似的商品没有理由被排除在驰名商标的保护范围之外（苹果Ⅰ案）。

同时，未注册的驰名商标的民事保护则收录本条，包括最早的未注册驰名商标司法认定（酸酸乳案），以及近期的未注册商标认驰且给予赔偿的案例（新华字典案）。

BX，酒鬼案（20191213/B2019-46）：非原创的固有词汇构成的驰名商标跨类保护时应受合理限制

酒鬼酒公司 v 国知局等，再审，最高院（2019）最高法行申 3304 号裁定书，郎贵梅、李嵘、白雅丽

　　酒鬼酒公司认为百世兴公司申请注册第 G1022223 号"酒鬼"商标存在恶意，与其第 1157000 号"酒鬼 JIUGUI 及图"商标共存于市场会误导相关公众——申请宣告无效——商评委维持注册——一审法院认为引证商标驰名，争议商标不应注册——二审认为，虽然引证商标驰名，但争议商标的注册和使用尚未"误导公众，致使酒鬼酒公司的利益可能受到损害"，应维持注册——再审维持二审——驳回酒鬼酒公司再审申请

裁判摘录

　　【3】本案中，诉争商标的申请日期为 2010 年 1 月 19 日，根据酒鬼酒公司在商标评审及原审诉讼中提交的一系列证据，可以证明在诉争商标申请日前，引证商标一已经构成驰名商标。……【4】首先，关于引证商标一的显著性和知名程度。"酒鬼"为汉语中固有词汇，并非酒鬼酒公司原创，将其使用在"含酒精饮料"或"加工过的花生米"上，其固有含义均在一定程度上发挥了对商品内容或品质的暗示作用。在此情况下，尽管引证商标一已经构成驰名商标，但对其保护理应受到相应的合理限制。【5】其次，关于商标标志是否足够近似。诉争商标标识为中文"酒鬼"，引证商标一为中文"酒鬼"及拼音图形组成，两商标虽然均含有"酒鬼"文字，但字体均经过艺术化处理，特别是引证商标一同时还组合有围绕"酒鬼"文字和拼音的图形，两商标设计风格及整体视觉效果上存在一定差异。【6】再次，关于指定使用的商品情况。引证商标一指定使用的第 33 类"含酒精饮料"商品与诉争商标指定使用的第 29 类"加工过的花生、精制坚果仁、蛋类"商品，在功能、用途、生产渠道上差异较大，酒鬼酒公司也没有提供证据证明同一公司经营同一品牌的"含酒精饮料"和"加工过的花生、精制坚果仁、蛋类"是市场中的常见现象。可以认定，尽管两商标指定使用的商品有一定的联系，但整体上相距较远。【7】最后，关于相关公众的注意程度。根据原审法院查明事实，诉争商标与引证商标一在各自市场中已经共存多年，经过各自的持续使用和宣传，均已获得了相关消费者的认可。【8】综合考虑以上因素，诉争商标的使用并未使相关公众认为其与引证商标一具有相当程度的联系，从而误导公众，致使酒鬼酒公司的利益可能受到损害，二审判决关于诉争商标的注册并未违反 2001 年修正的商标法第十三条第二款规定的认定并无不当。酒鬼酒公司的相应申请再审理由不能成立。

DWY，新华字典案（20171228/D2017-05）：认定图书书名为驰名商标并不会造成行业垄断

商务印书馆 v 华语出版社等，一审，北京知产院（2016）京 73 民初 277 号判决书，张

玲玲、冯刚、杨洁

案情概要

　　商务印书馆认为华语出版社生产、销售"新华字典"辞书的行为侵害了其"新华字典"未注册驰名商标——侵犯其知名商品特有装潢——一审认为"新华字典"为未注册驰名商标，华语出版社使用"新华字典"构成商标侵权——《新华字典》（第 11 版）使用的装潢具备特有性，华语出版社使用相近似的装潢设计构成不正当竞争

裁判摘录

　　【27】……《商标法》的根本目标在于促进市场经济的发展，不能因为给予一方市场主体商标权保护而导致限制市场竞争，损害市场经济发展。"新华字典"作为辞书名称给予商标保护的根本原因是商务印书馆长期大量的使用已经使得"新华字典"与商务印书馆产生了稳定的对应关系，且"新华字典"凝结了其所标识商品的商誉，给予其未注册驰名商标保护符合《商标法》关于未注册驰名商标保护的立法目的。《商标法》保护的商标权本身即为对商标独占使用的权利，这种独占使用针对的是商标本身，而非商标所附着的商品。即便给予商务印书馆"新华字典"未注册驰名商标的保护，给予的仅为独占使用"新华字典"商标的权利而非出版相关辞书的专有权，不会因此而直接造成辞书行业所谓的垄断，更不会因此破坏辞书市场正常的经营管理秩序。如果商务印书馆的实际经营行为构成了垄断并符合《中华人民共和国反垄断法》所禁止实施的行为，相关市场竞争主体可以依据前述法律规定维护自身合法权益和公平的市场竞争秩序。【28】……"新华字典"作为商标，其商誉亦与其内容紧密相连，商务印书馆作为"新华字典"的未注册驰名商标持有人不仅享有权利，更承担了《商标法》意义上商标权利人对其提供商品质量的保障义务及与其驰名商标美誉度相称的传播正确汉语言文字知识的社会责任。将"新华字典"作为商务印书馆的未注册驰名商标给予保护，不仅是对于之前商务印书馆在经营"新华字典"辞书商品中所产生的识别来源作用和凝结的商誉给予保护，更是通过商标保护的方式使其承担法定义务和社会责任。由此而言，将"新华字典"作为商务印书馆的未注册驰名商标给予保护，不仅不会损害知识的传播，相反，为了维护"新华字典"良好的品牌商誉，商务印书馆对其出版、发行的标有"新华字典"标识的辞书更会注重提升品质，促进正确知识的广泛传播。

第十三条

DX，圣象案（20131210/D2013-08）：驰名商标可跨类保护

圣象集团 v 商评委等，再审，最高院（2013）行提字第 24 号判决书，王闯、王艳芳、何鹏

广太公司被核准注册第1989239号"圣象及图"商标，使用在第19类的石膏、石膏板等商品—圣象集团提起撤销，认为争议商标侵害其"圣象"字号及商标—商评委裁定维持注册—一审认为在争议商标申请注册之前引证商标已经达到驰名—虽然涉案商品不类似，但是容易引起混淆、误认—二审撤销一审，维持商评委裁定，认为证据不足以证明引证商标在争议商标申请日之前构成驰名商标—再审撤销二审，维持一审

裁判摘录

【1】……圣象集团为证明其引证商标构成驰名商标，不仅在商标评审阶段提供了相关证据，在一审、二审以及再审期间又提交了大量补强证据。根据以上证据，考虑到相关公众对圣象集团"圣象及图"商标的知晓程度、圣象集团、圣象集团相关关联公司对该商标的持续使用情况及宣传情况、相关媒体对圣象集团及"圣象及图"的宣传报道情况，本院认定圣象集团"圣象及图"商标已经达到驰名的程度。……【2】……本案中，争议商标和圣象集团"圣象及图"引证商标均由"圣象"文字及站立大象图形构成，其文字均位于商标图形下方，整体视觉基本无差异。由于石膏等商品和引证商标核定使用的商品木地板均为建筑材料，广太公司作为建筑材料的生产企业，应知该引证商标的知名度，仍然将与该引证商标极为近似的标识申请为商标，系对圣象集团"圣象及图"商标的摹仿，违反了《商标法》第十三条第二款之规定，应予撤销，一审法院对此认定事实清楚，适用法律正确，本院予以维持。

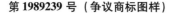

第1989239号（争议商标图样）　　　　第1002957号（引证商标图样）

EX，联想 | 案（20120307/E2012-07）：驰名商标可获跨类保护

联想公司 v 商评委等，二审，北京高院（2011）高行终字第1739号判决书，莎日娜、周波、万迪

　　汀州酿造厂申请在 32 类饮料上注册第 1988387 号"联想及图"商标—联想公司提出异议，认为损害其在第 9 类的"联想"驰名商标—商标局、商评委均核准注册——一审不支持引证商标驰名，认为商品关联程度低，不会误导公众—二审认为联想公司商标构成驰名商标，被异议商标的注册将误导公众，损害驰名商标注册人的合法权益

裁判摘录

　　【4】在引证商标已构成驰名商标的情况下，被异议商标的注册将误导公众，使相关公众误认为使用被异议商标的商品来源于联想公司或其提供者与联想公司存在某种联系，从而损害驰名商标注册人的合法权益。

第 1988387 号
（涉案被异议商标图样）

第 520416 号
（涉案引证商标图样）

DX，杏花村案（20101018/D2010-09）：驰名商标独创性及显著性影响保护范围

山西杏花村 v 商评委等，二审，北京高院（2010）高行终字第 1118 号判决书，莎日娜、钟鸣、周波

案情概要

　　安徽杏花村集团在树木、谷（谷类）等商品上申请注册"杏花村"商标—山西杏花村提起异议，认为损害其在酒类的"杏花村"驰名商标—商评委、一、二审都认为，被异议商标在树木、谷（谷类）等商品上使用不会导致误导公众，不会损害山西杏花村公司的合法利益

裁判摘录

　　【2】商标注册与保护范围的确定与商标的知名度和显著性有密切关系，商标的独创性虽然能够影响商标的显著性程度，但并不能因没有独创性就认定缺乏显著性或显著性较弱。在驰名商标的情况下，由于其商标为中国相关公众广为知晓，因此其当然

具有较强显著性，此时其商标是否为商标注册人所独创并不会对驰名商标保护范围有太大影响。商标评审委员会和原审判决虽然将商标的独创性作为认定他人的商标是否构成误导公众、可能损害驰名商标注册人利益的考虑因素，但并未将之作为一项决定性因素，而且与独创性同时考虑的还有知名度和关联性等因素，由此可见商标评审委员会和原审法院在本案中并未仅强调独创性因素，而且由于独创性与显著性程度有一定联系，因此商标评审委员会和原审法院在本案中实际已经考虑了显著性的问题。……【3】……对引证商标一的保护也不应不适当地扩大，尤其是不应当禁止他人同样地从杜牧诗句这一公众资源中获取、选择并建立自己的品牌，只要不会造成对引证商标一及山西杏花村公司利益的损害即可。安徽杏花村集团公司在树木、谷（谷类）等商品上申请注册被异议商标，虽然树木、谷（谷类）等商品上的部分相关公众会知晓"杏花村"并可能联想到山西杏花村公司，但更大的可能是将"杏花村"与杜牧的诗句联系在一起。因此，被异议商标在树木、谷（谷类）等商品上使用并不足以导致相关公众误认为该商标与引证商标一存在相当程度的联系，从而减弱引证商标一的显著性或不当利用引证商标一的市场声誉。

SX，伊利Ⅰ案（20091216）：驰名商标可以适用反淡化保护

伊利公司 v 商评委等，二审，北京高院（2009）高行终字第1418号判决书，张冰、莎日娜、钟鸣

案情概要

　　尤某和以瑞安市梅头和成水暖经营部的名义提出第1634078号"伊利YiLi"商标注册申请，指定使用于第11类的商品——伊利公司引证第29类的第613251号"伊利及图"商标提起异议——商标局、商评委都认为应核准注册——一审肯定引证商标驰名，认为被异议商标的使用会减弱引证商标显著性，贬损引证商标声誉，利用了引证商标的市场声望——二审维持一审

裁判摘录

　　【4】鉴于引证商标"伊利及图"为驰名商标，其使用的商品又为日常生活消费品，在我国有广大的消费群，因此尤某和将"伊利"作为水龙头等商品上被异议商标的主要部分使用，尽管其指定使用商品类别在生产、销售等方面与伊利公司没有关联之处，但其行为实际上不当利用了伊利公司驰名商标的声誉，割裂了相关公众对"伊利"商标与伊利公司及其牛奶制品之间的固有联系，将会导致减弱"伊利"驰名商标显著性的损害后果。原审判决关于被异议商标的申请注册违反《商标法》第十三条第二款的

规定的认定是正确的，本院予以支持；商标评审委员会关于原审判决用"反淡化理论"解释《商标法》第十三条第二款的规定违反立法本意的上诉主张，于法无据，本院不予支持。

SWX，苹果Ⅰ案（20081219）：13.3 也适用于在相同或类似商品上复制、摹仿或翻译他人已注册的驰名商标

广东苹果公司 v 商评委等，二审，北京高院（2008）高行终字第 272 号判决书，张冰、莎日娜、钟鸣

案情概要

广东苹果公司申请注册的第 1348576 号"APPLES"商标—德士活公司提出争议申请—商评委裁定涉案商标无效—一审维持商评委裁定，认为引证商标"苹果牌"为驰名商标，争议商标"APPLES"已构成《商标法》第 13 条第 2 款中所规定的对驰名商标的翻译—二审维持一审

裁判摘录

【3】《商标法》第十三条第二款［现行法第三款］对在"不相同或者不相类似"商品上复制、摹仿或者翻译他人已注册驰名商标而申请商标注册的行为予以禁止，因此对本案在相同及类似商品上翻译、摹仿已驰名的两引证商标注册争议商标的行为更应属于该条款所禁止的内容。广东苹果公司关于《商标法》第十三条第二款［现行法第三款］只能适用于"不相同或者不相类似"商品上的上诉理不能成立，本院对此不予支持。

SWY，酸酸乳案（20061016）：未注册商标可以认定为驰名商标

蒙牛公司 v 白雪公主乳业等，二审，内蒙古高院（2006）内民三终字第 7 号判决书，宝岩峰、关晓东、赵卫红

案情概要

原告蒙牛公司的"酸酸乳"商标在案发时属于已申请未注册商标—原告起诉被告白雪公主乳业生产、董某军销售的"酸酸乳"乳饮料使用了与原告"酸酸乳"一样的

品牌，且包装、装潢与原告"酸酸乳"乳饮料特有的包装装潢极为近似，极易导致消费者的混淆和误认，构成商标侵权及不正当竞争——一审认定"酸酸乳"商标是未注册驰名商标，支持原告诉求——二审维持一审

裁判摘录

【3】……本院认为，首先，"酸酸乳"标志已经具有了显著性。……在被上诉人的"酸酸乳"标志具有了显著性之后，上诉人使用了被上诉人的该标志。我国的商标法将商标定义为一种商品或者服务区别于其他商品或者服务的标记，而商标专用权的保护对象不仅仅是一种标志，而是这种标志所代表的提供该种商品或者服务的企业商家的商业信誉。商标的属性决定了它就是要突出个性，形成区别。而商品名称亦称为商品通用名称，它是被公众确认并在市场上用于与其他商品相区别的名称。商标名称与商品名称是有区别的。商标名称可以申请注册，而商品名称原则上不准许注册。……从商品名称到商标名称不是不可以转化，而在一定条件下是可以转化的。也可以说，当商品名称经使用人的培育具有了显著性，上升为商标名称，继而成为驰名商标之后，也可以受到法律的特殊保护。那么，本案中的争议名称"酸酸乳"也是如此，即该标志在蒙牛公司的大规模广告宣传和促销活动，并在全国范围内通过宣传媒体的大力宣传、产销量迅猛增长的情况下，已具有了商标的作用；尤其在被控侵权行为发生期间，蒙牛公司的"酸酸乳"标志已具有了显著性。其次，"酸酸乳"标志符合驰名商标的认定条件。……在被控侵权期间相关消费者对"酸酸乳"标志的知晓程度是很高的……"酸酸乳"未注册商标在上诉人侵权时已达到了驰名商标的标准。【4】……认定蒙牛乳业（集团）股份有限公司"酸酸乳"标志为驰名商标，仅对本案有效，对其他企业无法律约束力。一个商标的驰名与否是一种客观状态，而这种客观状态会随着时间的推移而发生变化，是一个动态的过程。……一个商标的驰名与否最终要由市场来决定。

第十四条 【驰名商标认定考量因素】

驰名商标应当根据当事人的请求，作为处理涉及商标案件需要认定的事实进行认定。认定驰名商标应当考虑下列因素：

（一）相关公众对该商标的知晓程度；

（二）该商标使用的持续时间；

（三）该商标的任何宣传工作的持续时间、程度和地理范围；

（四）该商标作为驰名商标受保护的记录；

（五）该商标驰名的其他因素。

在商标注册审查、工商行政管理部门查处商标违法案件过程中，当事人依照本法第十三条规定主张权利的，商标局根据审查、处理案件的需要，可以对商标驰名情况作出认定。

在商标争议处理过程中，当事人依照本法第十三条规定主张权利的，商标评审委员会根据处理案件的需要，可以对商标驰名情况作出认定。

在商标民事、行政案件审理过程中，当事人依照本法第十三条规定主张权利的，最高人民法院指定的人民法院根据审理案件的需要，可以对商标驰名情况作出认定。

生产、经营者不得将"驰名商标"字样用于商品、商品包装或者容器上，或者用于广告宣传、展览以及其他商业活动中。

🗑 本条导读

2013 年《商标法》增加了驰名商标按需认定的原则。驰名商标保护的难点在于全面、综合地考虑第 14 条所列的各种因素。

首先，认定驰名商标（简称"认驰"）不是一个独立的诉讼请求（柯达案、尼康案），除了在判决说理部分阐述，不在主文中出现。

其次，在认驰必要性上，法院认为其他法定条件明显不成立时则无需认驰（巨化案），而且认为在商品相同或类似的情况下也不必认驰（凯摩高案、宝马 II 案、汇源案），但也有例外（约翰迪尔案）。此外，跨类保护需要认驰（三一重工案），在没有注册商标的情况下可以认驰（拉菲 IV 案）。

而且，不能造成注册范围广反而不利的后果（苹果 II 案），应该允许当事人选择需要认定驰名的商标（索菲亚案）。至于他人有无申请注册涉案商标（海尔曼斯案）或曾经成为通用名称（21 金维他案），都不影响驰名商标认定。此外，在已经使用并有一定影响的保护不足以覆盖的范围也有认驰的必要（酷狗案）。

再次，在认驰的证据方面，没有针对中国市场的销售及广告的单纯性消息报道不足以证明成为商标驰名（IPHONE案），自己没有主动使用也不认可的他人使用产生的知名度也不能采用（伟哥 I 案），但注册前的使用情况可以考虑（中铁案），曾经的司法认定可以作为认驰的基本证据（联想 I 案、米其林 VI 案），而且不能机械地要求驰名举证（日产案）。驰名商标的事实状态是一个持续的过程，不能把认定驰名的文书发布时间等同于驰名的时间（中信案）。从程序上讲，即使异议程序中没有认驰，也不排除随后无效时提交新证据而获得驰名认定（Maggi案）。

最后，在互联网有关的驰名商标认定时，需要充分考虑网络的特点（美图秀秀案、咪咕案）。

SWX，Maggi案（20190926）：异议程序后如有新事实证明再提无效不违反"一事不再理"

雀巢公司 v 国知局等，再审，最高院（2018）最高法行申8086号裁定书，夏君丽、马秀荣、郎贵梅

案情概要

新伟成公司申请注册第4421379号"Maggi"商标，核定使用于第21类的有关商品上—雀巢公司曾引证注册在第29、30类的若干"MAGGI"商标提起异议，未获支持—第4421379号"Maggi"商标获准注册—雀巢公司提起无效—商评委直接驳回，认为违反"一事不再理"—一审维持商评委的裁定—二审认为虽然在先异议复审案件中雀巢公司根据引证商标提出争议商标违反2001年《商标法》第13条第2款的争议理由及相关证据，但雀巢公司在本案中提交了多份在异议复审申请或第26719号异议复审裁定之后新形成的证据，已构成与前案证据存在实质性差异的"新的事实"—不违反"一事不再理"—引证商标驰名—争议商标应予无效—再审维持二审

裁判摘录

【4】……在商评字（2013）第26719号异议复审案件中，雀巢公司虽然已经根据引证商标一提出争议商标违反2001年《商标法》第十三条第二款这一争议理由及相关证据，但雀巢公司在本案中提交了中国国家图书馆检索报告、"Maggi/美极"调味品品牌认知度市场调查研究报告、《中国商报》等媒体报道、新伟成公司商标注册信息等多份在异议复审申请或第26719号异议复审裁定之后新形成的证据，已构成与前案证据存在实质性差异的"新的事实"。因此，雀巢公司在本案中以引证商标一提出争议商标违反2001年《商标法》第十三条第二款的无效宣告理由不属于2014年《商标法实施

条例》第六十二条所指"以相同的事实和理由再次提出评审申请"的情形。

SWX，咪咕案（20180730）：驰名证据不能孤立、机械地审查

咪咕公司 v 商评委等，二审，北京高院（2018）京行终 2596 号判决书，周波、俞惠斌、苏志甫

案情概要

咪咕公司引证其母公司中国移动在第 41 类上注册的第 5634577 号"咪咕"商标对薛某敏注册在第 43 类的第 12143572 号"咪咕咕咪 MIGUMIGU 及图"商标提起无效——商评委认为咪咕公司证据不足以证明引证商标在争议商标注册日前已驰名，争议商标指定使用的"饭店"等服务与引证商标指定使用的服务行业跨度较大，无明显关联——维持争议商标注册——一审维持商评委裁定——二审推翻一审，认为引证商标在文娱活动、娱乐信息服务上已在中国境内为相关公众广泛知晓并享有较高的声誉，构成驰名商标——争议商标应予无效

裁判摘录

【4】本案中，咪咕公司提交的……证据能够证明，引证商标自 2008 年起在文娱活动、娱乐信息等服务上进行了使用，截至争议商标申请日之前，以"咪咕"冠名的音乐会、演唱会、明星学院、嘉年华等演出活动在全国多个省市举办多次，中国移动公司投入大量资金对引证商标进行了持续广泛的广告宣传。中国版权中心推荐引证商标参与驰名商标认定的函件、四川天润会计师事务所《对执行商定程序的报告》能够证明在争议商标申请日之前，引证商标的品牌运营已产生较高数额的营业收入和利润金额。综合全案证据可以证明，在争议商标申请日之前，通过中国移动公司及其关联公司长期、广泛、持续的宣传和使用，引证商标在文娱活动、娱乐信息服务上已在中国境内为相关公众广泛知晓并享有较高的声誉，构成驰名商标。……【5】……争议商标的汉字部分完整包含了引证商标，争议商标的拼音部分与引证商标的发音相同，已构成对引证商标的复制和摹仿。争议商标核定使用的饭店、餐馆、酒吧服务等服务与引证商标核定使用的文娱活动、娱乐信息服务虽属不同类似群组，但二者均属日常生活消费领域，在服务目的、服务方式、消费群体等方面存在较大重叠，在引证商标已构成驰名商标且争议商标完整包含引证商标的情况下，相关公众在购买争议商标核定使用的服务时，容易认为争议商标与引证商标具有相当程度的联系，进而减弱引证商标的显著性或者不正当地利用引证商标的市场声誉，致使咪咕公司对已经驰名的引证商标享有的利益可能受到损害。因此，争议商标的申请注册违反了 2013 年《商标法》第

十三条第三款的规定，依法应予无效宣告。

第 12143572 号（涉案争议商标图样）　　　　第 5634577 号（涉案引证商标图样）

FY，拉菲IV案（20171227/F2017-18）：经异议程序获得注册的商标如需在注册前保护则仍有认驰的必要

拉菲酒庄 v 保醇公司等，一审，上海知产院（2015）沪知民初字第 518 号判决书，吴盈喆、刘静、程黎

案情概要

　　拉菲酒庄认为保醇公司等在葡萄酒上使用"LAFITTE"侵犯其"LAFITE"注册商标，使用"拉菲特"侵犯其"拉菲"未注册驰名商标——一审认为被告使用"LAFITTE"侵犯了原告的"LAFITE"注册商标专用权，使用"拉菲特"标识侵犯了原告的未注册驰名商标"拉菲"——赔偿 200 万元

裁判摘录

　　【5】……本案中，"拉菲"商标的初步审定公告时间为 2014 年 1 月 27 日，经国家商评委在商标异议程序中审查确定异议不成立而于 2017 年 2 月决定予以核准注册，根据商标法的上述相关规定，原告取得"拉菲"商标专用权的时间为 2014 年 4 月 28 日。鉴于自该日起至商标准予注册决定做出前，对他人在同一种或者类似商品上使用与该商标相同或者近似的标志的行为不具有追溯力，且本案被诉侵权行为发生的时间早于原告取得"拉菲"商标专用权的时间，故对于被诉侵权行为是否成立的相关判断必须以"拉菲"在被诉侵权行为发生时是否属于未注册驰名商标作为事实依据。因此，根据当事人的请求和本案的具体情况，本案中有必要认定"拉菲"是否属于未注册驰名商标。

FY，汇源案（20171222/F2017-10）：商品类似一般无需认定驰名商标

北京汇源 v 菏泽汇源，二审，最高院（2015）民三终字第 7 号判决书，秦元明、马秀荣、佟姝

案情概要

原告北京汇源认为被告菏泽汇源在其罐头系列产品上使用"汇源"侵犯其第 32 类果汁上的"汇源"商标，在企业名称中使用"汇源"构成不正当竞争——原告请求驰名商标跨类保护，索赔 1 亿元——一审认为商品类似，无需认驰——认定侵权及不正当竞争，判赔 300 万元——二审认为无需认驰，维持商标侵权和不正当竞争，判赔 1000 万元

裁判摘录

【7】……被诉侵权水果罐头商品与涉案商标核定使用的果汁饮料构成类似商品，……被诉侵权的冰糖山药罐头和八宝粥与涉案商标亦构成类似商品。……在此情形下，根据按需认定驰名商标的规则，本院亦无需认定北京汇源公司的两个涉案商标为驰名商标。

SY，约翰迪尔案（20171208）：同类也有认定驰名商标的必要性

迪尔公司 v 约翰迪尔（北京）公司等，二审，北京高院（2017）京民终 413 号判决书，陶钧、王晓颖、孙柱永

案情概要

原告迪尔公司等起诉约翰迪尔（北京）公司等侵犯其商标权利、企业名称权，并构成虚假宣传、商业诋毁——一审基本支持原告主张，但未认定商业诋毁——二审认为一审关于涉案被控侵权行为及不正当竞争行为的认定并无不当，但其判决主项存在错误，对部分内容进行纠正

裁判摘录

【11】虽然 2001 年《商标法》第十三条第二款及 2013 年《商标法》第十三条第三款规定的字面解释均是对在中国已经注册的驰名商标给予不相同或者不相类似商品上的保护，但是基于法律规定的"举重以明轻"的原则，从目的解释的视角，显然与已

经注册的驰名商标核定使用商品构成相同或者类似商标的近似商标，亦应当纳入驰名商标保护的范畴中。然而，为了防止驰名商标成为企业的荣誉标志或者被"异化"予以使用，一般情况下，在相同或者类似商品上已经能够予以保护的情况下，基于驰名商标"按需认定"的原则，已无直接予以认定的必要。然而，2001 年《商标法》第十三条第二款及 2013 年《商标法》第十三条第三款规定中均明确载明了在他人注册商标构成驰名的情况下，其他主体不得注册并禁止使用。特别在侵害商标权民事纠纷中，对于上述法律所规定的"禁止使用"在相同或者类似商品的民事纠纷，至少存在两种适用情形，均为产生民事权利冲突时所启动。第一种情形为当被控侵权主体使用的商标系经依法核准注册，并在其核定使用商品范围内规范进行的使用，即注册商标专用权之间产生的权利冲突，此时因上述法律中已经存在具体禁止性规定，基于诚实信用的商业经营道德，即使他人使用的为已经获准注册的商标，但是基于驰名商标更高、更强、更宽保护范围与程度的考量，此时只要不超过商标法所规定撤销期限及被控侵权人的注册商标申请时，在先要求保护的商标已经构成驰名，此时人民法院可以据此解决不同注册商标之间的权利冲突问题，并根据在案情况认定是否构成驰名；第二种情形为当被控侵权主体将他人驰名商标通过复制、摹仿、翻译的形式，作为企业名称中的字号予以使用，但并不属突出使用的，此时为了解决商标专用权与企业名称权益之间产生的权利冲突，从规制有序、公平市场竞争秩序的视角，根据反不正当竞争法及商标法关于认定驰名商标的基本要件，对在先商标是否构成驰名予以认定。【12】本案中，因兰西佳联迪尔公司在第 4 类工业用油等商品上获准注册了第 11730705 号"佳联迪尔"商标，故迪尔公司、约翰迪尔中国公司所主张约翰迪尔北京公司、约翰迪尔丹东公司及兰西佳联迪尔公司在工业用油等商品上使用"佳联迪尔"商标的侵权行为，实际上形成了第 11730705 号"佳联迪尔"商标与第 206346 号"JOHN DEERE"商标及第 206347 号"JOHN DEERE"商标之间注册商标专用权的权利冲突问题。同时，迪尔公司、约翰迪尔中国公司亦主张约翰迪尔北京公司、约翰迪尔丹东公司及兰西佳联迪尔公司的企业名称构成对第 206346 号"JOHN DEERE"商标、第 206347 号"JOHN DEERE"商标的复制、摹仿或者翻译，彼此构成近似，实则是需要解决注册商标专用权与企业名称权益之间权利冲突的问题。基于本院上述分析，一审法院在对迪尔公司、约翰迪尔中国公司所提出诉讼主张中权利冲突的问题进行具体认定时，必然要涉及对第 206346 号"JOHN DEERE"商标、第 206347 号"JOHN DEERE"商标是否构成驰名予以相关认定，故一审法院并不违背驰名商标"按需认定"的基本原则，约翰迪尔北京公司、约翰迪尔丹东公司及兰西佳联迪尔公司该部分上诉理由缺乏事实及法律依据，本院不予支持。

SWX，美图秀秀案（20170925）：互联网注册商标驰名认定应充分考虑行业特点

贝某雄 v 商评委等，二审，北京高院（2017）京行终 3764 号判决书，周波、俞惠斌、

苏志甫

> ## 案情概要

美图网公司对贝某雄注册的第 12454059 号 "美图秀秀 MEITUXIUXIU" 商标提出无效宣告申请—引证商标是第 7099841 号 "美图秀秀"—商评委认为引证商标驰名，争议商标应予无效—一、二审维持商评委裁定—再审肯定引证商标驰名，认为诉争商标和引证商标二者共存，易被误认为产品或者产品的来源主体存在关联，进而割裂引证商标与美图网公司直接的固有联系—再审驳回贝某雄再审申请

> ## 裁判摘录

【6】本案中，美图网公司提交的后台数据公证件、销售合同、广告合同、宣传报道材料、荣誉和奖励资料等证据可以证明，引证商标自 2008 年在已录制的计算机程序（程序）、计算机程序（可下载软件）、电脑软件（录制好的）商品上进行使用，截至争议商标申请日之前，"美图秀秀" 软件在 PC 端和移动端的总安装次数达到上亿次，在相关类型软件排名中位居前列并荣获多项行业奖项，美图网公司亦投入大量资金对引证商标进行了持续广泛的广告宣传。美图网公司提交的销售数据审计报告显示，该公司 2010 年净利润为 145.65 万元，2011 年净利润为 -299.99 万元，2012 年净利润为 -962.49 万元，2013 年净利润为 43.56 万元，2014 年净利润为 2626.23 万元。虽然美图网公司在 2010 年至 2013 年期间的净利润数额较低，但净利润数额只是引证商标商标知名度和美誉度的判断因素之一，对引证商标是否达到驰名的程度仍应以该商标在核定使用的商品上的显著性和知名程度为判断标准，并应考虑到互联网行业的经营特点，即软件开发和市场推广阶段的资金投入可能会大于短期内的利润回报。综合全案证据可以证明，在争议商标申请日之前，通过美图网公司长期、广泛、持续的宣传和使用，核定使用在已录制的计算机程序（程序）、计算机程序（可下载软件）、电脑软件（录制好的）商品上的引证商标在图片处理类软件中占据了较大的市场份额，具有较广的销售区域，已经在中国境内为相关公众广泛知晓并享有较高的声誉，构成驰名商标。贝某雄关于引证商标未构成驰名商标的上诉理由不能成立，本院不予支持。

FY，索菲亚案（20170315/F2017-14）：拥有多个商标的情况下应当允许当事人选择认定驰名的商标

索菲亚公司 v 南阳索菲亚公司等，二审，浙江高院（2016）浙民终 794 号判决书，何琼、滕灵勇、王磊

案情概要

　　索菲亚公司认为南阳索菲亚公司在其集成吊顶等商品上使用"索菲亞"及与"索菲亞"商标近似的标识侵犯其使用于第 6 类家具商品的"索菲亚"驰名商标，并构成不正当竞争——一审认为原告在第 20 类商品上拥有"索菲亚"商标，没必要进行认驰，现有证据也不足以证明其驰名——被告不构成商标侵权，使用"索菲亚"字号构成不正当竞争，以引人误解的方式进行商品宣传构成虚假宣传——二审认为有必要认驰，原告第 6 类家具商品的"索菲亞"构成驰名商标，被告构成侵权和不正当竞争

裁判摘录

　　【3】……商标禁用权的范围具有不确定性，企业为了有效维护自身商誉，往往通过注册系列商标的方式明晰、巩固其权利范围。一旦发生侵权纠纷，商标权人有权根据自身的商标体系和诉讼策略选择对其最为有利的商标作为诉讼的权利基础。本案中，根据索菲亚公司在二审庭审中的陈述，该公司并不生产、销售集成吊顶，故第 4287169 号"索菲亞"商标属于防御性商标。此类商标因未经长时间实际使用，往往显著性和知名度较低，法律对其保护力度相对较弱，即便商标侵权行为成立，权利人也难以获得较高的赔偿数额以弥补其损失。司法认定驰名商标的本意在于更好地保护驰名商标，在权利人享有多个商标权的情况下，如果法院为避免认定驰名商标，不允许权利人选择以驰名商标跨类保护的方式寻求更为有利的救济，则商标权人的合法利益就难以得到充分保障，与司法认定驰名商标制度的初衷亦背道而驰。……【7】《中华人民共和国商标法》第十四条规定的几项因素并非缺一不可，如果考虑部分因素即足以认定涉案商标驰名的，就无需机械地一一考虑其全部因素。尤其是"该商标作为驰名商标受保护的记录"，如果将该因素作为认定商标驰名必须具备的条件，则此前未经司法或行政程序被认定为驰名的商标，即使已为相关公众所熟知，也无法在诉讼中被认定为驰名商标，这显然不利于保护商标权人的利益，也有违驰名商标认定标准之立法本意。此外，在涉驰名商标侵权纠纷中，应当考虑的时间节点是在被诉侵权行为发生时涉案商标是否驰名，相应地，对于"该商标作为驰名商标受保护的记录"这一因素，应当审查的也是相关记录中该商标处于驰名状态的时间，而非司法机关或行政机关作出认定的时间。……

SWX，酷狗案（20170313）：适用在先使用有一定影响商标无法覆盖诉争商标指定或核定的全部商品或服务时仍可审查驰名商标成立与否

利丰公司 v 商评委等，二审，北京高院（2017）京行终 248 号，谢甄珂、袁相军、王晓颖

案情概要

　　酷狗公司针对利丰公司注册在 41 类服务上的第 7583066 号"酷狗 KuGou"商标提出无效宣告——商评委认为争议商标构成对酷狗公司在先未注册驰名商标的复制与模仿，也是对酷狗公司在先商号以及在先使用并具有一定影响的商标的侵犯，裁定撤销争议商标全部核定服务——一审认为争议商标违反《商标法》第 31 条规定，但已无必要认定酷狗商标是否驰名，判决维持争议商标在部分服务上的注册——二审认为在适用第 31 条无法覆盖争议商标指定的全部服务时，仍需对第 13 条进行审查——撤销争议商标在全部服务上的注册

裁判摘录

　　【4】2001 年《商标法》第三十一条规定的"在先使用有一定影响商标"和 2001 年《商标法》第十三条第一款均是对他人在先使用未注册商标的保护，两者的区别在于在先使用的未注册商标知名度不同，且所要保护的在先权益内容不同。"在先使用有一定影响商标"更侧重于保护在先商标使用人基于商标使用而获得的利益，而 2001 年《商标法》第十三条第一款更侧重于防止市场混淆的发生。因此，在适用 2001 年《商标法》第三十一条无法覆盖诉争商标指定或核定的全部商品或服务时，仍需对 2001 年《商标法》第十三条进行审查。

BX，IPHONE 案（20161227/B2016-17）：一般性的消息报道，而非引证商标的销售及广告宣传，不足以作为认定驰名商标的事实依据

苹果公司 v 商评委等，再审，最高院（2016）最高法行申 3386 号裁定书，骆电、李培民、马秀荣

案情概要

　　新通天地公司申请注册"IPHONE"商标——苹果公司引证在先商标提起异议——商标局、商评委、一、二、再审均认为在先商标不构成驰名商标，申请商标应核准注册

裁判摘录

　　【5】……第 9 类商品上的引证商标在第 18 类商品上的被异议商标申请日之前是否已达到驰名商标的程度，是引证商标能否合法阻止被异议商标在不相类似商品上申请

注册的关键事实。为证明上述事实，苹果公司在商标异议复审、一审、二审及再审申请阶段，分别提交了相关证据。上述证据中，部分内容仅涉及引证商标在被异议商标申请日后的实际使用及知名度的事实，与本案的关键事实并无直接关联性。其余证据，如关于苹果公司于 1993 年开始在北京设立办事处、苹果公司于 2007 年 1 月公布 IPHONE 手机概念、第一代 IPHONE 手机于 2007 年 6 月 29 日在美国上市、"中关村在线"网站发布的《2007 年 7 月智能手机市场关注度及价格报告》等媒体报道或网站信息，其证明的相关事实虽早于被异议商标申请日发生，但仍不足以证明引证商标在被异议商标申请日之前已达到驰名程度的关键事实，该部分证据缺乏证明力，主要体现在以下几方面：1. 苹果公司派驻代表机构在中国开展商务活动之初，尚不存在任何关于宣传和使用 IPHONE 商业标志的事实，苹果公司的经营历史及知名度与引证商标的宣传、使用历史及知名度并不必然等同；2. 苹果公司正式向中国市场销售 IPHONE 手机的时间为 2009 年 10 月，自 IPHONE 手机概念公布至 2009 年 10 月的逾两年内，苹果公司并未在中国市场销售 IPHONE 手机，相关公众在中国市场无法通过正规销售渠道购得 IPHONE 手机，中国相关公众缺乏通过购买、使用 IPHONE 手机熟悉并高度认同 IPHONE 商标的有效渠道；3. "中关村在线"网站发布的《2007 年 7 月智能手机市场关注度及价格报告》等证据亦显示，在被异议商标申请日前通过非正规销售渠道流入中国市场的 IPHONE 手机，在当时的中国智能手机市场中并未占有较高份额；4. 在被异议商标申请日之前，与 IPHONE 手机有关的信息内容主要集中在对苹果公司下一代产品及经营策略的新闻报道、分析预测性文章，传播载体集中于《程序员》《软件世界》《环球》《经济论丛》等专业性较强的报刊，鲜有面向中国相关公众（尤其是广大消费者）的 IPHONE 手机商业广告。相反的是，苹果公司的部分证据恰恰反映了以下特点：1. IPHONE 手机概念公布至被异议商标申请日期间，IPHONE 手机是部分媒体关注的对象，但并非中国主要媒体商业广告的对象，也未成为中国市场广大消费者熟悉并认可的知名品牌；2. IPHONE 手机概念公布至苹果公司正式向中国市场销售 IPHONE 手机的逾两年内，苹果公司基于其经营策略，未实施向中国市场投放 IPHONE 品牌广告、销售 IPHONE 手机商品等经营行为，IPHONE 商标至少在被异议商标申请日之前缺乏在中国驰名的客观条件。因此，苹果公司的证据尚未有效证明在被异议商标申请日前，引证商标为中国相关公众所熟知并已达到驰名程度的事实。苹果公司主张引证商标随着 IPHONE 手机概念的公布及在美国首次销售的信息在全球传播而瞬间成为驰名商标的理由，既不符合 2007 年互联网在中国的实际状况，也不符合引证商标当时在中国的使用状况。苹果公司主张引证商标在被异议商标申请日之前已在中国驰名的理由无事实根据，本院不予支持。

BX，巨化案（20150807/B2015-21）：允许注册不会产生误导的不需认定驰名商标

巨化集团 v 商评委等，再审，最高院（2015）知行字第 112 号裁定书，王艳芳、佟姝、

杜微科

案情概要

巨化集团针对他人申请注册的"巨化"商标提起异议—主张引证商标驰名—无复制、摹仿或者翻译—无必要审查和认定驰名商标—商标局、商评委、一、二、再审均支持注册

裁判摘录

【3】……在商标授权确权行政案件的审理过程中，亦应遵循驰名商标的按需认定原则。如果被异议商标并没有构成对引证商标的复制、摹仿或者翻译，或者被异议商标获准注册的结果并不会导致误导公众并可能损害引证商标权利人利益的结果，即无需对引证商标是否构成驰名的问题作出审查和认定。具体到本案，引证商标核定使用于第 1 类的"烧碱、甲醇"等化工产品之上，被异议商标指定使用于第 11 类的"灯、煤气热水器"等家用电器商品上，两者无论是从功能、用途，还是商品的销售渠道、消费者群体等方面看，均具有较大的差异性。虽然引证商标在第 1 类化工产品上积累了一定的市场知名度，但并未能证明该种知名度已经于被异议商标申请日之前辐射到了被异议商标指定使用的商品或类似商品或具有关联性商品的范围之上，即不足以证明因引证商标的在先知名度，被异议商标的核准注册将产生误导公众并损害引证商标权利人利益的结果。巨化集团以被异议商标指定使用的商品在生产过程中需要使用引证商标核定使用的商品为由，所提两者具有较强的商品关联关系的主张过于牵强，本院不予支持。

SWX，米其林Ⅵ案（20130621）：民事认定驰名商标后在行政程序中可对抗他人注册

米其林公司 v 商评委等，二审，北京高院（2012）高行终字第 1865 号判决书，谢甄珂、钟鸣、亓蕾

案情概要

姜某财申请注册被异议商标"米其林 miQolin"，指定使用在第 9 类扬声器音箱等商品上—米其林公司提起异议—商标局、商评委驳回异议，核准注册—一审认为引证商标在被异议商标申请注册之前已驰名，被异议商标对米其林公司驰名商标的摹仿，误导了公众—二审维持一审

裁判摘录

【2】米其林公司在本案中主张权利的三件引证商标已经被第 163 号民事判决书和国家工商行政管理部门的相关裁定书认定达到驰名商标程度，姜某财在异议复审程序中对此也没有提出异议，米其林公司在商标异议复审程序中还提交了其他涉及本案引证商标使用、宣传的证据，根据最高人民法院上述司法解释和司法政策的规定，原审法院认定米其林公司的三件引证商标在被异议商标申请日前已经达到驰名商标程度并无不当。第 163 号民事判决书❶是商标评审委员会作出第 37211 号裁定之后才形成的证据，原审法院对此予以采信符合《最高人民法院关于行政诉讼证据若干问题的规定》的相关规定，商标评审委员会关于原审判决认定事实错误、采信证据违法等上诉理由，于法无据，本院不予支持。【3】被异议商标的中、外文是对米其林公司引证商标的摹仿，足以使相关公众误以为使用被异议商标的商品与米其林公司有相当程度的联系，从而减弱引证商标的显著性、贬低其市场声誉，最终损害米其林公司的利益。第 163 号民事判决书也已经证明，被异议商标使用的喇叭等商品在市场上流通，客观上已经误导公众，致使米其林公司的利益受损。因此，原审法院关于被异议商标的申请注册属于《商标法》第十三条第二款规定情形的认定并无不当，本院予以维持。

DY，三一重工案（20121206/D2012-02）：跨类保护需要认驰

三一重工 v 永合公司，二审，湖南高院（2012）湘高法民三终字第 61 号判决书，曾志红、邓国红、钱丽兰

案情概要

原告三一重工公司从事建筑工程机械、起重机械经营—拥有第 1550869 号（核定使用在第 7 类的压路机等）和第 6131503 号"三一"注册商标（核定使用在第 7 类的地质勘探、采矿选矿用机器设备、采煤机、机床等）—被告永合公司经营范围包括锻压机床、刀模具、工矿机械配件生产、销售—原告起诉被告未经许可在其企业名称中冠以"三一"文字，在其产品、对外宣传中使用"三一重工""三一机床"等标识构成商标侵权及不正当竞争—一审认为易产生误导，损害原告与"三一"商标的对应关系，构成对原告第 1550869 号驰名商标的侵犯—被告故意攀附原告的知名度及市场影响力，易产生混淆，构成不正当竞争—二审维持一审

---

❶ "第 163 号民事判决书"指米其林Ⅳ案中的广东高院（2011）粤高法民三终字第 163 号判决书。

裁判摘录

【2】……涉案第1550869号"三一"注册商标专用权由被上诉人前身三一重工业集团有限公司于2001年取得，被上诉人三一重工公司与三一重工业集团有限公司属于变更承继关系，在此变更承继的过程中，第1550869号"三一"注册商标由被上诉人三一重工公司在企业名称、产品、对外宣传、企业设施及股票名称中持续使用，被上诉人提供的证据足以证明该商标已为相关公众广为知晓，符合《商标法》第十四条关于驰名商标的认定条件。且本案由于被诉侵权商品与涉案第1550869号"三一"注册商标核准使用的商品不相同亦不相似，被上诉人三一重工公司主张对涉案第1550869号"三一"注册商标给予驰名商标的跨类保护，亦主张上诉人在其企业名称中使用涉案第1550869号"三一"驰名商标的行为构成不正当竞争，因此，本案有必要对涉案第1550869号"三一"注册商标是否驰名作出司法认定。

FY，宝马Ⅱ案（20121126/F2012-20）：可通过本类注册得到保护的不需认定驰名商标

宝马公司 v 宝驰公司等，二审，北京高院（2012）高民终字第918号判决书，李燕蓉、孔庆兵、马军

案情概要

宝马公司注册有"宝马"系列商标—分别使用在第12类及第25类的相关商品—宝驰公司先后被案外人许可使用第3249546号"MBWL及图"商标（图四）和第4719183号"丰宝马丰FENGBAOMAFENG及图"商标（图五）—第3249546号商标在服装等商品的注册被撤销—宝马公司诉宝驰公司在服装等商品、网站、店铺等多处使用的多个涉案标记构成商标侵权及不正当竞争—一审认为被告变形使用其被合法授权的标志—在相同商品上使用与原告引证商标近似的标记，构成商标侵权—被告使用涉案企业名称"德国世纪宝马集团股份有限公司"，有违诚信，易产生混淆误认，构成不正当竞争—无需认驰—二审维持一审

裁判摘录

【9】宝马公司在第12类车辆及其零部件商品上核准注册了第282195号"BMW"文字商标、第282196号"（图一）"商标、第784348号"寶馬"文字商标、第G921605号"宝马"文字商标、第G673219号"（图二）"商标，诉讼中，宝马公司请

求法院认定上述商标为驰名商标并认定广州世纪宝驰公司的涉案行为侵犯了宝马公司除在25类服装、鞋、帽子商品上注册的第G955419号"（图三）"商标以外的其他驰名商标的专用权，但由于本院已经认定广州世纪宝驰公司涉案行为侵犯了宝马公司第G955419号"（图三）"商标专用权、使用"德国世纪宝马集团股份有限公司"企业名称的行为构成不正当竞争，应当承担相应民事责任，从而对广州世纪宝驰公司侵害商标权及不正当竞争的行为进行了规制，已无需认定宝马公司其他商标构成驰名商标，原审法院对其相应诉讼请求不予支持，符合法律规定；宝马公司请求确认涉案其他商标为驰名商标并认定构成商标侵权，缺乏法律依据，本院亦不予支持。但由于宝马公司提交的证据足以证明宝马公司的涉案诸商标具有较高的知名度，故在确定本案赔偿数额时，本院将予以考虑。

图一 第282196号商标图样
（宝马公司）

图二 第G673219号商标图样
（宝马公司）

图三 第G955419号商标图样
（宝马公司）

图四 第3249546号
（宝驰公司被授权使用的商标）

图五 第4719183号
（宝驰公司被授权使用的商标）

EX，联想 I 案（20120307/E2012-07）：在先驰名商标的认定可作为商标驰名的基本证据

联想公司 v 商评委等，二审，北京高院（2011）高行终字第 1739 号判决书，莎日娜、周波、万迪

案情概要

汀州酿造厂申请在第 32 类饮料上注册"联想及图"商标—联想公司提出异议，认为损害其在第 9 类的"联想"驰名商标—一审认为不足以证明驰名，商品关联程度低，不会误导公众—二审认为在先司法认定可作为证明驰名的证据，联想公司商标构成驰名商标，在引证商标已构成驰名商标的情况下，被异议商标的注册将误导公众，损害驰名商标注册人的合法权益

裁判摘录

【3】……根据本院查明的案件事实可知，商标评审委员会和汀州酿造厂在商标评审阶段均未对本案引证商标驰名的事实加以否认，故在联想公司提供了商标局于 1999年 1 月 5 日作出的商标监（1999）35 号《关于认定"联想"商标为驰名商标的通知》等有关引证商标驰名的基本证据的情况下，应当认定引证商标在被异议商标申请注册日即 2001 年 8 月 31 日之前为驰名商标。另外，相关的人民法院判决也曾认定引证商标在 2000 年、2001 年已构成驰名商标。故原审判决关于相关证据不足以证明引证商标在被异议商标申请注册之前已经成为驰名商标的相关事实认定错误，本院予以纠正。

BFX，日产案（20111130/B2011-24/F2011-42）：不能机械地要求驰名商标证据

华夏长城公司 v 商评委等，再审，最高院（2011）知行字第 45 号裁定书，夏君丽、殷少平、周云川

案情概要

华夏长城公司注册有"日产嘉禾及图"商标—日产公司提起无效—商评委、一、二、再审都认为引证商标驰名—争议商标是对驰名商标的复制、模仿—应予无效

裁判摘录

【2】……公司对自己的发展历程出具说明具有合理性，亦有大量第三方报道佐证，且没有相反证据，华夏长城公司主张仅由于是当事人自己出具的证据即一概不应采信没有依据。关于日产株式会社向中国出口产品数量的证据，一审法院的论述并无不当，即如果其是单独的证据，证明力较关联第三方出具的证据弱，但与本案其他证据一起可以作为证明引证商标是否驰名的证据。【5】本案中，引证商标一"日产"同时是日产株式会社企业名称中的字号，而且由于汽车商品的特殊性，通常会同时使用公司的名称（商标）和具体车型名称（可能也是商标），对于日产株式会社生产的各种汽车而言，"日产汽车"是其统一的称谓，这一点在日产株式会社所提交宣传广告或者媒体报道中均可得到证实，故引证商标一"日产"作为日产株式会社的字号和汽车品牌，得到广泛的使用，"日产汽车"的使用方式具有提高注册商标知名度的作用，商标评审委员会及一、二审法院根据相关证据认定其成为相关公众广泛知晓的驰名商标并无不当【6】关于引证商标二，日产株式会社提交的证据表明，在宣传报道中，引证商标二经常与"日产汽车"一起使用，由于引证商标二中的"NISSAN"文字实际上是日文中"日产"对应的英文字母表现形式，二者存在对应关系。而且，华夏长城公司所称日产株式会社实际使用的 NISSAN 及图环状标识（缺图），其与引证商标二显著特征基本一致，结合其在汽车这种特定商品上的使用方式，原一、二审法院认定该标识的使用所带的知名度会及于引证商标二的论述并无明显不当。综合本案证据，商标评审委员会及一、二审法院认定引证商标二亦构成驰名商标的结论并无不当。【7】我国法律规定的驰名商标是指在我国境内为相关公众广为知晓的商标。由于其知名度高，其所承载的商誉也更高，相关公众看到与其相同或者近似的标识，更容易与其商标所有人产生联系，所以法律对驰名商标提供较普通注册商标更宽的保护。当事人为了在具体案件中达到受保护的目的，提供关于其商标知名度的证据，需要证明的是通过其使用、宣传等行为，相关公众对其商标有了广泛的认知。而商标是否为相关公众广泛知晓是对所有的证据进行综合判断后得出的结论，不能孤立地看相关的证据，也不能机械地要求必须提供哪一类的证据。本案中两引证商标核定使用的商品为汽车，引证商标一"日产"同时为日产株式会社的企业字号，引证商标二中的"NISSAN"文字与日产具有对应关系，考虑到汽车商品的特殊性，消费者会特别关注生产厂商，所以，日产株式会社对其企业名称的使用、所生产各种车型的汽车的销售维修等情况，均有助于其引证商标知名度的提高。华夏长城公司过于机械的理解法律对于驰名商标的证据要求，其主张本院不予支持。

CFY，尼康案（20101228/C2012-08/F2010-39）：认定驰名商标不是独立的诉讼请求，有必要时法院才予认定

株式会社尼康 v 浙江尼康等，一审，西安中院（2009）西民四初字第 302 号判决书，姚建军、张熠、史琦

案情概要

株式会社尼康起诉浙江尼康等在电动车及店招等位置使用涉案标志侵犯其注册在相机等商品上的"Nikon"等商标——构成不正当竞争——一审认定驰名——支持原告主张

裁判摘录

【13】需要指出的是人民法院认定驰名商标，是作为审理案件需要查明的事实看待，当事人关于认定驰名商标的请求，其性质是要求法院查明事实，不构成单独的诉讼请求，根据《最高人民法院关于审理涉及驰名商标保护的民事纠纷案件应用法律若干问题的解释》第十三条"在涉及驰名商标保护的民事纠纷案件中，人民法院对于商标驰名的认定，仅作为案件事实和判决理由，不写入判决主文；以调解方式审结的，在调解书中对商标驰名的事实不予认定"之规定，对诉争驰名商标的司法认定不必在判决主文中表述。

第十四条

BX，苹果Ⅱ案（20091111/B2009-13）：不应因存在本类注册反而削弱驰名商标的保护

德士活公司 v 商评委等，再审，最高院（2009）行提字第 3 号判决书，夏君丽、殷少平、王艳芳

案情概要

广州苹果公司获准注册"苹果及图"商标——德士活公司引证在先的商标提起争议——德士活引证商标驰名，且本类有在先注册——商评委及一审支持无效——二审认为应当维持注册——再审认为应予无效

裁判摘录

【1】……德士活公司申请撤销争议商标的依据和理由既包括现行［2001 年］《商

标法》第十三条第二款对驰名商标跨类保护的规定，又包括修改前《商标法》第十七条与类似商品上已经注册的商标近似的撤销理由。本案中，商评委因为已经认定争议商标与引证商标一、二构成相同类似商品上的近似商标，应予撤销，所以没有必要再适用《商标法》第十三条第二款关于对驰名商标跨类保护的规定撤销争议商标，但这并不等于否定了德士活公司关于争议商标构成对其服装商品上的两个驰名商标的复制、摹仿应予撤销的申请理由。德士活公司首先将苹果、苹果图形作为服装及钟表等商品上的商标予以注册和使用，并不存在显著性上的局限；第 25 类服装与第 14 类钟、表、手表带、表盒，在销售渠道和消费群体等方面存在一定的关联性，不属于没有联系或联系很弱的非类似商品。在德士活公司同时拥有非类似商品上已注册的驰名商标和类似商品上的在先注册商标的情况下，不仅应该将争议商标与权利人在类似商品上在先注册的商标进行比对，还应该考虑驰名商标跨类保护的因素，而不应该出现权利人除了拥有驰名商标之外，还拥有在相同或类似商品上在先注册商标的情况下，所得到的保护反而弱于仅有在非类似商品上的驰名商标而没有在类似商品上在先注册商标的情况。

BX，21 金维他案（20091027/B2009-15）：曾经成为通用名称的商标仍可认定驰名商标

巨元公司 v 商评委等，再审，最高院（2009）知行字第 12 号驳回再审申请通知书

案情概要

巨元公司 2000 年 11 月 21 日注册"21 金维他及图"商标—民生公司引证其在先"21 金维他"文字商标提起无效—巨元公司认为引证商标是通用名称—但 2000 年 7 月 1 日之后引证商标不再是通用名称—商评委、一、二、再审均认定引证商标为驰名商标，争议商标应予无效

裁判摘录

【1】……虽然在 1984 年至 2000 年 7 月 1 日期间，"21 金维他"因列入国家药品标准而成为法定的通用名称，但在该引证商标未经法定程序撤销之前，民生公司对引证商标依法享有注册商标专用权，有权在核定使用的商品上使用该引证商标。在此基础上，原审法院根据本案查明的事实并综合考虑引证商标宣传及使用的持续时间、地理范围以及受保护记录等因素，判定民生公司的引证商标在本案争议商标申请注册时已达到驰名程度并无不当。此外，2000 国药标字 XG－005 号多维元素片（21）国家药品标准自 2000 年 7 月 1 日实施后，"21 金维他"是商品通用名称还是注册商标的历史问

题已经得到解决，现有证据亦不能证明"21 金维他"已经成为多维元素片的通用名称，因此你公司此申诉理由不能成立。

BX，中铁案（20090921/B2009-16）：认定驰名商标可考虑注册前的使用

中铁快运 v 商评委等，再审，最高院（2009）知行字第 1 号驳回再审申请通知书

案情概要

中铁快运引证 1997 年 1 月 14 日申请的"CRE 中铁快运"对北京中铁 1997 年 8 月 28 日申请的"中铁"商标提起无效—引证商标驰名—注册前使用应予考虑—争议商标不应注册

裁判摘录

【2】认定商标是否驰名，不仅应考虑商标注册后的使用情况，还应考虑该商标注册前持续使用的情况。……中铁股份公司为铁道部直属企业，其前身中铁快运有限公司及中铁快运有限公司的母公司中国铁路对外服务公司，根据铁道部〔1993〕321 号《关于试办铁路快运包裹的通知》及铁道部〔1997〕355 号《关于正式办理中国铁路包裹快运业务的通知》，专营中国铁路包裹快运业务。该业务自 1993 年开始北京、上海、天津、广州、深圳、沈阳和郑州七个城市试办，1997 年正式在全国办理。在此期间，中铁快运有限公司及其母公司中国铁路对外服务公司及该公司各分公司对引证商标进行了广泛的使用、宣传，在你公司申请注册争议商标之前，引证商标已经为相关公众广为知晓，因此原审法院认定其为驰名商标并无不当。

BFY，伟哥 I 案（20090624/B2009-22/F2009-19）：既未主动使用也未认可他人的使用，不满足认定驰名商标的条件

辉瑞公司等 v 威尔曼公司等，再审，最高院（2009）民申字第 313 号裁定书，夏君丽、王艳芳、张晓都

案情概要

辉瑞公司等起诉被告注册及使用的"伟哥"标志侵犯其未注册驰名商标"伟哥"—原告标识使用不是基于其自身的真实意思—一、二、再审均未支持原告

裁判摘录

【2】……根据本案查明的事实，1998 年 9 月 29 日《健康报》等七篇报道、珠海出版社出版的"伟哥报告——蓝色精灵 Viagra"以及《海口晚报》等 26 份媒体的报道中虽然多将"伟哥"与"Viagra"相对应，但因上述报道均系媒体所为而并非两申请再审人所为，并非两申请再审人对自己商标的宣传，且媒体的报道均是对"伟哥"的药效、销售情况、副作用的一些介绍、评论性文章。辉瑞制药公司也明确声明"万艾可"为其正式商品名，并承认其在中国内地未使用过"伟哥"商标。故媒体在宣传中将"Viagra"称为"伟哥"，亦不能确定为反映了两申请再审人当时将"伟哥"作为商标的真实意思。故申请再审人所提供的证据不足以证明"伟哥"为未注册商标。原审法院对"伟哥"是辉瑞公司的未注册驰名商标的事实主张不予支持，并据此认定东方公司和新概念公司生产、销售使用"伟哥"商标药品的行为，并未构成上述法律所规定的应当承担停止侵害的民事法律责任的情形，并无不当。

SWY，中信案（20080923）：认定驰名商标官文发布时间不等于驰名时间

中信集团 v 中信家具公司等，二审，北京高院（2007）高民终字第 1809 号判决书，张冰、钟鸣、程霞

案情概要

中信集团起诉中信家具公司等在使用"中信"标记侵犯其"中信"商标并构成不正当竞争—主张驰名—一审不支持中信集团—中信家具公司开始使用"中信"作为企业字号早于中信集团，且使用字号有合理来源—虽然中信家具公司注册使用"中信"字号晚于中信集团取得"中信"注册商标，但中信集团未举证证明中信家具公司注册其企业名称字号时，其"中信"商标已经处于驰名状态—不能跨类保护—二审认为中信家具公司注册成立时中信集团的字号"中信"已经有较高知名度，其"中信"商标已经驰名—构成商标侵权及不正当竞争

裁判摘录

【6】驰名商标的认定实际是对商标权人的商标为相关公众广为知晓这一事实状态的确认。驰名商标的事实状态是一个持续的过程，并非在某一时间点突然发生的事实，因此不能仅因商标局在 1999 年 12 月 29 日作出认定"中信"商标驰名的通知就认为在 1999 年 12 月 29 日之前"中信"商标就不构成驰名商标，相关公众对该商标的知晓度

和影响力就不知晓也不应当知晓。因此，在中信集团的"中信"商标被认定为驰名商标之前大约半年的时间，即顺德中信家具公司注册成立时，中信集团的"中信"商标也应处于驰名状态，原审法院以中信集团未举证证明在顺德中信家具公司注册时中信集团的商标已经处于驰名状态为由，作出中信集团主张驰名商标跨类保护缺乏事实和法律依据的认定是错误的，本院对此予以纠正。

FY，海尔曼斯案（20080808/F2008-27）：认定驰名商标并不受他人有无申请涉案商标注册的影响

海尔曼斯集团 v 华鹏公司等，二审，江苏高院（2008）苏民三终字第 141 号判决书，王成龙、王天红、袁滔

案情概要

原告海尔曼斯集团认为被告华鹏公司等侵犯其"海尔曼斯""HAIERMANSI"等商标——一审认为原告"海尔曼斯"注册商标是驰名商标，可跨类保护——被告在卫生洁具等商品及包装和经营场所突出使用"海尔曼斯"标识或文字已构成商标侵权——二审维持驰名认定，维持侵权认定

裁判摘录

【2】……上述事实，足以认定"海尔曼斯"商标为驰名商标。……其他企业有无申请注册"海尔曼斯"商标，与在本案中是否应该认定海尔曼斯公司的"海尔曼斯"商标为驰名商标没有关系。

FY，凯摩高案（20080505/F2008-29）：作为普通商标可以保护则无需认定驰名商标

凯摩高公司 v 盐城凯摩高公司，盐城中院（2007）盐民三初字第 36 号判决书，陈健、葛丹峰、吴名

案情概要

原告凯摩高公司注册有"www.camoga.com"和"www.camoga.it"域名，并通过国际注册使其商标"CAMOGA"在中国获得保护——原告起诉被告盐城凯摩高公司商

标侵权及不正当竞争—原告要求认定"CAMOGA"驰名—一审认为不需认定驰名—被告注册涉案域名"www.chinacamoga.com"和"www.camoga.net"构成商标侵权及不正当竞争—被告将其企业名称标注为"Yancheng Camoga Machinery Co. Ltd",构成不正当竞争—被告将中文"凯摩高"注册为企业字号及用作产品标识的行为不构成商标侵权或不正当竞争

裁判摘录

【2】……本案中原、被告生产、经营的是同类产品,原告又以商标侵权提起诉讼,原告只要证明被告产品的商业标识与原告的注册商标之间存在相同或相似之处,即可获得同等程度的法律保护。……对"CAMOGA"商标是否为驰名商标在本案中不作认定。

CWY,柯达案(20060406/C2008-05):认定驰名商标不是独立的诉讼请求

伊士曼公司 v 科达电梯,一审,苏州中院(2005)苏中民三初字第213号判决书,凌永兴、管祖彦、庄敬重

案情概要

伊士曼公司诉科达电梯公司在电梯上使用"KODAK"等标志的行为侵犯其"KODAK"商标权—引证商标获得驰名认定—跨类保护到电梯产品

裁判摘录

【2】……伊士曼公司"KODAK"注册商标属在市场上享有较高声誉并为相关公众所熟知的商标,在司法保护中,应认定为驰名商标并获得法律所确定的跨商品或服务领域的高水平保护。……科达电梯公司提出因伊士曼公司诉讼中未独立提出认定"KODAK"商标为驰名商标的诉讼请求,且"KODAK"商标未经商标行政管理部门认定为驰名商标,本案中即不能以驰名商标予以法律保护抗辩……不予支持。

第十五条 【业务往来者抢注】

　　未经授权，代理人或者代表人以自己的名义将被代理人或者被代表人的商标进行注册，被代理人或者被代表人提出异议的，不予注册并禁止使用。

　　就同一种商品或者类似商品申请注册的商标与他人在先使用的未注册商标相同或者近似，申请人与该他人具有前款规定以外的合同、业务往来关系或者其他关系而明知该他人商标存在，该他人提出异议的，不予注册。

本条导读

　　抢注被代理人或被代表人的商标是《巴黎公约》明令禁止的行为，1993 年就写进了《商标法实施细则》，2001 年则写进了《商标法》，2013 年又增加了与被抢注商标使用人有密切关系往来者亦不得抢注商标的规定。2017 年的《最高人民法院关于审理商标授权确权行政案件若干问题的规定》第 15 条则丰富了本条的法律适用。

　　一方面，代理人并不仅限于商标代理人（头包西灵案）；就抢注主体而言，即使不是直接的代理人，但与代理人串通合谋者可以视为代理人（新东阳案），处于磋商阶段也可以适用第 15 条第 1 款（ANDIS 案）。至于非代理关系的情况，间接业务关系往来也被认定为属于业务关系往来的一种形态，可以适用第 15 条第 2 款处理（CHOPPIES 案）。

　　另一方面，本条规定适用于标记虽尚未使用却已达成共识的情形（雷博案），但完全不能证明标记属于被代理人的则不能保护（江小白案）。虽然商标法没有包含近似商标及类似商品，但司法实践对这种情形也加以保护，而且被抢注人自己已有商标申请也不阻止其主张权利（龟博士案）。

15.1 代理人/代表人

BX，江小白案（20191226/B2019-47）：主张代理人抢注必须先证明被代理人对该商标享有权利

江小白公司 v 国知局等，再审，最高院（2019）最高法行再 224 号判决书，秦元明、郎贵梅、马秀荣

案情概要

诉争商标系第 10325554 号"江小白"商标由格尚公司 2011 年 12 月 19 日申请，2013 年 2 月 21 日核准注册，核定使用在第 33 类有关商品上——申请过程中转让给新蓝图公司——注册后又转让至江小白公司——江津酒厂提起无效——新蓝图公司曾是江津酒厂经销商——商评委宣告无效——一审认为不违反《商标法》第 15 条的规定——撤销商评委裁定——二审认为属于第 15 条不予注册并禁止使用的情形——再审认为，诉争商标申请日前，"江小白"商标并非江津酒厂的商标，根据定制产品销售合同，江津酒厂对定制产品除其注册商标"几江"外的产品概念、广告用语等并不享有知识产权，新蓝图公司对诉争商标的申请注册并未侵害江津酒厂的合法权益，未违反 2001 年《商标法》第 15 条规定

裁判摘录

【4】首先，江津酒厂提供的证据不足以证明其在先使用诉争商标。……【8】其次，虽然江津酒厂与新蓝图公司存在经销关系，但双方的定制产品销售合同也同时约定定制产品的产品概念、广告用语等权利归新蓝图公司所有。【10】在商标无效宣告和一、二审阶段，江津酒厂并未提供证据证明诉争商标申请日之前双方存在酒产品的经销关系。在再审开庭后，江津酒厂向本院提交了再审证据 35 即 2011 年 12 月 15 日其向新蓝图公司出具的送货单，并主张新蓝图公司系江津酒厂的经销商，其在先使用"老江白"商标，新蓝图公司恶意抢注与"老江白"相近似的"江小白"商标。江小白公司认为该证据与本案无关。经查，送货单上并无"江小白"或者"老江白"字样。本院认为，诉争商标的注册违反 2001 年《商标法》第十五条规定的前提还包括诉争商标是被代理人的商标，本案证据不足以证明诉争商标是江津酒厂的商标，因此仅根据上述证据尚不能认定诉争商标的申请注册违反了 2001 年《商标法》第十五条规定。【11】最后，江津酒厂与新蓝图公司合作期间的往来邮件等证据证明，"江小白"的名称及相关产品设计系由时任新蓝图公司的法定代表人陶某泉在先提出。

BX，ANDIS 案（20181031/B2018-24）：磋商阶段也可认定代理关系成立

安迪士公司 v 商评委等，再审，最高院（2018）最高法行再 22 号判决书，朱理、毛立华、佟姝

案情概要

北仑公司申请注册第 7494974 号"安迪仕 andis"商标，指定使用商品为第 7 类的

动物剪毛机等—安迪士公司引证商标注册在第8类的电动理发器等商品上的"ANDIS"
商标提起异议—原告另有其他主张，比如在先商号权，并认为北仑公司曾与其有磋商
行为，涉案申请存在恶意等—商评委、一审、二审法院均认为商品不类似，不构成近
似商标，其他异议理由也不成立—再审认为《类似商品与服务区分表》不是判断商品
类似的唯一标准—涉案商标构成近似商标—"磋商阶段"也可以适用《商标法》第15
条—支持安迪士公司的再审申请

裁判摘录

　　【2】……本院认为，不能简单地以代理关系"未形成"就认定不属于2001年《商
标法》第15条规定的情形。根据该条规定所体现的"申请商标注册应当遵循诚实信用
原则"的立法精神，以及参照《最高人民法院关于审理商标授权确权行政案件若干问
题的规定》第15条第2款关于"磋商阶段"同样可以适用《商标法》第15条的规定，
被诉裁定与二审判决仅以"代理关系未形成"就认定被异议商标的申请注册不属于
2001年《商标法》第15条规定的情形，适用法律有误，安迪士公司该项申请再审理由
成立。

BX，龟博士案（20151118/B2015-23）：代理人抢注条款同样适用于类似商品和近似商标；被代理人已有商标申请不影响抢注条款的适用

龟博士公司 v 商评委等，再审，最高院（2015）行提字第3号判决书，王艳芳、佟姝、
杜微科

案情概要

　　龟博士公司申请的"龟博士"商标，被他人提起异议—近似标识—类似商品—
被代理人/被代表人已经提出申请—再审认为近似，有混淆可能—代理人抢注条款—不
应核准

裁判摘录

　　【8】……代理人或者代表人不得申请注册的商标标志，不仅包括与被代理人或者
被代表人商标相同的标志，也包括相近似的标志；不得申请注册的商品既包括与被代
理人或者被代表人商标所使用的商品相同的商品，也包括类似的商品。……一、二审
法院关于"只有在代理人或代表人申请商标注册前被代表人或被代理人的商标系尚未
提出注册商标申请的情况下，代理人或代表人的申请注册行为才可能构成抢注行为，

且如果被代理人或被代表人已将其商标申请注册，则其对于该商标所享有的合法权益在商标注册层面亦并未被代理人或代表人损害，故《商标法》第十五条应不适用于被代理人或被代表人已将其商标提出注册申请或该商标已被注册的情形"的认定，不当地限缩了《商标法》第十五条的适用范围，本院予以纠正。

BX，雷博案（20140916/B2014-24）：商标未使用不影响代理人抢注条款的适用

雷博公司 v 商评委等，再审，最高院（2014）行提字第 3 号判决书，王艳芳、朱理、佟姝

案情概要

雷博公司对他人的商标"LehmanBrown"提起无效—代理人或代表人抢注商标—商评委、一、二审均维持注册—再审认为被抢注商标不要求在先使用—争议商标应予无效

裁判摘录

【3】……本案中，判断争议商标"lehmanbrown"是否属于雷博公司的商标，应当结合案件全部证据进行综合分析。……综合考量上述事实和证据，可以合理推知，在争议商标注册申请日前，爱德华·雷门和博杨已经就正在创建中的雷博公司使用"lehmanbrown"名称和商号达成一致，并有将该标志作为筹建中的雷博公司申请商标的共识。可见，虽然在争议商标注册申请日前，雷博公司尚处于筹建之中，但是两名创建人已经就该公司的未来名称、商号以及将公司品牌申请商标的事宜达成一致。因此，应当认为，在争议商标注册申请日前，争议商标"lehmanbrown"已经是正在筹建中的雷博公司的商标。【5】……代理或者代表关系是一种具有信赖性的特殊法律关系……代理人或者代表人对于被代理人或者被代表人负有特殊的忠诚和勤勉义务，必须恪尽职守，秉承最大限度有利于被代理人或者被代表人的利益之原则行事。《商标法》第十五条系针对代理或者代表关系这种特殊法律关系，基于诚实信用原则而设立的对被代理人或者被代表人的商标予以特殊保护制度，并不一概要求该商标已经在先使用。只要特定商标应归于被代理人或者被代表人，代理人或者代表人即应善尽忠诚和勤勉义务，不得擅自以自己名义进行注册。被代理人或者被代表人是否已经将该商标投入商业使用，并非《商标法》第十五条的适用条件。……

BX，新东阳案（20131220/B2013-19）：与代理人恶意串通合谋抢注视为代理人

新东阳股份公司 v 商评委等，再审，最高院（2013）知行字第97号裁定书，王闯、王艳芳、佟姝

案情概要

新东阳企业公司申请注册"新东阳及图"商标—新东阳股份公司提起异议—侵犯其在先权利—代理人抢注—商标局、商评委、一审认为应核准注册—二审、再审认为构成代理人抢注，不应核准

裁判摘录

【1】……麦某来……是新东阳股份公司在中国大陆的代表人，未经新东阳股份公司许可，其无权以自己的名义将新东阳股份公司的"新东阳"商标在中国大陆申请注册。现麦某来通过其任法定代表人的新东阳企业公司的名义申请注册，根据本院《关于审理商标授权确权行政案件若干问题的意见》第十二条"与代理人或者代表人有串通合谋抢注行为的商标注册申请人，可以视其为代理人或者代表人。至于串通合谋抢注行为，可以视情况根据商标注册申请人与上述代理人或者代表人之间的特定身份关系进行推定"的规定，新东阳企业公司可以视为《商标法》第十五条所称的代理人或者代表人。……

CX，头包西灵案（20071215/C2007-11）：代理人的范围不限于商标代理人，可以涵盖总经销等

华蜀公司 v 商评委等，再审，最高院（2007）行提字第2号判决书，孔祥俊、于晓白、夏君丽

案情概要

华蜀公司注册了"头包西灵 Toubaoxilin"商标—正通公司提起争议—商评委、一审认为构成代理人抢注，支持无效—二审认为不属于代理人—再审认为总经销、总代理也属于代理人—构成代理人抢注

第十五条

裁判摘录

【5】……为制止因特殊经销关系而知悉或使用他人商标的销售代理人或代表人违背诚实信用原则、抢注他人注册商标的行为，《商标法》第十五条规定的代理人应当作广义的理解，不只限于接受商标注册申请人或者商标注册人委托、在委托权限范围内代理商标注册等事宜的商标代理人、代表人，而且还包括总经销（独家经销）、总代理（独家代理）等特殊销售代理关系意义上的代理人、代表人。二审判决关于《商标法》第十五条规定的代理人仅为商标代理人的理解不当，应予纠正。

15.2 合同及业务往来关系

SX，CHOPPIES 案（20171228）：间接业务往来关系可适用 15.2

乔佩斯公司 v 商评委等，一审，北京知产院（2016）京 73 行初 1441 号判决书，周丽婷、刘小鹤（陪）、仝连飞（陪）

案情概要

特丝丽公司注册了第 12035146 号"CHOPPIES"商标，核定使用在第 3 类的相关商品上—乔佩斯公司以诉争商标申请注册违反《商标法》第 15 条的规定为由提起无效—商评委维持注册—一审认为诉争商标不应予以核准注册—第三人与原告存在间接业务往来关系，明知原告已在洗衣粉商品上在先使用"CHOPPIES"商标，仍在同一种或类似商品上申请注册与之相同的诉争商标

裁判摘录

【6】"特定关系"是《商标法》第十五条第二款成立的前提条件。第十五条第二款对于特定关系的界定采取了举例加兜底的立法模式，除合同关系、业务往来关系之外，其他"代理、代表关系"之外的特定关系，基于该特定关系能够明知特定关系对方的商标存在的，亦属于第十五条第二款所规范的范畴。由于第十五条第二款对特定关系持开放态度，因此对其中所述的"业务往来关系"，亦应理解为既包括直接的业务往来关系，也包括间接的业务往来关系。当然，不论是直接业务往来关系还是间接业务往来关系，只有因此使得商标申请人明知特定关系人商标存在，才满足《商标法》第十五条第二款的构成要件。【7】本案中，现有证据能够表明，原告与凯瑞公司之间、凯瑞公司与第三人之间，围绕"CHOPPIES"品牌洗衣粉产品，存在交易和业务往来关系。第三人是产品加工制造者，凯瑞公司是与第三人存在合同关系的直接委托人，第

三人所加工的全部产品由凯瑞公司直接收购。而从"CHOPPIES"商标在博茨瓦纳等国的注册人情况、第三人所加工产品的出口目的地为博茨瓦纳哈博罗内、第三人公司代表与凯瑞公司代表之间的往来邮件抄送原告法定代表人纳拉亚南、第三人公司代表与原告法定代表人之间就确认提单及发票的开具单位及地址等事项的直接邮件往来、原告与凯瑞公司之间关于商品折扣的往来信函及授权文件等事实，可以看出，第三人所加工的"CHOPPIES"洗衣粉商品经由凯瑞公司，最终由原告收购。原告与第三人之间存在间接业务往来关系。

第十五条

第十六条 【地理标志】

商标中有商品的地理标志，而该商品并非来源于该标志所标示的地区，误导公众的，不予注册并禁止使用；但是，已经善意取得注册的继续有效。

前款所称地理标志，是指标示某商品来源于某地区，该商品的特定质量、信誉或者其他特征，主要由该地区的自然因素或者人文因素所决定的标志。

本条导读

地理标志是一个特殊的识别标志，最早在《巴黎公约》中有关于原产地名称的保护，后来有了《保护原产地名称及其国际注册里斯本协定》。1994 年正式写进了《与贸易有关的知识产权协定》（以下简称《TRIPS 协定》），我国 2001 年"入世"的时候也将其写入到《商标法》第 16 条中，其中的定义基本来自《TRPIS 协定》。后来的《农业法》中也有提及，《民法典》也将其与商标并列为知识产权的一种。

本条收录了来自民事程序的案件（香槟案），以及来自行政程序的案件（Romanee – Conti 案，中文翻译为"罗曼尼康帝案"），核心意思都是尽管它们尚未在中国正式注册，但根据它们在原属国法国作为原产地或地理标志受保护的记录符合地理标志的实质条件，因而按照国际公约在中国也受法律的保护。当然，如果按照《商标法》及其实施条例在中国申请注册集体或证明商标，它们还可以得到更多、更强的保护，如海关保护、刑事保护乃至驰名商标的扩大或强化保护。

虽然法院一度认为普通商标与地理标志集体商标和证明商标不能直接进行近似比对，但是后来这个观点也发生了变化（NAPA 案）。有些依据 59.1 进行抗辩的涉及地理标志证明商标的案例，也放在本条集中展示（库尔勒香梨Ⅱ案、舟山带鱼案）。

FY，库尔勒香梨Ⅱ案（20191112/F2019-09）：不能举证证明其销售产品来源于特定产地构成地理标志证明商标侵权

库尔勒香梨协会 v 华联超市哈第一分公司等，二审，黑龙江高院（2019）黑民终 610 号判决书，马文静、闫梁红、付兴驰

案情概要

库尔勒香梨协会获准注册第 892019 号商标，核定使用商品是第 31 类的香梨—华联超市哈第一分公司出售的梨的包装箱正中标有"库尔勒香梨"字样，但包装箱未标注生产单位名称及地址等信息—库尔勒香梨协会认为华联超市哈第一分公司构成商标侵权—被告抗辩库尔勒香梨是通用名称—一审认为成为地理标志的时间晚于原告第 892019 号商标申请注册的时间—原告商标合法有效—涉案标记近似，足以使相关公众混淆误认—不能证明被诉侵权香梨来自库尔勒香梨限定的特定原产地—构成侵权—二审维持一审

裁判摘录

【3】……华联超市哈第一分公司在其销售的被诉侵权商品上标注"库尔勒香梨"的行为是否属于正当使用。华联超市哈第一分公司主张库尔勒香梨是白梨的一个品种，属于通用名称，无论产地在哪里，只要是库尔勒香梨树上结的果实就被称为库尔勒香梨。但据国家质量监督检验检疫总局、中国国家标准化管理委员会 2005 年 9 月 3 日发布的《中华人民共和国国家标准》中关于地理标志产品库尔勒香梨的产地范围明确限定在新疆维吾尔自治区库尔勒市、阿克苏市、阿拉尔市、尉犁县、轮台县、库车县、沙雅县、新和县、阿瓦提县、温宿县现辖行政区域。故华联超市哈第一分公司关于无论产地在哪里，只要是库尔勒香梨树上结的果实就应被称为库尔勒香梨的主张不能成立。地理标志证明商标具有标识商品来源地的功能，其标识商品的原产地，以表明因原产地的气候、自然条件、工艺、制作方法等因素决定的商品具有的特定品质。库尔勒香梨协会作为案涉证明商标权人，其无权禁止前述库尔勒香梨特定原产地的生产者或经营者使用库尔勒香梨名称，如华联超市哈第一分公司能够举证证明其销售的梨确系来源于库尔勒香梨限定的特定原产地，库尔勒香梨协会不能禁止华联超市哈第一分公司以本案中的方式对其商品进行标示。但被诉侵权商品没有标注生产单位、产地等商品必要信息，华联超市哈第一分公司亦不能举示产品来源的相关证据。故一审判决认定华联超市哈第一分公司在被诉侵权商品包装上突出使用"库尔勒香梨"标识的行为，不属于正当使用，构成侵犯案涉证明商标专用权的行为，应承担停止侵权、赔偿损失的法律责任，并无不当。

第十六条

SWX，Romanee-Conti 案（20190610）：外国地理标志保护不以在中国申请注册为前提

法国国家产品原产地与质量管理局 v 国知局，二审，北京高院（2019）京行终字第

1343 号判决书，周波、马军、张玲玲

案情概要

　　涉案争议商标是注册在第 33 类"葡萄酒"等商品上的第 9037930 号"罗曼尼·康帝"—法国国家产品原产地与质量管理局申请无效—商评委维持注册—"Romanee-Conti"虽然在法国已获得葡萄酒原产地名称的保护，但该商标作为地理标志目前尚未在我国获准注册—在案证据不能证明"Romanne-Conti"与"罗曼尼·康帝"已形成唯一对应关系—一审支持无效—在案证据能够证明"Romanee-Conti"与中文"罗曼尼·康帝"之间稳定的对应关系—"罗曼尼·康帝"应作为葡萄酒商品上的地理标志予以保护—二审维持一审

裁判摘录

　　【3】……证据，能够证明"Romanee-Conti"是标示来源于法国特定地区葡萄酒商品的标志，而该商品的特定质量、信誉或其他特征，主要有该地区的自然因素或者人文因素所决定，国家知识产权局和吴某某亦未提交充分证据对此加以反驳，因此，原审法院基于在案证据认定"Romanne-Conti"属于葡萄酒商品上的地理标志并无不当。虽然"Romanne-Conti"并未在我国作为地理标志商标申请注册，但商标法并未将此作为地理标志保护的前提条件，且本案中"Romanne-Conti"亦非作为注册商标请求保护……法国国家产品原产地与质量管理局在本案中提交的前述证据亦能够证明"Romanee-Conti"与"罗曼尼·康帝"已形成较为稳定的对应关系……【4】……在争议商标完整包含与葡萄酒商品上的地理标志"Romanee-Conti"具有稳定对应关系的中文译文"罗曼尼·康帝"的情况下，争议商标使用在葡萄酒商品及与葡萄酒商品具有密切关联的商品上，容易误导公众，使相关公众误认为使用该商标的商品来源于该地理标志所标示的地区或具备相关品质特征。

SX，NAPA 案（20160830）：普通商标与地理标志证明商标可进行近似比对，易与在先地理标志混淆的标志不能注册为商标

纳帕河谷协会 v 商评委等，二审，北京高院（2016）京行终 2295 号判决书，莎日娜、周波、赵岩

案情概要

　　中商公司申请注册涉案异议商标第 4662547 号"螺旋卡帕 SCREWKAPPANAPA"

商标，指定使用在国际分类第 33 类"果酒（含酒精）、开胃酒、烧酒、葡萄酒"等商品上—纳帕河谷协会引证第 4502959 号"NAPA VALLEY 100%及图"证明商标提起异议—商标局认为不会混淆，核准注册—商评委及一审法院支持注册，认为不会混淆，也无害于公共利益和公共秩序—二审认为被异议商标违反商标法第十六条第一款

裁判摘录

　　【3】本案中，被异议商标由中文"螺旋卡帕"和英文"SCREWKAPPANAPA"组合而成。根据第 144 号公告等证据，"纳帕河谷（NapaValley）"是在中国获得保护的使用在葡萄酒商品上的地理标志。虽然被异议商标中仅包含了地理标志"纳帕河谷（NapaValley）"中的一个英文单词，但"纳帕"和"Napa"分别是该地理标志中英文表达方式中最为显著的识别部分，相关公众在葡萄酒商品上见到"NAPA"一词时，即容易将其与"纳帕河谷（Napa Valley）"地理标志联系在一起，误认为使用该标志的相关商品是来源于上述地理标志所标示地区的商品。因此，被异议商标的申请注册违反了商标法第十六条第一款的规定。被诉裁定的相关认定错误，依法应予纠正。纳帕河谷协会的该项上诉理由成立，本院予以支持。

第 4662547 号
（申请商标图样）　　　　　　　第 4502959 号
（引证商标图样）

SWY，香槟案（20150210）：地理标志的保护不以注册为集体商标或证明商标为前提

香槟酒行业委员会 v 圣焱意美公司，一审，北京一中院（2012）一中民初字第 1855 号判决书，姜颖、芮松艳、吕良（陪）

案情概要

　　原告香槟酒行业委员会主张"CHAMPAGNE（香槟）"是其持有的原产地名称，"香槟"在中国为汽酒商品上的地理标志且具有较高知名度—主张被告圣焱意美公司在涉案商品上使用"香槟"和"CHAMPAGNE"等标志侵犯其地理标志和未注册驰名商标，也构成对公众知晓外国地名的侵犯，还构成不正当竞争—被告不认可"香槟"在中国可以作为地理标志进行保护—一审认为"香槟（Champagne）"作为汽酒商品上的

地理标志在我国应当受到法律保护—被告侵犯了原告的地理标志—不支持原告其他诉讼主张

裁判摘录

【13】……地理标志在我国可以通过申请注册为集体商标或证明商标的方式受到《商标法》的保护。但是，……不能限缩性地解读为我国排除了对集体商标、证明商标之外的地理标志提供法律保护。由于地理标志标示了来源于特定产区且具备特定质量、信誉或特征的商品，其对商品来源的标示更多地指向了该特定产区，而非其所标示商品的特定提供者。因此，地理标志所体现的产源指示功能并不等同于普通商标，在《商标法》和《商标法实施条例》的相关规定尚不完备的情况下，是否为其提供法律保护以及提供何种程度的法律保护，关键仍在于标志本身是否已在相关公众中实际起到了标示商品特定产区来源的作用。【14】尽管"香槟（Champagne）"尚未在我国取得商标注册，但我国相关行政机关历史上曾多次明确指出"香槟（Champagne）"并非酒类商品上的通用名称，并将其作为原产地名称给予保护。同时，原告证据亦可证明，经过法国香槟地区汽酒生产商在我国的大量宣传和使用，并经国内多方媒体和期刊杂志的广泛介绍、报道，再辅以多种权威工具书的详细释义，"香槟（Champagne）"作为汽酒商品上的地理标志已经在我国具有较高知名度，我国相关公众已能够将其作为标示来源于法国香槟地区的汽酒商品的地理标志加以识别。加入 Trips 协议后，对合法有效的地理标志提供法律保护，亦是我国作为 Trips 协议成员国的义务之一。综合考虑上述因素，地理标志是否已作为集体商标或证明商标在我国取得商标注册，不应成为其在我国受到法律保护的必要条件。在"香槟（Champagne）"已能在我国实际起到标示商品特定产区来源作用的情况下，其作为汽酒商品上的地理标志，理应在我国受到法律保护。【18】《商标法》第十六条规定，商标中有商品的地理标志，而该商品并非来源于该标志所标示的地区，误导公众的，不予注册并禁止使用。该条款虽然针对的是包含有地理标志的商标不予注册的情形，属于授权性条款，但亦明确禁止对地理标志的不当使用，因此同样可参照该规定对遭受不法侵害的地理标志进行救济，而无须以该地理标志已取得商标注册为前提。值得注意的是，《商标法》第十三条第一款系针对未注册驰名商标的保护，所规定的法律救济与地理标志并无不同，即不予注册并禁止使用。基于《商标法》第十三条第一款的规定，《最高人民法院关于审理涉及驰名商标保护的民事纠纷案件应用法律若干问题的解释》（简称《驰名商标解释》）第十一条规定，"被告使用的注册商标违反《商标法》第十三条的规定，复制、摹仿或者翻译原告驰名商标，构成侵犯商标权的，人民法院应当根据原告的请求，依法判决禁止被告使用该商标"。显然，《驰名商标解释》并未区分驰名商标注册与否，而是在涉及侵犯驰名商标的民事纠纷中，均规定了禁止使用的救济方式，即注册与否并不影响驰名商标在我国获得民事救济。考虑到未注册地理标志与未注册驰名商标所承载和体现的均为商品流通过程中逐渐形成并为市场上相关公众加以识别认知的客

观事实，二者所应享有的法律保护亦应相同，故按照法律解释一致原则，未注册地理标志同样可以参照未注册驰名商标的保护方式，依据《商标法》第十六条寻求民事救济。

FY，舟山带鱼案（20121108/F2012-19）：证明商标的正当使用需举证证明产地

舟山水产协会 v 申马人公司等，二审，北京高院（2012）高民终字第 58 号判决书，谢甄珂、钟鸣、支小龙

【案情概要】

　　舟山水产协会注册"舟山带鱼 ZHOUSHANDAIYU 及图"证明商标—申马人公司在其商品外包装上使用"舟山带鱼"字样—舟山水产协会认为申马人公司的突出使用容易造成公众混淆，构成侵权—一审认为申马人公司正当使用，不侵权—二审认为申马人公司不能证明其商品原产地为浙江舟山海域的情况下，其在涉案商品上标注"舟山精选带鱼段"的行为，不属于正当使用—构成侵权

【裁判摘录】

　　【7】……涉案商标系作为证明商标注册的地理标志，即系证明商品原产地为浙江舟山海域，且商品的特定品质主要由浙江舟山海域的自然因素所决定的标志，用以证明使用该商标的带鱼商品具有《管理规则》[《"舟山带鱼"证明商标使用管理规则》]中所规定的特定品质。舟山水产协会作为该商标的注册人，对于其商品符合特定品质的自然人、法人或者其他组织要求使用该证明商标的，应当允许。而且，其不能剥夺虽没有向其提出使用该证明商标的要求，但商品确产于浙江舟山海域的自然人、法人或者其他组织正当使用该证明商标中地名的权利。但同时，对于其商品并非产于浙江舟山海域的自然人、法人或者其他组织在商品上标注该商标的，舟山水产协会则有权禁止，并依法追究其侵犯证明商标权利的责任。【12】……在申马人公司不能证明其生产、销售的涉案商品原产地为浙江舟山海域的情况下，其在涉案商品上标注"舟山精选带鱼段"的行为，不属于正当使用，构成侵犯涉案商标专用权的行为，应当就此承担停止侵权、赔偿损失的法律责任。

第十六条

第十九条 【代理机构执业规范】

商标代理机构应当遵循诚实信用原则，遵守法律、行政法规，按照被代理人的委托办理商标注册申请或者其他商标事宜；对在代理过程中知悉的被代理人的商业秘密，负有保密义务。

委托人申请注册的商标可能存在本法规定不得注册情形的，商标代理机构应当明确告知委托人。

商标代理机构知道或者应当知道委托人申请注册的商标属于本法第四条、第十五条和第三十二条规定情形的，不得接受其委托。

商标代理机构除对其代理服务申请商标注册外，不得申请注册其他商标。

本条导读

2013 年《商标法》增加了本条，第 4 款列举的代理人执业规范中有一限制代理人商标注册的内容，但具体如何适用一直不够明晰。2017 年法院明确了代理机构不能申请商标代理之外的服务项目（SPTL 案），2018 年法院继续明确旧法期间申请，但还处于异议程序中的商标也应适用该条款对超范围部分不予注册（欧尚案）。

SX，欧尚案（20181031）：商标代理机构只能针对其代理服务申请商标

泰安财源公司 v 商评委等，二审，北京高院（2018）京行终 1623 号判决书，周波、俞惠斌、苏志甫

案情概要

泰安财源公司申请注册第 9611054 号"欧尚"商标，指定使用在第 29 类商品—欧尚公司提起异议—商标局裁定异议理由不成立，诉争商标予以核准注册—商评委认为"商标代理机构除对其代理服务申请商标注册外，不得申请注册其他商标"，故诉争商标应不予注册—一审维持商评委裁定—二审维持一审

裁判摘录

【1】……本案系商标法修改决定施行前申请复审的商标，商标评审委员会于决定施行后作出不予核准注册的决定，故本案相关诉权和主体资格问题应适用 2001 年商标法，其他问题应适用 2013 年商标法进行审理。【7】泰安财源公司的营业执照载明其经营范围为商标代理，应当认定其属于商标代理机构，其申请注册商标的行为应当受到 2013 年商标法第十九条第四款规定的限制。本案中，申请商标指定使用在第 29 类"食用水生植物提取物；加工过的槟榔；豆奶（牛奶替代品）；蔬菜色拉；果冻；加工过的花生；加工过的瓜子；干食用菌；豆腐制品；腐竹"商品上，上述商品内容显然不属于 2014 年《商标法实施条例》第八十三条所指商标代理服务范畴，作为商标代理机构的泰安财源公司提出的被异议商标的注册申请，不符合 2013 年《商标法》第十九条第四款的规定，不应予以核准注册。

SX，SPTL 案（20170726）：商标代理机构只能在商标代理服务上申请商标

上专所 v 商标局，二审，北京高院（2017）京行终 3118 号判决书，周波、俞惠斌、苏志甫

案情概要

上专所申请注册第 15244247 号"SPTL"商标，指定使用在第 45 类的知识产权咨询等服务—商标局不予受理—上专所提起诉讼—一审驳回上专所诉讼请求，认为商标代理机构仅可以在"代理服务"上申请商标注册，涉案服务不属于商标代理服务的内容—二审维持一审

裁判摘录

【3】根据上专所提交的国家工商行政管理局批准文件，可以认定上专所属于商标代理机构；上专所的《企业法人营业执照》中亦载明，其经营范围包括为中外客户提供商标代理服务，因此，上专所属于商标法实施条例规定的商标代理机构，其申请注册商标应当按照《商标法》第十九条第四款的规定，仅限于在代理服务上申请注册商标，不得在其商标代理服务之外注册其他商标，在代理服务以外的其他商品和服务上申请注册商标的，商标局依法不应予以受理。【4】本案中，申请商标指定使用在第 45 类"知识产权咨询、知识产权代理、知识产权许可、法律研究、诉讼服务、计算机软件许可（法律服务）、域名注册（法律服务）、为法律咨询目的监控知识产权、个人背

景调查、知识产权评估、知识产权研究、知识产权调查"服务上,上述服务内容显然并不属于《商标法实施条例》第八十三条规定的商标代理服务,因此,作为商标代理机构的上专所提出申请商标的注册申请,不符合《商标法》第十九条第四款的规定。商标局对申请商标的注册申请不予受理并无不当。

第二十一条 【国际注册】

商标国际注册遵循中华人民共和国缔结或者参加的有关国际条约确立的制度,具体办法由国务院规定。

本条导读

中国人、中国企业申请商标国际注册或者外国人、外国企业申请国际注册指定中国的,都需要遵循马德里国际注册体系的规则以及《商标法实施条例》的具体规定,法院也给出了相应的解释(迪奥真我香水瓶案)。国际注册日应作为中国商标申请日对待(脸谱案)。

ABDX,迪奥真我香水瓶案(20180426/A20191224-114/B2018-21/D2018-01):商标主管部门应当给予国际注册申请人补正机会

迪奥尔公司 v 商评委,再审,最高院(2018)最高法行再 26 号判决书,陶凯元、王闯、佟姝

案情概要

迪奥尔公司申请将其国际注册第 1221382 号商标领土延伸保护到中国—商标局以申请商标缺乏显著性为由全部驳回—商评委、一审、二审法院均未支持迪奥尔公司有关涉案商标具有显著性的主张—再审认为商标局迳行将申请商标类型变更为普通商标,并作出不利于迪奥尔公司的审查结论—商评委在迪奥尔公司明确提出异议的情况下,对此未予纠正—可能损害行政相对人合理的期待利益,有违行政程序正当性的原则—应重新审查

裁判摘录

【7】……申请商标作为指定中国的马德里商标国际注册申请,有关申请材料应当以国际局向商标局转送的内容为准。现有证据可以合理推定,迪奥尔公司已经在商标国际注册程序中对申请商标为三维立体商标这一事实作出声明,说明了申请商标的具

体使用方式并提供了申请商标的一面视图。基于上述事实，迪奥尔公司已经根据马德里协定及其议定书的规定，完成了申请商标的国际注册程序，以及《商标法实施条例》第十三条规定的声明与说明义务，应当属于申请手续基本齐备的情形。在申请材料仅欠缺商标法实施条例规定的部分视图等形式要件的情况下，商标行政机关应当秉承积极履行国际公约义务的精神，给予申请人合理的补正机会。具体而言，首先，商标局应当根据迪奥尔公司在国际注册程序中作出声明与说明的内容，将申请商标的类型如实记载为"三维标志"。其次，在迪奥尔公司已经对申请商标的类型予以明确，而仅欠缺部分视图等申请材料的形式要件的情况下，商标局应当充分考虑到商标国际注册程序的特殊性，参照《商标法实施条例》第四十条第二款的规定，给予迪奥尔公司补正申请材料的机会，以平等、充分保障包括迪奥尔公司在内的国际注册申请人的合法利益。本案中，商标局并未如实记载迪奥尔公司在国际注册程序中对商标类型作出的声明，且在未给予迪奥尔公司合理补正机会，并欠缺当事人请求与事实依据的情况下，迳行将申请商标类型变更为普通商标并作出不利于迪奥尔公司的审查结论，商标评审委员会对此未予纠正的作法，均缺乏事实与法律依据，且可能损害行政相对人合理的期待利益，本院对此予以纠正。对商标评审委员会与此有关的抗辩主张，本院不予支持。

SX，脸谱案[●]（20160627）：国际注册日视为商标在中国的申请日

快鱼公司 v 商评委等，一审，北京知产院（2015）京知行初字第 1895 号判决书，何暄、曹军庆（陪）、郭艳芹（陪）

【案情概要】

快鱼公司申请注册第 8895478 号"脸谱"商标—菲丝博克公司提起异议—引证国际注册第 1075094 号"FACEBOOK"商标—商评委裁定在服装出租、殡仪、域名注册、诉讼服务、知识产权咨询服务上予以核准注册，在交友服务上不予核准注册—快鱼公司认为菲丝博克公司逾期未提交优先权申请，不应获得优先权保护—一审认为未逾期提交优先权申请—国际注册日视为商标在中国的申请日—收到国际局移交的引证商标申请文件的日期无法律效力，与该商标的国际注册日期无关，不应作为判断在先权的依据—引证商标构成诉争商标获准注册的在先权利障碍—快鱼公司认为引证商标的法律状态待定，不能作为诉争商标申请注册的在先权利障碍—二审维持一审

[●] 2016 年 12 月 19 日，北京高院以（2016）京行终 4857 号判决驳回快鱼公司上诉，维持原判。

裁判摘录

【1】……《商标国际注册马德里协定》第四条规定，从根据第三条之三在国际局生效的注册日期开始，商标在每个有关缔约国的保护，应如同该商标直接在该国提出注册的一样。根据该规定，自引证商标的国际注册日 2010 年 7 月 16 日开始，引证商标在中国应得到与第三人在该日期直接在中国提出引证商标注册申请相同的保护，故引证商标的国际注册日即可视为该商标在中国的申请日。诉争商标的申请日期为 2010 年 11 月 29 日，晚于引证商标的国际注册日 2010 年 7 月 16 日，故引证商标构成诉争商标获准注册的在先权利障碍。

第二十五条 【优先权】

商标注册申请人自其商标在外国第一次提出商标注册申请之日起六个月内，又在中国就相同商品以同一商标提出商标注册申请的，依照该外国同中国签订的协议或者共同参加的国际条约，或者按照相互承认优先权的原则，可以享有优先权。

依照前款要求优先权的，应当在提出商标注册申请的时候提出书面声明，并且在三个月内提交第一次提出的商标注册申请文件的副本；未提出书面声明或者逾期未提交商标注册申请文件副本的，视为未要求优先权。

本条导读

优先权是由《巴黎公约》确立的一项重要的法律制度，对于确保商标的全球保护具有十分关键的意义。我国1985年加入《巴黎公约》以后即开始履行该项法律义务，后来在《商标法》中也进行了明文规定。对于行政部门漏审优先权的情况，最高法院依职权予以认定（普兰娜案）。

BCX，普兰娜案（20170509/B2017-40/C2017-12）：法院可对行政部门漏审优先权的重要事实依职权作出认定

普兰娜公司 v 商评委等，再审，最高院（2017）最高法行再10号判决书，周翔、罗霞、佟姝

案情概要

普兰娜公司申请"prAna及图"商标被驳回—在先近似商标—授权程序中曾主张优先权—商标局未予回应—商评委复审支持驳回—一、二审认为商评委主要证据不足，适用法律错误，判令商评委重新裁决—重新裁决仍漏审优先权—再审审查并确认优先权—令商评委重做决定

裁判摘录

【3】普兰娜公司在商标授权的行政程序中曾经提出过优先权的主张，商标局并未

对该申请给予回复，商标评审委员会亦未能在审查阶段对该事实予以认定，导致被诉决定存在遗漏当事人请求的情形。本案一、二审法院均已判决商标评审委员会对申请商标重新作出决定，而对于优先权认定的基本事实，商标评审委员会重新作出的决定并未涉及。由于优先权的认定是判断本案引证商标一是否能够成为申请商标的权利障碍的关键事实，且普兰娜公司对重新作出的商标驳回复审决定再次提出了行政诉讼。鉴于本案被诉决定对申请商标的优先权日存在漏审，导致错误认定了引证商标一成为注册申请的权利障碍，为避免循环诉讼，及时维护当事人权益，提高诉讼效率，本院……对被诉决定认定的错误事实予以纠正，即申请商标的优先权日期为 2010 年 11 月 19 日，而非 2010 年 12 月 28 日。由于申请商标的优先权日期早于引证商标一的申请日期，故引证商标一不构成申请商标能否注册申请的权利障碍。在此情形下，无需讨论申请商标与引证商标一是否构成同一种或类似商品上的近似商标。

第二十五条

第三十条 【在先注册或初步审定商标】

申请注册的商标，凡不符合本法有关规定或者同他人在同一种商品或者类似商品上已经注册的或者初步审定的商标相同或者近似的，由商标局驳回申请，不予公告。

本条导读

《商标法》第 30 条兼有保护在先注册、初步审定商标及以该法其他理由驳回商标注册申请的作用。2013 年《商标法》第 57 条对商标侵权构成增加了混淆判断标准，但在第 30 条的适用上未做调整。法院通常继续引用 2002 年《商标民事侵权司法解释》中基于是否混淆来判断商标是否近似、商品是否类似的标准，尽管该标准与 2017 年《商标授权确权司法解释》中所确立的混淆可能性需结合商标近似度及商品类似度综合判定的标准不尽吻合。

对于商品类似的认定，《类似商品和服务区分表》虽然一直作为基础的判定参考，但在具有较大关联性（富士宝案、啄木鸟案）或出现变化时（稻香村Ⅰ案、稻香村Ⅱ案，ANDIS 案），可以突破区分表；判断主体可以注意力程度较低的消费者为准（加加案）。流通渠道的不同也会减少混淆的可能性（采乐案）。

商标近似判断方面，既需要整体比对（鳄鱼Ⅷ案），也需要要部比对（秋林案），并进行综合判断（采乐案、五粮液Ⅳ案），单纯在之前商标的基础上增加字号或商标并不足以改变近似关系（竹叶青青花瓷案、福特野马案）；中英文形成对应关系的可以认定近似（永恒印记案、拉菲Ⅲ案）。

显著性和知名度方面，一般会认为商标近似、商品类似会因知名度加重造成混淆的可能（秋林案、啄木鸟案）。对于显著性不强的商标，不能直接否定其注册效力（竹叶青青花瓷案）。不仅在驳回程序中不宜考虑在后申请商标的知名度（柏森案），在无效程序中也不宜考虑（六福Ⅱ案）。在已有在先商标注册的情况下，能否注册新的商标需要视情况对待（苹果Ⅲ案、李金记案、梦特娇Ⅱ案、蜘蛛王案），尤其是在引证商标没有举证使用的情况下（苏泊尔案）。

在共存问题上，总体的意见是尊重当事人的意思自治（龟博士案、NEXUS 案），但不包括并未约定适用于中国境内的共存协定（鳄鱼Ⅷ案）。至于在先商标已被撤销的，则可以适用情势变更不再引证驳回（ADVENT 案），《商标授权确权司法解释》第28 条也体现了这一精神。

BFWX，鳄鱼Ⅷ案（20181129/B2018-22/F2018-46）：境外共存协议不影响商标近似性的判断

卡帝乐公司 v 商评委等，再审，最高院（2018）最高法行再 134 号判决书，夏君丽、郎贵梅、马秀荣

案情概要

争议商标系拉科斯特公司申请的第 G638122 号商标—鳄鱼国际公司提起无效—卡帝乐公司承继鳄鱼国际公司的权利—商评委认为相关公众施以一般注意力能够区分，争议商标应当维持—一审撤销商评委裁定，认为两商标并存于市场易导致相关公众混淆误认—二审维持一审—再审推翻二审，认为争议商标应予维持

裁判摘录

【6】……一方面，争议商标是否应予注册，应当按照中国商标法及其司法解释等规定进行判断，卡帝乐公司以其在其他国家和地区注册的鳄鱼图形商标、1983 年和解协议等证据主张争议商标不应予以注册，缺乏法律依据。另一方面，商标权具有地域性。1983 年和解协议中约定双方在中国台湾地区以及新加坡、印度尼西亚、马来西亚、文莱四个国家开展合作，拉科斯特公司向鳄鱼国际公司的前身利生民公司支付补偿金，系基于双方合意。拉科斯特公司于 1979 年领先卡帝乐公司十四年之久在中国大陆地区申请注册了鳄鱼图形商标，这也是拉科斯特公司主张的 1983 年和解协议没有明确约定适用于中国大陆地区的原因。新加坡国际仲裁中心针对 1983 年和解协议作出的仲裁裁决也认为，1983 年和解协议只适用于明确约定的五个国家或者地区。因此，1983 年和解协议并不能成为判断本案争议商标是否与引证商标相近似以及是否应当注册的事实和依据。

SX，福特野马案（20181224）：将他人商标添加自己有知名度的商标申请注册不足以排除近似

野马公司 v 商评委等，二审，北京高院（2018）京行终 4897 号判决书，吉罗洪、周波、俞惠斌

案情概要

福特公司 2015 年获准注册第 9817109 号"福特野马"商标，核定使用在第 12 类

汽车商品上—野马公司引证第 1143167 号"野马及图"等多个商标提起无效申请—商评委维持注册—一审认为不能仅因福特公司"福特"商标的知名度直接推定争议商标"福特野马"亦具有能够与引证商标一和三相区分的显著性—争议商标与引证商标一和三构成使用在相同或类似商品上的近似商标—二审维持一审

裁判摘录

　　【4】福特公司主张其"福特"商标具有较高的知名度，且争议商标与其注册的"FORD MUSTANG"商标存在翻译上的对应关系，在引证商标一和三不具有较高知名度的情况下，争议商标与引证商标一和三共存在相同或类似商品上不会造成混淆误认，但是，商标知名度仅是近似判断过程中的考量因素之一，在引证商标在先合法注册的情况下，若允许具有一定知名度商标的权利人在自己商标的基础上添附他人商标而重新申请注册，无疑会损害他人合法的商标权利；同时，不同的注册商标其专用权相互独立，福特汽车公司享有"FORD MUSTANG"商标专用权并非其获准注册本案争议商标的当然理由，因此，福特公司的上述上诉理由缺乏事实和法律依据，本院不予支持。

福特野马

第 9817109 号

（福特公司争议商标图样）

第 1143167 号

（野马公司引证商标一图样）

YEMΛ ΛUTO

第 6911636 号

（野马公司引证商标二图样）

野马汽车

第 6988613 号

（野马公司引证商标三图样）

第 9353208 号

（野马公司引证商标四图样）

SX，竹叶青青花瓷案（20181219）：不能在商标近似判断过程中对引证商标的效力作出直接或者间接的否定

山西杏花村 v 商评委等，二审，北京高院（2018）京行终 5552 号判决书，周波、俞惠斌、苏志甫

案情概要

　　山西杏花村获准注册第 12886964 号"竹叶青青花瓷"商标，使用在第 33 类的相关商品——青花瓷公司引证在先的"青花瓷"商标提起无效申请——商评委宣告无效，认为争议商标"竹叶青青花瓷"完全包含引证商标"青花瓷"，使用在同一种或类似商品上，易对商品来源产生混淆误认——一审不支持无效，认为虽争议商标完整包含引证商标，但相关公众能够基于争议商标的显著识别部分进行商品来源判断以及与引证商标相区分，不致混淆，不构成相同或近似商标——二审认为应尊重在先注册商标的效力，构成相同或近似商标，在后注册应予无效

裁判摘录

　　【3】争议商标由中文"竹叶青青花瓷"构成，引证商标由中文"青花瓷"构成，争议商标完整包含了引证商标的全部内容，二者使用在同一种或者类似商品上，容易导致相关公众的混淆误认，使相关公众误认为使用上述商标的商品来源于同一市场主体或者彼此之间存在特定关系。虽然争议商标与引证商标在字体上存在区别，但上述差异过于细微，不足以对商标的近似判断产生实质性影响。因此，综合考虑本案各商标的注册和使用情况，在本案争议商标完整包含引证商标、争议商标与引证商标更为近似的情况下，仍应认定争议商标与引证商标构成近似商标，争议商标的注册违反了《商标法》第三十条的规定，被诉裁定的相关认定并无不当。……【6】虽然在商标近似的判断过程中应当考虑相关标志的显著性，对于商标标志中缺乏显著特征的构成要素，通常不应作为商标近似判断过程中的主要比对对象；但是，当商标标志整体上是由缺乏显著特征的要素构成时，如果过分强调该商标的显著性问题而允许在后的商标注册申请人在他人已获准注册的商标标志上添附其他构成要素而申请注册新的商标，实际上则是在对前后两商标的近似判断过程中，对在先已核准注册的商标效力予以否定。这种通过对在先商标不予保护而使其间接失效的做法，不仅直接损害了在先商标权人已经依法取得的商标专用权，而且将对商标注册秩序产生影响，模糊不同法律条款之间的功能定位。尤其是在《商标法》第四十四条第一款已经就违反《商标法》第十一条的规定、因缺乏显著特征而应予无效宣告的商标的无效宣告程序作出了明确规定的情形下，更不应当突破商标法所明确设定的法律程序，在商标近似判断的过程中对引证商标的效力作出直接或者间接的否定。【7】本案中，即使如原审判决和青花瓷

第三十条

公司上诉理由中所述，"青花瓷"是瓷器或者纹样名称，当其作为商标使用在"烈酒（饮料）、米酒、清酒、黄酒、烧酒"等商品上，容易使相关公众将其作为是对上述商品包装容器等相关特点的描述，其注册是否符合《商标法》第十一条的规定可能存有争议，也不应在本案审理程序中，仅因引证商标的显著性问题而置其为有效注册商标的法律地位于不顾，而维持争议商标的注册。同时，法律顾及衡平。任何申请商标注册的市场主体，不仅希望自己在案诉争的商标能够获准注册或得以维持，而且也更希望自己在先已经获准注册的商标能够得到充分有效的法律保护。本案中，即使杏花村汾酒公司认为其企业名称具有较高知名度而引证商标的显著性较弱甚至不应获得保护，也应当依照法律规定的程序提出相关主张以消除商标注册的在先权利障碍，而非如同本案争议商标的注册一样，在他人商标目前仍为有效注册商标的情况下，径行在他人注册商标标志之上添附自己的字号或商标而谋求新的商标注册。这种置既有法律规则于不顾的做法，不仅不利于相关争议的最终解决，而且更会产生消极的示范作用，使具有较高知名度的在先商标的注册人挤占、排除甚至抢夺他人合法商标权成为可能，从而损害包括杏花村汾酒公司在内的已经拥有在先注册商标专用权的全体商标权人的合法权益。因此，基于上述考虑，在本案中亦应当尊重引证商标作为在先有效注册商标的法律效力，认定争议商标的注册违反了《商标法》第三十条的规定而予以无效宣告。

BX，六福Ⅱ案（20181126/B2018-23）：商标近似性的判断原则上不需要考虑在后申请争议商标的知名度

禧六福公司等 v 商评委等，再审，最高院（2018）最高法行再 100 号判决书，夏君丽、郎贵梅、马秀荣

案情概要

第 6186035 号争议商标"禧六福珠寶 XILIUFUJEWELLERY 及图"由禧六福公司申请注册—六福集团申请无效—商评委及一审支持无效—相同或类似商品上的近似商标—二审推翻一审，认为各自的使用已经形成了各自的消费群体，广大消费者能够对争议商标与引证商标予以区分—再审支持无效—有混淆—商标近似性的判断原则上不需要考虑在后申请争议商标的知名度

裁判摘录

【9】……禧六福公司主张争议商标经过使用已经具有很高的知名度，销售业绩良好，使用规模大，已经与引证商标形成有效区分。根据商标法及其司法解释关于判断

商标是否近似的规定，原则上并不需要考虑在后申请的争议商标的知名度。

SWX，苏泊尔案（20181115）：在先商标不使用不能对抗已经使用并产生知名度的在后商标

苏泊尔公司 v 商评委等，二审，北京高院（2018）京行终 4791 号判决书，陶钧、孙柱永、陈曦

案情概要

　　苏泊尔公司获准注册第 12836391 号"SUPOR"商标，核定使用在第 11 类相关商品上，专用期限自 2014 年 12 月 21 日至 2024 年 12 月 20 日—拥有若干在先申请的基础商标—益华公司引证同样注册在第 11 类相关商品的在先商标"SUBOR""SUBOR 小霸王"等商标提起无效—商评委及一审均支持无效，认为诉争商标与引证商标一、二、三、五构成使用在相同或类似商品上的近似商标—二审认为争议商标在部分核定商品上已经通过使用并建立起较高知名度，与苏泊尔公司产生稳定对应关系，可维持注册—在苏泊尔公司未实际使用且形成较高知名度的商品类别上，维持无效认定

裁判摘录

　　【3】……商标法意义上的商标近似是以是否容易导致商品来源的混淆误认为判断标准，而该判断结论从属性上为法律问题，并非事实问题，故不能仅凭诉争商标与引证商标的标志存在近似，即当然得出"容易导致混淆误认"的结论。【4】……若在后商标经过核准注册，且涉案证据并不能当然证明在后商标申请人或权利人存在明显恶意的情况下，可以在商标确权程序中对在后商标的实际使用证据予以考量，并结合在先引证商标的使用情况，对是否容易导致相关公众对商品或服务来源产生混淆误认作出判断。……特别对基于特定历史原因，已经长期形成市场共存的商标，尊重既定的市场格局和相关公众的已有认知，在一定程度上对包容性、多元化的市场经济发展格局予以适当保护。【5】……根据苏泊尔公司提交的在案证据能够证明，其申请注册诉争商标系基于已经获准注册较长时间的"苏泊尔 SUPOR"等系列商标所产生，在益华公司并未举证证明苏泊尔公司申请注册本案诉争商标具有明显主观恶意的情形下，可以考量诉争商标获准注册后的使用、宣传等证据，就是否容易造成相关公众对商品来源产生混淆误认作出判断。……可以证明通过其长期、广泛的宣传使用，诉争商标已经在第 1104 类似群组的"烘烤器具"等烹饪设备商品、第 1106 类似群组的"挂烫机、空气净化器"等相关商品、第 1110 类似群组的"净水器"等相关商品上具有较高知名度，在同类商品的行业排名中较为靠前，拥有较高的市场占有率，相关公众能够将诉争商标与文字"苏泊尔"品牌形成对应认知，并就诉争商标所标识的商品来源于苏泊

尔公司产生稳定对应关系。在益华公司并未能够就上述类似群组商品上引证商标的实际使用情况举证予以证明的情况下，基于在案证据能够证明诉争商标在上述其实际使用的相关商品上已经形成了稳定市场格局，并获得相关公众的认同。而且考虑到苏泊尔公司的其他"苏泊尔 SUPOR"等系列商标在第 11 类商品上与益华公司的涉案引证商标并存最长已达 20 余年之久的客观情况，故在苏泊尔公司已经实际使用且具有较高市场知名度的商品上对诉争商标的注册可以予以维持，基于在案事实的综合考量，并不能得出诉争商标在上述商品上与涉案引证商标并存，容易导致相关公众产生商品来源混淆误认的结论。

BX，ANDIS 案（20181031/B2018-24）：类似商品的判断应考虑市场交易情况的客观变化

安迪士公司 v 商评委，再审，最高院（2018）最高法行再 22 号判决书，朱理、毛立华、佟姝

案情概要

北仑公司申请注册第 7494974 号"安迪仕 andis"商标，指定使用商品为第 7 类的动物剪毛机等商品—安迪士公司引证商标注册在第 8 类的电动理发器等商品上的"ANDIS"商标提起异议—原告还主张在先商号权，并认为北仑公司曾与其有磋商行为，申请存在恶意等—商评委、一审、二审法院均认为商品不类似，不构成近似商标，其他异议理由也不成立，支持异议商标的注册—再审认为《类似商品与服务区分表》不是判断商品类似的唯一标准—涉案商标构成近似商标—"磋商阶段"也可以适用《商标法》第 15 条—支持安迪士公司的再审申请

裁判摘录

【1】……《类似商品与服务区分表》是我国商标主管部门为了商标检索、审查、管理工作的需要，在总结多年实践工作经验的基础上，把某些存在特定联系、容易造成误认的商品或服务组合到一起，编制而成。一方面，《类似商品与服务区分表》并未穷尽现有的所有类似商品和服务项目；另一方面，随着社会经济发展，市场交易状况不断发生变化，商品或服务的类似关系也不会固定不变。因此，人民法院审查判断相关商品是否类似，可以参考《类似商品与服务区分表》，但其不是判断的唯一标准，更不是根本标准。商标法领域中的"商品类似"概念，应与"商标近似"概念相结合，共同服务于商标标识商品来源的功能。某些商品因功能、用途、所用原料、销售渠道、消费对象等方面具有一定的共同性，如果使用相同、近似的商标，易使相关公众误认

为是同一企业生产的商品或认为存在特定联系。本案中，随着科学技术的发展，原本需要采用大型电动机以修剪动物毛发的动物剪毛机、电动剪刀，在实践中已经可以采用便携、轻便的电源装置，加之宠物已日渐成为人们日常生活的一部分，因此，被异议商标指定使用的动物剪毛机、电动剪刀商品，与引证商标核定使用的电动理发器、电动理发推子商品在功能用途、生产部门、销售渠道、消费群体等方面具有高度重合性，如果使用相同、近似的商标，易使相关公众误认为是同一企业生产的商品或认为存在特定联系。因此，被异议商标的申请注册违反了 2001 年《商标法》第二十八条的规定，安迪士公司该项申请再审理由成立。

CWX，蜘蛛王案（20171222/C2018-11）：商标本身除续展外没有其他延续形式

蜘蛛王集团 v 商评委等，再审，最高院（2017）最高法行申 3297 号裁定书，王艳芳、毛立华、杜微科

案情概要

美国蜘蛛公司申请注册被异议商标—蜘蛛王集团提起异议—商标局核准注册—商评委也支持注册—一审认为被异议商标与引证商标二、三构成同一种或者类似商品上的近似商标，令商评委重新裁定—美国蜘蛛公司上诉，并提出自己的与被异议商标图形几乎完全相同的第 1212760 号商标在引证商标二、三申请日前获准注册，与引证商标二、三长期共存，并未造成消费者的混淆误认—二审维持一审的近似认定，并认为第 1212760 号商标与引证商标二、三共存不能成为被异议商标核准注册的理由—再审认为被异议商标与第 1212760 号商标标识并不相同，被异议商标能否注册，应当依法重新进行审查，不因其与第 1212760 号商标所具有的关联性而当然具有合法性

裁判摘录

【3】……应当区分商誉的延续与商标的延续。市场主体在经营过程中积累的商誉，可以一定方式在不同的商誉载体上进行转移、延续，商誉的载体包括市场主体的字号、商标、产品的包装装潢等可以区分商品或服务来源的标识。但是，市场主体以转移、延续商誉为目的的市场经营行为，并不因其目的上的正当性而当然具有结果上的合法性，仍然应当符合法律相关规定。具体到本案，美国蜘蛛公司如基于经营策略等原因需要另行注册与原注册商标标识存在一定联系的新商标，根据 2001 年《商标法》第二十条、第二十一条、第二十二条的相关规定，无论其以原注册商标为载体是否已积累了一定的商誉，也无论新商标与原注册商标指定使用的商品类别以及所使用的标识具

有何种联系，都应当向商标行政主管部门提出注册申请，由商标行政主管部门依法进行审核。本案的被异议商标与第1212760号商标相比较，虽然指定使用的商品类别相同，但是商标标识并不相同，被异议商标能否注册，应当依法重新进行审查，不因其与第1212760号商标所具有的关联性而当然具有合法性。关于商标的延续，2001年《商标法》第三十八条规定了注册商标的续展，除此之外，未规定其他形式的商标延续。

第4312222号
（美国蜘蛛公司被异议商标图样）

第1212760号（美国蜘蛛公司在先注册
商标图样，1998年10月7日注册）

第2005562号（蜘蛛王集团引证
商标二图样，2001年9月21日注册）

第1637185号（蜘蛛王集团引证
商标三，2003年3月21日注册）

BFX，五粮液Ⅳ案（20170630/B2017-23/F2017-45）：商标近似应综合判断

五粮液公司 v 商评委等，再审，最高院（2014）知行字第37号裁定书，夏君丽、郎贵梅、董晓敏

> 案情概要

五粮液公司对滨河公司申请注册的第4646265号"滨河九粮液"商标提起异议——五粮液公司引证第160922号"五粮液及图"商标——商评委认为不近似，核准注册——一审认为引证商标具有较高知名度，有误认，不应注册——二审、再审认为各有知名度，综合考虑，不近似，应当注册

> 裁判摘录

【4】本案的引证商标为"五粮液及图"，被异议商标为"滨河九粮液"文字，二者相比对，标志本身存在一定程度的区别。虽然考虑到"五粮液"商标的知名度较高，相关公众容易将"五粮液"视作引证商标的主要识别部分，但是，根据二审法院查明的事实，滨河公司于1987年7月21日就申请注册了"滨河及图"商标，并于1988年

2月20日被核准注册，该商标经过使用已经具有较高知名度，"滨河"作为该商标的主要识别部分，已经在相关公众中与滨河公司形成对应联系。在这种情况下，被异议商标在整体上与引证商标形成较大差异，白酒类相关公众施以一般注意力可以将二者进行区分，不会造成混淆误认。

滨河九粮液

第4646265号

（涉案被异议商标图样）

第160922号

（涉案引证商标图样）

BDX，拉菲III案（20161223/B2016-18.19/D2016-05）：外文商标的对应中文指代可获得保护

金色希望公司 v 商评委等，再审，最高院（2016）最高法行再34号判决书，王艳芳、钱小红、杜微科

案情概要

金色希望公司注册"拉菲庄园"商标——拉菲公司引证在先商标及企业名称提起无效——商评委、一审认为有近似、混淆，支持无效——二审认为争议商标由中文"拉菲庄园"构成，其显著识别部分为"拉菲"，引证商标由外文文字"LAFITE"构成，两者字形、读音等方面差异较大——不近似，争议商标应予维持——再审认为拉菲已经成为"LAFITE"的音译并形成了稳固的联系——有近似、混淆，支持无效

裁判摘录

【6】本案中，争议商标由中文文字"拉菲庄园"构成，"庄园"用在葡萄酒类别上显著性较弱，"拉菲"系争议商标的主要部分。本案现有证据足以证明"LAFITE"在诉争争议商标申请日前在我国具有较高的知名度、为相关公众所知悉，我国相关公众通常以"拉菲"指代再审申请人"LAFITE"商标，并且"拉菲"已经与再审申请人"LAFITE"商标之间形成了稳定的对应关系，由于拉菲已经成为"LAFITE"的音译并形成了稳固的联系，争议商标与引证商标构成近似商标。

第三十条

BX，NEXUS 案（20161223/B2016-20）：不应简单以损害消费者利益为由不采信共存协议

谷歌公司 v 商评委等，再审，最高院（2016）最高法行再 103 号判决书，王艳芳、钱小红、杜微科

案情概要

　　谷歌公司申请"NEXUS"商标—商标局引证在先商标驳回—商评委、一、二审支持驳回—引证商标权利人出具的同意书—无证据证明攀附恶意—无证据证明损害国家利益或社会公共利益—再审认为申请商标与引证商标可以区分，应予核准

裁判摘录

　　【4】……引证商标权利人出具的同意书是本院认定申请商标的注册是否违反《商标法》第二十八条规定的重要考虑因素，具体理由如下：其一，根据《商标法》第四十二条、第四十三条等规定，商标权人可以依法转让、许可其商标权，亦有权通过放弃、不再续展等方式处分其商标权。在商标评审委员会业已作出被诉决定，认定申请商标与引证商标构成类似商品上的近似商标的情况下，引证商标权利人通过出具同意书，明确对争议商标的注册、使用予以认可，实质上也是引证商标权利人处分其合法权利的方式之一。在该同意书没有损害国家利益、社会公共利益或者第三人合法权益的情况下，应当予以必要的尊重。其二，根据《商标法》第一条的规定，保障消费者的利益和生产、经营者的利益均是商标法的立法目的，二者不可偏废。虽然是否容易造成相关公众的混淆、误认是适用《商标法》第二十八条的重要考虑因素，但也要考虑到相关公众对于近似商业标志具有一定的分辨能力，在现实生活中也难以完全、绝对地排除商业标志的混淆可能性。尤其存在特定历史因素等特殊情形下，还可能存在不同生产、经营者善意注册、使用的特定商业标志的共存。本案中，相较于尚不确实是否受到损害的一般消费者的利益，申请商标的注册和使用对于引证商标权利人株式会社岛野的利益的影响更为直接和现实。株式会社岛野出具同意书，明确同意谷歌公司在我国申请和使用包括申请商标在内的有关商标权，表明株式会社岛野对申请商标的注册是否容易导致相关公众的混淆、误认持否定或者容忍态度。尤其是考虑到谷歌公司、株式会社岛野分别为相关领域的知名企业，本案中没有证据证明谷歌公司申请或使用申请商标时存在攀附株式会社岛野及引证商标知名度的恶意，也没有证据证明申请商标的注册会损害国家利益或者社会公共利益。在没有客观证据证明的情况下，不宜简单以尚不确定的"损害消费者利益"为由，否定引证商标权利人作为生产、经

营者对其合法权益的判断和处分，对引证商标权利人出具的同意书不予考虑。其三，虽然商标的主要作用在于区分商品或者服务的来源，但除申请商标和引证商标外，包括谷歌公司的企业名称及字号、相关商品特有的包装装潢等其他商业标志也可以一并起到区分来源的作用。因此，即使准予申请商标注册，如在实际使用过程中结合其他商业标志，可以有效避免相关公众混淆、误认。

BFX，柏森案（20160927/B2016－38/F2016–45）：单方程序中不得考虑申请商标的知名度

柏森公司 v 商评委，再审，最高院（2016）最高法行申 362 号裁定书，李剑、李丽、吴蓉

案情概要

　　涉案申请商标是第 11971963 号"BESON"，使用于第 20 类的"家具"等商品上—商标局引证在先近似商标驳回—商评委复审，维持驳回—一审法院推翻商评委认定，认为申请商标与引证商标不近似—二审认为申请商标与引证商标近似，维持商评委决定—再审维持二审—单方程序中判断近似不考虑知名度

裁判摘录

　　【3】……商标驳回复审案件为单方程序，因此，引证商标持有人不可能作为诉讼主体参与到该程序中，有关引证商标知名度的证据因而在该程序中无法得以出示。在缺乏对申请商标，特别是引证商标进行充分举证和辩论的情况下，商标知名度实际上无法予以考虑。否则，将有违程序的正当性。……柏森公司的证据均为单方证据……仅凭柏森公司的证据不足以证明申请商标与引证商标一、二能够区分，……【5】在单方程序仅审查商标标识本身近似问题时，基于标识的部分识别部分近似认定商标近似，有助于拉开申请商标与引证商标之间的距离，避免申请商标和引证商标之间可能产生的混淆和误认。我们不愿意看到，单方程序中有关商标标识近似的判断标准被所谓的个案审查所消解。有关裁判标准的进一步明晰，有利于引导商标注册申请的规范化、诚信化，确保商标法立法目的的实现。

BX，龟博士案（20151118/B2015–23）：共存应基于在先权利人的同意

龟博士公司 v 商评委等，再审，最高院（2015）行提字第 3 号判决书，王艳芳、佟姝、

杜微科

案情概要

龟博士公司申请的"龟博士"商标，被他人提起异议—近似标识—类似商品—被代理人、被代表人已经提出申请—再审认为近似，有混淆可能—代理人抢注条款—不应核准

裁判摘录

【4】……允许商标之间的适当共存需存在特殊历史原因、存在历史延续等特殊情形，且需考虑在先权利人意愿以及客观上是否形成了市场区分等因素。……本案不存在特殊历史原因等情况，被异议商标注册时间晚于引证商标注册时间，在先权利人并未同意共存且现有证据亦不足以证明龟博士公司在"车辆维修"服务上使用的"龟博士"商标已和引证商标分别建立了各自的消费群体，客观上形成了市场区分……

BX，稻香村Ⅱ案❶（20141219/B2014-26）：商品是否类似并非一成不变，且存在有关在先注册未必能使在后申请合法化

苏州稻香村 v 商评委等，再审，最高院（2014）知行字第 85 号裁定书，夏君丽、殷少平、钱小红

案情概要

苏州稻香村申请第 5485873 号"稻香村及图"商标—北京稻香村提起异议—近似商标—苏州稻香村认为被异议商标是其在先注册商标、"稻香村"字号及实际使用的"稻香村"文字商标的延续—与涉案引证商标指定使用的商品不是类似商品—商标局核准注册—商评委、一、二、再审认为不应核准—与涉案引证商标指定使用的商品关系密切，是类似商品—商标近似—混淆—被异议商标与与苏州稻香村的在先注册商标差异大

裁判摘录

【14】……两在先注册商标虽然早于引证商标一获准注册，……具有一定知名度，

---

❶　该案二审是 2014 年度十大案例"稻香村Ⅰ案"。

但自 1996 年以来尤其 2000 年以来该两商标几经转让，直至于 2004 年转让于苏州稻香村公司名下，在长达八年多时间里，该两商标并没有通过使用提升其知名度。苏州稻香村公司于 2004 年 11 月 14 受让该两商标后，虽然通过其使用在一定程度上提升了该两商标的知名度，但距被异议商标申请注册日仅有一年多时间。苏州稻香村公司提交的关于稻香村的获奖证书、广告、宣传证据大多发生在被异议商标申请日之后，不能证明该两在先注册商标在被异议商标申请日前已获得较高知名度。而北京稻香村公司以及前身自 1983 年成立以来，经过多年持续宣传和使用，北京稻香村公司的引证商标一在糕点、面包、年糕、粽子等商品上已具有较高知名度。【16】……无论从整体视觉效果，还是从构成要素组合看，被异议商标与引证商标一更为近似，而与两在先注册商标有一定差异。以相关公众一般注意力观察，更会认为被异议商标系引证商标一的延续而非两在先注册商标标识的延续。【17】……根据原审法院查明的事实，……对于相关公众而言，并没有形成新的事实从而改变了北京稻香村公司和苏州稻香村公司共同使用"稻香村"字号和各自所有稻香村商标的局面。【18】……如果予以注册被异议商标，一方面，将会破坏业已稳定的市场共存格局，导致稻香村标识之间的混淆或误认，最终损害消费者的利益；另一方面，也不利于苏州稻香村公司和北京稻香村公司划清彼此商标标识之间的界限，不利于各自企业的发展壮大以及稻香村品牌的进一步提升。……【21】……是否构成类似商品的具体判断标准并非一成不变，而是应当随着社会发展、相关消费市场的逐渐演变、生活水平的提高而不断变化、调整，故在此前的裁定和判决中确立的评判标准和结论并不能对在后的案件产生必然的影响……

第三十条

BWX，永恒印记案（20141128/B2014-25）：中、英文商标也可构成近似

戴尔比斯公司 v 商评委等，再审，最高院（2014）知行字第 49 号裁定书，王艳芳、朱理、佟姝

[案情概要]

高某新注册"永恒印记"商标—戴尔比斯公司引证"forever mark"等商标提起无效—商评委维持注册—一、二审认为近似，应予撤销—再审认为一、二审适用法律错误，但结果正确

[裁判摘录]

【3】……争议商标"永恒印记"为单纯中文商标，引证商标一为"forever mark"，引证商标二为"forever mark 及图"。判断争议商标与引证商标是否构成近似，关键在于判断"永恒印记"与"forever mark"是否构成近似。由于"永恒印记"与"forever mark"

在音、形上不相同也不相近似，因此主要需从含义上确定两者近似与否。确定争议的中文商标与引证的英文商标的近似性，需要考虑如下因素：相关公众对英文商标的认知水平和能力、中文商标与英文商标含义上的关联性或者对应性、引证商标自身知名度和显著性、争议商标实际使用情况等。

DX，稻香村 I 案❶（20140508/D2014-07）：商品类似应尊重市场实际综合考虑

苏州稻香村 v 商评委等，二审，北京高院（2014）高行终字第 1103 号判决书，张雪松、钟鸣、周波

案情概要

苏州稻香村申请第 5485873 号"稻香村及图"商标—北京稻香村提起异议—近似商标—苏州稻香村认为被异议商标是其在先注册商标、"稻香村"字号及实际使用的"稻香村"文字商标的延续—与涉案引证商标指定使用的商品不是类似商品—商标局核准注册—商评委、一、二审认为不应核准—类似商品—商标近似—混淆—被异议商标与苏州稻香村的在先注册商标差异大

裁判摘录

【5】在审查判断商标近似和商品类似等授权确权条件时，可依法适当从严掌握商标授权确权的标准，充分考虑消费者和同业经营者的利益，有效遏制不正当抢注行为，注重对于他人具有较高知名度和较强显著性的在先商标权益的保护，尽可能消除商业标志混淆的可能性；对于使用时间较长、已建立较高市场声誉和形成相关公众群体的诉争商标，应当准确把握商标法有关保护在先商业标志权益与维护市场秩序相协调的立法精神，充分尊重相关公众已在客观上将相关商业标志区别开来的市场实际，注重维护已经形成和稳定的市场秩序。判断是否构成近似商标，要根据案件的具体情况，既要考虑商标标志构成要素及其整体的近似程度，也要考虑相关商标的显著性和知名度、所使用商品的关联程度等因素，以是否容易导致混淆作为判断标准。相关商标均具有较高知名度，或者相关商标的共存是特殊条件下形成时，认定商标近似还应根据两者的实际使用状况、使用历史、相关公众的认知状态、使用者的主观状态等因素综合判定，注意尊重已经客观形成的市场格局，防止简单地把商标构成要素近似等同于商标近似，实现经营者之间的包容性发展。判断相关商品是否类似，应当尊重市场实

---

❶ 该案再审是 2014 年年报案例"稻香村 II 案"。

际，以相关公众的一般认识为标准，考虑商品的功能、用途、生产部门、销售渠道、消费群体等是否相同或者具有较大的关联性，是否容易使相关公众认为商品或者服务是同一主体提供的，或者其提供者之间存在特定联系。主张权利的商标已实际使用并具有一定知名度的，认定商品类似要充分考虑商品之间的关联性。相关公众基于对商品的通常认知和一般交易观念认为存在特定关联性的商品，可视情况纳入类似商品范围。

BFX，梦特娇Ⅱ案（20131213/B2013-23/F2013-47）：在先商标承载的商誉可以辐射到在后商标

博内特里公司 v 商评委等，再审，最高院（2012）行提字第 28 号判决书，于晓白、王艳芳、李嵘

【案情概要】

博内特里公司的争议商标被名仕公司申请无效——争议商标与其杏花牌商标近似，核定使用商品类似——商评委认为部分商品构成类似商品，应予撤销，其余商品不类似，维持注册——博内特里公司诉至法院，认为自己在先注册的使用在皮带商品上 795657 号"花图形"商标以及其他带有"花图形"的若干商标曾被认定驰名，应考虑争议商标在这一商品使用上的延续性——一审维持商评委认定，认为博内特里公司未明确 795657 号等"花图形"商标延续性问题与本诉讼有何关联——二审维持一审，也认为博内特里公司所称的其他在先商标注册情况，与该案具体情况不同，不属于该案审理范围——再审认为在先标志知名度可以辐射——注册应予维持

【裁判摘录】

【8】……尽管本案争议商标与已被认定为驰名商标的"MONTAGUT + 花图形""花图形"商标与本案争议商标为不同的商标，本案争议商标又在引证商标之后申请注册，但争议商标的"花图形"标识早在其申请注册之前已经过长期、广泛使用，"花图形"标志多年来在博内特里公司"MONTAGUT + 花图形""花图形"驰名商标上建立的商誉已经体现在争议商标"花图形"商标上，本案争议商标延续性地承载着在先"花图形"商标背后的巨大商誉。因此，虽然不同的注册商标专用权是相互独立的，但商标所承载的商誉是可以承继的，在后的争议商标会因为在先驰名商标商誉的存在而在较短的时间内具有了较高的知名度。【9】……在判断争议商标的注册是否违反《商标法》第二十八条的规定、与引证商标构成使用在类似商品上的近似商标时，需要考虑相关商标的显著性和知名度、所使用商品的关联程度等因素，以是否容易导致混淆

作为判断标准。即便争议商标与引证商标在自然属性上构成近似，争议商标核定使用在"皮带（服饰用）"上的商品与引证商标核定使用在"裤带扣"的商品构成类似，但毕竟争议商标在第25类注册，引证商标在第26类注册，二者属于不同类别上注册的不同商品，且引证商标不具有一定的知名度，尽管名仕公司对引证商标享有商标专用权，但其商标专用权的排斥力因其商标不具知名度而应受到一定的限制。相反，博内特里公司在先注册并大量使用的"花图形"标识的商誉已延续至争议商标，使得争议商标具有较高的知名度，已建立较高市场声誉和形成相关公众群体，相关公众已在客观上将博内特里公司的争议商标与名仕公司的引证商标区别开来，此时允许争议商标存在只是限制引证商标排斥权的范围，并不限制其商标专用权。从本案争议商标的特殊性考虑，认定争议商标的注册具有合法性能维护已经形成和稳定的市场秩序。

第3119295号
（博内特里公司涉案争议商标图样）

第253489号
（博内特里公司在先商标图样）

第795657号
（博内特里公司在先商标图样）

第1333067号
（博内特里公司在先商标图样）

第572522号
（名仕公司引证商标）

FX，李金记案（20121214/F2012-46）：违法行为不因持续时间长而获得正当性，也不承认延伸注册

李锦记公司 v 商评委，二审，北京高院（2012）高行终字第1283号判决书，谢甄珂、钟鸣，亓蕾

案情概要

李锦记公司注册有"李锦记 LEE KUM KEE 及图"商标—核定商品是"酱油、调味品"—李金记公司申请注册"李金记"商标，同样使用在"酱油、调味品"上—初步审定—李锦记公司异议—商标局核准注册—异议复审—商评委裁定构成近似，不予核准—一审、二审维持商评委裁定

裁判摘录

【2】被异议商标为"李金記"，引证商标为"李錦記"，两者仅相差一个字，呼叫基本相同，虽外观有所差异，但共同使用在各自指定使用的酱油等调味品上，容易导致相关公众误认为使用两商标的商品提供者之间存在特定联系……构成使用在相同或者类似商品上的近似商标……【3】……被异议商标的使用行为属于违反商标法相关规定的行为，原则上此种行为在引证商标权利人已提出明确主张的情况下，不因持续时间长而获得正当性。【4】商标注册人对其注册的不同商标享有各自独立的商标专用权，先后注册的商标之间并不当然具有延伸关系。同一商标注册人在后申请注册的商标是否是其在先注册商标的延伸，关键在于在先注册商标是否经过使用获得一定知名度、从而导致相关公众将在后申请注册的相同或者近似商标与其在先注册商标联系在一起并认为使用两商标的商品均来自该商标注册人或与其存在特定联系。在先商标注册后并未使用并产生相应的商业信誉，在后商标申请注册前，他人在相同或者类似商品上注册与在后商标相同或者近似的商标并持续使用产生一定知名度，此时在后商标申请人依据其在先注册商标主张存在延伸关系的，不应获得支持。

BX，ADVENT 案（20111124/B2011-28）：驳回复审行政诉讼中引证商标被撤销，法院可基于变化的事实作出裁决

艾德文特公司 v 商评委，再审，最高院（2011）行提字第 14 号判决书，夏君丽、钱小红、周云川

案情概要

艾德文特公司申请注册"ADVENT"商标—商标局、商评委、一审均认为存在在先近似商标，未支持其注册申请—二审期间，据以驳回申请商标的引证商标因三年不使用被撤销—二审认为商评委裁定时引证商标有效，商评委和一审认定无误—再审判令商评委重新裁定—情势变更

裁判摘录

【1】……艾德文特公司申请商标因与引证商标构成类似商品上的近似商标而被商标评审委员会以第 12733 号决定驳回，商标评审委员会根据当时的事实状态依法作出上述决定未有不妥。但本案在二审过程中，引证商标因连续三年不使用而被商标局予以撤销，引证商标已丧失商标专用权。……引证商标已不构成申请商标注册的在先权

利障碍。在商标评审委员会作出第 12733 号决定的事实依据已经发生了变化的情形下，如一味考虑在行政诉讼中，人民法院仅针对行政机关的具体行政行为进行合法性审查，而忽视已经发生变化了的客观事实，判决维持商标评审委员会的上述决定，显然对商标申请人不公平，也不符合商标权利是一种民事权利的属性，以及商标法保护商标权人利益的立法宗旨。且商标驳回复审案件本身又具有特殊性，在商标驳回复审后续的诉讼期间，商标的注册程序并未完成。因此，在商标驳回复审行政纠纷案件中，如果引证商标在诉讼程序中因三年连续不使用而被商标局予以撤销，鉴于申请商标尚未完成注册，人民法院应根据情势变更原则，依据变化了的事实依法作出裁决。

BX，加加案（20110831/B2011-21）：商品是否类似一般以注意力程度较低的消费者的判断为准

加加公司 v 商评委等，再审，最高院（2011）知行字第 7 号裁定书，夏君丽、董晓敏、周云川

案情概要

长康公司申请注册"加加 jiajia"商标—加加公司引证在先商标提起异议—商标局、商评委认为不构成类似商品上的近似商标，核准注册—一、二、再审认为构成类似商品上的近似商标—不应核准

裁判摘录

【1】……判断商品是否类似，应当考虑商品的功能、用途、生产部门、销售渠道、消费群体等是否相同或者具有较大的关联性，是否容易使相关公众认为是同一主体提供的，或者其提供者之间存在特定联系。……不同的消费对象，一般情况下应该以注意程度较低的消费者为准。本案中，应以家庭烹饪用品的消费者作为相关公众，对于此类普通消费者来讲，其普遍的认知应该是芝麻油是调味品的一种。……可以证明在被异议商标申请之时，加加公司使用在酱油等商品上的"加加"引证商标已经在湖南省取得了一定的知名度，普通消费者看到芝麻油商品上的被异议商标容易产生混淆，以为与标注了引证商标的酱油等产品均出自同一主体，或者出自有特定联系的主体。

BCX，啄木鸟案（20110712/B2011-22.23/C2012-12）：可突破区分表认定商品类似

啄木鸟公司 v 商评委等，再审，最高院（2011）知行字第 37 号驳回再审申请通知书

啄木鸟公司注册了啄木鸟图形商标，被提起无效——商评委认为争议商标与引证商标不近似，维持注册——一审维持商评委裁定——二审认为构成近似，争议商标系采用不正当手段注册，应予无效——再审认为，二审判决虽然在部分法律适用上存在不当之处，但结论正确

裁判摘录

【7】本案中，争议商标指定使用的商品为鞋和靴，引证商标核定使用的商品是服装等。虽然两者在具体的原料、用途等方面具有一些差别，但是两者的消费对象是相同的，而且在目前的商业环境下，一个厂商同时生产服装和鞋类产品，服装和鞋通过同一渠道销售，比如同一专卖店、专柜销售的情形较为多见。同时，争议商标与引证商标中的"鸟图形"虽然在细部上略有差异，但两者基本形态相同，且根据查明的事实，引证商标通过使用具有较高的知名度。在这种情况下，如果两商标在服装和鞋类商品上共存，容易使相关公众认为两商品是同一主体提供的，或者其提供者之间存在特定联系。因此，争议商标与引证商标构成类似商品上的近似商标。你公司关于争议商标与引证商标不近似，两者指定使用的商品不属于类似商品的主张不能成立。【8】……《类似商品和服务区分表》可以作为判断类似商品或者服务的参考。尤其商标注册申请审查，强调标准的客观性、一致性和易于操作性，为了保证执法的统一性和效率，商标行政主管机关以《类似商品和服务区分表》为准进行类似商品划分并以此为基础进行商标注册和管理，是符合商标注册审查的内在规律的。但是，商品和服务的项目更新和市场交易情况不断变化，类似商品和服务的类似关系不是一成不变，而商标异议、争议是有别于商标注册申请审查的制度设置，承载不同的制度功能和价值取向，更多涉及特定民事权益的保护，强调个案性和实际情况，尤其是进入诉讼程序的案件，更强调司法对个案的救济性。在这些环节中，如果还立足于维护一致性和稳定性，而不考虑实际情况和个案因素，则背离了制度设置的目的和功能。因此在商标异议、争议和后续诉讼以及侵权诉讼中进行商品类似关系判断时，不能机械、简单地以《类似商品和服务区分表》为依据或标准，而应当考虑更多实际要素，结合个案的情况进行认定。

BX，富士宝案（20110412/B2011-30）：商品的较大关联性有助于类似认定，且需考虑新证据

富士宝公司 v 商评委等，再审，最高院（2011）知行字第9号驳回再审申请通知书

案情概要

富士宝引证在先商标针对争议商标提起无效—商品类似—商评委裁定争议商标部分无效—一审维持商评委裁定—二审、再审认为一审事实不清，商评委应重新裁决

裁判摘录

【5】……《商标注册用商品和服务国际分类表》《类似商品和服务区分表》可以作为判断类似商品或者服务的参考。……争议商标与引证商标一、引证商标二核定使用的商品之间存在较大关联性，容易使相关公众造成混淆。【3】……法院对提交的新证据不予采纳的限定条件是原告依法应当提供而拒不提供，不提供的后果是人民法院一般不予采纳，并非一概不予采纳。本案中，二审考虑本案的具体情形并同时考虑行政诉讼救济价值，对于当事人未能在行政程序中提供有效证明自己主张的证据，判令商标评审委员会在综合原有证据以及当事人在诉讼过程中提交的证据的基础上，重新对本案争议商标作出裁定亦无不当。

BFX，苹果Ⅲ案（20100910/B2010-20/F2010-46）：被异议商标如更接近被异议人在先同类注册，则可排除对他人商标的复制、模仿

德士活公司 v 商评委等，再审，最高院（2009）行提字第 2 号判决书，夏君丽、殷少平、王艳芳

案情概要

广东苹果申请注册"苹果男人"—德士活公司引证在先商标提起异议—被异议人在同类商品上有近似程度较高的在先注册—商标局、商评委、一审、二审、再审法院均支持被异议商标的注册

裁判摘录

【4】……由于被异议商标申请注册的商品类别为第 18 类，该商标申请注册之前，广东苹果公司在第 18 类商品上不仅拥有"APPLES"、苹果图形商标，而且还于 1998 年 3 月 14 日获准注册了"苹果"文字商标，被异议商标显然与广东苹果公司在同类别商品上已注册的商标比较近似，特别是与"苹果"文字商标更为接近。在此情况下，没有充分理由认定被异议商标构成对德士活公司驰名商标的复制、摹仿，因而德士活公司在

服装商品上的驰名商标不能排斥广东苹果公司在皮具类商品上申请的被异议商标。

第 1303083 号
（广东苹果涉案被异议商标）

第 1158068 号
（广东苹果在先同类注册）

BX，秋林案（20091215/B2009-12）：近似判断要整体比对和要部比对相结合

秋林集团 v 商评委等，再审，最高院（2009）知行字第 15 号驳回再审申请通知书

案情概要

侯某申请注册第 3612653 号"伊雅秋林"商标—秋林集团引证在先的第 1266601 号"秋林及图"商标提起异议—商标局、商评委认为不近似，支持注册—一、二、再审认为不应核准注册

裁判摘录

【3】商标近似，是指两商标的文字的字形、读音、含义或者图形的构图及颜色，或者其各要素组合后的整体结构相似，易使相关公众对商品的来源产生误认或者认为存在特定的联系。判断时，要以相关公众的一般注意力为标准，既要进行整体比对，又要进行主要部分的比对，而且应当考虑在先注册商标的显著性和知名度。【4】本案中，在先注册的引证商标为文字图形组合商标，由文字"秋林"和其他图形组合而成。对于相关公众而言，引证商标中的"秋林"文字部分具有天然的呼叫和认知优势，加上本案中，引证商标的权利人为秋林糖果公司，其字号为"秋林"，通过秋林糖果公司对引证商标的使用，引证商标在黑龙江省尤其是哈尔滨市等区域范围内已经拥有一定的市场知名度，为相关公众知悉，相关公众也已经习惯将其认知为"秋林"商标。被异议商标为"伊雅秋林"文字商标，其中完全包含了引证商标中起重要识别作用的文字"秋林"，以相关公众的一般注意力为标准，结合考虑被异议商标是秋林食品公司授权你以个人名义申请注册的，而该公司与引证商标所有人秋林糖果公司均为原秋林公司的下属企业，且均处在同一地域，如果被异议商标注册并使用在肉罐头、香肠、风肠、猪肉食品、肉等与引证商标核定使用商品相类似的商品上，易使相关公众对商品的来源产生误认或者认为两者之间存在特定的联系。

第三十条

伊雅秋林

第 3612653 号（被异议商标图样）

第 1266601 号（引证商标图样）

BDX，采乐案（20091022/B2009-10.11/D2009-09）：流通环节不会重叠，不足以误导公众

圣芳公司 v 商评委等，再审，最高院（2008）行提字第 2 号判决书，于晓白、夏君丽、殷少平

案情概要

　　强生公司申请圣芳公司已注册的"采乐 CAILE"商标无效—商评委、一、二审认为引证商标驰名，争议商标构成对引证商标的复制和摹仿，应予无效—不属于"一事不再理"—再审认为商评委受理案件违反"一事不再理"原则—实际不混淆—不支持无效

裁判摘录

　　【3】由于强生公司自身并未在中国市场使用过引证商标，实际使用人西安杨森公司的采乐酮康唑洗剂作为药品只在医院、药店出售，与普通洗发水在产品性质、生产和销售渠道等方面有着明确的区别，圣芳公司的洗发水产品不可能进入医药流通领域，消费者可以辨别。不足以误导公众，不足以损害强生公司在药品商标上的利益，两个商标在药品和日化品的各自相关市场中可以共存。强生公司虽然在药品类别上注册了引证商标，但是其在洗发水等日化品市场并没有合法的在先利益，法律也不会为强生公司在药品上的商标预留化妆品市场。

第三十一条 【在先申请商标】

两个或者两个以上的商标注册申请人，在同一种商品或者类似商品上，以相同或者近似的商标申请注册的，初步审定并公告申请在先的商标；同一天申请的，初步审定并公告使用在先的商标，驳回其他人的申请，不予公告。

本条导读

该条明确在先商标申请也是阻挡在后商标申请的一个障碍。在一个专利授权确权程序中，最高法院在引证在先商标申请对抗在后外观设计的案件中明确指出，商标申请权还不直接是一个在先权利，而只是一种期待权，必须以最后获得注册为条件（白象案）。

至于同日申请的特殊情况，则以自然日为基准计算，而非拟制的日期（华源案）。

FX，华源案（20180705/F2018-47）：同日申请是指同一自然日申请

华源医药公司 v 商标局，二审，北京高院（2016）京行终 2345 号判决书，杨柏勇、潘伟、陶钧

案情概要

华源医药公司 2013 年 1 月 4 日申请注册第 11988470 号"华源医药及图"商标，指定使用在第 35 类"药品零售或批发服务，药用制剂零售或批发服务"项目—健一网公司、易心堂公司分别于 2013 年 1 月 11 日、1 月 28 日申请注册"华源"商标—商标局发出《商标注册同日申请补送使用证据通知书》—各方补交证据后，商标局作出《同日申请协商通知书》—华源医药公司不服，提起诉讼—一审认为不构成同日申请，判令商标局重新作出裁定—二审认为商标局作出《同日申请协商通知书》的行政行为具有可诉性—法院有权对《新增服务商标的通知》第四项进行合法性审查—该规定不合法—不构成同日申请—商标局《同日申请协商通知书》不合法—撤销后将会给社会公共利益造成重大损害—不宜予以撤销

裁判摘录

【13】《商标法》第三十一条规定，两个或者两个以上的商标注册申请人，在同一种商品或者类似商品上，以相同或者近似的商标申请注册的，初步审定并公告申请在先的商标；同一天申请的，初步审定并公告使用在先的商标，驳回其他人的申请，不予公告。这里的"同一天"指同一个自然日，但《新增服务商标的通知》第四项将"2013 年 1 月 1 日至 1 月 31 日"视为"同一天"，显然与商标法的前述规定不符，并且在事实上对有关新增服务商标申请作出了新的制度安排。商标局主张《新增服务商标的通知》第四项有关过渡期的规定合法，依据不足，本院不予支持。【17】……商标局作出《新增服务商标的通知》第四项有关过渡期的规定违反了商标法的相关规定，同时商标局作出《同日申请协商通知书》亦缺乏法律依据，属于违法行政行为，但由于《新增服务商标的通知》发布于 2012 年 12 月，商标行政主管机关根据该文件受理了 7000 余件商标的注册申请，其中 1000 余件商标的注册申请已经处理完毕。如果本案《同日申请协商通知书》被撤销，势必形成连锁反应，破坏基于《新增服务商标的通知》所形成的社会秩序，为数众多的商标申请人的信赖利益亦将受到严重损害，进而影响社会秩序的稳定。鉴此，虽然商标局作出的《同日申请协商通知书》属于违法行政行为，本应予以撤销，但考虑到撤销后将会给社会公共利益造成重大损害，因此不宜予以撤销。

EX，白象案（20141011/E2014-01）：在先商标申请可对抗在后外观设计

白象公司 v 专利局复审委等，再审，最高院（2014）知行字第 4 号裁定书，周翔、罗霞、周云川

案情概要

陈某晖是"食品包装袋"的外观设计专利权利人—白象公司提起无效—引证在先商标申请权—专利复审委不支持在先权利主张—维持专利权有效——一、二、再审认可在先商标申请权，推翻复审委裁定

裁判摘录

【5】……在商标申请日早于外观设计专利申请日的情况下，外观设计专利权不会与商标申请权构成权利冲突，商标申请权不能作为 2000 年《专利法》第二十三条规定的在先取得的合法权利，但基于商标申请权本身的性质、作用和保护在先权利原则，

只要商标申请日在专利申请日之前，且在提起专利无效宣告请求时商标已被核准注册并仍然有效，在先申请的注册商标专用权就可以对抗在后申请的外观设计专利权，用于判断外观设计专利权是否与之相冲突。【6】……首先，根据商标法关于商标申请在先原则的相关规定，两个或两个以上的申请人，在同一种商品或者类似商品上，以相同或者近似的商标申请注册的，商标局受理最先提出的商标注册申请。换言之，一旦申请人提交了商标注册申请，从申请日起就享有了排斥其他人在同一种商品或者类似商品上以相同或者近似的商标申请注册的权利。其次，根据《中华人民共和国商标法实施条例》的相关规定，申请人可以转让其商标注册申请，即申请人可以根据自己的意志对商标申请权作为一种民事权益进行处分。最后，商标申请最终的目标即商标申请权的实现是商标获得注册，从这个角度讲，商标申请权是一种期待权，是对未来取得注册商标专用权的一种期待，自商标申请之日起存在，至商标被核准注册之日最终实现。综上，商标申请权本身是现实存在的合法权益，其在性质上是对注册商标专用权的一种期待权，应当受到法律的保护。

涉案外观专利主视图　　　涉案外观专利后视图　　　第 1506193 号
（白象公司引证商标图样）

第三十二条 【在先权利及在先使用商标】

申请商标注册不得损害他人现有的在先权利，也不得以不正当手段抢先注册他人已经使用并有一定影响的商标。

本条导读

现行《商标法》第 32 条（2001 年《商标法》第 30 条）重申了第 9 条第 1 款的精神并将其作为直接的异议和无效理由，主要解决与在先著作权、外观设计专利权以及在先姓名权、肖像权、名称权等人身权乃至"商品化权"的冲突。尽管 2001 年及 2020 年专利司法解释将有一定影响的商品名称、包装、装潢列入在先权利，但它们通常会被认为是一种未注册商标，而《商标法》第 32 条倾向于将"在先使用并有一定影响的商标"视为单独的一类而不视为前半句中在先权利的一种。《民法典》出台后，在先权利的规定进一步明确。

就著作权而言，只要达到著作权的独创性标准即可予以保护（Dyneema 案）。证明著作权归属需要结合包括作为商标注册的多种证据证明（格里高利案）。2017 年《商标授权确权司法解释》第 18 条则进一步明确商标公告、商标注册证等可以作为确定商标申请人为可主张商标标志著作权的利害关系人的初步证据（鲨鱼案、TOOFACED 案）。

就姓名权、肖像权、企业名称权而言，自然人姓名可以保护（乔丹 I 案），艺名也可以得到保护（金龟子案），企业名称简称可得到保护（广本案），关联企业的使用可以采信（采埃孚案、派克汉尼汾案），甚至不限于直接经营的商品或服务（孤星案），但不具识别性的人形剪影不能获得肖像权保护（乔丹 II 案），对于他人商标中包含的叙述性词汇也不具有对抗性（避风塘 III 案）。

就"商品化权"而言，并未有相关法律明确的设权性规定（Kobe8 案、葵花宝典案），北京高院的授权确权指南也不主张直接使用该术语。

就已经使用并有一定影响的商标而言，该商标的概念先是出现在本条，后来在第 59 条第 3 款也有规定，并出现在 2017 年《反不正当竞争法》第 6 条中。在确定一定影响时，标准不宜过高（诚联案），即使诉争商标在其他类别上具有知名度也不能侵犯他人的在先使用（QQ 案），经过他人宣传使用的知名度也可以保护（路虎 I 案、广云贡饼案），也有判决持相反态度（索爱案），药品商品名称也可以获得保护（可立停案），但在诉争商标申请时缺乏显著性的标记不能获得保护（小肥羊 II 案、散列通案），没有在大陆取得知名度（无印良品案）、长期不使用（同德福 III 案）或使用不具有合法性（赖茅案、捕鱼达人案）的则不能保护。

另外，不能仅因明知、应知就认定构成不正当抢注（鸭王案、氟美斯案、捕鱼达人案）。在后商标没有恶意而在先商标实际使用具有恶意的不予保护（鳄鱼Ⅷ案）。

32［1］ 在先权利——著作权

BFX，Dyneema 案（20180800/B2018-27/F2018-45）：损害他人在先著作权的认定标准

帝斯曼公司 v 商评委等，再审，最高院（2017）最高法行再 76 号判决书，夏君丽、马秀荣、郎贵梅

【案情概要】

　　被异议商标"Dyneema 及图"指定使用在第 28 类的"游戏机、钓具"等商品上—帝斯曼公司多个在先权利，其中包括在先注册商标、在先使用并有一定影响的商标以及在先著作权提起异议—商标局、商评委均认为被异议商标应予核准—帝斯曼公司诉讼中主张在先著作权以及引证商标在"半加工塑料纤维及线、纺织用纤维"商品上构成驰名商标—一审不支持驰名，不支持近似，认为在先图形的商业使用大部分是作为商标标识使用，不足以证明其对该图形享有著作权，且提交的证据不足以证明在先商标在"钓具、渔具"上具有一定影响—二审维持一审—再审认为被异议商标与引证商标使用的商品类似，商标构成近似—支持在先著作权的主张

【裁判摘录】

　　【5】……在先著作权作为一项法定权利，属于《商标法》第三十一条规定的在先权利。……【6】帝斯曼公司主张的在先作品由"Dyneema"文字与曲线图形组合而成，其中曲线图形系对纤维线的图形表达，其与原创的"Dyneema"文字共同构成的图形与文字，具有独创性，构成著作权法上的美术作品。【7】……帝斯曼公司提供的证人证言……等证据，能够相互佐证，可以证明该作品最早于 1986 年被帝斯曼集团公开使用的事实，对帝斯曼公司关于作品创作时间及权利人的主张本院予以采信……帝斯曼公司是相关作品著作权的利害关系人，有权依据《商标法》第三十一条的规定主张被异议商标损害他人在先著作权。被异议商标完全复制了在先作品，没有证据证明系其独立创作完成，侵害了在先作品的著作权。【10】被异议商标属于《商标法》第三十一条规定的损害他人在先权利的情形。帝斯曼公司关于被异议商标违反了《商标法》第三十一条关于损害在先权利的主张，本院予以支持。

被异议商标图样

异议人主张在先著作权的图形

BCX, TOOFACED 案 (20171221/B2017-25/C2018-07): 产生于被异议商标申请前的著作权可对抗被异议商标的注册

杰杰公司 v 商评委等，再审，最高院（2017）最高法行再 35 号判决书，夏君丽、郎贵梅、傅蕾

案情概要

百姿公司申请注册第 5165219 号"TOOFACED 及图"商标，使用在第 3 类的相关商品上——杰杰公司提起异议——商标局核准注册——商评委认为杰杰公司的证据无法证明在先著作权，也支持注册——一审维持商评委裁定，认为杰杰公司在先著作权的证据形成的日期在被异议商标申请注册日期之后；美国商标注册证明等证据仅能证明商标注册的相关情况，对于著作权而言证明力不足——杰杰公司并未提交其在中国大陆地区在先使用被异议商标并具有影响力的有效证据——二审维持一审——再审阶段提交新证据——可以证明在先著作权——商评委重新作出裁定

裁判摘录

【5】本案中，羡慕标志作品公开发表及使用行为不仅发生在国外，且距今时日较长，当事人客观上收集证据的难度较大。且本案没有证据证明杰杰公司存在故意延迟举证的情形。相反，杰杰公司为了证明其主张，在评审、原审及再审阶段，不断提交相关证据予以补充。因此，本院对于杰杰公司二审之后新提交的证据予以采纳。【14】……在没有相反证据的情况下，前述证据与杰杰公司在原审期间提交的登记号为 VA1-902-220《美国著作权登记证明》、登记证明、作品存档证明、著作权转让证明相结合，能够证明杰罗德·布兰丁为羡慕标志作品的作者，亦可以证明其在创作完成羡慕标志作品后将其依法享有的相关著作权让与杰杰公司进行商业使用的事实，发生在被异议商标 2006 年 2 月 20 日申请注册之前。因此，杰杰公司关于被异议商标的申请注册损害其在先著作权的主张，具有事实和法律依据，本院予以支持。

第 5165219 号"TOOFACED 及图"商标图样

BFX，鲨鱼案（20171027/B2017-24/F2017-46）：在先商标注册证可作为在先著作权利害关系人的初步证据

达马公司 v 商评委等，再审，最高院（2017）最高法行申 7174 号裁定书，李剑、张志弘、佟姝

案情概要

达马公司援引在先著作权及其他权利对他人商标提起无效——商评委认为未损害在先著作权，维持注册——一审认为在先著作权依据不足——二审、再审认为侵害在先著作权，不能注册

裁判摘录

【3】……参照商标授权确权司法解释第十九条第二款、第三款之规定，商标标志构成受著作权法保护的作品的，当事人提供的涉及商标标志的设计底稿、原件、取得权利的合同、诉争商标申请日之前的著作权登记证书等，均可以作为证明著作权归属的初步证据。商标公告、商标注册证等可以作为确定商标申请人为有权主张商标标志著作权的利害关系人的初步证据。【5】因我国实行作品自愿登记制度，著作权登记机关在制作、颁发著作权登记证书时不对所登记内容进行实质审查，故当著作权登记时间晚于诉争商标申请日时，仅凭著作权登记证书尚不足以认定登记的著作权人在诉争商标申请日之前即享有著作权。但除诉争商标申请日之后的著作权登记证书外，达马公司还提交了诉争商标申请日之前的意大利商标注册证和引证商标注册证，参照商标授权确权司法解释第十九条第三款之规定，商标注册证可以作为确定商标申请人为有权主张商标标志著作权的利害关系人的初步证据。

BFX，格里高利案（20160921/B2016-25.26/F2016-46）：商标注册人不一定是商标图样著作权人，注册商标申请日后获得的著作权登记证书不足以证明在先著作权

三丽雅公司 v 商评委等，再审，最高院（2016）最高法行申 2154 号裁定书，骆电、李嵘、马秀荣

案情概要

三丽雅公司申请"GREGORY 及图"商标——格里高利公司提起异议——在先著作

权—商标局核准注册—商评委、一审认可在先著作权，不支持注册—二审、再审不认可在先著作权，支持注册

裁判摘录

【4】……商标申请人及商标注册人信息仅仅能证明注册商标权的归属，不属于《著作权法》规定的表明作品创作者身份的署名行为……商标具有地域性，持有美国的商标注册证，仅能证明商标注册人从著作权人处获得了在美国申请注册该图形商标的权利，不能据此证明其当然享有在中国行使著作权的权利。【5】……在注册商标申请日之前取得的著作权登记证书，在该作品具有独创性、没有相反证据足以推翻的情况下，可以证明登记证书上记载的权利人在先享有著作权。……格里高利公司取得《著作权登记证书》晚于被异议商标注册申请日三年多，故在后取得的著作权登记证书，不足以证明其享有在先的著作权。……被异议商标于 2009 年 5 月 21 日予以初步审定公告，格里高利公司自公告之日起三个月内，向商标局提出异议申请，随后进行著作权登记，格里高利公司在商标异议申请后取得的著作权登记证书，不足以证明其享有在先的著作权。…… 三丽雅公司于 2006 年 12 月 7 日早于格里高利公司对与涉案 "GREGORY 山形图案" 构成实质性近似的被异议商标图形亦进行了著作权登记，故格里高利公司在后取得的著作权登记证书，不足以证明其享有在先的著作权。

32 [2] 在先权利——姓名权、企业名称权、肖像权

SWX，金龟子案（20191112）：艺名也可以得到姓名权保护

李某娜 v 国知局等，二审，北京高院（2019）京行终 7285 号判决书，苏志甫、俞惠斌、陈曦

案情概要

李某娜申请并获得注册 "金龟子" 商标，核定使用在第 41 类的教育、培训等服务上—刘某燕提起无效—商评委裁定诉争商标无效，认为其注册和使用损害了刘某燕享有的在先姓名权—一审维持商评委裁定—肯定刘某燕对其艺名 "金龟子" 享有姓名权—刘某燕的艺名 "金龟子" 在诉争商标申请日之前在少儿类节目中已建立起的知名度和与刘某燕之间的对应关系—诉争商标注册在与该艺名具有知名度的相关服务上—损害了刘某燕对 "金龟子" 享有的在先姓名权—二审维持一审

裁判摘录

【5】……商标法所述的 "在先权利"，包括 "民法通则和其他法律规定的属于应

予保护的合法权益",其不仅涵盖了"姓名"所承载的自然人的人格权,也涉及反不正当竞争法层面上通过规制行为人明知他人姓名而采取盗用、冒用等手段造成相关公众对商品或服务来源发生混淆误认的不正当竞争行为进而产生的"姓名权益"。前者强调了对自然人人格尊严的保护,后者则侧重对于造成相关公众混淆的不正当竞争行为的规制。故在商标确权行政案件中,在先姓名权益的保护应当从以下几个方面综合考量:一是相关公众是否能够将所涉的姓名、艺名、绰号等主体识别标志与特定自然人建立起对应关系;二是相关公众是否容易认为标有诉争商标的商品或服务系经过该自然人许可或者与该自然人存在特定联系;三是诉争商标申请人是否具有明知他人姓名而盗用、冒用的主观恶意。【6】具体到本案中,根据在案证据显示,刘某燕在1994—2014年,使用"金龟子"作为艺名主持《七巧板》《大风车》《动画城》等具有较高知名度的少儿节目,于2006年出版自传《我是金龟子》并在其参加的活动中大量使用"金龟子"艺名,其提交的国家图书馆检索报告和刘某燕所获荣誉中亦使用"金龟子"指代刘某燕。因此,在案证据可以证明相关公众已将"金龟子"与刘某燕建立起对应关系,此为其一。其二,判断混淆与否系指具有发生混淆或者误认的可能性,而非要求必须实际发生混淆或者误认。结合刘某燕主持的少儿节目及其艺名"金龟子"的知名度,诉争商标核定使用的"教育、培训"等服务的相关公众在看到"金龟子"商标时,容易认为标有"金龟子"商标的服务系经过刘某燕许可或者与刘某燕存在特定联系。特别是刘某燕提交的相关微博用户留言以及李某娜所在区域的"南京零距离"媒体发表文章显示,诉争商标在实际使用中已导致部分相关公众对服务来源造成误认。因此,在案证据可以证明,相关公众容易认为标有诉争商标的服务系经过刘某燕许可或者与刘某燕存在特定联系。其三,根据在案证据中显示刘某燕主持的少儿节目及其艺名"金龟子"具有较高知名度,特别是考量诉争商标核定使用的服务对象、内容与"金龟子"艺名赖以知名的领域具有较高的重合度,且李某娜未能对其使用"金龟子"申请诉争商标作出合理解释。在此情况下,可以推定李某娜在申请注册诉争商标时,明知"金龟子"系刘某燕的艺名这一事实,具有较为明显的主观恶意。因此,诉争商标的申请注册损害了刘某燕在先的"金龟子"艺名的合法权益,违反了2013年《商标法》第三十二条的规定。原审判决及被诉裁定的相关认定正确,本院予以维持。李某娜的相关上诉请求缺乏事实及法律依据,本院不予支持。

BCFX,乔丹 II 案(20171227/B2017-26/C2018-09/F2017-44):作为在先权利保护的"肖像"应当具有可识别性

迈克尔·乔丹 v 商评委等,再审,最高院(2015)知行字第332号裁定书,夏君丽、王艳芳、杜微科

案情概要

迈克尔·乔丹以侵犯肖像权等理由对争议商标提起无效—商评委及一、二审均维持注册，认为公众难以将争议商标中的形象认定为迈克尔·乔丹—再审认为迈克尔·乔丹对涉案标识并不享有肖像权，其有关涉案商标的注册损害其肖像权的主张不成立

裁判摘录

【7】……根据肖像权以及肖像的性质，肖像权所保护的"肖像"应当具有可识别性，其中应当包含足以使社会公众识别其所对应的权利主体，即特定自然人的个人特征，从而能够明确指代其所对应的权利主体。如果请求肖像权保护的标识不具有可识别性，不能明确指代特定自然人，则难以在该标识上形成依法应予保护，且归属于特定自然人的人格尊严或人格利益。【8】……从社会公众的认知习惯和特点来看，自然人的面部特征是其体貌特征中最为主要的个人特征，一般情况下，社会公众通过特定自然人的面部特征就足以对其进行识别和区分。如果当事人主张肖像权保护的标识并不具有足以识别的面部特征，则应当提供充分的证据，证明该标识包含了其他足以反映其所对应的自然人的个人特征，具有可识别性，使得社会公众能够认识到该标识能够明确指代该自然人。【9】……再审申请人就照片中的运动形象享有肖像权。而关于涉案商标标识（见下图），虽然该标识与照片中再审申请人运动形象的身体轮廓的镜像基本一致，但该标识仅仅是黑色人形剪影，除身体轮廓外，其中并未包含任何与再审申请人有关的个人特征。并且，再审申请人就该标识所对应的动作本身并不享有其他合法权利，其他自然人也可以作出相同或者类似的动作，该标识并不具有可识别性，不能明确指代再审申请人。因此，再审申请人不能就该标识享有肖像权，再审申请人有关涉案商标的注册损害其肖像权的主张不能成立。

第 6020570 号

（涉案商标图样）

ABDX，乔丹Ⅰ案❶（20161207/A20191224-113/B2016-21.22.23/D2016-01）：姓名权作为在先权利受到商标法保护

迈克尔·乔丹 v 商评委等，再审，最高院（2016）最高法行再 27 号判决书，陶凯元、王闯、夏君丽、王艳芳、杜微科

> 案情概要

　　乔丹公司注册"乔丹"商标—美国篮球明星迈克尔·乔丹提起无效—商评委、一、二审认为不侵犯迈克尔·乔丹姓名权—无"其他不良影响"—不属于"以其他不正当手段取得注册"—再审认为乔丹公司主张的"乔丹"姓名权可以作为在先权利获得商标法保护

> 裁判摘录

　　【4】……对于商标法已有特别规定的在先权利，应当根据商标法的特别规定予以保护。对于商标法虽无特别规定，但根据《民法通则》《中华人民共和国侵权责任法》（以下简称《侵权责任法》）和其他法律的规定应予保护，并且在争议商标申请日之前已由民事主体依法享有的民事权利或者民事权益，应当根据该概括性规定给予保护。【7】……未经许可擅自将他人享有在先姓名权的姓名注册为商标，容易导致相关公众误认为标记有该商标的商品或者服务与该自然人存在代言、许可等特定联系的，应当认定该商标的注册损害他人的在先姓名权，违反《商标法》第三十一条的规定。【13】……在适用《商标法》第三十一条关于"不得损害他人现有的在先权利"的规定时，自然人就特定名称主张姓名权保护的，该特定名称应当符合以下三项条件：其一，该特定名称在我国具有一定的知名度、为相关公众所知悉；其二，相关公众使用该特定名称指代该自然人；其三，该特定名称已经与该自然人之间建立了稳定的对应关系。【14】……由于语言和文化等方面的差异以及为了便于称呼，我国相关公众通常习惯于以外国人外文姓名的部分中文译名来指代、称呼该外国人，而不会使用其完整姓名的中文译名，有时甚至对其完整姓名的中文译名不了解、不熟悉。因此，在判断外国人能否就其外文姓名的部分中文译名主张姓名权保护时，需要考虑我国相关公众对外国人的称谓习惯。

---

❶　此案（2016）最高法行再 15、20、25、26、28、29、30、31、32 号行政判决书同时入选十大案例。

SX，孤星案（20161220）：具有较高知名度的在先商号权益不限于直接经营的商品或服务

孤星公司 v 商评委等，二审，北京高院（2016）京行终 633 号判决书，刘继祥、孔庆兵、蒋强

> 案情概要

　　孤星公司对华美公司申请注册的第 6337705 号"LONELY PLANET 及图"商标提起异议—侵犯其在先商号权—抢注在先使用并有一定影响的商标—恶意注册—商标局、商评委核准注册—一审认为被异议商标在旅行用大衣箱、爬山用手提袋等商品上的注册侵犯了孤星公司的在先商号权益，令商评委重新作出裁定—二审认为被异议商标指定使用在"钱包、背包、公文包"商品上亦损害孤星公司的在先商号权益

> 裁判摘录

　　【3】2001 年《商标法》第三十一条规定，申请商标注册不得损害他人现有的在先权利，也不得以不正当手段抢先注册他人已经使用并有一定影响的商标。该条规定的在先权利包括在先商号权益。在判断商号权益的保护范围时，对于具有较高知名度企业的在先商号权益，由于其承载的商誉价值以及影响力已经超出其直接经营产品或服务的相应范围，延及相邻或关联产业，考虑到企业的"多元化"发展，对于使消费者在看到商标所指定使用的商品或服务时，易与他人在先商号直接产生联系的，可以认定该商标的申请注册损害他人的在先商号权益。【4】……在"LONELY PLANET"商号具有较高知名度的情况下，华美公司在与旅行相关的商品上申请注册被异议商标，难谓善意。相关公众看到使用在"钱包、背包、公文包"商品上的被异议商标时，易认为该商标与以"LONELY PLANET"为商号的企业存在某种特定的联系，对该商标指定使用商品的来源产生误认，进而损害孤星公司的合法权益。因此，被异议商标指定使用在"钱包、背包、公文包"商品上亦损害孤星公司的在先商号权益，应不予核准注册。原审法院该项认定不妥，予以纠正。但原审法院关于被异议商标使用在旅行用大衣箱、爬山用手提袋等商品上损害孤星公司的在先商号权益的结论正确。……【5】孤星公司的权利通过其在先商号权益已获得保护，原审法院不再评述孤星公司关于华美公司抢注其先使用并有一定影响的商标、华美公司恶意抢注等主张并无不妥，被诉裁定对上述相关内容的认定亦无不当。……

第 6337705 号（本案被异议商标图样）

BDX，避风塘Ⅲ案（20150108/B2014-29/D2014-08）：字号如有为公众所普遍认知的其他含义则无权禁止他人注册商标中含有该词汇

上海避风塘公司 v 商评委等，再审，最高院（2013）行提字第 8 号判决书，王闯、王艳芳、何鹏

案情概要

　　上海避风塘公司对竹家庄公司的"竹家庄避风塘及图"商标提起无效——理由是以不正当手段和欺骗手段获得注册——商评委、一、二、再审均认为争议商标整体具有显著性——无不正当手段和欺骗手段——支持争议商标的注册

裁判摘录

　　【10】……由于"避风塘"一词不仅仅是上海避风塘公司的字号，还具有"躲避台风的港湾"和"一种风味料理或者菜肴烹饪方法"的涵义，因此，只要不会造成相关公众的混淆、误认，上海避风塘公司就不能以其企业名称权禁止他人在"躲避台风的港湾"和"一种风味料理或者菜肴烹饪方法"的含义上正当使用"避风塘"一词。本案争议商标由竹子图案与"竹家庄避风塘"文字组成，其中竹子图案占据商标的大部分面积，且处于商标的显著位置。对于餐饮行业相关公众而言，"避风塘"一词因具有"一种风味料理或者菜肴烹饪方法"的含义，故争议商标中的"竹家庄"文字与竹子图案更具有标识商品或服务来源的作用，因此，争议商标的注册、使用不会造成相关公众的混淆、误认，未侵害上海避风塘公司的企业名称权。

第 1427895 号

（涉案争议商标图样）

第三十二条

BX，派克汉尼汾案（20140813/B2014-28）：经关联公司使用建立起知名度的字号也可作为企业名称得到保护

帕克公司 v 商评委等，再审，最高院（2014）行提字第 9 号判决书，王艳芳、朱理、佟姝

案情概要

戴某欢申请注册"派克汉尼汾 PARKERHANNIFIN"商标—帕克公司向商标局提出异议—知名字号—商标局、商评委、一、二审支持注册—再审认可帕克公司字号权利，不支持注册

裁判摘录

【2】……在中国境内具有一定市场知名度、为相关公众所知悉的企业名称中的字号，亦可以作为企业名称权的一种特殊情况对待，作为《商标法》第三十一条所规定的"在先权利"受到保护。……本案中，"Parker Hannifin"是两个名称的组合，其中 Parker 是派克公司的创始人的名字，Hannifin 是其合并公司的名称，这种因为公司并购后以两家公司名称组合的字号有其特别的历史背景，作为商业标记具有较强的显著性。"派克汉尼汾"是其惯用音译，通过派克汉尼汾公司及其关联公司的使用及相关宣传报道，已成为"Parker Hannifin"对应音译。"PARKERHANNIFIN""派克汉尼汾"作为派克汉尼汾公司及其子公司或关联公司的字号，在被异议商标申请日之前在中国已经使用多年，且在相关新闻报道及报刊杂志文章中，亦清晰地显示了派克汉尼汾公司及其关联公司的企业名称及其相关排名、销售额及相关市场情况。鉴此，本院认为，在被异议商标申请日即 2004 年 9 月 8 日前，通过派克汉尼汾公司及其关联公司的使用，"派克汉尼汾"已经成为在中国大陆地区具有一定市场知名度的字号，可以作为《商标法》第三十一条所称的"在先权利"予以保护。

BFX，采埃孚案（20140717/B2014-27/F2014-45）：可基于关联公司对商号的使用获得商号权

采埃孚公司 v 商评委等，再审，最高院（2014）行提字第 2 号判决书，王艳芳、朱理、佟姝

案情概要

汇昌公司获准注册"采埃孚"商标—采埃孚公司提起无效，理由是侵犯其在先商

号—商评委、一、二审认为证据不足，维持注册—再审承认采埃孚公司的在先商号权，支持无效请求

裁判摘录

【3】……上海采埃孚公司、柳州采埃孚公司等使用"采埃孚"商号的国内企业，均是由采埃孚公司参与投资而设立，上述企业对"采埃孚"商号的使用显然是基于采埃孚公司的投资而获得采埃孚公司的授权或许可。据此，采埃孚公司应有权根据上海采埃孚公司等企业对"采埃孚"商号的使用行为，提出将"采埃孚"作为在先商号权进行保护的法律上的利益。二审法院关于现有证据不能证明采埃孚公司与上海采埃孚公司等存在商标权或商号权上的利害关系的认定缺乏事实依据，本院对此予以纠正。

32［3］ 商品化权

SX，葵花宝典案（20190130）：现有法律体系并未确认对商品化权益的直接保护

游奇公司 v 商评委等，二审，北京高院（2018）京行终 6240 号判决书，周波、俞惠斌、苏志甫

案情概要

游奇公司获准注册第 10572048 号"葵花宝典"（争议商标），核定使用在第 41 类相关服务上—完美世界公司提出无效申请—商评委肯定完美公司有权提起无效，并认为争议商标的申请注册损害了金庸先生《笑傲江湖》小说作品中武学秘籍特有名称的商品化权益，违反了《商标法》第 32 条—一审认可完美世界数字公司属于对争议商标主张权利的利害关系人—多数意见认为"葵花宝典"不属于可受保护的在先商品化权益，少数意见认为"葵花宝典"属于可受保护的在先商品化权益，商评委裁定部分事实认定不清，部分法律适用错误，应重新作出裁定—二审认为金庸先生小说作品《笑傲江湖》中虚构的武学秘籍"葵花宝典"应作为商品化权益予以保护的上诉理由缺乏法律依据—"商品化权益"并不属于"民事主体享有法律规定的其他民事权利和权益"的范畴—驳回上诉，维持原判

裁判摘录

【6】……如果在著作权法之外，再另行对作品及其构成元素给予保护，则无异于

第三十二条

在法律已经赋予社会公众行为自由的领域中又创设了新的民事权益，其结果不仅将使民事权利和民事权益的边界变得模糊不清，而且也将使不同的法律之间产生冲突。因此，无论是就作品整体而言，还是对其构成元素而言，除非通过立法程序以立法的方式作出赋权性规定，否则不应当在具体个案中创设著作权法没有规定的新的排他性权利或权益。纵观现有的法律和司法解释的规定，并未规定作品中虚构的作品名称，无论是以武功秘籍的形式或者以其他形式出现，而可以作为在先权益予以保护，故就此类作品构成元素而言，缺乏在法律上给予其直接保护的法律依据。商标评审委员会和完美世界公司认为金庸先生小说作品《笑傲江湖》中虚构的武学秘籍"葵花宝典"应当作为商品化权益予以保护的上诉理由缺乏法律依据，本院对此不予支持。【7】就商标授权确权司法解释第二十二条第二款的规定看，该司法解释对作品名称、作品中的角色名称的保护，更多的是从反不正当竞争的角度对具体的行为予以规制，并不意味着在现有法律规定之外创设新的民事权利或民事权益。在作品名称、作品中的角色名称具有较高知名度的情况下，相关公众容易将使用该作品名称或者作品中的角色名称的商品或者服务与该作品的著作权人联系在一起，认为使用人与作品的著作权人之间存在特定联系。因此，如果未经作品的著作权人许可而将其作品名称或者作品中的角色名称作为商标使用而有可能引人误认的行为，属于《中华人民共和国反不正当竞争法》（简称《反不正当竞争法》）调整的不正当竞争行为。就本案而言，鉴于争议商标的申请日为 2012 年 3 月 5 日，且该商标已于 2013 年 6 月 7 日核准注册，因此不正当竞争行为的认定，应当适用争议商标申请日或者核准注册时施行的反不正当竞争法，即1993 年 12 月 1 日起施行的《反不正当竞争法》。《反不正当竞争法》在对不正当竞争行为予以规制的同时，必然使受到该不正当竞争行为影响的其他经营者或者包括著作权人在内的其他民事主体享受到反射性的利益，这种法律上的利益是反不正当竞争法在对相关行为予以调整的过程中产生的，属于《民法总则》第一百二十六条规定的"法律规定"的民事权益。从商标授权确权司法解释第二十二条第二款的字面规定看，也仅仅是"当事人以此主张构成在先权益的，人民法院予以支持"，而非从正面肯定在作品名称、作品中的角色名称等客体之上存在设权性的民事权益，因此，不能认为商标授权确权司法解释在著作权法之外在作品或其构成元素上创设了新的民事权益。商标授权确权司法解释第二十二条第二款的规定，恰恰是《民法总则》第一百二十六条规定在特定情形下的具体体现。【8】就本案而言，被诉裁定认为"葵花宝典"已与小说《笑傲江湖》及其作者金庸先生建立了固定的对应关系，金庸先生对"葵花宝典"享有"商品化权益"，因而争议商标的注册违反了商标法有关"申请商标注册不得损害他人现有的在先权利"的规定；商标评审委员会和完美世界公司在上诉理由中也仍然坚持上述主张。但是，上述观点是建立在并未得到我国现有法律体系确认的"商品化权益"基础之上的。一方面，它不符合《民法总则》第一百二十六条的规定，"商品化权益"并不属于"民事主体享有法律规定的其他民事权利和权益"的范畴；另一方面，"商品化权益"本身的内涵、边界亦无法准确确定，相关公众对这一所谓的民事权益无法作出事先的预见，当然也无法为避免侵权行为而作出规避。因此，被诉裁定基于"商品化权益"而认定争议商标的注册违反了商标法有关"申请商标注册不得损害他人现有的在先权利"的规定,在事实认定和法律适用方面均存在错误,依法应予纠正,原审判决的裁判结论正确。在此基础上,商标评审委员会和完美世界公司的相关上诉理由亦不成立,本院对此不予支持。

SX,Kobe8 案(20171227):个人标志性信息可通过商业使用产生相关权利

耐克公司 v 商评委等,再审,北京高院(2016)京行再 11 号判决书,张然、任颂、张峰

案情概要

　　恒丰公司获准注册第 3829504 号"Kobe8"商标,指定使用在第 25 类跑鞋(带金属钉)、足球鞋、服装等商品上—耐克公司提起撤销—主张科比·布莱恩特个人标志性信息包括姓名、姓名首字母、肖像、签名、球衣号码的在先许可使用权及其商品化权—商评委裁定维持注册—一审维持商评委裁定,认为证据不足以证明耐克公司确已依法获得使用科比·布莱恩特个人标志性信息并使之商品化等先于争议商标注册申请而存在的权利—二审维持一审—再审认为一审、二审判决存在认定事实错误

裁判摘录

　　【4】……在先权利……《商标法》(2001 年修正)对其权利内容并未列举具体类型。根据现有民事法律规定,结合审判实践经验、商业操作习惯,通常认为依法受到法律保护,并在争议商标申请日之前已由权利主体依法享有的民事权利或者民事权益,都应当予以保护。【5】……可以证明科比·布莱恩特已将其个人相关信息授权耐克国际公司在商业活动中使用,并有权以自己的名义采取争议申请、主张权利等合理的维权行动,并且权利溯及至 2003 年。故耐克国际公司根据科比·布莱恩特的明确授权,有权向商标评审委员会申请撤销争议商标。一审、二审判决认定耐克国际公司不具有相应的主体资格,属认定有误,本院再审予以纠正。【6】科比·布莱恩特作为世界知名的前 NBA 篮球明星,具有被公众追随的吸引力,与其相关的个人标志性信息,能够产生与其个人密切相关的联系。耐克国际公司作为科比·布莱恩特的合法授权人,有权以侵害科比·布莱恩特个人标志性信息等相关权利为由,要求撤销争议商标。【7】……在未经过权利人许可的情况下,争议商标使用在服装鞋帽类商品,特别是运动服装、运动鞋等商品上,侵犯了科比·布莱恩特的姓名权及相关权利。

第三十二条

32 [4] 已经使用并有一定影响的商标

BFWX，鳄鱼Ⅷ案（20181129/B2018-25/F2018-46）：在后商标须有恶意才可适用在先使用并有一定影响的商标的保护

卡帝乐公司 v 商评委等，再审，最高院（2018）最高法行再 134 号判决书，夏君丽、郎贵梅、马秀荣

【案情概要】

争议商标系拉科斯特公司申请的第 638122 号商标——鳄鱼国际公司提起无效——卡帝乐公司承继鳄鱼国际公司的权利——商评委认为相关公众施以一般注意力能够区分，争议商标应予维持——一审撤销商评委裁定，认为两商标并存于市场易导致相关公众混淆误认——二审维持一审——再审推翻二审，认为争议商标应予维持

【裁判摘录】

【10】……争议商标的申请注册构成以不正当手段抢先注册他人在先使用并有一定影响的商标，需要同时满足下列要件：一是在先使用商标具有一定影响；二是争议商标构成以不正当手段抢先注册，即争议商标申请人具有主观恶意，其明知或者应知在先使用并有一定影响的商标而予以抢注，但其举证证明没有利用在先使用商标商誉的除外；三是对在先使用并有一定影响的商标的保护限于相同或者类似商品或者服务。【12】首先，卡帝乐公司提交的使用证据不足以证明其主张的在先使用商标具有一定影响。……【13】其次，拉科斯特公司申请争议商标没有利用卡帝乐公司主张的在先使用鳄鱼图形商标商誉的主观恶意。……【14】最后，卡帝乐公司主张的在先使用未注册商标行为难谓善意正当。……

BFX，捕鱼达人案（20181019/B2018-26/F2018-44）：在先使用并有一定影响的商标的适用条件；使用行为的合法性影响商标知名度的判断

波克公司 v 商评委等，再审，最高院（2016）最高法行再 96 号判决书，夏君丽、郎贵梅、马秀荣

【案情概要】

波克公司申请注册第 9274903 号"捕鱼达人"商标，指定使用在"计算机软件设

计"等第 42 类的服务上—商标局初步审定并公告—希力公司和千贝公司异议—商标局核准注册—商评委裁定在"技术研究"等服务上核准注册;在"计算机软件设计、更新"服务上不予核准注册——一审维持商评委裁定——二审推翻一审,认为希力公司和千贝公司在先使用的"捕鱼达人"不具一定影响,涉案申请不属于以不正当手段抢注他人商标—再审维持二审

第三十二条

裁判摘录

【4】……被异议商标的申请注册构成以不正当手段抢先注册他人在先使用并有一定影响的商标,需要同时满足下列要件:一是在先使用商标具有一定影响;二是被异议商标构成以不正当手段抢先注册,即被异议商标申请人具有主观恶意,其明知或者应知在先使用并有一定影响的商标而予以抢注,但其举证证明没有利用在先使用商标商誉的除外;三是对在先使用并有一定影响的商标的保护限于相同或者类似商品或者服务。……【10】……本案中,一方面,希力公司、千贝公司在先使用的"捕鱼达人"商标不具有一定影响;另一方面,"捕鱼达人"游戏是对日本世嘉公司游戏的模仿,其游戏内容就是捕鱼,2006 年中国台湾地区已经有公司推出"捞鱼达人"游戏机,2009年中国大陆地区已经有娱乐场所经营名称为"捕鱼达人"的游戏机,"捕鱼达人"作为游戏名称本身在很大程度上是对于游戏内容的描述。综合考虑上述因素,虽然 2012年形成的波克公司简介使用了与希力公司在先使用的"捕鱼达人"游戏宣传图片实质性相似的图片,但尚不足以据此认定波克公司在申请被异议商标时明知或者应知希力公司在先使用"捕鱼达人"并具有一定影响,即不能认定波克公司申请注册被异议商标构成以不正当手段抢先注册。【15】波克公司提交的上述证据尚不足以证明希力公司销售的"捕鱼达人"游戏机属于赌博机……本院已经认定希力公司在先使用的"捕鱼达人"不具有一定影响,希力公司的"捕鱼达人"游戏机是否属于赌博机这一情节不会改变本案的裁判结果。【16】但是,对于在专门用于赌博的具有赌博功能的游戏机即赌博机上在先使用的商标,本院认为不应当予以保护。

BFX,赖茅案(20150908/B2015-24/F2015-46):在先使用并有一定影响的商标中的"使用"需具有合法性

赖世家公司 v 商评委等,再审,最高院(2015)知行字第 115 号裁定书,周翔、钱小红、郎贵梅

案情概要

茅台公司申请"赖茅"商标—赖世家公司提起异议—在先使用并有一定影响的商

标—使用发生在他人享有商标权利期间—违法行为不能产生商标权益—商标局、商评委、一、二、再审均支持注册

裁判摘录

【2】……由于"赖茅"商标特殊的历史背景和现状，人民法院判断被异议商标的申请注册是否属于以不正当手段抢先注册赖世家酒业公司在先使用并有一定影响的"赖茅"商标，需考查"赖茅"商标的历史、申请注册情况，并结合赖世家酒业公司在被异议商标申请注册日前是否为合法使用等因素综合判断。……从第 627426 号"赖茅"商标核准注册到该商标因三年不使用被撤销期间，茅台酒厂有限公司对第 627426号"赖茅"商标享有注册商标专用权，任何人未经其许可，不得在相同或者类似酒商品上使用"赖茅"标识。因此，赖世家酒业公司在此期间的使用行为实为侵犯"赖茅"商标专用权的行为，并不能因违法行为而产生商标权益。……茅台酒厂有限公司在第 627426 号"赖茅"商标被撤销后十几日即申请注册被异议商标，赖世家酒业公司在短短十几日内使用"赖茅"商标亦难以达到一定影响。鉴此，赖世家酒业公司关于其在先使用"赖茅"商标并具有一定影响等再审理由不成立，本院不予支持。

SX，广云贡饼案（20140819）：被动使用也可产生一定影响

广东茶叶公司 v 商评委等，再审，最高院（2013）知行字第 40 号裁定书，王闯、朱理、何鹏

案情概要

桂某芳申请注册"廣雲貢餅 Guang Yun Gong Bing"，使用在"茶、冰茶、茶饮料、茶叶代用品"这些商品上—广东茶叶公司提起异议—商标局认为桂某芳以不正当手段抢先注册广东茶叶公司已经使用并有一定影响的"广云贡饼"商标—商评委认为应当核准注册—一审推翻商评委裁定，认为"广云贡饼"已经起到区分商品来源和标志产品质量的作用—被动使用的效果和影响及于广东茶叶公司，并且该实际使用效果已经被行政主管机关、行业协会、相关著作和消费者等予以认可，可以证明"广云贡饼"作为未注册商标已经在先使用并具有一定影响，该未注册商标所产生的合法权益应当由原告享有—二审维持一审—再审维持二审

裁判摘录

【5】……本案中，广东茶叶公司在 20 世纪 60 年代向市场推出普洱饼茶时，实际

使用在该产品上的商标为"中茶"，但基于该产品的原料、工艺、形状、品质等自身特质，消费者口口相传、约定俗成将其称之为"广云贡饼"。20 世纪 90 年代广东茶叶公司曾一度中断过普洱饼茶的生产，直至 2002 年恢复生产，这段时期由于市面上仍有广东茶叶公司之前生产的普洱茶饼在流通，加之停产时间不长，故在广东茶叶公司与其生产的普洱饼茶之间通过"广云贡饼"所建立起来的"联系"并未中断和减弱。在当下的茶叶市场中，一提到"广云贡饼"，消费者和业内人士都知道是特指广东茶叶公司生产的普洱饼茶。广东茶叶公司通过多年的商业经营活动，客观上以"广云贡饼"这一符号为媒介，在该公司与其生产的普洱饼茶之间建立起了稳固的"联系"。因此，尽管广东茶叶公司未在其普洱饼茶上实际标注"广云贡饼"，但是，基于该公司的商业经营活动，以及该公司与其普洱饼茶之间通过"广云贡饼"已实际建立起稳固"联系"的客观商业实践，可以认定"广云贡饼"属于广东茶叶公司已经使用并有一定影响的商标。【7】……根据《商标法》第八条关于"任何能够将自然人、法人或者其他组织的商品与他人的商品区别开的可视性标志，包括文字、图形、字母、数字、三维标志和颜色组合，以及上述要素的组合，均可以作为商标申请注册"的规定，以及前述分析，某一标志能否成为商标，不在于商标权人对该标志是"主动使用"还是"被动使用"，关键是生产者与其产品之间以该标志为媒介的特定联系是否已经建立。并且，由于商标权益为私权，基于私法自治、私权处分的原则，商标权人当然也享有放弃该权益的自由。桂某芳申请再审所提到的司法持否定态度的另案，或是因为生产者与其产品之间以涉诉标志为媒介的特定联系尚未建立，或是因为商标权人曾明确表示对有关特定联系的建立不能接受，均与本案情况不同。

FX，QQ 案（20140717/F2014-46）：防御性注册也应避让他人在先使用并有一定影响的商标

腾讯公司 v 商评委等，二审，北京高院（2014）高行终字第 1696 号判决书，岑宏宇、刘庆辉、焦彦

案情概要

腾讯公司注册了争议商标"QQ"，核定使用在机车、汽车等商品上—奇瑞公司提出撤销申请—商评委支持撤销—一审认为争议商标申请前，奇瑞公司使用的"QQ"商标已经具有知名度—腾讯公司 QQ 及企鹅图形系列品牌在通讯服务领域已建立起一定知名度，但该商誉并不能延及汽车类商品，不能成为争议商标获准注册的当然理由—防御性注册也应对他人在先享有的合法权利进行避让—二审维持一审

裁判摘录

【2】……对于已经使用并有一定影响的商标，不宜在不相类似商品上给予保护，在先使用的商标应当与诉争商标构成使用在同一种或者类似商品上的近似商标。……本案争议焦点在于奇瑞公司是否在先使用"QQ"商标并在相关公众中具有一定影响，且腾讯公司申请注册争议商标属于抢注行为。【3】……证据……能够证明在争议商标的申请日之前，奇瑞公司使用的"QQ"商标已经在汽车商品上具有一定的知名度，在相关公众中产生了一定影响。此外，在当今社会中，汽车已属于人们日常生活中的常见商品，腾讯公司作为我国网络通讯服务领域的著名企业，在汽车等商品上申请争议商标时，理应知晓奇瑞公司在此类商品上的"QQ"商标已经具有一定知名度的事实。因此，腾讯公司申请注册争议商标的行为具有不正当性，商标评审委员会适用《商标法》第三十一条相关规定的认定是正确的，本院予以支持。【4】……即使腾讯公司的"QQ"商标在通讯服务上具有较高的知名度，由于汽车商品和通讯服务差距较大，二者不构成同一种或者类似商品或服务，且并非由腾讯公司最早将"QQ"两个字母作为商标使用在商品或者服务上，法律并不禁止在不相类似商品或者服务上使用相同或者近似的商标，因此，奇瑞公司在汽车商品上使用"QQ"商标的行为并不具有法律上的不正当性，其通过合法的商业使用所积累的知名度符合《商标法》第三十一条的规定。……腾讯公司称本案争议商标为防御性商标的注册，而防御性注册行为也应当符合《商标法》的相关规定，特别是明知或者应知他人在先享有的合法权利存在的情况下，应当进行避让。

BX，同德福 III 案（20131210/B2013-21）：长期停止使用的商标不构成已经使用并有一定影响的商标

余某华 v 商评委等，再审，最高院（2013）知行字第 80 号裁定书，王闯、王艳芳、何鹏

案情概要

同德福公司注册"同德福 TONGDEFU 及图"商标—余某华提起无效—引证的标志长期停用—商评委、一、二、再审认为在先权利证据不足，维持注册

裁判摘录

【2】……《商标法》第三十一条所称的"他人在先使用并有一定影响"，应当是一种基于持续使用行为而产生的法律效果，"在先权利"应当是指至争议商标的申请日时

仍然存在的现有权利；在长期停止使用的情况下，商业标识已经不具备《商标法》第31 条所规定的未注册商标的知名度和影响力，不构成在先使用并有一定影响的商标或者在先权利。

SX，广本案（20131210）：企业名称简称亦可作为在先权利对抗在后商标注册

林叶公司 v 商评委等，再审，最高院（2013）行提字第 23 号判决书，王闯、王艳芳、何鹏

案情概要

　　林叶公司申请注册被异议商标"广本 GUANGBEN"，指定使用商品为第 12 类汽车、自行车等—本田公司和广州本田公司提起异议—商标局认为有不良影响，不予核准—商评委认为没有不良影响，且企业名称简称权不属于《商标法》第 31 条的在先权利，但是与引证商标构成近似，不予核准—一审维持商评委裁定，认为"广州本田汽车有限公司"与"广本"之间在相关公众中已建立了一定程度的对应关系，构成近似商标—二审维持一审—再审认为不构成近似商标，但是侵犯了广州本田公司对企业名称享有的在先权利

裁判摘录

　　【3】……本院认为，具有一定市场知名度、为相关公众所熟知并已实际具有商号作用的企业或者企业名称的简称，可以视为企业名称，受法律保护。本案中，根据本院查明的事实，广州本田汽车公司自 1998 年成立，2009 年变更为现企业名称，自其成立以来一直从事"本田"系列汽车的生产及销售活动，在相关报道中多次使用"广本"指代其企业，相关报刊杂志在相关报道中亦多次使用"广本"指代该企业，"广本"已经与本案广汽本田公司建立了固定的对应联系，已经成为为相关公众所熟知并已实际具有商号作用的广汽本田公司企业名称的简称，属于《商标法》第三十一条规定的在先权利。本案被异议商标由"广本"文字及其拼音组成，其中"广本"文字与广汽本田公司享有在先权利的"广本"企业名称简称完全相同。虽然林叶公司将被异议商标含义解释为"广州本地品牌"，但其作为广州相关机电领域企业，应当知晓"广本"系本案广汽本田公司企业名称的简称，仍然将其申请注册在与本案广汽本田公司主要产品汽车相近似的产品上，损害了广汽本田公司的合法利益。因此，被异议商标的注册侵犯了广汽本田公司关于"广本"企业名称简称的在先权利，应当不予核准注册。商标评审委员会关于"在先权利包含企业名称权，但不包括企业名称〔原文如

此〕"的认定错误，本院予以纠正。

BX，氟美斯案（20130926/B2013-20）："明知"不一定构成不正当手段

博格公司 v 商评委等，再审，最高院（2013）行提字第 11 号判决书，夏君丽、钱小红、董晓敏

> 案情概要

　　博格公司的"氟美斯 FMS"商标—营口玻纤公司以抢注为由提起无效—商评委支持—一审认为不构成抢注—二审推翻一审—再审认为无抢占在先商标商誉的恶意，涉案商标不是抢注

> 裁判摘录

　　【5】虽然一般情况下，商标申请人明知他人在先使用并有一定影响的商标而申请注册即可推定其具有利用他人商标商誉获利的意图。但是，本案事实显示，抚顺博格公司申请注册争议商标并不具有抢占营口玻纤公司在先使用并有一定影响的商标商誉的恶意。……我国商标法采用"先申请原则"，与专利法或者著作权法不同，商标法并未有类似"创作作品的人为作者""对发明的技术方案作出实质性贡献的人为发明人"的规定，故在缺乏其他法律或者合同依据的情况下，不能类比得出"共同使用商标者应为共有商标权人"的结论。……抚顺博格公司独自申请注册争议商标并不侵犯营口玻纤公司的合法权益，亦不违反诚实信用原则，不应依据《商标法》第三十一条的规定予以撤销。

EX，鸭王案（20130226/E2013-07）：没有恶意则不构成不正当手段

北京鸭王公司 v 商评委等，再审，最高院（2012）知行字第 9 号裁定书，夏君丽、殷少平、董晓敏

> 案情概要

　　上海鸭王公司（前身上海全聚德）申请注册"鸭王"商标，指定使用服务项目为第 43 类餐馆等服务—商标局驳回—商评委初审公告—北京鸭王异议—商标局支持异议—商评委不支持异议，核准注册—一审认为"鸭王"是北京鸭王公司商号的核心组

成部分及其在先使用并有一定影响的商标，上海全聚德申请注册被异议商标具有恶意，不应核准注册—二审判决维持一审—最高检抗诉—最高院指令北京高院再审—北京高院撤销原一审、二审判决，维持商标评审委员会裁定—北京鸭王公司不服再次申请再审—最高院驳回再审申请

[裁判摘录]

【1】……在注册原则下，只有在先使用的未注册商标已经具有了一定影响，而在后的商标申请人明知或者应知该在先商标而且具有从该商标声誉中获利的恶意，才是该条要遏制的对象。本院《关于审理商标授权确权行政案件若干问题的意见》第 18 条规定："如果申请人明知或者应知他人已经使用并有一定影响的商标而予以抢注，即可认定其采用了不正当手段。"该意见将"不正当手段"解释为"明知或者应知"，而未再进一步要求有搭便车、侵占他人商誉的意图。因为通常情况下，如果在先使用商标已经具有一定影响，而在后商标申请人明知或应知该商标而将其申请注册即可推定其具有占用他人商标声誉的意图，即二者一般是重合的。……北京鸭王未获得注册商标有在先不同行政程序的原因，亦印证了上海全聚德申请注册被异议商标并非以不正当手段抢先注册。……上海全聚德申请注册被异议商标并在上海开展相关经营活动，主观上并无借用北京鸭王商誉的意图，客观上也没有刻意与北京鸭王相联系、造成相关公众混淆的行为。自被异议商标申请注册至今，上海淮海鸭王（上海全聚德）及其关联企业鸭王餐饮集团有限公司在上海地区对被异议商标进行了广泛的使用和宣传，形成了自己的声誉和品牌影响力，是其依靠自身努力经营取得的成果而非是搭北京鸭王便车的结果。因上海全聚德和上海淮海鸭王申请、使用被异议商标并没有占用北京鸭王商誉的意图，客观上亦未损害北京鸭王的利益，亦不构成对北京鸭王商号权的侵犯。

SX，无印良品案（20120629）：非中国大陆地区的使用及知名度不能证明在中国大陆的"使用"及"知名度"

良品计画 v 商评委等，再审，最高院（2012）行提字第 2 号判决书，夏君丽、钱小红、周云川

[案情概要]

良品计画引证相关类别的"無印良品"等商标对他人申请的"无印良品"文字商标提起异议—商标局和商评委均认为被异议商标应核准注册—一审维持商评委裁定，认为无证据证明引证商标在中国大陆驰名，海外及中国香港的使用及知名度不能证明引证商标在中国大陆的实际使用及知名度—申请无恶意—二审、再审均认为应核准

注册

裁判摘录

【3】商标的基本功能在于商标的识别性，即区别不同商品或服务的来源，因此商标只有在商品的流通环节中才能发挥其功能。二审法院认为良品计画委托中国大陆境内厂家生产加工第 24 类商品供出口，且宣传、报道等均是在中国大陆境外，不属于《商标法》第三十一条规定的"已经使用并有一定影响的商标"符合商标法的立法原意……

SX，路虎 I 案（20110929）：英文商标对应中文指代经使用获得一定影响也可受到保护

路华公司 v 商评委等，二审，北京高院（2011）高行终字第 1151 号判决书，张雪松、钟鸣、张冬梅

案情概要

吉利公司注册了第 1535599 号"陆虎"商标，核定使用在第 12 类的"摩托车"等商品上—路华公司提出撤销—商评委维持注册—一审认为争议商标申请日以前英文"LAND ROVER"越野车在中国被呼叫为"陆虎"—吉利公司理应知晓中文"陆虎"与"LAND ROVER"的对应关系以及在行业内的知名度，但其仍然将中文"陆虎"申请注册在汽车等商品上，其行为具有不正当性—二审维持一审

裁判摘录

【3】……根据路华公司在行政程序中提交的新闻报道或评论文章可以证明，在争议商标申请日以前，英文"LAND ROVER"越野车已经在中国被呼叫为"陆虎"。虽然这些新闻报道或评论文章并未表明是由当时的权利人宝马公司所主动进行的商业宣传，但仍可以证明中文"陆虎"商标已经与英文"LAND ROVER"指向了同一产品，并进行了商业化的使用。同时，从媒体对宝马公司相关负责人的采访文章中可以看出，宝马公司明确以中文"陆虎"对其"LAND ROVER"越野车进行指代，属于对"陆虎"商标的主动使用行为。诚然，对英文"LAND ROVER"确曾存在不同的中文译法，但这并不能否认中文"陆虎"已经由宝马公司在先使用，且"陆虎"为"LAND ROVER"越野车中文呼叫的客观事实。此外，根据路华公司提交的新闻报道或评论文章的数量，以及所涉媒体的专业性，亦可以认定在争议商标申请日前，"陆虎"商标在汽车领域以

及与汽车行业相关的领域已经具有较大影响。在原审诉讼中，路华公司已对其与宝马公司的关联关系进行了陈述，吉利公司对此未予反驳，且基于路华公司在中国享有"LAND ROVER"注册商标的事实，足以认定路华公司有权依法对争议商标提出撤销申请。吉利公司作为专业的汽车生产企业，理应知晓中文"陆虎"与"LAND ROVER"的对应关系以及在行业内的知名度，但其仍然将中文"陆虎"申请注册在汽车等商品上，其行为明显具有不正当性，不符合《商标法》第三十一条的规定。商标评审委员会以路华公司的证据均非路华公司所为为理由，认为"在争议商标申请注册前尚无充分证据证明原告主动在中国市场宣传、使用'陆虎'商标，并具有一定的影响"缺乏事实依据，其认定争议商标未违反《商标法》第三十一条规定的结论错误。原审法院撤销商标评审委员会作出的第 17256 号裁定正确。

BX，索爱案（20101231/B2010-22）：被动使用不是商标法意义的使用

索爱公司等 v 商评委等，再审，最高院（2010）知行字第 48 号驳回再审申请通知书

案情概要

　　刘某佳注册第 3492439 号"索爱"商标，核定使用在第 9 类"影碟机"等商品上—索爱公司提出撤销—商评委维持注册——审认为刘某佳在知道索爱公司的"索爱"商标及其影响力的情况下，仍注册争议商标，明显具有不正当性—二审认为争议商标不属于有不良影响的标志，索爱公司不能证明在争议商标申请注册时"索爱"已经成为驰名商标，争议商标应予维持—再审维持二审

裁判摘录

　　【5】……本案中，根据索尼爱立信公司提供的证据，不能证明争议商标"索爱"已经成为其企业名称的简称及其未注册商标"索尼爱立信"简称，且根据原审法院查明的事实，在本案争议商标申请日前，索尼爱立信公司的相关手机均未在中国大陆生产和销售，其关于争议商标是其知名商品特有名称简称的主张亦不能成立。而且，无论是作为未注册商标的简称，还是作为企业名称或知名商品特有名称的简称，其受法律保护的前提是，对该标识主张权利的人必须有实际使用该标识的行为，且该标识已能够识别其商品来源。在本案争议商标申请日前，没有证据证明索尼爱立信公司将争议商标用作其产品来源的标识，亦未有证据证明其有将该争议商标用来标识其产品来源的意图。相反，根据原审法院及本院查明的事实，直至 2007 年 10 月、12 月，在争议商标已经被核准注册三年之后，索尼爱立信集团副总裁兼中国区主管卢某生仍多次声明"索爱"并不能代表"索尼爱立信"，认为"索尼爱立信"被非正式简称为"索

爱"不可以接受。鉴此，本院认为，在争议商标申请日前，索尼爱立信公司并无将争议商标作为其商业标识的意图和行为，相关媒体对其手机产品的相关报道不能为其创设受法律保护的民事权益，因此索尼爱立信公司关于争议商标的注册损害其在先权利的再审理由不能成立。

BFX，可立停案（20101224/B2010-21/F2010-44）：药品商品名称也可以成为在先权利对抗在后商标

康宝公司 v 商评委等，再审，最高院（2010）知行字第 52 号驳回再审申请通知书

案情概要

康宝公司注册"可立停及图"商标—九龙公司提起无效—在先"可立停"药品商品名称—商评委支持无效—一审认为证据不能证明其在先权益，争议商标的注册未违反诚信—二审、再审肯定在先权利，支持无效

裁判摘录

【1】……根据有关行政规章和行政规范性文件规定，国家对药品商品名称的使用实行相应的行政管理制度，但除依照其他法律取得民事权利外，经药品行政管理部门批准使用的药品商品名称是否产生民事权益，尚取决于其实际使用情况，经实际使用并具有一定影响的药品商品名称可作为民事权益受法律保护。……根据九龙公司提供的销售合同、生产记录、销售发票等证据结合其两次获得药品行政部门批文的事实，可以认定九龙公司在争议商标注册之前进行了一定规模的使用。该药品商品名称经在先使用并具有一定影响，可以产生民事权益，即合法的在先权利。

BFWX，散列通案[1]（20090525/B2009-14/F2009-49）：属于通用名称阶段的标志不能主张第 32 条的保护

拜耳公司 v 商评委等，再审，最高院（2009）行提字第 1 号判决书，夏君丽、殷少平、王艳芳

---

[1] 此案与散利痛案有关联。

【案情概要】

拜耳公司申请无效西南药业的"散列通"商标—明知其在先近似商标而抢注—商评委裁定维持注册—一、二审认为应予无效—再审认为"散列通"商标申请注册时,"散利痛"是通用名称,不足以阻挡"散列通"注册

【裁判摘录】

【4】罗须公司申请撤销"散列通"商标的权利基础是"散利痛"商标,因此判定西南药业公司注册"散列通"商标是否违反了《商标法》第三十一条的规定,应首先分析"散列通"商标申请注册时,"散利痛"是否是罗须公司的在先未注册商标。【5】……我国药品管理法禁止在药品上使用未注册商标,西南药业公司申请注册"散列通"商标及该商标被核准注册之时,"散利痛"从法律上也不可能是"散利痛片"的未注册商标。……【6】鉴于"散利痛"在西南药业公司注册"散列通"商标时,不是未注册的商标,因此其不构成罗须公司提出争议的权利基础,西南药业公司关于其注册"散列通"不违反商标法有关规定的申请再审理由成立,本院予以支持。

BFX,诚联案(20080924/B2008-05/F2008-48):对有一定影响的在先商标的要求不宜过高

诚联公司 v 商评委等,再审,最高院(2006)行监字第118-1号驳回再审申请通知书

【案情概要】

诚联公司注册有"诚联及图"商标—创联公司以侵犯在先权利为由提起无效—商评委裁定无效—一审认为在先权利证据不足—二审、再审肯定在先权利,支持无效

【裁判摘录】

【8】……创联公司的经营状况很好……臧某准作为创联公司的投资人之一和高级管理人员,在明知创联公司使用争议商标的图形标志的情况下,创办经营同类业务的公司并在同类商品上抢注创联公司正在使用的商标及商标图形,你公司[诚联公司]成立和抢注创联公司在先使用的商标时,臧某准仍然是创联公司的高级管理人员,因此你公司注册争议商标的不正当性是明显的。……《商标法》第三十一条规定的"有

"一定影响"的商标，通常是指已经使用了一定时间，因一定的销售量、广告宣传等而在一定范围的相关公众中具有知名度，被视为区分商品或服务来源的未注册商业标志。根据本案的具体情况，应该认定创联公司在先使用的商标有一定影响，并适用《商标法》第三十一条和第四十一条第二款的规定撤销争议商标。

SWX，小肥羊 II 案（20060519）：不具显著性的标志不能享受具有一定影响商标保护

西安小肥羊 v 商评委等，二审，北京高院（2006）高行终字第 94 号判决书，刘继祥、孙苏理、焦彦

> **案情概要**

　　内蒙古小肥羊公司申请注册第 3043421 号"小肥羊及图"组合商标—西安小肥羊公司提出异议—商标局驳回异议—商评委维持商标局决定——一、二审均认可涉案商标使用获得显著性，不支持西安小肥羊在先权利主张

> **裁判摘录**

　　【1】……《商标法》第三十一条规定，申请注册商标不得损害他人现有的在先权利，也不得以不正当手段抢先注册他人已经使用并有一定影响的商标，即任何人不得利用不合理或不合法的方式，将他人已经使用但尚未注册的商标以自己的名义向商标局注册。依据该规定，第一，该在先使用的商标应当具有可注册性，法律规定禁止注册的不在此限；第二，注册人主观上具有恶意；第三，至申请注册时该在先使用的商标具有一定的影响，以致注册人知道或应当知道该商标的存在。依据《商标法》第十一条的规定，仅仅直接表示了本商品或服务的主要原料及其他特点的标志不得作为商标注册，但上述标志经过使用获得显著特征并便于识别的，可以作为商标注册。本案中，西安小肥羊烤肉馆主张内蒙古小肥羊公司抢先注册了其在先使用并且已经具有一定影响的"小肥羊"文字商标。"小肥羊"文字在一定程度上确实表示了"涮羊肉"这一餐饮服务行业的内容和特点，故包头市小肥羊酒店于 1999 年 12 月 14 日在第 42 类上申请"小肥羊及图"商标、西安小肥羊烤肉馆于 2000 年 10 月 23 日在第 42 类上申请"小肥羊及图"商标，商标局对于"小肥羊"文字均不予批准。这就是说，"小肥羊"文字作为商标注册缺乏固有显著性，因此，西安小肥羊烤肉馆关于内蒙古小肥羊公司违反《商标法》第三十一条，抢先注册其在先使用并具有一定影响的未注册商标的主张不能成立，但这并不排除"小肥羊"文字可以通过使用和宣传获得"第二含义"和显著性。实际上，内蒙古小肥羊公司自 2001 年 7 月成立后，采用了连锁加盟的

经营方式，服务的规模和范围急剧扩张，2001 年度即被评为中国餐饮百强企业，2002 年度又位列中国餐饮百强企业第二名，至第 3043421 号商标于 2003 年审定公告时，在全国具有了很高的知名度，从而使"小肥羊"标识与内蒙古小肥羊公司形成了密切联系，起到了区分服务来源的作用。故"小肥羊"文字标识通过内蒙古小肥羊公司大规模的使用与宣传，已经获得了显著性，并且便于识别，应当准予作为商标注册。商标局及商标评审委员会准予第 3043421 号商标注册并无不当。

第三十二条

第三十三条 【异议权】

对初步审定公告的商标，自公告之日起三个月内，在先权利人、利害关系人认为违反本法第十三条第二款和第三款、第十五条、第十六条第一款、第三十条、第三十一条、第三十二条规定的，或者任何人认为违反本法第四条、第十条、第十一条、第十二条、第十九条第四款规定的，可以向商标局提出异议。公告期满无异议的，予以核准注册，发给商标注册证，并予公告。

本条导读

异议程序与驳回程序在制度设计上仍有一定差别，即使驳回复审认定不近似，由于只是单方当事人的程序，并不存在一事不再理，不能排除异议程序的适用（六味地案）。

BX，六味地案（20110929/B2011-27）：不能因存在在先的驳回复审决定而剥夺引证商标权利人异议的权利

养生殿酒业 v 商评委等，再审，最高院（2011）知行字第 53 号裁定书，夏君丽、殷少平、周云川

案情概要

养生殿酒业申请注册"六味地"商标——他人引证在先商标提起异议——商标局认为不近似，核准注册——商评委认为近似，不应核准——养生殿酒业认为商评委此前曾在驳回复审中认定涉案商标不近似，此次受理违反一事不再理——一、二审均支持商评委裁定——再审认为两程序为不同程序，不能机械适用一事不再理——不违反信赖原则——驳回再审申请

裁判摘录

【1】……本案中，商标评审委员会确曾在涉及被异议商标的驳回复审程序中作出第 4556 号决定，认定被异议商标与引证商标不构成类似商品上的近似商标。但是，驳

回复审程序是依被异议商标申请人的请求而启动，在该程序中，由于引证商标权利人不是评审当事人，无从知晓被异议商标申请人的主张，没有机会对被异议商标与引证商标是否近似这一问题陈述意见和提供反驳证据，也无法就对其不利的驳回复审决定向人民法院提起诉讼。被异议商标初审公告后，引证商标权利人认为被异议商标与其在先注册的引证商标构成冲突，损害其在先权利的，只能通过后续的异议或者争议程序予以解决，因此如果引证商标权利人按照法律规定对被异议商标提出异议和后续的异议复审申请，商标局和商标评审委员会应当受理并依法进行审理；不能因为存在在先的驳回复审决定而剥夺引证商标权利人异议的权利，否则将严重损害引证商标权利人的权益。《商标法实施条例》第三十五条关于"商标评审委员会对商标评审申请已经作出裁定或者决定的，任何人不得以相同的事实和理由再次提出评审申请"的规定不适用于本案的情形。商标评审委员会受理高炉酒厂的异议复审申请进行评审审查符合相关法律规定。养生殿公司关于商标评审委员会违反《商标法实施条例》第三十五条规定的主张不能成立。

第三十三条

第三十六条 【异议追溯期的保护】

法定期限届满，当事人对商标局做出的驳回申请决定、不予注册决定不申请复审或者对商标评审委员会做出的复审决定不向人民法院起诉的，驳回申请决定、不予注册决定或者复审决定生效。

经审查异议不成立而准予注册的商标，商标注册申请人取得商标专用权的时间自初步审定公告三个月期满之日起计算。自该商标公告期满之日起至准予注册决定做出前，对他人在同一种或者类似商品上使用与该商标相同或者近似的标志的行为不具有追溯力；但是，因该使用人的恶意给商标注册人造成的损失，应当给予赔偿。

本条导读

异议提起后如果不成功或撤回，被异议商标即可获得注册和公告，注册时间虽然仍是 3 个月异议期期满之日，但原则上不对其间的行为追究侵权责任，除非行为人具有恶意（立清酸案、ORA 案），而且原告被异议商标是否发生转让并不影响这一结果（路虎Ⅱ案）。

FY，立清酸案（20180110/F2018-15）：异议后获得注册的商标被恶意侵权的可获赔偿

唐氏生物公司 v 方凡公司等，一审，沈阳中院（2016）辽01民初525号判决书，孙玉明、王时钰、刘鹏

案情概要

唐氏生物公司在茶类商品上注册了"立清酸"商标—方凡公司销售的"立清酸本草降酸茶"在商品包装使用"立清酸"等标识—唐氏生物公司认为被告方凡公司等侵犯其商标权—一审认为，涉案的立清酸（代用茶）与原告"立清酸"商标核定的商品种类"茶"属于同一种商品，涉案的"立清酸"标志与原告"立清酸"商标相同，故属于在同一种或者类似商品上使用与"立清酸"商标相同或者近似的标志，构成侵权

裁判摘录

【1】……关于本案原告主张赔偿的法律依据问题。原告是第 16964592 号"立清酸"商标的注册人，依法享有注册商标专用权。因该商标系经审查异议不成立而准予注册的商标，原告取得该商标专用权的时间自初步审定公告三个月期满之日即 2016 年 7 月 21 日起计算，但该商标注册公告日期为 2016 年 12 月 21 日，因此，对原告主张被告赔偿损失的诉讼请求，应依照《商标法》第三十六条第二款规定处理，即：自该商标公告期满之日起至准予注册决定做出前，对他人在同一种或者类似商品上使用与该商标相同或者近似的标志的行为不具有追溯力；但是，因该使用人的恶意给商标注册人造成的损失，应当给予赔偿。【4】关于恶意使用人依法应承担的赔偿责任问题。依照《商标法》第三十六条第二款规定，因该使用人的恶意给商标注册人造成的损失，应当给予赔偿。广州方凡生物科技有限公司、深圳市新至尊科技有限公司、深圳市百草生物科技有限公司均为恶意使用人，三被告的行为既有分工、又相互协作，导致立清酸代用茶自 2016 年 7 月 21 日至 2016 年 9 月网上销售链接被删除期间一直在淘宝、天猫网上商铺销售，直接影响原告在淘宝平台销售立清酸商品，客观上体现出三被告主观上有共同故意或共同过错。依据《中华人民共和国侵权责任法》第八条规定，二人以上共同实施侵权行为，造成他人损害的，应当承担连带责任。因深圳市新至尊科技有限公司已更名为深圳市九保堂生物科技有限公司，故应由深圳市九保堂生物科技有限公司承担深圳市新至尊科技有限公司的赔偿责任。【5】关于赔偿数额的确定问题。本院认为，本案中淘宝交易记录已显示出立清酸代用茶的每一笔的交易记录，而原告提交的证据亦证明原告销量明显下滑，但原告的下滑销量与被告的同期销量差距很大，难以认定原告销量下滑完全根源于被告行为；而被告实际销售获利，因双方均未提交相关账册，无法确认单品销售利润，故权利人的损失或者侵权人获得的利益均难以确定。本院综合考虑涉案代用茶产品的销售价格、销售量、销售额、销售后果、原告下滑销量、原告销售价格、原告商标的声誉、原告为制止侵权行为的合理开支、被告的恶意程度高及情节严重、法律规定的赔偿倍数等因素综合确定赔偿数额为 68000 元。

第三十六条

FY, ORA 案（20170116/F2017-16）：经异议获准注册的商标在排他权限制期他人恶意侵权的仍可要求赔偿

泰丰公司 v 瑷馨露公司等，二审，山东高院（2016）鲁民终 493 号判决书，于志涛、柳维敏、张金柱

案情概要

泰丰公司拥有第 30 类蜂蜜上的"ORA"注册商标，瑷馨露公司代理、销售新西兰

M5 公司的 "ORA" 蜂蜜—泰丰公司认为瑷馨露公司使用 "ORA" 侵权，瑷馨露公司抗辩 M5 公司在先使用 "ORA" —一审认为，泰丰公司的注册商标 "ORA" 与 M5 公司在新西兰注册的 "Ora Manuka Honey" 商标明显不同而且使用地域不同，M5 公司无权授权瑷馨露公司在中国境内使用与 "ORA" 相似的标识销售蜂蜜，被告侵权—二审维持原判

裁判摘录

【4】……涉案商标系经审查异议不成立而准予注册，所以，对于在涉案商标初审公告期满之日即 2010 年 8 月 21 日到涉案商标准予注册之日即 2014 年 12 月 20 日期间的侵权行为，瑷馨露公司主观上具有恶意才承担赔偿责任。……瑷馨露公司应当对其代理的外方商品上使用的标识是否可能侵害他人商标权具有更高的审查义务，而事实上，M5 公司在瑷馨露公司自称的代理期间与泰丰公司就涉案商标进行了多年的商标异议程序，瑷馨露公司在代理期间应当知道上述商标异议的事实，并且，最终 M5 公司商标异议理由也未能成立，涉案商标被商标局核准注册，所以瑷馨露公司实施侵权行为时主观上具有恶意，其应当承担赔偿责任。

FY，路虎 Ⅱ 案（20161208/F2016-23）：经异议裁定核准注册的商标可主张权利并要求赔偿

捷豹路虎 v 成都路虎等，二审，四川高院（2016）川民终 350 号判决书，刘巧英、陈洪、韦丽婧

案情概要

捷豹路虎公司受让取得第 25 类服装商品上的 "LANDROVER" 注册商标—被告未经许可在服饰产品上使用 "LANDROVER" —一审认为，现有证据无法表明捷豹路虎公司已于其主张被告实施商标侵权行为的 2011 年至 2012 年 5 月间享有该诉争的第 3004861 号注册商标专用权，没有权利则没有侵权—二审认为被告在服装上使用 "LANDROVER" 标识构成侵权

裁判摘录

【3】……根据《商标法实施条例》第二十三条规定："经异议裁定核准注册的商标，自该商标异议期满之日起至异议裁定生效前，对他人在同一种或者类似商品上使用与该商标相同或者近似的标志的行为不具有追溯力；但是，因使用人的恶意给商标

注册人造成的损失，应当给予赔偿"，因此，《复审裁定书》生效后，权利人可以就他人的侵权行为主张权利，要求损害赔偿。由于捷豹路虎公司通过受让已经取得了涉案第 3004861 号"LANDROVER"商标，而 2011 年 1 月 17 日商标局出具的《核准商标转让证明》上已经显示"受让人为路华公司"，且中国商标网的涉案第 3004861 号商标的"商标档案信息"上亦显示的"申请人为路华公司（即捷豹路虎公司）"，故捷豹路虎公司有权就本案所涉被控侵权行为主张权利并要求损害赔偿。

第三十六条

第四十二条 【转让】

转让注册商标的，转让人和受让人应当签订转让协议，并共同向商标局提出申请。受让人应当保证使用该注册商标的商品质量。

转让注册商标的，商标注册人对其在同一种商品上注册的近似的商标，或者在类似商品上注册的相同或者近似的商标，应当一并转让。

对容易导致混淆或者有其他不良影响的转让，商标局不予核准，书面通知申请人并说明理由。

转让注册商标经核准后，予以公告。受让人自公告之日起享有商标专用权。

本条导读

转让系当事人意思自治的结果，是否约定转让需要结合文义、合同整体、合同目的、交易习惯和诚实信用原则进行解释（红牛Ⅱ案）。如果是单方转让行为，可以根据受让人是否属于善意区别对待（妻之友Ⅰ案、状元案）。另外，合同双方应诚信履行转让协议（汤沟Ⅱ案）。

SY，红牛Ⅱ案（20191125）：是否约定转让需要结合文义、合同整体、合同目的、交易习惯和诚实信用原则进行解释

红牛饮料公司 v 天丝医药公司，一审，北京高院（2018）京民初166号判决书，杨柏勇、潘伟、陶钧

案情概要 ❶

原告红牛饮料公司由被告天丝医药公司及其他多家公司出资设立—被告提供给原告产品配方、工艺技术、商标和后续改进技术等—产品的商标是合资公司资产的一部分—原告认为自己为商标注册及品牌运营有贡献，要求确认自己是商标所有人—要求法院判令被告支付其为涉案品牌进行广告宣传的费用—一审不支持原告商标所有人身

---

❶ 红牛饮料公司提起上诉。2020年12月21日，最高院作出（2020）最高法民终394号判决书，驳回上诉，维持原判。

份，不支持其要求被告支付广告费的诉请—二审维持一审

【14】本案中，"95 年合资合同"［1995 年 11 月 10 日，天丝医药公司与中国深圳中浩（集团）股份有限公司、中国食品工业总公司及红牛维他命饮料（泰国）有限公司签订的《红牛维他命饮料有限公司合同》］第十四条约定，泰国天丝提供红牛饮料公司的产品配方、商标等；第十九条约定，红牛饮料公司的产品的商标是合资公司资产的一部分。"98 年合资合同"第十四条约定，泰国天丝提供北京红牛的产品配方、商标等……【20】……基于上述对"95 年合资合同"第十四条、第十九条与"98 年合资合同"第十四条的条款含义进行的分析，红牛饮料公司主张依据"95 年合资合同"和"98 年合资合同"约定应当确认其对"红牛系列商标"享有所有权的请求缺乏事实及法律依据，本院不予支持。

SY，状元案（20161226）：善意受让不赔偿

郭某功 v 优觉公司等，二审，厦门中院（2016）闽 02 民终 3857 号判决书，谢爱芳、陈璟、陈璐璐

郭某功委托通麦公司申请注册涉案商标"状元 ZHUANGYUAN"—有人以"郭某功"的名义与优觉公司，分别委托通麦公司、海陆公司就涉案商标的转让签订了一份合同—优觉公司将涉案商标转让给力士达公司—郭某功请求法院确认涉案商标所有权归其所有，被告优觉公司依法配合其办理商标过户登记手续，并负赔偿责任—一审认为优觉公司对涉案商标的取得不构成善意取得—并非涉案商标的实际权属人，却将涉案商标转让他人从中获利—赔偿郭某功经济损失 5.8 万元—二审认为优觉公司对涉案商标构成善意取得，不支持赔偿

【1】……商标权系知识产权，具有财产属性，可依法转让。商标注册、转让均需经过国家工商行政管理总局商标局核准、登记，鉴于商标登记的公信力，为维护市场稳定和交易安全，善意取得制度的原则和规定应适用于商标权的流转。【2】涉案商标系郭某功申请注册的，原所有权人为郭某功。……【3】……证据已经形成完整证据链，可以证明优觉公司已实际支付该 30000 元商标转让费。【4】……优觉公司在上述

第四十二条

商标的受让过程中已尽到了合理注意义务，支付了合理对价，并依法办理了商标转让登记手续，其对涉案商标的取得符合善意取得的构成条件。优觉公司依法取得涉案注册商标后，已将该商标转让给原审第三人三全公司。上诉人郭某功要求判决确认第4168891号"状元 ZHUANGYUAN"商标归其所有、优觉公司配合办理商标过户手续依据不足，本院不予支持。鉴于郭某功所提交的证据不足以证明，优觉公司对有人假郭某功之名对涉案商标进行无权处分的情况是知情或存在重大过失，其要求优觉公司赔偿其经济损失30000元，本院亦不予支持。

SY，汤沟Ⅱ案（20160624）：合同双方应诚信履行转让协议

黄某睿 v 汤沟公司，再审，最高院（2016）最高法民申1063号裁定书，王艳芳、钱小红、杜微科

案情概要

　　原告黄某睿与被告汤沟公司达成协议，约定黄某睿向汤沟公司转让其享有的"汤沟""汤洋""浊沟"三件商标的专用权；协议签订后，双方自愿停止针对对方的举报、投诉及负面网络、媒体宣传—协议生效后，被告支付转让费140万元—原告要求被告收购成品酒、包装物以及机器设备，但被告不认为这是合同义务，原告遂不配合转让手续的办理—被告未撤回针对原告第3706225号"汤沟TJ"商标的撤销申请—第3706225号"汤沟TJ"商标2013年12月30日被依法撤销—原告起诉被告违反转让合同约定—被告反诉，要求返还转让费，解除转让协议—一审认为双方诉求均不能支持，被告没有违约，协议应继续履行—二审维持一审，认为"汤沟TJ"商标已经商标评审委员会确认为有效商标，办理商标过户的障碍已经消除，双方当事人应当按照协议约定尽快办理三个商标的过户手续—原告申请再审，被驳回—各有过错，协议应继续履行

裁判摘录

　　【10】《承诺协议》约定，转让协议签订后，双方自愿停止针对对方的举报、投诉及负面网络、媒体宣传活动，对相互间的矛盾与责任包容、谅解。从该协议约定的内容看，该协议并无明确约定汤沟公司在协议签订后，应撤回"汤沟TJ"商标争议申请。但结合双方签订《商标转让协议》《承诺协议》的目的和内容，"汤沟TJ"商标系协议约定的转让商标之一，如果"汤沟TJ"商标被商标行政部门撤销，则该协议因其中标的物丧失权利，而致使涉及该商标转让的合同目的不能实现，这显然不符合双方当事人签订协议时对涉案商标权利状态的认知以及双方真实的意思表示。而且，双方签订《承诺协议》的目的在于解决双方之间的商标分歧和纠纷，停止一切针对双方的举报和

投诉。汤沟公司应当遵循诚实信用的原则，在协议签订后，撤回"汤沟 TJ"商标争议申请，以便及时办理商标转让手续。因此，汤沟公司未撤回"汤沟 TJ"商标争议申请违反了《承诺协议》的约定。但是，综观本案案情，汤沟公司签订商标转让协议后，及时支付转让款履行付款义务，虽没有撤回"汤沟 TJ"商标争议申请，但黄某睿也没有积极协助办理商标转让申请手续，致使涉案商标尚未转让予汤沟公司，双方对此均有一定责任。故二审法院的有关认定虽有欠妥之处，但其维持一审判决驳回黄某睿和汤沟公司的诉讼请求，并认定汤沟公司与黄某睿之间的协议仍应继续履行的结论并无不当，本院予以维持。

SWY，妻之友 l 案（20030820）：无效转让不发生商标权属的转移

连德尔公司 v 万年公司，一审，北京一中院（2002）一中民初字第 7331 号判决书，赵静、姜颖、苏杭

案情概要

原告连德尔公司指控被告万年公司利用伪造的原告公章，将原告的第 640300 号、第 728115 号和第 727324 号商标非法转让到自己名下——一审支持原告主张，认为转让无效，商标权属不发生转移

裁判摘录

【2】……转让注册商标，转让人和受让人应当有转让的共同意思表示，并且共同向商标局提出申请。……原告指控被告万年公司将原告享有商标专用权的第 640300 号、第 727324 号和第 728115 号"妻之友 RENDELLS 及图"转让于被告自己的行为是无效行为，因此，本院应当审查该转让行为是否是原告和被告的共同意思表示，是否履行了法律规定的转让手续。【3】……经过本院对原告提供文件上的印章和申请书上原告的印章进行对比，仅凭肉眼观察，即可发现两个印章具备明显差异，不具备同一性，被告在庭审中对此亦表示了认可。但是，被告主张原告具有两个不同的印章，却没有提供原告有两个不同印章的证据。根据民事诉讼法和相关证据规则的规定，当事人对其诉讼主张负有举证责任。……在被告不能证明申请书上的印章是原告的真实印章，被告亦无其他证据证明该转让行为系取得了原告授权的情况下，该转让行为实为被告的单方行为，不符合商标法关于转让注册商标的有关规定，且损害了原告对前述 3 个商标享有的合法权益，不具备合法性。因此，被告转让原告享有商标专用权的注册商标的行为是无效的民事行为，自始即没有法律约束力，第 640300 号、第 727324 号和第 728115 号"妻之友 RENDELLS 及图" 3 个商标的归属并不发生转移，其商标专用权人仍应为原告连德尔公司。

第四十三条 【许可使用】

商标注册人可以通过签订商标使用许可合同，许可他人使用其注册商标。许可人应当监督被许可人使用其注册商标的商品质量。被许可人应当保证使用该注册商标的商品质量。

经许可使用他人注册商标的，必须在使用该注册商标的商品上标明被许可人的名称和商品产地。

许可他人使用其注册商标的，许可人应当将其商标使用许可报商标局备案，由商标局公告。商标使用许可未经备案不得对抗善意第三人。

📕 本条导读

商标许可使用既是商标使用形式的拓展，也是矛盾纠纷的多发地段，《商标法》本身规定较为简略，2002 年商标民事纠纷司法解释区分了独占、排他和普通三种不同的许可形式、效力和相应的诉权。2013 年《商标法》确认了商标使用许可未经备案不得对抗善意第三人。

法律保护双方合意达成的商标许可关系，不允许合同一方不守诚信滥用解除权（雪舫蒋 II 案）。

如果商标来源不当（妻之友 II 案）或没有原件或可疑且未作备案（奥妮案、全成案）或知悉前一许可关系的在后许可（毕加索 II 案），被许可人利益都有可能不被保护。

发生纠纷时需要综合各种情况决定许可关系的解除（维纳斯 I 案、那式生活案、宝庆案），但不能仅因许可标的尚未注册主张许可无效（Wolsey 案），也不能拒绝履行竞标时应知的许可条件（莲香楼案）。

商标许可关系会使消费者考虑厂商名称以外的更多因素来判断与商品有关的知识产权权益的归属（王老吉 I 案）。被许可人不因对许可商标进行广告宣传而取得商标所有权，也不能因此要求许可人支付宣传费（红牛 II 案）。

并且，即使合法获得许可，也不能在商品上使用许可人未许可的其他品牌（杉杉案）。

SY，红牛 II 案❶（20191125）：被许可人不因对许可商标进行广告宣传而取得商标所有权，也不能因此要求许可人支付宣传费

红牛饮料公司 v 天丝医药公司，一审，北京高院（2018）京民初 166 号判决书，杨柏勇、潘伟、陶钧

案情概要

原告红牛饮料公司由被告天丝医药公司及其他多家公司出资设立—被告提供给原告产品配方、工艺技术、商标和后续改进技术等—产品的商标是合资公司资产的一部分—原告认为自己为商标注册及品牌运营有贡献，要求确认自己是商标所有人—要求法院判令被告支付其为涉案品牌进行广告宣传的费用—一审不支持原告商标所有人身份，不支持其要求被告支付广告费的诉请

裁判摘录

【26】……红牛饮料公司作为被许可人使用天丝医药公司名下的"红牛系列商标"，被许可人并不因在履行许可合同过程中对许可标的即商标进行了广告宣传则当然取得商标的所有权；反之，许可人亦无权因为被许可人获得了巨大商业利润而超出许可合同约定，要求被许可人额外支付许可费用。……【29】……红牛饮料公司并未举证证明其与天丝医药公司就"红牛系列商标"广告宣传费用的分担进行过约定，……亦无证据证明涉案广告宣传行为是基于天丝医药公司的要求所致，同时天丝医药公司亦未因红牛饮料公司通过宣传而增加产品销量，额外获得除商标许可费用之外的其他商业利益。在红牛饮料公司出于自身商业利益的考虑，且已经就相关广告宣传费用计入公司运营成本的情况下，其要求天丝医药公司承担相关费用的请求缺乏事实及法律依据，本院不予支持。

FY，那式生活案（20171121/F2017-36）：判断合同是否应当解除需要综合考虑各种因素

珂兰公司 v 那是公司，二审，天津高院（2017）津民终 489 号判决书，咸胜强、赵博、刘震岩

---

❶　红牛饮料公司提起上诉。2020 年 12 月 21 日，最高院作出（2020）最高法民终 394 号判决书，驳回上诉，维持原判。

【案情概要】

原告珂兰公司以无法使用双方所签合同约定的素材，那是公司的行为构成违约、合同的目的无法实现为由，请求解除与被告那是公司的合同——一审认为珂兰公司与那是公司签订的合同已到期解除，对于未能完成履行该合同双方均有责任，被告那是公司返还授权金及赔偿经济损失共计800000元——二审认为，那是公司违反合同约定造成珂兰公司合同相关权益无法获得，致使合同目的无法实现，已构成根本违约，故珂兰公司于2016年7月15日通过诉讼解除合同，条件已经成就

【裁判摘录】

【15】……涉案《衍生品开发授权合同》是以那英作为导师参与的"中国好声音"节目为基础而设立，合作开发"那式生活"相关品牌元素衍生产品，并利用"中国好声音"节目的影响力进行宣传推广以实现商品价值最大化及利益共享，这也是双方签订该合同的主要目的。【18】从合同双方的履行情况看，涉案《衍生品开发授权合同》签订后，珂兰公司已按合同约定的时间节点给付那是公司前两期授权金，依约设计生产出合同产品并由那英佩戴参与了"中国好声音"节目花絮的录制，同时在中国好声音节目播出前已为产品的宣传推广争取到电商平台等资源。而那是公司仅履行了部分合同义务，包括将"那式生活"相关品牌元素授权珂兰公司使用，并为珂兰公司提供了那英签名照及那英佩戴产品的定妆照电子版文件以及那英佩戴产品录制"中国好声音"节目花絮的视频截图等。根据合同约定，向珂兰公司提供基于"中国好声音"节目的相关权益，是那是公司的合同义务，虽合同中对其中具体元素的提供时间未作明确约定，但截至2016年7月14日节目首播的前一日，那是公司仍未能解决中国好声音节目的授权问题，与节目配套的同期宣传推广无法进行。经珂兰公司多次催告，那是公司明确表示不能提供"中国好声音"节目授权并提出不建议宣传页面使用中国好声音相关素材，且双方未能就可行的替代解决方案达成一致。至此，那是公司已通过行为表明其不能履行合同的相关义务，构成违约。……【20】首先，衍生品产业系从具有一定影响力或商业潜力的内容资源中挖掘可衍生元素，通过商业化手段开发周边产品投入市场，实现影视作品、综艺节目、文化艺术等与商品的跨界融合，其核心与前提在于上游资源方的合法授权。本案中，作为授权开发相关衍生产品的品牌商，那是公司在与下游制造商珂兰公司的合作中，理应掌握上游资源，获得并提供"中国好声音"节目的授权，涉案合同中亦就珂兰公司在产品宣传中可获相关权益进行了明确的约定，那是公司应履行该项合同主要义务。【21】其次，综艺节目类衍生品的宣传推广与上市销售具有较强的时效性，因消费者在节目播放期间的关注和热情较高，随着节目热度的褪去，衍生品的销量必将受到影响。从涉案合同约定的产品推广销售范围看，珂兰公司主要通过线上渠道推广，也有少量线下布局，通过"中国好声音"播出期间

的多平台集中推广营销，是珂兰公司获得收益的重要途径。但那是公司至"中国好声音"开播前一日仍未向珂兰公司提供节目合法授权，在网络经济高速发展及衍生品生命周期有限的条件下，那是公司的这一违约行为将直接影响合同产品在黄金销售期的宣传推广，使得珂兰公司依据合同所期待获得的利益不能兑现。即便在节目开播后，珂兰公司仍可以在合同有效期内使用"那式生活"品牌元素继续开发相关衍生产品，但由于节目授权不能，客观上已经无法借助"中国好声音"节目播出的影响力，带动产品宣传与销售以实现预期收益的合同目的。在双方合作基础已经动摇的情况下，继续履行原合同，特别是珂兰公司如果依照合同约定履行支付剩余授权金的义务，将导致双方权利义务的严重失衡，故珂兰公司可以依法解除合同。

DY，王老吉Ⅰ案（20170727/D2017-01）：商标许可关系会使消费者考虑厂商名称以外的更多因素来判断与商品有关的知识产权权益的归属

加多宝公司 v 王老吉大健康公司，二审，最高院（2015）民三终字第 2 号判决书，宋晓明、夏君丽、周翔、钱小红、佟姝

案情概要

加多宝公司诉王老吉大健康公司擅自使用其知名商品特有包装装潢—一审不支持原告—认定该案知名商品为"王老吉凉茶"—认定该案所涉知名商品特有包装装潢的内容是指标明在王老吉红罐凉茶产品的罐体上包括黄色字体"王老吉"等文字、红色底色等色彩、图案及其排列组合等组成部分在内的整体内容—认定该案所涉知名商品特有包装装潢权应由广药集团享有，加多宝公司无权享有该权利—广药集团将"王老吉"商标及相应的包装装潢许可给大健康公司使用，后者为正当使用—加多宝公司上诉—二审认为加多宝公司生产经营的红罐王老吉凉茶应为该案特有包装装潢所依附的商品—商标许可期间产生的外溢于商标权的商誉特征—广药集团和加多宝公司均有贡献—涉案知名商品特有包装装潢权益由广药集团与加多宝公司共同享有—王老吉大健康的使用不构成不正当竞争

裁判摘录

【22】……厂商名称等信息对于商品的来源固然具有指示作用，但厂商名称能否作为获得与商品有关的知识产权权益的直接依据，仍需作出具体分析。……加多宝公司虽然通过在红罐王老吉凉茶之上标注厂商信息，以及向消费者昭示其为红罐王老吉凉茶的实际经营者等宣传使用行为，使相关公众将涉案包装装潢与加多宝公司建立了一定的联系，但不可否认的是，在"王老吉"品牌已经具有一定的市场知名度，且许可

制度所带来的品牌控制人与实际经营者分离愈加普遍的情况下，消费者很难完全忽略涉案包装装潢中使用的"王老吉"文字及商标，以及该文字与商标权人之间的联系，而仅凭厂商名称的标注，即将涉案包装装潢与加多宝公司形成确定的联系。

SY，杉杉案（20170413）：捆绑使用许可人的其他品牌可能会对商标价值造成不利影响

杉杉品牌公司 v 菲莱威尔公司等，二审，宁波中院（2017）浙 02 民终 268 号判决书，马洪、马宁、祝芳

案情概要

杉杉集团是"菲莱威尔"商标的所有人—经杉杉集团授权，杉杉品牌公司与三被告达成涉案协议—杉杉品牌公司认为被告有违约使用，发函要求整改—又发函告知被告终止许可使用合同，理由是被告违约行为和拒绝整改以及杉杉集团已经终止授权—被告不承认违约行为和拒不整改行为—许可合同争议—一审认为涉案协议于 2016 年 3 月 28 日解除—构成违约—二审认为涉案协议于 2015 年 11 月 19 日告知杉杉集团终止授权时解除—构成违约

裁判摘录

【3】关于一审法院确定的赔偿责任是否合理。《中华人民共和国合同法》规定当事人可以约定一方违约时应当根据违约情况向对方支付一定数额的违约金。田某峰存在上述违约行为，按协议约定，违反第五条第 8 项的应承担 20 万元/次的违约责任，违反第十条第 3 项第（1）、（5）点的应向原告支付违约金 20 万元并赔偿律师费、诉讼费等为追讨违约金而支付的各项费用。至于违约金是否过高，本院认为，田某峰被授权许可使用"菲莱威尔"商标，但其在经营的"杉杉菲莱工厂店"店内墙上、海报上、微信订阅号发布的消息中使用"'FERRIWEAR 菲莱'作为杉杉集团的时尚休闲旗舰品牌"的描述，将"FERRIWEAR 菲莱"作为品牌进行宣传，并在销售的商品领标、吊牌、内标上使用"FERRI 菲莱威尔"标识，以及同店销售标有"菲莱威尔"及杉杉品牌产品的行为，将"菲莱威尔"商标及其变形后的标识与权利人杉杉集团有限公司享有的其他商标捆绑使用，违反合同约定。即使两者的商标权人是同一的，但因不同商标在市场中的品牌定位不同，田某峰的前述违约行为损害了不同商标识别上的独立性，使消费者在同时识别杉杉集团有限公司旗下不同商标时，产生商标权人不希望看到的联想，从而模糊了不同商标的辨识度及市场定位，会抵消商标权人经营不同品牌策略付出的努力，弱化商标权人多品牌经营的效果，对商标价值显然造成了不利影响，一

审法院出于对合同意思自治及商标价值的保护，对违约金不作调整，并无不当。

CDY，毕加索Ⅱ案（20150930/C2017-02/D2015-06）：明知在先许可的在后被许可人不属于善意第三人

帕弗洛公司 v 毕加索公司等，二审，上海高院（2014）沪高民三（知）终字第117号判决书，王静、徐卓斌、陶冶

案情概要

帕弗洛公司起诉毕加索公司与艺想公司恶意串通签订商标许可合同—要求宣告合同无效，赔偿损失—一审认为艺想公司具有独占许可使用权，帕弗洛公司可向毕加索公司主张违约—二审认为艺想公司不是善意第三人，但无恶意串通—帕弗洛公司在先享有独占许可使用权，可对抗在后系争商标使用许可合同关系

裁判摘录

【9】……艺想公司在与毕加索公司签订系争商标使用许可合同时，知晓帕弗洛公司与毕加索公司之间存在涉案商标独占使用许可关系，因而在重复授权情况下，艺想公司并不属于在后被授权之善意第三人。【10】然而，艺想公司不属于善意第三人，仅意味着其对毕加索公司与帕弗洛公司之间的涉案商标独占使用许可关系是知情的，并不一定意味着其与毕加索公司间存在恶意串通并损害第三人利益之行为。……从恶意串通的构成要件看，既需证明主观上存在加害故意，又需证明客观上存在串通行为。……综合艺想公司在其系争合同中要求毕加索公司积极撤销与帕弗洛公司的备案合同等条款，本院认为本案中尚无充分证据证明艺想公司有加害帕弗洛公司的主观恶意，亦无证据证明艺想公司和毕加索公司间存在串通行为，因此难以认定此种合同行为属恶意串通损害第三人利益之行为。……【12】……由于艺想公司不属于善意第三人，因此帕弗洛公司依据其与毕加索公司间的商标使用许可合同取得的涉案商标独占许可使用权，可以对抗艺想公司与毕加索公司之间的商标使用许可合同关系。虽然毕加索公司与艺想公司之间的商标使用许可合同已成立并生效，但由于帕弗洛公司就涉案商标取得的独占许可使用权一直存续，毕加索公司已不能对涉案商标的使用权进行处分。鉴于毕加索公司实际上并未履行其与艺想公司签订的商标使用许可合同之义务，艺想公司也就不能据此系争合同获得涉案商标的使用权。换言之，艺想公司与毕加索公司签订的系争合同，并不能剥夺帕弗洛公司对涉案商标享有的独占许可使用权。由此，帕弗洛公司依据在先的独占使用许可合同已经形成的商标使用的状态，应认定未被在后的商标独占使用许可合同关系所打破，否则将有悖公平诚信原则、扰乱商标使用秩序并最

终有损相关消费者利益。……艺想公司与毕加索公司如就系争合同产生纠纷，可通过追究违约责任等方式另案解决。此外，艺想公司是否另案起诉毕加索公司与帕弗洛公司恶意串通损害国家税收利益及艺想公司利益，属另案审理范围，本案不予审查。

PY，全成案（20150814/P2015-09）：不能证明合同有效成立就不能主张合同涉及的商标权利

沐阳公司 v 周某，再审，最高院（2013）民提字第 75 号判决书，夏君丽、钱小红、董晓敏

案情概要

　　沐阳公司主张周某违反双方《承包经营合同》及《补充协议》的约定，依照约定，沐阳公司应取得"全成"商标使用权—请求判决周某许可其无偿排他使用"全成"商标并返还已缴纳的商标使用费—周某辩称其没有签订相应合同和协议—合同纠纷—一审支持 2009 年 3 月起至 2013 年 12 月 31 日在湖南省（吉首、永州除外）的商标排他使用，驳回返还已缴纳商标使用费的诉求—二审驳回商标排他使用和返还已缴纳商标使用费的两项诉求—沐阳公司申请再审—株洲市中院被指令再审，再审维持一审—周某申请再审—湖南高院再审，维持株洲市中院再审判决—最高检抗诉，认为现有间接证据不足以证明沐阳公司提供的合同复印件与原件一致，不能充分证明沐阳公司与周某有签订承包经营合同和履行合同的事实—最高人民法院认为抗诉理由成立—撤销湖南省高级人民法院再审判决，撤销株洲市中级人民法院再审判决，维持株洲市中级人民法院二审判决

裁判摘录

　　【4】根据一审法院查明的事实，沐阳公司主张周某违反双方签订的《承包经营合同》和《补充协议》应承担相应的责任，因此应对《承包经营合同》和《补充协议》的成立负有举证责任。沐阳公司一审时仅提供了《承包经营合同》和《补充协议》复印件，且在后续的审理程序中均不能提交原件。沐阳公司提交的复印件虽然经过公证认证，但公证证明的也仅是复印件与传真件一致，并不能证明《承包经营合同》和《补充协议》的复印件与原件是否一致。在此情形下，应结合其他相关证据认定沐阳公司主张的待证事实是否存在。……【9】……沐阳公司提供的相关证据，不能就《承包经营合同》、《补充协议》的签订和履行相互印证，不足以证明其主张的与周某签订并履行《承包经营合同》和《补充协议》的事实具有高度可能性，应承担不利的后果。故一审判决和原再审判决中关于沐阳公司提供的《承包经营合同》和《补充协议》真实、合法、有效，周艳未按约定履行构成违约，沐阳公司从 2009 年 3 月开始依法取得

在湖南境内（除吉首、永州外）在合同有效期限内无偿使用"全成"商标的权利的认定，没有充分的事实依据。沐阳公司基于合同关系提出的确认其无偿排他使用周某所有的"全成"商标，以及周某立即返还其商标使用费 20 万元的诉讼请求，不应予以支持。

SY，雪舫蒋Ⅱ案（20141203）：依约单方解除商标许可合同应遵循诚实信用原则

上蒋火腿肠 v 雪舫工贸，再审，最高院（2014）民申字第 1233 号裁定书，周翔、吴蓉、秦元明

[案情概要]

原告上蒋火腿厂独占许可给被告雪舫工贸使用第 300388 号商标等商标——原告以被告未支付 2012 年、2013 年的商标许可使用费，要求解除《许可合同》——原告认为被告未经其同意在火腿产品上及企业名称中使用"雪舫蒋"等标志侵犯其商标权——被告认为许可合同应继续履行——一审认为原告解除《许可合同》条件已成就——被告将"雪舫蒋"作为店铺以及所销售产品的标识构成商标侵权，将"雪舫"用作字号不侵权——双方上诉——二审认为《许可合同》并未解除——雪舫工贸有权继续依约单独使用第 300388 号"雪舫蒋"商标，但其在火腿产品上同时使用"吴宁府"商标和"雪舫蒋"商标的行为有损"雪舫蒋"商标的识别功能，构成商标侵权——再审维持二审认定

[裁判摘录]

【3】本案中，上蒋火腿厂与雪舫工贸签订《许可合同》，将上蒋火腿厂所有的"雪舫蒋"商标独占许可给雪舫工贸使用，许可使用期至 2028 年。同时约定在提前一年的 10 月 1 日前雪舫工贸支付下两年度许可使用费，逾期付款达一个月或者累计达三个月，上蒋火腿厂可单方解除合同。合同签订后，雪舫工贸依约支付过两次共四年的许可使用费。2011 年 11 月 2 日，上蒋火腿厂向雪舫工贸邮寄《解除合同的告函》（以下简称《告函》），要求解除《许可合同》。同年 11 月 3 日，雪舫工贸向东阳市歌山镇村级财务代理中心（以下简称村级财务代理中心）汇入后两年的许可使用费 36 万元。现双方对《许可合同》是否解除发生争议。首先，"雪舫蒋"商标经过雪舫工贸多年的宣传使用，在业内具有较高知名度，并被认定为驰名商标，而《许可合同》约定雪舫工贸可以使用该商标的期限长达 20 年，按照交易常理推断，雪舫工贸主观上不会故意延迟支付导致合同解除。雪舫工贸在《告函》发出次日即支付许可使用费，以及在本案诉讼中（2013 年 10 月 1 日）支付许可使用费的行为也表明其愿意履行《许可合同》的主观状态。其次，按照《许可合同》约定，如果雪舫工贸迟于 2011 年 11 月 1

日支付后两年的许可使用费，上蒋火腿厂可单方解除合同，而雪舫工贸于 11 月 3 日支付后两年许可使用费，违约情节轻微，对上蒋火腿厂实现合同目的未产生实质性影响。再次，在《许可合同》正常履行的前提下，雪舫工贸作为独占许可使用权人有权使用"雪舫蒋"商标至 2028 年。其不但将"雪舫蒋"系列火腿作为主营产品，而且为培育"雪舫蒋"商标付出了巨大的精力和财力，在其经营之下，"雪舫蒋"火腿年产量大幅增加，商标知名度也得到了很大提升。对雪舫工贸而言，解除合同不仅会对正常的生产经营造成不利影响，其多年培育商标所付出的心血亦无法获得合理回报，同时也不利于"雪舫蒋"品牌本身的发展。因此，如果仅仅因为雪舫工贸的轻微违约行为就导致合同解除并致其损失严重，将使双方利益严重失衡，有失公平，不符合《合同法》第五条规定的公平原则。最后，《合同法》第六十条第二款规定："当事人应当遵循诚实信用原则，根据合同的性质、目的和交易习惯履行通知、协助、保密等义务。"在合同的履行过程中，各方当事人均应遵循诚实信用原则，积极协助对方履行义务。尤其是合同解除涉及双方重大权利义务关系，在约定解除的情形下，虽然解除事由可以由当事人自行约定，但在行使单方解除权时，当事人应当遵循诚实信用原则，不得滥用解除权。在本案《许可合同》的履行过程中，上蒋火腿厂明知合同解除会对雪舫工贸的生产经营带来严重的负面影响，却不采取积极协助履行的态度，适时善意告知并明确无异议的付款账号，而是在雪舫工贸轻微违约的情况下拒绝任何协商解决机会，径行解除合同，违反了合同附随义务。综上，基于合同法公平和诚实信用的基本原则以及鼓励交易的立法精神，二审判决上蒋火腿厂不能单方解除《许可合同》，《许可合同》继续有效并无不当，应予维持。

DY，宝庆案（20140730/D2014-03）：立足利益平衡解决特许经营合同纠纷

宝庆连锁公司等 v 宝庆首饰公司等，二审，江苏高院（2012）苏知民终字第 154 号判决书，王成龙、罗伟明、陈亮

案情概要

宝庆首饰公司许可宝庆连锁公司使用"宝庆""宝庆银楼"商标、字号及服务标识—协议履行过程中，"宝庆"系列商标转让给宝庆总公司—宝庆总公司受让前述有关许可协议的权利义务—宝庆首饰公司认为连锁公司违反品牌使用规定，严重侵害宝庆声誉，通知解除上述三份协议—宝庆连锁公司起诉要求认定被告的解除无效—一审认为涉案商标声誉在经营过程中没有损害，反而知名度与商业价值有所提升，要求解除协议不符合合同的目的，合同应予以持续—连锁公司构成违约，但不属严重违约而致合同解除条件成就的情形，可另案起诉—二审认为在宝庆连锁公司承担违约责任的前提下，不支持合同解除

裁判摘录

【25】……对于连锁公司未经批准开设玉桥店等店铺的违约行为，可以依法责令其承担违约责任，但尚不足以构成本院支持立即解除合同的足够理由。【26】……根据连锁公司提供的证据，其确实在挖掘"宝庆"的历史资源、打造宝庆品牌规划与定位策划，建立统一的"宝庆"视觉手册等方面做了很多工作，而这些工作对于"宝庆"品牌价值的提升是比较重要的。……在连锁公司承担违约责任的前提下，本院不支持宝庆首饰公司、宝庆总公司在本案中要求立即解除合同的主张，但连锁公司仍应按双方合同的约定履行义务……【27】……在特许经营合同关系中，应当保证特许人对特许经营资源的绝对控制，连锁公司未经批准不得擅自开设与宝庆首饰公司、宝庆总公司的"宝庆"系列注册商标等经营资源相关的店铺，且其使用特许人的"宝庆"系列注册商标等经营资源，应当按照双方约定缴纳相应的许可费用，这是解决双方系列纠纷的基本标准。其次，连锁公司应当在双方合同约定的基础上诚信经营，应当尊重特许人对"宝庆"系列注册商标的专有权利，不得损害特许人的商标利益。连锁公司应当通过诚信经营，获取其应得的经营利益，而不能突破被特许人的权利范围，试图攫取特许人的商标利益，此为双方继续履行特许经营合同的重要基础。再次，对于连锁公司依约诚信经营的行为，宝庆首饰公司、宝庆总公司亦应当按合同约定继续允许并正常审批，无正当理由不得拒绝许可，不得不当损害被特许人的合法权益。……

FY，莲香楼案（20130911/F2013-27）：对已公开的重要竞标条件中的商标许可内容无异议即推定接受

广州饮食集团 v 西关世家公司，二审，广东高院（2013）粤高法民三终字第 123 号判决书，肖海棠、石静涵、欧阳昊

案情概要

广州饮食集团是莲香楼系列商标及老字号品牌的所有人—荔湾区国资局公开挂牌转让广州市莲香楼公司 99% 的股权—莲香楼系列商标及老字号品牌的使用权不包含在本次产权交易标的中，受让人必须向饮食集团缴纳商标使用费—使用费标准是广州国资委 16 号文—西关世家受让莲香楼 99% 的股权，后一直使用莲香楼商标及老字号品牌进行经营，但并没有按照约定按时足额向饮食集团支付商标使用费—广州饮食集团起诉西关世家违约—一审认定双方对第一、第二年使用费已经达成补充约定—第二年未依约缴纳，构成违约—第三年至今的使用费标准未达成合意，不违约—二审推定西关世家接受 16 号文—双方对第一期（第一、二年）许可使用费达成补充协议—对其他年

度许可使用费的变更并未达成一致意见—未达成补充协议的部分仍应按 16 号文的标准
缴纳许可使用费

裁判摘录

【4】首先，……《股权交易合同》在转让条件的第五条……明确了西关世家必须
使用莲香楼商标及老字号品牌并缴纳许可使用费。此外，《股权交易合同》第十一条第
二点明确约定了荔湾国资局所持有的黄金股的权利和义务，即如果转让后的企业股东
大会和董事会、经理层作出不履行合同转让条件中第五条的约定的决议时，黄金股股
东有权行使否决权，致使该项决议不能实施。由此可见，"莲香楼"系列商标及老字号
品牌的许可使用权及许可使用费是该次股权交易中的重要条件。作为参与竞标交易主
体的西关世家，理应对该条款高度重视，并对商标及老字号品牌许可使用费标准问题
予以高度关注。第二，……西关世家从参与竞标开始，就已经从……竞标项目文件中
清楚知晓，标的企业广州市莲香楼有限公司原为国有独资企业，出让方荔湾区国资局
系管理辖区内国有企业的国家机关。广州国资委专门针对莲香楼转制所涉商标及老字
号品牌许可使用费问题而出台的广州国资委 16 号文，作为其下级部门的荔湾区国资局
须遵照执行。广州国资委 16 号文于 2006 年 8 月 11 日印发，即竞投截止日（2006 年 8
月 21 日）前出台，相关条款内容亦在 2006 年 8 月 23 日《广州日报》上予以报道，西
关世家在一审庭审中也明确承认其在合同签订前已经知晓该批复的内容。在此情况下，
如西关世家不接受广州国资委 16 号文所确定的商标及老字号品牌许可使用费标准，理
应不参与竞投，即使其是在参与竞投后、签订《股权交易合同》前方知晓广州国资委
16 号文，按照常理亦应在签订合同前向荔湾国资局提出要求变更相关费率，或者拒绝
签订《股权交易合同》。其在未提出异议或所提异议未被采纳的情况下签订《股权交易
合同》，应推定其接受广州国资委 16 号文确定的商标及老字号品牌许可使用费标准及
递增比率这一交易条件。西关世家抗辩认为广州国资委 16 号文只对荔湾区国资局有
效，西关世家即使知晓该批复也不能视同接受该批复内容，明显缺乏事实依据和法律
依据，本院不予采信。第三，……作为理性的市场主体，在订立合同之前必然会审慎、
全面地评估合同获益与风险，交易价格是整个交易过程中至关重要的因素。西关世家
在参与竞标前，理应对商标及老字号品牌许可使用费这一股权交易所涉的重要问题做
好充分评估和思想准备，并接受相应市场交易风险。其在明知存在广州国资委 16 号文
的情况下，仍然签订《股权交易合同》，本院推定其接受并同意相关交易条件，符合日
常生活经验和逻辑推理，亦是公平合理的。……第四，……2008 年 7 月 16 日，饮食集
团给西关世家发函，表示第一期商标许可使用年限为两年，从 2006 年 9 月 1 日起至
2008 年 8 月 31 日止。饮食集团同意 2006 年 9 月至 2007 年 1 月间的许可使用费减半收
取，即第一年的许可使用费收取 108.4585 万元。2008 年 7 月 25 日，西关世家给饮食
集团发函，表示同意在双方未签订商标使用许可合同前缴纳第一期使用费。由此，可
以认定双方已对第一期的商标及老字号品牌许可使用费的变更达成补充协议。对 2008

年 9 月 1 日以后的商标及老字号品牌许可使用费变更问题，饮食集团并未同意西关世家关于调低商标及老字号品牌许可使用费的要求。

BY，Wolsey 案（20130326/B2013-29）：法律法规不禁止未注册商标的许可使用

业宏达公司 v 泰盛公司，再审，最高院（2012）民申字第 1501 号裁定书，于晓白、骆电、李嵘

案情概要

业宏达公司起诉泰盛公司未依约汇报商标使用情况，也未支付商标使用费——一审认为所许可的商标注册的商品不包括约定使用的商品，业宏达公司违约——二审、再审认为未注册商标并不影响商标许可使用合同的效力，支持业宏达公司诉讼请求

裁判摘录

【4】……未注册商标能否许可他人使用，法律法规对此没有禁止性规定，且在业宏达公司与泰盛公司签订的合同中，亦未限定许可泰盛公司使用的三个商标必须均为注册商标；特别在《再许可授权协议》第十一条第（一）项，明确写明了业宏达公司"不保证商标有效性"的条款，根据该条款的内容，泰盛公司作为涉案商标的被许可方，理应知晓签订合同时被许可使用的三个商标的权利状态，即"狐狸图形""无赛"两个商标系业宏达公司已获得注册的商标，第 3730891 号"wolsey"商标为业宏达公司正在申请注册中的商标。……认定业宏达公司"wolsey"商标在 1802 类皮具商品上未获得注册，不影响泰盛公司实现签订涉案合同根本目的，业宏达公司不存在欺诈行为，并无不当。

SY，奥妮案（20110913）：未在商标局备案的商标许可合同不能对抗善意第三人

宝凯公司 v 澳思美公司等，再审，最高院（2011）民申字第 700 号裁定书，余红梅、殷少平、钱小红

案情概要

宝凯公司指控澳思美公司、香港奥妮公司、奥妮公司未经许可，在其生产的奥妮

啤酒香波产品上使用了涉案 4 项奥妮商标，构成商标侵权—澳思美公司、香港奥妮公司、奥妮公司辩称，奥妮公司是涉案 4 项奥妮商标的原注册人，其有权许可香港奥妮公司独占使用，香港奥妮公司有权委托澳思美公司加工奥妮啤酒香波产品，所以澳思美公司、香港奥妮公司、奥妮公司没有侵犯宝凯公司商标专用权—一审认为宝凯公司取得涉案 4 项奥妮商标专用权的时间应为 2006 年 7 月 28 日—涉案许可合同时间为倒签—故意侵权，连带责任—二审维持一审—再审认为宝凯公司提交的相反证据及分析意见足以让法院对涉案商标许可合同的真实性产生合理怀疑—奥妮公司、香港奥妮公司并没有提交进一步的证据证明自己的主张，或者对存在的疑点作出令人信服的解释—宝凯公司是善意第三人—未在商标局备案的商标许可合同不能对抗善意第三人

裁判摘录

【5】《最高人民法院关于审理商标民事纠纷案件适用法律若干问题的解释》第十九条第二款规定："商标使用许可合同未在商标局备案的，不得对抗善意第三人。"该规定中的"第三人"，是指商标使用许可合同当事人以外的当事人，第三人既可能是其他的被许可人，也可能是其他与商标权人就该商标进行交易的当事人，包括商标的受让人、质押权人等。宝凯公司不是涉案商标许可合同的当事人，对于该合同来讲，宝凯公司是第三人。【6】……原审判决综合上述证据材料和相关事实，认定宝凯公司是善意第三人，并无不当。【7】……涉案商标许可合同即使是真实的，由于该合同未在商标局备案，也不能作为不侵权的抗辩理由对抗宝凯公司。奥妮公司关于宝凯公司不是善意第三人的申请再审理由，没有事实和法律依据，本院不予支持。

SWY，妻之友Ⅱ案（20031209）：许可他人使用自己非法受让的商标也不合法

连德尔公司 v 万年公司，一审，北京一中院（2003）一中民初字第 4331 号判决书，赵静、姜颖、苏杭

案情概要

原告连德尔公司指控被告万年公司将原告的第 640300 号、第 728115 号及第 727324 号商标非法转让到自己名下—随后万年公司将第 640300 号许可给被告成功公司—法院已经判决转让无效—万年公司取得第 640300 号注册商标专用权的行为不具有合法性—许可他人使用该商标的行为亦不具有合法性

裁判摘录

【2】……由于万年公司取得第 640300 号注册商标专用权的行为不具有合法性，在

其不法持有原告注册商标的情况下，许可他人使用该商标的行为亦不具有合法性，并不因被许可人不具有恶意而使该行为归于合法，故被告成功公司的该抗辩主张不能成立。因本案争议的商标使用许可合同的无效系因被告万年公司的无权处分行为造成，故诉讼费用应由被告万年公司负担。

CY，维纳斯 I 案（19990906/C2000-01）：条件不成就的附条件商标许可合同不生效

黄某君 v 维纳斯公司，二审，上海高院（1999）沪高知终字第 28 号判决书，王海明、邓思聪、于金龙

案情概要

原告和案外人沈某林筹建婚纱摄影店，为使用被告维纳斯公司的"维纳斯"商标，与被告签订《维纳斯加盟合作协议书》，并各向被告缴纳 10 万元—因店面租赁不成，婚纱摄影店无法开业，不可能使用"维纳斯"商标—被告只给沈某林返还 10 万元，却以种种理由拒不返还原告的 10 万元—原告起诉请求法院判令被告返还 10 万元商标许可使用费—一审认为涉案合同是商标许可合同和技术指导合同的混合合同—商标许可部分附条件，条件未成就，未生效—技术指导部分未附加条件，已经生效—协议书没有继续履行的可能—原告有接受技术指导，被告履行了一部分技术指导义务—被告应返还原告 8 万元—二审维持一审，认为协议没有继续履行的可能—被告要求增加技术指导费，缺乏证据支持

裁判摘录

【1】……双方当事人虽然在协议书中对所租房屋未作具体约定，但是协议签订后，摄影公司为黄某君、沈某林欲租借的上海市嘉定区金沙江路 385 号店面房拍摄照片并草拟店面装潢设计图的行为，说明双方对所租房屋已经确认。还有，黄某君是和案外人沈某林合伙准备租房成立成林婚纱摄影公司，并以合伙的名义与摄影公司签订加盟协议的。摄影公司既然已经同意沈某林退出加盟协议并给其退还 10 万元，协议就失去了继续履行的可能。摄影公司以"协议对所租房屋和租房期限未作约定"为由，要求黄某君在租房的可能性未消灭之前单方履行协议，其上诉理由不能成立。摄影公司以"为履约曾谢绝其他客户"为由要求作为合伙人之一的黄某君承担期得利益损失，对此既没有提供任何直接证据，这种做法也不公平，故不予支持。

第四十四条 【绝对理由无效】

已经注册的商标，违反本法第四条、第十条、第十一条、第十二条、第十九条第四款规定的，或者是以欺骗手段或者其他不正当手段取得注册的，由商标局宣告该注册商标无效；其他单位或者个人可以请求商标评审委员会宣告该注册商标无效。

商标局做出宣告注册商标无效的决定，应当书面通知当事人。当事人对商标局的决定不服的，可以自收到通知之日起十五日内向商标评审委员会申请复审。商标评审委员会应当自收到申请之日起九个月内做出决定，并书面通知当事人。有特殊情况需要延长的，经国务院工商行政管理部门批准，可以延长三个月。当事人对商标评审委员会的决定不服的，可以自收到通知之日起三十日内向人民法院起诉。

其他单位或者个人请求商标评审委员会宣告注册商标无效的，商标评审委员会收到申请后，应当书面通知有关当事人，并限期提出答辩。商标评审委员会应当自收到申请之日起九个月内做出维持注册商标或者宣告注册商标无效的裁定，并书面通知当事人。有特殊情况需要延长的，经国务院工商行政管理部门批准，可以延长三个月。当事人对商标评审委员会的裁定不服的，可以自收到通知之日起三十日内向人民法院起诉。人民法院应当通知商标裁定程序的对方当事人作为第三人参加诉讼。

📖 本条导读

《商标法》2001 年修改时原则上已将各种具体侵犯在先权利的行为单独规定并纳入当时第 41 条第 2 款（2019 年《商标法》第 45 条）进行规范，2019 年《商标法》第 44 条（2001 年《商标法》第 41 条第 1 款）的适用范围因此应受到一定限制（诚联案、同济案）。

但若构成批量抢注（蜡笔小新Ⅲ案），甚至只针对一个人的批量抢注（AmCham案）仍可适用该条保护，且不限于无效程序（清样案、FACEBOOK 案），对于申请过程中隐瞒协商过程的地理标志商标也可适用该条予以无效（祁门红茶案）。

FWX，祁门红茶案[●]（20171225/2017-47）：隐瞒真实情况提交地理标志集体商标违反诚实信用原则

祁门红茶协会 v 商评委等，二审，北京高院（2017）京行终 3288 号判决书，周波、俞

[●] 最高院 2018 年 9 月 20 日作出（2018）最高法行申 4767 号裁定，驳回祁门红茶协会再审申请。

惠斌、苏志甫

案情概要

祁门红茶协会申请注册"祁门红茶"证明商标—国润公司以该商标划定的地域范围与祁门红茶产区不符，排除了相同自然因素和人文因素，从起源持续至今的东至、石台等产区，因而提起异议申请—在安徽省政府和两地工商局协调之下，祁门红茶协会承诺修改划定范围，国润公司基于前述承诺撤回异议申请—祁门红茶协会未根据协商提交变更地域范围的申请—争议商标被获准注册—国润公司申请无效宣告—商评委认为祁门红茶协会违反了申请商标注册应当遵守的诚实信用原则，属于以欺骗手段取得注册，遂予无效宣告—一审认为并无证据显示被上诉人在申请争议商标时实施了伪造申请材料等欺骗行为及欺瞒商标行政机关之故意，撤销被诉裁定—二审认可商评委的认定，商标应宣告无效—最高院驳回祁门红茶协会的再审申请

裁判摘录

【3】本案争议商标是地理标志证明商标，而根据 2001 年《商标法》第十六条第二款的规定，地理标志是指标示某商品来源于某地区，该商品的特定质量、信誉或者其他特征，主要由该地区的自然因素或者人文因素所决定的标志。如果申请注册的地理标志证明商标所确定的使用该商标的商品的产地与该地理标志的实际地域范围不符，无论是不适当地扩大了其地域范围，还是不适当地缩小了其地域范围，都将误导公众并难以起到证明使用该商标的商品来自于特定产区、具有特定品质的证明作用。因此，对于这种地域范围限定不准确的地理标志证明商标，依法不应予以注册。【4】……对于地理标志商标而言，……商标注册主管机关自身难以予以核实，因此，在地理标志商标的审查过程中，商标注册主管机关通常只能进行形式上的审查。相应地，地理标志商标注册申请人在提交商标注册申请文件方面，就应当负有较之于普通的商品商标、服务商标注册申请人更多的诚实信用义务。……违反上述诚实信用义务，无论是违反消极不作为义务，还是没有尽到积极作为义务，都将使其商标注册申请行为丧失正当性基础。……未尽到积极作为义务，未向商标注册主管机关全面准确报告客观情况而取得商标注册的，即属于 2001 年《商标法》第四十一条第一款规定的以"其他不正当手段取得注册的"的情形。【5】……虽然祁门红茶协会在提出争议商标注册申请时，并不存在提交虚假文件骗取商标注册的行为，其申请注册争议商标也不属于无实际使用意图而抢注商标的情形，但是，有关"祁门红茶"产区地域范围的不同认识是客观存在的，……祁门红茶协会在明知存在上述争议的情况下，未全面准确地向商标注册主管机关报告该商标注册过程中存在的争议，尤其是在国润公司按照安徽省工商行政管理局会议纪要的要求撤回商标异议申请的情况下，其仍以不作为的方式等待商标注册主管机关核准争议商标的注册，明显违反……所负有的诚实信用义务，构

成……"其他不正当手段取得注册的"的情形，……应予无效宣告。

SX，AmCham 案（20170711）：恶意申请商标的可参照恶意注册无效的规定不予核准

美国俱乐部 v 商评委等，二审，北京高院（2016）京行终 2802 号判决书，岑宏宇、马军、袁相军

案情概要

美国俱乐部在第 32 类"啤酒，苏打水"等商品上申请注册"AmCham"商标—中国美国商会提出异议—商标局核准注册—商评委裁定不予核准—一审认为应当核准—中国美国商会的证据中未显示其曾将"AmCham"作为商号在先使用在第 32 类"啤酒，苏打水"等商品上，并在诉争商标申请日前已具有一定知名度—无混淆误认—二审认为不应予以核准—美国俱乐部明知中国美国商会在先使用"AmCham"标志，仍然在多类别商品或者服务上大量申请注册"AmCham"商标，其行为难谓正当—有违诚实信用原则，扰乱了正常的商标注册管理秩序，有损于公平竞争的市场秩序—欺骗手段或者其他不正当手段

裁判摘录

【2】……"AmCham"为中国美国商会的英文简称，独创性较强，在案证据可以证明该标志经过中国美国商会长时间的使用，在经济、贸易、商务与投资领域享有较高知名度。美国俱乐部的法定代表人爱德华·雷门先于 1996—1997 年间曾任中国美国商会的董事，并曾建议中国美国商会将"AmCham"进行注册。可见，爱德华·雷门先生对中国美国商会在先使用的"AmCham"这一标志是充分知晓的。爱德华·雷门先生作为法定代表人的美国俱乐部在进行一切市场活动中，应对申请注册"AmCham"这一标志进行避让，以彰显商标法弘扬的诚实信用原则，维护公平竞争的市场秩序。【3】《商标法》第四十四条……的立法精神在于贯彻诚实信用原则及公序良俗原则，维护良好的商标注册、管理秩序，营造良好的商标市场环境。依照该条款的文义，该规定适用于已注册商标的无效程序，而不适用于商标申请审查及核准程序。但是，对于在商标申请审查及核准程序中发现的以欺骗手段或者其他不正当手段申请商标注册的行为，若不予制止，等到商标注册程序完成后再启动无效程序予以规制，显然不利于及时制止前述不正当注册行为。因此，前述立法精神应当贯穿于商标申请审查、核准及无效程序的始终。商标局、商标评审委员会及人民法院在商标申请审查、核准及相应诉讼程序中，若发现商标注册申请人是以欺骗手段或者其他不正当手段申请商标注册的，可

以参照前述规定，不予核准注册。本案中，如前所述，美国俱乐部在明知中国美国商会在先使用"AmCham"这一标志的前提下，仍然在多类别商品或者服务上，大量申请注册"AmCham"商标，其行为难谓正当，有违商标法诚实信用的基本原则，扰乱了正常的商标注册管理秩序，有损于公平竞争的市场秩序。依据2014年《商标法》第四十四条第一款关于禁止以欺骗手段或者其他不正当手段取得商标注册的规定，美国俱乐部申请注册诉争商标的行为应当予以禁止，诉争商标的申请注册不应予以核准。

SX，FACEBOOK 案（20160425）：大量抢注、扰乱正常商标注册管理秩序的行为可适用恶意注册无效的规定予以制止

菲丝博克公司 v 商评委等，二审，北京高院（2016）京行终475号判决书，刘晓军、陶钧、樊雪

案情概要

刘某群申请注册第9081730号"facebook"商标，使用在第32类果汁等商品上—菲斯博克公司引证在先注册在第35类、第38类上的"FACEBOOK"商标提起异议—商标局核准注册—商评委支持注册—菲丝博克公司驰名证据不充分—无证据证明被异议商标的申请注册损害了菲丝博克公司在先商号权益，无欺骗及不正当手段，被异议商标本身并没有对中国社会公共利益和公共秩序产生消极负面影响—一审认为被告在多个类别申请多个商标，具有明显的复制、抄袭他人高知名度商标的故意，扰乱了正常的商标注册管理秩序，有损于公平竞争的市场秩序，违反了公序良俗原则，不应注册—二审维持一审

裁判摘录

【1】……《商标法》第四十一条第一款……的立法精神在于贯彻公序良俗原则，维护良好的商标注册、管理秩序，营造良好的商标市场环境。根据该项规定的文义，其只能适用于已注册商标的撤销程序，而不适用于商标申请审查及核准程序。但是，对于在商标申请审查及核准程序中发现的以欺骗手段或者其他不正当手段申请商标注册的行为，若不予制止，等到商标注册程序完成后再启动撤销程序予以规制，显然不利于及时制止前述不正当注册行为。因此，前述立法精神应当贯穿于商标申请审查、核准及撤销程序的始终。商标局、商标评审委员会及法院在商标申请审查、核准及相应诉讼程序中，若发现商标注册申请人是以欺骗手段或者其他不正当手段申请注册商标的，可以参照前述规定，制止不正当的商标申请注册行为。当然，此种情形只应适用于无其他法律规定可用于规制前述不正当商标注册行为的情形。【2】本案中，刘某

群在多个商品类别上申请注册了"facebook"商标，还在第 29 类商品上注册过"黑人""壹加壹"等商标。刘某群的前述系列商标注册行为具有明显的复制、抄袭他人高知名度商标的故意，扰乱了正常的商标注册管理秩序，有损于公平竞争的市场秩序，违反了公序良俗原则。同时，中国采取商标注册制度，按照先申请原则对商标是否准予注册予以审查，但是商标本身的价值应当是区分商品及服务来源的标志，商标的注册应当是以具有使用的意图为前提，从而才能发挥商标的本身价值。若申请人以囤积商标进而通过转让等方式牟取商业利益为目的，大量申请注册他人具有较高知名度的商标，显然违背了商标的内在价值，亦将影响商标的正常注册秩序，甚至有碍于商品经济中诚实守信的经营者进行正常经营，故该种旨在大量抢注、扰乱正常的商标注册管理秩序的行为应当予以制止。参照《商标法》第四十一条第一款关于禁止以欺骗手段或者其他不正当手段取得商标注册的立法精神，本案被异议商标的申请注册不应予以核准。原审判决对此认定正确，本院予以确认。刘某群相关上诉理由缺乏事实及法律依据，本院不予支持。

SX，清样案（20150325）：以欺骗手段或者其他不正当手段申请商标可适用 44.1 提起异议

金泰公司 v 商评委等，二审，北京高院（2015）高行（知）终字第 659 号判决书，刘辉、刘庆辉、马军

案情概要

　　金泰公司申请注册第 8078350 号"清样"商标，使用在啤酒等商品上——稻花香公司提出异议——商标局裁定核准注册——商评委认为金泰公司的大量商标注册行为具有明显的复制、抄袭他人较高知名度商标的故意，扰乱了正常的商标注册管理秩序，已构成 2001 年《商标法》第 41 条第 1 款所指情形，应不予核准注册——一审认为 2001 年《商标法》第 41 条第 1 款的规定不适用于商标异议程序，商评委适用法律错误——二审认为商标异议程序中可以参照 2001 年《商标法》第 41 条第 1 款规定

裁判摘录

　　【1】根据 2001 年《商标法》第四十一条第一款的规定，已经注册的商标是以欺骗手段或者其他不正当手段取得注册的，由商标局撤销该注册商标；其他单位或者个人可以请求商标评审委员会裁定撤销该注册商标。该项规定的立法精神在于贯彻公序良俗原则，维护良好的商标注册、管理秩序，营造良好的商标市场环境。根据该项规定的文义，其只能适用于已注册商标的撤销程序，而不适用于商标申请审查及核准程序。

但是，对于在商标申请审查及核准程序中发现的以欺骗手段或者其他不正当手段申请商标注册的行为，若不予制止，等到商标注册程序完成后再启动撤销程序予以规制，显然不利于及时制止前述不正当注册行为。因此，前述立法精神应当贯穿于商标申请审查、核准及撤销程序的始终。商标局、商标评审委员会及法院在商标申请审查、核准及相应诉讼程序中，若发现商标注册申请人是以欺骗手段或者其他不正当手段申请注册商标的，可以参照前述规定，制止不正当的商标申请注册行为。当然，此种情形只应适用于无其他法律规定可用于规制前述不正当商标注册行为的情形。

FX，同济案（20120807/F2012-45）：对特定民事主体权益的损害不是无效的绝对理由

同济大学 v 商评委等，二审，北京高院（2012）高行终字第 703 号判决书，刘辉、周波、陶钧

案情概要

同济大学申请撤销第三人同济医院的争议商标"同济"（第 41 类学校教育服务）—商评委，一审，二审均认为，争议商标未损害公共利益，亦不存在恶意，维持争议商标

裁判摘录

【1】……《商标法》第四十一条第一款规定，已经注册的商标，违反本法第十条、第十一条、第十二条规定的，或者是以欺骗手段或者其他不正当手段取得注册的，由商标局撤销该注册商标；其他单位或者个人可以请求商标评审委员会裁定撤销该注册商标。该条款系为撤销商标注册的绝对事由，针对的是损害公共秩序或者公共利益，或妨碍商标注册管理秩序的行为。本案中，同济大学所主张争议商标的注册损害了其合法权益，注册他人未注册的驰名商标，系属于对特定民事主体权益的损害，并未涉及公共秩序及公共利益，或是商标注册管理秩序。

SWX，蜡笔小新Ⅲ案（20111209）：批量抢注行为可以适用 44.1 制止

蜡笔小新服饰公司 v 商评委等，二审，北京高院（2011）高行终字第 1428 号判决书，李燕蓉、潘伟、马军

案情概要

第1026606号"蠟筆小新"商标（争议商标）由诚益公司注册—几经转让到蜡笔小新服饰公司—双叶社提出无效—商评委裁定撤销—一审维持商评委裁定—认可双叶社享有权利的《蜡笔小新》系列漫画及动画片早于争议商标申请日之前已在日本、中国香港、中国台湾地区广泛发行和播放，具有较高知名度—"蜡笔小新"其中的主要卡通人物名字，"蜡笔小新"卡通人物形象设计独创性和显著性较强—诚益公司应知"蜡笔小新"的知名度，其申请主观恶意明显—另有多个抢注行为—违反诚实信用原则，侵害双叶社的特定权益，损害公共利益—二审维持一审

裁判摘录

【1】《商标法》第四十一条第一款规定，已经注册的商标，是以欺骗手段或者其他不正当手段取得注册的，其他单位或个人可以请求商标评审委员会裁定撤销该注册商标。根据本案已经查明的事实，《蜡笔小新》系列漫画及动画片早于争议商标申请日之前已在日本、中国香港、中国台湾地区广泛发行和播放，具有较高知名度。争议商标的原申请人诚益公司地处广州，毗邻香港，理应知晓"蜡笔小新"的知名度。诚益公司将"蜡笔小新"文字或卡通形象申请注册商标，主观恶意明显。同时，考虑到诚益公司具有大批量、规模性抢注他人商标并转卖牟利的行为，情节恶劣，因此商标评审委员会认定诚益公司申请注册争议商标，已经违反了诚实信用原则，扰乱了商标注册管理秩序及公共秩序，损害了公共利益，构成《商标法》第四十一条第一款所指"以其他不正当手段取得注册"的情形，结论正确，本院予以确认。……

BFX，诚联案（20080924/B2008-05/F2008-48）：其他不正当手段取得注册不适用私权利案件

诚联公司 v 商评委等，再审，最高院（2006）行监字第118-1号驳回再审申请通知书

案情概要

诚联公司注册有"诚联及图"商标—创联公司以侵犯在先权利为由提起无效—商评委裁定无效—一审认为在先权利证据不足—二审、再审肯定在先权利，支持无效

裁判摘录

【7】……在《商标法》第四十一条第一款中，"违反本法第十条、第十一条、第

十二条规定"与"以欺骗手段或者其他不正当手段取得注册"的情形并列，涉及的是撤销商标注册的绝对事由，这些行为损害的是公共秩序或者公共利益，或者是妨碍商标注册管理秩序的行为，所以该款规定商标局可以直接依职权撤销商标注册，其他单位或者个人可以请求商标评审委员会裁定撤销该注册商标，而且没有规定时间限制。该条第二款的规定属于涉及商标注册损害特定权利人民事权利的相对撤销事由，为尊重权利人的意志和督促权利人及时维权，采取不告不理原则并规定了5年的时间限制（恶意抢注驰名商标的情形其撤销不受时间限制）；而且有权提出撤销请求的主体仅限于商标所有人或者利害关系人。在涉及在先权利的注册商标争议中，应当适用《商标法》第四十一条第二款、第三款的规定。你公司［诚联公司］关于《商标法》第四十一条第一款的规定不能作为撤销争议商标的理由成立；本案应该适用《商标法》第三十一条及第四十一条第二款的规定，商评委的裁定及一、二审法院的判决适用法律有不当之处。

第四十四条

第四十五条 【相对理由无效】

已经注册的商标，违反本法第十三条第二款和第三款、第十五条、第十六条第一款、第三十条、第三十一条、第三十二条规定的，自商标注册之日起五年内，在先权利人或者利害关系人可以请求商标评审委员会宣告该注册商标无效。对恶意注册的，驰名商标所有人不受五年的时间限制。

商标评审委员会收到宣告注册商标无效的申请后，应当书面通知有关当事人，并限期提出答辩。商标评审委员会应当自收到申请之日起十二个月内做出维持注册商标或者宣告注册商标无效的裁定，并书面通知当事人。有特殊情况需要延长的，经国务院工商行政管理部门批准，可以延长六个月。当事人对商标评审委员会的裁定不服的，可以自收到通知之日起三十日内向人民法院起诉。人民法院应当通知商标裁定程序的对方当事人作为第三人参加诉讼。

商标评审委员会在依照前款规定对无效宣告请求进行审查的过程中，所涉及的在先权利的确定必须以人民法院正在审理或者行政机关正在处理的另一案件的结果为依据的，可以中止审查。中止原因消除后，应当恢复审查程序。

本条导读

《商标法》第 45 条主要解决相对理由提起无效的程序问题，法律明确规定在先权利人的利害关系人可以主张适用本条（采埃孚案），对于超过五年的恶意抢注驰名商标的，同类商品上亦可适用（玉兰案、耐克Ⅱ案）。

但一事不能再理（采乐案），无效期限的起算点以注册日（蜡笔小新Ⅱ案）或国际注册的驳回期限届满日或相关程序终结之日为准（鳄鱼Ⅱ案），后者已经写入《商标法实施条例》第 49 条第 2 款。

SX，耐克Ⅱ案（20161025）：本类可以认定驰名商标对抗超过五年的在后恶意注册

耐克公司 v 商评委等，二审，北京高院（2016）京行终 4133 号判决书，刘辉、刘庆辉、吴斌

案情概要

　　诉争商标第 3275213 号图形商标由洛江超盛公司 2002 年 8 月 15 日申请，2005 年 7 月 14 日核准注册，核定使用在第 25 类 "服装" 等商品上——耐克公司 2014 年 5 月 23 日提起无效——引证多件商标，并要求认定引证商标一驰名——商评委维持注册——认为超出五年时限，并不是有害于社会主义道德风尚或者产生其他不良影响的标志，也未提交证据证明以欺骗手段或其他不正当手段取得注册——一审认为引证商标一构成驰名商标，可对抗诉争商标，撤销商评委裁定——二审维持一审

裁判摘录

　　【5】……综合考虑本案现有证据，耐克公司就其服装鞋帽类商品进行宣传的持续时间较长、方式多样、地域范围广泛、所获销售数额巨大，并有多次被认定为驰名商标的记录，可以证明引证商标一在 "服装、鞋、帽" 商品上在诉争商标申请注册日之前已达到驰名程度，应被认定为驰名商标。一审法院的认定有事实依据，本院予以支持。【7】诉争商标于 2005 年 7 月 14 日获准注册，耐克公司提出无效宣告请求的时间为 2014 年 5 月 23 日，已超过了五年，但是，引证商标一在诉争商标申请日之前已构成驰名商标，而耐克公司提交的证据证明，洛江超盛鞋业公司申请注册了数个与耐克公司勾图形商标近似的商标，且在其网站以及贝哥天猫旗舰店大量出售的运动鞋和休闲鞋上使用与耐克公司勾图形商标以及其他知名商标的相近似的商标，表明洛江超盛鞋业公司在其商品上使用诉争商标时存在明显抄袭和模仿他人知名商标的主观恶意。在引证商标一构成驰名商标且洛江超盛鞋业公司申请注册诉争商标具有恶意的情况下，耐克公司请求商标评审委员会宣告诉争商标无效不应受到五年的时间限制。

SX，玉兰案（20160519）：本类可以认定驰名商标对抗超过五年的在后恶意注册

宝洁公司 v 商评委等，再审，最高院（2016）最高法行再 12 号判决书，王艳芳、钱小红、杜微科

案情概要

　　争议商标第 3475589 号 "威仕达玉兰"，于 2003 年 3 月 5 日由威仕达公司申请，2005 年 1 月 7 日核准注册，核定使用在第 3 类 "护发素" 等商品——宝洁公司 2010 年 8 月 4 日

引证在先注册的"玉兰""玉兰油"商标提起争议，要求认定引证商标一驰名——商评委维持注册——认为争议提起超过五年时限，且证据不足以证明引证商标一驰名——一审维持商评委裁定——二审维持一审——再审支持宝洁公司主张

裁判摘录

【3】……虽然《商标法》第十三条第二款仅规定了对"不相同或者不相类似商品申请注册的商标是复制、摹仿或者翻译他人已经在中国注册的驰名商标"之行为予以禁止，根据商标法对驰名商标强保护的立法本意，在"相同或者类似商品"上复制、摹仿、翻译他人已经在中国注册的驰名商标申请注册商标的行为，亦属该条所调整的对象。本案争议商标与引证商标一、二核定使用的商品，在功能、用途、销售渠道、消费对象等方面基本相同，属于类似商品，故本案可以适用《商标法》第十三条第二款的规定。威仕达公司关于《商标法》第十三条第二款只能适用于"不相同或者不相类似"商品的主张，属于对法律的错误理解，本院不予支持。【6】……引证商标一经过长期使用和广泛宣传，已为中国境内相关公众所熟知，在争议商标申请注册日前在洁面、护肤品等商品上已经成为驰名商标。二审法院认为"宝洁公司提交的在案证据大多反映引证商标二或者 OLAY 玉兰油知名度的证据，不能因此将对于玉兰油的宣传和使用视为对玉兰的宣传和使用，相关公众对引证商标二的知晓程度也不能当然等同于对引证商标一的知晓程度"。对此本院认为，首先，引证商标一、二的识别部分均为"玉兰"，引证商标二中的"油"已放弃专用权，相关公众通过"玉兰"而不是"油"识别商品来源。其次，引证商标一、二核定使用商品均属于第 3 类化妆品商品，在功能、用途、销售渠道、消费对象等方面基本相同，两者属于类似商品。最后，宝洁公司在实际生产经营和广告宣传中，将"玉兰"品牌的产品统称为"玉兰油"，既可以视为对玉兰油的使用，也可以视为对玉兰的使用。……【7】……争议商标"威仕达玉兰"完整包含了引证商标一"玉兰"，且引证商标一具有很高的知名度和显著性。因此，争议商标构成对引证商标一的复制、摹仿。【8】……本案中，威仕达公司与宝洁公司同为洗化行业经营者，引证商标一在争议商标申请注册日前已经具有很高知名度，威仕达公司应当知晓宝洁公司的引证商标一而申请注册争议商标。此外，威仕达公司在实际使用争议商标的过程中具有攀附宝洁公司商标商誉的意图之行为，亦进一步佐证了该公司申请注册争议商标具有恶意。

BFX，采埃孚案（20140717/B2014-27/F2014-45）：在先权利的利害关系人不限于被许可使用人、合法继承人

采埃孚公司 v 商评委等，再审，最高院（2014）行提字第 2 号判决书，王艳芳、朱理、佟姝

案情概要

汇昌机电公司获准注册"采埃孚"商标—采埃孚公司提起无效—商标抢注—侵犯在先商号—商评委、一审、二审认为证据不足，维持注册—再审承认该采埃孚公司的在先商号权，撤销注册

裁判摘录

【3】……第一，现行法律法规并未对《商标法》第四十一条第二款规定的"利害关系人"的范围作出明确界定，参照商标局和商标评审委员会颁布的《商标审查及审理标准》的规定，《商标法》第三十一条所称的"利害关系人"，是指在先权利的被许可人以及其他有证据证明与案件有利害关系的主体。司法实践中，虽然利害关系人多以被许可使用人、合法继承人的形式表现，但利害关系人的范围不应仅限于此，其他有证据证明与案件具有利害关系的主体，亦可依据《商标法》第三十一条的规定对争议商标提出撤销申请。

BDX，采乐案（20091022/B2009-10.11/D2009-09）：没有新的事实和理由不得再次受理

圣芳公司 v 商评委等，再审，最高院（2008）行提字第 2 号判决书，于晓白、夏君丽、殷少平

案情概要

强生公司申请无效圣芳公司已注册的"采乐 CAILE"商标—商评委、一审、二审认为引证商标驰名，争议商标构成对引证商标的复制和摹仿，应予撤销—再审认为商评委受理案件违反一事不再理原则—实际不混淆—不支持无效

裁判摘录

【1】……强生公司在前两次评审申请中，已经穷尽了当时可以主张的相关法律事由和法律依据；商评委在前两次评审中已经就强生公司提出的全部事实和理由进行了实质审理，并分别于 1999 年 12 月、2001 年 9 月作出驳回其申请、维持争议商标注册的裁定。按照当时商标法的规定，商评委的裁定是终局裁定，一经作出即发生法律效力，对商评委自身及商标争议当事人均有拘束力，并形成相应的商标法律秩序。在已

有两次终局裁定之后，强生公司援引 2001 年修改后的商标法，仍以商标驰名为主要理由，申请撤销争议商标的注册，商评委再行受理并作出撤销争议商标裁定，违反了一事不再理原则。【2】2001 年修改后的商标法，不能溯及该法修改前已受终局裁定拘束的商标争议。《最高人民法院关于审理商标案件有关管辖和法律适用范围问题的解释》（法释〔2002〕1 号）应该在这个前提下加以理解和适用。该司法解释第五条的规定，是对修改前与修改后商标法衔接时期的商标评审行政案件的法律适用问题所作的特殊规定，其中规定部分修改前商标法适用时期的事项按照修改后商标法相关规定审查，适用的前提是在修改前商标法适用时期未解决的争议，商评委在修改后商标法施行以后作出复审决定或者裁定，当事人不服向人民法院起诉的情形。本案涉及的商标争议在修改后的商标法施行前已经有过终局裁定，不属于前述司法解释第五条规定的情形，不应该适用该司法解释的规定。由于修改前的商标法对商标评审采取行政终局制度，对于当时已经行政终局裁决的争议事项，只能尊重和维护当时的法律制度，不能再以修改后的法律有新规定为理由对已决事项重新启动程序，否则，会冲击已经形成的法律秩序，打乱在当事人之间已经依法形成的利益格局，使当事人无所适从，也有损生效裁定的权威性和公信力。在行政终局制度下，终局裁定形成了秩序并产生信赖利益。当事人可以据此形成确定的预期，实施相应时市场行为。圣芳公司在终局裁定后对商标进行的大规模使用和宣传以及因此建立的商业信誉，应该受到法律保护。强生公司要求根据修改后的商标法溯及既往的主张，没有法律依据，不应予以支持。商评委及原审法院以强生公司引用了修改后的商标法为由，认定其提出本次评审申请有新的理由，并以《商标法》第十三条第二款的规定为依据认定争议商标应该撤销，适用法律错误。即使按照修改后的商标法及商标法实施条例的规定审查，商评委对本次评审申请的受理和裁决行为也没有合法依据。《商标法实施条例》第三十五条规定，"商标评审委员会对商标评审申请已经作出裁定或者决定的，任何人不得以相同的事实和理由再次提出评审申请"，对已决的商标争议案件，商评委如果要受理新的评审申请，必须以有新的事实或理由为前提。新的事实应该是以新证据证明的事实，而新证据应该是在裁定或者决定之后新发现的证据，或者确实是在原行政程序中因客观原因无法取得或在规定的期限内不能提供的证据。如果将本可以在以前的行政程序中提交的证据作为新证据接受，就会使法律对启动行政程序事由的限制形同虚设，不利于形成稳定的法律秩序。强生公司在本次评审申请中提交的证明争议商标申请日之前其引证商标驰名的证据，均不属于法律意义上的新证据。行政裁定或者决定作出之后法律发生了修改，也不能作为新的理由。对比强生公司的三次申请书所列的事实和理由，本案涉及的第三次评审申请所主张的驰名商标、混淆误认并非新的事实，在前两次申请中均已提出，所提出的理由及法律依据与前两次实质上是相同的。由于强生公司提出本次评审申请并无新的事实和理由，商评委再行受理强生公司本次提出的评审申请于法无据。就强生公司本次评审提交的证据而言，还不足以认定其引证商标在 1997 年 8 月争议商标申请日之前已经驰名，也不足以推翻前两次终局裁定认定的事实。

BFWX，蜡笔小新 Ⅱ 案❶（20081209/B2008-06/F2008-49）：旧法期间注册商标的无效时限也应自商标注册之日起算

双叶社 v 商评委等，再审，最高院（2007）民三监字第 25-1 号驳回再审申请通知书

案情概要

双叶社针对他人注册的"蜡笔小新"等商标提起无效—超出时限—商评委、一审、二审、再审均未支持

裁判摘录

【1】……依据《商标法》第三十一条等规定，以争议商标的注册侵犯你社在先著作权等为由提起申请撤销该注册商标，应当自该注册商标注册之日起五年内提出。因你社于 2005 年 1 月 26 日提出撤销申请，距该注册商标的注册之日已逾七年，商标评审委员会和一审法院认定你社提出撤销申请的时间已超过商标法规定的法定期限，据此驳回你社的申请，符合法律的规定。原二审判决关于商标法规定的五年期限应自 2001 年 12 月 1 日商标法生效之日起计算的认定没有法律依据，但裁判结果正确，故本院无需再启动审判监督程序予以纠正。

第四十五条

SWX，鳄鱼 Ⅱ 案（20051219）：国际注册商标争议期应自驳回期限届满或相关程序终结之日起计算

林维尔公司 v 商评委等，二审，北京高院（2005）高行终字第 341 号判决书，刘继祥、魏湘玲、张雪松

案情概要

拉科斯特公司于 1990 年 3 月 26 日取得 552436 号"鳄鱼"文字商标的国际注册—1990 年 6 月 19 日依据《商标国际注册马德里协定》在国际局实际登记指定中国的领土延伸—1993 年 1 月 5 日宜宾鳄鱼公司申请撤销争议商标—后林维尔公司受让引证商标并继承与该商标有关的一切权利义务，参加该案审理—商评委认为撤销申请超出时限——一审认为对国际注册商标提出争议的期限应当自争议商标在中国《商标公告》上进行

---

❶ 同时上榜 2008 年度年报案件及五十典型案例的还有（2007）民三监字第 26-1、27-1、28-1、29-1、30-1、31-1、32-1、33-1 号驳回再审申请通知书，内容与（2007）民三监字第 25-1 号类似。

公告之日起计算—争议商标一直未在中国公告，申请人无法得知该商标已经注册—期限应当自申请人实际得知争议商标注册之日起计算—未超过一年—撤销商评委裁定—二审认为1991年6月19日到1992年6月19日的一年内没有任何人提起争议，故该商标已实际处于不可争议的状态—中国商标局关于国际商标公告的说明尚不能构成规范性文件，其没有任何理由损害国际条约的实施—利害关系人完全可以得知涉案商标的注册情况—撤销一审判决

裁判摘录

【5】……拉科斯特公司于1990年3月26日取得552436号"鳄鱼"文字商标的国际注册，并于1990年6月19日依据《商标国际注册马德里协定》在国际局实际登记指定中国的领土延伸。在此之后截止到1991年6月19日的一年内，拉科斯特公司没有收到中国商标局就本案争议商标现有状况的任何驳回通知。在此情况下，根据《商标国际注册马德里协定》第五条第（二）（五）项之规定，争议商标立即进入不得拒绝保护的状态，亦即我国修改前的《商标法》第二十七条第二款所指的"经核准注册"的状态。【6】因此，1991年6月19日即是"经核准注册之日"，该"核准注册之日"是计算争议期的唯一合法依据。根据修改前的《商标法》第二十七条第二款的规定，任何争议均应自该日起算的一年内提出。鉴于在此后截止到1992年6月19日的一年内没有任何人提起争议，故该商标已实际处于不可争议的状态。【8】《商标国际注册马德里协定》明确规定国际局的公告为国际注册商标的充分有效公告，因此中国商标局对国际注册商标没有公告的义务。中国商标局于1990年6月30日开辟的《国际商标公告》虽名为"公告"，但并不是我国修改前《商标法》第十六条、第十九条和《商标国际注册马德里协定》第三条第（四）（五）项，第三条之三第（二）项所规定的具有法律意义的公告，因此不具有任何法律效力。中国商标局在不影响和不改变国际注册商标在中国实际核准保护日的前提下，可以进行提示性的二次公告，但在商标已过驳回期并已进入注册状态的情况下，再进行任何公告以及依据此公告作为评判国际注册商标是否注册乃至作为计算争议期起点的做法，都是违反《商标国际注册马德里协定》规定的。中国商标局关于国际商标公告的说明尚不能构成规范性文件，其没有任何理由损害国际条约的实施。【9】根据《商标国际注册马德里协定》的规定，任何人均可向国际局要求查阅有关国际注册商标公告，了解有关国际注册商标的情况。至于国际公告的名称，马德里协定实施细则中有明确规定，利害关系人完全可以得知，并不存在一审判决所说的"无法得知"的情况。目前国内商标所有人在没有二次公告的情况下，照样可以提起对国际注册商标的异议和争议的事实，已充分证明商标国际公告完全可以满足权利人维权的需要。

第四十七条 【商标无效的法律后果】

依照本法第四十四条、第四十五条的规定宣告无效的注册商标，由商标局予以公告，该注册商标专用权视为自始即不存在。

宣告注册商标无效的决定或者裁定，对宣告无效前人民法院做出并已执行的商标侵权案件的判决、裁定、调解书和工商行政管理部门做出并已执行的商标侵权案件的处理决定以及已经履行的商标转让或者使用许可合同不具有追溯力。但是因商标注册人的恶意给他人造成的损失，应当给予赔偿。

依照前款规定不返还商标侵权赔偿金、商标转让费、商标使用费，明显违反公平原则的，应当全部或者部分返还。

本条导读

商标无效的后果是自始无效，因此，已经被宣告无效的商标正在审理的则不再保护（扭扭案）。

但该条第 2 款也规定："宣告注册商标无效的决定或者裁定，对宣告无效前人民法院做出并已执行的商标侵权案件的判决、裁定、调解书和工商行政管理部门做出并已执行的商标侵权案件的处理决定以及已经履行的商标转让或者使用许可合同不具有追溯力。但是，因商标注册人的恶意给他人造成的损失，应当给予赔偿"。

这一规定更多涉及原告拥有注册商标的情形，早期的案例有认为原告商标注册并无恶意的不负赔偿责任（杞酒案），后来有认定原告恶意维权应当赔偿的（CPU 案、TELEMATRIX 案）。某些法院也将此规则用于被告拥有的注册商标被无效且有恶意的情形，判令被告承担赔偿责任（闽和案、希能案、美孚 II 案）。

BFY，TELEMATRIX 案（20191212/B2019-36/F2019-42）：恶意诉讼造成他人损失的应该承担赔偿责任

中讯公司 v 比特公司，再审，最高院（2019）最高法民申 366 号裁定书，佟姝、毛立华、吴蓉

案情概要

中讯公司起诉比特公司恶意提起知识产权诉讼并要求被告赔偿损失—比特公司获

准注册引证商标—对竞争对手和前合作伙伴开展一系列诉讼—引证商标经终审判决认定是以不正当手段抢先注册他人已经使用并有一定影响的商标—一审判决认定比特公司向中讯公司提起商标侵权诉讼系恶意诉讼行为—比特公司虽然在中讯公司提起不侵权诉讼之后提起第 57 号诉讼，但其提起第 57 号诉讼的实质目的仍然在于损害中讯公司的合法权益—判赔 100 万元—二审维持一审—再审维持二审

裁判摘录

【3】第二，比特公司提起第 57 号诉讼的目的。根据原审法院查明的事实，比特公司与中讯公司曾先后接受赛德公司的委托，为其加工酒店电话机产品，系具有竞争关系的同行业经营者。结合已为生效判决确认的事实，即作为第 57 号诉讼权利基础的涉案商标，系比特公司"以不正当手段抢先注册他人在先使用并有一定影响的商标"，以及比特公司在提起第 57 号诉讼之前，即在其网站上宣传"作为国际与德利达、TELE-MATRIX 齐名的三大酒店电话机品牌之一，比特在产品和服务上一直追求领先"，并先后对美国美爵信达公司及其代工企业提起侵害商标权之诉等事实，确难认定比特公司是以依法维权为目的、正当行使其诉讼权利的行为。据此，一审、二审法院认定比特公司启动第 57 号诉讼程序的行为，属于恶意提起知识产权诉讼，该结论于法有据，本院予以支持。在此基础上，一审、二审法院综合考虑中讯公司现实的经济损失、预期利润的损失以及比特公司的主观恶意等因素，酌情确定比特公司在本案中应当承担的赔偿责任的具体数额亦属得当。对比特公司与此有关的再审申请理由，本院均不予支持。【4】对于比特公司所提其他再审申请理由，本院认为，首先，对于中讯公司在本案中是否怠于行使权利、比特公司是否保持诉讼克制的问题。二审法院认定，在比特公司启动诉讼程序后，中讯公司采取应对措施、维护自身权益，并未怠于行使权利。比特公司自涉案商标获得注册后，先后通过发送警告函、提起诉讼、进行工商举报等方式向中讯公司主张权利，故二审法院所作"比特公司保持诉讼克制的理由没有事实依据"的结论于法有据。

FY，美孚Ⅱ案（20190731/F2019-10）：已被宣告无效的商标的侵权行为可以在未结诉讼中一并追究赔偿责任

埃克森美孚公司等 v 大众油业公司等，二审，上海高院（2016）沪民终 35 号判决书，王静、陶冶、朱佳平

案情概要

原告认为二被告使用"DasMeiFu""大众美浮"等多个标志的行为侵犯其

"MOBIL"和"美孚"注册商标及其在先知名字号—认为被告大众油业申请注册和注册"DasMobil"等有关商标对其构成不正当竞争—一审认定商标侵权—没有认驰必要—原告主张的"MOBIL"和"美孚"字号非一一对应关系—被告大众油业有关商标注册和申请不侵犯原告在先字号，不构成不正当竞争—赔偿30万元—二审部分纠正一审—赔偿100万元

> **裁判摘录**

【8】……上述对注册商标之间的冲突作出行政程序前置的相关规定，其背景是协调行政授权程序和司法程序的衔接问题，保障当事人依法就注册商标的争议程序向商标行政授权部门提起撤销或宣告无效的权利，故先由商标法定授权确权机构——商标局或商评委依法对注册商标的效力进行认定；若注册商标依法被认定无效后，再由人民法院对相关商标侵权纠纷进行审理。埃克森美孚公司和美孚石油公司起诉认为大众油业公司使用在核定商品（润滑油产品）上的商标与其在先的"MOBIL""美孚"注册商标构成近似，本应根据上述条款向有关行政主管机关申请解决，但本案情况较为特殊。目前标识的商标专用权已依法经行政授权机构和司法程序在本案侵权商品类别上被撤销且自始无效，而在案证据显示被控侵权行为始于2013年5月21日，且根据大众油业公司庭审自认直至2018年6月8日本案相关侵权行为仍在持续。就本案而言，为实现法的效率价值目标，人民法院在本案中对标识与"MOBIL""美孚"注册商标之间的纠纷进行审理，不但可以减少当事人的讼累、提高审判效率，而且并不会因此损害当事人在程序和实体上的合法正当权益，并有利于使双方当事人的争议得到实质性解决，故与前述立法目的并不相悖。【29】本案中，埃克森美孚公司依法受让了"MOBIL""美孚"注册商标，有权禁止他人未经许可在同种或类似商品上使用与其商标相同或易与其商标相混淆的近似标识。大众油业公司在润滑油产品上及相关经营活动中使用"DasMeiFu""大众美浮"字样和标识，在润滑脂产品上使用"大众美浮""DasMobil"字样和标识，系在生产、经营活动中将上述标识与其商品相关联，具有标示商品来源的作用，已构成商标性使用。鉴于"DasMeiFu""大众美浮"和标识与埃克森美孚公司"美孚"注册商标构成近似、"DasMobil"标识与埃克森美孚公司"MOBIL"注册商标构成近似，而润滑油产品与润滑脂产品在功能、用途、生产部门、销售渠道、消费对象等方面构成近似，相关公众一般认为其存在特定联系并容易造成混淆，构成类似商品。因此在隔离的状态下，相关公众施以一般注意力易对上述被控侵权标识所标示的润滑油、润滑脂商品的来源与埃克森美孚公司"MOBIL""美孚"注册商标所标识的润滑油等商品的来源产生混淆或误认，或者认为两者存在特定联系。因此，大众油业公司在润滑油产品上及相关经营活动中使用"DasMeiFu""大众美浮"字样以及标识、在润滑脂产品上使用"大众美浮""DasMobil"字样以及标识的行为，已构成对埃克森美孚公司"MOBIL""美孚"注册商标专用权的侵害。

第四十七条

SY，希能案❶（20180518）：恶意注册商标不能作为侵权赔偿的阻碍

济民公司 v 亿华公司，二审，上海知产院（2017）沪 73 民终 299 号判决书，何渊、黄旻若、凌宗亮

案情概要

　　原告济民公司 1998 年注册"悉能"商标—被告亿华公司 2004 年申请注册"希能"商标—原告提起异议—商标局裁定不予注册—商评委核准注册—一、二审维持商评委裁定—再审裁定不应注册—商评委重新做出被告商标不予注册的决定—原告诉被告 2004 年起使用"希能"商标的行为构成侵权—一审认为被告商标系恶意申请，且未经核准，不享有注册商标专用权—被告使用被诉标识，足以导致相关公众误认、混淆，构成商标侵权—二审维持一审—亿华公司申请再审，被驳回

裁判摘录

　　【5】本案的特殊性在于，本案的争议虽然不属于两个注册商标之间的争议，但被诉标识确曾获得商标注册，因此，认定被诉标识使用行为是否构成侵权，首先需要明确商评委根据最高人民法院再审判决重新作出的被诉标识不予核准注册的裁定对于注册商标撤销前的使用行为是否具有溯及力，如果具有溯及力，需要满足何种条件。本院认为，对于上述问题，商标法并没有明确的规定。《商标法》第四十七条第二款规定，"宣告注册商标无效的决定或者裁定，对宣告无效前人民法院做出并已执行的商标侵权案件的判决、裁定、调解书和工商行政管理部门做出并已执行的商标侵权案件的处理决定以及已经履行的商标转让或者使用许可合同不具有追溯力。但是，因商标注册人的恶意给他人造成的损失，应当给予赔偿"。该规定并未明确宣告注册商标无效的决定或裁定，对宣告无效前商标注册人自身使用商标的行为是否具有追溯力，即在先的注册商标权人是否可以据此主张在后注册商标无效前的使用行为构成侵权。本院认为，商标局或商评委关于准予商标注册的决定对于商标权人在内的社会公众均具有一定的公信力，因信赖商标注册部门的决定而实施的相关商标使用、许可、转让或者保护等行为应当受到保护，不能因为注册商标之后被撤销或无效而使得原本合法的行为转变为侵权行为，否则基于注册商标而进行的各种市场活动将缺乏稳定性和可预期性，不利于市场主体的交易安全。但是，《商标法》第七条规定，申请注册和使用商标，应当遵循诚实信用原则。如果商标注册人在申请商标注册时或者使用注册商标时，主观上存在恶意，即明知其申请注册或使用的商标侵害他人在先权利，那么上文提及的商

---

❶　亿华公司申请再审，上海高院 2019 年 6 月 14 日作出（2018）沪民申 1401 号裁定书驳回其再审申请。

标注册人值得保护的信赖利益便不复存在。不论注册商标是否被撤销或者宣告无效，在先的权利人均可以主张在后的商标使用行为构成侵权。因此，通常所理解的"两个注册商标之间的争议，人民法院不予处理"的规定，应当指两个合法有效注册商标之间的争议，如果在后注册商标的申请或使用存在恶意，人民法院应当予以处理。同理，商标不予注册、被撤销或无效的决定、裁定等对于注册商标撤销或宣告无效前的使用行为是否具有溯及力，也应取决于注册商标权利人申请或使用商标是否具有恶意。即注册商标被撤销或宣告无效的，对于撤销或无效之前的商标注册权人的使用行为原则上没有溯及力，但因商标注册人的恶意给他人造成的损失，应当给予赔偿。本案中，因商评委基于最高人民法院再审判决重新作出不予核准注册的裁定，亿华公司原本享有的被诉标识注册商标权被撤销。因此，被诉标识使用行为是否构成对权利商标的侵害，应当以被诉标识注册商标被撤销为时间点进行区分判断。被诉标识注册商标被撤销前的使用行为是否构成侵权，应当以亿华公司存在主观恶意为前提。……【8】……本院认为，亿华公司在相同商品上使用与权利商标近似的标识，主观上存在恶意，客观上容易导致混淆，构成对权利商标的侵害。

SY，CPU 案（20180412）：恶意注册商标并起诉或投诉，给他人造成的损失应由抢注人承担

科顺公司 v 共利公司，二审，浙江高院（2018）浙民终 37 号判决书，王亦非、郭剑霞、陈为

> **案情概要**

被告共利公司注册了第 10858713 号和第 10881828 号"CPU"商标，核定使用于第 19 类的相关商品—原告科顺公司于 2011 年开始将"CPU 聚氨酯"使用于产品名称—原告对涉案两商标提出无效申请—共利公司自认申请注册时知晓"CPU"已被本行业内部人士认定为"浇注型聚氨酯"简称的事实—2015 年 10 月 16 日，商评委裁定对被告的两件"CPU"商标予以无效宣告且裁定已经生效—"CPU"注册后无效前，被告曾对原告提起工商投诉，导致原告被行政处罚，后引发行政诉讼，终审判决认为处罚决定应予撤销—被告还曾起诉原告商标侵权，其诉求未获法院支持—被告的行为还导致原告与他人的买卖合同纠纷，并产生诉讼—一审法院认为被告恶意注册商标，恶意维权，侵害原告合法权益—商标无效宣告、买卖合同纠纷案件、侵害商标权纠纷案件、行政诉讼案件及该案均与被告恶意注册、举报和起诉相关，原告为此支出的律师费、公证费，共计 160500 元是应对被告恶意维权和诉讼所必须，予以支持—二审维持一审。

裁判摘录

【5】本案中，共利公司被诉行为的违法性并非在于其提起商标侵权诉讼和向工商行政部门举报本身，而在于主观恶意的认定，即提出请求的一方当事人明知其请求缺乏正当理由，以有悖于权利设置时的目的的方式，不正当地行使权利，意图使另一方当事人受到财产或信誉上的损害。本案中从共利公司的行为表现来看，可以认定其具有主观上的恶意：1. 共利公司据以维权的权利基础缺乏正当性。……共利公司注册"CPU"商标的主要目的不在于自身的使用，该行为为难谓正当。2. 科顺公司被共利公司起诉和投诉的行为均系正当使用行为。科顺公司在其生产的涉案产品的包装袋上对"CPU"的使用，系为表明其产品的主要原材料成分和生产工艺，并非作为商标使用，同时科顺公司在产品包装上载明了生产厂家等信息，不会造成相关公众对商品来源的误认和混淆。且科顺公司在共利公司"CPU"商标申请日前即已在产品名称中使用"CPU"字样，作为同一地区同业主要竞争者，共利公司在注册商标时对科顺公司的上述使用行为应是知晓的。共利公司以非善意取得的商标权为权利基础对科顺公司的正当使用行为提起侵权之诉以及向工商行政部门投诉并出具《承诺书》，通过查封扣押科顺公司的货物，影响科顺公司和他人的交易，具有打击科顺公司的不正当目的，主观上明显具有恶意。【6】……科顺公司为应对共利公司提起的商标侵权诉讼所支付的律师费和公证费，属于诉讼的合理支出项，即该诉讼确实造成了科顺公司经济损失的损害后果。共利公司的举报投诉行为导致科顺公司为履行与原潮公司合同而生产的货物被查封，该批货物后因过保质期无法使用，造成了货物损失。同时，因该批货物被查封而致使科顺公司未能按期向原潮公司交货，引发了原潮公司就此提起了买卖合同纠纷诉讼，科顺公司为应对该诉讼所支付的律师费，也是共利公司的举报投诉行为造成的经济损失。为推翻共利公司的恶意举报投诉，科顺公司向商标评审委对"CPU"商标提出无效宣告申请，以及提出行政诉讼，就此支付的商标代理机构的代理费和律师费，亦属于共利公司的举报投诉行为造成的损害后果。【10】本案中，共利公司在明知"CPU"系行业内通用名称的情况下，仍将其申请注册为商标，并对科顺公司恶意提起商标侵权诉讼以及向工商行政部门恶意投诉，致使科顺公司在共利公司的恶意维权中遭受经济损失，应当承担侵权责任。……一审法院依照科顺公司提交的发票等证据确定科顺公司为商标无效宣告、买卖合同纠纷案件、侵害商标权纠纷案件、行政诉讼案件及本案支出的律师费、公证费、代理费共计 160500 元合法有据。

第 10858713 号
（被告涉案商标一）

CPU

第 10881828 号
（被告涉案商标二）

SY，闽和案（20170222）：销售商标被无效前生产的商品也会构成侵权

闽和公司 v 金凤凰公司等，二审，福建高院（2017）闽民终 28 号判决书，蔡伟、陈一龙、马玉荣

案情概要

　　案外人张某泳在第 6 类相关商品注册有 3398237 号"闽和及图"商标（2004 年注册）以及第 10613943 号"闽和及图"商标（2013 年注册）—原告闽和公司 2014 年 7 月 3 日从张某泳处获得许可使用第 10613943 号"闽和及图"商标，2016 年 5 月 27 日从张某泳处获得许可使用第 3398237 号"闽和及图"商标—2015 年 1 月 28 日，被告金凤凰公司获准注册第 13603367 号"闽禾"商标—张某泳提出无效申请—2015 年 11 月 24 日，第 13603367 号"闽禾"商标被宣告无效—原告起诉被告使用"闽禾"等标志侵犯其商标权利—一审认定构成商标侵权—被告金凤凰公司"闽禾"商标已被撤销，不能继续使用并用作抗辩—二审维持一审

裁判摘录

　　【1】根据查明的事实来看，上诉人使用的"闽禾"商标已经于 2015 年 11 月 24 日被国家商标评审委员会裁定宣告无效。而本案上诉人通过公证保全的方式，从原审被告其春玻璃店购买到"闽禾"牌侵权铝材产品的时间是 2016 年 5 月 13 日。从公证书上所附的照片显示，其春玻璃店的宣传牌上清楚标明"闽禾铝材厂家直销"的内容。因此可以认定，在被上诉人进行公证购买时，其春玻璃店仍在销售"闽禾"牌铝材。上诉人辩称公证购买的"闽禾"铝材产品系在 2015 年即商标有效期间生产的，被上诉人所购买的也只是准备回收的边角废料，但并没有提供充分证据予以证明。故上诉人关于其在 2015 年度生产、销售"闽禾"牌铝材的行为是符合法律规定的主张缺乏事实和法律依据。

SY，扭扭案（20000510）：引证商标因注册不当被撤销则不能作为侵权案件的权利基础

中一番公司 v 佳祥公司等，二审，最高院（2000）知终字第 1 号判决书，董天平、张辉、段立红

案情概要

　　中一番公司注册了第 1200997 号"扭扭"商标—中一番公司以佳祥公司、华祥公

司、德祥公司使用"扭扭"标志侵犯其注册商标专用权为由起诉——一审期间，佳祥公司以注册不当为由对中一番公司的"扭扭"商标提起撤销——一审认为这不是中止商标侵权案件审理的法定理由——佳祥公司虽然先将"扭扭"作为商品名称使用，但未进行商标注册，现中一番公司已将"扭扭"进行商标注册，法律优先保护商标权——一审宣判后，第1200997号"扭扭"商标因注册不当被撤销——二审撤销一审，驳回中一番公司诉讼请求

裁判摘录

【1】……原审判决是在国家工商行政管理局商标评审委员会作出商标注册不当终局裁定之前作出的，根据该商标评审委员会商评字（1999）第3826号《"扭扭"商标注册不当终局裁定书》，被上诉人的"扭扭"注册商标于2000年1月4日被撤销注册，根据《中华人民共和国商标法实施细则》第二十五条第五款的规定，被上诉人请求保护的商标权视为自始即不存在，故其诉讼请求已无事实和法律依据。

SY，杞酒案（19980616）：依据注册商标对他人采取法律措施，只要商标非恶意注册就不负赔偿责任

沱牌曲酒厂等 v 宜宾杞酒厂，二审，最高院（1997）知终字第2号判决书，蒋志培、董天平、程永顺

案情概要

宜宾杞酒厂提出"杞酒"发明专利申请，明确提出该杞酒中的枸杞为"基本配料"——宜宾杞酒厂申请注册"杞"字商标，使用于酒类产品，但在填报材料的主要原料栏目中未填报"枸杞"——商标获准注册——宜宾杞酒厂对沱牌酒厂使用"杞酒"名称销售"沱牌杞酒"的行为提起诉讼——并对该案多家原告提起行政查处——商评委撤销"杞"字商标——各原告起诉宜宾杞酒厂恶意注册商标构成侵权——一审认为被告骗取注册，存在恶意，应负赔偿责任——二审认为撤销注册是因为缺乏显著性——隐瞒主要原料是枸杞不是恶意针对特定的其他经营者——不是恶意注册——不需赔偿

裁判摘录

【1】……用"杞"字作滋补酒的商标，直接表示了本商品的主要原料，不具备显著性；且该商标不能认定为驰名商标，故决定撤销该注册商标。该决定未表明"杞"字商标注册人有恶意。虽然宜宾杞酒厂在注册时，有意隐瞒了该厂将"杞"字商标主

要使用在滋补酒上，"枸杞"是该滋补酒的主要原料的事实，但这一行为不是恶意针对特定的其他经营者采取的损失其利益的措施，不宜适用《商标法实施细则》的有关规定认定其有"恶意"。根据《商标法实施细则》第二十五条关于撤销注册商标的决定或者裁定，对在撤销前人民法院做出并已经执行的商标侵权案件的判决、裁定，工商行政管理机关做出并已经执行的商标侵权案件的处理决定，不具有追溯力的规定，宜宾地区中级人民法院的调解书已经生效并执行，有关工商行政管理机关对本案原审相关原告的处理也已经生效并执行，故国家工商行政管理局商标评审委员会撤销"杞"字商标的决定，对上述调解书和处理决定无追溯力。并且，由于宜宾杞酒厂申请注册商标时市场上尚无他人生产销售或者宣传"杞"牌酒，也就不可能造成他人的损失。其后，虽然沱牌酒厂等被上诉人有一定的损失，但是，这种损失的发生，与宜宾杞酒厂的申请注册行为没有直接的因果关系，而是由于在"杞"字商标核准注册后，没有人及时提出请求撤销该商标，各被上诉人在此期间盲目生产杞酒产品而造成的。

第四十七条

第四十八条 【商标使用】

本法所称商标的使用，是指将商标用于商品、商品包装或者容器以及商品交易文书上，或者将商标用于广告宣传、展览以及其他商业活动中，用于识别商品来源的行为。

本条导读

商标使用定义最初是针对三年不使用撤销程序中的行为，2002 年《商标法实施条例》将其推及整个商标法，2013 年又从实施条例上升到本法，并加上用于识别商品来源的行为。不过，由于商标之所以得以获得注册，均是经过显著性审查，或者说是经过假想该标志对于商品可能起到识别作用才予以注册的，所以再特别强调商标用于商品起到识别作用并没有太大的实质意义。

当然，纯粹识别商业主体的企业名称不符合商标使用的定义，但突出使用在商品上也可能构成商标使用，甚至只要用于商品当然也是在指示商品的来源；同理，单纯的域名注册行为虽然不符合该定义，但只要伴以相关商品的电子商务则会构成商标使用；当然，单纯的搜索关键词，如果不与具体商品或服务结合，则不会被认为起到商标识别的作用。

实际判例中，直接引述第 48 条进行分析的案例并不多，更多的是在适用第 49 条或第 57 条时对其中的商标使用概念进行解释，行政案件中也会涉及使用的认定（日产案）。对于"侵权与否"取决于"使用与否"的案件，我们统一将其放到这里进行解读：如所有能够起到区别作用的使用（卡地亚 II 案、乐活案、五谷丰登案、双弧线案），包括剪标商品上的残余使用（圣迪奥案）、商品标注以外的使用（正泰案）、企业名称的突出使用（卡斯特 II 案）、免费的使用（吉尼斯案），甚至在互联网条件下的出口行为（PEAK 案），或作为搜索关键词（梅思泰克案、盘古案、汇博案），或与电视台一起使用（非诚勿扰案），或在产品目录上的使用（雅马哈 I 案），或发票上的使用（小天鹅案），也都会构成商标使用。

但对产品属性进行描述的使用（飞币案），消费者看不见的内包装里的使用（伟哥 II 案），或作为商品装饰或商品形状的使用（路易威登 II 案），或作为银行卡种类名称的（神舟兴陇案）则不算使用。此外，作为比赛赞助单位（平安案）或自身名称（皇马案）不构成对组织比赛服务的使用，仅仅作为电影名称用以概括说明电影内容的表达主题（功夫熊猫 I 案、功夫熊猫 II 案），仅用作搜索关键词但未联系具体商品的（美闻比萨案），或没有损害原告商标识别、宣传功能（金夫人案），或仅在引进商户时使用商标（PRADA 案），或仅在定牌加工出口环节使用（CROCODILE Ⅰ案、CROCO-DILE Ⅱ案、SOYODA 案、PRETUL 案、JOLIDA 案），也不认为是商标性使用。但最高院近期的判决中明确，定牌加工本身并不能排除商标使用（HONDA 案），商标使用是一个整体的过程，不能割裂看待某个环节，不能局限于消费者，也不能局限于中国境内。

BDY，HONDA 案（20190923/B2019-38.39/D2019-02）：定牌加工商品上使用的标记也可构成商标使用

本田株式会社 v 恒胜鑫泰公司等，再审，最高院（2019）最高法民再 138 号判决书，林广海、秦元明、马秀荣

案情概要

　　本田株式会社认为恒胜集团受美华公司委托加工，恒胜鑫泰公司负责办理出口的摩托车散件上使用"HONDAKIT"商标标识，易造成混淆误认，侵犯其"HONDA"等商标权——被告抗辩认为自己的行为是定牌加工行为，对涉案标记的使用不是商标使用，不构成商标侵权——一审认为证据不能证明被告是定牌加工行为，被告使用的"HONDA-KIT"商标标识，突出"HONDA"部分，缩小"KIT"部分，与美华公司授权的商标"HONDAKIT"并不一致，构成商标侵权，赔偿 30 万元——二审认为证据可以证明被告是定牌加工行为，涉案商品不进入中国市场，不是商标使用行为，不会产生混淆，不构成商标侵权——再审认为被告的涉案行为属于商标使用，易造成相关公众的混淆，构成商标侵权——赔偿 30 万元

裁判摘录

　　【4】商标使用行为是一种客观行为，通常包括许多环节，如物理贴附、市场流通等，是否构成商标法意义上的"商标的使用"应当依据商标法做出整体一致解释，不应该割裂一个行为而只看某个环节，要防止以单一环节遮蔽行为过程，要克服以单一侧面代理行为整体。商标使用意味着使某一个商标用于某一个商品，其可能符合商品提供者与商标权利人的共同意愿，也可能不符合商品提供者与商标权利人的共同意愿；某一个商标用于某一个商品以至于二者合为一体成为消费者识别商品及其来源的观察对象，既可能让消费者正确识别商品的来源，也可能让消费者错误识别商品的来源，甚至会出现一些消费者正确识别商品的来源，而另外一些消费者错误识别商品的来源这样错综复杂的情形。这些现象纷繁复杂，无不统摄于商标使用，这些利益反复博弈，无不统辖于商标法律。因此，在生产制造或加工的产品上以标注方式或其他方式使用

了商标，只要具备了区别商品来源的可能性，就应当认定该使用状态属于商标法意义上的"商标的使用"。【5】……本案中相关公众除被诉侵权商品的消费者外，还应该包括商品运输等环节的经营者即存在接触的可能性。而且，随着电子商务和互联网的发展，即使被诉侵权商品出口至国外，亦存在回流国内市场的可能。同时，随着中国经济的不断发展，中国消费者出国旅游和消费的人数众多，对于"贴牌商品"也存在接触和混淆的可能性。二审法院认定，被申请人办理出口的 220 套摩托车散件系全部出口至缅甸，不进入中国市场参与"商业活动"，中国境内的相关公众不可能接触到该产品，因而被申请人的这种使用行为不可能在中国境内起到识别商品来源的作用，因此这并非商标法意义上的商标使用行为。二审认定事实及适用法律均有错误，本院予以纠正。

BY，神舟兴陇案（20190923/B2019-35）：银行卡上起到识别服务来源作用的是银行名称，而非银行卡的种类名称

思睿观通公司等 v 甘肃银行等，再审，最高院（2019）最高法民再 139 号判决书，林广海、秦元明、马秀荣

案情概要

思睿观通公司是涉案第 11285851 号"神舟兴陇"商标的注册人—申请日是 2012 年 7 月 31 日—2013 年 12 月 28 日注册—核定使用在第 36 类的保险、银行、金融服务、金融管理等服务—金石公司受让涉案商标—甘肃银行发行"神舟兴陇借记卡"—一审认为甘肃银行从 2012 年 4 月始，在设计、审批、检测、制造"神舟兴陇借记卡"的过程中，已经使用了"神舟兴陇"字样—属于在类似商品上使用与涉案商标相同的商标—但有在先使用—不构成商标侵权—可以在原使用范围内继续使用"神舟兴陇"商标作为其银行卡的名称—二审认为"神舟兴陇借记卡"正式发行后，才有商标法意义的"神舟兴陇"标识使用行为—不构成在先使用—构成商标侵权—再审认为在"甘肃银行神舟兴陇卡"字样中起到识别服务来源作用的是"甘肃银行"字样，而不是"神舟兴陇"字样—不构成侵权

裁判摘录

【2】思睿观通公司与金石公司起诉请求判令甘肃银行立即停止在其银行卡上使用"神舟兴陇"商标，停止发行带有"神舟兴陇"字样的银行卡，停止在其网站及其他商业宣传方面使用"神舟兴陇"商标，并承担赔偿责任。这是在银行卡业务领域发生的商标侵权纠纷。银行卡，是指由商业银行向社会发行的具有消费信用、转账结算、

存取现金等全部或者部分功能的信用支付工具。在我国，作为银行服务的一项业务，银行卡服务的来源是银行，而不是其他民事主体，这是持卡人、商户及其他消费者共同知晓的，容易识别而不至于混淆。在本案中，甘肃银行在该行发行的借记卡左上方标注有宋体"甘肃银行神舟兴陇卡"字样，其中"甘肃银行"字体较大，"神舟兴陇卡"字体较小。根据《商标法》第四十八条规定，商标的使用，是指将商标用于商品、商品包装或者容器以及商品交易文书上，或者将商标用于广告宣传、展览以及其他商业活动中，用于识别商品来源的行为。如前所述银行卡业务的特点，在"甘肃银行神舟兴陇卡"字样中起到识别服务来源作用的是"甘肃银行"字样，而不是"神舟兴陇"字样。"神舟兴陇卡"作为甘肃银行发行的一种银行卡的种类名称，具有区分银行卡"服务的功能内容"的作用，不具有识别银行卡的"服务的来源主体"的作用。这是判断本案是否构成侵犯商标权的关键所在。二审法院认定，"甘肃银行在银行卡上使用'神舟兴陇'标识，起到在商业活动中识别商品或服务来源的作用，因此是商标性使用"，并且在此基础上判决承担侵权责任，显然不当，应予纠正。一审法院判决认定甘肃银行不构成侵权，金邦达公司作为银行卡的生产者，亦不构成侵权，并且在此基础上驳回思睿观通公司及金石公司的全部诉讼请求，判决结果是正确的，应予维持。

SY，双弧线案（20190719）：与其他商标一起使用并不必然否定标记作为商标使用的性质

利惠公司 v 利锋公司等，二审，广州知产院（2019）粤 73 民终 2616 号判决书，程方伟、刘宏、郭小玲

案情概要

原告利惠公司拥有第 2023725 号双弧线图形注册商标（以下简称"双弧线商标"），核定使用商品在第 25 类的服装、牛仔裤等商品——原告将涉案双弧线商标主要用于其"LEVI'S"牛仔裤的后袋外表面——被诉侵权的牛仔裤后裤袋有双弧线图形——与原告商标视觉基本无差别——一审认为被告涉案行为是商标使用行为——同种商品——相同商标——未经许可销售——构成商标侵权——被告没有对合法来源进行抗辩和举证——被告上诉认为是装饰性使用，不是商标使用，也无混淆——二审维持一审侵权认定——一般消费者能将双弧线商标与原告"LEVI'S"牛仔裤联系起来——被告行为会产生误认或认为被诉侵权商品与原告有特定联系

裁判摘录

【1】……利惠公司是知名的服装厂商，其"LEVI'S"品牌牛仔裤是其知名产品，

该品牌牛仔裤后袋上的曲线缝合线形状即双弧线图形已被注册为第 2023725 号商标,经过利惠公司多年的使用和广告宣传,该商标已经在消费者群体中获得极高的声誉和认同度。一般消费者能够将该牛仔裤后袋上的双弧线图形与利惠公司"LEVI'S"品牌的牛仔裤联系起来。【2】……将被诉侵权商品的双弧线图形与利惠公司第 2023725 号注册商标进行比对,以相关公众的一般注意力为标准,二者在视觉上基本无差别,且被诉侵权商品的双弧线图形所使用的方式与利惠公司的注册商标使用方式一致,均使用在同一种商品牛仔裤的后裤袋上,容易使相关公众对牛仔裤的来源产生误认或者认为被诉侵权的牛仔裤商品与利惠公司的"LEVI'S"品牌牛仔裤之间有特定联系。

第 2023725 号（原告商标图样）　　　被诉侵权牛仔裤的双弧线图形

SY,吉尼斯案（20181002）:商标使用可能发生在免费商业活动中

吉尼斯公司 v 奇瑞公司等,二审,广东高院（2017）粤民终 2347 号判决书,邱永清、肖海棠、喻洁

案情概要

原告吉尼斯公司拥有"GUINNESS WORLD RECORDS""吉尼斯世界纪录""吉尼斯"等注册商标,核定使用的服务包括第 41 类中的"组织挑战赛""组织表演(演出)"等—2000 年起,吉尼斯公司在中国出版多本关于吉尼斯世界纪录的书籍—原告认为被告奇瑞公司等未经授权,在 16 个城市举办的"奇瑞艾瑞泽挑战吉尼斯中国巡演"活动中,大规模、突出使用涉案商标,构成商标侵权和不正当竞争—一审认为被告在巡演活动中及网站上使用被诉侵权标志是商标性使用,不是正当使用,构成商标侵权及不正当竞争,恶意,惩罚性赔偿,二审维持一审商标侵权及反不正当竞争的认定,维持惩罚性赔偿

裁判摘录

【12】……要构成商标性使用需要满足以下要件,即:相关标识必须是在商业活动

中使用，使用是用于识别商品或服务的来源。【13】……从涉案活动及网页宣传的内容来看，该活动是为了宣传、推广艾瑞泽汽车或奇瑞公司的品牌而举办，目的是扩大艾瑞泽汽车的影响力和知名度，从而获得更好的销售量赚取利润，属于典型的商业活动。商业活动不一定是通过直接收费盈利，奇瑞公司和奇瑞销售公司以涉案活动是免费活动为由主张涉案活动不是商业性活动依据不足，本院不予采纳。

SY，金夫人案（20180628）：购买与他人商标文字相同的关键词使用但不会被识别为商标的，不是商标性使用

金夫人公司 v 米兰公司等，再审，江苏高院（2017）苏民申 2676 号裁定书，张继军、左其洋、罗有才

案情概要

　　金夫人公司设立于 1989 年 2 月 1 日，经营范围包括摄影、婚纱礼服的出租和零售、商业特许经营—2002 年 12 月 28 日获准注册第 1979849 号"金夫人 GOLDENLADY 及图"，使用于第 42 类的服务—金夫人公司认为米兰公司使用"金夫人"作为搜索关键词，参加百度公司推出的竞价排名推广服务，并能够在搜索结果中显示米兰公司的标题、描述及网址链接，构成侵权—一审认定米兰公司和百度公司构成共同侵权—二审认为米兰公司设置推广链接的行为不属于对涉案商标的商标性使用，亦未对涉案商标的功能产生损害，不构成商标侵权—未损害原告合法权益，不构成不正当竞争—百度公司仅提供百度推广服务，本身未侵犯金夫人公司的商标权，也未构成不正当竞争—再审维持二审

裁判摘录

　　【2】……本案中，米兰公司在计算机系统后台将涉案组合商标中的文字"金夫人"设置为百度推广服务关键词，搜索结果中首条链接是金夫人公司的官网，第三条为米兰公司，点开后的米兰公司网站中既没有将该商标作为商业标识向用户展示，也无"金夫人"相关字样，普通网络用户依其认知能力完全能够识别两者之间的不同，故该关键词的设置不会使用户将其识别为区分商品或服务来源的商标，不属于商标法意义上的商标性使用。【3】以"金夫人"搜索后，金夫人公司的网站链接仍然显示并且排在第一位，已经保证了金夫人公司网站对于消费者的可见性，金夫人公司商标的宣传功能亦未受到影响。百度自然搜索和百度推广各自有其复杂的算法规则，金夫人公司以假定其未付费的情形来否定本案所涉的搜索排名，缺乏事实依据。二审法院综合本案具体案情对当事人争议的商标部分相关问题作出的认定，并无不当。

第四十八条

FY，飞币案（20180521/F2018-21）：描述产品属性的使用不属于商标法意义上的使用

阿里巴巴实业公司 v 星烁公司，一审，南昌铁路运输中院（2017）赣 71 民初 15 号判决书，刘建玲、熊爱武、谢卫红

案情概要

阿里巴巴实业公司 2017 年 3 月 14 日取得"飞币"商标注册，核定使用在第 36 类金融服务—被告星烁公司进行"飞币"虚拟货币网络上线公开募集服务—原告认为被告擅自销售和公开融资"飞币"标识虚拟代币，为"飞币"虚拟货币开展金融服务侵犯其商标权，索赔 300 万元—一审认为，涉案标识的使用不属商标法意义上的使用，被告不具有主观恶意，不会造成公众对于商品或服务来源的混淆，原告主张不能成立，不予支持

裁判摘录

【7】……判定星烁公司是否构成商标侵权，还应进一步考量以下因素：1. 是否为商标意义上的使用；2. 是否具有主观恶意；3. 是否会造成公众混淆误认。在本案中，首先，被告使用飞币标识，一是指示币种，二是与其他币种显示区别，三是描述自己产品的属性，目的是向公众描述与其商品服务相关的内容。因此，该涉案标识的使用不属商标法意义上的使用，而是描述性的使用。其次，币久网出现飞币标识的时间是 2017 年 7 月 25 日，原告取得"飞币"注册商标的时间是 2017 年 3 月 14 日。2017 年 5 月 1 日，原告以许可方式给予他人使用，但未实际使用，客观上未经使用产生知名显著性，未攀附原告商誉。涉案标识的使用并非暗示飞币与注册商标之间的关系，显然不具有主观恶意，而是出自自身需要的善意使用。再次，币久网注册交易的用户是特定的，其知晓自身从事虚拟货币交易的行为，涉案"飞币"标识的使用不会造成公众对于商品或服务来源的混淆。因此，原告上述主张不能成立，本院不予支持。

SY，汇博案（20171221）：将他人商标用作搜索关键词并链接到自己的网站构成商标侵权

聚焦人才公司 v 前锦网络公司等，一审，重庆五中院（2017）渝 05 民初 377 号判决书，徐华、许培英（陪）、陈聪

【案情概要】

　　原告聚焦人才公司 2012 年取得第 7935975 号商标"汇博"，核定使用商品类别为第 35 类—运营"汇博人才网"—一审认为将他人商标用作搜索关键词，会削弱他人商标与他人服务的特定联系—构成商标侵权—百度公司尽到了合理审慎的注意义务，不构成共同侵权

【裁判摘录】

　　【4】前锦网络公司提供的相关人才服务与原告注册商标核定使用范围相一致，其将原告注册商标作为搜索关键词的行为，实质是一种利用原告"汇博"商标的信誉对自身经营的人才招聘等相关服务进行的深度推广宣传活动。相关网络用户本欲通过"汇博"商标进行网络搜索与原告聚焦公司相关人才招聘、人才信息等相关业务，但在百度地址栏输入"汇博人才网""汇博网""汇博"等词语后，搜索结果却均被链接到被告前锦网络公司所经营的网站无忧工作网（51job.com），即使链接网站宣传推广内容均系前锦网络公司的相关信息而与原告聚焦人才公司无关，但被告的行为已经使原告聚焦人才公司及其提供的人才信息、招聘等相关服务与其注册商标"汇博"之间的特定联系被削弱，这一商标在商业活动中发挥的区分商品服务来源的识别功能亦被降低，并且提高了相关网络用户的搜索成本，从实质上损害了聚焦人才公司的注册商标专用权。【5】注册商标"汇博"并非是通用词汇，被告前锦网络公司无正当理由，将包含聚焦人才公司注册商标"汇博"的"汇博人才网"作为搜索关键词，侵犯了聚焦人才公司的注册商标专用权。由于反不正当竞争法通常是在知识产权专门法以外提供单独的保护，本案已适用《商标法》进行规范，不再适用《反不正当竞争法》的规定。

SY，PEAK 案（20170421）：互联网经济下出口不能否定商标使用及在境内造成混淆的可能

匹克公司 v 振宇公司等，二审，上海知产院（2016）沪 73 民终 37 号判决书，陈惠珍、杨馥、刘静

【案情概要】

　　原告匹克公司享有"PEAK""PEAK 及图"等商标的专用权—原告起诉被告振宇公司在为美国伊萨克莫里斯公司贴牌生产的商品上使用的标志侵犯其商标—一审认为不侵权，涉案服装标贴"PEAK SEASON"标志在国内市场上不会起到标识商品来源的

作用，不是商标法意义上的商标使用，判断混淆不具有实际意义——二审认为构成侵权，互联网经济下，即便出口商品不在境内销售，也不能否认商标的使用，以及由此造成的混淆和误认

裁判摘录

【2】……随着互联网经济的迅猛发展，网上贸易市场日益呈现出全球化趋势，正如上诉人泉州匹克公司在二审中提供的公证保全证据所呈现的经济运行模式，国内消费者通过"亚马逊"官方网站（http：//www.amazon.cn）可以搜索在美国市场的商品并进行网购，"亚马逊"上传的照片可以放大从而较为清晰地看到商品标识，由此可见，即便出口商品不在境内销售，也难以避免通过各类电子商务网站使国内消费者得以接触到已出口至境外的商品及其标识，必然涉及是否会造成相关公众混淆和误认问题，此种情况下商品上的标识会起到识别商品来源作用。加之，被上诉人伊萨克莫里斯有限公司确认其"在美国是'亚马逊'的客户，可能将从中国等地加工的服装卖给'亚马逊'，由'亚马逊'进行分销"。因此，在本案中不能以非商标法意义上的商标使用为由判决两被上诉人不构成侵权。

DY，非诚勿扰案（20161226/D2016-03）：相关标识具有节目名称的属性并不能当然排斥该标识作为商标的可能性

金某欢 v 江苏电视台等，再审，广东高院（2016）粤民再447号判决书，徐春建、邱永清、肖海棠

案情概要

金某欢获准注册"非诚勿扰"商标，提供"交友服务、婚姻介绍所"等服务——江苏电视台下属江苏卫视开办婚恋交友节目"非诚勿扰"——金某欢诉江苏电视台商标侵权——江苏电视台抗辩不是商标使用，不侵权——一审认为是商标使用，无混淆，不侵权——二审认为是商标使用，且两者服务的内容和目的相同，构成侵权——再审认为是商标使用，公众能够清晰区分电视文娱节目的内容与现实中的婚介服务活动，不构成侵权

裁判摘录

【3】……相关标识具有节目名称的属性并不能当然排斥该标识作为商标的可能性，而被诉标识在电视节目上的显示位置及样式是否固定、使用的同时是否还使用了其他

标识，亦非否定被诉标识作为商标性使用的充分理据。判断被诉"非诚勿扰"标识是否属于商标性使用，关键在于相关标识的使用是否为了指示相关商品/服务的来源，起到使相关公众区分不同商品/服务的提供者的作用。……从本案的情况来看，江苏电视台对被诉"非诚勿扰"标识的使用，并非仅仅为概括具体电视节目内容而进行的描述性使用，而是反复多次、大量地在其电视、官网、招商广告、现场宣传等商业活动中单独使用或突出使用，使用方式上具有持续性与连贯性，其中标识更在整体呈现方式上具有一定独特性，这显然超出对节目或者作品内容进行描述性使用所必需的范围和通常认知，具备了区分商品/服务的功能。……同时标注"江苏卫视"台标……客观上并未改变"非诚勿扰"标识指示来源的作用和功能，反而促使相关公众更加紧密地将"非诚勿扰"标识与江苏电视台下属频道"江苏卫视"相联系。……被诉"非诚勿扰"标识已具有较强显著性，相关公众看到被诉标识，将联想到该电视节目及其提供者江苏电视台下属江苏卫视，客观上起到了指示商品/服务来源的作用。而且，江苏电视台在不少广告中，将被诉"非诚勿扰"标识与"江苏卫视"台标、"途牛""韩束"等品牌标识并列进行宣传，在再审审查程序中提交的证据表明江苏电视台曾就该标识的使用向华谊公司谋求商标授权，以上均直接反映江苏电视台主观上亦存在将被诉标识作为识别来源的商标使用、作为品牌而进行维护的意愿。

FY，平安案（20161121/F2016-20）：体育比赛中的冠名行为不构成对组织比赛服务商标的使用

引领公司 v 平安保险公司，二审，深圳中院（2016）粤 03 民终 15570 号，陈文全、骆丽莉、邓婧

案情概要

引领公司认为平安保险公司对中超联赛冠名并在中超联赛活动中使用"平安"文字侵犯其第 41 类"组织体育活动竞赛"的"平安"商标——一审认为，被告对"平安"二字不是商标性使用，体育赛事中"平安"二字不会使消费者产生混淆，不构成侵权——二审维持一审

裁判摘录

【3】上诉人请求保护商标所核定服务类别为第 41 类"组织体育活动竞赛、俱乐部服务（娱乐或教育）"。所谓组织，是指安排分散的人或事物使具有一定系统性或整体。所谓体育竞赛，是指在裁判员的主持下，按照统一的规则要求，组织与实施的运动员个体或运动队之间的竞技较量，是竞技体育与社会发生关联，并作用于社会的媒介。

所以，组织体育活动竞赛，是指安排运动员或运动队按照统一的规则要求，开展竞技较量。从以上可知，在第41类"组织体育活动竞赛"使用商标，通常情况下是体育活动竞赛的组织者，为突出其组织者的主体地位与形象，在其所组织的体育活动竞赛中使用或宣传其商标，方便他人识别体育活动竞赛的组织者，以树立该企业的良好形象及商标、品牌的美誉度。比如，"中国足球协会使用（缺图）""CSL""中超"标识以表明其系相关赛事中超联赛（Chinese Super League）组织者。本案中，平安保险公司对中超联赛冠名并在中超联赛活动中使用"平安"文字并非在第41类"组织体育活动竞赛"将"平安"文字作商标意义上使用。……从主体资格方面来说，平安保险公司不是中超联赛的适格的组织者，从实际情况来看，平安保险公司除取得冠名权，获得冠名权益外，没有实质参与中超联赛的组织活动。既然平安保险公司没有组织或参与组织中超联赛，也就谈不上在第41类"组织体育活动竞赛"将"平安"文字作商标法意义上的使用。【5】……冠名是一种特殊的广告形式，冠名一般是指企业为了达到提升企业、产品、品牌知名度和影响力而采取的一种阶段性宣传策略。……无论是在2014年到2016年的中超联赛比赛名称中使用简称"20××中国平安足球协会超级联赛"、全称"20××中国平安中国足球协会超级联赛"，抑或在"中国平安中超联赛官方网站"名称、"2014中国平安中国足球协会超级联赛"球票、《2015中国平安中国足球协会超级联赛秩序册》中出现"中国平安"字样，以及在比赛时间栏、队员队服、替补席雨棚、看台观众席、伤停补时牌、场外围栏及地面上显示"中国平安"字样，均系平安保险公司使用其字号、简称，获取并实现中超联赛冠名权益的正当行为，上诉人要求被上诉人不得使用"中国平安"文字，或者要求被上诉人只能使用企业名称全称或者大量加注"保险、银行、投资"字样没有法律依据，且不符合情理与商业惯例。

BY，小天鹅案（20160918/B2016-11）：发票上对标记的使用也可构成商标使用

小天鹅公司 v 包头百货等，再审，最高院（2016）最高法民申2216号裁定书，骆电、马秀荣、李嵘

> **案情概要**

    小天鹅公司诉被告对于"小天鹅"的使用构成商标侵权及不正当竞争—无突出使用—企业名称规范使用—发票上的使用—一审、二审及再审均未支持原告主张

> **裁判摘录**

    【6】商标是用以区分商品或服务来源的标识，独立的标识无法构成商标法意义

上的商标。作为商品交易文书的一种，发票使用属于一种商标使用行为，但在实际使用中，发票对商标的使用必然是与特定商品或服务的结合性使用。因此，在判断该使用行为是否侵犯他人权利时，仍然需要结合其指向的商品或服务本身予以综合判断。【7】……按交易惯例，购买洗衣机一般均是在先察看商品、了解功能价格来源等情况下，再决定购买、付款，销售者在款项收讫的情况下出具发票，发票出具是商品交易过程中的一个环节。包百大楼在发票上的标注属于对商标的使用，但该行为所指向的对象仍是被诉侵权商品本身。在被诉侵权商品本身不侵权的情况下，仅凭发票标注"小天鹅"字样，尚不足以认定其行为构成侵害商标权的行为。

FY，卡斯特 II 案❶（20151230/F2015-17）：突出字号可以构成商标意义上的使用

张裕卡斯特 v 李某之等，二审，山东高院（2013）鲁民三终字第 155 号判决书，刘晓梅、丛卫、张亮

案情概要

"卡斯特"商标权利人李某之许可上海卡斯特公司使用该商标—张裕集团与法国卡斯特集团合资设立"张裕卡斯特"，其生产的葡萄酒装潢上标注公司字号"张裕卡斯特酒庄"—李某之与上海卡斯特称张裕卡斯特商标侵权—张裕卡斯特提起确认不侵权之诉—一审认为原告在企业字号上使用及在葡萄酒的标识上整体突出使用涉案标记，有正当理由，无主观恶意，不会造成混淆及误认—二审维持一审，认为形成了各自的市场区分，不会造成混淆—李某之等申请再审—驳回再审申请

裁判摘录

【5】……商标的基本功能是将市场上不同的商品或服务识别区分开来，其受法律保护的基础最终都体现在其所具有的识别性上，侵害了商标的这种识别性，就构成商标法上的商标侵权行为。……构成侵犯注册商标专用权的基本行为是在商业标识意义上使用相同或者近似标识的行为，也即对该标识的使用必须是商标意义上的使用。本案中，张裕卡斯特在其产品上突出标注其企业字号"张裕卡斯特酒庄""张裕·卡斯特酒庄"，该种使用已实际起到了标识其商品来源的作用，构成商标法意义上的使用。

---

❶ 李某之等随后申请再审，2016 年 9 月 29 日，最高院以（2016）最高法民申 351 号裁定驳回再审申请。

BFY，PRETUL 案（20151126/B2015-19/F2015-07）：定牌加工商品贴附标贴不是商标使用

莱斯公司 v 亚环公司，再审，最高院（2014）民提字第 38 号判决书，王艳芳、佟姝、何鹏

案情概要

莱斯公司诉亚环公司定牌加工出口墨西哥的产品使用的标记侵犯其"PRETUL"商标——一审认为是商标意义上的使用，部分支持侵权——二审支持全部侵权——再审认为委托加工产品上贴附标志不是商标意义上的使用，不构成侵权

裁判摘录

【2】亚环公司受储伯公司委托，按照其要求生产挂锁，在挂锁上使用"PRETUL"相关标识并全部出口至墨西哥，该批挂锁并不在中国市场上销售，也就是该标识不会在我国领域内发挥商标的识别功能，不具有使我国的相关公众将贴附该标志的商品，与莱斯公司生产的商品的来源产生混淆和误认的可能性。商标作为区分商品或者服务来源的标识，其基本功能在于商标的识别性，亚环公司依据储伯公司的授权，上述使用相关"PRETUL"标志的行为，在中国境内仅属物理贴附行为，为储伯公司在其享有商标专用权的墨西哥国使用其商标提供了必要的技术性条件，在中国境内并不具有识别商品来源的功能。因此，亚环公司在委托加工产品上贴附的标志，既不具有区分所加工商品来源的意义，也不能实现识别该商品来源的功能，故其所贴附的标志不具有商标的属性，在产品上贴附标志的行为亦不能被认定为商标意义上的使用行为。

FY，五谷丰登案（20150706/F2015-21）：标记能否起到指示商品来源的作用应以客观标准判断

格力公司 v 美的公司等，二审，广东高院（2015）粤高法民三终字第 145 号判决书，邓燕辉、凌健华、欧阳昊

案情概要

原告格力公司是"五谷丰登"注册商标专用权人——美的公司在其生产的空调器上使用了"五谷丰登"标识——泰锋公司销售涉案侵权产品——美的公司认为被诉侵权产品使用的是"美的Midea"注册商标，"五谷丰登"只作系列名使用，用以区别美的公司

家电下乡产品系列——一审认为被告构成侵权，赔偿 380 万元——二审认为被告构成侵权——但注册商标因为没有实际使用，从而没有起到区分商品来源的功能——虽然侵害了格力公司注册商标专用权，但无实际损失，不需赔偿，只需支付合理费用

裁判摘录

【7】……并不是所有用于商品、商品包装或者容器以及商品交易文书上，或者用于广告宣传、展览以及其他商业活动中的标识均属于商标法意义上的使用，如直接表示商品的质量、主要原料、功能、用途、重量、数量及其他特点的标志，实质上并未作为区别商品来源的标志使用，因此不属于商标法意义上的使用。商标法意义上的使用应满足 3 个条件：必须将商业标识用于商业活动中；使用的目的是为了说明商品或服务的来源；通过使用能够使相关公众区分商品或服务的来源。【8】本案中，美的公司主张被诉侵权产品空调器室内机的面板上使用的"五谷丰登"标识系产品系列名，用以表达丰收吉祥的含义，是叙述性使用，不属于商标法意义上的使用。对此，本院认为，首先，美的公司没有主张、也没有提供证据证明"五谷丰登"属于空调器类商品法定的通用名称或者约定俗成的通用名称，因此，即使按照美的公司的主张，"五谷丰登"也只能是美的公司对其制造、销售的某一特定空调器商品的称呼，即美的公司使用"五谷丰登"标识属于特定名称的使用。其次，"五谷丰登"是形容农业丰收吉祥的成语，从一般消费者的知识水平和认知能力出发，不会将"五谷丰登"成语与空调器商品的质量、主要原料、功能、用途、重量、数量、规格、型号等特点直接联系起来，也就是说，如将"五谷丰登"使用在与其原来含义毫无关系的空调器类商品上，则具有显著特征，可以起到识别商品来源的作用，因此可以作为商标使用。再次，美的公司称其系将"五谷丰登"作为家电下乡项目中空调器产品的名称使用，用以区分其他空调器产品，因此不属于商标法意义上的使用。但是，是否属于商标使用应当从客观意义上进行判断，商品名称是否具有识别商品来源意义，不以使用人的主观认识或者称谓上的差异为转移，而是要根据其客观上是否具有了识别商品来源意义进行判断。本案中，从美的公司使用被诉侵权标识的方式看，被诉侵权产品室内机面板正面左上方标有红色艺术字体的"五谷丰登"字样，且字体较大。可见，该标识较为明显和突出，相关公众在购买空调器产品时，非常容易观察到被诉侵权标识，并将该标识与美的公司特定商品相联系，从而凭借其在市场上识别美的公司特定商品。因此美的公司该使用"五谷丰登"标识行为客观上起到了指示商品来源的作用，应认定为商标法意义上的使用。

BY，功夫熊猫 II 案[1]（20141127/B2014-21）：非商标性使用不构成商标侵权

茂志公司 v 梦工厂公司等，再审，最高院（2014）民申字第 1033 号裁定书，王艳芳、朱理、佟姝

案情概要

茂志公司诉被告使用"功夫熊猫"标识构成商标侵权——"反向混淆"——一审、二审、再审认为不是商标性使用，不构成侵权

裁判摘录

【3】……由于《功夫熊猫 2》使用"功夫熊猫"字样是对前述《功夫熊猫》电影的延续，且该"功夫熊猫"表示的是该电影的名称，用以概括说明电影内容的表达主题，属于描述性使用，而并非用以区分电影的来源，因此一审、二审法院认定被申请人涉案行为并非商标意义上的使用并无不当，茂志公司再审申请理由不能成立，本院不予支持。

FY，正泰案（20140811/F2014-36）：侵权行为不限于在商品上的标注行为

浙江正泰公司 v 四川正泰公司，二审，四川高院（2014）川知民终字第 5 号判决书，林涛、许静、周静

案情概要

浙江正泰公司主张四川正泰公司使用"四川正泰"字样构成商标侵权和不正当竞争——一审认为被告构成商标侵权，但不构成不正当竞争——二审认为，被告行为构成商标侵权和不正当竞争

裁判摘录

【5】本院认为，包括注册商标在内的所有商业标记的使用，并不仅限于在商品上标注，还包括与产品生产、销售有关的其他行为，与此相适应，侵权行为也不仅发生于在商品上的标注行为。……四川正泰公司在其厂房、门市的招牌、墙体上使用了

---

[1] 该案二审是 2013 年度五十典型案例"功夫熊猫 I 案"。

"四川正泰成套""四川正泰电气""正泰电器高低压成套""四川正泰电气成套公司"等标识，而"成套""电气""电器"等字样使用在电力电子元器件的生产、销售上缺乏显著性，不具有识别服务来源的作用，而"四川"二字通常被作为地理名词加以识别，亦不具有识别服务来源的作用，故四川正泰公司的上述行为应认定为突出使用。而四川正泰公司突出使用上述标识的行为，容易导致相关公众对四川正泰公司所生产、销售的商品的来源产生混淆误认，认为该商品来源于浙江正泰公司，或与浙江正泰公司有某种特定的联系。其行为破坏了浙江正泰公司注册商标的识别功能，侵害了浙江正泰公司注册商标专用权。

SY，SOYODA 案（20140722）：不发挥商标识别功能的标志不会构成商标侵权

喻某新等 v 中远进出口公司等，再审，最高院（2014）民申字第 669 号裁定书，夏君丽、钱小红、董晓敏

> 第四十八条

〔案情概要〕

喻某新系注册商标"SOYODA"所有权人，核定使用商品为第 21 类刷子等商品——其他原告是涉案商标的被许可人——原告起诉被告出口的涉案商品侵犯其"SOYODA"商标——被告奋进制刷厂称涉案商品是接受案外人厄瓜多尔的 SOYODA S.A. 公司委托为其贴牌生产的——SOYODA S.A. 公司于 2000 年 3 月 27 日在厄瓜多尔注册了"SOYODA"商标生产油漆刷——一审认为是合理使用，不构成侵权——国外注册的商标要慎重处理，平等保护——该案涉案标志在国外注册的时间早于中国境内保护的时间——二审维持侵权认定结果——重述原因——商标权只能在授予该项权利的国家受到保护——全部出口，未进入我国流通领域，不会有混淆误认——原告方再审申请被驳回

〔裁判摘录〕

【3】……奋进制刷厂依据位于厄瓜多尔的 SOYODA S.A 公司的授权，在其加工的产品上贴附了"SOYODA"的标志。虽然该标志及其加工的产品与喻某新"SOYODA"注册商标及核定使用的商品相同，但奋进制刷厂上述贴附相同标志的行为，仅仅为委托人使用其商标提供了必要的技术性条件，并不能实现区别商品来源的意义。【4】……依据我国商标法注册的商标，应适用我国商标法的相关规定获得保护。对商标识别功能的保护，也应受到地域性的限制。根据原审法院查明的事实，奋进制刷厂与中远进出口公司签订代理出口协议书，委托中远进出口公司代理油漆刷的出口业务。……被诉侵权产品全部出口至厄瓜多尔，交付给委托人 SOYODA S.A 公司，被诉侵权产品并未在我

国市场上销售。喻某新、佳弘公司、佳弘刷业公司亦未提交证据证明，中远进出口公司、奋进制刷厂在我国市场内销售被诉侵权产品的事实。奋进制刷厂亦不具有在我国市场上销售被诉侵权产品的意图。故奋进制刷厂在被诉侵权产品上贴附的"SOYODA"标志不具有使中国的相关公众将贴附该标志的商品，与喻某新许可佳弘公司、佳弘刷业公司生产的商品的来源产生混淆和误认的可性能。【5】……是否破坏商标的识别功能，是判断是否构成侵害商标权的基础。在商标并不能发挥识别作用情况下，判断是否在相同商品上使用相同的商标，或者判断在相同商品上使用近似的商标，或者在类似商品上使用相同或者近似的商标是否容易导致混淆，都不具实际意义。【6】二审判决评述被诉侵权产品是否会进入我国流通领域，目的是对被诉侵权标志是否在我国发挥了商标的识别作用，并非以被诉侵权产品是否已经进入我国流通领域销售作为侵权行为的构成要件，亦非对被诉侵权产品进入市场销售是否存在混淆的可能性进行判断。

SY，美闻比萨案（20140612）：将他人商标作为搜索关键词，如果没有对应到商品或服务，不是商标性使用

意典美闻公司 v 商机在线公司等，二审，天津高院（2014）津高民三终字第 11 号判决书，黄砚丽、赵博、刘震岩

> **案情概要**

　　原告意典美闻公司从事速冻食品生产、餐饮服务等—原告获得许可使用第 4437894 号"美闻比萨 PIZZA SEVEN"文字商标（第 30 类）及第 8072016 号"美闻比萨 PIZZA SEVEN ON—WHEELS"文字商标（第 35 类）—被告商机在线公司在其经营的 28 商机网上使用了"美闻比萨"作为关键词进行竞价排名，并将网页标题设定为"在 28 商机网留言，美闻比萨有……"—一审认为侵害第 8072016 号注册商标，不侵害第 4437894 号商标—无法证明百度网讯公司等有明知，不构成共同侵权—二审认为不是商标性使用，不构成商标侵权—构成不正当竞争

> **裁判摘录**

　　【12】……某些情况下，尽管商业行为涉及对他人商标的商业性利用并因此获益，但如果没有用之于商品或服务上，仍不能认定是"商标使用"。【13】本案中，商机在线公司虽在百度推广中将"美闻比萨"字样作为关键词进行竞价排名，但从搜索页面所显示的搜索结果看，其链接标题为："在 28 商机网留言，美闻比萨有……"，该条链接下方的网页描述为"汇集美闻披萨商机，找赚钱项目首选 28 商机网，多留言，多比较，创业必成功！"点击该链接进入 28 商机网后，该网站页面上并没有对"美闻比萨"

字样的进一步使用，其所提供的内容主要是涉及"餐饮小吃""服装鞋帽"等各类日常用品、生活服务及其商家的招商加盟信息。即便在网站首页检索栏中输入"美闻比萨"进行查询，除有一条涉及"美萨火炬比萨"的链接外，亦没有与"美闻披萨"有关的链接。可见，作为互联网信息服务提供商的商机在线公司，其本身并不从事比萨类商品的经营，亦不是特许经营的管理者，而是为意欲从事加盟连锁的投资者或创业者提供相关信息等服务，其将"美闻比萨"作为搜索关键词使用，目的在于利用"美闻比萨"在一定范围内的知名度吸引相关网络用户的关注，以提高 28 商机网的点击率，从而促成该网站的推广项目。商机在线公司设置的链接标题、网页描述中虽有"美闻比萨"字样，但亦标明了"28 商机网"的网站名称和性质。由此可以认定，商机在线公司对"美闻比萨"字样的使用，不具有标识服务来源的作用，故不属于商标意义上的使用行为。

FY，皇马案（20140527/F2014-25）：商标意义上的使用才构成商标侵权

杨某卿等 v 恒大足球学校等，二审，广东高院（2013）粤高法民三终字第 630 号判决书，欧丽华、李泽珍、郑颖

【 案情概要 】

杨某卿是"皇马"商标的注册商标专用权人—核定服务项目包括"组织体育比赛"—杨某卿等认为恒大足球学校等侵犯注册商标专用权—反向混淆—虚假宣传——一审认为无误认或混淆—不损害原告权益—不构成侵权及不正当竞争—二审维持一审—不是商标意义上的使用—不侵权—无竞争关系—无混淆—无损权益—不构成不正当竞争

【 裁判摘录 】

【3】在商品或者服务上突出使用企业名称中的字号，实际赋予了字号特殊的标识意义，将字号从企业名称的整体中剥离出来进行强化，作商标化使用，与商标的使用具有异曲同工之妙，故我国法律亦将其视为商标性使用。无论是商标的使用，还是将字号突出使用，构成侵犯注册商标专用权的基本行为必须是在商业标识意义上对相同或者近似商标的使用，也即被诉侵权标识的使用必须是商标意义上的使用，或者说必须是将该标识作为区分商品来源的标志使用。倘若所使用的与他人注册商标相同或者近似的文字、图形等标识不具有区分商品来源的作用，这种使用就不是商标意义上的使用，不会构成对于他人注册商标专用权的侵害。【4】……恒大足球学校并未将"皇马"二字作为商标使用，而是作为学校名称的组成部分使用，且恒大足球学校亦未将

"皇马"二字突出使用,即未将"皇马"二字进行商标化使用。因此,恒大足球学校对"恒大皇马足球学校"的使用,不是商标意义上的使用,不会构成对"皇马"享有注册商标专用权者的侵害。

FY,功夫熊猫 I 案● (20131220/F2013-21):非商标性使用不构成商标侵权

茂志公司 v 梦工厂公司等,二审,北京高院(2013)高民终字第 3027 号判决书,谢甄珂,钟鸣,亓蕾

案情概要

茂志公司诉被告使用"功夫熊猫"标识构成商标侵权——"反向混淆"——一审、二审认为不是商标性使用,不构成侵权

裁判摘录

【3】判断上述行为是否构成侵权,根据《商标法》和《商标法实施条例》的上述规定,首先应当确定被控侵权使用"功夫熊猫"的行为是否属于商标意义上的使用行为,对此应当考虑以下因素:1. 被控侵权的使用行为是否出于善意,2. 被控侵权的使用行为是否是表明自己商品来源的使用行为,3. 被控侵权的使用行为是否只是为了说明或者描述自己商品的特点。【4】梦工场公司制作的《功夫熊猫》电影在茂志公司第 6353409 号注册商标获准注册前的 2008 年就已经在中华人民共和国公映,因此梦工场公司、派拉蒙公司、中影公司和华影天映公司在《功夫熊猫 2》中使用"功夫熊猫"字样是对其 2008 年制作的《功夫熊猫》电影的延续,是善意使用并不具有侵犯茂志公司第 6353409 号"功夫熊猫及图"商标的恶意。……为了说明自己制作、发行、放映的电影的内容和特点,并不是作为表明其电影制作或者类似商品、服务的来源使用,并非商标意义上的使用行为。……电影《功夫熊猫 2》中的"功夫熊猫"表示的是电影的名称,因为该系列电影的广泛宣传,相关消费者知道该电影是由美国电影公司或者梦工场公司、派拉蒙公司等制作、发行,但这是著作权法意义上的对电影作品相关权利归属的认知和确定,并非是对商品或者服务来源的认知。……不构成对茂志公司第 6353409 号注册商标专用权的侵犯。

● 该案再审是 2014 年度年报案例"功夫熊猫 II 案"。

FY，PRADA案（20131206/F2013-32）：在房产项目广告上使用拟引进商户的商标不属于商标使用

普拉达公司 v 东方源公司等，西安中院（2013）西民四初字第227号判决书，姚建军、文艳、蒋瑜

案情概要

　　普拉达公司注册有"PRADA"商标，核定使用商品为"手提包等"——《华商报》刊登了东方源公司为推销店铺的招租广告，广告中使用了"PRADA"商标——普拉达公司认为东方源公司存在商标侵权及不正当竞争行为——一审认为在商业广告中使用"PRADA"商标不会使消费者对商品的来源产生混淆和误认，不构成商标侵权——非法地攀附和利用了普拉达公司商标及字号的声誉，构成不正当竞争

裁判摘录

　　【6】……商标性使用应具备的条件为：商标必须在商业活动中使用；使用商标是为了标示商品或服务的来源；通过使用商标能够使相关公众识别商品来源。……东方源公司虽在商业广告中使用的女款手提包中有"PRADA MILANO"及其文字表述中有"PRADA"注册商标……目的是为了推介其投资开办的东方国际中心房产项目和推销店铺，引进商户进驻东方国际中心；……并未在其经营的房产项目和推销的店铺商品上使用"PRADA MILANO"及其"PRADA"注册商标，其与普拉达公司在本案中主张的商品并非同一种商品；……只是向消费者描述了自己投资开办了东方国际中心房产项目和推销店铺，……并未表明自己是普拉达商品的提供者，……没有商标性标识作用，并不能起到识别东方源公司投资的东方国际中心房产项目和推销店铺来源于普拉达公司的作用。换言之，东方源公司在商业广告中使用"PRADA MILANO"及其"PRADA"注册商标，并非商标意义上的使用，不会使消费者对商品的来源产生混淆和误认，更不会对普拉达公司的商标识别功能受到损害，且该商业房产项目尚未开业经营，不存在使用商标的商品。

FY，圣迪奥案（20121204/F2012-25）：除去部分侵权标记仍可能构成侵权

圣迪奥公司 v 奥杰公司等，二审，江苏高院（2012）苏知民终字第218号判决书，王天红、陈芳华、罗伟明

第四十八条

圣迪奥公司认为被告奥杰公司等在服装和网站销售过程中使用的标志构成侵权——一审认为被告构成侵权——二审维持一审

裁判摘录

【7】……周某刚销售的第三类服装亦构成商标侵权。理由是：首先，第三类服装仍带有部分"S. Deer"商标。这类服装虽然有的没有吊牌，有的没有领标，有的领标、水洗标有人为剪去的痕迹，但这些服装的领标、里料或者标签等处均仍有部分"s. deer"商标标识。这些"s. deer"商标标识的使用未经圣迪奥公司许可，且与圣迪奥公司注册商标构成高度相似，属于在同一种商品上使用与注册商标近似商标的行为，构成商标侵权。其次，周某刚在销售第三类服装过程中使用了"S. Deer"商标标识。在这类服装的销售过程中，周某刚在其网页上标注"SDeer 圣迪奥正品"或者在标注"剪标"的同时又标注"SDeer 圣迪奥正品"，亦属于在同一种商品上使用与注册商标高度近似商标的行为，构成商标侵权。第三，周某刚亦未能证明其销售的第三类服装有合法来源。周某刚提供的合法来源的证据主要是聊天记录，从这些记录来看，周某刚不能说明服装销售者是谁，且没有其他证据予以佐证，不能证明其销售的服装有合法来源，依法应承担相应的民事责任。

第 1497412 号

（原告涉案商标图样）

CDX，乐活案（20120731/C2013-10/D2012-09）：能起到区分商品来源的功能即为商标性使用

鼎盛公司 v 苏州工商等，二审，江苏高院（2011）苏知行终字第 4 号判决书，袁滔、李昕、刘莉

案情概要

鼎盛公司认为自己使用"乐活 LOHAS"不是商标意义上的使用，不构成侵权，不应被行政处罚——一审维持了行政处罚决定——二审认为属于商标性使用，但是处罚显失公正

【4】商标是商品生产经营者或服务提供者为使自己的商品或服务区别于他人而使用的一种标识，其应当具有显著性和区别的功能。在判断商品上的标识是否属于商标性使用时，必须根据该标识的具体使用方式，看其是否具有识别商品或服务来源之功能。【5】……鼎盛公司并未在其月饼包装上规范且以显著方式突出使用自己的"爱维尔"系列注册商标；……"乐活 LOHAS"与"Iwill 爱维尔"连用，融为一体，……作为一个整体标识，起到了区别商品来源的功能，属于商标性使用。

FY，CROCODILE ‖ 案（20120627/F2012-30）：不进入流通领域不是商标性使用

鳄鱼恤公司 v 瑞田公司，二审，山东高院（2012）鲁民三终字第 81 号判决书，刘晓梅、丛卫、张亮

案情概要

YAMATO 公司是日本"CROCODILE"商标的商标权人——授权瑞田公司贴牌加工"CROCODILE"商标的产品——在中国注册有"CROCODILE"商标的鳄鱼恤公司申请海关扣押并起诉瑞田公司侵权——一审认为在商品吊牌上使用的商标不近似，不侵权——领标上使用的"CROCODILE"标识引证商标相同，构成侵权——二审认为瑞田公司对外贴牌使用被控侵权吊牌、领标不是商标使用行为——瑞田公司得到了合法授权，尽到了合理注意义务，不构成侵权

裁判摘录

【3】……商标法保护商标就是保护商标的识别功能。而商标的识别功能只有在商标法意义上的"商标使用行为"中才得以体现。【4】商标法的商标使用，应当是为了实现商标功能的使用。商标最主要的功能是识别，只有商品进入流通领域，商标的识别功能才得以发挥；商品不进入流通领域，商标只不过是一种装饰，无所谓识别问题。因此商标法上的商标使用，应当是与商品流通相联系的使用行为。【5】……所加工产品全部销往国外而不在中国境内销售，属于对外"贴牌加工"行为。……在中国境内，上述吊牌、领标不具有识别商品来源的功能。加工方按照委托方的要求，将商标贴附于加工之产品上，就其性质而言，属于加工行为，不是商标法意义上的商标使用行为。【6】……瑞田公司……对国外公司提供的吊牌和领标标识的合法来源进行了必

要的审查，其主观上没有侵害鳄鱼恤公司注册商标权的故意或过错，尽到了合理的注意义务。【7】……是否相同或相似，是否足以造成相关公众混淆，并非本案所关注的重点。……不构成商标侵权结论正确。

SY，CROCODILE Ⅰ案（20111216）：全部出口的商品所附标记在中国不发挥商标识别作用的标记不侵权

鳄鱼恤公司 v 利富公司，二审，广东高院（2011）粤高法民三终字第 467 号判决书，岳利浩、张泽吾、喻洁

【案情概要】

鳄鱼恤公司认为利富公司申报出口的男装使用的标志侵犯其第 246898 号"CROCODILE"商标——利富公司辩称被诉标志为日本 YAMATO 公司在日本注册的商标，其实施的是定牌加工出口行为，不是商标使用——一审认为商标权有地域性，被诉商品的制造地和交付地均在中国，利富公司不能证明正当使用，构成侵权——法定赔偿 30 万元——二审认为被诉侵权标志在中国未发挥商标的识别作用——相关公众无混淆误认可能——利富公司不构成侵权

【裁判摘录】

【6】……本院认为，在司法实践中不宜将涉外定牌加工行为一概认定为侵权或不侵权，而应区别案件的具体情况予以处理。就本案而言，首先，鳄鱼恤公司主张保护的"CROCODILE"注册商标，与被诉侵权商标"Crocodile"英文加鳄鱼图形组成的组合商标并不相同。利富公司在接受委托加工时，审查了委托人 YAMATO 公司在日本的商标注册证书，在判断该商标是否会构成侵权时，即使对相关商标的注册情况予以检索，也不易判断该商标是否对鳄鱼恤公司"CROCODILE"注册商标构成侵权。因此，利富公司在履行必要注意义务后，按照订单进行加工，并无侵害鳄鱼恤公司注册商标的故意。其次，利富公司在产品上标注被诉侵权商标的行为，形式上虽由加工方实施，但实质上是基于有权使用被诉侵权商标的日本 YAMATO 公司的明确委托，而且受委托定牌加工出口的产品全部销往日本。因此，被诉侵权商标只能在日本市场发挥其区别商品来源的功能，日本消费者可以通过该商标区分商品来源为 Yamato 公司。涉案产品并未在中国国内市场实际销售，涉案产品的被诉侵权商标并未在中国国内市场发挥识别商品来源的功能，中国国内相关公众不存在对该商品的来源发生混淆和误认的客观基础，鳄鱼恤公司的中国市场份额也不会因此被不正当挤占，其注册商标的商标识别功能并未受到损害。综上，本院综合考虑被诉侵权人的主观意图、注册商标与被诉侵

权商标使用状况等相关因素后认为，被诉侵权商标与鳄鱼恤公司注册商标不足以造成相关公众的混淆、误认，不构成侵害注册商标专用权意义上的商标近似。利富公司的涉外定牌加工行为没有侵害鳄鱼恤公司的注册商标专用权。原审判决认定利富公司侵权，不符合商标法保护注册商标专用权的立法意图，属于适用法律错误，本院予以纠正。利富公司主张其在定牌加工出口过程中，在产品上标注被诉侵权商标行为不构成对鳄鱼恤公司商标侵权，理据充分，本院予以支持。

FY，卡地亚 Ⅱ 案（20111202/F2011-19）：具有识别商品来源作用的使用即为商标性使用

卡地亚公司 v 铭坤公司等，二审，上海高院（2011）沪高民三（知）终字第 93 号判决书，张晓都、王静、马剑峰

案情概要

　　卡地亚公司注册有"Cartier""卡地亚"商标—核定使用在第 14 类等多个类别的商品，但不含 19 类—被告铭坤公司等将"卡地亚"作为其陶瓷类商品标识使用及宣传—卡地亚公司起诉被告商标侵权及不正当竞争—一审认定卡地亚公司引证商标驰名—被告属于商标使用行为—足以使相关公众误认为两者具有相当程度的联系，构成商标侵权—违反诚实信用原则—金丝玉玛公司与铭坤公司构成不正当竞争—二审维持一审

裁判摘录

　　【3】……商标的使用，包括将商标用于商品、商品包装或容器以及商品交易文书上，也包括将商标用于广告宣传、展览以及其他商业活动中。本案中，上诉人铭坤公司与上诉人金丝玉玛公司在其网站页面、宣传手册上使用被控侵权标识"卡地亚""卡地亚 KADIYA"，上诉人章某树在其销售凭证上使用被控侵权标识"卡地亚"，上述使用行为具有识别商品来源的作用，应当认定三上诉人的上述行为系将被控侵权标识"卡地亚""卡地亚 KADIYA"作为商标使用。

BFX，日产案（20111130/B2011-24/F2011-42）：在生产经营活动中用于与商品关联的场合并起到表明来源的作用即可构成商标性使用

华夏长城公司 v 商评委等，再审，最高院（2011）知行字第 45 号裁定书，夏君丽、殷少平、周云川

案情概要

　　华夏长城公司注册有"日产嘉禾及图"商标—日产公司提起无效—商评委、一审、二审、再审都认为引证商标驰名—争议商标是对驰名商标的复制、模仿—应予无效

裁判摘录

　　【4】……华夏长城公司主张本案两引证商标未在汽车商品上实际使用即不可能成为相关公众熟知的驰名商标。……商标使用的概念十分广泛，只要是在生产、经营活动中将商标用于与其指定使用商品相关联的场合，使相关公众能够认识到其是该商品的商标即可。……【5】本案中，引证商标一"日产"同时是日产株式会社企业名称中的字号，而且由于汽车商品的特殊性，通常会同时使用公司的名称（商标）和具体车型名称（可能也是商标），对于日产株式会社生产的各种汽车而言，"日产汽车"是其统一的称谓，这一点在日产株式会社所提交宣传广告或者媒体报道中均可得到证实，故引证商标一"日产"作为日产株式会社的字号和汽车品牌，得到广泛的使用，"日产汽车"的使用方式具有提高注册商标知名度的作用，商标评审委员会及一审、二审法院根据相关证据认定其成为相关公众广泛知晓的驰名商标并无不当。【6】关于引证商标二，日产株式会社提交的证据表明，在宣传报道中，引证商标二经常与"日产汽车"一起使用，由于引证商标二中的"NISSAN"文字实际上是日文中"日产"对应的英文字母表现形式，二者存在对应关系。而且，华夏长城公司所称日产株式会社实际使用的NISSAN及图环状标识（缺图），其与引证商标二显著特征基本一致，结合其在汽车这种特定商品上的使用方式，原一审、二审法院认定该标识的使用所带的知名度会及于引证商标二的论述并无明显不当。

FY，盘古案（20111111/F2011-22）：将他人商标用作竞价排名关键词误导用户可构成商标侵权

盘古公司 v 盟控公司等，杭州滨江区法院（2011）杭滨知初字第11号判决书，叶伟、李池华（陪）、关晓曼（陪）

案情概要

　　盟控公司通过购买百度关键词"盘古记录仪"进行推广—盘古公司起诉盟控公司及百度侵犯其涉案注册商标—一审认为盟控公司作为与盘古公司的同行竞争者，故意将与注册商标近似的"盘古记录仪"选定为百度网站的竞价排名关键词，使用户误入

盟控公司网站，误导、混淆，构成商标侵权

裁判摘录

【1】盟控公司作为与盘古公司的同行竞争者，故意将与注册商标近似的"盘古记录仪"选定为百度网站的竞价排名关键词，导致……搜索所得排名首位的搜索结果"盘古记录仪专业生产厂家杭州盟控仪表 www. mkong. com. cn"指向盟控公司网站的链接，使用户误入盟控公司网站，从而吸引网络用户对其公司网站的注意力，误导公众对盘古记录仪与盟控仪表是否具有一定关联性产生混淆。

FY，梅思泰克案（20110506/F2011-20）：竞价排名关键词可构成商标性使用

梅思泰克公司 v 安固斯公司，二审，江苏高院（2011）苏知民终字第 33 号判决书，吕娜、张长琦、施国伟

案情概要

梅思泰克公司是涉案"梅思泰克"商标的专用权人—安固斯公司以"梅思泰克"为关键词进行竞价排名—一审认为被告行为构成商标意义上的使用，会导致混淆或误认，不具备正当性，构成侵权—二审维持一审

裁判摘录

【1】……商标的使用，是指将商标用于商品、商品包装或者容器以及商品交易文书上，或者将商标用于广告宣传、展览以及其他商业活动中，用于识别商品来源的行为。本案中安固斯公司购买"梅思泰克"关键词进行竞价排名的行为所指向的对象是安固斯公司的网站，而通常情况下，输入"梅思泰克"关键词进行特定搜索的用户，往往是对"梅思泰克"商标所标识的产品或者服务有一定认识的消费者，由于被诉侵权行为的存在，导致上述用户访问安固斯公司的网站，从而增加安固斯公司交易机会。也就是说，安固斯公司以商业性目的利用梅思泰克商标的声誉来吸引消费者对自己公司网站的访问，达到宣传自己公司产品的效果。因此，安固斯公司涉案被控侵权行为构成商标性使用。

FY，路易威登IV案（20091218/F2009-25）：仅起到装饰作用不是商标性使用

路易威登马利蒂 v 时间廊钟表公司等，二审，广东高院（2008）粤高法民三终字第345

第四十八条

号判决书，邱永清、李嵘、凌健华

案情概要

路易威登公司拥有手表等商品上的"四花瓣"图形商标—被告在手表上使用"SOLVIL"（索菲亚）"四花瓣"图形—一审认为被控侵权产品的"四花瓣"装潢要素图案与路易威登请求保护商标近似，商品相同，构成侵权—二审认为不是商标性使用，不会导致相关公众的误认和混淆，不侵权

裁判摘录

【3】……从被控侵权的"SOLVIL"手表上图案花纹花瓣所起的作用和整体效果看，被控侵权"SOLVIL"手表上的图案花纹在其手表上的使用是不规则的，主要是以装饰为目的，而并非是作为手表的标识使用。况且，"SOLVIL"手表表盘中上部即手表中标注商标的惯常位置上标注有"SOLVIL"字样，表盘四周分布有16朵大小不同的完整四花瓣装饰，表带上有用线缝制的两个不规则四花瓣装饰，手表表盘背面以及表带背面亦有"SOLVIL"字样。虽然被控侵权"SOLVIL"手表没有在中国申请获得注册商标，但瑞士索尔维乐提图斯公司申请了第G561456（国际注册）"SOLVIL ET TITUS"商标，核定使用的商品为：钟表；计时器。被控侵权的手表将"SOLVIL"字样置于手表中上部即标注商标的惯常位置上，应当视为被控侵权的"SOLVIL"手表将"SOLVIL"字样作为未注册商标使用，而该手表对图案花纹的使用不是作为商标标识使用。……被控侵权的"SOLVIL"手表上花形装饰图案与路易威登第1111910号注册商标的"四花瓣"图案不相同，且被控侵权的"SOLVIL"手表上使用的图案花纹仅起装饰作用，而非作商标标识使用，并非商标意义上使用该图案。

SY，JOLIDA 案（20091102）：定牌加工产品贴附的标志在中国境内不发挥商标功能

申达公司 v 玖丽得公司，二审，上海高院（2009）沪高民三（知）终字第65号判决书，钱光文、王静、刘洁华

案情概要

申达公司认为玖丽得公司在向美国朱利达公司出售的 JD1501RC、JD202 及 JD1301 电子管功率放大器上使用"Jolida＋"标记，侵犯其第1163193号商标—美国朱利达公司在美国使用并注册有"JOLIDA"文字等商标—一审认定玖丽得的行为属于定牌加工

行为—使用的是美国朱利达公司在美国的合法商标—全部出口，在中国不会产生混淆误认，不侵权—二审维持一审

裁判摘录

【6】……商标的基本功能是区分商品或服务来源的识别功能，侵犯商标权其本质就是对商标识别功能的破坏，使得一般消费者对商品来源产生混淆、误认。在本案中，被上诉人玖丽得公司接受案外人美国朱利达公司的委托定牌加工涉案产品，涉案产品全部出口至美国，未在中国境内销售，中国的相关公众在国内不可能接触到涉案产品，不会造成国内相关公众的混淆和误认。另外，在定牌加工关系中，境内加工方在产品上标注商标的行为形式上虽由加工方所实施，但实质上商标真正的使用者仍为境外委托方。本案涉案产品所贴商标只在中国境外具有商品来源的识别意义，并不在国内市场发挥识别商品来源的功能。故一审法院综合判断认定被上诉人玖丽得公司的行为不构成商标侵权并无不当。

附：

最高人民法院办公厅关于对
《"定牌加工"出口产品是否构成侵权问题》的复函

法办（2010）350 号

海关总署：

贵署《关于请明确"定牌加工"出口产品是否构成侵权问题的函》（署法函〔2010〕184 号）收悉。函中，贵署将"定牌加工"界定为"未经中国大陆境内商标注册人许可，但产品不在境内销售且委托加工的外商在目的国（地区）拥有合法的注册商标专用权的情况"的情形。对此情形，在来函所附的上海市高级人民法院（2009）沪高民三（知）终字第 65 号判决书认为，因案外人美国朱利达公司为"JOLIDA"文字及图形商标在美国的商标注册专用权，玖丽得公司使用的商标是美国朱利达公司在美国享有合法商标权的商标且产品全部出口美国，因此涉案产品所贴商标只在中国境外具有商品来源的识别意义，并不在国内市场发挥识别商品来源的功能，中国的相关公众在国内不可能接触到涉案产品，不会造成国内相关公众的混淆误认，在此基础上认为玖丽得公司的行为不构成侵犯商标权有一定的道理。我们倾向同意函中列明的此种情形不属于《商标法》第五十二条规定的侵犯注册商标专用权的行为。但是，实践中，定牌加工的情形比较复杂，不限于以上情形，与此相对其涉及的法律问题亦非常复杂，且涉及政治、经济政策等问题。鉴此，我们建议对此问题密切关注并适时进行调研，必要时和有关部门共同研究后予以明确。

此复。

最高人民法院办公厅
2010 年 7 月 6 日

BY，伟哥Ⅱ案（20090624/B2009-19）：非透明包装内的使用不能起到标识来源的作用，不是商标性使用

辉瑞公司等 v 威尔曼公司等，再审，最高院（2009）民申字第268号裁定书，夏君丽、王艳芳、张晓都

【案情概要】

辉瑞公司等起诉被告侵犯其菱形立体商标——一审认为近似，有误认，构成侵权——二审认为虽然近似，但无混淆，不侵权——再审认为，不是商标意义上的使用，不侵权

【裁判摘录】

【1】本案中，联环公司生产的"甲磺酸酚妥拉明分散片"药片的包装有与药片形状相应的菱形突起、包装盒上"伟哥"两字有土黄色的菱形图案作为衬底，但消费者在购买该药品时并不能据此识别该药片的外部形态。由于该药片包装于不透明材料内，其颜色及形状并不能起到标识其来源和生产者的作用，不能认定为商标意义上的使用，因此，不属于使用相同或者近似商标的行为。

CY，雅马哈Ⅰ案（20020806/C2003-03）：在合同及产品目录上使用他人商标推销自己的商品属于商标性使用，可构成侵权

雅马哈株式会社 v 港田集团等，一审，天津高院（2001）高知初字第3号判决书，黄跃建、李砚芬、王兵

【案情概要】

雅马哈株式会社诉二被告侵犯其"yamaha"及"vision"商标——同一商品——相同标记——法院认定侵权

【裁判摘录】❶

【5】被告港田集团公司在《全国汽车、民用改装车和摩托车生产企业及产品目录》

---

❶ 该案件相关段落摘自《最高人民法院公报》2003年第3期，编号自"天津市高级人民法院认为："一段起算。

登录的港田 gt125t、gt125t－a、gt125t－b 和 gt50t－a 型摩托车的内容，包括发动机生产企业是江苏林海雅马哈摩托有限公司，发动机商标是"林海 yamaha"，发动机型号是ly152qmi 和 lyle40qmb。被告港田有限公司虽与江苏林海雅马哈摩托有限公司签订协议购买上述发动机，但港田集团公司和港田有限公司提供的有关合同履行的证据不充分，故其主张登录"目录"产品的发动机有合法依据的理由不能成立。综合全案事实，应认定被告港田集团公司同样是在利用合同和产品目录，使用"yamaha"商标字样来推销自己的产品，被告港田集团公司该种使用行为亦构成商标侵权。

第四十八条

第四十九条 【商标撤销】

商标注册人在使用注册商标的过程中，自行改变注册商标、注册人名义、地址或者其他注册事项的，由地方工商行政管理部门责令限期改正；期满不改正的，由商标局撤销其注册商标。

注册商标成为其核定使用的商品的通用名称或者没有正当理由连续三年不使用的，任何单位或者个人可以向商标局申请撤销该注册商标。商标局应当在收到申请之日起九个月内做出决定。有特殊情况需要延长的，经国务院工商行政管理部门批准，可以延长三个月。

本条导读

2013 年《商标法》第 49 条第 1 款增加了商标退化为通用名称作为可以撤销注册的一个理由，同时明确限期改正不再是撤销三年不使用商标程序中的一个选项。

商标使用首先应该是商业活动中真实有效的使用，而不能是象征性使用（湾仔码头案）。证据是否采信与其提供义务有关（国医案）。违反其他法律的使用是否可以采信经历了否定（康王案）到肯定（卡斯特Ⅰ案）的过程。如果伪造使用证据，将从严审查其他证据（恒大案）。

实际使用的商标标志未必与注册的标志完全一致，只要未改变核准使用的商标标志的显著特征即可视为注册商标的使用（厨味案）。使用的商品应该是核定使用的商品（万宝案、青华案、三得利案），或类似的核定使用商品（DCLSA 案），但也有法院认为不能是类似的其他核定使用的商品（盘龙云海案）。定牌加工出口行为有的被认为不符合使用要求（MANGO 案），也有的被认为符合使用要求（DCLSA 案、SODA 案、USAPRO 案）。商标与企业商号相同时，判断使用的性质时，要看它发挥的是商标的功能还是商号的功能（香格里拉案）。

SX，USAPRO 案（20181220）：委托他人生产产品、贴附商标并报关销往境外属于商标权人自己实际使用商标

门富士公司 v 商评委等，再审，最高院（2018）最高法行申 8135 号裁定书，王艳芳、杜微科、毛立华

案情概要

优赛普罗公司注册了第 4538400 号 "USAPRO" 商标，核定使用在第 25 类的服装等商品上—委托上海台宏公司生产使用该商标的商品并出口境外—门富士公司提起三年不使用撤销—商标局、商评委、一审、二审、再审法院均认为在案证据可证明涉案商标的使用，注册应予维持

裁判摘录

【2】……商标是识别商品或者服务来源的标识，虽然商标法实施条例和商标法均未明确指出使用的主体，但该主体应当是指该商品或者服务来源的指向对象。在市场交易活动中，使用商标主要可以分为两类主体的使用：一类是商标权人或者商标被许可人以及其他经商标权人授权使用的主体；一类是未经商标权人许可擅自使用的主体。本案中主要涉及商标权人是否对诉争商标进行了商标法意义上的使用，也即需要考察商标权人或商标许可使用人是否对诉争商标进行了商标法意义上的使用，也需要区分根据商标权人的委托代办相关事宜的使用行为，即是否指向商品或者服务来源的使用。根据原审法院查明的事实，上海台宏公司是优赛普罗公司的授权生产商，其受优赛普罗公司的委托在中国境内生产带有诉争商标的商品，上海台宏公司是优赛普罗公司具体生产行为的代理人，其在授权委托权限内，是以优赛普罗公司名义在相关商品上标注复审商标并出口。事实上，对上海台宏公司而言，其在国内以贴付等方式使相关商标标识附着于相关产品的行为仅为物理行为，其出口行为亦系为优赛普罗公司将相关商品销售至中国境外而为之；而对优赛普罗公司而言，其系通过上海台宏公司的物理加工行为进行生产行为和销售行为；对相关公众而言，此批产品的具体生产者和报关者为上海台宏公司，但商品的来源是优赛普罗公司，即商标权利人仍然是优赛普罗公司，优赛普罗公司享受该商标权带来的收益并承担相应的责任。因此上海台宏公司仅是具体的生产者和报关行为的办理者，商标法意义上的商标使用主体是优赛普罗公司。
【3】本案中，根据当事人在诉讼过程中提供的证据，……原审法院认为……证据之间可以相互印证形成完整的证据链，足以证明受委托方上海台宏进出口有限公司生产带有 "USAPRO" 商标的商品并报关并无不当。如前所述，上海台宏公司不是该商标商标法意义上的使用主体，商标法意义上的使用主体系商标权人优赛普罗公司，因此前述证据可以证明商标权人优赛普罗公司在被诉期间真实、有效地在核定使用商品上使用了诉争商标，不属于 2001 年《商标法》第四十四条中 "连续三年停止使用" 这一情形。

SX，香格里拉案（20181120）：标记作为商号的使用不能视为商标法意义上的商标使用

香格里拉公司 v 商评委等，二审，北京高院（2018）京行终 5474 号判决书，孔庆兵、亓蕾、吴斌

案情概要

香格里拉公司在第 32 类的饮料制剂、啤酒等商品上注册了第 1769162 号"香格里拉"商标——顺兴商行提出连续三年不使用撤销申请——商标局审查后，决定撤销诉争商标在"啤酒、姜汁淡啤酒、姜汁啤酒、麦芽啤酒、制啤酒用麦芽汁、制啤酒用蛇麻子汁、麦芽汁（发酵后成啤酒）"商品上的注册——商评委认为香格里拉公司提交的证据不足以证明诉争商标在指定期间在复审商品上的实际使用情况——一审、二审均维持商评委裁定

裁判摘录

【5】考虑在案其他证据，复审商标在商品上的使用方式为红色为主色调的"TSINGTAO 青岛啤酒及图"标识位于啤酒瓶身显著位置，临近瓶口处有黑色标志组合"图形及香格里拉酒店集团 SHANGRI – LAHOTELS and RESORTS"。香格里拉公司对此予以认可。结合《三方合作协议》的内容可知，瓶口处黑色标志组合"图形及香格里拉酒店集团 SHANGRI – LAHOTELS and RESORTS"为图形商标、香格里拉酒店集团商号以及"SHANGRI – LAHOTELS & RESORTS"文字，且在各方当事人均知晓香格里拉公司拥有复审商标的情况下，并未在使用内容中提及复审商标，可知各方当事人均未有在合作商品中使用复审商标的意图，且商品中出现的"香格里拉酒店集团"字样，应为商号的使用，相关公众看见该字样，不会识别为商标。故上述组合标识中"香格里拉酒店集团"的使用不属于复审商标的使用。故在案证据不能形成完整的证据链，证明复审商标在指定期间在复审商品上进行了真实、合法、有效的商业使用。香格里拉公司的上诉理由不能成立，本院不予支持。

BX，三得利案（20171228/B2017-39）：在核定商品上的使用才能维持注册

三得利公司 v 商评委等，再审，最高院（2017）最高法行申 5093 号裁定书，朱理、张志弘、佟姝

案情概要

三得利公司对涉案商标"三得利 SDL 及图"提起三年不使用撤销—商标局维持注册—商评委认为证据不足以证明真实使用，应予撤销—一审、二审认为有真实使用，应予维持—商评委重新裁定，维持注册—三得利又上诉—一审、二审支持商评委裁定—再审纠正二审对于《商标法》第 44 条第（4）项的解释和适用—不影响认定结果—一审、二审判决依据在先生效判决确定的事实和理由作出—避免循环诉讼—驳回再审申请

裁判摘录

【8】……首先，对《商标法》第四十四条第（四）项中"使用注册商标"的解释应尽可能有利于实现该规定的立法目的。《商标法》第四十四条第（四）项旨在督促商标权人积极使用核准注册的商标，避免商标资源闲置。如果注册商标可因在核准注册的商品以外的类似商品上的使用得以维持，则注册商标资源在核定商品上仍处于闲置状态，避免商标闲置的立法目的将大打折扣。其次，对"使用注册商标"的解释应与商标法的其他有关规定相协调。《商标法》第二十一条规定："注册商标需要在同一类的其他商品上使用的，应当另行提出注册申请。"该法第五十一条规定："注册商标的专用权，以核准注册的商标和核定使用的商品为限。"根据上述规定可知，无论是注册商标的使用还是注册商标专用权范围仅限于核定使用的商品范围，超出该范围使用的应当另行申请。如果将《商标法》第四十四条第（四）项中"使用注册商标"的解释扩大到在核定商品范围以外的类似商品上的使用，则会与《商标法》第二十一条和第五十一条不相协调。因此，《商标法》第四十四条第（四）项中"使用注册商标"的行为应当理解为在该注册商标核定使用的商品上使用。二审法院对于《商标法》第四十四条第（四）项的解释和适用有误，本院特予纠正。

SX，MANGO 案❶（20171215）：在中国大陆地区未实际发挥商品来源的识别作用不能视为商标的使用

索娜媞公司 v 商评委等，二审，北京高院（2016）京行终 5003 号判决书，周波、俞惠斌、苏志甫

---

❶ 2018 年 12 月 27 日，最高院以（2018）最高法行申 4175 号裁定书驳回索娜媞公司再审申请。

案情概要

涉案"MANGO"商标被提起三年不使用撤销——索娜媞公司是否使用是该案商标是否实际使用的关键——商评委裁定撤销——一审、二审均支持商评委的裁定——指定期间内在核定使用商品上有商标标志的贴附行为——商品全部出口到了中国大陆以外的其他地区——复审商标在中国大陆并未实际发挥商品来源的识别作用——不是商标法意义上的商标使用——索娜媞公司申请再审被驳回

裁判摘录

【3】……注册商标的使用，既包括商标注册人自己的使用，也包括获得商标注册人许可的其他主体的使用，但这种使用必须是在商业流通领域发挥了商标区分商品或服务来源识别作用的。注册商标许可使用人与被许可使用人之间，或者生产标注被许可的注册商标标志的商品的委托人与受托人之间，即使有标注被许可的注册商标标志的商品买卖行为，由于此类买卖行为是在特定的市场主体之间发生的，该买卖行为的发生不是通过商标的识别作用而建立的，故在这种情况下也难以认定是该被许可使用的商标起到了区分商品来源的作用，因而也就不能认定使用该商标标志的行为构成商标法意义上的商标使用行为。尤其是对于未在中国大陆地区进行实际销售而仅供出口的复审商标，由于其未在中国大陆地区实际发挥商品来源的识别作用，因此，不能仅因此种委托加工或者出口行为而维持商标的注册。【6】……虽然在案证据能够证明复审商标在指定期间内在核定使用商品上有商标标志的贴附行为，但贴附复审商标的上述商品全部出口到了中国大陆以外的其他地区，复审商标在中国大陆并未实际发挥商品来源的识别作用。因此，即使考虑索娜媞公司在商标评审阶段和本案一审、二审期间提交的全部证据材料，亦不足以认定复审商标在指定期间内在核定商品上进行了商标法意义上的商标使用行为。

SWX，恒大案（20171129）：注册人伪造部分使用证据，则从严审查全部证据

江西恒大公司 v 商评委等，二审，北京高院（2017）京行终 4247 号判决书，周波、苏志甫、俞惠斌

案情概要

江西恒大公司注册了第 6931816 号"恒大"商标——潘某以连续三年未使用为由提

起撤销—商标局维持注册—商评委认为证据多处矛盾，不能证明真实使用，应予撤销—一审认为可以证明真实使用，应予维持—二审认为证据真实性、合法性存在瑕疵—伪造证据—从严审查—不能证明真实使用，应予撤销

裁判摘录

【5】……相较于对商标使用规模等"量"的要求，在商标使用的判断上，更侧重对商标使用"质"的要求，即商标注册人在指定期间内是否存在真实的商标使用行为。鉴于商标使用的证据主要由商标注册人掌握和提供，实践中不乏为维持商标注册而伪造证据的情形，且此种行为不易辨别和认定，通常需要对方当事人提出质疑、提供相反证据。为避免连续三年停止使用注册商标撤销制度目的落空，形成鼓励当事人如实、规范提供商标使用证据的导向，如果商标注册人提供的部分使用证据系伪造，则应当对其提交的所有证据从严审查，相应提高证明标准。【6】对于商标使用证据的审查判断，既要逐一审查单个证据本身的真实性、合法性、关联性，也要从整体上对全部在案证据进行审查，从各证据与案件事实的关联程度、各证据之间的联系等方面进行综合判断。当事人提交多个证据试图形成证据链证明某一事实时，一般应先逐一审查单个证据的真实性、合法性，在确认相关证据真实性、合法性的基础上，从其与案件事实的关联程度、各证据之间的联系等方面判断有无证明力及证明力的大小。【12】……江西恒大公司的现有证据不足以证明复审商标的被许可人星河纳米公司、云居山泉公司于指定期间内实际持续销售"恒大"纯净水及该商品真实、持续进入市场流通领域的事实。尤其是考虑到江西恒大公司在本案中提交的部分证据存在伪造情形，应相应提高对其提交证据证明标准的要求。综合考量江西恒大公司提交的在案证据，本院认定现有证据不能证明其在指定期间内在纯净水商品上对复审商标进行了真实、合法、持续的使用。在此前提下，复审商标在纯净水及核定使用的其他商品上的注册均应予撤销。

SX，厨味案（20171025）：实际使用的商标标志未改变核准使用的商标标志的显著特征，可视为注册商标的使用

东莞厨味厂 v 商评委等，再审，最高院（2017）最法再 47 号判决书，王艳芳、杜微科、何鹏

案情概要

东莞厨味厂是涉案第 1423623 号"厨味"商标的权利人，商标核定使用在第 30 类的相关商品—重庆厨味公司对该商标在部分商品上的注册提起三年不使用撤销—商标局、商评委支持撤销—一审认为在鸡精商品上，东莞厨味厂自行改变了复审商标的标

识，有较为显著的变化，不能视为复审商标的使用——在其他商品上，不能证明有商标法规定的公开、真实的商业使用——二审维持一审——再审认为在鸡粉、味精、鱼露商品上的使用虽然与注册商标有区别，但是没有改变显著特征，是真实、有效的商业使用，原审法院认定事实错误

裁判摘录

【6】实际使用的商标标志与核准使用的商标标志有细微差别，但未改变其显著特征的，可以视为注册商标的使用。本案中，虽然在案证据显示东莞厨味加工厂在鸡粉商品上使用的商标与诉争商标有所差别，但是其使用的"厨味 chuwei 及图"及"厨味及图"标志其显著识别部分均为文字"厨味"，与诉争商标相同，并未改变诉争商标显著特征，可以视为诉争商标的使用。故在案证据可以证明复审期间内诉争商标在鸡粉、味精、鱼露商品上进行了真实、有效的商业使用，原审法院认定事实错误。在事实认定错误的基础上原审法院适用法律亦存在错误，本院依法予以纠正。

SX，SODA 案（20170308）：贴牌加工即使未在中国流通也构成商标使用

明季公司 v 商评委等，二审，北京高院（2016）京行终 4613 号判决书，莎日娜、周波、樊雪

案情概要

明季公司注册有第 803646 号"SODA"商标，使用于第 25 类的商品——索达公司提起三年不使用撤销——商标局、商评委支持撤销——一审法院认可权利人出口环节的标记使用为商标使用，不是象征性使用——涉案商标进行了真实、合法、公开的使用——二审维持一审

裁判摘录

【3】商标法意义上的商标使用，应是为了实现商标功能的使用。虽然商标的主要功能是具有识别性，只有商品进入流通领域，商标的识别功能才能发挥。因此，通常情况下商标使用应当与商品流通相关联。但在审理涉及撤销注册商标的行政案件时，应当根据商标法有关规定的立法精神，正确判断所涉行为是否构成实际使用。《商标法》第四十四条第（四）项规定的立法目的在于激活商标资源，清理闲置商标，督促商标权人履行连续使用义务。本案中，虽然使用复审商标的商品在中国生产加工后直接出口国外，未在中国大陆市场流通，但明季公司在复审商标获准注册后，切实将商

标投入实际使用，积极激活注册商标，并不存在搁置和浪费商标资源的行为。同时出于保护对外贸易、促进贴牌加工行业发展的目的，在商标连续三年不使用的撤销案件中，应将贴牌加工行为认定为商标使用行为。因此，明季公司使用复审商标的行为应视为在商业活动中，公开、合法、真实的使用商标标志。商标评审委员会和索达公司的相关上诉理由不能成立，本院不予支持。

SX，盘龙云海案（20160719）：核定商品上的使用才能维持注册

方某林 v 商评委等，二审，北京高院（2016）京行终 2844 号判决书，刘晓军、孔庆兵、蒋强

案情概要

第 3191802 号"盘龙云海"商标由方某林 2002 年 5 月 28 日申请，2003 年 11 月 7 日注册，核定使用在第 32 类的"矿泉水、果汁、葡萄汁、柠檬汁、可乐、奶茶（非奶为主）、果茶（不含酒精）、蔬菜汁（饮料）、啤酒"上—盘龙云海公司提起三年不使用撤销—商标局支持撤销—商评委认为涉案商标被许可人在矿泉水商品上对复审商标进行有效的商业使用，果汁、柠檬汁等商品与矿泉水属于类似商品，所以复审商品在矿泉水商品上的使用，可视为在上述类似商品上的使用，遂裁定诉争商标在啤酒商品上的注册予以撤销，在其余商品上予以维持—一审、二审均认为应全部撤销

裁判摘录

【3】……需要指出的是，注册商标因连续三年停止使用被撤销注册的，其撤销的是注册商标的专用权，而不是注册商标的禁用权。无论是 2001 年《商标法》第五十一条，还是 2014 年《商标法》第五十六条，均规定："注册商标的专用权，以核准注册的商标和核定使用的商品为限"。这表明注册商标专用权仅限于核准注册的商标和核定使用的商品，并不包括与核准注册的商标相近似的商标，也不包括与核定使用的商品相类似的商品。与注册商标相近似的商标以及与核定使用的商品相类似的商品最多只是可能进入注册商标禁用权的范围，不可能进入注册商标专用权的范围。因此，注册商标在与核定使用的商品相类似的商品上的使用，以及与核准注册的商标相近似的商标在与核定使用的商品相同或相类似的商品上的使用，均不属于注册商标专用权的范围，这种使用也不构成注册商标专用权意义上的使用，其不足以动摇或者改变注册商标未在注册商品上实际使用的事实，故也就不足以维持注册商标在核定商品上的注册。本案中，商标评审委员会以复审商标在矿泉水商品上存在有效的商业使用，而复审商标核定使用的果汁、柠檬汁等商品与矿泉水属于类似商品为由，认定复审商品在矿泉

水商品上的使用可视为其在上述类似商品上的使用，并据此维持复审商标在果汁、柠檬汁等商品上的注册，系法律适用错误，本院依法予以纠正。

BWX，湾仔码头案（20151202/B2015-26）：象征性使用不算使用

成某 v 商评委等，再审，最高院（2015）知行字第 181 号裁定书，李剑、朱理、宋淑华

案情概要

通用磨坊公司以不使用为由申请撤销涉案商标"湾仔码头"—商标局、商评委支持撤销—一审认为有真实使用，不应撤销—二审、再审认为只是象征性使用，应予撤销

裁判摘录

【2】没有实际使用注册商标，仅有转让、许可行为，或者仅有商标注册信息的公布或者对其注册商标享有专有权的声明等，不能认定为商标使用。判断商标是否实际使用，需要判断商标注册人是否有真实的使用意图和实际的使用行为，仅为维持注册商标的存在而进行的象征性使用，不构成商标的实际使用。【3】本案中，成超主张复审商标在法定期间内以广告宣传和许可他人使用的方式进行了真实的商业使用，但从其提交的相关证据来看，并不能佐证其主张。……成超所提交的上述证据均不能佐证复审商标在指定期间进行了实际使用。

BX，青华案（20151123/B2015-25）：核定商品上的使用才是商标使用

青华漆业 v 商评委等，再审，最高院（2015）知行字第 255 号裁定书，李剑、秦元明、徐红妮

案情概要

青华漆业的"B 及图"注册商标被提起不使用撤销—商标局认为使用证据有效—商评委认为使用的商品不是核定商品，使用证据无效—一审认为，虽不是核定商品，但与核定商品有密切联系，可认定为实际使用—二审、再审维持商评委的裁定

> **裁判摘录**

【1】……"连续三年不使用"中的"使用"，应当理解为在核定类别商品上的使用，不应将在类似商品上的使用视为该条所称的"使用"。虽然青华公司提交的批墙膏经销协议、增值税发票、广告合同、制作单及门店招牌等证据可以证明青华公司将复审商标使用于批墙膏商品上，但批墙膏并不属于复审商标核定的第 2 类商品，且在功能、用途等方面存在一定差异。因此，复审商标在批墙膏商品上的使用，不应视为在核定商品上的使用，复审商标应当予以撤销，二审判决并无不当。

SX，DCLSA 案（20150820）：出口行为也可构成商标使用；核定商品上的使用可维持"相类似"的核定使用商品上的注册

镇江锁厂 v 商评委，一审，北京知产院（2015）京知行初字第 408 号判决书，芮松艳、毛艾越（陪）、仝连飞（陪）

> **案情概要**

镇江锁厂注册有诉争商标为第 1975042 号"DCLSA"商标，使用在第 6 类的商品—他人提起三年不使用撤销—商标局维持注册—商评委认为应予撤销—一审认为应予维持。

> **裁判摘录**

【16】所谓商标意义上的使用行为是指能够实现商标本质功能的使用行为。因商标的本质功能为其识别功能（即通过该商标识别商品或服务的提供者），而通常情况下只有商品已进入流通环节的情况下才可能起到识别作用，因此，原则上商品流通环节的商标使用行为（如销售行为，广告行为等），属于"商标意义上的使用行为"。未进入商品流通环节的商标使用行为（如商标标识的印制行为，在商品包装上印制商标的行为等），则不属于"商标意义上的使用行为"。此外，因该条款系商标法对于在中国注册的商标的使用要求，故原则上该使用行为应发生在"中国大陆境内"。【17】……原告在涉案三年期间内对于使用诉争商标的锁等商品进行了出口，因出口行为亦属于商品进入市场流通领域的行为，因此，该行为原则上属于商标意义上的使用行为。但值得注意的是，出口行为所针对的最终消费者并非中国大陆境内的消费者，因此，本案需考虑的问题是，出口行为是否应被认定为"中国大陆境内"的商标意义上的使用行为。【20】……在考虑某一商标使用行为是否属于发生在中国大陆境内的使用行为时，

关键在于该使用行为是否足以使该商标在中国大陆境内产生识别作用。对于本案所涉出口行为而言，虽然出口商品的终端销售行为发生在进口国，但不可否认，出口商向进口商销售商品的行为发生在中国大陆境内，同时进口商在选择中国出口商的过程中，可以依据不同的商标将不同的中国出口商相区分，在这一过程中该商标显然已起到识别作用，而该识别作用发生在中国大陆域内。……【24】如果商标注册人依据《商标国际注册马德里条约》（简称《马德里条约》）或《商标国际注册马德里有关议定书》（简称《马德里议定书》）的相关规定在中国进行商标注册的同时，亦在进口国及其他成员国进行了国际注册，则商标注册人在中国所注册商标的效力状态在一定程度上会影响到该商标在进口国的效力状态。《马德里条约》第六条规定，如果商标注册人在原属国的注册在五年内被撤销或被无效，则其在其他成员国或地区的注册亦同样会被撤销。由此可见，如果认定出口行为未构成商标使用行为而将其撤销，则意味着该企业不仅在中国无法获得商标法保护，更为重要的是在其进口国家或地区在一定情况下亦无法获得商标法保护，而后者对其显然更为重要。【25】即使商标注册人并未通过《马德里条约》体系在进口国进行商标注册，但在本国已进行商标注册的出口企业显然会比未进行商标注册的出口企业，更具有信用，会获得更多的出口商业机会。因此，无论上述哪种情形下，认定出口行为构成使用行为，均会对出口企业具有实质影响，并相应地影响到我国出口经济的发展。据此，认定出口行为构成商标使用行为，符合商标法的整体立法目的。【43】……诉争商标的使用行为既可维持其在与实际使用商品构成"同一种类"的核定使用商品上的注册，亦足以延及其在"相类似"的核定使用商品上的注册。【44】但本院要指出的是，如果诉争商标"实际使用"的商品并未在该商标"核定使用"的商品范围内，则即便其实际使用的商品与核定使用的商品构成类似商品，亦无法导致诉争商标被维持有效。原因在于核定使用的商品是注册商标的必要构成要素之一，在《商标法》第四十四条第（四）项有关使用的要求仅针对的是注册商标的情况下，只有在该核定使用商品范围内的使用行为才属于对于注册商标的使用，对于在此范围之外的其他商品上的使用，均属于未注册商标的使用，不符合该条款的要求。

BDX，卡斯特Ⅰ案（20111217/B2011-26/D2011-08）：使用商标从事的有关经营活动违法不影响商标使用的认定

法国卡斯特 v 商评委等，再审，最高院（2010）知行字第 55 号裁定书，夏君丽、殷少平、周云川

案情概要

　　法国卡斯特以不使用为由申请撤销李某之的"卡斯特"商标—违反进口销售方面

的规定—商标局支持撤销—商评委、一审、二审、再审认为有真实使用，应维持注册

裁判摘录

【1】……注册商标长期搁置不用，该商标不仅不会发挥商标功能和作用，而且还会妨碍他人注册、使用，从而影响商标制度的良好运转。因此《商标法》第四十四条第（四）项规定，注册商标连续三年停止使用的，由商标局责令限期改正或者撤销其注册商标。……该条款的立法目的在于激活商标资源，清理闲置商标，撤销只是手段，而不是目的。因此只要在商业活动中公开、真实的使用了注册商标，且注册商标的使用行为本身没有违反商标法律规定，则注册商标权利人已经尽到法律规定的使用义务，不宜认定注册商标违反该项规定。……班提公司在商业活动中对争议商标进行公开、真实的使用，争议商标不属于《商标法》第四十四条第（四）项规定连续三年停止使用、应由商标局责令限期改正或者撤销的情形。至于班提公司使用争议商标有关的其他经营活动中是否违反进口、销售等方面的法律规定，并非《商标法》第四十四条第（四）项所要规范和调整的问题。

SX，万宝案（20101119）：使用商品如非核定商品，不能证明商标已经使用

王某勇 v 商评委等，再审，最高院（2010）知行字第 44 号驳回再审申请通知书

案情概要

涉案商标"萬寶 WANBAO 图形"1989 年 3 月 28 日申请，1990 年 3 月 10 日核准注册，核定使用商品为第 9 类电视机等—万宝公司 2004 年 8 月 20 日以三年不使用为由提起撤销—商标局裁定撤销—商评委维持商标局撤销裁定—一审维持商评委裁定—二审维持一审—驳回王某勇再审申请

裁判摘录

【1】……你（再审申请人）所提交的证据均意图证明之前的商标注册人在音箱、功放机商品上使用了涉案商标，不论该事实是否存在，由于音箱、功放机均非涉案商标所核定使用的商品，上述证据均不能证明涉案商标在相应三年内进行了注册商标的使用。

BX，国医案（20100906/B2010-38）：行政诉讼新证据不采纳的前提是原告依法应提供而拒不提供

汉方堂公司 v 商评委等，再审，最高院（2010）知行字第 28 号驳回再审申请通知书

案情概要

国医堂针对汉方堂公司的"国医 GUOYI 及图"商标提出三年不使用撤销申请—商标局驳回—商评委、一审认为应予撤销—二审认为诉讼程序中提交的某些程序应采纳而未采纳，一审判决应予撤销—再审维持二审

裁判摘录

【1】……人民法院对提交的新证据不予采纳的限定条件是原告依法应当提供而拒不提供，不提供的后果是人民法院一般不予采纳，并非一概不予采纳。本案中，二审法院考虑复审商标本身权利状况发生多次改变，证据收集本身存在一定的障碍等因素，认定汉方堂公司不存在行政程序中拒不提供证据的情形，并同时考虑行政诉讼救济价值，对于当事人无不当理由而未能在行政程序中提供有效证明自己主张的证据，应予以充分考虑，并无不当。

BX，康王案（20081225/B2008-07）：不合法使用不算商标使用

康王公司 v 商评委等，再审，最高院（2007）行监字第 184－1 号驳回再审申请通知书

案情概要

康王公司以不使用为由申请撤销滇红药业的"康王"商标—违反法律法规强制性、禁止性规定—商标局支持撤销—商评委维持注册—一审、二审、再审认为现有证据不足以证明真实使用，应予撤销

裁判摘录

【1】……《商标法》第四十四条第（四）项规定的"使用"，应该是在商业活动中对商标进行公开、真实、合法的使用。从《商标法》第四十五条的规定来看，判断商标使用行为合法与否的法律依据，并不限于商标法及其配套法规。对于违反法律法规强制性、禁止性规定的生产经营活动中的商标使用行为，如果认定其法律效力，则可能鼓励、纵容违法行为，与商标法有关商标使用行为规定的本意不符。

第五十六条 【商标专用权效力】

注册商标的专用权，以核准注册的商标和核定使用的商品为限。

本条导读

该条的法律效力一直不够清晰，严格意义上并没有依据此条直接作出的判决，但与此条理解有关的判决仍有不少。如早期有过一个不认可该条赋予了商标使用权的一审判例（恒升案），但由于二审和解结案，该一审判决并未生效。后来颁布的权利冲突司法解释和驰名商标司法解释，对于使用权出现了不同对待的局面，即驰名商标可以直接起诉在后的注册商标，但驰名商标以外的注册商标不能直接诉注册商标（爱国者案），亦即必须先完成在后商标的无效程序才能起诉。即使该商标已被生效判决认为属于恶意注册的情形（歌力思Ⅱ案），甚至错发的注册证也可以构成被告的抗辩理由（拉法基案），但依据著作权、商号权乃至有一定影响的商业标记等其他权利（益）则可以起诉注册商标（歌力思Ⅱ案）。虽然拥有注册商标，但超出核定范围使用也会构成侵权（KOHLER 案）。

对商标局误发的注册证，法院也有直接拒绝承认其效力的判例（歌力思Ⅰ案、高露洁案）；相应地，对于商标局错误注销的商标，法院也认为其一直存续并可对抗恶意侵权人（海洋案）。对于商标注册的权利范围，有法院允许注册人自行限缩（迪尔案）。

BY，爱国者案（20181122/B2018-19）：注册商标间的争议；注册时未列入《类似商品和服务区分表》的商品随后也可能成为商标使用的商品

爱国者数码公司等 v 飞象未来公司等，再审，最高院（2018）最高法民申 3270 号裁定书，王艳芳、毛立华、杜微科

案情概要

爱国者数码公司是第 1114515 号"爱国者"注册商标专用权人——使用于第 9 类的计算机等商品——爱国者数码公司授权爱国者电子公司使用涉案商标——飞象未来公司生产、销售、宣传与涉案商标近似的"爱国者""Patriot 爱国者"移动电源商品，隆通公司销售上述商品——原告爱国者数码公司等起诉被告侵害其注册商标专用权——主张涉案

商标驰名—飞毛腿公司（飞象未来公司的前身）有在先商标第 8322472 号"Patriot 爱国者"及第 1084577 号商标"爱国者"——一审判决前第 8322472 号已被无效—第 1084577 号"爱国者"商标核定使用的商品中并不包括移动电源产品，第 1084577 号"爱国者"商标在移动电源上的使用不能当然被认为属于在其商品核定范围内的使用行为—被告可以合理预见混淆，仍在移动电源产品上使用第 1084577 号"爱国者"商标—误导相关公众，主观恶意明显—在先注册商标专用权，但并不足以使得被诉侵权行为具有正当性—构成侵权—二审认为飞毛腿公司第 1084577 号"爱国者"商标在移动电源商品上的使用并未超出其核定使用的商品范围，亦未超出其注册商标专用权的保护范围—不存在以改变显著特征、拆分、组合等方式使用的情形—注册商标之间的纠纷—不属于法院民事诉讼的受案范围—再审维持二审

裁判摘录

【5】第 1084577 号［愛國者］商标核定注册的商品为第 9 类"电池充电器、电池、太阳能电池、袖珍灯用电池、照明电池、蓄电池"，商品项目中并不包括移动电源商品。但是，正如《类似商标和服务区分表》在其说明中所述，"商品和服务项目正不断更新、发展，市场交易的状况不断发生变化"，《类似商标和服务区分表》不能穷尽现实中出现的所有商品和服务，其会因市场的变化而不断调整。考虑到商品的变迁及市场实际，难以认定飞象未来公司第 1084577 号［愛國者］商标在移动电源商品上的使用超出其核定使用的商品范围。至于其在相关宣传中使用简体"爱国者"之行为，由于"爱国者"与［愛國者］构成近似，在飞象未来公司享有在电池等商品上对［愛國者］商标专用权的前提下，难以仅凭该使用行为认定其构成侵犯申请人在计算机周边设备等相关商品上的"爱国者"商标专用权，原审法院认定"第 1084577 号'愛國者'商标在移动电源商品上的使用并未超出其核定使用的商品范围，亦未超出其注册商标专用权的保护范围，本案属于《最高人民法院关于审理注册商标、企业名称与在先权利冲突的民事纠纷案件若干问题的规定》第一条第二款所指两个注册商标之间的纠纷，不属于法院民事诉讼的受案范围，可以由爱国者数码公司和爱国者电子公司向有关行政主管机关申请解决"并无不当，本院予以维持。

爱国者	愛國者	Patriot 爱国者
第 1114515 号 （原告引证商标图样）	第 1084577 号（被告飞象未来公司前身飞毛腿公司的"爱国者"商标图样）	第 8322472 号（被告飞象未来公司前身飞毛腿公司的"Patriot 爱国者"商标图样）

SY，歌力思 II 案（20160630）：在先商号、知名商品名称起诉在后注册商标依法有据

歌力思公司 v 王某永等，再审，最高院（2016）最高法民申 1617 号裁定书，周翔、秦元明、罗霞

案情概要

　　歌力思公司起诉被告刘某销售"歌力思女包"及王某永恶意申请注册及使用第 7925873 号"歌力思"商标的行为侵害其第 1348583 号"歌力思"商标——刘某销售"歌力思女包"及王某永恶意申请及使用"歌力思"商标的经营行为侵害其"歌力思"知名商号权、知名商品特有的名称权——一审认可歌力思公司的"歌力思"商标及字号的知名度，未认定知名商品特有名称——对王某永商标注册问题的争议需通过行政程序解决——认为王某永注册商标在核定商品上的使用是注册商标之间的纠纷，需通过行政程序解决，无须认驰——在生产、经营活动中使用"歌力思"的行为具有攀附歌力思股份公司商誉、"搭便车"的主观故意——有误认——二被告侵犯原告的在先字号，构成不正当竞争——二审维持一审——再审认为一审、二审对于歌力思公司提出的两个注册商标之间产生的权利冲突争议未予受理，对歌力思公司提出的不正当竞争纠纷予以受理，依法有据——已有生效判决确认王某永涉案商标的注册难谓正当——王某永等对于"歌力思"商标的使用侵犯歌力思公司在先商号权

裁判摘录

　　【2】……《最高人民法院关于审理注册商标、企业名称与在先权利冲突的民事纠纷案件若干问题的规定》……第三条还规定，"人民法院应当根据原告的诉讼请求和争议民事法律关系的性质，按照《民事案件案由规定（试行）》，确定注册商标或者企业名称与在先权利冲突的民事纠纷案件的案由，并适用相应的法律"。鉴于本案歌力思公司所指控的不正当竞争行为是王某永在使用商标的经营活动中存在侵害其商号及知名商品特有名称权益的行为，一审、二审法院在《中华人民共和国反不正当竞争法》的法律规定下审理本案，依法有据。

SWY，拉法基案（20140827）：依据错发注册证的商标使用行为无过错，不构成侵权

拉法基公司等 v 美世达公司，江苏高院（2014）苏知民再终字第 1 号判决书，唐军、傅志成、谢春城

案情概要

原告拉法基公司，上海拉法基公司认为美世达公司在一系列经营活动中使用"拉法基"字样的行为侵犯其商标权、企业字号权和特有商品包装装潢——一审基本支持原告诉请——被告认为自己对涉案标志的使用来自案外人赵某胜的授权——经异议复审，赵某胜在第 6 类商品上申请的第 4040697 号"拉法基"商标不予核准注册，但商标局错发注册证，后更正——二审认为赵某胜持有的"拉法基"商标证尚未被宣告无效前，美世达的使用行为不能被认定为商标侵权和不正当竞争——拉法基提再审申请，得到最高院支持——江苏高院重审认为，赵某胜持有的"拉法基"商标被宣告无效前美世达没有过错，不构成侵权——宣告无效后，法院已经令美世达停止使用，不需再判处赔偿

裁判摘录

【2】……美世达公司在赵某胜"拉法基"文字商标被宣告无效之前被授权使用该商标的行为是否构成侵权，应当考察其主观上是否具有过错。【3】……美世达公司在本案中使用"拉法基"文字商标并无过错，在本案中不应承担侵犯拉法基公司商标专用权的侵权责任。第一，根据本案已查明事实，美世达公司与赵某胜签订《合作协议》时，商标评审委员会尚未书面通知拉法基公司已经受理其复审申请；而拉法基公司进行公证证据保全时，赵某胜持有的"拉法基"商标证也尚未被宣告无效。因此，尽管在当时赵某胜取得"拉法基"注册商标不符合商标法的相关规定，但无论在外观表现上还是基于对公众认知的合理判断上，赵某胜持有的"拉法基"注册商标证在特定时间段是一个合法有效的权利证明书。且根据《商标法》以及《中华人民共和国商标法实施条例》（2002 年）（以下简称《商标法实施条例》）的相关规定，商标注册申请需经过初步审定公告、异议程序直至复审程序等实质性审查程序后，才能由商标局发放注册商标证，因此注册商标证具有法定的公示公信力，美世达公司有理由依据注册商标证相信赵某胜系合法拥有"拉法基"文字商标并享有相应的商标专用权。第二，根据《商标法实施条例》第三十六条规定"依照商标法第四十一条的规定撤销的注册商标，其商标专用权视为自始即不存在。有关撤销注册商标的决定或者裁定，对在撤销前人民法院作出并已执行的商标侵权案件的判决、裁定，工商行政管理部门作出并已执行的商标侵权案件的处理决定，以及已经履行的商标转让或者使用许可合同，不具有追溯力；但是，因商标注册人恶意给他人造成的损失，应当给予赔偿"，注册商标被撤销后其商标专用权虽自始无效，但对之前已经履行的商标许可使用合同不具有追溯力。参照该规定，美世达公司在赵某胜"拉法基"文字商标被宣告无效前依据许可使用合同使用该商标具有合法依据，除非有证据证明美世达公司明知拉法基公司已就该争议商标提出异议、该争议商标系错误发放，才可以认定美世达公司与赵某胜具有共同的主观过错。第三，拉法基公司主张美世达公司具有过错的证据仅有美世达公司与赵某胜签订的《合作协议》中"不得打注册标记Ⓡ，该商标的所有情况甲方已全部告

知乙方""甲方申请的拉法基商标不可抗拒的被国家权力机构收回，甲乙双方互不追究法律责任，并终止合作协议和无息退还保证金"内容，以及美世达公司在产品外包装与拉法基公司产品包装相似，该两份证据尚不足以证明美世达公司知道被诉侵权"拉法基"文字商标当时处于异议程序中，或美世达公司与赵某胜有串通共谋的主观过错，因此美世达公司在本案中使用"拉法基"文字商标的行为并无过错，不应承担侵犯拉法基公司商标专用权的侵权责任，其在被授权使用"拉法基"文字商标始至被起诉时止的时间段内使用该商标亦不构成不正当竞争行为。本案纠纷系因赵某胜申请注册的商标与拉法基公司在先商标权利冲突以及商标局的错误发放商标注册证行为引发，根据《侵权责任法》第二十八条规定"损害是因第三人造成的，第三人应当承担侵权责任"拉法基公司、上海拉法基公司可另行主张权利。【4】……在赵某胜的商标注册证被宣告无效的情况下，本案二审判决已明确要求美世达公司停止使用"拉法基"文字商标，拉法基公司的商标专用权在本案中已得到相应的司法保护，本院二审判决未再支持拉法基公司、上海拉法基公司要求美世达公司承担侵权赔偿责任的请求，并无不当。

ABFY，歌力思Ⅰ案（20140814/A20170306-82/B2014-20/F2014-22）：误发的商标注册证不受法律保护

王某永 v 歌力思公司等，再审，最高院（2014）民提字第 24 号判决书，王艳芳、朱理、佟姝

案情概要

原告王某永诉被告歌力思公司等在女士手提包上使用的标志侵犯其第 4157840 号及第 7925873 号商标——一审、二审认定被告侵权——再审期间，关联案件认定引证商标之一侵犯歌力思公司在先字号权，属不当注册——再审认为第 4157840 号商标迄今为止尚未被核准注册，王某永持有的商标注册证系商标行政管理机关误发，王某永无权据此对他人提起侵害商标权之诉——第 7925873 号商标是王某永非善意取得，用以对歌力思公司的正当使用行为提起侵权之诉，属于权利滥用——歌力思公司不侵权

裁判摘录

【6】……根据《商标法》第三十七条的规定，注册商标的有效期自核准注册之日起计算。第 4157840 号商标经初步审定公告后，即因歌力思公司的关联企业提出异议申请而进入商标确权行政和司法审查程序。2014 年 4 月 2 日，北京市高级人民法院作出（2014）高行终字第 466 号判决，认定第 4157840 号商标违反了《商标法》第二十八条和第三十一条的规定，判决维持北京市第一中级人民法院（2013）一中知行初字

第 3609 号行政判决，即：撤销商标评审委员会对第 4157840 号商标予以核准注册的异议复审裁定，并责令其针对第 4157840 号商标重新作出异议复审裁定。由此可见，第 4157840 号商标迄今为止尚未被核准注册，无从产生注册商标专用权，王某永持有的商标注册证显然系商标行政管理机关误发，王某永无权据此对他人提起侵害商标权之诉。一审、二审法院在未查明第 4157840 号商标真实权利状态的情况下认定歌力思公司、杭州银泰公司的行为构成对该商标权的侵害，属于认定事实不清，本院予以纠正。

FY，迪尔案（20140402/F2014-29）：颜色组合商标保护范围在主张权利时允许自行限缩

迪尔公司 v 九方泰禾青岛公司等，北京高院（2014）高民终字第 382 号判决书，谢甄珂、钟鸣、刘辉

案情概要

迪尔公司起诉被告侵犯其颜色组合商标及知名商品特有装潢（认定商标侵权可不构成不正当竞争）——一审、二审法院支持原告

裁判摘录

【2】……虽然第 4496717 号商标注册证上载明的商标标志是上绿下黄的两个色块组成的长方形，公众仅从该商标注册证上无法确定迪尔公司对该商标所拥有的权利范围仅限于"绿色用于车身、黄色用于车轮"的颜色组合使用方式，但是这对公众并无不利。因为对于传统商标而言，商标注册人应当在商品或者其包装容器上使用商标注册证上载明的商标标志，以表明其为商品的提供者；但是对包括颜色组合商标在内的非传统商标而言，其使用方式比较特殊，可能覆盖了整个商品或者商品包装，《商标法实施条例》也只有在对颜色组合商标和三维标志立体商标这种非传统商标的申请要求申请人必须声明并附能够确定其使用方式的文字或者图样。证据显示，……公众在农业机械商品上看到"绿色车身、黄色车轮"形象就能将其与迪尔公司联系在一起，也正因为迪尔公司向商标评审委员会提供了大量的上述使用证据，商标评审委员会才准予第 4496717 号商标初步审定，并最终获准注册。……第 4496717 号商标的权利范围与公众的认知并不产生冲突。……对于颜色组合商标而言，由于其商标本身的特殊性和商标注册证对商标标志标注的实际情况，不能以商标注册证上标注的商标图样，机械地认定商标注册人只能以商标注册证上标注的形式使用其商标……

BY，海洋案（20121220/B2012-22）：被错误注销后重新恢复的注册商标应视为一直存续

海洋公司 v 青岛鑫源等，再审，最高院（2012）民提字第 9 号判决书，夏君丽、殷少平、董晓敏

案情概要

海洋公司诉青岛鑫源、烟台鑫源在其生产的电焊条包装材料上使用"海洋"商标及标识侵犯其商标专用权——一审、二审均认为被告根据合同有权使用，未支持原告主张——再审认为海洋公司注册商标曾被注销，但被告并不是善意使用人，构成侵权

裁判摘录

【6】……海洋公司第 140236 号注册商标曾于 2003 年 10 月 16 日被申请注销，至 2008 年 8 月 26 日撤销该核准注销决定，其商标权应视为一直存续。当然，对于因相信该商标被注销而进行使用的善意第三人，可以不认定为构成对该商标权的侵犯。但必须指出的是，本案中的青岛鑫源公司、烟台鑫源公司并非这样的善意第三人。两公司在本案一审、二审时的委托代理人陈某是申请注销商标的具体经办人，但其在本案一审、二审中从未提及该商标已被注销的事实，也未以该商标被注销为由进行抗辩，且在一审中明确承认海洋公司享有商标权。青岛鑫源公司、烟台鑫源公司对海洋牌商标的使用均是在明知海洋公司系商标权人的基础上进行的，且其 2004 年 3 月 13 日之后的使用未获得海洋公司的许可，故其行为构成对海洋公司商标权的侵犯。山东省高级人民法院再审判决以被注销期间海洋公司不享有商标权为由认定青岛鑫源公司、烟台鑫源公司不侵权，属于适用法律不当，本院予以纠正。

第五十六条

SWY，高露洁案（20110711）：对错发注册证的商标提起侵权之诉，法院应当受理

高露洁公司 v 爱尚公司，再审，浙江高院（2011）浙知提字第 1 号裁定书，周平、陈宇、何琼

案情概要

高露洁公司拥有第 1188128 号注册商标"COLGATE"，核定使用在尼斯分类第 3 类的牙膏上——爱尚公司在牙膏产品及包装上使用与原告第 1188128 号"COLGATE"近似

的"Collage"标识—被告出具第 4457475 号商标注册证,证明其使用的标志"Collage"为注册商标,且核定商品为牙膏—一审认为注册商标间的纠纷应向相关行政主管部门申请解决—一审判决后不久,商标局将第 4457475 号注册证公告无效—二审维持一审—再审认为高露洁公司提供的证据初步证明被告提供的前述商标注册证存在严重瑕疵,商标局已刊发无效公告,并驳回了相关的商标申请,虽然商标申请人赵某盛提起了复审,但商评委已驳回了他的复审申请,且商评委的复审决定经北京市高级人民法院终审判决予以维持—被告爱尚公司使用的"Collage"应视为自始不存在—高露洁公司以爱尚公司在牙膏上使用的"Collage"与其在先注册商标相近似为由提起的侵权诉讼应属于法院的受理范围—一审、二审未对被诉"collage"侵权行为进行实体审理—发回一审法院重审

裁判摘录

【1】……虽然《最高人民法院关于审理注册商标、企业名称与在先权利冲突的民事纠纷案件若干问题的规定》第一条第二款规定,原告以他人使用在核定商品上的注册商标与其在先的注册商标相同或者近似为由提起诉讼的,人民法院应当根据《民事诉讼法》第一百一十一条第(三)项的规定,告知原告向有关行政主管机关申请解决,但本案高露洁公司再审提供的证据初步表明,赵某盛申请注册的"Collage"商标未经初审公告和注册公告即由商标局径行颁发了商标注册证,该商标注册程序存在严重瑕疵,商标局亦在 2008 年 12 月 6 日就该商标注册证刊发无效公告,并于同年 12 月 16 日,以该商标与高露洁公司在同一种及类似商品上已注册的第 1188128 号"COLGATE"商标近似为由下达了商标驳回通知书。赵某盛虽针对该驳回通知向商标评审委员会提起复审,但商标评审委员会作出了对申请商标予以驳回的复审决定,且该复审决定经北京市高级人民法院终审判决予以维持。在爱尚公司使用的由其法定代表人赵某盛申请的"Collage"商标不能获准注册,赵某盛主张的"Collage"商标专用权应视为自始即不存在的情形下,高露洁公司以爱尚公司在牙膏上使用的"Collage"标识与其在先的第 1188128 号"COLGATE"注册商标相似为由提起的侵权诉讼属于法院的受理范围,爱尚公司的被诉侵权行为应在本案中予以裁判。鉴于高露洁公司在本案一审中业已提供用于证明"collage"商标已处无效状态的总第 1103 期、第 1115 期《商标公告》及第 4457475 号"collage"商标状态的网络打印件;在二审中又提供了用于证明第 4457475 号"collage"商标已被商标局宣告无效的 2008 第 45 期《商标公告》(下册),但一审、二审法院均未对爱尚公司使用"collage"标识是否侵犯高露洁公司"COLGATE"注册商标专用权进行实体审理,故该讼争事项不宜在再审程序中直接作出实体处理。

FY，KOHLER 案（20080107/F2008-31）：超出核定范围使用注册商标可能构成对他人商标的侵犯

科勒公司 v 顺德科乐公司等，一审，沈阳中院（2007）沈民四知初字第 97 号判决书，王晓航、马越飞、王晶

案情概要

　　原告科勒公司在中国注册有"科勒""KOHLER"等商标—原告在中国的子公司和办事处皆以"科勒"作为企业字号或办事处名称，依法办理了企业名称注册登记—被告顺德科乐公司在涉案商品上使用"科乐"等标记，在企业名称中使用"科乐"字样—另一被告赵某香销售顺德科乐公司的产品—一审法院认定侵权及不正当竞争—判赔 30 万元

裁判摘录

　　【6】……被告称，其在涉案产品上使用涉案商标具有合法性：其在"厨房用抽油烟机；热水器"等商品上拥有注册商标，在"盆（容器）；非贵重金属制家用或厨房用容器"等商品上拥有注册商标。同时，被告称，其自 2004 年 12 月 26 日获得福建省晋江科乐精细化工研究所（简称"研究所"）的商标使用许可，有权在"卫生器械及设备"等商品上使用注册商标。本院认为，被告无权在涉案产品上使用上述商标。商标法规定：注册商标的专用权，以核准注册的商标和核定使用的商品为限。被告顺德科乐公司注册的第 3112080 号商标，核定使用商品为厨房用抽油烟机；热水器；电热水瓶；燃气炉；电炊具；消毒碗柜；饮水机；电暖器。被告只有权在上述商品上使用该商标，在核准商品之外的商品上使用该商标不受法律保护。被告注册的第 1688708 号商标，核定使用的商品为盆（容器）；非贵重金属制家用或厨房用容器；非贵重金属制厨房用具；搅拌匙（厨房用具）；铁锅；铁壶；勺子（餐具）；铁勺；非贵重金属餐具；非贵重金属（刀/叉/匙）。被告二只有权在上述商品上使用该商标，在核准商品之外的商品上使用该商标不受法律保护。被告二依法享有商标专用权的商标，核定使用的商品中不包含本案商品金属洗涤槽。被告拥有的注册商标与其在涉案产品上实际使用的"Kele"和"KELE"有着显著的区别。因此，被告在涉案产品上使用"Kele"和"KELE"没有合法来源。关于第 988108 号商标。被告向本院提供的研究所与被告签订的商标使用许可合同的时间为 2004 年晚于被告二自 2001 年开始在企业字号及不锈钢洗涤槽上使用"科乐"商标的时间。被告也没有按法律的相关规定，使用商标，该商标核定使用的商品为卫生器械及设备；灯罩；天花板灯。被告二没有在核定使用的商品范围内使用被许可的商标，并且将许可使用的商标由文字图形组合变成单纯的文字"科乐"，上述使用行为违反了商标使用许可的法律规定。故被告二以此主张其使用"科乐"商标有合法来源，没有事实和法律依据，本院不予支持。

第五十六条

SY，恒升案（20030128）：在后注册不能成为在先商标维权的当然抗辩

恒升集团 v 恒生公司等，一审，北京一中院（2001）一中知初字第 343 号判决书，马来客、李燕蓉、姜颖

案情概要

　　涉案"恒升"商标 1993 年注册，1996 年许可给原告使用，1999 年转让给原告——原告经营"恒升"电脑——两被告也是电脑生产商，其经营的产品与原告的相同——第一被告恒生公司注册了"恒生""金恒生"等商标，许可给第二被告金恒生公司使用——原告认为两被告在相关商品上起诉被告商标侵权及不正当竞争——一审认为构成侵权——有违诚信的注册不能抗辩侵权——二审调解结案

裁判摘录❶

　　【6】关于被告主张其系合法使用自己注册商标的抗辩理由，本院认为，商标是用于区别不同的商品生产者或者服务提供者的标识，商标的重要性就体现在其识别性上，在同一核定使用范围内，一个商标只能存在一项专用权，与其相同或相近似的商标不符合法定的注册条件。同时，从公平及诚实信用原则出发，任何权利的行使，均不能对他人的合法权益造成损害。与他人在先权利相冲突的商标，不具备合法性，无论其是否注册，行为人均无使用该商标的合法依据，否则，会给消费者判断商品来源造成困难，亦会给在先商标注册人的合法权益造成损害，与商标法的立法目的相违背。故作为商品的生产者或者服务的提供者，其在使用或者申请注册商标时，必须尊重他人权益，不得侵犯他人的合法在先权利，不能与他人在先的注册商标相同或相近似。就本案而言，原告拥有专用权的"恒升"商标是 1993 年 2 月 20日获准注册的，使用在第 9 类商品上。原告虽系经转让获得该商标的专用权，但该商标所包含的在先权利应为该商标专用权的组成部分，由原告同时行使。作为同行业的经营者，被告恒生公司在其后注册和使用商标时，应本着诚实信用的原则进行合理的避让。但其无视他人合法的、在先的注册商标专用权，在相同的商品上注册并许可他人使用与"恒升"注册商标相近似的商标，其行为有失诚实信用原则。故虽然恒生公司于 1998 年 9 月 21 日后注册了"ASCEND 恒生""恒生"文字及图形组合、"恒生"等商标，但由于这些商标均含有与他人在先注册及使用的"恒升"商标相近似的内容，从公平、诚实信用、保护在先权利以及维护正常的市场经济秩序

---

　　❶　该案二审调解结案，此处收录的是一审文书。

的原则出发，被告不能以拥有上述商标专用权作为其不侵权的抗辩理由。【7】……
被告金恒生公司未经原告许可，使用与原告"恒升"商标相近似的"恒生"商标，
这种行为使"恒升"商标的显著性、识别性降低，且在事实上给公众造成了混淆和
误认，侵犯了原告对"恒升"商标所享有的注册商标专用权。

第五十六条

第五十七条 【商标侵权】

有下列行为之一的，均属侵犯注册商标专用权：

（一）未经商标注册人的许可，在同一种商品上使用与其注册商标相同的商标的；

（二）未经商标注册人的许可，在同一种商品上使用与其注册商标近似的商标，或者在类似商品上使用与其注册商标相同或者近似的商标，容易导致混淆的；

（三）销售侵犯注册商标专用权的商品的；

（四）伪造、擅自制造他人注册商标标识或者销售伪造、擅自制造的注册商标标识的；

（五）未经商标注册人同意，更换其注册商标并将该更换商标的商品又投入市场的；

（六）故意为侵犯他人商标专用权行为提供便利条件，帮助他人实施侵犯商标专用权行为的；

（七）给他人的注册商标专用权造成其他损害的。

本条导读

2013 年《商标法》修改时，将商品相同、商标相同的侵权行为与商标近似或商品类似的行为区分开来：前者简称"双同"，不要求证明混淆可能性，或者说推定存在这一可能性［第（一）项］；后者则需要特别证明混淆可能性［第（二）项］，包括将《商标法实施条例》第 76 条所规定的将他人商标作为自己商品的产品名称可能引起混淆的，也按该项处理。

符合上述条件之一的，法律还禁止侵权商品的销售行为［第（三）项］、单独与商标标识有关的制造和销售行为［第（四）项］、擅自去除他人商标换成自己商标的反向假冒行为［第（五）项］及帮助他人侵权行为［第（六）项］。

其他损害商标专用权的行为比较特殊［第（七）项］，其中既有规范继续以公众误认为基础的企业名称突出使用的第一小项（57（7）[1]）及使用域名从事电子商务的第二小项（57（7）[2]），也有不再基于混淆的驰名商标侵权的第三小项（57（7）[3]）及最后兜底的其他侵权行为的第四小项（57（7）[4]）。

57（1）关于第（一）项：虽然商标法字面含义很简单，只要双同即可认定侵权（山顿案、哈慈案），在商标是否相同的认定上也有一定的自由裁量空间（三一重工案），尚未使用的商标也可以获得保护（红河案、大宝案），但也有法院认为没有使用的商标不能得到追溯性保护（名爵案）。

57（2）关于第（二）项：虽然该项在 2013 年新增加了混淆可能性的条件，但民事司法解释一直没有出台，而 2002 年《最高人民法院关于审理商标民事纠纷案件适用法律若干问题的解释》还是基于当时没有混淆规定的情况下，将混淆作为商标近似或商品类似的考量因素。2017 年《最高人民法院关于审理商标授权确权行政案件若干问题的决定》以及国家知识产权局《商标侵权判断标准》出台后，已经改将商品类似、商标近似作为衡量是否存在混淆的因素。因此，在阅读判例时需要注意排除这类干扰。至于混淆的时间点，法院看法不太一致，有认可售后混淆的（GG 案），也有不认可的（香奈儿案）。另外，没有履行审查义务的可能构成共同侵权（克诺尔案）。

关于作为商品名称或装潢使用的问题，《商标法实施条例》第 76 条规定，在同一种商品或者类似商品上将与他人注册商标相同或者近似的标志作为商品名称或者商品装潢使用，误导公众的，属于《商标法》57（2）规定的侵犯注册商标专用权的行为，也就是说，重点不在于是否作为商品名称或装潢使用，而在于是否会产生混淆或误导公众的后果（双 C 案）。把他人商标用作商品规格、款式的，也曾被认定不是商标使用，不构成侵权（维纳斯 II 案）。

具体说来，在商品类似认定上，除了包括传统的、静态的商品（ABRO 案、雨洁案、雪域尼玛案）和动态变化的商品（白家案），也包括比较特殊的房地产项目（钓鱼台案、星河湾案），还包括计算机、互联网有关的商品或服务（滴滴打车案、小辣椒案、农管家案、曹操案）。

商标近似方面，首先应当以相关公众的认知为标准（路易威登 IV 案），既有关于要部比对、整体比对以及隔离比对的关系（OSM 案、赣酒案、六福 I 案、欧莱雅 II 案、阿迪达斯 Y-3 案、波马 I 案、OPPO 案、宝马 II 案、松江案、嘉裕长城案、蔡林记案、静冈刀具案、轩尼诗 II 案），也有关于注册商标拆分、组合、变形使用的（梦特娇 I 案、加德士案、奥普 I 案、鳄鱼 IV 案、鳄鱼 V 案、五粮液 V 案），以及中外文商标对应关系的（利莱森玛案）。

显著性和知名度方面，主要需要考虑在先商标显著性、知名度高（雷茨案、钓鱼台案、小肥羊 III 案、奥普 II 案）或低（雀巢瓶 I 案、红河案、齐鲁案、诸葛亮案、赛里木案、非常了得案），对于在后商标的知名度一般不主张考虑（小肥羊 III 案、3M 案），但也有加以考虑的（红河案、心形图案、一代粽师案）。

当产生被告商品被误认为是原告生产的正向混淆自然不会有争议，但倒过来构成反向混淆则可能会成为一个焦点（MK 案、蓝色风暴案、非诚勿扰案、皇马案、平安案、玉浮梁案、金戈铁马案），甚至有可能会被认为指向第三者（同庆号 I 案），但最终实际还是落在是否存在混淆，即注册商标的识别功能是否受到损害（齐鲁案、鳄鱼 VII 案、心形图案、雉鸡案、卡斯特 II 案、奥普 II 案、同庆号 II 案、一代粽师案）及对历史渊源的考量（杜康 I 案、宏济堂案）。竞价关键词的使用，如果引起了混淆，也会构成商标侵权（梅思泰克案）。某些情况下，带有一定滑稽模仿的行为仍然会被认定为侵权（米其林 V 案）。

在后包含或甚至不包含商标的著作权（波斯猫案），或在后的外观设计（喜力啤酒案），或不符合证明商标条件的（古丈毛尖案），都仍然有可能侵权。当然，如果只是被认为是装饰的（路易威登Ⅰ案），则不认为构成侵权。

对于出口商品，情况相对比较特殊，往往同时涉及第（一）（二）两项所述的情况：早期判例中认定过可构成商标侵权（IDEAL 案、耐克Ⅰ案、RBI 案）。但有不少判决要么通过否定出口商品标志的"商标使用"属性（第 48 条的若干案例），要么直接否定出口会在中国造成混淆，而做出了不侵权的认定（BOSS 案）。但最高院最近明确表示考虑互联网的电子商务发展，以及相关公众的跨境流动，仅用于出口的定牌加工产品也会被认定有可能混淆（HONDA 案）。委托加工出口过程中，委托加工人有过错，会被认定侵权（BURBERRY 格子案）；定牌加工人是否有过错，主要看是否尽到了审查义务，对此法院的认识也不一致（东风Ⅰ案、东风Ⅱ案、CONVERSE 案）。

另外，前述 57（1）和（2）均要求"未经商标注册人的许可"。即使没有有效的许可合同，集团公司成员也可以合理使用集团标识（牧羊案）。企业员工仿冒所在单位商标的行为，不能以职务行为抗辩，应认定构成商标侵权（Parrot 案）。

57（3）关于第（三）项：销售侵权商品的规定曾走过一段弯路，认定侵权方面1988 年《商标法实施细则》不要求明知，1993 改为明知或应知，2001 年又改为不要求明知，但在责任承担方面，不明知则不承担赔偿责任。

具体到案件中，明知销售抵债的侵权商品（哈慈案）、使用权利人的销售柜台出售（大磨坊案）以及搭售（JING TANG 案）都被判决承担侵权责任，包工包料的承包方如果明知假货而使用，也以此条规制（久安案），《商标侵权判断标准》第 25、26 条对此也有涉及。

57（4）关于第（四）项：中国是把侵权商标标识单独规定为数不多的国家之一，对打击侵权很有利（大喜大案）。欧盟 2015 年修法也把这个规定写到商标法里。

57（5）关于第（五）项：反向假冒是 2001 年《商标法》特意增加的一个规定，主要是为了保护企业创牌的需要。2001 年前发生过一起著名的按《反不正当竞争法》处理的案例，涉及擅自更换他人的西裤商标（枫叶案），新法制定后最早只发生过去除旧标但未贴附新标的所谓隐形反向假冒行为（银雉案）。后来也有一些显性的反向假冒行为，即破坏了原商品和市场建立关联的可能，并由此损害了原商标的识别功能（Malata 案、汉王案、KING 案），没有进入市场的产品则不适用（卡地斯帕案）。

57（6）关于第（六）项：这类案件既涉及传统环境的提供销售场所、银行账号等的帮助侵权（鳄鱼Ⅵ案、FENDI 案、宝马Ⅰ案、路易威登Ⅴ案、路易威登Ⅵ案），也涉及提供网络销售平台、团购服务、关键词搜索等网络环境（衣念案、盘古案、鹰牌花旗参案、嘀嗒团案）的帮助侵权。《商标法实施条例》第 75 条对此条作了细化。

57（7）[1] 关于第（七）项第一小项：对于突出使用企业字号的，一般都判决构成商标侵权（恒盛案、三河福成案、中凯案、吴良材案、王将饺子案、威极案、米其林Ⅶ案、安佑案、马路边边案、王记酱骨案），即使字号本身具有地域知名度也不例外（华美案）；不突出则不侵权（雪中彩影案），有历史原因或正当理由的适当突出也不侵权（保宁案、精科案、武当红案、同德福Ⅱ案、花桥案、大宁堂案）。不当使用自己姓名的行为也被认为构成商标侵权（庆丰案）。

57（7）〔2〕关于第（七）项第二小项：对于使用与他人商标相同或近似域名从事电子商务的，一般认定侵权（凯摩高案、拉菲Ⅰ案、轩尼诗Ⅰ案），但如果近似度不够，不会造成混淆或域名注册时间早的则不侵权（小拇指案、武当红案、jiayougo案）。

57（7）〔3〕关于第（七）项第三小项：严格讲，该小项其实是与本条第（一）（二）项基于混淆构成侵权的行为平行的侵权行为〔57（1）（2）〕。驰名商标保护主要体现为跨类保护以制止弱化、丑化或搭车，对抗范围与知名度显著性成正比（柯达案、海信案、海尔曼斯案、卡地亚Ⅰ案、卡地亚Ⅱ案、尼康案、宝马Ⅲ案、路虎Ⅲ案、美孚Ⅰ案、九牧案、洋河案、奥普Ⅲ案），甚至一开始显著性不太强的商标也不可以得到保护（微信Ⅳ案），在可能造成退化这种严重危及显著性的情况下，也可以通过驰名商标得到保护（老干妈Ⅱ案）。

当然，该小项的适用其实并不以商品不相类似为条件，既可以用来解决注册商标的冲突（可以参见收在第14条的约翰迪尔案），也可以用来解决商标近似度不足以产生混淆，但却可能引起联想以至于弱化、丑化或搭车的情形。当然，该小项的使用有个根本前提，就是"驰名"在先（蒙娜丽莎案）。

而且，当该小项的条件成就时，第（三）项〔57（3）〕所指的销售行为、第（四）项〔57（4）〕所指的制造或销售侵权标识行为乃至第（六）项〔57（6）〕的协助侵权行为同样会构成商标侵权。

此外，这与不突出使用可能构成不正当竞争有所不同，企业名称跨类突出使用乃至本类不混淆但有联想的突出使用，根据《驰名商标司法解释》也可能构成商标侵权（尼康案、海信案），甚至不突出的跨类注册使用企业名称也构成商标侵权的（米其林Ⅰ案）；同样地，这与单纯注册使用域名构成对驰名商标的不正当竞争有所不同，本类使用域名进行电子商务也有可能构成商标侵权（海信案）。

57（7）〔4〕关于第（七）项第四小项：由于我国没有直接规定商标权利用尽、指示性使用和比较性使用的抗辩，也没有规定这些抗辩超过合理限度以后转成商标侵权，该小项也可以说是整个商标侵权及抗辩真正兜底的一个条款。

本小项主要收录了真品投放市场后继续流通中出现的问题，主要涉及真品流通原则上不受干扰的案例（立邦案、五粮液Ⅱ案、维秘Ⅰ案、雅漾案、多米诺Ⅱ案，OBO案）及真品出口的案例（至宝三鞭酒案），也涉及真品流通中情况有所改变后或超出必要范围使用构成商标侵权的案例（米其林Ⅲ案、五粮液Ⅲ案、FENDI案、维秘Ⅱ案、绝对案、ZIPPO案、不二家案、多米诺Ⅱ案、惠普Ⅱ案、联想Ⅱ案、GUCCI Ⅰ案、GUCCI Ⅱ案），或是真品本身并未改变，但是因为进入中国流通时，违反了某些安全标准，从而损害了商标质量保证和信誉保障作用而被认定侵权的案例（米其林Ⅱ案、吉力贝案），还涉及擅自在他人真品上贴附自身商标最后被认定侵权的案例（CARIOCA案、雪舫蒋Ⅰ案）。至于回收他人包装物，一般情况只要使用了自有瓶贴即不认为构成侵权，但装潢近似的仍构成侵权（喜盈门案）。

此外，我们还收录了指示性使用不当的案例（For Volvo案，片仔癀案、吉尼斯案），以及代理关系结束后对商标对应关系如何表述的案例（洁水案）。

57（1）双同

SY，东风Ⅱ案❶（20171228）：委托加工方尽到审查义务且未有实质损害，不构成商标侵权

上柴公司 v 常佳公司，再审，最高院（2016）最高法民再 339 号判决书，夏君丽、曹刚、董晓敏

> **案情概要**

　　上柴公司在第 7 类商品上注册了"东风"商标—案外人 PT ADI 公司在印度尼西亚注册有"东风 DONG FENG"商标，常佳公司以该商标生产柴油机及柴油机组件，出口后仅在印度尼西亚销售—上柴公司起诉常佳公司商标侵权—一审认为定牌加工，不在中国销售，不是商标意义上的使用，不侵权—二审认为常佳公司系明知上柴公司涉案"东风"商标为驰名商标，仍然接受境外委托—未尽到合理注意与避让义务—构成商标侵权—再审推翻二审，认为已尽注意义务，无实质损害，不构成侵权

> **裁判摘录**

　　【1】……定牌加工是一种常见的、合法的国际贸易形式，除非有相反证据显示常佳公司接受委托未尽合理注意义务，其受托加工行为对上柴公司的商标权造成了实质性的损害，一般情况下不应认定其上述行为侵害了上柴公司的商标权。【2】……常佳公司接受委托从事定牌加工业务，对于相关商标权利状况已经适当履行了审慎适当的注意义务。……【3】常佳公司从事本案所涉贴牌加工业务之时，上柴公司与印度尼西亚 PT ADI 公司之间的商标争议已经印度尼西亚最高法院生效判决处理，印度尼西亚 PT ADI 公司作为商标权人的资格已经司法程序确认。上柴公司自行使用相同商标生产相关或同类相关产品，实际已经无法合法出口至印度尼西亚销售。……常佳公司根据印度尼西亚 PT ADI 公司授权委托从事涉案定牌加工业务，对于上柴公司在印度尼西亚境内基于涉案商标争取竞争机会和市场利益，并不造成实质影响。虽然商标具有识别商品或服务来源的基本功能，但归根到底，相关公众需求的并非商品标识本身，而是其指示或承载的商品及其良好品质。即便综合国际贸易现实需要进行综合衡量，也没有足够理由认定常佳公司从事涉案定牌加工行为已对上柴公司造成实质损害，并进而有必要作为商标法意义上的侵权行为予以认定。

---

❶ 该案二审是 2015 年五十典型案例"东风Ⅰ案"。

SY，BURBERRY 格子案（20170424）：委托加工并出口的行为有明显过错，构成侵权

勃贝雷公司 v 中轻公司，二审，上海高院（2017）沪 73 民终 21 号判决书，吴盈喆、郑卫、刘静

案情概要

原告勃贝雷公司认为被告中轻公司申报出口厄瓜多尔的一批拉杆包等货物侵犯其 G732879 号、G987322 号注册商标—原告认为被告是涉案商品的生产者和销售者—被告辩称标记不相同也不近似，且其仅为涉案商品的外贸代理商—一审认为涉案侵权商品的款式、规格、图案等均是由中轻公司指定的，涉案侵权商品的生产完全体现了中轻公司的意志，中轻公司是生产者和销售者—中轻公司委托他人生产和自行出口的行为有明显过错—涉案侵权商品上使用的图案与 G732879 号商标相同，与 G987322 号近似—构成商标侵权—二审维持一审

裁判摘录

【3】……首先，结合涉案侵权商品的订单、《购买承诺》《信息备忘录》《出口货物报关单》，张某明、袁某明、崔某喜在静安公安分局经侦支队接受询问时的陈述，以及田某康律师、张某明代表上诉人在上海海关接受询问和听证程序中的自认，已可以认定上诉人为涉案被控侵权商品的生产者和销售者。上诉人主张其仅为被控侵权商品的外贸代理商，为货物销售提供报关服务，但其对此未能提供相应证据加以证明，故一审法院根据上述在案证据认定上诉人为涉案被控侵权商品的生产者和销售者，并无不当。其次，被上诉人主张权利的涉案注册商标具有较高的知名度和较强的显著性，上诉人作为长期从事自营和代理货物及技术进出口业务的商贸公司，理应知道被上诉人的涉案注册商标，但其仍委托第三方生产加工并自行出口被控侵权商品，主观过错明显。综上，上诉人未经被上诉人许可，在其生产和销售的商品上使用与被上诉人涉案注册商标相同或近似的商标，其行为侵犯了被上诉人的涉案注册商标专用权，依法应当承担相应的法律责任。一审法院认定上诉人的被控侵权行为构成商标侵权，并无不当。

FY，东风 I 案● （20151216/F2015-14）：委托加工方未尽审查义务，应认定过错并构成侵权

上柴公司 v 常佳公司，江苏高院（2015）苏知民终字第 36 号判决书，汤茂仁、刘莉、宋峰

● 该二审判决已被再审推翻，即"东风 II 案"。

案情概要

　　上柴公司在第7类商品上注册了"东风"商标—案外人PTADI公司在印度尼西亚注册有"东风DONG FENG"商标，常佳公司以该商标生产柴油机及柴油机组件，出口后仅在印度尼西亚销售—上柴公司起诉常佳公司商标侵权—一审认为定牌加工，不在中国销售，不是商标意义上的使用，不侵权—二审认为常佳公司系明知上柴公司涉案"东风"商标为驰名商标，仍然接受境外委托—未尽到合理注意与避让义务—构成商标侵权

裁判摘录

　　【6】……如果国内加工企业不以销售为目的，接受境外委托人的委托，贴牌加工生产的产品全部出口不在国内销售的，以认定国内加工企业定牌加工行为不构成商标侵权为宜。……【7】……国内加工企业对境外委托人在境外是否享有注册商标专用权或者取得合法授权许可应当进行必要的审查，其未尽到审查或合理注意义务的，应当认定国内加工企业存在过错，其定牌加工行为构成商标侵权，应承担相应的民事责任。【8】……对于境外委托人委托贴牌的商标本身不具有正当性的，应当对国内加工企业施加更高的注意义务……如果境外企业或个人违反诚实信用原则，涉嫌在境外恶意抢注在我国具有一定影响的商标特别是驰名商标，并委托国内加工企业贴牌加工生产的，应当认定境外委托人的行为不具有正当性，实质性损害了我国商标权人的合法利益，对此，国内加工企业作为同业经营者应当尽到更高的注意义务和合理的避让义务。如果国内加工企业明知或应知国内商标具有一定影响或为驰名商标，而境外委托人涉嫌恶意抢注却仍然接受委托的，应认定国内加工企业存在过错，应承担相应的民事责任。同理，对于国内商标权人违反诚实信用原则，涉嫌恶意抢注境外商标，且有证据表明国内加工企业已经对境外委托尽到必要审查或合理注意义务，所有贴牌加工产品均出口的，基于诚实信用原则，国内商标权人亦不能阻却国内加工企业从事涉外定牌加工业务。

BFY，大宝案（20130508/B2013-32/F2013-20）：注册商标的保护不以实际使用为前提

大宝化妆品公司 v 大宝日化厂等，再审，最高院（2012）民提字第166号判决书，于晓白、王艳芳、李嵘

案情概要

　　"大宝"等商标的权利人大宝化妆品公司起诉被告大宝日化厂等商标侵权及不正当

竞争—大宝化妆品公司及大宝日化厂在设立、经营、字号及商标使用方面存在历史联系—一审认为大宝日化厂使用含有"大宝"的企业名称具有合理性—两被告在产品及网站上使用的"大宝日化"及"DABAORIHUA"标识侵犯了原告的商标权—有历史原因且无主观过错，不赔偿—二审维持一审—再审认可大宝日化厂使用含有"大宝"的企业名称具有合理性—突出使用"大宝日化""DABAORIHUA"标识—攀附"大宝"系列注册商标商誉的恶意—易使相关公众对其商品来源产生混淆误认，或者认为不同的生产者之间具有关联关系—支持原告商标侵权及赔偿诉请

裁判摘录

【7】……鉴于"大宝"系列注册商标显著性较强……从大宝日化厂与碧桂园公司共同生产、销售的 SOD 蜜等化妆品与洗涤类产品的包装上看，"大宝日化"字样在前且明显，大宝日化厂的"贝贝熊"注册商标在背面且很小，因"大宝日化"中的"大宝"字样具有区别商品来源的作用，故大宝日化厂与碧桂园公司突出使用"大宝日化"标识，明显具有攀附"大宝"系列注册商标商誉的恶意，易使相关公众对其商品来源产生混淆误认，或者认为不同的生产者之间具有关联关系。……洗涤类产品对大宝化妆品公司而言尚没有知名度也是客观事实。但由于大宝化妆品公司在洗涤类产品上也注册了"大宝"系列商标，因而此类产品是否具有知名度，不影响对大宝化妆品公司注册商标专用权的保护。根据《商标法》规定，注册商标并不以实际使用为前提，一旦商标获得注册，商标法即为商标权人预留了使用的空间。在注册商标存续期间，即使商标权人未实际使用，不存在现实的市场混淆，也不允许他人在相同商品上使用相同商标或者标识，否则会导致商标法为商标权人预留的使用空间受到侵害。

第五十七条

DY，三一重工案（20121206/D2012-02）：完整包含他人商标可构成相同商标

三一重工 v 永合公司，二审，湖南高院（2012）湘高法民三终字第 61 号判决书，曾志红、邓国红、钱丽兰

案情概要

原告三一重工公司从事建筑工程机械、起重机械经营—拥有第 1550869 号（核定使用在第 7 类的压路机等）和第 6131503 号"三一"注册商标（核定使用在第 7 类的地质勘探、采矿选矿用机器设备、采煤机、机床等）—被告永合公司经营范围包括锻压机床、刀模具、工矿机械配件生产、销售—原告起诉被告未经许可在其企业名称中冠以"三一"文字，在其产品、对外宣传中使用"三一重工""三一机床"等标识构

成商标侵权及不正当竞争——一审认为易产生误导，损害原告与"三一"商标的对应关系，构成对原告第 1550869 号驰名商标的侵犯——被告故意攀附原告的知名度及市场影响力，易产生混淆，构成不正当竞争——二审维持一审

裁判摘录

【3】以上诉人在被诉侵权商品上使用的"三一机床""三一重工"标识与涉案第 1550869 号"三一"驰名商标比对，"三一机床""三一重工"标识完整包含了涉案第 1550869 号"三一"驰名商标，二者构成商标法意义上的相同，易对相关公众产生误导，使相关公众误认为上诉人的商品来源于被上诉人处，损害了被上诉人作为第 1550869 号"三一"驰名商标注册人的合法权益，侵犯了被上诉人三一重工公司的注册商标专用权。……被上诉人三一重工公司持有的第 6131503 号"三一"注册商标核准使用的商品范围包括机床类商品，上诉人未经被上诉人的许可，在其机床产品和对外宣传的醒目位置突出标注完整包含涉案第 6131503 号"三一"注册商标的"三一机床""三一重工"标识，属于在同一种商品上使用与他人注册商标相同的商标的行为，侵害了被上诉人第 6131503 号"三一"注册商标专用权。上诉人关于其行为不构成商标侵权的上诉主张无事实及法律依据，依法应予驳回。

BFY，红河案（20090408/B2009-17.32/F2009-18）：商标相同商品相同构成侵权

泰和公司等 v 城投置业，再审，最高院（2008）民提字第 52 号判决书，于晓白、夏君丽、殷少平

案情概要

泰和公司以城投置业使用"红河红"标记侵犯其"红河"商标等事由起诉——一审、二审认为侵权成立——再审认为原告商标并未使用，被告"红河红"经实际使用已形成识别商品的显著含义，无混淆，不构成侵权——被告在广告挂旗上使用"红河啤酒"字样的行为，是未经许可在同一种商品上将与注册商标相同的文字作为未注册商标使用的行为——构成侵权

裁判摘录

【6】云南红河公司在广告挂旗上使用"红河啤酒"字样的行为，是未经许可在同一种商品上将与注册商标相同的文字作为未注册商标使用的行为，属于《商标法》第

五十二条第（一）项规定的侵犯注册商标专用权的行为。

SY，RBI 案（20051229）：定牌加工不能当然抗辩侵权

瑞宝公司 v 永胜公司，二审，浙江高院（2005）浙民三终字第 284 号判决书，周平、方双复、高毅龙

案情概要

　　原告瑞宝公司受让取得了 1996 年在我国核准注册的"RBI"商标，核定使用在第 7 类的轴承等商品—美国 R. B. I 公司 1997 年在美国申请注册了"RBI"商标，核定使用产品包括设备及机器上的滚珠轴承—2005 年 6 月 15 日，永胜公司与该美国公司签订定牌出口合同—约定由永胜公司定牌生产"RBI"品牌轴承并直接出口美国，交货地点为美国公司指定的上海出口货物仓库—一审认为涉案商品制造行为地和交货地均在中国—被告未经原告许可，在其加工的轴承产品上使用与原告注册商标相同的"RBI"商标，构成侵权—二审维持一审

裁判摘录

　　【1】……具体到本案而言，虽然永胜公司系接受美国公司的委托，依照美国公司指定在生产的轴承上使用"RBI"商标，但由于美国公司对"RBI"商标在中国境内并不享有注册商标专用权，而永胜公司使用的"RBI"商标又与瑞宝公司享有注册商标专用权的"RBI"商标相同，并使用在轴承上，因此在永胜公司不能举证证明其使用"RBI"商标属于正当使用的情况下，应当认定永胜公司的行为已经侵犯了瑞宝公司对"RBI"商标享有的专用权。永胜公司关于其接受美国公司的委托进行定牌生产并出口的行为并不会使相关公众对商品来源产生混淆和误认，不构成商标侵权的上诉理由，缺乏法律依据，本院不予支持。

SY，耐克 I 案（20021210）：目的国拥有注册商标定牌加工产品出口仍然侵权

耐克公司 v 畜产公司等，一审，深圳中院（2001）深中法知产初字第 55 号判决书，李中圣、于春辉、吴鹏程

案情概要

西班牙 CIDESPORT 公司授权银兴制衣厂生产标有 nike 商标的男式滑雪夹克—银兴制衣厂委托畜产公司代理出口并在深圳海关报关—耐克公司起诉三被告商标侵权—一审认定三被告构成共同侵权

裁判摘录

【1】……中国作为 WTO 成员，对任何国别的当事人都给予平等的保护。原告是在美国注册登记的法人，在中国其是 nike 商标注册的专用权人，nike 商标在中国一经被核准注册，就在国家商标局核定使用的商品范围内受到保护。无论是中国的当事人，或者外国的当事人，都不得侵害原告的 nike 注册商标专用权。西班牙 CIDESPORT 公司在西班牙对 nike 商标拥有合法的专有使用权，但是商标权作为知识产权，具有地域的特性，在中国法院拥有司法权的范围内，原告取得 nike 商标的专有使用权，被告在未经原告许可的情况下，就不得以任何方式侵害原告的注册商标专用权。原告的 nike 注册商标核定使用的商品是第 53 类（商品国际分类是第 25 类）：运动衣，被告在本案中被控侵权的商品是滑雪夹克，其与原告的 nike 注册商标核定使用的商品属于同类商品。在本案中，被告西班牙 CIDESPORT 公司未经原告许可，以商业目的在中国境内委托制造并出口标识为 nike 商标的滑雪夹克；被告浙江省畜产进出口公司未经原告许可接受西班牙 CIDESPORT 公司的委托进口用于加工 nike 商标的滑雪夹克材料和商标标识，服装制作完成后，又负责报关出口；被告浙江省嘉兴市银兴制衣厂接受西班牙 CIDESPORT 公司的委托；并与浙江省畜产进出口公司相配合加工制作 nike 商标的滑雪夹克。上列三被告在本案的侵权行为中主观上有意思上的联络，行为上有明确的分工，共同构成一个完整的行为。应当认定，他们的行为侵害了原告的 nike 注册商标专用权。

SY，IDEAL 案（19980811）：出口商未尽审查义务而购买了产品商标非供货人所有的商品进行出口，可构成商标侵权

上海轻工公司 v 中信宁波公司等，一审，南京中院（1997）宁知初字第 82 号判决书，於小璞、聂培霜、姚兵兵

案情概要

上海轻工公司享有第 303422 号注册商标"IDEAL"的专用权—与荣光电池厂签订协议，将涉案商标"IDEAL"商标已注册的 15 类干电池商品的生产权无偿借给荣

光厂—商标许可给荣光厂使用—约定凡使用上海轻工公司商标的商品，只能供上海轻工公司出口，且不能以任何方式或理由向第三方供货—另有其他多方面的约束—协议到期后，上海轻工公司口头许可该协议自动延期—荣光厂生产的"IDEAL"牌电池上未注明荣光厂的厂名和其产地，产地只注明中国上海—中信宁波公司与荣光厂未经上海轻工公司许可，就购买"IDEAL"电池多次签订产品购销合同，并将购得的电池出口—上海轻工公司诉二被告商标侵权—法院支持原告主张

裁判摘录

【1】……中信宁波公司理应根据电池上印有的"中国上海"字样查明商标权利人，并征得其同意出口使用，然却私下从荣光厂购买"IDEAL"牌电池，并采用规避法律行为以电池配件的名义向南京海关申报出口，其行为亦明显构成了对上海轻工公司的商标侵权。

CY，哈慈案（19931029/C1994-01）：未经许可在相同商品上使用与他人注册商标相同的标志构成侵权

哈尔滨磁化器厂 v 东方玻璃厂等，一审，昆明中院，文号［缺］，合议庭成员［缺］

案情概要

原告起诉被告灯饰公司制造假冒的哈磁杯—被告玻璃总厂、悦东公司明知该磁化杯是假冒的而进行销售，侵犯其专利权、注册商标专用权及法人名称权—一审支持原告

裁判摘录 ●

【1】……灯饰公司在假冒"哈磁杯"上，使用了磁化厂的"哈磁"注册商标和厂名，其行为不仅违反了《商标法》第三十八条第（一）项关于未经商标注册所有人的许可，在同一种商品上使用相同的商标的规定，而且违反《中华人民共和国民法通则》第一百二十条第二款关于法人的名称权不容侵害的规定。

● 摘引自《最高人民法院公报》1994年第1期，非判决原文。

CY，山顿案（19910814/C1992-04）：未经许可在相同商品上使用与他人注册商标相同的标志构成侵权

山顿公司 v 华达公司，一审，深圳中院，文号〔缺〕，合议庭成员〔缺〕

案情概要

原告山顿公司 1989 年获准注册"SENDON"商标——被告华达电子有限公司未经原告许可使用原告的注册商标，生产和销售与原告同一种类的不间断交流电源电子产品——一审认定侵权

裁判摘录 ❶

【1】……被告在原告已取得注册商标专用权后，未经原告许可而使用"SENDON"商标，侵犯了原告的注册商标专用权，被告也提不出原告允许其合法使用该注册商标的证据。依照《民法通则》第一百一十八条和《商标法》第三十九条的规定，应当承担侵权的民事责任。

57（2）近似类似混淆

SY，玉浮梁案（20191224）：反向混淆构成侵权

卫尔康安公司 v 西安饮食公司等，再审，最高院（2019）最高法民申 3064 号裁定书，杜微科、吴蓉、张玲玲

案情概要

原告卫尔康安公司是注册商标"玉浮梁"的所有人——商标核定使用在第 33 类的相关商品上——原告起诉被告在相同商品上使用与其"玉浮梁"相同的商标，构成商标侵权——被告抗辩对该商标享有在先使用权，有权在原使用范围内继续使用，无混淆、误认，不构成对上诉人注册商标专用权的侵权——一审认定不侵权——被告生产和销售的涉案稠酒产品虽然使用了"玉浮梁"字样，但还显著标明"西安饭庄"字样，能区分，无混淆、误认，不侵权——被告属于在原有范围内继续在先权利——二审认定侵权——被告证据不足以证明其对涉案标记享有在先权利——被告的使用会导致反向混淆——再审维持二审

---

❶ 摘引自 1992 年第 4 期《最高人民法院公报》，非判决原文。

裁判摘录

【3】2013年修正的《中华人民共和国商标法》（以下简称《商标法》）第五十七条第（二）项规定，未经商标注册人的许可，在同一种商品上使用与其注册商标相近似的商标，或者在类似商品上使用与其注册商标相同或者近似的商标，容易导致混淆的，属于侵犯商标专用权的行为。本案中，涉案"玉浮梁"商标注册在米酒商品上，西安饮食公司、大业公司生产销售的稠酒同样为以米为原料的低度酒，二者在原料、功能、消费群体、销售渠道等方面都较为接近，属于类似商品。西安饮食公司、大业公司使用的"玉浮梁"标识与涉案商标相同，"玉浮粱"标识与涉案商标高度近似，属于相同或者近似的标识。西安饮食公司、大业公司未经许可在其生产销售的稠酒商品上突出使用"玉浮梁""玉浮粱"商标容易引起相关公众的混淆误认。即使在玉浮梁稠酒外包装上同时标注有"西安饭庄"标识，但突出使用的"玉浮梁""玉浮粱"商标仍然能起到识别商品或者服务来源的功能，并且将知名度较高的"西安饭庄"标识与他人注册的"玉浮梁"商标联合使用，会割裂商标权人利用商标建立的其与商品或者服务之间的联系，使得涉案商标失去其应有的识别功能，损害商标权人的利益。西安饮食公司、大业公司提交的卫尔康安公司授权案外人使用涉案商标、卫尔康安公司曾申请注销等证据，与其主张的卫尔康安公司恶意抢注商标并无直接联系，相关再审申请理由不能成立。虽然在古代曾用"玉浮梁"代指特定类型的酒，但"玉浮梁"的该种含义，并非现代相关公众所熟知的含义，西安饮食公司、大业公司关于"玉浮梁"为通用名称的再审申请理由亦不能成立，本院不予支持。

FY，克诺尔案（20191212/F2019-07）：加工方未尽到审查义务的可能与他人构成共同侵权

德国克诺尔公司 v 永信公司等，二审，河北高院（2019）冀知民终43号判决书，张岩、张守军、宋菁

案情概要

原告德国克诺尔公司起诉永信公司等多名被告侵犯其第12类上的"KNORR""克诺尔"等商标权并构成不正当竞争——被告之一香港克诺尔将其企业英文名称"KNORR - BREMSE LIMITED"在中国商标局注册为商标，核定使用类别为第35类的有关服务——一审认为德国克诺尔公司在中国大陆另行对香港克诺尔公司提起侵权诉讼属于重复诉讼，对德国克诺尔公司对香港克诺尔公司提出的诉讼请求不予理涉——其他被告不构成商标侵权及不正当竞争——二审认定构成商标侵权及不正当竞争——赔偿50万元

【裁判摘录】

【3】……首先，根据德国克诺尔在本案中提交的购买涉案被诉侵权产品的公证书记载，涉案被诉侵权产品外包装上标有涉案商标、KNORR – BREMSE 等标识，产品本身有涉案商标、说明书上也有上述 KNORR – BREMSE 标识，上述行为属于"未经商标注册人的许可，在同一种商品上使用与其注册商标相同的商标的"侵权行为。其次，涉案被诉侵权产品采用了和德国克诺尔公司产品相同的外包装、使用了德国克诺尔公司的官网网址、德国克诺尔公司关联公司名称，容易导致相关消费者对产品来源产生误认，属于不正当竞争行为。最后，根据购买涉案被诉侵权产品的公证书记载的购买过程、双方提交的聊天记录和涉案被诉侵权产品买卖合同、形式发票等证据，该被诉侵权行为是通过赵某亮进行先期联系磋商、香港克诺尔公司签订合同，亚东公司开具形式发票、提供收款账号，最终由永信公司进行实际生产并在合同上一同加盖印章的形式共同予以实施的，构成共同侵权行为，应由该四被上诉人共同承担侵权责任。至于各被上诉人关于该问题的抗辩理由是否成立。首先，根据一审中双方提交的磋商购买聊天记录，如本院查明部分所述，购买方黄某运仅是询问赵某亮是否有涉案包装的产品，并不存在提供包装进行定制或者诱导其出售涉案被诉侵权产品的行为，四被上诉人关于涉案被诉侵权产品系"陷阱取证"行为的主张没有证据支持，其该抗辩理由不能成立。其次，虽然赵某亮系香港克诺尔公司的注册人，香港克诺尔公司系"KNORR – BREMSE LIMITED"商标的注册人，但鉴于涉案 KNORR – BREMSE 等商标和德国克诺尔公司在涉案刹车系统领域的较高知名度，以及"KNORR – BREMSE LIMITED"商标核定使用类别是与本案无关的 35 类商品和服务，永信公司仅凭上述信息便认为生产涉案被诉侵权产品系合法授权无法律依据，其未尽到核实香港克诺尔公司是否系德国克诺尔公司关联公司或涉案商标合法使用人的审查义务，具有明显过错，应依法承担相应的侵权责任，四被上诉人的该抗辩理由不能成立。

BDY，HONDA 案（20190923/B2019–38.39/D2019–02）：不能把某种贸易方式简单地固化为不侵犯商标权的除外情形；境外商标权不能作为不侵权的抗辩理由

本田株式会社 v 恒胜鑫泰公司等，再审，最高院（2019）最高法民再 138 号判决书，林广海、秦元明、马秀荣

【案情概要】

本田株式会社认为恒胜集团受美华公司委托加工，恒胜鑫泰公司负责办理出口的

摩托车散件上使用"HONDAKIT"商标标识，易造成混淆误认，侵犯其"HONDA"等商标权——被告抗辩认为自己的行为是定牌加工行为，对涉案标记的使用不是商标性使用，不构成商标侵权——一审认为证据不能证明被告是定牌加工行为，被告使用的"HONDAKIT"商标标识，突出"HONDA"部分，缩小"KIT"部分，与美华公司授权的商标"HONDAKIT"并不一致，构成商标侵权，赔偿30万元——二审认为证据可以证明被告是定牌加工行为，涉案商品不进入中国市场，不是商标使用行为，不会产生混淆，不构成商标侵权——再审认为被告的涉案行为属于商标使用，易造成相关公众的混淆，构成商标侵权——赔偿30万元

裁判摘录

【8】我国经济由高速增长阶段转向高质量发展阶段，面临着经济发展全球化程度不断加深，国际贸易分工与经贸合作日益复杂，各国贸易政策冲突多变的形势，人民法院审理涉及涉外定牌加工的商标侵权纠纷案件，应当充分考量国内和国际经济发展大局，对特定时期、特定市场、特定交易形式的商标侵权纠纷进行具体分析，准确适用法律，正确反映"司法主导、严格保护、分类施策、比例协调"的知识产权司法政策导向，强化知识产权创造、保护、运用，积极营造良好的知识产权法治环境、市场环境、文化环境，大幅度提升我国知识产权创造、运用、保护和管理能力。自改革开放以来，涉外定牌加工贸易方式是我国对外贸易的重要方式，随着我国经济发展方式的转变，人们对于在涉外定牌加工中产生的商标侵权问题的认识和纠纷解决，也在不断变化和深化。归根结底，通过司法解决纠纷，在法律适用上，要维护法律制度的统一性，不能把某种贸易方式（如本案争议的涉外定牌加工方式）简单地固化为不侵犯商标权的除外情形，否则就违背了商标法上商标侵权判断的基本规则，这是必须加以澄清和强调的问题。【9】……商标权作为知识产权，具有地域性，对于没有在中国注册的商标，即使其在外国获得注册，在中国也不享有注册商标专用权，与之相应，中国境内的民事主体所获得的所谓"商标使用授权"，也不属于我国商标法保护的商标合法权利，不能作为不侵犯商标权的抗辩事由。

FY，赣案● (20190723/F2019-12)：含有相同文字的商标不一定构成相同或近似

国窖赣酒公司 v 赣酒酒业公司，二审，江西高院（2017）赣民终 286 号判决书，刘建玲、丁保华、邹征优

● 2020 年 6 月 28 日，最高院以（2020）最高法民申 1661 号裁定驳回国窖赣酒公司再审申请。

案情概要

国窖赣酒公司起诉赣酒酒业公司侵害其"赣字牌"注册商标专用权，使用"赣"字作为企业的字号构成不正当竞争——一审认为赣酒酒业公司突出使用"赣酒"字样是在正常、善意范围内的正当合理使用，不侵害国窖赣酒公司商标权，不构成不正当竞争——二审维持一审——再审维持二审

裁判摘录

【3】……本案中，赣酒酒业公司使用作为［原文如此］其白酒名称，系沿用自江西省新干县酿酒厂以来的相同名称和自江西赣酒酒厂以来的相同字体，在长达二十余年的时间里，无证据显示有人对该名称提出过异议，且国窖赣酒公司注册商标为图文组合商标，赣酒酒业公司商品名称为文字，即使仅比较"赣"字，双方"赣"字亦存在比较大的差异（一为黑体变形字；一为启功瘦繁体字），再者，国窖赣酒公司商标在2001年之前无证据证明在白酒上使用过，亦无该商标具有较强显著性和知名度的证据，而"赣酒"自1988年以来相继获得江西省优质产品奖、省名酒称号，1993年5月，在日本东京阳光城大会和展览中心举办的第五届国际酒类及饮料展出和品酒大会上，赣酒还被授予酒"醇"金奖，据此，应认定赣酒酒业公司与国窖赣酒公司商标不构成相同或近似，相关公众根据多年的经营经验或消费认知，不容易导致对双方产品的混淆和误认，赣酒酒业公司使用作为商品名称不构成对国窖赣酒公司注册商标专用权的侵权。国窖赣酒公司提出仅比较"赣"字认为二者构成近似，不符合《最高人民法院关于审理商标民事纠纷案件适用法律若干问题的解释》规定的近似标准及判断规则，其认为赣酒酒业公司使用名称构成对其商标专用权侵权的主张不能成立。对于赣酒酒业公司使用"赣酒"文字作为企业字号并突出使用是否违反《最高人民法院关于审理商标民事纠纷案件适用法律若干问题的解释》第一条第一项规定构成对国窖赣酒公司注册商标专用权的侵权。国窖赣酒公司提交公证书，证明赣酒酒业公司在微信公众号页面使用了大号"赣"字及小号"酒"字。经比对，赣酒酒业公司该页面的"赣"字为大号行书，"酒"字为小号字体；双方"赣"字虽读音相同，但字形区别明显（一为双椭圆圈中黑体变形字，不易辨识；一为行书，清晰明了）；国窖赣酒公司提交的证据亦不足以证明"赣"文字经其使用产生了与其相关联的特殊含义，赣酒酒业公司该种使用，不容易使相关公众产生混淆及误认，且赣酒酒业公司现已使用启功书写"赣酒"文字代替了该种文字，据此，不应认定该行为构成对国窖赣酒公司商标的侵权。

FY，OSM 案[1]（20190704/F2019-17）：视觉整体无实质性差异的商标构成近似

欧诗漫集团 v 莉露化妆品公司等，一审，兰州中院（2018）甘 01 民初 1299 号判决书，张茜、黄薇、王彤

案情概要

欧诗漫集团系第 3266571 号OSM、第 8036992 号欧诗漫注册商标权利人—被告生产和销售商品上使用“O'SME”等标识——一审认定被告构成商标侵权—判赔 30 万—二审维持一审

裁判摘录

【1】本院认为，欧诗漫集团公司系第 3266571 号OSM注册商标、第 8036992 号OSM注册商标的使用权人，且上述注册商标均在有效期内，欧诗漫集团公司作为注册商标的利害关系人可以以自己名义提起侵害商标权纠纷诉讼。根据商标法的规定，注册商标专用权受法律保护，他人未经商标权人许可，不得擅自在同一种或类似商品上使用与注册商标相同或近似的商标。本案中，将佳嘉日化商行销售的化妆品礼盒外包装及化妆品瓶身中文字及图形标识与第 3266571 号商标、第 8036992 号商标比对，被控侵权化妆品礼盒为珍珠护肤系列化妆品与欧诗漫集团公司主要生产和销售珍珠护肤系列的化妆品属同一种商品。被控侵权化妆品礼盒外包装、礼盒正面及内部化妆品瓶身上均标有O'SME标识，该标识包含 OSM 字母，与OSM注册商标，OSM注册商标所含字母相同，且O'SME标识字母形状与OSM注册商标相似，虽O'SME标识中字母 OS 中间有间隔号隔开，且较两注册商标添加了字母 E，但视觉整体无实质性差异，O'SME标识与OSM注册商标，OSM注册商标构成近似。在隔离情况下，以普通消费者的一般注意程度，不能明显将O'SME标识与OSM、OSM商标相区别，容易造成消费者的混淆和误认。被控侵权化妆品礼盒正面及化妆品瓶身正面均突出使用O'SME标识，仅在礼盒外包装提袋及化妆品瓶身下部以较小字体标注欧时美商标，欧时美文字商标亦与驰名商标欧诗漫读音相似。莉露化妆品公司是生产销售化妆品的企业，对欧诗漫系列商标及其知名度理应知悉，莉露化妆品公司在其生产销售的被控侵权化妆品上突出使用与OSM、OSM商标近似的标识，同时使用与欧诗漫驰名商标相似的欧时美文字商标，存在傍名牌、搭便车的故意。莉露化妆品公司应当承担停止侵权，赔偿损失的责任。佳嘉日化商行为被控侵权化妆品的销售者，无侵权的故意，且能够提供其销售产品的合法来源，依法不再承担损害赔偿责任。

---

[1] 2019 年 10 月 29 日，甘肃高院以（2019）甘民终 670 号判决维持一审判决。

FY，MK 案（20190610/F2019-11）：反向混淆的认定也要与商标的显著性、知名度成正比

建发厂 v 迈克尔高司上海公司等，二审，浙江高院（2018）浙民终 157 号判决书，王亦非、何琼、陈宇

案情概要

　　原告建发厂是第 1244366 号 "mk" 商标的权利人，商标使用在第 18 类的有关商品—被告在包类产品上使用 "mk" "MK" 等多种 MK 标志—原告主张反向混淆——一审认为不会混淆或误认，应允许适当共存，认定反向混淆反而会造成市场混乱—驳回原告诉讼请求—二审维持原判—建发厂申请再审—被驳回

裁判摘录

　　【5】……本院认为，反向混淆旨在保护弱小的商标权人，防止其被资本雄厚的大企业利用商标反向混淆的形式，割裂其商标在消费者心中的稳定认识，以及剥夺其进一步拓展市场的能力和空间。但在认定是否构成反向混淆时，仍应秉承和正向混淆基本相同的裁量标准，适用基本相同的评判规则，除了考虑诉争标识使用的强度外，对于商标权的保护强度仍应与涉案商标的显著性、知名度成正比。对于尚未作实际使用，或显著性弱、知名度低的商标，则应当将其禁用权限定于较小的范围，给予其与知名程度相匹配的保护强度。否则就可能导致显著越低、知名度越小的商标越容易构成反向混淆，越容易获得法律保护的后果，而这显然与商标法的立法宗旨相悖。【6】就本案而言，第一，涉案商标的固有显著性弱。涉案商标仅由 "m" 和 "k" 两个字母构成，字体在小写字母的基础上作了简单的艺术加工，但总体而言与普通小写字母的区别不大，并且缺乏具有辨识度的含义。因此在与被诉标识进行比对时，更应注重两者在字体设计方面的差异。被诉标识 "**MK**" 将大写字母 M 的右竖和大写字母 K 的左竖重合，从而使得原本分离的两个大写字母结合成一个图案，呈现出与涉案商标较为明显区别的设计风格。被诉标识 "Ⓜ" "Ⓜ" 在前述基础上附加了圆环以及带有 "MICHAEL KORS" 字母的圆环图案设计，与涉案商标区别更为明显。第二，从建发厂对涉案商标的使用情况来看，涉案商标未通过后续使用获得较强的显著性和知名度。虽然涉案商标于 1999 年即获准注册并被投入使用，但从在案证据来看，涉案商标所涉商品多用于出口，在国内亦多是通过浙江省义乌市国际商贸城进行销售，销量数量及影响有限。且建发厂在 2015 年后不仅未规范使用其涉案商标，而且反而在其商品上使

用与被诉侵权标识相近似的"MK"标识，还于同年在第 18 类商品上申请注册"MK"及"MK"商标。可见，建发厂自身在后期也放弃了提高涉案商标显著性的努力，刻意接近被诉标识，主动寻求市场混淆的后果。第三，从迈可寇斯瑞士公司、迈克尔高司上海公司对被诉标识的使用情况来看，在"MICHAEL KORS"品牌进入于 2011 年中国市场之前，迈可寇斯瑞士公司在 2008 年即已在境外将被诉标识"MK"作为金属扣使用在箱包类商品上，进入中国市场后，迈可寇斯瑞士公司延续了上述使用形式。迈可寇斯瑞士公司、迈克尔高司上海公司在主营商标"MICHAEL KORS"进入中国市场后，在上海、成都、沈阳、烟台、福州、太原等国内多个城市的商场、购物中心开设专柜，经营规模迅速扩大，知名度和影响力迅速提高，拥有了相对固定的消费群体。"MK"系"MICHAEL KORS"的首字母简称，迈可寇斯瑞士公司、迈克尔高司上海公司在其商品、专卖店、专柜，官网、微信店铺等销售渠道中使用被诉标识时，均同时使用了"MICHAEL KORS"商标，使得相关公众能够将"MK"与"MICHAEL KORS"相关联，对商品来源作出正确区分。因此，一方面，迈可寇斯瑞士公司、迈克尔高司上海公司使用被诉标识在主观上并无利用建发厂涉案商标的商誉，造成相关消费者混淆、误认之故意。另一方面，其使用主营商标简称"MK"具有合理理由，在使用时通过字体设计的不同以及与主营商标共同使用的方式，对涉案商标作了一定程度的避让，强行侵占建发厂发展空间的故意亦不明显。第四，从涉案商标和被诉标识使用商品的购买渠道和消费群体来看，涉案商标所涉商品主要销往海外，并通过浙江省义乌市国际商贸城、义乌购网络平台进行销售，商品价格较低；被诉侵权商品主要通过国内专卖店以及专柜的形式销售，价格较高，两者有各自不同的消费群体，至少就目前的市场现状来看，客观上既不会造成相关公众的正向混淆，也不会造成反向混淆。综上，被诉标识与涉案商标难以构成混淆性近似，迈可寇斯瑞士公司、迈克尔高司上海公司的被诉行为不构成对建发厂涉案商标权的侵害。故银泰公司、京东公司销售被诉侵权商品亦不构成对建发厂涉案商标权的侵害，本院对争议焦点二、焦点三不再予以阐述。

BY，五粮液 V 案（20190528/B2019-37）：变形使用注册商标，与他人在先商标产生混淆误认或者认为二者之间存在关联关系，可构成商标侵权

五粮液股份公司 v 滨河公司等，再审，最高院（2017）最高法民再 234 号判决书，郎贵梅、夏君丽、马秀荣

> **案情概要**

　　原告五粮液股份公司称被告滨河公司等在其生产和销售的酒类商品上使用标识"九

粮液"的行为侵犯其被独占许可使用的涉案多个"五粮液"相关注册商标专用权——一审认为被告不侵权——原告"五粮液"商标的知名度使得酒类商品的相关公众，在看到被诉侵权商品上的上述标识时，虽通常会联想到原告的"五粮液"商标，却通常并不会认为被诉侵权商品系由五粮液股份公司生产或与五粮液股份公司具有特定联系——与33类的两个引证商标无混淆、误认——滨河公司选择"九粮"具有搭五粮液股份公司"五粮液"便车的恶意，但原告并没有主张，法院不予评述——与35类的引证商标不近似——二审维持一审——再审推翻一、二审，认定被告行为构成商标侵权

裁判摘录

【9】……被诉侵权商品包装上使用的是"滨河九粮液"或"九粮液"，其中"滨河九粮液"中的"滨河"二字较小、"九粮液"三字较为突出，两者呈现拆分的形式，因此滨河公司实际使用的标志与其在本案中主张获得注册商标专用权的商标标志并不相同，属于《最高人民法院关于审理注册商标、企业名称与在先权利冲突的民事纠纷案件若干问题的规定》第一条第二款规定的情形，故属于民事案件的受理范围。……【10】五粮液股份公司主张专用权保护的三个注册商标为"WULIANGYE 五粮液及图""五粮液68"和"五粮液"，其中"五粮液"文字为主要识别部分。滨河公司被诉侵权商品上使用的标识是"滨河九粮液"或"九粮液"，"滨河九粮液"标识中的"滨河"二字较小、"九粮液"三字较为突出。被诉侵权标识"九粮液"或者主要识别部分"九粮液"与"五粮液"相比，仅一字之差，且区别为两个表示数字的文字，同时使用在酒类商品上，易使相关公众对商品的来源产生混淆误认或者认为二者之间存在关联关系。【11】对于五粮液股份公司核定使用在第35类广告等服务上的"五粮液"注册商标，该商标核定使用的服务类别与被诉侵权标识使用的商品在功能、用途等方面均存在较大差异，且五粮液股份公司并未提交证据证明上述"五粮液"商标在第35类服务上进行过使用或产生一定的知名度，使相关公众能够将该商标与五粮液股份公司形成对应联系。因此，被诉侵权商品上的标识并不会造成相关公众将其与在广告等服务上的"五粮液"商标产生混淆误认，被诉侵权行为不构成对五粮液股份公司第35类服务上"五粮液"注册商标权的侵害。【12】此外，根据已经查明的事实，自2002年7月起，滨河公司就开始在第33类白酒等商品上申请注册了"九粮液""九粮春""九粮醇""九粮王"等商标，与五粮液股份公司旗下的"五粮液""五粮春""五粮醇""五粮王"系列商标形式相同；滨河公司还在白酒类商品上申请注册并使用了"滨河九粮液""滨河九粮春""滨河九粮王""滨河九粮醇""滨河九粮神"等商标，并且在产品瓶体及外包装上突出使用"九粮液""九粮春"等商标字样，特别是"液""春"等字的书写方式与五粮液股份公司的产品较为近似，上述事实反映了滨河公司比较明显的借用他人商标商誉的主观意图。【13】综上，滨河公司生产、销售被诉侵权商品的行为构成对五粮液股份公司"WULIANGYE 五粮液及图""五粮液68"注册商标专用权的侵害。二审法院认为被诉侵权标识的使用不足以使相关公众对商品来源产生混淆误

认，并进而认定滨河公司生产、销售被诉侵权商品的行为不构成侵害商标权存在错误，应当予以纠正。

FY，雪域尼玛案（20190225/F2018-25）：有较高关联度的商品可认定为类似商品

陈某龙 v 穆某琼等，二审，西藏高院（2018）藏民终 74 号判决书，甘萍、德央、成艺

案情概要

原告陈某龙起诉被告穆某琼等在收割机上使用"雪域尼玛"标志的行为侵犯其第 7 类"机锯"等商品上的注册商标"雪域泥玛"——一审认定涉案商品关联紧密，被告行为构成对原告注册商标的侵犯——判赔 25 万元——二审维持一审

裁判摘录

【2】……本院认为，2017 年 5 月 12 日穆某琼等人向陈某龙出具保证书后，从福润达公司进购的松岛牌收割机、割草机装入印制"雪域尼玛"（TM）的包装箱对外销售的行为，应认定为侵犯陈某龙"雪域泥玛"注册商标专用权的行为。理由如下：1. 切割机、割草机与本案核定商标范围构成类似商品。陈某龙于 2011 年注册成功的 7800672 号"雪域泥玛"商标，核定适用商品为第 7 类，核定范围为：泵（机器）；发电机；非陆地车辆转动马达；机锯（机器）；搅拌机（建筑）；水力发电和马达。陈某龙在该注册商标类似群中虽没有选定 0701 切割机和 0702 割草机为类似群，但根据商标国际分类，注册商标核定的机锯（机器）和切割机、割草机均作为商标第 7 类农用机械，且该三类产品在商品类别、销售渠道、使用场所、大众认识上均存在较高的关联度，即机锯与割草机切割机构成类似产品。上诉人穆某琼关于因陈某龙未选定切割机、割草机为类似群，故陈某龙注册商标核定范围与切割机、割草机不构成类似群的上诉理由不成立。2. "雪域尼玛"（TM）包装盒的图形 + 文字与"雪域泥玛"的图形文字除"泥"和"尼"字不同外，其他图形、读音、藏文字母高度相似。2007 年至 2011 年陈某龙在申请注册"雪域泥玛"商标的过程中，一直在生产销售"雪域尼玛"商标的割草机，2011 年注册成功的商标"雪域泥玛"虽与其之前使用的"雪域尼玛"（TM）在"泥"和"尼"字不同，但该读音、图形、外观等经过陈某龙长期的使用和推广，在西藏相关产品领域已具有一定的知名度。因此，穆某琼有关因 2017 年 5 月前市场上无"雪域泥玛"割草机和切割机，其用"雪域尼玛"（TM）包装盒包装其他品牌割草机的行为，并不构成对"雪域泥玛"注册商标侵权的上诉理由不能成立。且 2007 年至 2016 年期间，陈某龙亦向穆某琼等人提供"雪域尼玛"收割机及其包装盒进

第五十七条

行商品销售，即三人对上述行为均知晓。因此穆某琼等人未经陈某龙许可用"雪域尼玛"（TM）外包装盒包装其他品牌切割机、割草机进行销售的行为，具有让消费者产生混淆误认的主观恶意，属于《中华人民共和国商标法》第五十七条第（二）项"未经商标注册人的许可，在同一种商品上使用与其注册商标近似的商标，或者在类似商品上使用与其注册商标相同或者近似的商标，容易导致混淆的"的情形。

SY，双 C 案（20181227）：把他人商标用作商品形状不一定构成商标侵权；侵权判定中的"混淆"不包括售后混淆

香奈儿公司 v 叶某宗，二审，广州知产院（2018）粤 73 民终 1530 号判决书，王海清、龚麒天、黄彩丽

案情概要

香奈儿公司在第 14 类"珠宝装饰品"商品上享有第 626871 号"双 C"图形商标专用权—原广州市海珠区工商局在叶某宗首饰店查获一批"双 C"形状的首饰—工商处罚—叶某宗缴纳罚款，未提复议或诉讼—香奈儿提起民事诉讼—一审认定被告侵权，判赔 6 万—二审认为不是商标性使用，不侵权

裁判摘录

【4】……商品的"装潢"与商品形状应是两个不同的概念，二者没有"本质上"的关联性，不宜将商品自身固有的形状纳入到商品"装潢"范围之内；如硬性将商品自有形状也纳入到"装潢"的范畴，无疑违背了"装潢"的本意。……无法适用《商标法实施条例》第七十六条的规定处理本案纠纷。【9】……在没有证据证明叶某宗经营的店铺销售涉案商品时存在将与香奈儿公司注册商标相似的商品形状作为"商标性使用"、误导消费者将案涉商品"混淆"为香奈儿公司商品的情形下，依法就不能认定叶某宗经营的店铺销售案涉商品的行为构成了商标侵权。【10】那么，生产、销售与知名注册商标相似形状的商品是否可能构成侵权呢？答案应是肯定的。就我国现行法律规定看，按照著作权法的规定，其可能直接侵犯到了注册商标作为"作品"应有的著作权，构成侵犯著作权行为；按照反不正当竞争法的规定，其可能会构成不正当竞争的行为而应承担相应的法律后果。本案中，因被上诉人香奈儿公司未提出相应的著作权、不正当竞争方面侵权的诉讼请求而无法审理，当事人可另行提起诉讼。【6】……综合本案的整体情况，香奈儿公司没有提供充分证据证明叶某宗经营的店铺在销售案涉商品时，存在着利用该商品与香奈儿公司注册商标相似而招揽顾客、推销商品等将其作为商标性使用的情形。因此，一审判决对于叶某宗经营的店铺销售案涉商品构成

商标性使用的认定并不客观、准确，本院依法予以纠正。【7】……没有证据证明叶某宗经营的店铺销售案涉商品时存在误导消费者，将其宣传、标识为香奈儿公司商品，以致消费者购买时也误认为是香奈儿公司商品的情形。同时从另一个方面看，也无证据证明具有一般认知水平的普通消费者在购买该店的案涉商品时，会产生其购买的是香奈儿公司的商品的情况。因此，无法认定本案存在"混淆"。【8】……我国《商标法》第五十七条规定中涉及的"混淆"，就应是指基于生产者、销售者的"误导"而使消费者产生的"直接混淆"，而不应扩大到售后混淆等范畴；如对"混淆"作扩大解释，不符合立法的本意。

SY，农管家案（20181219）：不能仅因使用移动应用程序就将其归入计算机程序商品

好利维尔公司 v 农管家公司，二审，江苏高院（2017）苏民终 1982 号判决书，李红建、刘莉、史蕾

第五十七条

案情概要

　　原告好利维尔公司在第 9 类相关商品上注册了第 7770826 号"农管家 Nong Guan Jia"商标—原告起诉被告农管家公司在 App 名称和企业名称上使用"农管家"侵犯其第 7770826 号注册商标专用权—一审、二审均认定不侵权

裁判摘录

　　【4】……App 从具体用途来看可分为两类，一类是软件企业向相关公众提供的计算机操作程序，用户下载、安装此类 App 的目的是通过使用其作为计算机程序所具有的功能性特征来解决某一方面的使用需求，如输入法、浏览器、图片编辑、文字处理等功能，此类 App 在商品类别上可归入第 9 类计算机操作程序。另一类 App 则是企业向相关公众提供商品或服务的平台或工具，对于相关公众来说，其下载、安装、使用 App 的目的在于以 App 作为平台或媒介来接受相关经营者提供的商品或服务，是互联网环境下新的商业模式。因此，与传统商品或服务类别的区分不同，App 兼具商品和服务的双重属性。尤其是前述的第二类 App 的类别跨越了第 9 类计算机操作程序，同时又与其具体用途所提供的商品或服务的类别发生重合。在处理此类涉及新技术与新商业模式融合的知识产权纠纷时，应慎重对待，合理确定法律权利和责任的边界。划分 App 商品和服务的类别时，既要考虑计算机应用程序的性质，还要考虑其提供的商品或服务的类别，才能对其所属商品或服务的类别作出科学、合理的判断。【9】本案中，好利维尔公司涉案注册商标核定使用的商品类别为第 9 类，即已录制的计算机操

作程序；计算机软件（已录制）等。北京农管家公司的"农管家"App系创新农业供应链互联网服务平台，是为农民设计的农业技术推广App，主要用于服务现代农业生产，"把传统的农技服务与移动互联网结合起来，建立了种植户与专家对话的平台。专家和普通的种植户可以在App上自由问答，搭建自己的交流圈子""用户可观看南北方多种农作物，农药、种子和施肥技术指导，以及政策资讯解读视频"，提供农业金融、农资团购、农技服务、农产品流通等服务。由此可见，北京农管家公司虽然开发并在手机应用商店上架了"农管家"App，但其并未将App作为一种软件产品向用户出售，用户下载安装该App无须支付任何对价，同时北京农管家公司也不通过"农管家"App向相关公众销售计算机软件或提供软件系统的开发及安装等服务，而是通过开发、运营该App向农民提供农业金融、农业技术咨询等方面服务，且北京农管家公司在第36类金融服务、通过网站提供金融信息等、第44类人工授精（替动物）、兽医辅助、动物养殖、植物养护等服务类别上已分别注册了"农管家"商标。因此，不能仅因北京农管家公司使用了App移动应用程序这一平台或形式，就将其归入第9类商品，该App系北京农管家公司为农民提供农业金融、技术等相关服务的工具，其所提供的服务的类别与好利维尔公司涉案注册商标核定使用的商品类别具有明显区别，并不属于类似商品或服务。【17】……在当前"互联网＋"的时代背景下，各行各业均开始借助互联网平台开发移动应用程序，进行资源整合和业务扩展，故应对相关企业的经营发展及良性竞争留有一定的空间。因此，在某一企业在第9类"计算机操作程序"商品上完成了商标注册的情况下，并不当然排除他人借助移动应用软件使用与该商标相同的名称进行与该商标核定使用的商品或服务不同类别的经营。同理，在某一企业通过使用某一名称的App向相关公众提供某类商品或服务后，亦不能当然排除其他在第9类商品上享有注册商标专用权的企业开发使用相同名称的App延伸自己的服务范围。故在北京农管家公司已开发、运营"农管家"App的情况下，好利维尔公司亦可开发使用以"农管家"命名的App，好利维尔公司使用其注册商标的权利不受影响或限制。北京农管家公司在今后的经营中也应当遵守诚实信用原则及公认的商业道德，对好利维尔公司在先的注册商标予以合理的避让，防止出现商标的混淆。

SY，CONVERSE案（20181205）：定牌加工方未尽合理审查义务，使用近似标志可构成商标侵权

全星公司 v 凯达公司，再审，浙江高院（2018）浙民申3223号裁定书，王亦非、陈为、郭剑霞

[案情概要]

　　全星公司系第154598号"CONVERSE"商标的注册人，该商标核定使用在衣服、

鞋等商品上—全星公司认为凯达公司使用了"COVANSE"标识的商品侵犯其商标权利—一审、二审及再审均认为凯达公司侵犯了全星公司的商标权

裁判摘录

【3】……至于凯达公司认为其将被诉侵权标识物理贴附于未在中国国内实际销售而仅供出口的商品上的行为不会导致混淆的主张,本院认为,在境外委托方在目的国拥有正当合法的商标权、产品全部出口该目的国的情况下,对于境内加工方的生产加工行为应结合境内加工方是否尽到必要的审查注意义务,合理确定其应承担的侵权责任。本案中,涉案商标具有较高知名度,凯达公司作为境内加工方,更应履行较高的审查和注意义务。本案被诉侵权行为发生于 2016 年 11 月,此时涉案商标尚未由境外委托人在智利国核准注册,境外委托人也直至 2017 年 11 月才出具相关许可使用授权书许可凯达公司使用被诉侵权标识。因此,对于同为鞋类厂家的凯达公司而言,其在明知涉案商标知名度的情况下,没有尽到审慎的注意义务,使用与涉案商标标识相近似的被诉侵权标识,也难谓善意。因此,本院认为,被诉侵权标识与涉案商标容易导致相关公众混淆。

FX,六福丨案(20180820/F2018-49):判断是否侵权需综合比较标记和商品

周六福公司 v 盘州市场监管局,二审,贵州高院(2018)黔行终 590 号判决书,朱进、秦娟、黄新

案情概要

周六福公司投诉红果周六福饰品店经营者商标侵权—原六盘水工商局红果分局作出"回复",认为不违法—红果周六福饰品店经营者与香港周六福首饰公司的特许经营合同—周六福公司申请复议—复议认为"回复"未告知申请人对其举报事项的处理情况和对其投诉的受理情况,内容存在重大缺陷,应予撤销—红果分局再次"回复",责令红果周六福饰品店标明加盟店的名称,情节轻微,不处罚—特许经营人商标被商评委裁定无效—周六福公司继续申请查处—一审认为红果周六福饰品店经营者不构成商标侵权,也不构成对消费者的欺诈—商评委无效裁定发生在涉案行政行为之后,不具溯及力—二审认为原六盘水工商局红果分局履行法定职责不充分,作出的回复(二)主要证据不足,适用法律错误,一审法院认定事实不清、适用法律错误,依法应予一并撤销—周六福公司的上诉理由部分成立,对其上诉请求予以部分支持

【 裁判摘录 】

【10】……对侵权成立与否的认定是行政机关作出行政行为的基本事实基础。关于侵权是否成立的问题，首先，根据《中华人民共和国商标法》第四十八条之规定，红果周六福饰品店无论是将"（缺图）"标识还是将"（缺图）"标识作为店名使用，均属于商业行为，具备识别商品来源的作用，应当认定为商标性使用。其次，在使用过程中，红果周六福饰品店将文字"香港周六福黄金钻石首饰"或"香港周六福黄金钻石首饰集团有限公司"排列于次行并使用较大字体，使该文字处于显著突出位置。再次，从整体上对涉案标识进行观察，其具有显著识别的文字是"周六福"，与上诉人香港周六福珠宝公司的权利商标"（见下图）""周六福"相较，二者在文字、读音完全一致，由于经营的又同属珠宝首饰类商品，且图形文字中的地名香港、通用名称黄金、钻石、首饰更加剧了两者的相似程度，使公众对此更容易产生混淆。香港周六福珠宝公司作为第 7519198 号"（见下图）"和第 16441293 号"周六福"文字商标的合法权利人，其享有的注册商标专用权依法应受保护。根据《中华人民共和国商标法》第五十七条第二项之规定，未经商标注册人的许可，在同一种商品上使用与其注册商标近似的商标，或者在类似商品上使用与其注册商标相同或者近似的商标，容易导致混淆的，属于侵犯注册商标专用权。红果周六福饰品店的行为构成对香港周六福珠宝公司注册商标专用权的侵害，原六盘水工商局红果分局适用《中华人民共和国商标法》第四十三条适用法律错误，香港周六福珠宝公司的上诉理由部分成立，本院予以采纳。

周六福
ZHOU LIU FU

第 7519198 号

（引证商标之一）

FY，喜力啤酒案（20180620/F2018-22）：在后取得的外观设计权不能抗辩商标侵权

喜力公司 v 金孚龙公司等，一审，潍坊中院（2017）鲁 07 民初 590 号判决书，宋宗明、丁岩、王其焕（陪）

【 案情概要 】

喜力公司生产销售的"Heineken/喜力"啤酒具有较高的知名度和美誉度，其在啤

酒商品上注册的"喜力""Heineken"等商标为中国消费者所熟知—被告金孚龙公司等在其啤酒商品上使用"喜力""HenieGen"标识，并在后取得与原告啤酒包装相同或近似的外观设计权—喜力公司认为被告行为构成商标侵权和不正当竞争，索赔 100 万元——一审认为，被告使用"喜力""HenieGen"标识侵犯原告"喜力""Heineken"商标专用权，在后取得的外观设计权侵犯原告的在先商标权，被告在啤酒商品上侵犯原告"喜力"字号构成不正当竞争—赔偿 30 万元

裁判摘录

【4】……被告张某华于 2016 年至 2017 年，经相关行政主管部门的批准，就嚇涅艮啤酒的包装罐和包装箱取得了 ZL201630052864.8 号和 ZL201630052821.X 号外观设计专利权，注册取得第 18793740 号"嚇涅艮"文字商标的专用权，还就啤酒罐的展开图进行美术作品登记，但是原告在被告张某华经批准取得前述权利之前即注册取得了涉案七项商标专用权，因此，原告所享有的涉案七项商标专用权构成 ZL201630052864.8 号和 ZL201630052821.X 号外观设计专利权及前述张某华取得的商标权、著作权的在先合法权利。被控侵权啤酒的包装箱和包装罐上标注有前述被告张某华取得的两项专利权的专利号，该产品由被告山东金孚龙公司生产，由被告昌乐喜力公司委托生产并销售，足以证实 ZL201630052864.8 号和 ZL201630052821.X 号专利得到实施，然而由于该两项专利产品均系啤酒产品的包装物，与原告涉案的七项商标的核定使用商品系相同商品，且如前所述，被控侵权产品包装物上的标识与原告涉案的七项商标的标识构成相同或近似，容易使相关公众对被控侵权产品的来源产生混淆误认，从而损害了原告享有的涉案商标专用权，因此，三被告实施 ZL201630052864.8 号和 ZL201630052821.X 号专利的行为构成对原告涉案商标专用权的侵犯。

SY，同庆号 Ⅱ 案❶（20171221）：中断使用的老字号经新注册人使用仍应获得保护

西双版纳同庆号 v 易武同庆号等，再审，最高院（2017）最高法民申 2722 号裁定书，李剑、张志弘、杜微科

案情概要

　　西双版纳同庆号认为易武同庆号等使用"同慶號"，侵害其"同庆"商标，构成不正当竞争——一审认为，被告构成侵权和不正当竞争——二审认为，西双版纳同庆号和

---

❶　该案二审是 2016 年度五十典型案例"同庆号 Ⅰ 案"。

易武同庆号与老字号"同慶號"均无历史渊源，双方均以老字号的历史进行宣传，企图嫁接老字号历史，被告不构成侵权和不正当竞争—再审认为二审有漏审—西双版纳同庆号5501734号"同庆"文字商标和3390521号"同庆及图"图文商标的主要识别部分均为"同庆"文字，后者的核准注册日期早于涉案"同慶金磚"产品的生产日期—易武同庆号使用"同慶號"、在普洱茶商品上标注"同慶金磚"、突出使用企业名称中的"同慶號"—完整包含了涉案商标的文字部分—读音、含义完全相同—指令云南高院再审

裁判摘录

【5】"同慶號"茶庄发祥于1736年西双版纳易武茶乡，1948年歇业之后处于长期停用状态，但权利主体的消失并不意味着其已进入公有领域，也不意味着成为任何人均可以以任意方式使用的文化符号，二审法院"从法律性质上讲，中断使用的老字号标识失去了私权属性，成为公共资源"的认定有所不当，本院予以纠正。【7】……涉案两商标均经合法程序核准注册在先，经西双版纳同庆号长期持续性的使用，获得诸多奖项，积攒了大量商誉，具有相当的知名度。此外，自西双版纳同庆号成立以来，其在经营过程中通过对涉案注册商标及其企业字号的长期持续性使用，建立了其与"同庆"文字及图文、"同庆号""同慶號"的密切联系，对老字号的回归、维护和传承做出了贡献，客观上使得该老字号商业标识的功能愈加显著。因此，涉案注册商标在有效存续期间应获得合法有效的保护。【8】具体而言，5501734号"同庆"文字商标和3390521号"同庆及图"图文商标的主要识别部分均为"同庆"文字，后者的核准注册日期早于涉案"同慶金磚"产品的生产日期。易武同庆号在商业宣传、广告和店铺外墙上使用"同慶號"、在普洱茶商品上标注"同慶金磚"、突出使用企业名称中的"同慶號"，上述标识的主要识别部分均为"同慶"，完整包含了涉案商标的文字部分，且读音、含义完全相同，二审法院应当根据《商标法》《反不正当竞争法》及相关法律的规定，对上述被诉侵权行为是否构成商标侵权和不正当竞争，依法作出判断。

FY，轩尼诗Ⅱ案（20171122/F2017-22）：仅以同时使用了其他标志为由不能抗辩侵权

轩尼诗公司 v 蓬莱酒业，一审，重庆渝北区法院（2016）渝0112民初17407号判决书，杨丽霞、余博、周静（陪）

案情概要

轩尼诗公司拥有葡萄酒等商品上的立体商标—蓬莱酒业公司生产销售的"万事好

金奖白兰地"酒的外形特征与轩尼诗立体商标特征基本一致—轩尼诗公司认为蓬莱酒业公司侵害其立体商标权—一审认定侵权,判赔15万元

裁判摘录

【24】……一个商品上可以同时存在多个注册商标,相关消费者可以通过任何一个注册商标来识别该商品的来源。【25】……原被告商品上是否使用其他标识,均不影响对被告使用涉案立体标识是否构成侵权的评价。【26】……涉案立体商标经过原告的广泛宣传使用,已经与原告建立较强的、稳定的联系,相关公众以一般的注意力为标准容易对被告生产的产品产生误认,或认为与原告具有某种关联。【27】……被告作为酒类生产商,于1997年已注册成立,在涉案商标具有较高知名度的前提下,被告仍在同类酒产品上使用与原告涉案商标近似的立体标识,被告即使在相似的立体标识上增加其他标识,仍会导致相关公众产生混淆误认。

BCFY,金戈铁马案（20170920/B2017-17/C2018-10/F2017-12）：混淆误认包括正反双向

曹某东 v 下关沱茶公司,再审,最高院（2017）最高法民再273号判决书,王艳芳、杜微科、何鹏

案情概要

曹某东诉下关沱茶公司在同一商品使用相同商标构成商标侵权—引证商标是横向繁体中文"金戈铁马"及图—被告使用简体中文"金戈铁马"及其他标记—一审认定混淆、近似,构成侵权—二审推翻一审,认为不相同、不近似—被控侵权商品上"下关沱茶"商标知名度远高于引证商标—没必要攀附—再审认为无证据证明"下关沱茶"知名度更高—即使更高,有混淆也构成侵权

裁判摘录

【2】……下关沱茶公司突出使用"金戈铁马"四字,虽然字体不一样,但读音和字意是相同的,故而两者构成近似,使用在同一种茶叶商品上易使相关公众产生混淆。【3】……即使下关沱茶商标较本案诉争商标具有更高的知名度,原审法院认定被诉侵权商品没有必要攀附涉案商标来提高自己的知名度虽有一定的可能性,但该推断忽视了注册商标作为一项标识性民事权利的权能和作用,其不仅有权禁止他人在相同类似商品上使用该注册商标标识,更有权使用其注册商标标识其商品或者服务,

在相关公众中建立该商标标识与其商品来源的联系。相关公众是否会混淆误认，既包括将使用被诉侵权标识的商品误认为商标权人的商品或者与商标权人有某种联系，也包括将商标权人的商品误认为被诉侵权人的商品或者误认商标权人与被诉侵权人有某种联系，妨碍商标权人行使其注册商标专用权，进而实质性妨碍该注册商标发挥识别作用。因此，如果认为被诉侵权人享有的注册商标更有知名度即可以任意在其商品上使用他人享有注册商标的标识，将实质性损害该注册商标发挥识别商品来源的基本功能，对该注册商标专用权造成基本性损害。

SY，曹操案（20170419）：使用应用程序提供服务不构成商标在第 9 类商品的使用，也不会产生对应的混淆

曹一操公司 v 优行科技公司，一审，杭州滨江区法院（2016）浙 0108 民初 5704 号判决书，倪晓花、项炳那、谢建儿（陪）

案情概要

原告曹一操公司拥有 16298907 号"说曹操"商标，核定注册保护在第 9 类计算机程序（可下载软件）、可下载的计算机应用软件等商品上—被告优行科技公司开发运营的打车软件 App 命名为"曹操专车"—原告起诉被告侵犯其商标权—一审认定不侵权—原告上诉，后撤回上诉

裁判摘录

【2】……当标识结合服务的通用名词一同出现，已经充分向相关公众表明该商标识别的是服务来源时，该标识又出现在服务提供所需的辅助产品（工具）之上，且该产品（工具）不被服务提供者作为商品独立出售，此种标识使用行为只是识别服务来源，而没有识别任何商品来源的功能。"（缺图）"载明"专车"字样，同服务通用名称紧密联系而不可分割，相关公众会将其识别为服务商标，借此识别服务来源。此标识虽然是出现在网约车应用程序界面上，和该应用程序同时出现，但是该应用程序并非被告单独提供用于销售的商品，而是作为线上预约车辆、支付费用的工具，需要和线下的运输车辆相结合，才得以完成整个专车运输服务过程。虽然"（缺图）"附加到的应用程序本身为计算机应用程序，但是被告向消费者提供该应用程序下载以供消费者作为工具使用，消费者下载时必定看到此标志带有"曹操专车"字样，会知晓此应用程序是用于预约专车服务的工具，此标志识别的是专车服务来源，且知晓该软件不是单独提供的商品，"（缺图）"不是识别第 9 类"计算机程序（可下载软件）、可下载的计算机应用软件"商品的来源。故"（缺图）"标识区分的是服务来源。【4】被告曹

操专车的运行模式是通过智能手机应用程序连接司机和乘客，为乘客提供专车接送服务。在发展迅速的互联网环境下，传统行业开始借助移动互联网和通信工具等开发移动应用程序，在此基础上对传统行业进行整合，发展不同于传统行业的新型产业模式，被告经营的专车运输服务即为此类。网约车服务提供者提供网约车服务依赖于应用软件，是网约车服务以及商业性质的共性，并非网约车服务的目的。被告提供网约车运输服务，虽与软件密不可分，但网约车消费者在下载网约车应用软件时，并非意图购买该软件，而是利用该软件在线上约车，网约车消费群体针对的是司机和乘客。涉案注册商标核定使用的商品类别为第 9 类，其中容易产生本案争议的计算机程序（可下载软件）、可下载的计算机应用软件等商品，其功能和目的是处理、存储和管理信息数据等，针对的是使用该程序和软件进行信息化处理的相关公众。故二者在目的、服务方式、消费对象等方面不相同，亦不存在容易使相关公众混淆的特定联系。

DY，非诚勿扰案（20161226/D2016-03）：没有混淆就不构成侵权

金某欢 v 江苏电视台等，再审，广东高院（2016）粤民再 447 号判决书，徐春建、邱永清、肖海棠

第五十七条

〔 案情概要 〕

金某欢获准注册"非诚勿扰"商标，提供"交友服务、婚姻介绍所"等服务——江苏卫视开办婚恋交友节目"非诚勿扰"——金某欢诉江苏电视台商标侵权——一审法院认为无混淆，不侵权——二审法院认为两者服务的内容和目的相同，构成侵权——再审法院认为公众能够清晰区分电视文娱节目的内容与现实中的婚介服务活动，不构成侵权

〔 裁判摘录 〕

【10】……商标法保护的系商标所具有的识别和区分来源功能，故必须考虑涉案注册商标的显著性与知名度，在确定其保护范围与保护强度的基础上考虑相关公众混淆、误认的可能性。本案中，金某欢涉案注册商标中的"非诚勿扰"文字本系商贸活动中的常见词汇，用于婚姻介绍服务领域显著性较低，其亦未经过金某欢长期、大量的使用而获得后天的显著性。故本案对该注册商标的保护范围和保护强度，应与金某欢对该商标的显著性和知名度所作出的贡献相符。反观被诉《非诚勿扰》节目，其将"非诚勿扰"作为相亲、交友题材节目的名称具有一定合理性，经过长期热播，作为娱乐、消遣的综艺性文娱电视节目为公众所熟知。即使被诉节目涉及交友方面的内容，相关公众也能够对该服务来源作出清晰区分，不会产生两者误认和混淆，不构成商标侵权。

FY，同庆号Ⅰ案❶（20161221/F2016-24）：指向商标权利人之外第三方的混淆不构成混淆侵权

西双版纳同庆号 v 易武同庆号等，二审，云南高院（2016）云民终 534 号判决书，邓玲、陈姣、孙熹

案情概要

　　西双版纳同庆号认为易武同庆号等侵害其第 5501734 号"同庆"等商标，也构成不正当竞争——一审认为原、被告各有注册商标，但被告使用时对自己的注册商标进行了拆分、简化，改变了显著特征，与原告商标近似混淆；企业名称中使用构成不正当竞争——二审认为，西双版纳同庆号和易武同庆号与老字号"同庆號"均无历史渊源，双方均有嫁接老字号历史的企图——西双版纳同庆号第 5501734 号"同庆"文字商标显著性较低，且未诚信地实际使用，被混淆、借用可能性小，保护范围不宜过宽——被告不构成侵权和不正当竞争

裁判摘录

　　【22】商标的功能在于来源识别，而来源混淆则破坏了依商标制度而建立起来的市场秩序，商标法必然着力阻止和消除制造来源混淆的行为。在商标语境下，来源混淆是指两个以上的商标因其组成元素相同或近似，导致相关公众误以为它们所指向的商品来源相同或存在某种联系，由此可知，在侵权诉讼中，来源混淆的指向是封闭在纠纷当事人之内的，即要么指向原告方，要么指向被告方，导致其中一方商标持有人的合法权益受损，而另一方商标使用人因此得到不法利益。易武同庆号通过使用"同慶號"企图传达其是"同慶號"茶庄的传承者。当来源混淆的指向超出了特定商标民事纠纷的当事人，即既不指向原告方，也不指向被告方，而是混淆到外部第三方来源时，就超出了《商标法》第五十七条第（二）项所要规制的范围。易武同庆号使用"同慶號"标识的意图是利用老字号带来的竞争力，而无意攀附显著性低的"同庆"文字商标，"同庆"文字商标能为西双版纳同庆号带来的正当利益并未遭受损害。因此，西双版纳同庆号主张易武同庆号在商业宣传、广告和店铺墙面使用"同慶號"标识的行为侵犯其第 5501734 号注册商标专用权缺乏事实和法律依据。

----

❶　此案已被最高法院再审改判，也即"同庆号Ⅱ案"。

FY，钓鱼台案（20161216/F2016-18）：故意误导相关公众产生联想与误认构成商标侵权

钓鱼台美高梅酒店 v 安徽省高速地产，二审，江苏高院（2016）苏民终 1167 号判决书，汤茂仁、徐美芬、刘莉

案情概要

　　钓鱼台美高梅酒店起诉安徽省高速地产未经许可，擅自以"钓鱼台"命名其开发并销售的商品住宅等行为侵犯其被许可使用的"钓鱼臺"商标—一审认定侵权—存在特定关系，易产生联想和误认，容易引起混淆—二审维持一审

裁判摘录

　　【6】……基于"钓鱼台国宾馆"特殊的政治影响力和长期广泛的新闻报道，钓鱼台国宾馆及其"钓鱼台"品牌已在公众中具有较高的知名度，故本院认定安徽高速地产苏州公司主观上借助钓鱼台国宾馆的声誉，诱导相关公众对其开发、销售的"钓鱼台别墅"楼盘与钓鱼台国宾馆及其"钓鱼台"品牌之间存在特定关系产生联想和误认，引起相关公众对两者来源产生混淆的故意十分明显，安徽高速地产苏州公司的上述行为构成了对涉案第 857806 号、第 845879 号"钓鱼臺"注册商标权的侵害。

第五十七条

BY，波斯猫案（20161107/B2016-28）：即使拥有著作权也不得侵犯他人的注册商标专用权

王某 v 开心猫公司等，再审，最高院（2016）最高法民申 1975 号裁定书，周翔、罗霞、佟姝

案情概要

　　王某于 2007 年 3 月 14 日获准注册商标"波斯猫 BOSIMAO"，核定使用在第 29 类的水果沙拉等商品上—王某起诉开心猫公司等多个被告生产、销售的商品上使用的标志侵犯其注册商标权—被告优莱客商行对涉案包装拥有著作权—一审基本支持原告，认为即使涉案包装上"波斯猫 BOSIMAO"标识包含在著作权的范围内，优莱客商行对"波斯猫 BOSIMAO"标识本身并不享有著作权—王某申请涉案商标注册的时间是 2004 年 10 月 19 日，早于优莱客商行享有著作权的作品完成时间—优莱客商行对"波斯猫 BOSIMAO"标识不享有在先使用权—判赔 50 万元—二审、再审维持一审

裁判摘录

【3】……至本案被诉侵权行为发生之时，优莱客商行在产品包装中对被诉侵权标识的使用已经不具备合法性基础。其在行使自身享有的著作权之时，应对王某合法拥有的在先涉案商标权予以避让，即不能继续在包装中使用涉案商标，是优莱客商行合法、善意、审慎行使其著作权的应有之义。……本案被诉侵权行为的发生，具有一定的历史原因和背景：首先，双方之间曾经存在合作及知识产权许可关系。……涉案产品包装中对"波斯猫 BOSIMAO"等标识的使用，最早即来源于王某在合作过程中的明确授权。……本案被诉侵权行为的性质亦区别于恶意攀附他人商誉的"搭便车"行为。其次，知识产权权利保护客体具有一定的特殊性，使其在权利的行使和权利边界界定的过程中，相较于具有明确物理边界的物权而言，具有更多的复杂因素。具体到本案而言，在双方各自拥有的著作权与商标权形成和行使的过程中，因伴随着双方曾经的合作和知识产权许可关系，而使得权利的行使出现了一定程度的交叉。对于并不具有专业知识背景的本案当事人而言，如何正确认识和行使知识产权的相关权利，客观上确实存在一定的困难。本院认为，双方曾经存在长期的合作关系，并均因此而获益。在合作终止后，双方所涉知识产权纠纷不断，不仅影响了正常的生产经营活动，亦可能损及自身的企业形象。而即使作为具有同业经营关系的市场经营者，亦应遵循诚实信用原则，遵守公认的商业道德，开展有序的市场竞争，而不应以诉讼为名行恶性竞争之实。双方在充分尊重他人合法权利的同时，亦应善意、审慎地行使自身权利，从而在诚信经营的基础上，最终获取消费者的认同和赞誉。

FY，平安案（20161121/F2016-20）：基于相关公众的认识来确定有无混淆乃至反向混淆

引领公司 v 平安保险公司，二审，深圳中院（2016）粤 03 民终 15570 号判决书，陈文全、骆丽莉、邓婧

案情概要

引领公司认为平安保险公司对中超联赛冠名并在中超联赛活动中使用"平安"文字侵犯其第 41 类"组织体育活动竞赛"上的"平安"商标——一审认为不构成侵权——被告对"平安"二字不是商标性使用，体育赛事中"平安"二字不会使消费者产生混淆——二审维持一审

裁判摘录

【9】体育活动竞赛的相关公众指喜爱体育活动，并对体育活动常识有一定了解的群体。参加中超联赛的球员、球队、裁判以及绝大多数中超联赛观众，都对中超联赛有所了解，知道中超联赛是中国大陆顶级职业足球联赛，由中国足球协会组织和主办，中超联赛公司受托负责中超联赛的组织、宣传以及相关商务活动的具体运作。他们在参与或观看平安保险公司冠名的中超联赛比赛过程中，知道平安保险公司是中超联赛的冠名赞助商，赛事名称以及比赛过程中出现的"中国平安"是平安保险公司的简称，平安保险公司主营保险、银行、投资。基于上诉人引领公司没有对其请求保护商标长期、持续使用和宣传，也未能建立该两个商标与上诉人之间的牢固的联系，没有人会因为被上诉人在中超联赛赛事名称以及相关网站、球票、比赛活动中使用"中国平安"、会误认为该"中国平安"、是指向引领公司，或引领公司与该中超联赛有何关联。故本案被上诉人对"中国平安"文字的使用的行为不会导致相关公众的混淆与误认。

【10】……所谓反向混淆，是与传统意义上的混淆（正向混淆）相对而言的，即在后商标使用人对商标的使用已使之具有较高的知名度，以致消费者会误认为在前的商标使用人的商品来源于在后商标使用人或认为二者之间存在某种赞助或认可的联系。因为反向混淆必须具备前后商标使用人都有将相同或近似商标使用于相同或近似商品或服务的前提条件，平安保险公司并未在第41类对"平安"作商标法意义上的使用，故而本案并不存在反向混淆的情形。但毋庸讳言，由于平安保险公司曾经长期为深圳足球俱乐部控股股东，上诉人请求保护的两"平安"商标与平安保险公司存在历史渊源关系，上诉人请求保护的两"平安"商标从文字来看，与平安保险公司字号、简称一致，与平安保险公司的众多商标相同或近似，且平安保险公司在业内影响巨大，其多个"平安""PINGAN"商标被认定为驰名商标，平安保险公司"平安"商标品牌产生了跨越保险金融行业的影响力，而上诉人对该两"商标"使用、宣传有限，这有可能导致上诉人在第41类使用其涉案商标之时，会使得部分相关公众误认为该活动的组织者是平安保险公司。但即便出现这样的后果，其责任不在平安保险公司。引领公司若要树立其品牌形象，建立其商标与引领公司之间的联系与对应关系，就必须加大对商标的使用、宣传力度，并以正确的方式区分上诉人、上诉人的该两个商标与被上诉人平安保险公司之间的关系，防止可能发生的混淆与误认，而不是企图阻止平安保险公司对其自身的字号、简称及商标的正当合法使用与宣传。

FY，松江案（20161017/F2016-25）：商标近似判断时对要部和整体都要比对

重庆松江厂 v 上海松江厂等，二审，重庆高院（2016）渝民终 151 号判决书，黑小兵、

周露、宋黎黎

　　原告重庆松江厂拥有"松江"注册商标——被告使用由"淞江"文字、"SJ"字母及"菱形"图案构成的图文标识——原告认为被告使用"淞江"等标志侵犯其"松江"商标——一审认为被告不侵权——二审维持一审

裁判摘录

　　【2】……本案在判断"松江"组合商标与"淞江"标识是否构成近似时，应以图形、符号为主要部分，而"松江"文字由于显著性很低，应作为次要部分进行考察。综上，经过比对，虽然"松江""淞江"两个组合商标和"淞江"标识的个别要素相同或近似，但商标和标识的整体和主要部分存在明显区别，因此不构成商标近似。

BFY，奥普 II 案（20160625/B2016-10/F2016-13）：商标侵权认定不仅要考虑标志近似度，也应考虑商标的显著性和知名度

新能源公司等 v 奥普卫厨公司等，再审，最高院（2016）最高法民再 216 号判决书，周翔、秦元明、佟姝

案情概要

　　新能源公司等诉奥普卫厨等未经许可擅自在"金属建筑材料"商品上使用"AUPU 奥普"标识构成侵权——一审法院认定被告侵权——二审支持侵权认定，增加赔偿金额——再审认为无混淆、不侵权——保护强度——区分功能

裁判摘录

　　【3】……对于商标权的保护强度，应当与其应有的显著性和知名度相适应。……新能源公司在本案中并未提交证据证明，其已经通过正当的使用行为，使涉案商标产生了足以受到法律保护的显著性和知名度。……涉案商标中的"奥普"文字的显著性和知名度，实际上来源于奥普卫厨公司及其关联企业的使用行为。涉案商标虽然在"金属建筑材料"上享有注册商标专用权，但对该权利的保护范围和保护强度，应当与新能源公司对该商标的显著性和知名度所作出的贡献相符。【4】……商标法所要保护的，是商标所具有的识别和区分商品及服务来源的功能，而并非仅以注册行为所固化

的商标标识本身。因此，商标标识本身的近似不是认定侵权行为是否成立的决定性因素，如果使用行为并未损害涉案商标的识别和区分功能，亦未因此而导致市场混淆的后果，该种使用行为即不在商标法所禁止的范围之中。

FY，卡斯特 II 案（20151230/F2015-17）：商标近似达到混淆的才需制止

张裕卡斯特 v 李某之等，二审，山东高院（2013）鲁民三终字第 155 号判决书，刘晓梅、丛卫、张亮

案情概要

"卡斯特"商标权利人李某之许可上海卡斯特公司使用该商标—张裕集团与法国卡斯特集团合资设立"张裕卡斯特"，其生产的葡萄酒装潢上标注公司字号"张裕卡斯特酒庄"—李某之与上海卡斯特称张裕卡斯特商标侵权—张裕卡斯特提起确认不侵权之诉—一审认为原告在企业字号上使用以及在葡萄酒的标识上整体突出使用涉案标记，有正当理由，无主观恶意，不会造成混淆及误认—二审维持一审，认为形成了各自的市场区分，不会造成混淆

裁判摘录

【6】……判断是否构成商标侵权意义上的近似，不仅要比较相关标识在字形、读音、含义等构成要素上的近似性，还要考虑其近似是否达到足以造成市场混淆的程度。……本院认为张裕卡斯特在其产品上使用的"张裕卡斯特酒庄""张裕·卡斯特酒庄"标识与涉案"卡斯特"商标相比，并不构成商标法意义上的近似，主要基于以下理由：【7】首先，张裕卡斯特使用"张裕卡斯特酒庄"作为其企业字号，是基于张裕股份公司与卡斯特集团 VASF 公司之间的合作关系，具有其背景上的正当性和合理性。……【8】其次，张裕卡斯特在注册企业字号时主观上并无攀附"卡斯特"商标商誉的意图。……【9】再次，张裕卡斯特对其字号"张裕卡斯特酒庄"的使用与李某之及上海卡斯特对"卡斯特"商标的实际使用情况存在明显区别。……张裕卡斯特对其字号的使用与李某之及上海卡斯特对其商标的使用方式存在明显的区别，这种区别足以使相关公众将二者的产品区分开来而不会产生混淆。……【10】最后，"张裕卡斯特酒庄"与"卡斯特"代表的产品已经形成了各自的市场格局，相关公众可以将二者区分开来。

第五十七条

FY，小辣椒案（20151118/F2016-14）：使用微信公众号推送信息可构成广告营销

沈阳广播电视台 v 沈阳吉宝公司，一审，沈阳中院（2016）辽 01 民初 588 号判决书，侯杨、黄大鹏、张加磊

案情概要

　　沈阳广播电视台认为被告沈阳吉宝公司在微信公众号的广告活动中使用"汽车小辣椒"标识的行为侵害其第 35 类和第 38 类服务上的注册商标专用权——一审认为，被告在微信公众号上的使用行为与原告商标核定使用范围相同，构成侵权

裁判摘录

　　【2】……结合实际使用情况，其微信公众号虽在传播媒介的创设和信息推送方式上与电台广播存在差异，但并不影响其实质的广告、营销和信息传送等内容在商标法意义上的服务类别判断，上述使用范围与原告注册商标核定使用服务项目属相同服务。

FY，非常了得案（20151020/F2015-15）：注册后鲜有使用则其显著性、影响力和识别力可能会受到消极影响

同舟事务所 v 长江公司等，再审，江苏高院（2015）苏审三知民申字第 1 号裁定书，汤茂仁、徐美芬、刘莉

案情概要

　　长江公司制作并在江苏省电视台播放《非常了得》节目——同舟公司起诉二被告侵犯其"非常了得"注册商标——一审认可长江公司在先登记"非常了得"文字及图版权——正当使用——无混淆，不侵权——二审维持一审

裁判摘录

　　【2】……长江公司对其"非常了得"文字及图形组合的 logo 享有在先著作权，其和省电视台有权在其电视节目中正当使用该标识。【3】……被申请人对该 logo 的设计思路作了合理解释。故被申请人并不存在侵犯同舟公司商标专用权的主观故意。【4】……被申请人使用"非常了得"节目不会造成相关公众的混淆与误认。由于同

舟公司注册"非常了得"商标后，使用不多，并未通过使用或宣传使该商标产生较强的显著性、影响力和识别力。相反，省电视台"非常了得"电视节目的播出当天，在国内获得极高的电视收视率，产生强烈的轰动效果和广泛的社会影响力。于此情形，公众并不会将被申请人的电视节目与同舟公司的商标进行关联，从而对二者的服务产生误认或混淆。

FY，一代粽师案（20150915/F2015-18）：无恶意不混淆则不构成侵权

三全公司 v 鹏得利公司，二审，河南高院（2015）豫法知民终字第 62 号判决书，宋旺兴、赵筝、赵艳斌

> **案情概要**

　　被告拥有第 6695384 号"一代粽师"注册商标—原告在"三全凌龙舟粽"商品包装上使用"一代粽师"—威海工商认定原告商标侵权—对原告的经销商作出行政处罚决定，行政相对人不是原告—原告提起不侵权确认之诉—一审确认不侵权—原告"三全凌"和"龙舟粽及图"商标已形成较高的知名度—"一代粽师"标识比例较小且不突出—不会造成误认—二审维持一审

> **裁判摘录**

　　【2】……三全公司作为国内知名冷冻食品生产商，经过长期使用，已经形成较高的知名度与美誉度；"龙舟粽及图"商标在获得核准注册前，经过三全公司的实际使用，形成了一定的市场知名度。三全公司在其粽子包装袋居中使用"三全凌"和"龙舟粽及图"商标，其中"龙舟粽及图"用特大号字体突出显示，而"（缺图）"标识置于右上方，所占比例较小且不突出，并且三全公司在其粽子大包装袋左上角使用"三全及图"商标时还标注了三全公司企业的名称、厂址、网址等信息，便于公众识别。三全公司使用"（缺图）"标识不存在攀附鹏得利公司商标知名度以及商业信誉的主观恶意。考虑到三全公司商标的知名度以及该商标在商品包装上的突出标注，再结合厂商名称，相关公众施以一般注意力，就能够直接判断出该产品来源于三全公司。从客观上看，三全公司使用"（缺图）"标识作为粽子包装装潢的一部分，也不会造成相关公众的误认。

FWY，3M 案❶（20150909/F2015-16）：非法使用形成的市场份额不能得到支持

3M 公司 v 华威公司，二审，浙江高院（2015）浙知终字第 152 号判决书，应向健、王磊、陈为

案情概要

　　3M 公司注册有 3M 商标——华威公司申请注册"3N"标志，并使用在车身反光标识产品上——3M 公司对"3N"商标提出异议——商标局认为"3N"商标与"3M"商标近似，不核准——华威公司持续使用 3N 商标——3M 公司诉至法院——一审法院认为"3M"和"3N"商标整体效果上构成近似，华威公司侵权——二审维持一审，认为华威公司的在后使用行为不具有正当性和合法性——华威公司申请再审——最高院驳回再审申请

裁判摘录

　　【5】……我国商标法贯彻申请在先的原则，华威公司在无任何在先权益的情形下所实施的前述在后使用行为一方面并不能证明其使用"3N"商标具有正当性和合法性，另一方面恰恰证明其利用价格等优势持续蚕食"3M"商标权利人的市场份额。如果司法裁判对华威公司因持续侵权行为所形成的"市场份额"和消费群体予以肯定的评判，则势必会变相鼓励商标侵权人以扩大侵权规模的方式规避侵权责任。这显然与我国商标法的立法原意相悖并损及商标法的基本价值。

FX，蔡林记案（20150820/F2015-48）：商标法意义上的近似

熊某生 v 武汉江岸工商局等，二审，武汉中院（2015）鄂武汉中知行终字第 1 号判决书，孙文清、熊艳红、黄俊

案情概要

　　蔡林记公司核准注册了"蔡林记"文字及图商标——蔡明纬餐厅使用了"蔡明纬®老蔡林记 TM""老蔡林记"——工商局查处——责令整改——蔡明纬餐厅的业主熊某生申请行政复议——复议维持——熊某生起诉工商局——一审认定两商标的主体部分在读音、字形等方面相似，容易产生混淆和误认，构成侵权——二审维持一审

---

❶ 后华威公司申请再审，2016 年 3 月 24 日，最高院以（2016）最高法民申 187 号裁定驳回其再审申请。

裁判摘录

【8】……上诉人熊某生经营的蔡明纬餐厅所从事的服务与蔡林记公司第8276121号"蔡林记"文字及图商标所核定服务项目中的餐厅、快餐馆属于同一种服务。其次，蔡林记公司的第8276121号"蔡林记"文字及图商标的显著性和知名度均较高，特别是其中的"蔡林记"文字，已为相关公众所熟知，系该商标最具显著性与知名度的核心组成要素。与上述商标相比，涉案蔡明纬餐厅的"老蔡林记"标识主要组成部分的文字读音、含义均完全相同，仅字体及颜色稍有差别，两者近似度极高，易使相关公众对服务的来源产生误认，或者认为其来源与蔡林记公司有特定的联系，已构成商标法意义上的近似商标。最后，上诉人熊某生虽主张其使用"老蔡林记"商标（申请号第12191974号）已获得商标权人湖北鼎金耀餐饮服务管理有限公司的授权，但在涉案行政处罚决定作出之时，上述商标尚在注册申请过程中，而且最终也未能成功注册，所以湖北鼎金耀餐饮服务管理有限公司并不享有该商标的注册商标专用权。

BDY，星河湾案（20150226/B2015-32.38/D2015-04）：商品房与不动产建造可以构成类似关系

星河湾公司等 v 炜赋公司，再审，最高院（2013）民提字第102号判决书，王闯、王艳芳、朱理

案情概要

星河湾公司等起诉炜赋公司使用"星河湾花园"作为其开发的楼盘名称，构成商标侵权及不正当竞争——商品与服务类似——一、二审认为被告为正当使用——再审认为构成商标侵权，但不构成不正当竞争

裁判摘录

【2】本案两注册商标核定的服务类别分别是不动产管理、建筑等，与商品房销售相比，两者功能用途、消费对象、销售渠道基本相同，开发者均系相关房地产开发商，不动产管理、建筑等服务与商品房销售存在特定的联系，应当认定为商品与服务之间的类似。【3】……炜赋公司将与星河湾公司享有商标专用权的"星河湾"商标相近似的"星河湾花园"标识作为楼盘名称使用，容易使相关公众造成混淆误认，构成对星河湾公司、宏富公司相关商标权的侵犯，应当承担相应的民事责任。原审法院认为其

仅作为楼盘名称使用，不可能使相关公众对楼盘及其服务的来源产生混淆，该认定错误，本院予以纠正。

FY，滴滴打车案（20150206/F2015-10）：基于互联网和移动通信业务产生的应用程序提供的服务并不是电信服务

睿驰公司 v 小桔公司，一审，北京海淀区法院（2014）海民（知）初字第 21033 号判决书，王丞宏、庞奎玉（陪）、陆友才（陪）

案情概要

睿驰公司注册有"嘀嘀"文字商标和"滴滴"文字商标—核准服务项目包括电信服务和商业经营—小桔公司开发了"嘀嘀打车"软件—后更名为"滴滴打车"—软件操作过程中均有"滴滴打车"字样—睿驰公司诉小桔公司侵犯注册商标专用权—一审认为"滴滴打车"的商标的显著性来源于图文标识使用而非"滴滴"文字—两者不属于相同的服务类别—不易混淆—不构成侵权

裁判摘录

【6】第 38 类服务类别为电信，主要包括至少能使二人之间通过感觉方式进行通信的服务，设定范围和内容主要为直接向用户提供与电信相关的技术支持类服务。"滴滴打车"平台需要对信息进行处理后发送给目标人群，并为对接双方提供对方的电话号码便于相互联络。上述行为与该商标类别中所称"电信服务"明显不同。该类别中所称提供电信服务需要建立大量基础设施，并取得行业许可证。在发展迅速的互联网经济下，传统行业开始借助移动互联和通信工具等开发移动应用程序，在此基础上对传统行业进行整合，发展不同于传统行业的新型产业模式。被告经营的项目即为此类。在这种背景下，划分商品和服务类别，不应仅因其形式上使用了基于互联网和移动通信业务产生的应用程序，就机械的将其归为此类服务，应从服务的整体进行综合性判断，不能将网络和通信服务的使用者与提供者混为一谈。"滴滴打车"服务并不直接提供源于电信技术支持类服务，在服务方式、对象和内容上均与原告商标核定使用的项目区别明显，不构成相同或类似服务。原告所称其商标涵盖的电信和商务两类商标特点，均非被告服务的主要特征，而是运行方式以及商业性质的共性。

SWY，宏济堂案（20141202）：侵权判断需要尊重历史，做到善意区分

宏济堂制药 v 宏济堂阿胶等，再审，最高院（2014）民申字第1192号，夏君丽、殷少平、钱小红

案情概要

宏济堂阿胶在其生产的阿胶产品外包装上标注有"山东宏济堂阿胶有限公司（原宏济堂阿胶厂）"字样，其产品外包装上及网站宣传中突出使用了"宏济堂"，其公司网站域名为"hjtej. cn"，在宣传内容中突出使用"宏济堂"并标注"原宏济堂阿胶厂"等字样—宏济堂制药起诉宏济堂阿胶等商标侵权及不正当竞争—一审基本支持原告—二审认为应尊重历史因素和使用现状，驳回原告诉请—再审认为因历史原因造成的商标与老字号之间的权利冲突，被诉侵权人的使用行为善意且有历史传承的，不构成商标侵权和不正当竞争

裁判摘录

【1】……"宏济堂"老字号在公私合营之后，其资产及业务分别划归不同企业进行管理和发展，并分别历经了分立、合并、整合、改制和更名等多次调整，宏济堂制药集团公司与宏济堂阿胶公司的母公司宏济堂医药集团公司都与宏济堂老字号存在一定的历史渊源。"宏济堂"老字号分立时的资产及业务划分格局并不能作为现在或将来限制宏济堂制药集团公司或宏济堂医药集团公司经营范围的依据。宏济堂制药集团公司受让第5类上的"宏济堂"商标，及其后注册其他类别上的商标，与宏济堂医药集团公司的下属企业在第35类上注册的"宏济堂"商标及使用相关字号，均有历史上的原因，有关各方在使用"宏济堂"字号及"宏济堂"商标进行生产经营活动时，均应遵守诚实信用、公平竞争原则，不仅应该共同维持"宏济堂"字号和"宏济堂"商标的良好形象和声誉，而且应该善意区分各自的产品及服务，尊重历史并善意地处理竞争中出现的字号及商标之间的冲突，避免造成相关公众的混淆误认。宏济堂阿胶公司系宏济堂医药集团公司投资设立，其虽然成立时间较晚，但使用"宏济堂"作为字号，属于有正当理由。宏济堂阿胶公司注册使用的域名中"hjtej"是"宏济堂阿胶"的拼音首字母，也具有合理性。二审判决认定宏济堂阿胶公司使用"宏济堂"字号及相关域名不构成侵权，适用法律并无不当。【2】……该行为尚不至于使相关公众产生误认，且本案没有证据表明宏济堂阿胶公司的行为有恶意攀附宏济堂制药集团公司商誉的不正当意图，也没有证据表明该公司的行为给宏济堂制药集团公司的商标权造成了实际损害后果。……未认定该公司的上述行为构成对宏济堂制药集团公司的不正当竞争行为或商标侵权行为，认定事实及适用法律并无不当。

FY, 雨洁案（20141126/F2014-27）: 类似商品的判断应基于普通消费者的一般认识能力

拉芳家化公司 v 潍坊雨洁公司，一审，潍坊中院（2014）潍知初字第 341 号判决书，丁岩、冯海玲、郭介友（陪）

案情概要

　　原告拉芳家化公司诉被告潍坊雨洁公司生产印有"雨洁"字样的洁肤湿巾等行为构成商标侵权和不正当竞争——一审认为被告构成商标侵权，但"雨洁"并非商品特有名称，被告不构成正当竞争——原告不能证明其近三年来使用注册商标，不承担赔偿责任，仅支付合理开支

裁判摘录

　　【3】本案中，被控侵权的纸巾产品及其包装物属于第 3135949 号"雨洁"文字拼音图形组合商标的核定使用商品，对于被控侵权产品的湿巾产品及其包装物，被告辩称湿巾在商标注册分类中不属于第 16 类，本院认为，《商标注册用商品和服务国际分类表》《类似商品和服务区分表》可以作为判断类似商品或者服务的参考，但是判断类似商品应当从普通消费者的一般认识能力进行判断，湿巾与第 3135949 号"雨洁"文字拼音图形组合商标的核定使用商品卫生纸、纸餐巾同属于卫生用品，二者在功能、用途、销售渠道及消费对象上相同，应属于类似商品；其次，经对 7 种被控侵权产品使用的标识与涉案商标的标识进行比较，6 种被控侵权产品使用的标识与涉案商标构成相同或近似。

EY, 小肥羊III案（20140709/E2014-07）: 非法使用获得利益不能获得支持

小肥羊公司 v 周一品公司，二审，广东高院（2014）粤高法民三终字第 27 号判决书，肖海棠、石静涵、李艳

案情概要

　　小肥羊公司认为，周一品公司使用含有"小肥羊"的商业标识并在企业名称中使用含有"小肥羊"的字号侵犯了小肥羊公司的商标权和企业名称权，构成不正当竞争——一审认为被告构成侵权和不正当竞争——二审维持一审

【5】……"小肥羊"文字在一定程度上表示了"涮羊肉"这一餐饮服务行业的内容和特点，本身固有的显著性较弱，但"小肥羊"本身并非"涮羊肉"这一餐饮行业的固有名称，也没有证据证明其系该行业的通用名称，"小肥羊"文字本身的先天弱显著性并不排除其可以通过大量的使用和广泛宣传获得"第二含义"和显著性。……而北京市高级人民法院于 2006 年 5 月 19 日作出的（2006）高行终字第 92、94 号案判决书也认定，由于小肥羊公司对"小肥羊"标识的大规模使用与宣传，"小肥羊"具有了商标应有的显著性，实际上已经起到区分商品或服务来源的作用，因此确认"小肥羊"已经获得"第二含义"，准许其作为商标注册。……持续实施的侵权行为并不能因为未受到有效遏制而获得法律豁免，因侵权行为而获取的消费群体和市场利益亦不能作为合法权益受到法律保护。而且，从周一品公司所提交的证据来看，其亦是在 2011 年，即本案诉讼发生前一年方与其关联公司佳品公司在深圳地区较大规模地设立和经营其他分店，故其所谓已经形成相关消费群体和稳固的市场格局的主张显然不符合事实，本院不予支持。

FY，皇马案（20140527/F2014-25）：反向混淆须满足侵害商标权的构成要件

杨某卿等 v 恒大足球学校等，二审，广东高院（2013）粤高法民三终字第 630 号判决书，欧丽华、李泽珍、郑颖

杨某卿是"皇马"商标的注册商标专用权人—核定服务项目包括"组织体育比赛"—杨某卿等认为恒大足球学校等侵犯注册商标专用权—反向混淆—虚假宣传—一审认为无误认或混淆—不损原告权益—不构成侵权及不正当竞争—二审维持一审—恒大足球学校对"恒大皇马足球学校"的使用不是商标意义上的使用，不侵权—无竞争关系，无混淆，无损权益，不构成不正当竞争

【14】……反向混淆是指在后商标使用人对商标的使用过程中，通过大量的广告宣传等手段，使之获得了较高的知名度，以至于消费者会误认为在先的商标使用人的商标来源与在后商标使用人或两者之间存在许可等关联关系。反向混淆属于商标侵权的

情形之一，须满足侵害商标权的构成要件。如前所述，"恒大皇马足球学校"并非商标性使用，其与上诉人的商标标识既不相同也不相近似，不会使相关公众对上诉人与被上诉人之间发生混淆误认，不构成对上诉人商标权的侵害。不论相关公众是否会对"恒大皇马足球学校"与皇家马德里足球俱乐部之间法律关系发生混淆误认，上诉人并未举证证明恒大足球学校的行为使其自身受到了直接损害。不能简单地以相关公众可能产生上述与上诉人无关的误导性后果而代替上诉人对自身受到损害的证明责任。

FY，Parrot 案（20140418/F2014-32）：利用职务仿冒所在单位商标的行为构成商标侵权

深圳派诺特公司 v 仇某等，一审，上海浦东新区法院（2013）浦民三（知）初字第483 号判决书，许根华，郭杰，虞勇强（陪）

案情概要

法国派诺特公司在中国合法持有 G944420 号、G650645 号、G947073 号注册商标，核定使用的商品、服务项目包括了计算机和软件、非有线和移动网络设备、无线技术的设计和开发等——本案原告是法国派诺特公司被许可在中国大陆范围内独占性使用上述商标——被告仇某曾任原告区域商务经理，以及法国派诺特公司上海代表处首席代表——仇某在原告处工作期间系上海森萌国际贸易有限公司的股东、法定代表人，后该公司实际变更为另一被告上海派若特公司——仇某利用在原告及法国派诺特的任职，误导案外人克莱斯勒公司与被告上海派若特公司签订合同——原告起诉二被告在类似商品、服务上使用其商标，使用与其字号权为近似的字号，披露和使用其商业秘密，有主观恶意，导致了混淆，造成其商业机会和经济利益的损失——一审法院认为被告侵犯了原告的商标权、企业名称权及商业秘密——判赔 40 万元——后被告上诉——二审维持原判

裁判摘录

【7】仇某自 2011 年 11 月 21 日起担任原告的区域商务经理，在任职期间又自 2013 年 1 月 1 日起担任原告分支机构即上海分公司的区域商务经理，从事原告及其上海分公司的经营管理工作，其在履行职务过程中可以依法使用涉案商标。仇某使用涉案商标的行为虽发生在任职期间，但其行为的目的是为了使被告上海派若特公司获得克莱斯勒公司的涉案业务项目，其行为最终指向的经营主体是上海派若特公司，故该行为虽具有表面上的合法性，但在实质上不属于仇某为了原告利益、代表原告履行职务的行为。因此，涉案商标使用行为存在主观恶意，属于商标侵权行为。被告关于仇某的涉案商标使用行为获得原告授权的抗辩意见，不能成立。由于涉案商标使用行为的商

业利益归属主体是上海派若特公司，故该公司构成侵害原告的涉案商标独占许可使用权。【8】仇某系上海派若特公司的股东、法定代表人，在一般情况下，其实施的与上海派若特公司相关的经营行为通常属于其履行职务的行为，行为后果通常应当由上海派若特公司承担。但是，依据在案证据，仇某于 2012 年 5 月 3 日在首次接触到克莱斯勒公司发出的初步的涉案业务信息后即将该信息转发给上海派若特公司并要求跟进此事，而其本人则多次直接与克莱斯勒公司联系涉案业务，且在几个月的磋商过程中从未向克莱斯勒公司表明其行为代表了上海派若特公司，直至最终签订合同时才由其确定上海派若特公司是涉案业务的一方主体，故可以认定仇某为截取涉案业务以牟取经济利益，利用担任原告区域商务经理的身份和便利，通过使用原告商标等方法误导克莱斯勒公司产生与其磋商的对象是法国派诺特公司在中国的相关机构即原告的误认或者混淆，再利用担任上海派若特公司法定代表人的身份和便利，直接代表该公司与克莱斯勒公司签订合同，其既是侵权行为的起意者，又是具体实施侵权的直接行为人，与上海派若特公司之间存在共同侵权的意思联络和具体分工，构成共同侵权。被告关于仇某的涉案商标使用行为系代表上海派若特公司履行职务的抗辩意见，不能成立。

CY，静冈刀具案（20130705/C2014-10）：完整嵌入他人商标并存在攀附故意可认定近似

静冈刀具 v 天华刀具，一审，太仓法院（2013）太知民初字第 16 号判决书，李勇、王勇、范培亚

案情概要

原告静冈刀具起诉被告侵犯其"静冈刀具"图文商标—完全嵌入—特定联系—攀附故意—一审认定侵权

裁判摘录

【1】……被告在其使用的标识中完整嵌入了与静冈公司注册商标相同的图形，且天华公司法定代表人的名片、宣传册、网站等亦使用了原告商标及嵌入原告商标的标识，易使相关公众认为天华公司的涉案产品来源与静冈公司使用涉案注册商标的商品具有特定的联系，明显具有攀附的故意，故应当认定天华公司使用争议标识与原告注册商标构成近似。

EY，利莱森玛案（20121220/E2012-08）：使用他人英文商标对应的中文译名构成侵权

利莱森玛公司等 v 福建利莱森玛公司，二审，福建高院（2012）闽民终字第 819 号判决书，陈一龙、陈茂和、蔡伟

案情概要

利莱森玛公司拥有英文商标"LEROY - SOMER"，并使用"利莱森玛"作为其中文字号—被告福建利莱森玛公司在后成立，将"利莱森玛"作为字号进行企业名称登记，并使用"LEROYSOMMER"—利莱森玛公司认为被告福建利莱森玛公司构成商标侵权和不正当竞争—一审法院认为，被告"利莱森玛"与利莱森玛公司注册商标"LE-ROY - SOMER"不近似，被告不构成侵犯商标权及不正当竞争，驳回原告诉讼请求—二审法院认为，"LEROY - SOMER"与"利莱森玛"二者已经形成固定的对应关系，被告侵犯利莱森玛公司的注册商标专用权，亦构成不正当竞争，判决赔偿 100 万元—福建利莱森玛申请再审被驳回

裁判摘录

【1】法院认为，利莱森玛公司及其注册商标中的 LEROY SOMER 在电机行业具有较高的知名度和美誉度，利莱森玛公司在相关商业活动中，LEROY SOMER 对应的中文译名是"利莱森玛"，二者已经形成固定的对应关系。在此情况，福建利莱森玛公司在电机产品上及企业名称中使用"利莱森玛""LI LAI SEN MA"及"LEROYSOMMER"等行为，侵犯了利莱森玛公司的注册商标专用权，亦构成不正当竞争。

FY，宝马 II 案（20121126/F2012-20）：变形使用被合法授权的标志也会构成侵权

宝马公司 v 宝驰公司等，二审，北京高院（2012）高民终字第 918 号判决书，李燕蓉、孔庆兵、马军

案情概要

宝马公司注册有"宝马"系列商标—分别使用在第 12 类及第 25 类的相关商品上—宝驰公司先后被案外人许可使用第 3249546 号"MBWL 及图"商标（图一）和第 4719183 号"丰宝马丰 FENGBAOMAFENG 及图"商标（图二）—第 3249546 号商

标在服装等商品上的注册被撤销—宝马公司诉宝驰公司在服装等商品、网站、店铺等多处使用的多个涉案标记构成商标侵权及不正当竞争—一审认为被告变形使用其被合法授权的标志—在相同商品上使用与原告引证商标近似的标记，构成商标侵权—被告使用涉案企业名称"德国世纪宝马集团股份有限公司"，有违诚信，易产生混淆误认，构成不正当竞争—无需认定驰名—二审维持一审

裁判摘录

【6】宝马公司的第 G955419 号商标（图三）商标核定使用的商品范围为第 25 类服装、鞋、帽，广州世纪宝驰公司在经营中生产、销售的服装亦属于第 25 类服装，两者属于相同商品。广州世纪宝驰公司在其生产、销售的服装、服装吊牌、服装包装袋、宣传图册、网站等处，使用"FENGBAOMAFENG 及图""丰宝马丰 FENGBAOMAFENG 及图"标识，并突出使用"（缺图）"标识，上述标识中的"（缺图）"与宝马公司的第 G955419 号商标（图三）相比较极为相似，普通消费者在购买服装时，难以注意蓝白颜色"右上左下""左上右下"排列的区别，极易将"（缺图）"标识误认为"（缺图）"，从而易对商品的来源产生误认或者认为其来源与宝马公司有特定的联系，已经构成近似商标，原审法院认定广州世纪宝驰公司未经宝马公司许可，在相同类别商品上使用与宝马公司第 G955419 号"（图三）"商标近似的"（缺图）""FENGBAOMAFENG 及图""丰宝马丰 FENGBAOMAFENG 及图"商标的行为侵犯了宝马公司涉案第 G955419 号商标（图三）的专用权，应当承担相应的法律责任正确，本院应予支持。

图一　第 3249546 号　　　　　图二　第 4719183 号　　　　　图三　第 G955419 号
（宝驰公司被授权使用的商标）　（宝驰公司被授权使用的商标）　商标图样（宝马公司）

BY，牧羊案（20120720/B2012-24）：集团公司成员可以合理使用集团标识

牧羊公司 v 迈安德公司，再审，最高院（2012）民提字第 61 号判决书，于晓白、王艳芳、李嵘

案情概要

牧羊公司以商标侵权及不正当竞争为由起诉迈安德公司，要求其停止使用"牧羊"字号及其他有关标志，并赔偿损失—一审认为被告使用"牧羊"字号不侵权，原告可随时取消许可，但须给予迈安德公司合理期限—未经有效许可在经营

中使用有关商标标识，构成商标侵权及不正当竞争—二审审理中，被告对企业名称进行了变更—二审认定构成商标侵权，认定被告使用牧羊公司企业名称、牧羊公司质量标志及将牧羊公司的荣誉和厂房外景作为其公司场所进行宣传的行为不构成不正当竞争—迈安德提起再审—再审认为迈安德公司对牧羊公司的集团标识的使用行为具有正当性，不构成对牧羊公司注册商标专用权的侵犯

【7】⋯⋯鉴于牧羊公司对其分（子）公司及其成员企业是否均有权使用牧羊公司的集团标识没有限制性规定，因而迈安德公司作为牧羊公司的成员企业，为彰显其牧羊公司成员企业的身份，在经营活动中使用牧羊公司的集团标识符合常理，且无不正当性。根据查明的事实，迈安德公司在经营活动中，系按照与其他分（子）公司或成员企业相同的方式使用牧羊公司的集团标识，没有在其产品上单独使用牧羊公司的"（缺图）"注册商标，或存在不规范使用牧羊公司的集团标识的行为。对于迈安德公司使用牧羊公司的集团标识的行为，牧羊公司非但没有禁止，反而代表迈安德公司与《中国油脂》杂志签订广告发布合同，委托该杂志为迈安德公司发布广告，并约定广告采用客户提供的样稿。牧羊公司在长达一年的时间内，主动在公开发行的杂志上为迈安德公司使用集团标识的事实，亦证明牧羊公司认可迈安德公司有权使用集团标识。牧羊公司辩称迈安德公司无权使用其集团标识证据不足。

FY，OPPO 案（20120625/F2012-32）：标志相同近似的比较应以相关公众的认知为标准对整体和要部进行隔离比对

星宝通公司 v 欧珀公司等，二审，广东高院（2012）粤高法民三终字第 79 号判决书，潘奇志、李泽珍、肖少杨

欧珀公司注册有"OPPO"商标—核定使用商品类别包括电话机等—广泛的知名度—星宝通公司生产"CCPO"品牌手机—欧珀公司诉星宝通公司侵犯注册商标专用权—一审认为两者的核定使用项目属于相同产品且商标文字图形整体相似，易产生混淆，构成侵权—二审维持一审

【3】根据我国商标法律、法规的相关规定，判断是否构成侵犯注册商标专用权，

应判断被控侵权商品与注册商标核定使用的商品是否相同或类似，被控侵权标识与该注册商标是否相同或近似，并判断是否造成相关公众的混淆和误认。而判断被控侵权标识与注册商标是否相同或者近似，应从商标本身的形、音、义和整体表现形式等方面，以相关公众的一般注意力为标准，在对比对象隔离的状态下采取对商标进行整体比对以及比对商标主要部分。

SWY，米其林 V 案（20111123）：滑稽模仿亦可构成商标侵权

米其林公司 v 和舟公司，一审，上海二中院（2011）沪二中民五（知）初字第 5 号判决书，李国泉、何渊、余震源

案情概要

米其林公司 1900 年首推《米其林餐饮指南》，每年更新一次—全球餐饮服务业内的权威指引杂志—米其林公司在中国在第 16 类、第 35 类和第 39 类商品和服务上拥有多个米其林及轮胎人图形的注册商标—和舟广告公司未经米其林公司许可，在其经营的杂志及网站上发表名为《2010 年 Micheling 上海指南》的商业推介文章—文中多处使用米其林公司轮胎人形象以及与米其林公司文字图形商标非常近似的标识—和舟公司辩称"只供消遣"—法院认为和舟公司在相同和类似商品和服务上使用与原告注册商标近似的标志—构成侵权

裁判摘录

【8】原告的第 5149519 号、第 3849509 号"（图一）"注册商标分别核定使用于第 16 类印刷出版物、书籍、指南（参考手册）（放在咖啡桌上的）精装图文书籍等商品；第 4335393 号"（图二）"注册商标核定使用于第 35 类的广告服务等；第 G771031 号"MICHELIN"注册商标核定使用于旅游服务。被告所经营的《城市漫步》英文月刊具有旅游指南性质，其所提供的是一种面向英文读者的旅游服务，涉案月刊（上海篇）以上海为主题，涉案文章介绍上海的法国餐餐厅。因此，从被告所提供服务的目的、内容、方式、对象等方面考虑，被告所提供的服务与原告第 G771031 号商标核定服务项目相同，与第 5149519 号、第 3849509 号及第 4335393 号商标核定使用的商品及服务之间，均存在特定联系，容易使相关公众混淆，构成类似……【9】……被告未经原告的许可，在相同服务上使用与原告第 G771031 号"MICHELIN"注册商标近似的标识、在类似服务上使用与原告第 5149519 号、第 3849509 号"（图一）"注册商标及原告第 4335393 号"（图二）"注册商标近似的图形标识，均侵犯了原告的注册商标专用权。被告关于不构成商标侵权的相关辩解与事实不符，不能成立……

图一　原告第 5149519 号、第 3849509 号商标图样　　图二　原告第 4335393 号商标图样

BY，齐鲁案（20110713/B2011-17）：特许行业相关公众的认知影响商标侵权认定

齐鲁科技 v 齐鲁证券，再审，最高院（2011）民申字第 222 号裁定书，于晓白、骆电、王艳芳

案情概要

　　齐鲁科技起诉齐鲁证券侵犯其"齐鲁"商标权—地名别称—特许经营—混淆误认—一、二、再审认为被告是对企业名称简称的正当使用—无攀附故意—无混淆—不构成侵权

裁判摘录

　　【5】本案中，南京太平南路营业部在简化使用其企业字号时，突出使用了"齐鲁""齐鲁证券"文字，但是否构成侵犯齐鲁众合公司对涉案注册商标享有的被许可使用权，原则上要以是否存在造成公众混淆、误认的可能性为基础，而判断是否存在造成公众混淆、误认的可能性时，必须要考虑涉案注册商标的显著性，特别是其知名度。由于"齐鲁"系山东省的别称，故将其作为注册商标使用，本身显著性较弱。本案涉案商标虽然核定服务类别为 36 类，但注册商标权人信达公司及其被许可使用人齐鲁众合公司经营范围与齐鲁证券有限公司及其南京太平南路营业部经营范围不同。鉴于国家对证券行业实行严格的市场准入制度，未取得《中华人民共和国经营证券业务许可证》的企业，不得从事特许证券经营业务。由于信达公司及齐鲁众合公司不具备从事特许证券业务的资格，且二者也没有实际从事特许证券业务，故在该行业不存在知名度的问题，进而也就不可能使公众对齐鲁众合公司与南京太平南路营业部经营主体及经营范围产生混淆、误认。为此，一审、二审法院认定南京太平南路营业部未侵犯齐鲁众合公司对涉案注册商标享有的被许可使用权并无不当，应予维持。

FY，杜康 I 案[1]（20110712/F2012-31）：如果商标之间有特殊关系，那么在后商标的使用应保持高度审慎的注意义务

杜康酒业 v 酒泉酒业等，一审，郑州中院（2011）郑民三初字第 74 号判决书，王富强、赵磊、尤清波

案情概要

杜康酒业起诉酒泉酒业等侵犯其"杜康"注册商标并构成虚假宣传——一审支持原告——"白水杜康"商标已注册——白水杜康酒业公司将"白水杜康"商标许可酒泉酒业公司使用——"杜康"商标与"白水杜康"商标之间的历史渊源关系，"杜康"商标在先注册的事实以及两个商标在外观上的高度近似性，酒泉酒业应保持高度审慎的注意义务——酒泉酒业的使用混淆产品来源——网站内容容易导致误认——虚假宣传，攀附原告"杜康"商标的知名度——世纪华联超市销售行为构成侵权

裁判摘录

【1】……杜康酒因其历史文化原因自古以来就享负盛名。由于 1980 年我国商标法尚未颁布实施，政府及企业对于商标专用权、共有权的概念并不清晰，因此"杜康"商标在注册时形成了由伊川县杜康酒厂注册、伊川县杜康酒厂、汝阳县杜康酒厂、白水县杜康酒厂三厂家共同使用的局面。多年来，三厂家通过长期的使用以及持续地对商标宣传，使"杜康"商标的知名度显著提升，相关公众已将"杜康"商标与三个厂家之间产生特定的联系。一般消费者仅需"杜康"二字即可完成对"杜康"酒产品和其他品牌酒的辨别，形成了消费者主要以"杜康"的呼叫确定商品的情况。白水县杜康酒厂于 1996 年获得了"白水杜康"商标，该商标的注册是基于"杜康"商标注册时的复杂背景，在使用"杜康"商标时为区分三厂家的产品来源，长期在"杜康"标识前加注地域限制，事实已形成了"白水杜康"的标识。虽然"白水杜康"商标予以注册，但考虑到"杜康"商标与"白水杜康"商标之间的历史渊源关系，"杜康"商标在先注册的事实以及两个商标在外观上的高度近似性，即使白水杜康酒业公司将"白水杜康"商标许可酒泉酒业公司使用，酒泉酒业公司也应该保持高度审慎的注意义务，采取各种合理措施以避免引起消费者将其酒产品与三厂家的"杜康"酒产品相混淆。然而酒泉酒业公司并没有遵守《品牌使用协议》中关于"指定产品的中文名称为白水杜康·酿酒村"的约定，而是在酒的名称中突出使用"杜康"文字，将"白水"置于"杜康"文字的侧上方，纵向排列，近似"泉"字，"白水""酿酒村"字样与"杜

---

[1] 该案二审是 2013 年度五十典型案例"杜康 II 案"。

康"二字做不同的底色处理，字号相对于"杜康"二字明显偏小。其酒产品的防伪标识中也仅有"杜康"文字。酒泉酒业的这种使用方式，使普通消费者只注意到"杜康"文字，将"杜康"作为酒产品的名称，误认为该产品是杜康酒业公司生产的"杜康"系列酒产品之一，混淆其产品的来源……侵犯了杜康酒业公司的商标使用权……

FY，梅思泰克案（20110506/F2011-20）：竞价排名造成混淆

梅思泰克公司 v 安固斯公司，二审，江苏高院（2011）苏知民终字第 33 号判决书，吕娜、张长琦、施国伟

案情概要

梅思泰克公司是涉案"梅思泰克"商标的专用权人—安固斯公司以"梅思泰克"为关键词进行竞价排名—一审认为，被告行为构成商标意义上的使用，会导致混淆或误认，其行为不具备正当性，构成侵权—二审维持一审

裁判摘录

【2】安固斯公司选定"梅思泰克"为关键词进行竞价排名，容易导致相关公众混淆和误认。首先，梅思泰克公司与安固斯公司均系从事环保设备生产、销售等服务企业，二者提供的产品和服务部分系相同或者相似；其次，"梅思泰克"注册商标通过梅思泰克公司的使用和宣传，相关消费者已将"梅思泰克"与梅思泰克公司的产品和服务产生了特定的联系，具有一定的识别、联系功能；最后，鉴于"梅思泰克"并非环保行业商品的通用名称、图形、型号，或者能够直接表示相关商品的质量、主要原料、功能、用途、重量、数量及其他特点，故当一个互联网搜索用户在搜索"梅思泰克"时，其意图很明显就是要查找"梅思泰克"商标所代表的商品或服务。然而，由于安固斯公司通过竞价排名已将"梅思泰克"设定为其关键词，搜索结果排在第一位的是安固斯公司的网站及其产品，客观上会使搜索用户认为安固斯公司与"梅思泰克"存在某种联系，因而产生误解，引起混淆，从而进入安固斯公司的网站。虽然安固斯公司的网站中并没有显示"梅思泰克"商标，其网站中宣传的产品亦是安固斯公司的产品，而不是梅思泰克公司产品，但是安固斯公司在明知原告梅思泰克公司为同行业企业，且"梅思泰克"是原告公司注册商标的情况下，仍选定"梅思泰克"为关键词购买"谷歌"竞价排名服务，从而吸引意在寻找"梅思泰克"产品的用户访问安固斯公司网站及其产品。据此，被告安固斯公司的行为主观上具有利用"梅思泰克"商标、商誉的故意，客观上增加了"梅思泰克"潜在客户访问其网站和产品的机会，导致梅思泰克公司客户的流失，损害了梅思泰克公司的商业利益。

FWY，欧莱雅 II 案（20110324/F2010-33）：综合比对判断混淆

欧莱雅公司 v 杭州欧莱雅等，二审，江苏高院（2009）苏民三终字第 168 号判决书，王成龙、袁滔、杨风庆

案情概要

莱雅公司拥有"L'ORÉAL""莱雅""欧莱雅""L'ORÉAL 欧莱雅""L'OREAL 欧莱雅"等注册商标—美莲妮公司、杭州欧莱雅公司在相同商品上使用"L'OIYIR""LOIYIR"及"莱雅丽晶"等标识—一审认为被告构成商标侵权和不正当竞争—二审维持一审

裁判摘录

【3】……第一，［"L'OIYIR""LOIYIR"与"L'ORAL"系列商标］的主体均系由外文字母臆造而成，中国消费者不会关注其含义，故即使两者含义确实不同，消费者也不可能据此将两者加以区别。第二，在一般消费者看来，上述商标均系由英文字母组成，故在客观上只能按照英文发音进行称呼，而不会分别按英文和法文发音。且杭州欧莱雅公司在其网站产品宣传中，将"莱雅丽晶"又称为"LOIYIR 丽晶"，证明其自己也将"LOIYIR"呼作"莱雅"，正与"L'ORAL"发音相同。第三，虽然两者字母组成确实存在差异，但是，鉴于两者均由六个字母组成、开头两个字母均为"LO"、读音基本相同，在隔离状态下，普通消费者施以一般注意力，难以将两者区别开来。第四，由于被控侵权产品在使用"L'OIYIR"或"LOIYIR"商标的同时，均在包装上标注有"杭州欧莱雅化妆品有限公司"字样，消费者必然将"L'OIYIR""LOIYIR"与该企业名称中的字号"欧莱雅"联系起来，因而与莱雅公司的注册商标相混淆。

BCDWY，鳄鱼 VII 案（20101229/B2010-16/C2011-12/D2010-02）：标志近似不必然混淆

拉科斯特公司 v 新加坡鳄鱼等，二审，最高院（2009）民三终字第 3 号判决书，夏君丽、殷少平、王艳芳

案情概要

拉科斯特公司起诉新加坡鳄鱼侵犯其"鳄鱼图形"商标—混淆性近似—一审、二审认为标志虽有近似性，但无混淆误认，不构成侵权

裁判摘录

【5】……认定被诉标识与原告请求保护的注册商标是否构成修订前的《商标法》第三十八条第（一）项规定的近似商标，通常要根据诉争标识文字的字形、读音、含义或者图形的构图及颜色等构成要素的近似性进行判断，且将是否造成混淆作为重要判断因素。因此，侵犯注册商标专用权意义上的商标近似应当是指混淆性近似，即足以造成市场混淆的近似。……认定商标近似除通常要考虑其构成要素的近似程度外，还可以根据案件的具体情况，综合考虑其他相关因素，在此基础上认定诉争商标是否构成混淆性近似。诉争商标虽然在构成要素上具有近似性，但综合考量其他相关因素，仍不能认定其足以造成市场混淆的，不认定其构成侵犯注册商标专用权意义上的近似商标。……特别是，双方之间的诉争商标在相关市场中具有特殊的形成历史和发展历程，有特殊的使用和共存状况，在本案中认定诉争商标是否构成侵犯注册商标专用权意义上的近似商标，既不能割裂各自形成和发展的历史，又不能无视相互之间的共存过程和使用状态，否则，就难以作出公平合理的裁判。因此，就本案诉争商标具体情况而言，在认定其是否近似时，仅仅比对标识本身的近似性是不够的，还必须综合考量鳄鱼国际公司的主观意图、双方共存和使用的历史与现状等因素，结合相关市场实际，进行公平合理的判断。

FY，阿迪达斯 Y-3 案（20101208/F2010-38）：近似应隔离比对

阿迪达斯公司 v 京固公司等，一审，东莞中院（2010）东中法民三初字第 142 号判决书，程春华、尹河清、涂林宗

案情概要

阿迪达斯公司对"Y-3"标识进行了商标国际注册—效力延伸保护至中国—核准使用商品包括皮革制品、箱子等—有很高的知名度和影响力—京固公司注册有"Y3"商标—核准使用商品为第 28 类"球及球拍专用袋"—委托金固公司在国内经销—其生产的"Y3"标识多功能包等不属于第 28 类商品—阿迪达斯公司认为两公司生产、销售的商品构成商标侵权—法院认为两商标属近似商标，且被告的商品扩大了商标使用范

围，构成侵权

裁判摘录

【2】……被告京固公司的"Y3"商标与原告的"Y－3"商标文字构成要素基本相同，"Y"与"3"的组合同为两商标的主要部分，读音相同，整体外观近似，相关公众施以一般注意力容易造成混淆。根据《最高人民法院关于审理商标民事纠纷案件适用法律若干问题的解释》第十条第（二）项的规定，人民法院依据商标法第五十二条第（一）项的规定，认定商标相同或者近似，既要进行对商标的整体比对，又要进行对商标主要部分的比对，比对应当在比对对象隔离的状态下分别进行。经过整体与商标主要部分隔离状态下的比对，认定两者属于近似商标。

FY，雀巢瓶Ⅰ案[1]（20101117/F2010-37）：商标近似但显著性低并不必然混淆

味事达公司 v 雀巢公司，二审，广东高院（2010）粤高法民三终字第 418 号判决书，潘奇志、欧丽华、高静

案情概要

雀巢公司拥有"棕色方形瓶黄色尖顶瓶盖"立体商标—味事达公司在其生产的味极鲜酱油产品上使用棕色方形包装瓶—味事达公司提起确认不侵权之诉—一审认为消费者在购买该产品时并不会与雀巢公司的商标相混淆，亦不会认为该产品与雀巢公司存在特定联系进而产生误认，不构成侵权—二审维持一审—再审维持二审

裁判摘录

【2】……商标的显著性存在一个程度问题，即强弱之分，显著性强的商标对相近似标识的排斥力较强；反之，显著性弱的商标则对相近似标识的排斥力较弱。雀巢公司第 G640537 号注册商标是三维标志，为"棕色方形瓶黄色尖顶瓶盖"，该三维标志属于商品的容器，再加上该标识被注册为商标之前，已在中国大陆地区被众多酱油生产企业作为包装物使用，故雀巢公司在核定使用商品"食用调味品"上使用该注册商标，商标本身所具有的显著性较弱。【3】……因此，现有证据尚不足以证明雀巢公司涉案注册商标在中国境内具有较高知名度，也不足以证明消费者已将该商标与雀巢公司建

---

[1] 2015 年 11 月 3 日，最高院以（2013）民申字第 61－1 号裁定书驳回雀巢公司再审申请，维持二审判决。

立直接的、较强的对应关系。……雀巢公司该上诉请求不予支持。【4】……商标近似不仅要求表示外观的相近，而且要求"易使相关公众对商品的来源产生误认或者认为其来源与原告注册商标的商品有特定的联系"。因此，商标近似并不必然产生混淆之结果。……【5】从本案事实看，首先被诉侵权物不是棕色方形瓶本身，因为味事达公司不是将棕色方形瓶作为商标使用，而是作为包装物使用。因此在进行比对时，必须结合味事达公司酱油产品的包装、装潢及商标等整体能够被消费者看到的所有部分，与涉案注册商标进行比对。将味事达公司所使用的被诉侵权物与雀巢公司涉案注册商标相比较，味事达公司在其所使用的棕色方形瓶瓶身居中位置相对称的正反两面，以立体凸刻的方式标明了味事达公司的"味事达 Master"商标，在瓶贴上也标明了"味事达 Master"商标。而且，味事达公司在棕色方形瓶上使用的瓶贴上，也加注了其他的说明性文字，如瓶贴上标明了产品名称"味极鲜酱油"，并标明了生产企业的名称、地址、产品简介等信息。由于"味事达 Master"商标已被国家工商行政管理总局商标局认定为驰名商标，具有显著的识别性，在中国境内也为相关公众广为知晓，消费者已将"味事达 Master"商标与味事达公司紧密联系在一起，故消费者不会对味事达公司被诉侵权商品的来源产生误认或者认为其来源与雀巢公司涉案注册商标的商品有特定的联系。

BCY，雉鸡案（20100624/B2010-17/C2011-02）：客观形成区别的可以不再判侵权

嘉禾厂等 v 华光钢锄厂等，再审，最高院（2010）民提字第 27 号判决书，夏君丽、王艳芳、周云川

案情概要

嘉禾厂等诉华光钢锄厂等生产和出口的"银鸡"牌钢锄侵犯其"雉鸡"牌注册商标专用权——一审、二审认为涉案标记近似，构成侵权——再审认为相关公众可以区分开来，不构成近似，不侵权

裁判摘录

【1】……在商标侵权纠纷案件中，判断被控侵权标识与主张权利的注册商标是否近似，除应在结合考虑商标或其构成要素的显著程度、市场知名度等具体情况外，还应根据案件的具体情况，考虑所涉商标使用的历史状况、相关公众的认知状态、是否已经形成稳定化的市场秩序等因素，对其整体或者主要部分是否具有市场混淆的可能性进行综合分析判断。本案诉争商标嘉禾锻造厂的第 1641855 号"雉鸡及图"注册商标和

华光机械公司、华光钢锄厂使用的被控侵权标识均由鸡图案及相关鸡文字组成。……经比对，两者鸡图形从视觉上看有明显不同，"雉鸡""银鸡"文字在视觉及呼叫上亦有明显区别，被控侵权标识主色调为绿白两色，且有菱形边框，从整体上比较，也与嘉禾县锻造厂的注册商标有明显的区别。……在嘉禾锻造厂的第 1641855 号"雉鸡及图"商标注册之前，华光钢锄厂已经在其生产、销售的钢锄上使用于"银鸡"中英文和鸡图案商标，……现有证据难以认定华光钢锄厂有借用嘉禾锻造厂的注册商标声誉的主观故意。……各自生产、销售的钢锄上对相关商标均进行了大规模的使用，……双方的锄头等产品均多数销往国外市场，相关公众已经将两者的商标区别开来，已经形成了各自稳定的市场。……不构成近似商标……

第 1641855 号（原告商标图样）　　　　　　　　被告使用的标记

FY，路易威登IV案（20091218/F2009-25）：根据相关公众的认知判断混淆

路易威登马利蒂 v 时间廊钟表公司等，二审，广东高院（2008）粤高法民三终字第345号判决书，邱永清、李嵘、凌健华

【案情概要】

　　路易威登公司拥有手表等商品上的"四花瓣"图形商标—被告在手表上使用"SOLVIL"（索菲亚）"四花瓣"图形—一审认为，被控侵权产品的"四花瓣"装潢要素图案与路易威登请求保护商标近似，商品相同，构成侵权—二审认为，被控侵权的"SOLVIL"手表上的花纹图案与路易威登请求保护的"四花瓣"商标不相同，不会导致相关公众的误认和混淆，不侵权

【裁判摘录】

　　【5】……被控侵权的手表将"SOLVIL"字样置于手表中上部标注手表商标的显著位置上，该位置是一般消费者了解手表品牌所关注的惯常位置，且与路易威登的手表有显著区别。被控侵权的"SOLVIL"手表目标客户很可能为年轻、时尚的消费者，路易威登的手表则很可能是较为老练、高收入的消费者。被控侵权的手表通常在一般商店的时间廊零售店销售，而路易威登手表在高端精品商店的专卖店出售。路易威登手表价格是"SOLVIL"手表的几十倍。因此，在没有误解商品和服务来源可能的情况

下，即使被控侵权的手表上 Solvil 花纹和"四花瓣"图案标识相似，以相关公众的一般注意力为标准，"SOLVIL"手表上的花纹也不足以造成一般消费者对该手表的来源产生混淆。

DY，宝马Ⅰ案（20091215/D2009-04）：变形使用刻意攀附他人驰名商标构成侵权

宝马公司 v 世纪宝马公司，一审，湖南高院（2009）湘高法民三初字第 1 号判决书，孙元清、唐慧、钱丽兰

案情概要

宝马公司诉世纪宝马公司等商标侵权及不正当竞争—一审认定原告第 12 类的引证商标驰名—世纪宝马公司未对宝马公司的在先权利采取适当的避让措施，未正当使用案外人许可其使用的商标—模仿原告宝马公司的驰名商标—不正当利用宝马公司驰名商标的市场声誉牟取不法利益—易造成相关公众误认—侵犯商标权—明知宝马公司具有较高知名度的企业字号为"宝马"，仍将"宝马"文字组合登记为企业名称中的字号进行商业使用—违背诚实信用原则和公认的商业道德—侵犯宝马公司知名字号—构成不正当竞争

裁判摘录

【5】……权利产生有先有后，在后权利的行使应当注意避让在先的权利，以免发生法律冲突。……被告世纪宝马公司不仅不采取适当的避让措施，按照其授权许可实际使用"（缺图）"商标，而且还将注册商标的黑白对比改变为蓝白对比，并调整了蓝白对角的方向，使其与原告的 BMW 及图注册商标角度完全一致。因此被告世纪宝马公司在明知原告注册商标已具有较高知名度和美誉度以及具有广泛影响的情况下，模仿原告宝马公司的驰名商标在产品上使用"（缺图）"商标，具有明显的主观故意。故被告世纪宝马公司的行为构成商标侵权，其关于使用"蓝白构图的 MBWL 及图"商标有委托授权不构成侵权的抗辩理由不能成立，应予驳回。

FY，心形图案（20091209/F2009-32）：标记含有相同元素未必构成近似

陈某明 v 海南省人民医院，二审，海南高院（2009）琼民三终字第 25 号判决书，高江南、刘振勇、李戈

案情概要

　　陈某明认为海南省人民医院使用心形图案侵犯其心形图形商标——一审和二审均认为，被告在先并广泛使用心形图案，不会导致混淆误认，不构成侵权

裁判摘录

　　【3】本案中通过对争议的"（缺图）"徽标［该标记可描述为：由圆点、心形及"HPPH"三部分组成，心形的左边线条组成一只手，右边的心形和上方红点构成人形］与"（缺图）"注册商标进行隔离比对可以看出，虽然两者的整体部分均以心形图案构成，但两者的主要构图和颜色上均有差异，相关公众一般在视觉上能将二者区别。一审法院认定"（缺图）"徽标与"（缺图）"注册商标不构成近似，并无不当。同时，上诉人主张的被侵犯的商标权利是注册为 44 类的"（缺图）"商标，商标的保护期为 2005 年 11 月 14 日至 2015 年 11 月 14 日止。该商标不属于驰名商标，也没有证据证明该商标在我国具有显著性和知名度。虽然该商标亦用于医疗服务，但在海南省内的医疗服务中并不具有知名度。相反，被上诉人于 2003 年已使用"（缺图）"徽标，后广泛用于其医疗服务中，其使用时间不仅早于上诉人使用的"（缺图）"商标，并在海南省内具有较高的知名度。两者不属于《商标法》规定的相近似。因此，上诉人上诉称被上诉人的"（缺图）"徽标与其"（缺图）"注册商标构成近似，没有法律依据，本院不予支持。【4】由于"（缺图）"标徽与"（缺图）"均在医疗服务中使用，因此，判断两者是否易使相关公众对商品来源产生误认或有特定联系，应从医疗服务的对象这一特定群体的范围来认定。被上诉人 1994 年被评为海南省首家三级甲等医院，1999 年获得全国百佳医院称号，是海南省全省最大一家医疗机构，其特定的服务对象是海南省内，具有较强的地域性。同时被上诉人使用"（缺图）"只是作为识别其单位名称的其中一小部分，相关公众不会因为该标徽的存在与否就产生混淆和误认，并与上诉人的"（缺图）"商标所用于省外同类的医疗服务相联系。因此，本案不属于因商标相近而易使相关公众对商标所提供的服务产生误认或有特定联系的情形。

FY，古丈毛尖案（20091023/F2009-29）：不符合证明商标条件的使用可构成侵权

古丈茶业 v 华茗茶业等，一审，长沙天心区法院（2008）天民初字第 2500 号判决书，赵纯、唐文东、郑新文（陪）

案情概要

古丈茶业是"古丈毛尖及图"证明商标的注册人—华茗公司将原告注册商标主要部分的文字作为商业标识在相同商品上突出使用—极易导致误认—主观非属善意—构成侵权—平和堂公司销售涉案侵权商品—构成侵权

裁判摘录

【1】……相对于商品商标和服务商标，证明商标具有一定的特殊性：就商标功能性而言，证明商标在某种程度上弱化了普通商标对商品或服务来源的识别特征，而侧重于对商品或服务原产地、原料、制造方法、质量或其他特定品质的证明，因此证明商标中可以包含地名、商品名等要素；就主体而言，证明商标注册人是对某种商品或服务具有监督能力的组织，而使用人是该组织以外的其他符合条件的单位或个人，因此证明商标的申请、注册、管理与普通商标略有不同，证明商标对生产来源的识别亦不如普通商标具有特定性，而可能指向符合条件的某一商品提供者群体；就商标的使用而言，证明商标注册人不得在自己提供的商品上使用该证明商标，不得拒绝其他符合条件的人要求使用该证明商标。基于此，证明商标注册人必须通过使用管理规则公开相关的使用条件、手续等，以使他人可以申请并获得该证明商标的使用权。除此之外，证明商标与其他注册商标并无本质区别，其法律保护亦无例外规定，商标法同样赋予证明商标注册人以商标专用权，并给予同等法律保护。……二被告主张原告只享有管理权、不享有商标专用权的理由不能成立。原告对该证明商标的使用通过许可方式得以实现，故被告平和堂公司关于原告证明商标不使用而应予撤销的抗辩意见本院不予支持；且该抗辩主张已超出民事诉讼主管范畴，原告注册商标依法有效存续，则其享有的商标专用权即应受法律保护。【4】……将"古丈毛尖"文字作为原告注册商标的主要部分给予商标专用权保护，也并不意味着原告对"古丈毛尖"资源的垄断，相反，这正是通过证明商标的特殊功能对"古丈毛尖"资源的有效保护。

BFY，红河案（20090408/B2009-17.32/F2009-18）：显著性不强或未实际使用的商标保护力度减弱

泰和公司等 v 城投置业，再审，最高院（2008）民提字第 52 号判决书，于晓白、夏君丽、殷少平

案情概要

泰和公司以城投置业使用"红河红"标记侵犯其"红河"商标等事由起诉——一

审、二审认为侵权成立—再审认为原告商标并未使用，被告"红河红"经实际使用已形成识别商品的显著含义，无混淆，不构成侵权—被告在广告挂旗上使用"红河啤酒"字样的行为，是未经许可在同一种商品上将与注册商标相同的文字作为未注册商标使用的行为—构成侵权

裁判摘录

【4】判断是否构成侵犯注册商标专用权意义上的商标近似，不仅要比较相关商标在字形、读音、含义等构成要素上的近似性，还要考虑其近似是否达到足以造成市场混淆的程度。为此，要根据案件具体情况，综合考虑相关商标的显著性、实际使用情况、是否有不正当意图等因素，进行近似性判断。【5】被申请人的"红河"注册商标中的"红河"是县级以上行政区划名称和知名度较高的河流名称，不是臆造词语，作为商标其固有的显著性不强，且……没有证据证明该商标因实际使用取得了较强的显著性。"红河红"商标经过云南红河公司较大规模的持续性使用，已经具有一定的市场知名度，已形成识别商品的显著含义，应当认为已与"红河"商标产生整体性区别。以一般消费者的注意力标准判断，容易辨别"红河红"啤酒的来源，应认为不足以产生混淆或误认，而且，由于被申请人的商标尚未实际发挥识别作用，消费者也不会将"红河红"啤酒与被申请人相联系。……云南红河公司的住所地在云南省红河州，在其使用的商标中含有"红河"文字有一定的合理性；从云南红河公司实际使用在其产品的瓶贴及外包装上的"红河红"商标的情况来看，云南红河公司主观上不具有造成与被申请人的"红河"注册商标相混淆的不正当意图。鉴此，综合考虑本案中"红河红"商标与"红河"注册商标的字形、读音、含义以及二者的显著性程度和知名度、商标实际使用情况等相关因素，本院认定二者不构成近似商标，云南红河公司使用"红河红"商标的行为未侵犯被申请人的"红河"注册商标专用权。

第五十七条

SWY，鳄鱼 V 案（20090407）：注册商标变形使用也会构成侵权

拉科斯特公司 v 蜥鳄公司，一审，苏州中院（2008）苏中知民初字第 180 号判决书，吴宏、赵晓青、眭敏

案情概要

拉科斯特公司起诉蜥鳄公司未经其许可，擅自生产、销售标有与其鳄鱼商标近似标识的商品，构成商标侵权—蜥鳄公司辩称，自己是对其有权使用的第 3331430 号商标与第 3027448 号商标进行组合使用，该组合使用的商标从整体结构和使用效果上不会导致与拉科斯特公司注册商标相似的结果—一审法院支持原告主张，认定整体构成

近似，被告侵权

裁判摘录

【2】本案中，拉科斯特公司于1980年10月30日即在我国境内注册使用第141103号"鳄鱼"图形商标，第1318589号指定颜色为绿色的鳄鱼图形商标亦注册于1999年9月28日。拉科斯特公司作为我国境内首家在服装等类别上采用象形鳄鱼来展示其注册商标的企业，经过近三十年对鳄鱼图形商标持续广泛的使用和宣传，客观上已使得大嘴张开、尾巴上翘的鳄鱼图形为相关公众所熟知并将其与拉科斯特公司间建立起固定化且直接的指向性联系。而蜥鳄公司虽然辩称其所生产销售的涉案T恤、夹克衫、羽绒服里领口和吊牌上印制的图案系压缩后的第3027448号花瓣及花叶组合图形，但是由于该注册商标中间部分被紧缩并拉长，变形后的图案整体构造为左边两片上下分离的叶子，类似于鳄鱼张开的双嘴，右边一片向上翘起的叶子，类似于鳄鱼上翘的尾巴，整体标识更趋近于一条大嘴张开、尾巴上翘的象形鳄鱼形象。并且蜥鳄公司在部分吊牌、产品包装袋及公司网站等处所标识的图形颜色亦为绿色，结合其图案形态，易使消费者将其误认为是拉科斯特公司拥有的第1318589号指定颜色为绿色的鳄鱼图形。故蜥鳄公司所使用的图案客观上与拉科斯特公司的第141103号及第1318589号"鳄鱼"图案已构成近似。加之蜥鳄公司实际在图形下方还醒目标注了"联邦蜥鳄"文字及拼音字母，更易引导消费者将上述图形与鳄鱼类动物产生联想，而偏离其花瓣图形本身的寓意。结合蜥鳄公司将其有权使用的第3027448号和第3331430号注册商标均进行变异处理，并将注册商标标识仅标注于图形右上方等情节，其误导消费者的主观故意较为明显。且组合标识客观上也并未能将其与"鳄鱼"注册商标显著区分，相反还会引起消费者产生其与"鳄鱼"商标持有人之间的联想和误认。从蜥鳄公司在诉讼中提交的问卷调查情况亦可看出，尽管该问卷调查已违背了《最高人民法院关于审理商标民事纠纷案件适用法律若干问题的解释》第十条规定的隔离比对原则，将比对对象置于同一平面，使得消费者更易察觉两者细微差别，从而降低混淆可能的情况下，仍然有一定比例的消费者选择近似和认为会造成混淆，即客观上也已造成了消费者混淆的实际结果。故综上所述，蜥鳄公司生产销售的T恤、夹克衫、羽绒服产品上所印制的标识与涉案第141103号、第1318589号商标已构成近似，该标识行为容易导致相关消费者对商品的来源产生误认或者认为其来源与拉科斯特公司注册商标的商品有特定的联系，侵犯了涉案第141103号、第1318589号注册商标的专用权。

拉科斯特公司
第141103号商标图样

拉科斯特公司
第1318589号商标图样

蜥鳄公司享有权利的 第 3027448 号商标图样	蜥鳄公司享有权利的 第 3331430 号商标图样	蜥鳄公司实际 使用的标志图样

BY，诸葛酿 | 案（20090116/B2009-18）：实际使用状况可以影响对近似的判断

千年酒业公司等 v 江口醇酒业等，再审，最高院（2007）民三监字第 37-1 号裁定书，于晓白、殷少平、夏君丽

案情概要

千年酒业等起诉江口醇酒业使用"诸葛酿"标记侵犯其"诸葛亮"商标——被告反诉"诸葛亮"商标的使用侵犯其"诸葛酿"知名商品特有名称构成不正当竞争——一审、二审认为本诉的商标侵权及反诉的不正当竞争都不成立——再审认为"诸葛亮"显著性较弱——无商标法意义上的近似——被告"诸葛酿"作为商品名称有在先使用——无恶意——不侵权

裁判摘录

【3】认定"诸葛亮"与"诸葛酿"是否构成侵犯注册商标专用权意义上的近似，需要考虑"诸葛亮"注册商标的显著性及二者的实际使用情况。"诸葛亮"因其固有的独特含义，在酒类商品上作为注册商标使用时，除经使用而产生了较强显著性以外，一般情况下其显著性较弱。在千年酒业公司受让前，"诸葛亮"注册商标尚未实际使用和具有知名度。千年酒业公司等也未提供证据证明"诸葛亮"注册商标经使用后取得了较强的显著性。在此种情况下，"诸葛亮"注册商标对相近似标识的排斥力较弱，"诸葛酿"商品名称与其在读音和文字构成上的近似，并不足以认定构成侵犯注册商标专用权意义上的近似。而且，在"诸葛亮"商标申请注册前，江口醇集团已将"诸葛酿"作为商品名称在先使用，不具有攀附"诸葛亮"注册商标的恶意。在"诸葛亮"商标核准注册前，"诸葛酿"酒已初具规模。至 2003 年 8 月标有"诸葛亮"注册商标的产品进入市场后，"诸葛酿"白酒已多次获得中国名牌产品等荣誉称号，在广东省、四川省、湖南省等地享有较高的知名度，为相关公众所知晓，具有一定的知名度和显著性，经使用获得了独立的区别商品来源的作用。结合上述"诸葛酿"商品名称字体

第五十七条

特点和具体使用方式，以及"诸葛亮"注册商标的显著性较弱，原审法院认定相关公众施以一般的注意力，不会导致混淆和误认并无不当。

FY，加德士案（20090000/F2009-24）：突出使用注册商标中的文字部分可构成侵权

雪佛龙能源公司 v 济南加德士公司等，二审，山东高院（2009）鲁民三终字第 194 号判决书，徐清霜、丛未、刘晓梅

案情概要

雪佛龙能源公司起诉济南加德士公司使用"加多士"标志构成商标侵权及不正当竞争——一审法院支持原告——二审维持一审——济南加德士公司在相同的商品上使用与雪佛龙能源公司涉案注册商标相近似商标的行为构成商标侵权——使用与在先注册商标相同的文字作为企业字号，从事同类生产销售活动，易导致混淆，构成不正当竞争

裁判摘录

【16】本案中，济南加德士公司对"加多士"文字的上述使用行为足以造成消费者的混淆。济南加德士公司于 2002 年在润滑油产品上注册有"加多士、JIADUOSHI 和图"组合商标。按照法律规定，济南加德士公司应当在法律核准的范围内使用其注册商标。但其在经营中擅自改变该商标的整体性和组合结构，在实际使用中将"加多士"三个文字单独突出，与其他图文相分离，将"加多士"文字突出作为商品商标或商品名称等使用。这一行为在客观上改变了济南加德士公司注册商标的标识特征，使"加多士"文字单独作为了济南加德士公司产品的突出识别标志。而从标识本身分析，"加多士"文字和雪佛龙能源公司三个涉案商标中的"加德士"文字，首、尾文字相同，发音相似，在外在表象上构成近似。并且，"加德士"商标知名度较高，济南加德士公司在相同商品上使用"加多士"文字作为商标、商品名称等突出使用，更易使相关消费者对其商品来源主体与雪佛龙能源公司发生实质性混淆。因此，依据我国商标法及商标法司法解释有关认定商标近似的规定，济南加德士公司上述对"加多士"文字的突出使用行为侵害了雪佛龙能源公司涉案三个注册商标专用权，应当予以禁止。

DY，白家案（20081126/D2008-04）：区分表不是判断类似商品或者服务的唯一依据

正龙公司 v 白家公司等，二审，河南高院（2008）豫法民三终字第 37 号判决书，谷彩

霞、傅印杰、谢玉清

案情概要

正龙公司起诉二被告生产、销售的方便粉丝侵犯其"白象"注册商标——一审认为商标近似、方便面和方便粉丝类似、构成侵权——二审维持一审

裁判摘录

【1】……类似商品，是指在功能、用途、生产部门、销售渠道、消费对象等方面相同，或者相关公众一般认为其存在特定联系、容易造成混淆的商品；……《国际分类表》和《区分表》可以作为判断类似商品或者服务的参考，但并不是唯一依据，《区分表》中所列类似群组并非判断类似商品的必要条件。……正龙公司"白象"注册商标所使用的方便面和白家公司的方便粉丝不仅在功能、用途、食用方法、包装方法等方面均相同，在生产部门、销售渠道、消费对象方面也相同。……多家超市经营者在销售过程中均将方便面和方便粉丝放在一起进行销售，且多家经营者和很多消费者将正龙公司生产的白象方便面和白家公司生产的白家粉丝发生了实际混淆。……可以认定方便面和方便粉丝为类似商品。

FY，波马 I 案（20081010/F2008-31）：消费者产生的核心观念和印象近似即可认定标记近似

波马公司 v 好又多公司，一审，苏州中院（2008）苏中知民初字第 65 号判决书，吴宏、眭敏、赵晓青

案情概要

原告波马公司在中国注册有第 76559 号""图形商标等商标——原告发现被告好又多公司销售标有与其第 76559 号商标近似图形的运动鞋——发律师函要求停止侵权——被告仍销售——原告诉至法院——一审法院认定被告侵犯原告商标权——判赔 16 万元

裁判摘录

【2】对于第一项争议焦点，本院认为，依据我国《商标法》第五十二条第（二）项的规定，销售侵犯注册商标专用权的商品的，属于侵犯注册商标专用权的行为。同时根据最高人民法院《关于审理商标民事纠纷案件适用法律若干问题的解释》第九条、

第十条的规定，商标近似是指被控侵权的商标与原告的注册商标相比较，易使相关公众对商品的来源产生误认或者认为其来源与原告注册商标的商品有特定联系。认定商标相同或者近似要以相关公众的一般注意力为准，既要进行整体比对，又要对主要部分比对，比对应当在比对对象隔离的状态下分别进行，判断商标是否近似，还应当考虑请求保护注册商标的显著性和知名度。商标的显著性是商标保护的灵魂。波马公司的第 76559 号图形商标其显著特征是一只向斜上方作奔腾状的美洲豹图形。好又多公司销售的步步高鞋体两侧显著位置印制有向斜上方奔腾的豹图形（见附件 1），尽管该图形有蓝白相间的底纹及印有"HLBBG"的字样，但从整体构图和立体形状上看，在消费者头脑中产生的核心观念和印象仍为一只奔腾的豹图案概念，并未对波马公司的第 76559 号"🐾"图形商标的显著性有实质影响，故本院认定该图案与波马公司的涉案图形商标构成近似。好又多公司销售的步狮鞋亦是在鞋体两侧显著位置印制了纯白色的向斜上方奔腾的豹图形，而该图案与波马公司的涉案图形商标基本相同。根据本院查明的事实，波马公司的第 76559 号"🐾"图形商标在市场上享有良好的声誉，在消费者中具有一定的知名度和显著性。好又多公司销售的步步高鞋和步狮鞋上标注了与波马公司涉案图形商标相近似的图案，消费者施以普通注意力往往无法将其与波马公司注册商标进行准确区分，客观上容易导致消费者将上述产品误认为是波马公司产品或者认为其来源与波马公司间存在某种关联，进而导致错误消费，损害波马公司的品牌声誉和潜在市场份额。因此，好又多公司的上述销售行为依法应认定为是销售侵犯注册商标专用权的行为，依法应承担法律责任。

附件 1：

原告商标

被告产品

CDY，雷茨案（20080722／C2009-03／D2008-01）：近似应考虑显著性、知名度及标志本身的近似情况

雷茨饭店 v 丽池公司，二审，上海高院（2008）沪高民三（知）终字第 70 号判决书，

张晓都、马剑锋、王静

案情概要

雷茨饭店诉被告侵犯其"RITZ"商标—显著性—知名度—标记本身—近似、混淆—一审、二审支持原告主张

裁判摘录

【1】……在商标侵权纠纷案件中，判断被控侵权标识与主张权利的注册商标是否构成近似，应在考虑注册商标的显著性、市场知名度的基础上，对比两者文字的音、形、义，图形的构图及颜色，或者文字及图形等各要素的组合等因素，对两者的整体、主体部分等起到主要识别作用的要素进行综合判断，从而得出两者是否易使相关公众产生混淆的结论。

SY，GG 案（20080407）：将他人商标用作商品装潢也可构成商标侵权；售后混淆可构成商标侵权

古乔古希公司 v 森达公司等，一审，上海浦东新区法院（2007）浦民三（知）初字第 78 号判决书，李莉、徐俊、倪红霞

案情概要

原告古乔古希公司在中国获准注册第 1296001 号和第 1940324 号"GG 图形"商标—原告发现被告八佰伴公司销售带有原告"GG 图形"商标的女式凉鞋，该凉鞋系被告森达公司生产—起诉二被告商标侵权—被告森达抗辩涉案商品上使用了自己的"森达"等商标，无混淆，且涉案商品上"GG 图形"并不作为商标使用—一审认为原告"GG 图形"商标既有识别功能，又有表彰作用—被告构成商标侵权—森达公司停止侵权，赔偿损失—八佰伴公司合法取得商品，无需承担赔偿责任，应停止销售涉案商品

裁判摘录

【3】涉案"GG 图形"商标经过原告的努力与投入，具备了较强的显著性和较高的知名度，现已成为服装、鞋、皮革制品等领域的高端品牌。该品牌的显著性和知名度使其作为商标不仅具有识别功能，同时兼备表彰作用。识别功能不仅在于防止商品来源的直接混淆，还在于防止包括企业关联误认在内的间接混淆，而表彰作用则重在

体现商品使用人的身份和地位。【5】涉案被诉侵权女鞋在鞋里外围衬布上大量使用的"GG 图形"属于在商品上附加的图案,这种图案符合商品装潢的特征。作为商品装潢,这种标识图案同样具备了识别功能。尽管涉案女鞋是在森达专柜购买,且鞋盒及鞋体标明了森达公司的商标、企业名称与联系方式,购买者对产品的来源存在明确判断,但是并不能由此排除涉案使用行为给商标权利人带来的消极影响即相关公众可能认为商品生产者与商标注册人之间存在特定联系。这种特定联系包括两者之间的合作、授权或许可等。消费者可能误以为森达公司与古乔古希公司共同推出涉案产品,或者森达公司的生产销售行为经过古乔古希公司的同意。故森达公司在涉案女式凉鞋上对"GG"图形的使用侵害了原告注册商标专用权。森达公司辩称涉案女鞋所使用的带有"GG 图形"的鞋材布料是其在鞋材市场上公开合法购买的,相关证据因其不符合法律规定本院未予采纳。但需要指出的是,即使森达公司所述属实,其也不能免除侵权责任的承担。森达公司作为专业皮鞋生产商,对于行业内的知名注册商标具有当然的注意义务,其在本案中对鞋材布料的选择存在过错。同时,森达公司不仅是鞋材布料的使用者,更是涉案女鞋的生产商,在鞋材布料已成为涉案女鞋不可分割的组成部分时,森达公司当然要为女鞋鞋材的涉案标识使用行为承担相应责任。【7】涉案使用行为对原告商标权利的侵害后果并不仅限于对企业关联的误认,还涉及对原告商标表彰功能的减损。【9】原、被告的产品定位不同,古乔古希公司的鞋类产品属于高端产品类型,森达公司大多属于中档商品范围,涉案标识使用行为将使相关公众对"GG 图形"商标在表彰功能方面的评价发生变化,并朝着商标注册人不希望的方向发展。同时,鉴于涉案标识图案的装潢特征,如果任由涉案使用行为的蔓延发展,将直接影响原告"GG 图形"商标的显著性,从而导致商标淡化。此外,原告授权产品对"GG 图形"标识的使用同样也存在装潢特征。但与被告未经许可的使用不同,原告自身的这种使用不仅不为商标法所禁止,而且并不影响该商标昭示来源、彰显价值。【11】如果说涉案产品的消费者自己在购买时对产品来源并未产生混淆,但并不意味购买者周围的人不会产生混淆。涉案被诉侵权女鞋在鞋里外围衬布上大量使用了"GG 图形"标识,而仅在鞋里中部标有"Senda – woman"标记。从这种鞋里设计的视觉效果来看,消费者实际穿着时,旁人无法看到被脚底遮盖的"Senda – woman"标记,而位于鞋里外围衬布上使用的"GG 图形"标识却能够清晰分辨,这将导致其他人对购买者实际消费品牌的误认。这种情形无疑会降低"GG 图形"商标的价值,影响其表彰作用的发挥。

FY,ABRO 案[1](20080312/F2008-30):相同或类似商品的判断

美国爱宝公司 v 湖南神力公司,二审,广东高院(2007)粤高法民三终字第 57 号判决书,欧修平、黄伟明、高静

---

[1] 摘自《中国知识产权指导案例评注》上卷,非判决原文。

案情概要

美国爱宝公司认为湖南神力公司未经同意，擅自在其产品上使用与美国爱宝公司"ABRO"商标相同的商标及相类似的"ABRD"标识，构成商标侵权，且使用了与美国爱宝公司产品相似的包装，属于不正当竞争行为—一审认为构成商标侵权，不构成不正当竞争—二审维持一审

裁判摘录

【6】以相关公众对商品的一般认识综合判断，从被控侵权产品与涉案注册商标核定使用的商品在功能、用途、生产部门、销售渠道、消费对象上进行分析，湖南神力公司产销的环氧胶系列垫圈制造剂系列产品、A－氰基丙烯酸脂胶系列产品中的强力胶、氯丁胶系列产品、氯丁胶系列和聚醋酸乙烯系列产品、硅铜密封胶系列产品、水基胶系列产品、粘鼠胶/粘蝇胶产品中的：无毒胶、粘鼠胶、胶带等商品与美国爱宝公司涉案注册商标核定使用的第 1 类"环氧钢粘合剂"和第 17 类"补裂缝用化学合成物，补漏用化学合成物"构成同一种或类似商品。

SY，BOSS 案（20071220）：定牌加工出口不侵权

雨果博斯公司 v 喜乐制衣公司，二审，福建高院（2007）闽民终字第 459 号判决书，杨健民、陈茂和、黄从珍

案情概要

雨果博斯公司对 BOSS 商标拥有商标使用权—被告喜乐制衣公司生产并出口到意大利的西装上贴有 NEW BOSS COLLECTION 商标—被告使用该商标事先已得到意大利商标所有人的合法授权—一审认为被告有合法授权；商品出口国外，不会混淆—二审维持一审

裁判摘录

【1】……被上诉人喜乐制衣公司受意大利 NEW BOSS SAS DI LONGO SALVATORE 服装进出口公司的委托，在国内为其定牌加工标有"NEW BOSS COLLECTION"商标的西服，而该公司已于 2005 年 3 月 21 日即向其公司所在国意大利专利商标局申请注册讼争的"NEW BOSS COLLECTION"商标，该商标至今虽未获注册，但也未被驳回申请。商标可分为注册商标和未注册商标。各国对商标权的取得原则也有所不同，有的国家

是通过对商标的实际使用自然取得；有的则要通过注册取得。但不论如何取得，各国均无法限制未注册商标在本国的在先使用权。上诉人在诉讼中始终不能举证证明其讼争商标在意大利已申请注册或者在先使用，故该公司在意大利有权使用讼争的"NEW BOSS COLLECTION"未注册商标。被上诉人喜乐制衣公司是受该公司的委托定牌加工标有"NEW BOSS COLLECTION"商标的西服，由于该西服全部出口到意大利，从未在中国境内销售，因此，中国的相关公众在国内不可能也没有机会接触到标有讼争"NEW BOSS COLLECTION"商标的西服，就更不可能造成国内相关公众的混淆和误认，而造成相关公众的混淆、误认是认定构成侵犯注册商标专用权的前提。因此，被上诉人喜乐制衣公司的上述行为不构成侵权。上诉人关于被上诉人的定牌加工行为已构成商标侵权的主张不能成立，本院不予支持。【2】从侵权的一般构成理论而言，损害事实是侵权行为成立的必要条件之一。本案中，被上诉人喜乐制衣公司是受境外未注册商标权人的委托定牌加工讼争西服，由于该西服从未在国内进行销售，因此，该定牌加工行为不会对上诉人及"BOSS"商标权利人在国内的产品市场带来任何实质性的损害，同理也不会对上诉人在国内享有的商标权利造成损害，从这一角度而言，被上诉人的行为也不构成对上诉人商标的侵权。事实上，被上诉人喜乐制衣公司受意大利公司委托定牌加工，其仅为该公司定牌加工西服而不享有对定牌加工西服的商标使用权和销售权；其与委托方意大利公司的关系实质为《合同法》中所指的加工承揽的合同关系，因此，被上诉人在其承揽的定牌加工西服上定贴"NEW BOSS COLLECTION"商标的行为不应认定为商标法意义上的商标实际使用行为；而讼争商标的实际使用人应为定作人意大利公司，据此，不论使用讼争商标的行为是否构成侵权，其法律责任均应由定作人意大利公司承担。

SWY，鳄鱼Ⅳ案（20071107）：注册商标变形使用构成侵权

拉科斯特公司 v 泰鳄公司等，二审，北京高院（2007）高民终字第 1243 号判决书，刘继祥、莎日娜、焦彦

案情概要

原告拉科斯特公司注册第 141103、1318589 号鳄鱼图形商标—泰鳄公司注册有第 173394 号"金鳄及图"商标—涉案侵权商品上突出使用了鳄鱼图形，淡化了"金鳄及图"商标的其他文字及图形，在茄克衫上单独使用了鳄鱼图形商标—一审、二审认定侵权

裁判摘录

【1】……泰鳄公司在其生产的被控侵权产品上虽然使用了第 173394 号"金鳄及

图"注册商标，但在使用过程中或突出使用鳄鱼图形，刻意淡化该注册商标的其他文字及图形，或干脆单独使用该注册商标中的鳄鱼图形。上述鳄鱼图形与拉科斯特公司第 141103 号、第 1318589 号注册商标整体视觉效果相近似，泰鳄公司在相同商品上使用了与他人注册商标相近似的标识，违反了《商标法》第 52 条之规定，足以造成消费者对商品来源的混淆误认。泰鳄公司的行为侵犯了拉科斯特公司的注册商标专用权，故应当承担相应的民事责任。

SY，蓝色风暴案（20070524）：反向混淆也会构成侵权

蓝野酒业 v 上海百事可乐公司等，二审，浙江高院（2007）浙民三终字第 74 号判决书，周根才、方双复、高毅龙

案情概要

　　蓝野酒业是第 3179397 号"蓝色风暴"图文组合注册商标所有人—2003 年获准注册，核定使用于第 32 类的商品—百事可乐（中国）公司 2005 年宣传主题是"蓝色风暴"—蓝野酒业认为上海百事可乐公司制造、世纪华联超市销售的可乐产品上使用的"蓝色风暴"标识构成对其注册商标的侵害，属于反向混淆—一审认为被告产品上的"蓝色风暴"标识不是商标使用—被告产品上已经突出使用了知名度远远高于"蓝色风暴"标识的百事可乐系列商标，且该百事可乐系列商标相对"蓝色风暴"标识更为醒目突出—无误导、无混淆、不侵权—二审认为，被告的"蓝色风暴"标识经使用事实上成为一种商标—标志近似、商品相同—割裂了原告商标与商品的联系—构成侵权—赔偿 300 万元

裁判摘录

　　【4】……本案中，百事可乐公司通过一系列的宣传促销活动，已经使"蓝色风暴"商标具有很强的显著性，形成了良好的市场声誉，当蓝野酒业公司在自己的产品上使用自己合法注册的"蓝色风暴"商标时，消费者往往会将其与百事可乐公司产生联系，误认为蓝野酒业公司生产的"蓝色风暴"产品与百事可乐公司有关，使蓝野酒业公司与其注册的"蓝色风暴"商标的联系被割裂，"蓝色风暴"注册商标将失去其基本的识别功能，蓝野酒业公司寄予"蓝色风暴"商标谋求市场声誉、拓展企业发展空间、塑造良好企业品牌的价值将受到抑制，其受到的利益损失是明显的。故应当认定百事可乐公司使用的"蓝色风暴"商标与蓝野酒业公司的"蓝色风暴"注册商标构成近似。

第五十七条

SY，嘉裕长城案（20060810）：标记中使用知名度高的商标的主要部分造成混淆，构成侵权

中粮公司 v 嘉裕公司等，二审，最高院（2005）民三终字第 5 号判决书，孔祥军、于晓白、王艳芳

案情概要

嘉裕公司生产、销售，洪胜公司等负责加工、灌装"嘉裕长城"和"嘉裕"系列葡萄酒—使用"嘉裕长城及图"等标识—原告中粮公司起诉前述多名被告的涉案行为侵犯其商标权—一审认定被告侵犯原告两个引证商标—判决嘉裕公司应赔偿中粮公司经济损失 15527479 元—二审认为侵犯第 70855 号"长城牌"商标，不侵犯第 1447904 号"长城"商标—纠正被控侵权葡萄酒成本及其库存数量事实认定错误—确定赔偿 10614090 元

裁判摘录

【4】……本案讼争的"嘉裕长城及图"商标和第 70855 号"长城牌"注册商标均系由文字和图形要素构成的组合商标，其整体外观具有一定的区别。但是，第 70855 号"长城牌"注册商标因其注册时间长、市场信誉好等，而具有较高的市场知名度，被国家工商行政管理部门认定为驰名商标，中粮公司使用第 70855 号"长城牌"注册商标的葡萄酒产品亦驰名于国内葡萄酒市场，根据该注册商标的具体特征及其呼叫习惯，其组合要素中的"长城"或"长城牌"文字部分因有着较高的使用频率而具有较强的识别力，在葡萄酒市场上与中粮公司的葡萄酒产品形成了固定的联系，葡萄酒市场的相关公众只要看到"长城""长城牌"文字或者听到其读音，通常都会联系或联想到中粮公司的葡萄酒产品及其品牌，故"长城"或"长城牌"文字显然具有较强的识别中粮公司葡萄酒产品的显著性，构成其主要部分。"嘉裕长城及图"虽由文字和图形组合而成，且其文字部分另有"嘉裕"二字，但因中粮公司的第 70855 号"长城牌"注册商标中的"长城"或"长城牌"文字部分具有的驰名度和显著性，足以使葡萄酒市场的相关公众将使用含有"长城"文字的"嘉裕长城及图"商标的葡萄酒产品与中粮公司的长城牌葡萄酒产品相混淆，至少容易认为两者在来源上具有特定的联系。因此，嘉裕公司的"嘉裕长城及图"商标使用了中粮公司第 70855 号"长城牌"注册商标最具显著性的文字构成要素，并易于使相关公众产生市场混淆。而且，对于在特定市场范围内具有驰名度的注册商标，给予与其驰名度相适应的强度较大的法律保护，有利于激励市场竞争的优胜者、鼓励正当竞争和净化市场秩序，防止他人不正当地攀附其商业声誉，从而可以有效地促进市场经济有序和健康地发展。尽管在现代汉语中"长城"的原意是指我国伟大的古代军事工程万里长城，但中粮公司第 70855 号"长城

牌"注册商标中的"长城"文字因其驰名度而取得较强的显著性，使其在葡萄酒相关市场中对于其他含有"长城"字样的商标具有较强的排斥力，应当给予强度较大的法律保护。据此，可以认定嘉裕公司使用的"嘉裕长城及图"商标与中粮公司第70855号"长城牌"注册商标构成近似。嘉裕公司所称中粮公司第70855号"长城牌"注册商标中的"长城"二字本身作为商标没有显著性，其"嘉裕长城及图"商标与中粮公司的第70855号"长城牌"注册商标不构成近似的主张不能成立。未经中粮公司许可，嘉裕公司在同类商品上使用与中粮公司第70855号"长城牌"注册商标近似的"嘉裕长城及图"商标，开心公司许可嘉裕公司使用该商标，洪胜公司为嘉裕公司加工使用"嘉裕长城及图"商标的葡萄酒，均构成对中粮公司第70855号"长城牌"注册商标专用权的侵犯，应当承担相应的民事责任。

SX，彼得兔 Ⅱ 案（20050901）：他人原来享有著作权但进入公共领域的标志可以注册为商标并得到保护

社科出版社 v 北京工商西城分局，二审，北京高院（2005）高行终字第85号判决书，辛尚民、景滔、任全胜

案情概要

"彼得兔"作品的著作权已经进入公有领域，任何人都可以自由使用——被上诉人沃恩公司在第16类书等商品上合法注册了一系列商标——其商标权受到法律保护——不能限制他人对公有作品的合理正当使用——上诉人在其出版的彼得兔系列图书的封面、书脊、封底、奇数页码页脚等显著部位上使用"兔子小跑图"——多次重复使用——起到了商标标志的作用——与沃恩公司的第713230号商标有一定区别——属于近似商标的使用——易造成公众对商品来源的误认——侵犯了沃恩公司的商标权——被上诉人工商西城分局处理程序合法，认定事实有误，处罚数额有失公正——撤销一审判决——部分撤销工商西城分局的处罚决定

裁判摘录

【3】本案中，根据查明的案件事实，社科出版社在其出版发行的《彼得兔的故事》《汤姆小猫的传说》《点点鼠太太的故事》及《平小猪的故事》彼得兔系列丛书中的封面、封底、书脊和奇数页码的页脚上使用的是《彼得兔的故事》中"兔子小跑图"插图中的原图小图标，这些小图标尽管含有波特作品集特定商品的内容、作者特点，具有描述性和装帧性，但由于其使用于每册图书，包括不具彼得兔内容的《汤姆小猫的传说》《点点鼠太太的故事》及《平小猪的故事》的封面、封底、书脊等显著部位，

且重复多次使用，实际上产生了商品标志的效果，已产生使一般消费者对该图形认知的作用，具有了区分商品来源的商标标志作用。尽管社科出版社在其出版发行的《彼得兔的故事》《汤姆小猫的传说》《点点鼠太大的故事》及《平小猪的故事》系列丛书中的封面、封底、书脊上使用的是《彼得兔的故事》中"兔子小跑图"原图，与沃恩公司注册商标"兔子小跑图"的主线图在可视性上有一定的区别，不构成相同商标的使用，属于商标的近似性使用，但由于社科出版社将"兔子小跑图"使用于图书商品上，此与已注册为商标的"兔子小跑图"主线图所核定使用在第 16 类书、杂志等商品相同，尽管消费者在购买图书时，比较关注图书的内容和出版者，但以普通消费者的一般注意力判断，仍易产生混淆商标误认的可能性，特别是在"兔子小跑图"的主线图已被注册为商标的情况下，其行为已超出了社科出版社所诉称的善意、正当使用的范围。

SY，维纳斯Ⅱ案（20041215）：把他人商标用作规格、款式名称不是商标使用，不构成商标侵权；销售渠道不同、无混淆可能不构成侵权

谊来公司 v 福祥公司等，二审，最高院（2004）民三终字第 2 号判决书，王永昌、夏君丽、王艳芳

案情概要

　　原告谊来公司 2000 年 4 月 21 日获准注册"维纳斯"商标，核定使用在第 19 类的瓷砖上——"维纳斯"曾经是原告"爱尔发"注册商标下的一个系列名称——被告福祥公司 1995 年取得"亚细亚"注册商标，1999 开始使用"维纳斯"作为"亚细亚"注册商标下的一个商品系列名称——一审认为被告使用自己的注册商标"亚细亚"，虽然包装箱也使用了"维纳斯"文字，但没有混淆，不侵权——二审维持一审判决

裁判摘录

　　【3】福祥公司在产品包装箱和宣传册上使用"维纳斯"文字时，突出自己的"亚细亚"图形及文字注册商标，并标明生产企业的名称，未突出使用"维纳斯"，而是将其作为"亚细亚"商标商品项下一种规格、款式名称，一审法院认定"维纳斯"不是作为商标使用，不属于《商标法》第五十二条第（一）项规定的行为是有道理的。……【4】……本案中，虽然福祥公司使用的"维纳斯"与上诉人的注册商标相同，且都用在瓷砖上，但其商品销售的渠道不同。福祥公司包装箱上印有"维纳斯"文字的商品，仅在沈阳陶瓷城的"亚细亚"店进行销售。普通消费者施以一般注意力，就不会对"亚细亚"专卖店里出售的"维纳斯"系列商品与"维纳斯"注册商

标的商品产生误认。此外，从商标的显著性考虑，"维纳斯"作为罗马和希腊神话中女神的称谓和著名雕塑的固有含义，弱化了其作为瓷砖商标的显著性，上诉人谊来公司未提供证据证明因其大量宣传和使用而使"维纳斯"与其瓷砖商品间建立了更为特定的联系。因此，福祥公司使用"维纳斯"文字，不符合《中华人民共和国商标法实施细则》第五十条第（一）项等规定的情形，不构成侵权。

CY，梦特娇丨案（20040706/C2005-12）：拆分组合使用注册商标可能构成商标侵权

博内特里公司 v 梅蒸公司等，二审，上海高院（2004）沪高民三（知）终字第 24 号判决书，王海明、李澜、马剑峰

案情概要

博内特里公司认为被告使用"梦特娇·梅蒸"等标志侵犯其"梦特娇"和"花图形"商标权利，并构成不正当竞争—近似混淆—一审、二审认定侵权及不正当竞争成立

裁判摘录

【3】尤其需要指出的是，上诉人并未完整地使用自己依法从香港梅蒸处授权取得使用的"梅蒸"注册商标，即上诉人使用的上述标志与"梅蒸"注册商标不一致，因此不存在商标局核准在第 25 类服装商品上使用的问题，而"梅蒸"商标被商标局核准在第 25 类服装上使用的事实，与本案的相关争议焦点即上诉人与各原审被告的涉案行为是否构成侵权无关，况且原审法院在事实查明部分对该节事实也进行了认定，故上诉人的关于"梅蒸商标被商标局核准在第 25 类服装上使用的事实应当明确却未予认定"的上诉理由亦缺乏相应的事实依据，本院不予采纳。

CY，狗不理丨案（19941228/C1995-01）：老字号传人不当然享有商标权利

狗不理集团 v 天龙阁饭店等，再审，黑龙江高院（1994）黑高经再字第 93 号判决书，徐贵增、迟东音、卢兆繁

案情概要

原告狗不理集团 1980 年 7 月获准注册第 138850 号狗不理牌商标—被告高某与被告

第五十七条

天龙阁饭店签订合作协议——被告天龙阁饭店开业悬挂"正宗天津狗不理包子第四代传人高某林、第五代传人高某"为内容的牌匾，并聘请高某为面案厨师——一审认为只是在宣传"狗不理"创始人高某友的第四代和第五代传人高某林和高某的个人身份，不构成侵权——二审维持一审判决——再审认为高某不享有"狗不理"商标的使用权——天龙阁饭店和高某制作并悬挂牌匾是为了经营饭店，不是为了宣传"狗不理"包子的传人——未经许可，擅自制作并使用"狗不理"商标——构成侵权

裁判摘录 ❶

【1】……原审被上诉人高某虽自称为狗不理包子创始人的后代，但其不享有"狗不理"商标的使用权，亦无权与天龙阁饭店签订有关"狗不理"商标权使用方面的协议。原审被上诉人天龙阁饭店和高某制作并悬挂牌匾是为了经营饭店，不是为了宣传"狗不理"包子的传人。因此，天龙阁饭店未经狗不理包子饮食公司的许可，擅自制作并使用"狗不理"商标，属于《中华人民共和国商标法》第三十八条第（一）项规定的"未经注册商标所有人的许可，在同一种商品或者类似商品上使用与其注册商标相同或者近似商标"的商标侵权行为，构成对狗不理包子饮食公司的商标专用权的侵害……

第 138850 号商标图样
（原告"狗不理"商标）

57（3）销售侵犯注册商标权的商品

SX，久安案（20150803）：工程承包方明知是假冒工程材料，仍然采购使用，构成销售侵权行为

张某康 v 温州鹿泉区市监局，一审，温州鹿泉区法院（2015）温鹿行初字第 132 号判决书，侯璐琼、郭笑春、朱汉阳

案情概要

第 1183522 号"jiuan 久安 + 图形"商标是案外人天安塑业公司的商标——原告以包

---

❶ 摘自 1995 年第 1 期《最高人民法院公报》，非判决原文。

工包料的方式承包温州市区纺织路庄头安置房工程架子分项工程—在工程中使用侵犯他人注册商标专用权的假冒产品—被告给予原告行政处罚—一审维持被告的行政处罚决定

裁判摘录

【1】……本案中，原告张某康购进涉案侵权安全网并将其用于承包的建筑架子分项工程上，与原告的劳务结合在一起形成工程成果交付中纬建设工程有限公司，通过包工包料的形式获取工程款。原告是在经营中使用涉案侵权安全网，且其承包的工程采取的是包工包料的形式，按建筑面积计算工程款，在建筑面积恒定的情况下，购进的建筑材料价格越低，其营利越多。原告的上述行为不同于商品最终用户的使用，商品最终用户的使用是纯消费性使用，不具有营利性，原告的上述行为具有营利性，可视为销售行为。被诉处罚决定认定原告的上述行为构成销售侵犯注册商标专用权的商品并无不当。

SY，JING TANG 案（20010514）：搭赠行为也是一种销售行为

北京糖业公司 v 美厨食品公司，二审，北京高院（2001）高知终字第 43 号判决书，魏湘玲、刘辉、周翔

案情概要

北京糖业公司是"JING TANG"注册商标的专用权人—核准使用的商品包括糖—美厨食品公司将假冒北京糖业公司 500 克装的"JINGTANG"牌精致绵白糖作为搭赠品放入自己生产的方便面包装箱中进行促销—一审认定被告行为侵犯了原告的"JING TANG"注册商标—二审维持一审判决

裁判摘录

【2】……美厨食品公司曾多次从北京市丰台糖业烟酒公司购买北京市糖业烟酒公司生产的"JING TANG"牌绵白糖，对该商品的外包装、产品质量及价格均应有所了解，经市工商局门头沟分局查处的美厨食品公司作为赠品放入其生产的方便面包装箱中的"JING TANG"牌绵白糖，其外包装、产品质量及价格均与北京市糖业烟酒公司生产的"JING TANG"牌绵白糖存在明显差异，因此，美厨食品公司在主观上应当知道其购买的这批绵白糖是假冒市糖业烟酒公司的商品。美厨食品公司在应知的情况下，仍然将其作为赠品放入其生产的方便面包装箱中进行销售，该行为已构成对市糖业烟

酒公司商标专用权的侵犯，故应承担相应的民事责任。【3】……美厨食品公司将侵犯北京市糖业烟酒公司"JING TANG"注册商标专用权的绵白糖以赠品的方式放入其销售的方便面包装箱中进行销售，其目的在于促销自己的商品，并由此获得更多的商业利润。在美厨食品公司销售的整箱方便面中，既包括美厨食品公司的自有商品方便面，也包括假冒市糖业烟酒公司"JING TANG"注册商标专用权的绵白糖。因此，搭赠行为本身仍然是一种销售行为，其行为性质并不因为附赠品而有所改变，亦不受商品售价是否提高、搭赠品是否摊入成本的影响。美厨食品公司关于搭赠行为不是销售行为的主张不能成立。

CY，大磨坊案（19931030/C1995-03）：在标有他人注册商标的专柜上销售其他商家的散装商品也可构成商标侵权

大磨坊公司 v 太阳城商场，一审，北京中院（1993）中经知初字第 623 号判决书，孙建、王范武、罗东川

> **案情概要**

　　大磨坊公司享有"大磨坊"商标专用权，使用商品为面包—被告未经原告许可，使用"大磨坊"注册商标出售从其他厂家购进的与原告生产的面包外形一样的面包—导致误购—构成侵权

> **裁判摘录** ❶

　　【1】……被告太阳城商场未经原告许可，用为原告产品设置的"大磨坊"面包专柜，经销与"大磨坊"面包外形一致的其他厂家面包，足以使消费者混淆不同厂家所生产的面包，导致消费者误购，损害了享有商标专用权的原告的利益，其行为违反了《商标法》第三十八条第一项的规定，构成了侵权。被告以其无侵权故意，原告所供面包上并未有注册商标的标识，且系散装食品，否认自己有侵权行为的理由不能成立。使用商标的方法，商标权人有选择的自由。原告的起诉证据充分，理由正当，应当支持。

CY，哈慈案（19931029/C1994-01）：明知侵权商品抵款仍进行销售构成侵权

哈尔滨磁化器厂 v 东方玻璃厂等，一审，昆明中院，文号［缺］，合议庭成员［缺］

---

❶ 摘录自 1995 年第 3 期《最高人民法院公报》，非判决原文。

案情概要

　　原告起诉被告灯饰公司制造假冒的哈磁杯，被告玻璃总厂、悦东公司明知该哈磁杯是假冒的而进行销售，侵犯其专利权、注册商标专用权及法人名称权——一审支持原告

裁判摘录 ❶

　　【1】……被告玻璃总厂明知灯饰公司不是"哈磁杯"的生产厂家，而同意其用生产的假冒"哈磁杯"顶抵欠款，并让被告悦东公司进行销售，属商标法第三十八条第（2）项关于"销售明知是假冒注册商标的商品的"侵权行为。灯饰公司、玻璃总厂、悦东公司依法应分别承担赔偿损失的侵权责任。被告文化用品公司收到"哈磁杯"进货后，发现该产品是假冒产品，未进行销售，不构成侵权，故不承担赔偿责任。

57（4）注册商标标识

FY，大喜大案（20140716/F2014-24）：伪造、擅自制造注册商标标识构成侵权

希杰公司 v 美笑食公司等，一审，延边中院（2013）延中民三知初字第 14 号判决书，金成焕、母龙刚、李德吉

案情概要

　　希杰公司被授权使用第 1011359 号和第 1127240 号"大喜大"注册商标，并享有制止侵权、获得赔偿的权利——希杰公司起诉多个被告侵犯其商标权利——法院认定侵权——侵权所获利益和所受损失难以确定，根据各侵权人的侵权情节确定赔偿

裁判摘录

　　【11】……阿里郎公司和长白山公司违反《印刷业管理条例》的相关规定，擅自接受美笑食公司委托，生产印有"大喜大"商标标识的纸箱和包装袋，并销售给美笑食公司的行为属于伪造、擅自制造他人注册商标标识或者销售伪造、擅自制造的注册商标标识的行为。应认定，阿里郎公司和长白山公司的行为属侵犯原告注册商标专用权的行为。

---

❶　摘录自 1994 年第 1 期《最高人民法院公报》，非判决原文。

57（5）反向假冒

SY，Malata 案（20160418）：反向假冒妨碍了原商标权利人商标功能的发挥

万利达集团 v 仁歌公司等，一审，宁波中院（2015）浙甬知初字第 41 号判决书，宋妍、邓梦甜、陈莉莉（陪）

案情概要

原告万利达集团拥有第 1630324 号"malata"注册商标，核定使用的商品为第 9 类的"计算机"等—三被告将"AOV"品牌标贴粘贴覆盖在"malata"商标之上，把原告制造的平板电脑当作"AOV"品牌的平板电脑销售—原告起诉被告侵犯其商标权利—被告辩称涉案侵权商品是在原告制造的平板电脑上另外装入软件，不同于原告制造的商品，不构成商标侵权—一审认定侵权

裁判摘录

【3】……本院认为，即便如被告中天公司所称，中天公司购买了原告制造的"malata"平板电脑，卸载了原有的软件程序，安装了其享有计算机软件著作权的中央控制系统软件，也不能改变作为该软件载体的硬件仍为平板电脑的事实，就该硬件设施而言，仍是原告制造的平板电脑，与"malata"商标核定使用的"计算机，便携计算机，笔记本电脑"属相同或类似的商品。原告在自己制造的平板电脑上使用了享有专用权的"malata"商标，符合法律规定，发挥了商标识别商品来源的作用。现被告中天公司将"AOV"商标覆盖在"malata"商标之上，并将更换了商标的平板电脑又投入市场，剥夺了原告向相关公众展示其商标的权利，会使相关公众对于涉案平板电脑的来源产生误认，将原本来源于原告的商品误认为和"AOV"商标有特定联系的商品，使原告失去了通过市场创建品牌，获得商誉的机会，妨碍了"malata"注册商标发挥识别作用的功能，无法体现其品牌价值。被告中天公司的行为对原告依法享有的注册商标专用权造成损害，其行为构成商标侵权。被告亿人公司购买了被告中天公司的涉案平板出售给被告仁歌公司，被告仁歌公司将涉案平板电脑出售给盛云公司，其后安装在浙江省宁波市镇海区新城核心区总部经济商务楼，被告亿人公司、仁歌公司的行为系销售侵犯注册商标专用权的商品，也构成商标侵权。

SY，卡地斯帕案（20140424）：反向假冒的商品应是同一商品，且应投入市场

卡地斯帕公司等 v 韦斯华公司，二审，广东高院（2013）粤高法民三终字第 477 号判决书，欧丽华、李泽珍、郑颖

案情概要

原告与被告在 2010 年和 2011 年就已开发生产加装净水滤芯电热水器的独家合作业务，并先后签订协议及补充协议——约定被告使用原告提供的技术、设备、知识产权、商标及技术要求定牌制造电热水器——2011 年 11 月原告认为被告违约，通知被告终止合同——原告认为被告生产、销售"斯特"牌产品实际上就是双方约定合作生产的"卡地斯帕"产品——被告行为构成反向假冒商标侵权、虚假宣传，侵犯商业秘密——一审认为"斯特"牌产品并不是双方合作生产的"卡地斯帕"产品，未支持原告主张——二审维持一审判决

裁判摘录

【3】……其商标是否被反向假冒，本院作如下分析：1. 反向假冒的商品应系同一商品，也就是说被更换的只是商标，商品本身仍是原来的商品。……在合同约定不具体，卡地斯帕公司、钛阳鼎尚公司未能提交合约产品实物，而韦斯华公司提交的 KR - 85 温泉机又与被诉侵权产品不同的情况下，无法认定被诉侵权产品与合同约定生产的产品具有同一性。2.《补充协议》约定"如乙方自 2011 年第二季度起每季度总量低于 1500 台，本合同涉及独家性之相关条款自行作废"。2010 年 7 月至 2010 年年底，卡地斯帕公司、钛阳鼎尚公司的采购量仅为 899 台，未达到约定的 1000 台以上，2011 年起每月未达到约定的 500 台，2011 年第二季度也没有达到约定的 1500 台。根据民事活动中当事人意思自治原则，按照合同约定，韦斯华公司不再受合同中独家性之相关条款的约束，不再只能制造卡地斯帕公司、钛阳鼎尚公司定牌的加装净水滤芯的电热水器。3. 反向假冒的构成要件之一是"更换其注册商标并将该更换商标的商品又投入市场"。即便如卡地斯帕公司、钛阳鼎尚公司所述，被诉侵权产品加装了滤芯，系合同约定的产品，本案韦斯华公司生产"斯特"牌电热水器时也不存在"更换"商标的行为，即没有撤下"卡地斯帕"并贴上"斯特"商标，而且韦斯华公司也不存在"又投入市场"的行为，韦斯华公司系受托加工制造方，未从市场或其他渠道获得卡地斯帕公司、钛阳鼎尚公司的产品，更换商标后再投入市场。因此，由于韦斯华公司生产的是"斯特"牌而不是"卡地斯帕"牌加装过滤芯的电热水器，"卡地斯帕"牌电热水器未生产出来，也未进入市场，故韦斯华公司没有"更换"注册商标后将商品"又投入市场"，不符合法律规定的反向假冒的要件，不构成对卡地斯帕公司"卡地斯帕"注册商标的反向假冒。

第五十七条

SY，汉王案（20120618）：以自己的商标覆盖原有商标可构成反向假冒

汉王公司 v 大为公司等，一审，北京一中院（2011）一中民初字第 17449 号判决书，宁勃、杨钊、郭灵东（陪）

案情概要

原告汉王公司享有"汉王"商标，核定使用在第 9 类的商品—被告大为公司将原告产品的注册商标标识覆盖，贴上了大为公司的商标标识—大为公司和联合网络通信集团公司无锡分公司将其作为大为公司的产品安装使用在了江阴市车辆行踪监控系统项目中—一审认为大为公司构成商标侵权

裁判摘录

【4】本案中，大为公司在未经汉王公司同意的情况下，擅自将大为公司的商标标识覆盖在"汉王"商标之上，将"汉王"商标全部覆盖，使整个汉王公司的产品看不出是由汉王公司所生产，并用汉王公司的该产品参加了江阴市车辆行踪监控系统项目的投标，中标后又将汉王公司的该产品投入市场，大为公司的行为已经违反《中华人民共和国商标法》第五十二条第（四）项规定，其行为构成侵犯汉王公司的注册商标专用权。虽然大为公司是从开之信公司购买的汉王公司的产品，但商标覆盖的侵权行为是由大为公司实施的。如果大为公司此举的目的仅仅是为了说明相关产品和项目是由大为公司安装施工，方便为项目业主提供服务，其不必将"汉王"商标及汉王公司的产品合格证全部覆盖，使整个汉王公司的产品看不出是由汉王公司所生产，故大为公司的行为存在明显的故意。大为公司关于涉案侵权产品具有合法来源，其行为仅仅是为了说明相关产品和项目是由大为公司安装施工，方便为项目业主提供服务，其行为并未构成侵权他人注册专用权行为的抗辩主张，本院不予采信。就本案而言，大为公司侵犯他人注册专用权的行为实际上是一种商标反向假冒侵权行为，即未经商标权人许可，更换其注册商标并将更换商标的商品又投入市场的行为。商标反向假冒的侵权行为其行为表现形式虽然与其他商标侵权行为不同，但在行为性质上并无实质差别，同样损害了他人的商标专用权，影响了商标功能的正常发挥，欺骗了消费者，造成商品流通秩序的混乱。

SY，KING 案（20050530）：以自己的商标覆盖原有商标可构成反向假冒

株式会社富士克 v 金宝制线厂等，一审，上海一中院（2005）沪一中民五（知）初字

第 3 号判决书，刘洪、李弘、章立萍

案情概要

原告株式会社富士克专业生产经营"大王牌"缝纫线，在中国注册了"KING"和"キング"商标—原告与另两家公司合资成立上海富士克公司，使用上述注册商标生产"大王牌"缝纫线—被告金宝制线厂生产"日宝牌"缝纫线—把"日宝牌"商标标识覆盖在"大王牌"缝纫线产品中轴上端"KING"商标标识上—被告飞纶公司销售上述侵权产品—一审认定被告构成商标侵权

裁判摘录

【1】本院认为，原告是"KING"和"キング"注册商标的所有人，依法享有注册商标专用权。被告金宝制线厂未经原告许可，擅自将其"日宝牌"商标标识覆盖于原告生产的缝纫线中轴上端的"KING"商标标识之上，并将上述更换商标标识的缝纫线再次投入市场，其行为是《中华人民共和国商标法》（以下简称《商标法》）第五十二条第（四）项规定的"未经商标注册人同意，更换其注册商标并将该更换商标的商品又投入市场"的情形，淡化了原告商标的市场影响力，是商标的反向假冒行为，被告飞纶公司明知上述缝纫线有更换商标标识的情况，仍对外销售，两被告的行为均侵犯了原告的"KING"注册商标专用权，应当承担相应的民事责任。

CY，银雉案（20031024/C2004-10）：回购他人商品除标销售构成隐形反向假冒

如皋印刷厂 v 轶德公司，一审，南通中院（2003）通中民三初字第 15 号判决书，徐峰、王平、马晓春

案情概要

如皋印刷厂诉轶德公司侵犯其商标权—购进其"银雉"牌旧胶印机进行翻新—除去"银雉"商标—以无任何标识的方式对外销售—离断商标与商品关系—一审认定构成侵权

裁判摘录

【1】将权利人的旧机器除掉固定在上面的"银雉"铭牌，进行修理、喷漆后销售，

对注册商标与其核准使用的商品之间的离断行为，是侵犯商标专用权的行为，属隐性反向假冒行为。

SY，枫叶案（19980610）：撤下他人商标后贴附自己商标，构成侵权

北京服装一厂 v 百盛购物中心等，一审，北京一中院（1994）中经知初字第 566 号判决书，罗东川、刘海旗、马来客

案情概要

原告北京服装一厂是"枫叶"牌商标注册人—原告发现被告百盛购物中心销售的"鳄鱼"牌西裤是经改装的原告生产的"枫叶"牌产品—其他多名被告也应对此负有责任—一审认为同益公司购买原告产品不会导致商标权利用尽，利用原告的优质产品为其牟取暴利，构成不正当竞争—同益公司滥用鳄鱼公司授权，鳄鱼公司已采取措施补救—百盛购物中心未参与侵权行为实施，无主观过错，有积极补救

裁判摘录

【2】就本案而言，已被吊销营业执照的同益公司虽曾得到过被告鳄鱼公司的授权，在北京贩卖鳄鱼牌（CROCODILE BRAND）皮革制品和卡帝乐牌（CARTELO BRAND）服装、服饰等，但原告并未授权其可以更换原告产品的商标再行销售，且该授权并不意味着同益公司可以自行组织货源而将已进入市场流通中的他人产品的商标撕下，更换成"卡帝乐"商标后高价销售。同益公司表面上通过购买行为使原告对售出的服装的商标权权利用尽，欲使其行为合法化，但同益公司并非商业活动中的最终用户。同益公司是利用原告的优质产品为其牟取暴利，无偿地占有了原告为创立其商业信誉和通过正当竞争占有市场而付出的劳动。其行为违反了诚实信用、公平竞争的基本原则，妨碍原告商业信誉、品牌的建立，使原告的商业信誉受到一定程度的损害，正当竞争的权利受到一定的影响。因此，同益公司的行为构成侵权，应承担相应的法律责任，包括赔礼道歉、消除影响、赔偿损失。

57（6）故意帮助

SWY，FENDI 案（20170728）：侵权商铺所属商场的经营管理方明知却放任侵权，构成协助侵权

芬迪公司 v 益朗公司等，二审，上海知产院（2017）沪 73 民终 23 号判决书，何渊、

吴盈喆、陈瑶瑶

案情概要

芬迪公司系第261718号等多个涉案商标的所有人，负责产品和包装的设计及提供推广产品所需的材料等—芬迪公司授权芬迪有限公司负责生产和销售—芬迪上海公司被合法授权负责购买和进口"FENDI"产品并销售—益朗公司向法国SHPDESIGN公司（芬迪公司授权"FENDI"经销商）购买芬迪商品，并与首创公司签订商铺租赁合同，开设店招为"FENDI"的店铺—标示店铺及产品销售时使用中英文"芬迪""FENDI"标志—芬迪公司起诉被告构成商标侵权及不正当竞争—一审认为益朗公司销售的是正牌"FENDI"产品，对有关标记的使用是合理使用—不构成商标侵权，也不构成不正当竞争—二审认为被告在店招上使用"FENDI"标志超出了合理使用的范围，且不是善意使用—侵犯了原告第35类企业经营、企业管理服务类别中的第G1130243号商标及企业名称权—首创公司构成协助侵权

裁判摘录

【9】……本案中，首创公司作为涉案店铺所在的首创奥特莱斯商场的经营管理者，其明知涉案店铺并非芬迪公司自行经营，益朗公司除了销售"FENDI"商品之外与芬迪公司之间并无其他授权关系。但首创公司对于益朗公司在店招中单独使用表明涉案店铺经营者和涉案店铺服务提供者的"FENDI"标识的行为，不但未予制止，反而在其"昆山首创奥特莱斯"的微信公众号中涵盖了"FENDI"等品牌，并刊登名为"大牌驾到——FENDI"的文章，还在"首创奥特莱斯"的店铺指示牌中，以"F1－B05 FENDI"的方式进行标注。首创公司的上述行为，并未向相关消费者明示益朗公司涉案店铺经营者的身份，亦足以使相关消费者产生涉案店铺系芬迪公司经营或者经芬迪公司授权经营的混淆和误认。且首创公司从未对益朗公司在涉案店铺店招上单独使用"FENDI"标识的行为，有过任何制止。因此，本院认为，首创公司放任益朗公司在涉案店铺店招上单独使用"FENDI"标识的行为，属于为益朗公司上述商标侵权和不正当竞争行为提供了帮助和便利的帮助侵权行为，首创公司应当就此与益朗公司共同承担侵权民事责任。

FY，路易威登VI案（20141202/F2014-25）：管理公司而非物业公司需要承担侵权连带责任

路易威登公司 v 白马公司等，一审，合肥中院（2014）合民三初字第203号判决书，朱治能、张宏强、汪寒

【 案情概要 】

　　路易威登公司发现被告董某伟销售假冒其注册商标的商品—起诉董某伟和白马管理公司、盛装物业公司商标侵权—一审认为董某伟侵权，白马管理公司作为市场管理者侵权—盛装物业公司作为物业服务提供者不侵权

【 裁判摘录 】

　　【3】……盛装物业公司称其仅为涉案商城提供物业服务……物业服务不属于管理范畴，其对涉案商城内商户的侵权行为，既无权力也无义务制止，不应承担责任。【4】……白马管理公司长期通过其网站宣传包括白马三期在内的涉案商城由该公司管理，……原告确实未能证明白马管理公司向涉案商城内的商户收费，但即使白马管理公司没有收费，其仍能够从涉案商城取得利益。【5】……白马管理公司对包括白马三期在内的涉案商城内商户持续提供管理服务工作，其有义务对商户的经营活动进行监督和管理。但白马管理公司未尽义务，致涉案商城内的商铺持续销售侵权产品，白马管理公司对此具有过错，应当对涉案商户的侵权行为致原告损害承担连带赔偿责任。

FY，路易威登V案（20130819/F2013-29）：向侵权人出租场地，即使不是共同销售，也要承担侵权责任

路易威登公司 v 宝宏酒店等，二审，海南高院（2013）琼民三终字第 80 号判决书，赵英华、林达、高俊华

【 案情概要 】

　　路易威登公司依法拥有"LOUIS VUITTON"注册商标—被告潘某爱等销售假冒原告注册商标的服装，宝宏酒店向潘某爱出租场地—路易威登诉潘某爱与宝宏酒店构成共同侵权—一审认为潘某爱构成侵权，宝宏酒店未构成共同侵权，且不需承担任何责任—路易威登上诉—二审认定潘某爱构成侵权，宝宏酒店应承担相应的管理责任，就其中 20% 赔偿金额承担补充赔偿责任

【 裁判摘录 】

　　【4】本案中，潘某爱销售侵犯路易威登马利蒂注册商标权的商品，构成侵犯注册商标专用权，应依法承担责任。宝宏酒店仅是向潘某爱出租场地、收款并开具发票。

其中租赁场地显然不能认定为系宝宏酒店与潘某爱共同销售侵权商品，收款并开具发票则系宝宏酒店为在潘某爱所经营的"三亚丽宝服装店"消费的顾客代为提供结算服务，而这仅是出于酒店经营及方便顾客的需要，亦不能认定为系宝宏酒店与潘某爱共同销售侵权商品。……宝宏酒店未与潘某爱共同销售侵权商品，依法不应就潘某爱的侵权行为与潘某爱承担连带责任，路易威登马利蒂有关宝宏酒店与潘某爱共同销售侵权商品因而应与潘某爱承担连带责任的主张不能成立。宝宏酒店为在潘某爱所经营的"三亚丽宝服装店"消费的顾客代为提供结算服务且对潘某爱的日常经营活动进行巡查，可见其对潘某爱的经营活动进行一定的管理，故应对潘某爱的侵权行为承担相应的管理责任。

FY，嘀嗒团案（20121219/F2012-21）：直接从经营中获利的团购网站负有侵权审查义务

株式会社迪桑特 v 今日都市公司等，二审，北京高院（2012）高民终字第 3969 号判决书，刘辉、石必胜、陶钧

〔 **案情概要** 〕

走秀公司通过今日都市公司的嘀嗒团网站销售被控侵权商品，被控侵权商品鞋面上印有标识和"lecoqsportif"，鞋垫上的标签标注"出口商 Distrinando S. A"——原告株式会社迪桑特认为两被告侵犯其商标权——一审和二审均认为，走秀公司销售被控侵权商品构成侵权——今日都市公司未尽审查义务，有过错，应当承担赔偿损失等法律责任

〔 **裁判摘录** 〕

【5】今日都市公司还上诉主张不应当承担销售者的审查义务，对此本院认为，团购网站经营者应当承担何种程度的知识产权合法性审查义务，取决于在符合利益平衡的原则下其在团购活动中获得的利益是否要求其应当审查团购商品的具体信息、应当审查团购商品的交易信息和交易行为是否侵权，而不取决于是否称其为"销售者"。在本案中，今日都市公司从被控侵权商品这特定的团购活动中直接获得经济利益，就应当对此次团购活动中商品的商标合法性进行审查。在本案的特定情况下，无论是否称其为"销售者"，今日都市公司应当承担的审查义务与销售者的审查义务相同。今日都市公司的相关上诉主张，本院不予支持。

第五十七条

FY，鹰牌花旗参案❶（20120000/F2012-22）：尽到注意义务的网络提供商不承担侵权责任

美国威州花旗参总会 v 瑰宝公司等，二审，吉林高院（2012）吉民三涉终字第 3 号判决书，合议庭成员［缺］

案情概要

瑰宝公司在淘宝商城销售与原告"鹰"图形商标相同的花旗参片—原告美国威州花旗参总会向淘宝公司发律师函要求下架侵权产品—原告认为淘宝公司未及时采取必要措施，起诉两被告侵权—一审认为瑰宝公司构成侵权，淘宝公司应就损害扩大部分与瑰宝公司承担连带责任—二审认为瑰宝公司销售侵权产品构成侵权，威州花旗参总会所主张的损失扩大部分系因其自身过错所致，淘宝公司不应对此承担连带责任

裁判摘录

【2】根据《中华人民共和国侵权责任法》第三十六条第二款规定，"网络用户利用网络服务实施侵权行为的，被侵权人有权通知网络服务提供者采取删除、屏蔽、断开链接等必要措施。网络服务提供者接到通知后未及时采取必要措施的，对损失扩大部分与该网络用户承担连带责任。"本案中，该商品虽在淘宝商城平台上销售，但淘宝公司并不是商品的销售者，而只是网络服务的提供者。威州花旗参总会在收到（2011）沪徐证经字第 3546 号公证书时，已经能够确定具体的侵权链接，但其在通过其授权的代理律师向淘宝公司董事长马云发出律师函时并未将具体侵权链接告知淘宝公司，并且，在淘宝公司两次发函要求提供"侵权商品信息的具体网络链接地址"的情况下，仍未提供其所掌握的侵权链接。在二审法院庭审中，双方当事人确认在威州花旗参总会进行维权当时，在淘宝商城中搜索花旗参产品相关链接大致在 27000 个左右，因此，在威州花旗参总会怠于履行告知义务的情况下，淘宝公司无法及时采取必要措施，威州花旗参总会所主张的损失扩大部分系因其自身过错所致，淘宝公司不应对此承担连带责任。

FY，盘古案（20111111/F2011-22）：不知情的关键词服务提供商不承担责任

盘古公司 v 盟控公司等，一审，杭州滨江区法院（2011）杭滨知初字第 11 号判决书，

叶伟、李池华（陪）、关晓曼（陪）

> **案情概要**

　　盘古公司认为盟控公司将盘古公司拥有专用权的商标用于广告宣传中，刻意将其描述成"盘古记录仪"的生产厂家，误导消费者，侵犯了盘古公司的商标专用权，被告百度公司在其网站上发布上述广告，亦侵犯了盘古公司的商标专用权—一审认为，盟控公司侵犯了盘古公司的注册商标专用权—百度公司主观上没有过错，不构成侵权

> **裁判摘录**

　　【2】从百度推广服务的操作模式看，创意标题、关键词的选择均由客户即盟控公司实施；且商标的知名度还不足以导致百度公司在合理谨慎的情况下知道或应当知道盟控公司设置的关键词因与盘古公司的商标近似而涉嫌侵权；而百度公司与客户签订的网上协议中明确要求对方设置的关键词不能侵犯他人相关权利，而且在起诉前百度公司也未收到盘古公司的通知或投诉。因此，本院认为，百度公司在主观上没有过错，不构成侵权，不应当承担法律责任。

CDY，衣念案（20110425/C2012-01/D2011-01）：网络服务提供商未采取适当措施可构成侵权

衣念公司 v 淘宝网等，二审，上海一中院（2011）沪一中民五（知）终字第40号判决书，刘军华、陆凤玉、桂佳

> **案情概要**

　　衣念公司认为被告淘宝网及其店铺销售侵犯其商标权利的产品—共同侵权—网络服务提供者责任—一审、二审均认定侵权

> **裁判摘录**

　　【2】网络服务提供者对于网络用户的侵权行为一般不具有预见和避免的能力，因此，并不因为网络用户的侵权行为而当然需承担侵权赔偿责任。但是如果网络服务提供者明知或者应当知道网络用户利用其所提供的网络服务实施侵权行为，而仍然为侵权行为人提供网络服务或者没有采取适当的避免侵权行为发生的措施的，则应当与网络用户承担共同侵权责任。【3】……首先，……上诉人对于在淘宝网上大量存在商标

侵权商品之现象是知道的，而且也知道对于被上诉人这样长期大量的投诉所采取的仅作删除链接的处理方式见效并不明显。其次，被上诉人的投诉函明确了其认为侵权的商品信息链接及相关的理由，虽然被上诉人没有就每一个投诉侵权的链接说明侵权的理由或提供判断侵权的证明，但是被上诉人已经向上诉人提供了相关的权利证明、投诉侵权的链接地址，并说明了侵权判断的诸多理由，而且被上诉人向上诉人持续投诉多年，其所投诉的理由亦不外乎被上诉人在投诉函中所列明的几种情况，因此上诉人实际也知晓一般情况下被上诉人投诉的侵权理由类型。上诉人关于被上诉人未提供判断侵权成立的证明，其无法判断侵权成立的上诉理由不能成立；上诉人在处理被上诉人的投诉链接时，必然要查看相关链接的商品信息，从而对于相关商品信息是否侵权有初步了解和判断。因此，通过查看相关链接信息，作为经常处理商标侵权投诉的上诉人也应知道淘宝网上的卖家实施侵犯被上诉人商标权的行为。再次，在案的公证书表明被上诉人购买被控侵权商品时杜某某在其网店内公告："本店所出售的部分是专柜正品，部分是仿原单货，质量可以绝对放心……"，从该公告内容即可明显看出杜某某销售侵权商品，上诉人在处理相关被投诉链接信息时对此当然是知道的，由此亦能证明上诉人知道杜某某实施商标侵权行为。最后，判断侵权不仅从投诉人提供的证据考查，还应结合卖家是否反通知来进行判断，通常情况下，经过合法授权的商品信息被删除，被投诉人不可能会漠然处之，其肯定会做出积极回应，及时提出反通知，除非确实是侵权商品信息。故本案上诉人在多次删除杜某某的商品信息并通知杜某某被删除原因后，杜某某并没有回应或提出申辩，据此完全知道杜某某实施了销售侵权商品行为。

DY，宝马 I 案（20091215/D2009-04）：明知侵权仍提供私人账号给侵权人经营使用，构成协助侵权

宝马公司 v 世纪宝马公司，一审，湖南高院（2009）湘高法民三初字第 1 号判决书，孙元清、唐慧、钱丽兰

> **案情概要**

宝马公司诉世纪宝马公司等商标侵权及不正当竞争—一审认定原告第 12 类的引证商标驰名—世纪宝马公司未对宝马公司的在先权利采取适当的避让措施，未正当使用案外人许可其使用的商标—模仿原告宝马公司的驰名商标—不正当利用宝马公司驰名商标的市场声誉牟取不法利益—易造成相关公众误认—侵犯商标权—明知宝马公司具有较高知名度的企业字号为"宝马"，仍将"宝马"文字组合登记为企业名称中的字号进行商业使用—违背诚实信用原则和公认的商业道德—侵犯宝马公司知名字号—构成不正当竞争

裁判摘录

【8】被告傅某琴作为世纪宝马公司财务人员，应当知道企业的货款必须通过企业的账号进行收支，但仍将自己开设的银行账号提供给被告世纪宝马公司使用，因而对世纪宝马公司利用其银行账号收取货款的事实是明知的。而宝马（BMW）商标、宝马公司在相关公众中具有非常高的知名度，被告傅某琴作为世纪宝马公司的工作人员，也应当明知世纪宝马公司所从事的经营活动存在侵犯他人合法权益的情况，却仍以自己名义设立银行账户为世纪宝马公司收取货款，因而傅某琴主观上存在过错。显然，被告傅某琴提供银行账号供被告世纪宝马公司使用，为世纪宝马公司实施商标侵权和不正当竞争行为提供了极其重要的便利条件，使被告世纪宝马公司通过侵权行为获得的非法利益更为隐蔽，更难以被发现。因此被告傅某琴的行为同样构成对原告宝马公司的商标侵权和不正当竞争，应当对其提供帮助侵权的行为承担停止侵权、赔偿损失的法律责任。

CWY，鳄鱼VI案（20091026/C2010-10）：市场管理方虽然不直接销售侵权商品，但仍可能因为未尽到管理责任构成共同侵权

拉科斯特公司 v 龙华市场，一审，上海一中院（2009）沪一中民五（知）初字第211号判决书，胡震远、胡瑜、陆凤玉

案情概要

　　拉科斯特公司起诉龙华市场以低廉的价格公开销售侵犯其注册商标的服装—龙华市场认为自己不是被控侵权商品的销售者，且已尽监管责任—一审认为被告与交易不可分割—未尽善良管理人注意义务，为侵权行为提供便利条件—与售假店铺经营者构成共同侵权

裁判摘录

【2】由于被告对原告购买的被控侵权产品出具了发票，原告据此以被告销售被控侵权产品为由，要求追究其侵权赔偿责任，被告则辩称其对场内经营者出售的商品开具发票是根据税务部门的委托代征税款，并非被控侵权产品的销售者，故本案的争议焦点之一在于被告是否应认定为被控侵权产品的销售者。对此本院认为，买卖行为是一方支付价款，另一方转移标的物所有权的行为。原告代理人取证时系向2F-68商铺的营业员购买被控侵权产品，双方在该商铺已就产品买卖做出意思表示，且达成合意，

故实际销售被控侵权产品的行为人系该商铺的经营者。被告虽对上述交易行为出具了发票，但根据其与徐汇区税务局签订的《委托代征税款协议》，被告确系根据税务部门的要求为龙华市场内承租商铺经营者代为缴税，故不能仅就被告开具发票一节事实就认定被告为被控侵权产品的销售者。【3】……被告虽非被控侵权产品的直接销售者，但被控侵权产品交易的完成也与被告的行为不可分割。被告作为该市场的管理方，在原告一再发函告知在其管理的市场内存在出售侵犯原告注册商标专用权商品的情况时，理应对相关商铺加强监管。被告虽辩称其没有行政执法权，但根据被告与承租商铺的合同及其附件之约定，其对于承租商铺经营业主出售侵犯注册商标专用权商品的行为具有限期整改、扣减保证金、解除合同直至清退出场的合同权利，现被告仅要求相关商铺业主出具书面保证书，主观上没有尽到善良管理人的注意义务，客观上为侵权行为提供了便利条件，导致侵权行为反复发生，故本院认定被告与直接销售被控侵权产品的相关商铺经营者构成共同侵权。

57（7）[1]　企业名称突出

FY，马路边边案（20190729/F2019-08）：企业名称突出使用他人注册商标构成侵权

成都马路边公司 v 延吉马路边边饭店，一审，延边中院（2019）吉24知民初4号判决书，母龙刚、金成焕、叶明晶

案情概要

原告起诉被告侵犯其第43类服务上的第21125511号注册商标，要求判令被告立即拆除店招、门头与店内带有"马路边边"的标志，且宣传、销售时不得使用"马路边边"字样，并更改企业名称——一审认定商标侵权及不正当竞争

裁判摘录

【3】……本案中，成都马路边公司与延吉市马路边边饭店均经营餐饮服务。尽管成都马路边公司的第21125511号注册商标是由图案、文字、汉语拼音三种元素组成，延吉马路边边饭店并未完整使用该注册商标，但在延吉马路边边饭店成立之时，成都马路边公司经营的"马路边边"麻辣烫餐饮服务已经具备了一定的知名度和美誉度，延吉马路边边饭店在其字号中使用"马路边边"这一案涉注册商标的主要元素，并且在其经营活动中突出使用"马路边边"一词，足以导致消费者产生混淆，使相关公众误以为延吉马路边边饭店与成都马路边公司之间存在一定的关联，可见延吉马路边边饭店具有攀附成都马路边公司的第21125511号"马路边边"注册商标的故意。故，延吉马路边

边饭店的行为侵犯了成都马路边公司的注册商标专用权，其应停止相关侵权行为。

FY，王记酱骨案❶（20190723/F2019-16）：企业名称中突出使用他人注册商标构成侵权

长春王记酱骨头馆 v 海南东北王记酱骨，一审，海南一中院（2019）琼96民初206号判决书，昌盛、吴佳敏、林芝静

案情概要

　　长春王记酱骨头馆起诉海南东北王记酱骨对"王记酱骨"字样的使用侵犯其第4025408号注册商标专用权，同时构成不正当竞争——一审认定构成商标侵权及不正当竞争——判赔30万元——二审维持一审

裁判摘录

　　【2】……原告享有"王记酱骨头馆"图案+文字服务商标专用权。虽然商标注册证上注明"酱骨头馆"放弃专用权，以及被告使用的"王记酱骨"字样与原告注册商标文字及图案并不完全相同；但是，"王记"与"酱骨头馆"的组合在一起，让"王记"烹饪的酱骨明显区别于其他酱骨，被告使用"王记酱骨"标识与原告享有商标专用权的"王记酱骨头馆"，同属于餐饮服务行业，属于近似的商标。被告在其经营的饭店大门上方牌匾、餐厅内使用的铭牌、名片等相关物品均标有"王记酱骨"字样，属于突出使用，其行为足以引起相关公众对注册商标权利人与企业名称所有人的误认，致使他人对市场主体、服务来源产生混淆。根据上述法律规定，被告的行为构成对原告享有的第4025408号商标专用权的侵犯。同时，《中华人民共和国反不正当竞争法》第二条第一款规定，经营者在市场交易中，应当遵循自愿、平等、公平、诚实信用的原则，遵守公认的商业道德。本案被告系2017年1月19日经核准成立，而涉案商标系2007年3月21日注册，于2010年被评为吉林省著名商标，在东北具有较高的知名度，为相关公众所知悉。被告在后注册并在企业名称中使用"王记酱骨"字样，在"王记酱骨"文字前用方框注明东北，明显具有攀附涉案商标商誉的主观故意，违反了诚实信用原则，容易误导相关公众将被告的餐饮服务认为是原告的"王记酱骨头馆"餐饮服务，被告的行为构成不正当竞争。被告关于其是经过合法注册登记的企业，不存在侵权行为的抗辩理由，本院不予采纳。【3】……本案中，被告是否应停止使用并变更含有"王记酱骨"文字的企业名称，取决于规范使用是否可以消除不良后果。由于原

告的商标是服务商标，其与企业名称极易混淆，从实际效果看，被告的企业名称即使规范使用，仍足以对公众造成误导，从而造成混淆。因此，被告应停止使用"王记酱骨"商业标识，并变更含有"王记酱骨"文字的企业名称，变更后的企业名称不得包含"王记酱骨"字样。

SY，华美案（20190306）：有一定地域影响的企业字号突出使用也可能构成商标侵权

成都华美牙科公司 v 上海华美医疗美容医院，二审，上海知产院（2018）沪 73 民终 143 号判决书，徐飞，杨馥宇、陈瑶瑶

案情概要

原告成都华美牙科公司认为被告上海华美医疗美容医院侵犯其"华美及图"以及"华美"商标，被告在企业名称中使用"华美"字样是擅自使用他人企业名称，并有虚假宣传行为——一审认为即使字号相同，被告也不侵犯原告的企业名称——原告主张的部分行为构成商标侵权——被告不构成虚假宣传——二审维持一审判决，仍然认定被告突出使用"华美""上海华美""华美齿科""华美整形"标识构成商标侵权

裁判摘录

【5】本案中，成都华美牙科公司主张权利的"华美"图文商标、"华美"文字商标分别于 2000 年、2003 年申请注册；而上海华美医疗美容医院将"华美"作为字号的最早证据为 2005 年。本案现有证据未显示出成都华美牙科公司的涉案商标注册及上海华美医疗美容医院的企业名称登记存在抢注他人在先合法权利的情况，也没有证据显示双方在经营活动中故意与对方相混淆。成都华美牙科公司及上海华美医疗美容医院的实际经营均有一定的地域性。成都华美牙科公司主张权利的"华美"商标在四川地域具有较高的知名度，而上海华美医疗美容医院经过多年经营在上海地域也已经具有较高的知名度。但是，企业名称与商标的功能不同，两者作为商业标识使用时所获得的保护强度也不同。企业名称的主要功能在于表彰生产者或经营者，而商标的主要功能在于表彰商品或服务。我国实行的是商标注册制度，经核准注册的商标在全国范围内享有商标专用权，其专用权范围并不局限于其实际使用或取得知名度的地区。而企业名称中的字号并不能因注册登记获得与注册商标相同强度的保护，即不能通过注册登记即获得识别商品或服务来源的排他性的权利。经营者将企业名称中的字号在商品或服务中突出使用时，企业字号实际上具有了识别商品或服务来源的功能与效果，即具有了与商标相同的功能。与商标相同或近似的字号被突出使用在与在先注册的商标

相同或近似的商品或服务上时，应与合法注册的商标相避让，避免造成相同或近似标识的识别混乱，引起相关公众的混淆或误认。【6】涉案"华美"图文组合商标早在2001年即在牙科服务上获得注册，"华美"文字商标早在2005年即在医院、整形外科服务上获得注册，且上述商标均被实际使用。上海华美医疗美容医院突出使用的"华美""华美齿科""华美整形"文字与涉案注册商标或其文字部分相同，"齿科""整形"与涉案注册商标所核准使用的服务相同。虽然目前两公司的经营具有一定的地域性，但不能排除相关公众将"华美""上海华美""华美齿科""华美整形"与涉案注册商标相混淆或误认的可能。而且混淆包括正向混淆与反向混淆，上海华美医疗美容医院在相同服务上突出使用上述标识，必将影响成都华美牙科公司的"华美"商标在全国尤其是上海地域内实现其基本的识别功能，割裂其与所核准使用的服务之间的联系，使"华美"注册商标的识别性受到实质性的限制，阻碍其经营地域的拓展，损害商标权人的利益。而且，虽然目前两公司的经营具有一定的地域性，但不能排除两公司的服务向其他地区扩张的可能。随着双方经营地域的扩张，各自知名度的扩大，如果不及时厘清各自使用标识的界限，势必导致"华美"标识及"上海华美""华美齿科""华美整形"等标识的市场识别混乱，损害相关公众的利益，对双方的持续经营也会产生不利的影响。故本院对一审法院认定上海华美医疗美容医院突出使用"华美""上海华美""华美齿科""华美整形"标识构成商标侵权予以认可。

第五十七条

BFY，大宁堂案（20170921/B2017-18/F2017-11）：基于历史原因使用与他人商标相同的字号不构成侵权

山西药材公司 v 太原大宁堂，再审，最高院（2015）民提字第46号判决书，王闯、秦元明、马秀荣

案情概要

　　山西药材公司诉太原大宁堂商标侵权及不正当竞争—原告商标"大宁堂及图"—被告企业名称使用"大宁堂"—一审认为原告商标未达驰名，被告企业名称登记在先，不支持原告诉求—二审推翻一审，认为构成商标侵权及不正当竞争—最高检抗诉—再审支持太原大宁堂—充分考虑历史原因—公平合理—善意共存

裁判摘录

　　【7】……一是……大宁堂药业与太原中药厂乃至山西药材公司之间存在历史传承关系。……二是从现实情况看……大宁堂药业拥有大宁堂药铺传统配方秘制中药的生产批件并一直在生产，而山西省省药材公司只拥有"大宁堂"商标和牌匾，因此为了

承继和弘扬大宁堂药铺商誉，两者善意共存较为合理。三是从法律适用看，太原中药厂在分立改制时并没有现在企业的知识产权观念和意识，该企业及其上级主管部门最关心的不是商誉问题，而是企业如何生存、职工如何安置的问题。因此，若以现行商标法的规则和理念去认定和解决 20 多年前的问题，实质是适用市场经济时代的法律去解决计划经济下形成的法律关系，不仅违反"法不溯及既往"原则，也有悖公平合理之精神。四是从社会效果看，如果不认可大宁堂药业享有在先权利，就会导致大宁堂药铺秘方药和商誉得不到传承，因为大宁堂传统秘制中药药方的实际传承人大宁堂药业将不得不停止使用大宁堂字号，其已经注册的商标亦将被撤销；而山西省药材公司只有"大宁堂"商标和牌匾，却一直没有生产和销售大宁堂药铺的传统秘方药。……比较公平合理的解决方式应当是允许两者善意共存，大宁堂公司继续使用大宁堂字号并生产大宁堂传统秘方药品，山西省药材公司可销售大宁堂药业生产的药品。如此，前店后厂的历史传承关系能够被继续维系，大宁堂的商誉亦可以由两家共同弘扬。

BCDY，庆丰案（20160929/B2016-12/C2018-12/D2016-02）：使用自己姓名作为字号不能违反诚信原则

庆丰包子铺 v 庆丰餐饮公司，再审，最高院（2016）最高法民再 238 号判决书，骆电、李嵘、马秀荣

案情概要

庆丰包子铺认为庆丰餐饮公司侵犯了其在先的"庆丰"企业字号及注册商标——一审认为无证据证明在庆丰餐饮公司注册并使用被诉企业名称时，原告经营地域和商誉已经涉及或影响到济南和山东——不混淆，也不违反诚信原则——被告使用具有合理性——不侵犯商标权，也不构成不正当竞争——二审维持一审——再审认为有商标性使用，有混淆，有攀附恶意——构成商标侵权及不正当竞争

裁判摘录

【10】……庆丰餐饮公司主张其对"庆丰"文字的使用属于合理使用其企业字号，且系对其公司法定代表人徐庆丰名字的合理使用。对此，本院认为，庆丰餐饮公司的法定代表人为徐庆丰，其姓名中含有"庆丰"二字，徐庆丰享有合法的姓名权，当然可以合理使用自己的姓名。但是，徐庆丰将其姓名作为商标或企业字号进行商业使用时，不得违反诚实信用原则，不得侵害他人的在先权利。徐庆丰曾在北京餐饮行业工作，应当知道庆丰包子铺商标的知名度和影响力，却仍在其网站、经营场所突出使用与庆丰包子铺注册商标相同或相近似的商标，明显具有攀附庆丰包子铺注册商标知名

度的恶意，容易使相关公众产生误认，属于前述司法解释规定的给他人注册商标专用权造成其他损害的行为，其行为不属于对该公司法定代表人姓名的合理使用。因此，庆丰餐饮公司的被诉侵权行为构成对庆丰包子铺涉案注册商标专用权的侵犯，一审、二审法院关于庆丰餐饮公司的被诉行为属于合理使用、不构成侵权的认定错误，本院予以纠正。

FY，安佑案（20160602/F2016-22）：将第三方的企业名称用作商标侵犯商标权人的权利

安佑生物公司 v 联合饲料公司等，二审，四川高院（2016）川民终 319 号判决书，林涛、张良、许静

案情概要

联合饲料公司在饲料商品上使用涉案侵权标志——安佑康牧公司系联合饲料公司生产涉案侵权产品的授权人——"安佑及图"等商标的所有人安佑生物公司起诉二者共同侵权——一审认为安佑康牧公司有合法的在先字号"深圳安佑"，授权自贡联合公司生产"深圳安佑技术"的相关产品——无混淆误认——不侵权——二审认为联合饲料公司对于"安佑"字样的使用是突出使用，已非对安佑康牧公司企业名称的合理简化使用，属商标性使用行为——有攀附故意——易造成混淆误认——构成商标侵权——康牧安佑公司对联合饲料厂针对涉案标志的使用无审定义务，不构成共同侵权

裁判摘录

【9】……自贡联合公司在其生产、销售的饲料产品外包装的醒目位置使用的"深圳安佑康牧""深圳安佑"字样，并非深圳安佑康牧公司企业名称的完整、规范表述，其中"深圳安佑康牧"字样，将"安佑"二字与"深圳""康牧"四字使用不同颜色、不同大小的字体，"安佑"二字较紧邻的"深圳""康牧"尤为突出，客观上起到强化"安佑"二字的效果；而"深圳安佑"四字，不仅不当省略深圳安佑康牧公司企业名称中"安佑康牧"企业字号，且使用红色较大字体，占据包装左侧面的大部分空间，十分醒目，其使用方式已非对深圳安佑康牧公司企业名称的合理简化使用，更超越了表明或描述其商品技术来源作用的范围，实际是以商业标识的方式使用包含"安佑"文字的字样，应属于商标性使用行为。【10】……自贡联合公司在其产品外包装上的醒目位置使用"深圳安佑康牧""深圳安佑"字样，有意淡化其自身享有的变异"LH"字母及图商标，并以较大的字体和鲜艳的颜色单独、突出使用"安佑"文字，客观上使"安佑"文字起到标识商品来源的作用，明显具有攀附"安佑"注册商标商誉的恶

意，易使相关公众对其商品来源产生混淆误认，或者认为不同的生产者之间具有关联关系，其行为破坏了安佑生物公司"安佑""安佑及图"注册商标的识别功能，侵害了安佑生物公司的注册商标专用权。因"深圳安佑康牧""深圳安佑"并非自贡联合公司的企业字号，故安佑生物公司以最高人民法院《关于审理商标民事纠纷案件适用法律若干问题的解释》第一条第（一）项关于"将与他人注册商标相同或相近似的文字作为企业的字号在相同或类似商品上突出使用，容易使相关公众产生误认的，属于给他人的注册商标专用权造成其他损害的行为"的规定为依据，主张自贡联合公司的行为构成商标侵权的上诉理由有所不当，但其关于自贡联合公司构成商标侵权的上诉主张成立，本院予以支持。

SWY，米其林Ⅶ案（20141223）：在店招上使用他人商标同时侵犯他人商品商标和服务商标

米其林公司 v 宝骏公司，二审，广东高院（2014）粤高法民三终字第 239 号判决书，张学军、肖少杨、朱文彬

案情概要

　　原告米其林公司是涉案若干米其林商标的所有人——第 12 类、第 35 类和第 37 类的商品和服务——被告宝骏公司在销售汽车轮胎的店铺招牌上使用与米其林公司涉案注册商标相同或近似的标识，实际经营的是轮胎销售和轮胎装配服务等与轮胎密切相关的业务——宝骏公司并不是经米其林集团总公司及其关联公司授权的米其林轮胎专卖店——一审认定侵权——二审维持一审判决

裁判摘录

　　【4】就提供轮胎装配、车辆维修等服务而言，宝骏公司未经米其林集团总公司许可，在经营店铺的商业匾额上使用"（缺图）""michelin""米其林"等商标，容易使相关公众造成混淆，让相关公众误以为宝骏公司经米其林集团总公司授权许可提供轮胎装配、车辆维修等同类服务，……构成侵害米其林集团总公司的注册商标专用权的行为。【5】就销售轮胎商品而言，本案事实和争议指向当宝骏公司经营的店铺内确有米其林轮胎出售时，宝骏公司在经营店铺的商业匾额上使用"（缺图）""michelin""米其林"商标的行为是否属于侵犯商标权的行为这一焦点。……即使宝骏公司出售的商品中包括合法使用米其林集团总公司商标的米其林轮胎，宝骏公司亦仅仅有权在与合法授权商品密切联系、直接指示合法授权商品所在货架的位置使用涉案商标，如本案宝骏公司在店内合法授权米其林轮胎商品所在货架上使用了该轮胎的商标。但是，

现在宝骏公司在其经营店铺正门的商业匾额上突出使用与涉案商标相同的商标，根据上述商标使用的含义，宝骏公司的这种使用容易使相关公众把宝骏公司一般轮胎产品销售者的身份与米其林轮胎这种特定产品来源联系在一起，让相关公众误以为宝骏公司是经米其林集团总公司合法授权许可的、只销售米其林轮胎商品的销售商；进一步的，容易导致相关公众对店内销售的其他商品的来源与米其林品牌之间产生混淆，或认为二者之间存在特定联系。因此，宝骏公司未经商标注册人许可，在经营场所正门的商业匾额上突出使用与涉案商标相同商标的行为，已构成侵犯注册商标专用权。【6】……若宝骏公司在店铺正门将其销售的全部轮胎商品的商标，或者可以修理的全部汽车的商标集中展示并附有说明性文字，向消费者展示店内可以提供的商品和服务内容，则属于为了说明自己销售的商品的质量、原料、功能、用途、重量、数量等特点而使用他人商标。这种对商标的描述性使用有别于识别性使用，不会导致混淆。相反，宝骏公司在其店铺正门的商业匾额上仅仅突出使用米其林涉案商标，直接、特定、唯一地指向米其林品牌，因而并非属于商标的描述性使用。

FY，花桥案（20130806/F2013-28）：没有醒目的视觉冲击并产生混淆的使用不属突出使用

王致和公司 v 花桥公司，二审，广西高院（2012）桂民三终字第 19 号判决书，周冕、李成渝、张捷

案情概要

王致和公司享有第 111427 号商标专用权——王致和公司认为花桥公司将"花桥"作为字号在腐乳产品上使用具有主观侵权的故意——一审法院综合考虑历史因素和标志使用的具体状态，认定被告不侵权——二审认为没有混淆，没有突出使用，没有恶意——"花桥"是地名，可以合理使用——不侵权——尊重历史，公平诚信——维护双方知名度现状，做好区分及规范使用

裁判摘录

【3】《最高人民法院关于审理商标民事纠纷案件适用法律若干问题的解释》第一条第（一）项规定，将与他人注册商标相同或者相似的文字作为企业字号在相同或者类似商品上突出使用，容易使相关公众产生误认的行为属于给他人注册商标专用权造成其他损害的行为。该规定中的"突出使用"的客体应是企业字号；"突出使用"的方式应是以醒目、突出的字样进行使用，给相关公众以视觉上的冲击；"突出使用"的目的应是足以产生市场混淆，使相关公众对双方企业的关系或对商品的来源产生误认或

误认的可能。经观察桂林花桥公司的"香和牌"腐乳产品的瓶贴和瓶盖，桂林花桥公司并没有将花桥字样作为公司字号突出使用，……醒目地标注……比对桂林花桥公司腐乳产品的标贴和北京王致和公司"花桥"牌注册商标，桂林花桥公司的腐乳产品的注册商标、产品品名、生产厂家上均有明确标志，其腐乳产品的瓶贴、瓶盖上标注有"花桥食品"及"花桥食品系列"字样并不会导致相关公众对两个公司的关系或对商品的来源产生误认、导致市场混淆的后果。

AY，同德福‖案❶（20131218／A20160520-58）：商号不突出使用不构成商标侵权

成都同德福 v 重庆同德福等，二审，重庆高院（2013）渝高法民终字第 292 号判决书，李剑、周露、宋黎黎

案情概要

　　成都同德福注册商标"同德福 TONGDEFU 及图"—起诉二被告在明知其商标知名度的情形下，将与其相同的文字作为企业的字号在相同或类似商品上突出使用，构成商标侵权，将"同德福"登记为字号，在相同或类似商品上使用，构成不正当竞争—被告反诉原告不正当竞争—一审认为原告不能证明其商标注册后至 2002 年余某华注册个体工商户之前，其"同德福 TONGDEFU 及图"商标已经具有相当知名度—被告善意登记字号—不构成不正当竞争—未突出使用—不构成商标侵权—原告对其历史及荣誉的宣传构成虚假宣传—被告证据不足以证明其自身或相关公众实际使用"同德福"指称其商品，关于知名商品特有的名称的主张不能成立，关于原告因擅自使用该知名商品特有名称而构成不正当竞争的主张不成立—二审维持一审判决

裁判摘录

　　【3】……从重庆同德福公司产品的外包装来看，重庆同德福公司使用的是企业全称，标注于外包装正面底部，"同德福"三字位于企业全称之中，与整体保持一致，没有以简称等形式单独突出使用，也没有为突出显示而采取任何变化，且整体文字大小、字形、颜色与其他部分相比并不突出。因此，重庆同德福公司在产品外包装上标注企业名称的行为系规范使用，不构成突出使用字号，也不构成侵犯商标权。就重庆同德福公司标注"同德福颂"的行为而言，"同德福颂"四字相对于其具体内容（三十六字打油诗）字体略大，但视觉上形成一个整体。其具体内容系根据史料记载的同德福

---

❶　该案一审是 2013 年五十典型案例"同德福Ⅰ案"。

斋铺曾经在商品外包装上使用过的一段类似文字改编，意在表明"同德福"商号的历史和经营理念，并非为突出"同德福"三个字。且重庆同德福公司的产品外包装使用了多项商业标识，其中"合川桃片"集体商标特别突出，其自有商标也比较明显，并同时标注了"合川桃片"地理标志及重庆市非物质文化遗产，相对于这些标识来看，"同德福颂"及其具体内容仅属于普通描述性文字，明显不具有商业标识的形式，也不够突出醒目，客观上不容易使消费者对商品来源产生误认，亦不具备替代商标的功能。因此，重庆同德福公司标注"同德福颂"的行为不属于侵犯商标权意义上的"突出使用"，不构成侵犯商标权。

FY，武当红案（20131216/F2013-26）：没有突出使用企业字号不构成商标侵权

仙尊酿酒公司 v 天滋武当红公司等，二审，湖北高院（2013）鄂民三终字第 132 号判决书，刘建新、陈辉、童海超

案情概要

原告认为被告天滋武当红公司、神武天滋公司未经许可，在生产销售的酒品包装等材料上突出使用"武当红"文字，天滋武当红公司将"天滋武当红"登记为企业字号，构成商标侵权和不正当竞争——一审和二审均认为，被告天滋武当红公司、神武天滋公司并未侵害仙尊酿酒公司的商标权，也未突出使用其企业名称，实际使用的域名也未侵害仙尊酿酒公司的商标权

裁判摘录

【5】……在判断企业字号与注册商标冲突时，需要考虑三个方面的因素：1. 企业字号与他人注册商标是否相同或相近似；2. 是否存在恶意突出使用企业字号的情形；3. 企业字号的突出使用是否容易造成相关公众的混淆、误认。根据《企业名称登记管理规定》第七条第一款、第二款的规定，企业名称由以下部分依次组成：行政区域、字号（或者商号）、行业或者经营特点、组织形式。本案中，天滋武当红公司的企业全称为"武汉天滋武当红酒业销售有限公司"，故其企业字号为"天滋武当红"，而非"武当红"三个字。将被控侵权字号及"武当红"标识与文字重合度最高的第 8333106 号注册商标进行对比，前两者的登记和使用时间均较后者早，该使用行为并无攀附仙尊酿酒公司商标商誉的恶意。而第 671191 号、第 1083680 号、第 1107727 号、第 1393938 号注册商标，因其商标的主要文字部分均系作为地名的"武当"，天滋武当红公司使用"武当红"属于对地名的合理使用，亦不能认定其具有恶意。故天滋武当红

公司使用其企业字号不构成对仙尊酿酒公司商标权的侵害。

DY，威极案（20121126/D2013-03）：在企业名称中突出使用他人商标构成商标侵权

海天公司 v 威极公司，一审，佛山中院（2012）佛中法知民初字第 352 号判决书，安建须、郑正坚、谭志华

案情概要

原告海天公司认为威极公司突出使用"威极"标识和登记为企业字号侵犯其商标权，构成不正当竞争——一审认为，被告威极公司构成侵权和不正当竞争

裁判摘录

【8】在本案中，尽管威极公司在其企业厂牌上使用的"威极"二字属于其企业名称中的组成部分，但是厂牌上"威极"二字的字体明显大于其他字的字体，而且字体颜色为红色，亦明显区别于其他字的黑色字体，因此，企业厂牌上"威极"二字相对于其企业名称成了一个相对独立、突出的标识，威极公司使用其企业字号的行为构成突出使用企业字号的行为。由于威极公司是经营包括酱油产品在内的调味品生产企业，因此，威极公司在其企业厂牌上突出使用"威极"二字属于将他人注册在先的商标作为企业字号在相同商品上突出使用的行为，且容易造成相关公众误认，根据《最高人民法院关于审理商标民事纠纷案件适用法律若干问题的解释》第一条第（一）项的规定，其行为侵犯了海天公司"威极"注册商标专用权。

FY，精科案（20120725/F2012-33）：企业名称简称在特殊历史原因下不构成商标侵权

科仪成套公司 v 上海精科公司等，二审，四川高院（2012）川民终字第 208 号判决书，杨丽、刘巧英、李锐

案情概要

科仪成套公司注册有"精科"文字商标—核定使用商品包括光度仪器等—科仪成套公司诉上海精科公司等侵犯注册商标专用权—一审认为被告在先使用使"精科"和

上海精科公司之间已形成固定联系，不会产生误认或混淆，不构成侵权——二审维持一审判决，认为"上海精科"和"精科"作为企业名称简称而不是注册商标，已具备了使相关公众识别不同商品来源的作用

裁判摘录

【2】本院认为，科仪成套公司经注册取得"精科"商标专用权，该商标核准使用在第9类商品上。上海精科公司的经营范围属于涉案"精科"商标核定服务范围。科仪成套公司主张上海精科公司侵犯其商标权，并应承担相应的民事赔偿责任，该主张能否得到支持，需要结合本案事实予以判断。本案中，上海精科公司是科学仪器仪表行业内的国内知名企业，具有二十余年历史和较大规模。公司本身及其生产的商品均获得过有关行政部门、新闻媒体或行业协会授予的荣誉称号，上海精科公司在其经营活动中使用"上海精科"或"精科"字号属于对其企业名称的简化使用，其目的在于区分特定的经营者，不违反相关法律的禁止性规定，"上海精科"其在商品上使用的商标为其本身拥有专用权的注册商标"棱光"等，并非"上海精科"或"精科"，与科仪成套公司的"精科"文字注册商标相比较，无论是字形、读音、含义、图形的构图及颜色，还是各要素组合后的整体结构都不相似或不相同。上海精科公司长期将"上海精科"和"精科"作为其企业名称的简称与其"棱光"等注册商标配套对外使用，在行业内已具有一定知名度，相关公众也已将"上海精科"和"精科"作为上海精科公司的企业名称简称而不是注册商标，与上海精科公司建立了直接、稳定的联系和指向，"上海精科"和"精科"作为企业名称简称而不是注册商标，已完全具有使相关公众识别不同商品来源和不同市场经营主体的作用，不会使相关公众产生误认或混淆。科仪成套公司认为上海精科公司在其商品上使用所谓简称，侵犯科仪成套公司注册商标专用权，是不合法的企业名称使用方式等主张，因无事实和法律依据，本院不予支持。

BFY，王将饺子案（20100624/B2010-18/F2010-15）：不规范使用企业名称会构成侵权

李某廷 v 王将饺子，再审，最高院（2010）民提字第15号判决书，夏君丽、王艳芳、周云川

案情概要

李某廷认为王将饺子注册并使用"王将"字号，侵犯其"王将"商标——一审、二审支持李某廷——再审认为大连王将公司注册使用企业名称本身并不违法，只在不规范

使用的范围内构成侵权

裁判摘录

【4】虽然大连王将公司注册使用企业名称本身并无不当，但是，大连王将公司没有规范使用其企业名称，而在其招牌、招贴和餐具等突出使用其字号，其所使用的标志"王将""王将"与李某廷在先核准注册的商标标志虽存在一些差异，但这种差异是细微的，以相关公众的一般注意力难以区分，使用在相同服务上，容易使相关公众产生误认……大连王将公司的上述行为侵犯了李某廷的注册商标专用权，其应当停止相应侵权行为并赔偿李某廷的经济损失。

DY，吴良材案（20091127/D2009-05）：突出使用字号构成商标侵权

三联集团等 v 苏州吴良材眼镜公司，二审，江苏高院（2009）苏民三终字第 181 号判决书，吕娜、徐美芬、陈芳华

案情概要

原告三联集团、三联吴良材眼镜公司认为被告在其店面招牌、眼镜盒等相关产品和服务上对"吴良材"字号的使用侵害其"吴良材"注册商标专用权，同时，被告将"吴良材"作为其字号登记并使用的行为构成不正当竞争——一审认为，被告在其店面招牌、眼镜盒等相关产品和服务上对其"吴良材"字号的使用侵害了"吴良材"注册商标专用权，同时，将"吴良材"作为其字号登记并使用的行为构成不正当竞争——二审维持原判

裁判摘录

【10】……所谓突出使用企业字号，一般来讲是指将字号与构成企业名称的其他组成部分相分离或相区别，或者单独使用字号，或者使用特殊的字体、颜色或者大小将字号突出出来等。司法解释之所以强调突出使用企业字号才构成商标侵权，是基于如果在商品上突出使用字号，则客观上起到了标识商品来源的作用，容易使相关公众对商品来源产生误认。因此，上述所列举的单独使用字号或者仅突出字号固然属于突出使用字号的情形，但是即使将字号与行政区划或者行业特点结合使用，如果客观上仍突出了字号的标识作用，亦应属于对企业字号的突出使用。本案中，苏州吴良材眼镜公司在其网站、店面招牌、眼镜盒、眼镜布等相关产品和服务上，或者单独使用"吴良材"，或者使用"苏州吴良材""苏州吴良材眼镜""吴良材眼镜"等字样，这样的

使用方式实际上仍达到了突出使用"吴良材"的效果，亦属于侵犯"吴良材"注册商标专用权的行为。

FY，保宁案（20091120/F2009-22）：正当使用合法注册的企业名称不构成商标侵权

滕王阁公司 v 保宁公司，二审，四川高院（2009）川民终字第 155 号判决书，林涛、刘小红、周静

案情概要

滕王阁公司诉保宁公司侵犯其"保宁 BAONING"注册商标专用权——一审认为"保宁"原为镇名，保宁公司无主观恶意，无突出使用，不会导致混淆和误认，不构成侵权——二审维持一审判决

裁判摘录

【1】……商标是区别不同商品或者服务来源的标志，企业名称是区别不同市场主体的标志，字号是企业名称的核心组成部分。字号与商标均属于识别性标记，但分别受不同的法律法规调整，经过合法注册产生的注册商标专用权和经依法核准登记产生的企业名称权均为合法权利。当两种权利发生冲突时，人民法院应当依照诚实信用、维护公平竞争和保护在先权利等原则处理。【2】……保宁公司使用"保宁"字号无主观恶意。……有其历史因素，没有违反诚实信用的商业道德。……在相同商品上滕王阁公司注册商标虽先行使用"保宁"标识，但该标识并非由滕王阁公司或在先的阆中县中药材公司饮片加工厂臆造，固有显著性不足。滕王阁公司也没有提交证据证明保宁公司成立之前，"保宁"商标经过使用已经在药品行业的相关公众中具有一定知名度，保宁公司使用其作为企业字号具有明显的攀附故意。……证据均不足以证明保宁公司在其产品外包装上突出使用"保宁"字号并足以造成相关公众对二者来源的误认。……滕王阁公司受让"保宁"注册商标时保宁公司已经成立，滕王阁公司受让时应当清楚在同一行业的同类商品上其"保宁"商标与保宁公司"保宁"字号同时存在的情况。……虽然保宁公司企业名称权依法应受保护，但在市场经营活动中，保宁公司应当恪守诚实信用原则，遵循应有的商业道德，依法正确、谨慎地使用企业名称，维护公平竞争的市场秩序。

FY，中凯案（20090821/F2009-28）：突出使用企业字号构成商标侵权

王某燕 v 中凯文化公司，二审，浙江高院（2009）浙知终字第98号判决书，周平、陈宇、林孟

案情概要

王某燕认为中凯文化公司、新华书店未经其许可，擅自生产、销售标有"中凯"商标的音像制品，侵犯了其商标专用权——一审认为中凯文化公司在相同商品上使用"中凯文化"等标识构成侵权，但将"中凯"作为字号使用不易使相关公众产生误认——二审认为中凯文化公司突出使用其"中凯"字号，侵犯了王某燕的注册商标专用权

裁判摘录

【4】字号权与注册商标权系平等、独立的权利，在二者之间发生冲突时，应当依照诚实信用原则与保护在先权利原则处理。最高人民法院《关于审理商标民事纠纷案件适用法律若干问题的解释》第一条第（一）项规定"将与他人注册商标相同或者相近似的文字作为企业的字号在相同或者类似商品上突出使用，容易使相关公众产生误认的"构成商标侵权。涉案"中凯"商标注册在先，中凯文化公司的涉案标注行为符合上述商标侵权要件，侵犯了王某燕的注册商标专用权。

CY，三河福成案（20070405/C2008-06）：企业名称不合理简化且突出使用构成商标侵权

三河福成 v 昆明福成，二审，云南高院（2007）云高民三终字第7号判决书，师清、包靖秋、孔斌

案情概要

三河福成起诉昆明福成侵犯其"福成"商标权利，并构成不正当竞争——一审认为被告是正当使用其企业名称的行为，并不构成对三河福成公司合法权益的侵害——二审推翻一审判决，支持原告诉讼主张——相同服务上突出使用——误认——商标侵权——擅自使用他人知名服务特有名称——不正当竞争

裁判摘录

【7】……昆明福成公司登记注册的企业名称为"哈尔滨福成饮食有限公司昆明分

公司"，而其并未举证证明其在经营场所规范、完整地使用其企业名称。……法律只规定企业有依法"简化"企业名称的权利，而未规定企业可以随意变更企业名称。简化是在全称基础上的合理缩减，而非彻底抛弃原名称、随意使用与原名称完全不同的新名称，况且法律已明文规定企业名称的简化只允许在牌匾上使用，故昆明福成公司并非正常使用其企业名称。【9】首先，从昆明福成公司对"福成"文字的具体使用情况上看，本院认为，昆明福成公司具有违背诚实信用原则的不正当竞争意图，主观上具有混淆服务来源的故意。1. ……昆明福成公司经营场所牌匾上方挂有昆明福成公司自称享有商标专用权的"龙福成"注册商标灯箱，该商标本为卡通牛举旗图案并附有"龙福成"文字，但灯箱中标注的是卡通牛举旗图案并附有"福成"文字，昆明福成公司故意改变了其商标文字，使之与三河福成公司注册商标文字完全相同。2. ……昆明福成公司店外灯箱上标有"龙福成肥牛火锅"文字，其中"龙"字明显小于其他文字，客观上突出了"福成"二字。3. 结合昆明福成公司对于"福成"文字的其他具体使用方法，如在订餐卡、经营场所装饰中广泛使用与其企业名称不符的"福成集团""福成肥牛""福成火锅""福成肥牛火锅""福成肥牛火锅昆明旗舰店"等文字来看，昆明福成公司正以突出"福成"二字的方法强化该二字在消费者认知中的印象，淡化"福成"二字来源的认知（即究竟是三河福成公司商标的组成部分还是昆明福成公司企业名称的组成部分）。结合哈尔滨福成公司与昆明福成公司均和三河福成公司具有长期业务往来，知晓三河福成公司涉案注册商标相关情况的客观事实，本院认为昆明福成公司具有不正当竞争故意，系违背诚实信用原则不当使用企业名称。……由于昆明福成公司并非正常使用其字号，且具有明显不正当竞争故意，原判适用该规定得出昆明福成公司未侵犯三河福成公司注册商标专用权属适用法律错误。【10】其次，从昆明福成公司不当使用三河福成公司涉案注册商标文字"福成"的后果看，客观上会使普通消费者在认知上对权利主体产生混淆和误认。

CY，雪中彩影案（20050530/C2006-05）：没有突出使用企业名称不构成商标侵权

南京雪中彩影 v 江宁雪中彩影等，一审，南京中院（2004）宁民三初字第 312 号判决书，刘红兵、程堂发、卢山

> 案情概要

　　南京雪中彩影起诉被告使用"雪中彩影"标记侵犯其商标权利并构成不正当竞争——企业名称未突出使用——法院认为不构成商标侵权，构成不正当竞争

裁判摘录

【2】被告上海雪中彩影公司、上海雪中彩影江宁分公司的企业名称中虽然包含与原告南京雪中彩影公司注册商标"雪中彩影"相同的文字，但属于企业名称的规范使用，"雪中彩影"字号在字体、大小上与企业名称中的其他文字相同，且与注册商标"雪中彩影"字体相区别，不构成突出使用。

CY，恒盛案（19991103/C2001-03）：不合理使用企业名称可构成对他人商标权的侵犯

芳芳陶瓷厂 v 恒盛陶瓷厂，二审，福建高院（1999）闽知终字第 14 号判决书，吴新民、叶毅华、陈一龙

案情概要

芳芳陶瓷厂起诉恒盛陶瓷厂侵犯"恒盛"注册商标专用权——一审认为被告在包装箱上使用"恒盛瓷砖"字样，是对其企业名称专用权的合理行使——在产品上使用的未注册商标与"恒盛"注册商标的名称相同，构成侵权——二审认为包装箱上标注"恒盛瓷砖"字样，将字号突出用于表明商品名称，不是合理使用，构成商标侵权

裁判摘录

【1】……上诉人南安恒盛陶瓷厂的企业名称虽登记在上诉人芳芳陶瓷厂商标注册之前，但企业名称由行政区划、字号、行业或经营特点、组织形式构成，南安恒盛陶瓷厂在其产品的包装箱上标明其企业名称的同时，在所制造的瓷砖的包装箱上标注"恒盛瓷砖"字样，将字号突出用于表明商品名称，造成与芳芳陶瓷厂的注册商标相混淆，系对其企业名称的不合理使用致侵犯芳芳陶瓷厂的注册商标专用权……

57（7）[2] 域名电商

FY，jiayougo 案（20170911/F2017-17）：域名与商标的近似程度不足以产生混淆则不侵权

家有购物公司 v 家有在线公司，二审，贵州高院（2017）黔民终 822 号判决书，朱进、秦娟、雷蕾

案情概要

　　家有购物公司认为家有在线公司使用域名 www.jiayou9.com 侵犯其第 35 类在线广告等服务的"jiayougo"注册商标——一审认为被告域名的主要部分"jiayou9"与原告商标"jiayougo"近似，服务类似，构成侵权——二审认为"jiayou9"与"jiayougo"不近似，无混淆，不侵权

裁判摘录

　　【4】"jiayougo"与"jiayou9"两标识字形的近似程度客观上是否足以使相关公众产生混淆还需要综合考虑。首先，被控侵权域名与涉案商标相比较，两者在字形上虽然有一定的近似性，但并不属于高度近似。在互联网环境下网络域名之间任何一点符号的细微差别都会产生完全不同的结果，因此一般互联网用户在通过网络域名识别商品或者服务来源时会施以较高的注意义务；其次，商标的首要功能是要区分商品或者服务的来源，一般商标的使用时间越长、知名度越高其识别功能越强，商标也只要通过实际使用才能发挥其识别功能和积累商誉的功能。……再次，判断本案中家有在线公司注册、使用"jiayou9.com"计算机网络域名是否会造成相关公众产生混淆还应考虑作为互联网用户的普通消费者访问特定网站的操作习惯。通常情况下，互联网用户访问特定网站是通过在常用搜索引擎中输入关键词的方式搜索网页链接进入网站主页。……最后，即使网络用户因为记忆混淆将搜索关键词输入为"jiayou9"而进入 www.jiayou9.com 网站，但 www.jiayou9.com 网站首页出现的名称是"家有在线""JIAYOU9.COM"等字样，一般情况下互联网用户在进入网页之后，其关注要素更多的是网页名称等网页版面信息，以互联网用户的一般认知能力很难使相关用户产生该网络域名对应网站的服务来源于"jiayougo"商标注册人的混淆。综上，虽然家有在线公司在近似的服务上使用了与家有购物公司注册商标有一定近似性的网络域名，但由于并不会导致相关互联网用户的混淆，所以并不构成侵权。

第五十七条

FY，武当红案（20131216/F2013-26）：域名与他人的商标不近似、无混淆就不构成侵权

仙尊酿酒公司 v 天滋武当红公司等，二审，湖北高院（2013）鄂民三终字第 132 号判决书，刘建新、陈辉、童海超

案情概要

　　原告认为被告天滋武当红公司、神武天滋公司未经许可，在生产销售的酒品包装

等材料上突出使用"武当红"文字,天滋武当红公司将"天滋武当红"登记为企业字号,构成商标侵权和不正当竞争——一审和二审均认为,被告天滋武当红公司、神武天滋公司并未侵害仙尊酿酒公司的商标权,也未突出使用其企业名称,实际使用的域名也未侵害仙尊酿酒公司的商标权

裁判摘录

【6】仙尊酿酒公司的第 671191 号、第 1083680 号、第 1107727 号系文字及图形组合商标,第 1393938 号、第 8333106 号系中文汉字,且第 671191 号、第 1083680 号、第 1107727 号、第 1393938 号注册商标是以"武当"作为核心部分的商标,而"www.wudanghong.com"域名及其主要识别部分"wudanghong"均系汉语拼音,不论从整体还是部分来看,该域名及其上述主要识别部分与仙尊酿酒公司的注册商标都不能构成直接对应关系,故不构成相同或近似。其次,第 8333106 号至今并未实际投入商业使用,亦无证据显示具有较高的知名度及显著性,相关消费者不会认为该域名与仙尊酿酒公司的上述注册商标具有特定的联系,从而造成混淆误认。最后,该域名的注册时间是 2010 年 3 月,早于的申请注册时间 2010 年 5 月 26 日和核准注册时间 2011 年 5 月 28 日。故天滋武当红公司、神武天滋公司注册使用"www.wudanghong.com"域名不属于《最高人民法院关于审理商标民事纠纷案件适用法律若干问题的解释》第一条第(三)项规定的行为,不构成对仙尊酿酒公司商标权的侵害。

AFY,小拇指案(20130219/A20140626-30/F2013-22):在先域名注册不构成商标侵权

兰某军等 v 天津小拇指公司等,二审,天津高院(2012)津高民三终字第 46 号判决书,刘震岩、赵博、向晓辉

案情概要

兰某军、杭州小拇指公司起诉天津小拇指公司、天津华商公司侵害其"小拇指"商标权及不正当竞争——单独或突出使用——注册和使用"tjxiaomuzhi"网站域名——杭州小拇指超越经营范围——一审认定商标侵权,未认定不正当竞争——二审认定商标侵权及不正当竞争

裁判摘录

【22】因天津小拇指公司、天津华商公司所主办网站的注册时间均在兰某军、杭州小拇

指公司取得涉案注册商标之前，故原审判决依据相关司法解释的规定，认定天津小拇指公司、天津华商公司以"tjxiaomuzhi"作为网站域名的行为不构成商标侵权，并无不当。

FY，轩尼诗 | 案（20120420/F2012-26）：使用与他人注册商标近似的域名且有相关产品出售构成侵权

轩尼诗公司 v 昌黎轩尼诗公司等，一审，合肥中院（2012）合民三初字第29号判决书，齐东海、张宏强、汪寒

案情概要

原告轩尼诗公司是第33类商品上的第890628号"Hennessy"商标、第3909238号"轩尼诗"商标以及第890643号"手持战斧图形"商标的权利人—原告起诉多名被告商标侵权，起诉被告昌黎轩尼诗公司在企业名称中使用"轩尼诗"构成不正当竞争—一审部分支持原告商标侵权主张—认定华晋贸易公司使用涉案域名 hensy.cn 销售侵权产品，构成商标侵权—认定昌黎轩尼诗公司在企业名称中使用"轩尼诗"构成不正当竞争

裁判摘录

【16】如前所论，华晋贸易公司构成对涉案域名 hensy.cn 的使用。涉案域名的主体"hensy"与原告第890628号"Hennessy"商标相比，前者应是源于后者、有模仿后者的意图，但二者在符串长度方面差别较大，前者是五字符，后者是八字符，当二者分别被使用于无关联的场合时，该显著差别的存在通常令人不致混淆二者或误认为二者存在关联。然而，使用涉案域名的网站的内容表明，该网站的唯一功能就是宣传、销售侵害原告权利的葡萄酒类产品；在网站中使用的"Hennessy"等标识以及大量指向原告的虚假宣传内容的诱导暗示下，可能会导致网站的部分该问者误认为涉案域名主体"hensy"是"hennessy"的简化使用方式，从而强化了访问者对网站的信任，涉案域名增加了访问者被误导的可能性。华晋贸易公司对涉案域名的使用行为强化了网站内容引发的侵权后果，其应当承担停止使用涉案域名的责任。

CDY，拉菲 | 案（20110817/C2012-07/D2011-02）：注册完整包含他人商标的域名并从事电子商务侵犯商标权

拉菲公司 v 金鸿德公司等，二审，湖南高院（2011）湘高法民三终字第55号判决书，曾志红、唐小妹、陈小珍

拉菲公司认为金鸿德公司未经许可在相同商品上使用"LAFITEFAMILY"标记等行为，侵犯其"LAFITE"商标权利并构成不正当竞争—域名及网站上有关标记的使用—误认——一、二审认为构成侵权及不正当竞争

【3】……上诉人使用的域名"lafitefamily. com"完整包含了被上诉人第 1122916 号注册商标"LAFITE"文字，上诉人并在该网站中结合 Lafitefamily、"（缺图）"等标识对其葡萄酒商品进行宣传、推广，容易使相关公众误认为上诉人提供的商品来源于被上诉人，上诉人的这一行为属于给他人注册商标专用权造成其他损害的行为，侵犯了被上诉人尚杜·拉菲特罗兹施德民用公司第 1122916 号"LAFITE"注册商标专用权。

FY，凯摩高案（20080505/F2008-29）：注册并使用域名攀附他人商誉构成侵权及不正当竞争

凯摩高公司 v 盐城凯摩高公司，盐城中院（2007）盐民三初字第 36 号判决书，陈健、葛丹峰、吴名

原告凯摩高公司注册有"www. camoga. com"和 www. camoga. it 域名，并通过国际注册使其商标"CAMOGA"在中国获得保护—原告起诉被告盐城凯摩高公司商标侵权及不正当竞争—原告要求认定"CAMOGA"驰名——一审认为不需认定驰名—被告注册涉案域名 www. chinacamoga. com 和 www. camoga. net 构成商标侵权及不正当竞争—被告将其企业名称标注为"Yancheng Camoga Machinery Co. Ltd"，构成不正当竞争—被告将中文"凯摩高"注册为企业字号及用作产品标识的行为不构成商标侵权或不正当竞争

【3】……域名作为互联网用户在网络中的特定名称和地址，其作用是确定网络地址，便于网络上的信息传递。由于域名具有识别性和标志性，网络访问者通常可依特定域名来判断和区分网络信息服务的提供者。这一特征使得域名日益成为企业在互联网上设立专门网站的重要标志，与企业的知名度及商业信誉息息相关。因此企业的特

定网络域名往往被用作该企业的商业标识，蕴藏着巨大的商机。本案被告盐城凯摩高作为生产鞋机的企业，在多年的市场营销过程中，应当知道"CAMOGA"标志已被其他企业在同类商品中在先使用，并具有一定的品牌知名度，但却出于商业目的，在国家商标局未批准其注册"CAMOGA"商标的情况下，将"www.camoga.net"和"www.chinacamoga.com"注册为公司的商业网络域名，其两个域名的主要部分已构成对原告凯摩高公司注册商标和企业名称的复制和模仿，并且通过该域名在网站上发布相同产品的宣传、推广信息，以吸引客户，牟取商业利益。……具有明显的主观过错。……被告盐城凯摩高对其在公司域名中使用"camoga"字样并无正当理由，客观上也会使相关公众在看到这一域名时产生被告盐城凯摩高和原告凯摩高公司之间有某种特定联系的错误认识，从而对商品的来源发生混淆。……被告的域名注册行为侵犯了原告的商标专用权，同时构成不正当竞争，依法应当承担相应的民事责任。

57（7）［3］驰名商标

SY，微信Ⅳ案（20190805）：驰名注册商标的保护范围包括淡化

腾讯深圳公司等 v 微信食品公司等，二审，北京高院（2019）京民终 332 号判决书，陶钧、孙柱永、樊雪

> ［案情概要］

　　三被告联合在网站上宣传、推广"微信食品"线上商城等服务，并通过微信食品商城提供食品类商品的电子交易服务，线下经营标注"微信食品"店招及标识的社区生活营行等，并在相关市场推广活动中大量使用"微信食品""微信食品 WECHAT FOOD"等标识—原告认为三被告的上述行为侵犯其"微信及图""Wechat"等驰名商标，构成商标侵权—一审认为原告四件引证商标构成驰名商标—微信食品公司、小小树公司构成侵权—微信食品公司是在两件涉案驰名商标已具有相当知名度后成立，且将涉案驰名商标中的显著识别部分"微信"作为公司字号的主要部分进行注册使用，容易使相关公众对商品或服务的来源产生混淆，违反了诚实信用原则，构成不正当竞争—证据不足以证明中绿农公司侵权—二审基本维持一审判决

> ［裁判摘录］

　　【20】本案中，根据腾讯深圳公司和腾讯北京公司在一审诉讼中所主张的事实，其主张微信食品公司和小小树公司所实施的被控侵权行为侵害了其第 9085979 号"微信及图"商标、第 15519249 号"微信及图"商标、第 10079843 号"Wechat"商标以及第 10079848 号"Wechat"商标的专用权，因腾讯深圳公司、腾讯北京公司所出示的涉

案公证书所载明的被控侵权行为均在上述商标核定使用日期之后，其被控侵权行为所涉及的商品或服务类别均与上述商标核定使用的商品或服务不相类似，故一审法院基于按需认定、被动认定、个案认定的原则，基于涉案证据认定在被控侵权行为发生前上述商标分别在第 9 类"计算机软件（已录制）、计算机程序（可下载软件）"商品及第 38 类"信息传送"服务上构成驰名商标并无不当，本院予以确认。然而，根据查明的事实可知微信食品公司企业名称正式核准登记日期为 2015 年 4 月 14 日，第 15519249 号"微信及图"商标核准注册日为 2015 年 11 月 28 日，即第 15519249 号"微信及图"商标的核准注册日期晚于微信食品公司企业名称的登记日，故一审法院关于在微信食品公司 2015 年 4 月 14 日成立时第 15519249 号"微信及图"商标构成已经注册的驰名商标的认定存在错误，本院予以纠正。……【33】综合考虑上述腾讯深圳公司、腾讯北京公司"微信"和"Wechat"商标的显著性、知名度，相关公众的重合程度以及标志的近似程度和其他实际使用情况，可以认定相关公众能够将微信食品公司在餐饮类服务（即包括"饭店、餐馆"服务、"餐饮"服务）、开设线下超市（即"超市"服务）、开设线上商城（即"网上商城、为商品和服务的买卖双方提供在线市场"服务）、在湖北区家岭建设的物流园中突出使用"微信食品"商标、主办的"美丽有约"等线下宣传活动中使用"微信"商标等实施的被控侵权行为中涉及的"微信""微信食品""WECHATFOOD"商标与涉案驰名商标建立相当程度的联系，而且也存在相关公众将被控侵权行为所涉及的服务或商品的来源与腾讯深圳公司、腾讯北京公司建立错误联系的可能性。因此，上述行为破坏了"微信"和"Wechat"与腾讯深圳公司、腾讯北京公司在计算机程序（可下载软件）、计算机软件（已录制）、信息传送等服务或商品上的唯一对应关系，足以减弱驰名商标的显著性，致使腾讯深圳公司、腾讯北京公司的利益受到损害。微信食品公司实施的上述被控侵权行为属于商标法第五十七条第（七）项规定的侵犯注册商标专用权的情形，应当停止侵害，并承担相应侵权责任。故腾讯深圳公司、腾讯北京公司该部分上诉主张具有事实和法律依据，本院予以支持。

DY，奥普III案（20190618/D201908）：驰名商标可跨类保护

奥普家居等 v 新能源公司等，二审，浙江高院（2019）浙民终 22 号判决书，刘建中、何琼、陈宇

[案情概要]

　　原告莫丽斯公司注册，奥普家居公司在第 11 类浴霸商品上使用"奥普"商标——被告使用"AOPU 奥普"等多个有关标识——原告起诉被告商标侵权及不正当竞争——主张 2000 万元赔偿——一审认定原告商标驰名，应给予跨类保护——被告晋美公司在更名前使用"奥

普伟业"作为企业字号，以及被告风尚公司在上海股权托管交易中心使用"奥普建材"作为股份简称，都构成不正当竞争—支持赔偿 800 万元—一审判决后被告用于抗辩的商标之一第 1737521 号商标被无效—二审维持一审。

裁判摘录

【5】……本案中，被诉侵权标识"（缺图）""奥普 AOPU 吊顶""金属建材"包含涉案注册商标标识"奥普"，拼音字母"aopu""AOPU"与文字"奥普"对应，而被诉标识中的"吊顶""金属建材"系通用名称，能起到识别商品来源作用的为"奥普 AOPU""（缺图）"标识，结合涉案"奥普"商标驰名的事实以及风尚公司与莫丽斯公司、奥普家居公司均位于浙江省等情况，足以认定被诉侵权标识系对涉案"奥普"注册商标的复制、摹仿。该复制、摹仿行为足以误导相关公众，使相关公众误认为使用被诉侵权标识的商品与涉案"奥普"驰名商标具有相当程度的联系，从而淡化或减弱该驰名商标的显著性，损害了莫丽斯公司、奥普家居公司的市场利益，风尚公司的被诉行为构成对涉案"奥普"注册商标专用权的侵害。【6】莫丽斯公司、奥普家居公司主张被诉侵权标识使用在扣板产品上系超出第 1737521 号"aopu奥普"商标核定商品范围的不规范使用行为，且涉案"奥普"商标为驰名商标，"（缺图）"商标本身亦属于复制、摹仿涉案"奥普"驰名商标，构成商标侵权行为，应禁止使用。根据《最高人民法院关于审理涉及驰名商标保护的民事纠纷案件应用法律若干问题的解释》第十一条规定，被告使用的注册商标系复制、摹仿或者翻译原告驰名商标，构成侵犯商标权的，人民法院应当根据原告的请求，依法判决禁止被告使用该注册商标。在案证据证实，"（缺图）"商标申请注册时，涉案"奥普"商标已为驰名商标，"（缺图）"商标包含涉案商标"奥普"字样，其中拼音字母"aopu"亦与文字"奥普"对应，二者文字构成、呼叫、含义等方面相同，且注册申请人均位于浙江省，故可以认定"（缺图）"商标系对涉案"奥普"驰名商标的复制、摹仿。由于涉案"奥普"商标为驰名商标，莫丽斯公司、奥普家居公司诉请禁止使用"（缺图）"商标不受五年时间的限制。一审判决风尚公司、现代公司、晋美公司禁止使用"（缺图）"商标，于法有据。且商评委已根据北京知识产权法院、北京市高级人民法院和最高人民法院相关行政裁判，宣告该注册商标无效。

SY，洋河案（20180208）：驰名商标可起诉在后恶意注册的商标且不受五年限制

洋河酒厂 v 发洋公司等，二审，江苏高院（2017）苏民终 1781 号判决书，宋峰、刘莉、史蕾

案情概要

　　洋河酒厂起诉发洋公司等多名被告商标侵权及不正当竞争—主张驰名—要求禁止
三被告使用发洋公司法定代表人汤某民注册的第 12356049 号、第 5540137 号的商标及
包含有"洋河"文字的商标—一审认定原告引证的第 1470448 号"洋河"商标驰名—
认定被告抗辩使用的注册商标在原告第 1470448 号商标驰名后注册，属恶意注册—支
持原告商标侵权及不正当竞争的诉讼请求—二审维持一审判决

裁判摘录

　　【6】……《中华人民共和国商标法》第四十五条（2013 年修正，2001 年修正商
标法第四十一条）规定，已经注册的商标，违反本法第十三条等规定的，自商标注册
之日起五年内，商标所有人或者利害关系人可以请求商标评审委员会裁定撤销该注册
商标。对恶意注册的，驰名商标所有人不受五年的时间限制。【7】本案中，洋河酒厂
的"洋河"商标于 2002 年 3 月 12 日已被国家商标局认定为驰名商标，汤某民在明知
"洋河"商标知名度和影响力的情况下，复制、摹仿"洋河"商标，除先后于 2009 年
和 2014 年申请注册了涉案第 5540137 号、第 12356049 号"洋河 Yanghe"商标外，还
注册了包括第 16632989 号在内的数个"洋河 Yanghe"商标，主观上具有傍名牌的故
意。且在相关"洋河 Yanghe"商标注册后，汤某民未进行有效的商业使用，而是以授
权他人使用的形式谋取利益，其恶意注册的主观故意明显。发洋公司、丹胜公司将汤
某民注册的"洋河 Yanghe"商标用于被控侵权产品，因"洋河 Yanghe"商标文字部分
与洋河酒厂的驰名商标"洋河"一致，"Yanghe"为"洋河"文字的拼音，两者构成
近似，容易混淆，不仅会造成相关公众对产品来源产生误认，还会对涉案"洋河"驰
名商标产生下列影响：一是导致相关公众误认"洋河"商标持有人洋河酒厂与发洋公
司、丹胜公司之间具有特定的商业联系，发洋公司、丹胜公司借此攫取"洋河"注册
商标所积累的商业价值；二是被控侵权产品如果发生质量问题，容易引起消费者对
"洋河"商标的负面评价，即使消费者事后知晓侵权产品与"洋河"商标权人没有任
何联系，但此种商标侵权行为一定程度减弱"洋河"商标的显著性，降低"洋河"商
标对消费者的吸引力，从而损害该商标的品牌价值，致使洋河酒厂的利益受到损害。
综上，发洋公司、丹胜公司在其产品上使用"洋河"文字标识的行为，侵害了洋河酒
厂"洋河"驰名商标专用权。【8】因汤某民系恶意注册"洋河 Yanghe"商标，根据
《最高人民法院关于审理涉及驰名商标保护的民事纠纷案件应用法律若干问题的解释》
第十一条之规定，洋河酒厂除可请求法院判决汤某民禁止使用其于 2014 年注册的第
12356049 号"洋河 Yanghe"商标，还可不受五年期间限制，请求法院判决禁止汤某民
使用其于 2009 年注册的第 5540137 号"洋河 Yanghe"商标。故发洋公司、汤某民、丹胜
公司上诉称"洋河 Yanghe"商标系汤某民得到合法授权的注册商标，被控行为不构成

侵权，其可以使用被控涉案商标的上诉理由与事实和法律相悖，本院不予采纳。

SY，蒙娜丽莎案（20171229）：在后驰名的商标不能对抗他人在先注册的商标

蒙娜丽莎集团 v 蒙娜丽莎建材公司等，再审，最高院（2017）最高法民再 80 号判决书，李剑、杜微科、李丽

案情概要

原告蒙娜丽莎集团起诉被告蒙娜丽莎建材公司使用"蒙娜丽莎"字号侵犯其第 1476867 号"M＋蒙娜丽莎＋MONALISA＋图形"、第 3406138 号"蒙娜丽莎"商标权益—起诉蒙娜丽莎建材公司和贝佳斯公司在网站、名片、招牌灯位置使用"MONAL-ISA""蒙娜丽莎""蒙娜丽莎头像"等标志侵犯其第 1765162 号"MONALISA"、第 3406138 号"蒙娜丽莎"及第 3263410 号蒙娜丽莎头像商标—一审认定被告构成对第 1476867 号"M＋蒙娜丽莎＋MONALISA＋图形"、第 1765162 号"MONALISA"英文商标、第 3406138 号"蒙娜丽莎"中文商标的侵害—停止侵权，更改字号—蒙娜丽莎集团上诉，要求判令蒙娜丽莎建材公司和贝佳斯公司停止在店铺内使用蒙娜丽莎画像—二审撤销一审判决，驳回原告全部诉讼请求—蒙娜丽莎建材公司具有正当、稳固的商标权利基础，且具有知名度—合理使用—原告商标是在被告商标注册后驰名—蒙娜丽莎画像不是商标性使用—蒙娜丽莎建材公司将"蒙娜丽莎"作为企业字号予以登记和使用具有其合理和正当性—再审维持二审判决

裁判摘录

【6】蒙娜丽莎集团提交的证据虽然能够证明其涉案注册商标在第 19 类商品上享有较高的知名度，但其涉案注册商标最早被认定为驰名商标的时间为 2006 年，迟于第 1558842 号商标申请注册的 1999 年及核准注册的 2001 年。故蒙娜丽莎集团关于其在后驰名的商标应扩张保护以对抗在先核准注册的第 1558842 号注册商标专用权的主张，本院不予支持。

SY，美孚I案（20171129）：商标淡化需要结合多个要素综合判断

埃克森美孚公司 v 北农公司等，二审，北京高院（2016）京民终 544 号判决书，岑宏宇、戴怡婷、马军

案情概要

原告埃克森美孚公司在第 4 类、第 5 类相关商品上享有"美孚""MOBIL"等商标的专用权—被告在肥料、农药产品上使用"美孚""MOBIL"文字—一审庭审中,各被告对"美孚""Mobil"商标在 2012 年之前在润滑油领域的驰名状态并无异议,但不认可其目前仍处于驰名状态—一审认定原告引证商标驰名,认为存在跨类混淆,构成侵权—二审维持侵权认定,部分纠正一审判决

裁判摘录

【20】……所谓减弱驰名商标的显著性是指,减弱驰名商标与其所有人在特定商品上形成的唯一对应关系。驰名商标的价值来源于上述显著性,因此,驰名商标制度旨在保护此种唯一对应关系免遭破坏。减弱驰名商标与特定商品的对应关系以及减弱驰名商标与其所有人的对应关系均属于上述减弱驰名商标显著性的类型。如果诉争商标使用的商品并非其赖以驰名的商品,相关公众错误地认为来源于驰名商标所有人,则驰名商标与其赖以驰名商品的唯一对应关系遭到破坏,驰名商标的显著性被减弱。如果诉争商标使用的商品并非其赖以驰名的商品,相关公众虽然认为驰名商标所有人不会提供该商品,亦不会对商品的来源产生混淆误认,但看到诉争商标却会在相当程度上联想到驰名商标的所有人,则驰名商标和所有人之间唯一对应关系产生破坏,驰名商标的显著性被减弱。【21】认定诉争商标与驰名商标具有相当程度的联系并导致驰名商标的显著性减弱,可以考虑以下因素:【22】驰名商标的显著性和知名度。显著性越强、知名度越高,则该驰名商标的保护范围越宽,相关公众更容易将诉争商标与之建立联系,减弱唯一对应关系的可能性越大。……【23】相关公众的重合程度。……如果重合程度高,则驰名商标的知名度更容易及于诉争商标的相关公众,相关公众看到诉争商标更容易联想到驰名商标。【24】……标志的近似程度……

SY,九牧案(20170904):驰名商标可得到反淡化保护

九牧集团等 v 粤九牧公司等,二审,北京高院(2017)京民终 51 号判决书,陶钧、王晓颖、孙柱永

案情概要

原告九牧集团拥有第 4044548 号"JOMOO 九牧"商标,核定使用商品为第 11 类的澡盆等—转让给另一原告九牧厨卫—原告起诉被告使用"JUOMU"等标记的行为侵犯

其商标权利并构成不正当竞争—一审认为原告引证商标在"浴室装置、浴室洁具"等商品上驰名，被告构成侵权及不正当竞争—二审维持一审判决

裁判摘录

【5】……本案中，粤九牧公司在其被控侵权的煤气灶、抽油烟机等商品的机身和外包装的显著位置上标注"JUOMU 九牧电器"标识，根据我国相关公众的一般认知习惯，该标识显著识别部分为中文"九牧电器"，与涉案的"JOMOO 九牧"商标的显著识别部分中文"九牧"在文字构成、含义、外观、呼叫等方面较为相近，构成了对驰名的"JOMOO 九牧"商标的摹仿。同时，煤气灶、抽油烟机等商品与涉案"JOMOO 九牧"商标驰名的浴室装置、浴室洁具均属于家装的日常厨卫家电产品，彼此在销售渠道、消费群体等方面存在密切关系，因此在被控侵权商品上使用"JUOMU 九牧电器"标识容易使相关公众误认为相关商品的提供者与涉案"JOMOO 九牧"商标的权利人存在特定联系，进而减弱涉案"JOMOO 九牧"商标与九牧集团、九牧厨卫的对应性，粤九牧公司存在不正当利用涉案商标市场声誉的情形，一审判决关于涉案被控侵权行为属于"误导公众，致使该驰名商标注册人的利益可能受到损害"情形的认定正确，本院予以确认。粤九牧公司该部分上诉理由缺乏事实及法律依据，本院不予支持。

DY，路虎Ⅲ案（20170527/D2017-07）：跨类使用削弱驰名商标的显著性和商誉的行为构成侵权

路虎公司 v 奋力公司等，二审，广东高院（2017）粤民终 633 号判决书，邱永清、喻洁、肖海棠

案情概要

路虎公司认为奋力公司在其"路虎维生素饮料"等商品上使用的涉案标识侵犯其注册在第 12 类"陆地机动车辆"等商品上的"路虎""LANDROVER"商标—原告主张引证商标驰名—一审认为，奋力公司的商标经异议并未核准注册—路虎公司的商标构成驰名商标—被告的使用构成侵权—赔偿 120 万元—二审维持原判

裁判摘录

【4】奋力公司被诉标识所使用的商品虽然与路虎公司涉案注册商标核定使用的商品类别不同，但如前所述，基于路虎公司涉案注册商标的显知性和长期大量使用，相关公众已将涉案注册商标与路虎公司建立起紧密联系。相关公众看到被诉产品及被诉

标识，容易误以为被诉行为获得了路虎公司的许可，或者误以为奋力公司与路虎公司之间具有控股、投资、合作等相当程度的联系，削弱了路虎公司涉案注册商标作为驰名商标所具有的显著性和良好商誉，损害路虎公司的利益。【5】……无论奋力公司是否已就"路虎 LANDROVER"商标在某一类商品上申请乃至获准商标注册，路虎公司均有权寻求禁止在后注册商标使用的民事救济，从而制止奋力公司在实际经营活动中摹仿其驰名商标在不相同和不相类似的商品上作为商标使用、误导公众。……基于路虎公司涉案注册商标的显知性和长期大量使用，相关公众已将涉案注册商标与路虎公司建立起紧密联系。相关公众看到被诉产品及被诉标识，容易误以为被诉行为获得了路虎公司的许可，或者误以为奋力公司与路虎公司之间具有控股、投资、合作等相当程度的联系，削弱了路虎公司涉案注册商标作为驰名商标所具有的显著性和良好商誉，损害路虎公司的利益。……【6】路虎公司为涉案注册商标的使用、宣传与维护付出了长期、持续、大量的努力，涉案注册商标知名度高，享有良好的市场声誉，应受到与其知名度相匹配的司法保护力度。……奋力公司使用的被诉标识均为摹仿、复制路虎公司涉案三个驰名商标的全部或主要部分，攀附驰名商标声誉的主观恶意明显，情节恶劣。……第四，本案的证据显示，奋力公司并非被诉标识的善意使用者，除了本案所涉被诉标识之外，奋力公司还申请注册了大量与其他名人和知名企业称谓相同的商标，其利用我国商标注册制度囤积和不当使用商标的主观恶意明显。在本院二审期间，奋力公司不仅无法对其使用被诉标识的行为做出合理解释，反而以其使用的商标曾经获得授权、申请商标注册并不违法为由坚称不侵权，其利用合法形式来掩盖侵权实质行为的主观恶意明显，严重有违诚实信用原则。

FY，老干妈 II 案（20170424/F2017-13）：擅自使用驰名商标将削弱其显著性，并不正当利用其市场声誉构成侵权

老干妈公司 v 永红公司等，二审，北京高院（2017）京民终 28 号判决书，周波、俞惠斌、苏志甫

案情概要

老干妈公司认为永红公司在其牛肉棒上标注"老干妈味"侵犯其第 30 类豆豉等商品上的"老干妈"驰名商标——一审认为，原告"老干妈"商标构成驰名，被告对"老干妈"的使用将导致其通用化为一种口味名称，减弱其显著性和识别性，构成商标侵权，不构成不正当竞争——二审维持原判

裁判摘录

【12】……贵州永红公司将"老干妈"作为涉案商品的口味名称，并标注于涉案商

品包装正面，属于对涉案商标的复制、摹仿，其能够起到识别商品来源的作用，属于商标法意义上的使用。虽然涉案商品确实添加有"老干妈"牌豆豉，但"老干妈"牌豆豉并非食品行业的常用原料，"老干妈味"也不是日用食品行业对商品口味的常见表述方式，涉案商品对"老干妈"字样的使用不属于合理使用的范畴。【13】涉案……商品虽然在商品原料、功能用途等方面存在差异，但二者均属日用食品，在销售渠道和消费群体方面存在一定重合，贵州永红公司……的行为，足以使相关公众在看到涉案商品时直接联想到第2021191号"老干妈"商标，进而破坏该商标与贵阳老干妈公司所生产的豆豉、辣椒酱（调味）、炸辣椒油商品之间的密切联系和对应关系，减弱该商标作为驰名商标的显著性。……削弱了第2021191号"老干妈"商标与贵阳老干妈公司的唯一对应联系，弱化了该驰名商标告知消费者特定商品来源的能力，从而减弱了驰名商标的显著性，并不正当利用了驰名商标的市场声誉，构成商标法第十三条第三款所指"误导公众，致使该驰名商标注册人的利益可能受到损害的"的情形，属于给他人注册商标专用权造成其他损害的行为。

CY，宝马Ⅲ案（20160930/C2019-09）：恶意应整体判断，部分被控侵权商标标识在权利商标驰名前已注册也不必然排除恶意

宝马公司 v 德马公司等，一审，上海知产院（2015）沪知民初字第58号判决书，何渊、范静波、程黎

案情概要

原告宝马公司系"BMW"图形商标、"寶馬"文字商标、"BMW"字母商标等注册商标专用权人—注册类别涉及第12类、第18类及第25类—原告起诉被告德马公司、周某琴、创佳公司合作经营的BMN品牌加盟体系使用被诉标志及有关文字，侵犯其商标权利，并构成不正当竞争—原告主张第12类驰名—被告以若干原始或受让的注册商标抗辩—一审法院认定原告权利商标在第12类的机动车辆、摩托车及其零件上驰名—三被告明知原告权利商标属于驰名商标，仍共同建立BMN品牌加盟体系并通过生产、销售被控侵权商品、授权BMN品牌授权经销商、广告宣传等商业活动使用侵权标识，构成商标侵权及不正当竞争

裁判摘录

【14】原告"BMW""BMW""寶馬"商标至少在2007年已经属于驰名商标并持续至今，上述商标中"BMW"字母、"寶馬"文字以及"BMW"商标中内圈间隔色块设

置，四片等分叶轮视觉果的图形结构，其单独及其组合因原告的广泛使用，已经成为相关消费者识别原告及原告商品的主要标志。对此，三被告应当是明知的，但三被告仍实施了如下行为：【15】1. 被告周某琴以"BMW""宝马"作为字号注册成立了被告德马公司，而被告德马公司一经成立、就与被告创佳公司在 BMN 品牌加盟体系的经营中使用德国宝马集团（国际）控股有限公司 [GERMAN BMW GROUP（INTL）HOLDING LIMITED]、德国宝马集团、德国宝马并授权 BMN 品牌授权销售商使用。即使在被告德马公司企业名称已经变更为现名的情况下，被告德马公司、被告创佳公司仍持续使用上述名称。【16】2. 被告德马公司、被告创佳公司未按核定使用的标识使用""""商标，而是在该两商标的基础上，改变两商标的图形结构与颜色，模仿""商标中内圈间隔色块设置，四片等分叶轮视觉效果的图形结构，使用易使相关公众对商品的来源产生误认或者认为其来源与原告""商标具有特定的联系的""标识、""标识、""阴阳纹标识、""阴阳纹标识、""标识并授权 BMN 品牌授权销售商使用。【17】3. 被告德马公司、被告创佳公司实际使用的**BMN**、**BMN** 与原告"BMW"商标具有相同"BM"字母，以相关公众的一般注意力为标准，两者已经构成近似。【18】4. 上述实际使用于 BMN 品牌加盟体系中的企业名称及标识，显然与识别原告及原告商品的三个主要标志"BMW""寶馬"以及""商标中内圈间隔色块设置，四片等分叶轮视觉效果的图形结构具有一一对应关系。被告德马公司、被告创佳公司在上述单一标识的基础上，将其组合为、

    等图案，并与德国宝马集团（国际）控股有限公司 [GERMAN BMW GROUP（INTL）HOLDING LIMITED]、德国宝马集团、德国宝马等配合，广泛使用于《品牌加盟手册》、涉案服装、鞋、包等商品、广告宣传、经营场所装潢等 BMN 品牌加盟体系的各种商业活动中。被告德马公司、被告创佳公司的上述使用方式、范围，显然进一步加强了相关公众对 BMN 品牌的印象，加深了 BMN 品牌与原告之间具有特定联系的误认和混淆的程度。【19】5. 在经营 BMN 品牌加盟体系的过程中，被告周某琴进一步注册了与""""商标图形结构不同，而与原告""商标图形结构近似的""商标，并授权被告创佳公司使用。被告德马公司亦注册了与原告"BMW"商标近似的"**BMN**""BMN"商标并与被告创佳公司共同使用。被告周某琴、被告德马公司、被告创佳公司上述行为的目的，显然是为了造成其合法使用商标的假象，掩盖其模仿、复制原告"""BMW"、"寶馬"商标，误导公众 BMN 品牌与原告具有特定联系的

侵权行为，逃避正常的行政监管。【20】本院认为，上述分析表明，被告创佳公司、被告德马公司、被告周某琴在共同设立、经营 BMN 品牌加盟体系的过程中，全面复制、模仿识别原告及原告商品的主要标志，误导公众，其目的显然是为了使相关公众产生被告德马公司与原告之间有关联关系，以及 BMN 品牌加盟体系及其所售商品与原告具有特定联系的混淆和误认。综上，本院认为，被告创佳公司、被告德马公司、被告周某琴对于侵权企业名称、侵权标识的注册、使用具有明显的主观恶意。

FY，卡地亚 II 案（20111202/F2011-19）：同时使用自有商标仍有可能造成驰名商标的淡化

卡地亚公司 v 铭坤公司等，二审，上海高院（2011）沪高民三（知）终字第 93 号判决书，张晓都、王静、马剑峰

案情概要

卡地亚公司注册有"Cartier""卡地亚"商标—核定使用在第 14 类等多个类别的商品，但不含第 19 类—被告铭坤公司等将"卡地亚"作为其陶瓷类商品标识使用及宣传—卡地亚公司起诉被告商标侵权及不正当竞争—一审认定卡地亚公司引证商标驰名—被告属于商标使用行为—足以使相关公众误认为两者具有相当程度的联系，构成商标侵权—违反诚实信用—金丝玉玛公司与铭坤公司构成不正当竞争—二审维持一审判决

裁判摘录

【3】……"卡地亚"属于臆造词，本身具有较强的显著性，而且由于"卡地亚""Cartier"该两项注册商标已成为驰名商标，故其在相关公众中广为知晓。本案中，虽然三上诉人在网站、宣传手册以及销售凭证上使用了"金丝玉玛"商标，但是由于"卡地亚""Cartier"商标属于相关公众广为知晓的商标，三上诉人在网站、宣传手册以及销售凭证上使用与驰名商标"卡地亚""Cartier"文字相同、读音相似的被控侵权标识"卡地亚""卡地亚 KADIYA"的行为，仍然会吸引公众的注意力，使相关公众误认为上诉人的商品来源于被上诉人卡地亚公司或者与被上诉人具有相当程度的联系，从而减弱被上诉人"卡地亚""Cartier"注册商标的显著性，使被上诉人的利益可能受到损害，三上诉人的行为已经构成对被上诉人涉案两项注册商标专用权的侵害。

CFY，尼康案（20101228/C2012-08/F2010-39）：驰名商标符合条件的可以跨类保护

株式会社尼康 v 浙江尼康等，一审，西安中院（2009）西民四初字第302号判决书，姚建军、张熠、史琦

案情概要

　　株式会社尼康起诉浙江尼康等在电动车及店招等位置使用涉案标志侵犯其注册在相机等商品上的"Nikon"等商标—不正当竞争—认定驰名—法院支持原告主张

裁判摘录

　　【15】株式会社尼康经商标局核准注册的"Nikon""尼康"注册商标分别由英文字母及汉字构成，经过株式会社尼康的使用、广告宣传及其产品市场占有率，该注册商标因其注册时间长、市场信誉好，使用频率高，具有较高的市场知名度和显著性，进而具有较强的识别力，在市场上消费者只要看到"Nikon""尼康"标识就会与株式会社尼康的相关产品形成了固定的联系。而浙江尼康在其网站的页面、登载的照片、店堂装饰图稿等处分别使用了"尼康""NICOM"文字；且其产品名称也是以"尼康"命名；浙江尼康生产的电动自行车和电动三轮车车体上使用了"尼康""NICOM"文字；浙江尼康在其经营公司门口、大楼外部、公司车辆的车身、广告资料、尼康报上使用了"尼康车业""尼康电动自行车""尼康"字样。由此事实证明，浙江尼康使用的"尼康"文字与株式会社尼康注册商标"尼康"相同，使用的"NICOM"英文字母与株式会社尼康注册商标"Nikon"英文字母的组合虽不完全相同，但其读音、含义及各构成要素的字母组合结构相近似，该使用行为足以使相关公众对其产品的来源产生误认，符合《商标法》第五十二条第（五）项"给他人的注册商标专用权造成其他损害的，属侵犯注册商标专用权的行为"、最高人民法院《关于审理商标民事纠纷案件适用法律若干问题的解释》第一条第一款第（二）项"复制、摹仿、翻译他人注册的驰名商标或其主要部分在不相同或者不相类似商品上作为商标使用，误导公众，致使该驰名商标注册人的利益可能受到损害的；属于《商标法》第五十二第（五）项规定的给他人注册商标专用权造成其他损害的行为"之规定，侵犯了株式会社尼康的注册商标专用权。

FY，卡地亚 I 案（20090717/F2009-31）：淡化驰名商标的应承担责任

卡地亚公司 v 卡地亚婚纱公司，二审，云南高院（2009）云高民三终字第35号判决书，任志祥、孔斌、杨凌萍

案情概要

卡地亚公司认为卡地亚婚纱公司将"卡地亚"作为企业字号，并将"卡地亚那"和"Cartirena"作为服务标识使用的行为，侵犯其注册商标专用权，而且构成不正当竞争——一审法院认为较大差异，不会混淆误认，不构成侵权——没扰乱竞争秩序，不构成不正当竞争——二审推翻一审判决，改判侵权及不正当竞争

裁判摘录

【1】……虽然卡地亚公司与卡地亚婚纱公司各自提供的商品和服务属于不同行业和类别，但二者均属于生活领域的消费品，并与时尚文化领域都存在一定联系，其所涉及的公众是相互关联的，卡地亚婚纱公司使用与卡地亚公司的驰名商标完全相同的文字作为企业名称的行为，实际上利用了卡地亚公司基于该商标所产生的良好声誉，违背了《反不正当竞争法》第2条规定的诚实信用原则和公认的商业道德，已经构成不正当竞争。……卡地亚婚纱公司使用的服务标识"卡地亚那"和字母"Cartirena"，实际上是模仿卡地亚公司的"卡地亚"和"Cartier"商标的主要部分而来，二者已构成近似，进而可能导致公众误认为卡地亚婚纱公司与卡地亚公司之间有某种特定联系，而且这种误认还会淡化卡地亚公司驰名商标的显著性，存在损害该驰名商标品牌价值的可能。

FWY，米其林 | 案（20081010/F2009-27）：跨类企业名称中使用他人驰名商标

米其林公司 v 天津米其林公司，一审，天津二中院（2008）二中民三初字第3号判决书，王教柱、胡浩、李金梅

案情概要

原告认为被告未经允许在其电动自行车商品中擅自使用"米其林"商标侵犯了原告的商标权，构成不正当竞争——一审认定原告"米其林"商标驰名——被告在其产品上使用"米其林"字样作为标识的行为侵犯了原告的商标专用权——通过商标法可以得到保护，无须再对被告是否构成不正当竞争行为进行确认

裁判摘录

【19】被告公司成立于2004年，其明知原告的商标已经注册并已为相关公众所知

晓，在汽车轮胎行业享有较高的声誉，仍在其产品电动自行车上将"米其林"字样作为商标使用，主观上具有利用原告"米其林"商标的知名度发展自身产品的故意，属于"搭便车""傍名牌"的行为，客观上也具有使相关公众混淆和误认的可能性。虽然被告生产、经营的商品类别与原告商品不相类似，但国际商品分类类别都在第 12 类中，两种商品之间并非毫无关联，且原告的中文商标"米其林"三个字属臆造词，具有显著性并享有较高的知名度，被告在电动自行车上使用"米其林"字样外还将其作为企业名称的字号登记使用，无疑会造成相关公众对被告与原告之间存在某种关系产生联想或误认，因此，被告的行为对原告的合法权益造成侵害，属于我国《商标法》规定的给他人的注册商标专用权造成其他损害的行为，被告对此应承担停止使用的民事责任。关于原告主张被告的行为侵犯了原告的企业名称权构成不正当竞争，本院认为，被告的行为构成对原告商标权的侵权，原告的相关权利通过我国《商标法》可以得到保护，故无需再对被告是否构成不正当竞争行为进行确认。【20】另外，由于企业名称登记管理的局限性，在某一区域获得企业名称登记只是取得了市场经营主体的资格，并不能以登记形式的合法化获得对其侵权行为的抗辩。因此被告主张其公司名称经过合法登记不构成侵权不能成立。

FY，海尔曼斯案（20080808/F2008-27）：产生联想和混淆可给予跨类保护

海尔曼斯集团 v 华鹏公司等，二审，江苏高院（2008）苏民三终字第 141 号判决书，王成龙、王天红、袁滔

案情概要

　　海尔曼斯集团认为华鹏公司等侵犯其驰名商标"海尔曼斯"——一审认为海尔曼斯公司"海尔曼斯"注册商标是驰名商标——被告使用的"海尔曼斯"与海尔曼斯公司的"海尔曼斯"注册商标构成近似，"Haierms"与海尔曼斯公司的"HAIERMANSI"注册商标不相同、不近似——在卫生洁具等商品及包装和经营场所突出使用"海尔曼斯"标识或文字已构成商标侵权——二审维持一审判决

裁判摘录

　　【2】……驰名商标之所以具有较高的商业价值，原因在于其所标识的商品及其制造（提供）者拥有很高的商誉，为广大消费者所熟知和认可；使用他人驰名商标，即使其商品不相同或者不类似，消费者也容易对两个商品制造（提供）者之间存在某种关联关系产生联想，从而在客观上造成混淆，因此对驰名商标必须给予跨类保护。在本案中，陈某辉及华鹏公司在其生产和销售的卫生洁具上，在"Haierms"后标注"海

尔曼斯"文字,即使后者是前者的音译,但在两者并用的情况下,一般消费者首先注意的仍然是"海尔曼斯"文字部分,并进而联想到海尔曼斯公司。【3】……驰名商标之所以具有较高的商业价值,原因在于其所标识的商品及其制造(提供)者拥有很高的商誉,为广大消费者所熟知和认可;使用他人驰名商标,即使其商品不相同或者不类似,消费者也容易对两个商品制造(提供)者之间存在某种关联关系产生联想,从而在客观上造成混淆,因此对驰名商标必须给予跨类保护。在本案中,陈某辉及华鹏公司在其生产和销售的卫生洁具上,在"Haierms"后标注"海尔曼斯"文字,即使后者是前者的音译,但在两者并用的情况下,一般消费者首先注意的仍然是"海尔曼斯"文字部分,并进而联想到海尔曼斯公司。故陈某辉及华鹏公司主张其使用"海尔曼斯"文字没有侵犯海尔曼斯公司的"海尔曼斯"注册商标专用权,缺乏法律依据。

FY,海信案(20080218/F2008-26):在非类似商品上突出使用企业名称及注册域名从事电子商务侵犯他人驰名商标

海信电子公司 v 海信计算机公司等,山东高院(2007)鲁民三终字第 105 号判决书,戴磊、柳维敏、战玉祝

> 第五十七条

案情概要

海信电子公司享有注册在第 9 类电视机等商品上的"海信"以及"HiSense"商标专用权—驰名商标—海信计算机公司使用"海信"企业名称中的字号—字号的授权是无效的—明知驰名商标的状态—突出使用—混淆—构成商标侵权—实际使用的涉案域名构成商标侵权—未使用的域名构成不正当竞争—二审维持一审判决

裁判摘录

【5】……青岛海信计算机科技发展有限公司在没有合法依据的情况下,擅自在企业名称中使用"海信"字样,并在其网站宣传等商业活动中使用,非法利用了"海信"驰名商标的知名度,扩大了自己的市场影响,容易使相关公众产生误认,不当损害了注册商标专用权人的合法权益,侵犯了青岛海信电子产业控股股份有限公司享有的"海信"注册商标的商标权。原审判决对此的认定是正确的。……【7】青岛海信计算机科技发展有限公司注册的三个域名中均含有"hisense"字样,而该"hisense"字样为青岛海信电子产业控股股份有限公司注册的驰名商标,同样被相关公众广为知晓,青岛海信计算机科技发展有限公司将 www.hisensecomputer.cn 注册为域名并予以实际使用的行为容易使相关公众对青岛海信计算机科技发展有限公司和青岛海信电子产业控股股份有限公司产生误认……侵犯涉案注册商标专用权……

CWY,柯达案(20060406/C2008-05):驰名商标可以跨类制止削弱显著性的行为

伊士曼公司 v 科达电梯公司,一审,苏州中院(2005)苏中民三初字第213号判决书,凌永兴、管祖彦、庄敬重

> **案情概要**

伊士曼公司诉科达电梯公司侵犯其"KODAK"商标权—获得驰名认定—跨类保护到电梯商品

> **裁判摘录**

【3】……虽然诉讼中科达电梯公司解释其"KODAK"系其企业字号"科达"的英文翻译方法,且未作为产品商标使用,但从其实际使用形式来看,科达电梯公司显然是以商品商标的形式突出使用"KODAK"商业标识。……而结合前述本案中伊士曼公司"KODAK"及"柯达"商标广为公众知晓的事实认定则可以判断,科达电梯公司以"KODAK"标示其"科达"字号的使用明显是复制、摹仿了伊士曼公司"柯达"与"KODAK"驰名商标的相对应关系。因此,现科达电梯公司主张其"KODAK"标识系其"科达"企业字号语言翻译及合理使用的辩述,显然不能成立。……科达电梯公司使用"KODAK"标识,显然是摹仿及标傍于伊士曼公司"KODAK"驰名商标的良好声誉形象,以取得不正当商业利益。从保护驰名商标专有性角度出发,科达电梯公司使用"KODAK"标识必然会产生降低伊士曼公司"KODAK"驰名商标显著性及或然性损害其商誉价值,伊士曼公司"KODAK"驰名商标专有性及长期商业标识形象利益造成实质性损害。因此,科达电梯公司未经"KODAK"驰名商标权利人同意而使用"KODAK"商业标识的行为,应判定为侵权。

57(7)[4] 其他侵权

SY,吉力贝案(20190822):损害商标质量保障功能的平行进口构成商标侵权

吉励贝公司 v 好食好吃公司等,一审,北京东城区法院(2018)京0101民初13472号判决书,闫永康、刘世红、谢辉(陪)

案情概要

美国糖果生产、销售商吉力贝公司在第 30 类糖果及相关产品上注册了多个"Jelly Belly"和"吉力贝"商标—吉励贝公司是吉力贝公司在华投资设立的，是涉案商标的合法使用人—吉励贝公司起诉好食好吃公司和洋品行公司进口、销售的商品侵犯其享有权利的第 3652132 号、第 12634046 号商标—涉案产品按美国法定食品标准生产，含有食品添加剂双乙酸钠，我国不允许双乙酸钠使用在糖果产品中—正品—平行进口——一审认定被告构成侵权—并未损害商标区分商品来源的功能—损害了商标保证商品质量和表明商品提供者信誉的作用，给商标及商标权利人的声誉带来不良影响

裁判摘录

【2】商标是区分商品来源的标志，随着商品经济的发展，商标在具有识别商品来源功能的基础上，亦具有了保证商品质量和表明商品提供者信誉的作用。对于上述功能和作用的损害，均可能构成商标侵权。本案中，被控侵权商品……为权利商标注册人吉力贝公司的正品商品……并未损害涉案权利商标区分商品来源的功能。判断本案中被控侵权商品的进口、销售行为是否侵害涉案权利商标注册商标专用权，关键在于是否损害了权利商标保证商品质量和表明商品提供者信誉的作用，是否会给权利商标及商标权利人的声誉带来不良的影响。【3】……被控侵权商品不符合我国食品安全标准规定，可能存在食品安全隐患，在我国境内进口、销售该等商品，违反我国的强制性规定，属于违法行为，依法应予制止。由于被控侵权商品上使用了涉案权利商标，且确为吉力贝公司生产经营的正品商品，则就普通消费者的认识水平和注意程度而言，该等商品造成的食品安全问题或违法情形，所带来对商品的否定性评价均会通过标注在商品上的涉案权利商标而指向其商标权人。综上，被控侵权商品在我国境内的进口、销售已属违法，且可能存在食品安全隐患，破坏了权利商标保证商品质量和商品提供者信誉的作用，对注册人的商标专用权已造成实际损害。在案证据显示，被控侵权商品报关单上同时载有二被告名称，进口关税及增值税均由二被告共同缴纳，外包装标注经销商为好食好吃公司，但从洋品行公司网店可以购得，据此本院认定二被告共同从事了被控侵权商品的进口、销售行为，该行为侵犯了涉案权利商标的注册商标专用权，二被告应当承担停止侵权、赔偿经济损失的民事责任。

SY，OBO 案[1]（20190709）：销售平行进口的正品不构成商标侵权

欧宝公司 v 施富公司，一审，广州南沙区法院（2018）粤 0115 民初 2364 号判决书，

---

[1]　2020 年 5 月 6 日，广州知产法院以（2019）粤 73 民终 6976 号判决书驳回欧宝公司上诉。

梁颖、张帮明（陪）、陈润彰（陪）

案外人德国 OBO 公司"OBO 及图"等商标的所有人—使用于第 6 类的避雷装置原件—原告欧宝公司是德国 OBO 公司在中国大陆地区的全资子公司，在中国大陆地区拥有上述商标的排他性许可权—被告施富公司进口标有涉案侵权标志的防雷设备到中国大陆地区销售—原告认为被告构成商标侵权及不正当竞争—被告抗辩涉案商品通过合法的报关手续从新加坡的经销商处"平行进口"，属于正品—一审认为不构成商标侵权，也不构成不正当竞争—欧宝公司上诉，被驳回

【9】……基于施富公司提供的证据，其销售的产品为合法进口的正品，而非假冒产品……属于"平行进口"产品。我国商标法对此类产品的定义和合法性尚无相关明确规定，亦无明确的禁止性规定。……【11】本案中，首先，商标权人为德国 OBO 公司，涉案商标由商标权人首先使用并将商品投放市场，涉案平行进口的产品与欧宝公司亦通过进口方式进口至中国大陆市场销售的产品来源于同一商标权人，甚至同一原产地匈牙利。其次，双方均确认欧宝公司进口的"等电位连接器"等电气元件拼装后即为施富公司进口的"浪涌保护器"；施富公司销售的涉案产品除了没有防伪标签外，其余与欧宝公司产品一致。结合上述两点，在没有相反证据证实的情况下，可推断施富公司从新加坡经销商处购买并进口的产品和欧宝公司在国内经销的产品在标识附着情况、产品性状等方面均不存在差异。同时，施富公司在其后销售涉案产品用于第三人鹤山文化中心项目时，没有改变产品的性状和与之附着的商标标识，亦没有对产品进行分拆、变造、破坏等，没有证据证实施富公司存在实施任何导致或可能导致破坏商标识别功能和质量保障功能之行为。综上，施富公司的销售行为未切断商品和商标权人之间的联系，即商标与商品来源的对应关系真实，并不会导致消费者混淆误认。【13】……"具有同样质量"之检验法应为平行进口产品和国内销售产品之间的质量是否存在实质性差异，二者是否能完全相互替代。该判定可结合产品外在的标识使用情况和内在的实际质量情况综合判断，具体而言，可从二者的标识附着情况、产品性状、质量等级等要素考虑。【14】本案中，其一，虽然施富公司提供了错误电压的产品，但该提供行为与进口产品和国内产品本身是否存在实质性差异并无关联性。其二，关于欧宝公司提出其对国内产品进行相关检测、提供售后服务等。首先，广东省气象局的复函已经明确防雷产品测试报告不是市场准入和流通的必要条件；其次，欧宝公司提供的优质服务，属于其在市场竞争环境中为提高自身产品竞争力，吸引更多消费者选择购买其产品的方式和手段，与产品本身无关。欧宝公司与施富公司基于产品本身以外提供的附加服务存在差异，不能证实进口产品和国内产品本身存在实质性差异。至

于施富公司有否按照其与第三人的合同约定提供符合合同约定的产品和相应文件资料，应由其与第三人签订的合同调整，与本案争议并无逻辑关联性。如前所述，进口产品和国内产品从标识附着情况、产品性状、质量等级等均没有证据证实存在差异，故二者属于"具有同样质量的商品"，销售可与国内产品相互替代的涉案进口产品并不损害商标质量保证功能。【15】……从商标权利用尽原则的适用角度看，商标禁用权是为了保护标识与商品来源的对应性，而非为商标权人垄断商品流通环节所创设。商标权利用尽规则应当是市场自由竞争所必需的基础规则之一。无论是经济政策还是法律规定，均应维护市场竞争政策所追求的公平、自由的竞争秩序，尽量避免商标权利成为追求垄断的权利基础。平行进口的适用地域问题，与国家经济和公共政策紧密相连。我国坚持对外开放的基本国策，积极促进"一带一路"国际合作，追求贸易合作和畅通，保障"一带一路"沿线国家合法商品和服务的流通自由。因此，为更好地平衡商标权人、经销商、其他经营者、一般消费者，以及国家公共政策等多个因素之间的关系，若商品来源于商标权人，商标权人已经从"第一次"销售中实现了商标的商业价值，则不应再赋予其阻止他人进行"二次"销售的权利。【16】本案中，其一，涉案产品为正品，商标权人德国 OBO 公司将涉案商标首先使用在产品之上并投放市场，其在商品首次投放市场的过程中已经获得与其商标权相对应的回报，无权阻止他人进行合法的二次销售。其二，目前没有证据显示商标权人德国 OBO 公司明示禁止其产品进行进出口贸易，或是在产品上附加特别标识禁止其产品在中国大陆地区或其他某一区域销售。其三，欧宝公司为涉案商标的排他性被许可人，根据德国 OBO 公司和欧宝公司的商标许可协议约定，德国 OBO 公司和欧宝公司均有权在中国大陆地区使用涉案商标。现涉案产品的商标使用行为属于德国 OBO 公司的商标使用行为，欧宝公司对于商标权利人自行使用涉案商标的行为并不享有禁止权。由于德国 OBO 公司的商标使用行为不属于侵犯注册商标专用权的行为，根据［《商标法》］第五十二条［原文如此］第（二）项之规定，施富公司销售涉案产品亦不属于侵犯注册商标专用权的行为。其四，我国与新加坡均没有对于涉案产品进出口限制。从国家公共政策看，施富公司通过正常的交易行为进口了涉案产品，履行了正常的进口报关手续，并未违反我国公共政策和法律禁止性规定，不应受到司法否定性评价。

第五十七条

SWY，惠普 II 案（20190530）：销售者未经商标权人许可对原商品核心部分进行了实质改变构成侵权，不适用权利用尽

惠普公司 v 孙某等，一审，广州天河区法院（2016）粤 0106 民初 20467 号判决书，童宙轲、刘小红（陪）、何伙森（陪）

【 案情概要 】

原告惠普公司经涉案商标的权利人惠普发展公司授权处理其在中国境内的有关侵

犯知识产权权益的法律事务—起诉被告拼装、改装并销售标有"HP及图"商标的印刷机侵犯第7749459号和第11365403号商标—生产、销售假冒HP Indigo印刷机专用油墨、图像油侵犯第7749458号商标—生产、销售假冒HP Indigo印刷机专用BID侵犯第7749457号商标—相关刑事案件曾认为生产行为存疑，但是销售行为可以确认，判处相关被告人销售假冒注册商标的商品罪—法院基本支持惠普公司诉讼请求

裁判摘录

【11】如何评价天恒公司广州分公司所实施的前述行为。本院认为，第一，关于拼装、改装二手惠普印刷机以及改装、灌装惠普油墨并销售的行为。印刷机属于工业用的大型机器，对产品的安全性能和使用性能要求较高，天恒公司广州分公司将零散的二手印刷机设备通过拼装、改装（更换配件）组成完整的二手印刷机，已超出了二手市场常见的修理行为，从天恒公司网站对该产品宣称"二手设备新机品质"来看，该二手印刷机可实际替代惠普公司对应型号产品，达到了类似制造新产品的程度，此时印刷机的质量相较于原来的产品已发生了明显的变化，而质量的优劣主要由翻修者的技术和投入决定，相对原厂家而言该种翻修难以保证质量；油墨经过改造，灌装后被稀释，降低了不挥发性固体的比例和墨水的重量，同时改变了原有的阀门等的设计，与原产品在产品质量、安全性能等方面存在较大差异，故上述行为已经构成实质性改变。从商标权人利益而言，天恒公司拼装、改装或灌装的二手印刷机、油墨未经商标权人许可进入市场销售，但若由此引发安全事故或其他民事纠纷，其法律后果及对产品的否定性评价均会通过标注在产品的"HP及图"商标而指向商标权人，造成对涉案商标所承载的商誉的损害；从消费者权益而言，同一商标指示下的拼装、改装后的二手印刷机、改装、灌装后的惠普油墨，和直接在市场上正常流通的产品质量有很大的差异，拼装、改装或灌装后的商品实质上已不属于原商标权人所制造的商品，容易使消费者对商品的真实来源产生混淆，损害了消费者的利益。故天恒公司未经涉案商标权人许可。擅自拼装、改装二手惠普印刷机以及改装、灌装惠普油基并销售的行为，已构成对第11365403号、第7149458号、第7749459号注册商标专用权的侵害，本院对惠普公司的该部分主张予以采纳。第二，对于灌装图像油并进行销售的行为。天恒公司广州分公司灌装图像油存在两种情形，一是将图像油由蓝色大桶灌装入没有任何标识的白色塑料桶内进行销售，二是将图像油由蓝色大桶灌装入"HP及图"标识的塑料桶内进行销售。关于第一种行为，灌装所涉及的蓝色大桶、白色塑料桶均无任何标识，该行为不会产生商标用于识别商品来源从而造成相关公众混淆的后果，故不应认定为商标侵权行为；但第二种行为，将并非惠普品牌图像油灌装入"HP及图"标识的塑料桶，假冒惠普品牌产品予以销售，则属于典型的商标侵权行为。第三，拼装、改装后的BID在三个关键部位进行了翻新，与前述理由相同，应认定属于侵害注册商标专用权的商品。天恒公司广州分公司未经许可销售侵权BID的行为，构成对第7749457号注册商标的侵害。综上，天恒公司广州分公司的上述行为已构成商标侵权。鉴于天

恒公司广州分公司作为分支机构并不具有法人资格，且该主体已注销，其民事责任应由天恒公司承担。【12】关于天恒公司主张商标权利用尽这一抗辩能否成立的问题。本院认为，权利用尽的本质在于其他经营者在产品流通的过程中尊重商标权人的商标权，仅对附有商标的商品进行运输、储藏、再销售，并未造成消费者混淆或者误认，故可以作为商标侵权抗辩的正当理由。但若销售者改变了商品的核心部分即进行了实质性地改变，该商品并非原来真正的商品，则此时商品上的商标标示商品来源、表征商品质量的功能已受到影响，如仍使用原来的商标进行销售，将由于商品的质量不一对涉案商标造成消极影响，消费者亦分不清商品的真正来源，损害了消费者的利益。基于上述理由，天恒公司抗辩商标权利用尽于法无据，本院对此不予采纳。

FY，多米诺 II 案（20181225/F2018-23）：改装行为视情况判断是否构成侵权

多米诺公司 v 广州杜高公司等，二审，广东高院（2017）粤民终 2659 号判决书，王静、邓燕辉、郑颖

案情概要

　　多米诺公司主张杜高公司、心可公司于 2008 年 3 月至 2012 年 3 月生产、销售被诉侵权喷码机构成对其 G709885 号注册商标的侵犯，并请求认定其"DOMINO""多米诺"等标识为未注册驰名商标，请求适用驰名商标保护——一审确认杜高公司、心可公司在其 A200 喷码机上及杜高公司在其 E50 喷码机上使用涉案有关商标的行为侵害多米诺公司享有的第 G709885 号注册商标专用权——不支持权利用尽抗辩，认为无需认定"DOMINO""多米诺"等标识驰名——二审撤销一审——被诉 E50 喷码机侵权，被诉 A200 喷码机不侵权——纠正赔偿额

裁判摘录

　　【4】……多米诺公司的 E50 喷码机首次售出后，杜高公司对其墨路系统进行改装并再次销售，本院认为，杜高公司的该项行为侵犯了多米诺公司的商标权，理由如下：1. 商标的功能在于发挥识别商品来源的作用，该识别来源的过程，既是商标与商品之间建立联系的过程，也是商标权人对其使用商标的商品质量负责，构建和维护其商誉的过程。在商标未改变的情况下，如果未经商标权人同意对商品进行了实质替换，商品品质发生了实质变化，则人为地将商品和商标进行了分离，阻碍了商标功能的发挥。2. 杜高公司改装的墨路系统，即便在物理层面上不属于不可分割的部分，但却是喷码机产品正常运行的核心部件，该改装行为实质性改变了商品，商品品质已发生实质变

化。3. 被改装墨路系统的 E50 产品再销售，该产品上仍然标有多米诺公司的"（缺图）"商标。无论杜高公司在销售时是否明确告知相关公众该产品的改装情况，多米诺公司的商标识别来源、对商品质量负责的功能都已遭到了损害。因此杜高公司的行为构成对多米诺公司商标权的侵害。【6】……杜高公司、心可公司回收多米诺公司 A200 喷码机的二手主板，作为零部件组装成新的喷码机并销售，开机画面默认显示"（缺图）"，除此之外机身、包装等处并无其他标识。……本院认为不构成侵权，理由如下：1. 我国商标法并未明文规定商标权用尽抗辩，但从法理上讲，不存在毫无限制的权利，任何权利都有边界，都涉及权利用尽问题。就商标权而言，商标依附商品而生，在市场经济发展过程中有效的市场是商品可以合法自由流通的市场，如果没有商标权利用尽，那么商标可以对商品生产、销售、使用、转让、回收、再生等各个环节进行无限地控制，也可能对商品流通的市场区域进行控制，导致人为地割裂市场，阻碍商品自由流通和利用，因此商标权应当受到一定限制。2. 对已经售出的产品进行回收利用，符合资源充分利用和节约理念，有利于创造和增进社会福祉，因此，在商品的回收利用市场模式中，需要对商标权人与相关行为人、社会公众的权益做出平衡和协调。何种情形下商标权受限制而用尽，须视回收利用的具体方式和情况而定。3. 具体到本案中，从回收利用的内容、商标显示方式、商标功能的发挥等因素进行分析。杜高公司、心可公司回收利用的是多米诺公司 A200 喷码机的二手主板，双方当事人已经确认 A200 二手主板在默认设置情况下开机画面显示"（缺图）"，因此杜高公司、心可公司并未主动使用多米诺公司商标。组装而成的新产品包装上并未显示多米诺公司的商标，相关公众无法直接接触到多米诺公司的商标而发生混淆，又因为回收利用的是原产品中的一个部件，该组装行为并非对原有整个产品的改装，不是改变原产品质量的行为，也不是直接去除原产品上的商标后再次投入市场的行为，因此不属于阻碍多米诺公司商标对商品识别来源功能的发挥的情况。这一点与前述涉案 E50 产品的改装行为及其行为定性上存在本质差别。在不直接发生混淆和损害商标功能发挥的情况下，应当合理地给予回收利用行为一定的自由空间，商标权人基于商标权对商品及其零部件的控制相应地受到一定限制，在此情形下宜认定商标权利用尽。4. 因被诉 A200 产品机身、包装上均无标识，开机显示的多米诺公司商标是唯一标识，而且被诉喷码机使用了与 A200 一致的型号、基本一致的外形，多米诺公司据此主张可能导致混淆或售后混淆而理应认定商标侵权。对此本院认为，是否存在商品混淆的可能性系认定是否构成侵犯商标权的重要考虑因素之一，但发生商品混淆，并不必然认定为商标侵权行为，在反不正当竞争法中规制的诸多类行为，皆因引人误认来源或与他人存在特定联系，对商品发生混淆而被认定为不具有正当性。就该情形而言，多米诺公司诉求的权益可另循法律途径解决。

SY，吉尼斯案（20181002）：超出"善意指示"的合理限度不是正当使用

吉尼斯公司 v 奇瑞公司等，二审，广东高院（2017）粤民终 2347 号判决书，邱永清、

肖海棠、喻洁

案情概要

原告吉尼斯公司拥有"GUINNESS WORLD RECORDS""吉尼斯世界纪录""吉尼斯"等注册商标，核定使用的服务包括第 41 类上的"组织挑战赛""组织表演（演出）"等—2000 年起，吉尼斯公司在中国出版多本关于吉尼斯世界纪录的图书—原告认为被告奇瑞公司等未经授权，在 16 个城市举办的"奇瑞艾瑞泽挑战吉尼斯中国巡演"活动中，大规模、突出使用涉案商标，构成商标侵权和不正当竞争—一审认为被告在巡演活动中及网站上使用被诉侵权标志是商标性使用—不是正当使用—构成商标侵权及不正当竞争—恶意—惩罚性赔偿—二审维持一审商标侵权及反不正当竞争的认定—维持惩罚性赔偿

裁判摘录

【16】……被诉侵权标识在涉案活动和宣传中的使用也不属于指示性正当使用。指示性正当使用是指为了客观说明某商品、服务与注册商标的商品、服务之间的某种联系而不可避免地正当使用注册商标。在指示性正当使用中，虽然被诉侵权人对他人注册商标的使用也是采用其指示商品、服务来源的含义，但这种使用的正当性在于，其使用商标指示的正是商标权人，且只是出于说明自己的商品、服务与商标权人的商品、服务之间在功能或用途等方面的某种联系的客观需要而必须使用，而不是让相关公众将二者的商品、服务产生混淆或者误认为二者在来源上存在许可使用、关联企业关系等特定关系。因此，在指示性正当使用中，对相关标识的使用应当出于善意，不能超出合理的限度。在本案中，首先，并无证据证明奇瑞艾瑞泽汽车已经获得了吉尼斯世界纪录，或者涉案活动是关于艾瑞泽汽车挑战已有的、与汽车本身有关的吉尼斯世界纪录，故现有证据不足以证明在艾瑞泽汽车的宣传活动中对"吉尼斯"的使用有其客观需要；其次，奇瑞公司、奇瑞销售公司在涉案活动的宣传大屏幕、舞台背景、特技表演车辆的车身等活动现场的显著、焦点位置和网页宣传的中心位置，大幅、突出使用"我是吉尼斯""GUINNESS""挑战吉尼斯""挑战吉尼斯中国巡演"等标识，还在现场工作人员的衣服、活动设施上大量、突出使用了以上标识，其对"吉尼斯"和"GUINNESS"的使用已经超出了仅出于"善意指示"目的的合理限度；再次，奇瑞公司、奇瑞销售公司也未提交证据证明其在涉案活动中进行了明确的、足以让相关公众不会与吉尼斯公司产生混淆的显著性说明或表述。涉案活动中虽然也标识了奇瑞公司的商标，但那是指示与汽车商品之间的联系，不足以让相关公众将涉案挑战赛与吉尼斯公司相区别。

第五十七条

SWY，FENDI 案（20170728）：销售正品时如超出合理范围使用他人商标，也可构成商标侵权

芬迪公司 v 益朗公司等，二审，上海知产院（2017）沪 73 民终 23 号判决书，何渊、吴盈喆、陈瑶瑶

案情概要

芬迪公司系第 261718 号等多个涉案商标的所有人，负责产品和包装的设计及提供推广产品所需的材料等—芬迪公司授权芬迪有限公司负责生产和销售—芬迪上海公司被合法授权负责购买和进口"FENDI"产品并销售—益朗公司向法国 SHPDESIGN 公司（芬迪公司授权的"FENDI"经销商）购买芬迪商品，并与首创公司签订商铺租赁合同，开设店招为"FENDI"的店铺—标示店铺及产品销售时使用中英文"芬迪""FENDI"标志—芬迪公司起诉被告构成商标侵权及不正当竞争—一审认为益朗公司销售的系正牌"FENDI"产品，对有关标记的使用是合理使用—不构成商标侵权，也不构成不正当竞争—二审认为被告在店招上使用"FENDI"标志超出了合理使用的范围，且不是善意使用—侵犯了原告第 35 类企业经营、企业管理服务类别中的第 G1130243 号商标及企业名称权利—首创公司构成协助侵权

裁判摘录

【1】……需要特别指出的是，构成商标合理使用应当符合下列条件：（1）使用行为是善意和合理的，并未将他人商标标识作为自己商品或服务的标识使用；（2）使用行为是必要的，仅是在说明或者描述自己经营商品的必要范围内使用；（3）使用行为不会使相关公众产生任何混淆和误认。因此，涉案店铺的店招上单独使用"FENDI"标识是否属于基于善意目的合理使用芬迪公司的商标，仍应当根据该种具体使用行为实际体现的使用方式是否超过必要限度，以及给予相关消费者的认知等客观事实，予以综合判断。【2】……首先，……在店招上使用的商标或字号指示的是店铺的经营者，或者指示了店铺的经营者与商标或者字号权利人之间的授权关系，故在涉案店铺上单独使用"FENDI"标识，其实质仍是指向涉案店铺的经营者是芬迪公司，或者与芬迪公司存在商标或字号许可使用等关联关系。而益朗公司仅是涉案"FENDI"正牌商品的销售者，其与芬迪公司不存在任何关联关系，包括不存在商标或字号许可使用等关联关系，故益朗公司在涉案店铺店招上单独使用"FENDI"标识的行为不属于善意和合理的使用。其次，善意的商标使用行为应当是必要的，其目的仅是在说明或者描述自己经营的商品。而涉案店铺店招上单独使用"FENDI"标识，显然已经超过了说明或者描述自己经营商品的必要范围。再次，本院充分注意到，一审法院查明事实中有"在首创公司经营的'首创奥特莱斯'中单独划分了一块开放的街区用于益朗公司经

营。该街区出入口的门廊处显著标有'［图一］'标识"以及"涉案商铺位于入口处的第一个商铺，店招上标有'FENDI'标识，店铺右侧的橱窗内放置有一广告牌，广告牌左上侧标有'［图二］'标识，底部居中标有'FENDI'标识"的表述，本院在二审审理中进行的现场勘验，也部分反映了一审法院查明的上述事实。而益朗公司、首创公司亦以该些事实用以证明益朗公司表明了其涉案店铺经营者的身份，相关消费者不会造成混淆和误认。但是，本院认为，基于善意目的的合理使用行为应当是相关公众仅根据该使用行为本身就足以做出清晰、合理、正常的判断，而不会产生任何混淆和误认。本案中，针对益朗公司在涉案店铺的店招中单独使用"FENDI"标识的行为，相关公众施以一般注意义务，在普遍情况下均会得出涉案店铺由芬迪公司经营或者经芬迪公司授权经营的认知，而芬迪公司在二审提供的问卷调查公证书中所体现的在整体 42 名受访者中 29 名受访者对于涉案店铺系品牌直营专卖店或是被品牌方授权所开设的认知，已足以证明上述观点。更何况即使考虑了益朗公司上述表明其涉案店铺经营者身份的"［图一］"标识等情况，10 名看到过上述标识的受访者中仍有 7 名受访者认为，涉案店铺与"FENDI"品牌方存在品牌直营专卖店、品牌方授权店、加盟店等关联关系。因此，益朗公司在涉案店铺店招上单独使用"FENDI"标识，已经造成相关公众对于涉案店铺由芬迪公司经营或者经芬迪公司授权经营的混淆和误认。益朗公司、首创公司关于益朗公司通过对"［图一］"和"［图二］"标识等的设置、使用，表明了涉案店铺经营者，故益朗公司在涉案店铺门头店招上单独使用"FENDI"标识，不会造成相关消费者混淆和误认的辩称意见，本院不予采信。综上，本院认为在涉案店铺店招上单独使用"FENDI"标识并不属于基于善意目的合理使用。【5】……益朗公司在涉案店铺店招上单独使用"FENDI"标识，指示了涉案店铺由芬迪公司经营或者经芬迪公司授权经营，其指向还是涉案店铺经营者的身份，因此，在涉案店铺店招上单独使用"FENDI"商标的行为，应当认为是在表明企业经营、管理者身份等服务类别上使用"FENDI"标识的行为，考虑到芬迪公司已经在第 35 类企业经营、企业管理的服务类别中拥有第 G1130243 号"FENDI"注册商标，因此，益朗公司的上述在涉案店铺店招上单独使用"FENDI"标识的行为，属于未经第 G1130243 号"FENDI"商标注册权人芬迪公司许可，在与第 G1130243 号"FENDI"商标核定使用的相同类别即企业经营、企业管理服务类别内使用"FENDI"标识的侵权行为，益朗公司应当就此承担相应的民事侵权责任。

图一　　　　　　　　　　　　　　　图二

SY，GUCCI II 案（20160613）：超出指示所销售商品及服务所必须使用的范围使用他人商标构成侵权

古乔古希公司 v 摩尔公司等，二审，广东高院（2015）粤高法民三终字第 363 号判决书，邓燕辉、凌健华、张苏柳

案情概要

　　古乔古希公司在中国合法注册了多个"GUCCI"商标，核定使用在第 18 类、第 25 类和第 35 类等商品或服务上—企业名称中包括"GUCCI"字号—古乔古希公司认为自己的"GUCCI"注册商标和字号被多名被告在摩尔商场大量且突出使用和宣传，引起相关公众的极大误解，构成商标侵权及不正当竞争—一审认为被告正邦公司、华绪公司、淘铺公司的使用不是商标使用，不构成商标侵权，与原告无同业竞争关系，不构成不正当竞争—摩尔公司的行为构成商标侵权，擅自使用原告企业字号，虚假宣传，构成不正当竞争—二审认为一审认定事实和适用法律虽有瑕疵，但判决结果正确，予以维持—被告在销售摩尔商场商铺的广告中多处使用"GUCCI"标识构成不正当竞争—摩尔公司在"GUCCI"店铺突出使用"GUCCI"标识构成商标侵权

裁判摘录

　　【14】……原审法院认为……摩尔公司销售上述商品的行为属于商标侵权行为，依法应当承担停止侵权、赔偿损失等法律责任。摩尔公司对此未提起上诉，本院对摩尔公司所销售的商品是否为正品不再评价。即使摩尔公司所销售的商品为正品，其为指示所销售的商品而使用他人商标的指示性合理使用也应受到一定的限制，即在主观上，对他人商标的使用必须出于善意，没有故意攀附该商标已有商誉的企图；在客观上，对他人商标进行使用的形式、内容和程度应当保持在合理、必要的范围内，符合一般的商业惯例，尤其是不能使相关公众误认为该店铺与商标注册人存在直营或授权许可等商业上的联系。本案中，从主观上看，摩尔公司对外宣传其"GUCCI"店铺系古乔古希公司实签入驻，其行为明显具有攀附古乔古希公司商誉的故意，并非出于善意，违反了诚实信用原则。从客观上看，摩尔商场内的"GUCCI"店铺招牌、门牌广告、内部墙面海报、商铺位置指示图等多处突出使用"GUCCI"标识，"GUCCI"标识占据了核心位置，不少地方为单独使用"GUCCI"标识，已经超出指示所销售商品及服务所必须使用的范围，不符合对商标指示性使用的一般商业惯例，足以使相关公众误认为摩尔商场的"GUCCI"店铺是经古乔古希公司合法授权许可的专营店，容易导致相关公众误认为该店铺提供的商品或服务系直接来源于古乔古希公司。因此，未经古乔古希公司许可，在摩尔商场的"GUCCI"店铺突出使用"GUCCI"标识的行为，侵害了古乔古希公司的商标专用权。摩尔公司认为其对"GUCCI"商标的使用系合理使用，

不构成商标侵权的主张理据不足，本院不予支持。

SY，不二家案（20151110）：未经许可分装他人商品可构成商标侵权

不二家公司 v 钱某良等，一审，杭州余杭区法院（2015）杭余知初字第 416 号判决书，成文娟、周幸（陪）、邵建刚（陪）

案情概要

　　不二家公司被许可使用"不二家""poko"等商标并进行相关维权事宜—钱某良从他处购得不二家散装糖果和标有"不二家"商标的包装盒，并自行将散装糖果包装于三种规格的包装盒中进行销售—不二家公司起诉钱某良商标侵权，淘宝网承担连带责任—不二家公司确认钱某良销售的糖果本身来自不二家公司，但是自己并未有涉案的三种包装—钱某良认为自己购入散装糖果及外包装盒后自行分装成涉案产品，并未损害涉案商标的来源识别功能及其商标价值—法院认为钱某良的分装行为会降低相关公众对涉案商标所指向的商品信誉，从而损害涉案商标的信誉承载功能，构成侵权—淘宝公司不存在明知或应知侵权行为存在而不及时采取措施的情形，不构成帮助侵权

裁判摘录

　　【1】……商标具有识别商品来源的基本功能，也具有质量保障、信誉承载等衍生功能。商标的功能是商标赖以存在的基础，对于商标的侵权足以达到损害其功能的程度的，不论是否具有市场混淆的后果，均可以直接认定构成商标侵权行为。本案中，虽然钱某良分装、销售的三种规格的涉案产品中的糖果本身系来源于不二家公司，且其使用的三种规格的外包装上也附着了与涉案商标相同或相近似的标识，从相关公众的角度来看，并未产生商品来源混淆的直接后果，但是商品的外包装除了发挥保护与盛载商品的基本功能外，还发挥着美化商品、宣传商品、提升商品价值等重要功能，而钱某良未经不二家公司许可擅自将不二家公司的商品分装到不同包装盒，且该些包装盒与不二家公司对包装盒的要求有明显差异，因此，钱某良的分装行为不仅不能达到美化商品、提升商品价值的作用，反而会降低相关公众对涉案商标所指向的商品信誉，从而损害涉案商标的信誉承载功能，属于《商标法》第五十七条第（七）项之规定的"给他人的注册商标专用权造成其他损害"的行为，构成商标侵权。

FWY，雅漾案（20151028/F2015-20）：已经进入流通领域产品的再销售原则上不会构成商标侵权

皮尔法伯公司 v 慧吉公司，一审，长沙中院（2015）长中民五初字第 280 号判决书，伍峻民、程婧、彭建国（陪）

[案情概要]

皮尔法伯公司认为被告未经授权在其网站上使用雅漾商标并销售雅漾商品构成商标侵权，被告对外宣称是"雅漾官方网站"构成不正当竞争——一审认为原告商标权利用尽，被告未对商品本身进行任何改动，不构成侵权——被告在网站上宣称系雅漾官方网站并突出使用"雅漾"系列商标，违反诚实信用原则，构成不正当竞争

[裁判摘录]

【2】……被告销售的涉案商品经当庭防伪验证，系正品，双方当事人对该事实予以认可，故一般情况下，被告销售雅漾正品的行为不会割裂原告与标注了"雅漾"系列商标的商品的联系。被告在利用网站销售原告正品时，在网站上使用"雅漾"系列商标的行为客观上能起到指示商品来源的作用，就具体商品而言，并没有妨碍商标功能的发挥，不构成对原告注册商标专用权的侵害。……原告雅漾正品进入流通领域后，一般情况下，原告不能禁止他人再次销售该商品，即商标权利用尽。在被告未对商品本身进行任何改动的情况下，被告利用网络对该商品进行再次销售的行为，并不会导致原告本已用尽的商标权被重新激活。原告虽在其官方网站及对外采访中宣称"雅漾商品仅限专柜销售"，但被告通过合法途径取得原告商品并利用网络销售的行为并不受原告商标权的约束。

CFY，洁水案（20150728/C2019-03/F2015-13）：仅为描述或说明新旧代理商更替的事实且不会造成混淆属正当使用

开德阜公司 v 阔盛公司等，二审，上海知产院（2015）沪知民终字第 161 号判决书，何渊、刘静、范静波

[案情概要]

开德阜公司曾享有德国阿垮瑟姆公司水管类产品的在华独家经销权——宣传推广及销售产品时通称为"德国洁水"——开德阜公司注册有"洁水"文字商标，终止合作后

使用"洁水"商标推广其他水管产品——阔盛公司成为阿垮瑟姆公司在华新代理商，在宣传中使用了"德国阔盛（原德国洁水）—不变的品质"等宣传用语——开德阜公司认为其构成商标侵权和虚假宣传——一审认为为使相关公众知晓产品的新旧代理商更替而进行的宣传不会导致误解，不构成虚假宣传及商标侵权——二审维持一审判决

裁判摘录

【3】……商标的基本功能在于区别商品或服务来源，对于经营者在商业活动中使用他人商标是否构成商标侵权的判断，应当考虑具体使用行为是否破坏了商标与商品或服务之间的联系功能，即是否会导致相关公众就商品或服务的来源产生混淆。如果在商业活动中使用他人商标只是为了描述或说明某种客观情况，且并不会导致相关公众就商品或服务的来源产生混淆，则该行为并非商标法意义上的商标使用行为，而是一种商标正当使用行为，商标权人无权对此予以禁止。

SY，GUCCI Ⅰ案（20150724）：销售正品时如超出合理范围使用他人商标，也可构成商标侵权

古乔公司 v 盼多芙公司等，二审，上海知产院（2015）沪知民终字第 185 号判决书，何渊、刘静、范静波

案情概要

古乔公司系"GUCCI"包袋等商品商标和货物展出等服务商标的专用权人——米岚公司是米兰广场的经营管理者——盼多芙公司、兴皋公司承租米兰广场店铺，经营"GUCCI"品牌的包袋等商品，并在店铺招牌、店内装潢中突出使用"GUCCI"字样——米岚公司在其官方网站、新浪微博中将"GUCCI"列为入驻品牌并进行报道宣传——一审认为盼多芙公司和兴皋公司不构成对古乔公司商品商标的侵害，但构成服务商标侵权及不正当竞争——米岚公司帮助侵权，并构成虚假宣传——二审维持一审

裁判摘录

【3】……首先，在销售他人商品时，属于正当使用他人商标标识的行为，一般情况下应当同时满足以下条件，即（1）使用商标标识系出于善意；（2）未将商标标识作为自己商品或服务的商标使用；（3）仅是在说明或者描述自己经营的商品等必要范围内使用他人商标标识。……盼多芙公司、兴皋公司系在涉案店铺招牌上先后使用"（缺图）"和"OUTLET GUCCI"；在店铺内的醒目位置，使用较大面积的"GUCCI"和

"OUTLET GUCCI"作为店内的装潢。盼多芙公司、兴皋公司的上述使用方式，足以使相关公众认为涉案店铺的经营者、经营涉案店铺商品的服务者、涉案店铺货品展出服务的提供者是古乔公司或者与古乔公司存在商标许可使用等关联关系。显然，盼多芙公司、兴皋公司的上述使用方式已经超出了说明、描述自己经营的商品的必要范围，而产生了对涉案店铺经营者、涉案店铺所提供的服务来源的标识作用。故本院对于盼多芙公司、兴皋公司关于其系在销售"GUCCI"正品的过程中，正当使用涉案"GUCCI"商标的上诉意见，不予采信。其次，涉案第5102805号"GUCCI"注册商标核定使用的服务项目为第35类，包括货物展出；样品散发；直接邮件广告；组织商业或广告展览；组织商业或广告交易会；为服装组织商业或广告展览；推销（替他人）等，其中服务项目货物展出、样品散发等包括了商标权人为一般消费者提供自己所生产商品的货物展出、样品散发的服务。……盼多芙公司、兴皋公司在涉案店铺招牌上使用"（缺图）"和"OUTLET GUCCI"；在店内装潢中使用"GUCCI"和"OUTLET GUCCI"，并在涉案店铺中售卖"GUCCI"商品，显然盼多芙公司、兴皋公司也同时提供了"GUCCI"商品的货物展出等服务。而盼多芙公司、兴皋公司使用的"GUCCI"与涉案第5102805号"GUCCI"注册商标相同，"OUTLET GUCCI"中"OUTLET"一般理解为品牌折扣店，故"OUTLET GUCCI"与涉案第5102805号"GUCCI"注册商标相近似，盼多芙公司、兴皋公司的上述使用行为，足以使相关消费者对涉案店铺所提供的货物展出等服务的提供者产生混淆和误认。故盼多芙公司、兴皋公司的上述使用行为，侵犯了古乔公司所享有的涉案第5102805号"GUCCI"注册商标专用权，盼多芙公司、兴皋公司应当就此承担停止侵权、赔偿损失的民事责任。……盼多芙公司、兴皋公司在本案中销售的"GUCCI"商品均为正品，故盼多芙公司、兴皋公司在本案中并未侵犯古乔公司第177032号、第177033号、第178083号三个"GUCCI"商品商标的专用权，本院对于古乔公司的相关意见不予采纳。

CFY，维秘Ⅱ案（20150213/C2017-08/F2015-12）：指示性使用应当限于指示商品来源

维多利亚公司 v 麦司公司等，二审，上海高院（2014）沪高民三（知）终字第104号判决书，王静、徐卓斌、陶冶

案情概要

麦司公司擅自在其经营的店铺招牌、在销售过程中使用"VICTORIA'S SECRET""维多利亚的秘密"，同时对外宣称其店铺为"VICTORIA'S SECRET"或"维多利亚的秘密"的直营店、专卖店、旗舰店，同时，其所销售的商品并非假冒"VICTORIA'S SECRET""维多利亚的秘密"商标的商品—维多利亚公司诉麦司公司等侵犯其核定使

用于第 35 类的服务商标——一审认为，被告在销售过程中使用涉案商标侵犯了原告核定使用于第 35 类的服务商标——构成虚假宣传——二审维持原判

裁判摘录

【2】……由于麦司公司所销售的并非假冒商品，因此其也应具有将 "VICTORIA'S SECRET" "维多利亚的秘密" 商品商标在销售活动中指示商品来源、以便消费者识别商品来源的权利，对此商标权人应当予以容忍。但如果对销售过程中商品商标的指示性使用不加限制，则可能危及相关服务商标的存在价值。因此，麦司公司在指示性使用涉案商品商标过程中，应当限于指示商品来源，如超出了指示商品来源所必须的范围，则会对相关的服务商标专用权构成侵害。根据本案查明的事实，麦司公司在店铺大门招牌、店内墙面、货柜以及收银台、员工胸牌、VIP 卡、时装展览等处使用了 "VICTORIA'S SECRET" 标识，且对外宣称美罗城店为维多利亚的秘密上海直营店、其系维多利亚的秘密中国总部、北上广深渝津大区总经销、中国区品牌运营商等，这可能导致相关公众误认为销售服务系商标权人提供或者与商标权人存在商标许可等关联关系，因此已经超出指示所销售商品来源所必要的范围，具备了指示、识别服务来源的功能，构成对 "VICTORIA'S SECRET" 服务商标专用权的侵害。麦司公司在网络广告宣传过程中使用 "VICTORIA'S SECRET" "维多利亚的秘密" 标识，目的是利用涉案商标开展产品销售相关的招商加盟业务，系在与涉案服务商标同类的服务上使用与涉案服务商标相同的商标，原审法院认定其构成侵权，并无不当。综上，原审法院对涉案商品商标和服务商标所进行的区分认定，并进而认定麦司公司侵害了维多利亚公司涉案服务商标专用权，并无不当。

第五十七条

BFY，喜盈门案（20141128/B2014-22/F2014-23）：回收并重复利用酒瓶也需要尽到合理避让义务

百威英博公司 v 浙江喜盈门等，再审，最高院（2014）民申字第 1182 号裁定书，于晓白、骆电、李嵘

案情概要

百威英博公司诉浙江喜盈门商标侵权——生产、销售的使用回收酒瓶的啤酒上有百威公司标记——混淆误认——一审、二审、再审支持原告诉求

裁判摘录

【4】……作为啤酒生产企业应使用符合安全标准的啤酒瓶（包括回收并重复利用）

是国家对公共利益保护的具体要求。啤酒生产企业在生产、销售产品的过程中，同时应遵守国家的相关法律规定，不损害他人权益，不侵害他人的知识产权，也是其应尽的法律义务。一般情况下，如果仅仅是将回收的其他企业的专用瓶作为自己的啤酒容器使用，且在啤酒瓶的瓶身粘贴自己的商标和企业名称的瓶贴（包括包装装潢），与其他企业的瓶贴存在明显区别，使消费者通过不同的瓶贴即可区分啤酒的商标和生产商，不会产生混淆误认的，那么，该使用方式应属于以区分商品来源为目的正当使用，不构成侵权。但啤酒生产企业未采取正当方式使用回收啤酒瓶，侵害他人相关权利的，则应承担相应的法律责任。根据一审、二审法院查明的事实，喜盈门公司生产的被诉侵权产品，除了啤酒瓶下部显示"百威英博""百威英博专用瓶"浮雕文字以外，喜盈门公司还在酒瓶上同时粘贴了与百威英博哈尔滨啤酒有限公司知名商品哈尔滨啤酒（冰纯系列）相近似的包装装潢（包括酒瓶上的冰块浮雕和瓶贴的颜色、图案等要素组合而成的统一整体），该等事实已被上海市高级人民法院（2013）沪高民三（知）终字第110号民事判决确认，并认定喜盈门公司构成不正当竞争。据此，二审法院在本案中认为喜盈门公司的上述使用行为，使得啤酒瓶上的"百威英博"文字发挥商标识别功能的可能性显著提高，加之"百威英博"与百威英博哈尔滨啤酒有限公司具有密切的关联度，将浮雕文字与包装装潢同时使用相互作用，共同起到了商品识别功能。虽然喜盈门公司在被诉侵权产品包装上还使用了"heimen""喜盈门"等商标标识，但考虑到"百威英博"商标在行业内所具有的较高知名度及其旗下拥有不同啤酒品牌（包括哈尔滨啤酒）等事实，消费者在注意到喜盈门公司在其啤酒瓶上使用的"百威英博""百威英博专用瓶"文字时，仍然会对该产品的来源产生混淆或误认。二审法院将喜盈门公司在被诉侵权产品的酒瓶上使用"百威英博""百威英博专用瓶"文字的行为，认定为商标性使用行为，构成对"百威英博"注册商标专有使用权的侵害并无不当。

SY，联想 II 案（20140902）：超出合理使用范围构成侵权

联想公司 v 顾某华，二审，江苏高院（2014）苏知民终字第142号判决书，顾韬、刘莉、罗伟明

案情概要

联想公司享有第520416号"联想"以及第3462586号"lenovo"注册商标权利——顾某华在店招中多处明显使用"联想""lenovo"商标——一审认定侵权——明显已超出合理使用的界限——二审维持一审判决

裁判摘录

【2】……商标的指示性合理使用是指经营者在商业活动中善意合理地使用他人注册商标以客观说明自己商品或者服务的来源、用途、服务对象及其他商品本身固有的特性，一般要求使用者系基于诚信善意，使用商标的具体形式、程度也应保持在合理范畴之内，且未对商标权人的合法权益造成损害。本案中，综合全案事实，本院认为顾某华对涉案商标的使用已超出合理使用范畴，已对联想公司的相关商标权益造成损害，故其关于指示性使用商标且不构成商标侵权的抗辩主张不能成立。【3】……顾某华作为"联想"电脑的经销商，可以在经营活动中正当使用"联想"和"lenovo"商标以指示其销售商品的内容与来源，即顾某华可以在其所售商品上通过标签、在店铺上通过"本店销售联想电脑"等合理方式标注"联想"和"lenovo"商标以达到指示商品来源的作用。但在本案中，顾某华在其经营场所全面使用涉案商标，并在店铺门头、店内装饰、名片、销售清单等处突出使用"lenovo 联想""lenovo"等标识（缺图），从上述行为可以推断出顾某华具有试图使消费者误认为其与联想公司存在特许经营、加盟、专卖等特定商业关系的攀附故意，客观上也形成了上述效果，显然属于对合理指示商品来源的权利的不当扩张，已经超出了商标指示性使用的合理范畴。【4】……顾某华基于标明商品本身来源的目的而使用涉案商标的行为固然具备正当性，但其在经营场所中全面使用涉案"联想"和"lenovo"商标，容易导致消费者误认为其与联想公司之间存在某种特定商业关系，既不当借助了联想公司涉案商标的商业声誉，也可能在一定程度上割裂了涉案商标与联想公司本身的对应关系，妨碍了联想公司涉案商标功能的完整发挥，对其商标权益形成了不当损害。

第五十七条

EY，雪舫蒋 I 案（20140430/E2014-06）：在商品上同时使用自己的商标和他人的商标也会构成侵权

上蒋火腿厂 v 雪舫工贸，二审，浙江高院（2013）浙知终字第 301 号判决书，王亦非、何琼、李臻

案情概要

原告上蒋火腿厂独占许可给被告雪舫工贸使用第 300388 号等商标——原告以被告未支付 2012 年、2013 年的商标许可使用费，要求解除许可合同——原告认为被告未经其同意在火腿产品上及企业名称中使用"雪舫蒋"等标志侵犯其商标权——被告认为许可合同应继续履行——一审认为原告解除《许可合同》条件已成就——被告将"雪舫蒋"作为店铺以及所销售产品的标识构成商标侵权，将"雪舫"用作字号不侵权——双方上诉——二审认为

《许可合同》并未解除—雪舫工贸有权继续依约单独使用第 300388 号"雪舫蒋"商标，但其在火腿产品上同时使用"吴宁府"商标和"雪舫蒋"商标的行为有损"雪舫蒋"商标的识别功能，构成商标侵权—再审维持二审认定

裁判摘录

【14】商标最基本最重要的功能在于识别商品来源，即相关消费者能够据此将商标所有人的商品与其他商品区分开来。商标许可使用制度的目的之一就在于保证商品来源的唯一性。在许可使用关系中，虽然商标所有人并非商品的实际生产经营者，但被许可人使用的商标所指向的商业来源应是商标所有人。然而，在本案中，雪舫工贸未经上蒋火腿厂同意，不仅在同一火腿产品上标注了被许可使用的"雪舫蒋"商标，还标注了自己注册的"吴宁府"商标，实际上使同一商品出现了两个来源。从客观后果来看，由于消费者并不知晓两个商标及其所有人之间的关系，很可能认为"雪舫蒋"商标和"吴宁府"商标所指向的商业来源具有同一性，从而影响到"雪舫蒋"商标识别功能的正常发挥。并且，许可使用关系终止以后，上述不良后果会进一步凸显，因为在两个分属于不同所有人的商标独立使用于同类商品时，由于在先混用行为的存在，消费者仍然会认为"吴宁府"品牌商品与"雪舫蒋"品牌商品出于同一商业来源，进而产生市场混淆。此外，由于"雪舫蒋"商标在长期使用的过程中已经具有了较高的知名度，在消费者对"吴宁府"商标所指向的商业来源产生错误认识的同时，实际上也使注册不久的"吴宁府"商标获取了"雪舫蒋"商标所积累的商誉。从雪舫工贸的主观意图来看，也是想借"雪舫蒋"商标之商誉提高自身"吴宁府"商标的知名度。

FY，五粮液Ⅲ案（20131216/F2013-31）：未经许可遮盖真品包装上的商标可构成侵权

五粮液公司 v 精彩生活公司，二审，四川高院（2013）川民终字 665 号判决书，张良、周静、李锐

案情概要

原告五粮液公司享有第 160922 号"五粮液及图"注册商标和第 5814630 号"尊"注册商标权利—盛然公司为五粮液公司"尊"酒产品的江西省区域特约经销商—被告精彩生活公司从盛然公司订购五粮液公司"尊"酒产品—被告称与原告合作推出五粮液公司尊酒"精彩生活—尊贵会员专享"—外包装用"精彩生活—尊贵会员专享"箱贴覆盖了原来的"尊"酒商标—随箱赠送的红色手提袋上注明"五粮液""精彩生活""尊贵会员专享"，其"尊贵会员专享"中的"尊"使用的是注册商标的"尊"图形标

志——一审认为被告侵犯了第 160922 号"五粮液"及图注册商标和第 5814630 号"尊"注册商标——二审维持一审判决

裁判摘录

【1】精彩生活公司虽与五粮液公司的尊酒经销商签订了《订购协议》，但在其销售尊酒时，未经五粮液公司同意，使用瓶贴、箱贴覆盖了五粮液公司的尊酒商标，使消费者不能从外箱包装和尊酒的透明包装外壳上辨认该酒为尊酒，致使消费者误以为其所销售的是五粮液公司与精彩生活公司合作、为精彩生活公司会员专供的"五粮液"酒。同时，精彩生活公司随箱附赠的红色手提袋上也未经五粮液公司同意，在"精彩生活""尊贵会员专享"字样上部使用"五粮液"及图形注册商标。还在瓶贴和箱贴及手提袋上，未经五粮液公司同意将五粮液公司的"尊"注册商标使用在"尊贵会员专享"的"尊"字部位，精彩生活公司的上述行为，构成对"五粮液"及图注册商标和"尊"注册商标的侵权。

SWY，ZIPPO 案❶（20131210）：对商品进行了实质改变再行销售的不适用权利用尽抗辩

之宝公司 v 李某生，一审，广州中院（2012）穗中法知民初字第 54 号判决书，丁丽、蔡健和、孙佑文（陪）

案情概要

原告之宝公司在打火机等商品上注册了 ZIPPO 等商标——之宝公司生产、销售的 ZIPPO 打火机产品，既有光板打火机，也有雕刻图案的打火机——ZIPPO 商标经过使用获得了较高知名度——被告李某生购买原告 ZIPPO 光板打火机——以激光镭射的方式雕刻花纹图案销售——委托包装公司为其加工制作带有 ZIPPO 标识的打火机木制包装盒、包装袋，用于包装上述自行雕刻了花纹图案的打火机——被告未经许可委托他人注册了包括 www.zippo888.com.cn、www.zippogz.cn 在内的多个域名并利用相关域名进行侵权商品的销售和宣传——法院认定被告侵犯原告商标权——判赔 30 万元。

裁判摘录

【2】本案中，原被告双方均确认被诉侵权的打火机是由原告生产制造的光板打

---

❶ 李某生上诉，二审审理期间，李某生以双方达成和解协议为由，申请撤回上诉，并被准予撤诉。

火机，双方争议的焦点在于被告对原告的光板打火机雕刻图案后再行销售的行为是否构成侵权，对此本院认为，被告对底部带有"（图一）"标识的打火机进行了激光镭射加工，加工后的打火机附着了原正品打火机原本不具有的图案、装饰，对打火机的整体外观做了较大的改变，已经构成实质性改变，即该类经过被告加工雕刻后的打火机已经不是原告投入市场时的打火机，两者属于不同的产品。被告在未经原告许可的情况下，对原商品进行加工后依然使用"（缺图）"商标，且没有附加改变的信息或者明确做出不同的标识，在原告也销售雕刻图案的打火机，并且两者在包装装潢与防伪标识等方面相近似的情况下，势必会使消费者误认为加工后的打火机依然是原告产品，被告加工后的打火机与原告在中国销售的其他型号雕刻图案的打火机也会混淆。根据《商标法》第五十二条第（一）的规定，未经商标注册人的许可，在同一种商品或者类似商品上使用与其注册商标相同或者近似的商标的行为属于侵犯商标专用权的行为。被告未经原告许可，在经加工雕刻后的打火机上使用与原告注册商标相同的商标并予以销售的行为侵犯了原告第 3091639 号"（图一）"注册商标专用权。

图一　涉案商标图样（第 3091639 号商标）

SWY，绝对案（20131008）：未经许可对进口商品商标任意使用并标贴于商品上进行销售构成商标侵权；磨去产品质量识别代码构成商标侵权及不正当竞争

绝对公司等 v 隆鑫源公司，一审，苏州中院（2013）苏中知民初字第 175 号判决书，管祖彦、徐莉娜、韩军

【案情概要】

　　原告方拥有第 1466538 号等多个涉案商标权利—被告隆鑫源公司未经许可，在其销售的绝对伏特加原产品背标上使用了"绝对"中文商标，并故意磨去该产品上原有的产品质量识别代码—原告起诉被告商标侵权及不正当竞争—法院认定被告行为构成商标侵权及不正当竞争—判赔 10 万元

【裁判摘录】

　　【4】隆鑫源公司辩称该中文标签系根据我国食品安全法的规定，对进口商品自身

商标和名称的翻译，不构成商标侵权。对此本院认为，根据《食品安全法》第六十六条及第一百零一条规定，进口的预包装食品（酒类适用本法）应当有中文标签、中文说明书。标签、说明书应当符合本法以及我国其他有关法律、行政法规的规定和食品安全国家标准的要求，载明食品的原产地以及境内代理商的名称、地址、联系方式。该法律条款系我国对进口商品质量监管所制定的管理性规范，并未强制要求经营者需对商品商标进行翻译。因此，不能据此认定经营者在未取得商标专用权人许可和授权的情况下，可以对进口商品商标任意使用并标贴于商品上进行销售，故隆鑫源公司该辩称不能成立，本院不予采纳。【5】……商标的基本功能是区别商品的来源。商标的识别功能节约了消费者的搜索成本，作用于对注册商标的信赖。当商标注册人及许可使用人将标有该商标的商品投放市场后，产品本身与注册商标、包装装潢等多种要素发生紧密联系，并与商标权人的商誉形成了专属的对应关系。改变商标或商品的某一要素都可能导致商品差异，并且当这种差异达到一定的程度时，就可能造成消费者的混淆，并使商标所表彰的商标权人的主体身份和商品特征的功能受到损害。涉案保乐公司经绝对公司授权进口的绝对伏特加，所使用的"绝对"系列注册商标与产品本身简洁的酒瓶、通透的瓶体、手写体字样、短颈、圆肩式设计以及酒瓶底部产品识别码形成了专属的对应关系，体现了产品设计所要确定的理念。而隆鑫源公司所销售的被控侵权商品上则擅自随意加贴了不透明的白色中文标签，其文字、颜色均与瓶体商标、装潢不相陪衬，破坏了原商品的完整性和美观感受，并且该中文标签上标注的进口商"郑州市纳努克商贸有限公司"，经查询并未依法登记。上述差异已足以导致消费者对商品的生产、销售来源产生合理怀疑，从而对商标权利人的认可度和信赖度降低，致使商标权人的利益遭受损害，应判定为《商标法》第五十二条第（五）项规定的"对他人的注册商标专用权造成其他损害的"情形，构成商标侵权。至于隆鑫源公司辩称上述行为适用商标权利用尽原则不构成侵权，于法无据，本院不予采纳。【7】……擅自改变商标或商品中的任一要素，都有可能构成对注册商标的识别、指引功能的损害。而涉案绝对伏特加原产品识别码是表示该商品特定信息的标识，包括了生产日期、生产批次、产品生产地与销售地等信息，其作为商品的另一标识已与该商品融为一体，构成了这种商品的完整性。在此情况下，经营者磨去产品识别码，其主观上有隐匿商品来源的恶意，客观上不仅破坏了商品的整体性导致商品关键信息丢失，而且实质上给消费者和商标权利人造成了双重损害：一是影响了商标的识别功能，侵害了消费者对商品来源及产品信息的知情权，导致消费者对真实商品来源及销售渠道产生疑惑、误认或混淆；二是妨碍了商标权利人对产品质量的追踪管理，干扰了商标权利人控制产品质量的权利，致使商标权人商标权益受损。故就此判断，该磨码行为亦应属于《商标法》第五十二条第（五）项规定的"对他人的注册商标专用权造成其他损害的"情形，构成商标侵权。【8】……涉案磨码行为直接导致商品关键信息丢失，造成商品来源无法识别，实际损害了该商品经营管理者跟踪产品质量，向消费者兑现产品质量承诺等合法经营权利，同时也直接侵害了该商品独家授权经销商的经营利益。磨码行为隐匿了产品的关键信息，这种行为实质上也是一种引人误解的虚假宣传，且行为人同时还虚构进口商，亦属虚假宣传，并以此获取不正当竞争优势，上述行为构成不正当竞争。

FY，CARIOCA 案（20130701/F2013-24）：破坏商标识别功能构成侵权

环球公司 v 际通文具等，二审，山东高院（2013）鲁民三终字第 32 号判决书，刘晓梅、张亮、张金柱

[**案情概要**]

环球公司为"CARIOCA"注册商标的商标权人——核定使用商品包括文具、绘图用具等——环球公司起诉际通文具总经销、际通铅笔生产、永旺东泰销售的水彩笔侵犯其"CA-RIOCA"注册商标——一审认为际通文具与际通铅笔侵犯了环球公司的注册商标专用权，承担连带赔偿责任——永旺东泰已尽审慎注意义务，不承担赔偿责任——二审维持一审判决

[**裁判摘录**]

【8】……被控水彩笔系由环球公司授权的生产商利通公司生产，但际通文具、际通铅笔在该产品的包装物上添附了中文标识，其上标注有"总经销：青岛际通文具有限公司""生产商：青岛际通铅笔有限公司"等字样，还标注有"好乐星"文字及图形商标。……商标的基本功能为识别功能，即将商标权人的商品或服务与其他人的商品或服务区别开来。消费者借助商标选购自己喜爱的商品或服务，经营者则借助商标推销自己的商品，而这一切均依赖于商标识别功能的正常发挥。侵害商标权行为的表现形式多种多样，其本质特征都是对商标识别功能的破坏，造成相关公众对商品或服务的来源产生误认或者认为其来源与注册商标的商品有特定的联系。因此，商标法保护商标就是保护商标的识别功能。……际通文具、际通铅笔在环球公司产品的包装物上添加自己企业字号和商标的行为、将自己标注为产品经销商和生产商的行为，破坏了环球公司"CARIOCA"注册商标的识别功能，割裂了环球公司"CARIOCA"注册商标所对应的市场主体，容易使相关消费者误认为被控水彩笔系来源于际通文具、际通铅笔，或者认为际通文具、际通铅笔与环球公司存在关联关系，侵犯了环球公司的注册商标专用权。故际通文具、际通铅笔作为市场经营者，在未取得商标权人环球公司授权的情形下，在环球公司产品上标注自己的企业标识和商标，借他人商标宣传自己，构成商标侵权，应承担相应的侵权责任。

CY，维秘 I 案（20130423/C2013-12）：销售正品不会造成混淆则不侵权

维秘公司 v 锦天公司，一审，上海二中院（2012）沪二中民五（知）初字第 86 号判决

书，何渊、胡宓、余震源

案情概要

原告维秘公司英文商号为"VICTORIA'S SECRET"，对应的中文翻译为"维多利亚的秘密"—原告在中国注册了多个"维多利亚的秘密""VICTORIA'S SECRET"商标—被告锦天公司未经授权对外宣称其为原告的总经销商，在中国以直营或特许加盟形式开展经营活动—被告使用原告的"维多利亚的秘密""VICTORIA'S SECRET"商标和企业名称对外销售商品—原告起诉被告商标侵权，并构成擅自使用他人企业名称和虚假宣传的不正当竞争行为—法院认为被告销售的是正牌维多利亚的秘密品牌内衣商品，无混淆误认，不构成商标侵权—原告的企业字号"VICTORIA'S SECRET"尚不属于我国反不正当竞争法保护的企业名称，且被告销售的商品也非假冒商品，不构成擅自使用他人企业名称的不正当竞争行为—被告行为构成引人误解的虚假宣传

裁判摘录

【8】……被告销售的商品是从 LBI 公司处购买并通过正规渠道进口的维多利亚的秘密品牌正牌内衣商品，而非假冒商品，被告在销售商品的过程中在商品吊牌、衣架、包装袋、宣传册上使用原告涉案注册商标的行为属于销售行为的一部分（附带的行为），不会造成相关公众对商品来源的混淆、误认。

BY，五粮液 Ⅱ 案（20121130）：正品销售商指明销售商身份可以正当使用商标

五粮液集团 v 天源通海公司，再审，最高院（2012）民申字第 887 号裁定书，夏君丽、钱小红、董晓敏

案情概要

五粮液集团起诉天源通海公司销售的酒产品上使用的标记侵犯其商标权，并构成不正当竞争—授权经销商—善意使用—一审、二审、再审均未支持原告

裁判摘录

【3】天源通海公司是五粮液公司生产的"锦绣前程"系列酒的山东运营商，其在上述经营活动中使用"（缺图）"及"WULIANGYE"商标，虽未经五粮液公司的许可，

但其使用"（缺图）"及"WULIANGYE"商标的意图是指明"锦绣前程"系列酒系五粮液公司所生产、其为五粮液公司"锦绣前程"系列酒的山东运营商，且五粮液三字既是五粮液公司的商标亦为五粮液公司的字号，"锦绣前程"系列酒本身标注着商标。同时，天源通海公司在经营活动中使用涉案商标是为了更好地宣传推广和销售"锦绣前程"系列酒，亦无主观恶意，这种使用行为并没有破坏商标识别商品来源的主要功能，故天源通海公司未侵犯五粮液公司的涉案商标专用权。

FY，立邦案（20120524/F2012-24）：商标的指示性使用不构成侵权

立邦公司 v 展进公司等，二审，上海一中院（2012）沪一中民五（知）终字第 64 号判决书，唐震、顾慧萍、陈瑶瑶

案情概要

展进公司在淘宝网上销售使用涉案标记的油漆—立邦公司起诉二被告追究商标侵权责任—一审认为展进公司促销宣传中使用涉案注册商标的方式合理，符合一般商业惯例，无混淆，不构成侵权—淘宝公司作为网络服务提供者也不侵权—二审维持一审

裁判摘录

【2】本案中，被上诉人展进公司在其淘宝网络店铺中销售立邦公司产品时使用了多幅与立邦相关的图片，其中涉及两个涉案立邦商标。从商标使用方式来看，商标系图片组成部分，图片主体内容系对立邦产品的介绍。……而从网站的页面设置来看，首页的主体位置均系各品牌油漆商品的图片、名称、价格、销售量等信息。结合图片使用方式以及网页布局，相关公众通常会认为该商标传达的是在售商品的广告，即指示其所销售商品的品牌信息，而不是传达经营者的商号、商标或经营风格。再从被控侵权使用行为是否会使相关公众对服务来源产生混淆和误认角度来分析，该种商标指示性使用，商标直接指向的是商标注册人的商品，并非指向被上诉人展进公司，即立邦商标与立邦商品的对应性并没有受到影响，相关公众也不会认为在售立邦产品来源于被上诉人展进公司。在此情况下，不存在消费者对于商品来源认知的混淆，也不涉及商标显著性或知名度的降低，故也不存在其他商标利益的损害。【4】……"立邦网络旗舰店"系一个网页截图中的一部分文字表述，并非可单独点击的模块，且该截图与其他图片一并在"代理品牌"界面滚动显示，不足以构成整个页面中的突出显示部分，也不属于淘宝网所定义的网络旗舰店。虽然被上诉人展进公司在其网络店铺首页菜单栏中设置"代理品牌"链接，并在代理品牌界面设置众多品牌广告图片的行为确有不妥，但是该种行为并不属于商标法调整的范畴……【5】……商标的质量保障功能

实质上是商业来源意义上的保障功能，保证与特定商标关联的商品具有一定的质量水平。……展进公司销售的是立邦公司的产品，不存在商品质量的降低，且在商标使用过程中，也不存在对商标的贬损，故上诉人的该项上诉理由，本院不予支持。

BFY，片仔癀案（20091027/B2009-21/F2009-21）：超出说明或客观描述商品的需要使用商标可能构成不正当使用

片仔癀公司 v 宏宁公司，再审，最高院（2009）民申字第 1310 号裁定书，夏君丽、王艳芳、周云川

案情概要

片仔癀公司认为宏宁公司侵犯其"片仔癀"商标权利—含有描述性要素—不能阻挡正当使用—显著位置突出标注—大于自己的商标—难谓善意—一审、二审、再审均认定侵权成立

裁判摘录

【3】《商标法实施条例》第四十九条规定，注册商标中含有的本商品的通用名称、图形、型号，或者直接表示商品的质量、主要原料、功能、用途、重量、数量及其他特点，或者含有地名，注册商标专用权人无权禁止他人正当使用。片仔癀是一种药品的名称，如果被控产品中含有片仔癀成分，生产者出于说明或客观描述商品特点的目的，以善意方式在必要的范围内予以标注，不会导致相关公众将其视为商标而导致来源混淆的，可以认定为正当使用。判断是否属于善意、是否必要可以参考商业惯例等因素。宏宁公司如果是为了说明其产品中含有片仔癀成分，应当按照商业惯例以适当的方式予以标注，但是本案中，宏宁公司却是在其生产、销售商品的包装装潢显著位置突出标明"片仔癀""PIENTZEHUANG"字样，该标识明显大于宏宁公司自己的商标及其他标注，并且所采用的字体与片仔癀公司的注册商标基本一致。该种使用方式已经超出说明或客观描述商品而正当使用的界限，其主观上难谓善意，在涉案商标已经具有很高知名度的情况下，客观上可能造成相关公众产生商品来源的混淆，因此宏宁公司关于其使用是正当使用的主张不能成立。

SWY，米其林Ⅲ案（20090708）：改变速度等级会损害商标识别功能并进而构成侵权

米其林公司 v 胡某平，一审，长沙中院（2009）长中民三初字第 72 号判决书，陈剑

文、余晖、曹志宇

案情概要

米其林公司起诉胡某平销售的轮胎使用其涉案商标，侵犯其商标权—胡某平抗辩认为该轮胎是日本工厂生产的正品，且有合法的来源—将低速度级别改为 Y 级—法院认为改变速度等级可能对注册商标的识别、指引功能造成损害—构成商标侵权

裁判摘录

【5】商标是指能将自然人、法人或其他组织的商品与他人的商品区别开的商业标志。商标的重要功能之一在于通过商标的识别功能节约消费者的搜寻成本，对于满意的商品，形成对注册商标的信赖。将注册商标标注在相关的商品上，是商标注册人对于商标使用的主要方式。商标注册人将标有该商标的商品投放市场后，注册商标、凝聚在该商标中的商标权人的商誉与具体商品及其各种特性形成唯一对应关系，改变该商标或该商品中的任一要素，都有可能构成对注册商标的识别、指引功能的损害。本案中，改变轮胎的速度级别具有以下危害性：1. 以低速度级别的轮胎冒充高速度级别的轮胎属于以次充好和对消费者进行欺诈的行为；2. 由于将不属于 Y 级轮胎标记为高等级的 Y 级轮胎，使相关公众误认为该 Y 级轮胎为原告生产的同级轮胎，破坏商标注册人、注册商标和商品的真实联系。因此，本院认为本案所涉及的这种改变速度级别的轮胎产品，由于产品上标注了米其林商标，而使相关公众将该轮胎误认为原告生产的 Y 级轮胎，使消费者对于产品的来源产生混淆，同时也危及了商标注册人对于产品质量保证产生的信誉，构成商标侵权。

SWY，米其林II案（20090424）：销售无强制3C认证标志的正品可构成侵权

米其林公司 v 谈某强等，一审，长沙中院（2009）长中民三初字第 73 号判决书，陈剑文、何文哲、余晖

案情概要

米其林公司起诉谈某强等销售的轮胎使用其涉案商标，侵犯其商标权—被告抗辩认为该轮胎是日本工厂生产的正品，且有合法的来源—一审认为涉案产品未经原告许可和质量认证即在中国境内销售—销售已属违法，且可能存在性能和安全隐患—破坏了原告商标保证商品质量和商品提供者信誉的作用，对原告注册商标专用权已造成实际损害—构成侵权

裁判摘录

【2】本案所涉及之被控侵权轮胎产品在我国属于强制 3C 认证的产品，必须经国家指定的认证机构认证合格、取得指定性认证机构颁发的认证证书并标注认证标志后，方可出厂销售、进口和在经营性活动中使用。本案中，未经 3C 认证这一事实具有以下法律意义：1. 该轮胎不是经海关合法进口的产品；2. 该轮胎是禁止在中国市场上流通的产品。而根据本案被告提交的进货证据，被控侵权产品也不是从原告的中国销售网络中进货，被告亦无证据证明其销售行为获得了原告的其他许可。由此可以认定，该产品是未经原告许可在国内销售的产品，由于这些产品并未经我国 3C 认证，故无法确定是否适用于中国，是否符合中国安全规范。从安全性角度来看，轮胎的质量直接关乎驾驶员和乘客的人身财产安全，因此轮胎的生产商针对各种不同的速度要求、地理和气候特性及销售国的强制性认证标准生产和销售轮胎，这些依法应当进行 3C 认证而未履行认证的汽车轮胎产品，可能存在安全隐患，违反我国的强制性规定。无论这些产品由谁生产，销售该类产品的行为均属于违法行为，依法应予制止。因此，本案的关键不在于这些产品由谁生产，而在于这种未经许可的销售行为，是否可能损害商标注册人的利益。【3】……从原告的利益而言，未经原告许可在我国销售、标注原告商标而无安全性保障的轮胎，尽管这种销售行为本身并未经原告许可，但由此引发的交通事故或其他民事纠纷，其法律后果和对产品的否定性评价均会通过标注在产品上的"MICHELIN"系列商标而指向作为商标权人的原告。同时，对于必须强制认证的轮胎产品，无 3C 标志而标注了"MICHELIN"系列商标的轮胎流入市场，也同样会损害原告商标的声誉，原告可以以商标权人的身份进行维权。【4】……商标是区分商品不同来源的标志，具有保证商品质量和表明商品提供者信誉的作用。对于上述功能和作用的损害，即构成商标侵权。本案中，尽管原告承认被控侵权产品是由其日本工厂生产，产品上标注的"MICHELIN"系列商标也是在日本标注，但该产品未经原告许可和质量认证即在中国境内销售。由于这种产品我国境内的销售已属违法，且可能存在性能和安全隐患，破坏了原告商标保证商品质量和商品提供者信誉的作用，对原告注册商标专用权已造成实际损害，两被告的销售行为，属于侵犯原告注册商标专用权的行为，两被告有关不构成商标侵权的辩论意见，不予采信。

第五十七条

SY，For VOLVO 案（20051208）：引人误解的使用不是合理使用

沃尔沃公司 v 长生公司等，一审，上海浦东新区法院（2005）浦民三（知）初字第 40 号判决书，陈惠珍、倪红霞、徐俊

案情概要

沃尔沃公司是"VOLVO"注册商标的所有人，起诉长生公司出口的滤清器使用"VOLVO"标志侵犯其注册商标专用权——长生公司认为自己是应叙利亚客户的要求进行生产，产品上已经标示了客户名称和商标，标示"FOR VOLVO"是为了说明该零件适用于 VOLVO 汽车——一审认为长生公司的使用引人误解，构成侵权，应负赔偿责任

裁判摘录

【1】……由于不同品牌的汽车使用的滤清器规格可能不同，当消费者选择使用滤清器时，他必须了解其选择的滤清器是否能够适用于他的汽车，那么生产厂家必须在该滤清器上指出它可以匹配的汽车的品牌、型号等，以使消费者能够做出正确的选择，此时在该滤清器上有可能会标明汽车的品牌。但这种使用必须是使用者善意的、合理的使用，以起到说明的作用，不能因此而造成相关消费者的混淆和误认，或者使消费者对该商品与使用的商标间产生某种联想。【2】……由于被告未经原告许可，在其生产的滤清器上以较大的字体突出使用了"FOR VOLVO"文字，且其使用的"FOR VOLVO"文字含义不清，又未在滤清器上标识产品制造商的名称等能够识别商品来源的文字，客观上易使消费者联想到该商品的来源与"VOLVO"商标注册人存在某种联系，因此被告的行为不属于对注册商标的合理使用，已构成了对原告注册商标专用权的侵犯。

SY，至宝三鞭酒案（20010412）：真品的出口及在目的地构成平行进口均不侵权

山东医保公司 v 山东包装公司，二审，青岛中院（1999）青经终字第 1436 号判决书，王明福、张春娟、茅蓁

案情概要

原告山东医保公司在香港获得了至宝三鞭酒的商标专用权——在中国大陆不享有至宝商标专用权——被告山东包装公司向香港出口至宝三鞭酒——原告要求依香港法律判令被告停止侵权并赔偿——一审认定侵权——应适用香港法律作为准据法——《巴黎公约》并未不允许本联盟其他国家法院适用商标注册原属国法律（或地区法律）——二审查明涉案商品是被告是从中国大陆合法制造商处购得中亚牌至宝三鞭酒并出口香港——平行进口——二审认定不侵权——撤销一审判决

裁判摘录

【4】……作为商标权而言，其具有严格的地域性，根据一国或一个法域的法律所取得的商标权无域外的效力。若需在其他国家（或地区）受到法律保护，还需按照该其他国家的法律规定办理相关手续，中华人民共和国与香港特别行政区虽均为《保护工业产权巴黎公约》的成员，但该公约只是规定带有非法商标、假冒商标的商品得禁止进口，及成员国居民在其他成员国申请商标注册及其保护的国民待遇问题，保护的是其申请注册中的权利，而非在一国注册后即自动受到其他成员国的法律保护，该公约对商标权的地域性原则并未动摇。而中华人民共和国法律及行政法规并无对将在境内所购真品予以出口加以额外限制或禁止。因此，据商标权的地域性原则的特性及中华人民共和国法律法规看，上诉人的该出口行为既不违反《保护工业产权巴黎公约》，也不违反中华人民共和国的法律法规，也不存在对国家利益的损害，没有理由和根据认定上诉人的该出口行为构成对上诉人在香港的注册商标的侵权。【5】再次，上诉人向香港地区出口中亚牌至宝三鞭酒，对香港进口方的进口行为，与被上诉人向香港地区出口至宝三鞭酒的另一香港进口方的进口行为属于平行进口关系，目前对在平行进口中的进口一方的进口行为，是否侵犯国内另一方的商标专用权，各国的立法、司法各有不同。但无论是否认定构成侵权，均是针对进口方，而不涉及出口方。而对商标权人的商标权利国内用尽为各国所接受。上诉人非该平行进口关系中的进口人。而上诉人的出口行为与其香港进口方进口，及在香港市场上的销售行为，两者的性质显然不同。上诉人的出口行为属国际货物买卖，而香港的进口方在香港市场上的销售行为是境内买卖。上诉人与香港的进口方也非属同一法域。《保护工业产权巴黎公约》并未将真品货物在国际市场上的流通加以限制，即并未涉及平行进口中是否存在商标侵权作出规定。从中华人民共和国的法律及其行政法规看，也无上诉人的该出口行为构成对他人在域外的注册商标侵权之规定。因此，从平行进口角度看不足以认定上诉人在出口行为中构成对被上诉人的域外（法域）商标侵权。【6】被上诉人所称向香港地区出口至宝三鞭酒的行为，依照《香港商标条例》侵犯了被上诉人在香港的注册商标专用权。而《香港商标条例》并无在平行进口关系中，就出口方的出口行为是否构成对香港的商标权人的商标权侵权的相关规定。被上诉人所举其判例，也未涉及与其［原文如此］平行进口相关联的出口方的责任问题。因此，依照《香港商标条例》及其判例，均不能认定上诉人在上述平行进口关系中处于侵权人境地。

第五十七条

第五十九条 【商标侵权抗辩】

注册商标中含有的本商品的通用名称、图形、型号，或者直接表示商品的质量、主要原料、功能、用途、重量、数量及其他特点，或者含有的地名，注册商标专用权人无权禁止他人正当使用。

三维标志注册商标中含有的商品自身的性质产生的形状、为获得技术效果而需有的商品形状或者使商品具有实质性价值的形状，注册商标专用权人无权禁止他人正当使用。

商标注册人申请商标注册前，他人已经在同一种商品或者类似商品上先于商标注册人使用与注册商标相同或者近似并有一定影响的商标的，注册商标专用权人无权禁止该使用人在原使用范围内继续使用该商标，但可以要求其附加适当区别标识。

本条导读

2013 年的《商标法》第 59 条一方面将之前实施条例规定的正当使用提升到该法（第 1 款），同时增加了功能性形状的正当使用抗辩（第 2 款），还正式引入了在先使用并有一定影响商标的继续使用抗辩（第 3 款）。

59.1 关于第 1 款的正当使用：严格讲，他人使用的是通用名称或叙述性词汇以及地名，并不属于商标性使用，且第 48 条貌似已经解决了这个问题。但是，与《商标法》第 57 条第（一）（二）项措辞不同的是，TRIPS 协定第 16 条界定被告使用对象时用的是"标志"而非"商标"，逻辑上显得更为自洽，因为只有先划进侵权范畴，才会有协定第 17 条的叙述性使用的例外和限制。而我国《商标法》由于先没有将商标以外的标志划进侵权范围，突然规定对通用性、叙述性标志等符号的使用正当反而显得突兀。

具体来说，某一地域内约定俗成的通用名称应允许正当使用（鲁锦案、灯影案），不能因为自己的贡献就垄断通用名称（九制陈皮案、沁州黄案），也不能禁止他人正当使用游戏名称（挖坑案、大富翁案）；普通商标中含有的地名（包括证明商标中含有的地名）原则上可以正当使用（茅山案、赛里木案、花桥案、白沙Ⅰ案、白沙Ⅱ案、古丈毛尖案、金华火腿Ⅰ案、金华火腿Ⅱ案、金州案、百家湖案、阅江楼案、滇重楼案、盱眙龙虾案），菜名（避风塘Ⅰ案、狗不理Ⅱ案、狗不理Ⅲ案）及品种名（库尔勒香梨Ⅰ案）也可正当使用，描述性使用不构成侵权（雪花粉案、LONGLIFE 案、岩韵案、85℃案、千禧龙案），但要以被使用的标识确有用于描述的相关含义为前提（吉尼斯案）；显著性弱的商标的保护范围会受到一定影响（打鼓皮案、阅江楼案）。

但通用名称的认定也需要谨慎（墙锢案），包括不能将具有产品和品牌混合属性的标志认定为通用名称（盲公饼案、新华字典案），不能依据农作物品种审定办法直接认定通用名称（稻花香Ⅱ案），不能将他人商标作为口味或工艺描述（老干妈Ⅱ案、钛马赫案）。老字号进入公有领域的有判决认为都可以使用，但需要注意后来再审有改判（同庆号Ⅰ案）。

59.2 关于第 2 款的正当使用，目前尚未见到相关判例。但从逻辑上讲，从本款规定可以推导出，第 12 条中含有功能性特征的立体商标未见得不能注册，只要不是仅仅含有就可能获得注册。

59.3 关于第 3 款的在先使用：本款是 2013 年《商标法》借鉴 1993 年服务商标引入时的做法新加入的条款，旨在与第 32 条配合，允许在先使用人即使不能阻止在后申请或无效在后注册的情况下依然拥有最低限度的抗辩。当然，商标法设置了申请日前和使用日前（如果在后商标申请前已开始使用的话）的双保险，以免过度冲击注册商标制度（九制陈皮案）。不过，实践中也有法院认为只要申请之前的使用人是善意，即使晚于注册人的使用，也可适用本条（启航案）。该款的适用有个基本的要求，就是必须是自己的使用，或是自己控制的使用，如果是完全不相干的他人的使用不能用来主张该款的在先权利（黑天鹅案），也有将在先使用人严格限定为使用人本人的（理想空间案）。

当然，继续使用需要限定在原有范围内。至于何为原有范围，尤其是是否特指地域范围，还有待进一步的司法实践和解释，有法院认为线上可能会超越之前的线下使用范围（玉浮梁案）。许可他人使用也属于突破原有范围，在后商标注册日之后的在先商标被许可人无权援引在先抗辩权（超妍案）。鉴于 2017 年《反不正当竞争法》修改后也使用了"一定影响"的措辞，如果一以贯之，在先使用并有一定影响的商标，至少在法理上是可以禁止在后注册商标进入其在先使用范围的。因此，适用本款时需要平衡《商标法》第 32 条、第 59 条第 3 款以及《反不正当竞争法》第 6 条三个法条的关系，最终落在"井水不犯河水"上。

具体说来，2013 年《商标法》通过前已有类似思路的判决（雀巢瓶Ⅰ案），新法通过后，相关案例日渐增多，支持的有（报达家政案、启航案、蒋有记案），不支持的也有（新华书店案、采蝶轩案、ORA 案、玉浮梁案、阳光超人案、理想空间案），法院不支持主要集中在主体合不上、数量不达标、超出原有地域范围等理由上。

59.1　正当使用

FY，九制陈皮案（20191107/F2019-15）：正当使用通用名称不构成商标侵权

佳宝公司 v 鲜仙乐公司，二审，广东高院（2019）粤民终 1861 号判决书，邓燕辉、郑颖、林恒春

　　原告佳宝公司认为被告鲜仙乐公司侵犯其第 8965529 号"九制"注册商标专用权——鲜仙乐公司抗辩称其在先使用"九制"标识,"九制"亦是行业的通用名称,并且佳宝公司的涉案"九制"商标缺乏显著性,应宣告无效——一审肯定原告注册商标的显著性及知名度,认定被告构成商标侵权及不正当竞争——二审认为被告对"九制陈皮"的使用是正当使用,不构成商标侵权——擅自使用与佳宝公司有一定影响的包装、装潢相近似的包装、装潢,构成不正当竞争

裁判摘录

　　【4】……我国商标法所规定的正当使用抗辩成立,应当包含以下两方面:其一,注册商标包含本商品的通用名称、图形、型号,或者直接表示商品质量、主要原料、功能、用途、重量、数量及其他特点,或者地名等描述性含义。其二,他人的使用行为具有正当性。……【5】(一)关于"九制陈皮"是否为描述性词语,即商品通用名称的问题。……本院认为,鲜仙乐公司提交的证据已充分证明,"九制陈皮"不仅是经过多道繁杂工艺腌制而成的陈皮类产品的法定通用名称,也成为全国范围内相关公众约定俗成的该类商品的通用名称,故"九制陈皮"构成商标法意义上的描述性词语。【6】(二)关于鲜仙乐公司是否属于正当使用的问题。……本院认为鲜仙乐公司的使用没有超出正当的界限,理由在于:1. 鲜仙乐公司是描述性使用"九制陈皮",其不是通过"九制陈皮"来指示商品来源,不会造成消费者对于商品来源的混淆误认。鲜仙乐公司在其商品左上方的显著位置完整标注了自己注册的"鲜仙乐"图文商标,并且特地附加了"(缺图)"的标志。商标下方还加印了非常醒目的"鲜仙乐"的文字和拼音。而诉争的"九制陈皮"位于包装袋的右上方,其上并无注册商标的标志"®"。2. 被诉侵权产品上的"九制陈皮"与佳宝公司注册的"九制"商标所使用的字体明显不同。佳宝公司的"九制"商标采用的是有一定辨识度的瘦长挺拔状艺术字体,而鲜仙乐公司产品上所使用的"九制陈皮"字体较为粗短圆润。因此,单就"九制"商标而言,鲜仙乐公司并没有表现出明显的模仿攀附故意。3. "九制"作为一种制造工艺,在诸多商品上被使用,相关公众不会轻易通过"九制陈皮"识别商品来源。何况佳宝公司在"九制"商标注册之后,仍保持着将"佳宝"与"九制陈皮"并用的传统。上述客观的市场现状之下,消费者更不会将两者的产品混淆误认。【7】综合考虑上述因素,本院认为,虽然"九制"已被佳宝公司注册为商标,但是"九制陈皮"本身是经过复杂工艺腌制而成的陈皮类商品,其在佳宝公司申请注册前就已经成为通用名称。即便佳宝公司对"九制陈皮"的研发有着突出的贡献,其亦不能垄断该词语的使用。鲜仙乐公司在商品通用名称的含义上使用"九制陈皮"字样,并且同时规范使用自己的"鲜仙乐"注册商标,不会造成消费者对商品来源的混淆误认。鲜仙乐公司的使用

没有超出正当、合理的限度，故不宜认定其构成商标侵权。一审法院对此认定有误，本院予以纠正。

SY，灯影案（20181229）：善意使用通用名称构成正当使用

百年灯影公司 v 宏隆公司，再审，最高院（2018）最高法民申1660号裁定书，王艳芳、毛立华、杜微科

【 **案情概要** 】

原告百年灯影公司受让取得"灯影"文字商标—宏隆公司以"川汉子"商标生产销售标有"灯影牛肉"和"灯影牛肉丝"字样牛肉食品—原告诉被告商标侵权—一审认定被告侵权—"灯影牛肉"和"灯影牛肉丝"是商品的通用名称—"灯影"并不直接等同于"灯影牛肉"而成为通用名称—"灯影"实际上是对商品特点的形象描述—被告存在突出使用的"灯影"则明显超出描述商品特点和消费者可以识别的范围的情况—非正当使用—引证标记显著性下降，原告负有一定责任—被告不属于恶意侵权—判赔10万元—二审维持一审侵权认定及判赔金额—再审维持二审判决

【 **裁判摘录** 】

【10】……百年灯影公司提交的证据均不足以推翻二审判决有关认定。对于百年灯影公司有关"灯影牛肉"不属于通用名称的主张，本院不予支持。【15】本院认为，如果被诉侵权商品本身属于通用名称所指代的特定类别的商品，被诉侵权人为了说明或描述被诉侵权商品特点，以善意方式对通用名称进行规范使用，且不会导致相关公众对被诉侵权商品的来源产生混淆误认的，则可以认定该使用为正当使用。本案中，宏隆公司在其马口铁罐装的牛肉片上的两处位置使用了"灯影"文字。其一，在包装被诉侵权商品的铁罐的腰封处，"灯影牛肉"四字居中，从左至右排列，色彩及大小一致，"灯影"和"牛肉"之间标注有其自有商标"川汉子"及图。其二，在铁罐开封的盖子处，"川汉子"及图的两边各有一列"灯影"及"牛肉"文字，且"牛肉"二字外加边框。本院认为，在前述使用方式中，宏隆公司并未突出使用涉案商标"灯影"文字，而是以描述性的方式，规范地使用"灯影"和"牛肉"。而且，被诉侵权商品的显著位置处还标注了宏隆公司的公司名称和自有商标"川汉子"及图，且该自有商标本身也具有一定的知名度。相关公众看到被诉侵权商品上的"灯影"时，自然而然地会与"牛肉"相关联，认识到该商品为"灯影牛肉"，而不是百年灯影公司生产的商品。本案中，也没有证据证明宏隆公司有攀附百年灯影公司的涉案商标的主观恶意。

因此，宏隆公司在牛肉罐头上标注"灯影牛肉"的行为不易导致相关公众的混淆、误认。二审判决认定其未侵犯涉案商标专用权，并无不当。百年灯影公司的相关申请再审理由不能成立。

FY，85℃案（20181214/F2018-17）：商标正当使用的判定应综合分析各种因素以平衡商标专用权和公共利益

美食达人公司 v 光明公司，二审，上海知产院（2018）沪73民终289号判决书，陈惠珍、何渊、黄旻若

案情概要

美食达人公司的"85度C""85℃"系列商标在咖啡烘焙连锁餐饮业内具有一定的知名度—被告光明公司的"光明优倍鲜牛奶"包装上突出显著印有"85℃"的字样—原告认为被告使用"85℃"的字样侵犯了其对"85℃"商标所享有的权利—光明公司辩称，标注85℃意在描述产品的加工工艺和新鲜特色，属于善意、合理地使用—一审认为，被告完整使用他人注册商标的使用方式已经超出说明或客观描述商品本身的特点而正当使用的界限，其主观上难谓善意，客观上可能造成相关公众对商品来源的混淆，构成侵权—二审认为，被告使用85℃仅是为了向相关公众说明其采用的巴氏杀菌技术的工艺特征，仍属于合理描述自己经营商品特点的范围，是对温度表达方式的正当使用—二审撤销一审判决

裁判摘录

【7】司法实践中，在处理涉及正当使用抗辩的问题时，应当在比对被控侵权标识与涉案注册商标相似程度、具体使用方式的基础上，分析被控侵权行为是否善意（有无将他人商标标识作为自己商品或服务的标识使用的恶意）和合理（是否仅是在说明或者描述自己经营的商品或服务的特点等必要范围内使用），以及使用行为是否使相关公众产生混淆和误认等因素，综合判断被控侵权行为究竟是商标侵权行为，还是属于正当使用行为，以合理界定注册商标专用权的保护范围，达到商标专用权和公共利益之间的平衡。【14】首先，在涉案被控侵权商品外包装上使用被控侵权标识85℃，是温度的标准表达方式，与涉案第11817439号注册商标标识具有明显区别。因此，光明公司对于温度的标准表达方式85℃的使用，尚不属于对美食达人公司涉案第11817439号注册商标标识的恶意使用。【15】其次，虽然被控侵权外包装上的85℃的字号大于相同位置的文字，但该85℃并非孤立的，而是分别配以"85℃巴氏杀菌乳新鲜说""认准巴氏杀菌乳才是鲜牛奶""就是要喝85度杀菌的巴氏鲜奶""我是巴氏杀菌乳我更新

鲜"　"85℃巴氏杀菌乳高品质鲜牛奶"等文字，上述文字亦充分说明，光明公司使用85℃所表达的就是温度，且仅是在表达温度意义上的使用。【16】因此，本院认为，光明公司在被控侵权商品上使用85℃，仅是为了向相关公众说明其采用的巴氏杀菌技术的工艺特征，仍属于合理描述自己经营商品特点的范围，并非对美食达人公司第11817439号注册商标的使用，而是对温度表达方式的正当使用。【20】综合上述意见，本院认为，光明公司在涉案被控侵权商品外包装上使用被控侵权标识的行为，属于对温度标识的正当使用行为，未造成相关公众的混淆和误认，不构成对涉案第11817439号注册商标专用权的侵害。

SY，吉尼斯案（20181002）：描述性正当使用以被使用的标识确有用于描述的相关含义为前提

吉尼斯公司 v 奇瑞公司等，二审，广东高院（2017）粤民终 2347 号判决书，邱永清、肖海棠、喻洁

第五十九条

案情概要

　　原告吉尼斯公司拥有"GUINNESS WORLD RECORDS"　"吉尼斯世界纪录"　"吉尼斯"等注册商标，核定使用的服务包括第 41 类上的"组织挑战赛"　"组织表演（演出）"等—2000 年起，吉尼斯公司在中国出版多本关于吉尼斯世界纪录的图书—原告认为被告奇瑞公司等未经授权，在 16 个城市举办的"奇瑞艾瑞泽挑战吉尼斯中国巡演"活动中，大规模、突出使用涉案商标，构成商标侵权和不正当竞争—一审认为被告在巡演活动中，以及网站上使用被诉侵权标志是商标性使用—不是正当使用—构成商标侵权及不正当竞争—恶意—惩罚性赔偿—二审维持一审商标侵权及反不正当竞争的认定—维持惩罚性赔偿

裁判摘录

　　【15】（1）被诉侵权标识在涉案活动和宣传中的使用不属于描述性正当使用。描述性正当使用以被使用的标识确有用于描述的相关含义为前提，根据相关词典对"吉尼斯"　"Guinness"的解释，其固有含义为人名，并不包含"世界之最"的含义，而奇瑞公司、奇瑞销售公司提交的证据也不足以证明"吉尼斯"　"Guinness"在使用中被赋予了"世界之最"　"世界纪录"的含义。首先，并无任何证据显示有法律规定、国家标准、行业标准或者专业工具书、词典等将"吉尼斯"收录为指代与"世界纪录"有关的服务名称。《英汉大词典》等对"Guinness"的翻译包括"健力士黑啤酒"和"《吉尼斯世界纪录大全》"，与世界纪录有关的解释是将"吉尼斯"与"世界纪录"结合使

用，表明"吉尼斯"是"世界纪录"的一种，而非直接由"吉尼斯"指代"世界纪录"。其次，吉尼斯公司和奇瑞公司、奇瑞销售公司对于相关文章和报道是否将"吉尼斯"作为"世界之最""世界纪录"使用分别提交了相反的不同证据。但在奇瑞公司、奇瑞销售公司提交的这些报道中，绝大部分是将"吉尼斯"用于标题或用于引号之中，由于标题本身需要简化，可以非规范地使用词句，而引号一般系特指，并非通常用法，因此，这些报道中对"吉尼斯"的用法本身均不具有代表性。再次，由于"吉尼斯"不属于因历史传统、风土人情、地理环境等造成的仅较为固定地存在于有限市场的情况，故对"吉尼斯"是否构成约定俗成的通用名称或已形成"世界之最"的约定俗成用法，应以相关公众的通常认识为判断标准。而奇瑞公司、奇瑞销售公司在一审、二审中提交的相关证据有限，吉尼斯公司对此还提交了大量的反证，因此，奇瑞公司、奇瑞销售公司的证据不足以证明用"吉尼斯"指代"世界纪录""世界之最"属于相关公众的通常认识。最后，"吉尼斯""GUINNESS"作为人名用于指示与世界纪录有关的服务，具有较强的先天显著性，其要成为"世界纪录""世界之最"的代名词必然有一个商标淡化的过程，而本案中，吉尼斯公司提交了其对涉案商标积极使用、对商标侵权行为及时维权的大量证据，证明其一直以实际行动维护涉案商标的显著性，这也为本院判断"吉尼斯"是否成为"世界纪录""世界之最"的代名词提供了参考。

FY，滇重楼案（20180319/F2018-24）：约定俗成的通用名称和正当使用的认定

民正合作社 v 宝田公司，二审，云南高院（2018）云民终 13 号判决书，杜跃林、冉莹、陈姣

案情概要

民正合作社于 2015 年注册"滇重楼"商标，核定使用于第 31 类植物、植物种子等商品上—宝田公司成立于 2014 年 3 月，主要从事重楼技术研究、籽苗培育—2014 年 7 月宝田公司开始使用"滇重楼"标识进行广告宣传—民政合作社认为宝田公司使用"滇重楼"字样做广告侵犯民政合作社的注册商标专用权—一审认为证据不足以证明"滇重楼"系通用名称，民政合作社的"滇重楼"注册商标权利应当受到法律保护，宝田公司构成侵权—二审认为"滇重楼"应当认定为约定俗成的通用名称，宝田公司的涉案使用行为具有正当性

裁判摘录

【1】本案中，"滇重楼"应当认定为约定俗成的通用名称，主要有以下两个方面的

依据：首先，相关公众普遍认为"滇重楼"名称能够指代一种特定的重楼品种。……相关公众普遍认为"滇重楼"是指代主产于云南省曲靖、玉溪、楚雄、昆明、大理、丽江等地的重楼（见《云南重要天然药物》）。……其次，"滇重楼"被专业工具书列为商品名称。宝田公司提交的 7 本国内正式出版物：《云南重要天然药物》《滇南本草植物药及云南名产中草药的现代研究》《滇南地区药用植物》《云南德宏州高等植物（下）》《泸西县药用植物名录》《云南白药武定基地中草药》《玉龙本草（上）》，这些工具书在目录中或者在内容中均将"滇重楼"作为商品名称使用。按照前引规定，"被专业工具书、辞典列为商品名称的，可以作为认定约定俗成的通用名称的参考。"综上，上诉人宝田公司关于"滇重楼"是一种药用植物的通用名称的主张成立。【2】宝田公司于 2014 年 3 月注册成立公司种植滇重楼，其在高速公路旁的广告牌上使用"滇重楼"字样做广告推销自己培育的滇重楼种子种苗，依一般公众对该广告内容的理解，广告目的就是推销其培育的滇重楼种子种苗，该广告在主观上和客观上都并非将"滇重楼"字样作为商标使用。民政合作社的"滇重楼"商标于 2015 年 2 月才获准注册，该合作社并未提交该商标的使用情况，从客观上讲，上诉人宝田公司不存在攀附民政合作社涉案商标的可能性。因此可以说，宝田公司使用"滇重楼"为自己培育的滇重楼种子种苗商品做广告的行为，于情于理于法都具有正当性。

DWY，新华字典案（20171228/D2017-05）：具有产品和品牌混合属性的商品名称可产生指示商品来源的作用，不构成通用名称

商务印书馆 v 华语出版社等，一审，北京知产院（2016）京 73 民初 277 号判决书，张玲玲、冯刚、杨洁

【案情概要】

　　商务印书馆认为华语出版社生产、销售"新华字典"辞书的行为侵害了其"新华字典"未注册驰名商标—侵犯其知名商品特有装潢—一审认为"新华字典"为未注册驰名商标，华语出版社使用"新华字典"构成侵权—《新华字典》（第 11 版）使用的装潢具备特有性，华语出版社使用相近似的装潢设计构成不正当竞争

【裁判摘录】

　　【10】……图书书名可以脱离图书内容而基于出版者的出版行为产生识别商品来源的作用，具有独立的属性和保护的价值。……虽历经多家主体参与修订，但唯有商务印书馆将"新华字典"作为品牌进行维护和推广，并将"新华字典"与商务印书馆结合使用，事实上已经产生了"新华字典"辞书商品来源于商务印书馆的客观联系，并

在相关消费者认知习惯中形成了稳定的对应关系。由此可见，"新华字典"在作为辞书书名使用的同时也发挥了辞书来源的识别作用，具备商标的显著特征。【12】虽然"新华字典"具有特定的历史起源和发展过程，但在长达60年间均由商务印书馆作为唯一主体提供，在市场上已经形成了稳定的市场格局，且在相关生产者、经营者及消费者中形成了稳定的认知联系，"新华字典"属于兼具产品和品牌混合属性的商品名称，在市场上已经产生具有指示商品来源的意义和作用。【13】……在案证据不能证明全国范围内相关公众将"新华字典"认定为辞书商品上约定俗成的通用名称。

BDY，稻花香 II 案（20171222/B2017-19.20.21/D2017-03）：不能仅依农作物品种审定办法认定法定通用名称

福州米厂 v 五常公司等，再审，最高院（2016）最高法民再374号判决书，周翔、罗霞、佟姝

案情概要

福州米厂起诉多家被告侵犯其"稻花香DAOHUAXIANG"商标权——一审认定未经许可擅自使用，误导消费者，构成侵权——二审推翻一审判决——"稻花香"已是通用名称——福州米厂自身非规范使用——再审推翻二审判决，维持一审判决——仅依品种审定办法不足以认定"稻花香"为法定的通用名称

裁判摘录

【4】根据五常公司提供的《黑龙江省农作物品种审定证书》，黑龙江省农作物品种审定委员会于2009年对品种名称为"五优稻4号"、原代号为"稻花香2号"的水稻品种予以了审定编号，并决定从当年起定为五常市区域内的推广品种。二审法院认为《品种审定办法》第三十二条规定，审定公告公布的品种名称为该品种的通用名称。因此，黑龙江省农作物品种审定委员会所审定的"五优稻4号"、原代号为"稻花香2号"的水稻品种可以认定为法定的通用名称。对此，本院认为，首先，法律规定为通用名称的，或者国家标准、行业标准中将其作为商品通用名称使用的，应当认定为通用名称。本案中，五常公司并无证据证明"稻花香"依据法律规定或者国家标准、行业标准应认定为法定的通用名称。其次，《品种审定办法》规定的通用名称与商标法意义上的通用名称含义并不完全相同，不能仅以审定公告的名称为依据，认定该名称属于商标法意义上的通用名称。《品种审定办法》第三十二条第三款规定，"审定公告公布的品种名称为该品种的通用名称。禁止在生产、经营、推广过程中擅自更改该品种的通用名称。"此处规定的通用名称是指根据品种审定办法审定公告的主要农作物品种

名称，用以指代该特定品种。该名称在生产、经营、推广过程中禁止擅自更改。商标法中的通用名称指代某一类商品，因该名称不能用于指代特定的商品来源，故相关公众都可以正当使用。再次，根据《品种审定办法》第三十二条的规定，审定公告的通用名称在实际的使用过程中不得擅自更改。审定公告的原代号为"稻花香 2 号"，并非"稻花香"，在在先存在涉案商标权的情况下，不能直接证明"稻花香"为法定的通用名称。【9】……基于历史传统、风土人情、地理环境等原因，某些商品所对应的相关市场相对固定，如果不加区分地仍以全国范围相关公众的认知为标准，判断与此类商品有关的称谓是否已经通用化，有违公平原则。但是，适用不同评判标准的前提是，当事人应首先举证证明此类商品属于相关市场较为固定的商品。否则，是否构成约定俗成的通用名称，仍应当以全国范围内相关公众的通常认知作为判断依据。本案中，被诉侵权产品销售范围并不局限于五常地区，而是销往全国各地，在福州米厂的所在地福建省福州市的超市内就有被诉侵权产品销售。在这种情况下，被诉侵权产品相关市场并非较为固定在五常市地域范围内，应以全国范围内相关公众的通常认识为标准判断"稻花香"是否属于约定俗成的通用名称。【12】……在存在他人在先注册商标权的情况下，经审定公告的农作物品种名称可以规范使用于该品种的种植收获物加工出来的商品上，但该种使用方式仅限于表明农作物品来源且不得突出使用。

BY，阅江楼案（20171213/B2017-22）：仅为指示商品或服务特点且实际未混淆不构成侵权

冯某 v 阅江楼公司，再审，最高院（2017）最高法民申 4920 号裁定书，朱理、毛立华、佟姝

案情概要

冯某起诉阅江楼公司侵犯其"阅江楼及图"商标——一审、二审、再审均认为被告不侵权——目的在于客观描述并指示其经营场所所在地——无攀附意图，无混淆可能

裁判摘录

【1】……注册商标专用权人有权制止他人未经许可在相同或类似商品上使用相同或者近似商标并可能导致公众混淆的行为，但同时商标权人应当遵循诚实信用原则，依法正当行使自身的权利。当注册商标中含有具有描述性质的文字，而他人使用的目的在于指示或描述客观事实时，权利人无权禁止该种使用行为。……因此，无论是阅江楼公司在其企业名称中选用"阅江楼"文字，还是在其经营场所及菜单、餐具上使用"阅江楼"文字的行为，主要目的仍在于客观描述并指示其经营场所所在地——西

安阅江楼。在其使用过程中，阅江楼公司从未完整使用与涉案商标相同的图文组合形式，亦无证据显示阅江楼公司对"阅江楼"文字的使用旨在攀附涉案商标的商业信誉。据此，一审、二审法院认定被诉侵权行为并不具有使相关公众混淆误认的可能性，进而不构成侵害涉案商标权的结论，具备事实与法律依据，本院予以支持。当然，本院需要指出的是，市场经营者在开展经营活动的过程中，应当秉持诚实信用原则，尽量保持有关商业标识之间的足够距离。因此，阅江楼公司在今后的经营活动中，亦应合理、审慎地使用有关商业标识，避免引发不必要的纠纷。

SY，墙锢案（20171031）：通用名称应综合判断

美巢公司 v 秀洁公司等，二审，北京高院（2017）京民终 335 号判决书，陶钧、王晓颖、孙柱永

案情概要

原告美巢公司享有第 3303708 号和第 4882697 号"墙锢"注册商标专用权—被告秀洁公司在商品上使用"秀洁墙锢""兴潮墙锢""易康墙锢"字样—原告起诉被告商标侵权—被告抗辩认为并非商标意义的使用，"墙锢"为建材家装领域内对"混凝土界面处理剂"商品约定俗成的商品通用名称—一审认为秀洁公司关于"墙锢"文字作为该类商品的约定俗成通用名称的抗辩主张缺乏事实和法律依据，其使用属于商标意义的使用，构成侵权—可以根据权利人选择的计算方法计算赔偿数额—全额支持 1000 万元赔偿请求—二审维持侵权认定—认为一审有法律适用错误，原告在赔偿计算方法上没有选择权—以侵权获利为据确认赔偿额可以得到支持—一审对侵权商品销售量计算错误—改判赔偿 600 万元

裁判摘录

【4】关于涉案商标是否属于相关商品的通用名称，可以从涉案商标是否属于法定的商品名称或者约定俗成的商品名称进行判定。若依据法律规定或者国家标准、行业标准属于商品通用名称的，应当认定为构成通用名称。同时，一般若全国范围内相关公众普遍认为某一名称能够指代一类商品的，应当认定该名称为约定俗成的通用名称，被专业工具书、辞典列为商品名称的，可以作为认定约定俗成的通用名称的参考。【5】……秀洁公司仅以证人证言、其自身使用"墙锢"的具体方式以及我国部分建材市场生产经营者在界面剂、黏合剂商品上使用文字"墙锢"等，作为其证明"墙锢"在"混凝土界面处理剂"上构成通用名称的证据，因证人证言系单方陈述，而秀洁公司并未证明我国建材市场实际生产经营者将"墙锢"在界面剂、黏合剂商品上作

为通用名称使用的具体比例，而美巢公司自身亦不存在将"墙锢"作为其商品名称的行为，同时在无专业工具书、辞典等予以佐证的情况下，秀洁公司所出示的在案证据证明力较低，并不足以证明在被诉侵权行为发生之时，"墙锢"构成"混凝土界面处理剂"的通用名称，故秀洁公司该部分上诉理由缺乏事实及法律依据，本院不予支持。

FY，打鼓皮案（20171017/F2017-20）：显著性较弱的商标保护范围相对有限，商标权人无权禁止他人正当使用

田某月 v 胖嫂打鼓皮餐馆等，一审，张家界中院（2017）湘 08 民初 18 号判决书，刘雪飞、符兆敏、姚天平（陪）

案情概要

　　田某月在第 43 类餐馆服务上注册"打鼓皮"商标，认为被告使用"打鼓皮"侵犯其商标权——一审认为"打鼓皮"已经成为本地一道知名菜式名称，原告无权禁止他人正当使用——不侵权

裁判摘录

　　【1】……原告没有证据证明"打鼓皮"菜式名称获得较高知名度是经其使用所致，无权禁止他人正当使用。由于"打鼓皮"已经成为本地一道知名菜式名称，"打鼓皮"三个字也相应具有了对菜式的主要食材、特点进行描述的功能和含义，因而，"打鼓皮"作为注册商标在区别商品和服务来源方面的显著性较弱。目前，没有证据证明"打鼓皮"菜式名称获得较高知名度是经原告的使用或宣传所致，实际上"打鼓皮"作为一种菜式名称已经进入公共领域，法律对这类注册商标的保护范围相对有限，注册商标人对这类注册商标是无权禁止他人正当使用的。……两被告对"打鼓皮"三字的使用是对本地菜式名称的使用，意图在于告知顾客其餐馆提供这道菜式服务，其并非是将"打鼓皮"三字作为其餐馆字号即服务来源使用，其工商注册名称、店面门头、广告宣传牌、宣传名片上起标识作用的是"胖嫂"二字，其不存在借用原告商标信誉的意图，相关公众一般也不会误认为两被告的胖嫂餐馆就是原告开的餐馆。……应认定两被告对"打鼓皮"三字的使用是一种非商标意义上的使用，是一种正当、善意的使用，不构成对原告注册商标权的侵犯。

SY，盱眙龙虾案（20170602）：正当使用证明商标中的地名不侵权

盱眙龙虾协会 v 鸡头土菜馆，二审，南京中院（2017）苏 01 民终 2202 号判决书，张

斌、谢慧岚、柯胥宁

案情概要

　　国家工商主管部门核准盱眙龙虾协会享有"盱眙龙虾"汉字、图形和拼音组合的证明商标—被告鸡头土菜馆在餐饮经营中使用'盱眙龙虾'字样—一审认定不侵权—二审维持一审判决

裁判摘录

　　【2】盱眙龙虾协会将包含地名的"盱眙龙虾"图文注册为证明商标，即用以证明龙虾的原产地为江苏盱眙地区，使用该商标的龙虾商品具有《管理规则》[《"盱眙龙虾"证明商标使用管理规则》]中所规定的特定品质。该证明商标中含有地名盱眙，因此盱眙龙虾协会作为该商标的注册人，不得剥夺商品确实产于江苏盱眙地区的自然人、法人或其他组织正当使用该证明商标中地名的权利。本案中，经本院依职权调查，高某林公司认可其曾向鸡头土菜馆供应龙虾，可以确认鸡头土菜馆的龙虾进货来源于盱眙地区，其在灯箱、横幅上标识"盱眙龙虾""正宗盱眙龙虾"系正当使用地名的行为。【3】……鸡头土菜馆使用于灯箱、横幅上的标识为"盱眙龙虾""正宗盱眙龙虾"文字，从文字数量、字体、大小以及各要素组合后的整体进行比较，以相关公众的一般注意力为标准，二者差异较大，不易造成混淆。因此，被控侵权标识与涉案商标不构成近似，鸡头土菜馆上述使用"盱眙龙虾""正宗盱眙龙虾"标识的行为不构成商标侵权。

FY，老干妈Ⅱ案（20170424/F2017-13）：将他人驰名商标作为商品口味名称使用不属于合理使用

老干妈公司 v 永红公司等，二审，北京高院（2017）京民终 28 号判决书，周波、俞惠斌、苏志甫

案情概要

　　老干妈公司认为永红公司在其牛肉棒上标注"老干妈味"侵犯其在第 30 类豆豉等商品上使用的"老干妈"驰名商标—一审认为，原告"老干妈"商标构成驰名，被告对"老干妈"的使用将导致其通用化为一种口味名称，减弱其显著性和识别性，构成商标侵权，不构成不正当竞争—二审维持一审判决

裁判摘录

【11】贵州永红公司将"老干妈"作为涉案商品的口味名称，并标注于涉案商品包装正面，属于对涉案商标的复制、摹仿，其能够起到识别商品来源的作用，属于商标法意义上的使用。……"老干妈"牌豆豉并非食品行业的常用原料，"老干妈味"也不是日用食品行业对商品口味的常见表述方式，涉案商品对"老干妈"字样的使用不属于合理使用的范畴。

FY，同庆号Ⅰ案❶（20161221/F2016-24）：中断使用的老字号成为公共资源，可合理使用

西双版纳同庆号 v 易武同庆号等，二审，云南高院（2016）云民终534号判决书，邓玲、陈姣、孙熹

案情概要

西双版纳同庆号认为易武同庆号等侵害其第5501734号"同庆"等商标，构成不正当竞争——一审认为原、被告各有注册商标，但被告使用时对自己的注册商标进行了拆分、简化，改变了显著特征，与原告商标近似混淆；企业名称中使用构成不正当竞争——二审认为，西双版纳同庆号和易武同庆号与老字号"同庆號"均无历史渊源，双方均有嫁接老字号历史的企图——西双版纳同庆号第5501734号"同庆"文字商标显著性较低，且未诚信地实际使用，被混淆、借用可能性小，保护范围不宜过宽——被告不构成侵权和不正当竞争

裁判摘录

【9】……从法律性质上讲，中断使用的老字号标识失去了私权属性，成为公共资源。在自由开放的竞争秩序下，诚实善意地使用传统老字号的标识，承继、分享其表彰的美誉尚属于对公共资源的合理使用。在大家都诚信使用的前提下，由于使用者甚众，相关公众不会把"同慶號"标识指代的来源与其中某一特定使用者联系在一起，也不会轻易认为谁与"同慶號"茶庄存在事实上和法律上的承继关系，"同慶號"标识仅因表彰老字号美誉这一真实事实而得以存立。

---

❶ 该案已被最高法院再审改判，也即"同庆号Ⅱ案"。

SWY，钛马赫案（20161031）：削弱他人商标显著性并使其通用化的行为构成侵权

博洛尼公司 v 丰立公司，二审，北京知产院（2016）京 73 民终 817 号判决书，张玲玲、宋旭东、章瑾

案情概要

原告博洛尼公司在第 37 类室内装潢修理、室内装潢及第 42 类室内装饰设计等服务上享有钛马赫及 Tellmach 注册商标专用权——知名度——被告丰立公司使用"德国钛马赫工艺传播大使""钛马赫工艺独树一帜"等类似宣传语——一审认为原、被告均认可存在钛马赫施工工艺，且丰立公司对钛马赫、Tellmach 未突出使用，不构成商标侵权——二审认为钛马赫及 Tellmach 不是通用词汇，亦无除商标含义之外的固有含义——与博洛尼公司提供的服务形成一一对应关系——将钛马赫及 Tellmach 用于钛马赫工艺亦能发挥识别服务来源的作用，属于商标性使用——丰立公司的使用难谓善意——不符合装修行业宣传的使用习惯——混淆误认——会使得原本具有较高显著性的钛马赫和 Tellmach 商标的显著性逐步消弱并面临通用化的风险——构成商标侵权

裁判摘录

【5】……商标正当使用一般需要具备以下三个条件，首先，使用商标基于善意；其次，使用商标标识本身固有含义且使用方式符合行业习惯及语言习惯；第三，使用结果不会对注册商标专用权造成损害。……商标正当使用与商标的使用之间的关系为商标正当使用一定不是商标的使用，但非商标的使用不限于商标正当使用。【6】本案中，从现有证据来看，钛马赫是对 Tellmach 的中文翻译，钛马赫及 Tellmach 是博洛尼公司的服务商标，钛马赫及 Tellmach 不是通用词汇，尚无证据证明其具备除商标含义之外的固有含义。钛马赫工艺系博洛尼公司通过合同从德国获得相关工艺及技术支持并经其大量使用和宣传推广，在装修行业已经能为相关消费者识别为由其提供的家装装修服务。钛马赫工艺是对博洛尼公司提供的家装装修服务的指代，已经与博洛尼公司提供的服务形成了一一对应关系，属于对钛马赫商标的使用。本案中，丰立公司虽主张钛马赫工艺属于装修行业中的通用施工工艺，但其依据仅为"百度知道"打印件，且该查询结果显示提供百度知道答案的人恰为丰立公司自身。鉴于丰立公司现有证据不能证明钛马赫工艺属于行业标准或约定俗成的工艺名称。因此，其关于钛马赫工艺属于通用的施工工艺的主张缺乏依据，本院不予支持。【7】鉴于钛马赫工艺能够起到识别服务来源于博洛尼公司的作用，故，将钛马赫及 Tellmach 用于钛马赫工艺亦能发挥识别服务来源的作用，属于商标的使用。此外，从公证的丰立公司的简介可以看出，

丰立公司作为专业的装修公司在装修行业中明知钛马赫工艺源于德国，且博洛尼公司经过商标注册取得钛马赫及 Tellmach 注册商标专用权，其在宣传中还使用"德国钛马赫工艺传播大使"等字样，在钛马赫并不具备固有含义的基础上，从商标的角度而言，这样的使用难谓善意，且其使用方式亦不符合装修行业宣传的使用习惯。从使用后果而言，丰立公司的涉案使用行为不仅使得相关消费者误认为其提供的服务与博洛尼公司提供的钛马赫工艺之间存在某种关联，这种将由博洛尼公司提供的装修服务所具备的工艺及品质用于指代具有同样或类似品质或工艺的装修服务的使用行为，还会使得原本具有较高显著性的服务商标的显著性逐步削弱并面临通用化的风险，这对注册商标专用权具有一定损害。综上，丰立公司的涉案使用行为不属于商标的正当使用行为，一审法院对此认定错误，本院予以纠正。

BWY，沁州黄案（20131230/B2013-18）：商标注册人不能因为自己的贡献垄断商品通用名称的使用

檀山皇公司等 v 沁州黄公司，再审，最高院（2013）民申字第 1642 号裁定书，夏君丽、殷少平、董晓敏

> **案情概要**

　　檀山皇公司起诉沁州黄公司，要求确认不侵犯"沁州"注册商标专用权—沁州黄公司反诉檀山皇公司商标侵权—一审认定檀山皇侵权—二审认为"沁州黄"属于通用名称，檀山皇公司是正当使用—再审维持二审认定

> **裁判摘录**

　　【3】……因历史传统、风土人情、地理环境等原因形成的相关市场较为固定的商品，其在该相关市场内的通用称谓可以认定为通用名称……"沁州黄"能够反映出一类谷子（米）与其他谷子（米）的根本区别，符合通用名称的要求。【4】……注册商标权人不能因其在该商品市场推广中的贡献主张对该商品的通用名称享有商标权，无权禁止他人使用该通用名称来表明商品品种来源。……【6】檀山皇公司等在其生产销售的小米商品包装明显位置使用了自己的注册商标，其在包装上使用"沁州黄"文字以表明小米品种来源的行为，属于正当使用，并无不当。

FY，花桥案（20130806/F2013-28）：尊重历史，诚信使用，注意区分

王致和公司 v 花桥公司，二审，广西高院（2012）桂民三终字第 19 号判决书，周冕、

第五十九条

李成渝、张捷

案情概要

　　王致和公司享有第 29 类腐乳商品上的第 111427 号商标专用权—花桥公司拥有第 30 类辣酱上的第 1602759 号注册商标、专用权—王致和公司认为花桥公司将"花桥"作为字号在腐乳产品上使用具有主观侵权的故意—一审法院综合考虑历史因素和标志使用的具体状态，认定被告不侵权—二审认为没有混淆，没有突出使用，没有恶意—"花桥"是地名，可以合理使用—不侵权—尊重历史，公平诚信—维护双方知名度现状，做好区分及规范使用

裁判摘录

　　【2】……桂林花桥公司使用"花桥食品""花桥食品系列"不足以产生市场混淆，导致公众误认。……【3】桂林花桥公司在其生产、销售的"香和牌"腐乳产品的瓶贴和瓶盖上使用"花桥食品""花桥食品系列"字样也不属于突出使用。……【4】……桂林花桥公司有自己悠久的生产历史和"花桥"品牌，其无须依傍北京王致和公司的"花桥"品牌而导致相关公众误认。……且花桥也是桂林七星岩风景区的景点之一及自由路东端地名，在桂林市家喻户晓。……桂林花桥公司可以合理使用"花桥"字样。【6】桂林花桥公司早在 1965 年就拥有了"花桥"牌注册商标，其公司名称也经依法注册登记取得，该公司以花桥为企业字号并不属于恶意使用王致和公司的注册商标行为……应在充分尊重历史的前提下，根据公平、诚实信用、保护在先权利的法律原则，从维护北京王致和公司与桂林花桥公司两个企业知名度的现状出发处理本案……为了避免两个企业之间的误解及相关群体对相关产品的混淆，桂林花桥公司……规范使用企业名称，不在产品上使用可能使人发生误解的文字，在生产与北京王致和公司"花桥"产品的相同或相似产品时要注意标识的区别性、规范性。

FY，岩韵案（20120719/F2012-28）：必要范围内善意使用且无混淆属于正当使用

周某坚 v 山国公司，二审，福建高院（2012）闽民终字第 498 号判决书，杨健民、陈茂和、蔡伟

案情概要

　　原告周某坚认为被告山国公司使用"岩韵"侵犯其注册商标权—一审认为"岩

韵"本意在于表示武夷岩茶的品质特征，周某坚无权禁止他人为描述商品特征而正当使用—山国公司使用"岩韵"二字仅为表示其茶叶的品质特征，不会造成混淆和误认—不侵权—二审维持一审判决

裁判摘录

【3】根据《商标法实施条例》第四十九条关于"注册商标中含有的本商品的通用名称、图形、型号，或者直接表示商品的质量、主要原料、功能、用途、重量、数量及其他特点，或者含有地名，注册商标专用权人无权禁止他人正当使用"的规定，如果生产、销售武夷岩茶的经营者出于说明或客观描述该种茶叶产品滋味特点的目的，以善意的方式在必要的范围内使用"岩韵"二字，不会导致相关公众将其视为商标而导致商品来源的混淆，可以认定属于正当使用，作为"岩韵"商标权利人的周某坚则无权禁止。

FY，赛里木案（20120619/F2012-34）：有历史、地理联系且无混淆或联想，可正当使用他人相关地名商标

赛里木酒业公司 v 赛里木湖大酒店，二审，新疆高院（2012）新民三终字第6号判决书，石炜、高华东、郭利柱

案情概要

赛里木酒业公司认为被告赛里木湖大酒店使用"赛里木湖"侵犯其"赛里木"商标权——一审、二审均认为，"赛里木湖"是自然湖泊的名称，属于地名范畴，商标权利人无权禁止他人正当使用，被告使用不会导致混淆误认，不构成侵权

裁判摘录

【3】本案中赛里木酒业公司的注册商标"赛里木"，不是臆造性词汇，是本已存在的固有名称，在不同的语境下，有不同的涵义。即使将"赛里木"理解为"赛里木湖"的简称，但"赛里木湖"是一自然湖泊的名称，属于地名范畴，商标权利人无权禁止他人正当使用。赛里木湖与伊犁哈萨克自治州霍城县毗邻，遵从历史沿革，霍城县的牧民在赛里木湖部分草场放牧。霍城县与赛里木湖从地理位置以及历史沿革均具有一定的关联性，赛里木湖大酒店坐落于霍城县，其使用"赛里木湖"作为企业商号具有正当性。虽然赛里木湖在行政区划上属于博尔塔拉蒙古自治州，但行政区划仅是行政管辖的界限，赛里木酒业公司认为赛里木湖在行政区划上属于博尔塔拉蒙古自治州，与霍城县不具有关联性，其将行政管辖作为是否具有关联性的标准，从而认为赛

里木湖大酒店将"赛里木湖"作为企业商号不属于正当使用的上诉意见过于狭隘,本院不予支持。【6】商标是区分不同商品经营者和服务提供者的标记,商标的显著性越强,其区分功能越强,他人在使用相同或相似的文字时越容易造成误认。通常,商标只有在长期而广泛的使用中,使商标与所表示的商品或服务之间形成了确定而唯一的联系,才可以使商标获得其本身字面意思之外的"第二含义",消费者在看到或听到该名称时能够与使用该商标的经营者联系起来。本案中,如前所述,赛里木酒业公司的注册商标的文字部分"赛里木",是自然湖泊的名称,属于地名范畴,加之含义广泛,其在作为商标时显著性降低,造成误认的可能性降低。而赛里木酒业公司也未通过长期而广泛地在饭店、餐厅、住所、酒吧、茶馆、咖啡馆等服务领域使用"赛里木"商标,使该商标获得其本身字面意思之外的"第二含义"。本案中赛里木湖大酒店将"赛里木湖"作为企业字号亦不会使相关公众在接触到"赛里木"这一名称时,与赛里木酒业公司产生关联性的联想或造成误认。综上,原审法院关于相关公众在接受服务时不会将此项服务的提供者误认为赛里木酒业公司的认定并无不当,本院予以维持。

FY,LONGLIFE 案(20120523/F2012-29):客观描述自己商品的特点构成正当使用

晨光公司 v 莱特公司,二审,山东高院(2012)鲁民三终字第 80 号判决书,于玉、于志涛、都伟

案情概要

　　晨光公司起诉莱特公司在申报出口的商品上使用"Longlife"字样侵犯其"LONGLIFE"注册商标——一审认为被告对涉案标志的使用不是商标使用,而是对其商品具有"长寿命"这一特点的描述,不侵权——二审认为涉案被控侵权商品上使用"LongLife"字样的行为是一种"非标识性"的使用行为,无混淆,不侵权

裁判摘录

　　【2】……商标侵权意义上的近似,不仅指被控侵权标识与他人注册商标在外观等方面的相似,还必须易于使相关公众对商品的来源产生误认。……【3】判断能否造成相关公众误认,请求保护的注册商标的显著性和知名度是首先应当考虑的因素。……涉案注册商标中的"LONGLIFE"是"LongLife"的大写形式,……海门晨光公司在灯类商品上将其注册为商标属于描述性商标,其固有的显著性较弱。……【4】本案中被控侵权商品中关于"LongLife"的使用行为是一种"非标识性"的使用行为,而非"商标使用"行为。……【5】……为描述自己商品的特点,使用了他人注册商标中不能垄断

的内容，而不是作为商标使用，属于合理使用的行为。……青岛莱特公司为描述其商品具有"长寿命"的特点，在其生产、销售的涉案被控侵权商品外包装上使用了"LongLife"字样，且其使用行为没有超出正当、合理的描述性使用的范畴，故本院认为青岛莱特公司在控侵权商品中使用"LongLife"的行为构成法定的"商标合理使用行为"。

BY，白沙 Ⅱ 案❶（20120523/B2012-34）：同村经营者可以对村名进行正当使用

福建白沙 v 南安白沙，再审，最高院（2012）民申字第 14 号裁定书，于晓白、骆电、李嵘

案情概要

福建白沙认为南安白沙恶意将其"白沙"字号登记注册企业名称并使用—南安白沙申请注册了"白沙"文字商标—造成误认—构成对其企业名称权的侵犯—一审认为南安白沙构成不正当竞争，但无恶意—二审、再审认为属于正当使用，不构成不正当竞争

裁判摘录

【2】……南安白沙公司与福建白沙公司同处福建省南安市美林镇白沙村，"白沙"系两公司住所地村名，属于公共资源。福建白沙公司虽先将"白沙"村名作为其企业名称中的字号登记注册，但对该村名并不享有专有权，不能排斥同处该村的其他企业使用"白沙"二字。事实上，白沙村已有不少企业将"白沙"登记注册为企业名称中的字号。而且，至本案一审起诉时止，福建白沙公司使用"白沙"字号 18 年，南安白沙公司使用"白沙"字号也 12 年，二者已共存了十余年。因此，南安白沙公司将"白沙"作为其字号属于对该公司住所地村名的正当使用。……【3】……该［南安白沙］公司将其村名且字号"白沙"注册为商标的行为本身即具有正当性，因此，二审法院认定南安白沙公司申请注册"白沙"商标不构成侵犯福建白沙公司的企业名称权及不正当竞争并无不当。

第五十九条

---

❶ 该案二审是 2009 年五十典型案例的"白沙 Ⅰ 案"。

BFY，盲公饼案（20110824/B2011-18/F2011-18）：具有产品与品牌混合属性的标志不属于通用名称

合记公司 v 香记公司，再审，最高院（2011）民提字第 55 号判决书，夏君丽、王艳芳、周云川

案情概要

合记公司诉香记公司侵犯其"盲公"等商标——一审认定侵权——二审认为事实不清，证据不足，发回重审——重审认为"盲公"不是通用名称，是知名商品的特有名称，香记公司不享有盲公饼商标的在先使用权，构成侵权——二审认为认盲公饼是商品名称，而非"盲公"是商品名称，合记公司的第 1965555 号注册商标"盲公"是商标标识而非商品名称——被控侵权产品标贴上使用的"盲公饼"已非一般意义上对"盲公饼"商品名称的正常使用，其全面包含了合记公司第 1965555 号注册商标标识特征，且与之高度近似——香记公司未证明自己在大陆地区有在先使用权——再审认定香记公司构成侵权——认为盲公饼仍保持着产品和品牌混合的属性，具有指示商品来源的意义，并没有通用化，不属于通用名称

裁判摘录

【6】……本案中，根据查明的事实可以看出，盲公饼是有着 200 多年历史的一种佛山特产，有着特定的历史渊源和地方文化特色。虽然"盲公饼"具有特殊风味，但"盲公"或者"盲公饼"本身并非是此类饼干的普通描述性词汇。从其经营者传承看，虽然经历了公私合营、改制等过程，但有着较为连续的传承关系，盲公饼是包括合记饼店、佛山市合记饼干糖果食品厂、佛山市糖果厂、嘉华公司、合记公司等在内的数代经营者独家创立并一直经营的产品。而且在我国《商标法》施行不久，"盲公饼"的经营者即申请了"盲公"商标，并且积极维护其品牌，其生产的"盲公饼"具有较高的知名度。虽然香记公司主张"盲公饼"是通用名称，但未能举出证据证明在我国内地还有其他厂商生产"盲公饼"，从而形成多家主体共存的局面。虽然有些书籍介绍"盲公饼"的做法，我国港澳地区也有一些厂商生产各种品牌的"盲公饼"，这些客观事实有可能使得某些相关公众会认为"盲公饼"可能是一类产品的名称，但由于特定的历史起源、发展过程和长期唯一的提供主体以及客观的市场格局，我国内地的大多数相关公众会将"盲公饼"认知为某主体提供的某种产品。因此，在被诉侵权行为发生时，盲公饼仍保持着产品和品牌混合的属性，具有指示商品来源的意义，并没有通用化，不属于通用名称。对于这种名称，给予其较强的保护，禁止别人未经许可使用，有利于保持产品的特点和文化传统，使得产品做大做强，消费者也能真正品尝到产品的风味和背后的文化；相反，如果允许其他厂家生产制造"盲公饼"，一方面权利人的

权益受到损害，另一方面也可能切断了该产品所承载的历史、传统和文化，破坏了已有的市场秩序。

CY，大富翁案（20101224/C2011-12）：叙述性使用游戏名称属于正当使用

大宇公司 v 盛大公司，二审，上海一中院（2007）沪一中民五（知）终字第 23 号判决书，刘军华、沈强、刘静

案情概要

　　大宇公司认为盛大公司使用的"盛大富翁"侵犯其"大富翁"商标——游戏名称——一审、二审认为属于正当使用，不构成侵权

裁判摘录

　　【1】……他人正当使用"大富翁"文字用以概括或说明游戏的对战目的、规则、特点和内容时，则不应被认定为是商标侵权行为。……【2】"大富翁"文字虽然被大宇公司注册为"提供在线游戏"服务的商标，但是其仍然具有指代前述商业冒险类游戏的含义，大宇公司并不能禁止他人对这种含义的正当使用。纵观被上诉人盛大公司使用被控侵权标识的方式和目的，盛大公司并未将被控侵权标识使用于其网站的所有在线游戏服务上，而仅在其所提供的与"掷骰子前进，目的是通过买地盖房等商业活动在经济上击败对手并成为大富翁"这一款游戏相关的在线游戏服务中使用了被控侵权标识，……意在以其中所含"大富翁"文字描述性地表明其在线提供的这款游戏的内容和对战目标。……相关公众一般不会将盛大公司的"大富翁"游戏误认为是大宇公司的"大富翁"游戏，也不会将两者的服务来源相混淆。由此可见，盛大公司的被控侵权行为属于叙述服务所对应游戏品种的正当使用，作为服务商标"大富翁"的商标专用权人大宇公司无权加以禁止。

第五十九条

FY，白沙 I 案● （20091225/F2009-23）：企业名称权冲突应结合地理、历史等因素综合考察

福建白沙 v 南安白沙，二审，福建高院（2008）闽民终字第 514 号判决书，陈一龙、黄从珍、陈茂和

●　该案再审是 2012 年度年报案例"白沙 II 案"。

案情概要

福建白沙认为南安白沙恶意将其"白沙"字号登记注册企业名称并使用—申请注册了"白沙"文字商标—造成误认—构成对其企业名称权的侵犯—一审认为南安白沙构成不正当竞争，但无恶意—二审认为属于正当使用，不构成不正当竞争

裁判摘录

【5】……本案中，南安白沙公司的现有企业名称是依法定程序向南安市工商行政管理局申请登记并得到核准注册的。"福建省白沙消防工贸有限公司"与"南安市白沙消防设备有限公司"的行政区划、经营特点均不相同，可以认定二者既不相同也不近似。福建白沙公司在一审时提供的证据，仅能证明邮政部门等投递信件错误，尚不足以证明消防行业这一特殊行业的相关公众对两家公司的消防产品产生混淆。因此，南安白沙公司使用依法经核准注册的企业名称的行为，不属于我国《反不正当竞争法》第五条第（三）项所称的"擅自使用他人的企业名称"的行为，不对福建白沙公司构成不正当竞争。【7】处理具有历史因素的知识产权权利冲突纠纷案件，在坚持诚实信用、维护公平竞争和保护在先权利等原则的基础上，应尊重历史，不能脱离历史简单裁判。诚然，福建白沙公司使用"白沙"字号早于南安白沙公司。但是，南安白沙公司使用以"白沙"为字号的企业名称，有其历史原因，在主观上并无恶意，也没有违反诚实信用原则。而且，到本案诉讼时，南安白沙公司使用"白沙"字号已长达12年，其为该字号的声誉提升也付出了大量心血和努力。如果在此时责令其停止使用含有"白沙"字号的企业名称，则有违公平合理原则。但为了规范市场行为，南安白沙公司与福建白沙公司均应当规范使用经核准登记的企业名称。

FY，古丈毛尖案（20091023/F2009-29）：正当使用应综合判断

古丈茶业中心 v 华茗公司等，一审，长沙天心区法院（2008）天民初字第2500号判决书，赵纯、唐文东、郑新文（陪）

案情概要

古丈茶业中心注册有"古丈毛尖＋图形"证明商标—核定使用商品为第30类茶叶—地理标志—华茗公司的毛尖茶产品包装罐上有"壶珍＋图形古丈毛尖"的标贴—古丈茶业中心诉华茗公司等商标侵权—一审认为构成侵权，相同商品上突出使用，易导致误认，不属于正当使用

裁判摘录

【5】……（1）注册商标中含有地名的，注册商标专用权人无权禁止他人正当使用该地名，但被告华茗公司并非仅使用原告证明商标中的地名，而是对其中文字部分的完整使用；（2）商品历史悠久不等于其名称通用，二被告并无充分证据证明"古丈毛尖"属于某类商品的通用名称，产品标签认可证书等尚不足以作为认定商品通用名称的证据；（3）商标法中的正当使用为善意使用，被告华茗公司刻意隐藏其"壶珍＋图形"注册商标，而突出"古丈毛尖"文字，该使用行为易造成混淆误认，故其主观非属善意；（4）证明商标注册人在符合条件者要求使用该证明商标时不得拒绝，被告华茗公司即使符合使用原告证明商标的条件，也应当提出申请并获得准许，而不能自行使用；（5）《"古丈毛尖"证明商标使用管理规则》规定，被许可使用者不得再许可他人使用证明商标，即使古丈沁心有机茶场获得了原告证明商标的使用授权，亦无权许可被告华茗公司使用。综上，被告华茗公司的行为不属于正当使用。

ACDY，鲁锦案（20090805/A20150415-46/C2010-01/D2009-06）：通用名称正当使用判断可考虑特定产区及相关公众认知情况

山东鲁锦公司 v 鄄城鲁锦公司等，二审，山东高院（2009）鲁民三终字第 34 号判决书，吴锦标、于玉、刘晓梅

案情概要

山东鲁锦公司诉鄄城鲁锦公司等侵犯其"鲁锦"商标并构成不正当竞争——地域性特点的棉纺织品的通用名称——商品上使用——企业名称中使用——表明产品工艺特点——无恶意——一审支持原告——二审认为被告属于正当使用——不构成侵权及不正当竞争

裁判摘录

【3】……判断具有地域性特点的商品通用名称，应当注意从以下方面综合分析：（1）该名称在某一地区或领域约定俗成，长期普遍使用并为相关公众认可；（2）该名称所指代的商品生产工艺经某一地区或领域群众长期共同劳动实践而形成；（3）该名称所指代的商品生产原料在某一地区或领域普遍生产。【4】鄄城鲁锦公司在商品上使用了山东鲁锦公司商标中含有的商品通用名称，但仅是为了表明其产品采用鲁锦面料，其生产技艺具备鲁锦特点，并不具有侵犯山东鲁锦公司"鲁锦"注册商标专用权的主观恶意，也并非作为商业标识使用，属于正当使用，故不应认定为侵犯"鲁锦"注册

商标专用权的行为。基于同样的理由，鄄城鲁锦公司在其企业名称中使用"鲁锦"字样，也系正当使用，不构成不正当竞争。

BFY，狗不理Ⅲ案[1]（20090205/B2009-20/F2009-20）：认定正当使用时既要考虑历史因素又要限制在合理范围

狗不理集团 v 天丰园饭店，再审，最高院（2008）民三监字第 10-1 号裁定书，于晓白、夏君丽、殷少平

案情概要

狗不理集团起诉天丰园饭店在经营中使用有关"狗不理包子"等标识并进行宣传的行为侵犯其"狗不理"服务商标——一审认为不侵权——二审认为天丰园饭店没有搭狗不理集团商标便车的恶意，但有不规范使用行为，判令天丰园饭店不得在企业的宣传牌匾、墙体广告中等使用"狗不理"三字，但仍可保留狗不理猪肉灌汤包这一菜品——再审认为天丰园饭店没有违背商业道德，没有搭便车——禁止扩张使用

裁判摘录

【1】……天丰园饭店使用"狗不理包子"具有历史承袭演变的过程，没有违背市场公认的商业道德，不存在搭他人便车利用"狗不理"服务商标声誉的主观恶意……原审法院根据本案具体情况，考虑狗不理集团公司注册"狗不理"服务商标前，天丰园饭店持续使用"狗不理猪肉灌汤包"这一菜品名称的历史因素，判决天丰园饭店仍可以保留"狗不理猪肉灌汤包"菜品名称，但禁止其作其他扩张性使用，符合公平原则，适用法律并无不当。

BY，挖坑案（20081220/B2008-13）：不能禁止他人正当使用通用名称

远航公司 v 腾讯计算机公司等，最高院（2008）民三他字第 12 号函

案情概要

远航公司起诉腾讯计算机公司等侵犯其"挖坑""保皇"商标注册专用权，并构

---

[1] 该案二审是 2008 年第 2 期公报案例"狗不理Ⅱ案"。

成不正当竞争—游戏名称—正当使用—不侵权

裁判摘录

【2】对于在一定地域内的相关公众中约定俗成的扑克游戏名称，如果当事人不是将其作为区分商品或者服务来源的商标使用，只是将其用作反映该类游戏内容、特点等的游戏名称，可以认定为正当使用。是否属于上述情形，应结合案件的具体情况，依据《商标法实施条例》第四十九条的规定作出认定。

附：

最高人民法院（2008）民三他字第12号函

陕西省高级人民法院：

你院（2007）陕民三终字地68号《关于深圳市远航科技有限公司与深圳市腾讯计算机系统有限公司、腾讯科技（深圳）有限公司、深圳市腾讯计算机系统有限公司西安分公司侵犯商标及不正当竞争纠纷一案的请示报告》收悉。经研究，答复如下：

一、根据《最高人民法院关于审理商标民事纠纷案件适用法律若干问题的解释》第十一条第三款的规定，商品和服务是否类似，应当根据商品和服务之间是否存在特定的联系，以及是否容易使相关公众混淆进行判断。至于你院请示案件中所涉商品和服务是否类似，应根据案件的具体情况，结合网络游戏软件使用和网络游戏服务的目的、内容、方式、对象等具体情形，作出认定。

二、对于在一定地域内的相关公众中约定俗成的扑克游戏名称，如果当事人不是将其作为区分商品或服务来源的商标使用，只是将其用作反映该游戏内容、特点的游戏名称，可以认定为正当使用。你院请示案件中涉及的相关问题是否属于上述情形，请结合案件的具体情况，依据商标法实施条例第四十九条的规定，作出认定。

最高人民法院

2008 年 12 月 20 日

第五十九条

CY，狗不理 Ⅱ 案[1]（20071010/C2008-02）：认定正当使用时既要考虑历史因素又要限制在合理范围

狗不理集团 v 天丰园饭店，二审，山东高院（2007）鲁民三终字第70号判决书，于玉、岳淑华、刘晓梅

---

[1] 该案再审是 2009 年度年报案例及五十典型案例 "狗不理 Ⅲ 案"。

案情概要

狗不理集团认为天丰园饭店在经营中使用有关"狗不理包子"等标识并进行宣传的行为侵犯其"狗不理"服务商标——一审认为天丰园饭店未超出原有地域和服务项目，也未使用原告商标的特定书写方式，被告使用"狗不理"介绍和宣传其以天丰园饭店名义经营的"狗不理包子"的行为，未侵犯原告服务商标专用权——二审认为天丰园饭店开业以来提供"狗不理猪肉灌汤包"并非是在上诉人商标注册并驰名后为争夺市场才故意使用"狗不理"三字，也不存在搭他人便车利用"狗不理"服务商标声誉的主观恶意——未规范使用——混淆——淡化——考虑历史因素，公平解决争议——天丰园饭店不得在企业的宣传牌匾、墙体广告中等使用"狗不理"三字，但仍可保留狗不理猪肉灌汤包这一菜品

裁判摘录

【10】但天丰园饭店却将"狗不理"三字用于宣传牌匾、墙体广告和指示牌，并且突出使用"狗不理"三字或将"狗不理"三字与天丰园饭店割裂开来使用。考虑到"（图一）"是狗不理集团公司的驰名商标，这一商标显著性强，知名度高，已经与狗不理集团公司建立了唯一、特定的联系，普通消费者一看到"狗不理"三字就会与狗不理集团公司提供的餐饮服务联系到一起。天丰园饭店在宣传牌匾等使用"狗不理"三字，容易使消费者（不应仅局限于济南的老食客）产生天丰园饭店与狗不理集团公司存在"联营或狗不理集团公司开设分店"等某种特定联系的混淆。这种混淆不仅淡化了或有可能淡化"（图一）"这一驰名商标的显著性，而且还可能误导普通的消费者。但由于本案涉及历史因素，因此，应当在充分考虑和尊重相关历史因素的前提下，根据"保护在先权利、维护公平市场竞争、遵守商业道德、诚实守信"的原则，公平合理地解决本案争议。为规范市场秩序，体现对"狗不理"驰名商标的充分保护，天丰园饭店不得在企业的宣传牌匾、墙体广告中等使用"狗不理"三字，但仍可保留狗不理猪肉灌汤包这一菜品。

图一

CY，汤沟 | 案（20060908/C2007-02）：非善意使用地名不构成正当使用

预算外资金管理局等 v 陶某，二审，江苏高院（2006）苏民三终字第 94 号判决书，吕

娜、施国伟、陈芳华

案情概要

预算外资金管理局和两相和公司认为被告陶某在企业名称和商品上使用"汤沟"字样侵犯其"汤沟"商标专用权，并构成不正当竞争——"汤沟"作为商标的知名度已明显高于其作为地名的知名度——一审认为被告属于正当使用——二审认为被告显著位置突出使用——非善意——构成侵权

裁判摘录

【1】……对于注册商标中涉及地名的，商标权人虽然无权禁止他人在相同或类似商品上正当使用该地名来表示商品与产地之间的联系，但是如果有证据显示，他人使用该地名并不是出于标注产地的需要，而是具有攀附商标权人注册商标的商誉或知名度，以使消费者产生混淆或误认等不正当竞争意图的，则应当认定该使用行为超出了我国商标法规定的正当使用范畴，构成了对权利人注册商标专用权的侵犯。特别对知名度较高的地名商标而言，他人在相同或类似商品上使用该地名，必须严格限制在法律规定的合理使用范围内，以确保权利人的合法权益得到有效保护。【8】……陶某在其产品包装上突出使用"汤沟"文字的方式，表明其主观上并非出于标明其商品产地来源的正当目的而使用"汤沟"，不属于我国《商标法实施条例》第四十九条规定的正当使用，亦不属于对其企业名称的正当使用，构成了对两上诉人"汤沟"注册商标专用权的侵犯。……一审判决关于陶某的使用行为属于对企业名称和地名的正当使用，不构成商标侵权的认定错误，应予纠正。

SY，库尔勒香梨 I 案（20051215）：正当使用与证明商标相同的品种名称不构成侵权

库尔勒香梨协会 v 库尔勒纸业，二审，新疆高院（2005）新民三终字第7号判决书，税成疆、张凡、郭利柱

案情概要

原告享有"库尔勒香梨"证明商标——被告印制或买卖印有"香梨"或"新疆特产香梨"或"香梨特产基地"等字样的纸箱及包装物——一审认定足以导致误认或特定联想，构成侵权——二审认为是正当使用，不侵权

第五十九条

【裁判摘录】

　　【1】……"库尔勒香梨"证明商标适用于栽培在孔雀河流域和塔里木河流域并符合《"库尔勒香梨"证明商标使用管理规则》所规定品质的香梨。库尔勒香梨作为品种，属梨的白梨系统的一个品种，不仅库尔勒、阿克苏地区有栽培，喀什、和田、伊犁及吐鲁番也有栽培。作为品种的库尔勒香梨的外延，大于作为证明商标的"库尔勒香梨"的外延。"香梨"不是梨的一个品种，应是对库尔勒香梨的不规范的称谓。【3】本案中，库尔勒香梨既是梨的一个品种，又是以"库尔勒"作为地理标志注册的证明商标，同时，库尔勒又是新疆的一个县级行政区划地名。库尔勒香梨作为证明商标，其受保护范围应仅限于经国家工商管理部门核准《商标注册证》和公告的《"库尔勒香梨"证明商标使用管理规则》中明确的内容，同时"库尔勒香梨"证明商标是孔雀标志与文字的叠加商标。"库尔勒香梨"作为证明商标只能适用于栽培于孔雀河流域和塔里木河流域部分地区且质量符合《"库尔勒香梨"证明商标使用管理规则》要求的库尔勒香梨，否则，未经商标权人香梨协会同意擅自使用库尔勒香梨作为证明商标即构成侵权。在上述流域以外栽培或即便在上述流域栽培但质量达不到管理规则要求的库尔勒香梨品种，仍然只能称作库尔勒香梨，而且同样需要相应的包装。根据《商标法实施条例》第四十九条规定："注册商标中含有的本商品的通用名称、图形、型号，或者直接表示商品的质量、主要原料、功能、用途、重量、数量及其他特点，或者含有地名，注册商标专用权人无权禁止他人正当使用。"香梨协会应加强对库尔勒香梨证明商标的推广和保护，而不能禁止他人对地理标志和植物品名的合理使用。因此，纸业公司在其包装箱上印制和使用"新疆香梨""新疆特产香梨""香梨生产基地""盛牌香梨"等文字应属正当使用，并不构成对香梨协会证明商标的侵权。上诉人纸业公司关于其是合理使用且不违背商标法有关规定的上诉理由成立，被上诉人香梨协会的答辩理由缺乏事实和法律依据。原审关于"纸业公司未经香梨协会许可，擅自在包装箱上印制和使用与香梨协会已注册的证明商标关键部分的文字，并予以销售，此行为足以导致消费者对商品来源产生误认或特定联想，损害了广大消费者和生产经营者的利益，构成了对香梨协会证明商标专用权的侵害"的认定不当。

SY，金州案（20051107）：地名商标不能禁止他人的正当使用

金州酒业公司 v 金州区白酒厂，二审，辽宁高院（2004）辽民四知终字第 176 号判决书，宋振华、何宝岩、夏妍

【案情概要】

　　原告金州酒业公司享有第 159421 号"金州牌"注册商标——该商标于 1982 年注册——

1987 年辽宁省撤销金县，并在原区域设立大连市金州区——被告金州区白酒厂成立于 1979 年，自 1999 年开始生产金州大曲、金州醇、金州霸、金州喜、金州春、金州福、金州老窖王白酒——一审认为被告不是正当使用，构成商标侵权——二审认为被告在商品名称中使用"金州"是作为地理来源的使用——被告有权使用自己的注册商标"金州城"——不构成侵权

裁判摘录

【1】本院认为，商标的显著性是商标保护的核心。地名商标为公有领域词汇因其欠缺显著性，获得商标法保护的机会远远低于普通商标，属于"弱保护"。……金州酒业公司的"金州"文字加图形的组合商标虽被核准注册，但金州酒业公司不能限制他人对"金州"这一地名的合理使用。金州区白酒厂在其生产的同类商品上使用的商标及产品装潢与金州酒业公司的产品不相同也不近似，只是在商品名称中使用了"金州"二字，而金州区白酒厂实际地处金州地区，有权标明其产品的地理来源。区分金州区白酒厂对"金州"二字的使用是恶意地作为商标使用还是善意地作为地理来源使用，要看"金州"是否因金州酒业公司注册商标而特定化，即"金州"二字是否具有除地名之外的第二层含义，对此，金州酒业公司作为原告应承担举证责任，只有举证证明"金州"二字经金州酒业公司作为商标使用后，已将其特定化，即提及"金州"二字时，相关公众除了想到是地名外会必然联想到是金州酒业公司生产的"金州"牌白酒，但金州酒业公司诉讼中提供的证据即商品销量及大连市著名商标等事实不足以证明"金州"商标已经特定化，原审法院认定"金州"商标除具有地名含义外，已具有区别该公司商品与他人商品的显著特征，缺乏事实依据。"金州醇"文字上的含义既可理解为金州牌的醇酒，也可理解为金州地区生产的醇酒，金州区白酒厂在商品中明确标注了自己拥有的"金州城"注册商标的情况下，原审法院关于"醇""大曲"为酒类商品的通用名称，"金州醇""金州大曲"中的"金州"二字如理解为产地，则上述商品就没有了商品名称的认定亦没有事实和法律依据。综上，金州区白酒厂在其商品上使用自己注册的"金州城"商标，商品标识与金州酒业公司注册商标不相同也不近似，金州区白酒厂在商品名称中使用"金州"二字应理解为地理来源的使用，该行为不构成对金州酒业公司商标权的侵犯。

附：

最高院〔2005〕民三他字第 6 号函

辽宁省高级人民法院：

你院〔2004〕辽民四知终字第 176 号《关于大连金州酒业有限公司与大连市金州区白酒厂商标侵权纠纷一案的请示》收悉。经研究，答复如下：

注册商标含有地名的，商标专用权人不得禁止地名所在区域的其他经营者为表明地理来源等正当用途而在商品名称中使用该地名。但是，除各自使用的地名文字相同

外，如果商品名称与使用特殊的字体、形状等外观的注册商标构成相同或者近似，或者注册商标使用的地名除具有地域含义外，还具有使相关公众与注册商标的商品来源必然联系起来的其他含义（即第二含义），则不在此限。

请你院依据有关商标的法律、行政法规和司法解释的规定，并结合上述意见，根据案件事实，认定请示案件中的被诉行为是否构成侵权。

最高人民法院

2005 年 8 月 19 日

CY，金华火腿 Ⅱ 案（20050825/C2007-11）：民事主体可以在法定范围内使用该原产地域专用标志

浙江食品公司 v 泰康食品公司等，一审，上海二中院（2003）沪二中民五（知）初字第 239 号判决书，吕国强、陆卫民、吴登楼

案情概要

浙江食品公司起诉泰康食品公司等侵犯其"金华火腿"商标—地名商标—合法使用原产地名称—不侵权

裁判摘录

【14】……国家质检局批准了对"金华火腿"实施原产地域产品保护，同意包括永康火腿厂在内的 55 家企业使用"金华火腿"原产地域产品专用标志。因此，被告永康火腿厂有权依照国家的相关规定在其生产、销售的火腿产品外包装、标签等处标注"金华火腿"原产地域产品名称及原产地域产品专用标记。【15】……永康火腿厂标注"金华火腿"目的是表明原产地域产品。故永康火腿厂上述使用"金华火腿"原产地域产品名称行为，不构成对原告注册商标专用权的侵害。【16】对于本案争议的商标权与原产地域产品冲突，应按照诚实信用、尊重历史以及权利与义务平衡的原则予以解决。……原告的注册商标应当受到法律的保护。但是，另一方面，原告作为注册商标的专用权人，无权禁止他人正当使用。……【17】原产地域产品的权利人应严格依法行使权利。……今后，永康火腿厂应当严格依照国家的规定，规范使用"金华火腿"原产地域产品名称及其专用标志，尊重原告的注册商标专用权，避免与原告的注册商标发生冲突。

SX，金华火腿 Ⅰ 案（20050518）：地名商标不能限制他人的正当使用

浙江食品公司 v 商标局，二审，北京高院（2005）高行终字第 162 号判决书，辛尚民、

景滔、任全胜

案情概要

浙江省工商局针对浙江食品公司与金华市金华火腿生产企业之间的商标侵权纠纷向商标局请示——商标局批复认为浙江食品公司的"金华火腿"商标专用权应受法律保护，涉案"金华特产火腿""××（商标）金华火腿""金华××（商标）火腿"属于正当使用——一、二审均支持被告的批复

裁判摘录

【4】《商标法》第十条第二款规定，县级以上行政区划的地名或者公众知晓的外国地名，不得作为商标，但是，地名具有其他含义或者作为集体商标、证明商标组成部分的除外；已经注册的使用地名的商标继续有效。第十六条规定，商标中有商品的地理标志，而该商品并非来源于该标志所标示的地区，误导公众的，不予注册并禁止使用；但是，已经善意取得注册的继续有效。本案中，上诉人的注册商标是"金华火腿"，其中"金华"是县级以上行政区划的地名，"金华火腿"具有地理标志性质或含义，但原告持有的"金华火腿"商标，是在现行《商标法》修正之前已经取得注册，因此继续有效，依法享有注册商标专用权。根据《商标法》和《商标法实施条例》的有关规定，注册商标中含有的本商品的通用名称、图形、型号，或者直接表示商品的质量、主要原料、功能、用途、重量、数量及其他特点，或者含有地名，注册商标专用权人无权禁止他人正当使用。本案中上诉人的注册商标"金华火腿"中的"金华"是地名，"火腿"是商品的通用名称，因此他人对"金华""火腿"有权正当使用；被上诉人的批复对认定的"金华火腿"字样的三种正当使用方式的原则和界限进行了合理界定，并提出了具体要求，即"在实际使用中，上述正当使用方式应当文字排列方向一致，字体、大小、颜色也应相同，不得突出'金华火腿'字样"，此要求使之与上诉人的注册商标相区别，这与《商标法》保护注册商标专用权的原则并无冲突，被上诉人认定"金华特产火腿""××（商标）金华火腿"和"金华××（商标）火腿"属于《商标法实施条例》第四十九条所述的正当使用方式，并无违法之处。上诉人所称他人只能在生产厂家和生产地址中使用"金华"地名，没有法律依据……

CY，百家湖案（20041220/C2005-10）：正当使用地名表示产地及位置不侵犯地名商标

利源公司 v 金兰湾公司等，再审，江苏高院（2004）苏民三再终字第 1 号判决书，花玉军、孙祥壮、曹霞

案情概要

利源公司认为金兰湾公司在开发的楼盘上使用"百家湖"字样侵犯其在第 36 类上注册的"百家湖"商标——一审认为被告合理使用地名"百家湖",不侵权——二审认为被告有恶意,有混淆,构成侵权——再审认为被告是正当使用,不侵权

裁判摘录

【1】……"百家湖"商标经国家工商行政管理局商标局合法注册,利源公司对该商标依法享有专用权。但是,该注册商标属于涉及"百家湖"地名的文字商标,利源公司作为商标专用权人虽有权禁止他人将与该地名相同的文字作为商标或者商品名称等商业标识在相同或者类似商品上使用来表示商品的来源,但无权禁止他人在相同或者类似商品上正当使用该地名来表示商品与产地、地理位置等之间的联系。【2】……金兰湾公司使用"百家湖"文字的目的和方式,是为了表示房地产的地理位置,并无不当。……【3】……"百家湖"作为地名的知名度明显高于其作为商标的知名度,金兰湾公司将其作为地名使用不易造成与商标的混淆。……【4】……金兰湾公司在销售楼盘中指示地理位置,符合房地产经营的惯例。……【5】……由于相关公众在选择房地产时有很高的注意程度,金兰湾公司的使用方式也不会造成消费者混淆或者误认。……【6】……金兰湾公司……使用地名的方式是普通公众惯常理解的表示楼盘出处和地理位置的方式,主要是为了突出地名或湖名,以此强调它的楼盘与湖的关系,而不是暗示该楼盘与注册商标的关系。在利源公司一审起诉金兰湾公司侵犯其"百家湖"注册商标使用权后,金兰湾公司将其售楼书等宣传资料上〔百家湖·枫情国度〕的"百家湖"撤掉,不能得出金兰湾公司恶意使用的结论。

附:

最高人民法院（2003）民三他字第 10 号函

江苏省高级人民法院:

你院（2003）苏民三审监字第 008 号《关于南京利源物业发展有限公司与南京金兰湾房地产开发公司商标侵权纠纷一案的请示报告》收悉。经研究,答复如下:

根据《中华人民共和国商标法》第五十二条第（一）项、《中华人民共和国商标法实施条例》第三条、第四十九条的规定,以地名作为文字商标进行注册的,商标专用权人有权禁止他人将与该地名相同的文字作为商标或者商品名称等商业标识在相同或者类似商品上使用来表示商品的来源;但无权禁止他人在相同或者类似商品上正当使用该地名来表示商品与产地、地理位置等之间的联系（地理标志作为商标注册的另论）。能否准确把握上述界限,是正确认定涉及地名的文字商标专用权的权利范围,依法保护商标专用权并合理维护正当的公众利益的关键。

我们认为应当注意以下问题：

一、使用人使用地名的目的和方式。使用地名的方式往往表现出使用目的。使用人使用地名的方式是公众惯常理解的表示商品产地、地理位置等方式的，应当认为属于正当使用地名。

二、商标和地名的知名度。所使用的文字，如果其作为商标知名度高，则一般情况下，相关公众混淆、误认的可能性较大；如果其作为地名知名度高，则相关公众对其出处的混淆、误认的可能性会较小。

三、相关商品或服务的分类情况。商品或服务的分类情况，往往决定了是否需要指示其地理位置。房地产销售中指示房地产的地理位置，一般应当认为是基于说明该商品的自然属性的需要。

四、相关公众在选择此类商品或服务时的注意程度。根据相关公众选择此类商品或服务时的一般注意程度，审查确认是否会因这种使用而对该商品或服务的来源混淆、误认。

五、地名使用的具体环境、情形。在房地产广告上为突出地理位置的优越而突出使用地名与在一般商品上、一般商品的广告上为突出商品的产地而突出使用地名往往给予公众的注意程度不同，产生的效果也有所差别。

你院请示中涉及的是否构成侵权的问题，请你院在查明事实的基础上，根据有关法律和司法解释的规定并结合上述意见自行决定。

此复。

最高人民法院

2004 年 2 月 2 日

第五十九条

SX，雪花粉案（20040618）：注册商标不能禁止他人正当使用

金穗公司 v 工商总局，一审，北京一中院（2004）一中行初字第 246 号判决书，饶亚东、张靛卿、梁菲

案情概要

金穗公司受让取得第 30 类上的"雪花"注册商标——工商总局发布《关于申请将雪花粉确认为商品通用名称有关问题的复函》——认为金穗公司无权禁止他人正当使用"雪花粉""雪花面粉"文字——金穗公司针对复函提起诉讼——一审认为被诉行政行为并没有直接确认雪花文字为面粉的通用名称，其答复并无不当——工商总局办公厅对涉及商标管理行政工作问题的解释性意见超越其工作职权，但被诉复函的内容未产生相应后果，金穗公司亦未提供复函侵害其合法权益的事实根据，撤销复函的诉讼请求不予支持——金穗公司上诉被驳回——二审法院认为涉案复函并无不当

裁判摘录

【3】商品中的通用名称可以是学名，也可以是行业或者公众约定俗成的称谓或简称。涉案"雪花"商标在注册之前，没有证据证明雪花文字是面粉行业的通用名称，该商标符合《商标法》的规定。被告根据国家粮食局的申请，明确肯定了原告在国际分类第30类上的第236846号"雪花"注册商标的专用权受法律的保护。如果商品或者服务名称被某个生产者或经营者作为商标注册，他人不得在其商业活动中使用这个标志，这对于其他生产者和经营者显失公平。根据《商标法》及《商标法实施条例》的相关规定，本院采纳被告在庭审答辩时所述的"商标行政部门对于注册商标衍化为通用名称，一般的做法是撤销商标注册、不予续展注册，或有限度地保护"的意见。被告明确表示被诉行政行为并没有直接作出确认雪花文字为面粉的通用名称的行政行为，也没有撤销原告的"雪花"注册商标，或者对原告的注册商标做出不予续展的决定。故，被诉253号答复并无不当。但是，根据《商标法》第二条的规定，对于涉及商标的注册和管理工作，应当由国家工商总局商标局主管。被告的办公厅作为职能部门，对涉及商标管理行政工作问题的解释性意见超越其工作职权。

涉案商标图样
（第236846号"雪花"商标）

CY，茅山案（20040312/C2005-08）：地名商标不能对抗地名产生第二含义前他人的使用

联友厂 v 柏某娣，二审，江苏高院（2004）苏民三终字第3号判决书，王红琪、袁滔、汤茂仁

案情概要

联友厂起诉柏某娣在其生产的同类产品上突出使用"茅山"字样，构成对其注册商标"茅山"的侵害——地名商标——合理使用——一审认定侵权——二审认为不侵权

裁判摘录

【1】上诉人联友厂将"茅山"注册为在第29类商品中使用的文字商标后，其依法取得的商标专用权受法律保护，他人不得在经营与板鸭、死家禽相同或者类似商品时使用该注册商标。但由于"茅山"是句容市一个风景区的地名，地名属于公有领域中的词汇，具有公共性特点，他人在表述自己商品的产地或者风味特色等问题时，难免要涉及地名。如果允许注册商标专用权人绝对垄断地使用注册商标中的地名，必然会损害社会公共利益，妨碍正当的市场竞争。因此法律规定，对注册商标中含有的地名，注册商标专用权人无权禁止他人合理、正当的使用。本案关键，在于判断上诉人柏某娣在销售腌制鹅、鸡的商品包装上打印"茅山"字样，是否为正当使用。【2】第一，"茅山"二字是因地知名，不是因作为商标而知名；第二，上诉人柏某娣经营的美味饭店位于茅山地区，该店腌制的咸鹅、咸鸡，均来源于当地农家自养的草鹅、草鸡。柏某娣在自己的商品名称前冠注"茅山"二字，不是将其作为区别其他同类商品的商业标识使用，只是要标明自己商品的产地；第三，在上诉人联友厂申请注册"茅山"商标之前，柏某娣就已在自己的商品上使用"茅山"字样，以此表明自己商品与"茅山"这一地方之间的客观联系。联友厂申请注册"茅山"商标获准后，柏某娣只是在自己商品的包装上延续使用"茅山"二字；第四，在茅山地区，腌制与出售鹅、鸡食品的商家众多，人们有腌制和品尝此类食品的生活习惯与经验；当地消费者在选择此类食品时，往往会结合生产者及商品上的其他相关标识加以判断，不会因柏某娣的商品上有"茅山"二字，而将该商品与联友厂的商品混淆、误认。考虑到这些因素，应当认定柏某娣在其生产、销售的商品包装上使用"茅山"二字，不存在侵犯他人注册商标专用权的主观恶意，不会误导公众，是对注册商标中含有地名的善意使用，因而是正当使用，不构成对联友厂注册商标专用权的侵犯。由于柏某娣的行为不构成侵权，故无需再考虑原判确定的赔偿数额是否适当的问题。

SY，千禧龙案（20030928）：叙述性使用不构成商标侵权

汉都公司 v TCL 集团，二审，江苏高院（2003）苏民三终字25号判决书，张婷婷、徐美芬、袁滔

案情概要

汉都公司享有"千禧龙 QIANXILONG"文字商标的专用权，核定使用商品为第9类的计算机、电视机、照相机等—汉都公司对该商标进行了大量的广告宣传，但并未生产标有该商标的电视机—TCL 集团公司在 TCL 王牌彩电促销活动的广告宣传中使用

"千禧龙"文字——一审认为有混淆误认，构成商标侵权——二审认为不是商标意义的使用，不混淆，不侵权

裁判摘录

【9】本院认为 TCL 集团公司不构成侵权。主要理由：（1）TCL 集团公司既未在商品或商品包装上使用"千禧龙"文字，也未将"千禧龙"作为商标使用，而只是在 TCL 王牌彩电促销活动中将"千禧龙"文字作为宣传用语使用，且在相关的广告宣传中，TCL 集团公司在显著位置突出使用了其注册商标"TCL"，客观上不会使相关公众将"千禧龙"误认为商品商标，显然不属于《中华人民共和国商标法》（修改前）第三十八条第 款第（四）项及实施细则第四十一条第一款第（二）项规定的"在同一种或者类似商品上，将与他人注册商标相同或近似的文字、图形作为商品名称或者商品装潢使用"的情形；（2）2000 年正值中国的龙年，同时又逢千禧年。TCL 集团公司为迎接 2000 年龙年的到来，在 1999 年 12 月 18 日至 2001 年 1 月 30 日这一特定的时间段内开展以"千禧龙大行动"命名的 TCL 王牌彩电宣传促销活动，从使用方式上看，TCL 集团公司仅将"千禧龙"作为叙述性词汇使用，属正常使用；（3）TCL 集团公司在广告宣传中突出使用了自己的商标"TCL"；汉都公司虽然对"千禧龙"商标享有专用权，但其本身未生产过"千禧龙"电视机，也未许可他人在电视机上使用过该商标。因此 TCL 集团公司在广告宣传中使用"千禧龙"文字，不会造成相关公众对商品来源的误认，也不存在 TCL 集团公司借用汉都公司"千禧龙"商标为自己谋取不正当的利益，故 TCL 集团公司在销售推广 TCL 王牌彩电活动中使用"千禧龙"文字的行为不构成对汉都公司商标权的侵权。一审法院认定 TCL 集团公司构成对汉都公司商标权侵权不当。

附：

最高院〔2003〕民三他字第 4 号批复

江苏省高级人民法院：

你院（2003）苏民三终字第 025 号《关于对 TCL 集团公司在产品促销活动中使用与汉都公司"千禧龙 QIANXILONG"文字商标相近的"千禧龙"文字是否构成侵犯汉都公司商标权问题的请示》收悉。经研究，答复如下：

判断在产品促销活动中使用与他人注册商标相同或者相近似的文字是否侵犯商标专用权，应当以这种使用行为是否容易造成相关公众对商品和服务的来源产生混淆，是否借用他人注册商标的信誉为自己谋取不正当利益，或者是否对注册商标专用权造成其他损害为标准进行。

由于在产品促销活动中使用与他人注册商标相同或者相近似的文字，不同于在商品和服务中直接使用他人注册商标，因此，在认定是否造成"混淆""借用""损害"等事实时，应当特别注意：（1）要考虑注册商标的知名度与显著性。商标的显著性，即能够起到区别作用的特性的强弱，是商标侵权判断中确定商标专用权权利范围以及确认是否

构成侵权的重要因素之一。知名度高显著性强的商标，被"混淆""借用"的可能性就大，而知名度低显著性弱的商标，被"混淆""借用"的可能性就小。（2）要对产品促销活动中使用他人商标的具体情形进行分析，如行为人是否将他人商标作为自己的商标或者自己的商品名称使用，是否在使用他人商标的方式、时间等方面容易使相关公众混淆商品或者服务的来源，或者误认商品、服务的提供者存在特殊的关系等。

你院请示中涉及的侵权认定问题，应当在查明事实的基础上，根据法律和司法解释的规定并结合上述意见进行处理。

此复。

最高人民法院

2003 年 7 月 31 日

59.3 在先使用

SY，玉浮梁案（20191224）：在先线下使用转为线上使用属于超出原有使用范围

卫尔康安公司 v 西安饮食公司等，再审，最高院（2019）最高法民申 3064 号裁定书，杜微科、吴蓉、张玲玲

案情概要

原告卫尔康安公司是注册商标"玉浮梁"的所有人——商标核定使用在第 33 类的相关商品——原告起诉被告在相同商品上使用与其"玉浮梁"相同的商标，构成商标侵权——被告抗辩对该商标享有在先使用权，有权在原使用范围内继续使用，无混淆、误认，不构成对上诉人注册商标专用权的侵权——一审认定不侵权——被告生产和销售的涉案稠酒产品虽然使用了"玉浮梁"字样，但还显著标明"西安饭庄"字样，能区分，无混淆、误认，不侵权——被告属于在原有范围内继续在先权利——二审认定侵权——被告证据不足以证明其对涉案标记享有在先权利——被告的使用会导致反向混淆——再审维持二审

裁判摘录

【4】……商标法的该项规定旨在保护商标在先使用人因为商标的使用已经形成的在先利益，弥补商标注册制度的不足。根据该项规定，在相同或者类似商品上使用与注册商标相同或者近似商标的在先使用人主张在先使用抗辩的，必须在使用时间、使用程度、使用范围等方面满足特定条件：首先，使用时间上，被诉侵权标识的使用时间应当早于注册商标申请日及注册商标申请人的使用；其次，使用程度上，在注册商标申请日及注册商标申请人使用之前，在先使用人对被诉侵权标识的使用应当达到具

有一定影响；最后，使用范围上，在先使用人应当在原有使用范围内使用被诉侵权标识。关于使用范围，关系到在先使用权的权利边界，其主要划定依据应当是注册商标申请日及注册商标申请人使用注册商标日之前，被诉侵权标识的商誉所及范围，对此，在先使用人应当承担举证责任。本案中，西安饮食公司、大业公司主张在先使用的证据，除少量海报宣传及自制的耗用汇总表外，主要是玉浮梁稠酒酒盒、包装的定制证据及玉浮梁酒 2001 年获奖证明。二审法院多次要求西安饮食公司、大业公司提供玉浮梁酒的销售数量和销售方式的证据，西安饮食公司、大业公司均未提供。在此情况下，依据酒盒定制的数量，部分宣传证据等，无法确定玉浮梁稠酒的实际生产销售状况和使用范围，难以证明"玉浮梁"商标持续使用时间，亦无法认定"玉浮梁"商标商誉所及范围。西安饮食公司、大业公司以西安饭庄具有较高知名度为由，主张其在先使用"玉浮梁"商标的商誉及于全国范围，事实依据不足。此外，大业公司成立于涉案商标申请日之后，西安饮食公司、大业公司虽然主张大业公司承继了原联合食品公司的生产经营业务，但对该项主张并未提交证据予以证明，西安饮食公司授权大业公司生产玉浮梁稠酒超出了原有的使用范围。西安饮食公司、大业公司提交的相关使用证据不涉及网络销售，在涉案商标申请日后西安饮食公司、大业公司在网上销售玉浮梁稠酒，亦属于扩大了原有销售范围。西安饮食公司、大业公司的相关再审申请理由不能成立，本院不予支持。

FY，九制陈皮案（20191107/F2019-15）：不符合先于注册商标申请日和使用日的在先使用抗辩不能成立

佳宝公司 v 鲜仙乐公司，二审，广东高院（2019）粤民终 1861 号判决书，邓燕辉、郑颖、林恒春

案情概要

原告佳宝公司认为被告鲜仙乐公司侵犯其第 8965529 号"九制"注册商标专用权——鲜仙乐公司抗辩称其在先使用"九制"标识，"九制"亦是行业的通用名称，并且佳宝公司的涉案"九制"商标缺乏显著性，应宣告无效——一审肯定原告注册商标的显著性及知名度，认定被告构成商标侵权及不正当竞争——二审认为被告对"九制陈皮"的使用是正当使用，不构成商标侵权——擅自使用与佳宝公司有一定影响的包装、装潢相近似的包装、装潢，构成不正当竞争

裁判摘录

【2】……商标在先使用权抗辩成立，就形式要件而言，通常需被告使用被诉侵权

标志的时间既早于涉案商标申请注册的时间又早于涉案商标被实际使用的时间，即"双优先"；就实质要件而言，还需要被诉侵权标志在涉案商标申请注册之前已经产生一定的影响力。【3】……本院认为，首先，鲜仙乐公司对于其在佳宝公司涉案商标注册申请日之前已使用被诉侵权标志的事实举证不足；其次，退一万步而言，即便鲜仙乐公司在此之前已经使用被诉侵权标志，但是其使用被诉侵权标志的时间亦迟于佳宝公司实际使用"九制"商标的时间；再者，鲜仙乐公司并未提交相应的证据证明被诉侵权标志在佳宝公司注册申请涉案商标之前已经具有一定的影响力。因此，鲜仙乐公司的该项抗辩依据不足，不能成立，本院予以驳回。

BY，理想空间案（20190903/B2019-40）：在先使用抗辩仅限于申请日及使用日之前的使用人本身，且原有范围应考虑地域因素

林某恺 v 富运经营部等，再审，最高院（2018）最高法民再43号判决书，秦元明、李嵘、马秀荣

案情概要

林某恺享有涉案第3374814号注册商标和第7724167号理想空间注册商标的专用权—被告富运经营部使用被诉侵权标志—富运经营部辩称"理想空间"商标是案外人富运公司在先使用并具有一定影响力的商标，自己是在原有范围内继续使用—被告美凯龙公司是被诉侵权行为发生的商场的管理方—一审肯定案外人富运公司在原告商标申请、注册前已经在先使用"理想空间"标识、"I&D理想空间"标志并在特定地区有一定影响力，但富运经营部并没有在原告商标申请、注册前使用被诉侵权商标—被诉侵权商标与富运公司在先使用的标识有区别—富运经营部并没有按合同授权使用的理想空间品牌—美凯龙公司作为市场管理方，未尽合理审查义务和监管责任—二审认为案外人富运公司对诉争标识使用在先，并具一定影响力，在其已附加适当区别标识的情形下，林某恺无权禁止其在原使用范围内继续使用—富运经营部从富运公司处获得授权使用涉案标志，与原告商标不相同，无恶意攀附，无混淆误认—二被告均不构成侵权—再审不承认富运公司的在先使用达到了一定影响—撤销二审，维持一审结果

裁判摘录

【7】……从《商标法》第五十九条第三款规定内容来看，在先使用人在特定条件下可以在原有使用范围内继续使用该商标，这是商标法针对具体情况而作出的在先使用人不侵权抗辩事由的特别规定，也是对注册商标专用权行使的限制。作为一项抗辩

事由，该不侵权抗辩仅应由在先使用人自行提出。在先使用人之外的其他人，无论是否取得在先使用人的同意，均无权依据《商标法》第五十九条第三款提出不侵权抗辩。【9】在先使用人不侵权抗辩成立，应当同时满足以下条件：（1）使用相同或者近似商标时间在先。在先使用人对相关标志的使用，应当早于该商标注册人申请商标注册的时间，同时亦必须早于该商标注册人使用该商标标志的时间。（2）在相同或者类似商品上在先使用。在先使用人必须是在与注册商标核定使用的商品或服务相同或者类似的商品和服务上使用该未注册商标，在不相同或者不类似商品或服务上的商标使用行为，不属于不侵权抗辩事由的范畴。（3）在先使用相同或者近似的标志。在先使用人使用的未注册商标必须是与注册商标相同或者近似的商标标志。（4）在先使用具有一定影响。在先使用人对该未注册商标的使用，必须在商标注册人申请商标注册日和使用日之前，就已经具有一定影响。商标注册人提出商标注册申请之后或者商标注册人使用该商标之后，在先使用人继续使用该商标的证据不应作为"一定影响"的考量因素。（5）原有范围内使用。在先使用人必须在其使用该未注册商标的原有范围内使用该商标，而原有范围的判断，应以在先使用人使用其未注册商标所形成的商誉所及的范围为主要判断依据。【11】商标法强调的是使用范围而非使用规模，因此，在确定原有范围时，应当主要考量商标使用的地域范围和使用方式。一般而言，在先仅通过实体店铺销售商品或者提供服务的，在商标注册人申请商标注册或使用该商标后，又在原实体店铺影响范围之外的地域新设店铺或者拓展到互联网环境中销售商品、提供服务，则应当认定为超出了原有范围。此外，使用该商标的商品产能、经营规模等也可以在个案中作为考量因素予以考量。【12】就本案而言，林某恺主张权利的第3374814号和第7724167号商标申请注册日分别为2002年11月19日和2009年9月25日，因此，判断富运公司在先使用的未注册商标是否具有"一定影响"，时间节点也应当分别掌握在这两个时间节点之前，对于其在这两个时间节点之后使用"理想空间"未注册商标的证据，不应予以考虑。对于2002年11月19日申请注册的第3374814号商标而言，富运公司的相关使用证据，尚不足以证明其未注册商标具有了"一定影响"。对于2009年9月25日申请注册的第7724167号商标，在案证据虽然能够证明富运公司对"理想空间"商标进行了一定的使用，商标使用的证据相较于2002年11月19日已经有了明显的增加，但截至2009年9月25日，尚未达到具有一定影响的程度。因此，即使仅考察富运公司在先对未注册商标的使用情况，亦不能得出富运公司可以依据《商标法》第五十九条第三款提出不侵权抗辩的结论。在此基础上，无论富运经营部或吴某东是否获得了富运公司的授权，均不能得出富运经营部基于《商标法》第五十九条第三款的规定而可以提出不侵权抗辩的结论。二审判决的相关认定缺乏事实和法律依据。林某恺的相关再审申请理由成立，依法应予支持。

SY，阳光超人案（20181224）：立足商标识别来源的作用判断与商标建立关联的主体

琴侣公司 v 西为公司等，再审，北京高院（2018）京民申 3688 号裁定书，周波、俞惠斌、苏志甫

案情概要

原告琴侣公司 2005 年 3 月至 2014 年 11 月曾是 RECARO 公司儿童安全座椅的中国总代理，其间曾将"阳光超人"用于商品销售中—结束代理关系后，原告申请并取得"阳光超人"商标专用权，核定的商品包括"儿童安全座椅"—西为公司经 RECARO 公司授权，作为 storchenmühle 斯迪姆儿童安全座椅中国总代理，并在京东平台开设了"storchenmühle 旗舰店"，在商品宣传的网页图片中标有"阳光超人"—一审认定侵权—RECARO 公司的儿童安全座椅产品上使用"阳光超人"先于杭州琴侣公司—西为公司作为代理公司并无"阳光超人"的在先使用权—二审认可 RECARO 公司和原告的代理关系结束之时，"阳光超人"标识代表的声誉和品质，均源于 RECARO 公司的产品—深圳西为公司有权在原使用范围内继续使用，并不构成侵权—再审维持二审

裁判摘录

【3】……商标的作用在于区分商品或者服务的来源，商标权益的归属应当尊重商标在使用过程中所形成的客观实际，以该商标所指向的商品或者服务的来源最终确定该商标的权利归属。尤其是对于存在进出口代理关系的商品而言，商品自身品质是相关商标建立市场声誉的物质基础，而相关商标的具体使用方式更是判断其权利归属所不能忽略的重要考虑因素。通常情况下，若以委托定牌加工等方式在他人生产的产品上使用自己的商标而不使用受托加工人的商标的，因不存在多个商标并存的情形，商品来源指代关系明确，相关公众一般将会将该商标与商品的直接提供者建立联系；但是，对于在同一商品上原本已经存在既有商标的情况下，贴附新的商标标志的行为并不必然建立起该商标与商品直接提供者之间的联系，此时更多地应当基于商品来源作用发挥的实际情况确定商标权益的归属。在杭州琴侣公司申请注册本案的"阳光超人"商标前，相关公众通过该标志识别、购买的商品均来源于 RECARO 公司；杭州琴侣公司在实际使用过程中，也突出强调使用"阳光超人"标志的商品是"德国原装进口斯迪姆 STM 儿童安全座椅阳光超人带 ISOFIX"。因此，从商品来源识别作用发挥的角度看，与"阳光超人"商标建立对应关系的应当是 RECARO 公司而非杭州琴侣公司。二审判决基于上述事实，认定 RECARO 公司相对于杭州琴侣公司申请注册的"阳光超人"商标而言，属于商标法第五十九条第三款规定的在先使用人并无不当，本院对此予以确认。

SY，超妍案（20171030）：在后商标注册日之后的在先商标被许可人无权援引在先抗辩权

南京妍之梦公司 v 南京宁南超妍美容加盟店，再审，最高院（2017）最高法民申 2641 号裁定书，朱理、张志弘、佟姝

案情概要

"南京超妍美容中心"在南京地区有较高的声誉—妍之梦公司在后注册了"超妍"商标—"超妍"商标获得注册后，"南京超妍美容中心"许可孙某业设立宁南超妍店—妍之梦公司起诉商标侵权—一审认定商标侵权—二审认为，宁南超妍店使用"超妍"标识具有正当来源，不会造成相关公众对涉案商标的混淆与误认—再审认为，在"超妍"商标注册后许可使用行为已超出"原使用范围"

裁判摘录

【1】……《商标法》第五十九条第三款规定，商标注册人申请商标注册前，他人已经在同一种商品或者类似商品上先于商标注册人使用与注册商标相同或近似并有一定影响的商标的，注册商标专用权人无权禁止该使用人在原使用范围内继续使用该商标，但可以要求其附加适当区别标识。该规定的立法目的在于，合理平衡注册商标权利人和在先使用人的合法权益，对在先使用人利益进行保护时，应避免对商标注册人的利益产生不合理的影响，并形成对商标注册制度的冲击。因此，在适用该规定判断先用权抗辩是否成立时，对该条款中"原有范围"的理解，应当根据该条款的立法目的并结合商标、商品或服务、使用行为与使用主体等要素，综合予以判断。仅就商标使用主体而言，因商标许可使用方式可能带来短时间内经营范围的迅速扩张，且被许可使用人的数量难以控制，容易对商标注册人的利益产生较大影响，故对在先使用人许可他人使用的行为，原则上应当予以限制。具体到本案而言，"超妍"商标的申请日为 1999 年 4 月 5 日，核准注册日为 2000 年 7 月 28 日，南京超妍美容中心许可孙某业开设连锁店的时间为 2006 年 11 月 8 日。即使南京超妍美容中心享有在先使用权益，在"超妍"商标已经注册多年之后，南京超妍美容中心亦不能再通过许可他人使用"超妍"品牌的方式扩张其使用范围与经营规模，否则将严重损害注册商标权利人的合法权益，危及商标注册制度。据此，宁南超妍店在本案中的使用不属于商标先用权保护的范围。

FY，ORA 案（20170116/F2017-16）：在先使用抗辩需满足时间及一定影响的要求

泰丰公司 v 瑷馨露公司等，二审，山东高院（2016）鲁民终 493 号判决书，于志涛、柳维敏、张金柱

案情概要

泰丰公司拥有第 30 类蜂蜜上的"ORA"注册商标—起诉正颐堂公司、瑷馨露公司代理、销售的蜂蜜侵犯其商标权—瑷馨露公司抗辩指出涉案标志是新西兰 M5 公司授权——一审认定侵权—泰丰公司的注册商标"ORA"与 M5 公司在新西兰注册的"Ora Manuka Honey"商标明显不同而且使用地域不同，M5 公司无权授权瑷馨露公司在中国境内使用与"ORA"相似的标识销售蜂蜜—二审维持一审

裁判摘录

【3】……瑷馨露公司未能提交有效证据证明 M5 公司在新西兰注册了 ORA 商标，亦未能提交有效证据证明 M5 公司在涉案商标申请日前已在中国境内使用了被诉侵权标识，也未能提交证据证明被诉侵权标识在涉案商标申请日前已具有一定影响。……未能证明 M5 公司在涉案商标注册前已经在中国境内使用被诉侵权标识及被诉侵权标识具有一定影响，即使瑷馨露公司作为 M5 的代理商其对被诉侵权标识也不能构成在先善意使用。所以，瑷馨露公司认为其在先善意使用被诉侵权标识不侵害涉案商标权的主张不成立。

BY，采蝶轩案（20160607/B2016-13）：在先使用需先于他人注册商标申请日

梁某等 v 采蝶轩集团等，再审，最高院（2015）民提字第 38 号判决书，周翔、朱理、宋淑华

案情概要

原告认为被告使用"采蝶轩 CAIDIEXUAN"和"采蝶轩图形"商标，并将前述注册商标以企业字号的形式突出使用，侵害其商标专用权，并构成不正当竞争——一审认为采蝶轩集团将"采蝶轩"标识作为非注册商标用于产品在先—采蝶轩集团"采蝶轩"商品商标在合肥地区的知名度和影响力系由其独创，而原告商品商标和服务商标

的使用范围和影响力并未延及合肥地区—店面门头上使用"采蝶轩"标识,系对自身享有的服务商标权的行使—无混淆,不构成商标侵权—原告不符合不正当竞争之诉的主体条件—二审维持一审判决—再审不认可采蝶轩集团的在先使用权—构成商标侵权—原告符合不正当竞争之诉的主体条件—但涉案企业名称注册时原告"采蝶轩"商标尚无知名度—不构成不正当竞争

裁判摘录

【15】……2001 年修正的《商标法》对于商标侵权诉讼中的在先使用抗辩问题并未作出明确规定。2013 年修正的《商标法》在第五十九条第三款中,对于在先使用问题作出了具体规定,即商标注册人申请商标注册前,他人已经在同一种商品或者类似商品上先于商标注册人使用与注册商标相同或者近似并有一定影响的商标的,注册商标专用权人无权禁止该使用人在原使用范围内继续使用该商标,但可以要求其附加适当区别标识。从上述规定来看,构成在先使用的条件是先于商标注册人使用并具有一定影响,因此即使参照现行商标法的规定,被申请人和巴莉甜甜公司对被控侵权标识的使用,也不构成在先使用。……被申请人对于被控侵权标识的使用,晚于前述两个注册商标的申请日;……也难言具有一定影响。同理,采蝶轩集团公司对于其企业字号的商标性使用也没有在先使用的权利。故此,原审法院认定被申请人和巴莉甜甜公司具有在先使用的权利,没有事实根据,本院依法予以纠正。

DY,启航案(20151231/D2015-5):先用抗辩的"使用"应先于他人注册商标的申请日,并原则上先于注册商标人的使用

中创公司 v 北京启航考试学校等,二审,北京知产院(2015)京知民终字第 588 号判决书,陈锦川、芮松艳、周丽婷

案情概要

贵阳启航学校 2003 年取得第 41 类学校(教育)等服务上的"启航学校 Qihang School"注册商标—许可中创公司独占使用—中创公司认为北京启航考试学校使用"启航考研"等标识构成商标侵权—一、二审均认为引证商标申请日前北京启航考试学校已经在公开出版的图书上使用"启航考研"字样,并在公开媒体上发布"启航考研"招生信息,且已经具有一定规模—不构成对注册商标专用权的侵犯

裁判摘录

【8】依据《商标法》第五十九条第三款的规定,先用抗辩的适用需要符合如下要

件：他人在注册商标申请日之前存在在先使用商标的行为；该在先使用行为原则上应早于商标注册人对商标的使用行为；该在先使用的商标应具有一定影响；被诉侵权行为系他人在原有范围内的使用行为。【9】（一）他人在注册商标"申请日"之前存在在先使用商标的行为。【10】该要件是对在先使用行为时间点的限定。《商标法》第五十九第三款规定只有在注册商标"申请日"之前使用商标的行为才属于"在先"使用行为，并非因为注册商标自申请日起便成为受《商标法》保护的注册商标，而是因为在我国采用商标注册制度而非商标使用制度的情况下，商标法各具体制度的设置应尽可能保障注册制度的正常运转。而以"申请日"作为在先使用行为的起算点，显然比以"注册日"作为起算点更有利于维护商标注册人的合法预期利益，并有利于维护商标注册制度。【11】将在先使用行为的时间点确定为"申请日"还是"注册日"，取决于立法者如何确定从"申请日"到"注册日"这一期间内产生的商标使用行为的后续法律后果。如以"申请日"作为时间点，则该期间内的使用行为将无法使得使用人在商标注册后的后续使用行为具有合法性。但以"注册日"为时间点，则其后续使用行为只要在原有范围内，注册商标人将无法要求他人停止在原有范围内的后续使用行为。前者有利于商标申请人，后者有利于商标使用人。目前采用的以申请日为时间点的做法，其目的在于引导社会公众将其商标进行注册，而非仅仅进行使用，从而更好地维护注册制度。【12】（二）该在先使用行为原则上应早于商标注册人对商标的使用行为。【13】依据《商标法》第五十九条第三款的规定，在先使用人行使在先使用抗辩权的条件之一是其"先于"商标注册人使用了与注册商标相同或者近似并有一定影响的商标。也就是说，在先使用人的使用行为不仅需要早于注册商标的注册申请日，在商标注册人于申请日之前已经使用该商标的情况下，在先使用人的使用行为还必须早于商标注册人对该商标的使用时间。【14】《商标法》贯彻诚实信用原则，保护公平竞争，平衡商标注册人和在先使用人的利益，保护善意使用。《商标法》对在先使用抗辩规定在先使用人的使用行为必须早于商标注册人对该商标的使用时间的要件的主要原因在于：如果商标注册人在申请注册前使用了商标，使得商标发挥了标识作用，使相关公众建立起了标识与商品的联系，则有必要禁止在后使用人再行使用，以排除相关公众的混淆误认。但是需要指出的是，商标注册人在申请日前的使用属于对未注册商标的使用，相比于注册商标，法律上对未注册商标的保护设定了一定程度和条件的限制。例如，按照《商标法》第三十二条的规定，未注册商标的使用人欲制止他人抢注其商标，前提是其在先使用了商标并有一定影响。而要求有一定影响的目的正是为了排除抢注人的恶意。根据《反不正当竞争法》第五条第（二）项，保护商品特有的名称、包装、装潢的条件之一是该商品是在中国境内有一定的市场知名度，为相关公众所熟知的商品。《最高人民法院关于审理不正当竞争民事案件应用法律若干问题的解释》第一条第二款特别指出："在不同地域范围内使用相同或者近似的知名商品的名称、包装、装潢，在后使用者能够证明其善意使用的，不构成《反不正当竞争法》第五条第（二）项规定的不正当竞争行为"。据此规定，对知名商品的名称、包装、装潢的保护，受到了使用地域和在后使用者主观过错的限制，只有恶意在后使用行为才可能构成不正当竞争行为。而《反不正当竞争法》所指的商品的名称、包装、装潢，实际上就是未注册商标。【15】基于此，在《商标法》第五十九条第三款的适用中，虽然从字面含义上，在先使用行为应早于商标注册人对商标的使用行为，但是因该要求的实质是要通过这个要件排除在先使用人具有恶意的情形，故在把握这个要件时应把在先使用是否出于善意作为重要的考量因素，而不应拘泥于条款本身关于时间点先后的字面用语。"在先善意地在同一种或类似商品或服务上使用与他人注册商标相同或相近似并有一定影响的商标，在先使用人有权在原有范围内继续使用该商标，而不应被认定为侵犯他人注册商标专用权。"〔郎胜主编：《中华人民共和国商标法释义》（全国人民代表大会常务委员会法制工作委员会编）法律出版社，2013年10月第1版，第113页。〕【16】具体而言，并非只要商标注册人早于在先使用人对商标进行了使用便当然认定先用抗辩不成立。如商标注册人虽存在在先使用行为，但在先使用人对此并不知晓，且亦无其他证据证明在先使用人存在明知或应知商标注册人对注册商标的"申请意图"却仍在同一种或类似商品或服务上使用相同或相近似的商标等其他恶意情形的，即不能仅因商标注册人具有在先使用行为而否认先用抗辩的成立。

FY，新华书店案（20150803/F2015-22）：作为集体商标成员的非独立使用不能构成在先使用

南宁新华书店 v 中新协，二审，广西高院（2015）桂民三终字第58号判决书，骆金盛、张捷、覃岚

案情概要

　　南宁新华书店被终止中国新华书店协会会员资格—仍继续使用中国新华书店协会享有权利的"新华书店"商标—中新协要求其停止使用涉案标记—南宁新华书店起诉要求确认不侵权—一审认定南宁新华书店侵权—二审维持一审判决—以自己被授权许可使用的商标主张在先使用权—不符合商标法关于在先使用权的规定—构成侵权

裁判摘录

　　【4】……商标在先使用权制度的立法是为了保护未注册商标权人对其长期使用的未注册商标的商誉，鼓励公平竞争并制止商标抢注行为，该权利主要是被控侵权人针对注册商标专用权人提起的侵权诉讼而行使的一种抗辩权，用于对抗注册在后的商标权。适用该条的前提条件是要求主张享有商标在先使用权的主体所主张的商标应当是其享有一定商誉、独立完全所有并持续在先使用的未注册商标，且主张权利者应当出于善意。……毛体"新华书店"注册商标所享有的商誉属于我国新华书店整个系统，

为非南宁市新华书店公司所创造或独有；且更重要的是南宁市新华书店公司主张权利的商标最早是新华书店总店在 20 世纪 30 年代作为店招开始使用，南宁市新华书店公司的前身南宁新华书店因总店—分店—支店的管理体制作为新华书店总店下属单位而获得使用，在毛体"新华书店"注册为商标后，其也是基于中新协的会员身份而被授权许可使用，毛体"新华书店"从来不是南宁市新华书店公司或其前身南宁新华书店独立完全所有的非注册商标。南宁市新华书店公司作为涉案商标的被授权使用人，对一直以来自己被授权许可使用的商标主张在先使用权，该主张与商标在先使用权制度的立法目的和权利性质不符，不能认定为善意的权利主张，不符合我国商标法规定的在先使用权的适用前提。

FY，报达家政案（20150716/F2015-11）：在先使用并有一定影响可在原使用范围内继续使用

韩某 v 报达家政，二审，黑龙江高院（2015）黑知终字第 9 号判决书，贾岩红、刘淑敏、徐明珠

案情概要

报达家政公司注册有"报达及图"商标—多个类别注册（不包括第 45 类家政服务）—有一定的市场知名度—韩某在第 45 类家政服务申请注册"报达家政"商标—报达公司异议—核准注册—韩某认为报达家政公司使用"报达家政"字样侵犯其注册商标专用权—一审认为报达家政公司使用企业名称在先，无不正当竞争行为，不构成侵权—二审维持一审判决

裁判摘录

【3】……经多年经营和宣传，在韩某 2006 年申请注册商标前，"报达家政"标识在哈尔滨市已经具有了较高的市场知名度，为相关公众所熟知。哈尔滨报达家政有限公司并不具有攀附韩某注册商标知名度的主观意图。……在使用"报达家政"字样时通常会附加"POTA"标识……哈尔滨市内的普通消费者通常会将"报达家政"字样与哈尔滨报达集团有限公司、哈尔滨日报报业集团有限责任公司联系起来，形成特定指向。……享有在先权利……原使用范围内继续使用……

SY，蒋有记案（20130427）：在先使用权可通过授权获得

蒋某友 v 夫子庙饮食公司等，二审，江苏高院（2013）苏知民终字第 37 号判决书，王

成龙、徐美芬、高佳

案情概要

　　蒋某友称"蒋有记"系南京老字号，由其祖父于中华人民共和国成立前创立，其后由其父亲经营—2011 年 5 月 21 日蒋某友申请注册的"蒋有记"商标获得核准—起诉夫子庙饮食公司明知蒋某友享有"蒋有记"商标专用权，仍然一直使用该商标从事经营活动，构成商标侵权—追加其他相关被告—一审认为夫子庙饮食公司享有"蒋有记"未注册商标的在先使用权，但该权利的使用方式和范围应受到限定—位于贡院西街 12 号的"蒋有记"餐馆是基于在先使用权而使用，不侵权—位于南京市升州路 30 号的"奇芳阁"餐馆的使用构成侵权—蒋某友上诉，主张贡院西街 12 号店铺系奇芳阁公司经营使用，奇芳阁公司应构成侵权—二审维持一审判决，未支持蒋某友上诉

裁判摘录

　　【2】……饮食公司有权在贡院西街 12 号店铺继续使用"蒋有记"商标。【3】……奇芳阁公司系由奇芳阁菜馆发展而来，而奇芳阁菜馆本就是饮食公司的分支机构，且在 2003 年 2 月 19 日成立之初其经营地址就是贡院西街 12 号。据此可以认定，从 2003 年 2 月 19 日开始，饮食公司对"蒋有记"商标的使用是通过奇芳阁菜馆的经营行为具体实施的。至 2009 年，饮食公司申请撤销奇芳阁菜馆，仍然在贡院西街 12 号设立奇芳阁公司，应视为饮食公司将贡院西街 12 号承载的经营资源包括"蒋有记"商标均授权奇芳阁公司使用。【4】……蒋某友于 2011 年 5 月方获得"蒋有记"注册商标专用权，而奇芳阁公司早于 2009 年获准使用"蒋有记"非注册商标，显然，不论是饮食公司授权还是奇芳阁公司使用"蒋有记"非注册商标的行为，均没有侵犯蒋某友合法权益的故意。奇芳阁公司在蒋某友获准注册"蒋有记"商标后，有权继续使用"蒋有记"非注册商标，因为该使用得到饮食公司的许可，且没有超出饮食公司对该非注册商标依法享有的使用范围。

FY，雀巢瓶 I 案（20101117/F2010-37）：在先使用如无搭车意图且无混淆误认，则不侵权

味事达公司 v 雀巢公司，二审，广东高院（2010）粤高法民三终字第 418 号判决书，潘奇志、欧丽华、高静

案情概要

　　雀巢公司拥有"棕色方形瓶黄色尖顶瓶盖"立体商标—味事达公司在其生产的味

极鲜酱油产品上使用棕色方形包装瓶—味事达公司提起确认不侵权之诉—一审认为，消费者在购买该产品时并不会与雀巢公司的商标相混淆，亦不会认为该产品与雀巢公司存在特定联系进而产生误认，味事达不构成侵权—二审维持原判

裁判摘录

【6】我国商标法赋予商标权人享有专用权的同时，也对商标专用权进行了限制，即商标的合理使用。从味事达公司使用棕色方形瓶的历史沿革来看，味事达公司早在1983 年就开始使用棕色方形瓶作为产品的外包装，且一直使用至今。现有证据显示雀巢公司涉案注册无论在我国核准注册的时间，还是在我国实际使用的时间，均晚于味事达公司使用棕色方形瓶的时间。因此，味事达公司使用该棕色方形瓶作为包装，主观上不具有非正当的搭便车意图，客观上也未造成消费者的混淆误认，所以味事达公司该行为不构成侵权。

SY，黑天鹅案（20041215）：不能用他人的使用主张自己的在先使用权

哈尔滨黑天鹅公司 v 广东黑天鹅公司，二审，广东高院（2002）高民终字第 84 号判决书，林广海、邱永清、欧修平

第五十九条

案情概要

原告哈尔滨黑天鹅公司受让取得第 772907 号"黑天鹅"图文商标—核定使用于第42 类服务—原告起诉被告广东黑天鹅公司开设的连锁饺子馆使用"黑天鹅"等标记，侵犯其商标权利并构成不正当竞争—被告抗辩认为原告商标是非法转让取得，且自己有在先使用—一审认为有关原告商标转让程序违法的问题，应通过有关行政程序解决，无证据证明已启动相关行政程序，原告持有该商标有效—被告作为商标使用以及在企业名称中突出使用的"黑天鹅"标记与原告商标近似，侵犯原告的注册商标—不认可被告的在先使用证据—被告字号注册时原告在广东或全国尚未享有一定知名度，不会混淆—不构成不正当竞争—二审维持一审判决

裁判摘录

【2】……广东黑天鹅公司向法院提供了关于惠州市淡水黑天鹅饺子馆、深圳宝安石岩镇黑天鹅饺子馆、深圳宝安横岗镇黑天鹅饺子馆等的调查笔录，认为这些饺子馆在哈尔滨黑天鹅大酒店注册"黑天鹅"文字和图形组合商标以前，就已经使用了黑天鹅店名和商标，因此主张该公司享有在先使用权。本院认为，根据我国《商标法实施

条例》的规定，连续使用至 1993 年 7 月 1 日的服务商标，与他人在相同或者类似的服务上已注册的服务商标相同或者近似的，可以继续使用。国家工商行政管理局《关于服务商标继续使用问题的通知》中要求使用人不得扩大使用地域、不得增加服务项目等。而本案中，从广东黑天鹅公司向法院提供的证据看，仅仅是表明惠州市淡水黑天鹅饺子馆、深圳宝安石岩镇黑天鹅饺子馆等几家饺子馆在 1993 年 7 月 1 日以前使用"黑天鹅"商标和店名，并不是作为被告的广东黑天鹅公司自己使用该商标，本案诉讼中广东黑天鹅公司没有提供证据证明这些饺子馆是其分店，并且还明确表示这些饺子馆与其没有隶属关系。因此，无论惠州市淡水黑天鹅饺子馆等是否享有本案所涉商标的先用权，对广东黑天鹅公司而言，由于该公司成立于 1998 年 1 月 20 日，在"黑天鹅"文字及图形组合商标注册之后，而且该公司与惠州市淡水黑天鹅饺子馆、深圳宝安石岩镇黑天鹅饺子馆以及深圳宝安横岗镇黑天鹅饺子馆等单位又是不同的市场主体和企业法人，故广东黑天鹅公司以此为由主张该公司享有黑天鹅商标在先使用权的理由不成立，本院不予支持。哈尔滨黑天鹅公司指控的侵权行为主要是指 1996 年、1998年、1999 年等成立的隶属于广东黑天鹅公司的广州市解放北分店、石牌分店、江南分店、番禺市桥分店等使用涉案商标的行为，由于它们使用黑天鹅商标的时间均在哈尔滨黑天鹅大酒店申请注册商标之后，而且所使用的商标与哈尔滨黑天鹅公司的注册商标近似，因此，该行为违反了我国商标法和商标法实施条例的相关规定，其行为已经构成商标侵权。

第六十条 【一般侵权责任】

有本法第五十七条所列侵犯注册商标专用权行为之一，引起纠纷的，由当事人协商解决；不愿协商或者协商不成的，商标注册人或者利害关系人可以向人民法院起诉，也可以请求工商行政管理部门处理。

工商行政管理部门处理时，认定侵权行为成立的，责令立即停止侵权行为，没收、销毁侵权商品和主要用于制造侵权商品、伪造注册商标标识的工具，违法经营额五万元以上的，可以处违法经营额五倍以下的罚款，没有违法经营额或者违法经营额不足五万元的，可以处二十五万元以下的罚款。对五年内实施两次以上商标侵权行为或者有其他严重情节的，应当从重处罚。销售不知道是侵犯注册商标专用权的商品，能证明该商品是自己合法取得并说明提供者的，由工商行政管理部门责令停止销售。

对侵犯商标专用权的赔偿数额的争议，当事人可以请求进行处理的工商行政管理部门调解，也可以依照《中华人民共和国民事诉讼法》向人民法院起诉。经工商行政管理部门调解，当事人未达成协议或者调解书生效后不履行的，当事人可以依照《中华人民共和国民事诉讼法》向人民法院起诉。

本条导读

本条是商标侵权救济的总体规定，第 1 款允许产生侵权纠纷的当事人协商解决，或诉诸法院，或向工商局投诉。第 2 款则规定了相应的行政处罚。第 3 款对于赔偿也允许调解。

60.1 关于第 1 款：商标民事诉讼关系可能涉及方方面面，具体适用时需要协调不致冲突，如商标民事侵权可能同时构成商标假冒犯罪（路易威登Ⅲ案），也可能构成商标行政违法（茅台Ⅰ案），还可能混合不正当竞争行为（雪中彩影案），但不应给予商标法和反法的重复保护（TAIKOO 案、大宝案），或与合同违约有牵连（三精案），乃至与行政确权程序有交叉（李瑞河案），甚至在行政程序没有认定驰名的情况下，不排除相关民事程序对是否驰名进行独立审查并作出驰名的认定，并进而对行政程序产生影响（米其林Ⅳ案，参见 14 条的米其林Ⅵ案）。此外，还可能涉及一事不再理的问题（吴良材案、四叶草Ⅱ案、雪中彩影案、步云案）以及确认不侵权之诉的问题（四叶草Ⅰ案、一代粽师案）。

地域管辖方面，消费者消费侵权商品扣押地不构成管辖连接点（金通案），网络销售行为不能作为商标侵权案件的实施地或结果地的认定依据（贝豪案），且知识产权诉讼不适用普通涉外诉讼管辖规定（阿迪王案）。时效方面案例不多，对于侵权仍在继续的不受时效限制（吴良材案），但赔偿请求会受时效限制（路易威登Ⅲ案）。

侵权证据方面，确定诉讼主体至关重要，一般来说标注的生产者推定为侵权人（红领案、iska案、雅洁案、小米Ⅰ案）。

停止侵权方面，该救济一般是认定商标侵权以后的主要救济形式，当然已经停止的通常不再判决停止侵权，另外，最高法院强调应当遵循善意保护原则并兼顾公共利益（星河湾案）。

消除影响方面，除了个别案件因为商标未使用拒绝给予消除影响的救济外（优衣库Ⅰ案），一般都会同意给予这种救济（加德士案、宝马Ⅰ案、静冈刀具案、樱花卫厨案）或与侵权范围相适应（阿迪达斯Y-3案）。

只要符合双方及公共利益，调解也不失为解决纠纷的一种方式（iPad案、参考消息案）当事人双方也可以自行达成和解，一方撤诉（大运案）。

60.2 关于第2款：行政查处方面最后形成行政诉讼的不多，主要涉及已经去标的不再处罚（金燕案）或处罚显失公平的予以纠正（乐活案）。

60.1〔1〕诉讼的关联

FY，三精案（20161212/F2016-15）：侵权与违约竞合时可以选择主张

哈药三精公司 v 北京三精公司等，一审，哈尔滨中院（2015）哈知初字第155号判决书，杨欣、毛保森、王爱萍（陪）

> 案情概要

哈药三精公司认为北京三精使用"三精"标识和作为字号使用侵犯其商标权，构成不正当竞争——一审认为，被告使用"三精"构成侵权和不正当竞争

> 裁判摘录

【5】……根据哈药三精股份公司与北京三精国药日化有限公司于2013年2月20日签订的《〈品牌使用协议〉之终止及后续义务协议书》关于北京三精公司自2013年7月1日起在生产经营和商业服务中，不再使用涉案注册商标，包括但不限于广告宣传、媒体广播、销售策划和服务推广等各类形式的约定，北京三精公司违反约定，超过许可期限，在宣传其生产经营的与涉案注册商标核定使用商品同种或者类似的商品时，使用与涉案注册商标相同或者近似的"三精""（缺图）"标识，既构成违约，亦构成商标侵权。哈药三精公司诉请追究北京三精公司的侵权责任成立，应予支持。

FY，李瑞河案（20160713/F2016-39）：民事与行政确权程序属于不同法律程序，不构成重复诉讼

天福公司等 v 刘某致，二审，福建高院（2016）闽民终 563 号判决书，张宏伟、张丹萍、孙艳

【案情概要】

李瑞河系天福公司总裁——生产销售的茶叶包装上均有"李瑞河"名字——天福公司及李瑞河均有一定知名度——"天福 TIANFU"商标被认定为驰名商标——刘某致经营的茶店销售有"李瑞河"牌茶产品——经申请取得"李瑞河"著作权的作品登记书——注册有"李瑞河 LI RUI HE"商标，核定使用商品包括茶类——后商评委对该商标做出无效宣告——天福公司、李瑞河提起侵权诉讼——一审认为刘某致擅自使用他人姓名，易误认，构成不正当竞争——二审维持一审判决

【裁判摘录】

【4】天福公司向国家工商行政管理总局商标评审委员会申请宣告刘某致的第 10098609 号"李瑞河 LI RUI HE"商标无效为行政程序，天福公司及李瑞河向人民法院提起本案诉讼为民事诉讼程序，二者系不同的法律程序，不符合前述司法解释规定的"重复诉讼"的构成要件。刘某致有关原审法院违反一事不再理原则的上诉主张，没有法律依据，不能成立。

FY，一代粽师案（20150915/F2015-18）：侵权与否不确定时可提起不侵权之诉

三全公司 v 鹏得利公司，二审，河南高院（2015）豫法知民终字第 62 号判决书，宋旺兴、赵筝、赵艳斌

【案情概要】

被告拥有第 6695384 号"一代粽师"注册商标——原告在"三全凌龙舟粽"商品包装上使用"一代粽师"——威海工商认定原告商标侵权——对原告的经销商做出行政处罚决定，行政相对人不是原告——原告提起不侵权确认之诉——一审确认不侵权——原告"三全凌"和"龙舟粽及图"商标已形成较高的知名度——"一代粽师"标识比例较小且不突出——不会造成误认——二审维持一审判决

裁判摘录

【1】……本案中，鹏得利公司虽然于 2011 年 5 月 16 日向威海工商局环翠分局举报，该局也于 2011 年 6 月 28 日就该投诉做出了工商行政处罚决定，认定三全公司的行为构成商标侵权。但该处罚的行政相对人是经销商，三全公司不是该行政处罚的相对人，并且鹏得利公司也没有提交证据证明该处罚决定已经向三全公司送达，三全公司收到了该处罚决定。另外，鹏得利公司于 2011 年 5 月 24 日在向三全公司发出侵权警告后，三全公司向原审法院提起确认不侵犯鹏得利公司"一代粽师"商标专用权之诉后，又向原审法院请求撤回起诉。三全公司于 2011 年提起的不侵权之诉可以视为是三全公司对鹏得利公司积极行使诉权的催告。鹏得利公司在此催告后应认识到三全公司对其权利警告的不认同，在此之后鹏得利公司并未撤回警告也未提起诉讼。鹏得利公司的不作为行为致使三全公司被控侵权产品是否侵害鹏得利公司商标专用权处于不明确的法律状态。如否认三全公司享有提起不侵权之诉的权利，则使三全公司无法通过诉讼程序明确其与鹏得利公司之间的民事权利义务关系，不符合法律设立确认不侵权之诉的目的。参照《最高人民法院关于审理专利纠纷案件适用法律问题的若干规定》第二十五条"人民法院受理的侵犯专利权纠纷案件，已经过管理专利工作的部门作出侵权或者不侵权认定的，人民法院仍应当就当事人的诉讼请求进行全面审查"，以及《最高人民法院关于审理侵犯专利权纠纷案件应用法律若干问题的解释》第十八条"权利人向他人发出侵犯专利权的警告，被警告人或者利害关系人经书面催告权利人行使诉权，自权利人收到该书面催告之日起一个月内或者自书面催告发出之日起二个月内，权利人不撤回警告也不提起诉讼，被警告人或者利害关系人向人民法院提起请求确认其行为不侵犯专利权的诉讼的，人民法院应当受理"之规定。三全公司提起确认不侵犯商标权之诉，有事实和法律依据，原审法院予以支持并无不妥。

FY，四叶草 II 案（20150422/F2015-24）：给付之诉与之前实质相同的确认之诉可构成重复诉讼

农洋洋公司 v 农资公司，二审，新疆高院（2015）新民三终字第 16 号判决书，易湘虎、赵丽莉、陆建蔚

案情概要

农洋洋公司起诉农资公司侵犯其第 5090037 号注册商标——农资公司认为生效的判决和裁定已经确认，其不构成对第 5090037 号注册商标专用权的侵害，该案属于重复诉讼——一审认为该诉是给付之诉，前诉是确认之诉，诉讼标的不同，不是重

复诉讼—前诉已确认农资公司在其经销的化肥产品上使用第3147566号注册商标的行为不构成对第5090037号注册商标的侵权—农洋洋公司要求农资公司停止侵权的诉讼请求不能成立，赔偿不能支持—二审认为一审适用法律错误—该案是重复诉讼—撤销一审判决，驳回农洋洋公司起诉

裁判摘录

【3】……前诉案件双方当事人为农资公司与玉努司·阿吉，本案双方当事人为农资公司与农洋洋公司。虽然前诉案件的玉努司·阿吉与农洋洋公司是两个主体，但是，农洋洋公司根据商标法及司法解释的规定经5093007号注册商标专用权人玉努司·阿吉的授权，作为5093007号注册商标的普通被许可人以利害关系人的身份提起本案诉讼，农洋洋公司在法律规定的范围内，通过授权的方式产生了诉讼担当，实际是玉努司·阿吉的任意诉讼担当人，农洋洋公司作为本案当事人符合法律规定，且是与玉努司·阿吉具有"同一性"的当事人，故前诉与本案之诉的当事人实质相同，均需承受作为诉讼结果的判决的既判力约束。【4】……农资公司在前诉确认不侵权之诉案件中的诉讼标的为双方当事人之间争议的商标权侵权法律关系；基于相同的事实，农洋洋公司在本案中虽然提出给付之诉，但本案诉争的法律关系仍为商标权侵权法律关系，与前诉案件的诉讼标的是相同的。【5】……本案农洋洋公司虽然是以停止侵权、消除影响和赔偿损失为诉讼请求提起的给付之诉，但是在该给付之诉中隐含了确认之诉的内容，即要先确认农资公司侵害了其商标专用权，属于后诉的请求实质上否定了前诉案件农资公司不构成对农洋洋公司商标专用侵害裁判结果的情形。也就是说确认是否侵权是"停止侵权，消除影响和赔偿损失"诉讼请求的前提和基础，不构成商标侵权的裁判作出后，其他给付之诉的内容便失去依据。故，因与前诉案件具有相同的事实、相同的当事人及相同的诉讼标的，并且本案的诉讼请求实质上是否定前诉案件的裁判结果，农洋洋公司提起本案诉讼属于重复起诉。

第六十条

SY，四叶草 I 案（20131220）：收到警告函不是提起确认不侵权之诉的前提条件

农资公司 v 玉努司·阿吉，再审，最高院（2013）民申字第237号裁定书，夏君丽、殷少平、马秀荣

案情概要

被告玉努司向工商机关投诉，称农资公司在其经销的化肥商品上使用的标识与其在同类商品上第5090036号、第5090027号注册商标构成相同或近似，侵犯

其商标权—工商机关尚未作出决定—农资公司提起确认不侵权之诉—一审认为符合不侵权之诉的提起条件，应予受理—原告标记使用在先，没有混淆，不构成侵权—二审维持一审判决—再审维持二审判决

裁判摘录

【1】……确认不侵害知识产权诉讼是一项旨在制止权利人不正当地利用其知识产权，给他人利益造成损害或具有损害之虞的诉讼制度。一般认为，权利人向他人发出警告或有类似于警告的行为，又未在合理时间内启动司法解决纠纷程序，是确认不侵害商标权诉讼的事实前提。本案中，玉努司·阿吉虽未向农资集团发出过明确的警告信函，但双方之间曾因商标类似问题发生过行政投诉，工商行政管理部门受理行政投诉在先且即将作出行政裁决，可以认为双方之间存在因商标使用的利害冲突以及由此引起的利益不稳定状态。结合农资集团使用并注册争议商标均早于玉努司·阿吉且消费者对其有一定认知度的事实，农资集团为避免其利益可能招致的损害，请求人民法院确认其不侵害玉努司·阿吉的商标权，符合确认不侵害商标权诉讼的实质条件。原审法院对本案的受理并无不当。经查，本案并无玉努司·阿吉主张的未保护其使用少数民族语言文字进行诉讼的权利、未将相关证据出示并质证的情形，对其该项主张本院不予支持。与玉努司·阿吉的注册商标相比，农资集团使用并注册争议商标在先，并进行了长期使用，在使用中明确注明了经销者身份，其使用行为具有合理理由且具体使用行为并无不当。原审法院据此认定农资集团不侵害玉努司·阿吉的商标权适用法律正确。

BFY，大宝案（20130508/B2013-32/F2013-20）：商标侵权涵盖不正当竞争的优先适用商标侵权

大宝化妆品公司 v 大宝日化厂等，再审，最高院（2012）民提字第 166 号判决书，于晓白，王艳芳、李嵘

案情概要

"大宝"等商标的权利人大宝化妆品公司起诉被告大宝日化厂等商标侵权及不正当竞争—大宝化妆品公司及大宝日化厂在设立、经营、字号及商标使用方面存在历史联系—一审认为大宝日化厂使用含有"大宝"的企业名称具有合理性—两被告在产品及网站上使用的"大宝日化"及"DABAORIHUA"标识侵犯了原告的商标权—有历史原因且无主观过错，不赔偿—二审维持一审判决—再审认可大宝日化厂使用含有"大宝"的企业名称具有合理性—突出使用"大宝日化""DABAORIHUA"标识—攀附"大宝"

系列注册商标商誉的恶意—易使相关公众对其商品来源产生混淆误认，或者认为不同的生产者之间具有关联关系—支持原告商标侵权及赔偿诉请

> **裁判摘录**

【10】本案大宝化妆品公司主张大宝日化厂与碧桂园公司既构成侵害大宝化妆品公司的注册商标专用权，也构成不正当竞争。鉴于侵害注册商标专用权的行为从结果上看也属于不正当竞争，因而在涉及同一行为时，如已经认定大宝日化厂与碧桂园公司侵害大宝化妆品公司注册商标专用权，且能够涵盖不正当竞争行为，可不再单独考虑不正当竞争问题。

FY，TAIKOO 案（20120129/F2011-26）：可同时适用商标法与反法时优先适用前者

太古公司 v 汇通公司等，一审，西安中院（2011）西民四初字第 528 号判决书，姚建军、孙敏、郝海辉

> **案情概要**

太古公司在第 37 类、第 36 类注册了"TAIKOO"商标—汇通公司等未经其同意将其房地产项目命名为"汇通太古城"（TAIKOO CITY），并在网站、宣传图片、项目介绍等处使用 TAIGOO、TAIKOO 等字样，在售楼书封面使用"汇通太古城"（TAIGOO CITY）字样—一审认为有混淆，构成侵权

> **裁判摘录**

【5】……汇通西安公司在其招牌中虽然使用了"TAIKOO SHING""TAIGOO CITY"，但因汇通西安公司的使用行为已构成侵犯商标权；换言之，太古公司争讼之注册商标专用权已被《中华人民共和国商标法》所保护，《反不正当竞争法》只是在有限的范围内提供知识产权的附加保护，凡专门法已作穷尽规定的，原则上不再以反不正当竞争法作扩展保护，故对太古公司提出汇通西安公司的此行为不宜再以反不正当竞争法扩展保护。

第六十条

FWY，米其林Ⅳ案❶（20110426/F2011-25）：驰名商标个案认定，不受其他案件的限制

米其林公司 v 喻某等，二审，广东高院（2011）粤高法民三终字第 163 号判决书，邓燕辉、李泽珍、欧丽华

案情概要

米其林公司认为喻某在喇叭产品上使用"米其林 + miQolin"商标，何某芳销售该产品，侵犯其驰名商标——认为喻某将"米其林"作为字号构成不正当竞争——一审和二审均认为，米其林公司商标构成驰名商标，被告的使用构成侵权和不正当竞争

裁判摘录

【2】……米其林公司虽然没有根据《中华人民共和国商标法》第十四条规定的五个因素，全面提交涉案"MICHELIN""米其林"及"MICHELIN 及轮胎人图形"商标驰名的证据，但米其林公司提交的上述证据已经足以证明使用在轮胎等商品上的"MICHELIN""米其林"及"MICHELIN 及轮胎人图形"商标在被诉商标"米其林 miQolin"申请注册前在中国境内已为社会公众广为知晓的商标，已经达到了驰名的程度。【3】喻某认为，根据商标局评审委员会作出的商评字（2010）第 37211 号《关于第 3598867 号"米其林 miQo1in"商标异议复审裁定书》的认定，米其林公司提供的证据不足以证明米其林涉案的三个商标在被诉商标"米其林 miQolin"申请注册之前已达到驰名的程度。对此本院认为，某个商标是否被认定为驰名商标，属于个案认定和事实认定的问题，即在每一案件中，驰名商标的认定取决于该案件的具体情况，对其他案件并不当然具有法律约束力，商标局评审委员会作出的上述《商标异议复审裁定书》只能作为认定本案事实的依据之一，并不能作为认定本案事实唯一的或者决定性的证据，本案必须根据双方当事人提交的全部证据进行综合判断。正因为如此，本院在全面审核双方当事人提交的证据、并从各证据与案件事实的关联程度、各证据之间的联系等前提下，作出认定米其林公司在本案中所提交的证据已足以证明其涉案三个注册商标在被诉商标"米其林 miQolin"申请注册前已达到驰名程度。【10】……本案中，商标局根据米其林公司所提出的异议而作出的异议裁定以及商标局评审委员会针对米其林公司的复审请求所作出的商标异议复审裁定，并不当然对本案具有法律约束力，本案不属于必须以商标局所作出的异议裁定以及/或者商标局评审委员会所作出的异议复审裁定的结果为依据。因此，本案不具备《中华人民共和国民事诉讼法》第一百三十六条规定的必须中止诉讼的情形，原审法院在商标局作出裁定前就对本案作出判决，

---

❶ 该案的关联行政诉讼案参见"米其林Ⅵ案"。

没有违反法定程序，本案亦无需等待商标局评审委员会作出的商标异议复审裁定生效后才进行审理。因此，喻某上诉认为原审法院违反法定程序，本案应中止诉讼，理由不成立，本院不予支持。

DY，吴良材案（20091127/D2009-05）：被告及侵权事实不同不构成一事不再理

三联集团等 v 苏州吴良材眼镜公司，二审，江苏高院（2009）苏民三终字第 181 号判决书，吕娜、徐美芬、陈芳华

> **案情概要**

原告三联集团、三联吴良材眼镜公司认为被告在其店面招牌、眼镜盒等相关产品和服务上对"吴良材"字号的使用侵害其"吴良材"注册商标专用权，同时，被告将"吴良材"作为其字号登记并使用的行为构成不正当竞争——一审认为，被告在其店面招牌、眼镜盒等相关产品和服务上对其"吴良材"字号的使用侵害了"吴良材"注册商标专用权，同时，将"吴良材"作为其字号登记并使用的行为构成不正当竞争——二审认为不构成一事不再理，维持原判

> **裁判摘录**

【7】一事不再理原则的基本内涵是指对于同一纠纷，当事人不得重复起诉，人民法院亦不得重复审判。就本案而言，三联集团和三联吴良材眼镜公司针对的是苏州吴良材眼镜公司许可苏州地区的分支机构及加盟商使用"吴良材"的行为提起的商标侵权和不正当竞争之诉，而其他 5 个中级人民法院受理的则是三联集团和三联吴良材眼镜公司作为原告起诉苏州吴良材眼镜公司许可当地的加盟商使用"吴良材"的行为构成商标侵权和不正当竞争之诉。尽管本案与其他 5 个案件中的原告主体及其主张的权利均为"吴良材"注册商标权及字号权，但由于被告不同及起诉所基于的侵权事实均不相同，故不属于同一纠纷，并不违反一事不再理原则。

FY，茅台Ⅰ案（20090901/F2009-33）：承担行政责任后不必然免除民事责任

茅台酒厂 v 君临酒店，二审，重庆高院（2009）渝高法民终字第 159 号判决书，周敏、黑小兵、贺付琴

第六十条

案情概要

　　茅台酒厂享有"贵州茅台"注册商标的所有权—君临酒店因涉嫌销售假冒茅台酒被重庆市商业委员会查处—茅台酒厂起诉君临酒店商标侵权—一审认定君临酒店销售假冒茅台酒侵犯了原告茅台酒厂的注册商标专用权，酒店已经尽到了作为销售者所应尽到的合理审查义务，其主观上没有过错，依法不应承担赔偿责任—二审认为构成商标侵权，未尽审查义务，应负赔偿责任

裁判摘录

　　【1】……至于被告君临酒店因销售假冒贵州茅台酒已受到重庆市商业委员会的行政处罚（处罚还很重），其民事责任是否可以免除的问题，本院认为，重庆市商业委员会对君临酒店作出的行政处罚是基于其销售假酒的行为扰乱了社会的经济秩序，侵犯的是公权，而本案涉及的是私权，即君临酒店销售假酒的行为侵犯了贵州茅台酒厂的私权利，二者有着本质的区别，不能因为受到了行政处罚就可以减轻或免除其民事责任。

CY，雪中彩影案（20050530/C2006-05）：基于相同事实提起的商标侵权诉讼和不正当竞争诉讼性质不同，不违反一事不再理

南京雪中彩影 v 江宁雪中彩影等，一审，南京中院（2004）宁民三初字第 312 号判决书，刘红兵、程堂发、卢山

案情概要

　　南京雪中彩影起诉被告使用"雪中彩影"标记侵犯其商标权利并构成不正当竞争—企业名称未突出使用—法院认为不构成商标侵权，构成不正当竞争

裁判摘录

　　【1】……本案原告南京雪中彩影公司最初是以商标侵权提起诉讼的，审理中基于相同的事实又增加了不正当竞争的诉讼理由和请求，该请求虽然与商标侵权请求的事实基础相同，但属于不同性质的法律关系，南京雪中彩影公司有权同时请求法院分别进行认定，与"一事不再理"的原则并不冲突。商标侵权行为和不正当竞争行为的认定在本案中具有关联性，合并进行审理也不损害被告的诉讼权利，而且有利于诉讼经济。

CY，步云案（20050429/C2006-06）：虽不是重复起诉但本质上内容重复不宜再作审理

步云公司 v 华源公司，二审，最高院（2003）民二终字第 169 号判决书，郑学林、姜启波、李伟

案情概要

步云公司就"步云"商标归属问题起诉华源公司—双方就此争议多年—已有司法定论—上诉人虽非起诉的原告—实质诉讼请求相同—一、二审均认为属于重复起诉，不应受理

裁判摘录

【1】……上诉人奉化步云工贸有限公司与被上诉人上海华源企业发展股份有限公司有关服饰类"步云"系列商标的归属问题虽争议多年，并经多家法院的不同诉讼程序审理，但终由（2003）浙民再字第 22 号民事判决确定，双方对无偿转让商标的协议有效，奉化步云工贸有限公司应履行与上海华源企业发展股份有限公司签订的将原奉化市步云集团有限公司注册的用于服饰类的"步云"系列商标（注册号为第 721602 号、第 590714 号、第 1106546 号）专用权无偿转让给奉化华源步云西裤有限公司所有的协议，并于判决规定期限内共同向国家商标管理局提出申请，办理注册商标所有权转移的核准手续。至此，双方有关商标权的归属问题已有定论。在所述再审案件一审阶段本案上诉人虽非起诉的原告，本案中其作为原告起诉虽不属于重复起诉，但其诉讼请求实质上仍属于商标权归属问题，显然与（2003）浙民再字第 22 号民事判决内容重复。按照"一事不再理"原则，人民法院不宜再作审理，上诉人的上诉理由不能成立。

60.1 [2] 诉讼管辖及时效

SY，贝豪案（20171121）：网络销售行为不能作为商标侵权案件的实施地或结果地的认定依据

贝豪公司 v 美之路公司，一审，最高院（2017）最高法民辖 29 号裁定书，秦元明、李嵘、杜微科

案情概要

　　原告贝豪公司主张对《贝豪隐形蚕丝面膜图》依法享有著作权、商标权，并取得外观设计专利权权——原告认为被告美之路公司未经许可，擅自使用其《贝豪隐形蚕丝面膜图》，侵害了贝豪公司著作权、商标权——虚假宣传，构成不正当竞争——网络销售——佛山市禅城区法院立案——移送天津一中院——天津高院报请最高院指定管辖——指定天津一中院审理

裁判摘录

　　【1】……由于商标权等知识产权案件涉及无形财产的保护，商品商标或者其他权利附着于商品上，具有在全国范围的可流通性，故此类案件侵权行为地的确定具有不同于一般民事纠纷案件的特殊性。在侵犯商标权案件中，除了大量侵权商品的储藏地以及海关、工商等行政机关依法查封、扣押侵权商品的所在地外，仅侵权行为实施地或者被告住所地可以作为确定管辖的依据，而不再依据侵权结果发生地作为确定案件管辖的依据。本案系侵犯商标权及不正当竞争纠纷，鉴于《最高人民法院关于审理商标民事纠纷案件适用法律若干问题的解释》对因侵犯注册商标专用权行为提起民事诉讼的侵权行为地作出了明确规定，本案不宜适用《最高人民法院关于适用〈中华人民共和国民事诉讼法〉的解释》第二十五条的规定以侵权结果发生地确定本案管辖。综上，广东省佛山市禅城区，既不属于侵权行为实施地，亦无证据证明其为侵权商品的储藏地或者查封扣押地，该院对本案不具有管辖权。受移送的天津市，对本案具有管辖权。

BY，金通案（20121123/B2012-35）：侵权商品的查封扣押地不包括消费者使用被诉侵权商品的扣押地

金杯公司 v 金通公司等，再审，最高院（2012）民提字第 109 号裁定书，于小白、骆电、李嵘

案情概要

　　金杯公司起诉金通公司侵犯其注册商标专用权——金通公司对管辖权提出异议——一审驳回管辖异议——二审维持一审裁定——再审认为一审法院无管辖权

裁判摘录

【2】本案中，能否将消费者使用的被控侵权商品的扣押地认定为司法解释第六条所指的"侵权商品的查封扣押地"，是争议的焦点。……从立法本意看，该规定以增强案件管辖的确定性，既方便当事人行使诉权，又方便法院审理为目的。如果将消费者使用被控侵权商品的扣押地理解为司法解释第六条规定的"侵权商品的查封扣押地"，将会增加当事人选择管辖法院的随意性，减损此类案件管辖的确定性，违背有关管辖规定的本意。本案一审、二审法院以消费者使用的被控侵权商品由康平县工商局予以扣押，沈阳市系该被控侵权商品的查封扣押地为由，确定沈阳市中级人民法院享有本案管辖权，属于适用法律错误，本院予以纠正。鉴于本案被告的住所地均在日照市，故日照市中级人民法院对本案依法享有管辖权。

BWY，阿迪王案（20101108/B2010-36）：涉外知识产权案件不适用普通涉外民商事案件管辖规范

阿迪达斯公司 v 阿迪王公司等，再审，最高院（2010）民申字第 1114 号裁定书

第六十条

案情概要

阿迪达斯公司在营口中院起诉阿迪王公司等商标侵权及不正当竞争—被告提起管辖异议—一审驳回—二审认为知识产权案件应集中管辖，一审法院无管辖权—再审认为知识产权案件不适用涉外案件集中管辖

裁判摘录

【1】本院经审查认为，申请再审人的申请符合《中华人民共和国民事诉讼法》第一百七十九条规定的应当再审的情形。依照《中华人民共和国民事诉讼法》第一百七十九条第一款第（六）项、第一百八十一条、第一百八十五条的规定，裁定如下：【2】一、本案指令辽宁省高级人民法院再审；【3】二、再审期间，中止原裁定的执行。

DY，吴良材案（20091127/D2009-05）：起诉时侵权行为仍在继续，不受两年时效限制

三联集团等 v 苏州吴良材眼镜公司，二审，江苏高院（2009）苏民三终字第 181 号判

决书，吕娜、徐美芬、陈芳华

案情概要

原告三联集团、三联吴良材眼镜公司认为被告在其店面招牌、眼镜盒等相关产品和服务上对"吴良材"字号的使用侵害其"吴良材"注册商标专用权，同时，被告将"吴良材"作为其字号登记并使用的行为构成不正当竞争——一审认为，被告在其店面招牌、眼镜盒等相关产品和服务上对其"吴良材"字号的使用侵害了"吴良材"注册商标专用权，同时，将"吴良材"作为其字号登记并使用的行为构成不正当竞争——二审维持原判

裁判摘录

【16】……根据《最高人民法院关于审理商标民事纠纷案件适用法律若干问题的解释》第十八条规定，如果商标侵权行为在起诉时仍在持续的，则商标注册人或者利害关系人请求侵权人停止侵害的诉请不受两年诉讼时效的限制。本案中，因被上诉人一审起诉时，上诉人等实施的侵权行为仍在持续之中，故被上诉人提出本案诉讼并未超出法律规定的诉讼时效期间。

FY，路易威登 III 案（20090723/F2009-30）：赔偿请求需在时效内提起

路易威登公司 v 仲雯公司等，一审，上海一中院（2009）沪一中民五（知）初字第 34 号判决书，刘军华、刘静、沈强

案情概要

路易威登公司系第 18 类的皮革、箱包等商品上"LV""LOUISVUITTON"注册商标的专用权人——被告销售假冒原告注册商标的商品，被行政处罚和判处了相应的刑罚——原告提起民事侵权，索赔 100 万元——一审认为被告构成侵权——部分侵权主张超出时效——判决赔偿 50 万元

裁判摘录

【7】本院注意到，三被告曾于 2002 年、2004 年因售假受到了工商行政管理部门的查处，原告及时得到了查处情况的通知，但并没有向被告主张民事赔偿。现自前两次的查处时间至本案起诉时止，已经超过了两年的诉讼时效，故而本院认为三被告所主

张的诉讼时效抗辩，对于原告因三被告 2004 年遭查处之前的侵权行为所遭受的损害而言，属于有效的抗辩。本院在确定赔偿数额时应当仅考虑弥补原告因被告在 2004 年查处以后所实施的侵权行为所可能造成的损害，但本院应将三被告重复侵权的情况作为造成侵权行为较为严重的情节来考量。

60. 1 ［3］ 侵权证据

FY，小米 I 案（20160328/F2016-27）：产品上标注的生产商推定为实际生产商

小米科技公司 v 华润万家公司等，二审，宁夏高院（2016）宁民终 13 号判决书，孙泽诚、马月、罗卫江

案情概要

　　小米科技公司认为华润万家公司销售假冒其注册商标的手机，涉案手机的外包装信息指向东方通信公司——一审认为华润万家构成侵权，证据不足以证实被控侵权产品系从东方通信公司购得，未认定东方通信公司为涉案手机的生产商——二审认为，华润万家构成侵权，涉案手机外包装信息指向东方通信公司，东方通信公司为涉案手机的生产商，应承担侵权和赔偿责任

裁判摘录

　　【3】……涉案手机从流通市场取得，商品信息全部指向东方通信公司，且东方通信公司未提供证据证明涉案手机系他人假冒其公司名称生产销售的产品，依据民事诉讼证明中的盖然性规则，现有证据可以认定小米公司公证购买的涉案手机系东方通信公司生产。故小米科技公司"原判未认定东方通信公司为涉案手机的生产商是错误的"的上诉理由成立，本院予以支持。

BFY，雅洁案（20140630/B2014-48/F2014-03）：推定外包装上使用的注册商标的权利人是侵权产品的制造者

雅洁公司 v 杨某忠等，再审，最高院（2013）民提字第 187 号判决书，周翔、罗霞、周云川

雅洁公司诉杨某忠等侵犯其外观设计专利权——一审认为杨某忠出售被诉侵权门在涉案外观公告前——无证据证明卢某仙知道或者应当知道所售产品涉及侵权，其所售产品有合法来源——二审维持一审判决——再审推翻二审判决

【3】本案中，侵权产品上标注有"吉固 + JIGU + 图"这一商标，杨某忠是该注册商标的专用权人；雅洁公司提供了初步证据证明杨某忠注册了"温州市鹿城区临江县昌隆五金加工厂"，证明杨某忠有制造侵权产品的能力。在已经确认侵权产品外包装上所标注商标的专用权人杨某忠有能力制造侵权产品，且没有其他证据表明存在他人冒用该商标，或者杨某忠曾将该商标许可给他人使用等证明侵权产品的实际制造者并非杨某忠本人的情况下，可以合理推定杨某忠是侵权产品的制造者。此外，卢某仙提供的合法来源的初步证据也显示是从"温州市昌隆五金厂"购买的侵权产品，且卢某仙将购买侵权产品的货款付给了杨某忠。而且，在本案一审、二审及再审诉讼过程中，杨某忠经法院多次合法传唤，拒绝签收传票和相关法律文书，拒不到庭，对其是否是"吉固 + JIGU + 图"这一注册商标的专用权人、是否注册有"温州市鹿城区临江县昌隆五金加工厂"、是否实际生产了侵权产品并销售给卢某仙，没有提出任何异议，其应该承担相应的法律后果。综上，本院根据现有证据认定杨某忠系本案侵权产品的制造者。

FY，iska 案（20120605/F2012-27）：人格混同的情况下推定行为来自同一主体

年年红公司 v 舒乐达公司等，二审，福建高院（2012）闽民终字第 378 号判决书，陈一龙、陈茂和、蔡伟

被告舒乐达公司在中国委托加工"iska"牌罐头食品——原告年年红公司受让获得"iska"商标——一审认定被告不侵权——原告商标注册存在不正当性，其保护范围应受到限制——被告舒乐达公司作为在先使用人可继续使用商标——二审认为年年红公司申请注册或转让该商标的动机和目的均具有不正当性——被告方已尽合理审查注意义务——不侵权

裁判摘录

【2】经查明，1999年10月8日至2002年10月8日，苏某宁承租爽的食品厂的全部厂房和设备开办经营瑞宁食品厂，同时，苏某宁在此期间既是瑞宁食品厂的法定代表人，还是爽的食品厂的法定代表人和当然厂长。可见，爽的食品厂与瑞宁食品厂二者主体已产生实际混同，本案可以推定在上述租赁期限内爽的食品厂接受的贴牌加工业务系由瑞宁食品厂实际完成的。而爽的食品厂在1999至2000年间曾接受舒乐达公司的委托，贴牌加工罐头产品。因此，原审判决认定瑞宁食品厂曾为舒乐达公司贴牌加工罐头食品并无不当。

FY，红领案（20101230/F2010-35）：大量发放侵权商品者推定为生产者

红领集团 v 新安煤业公司等，二审，山东高院（2010）鲁民三终字第188号判决书，战玉祝、岳淑华、都伟

案情概要

红领集团是"红领""RCOLLAR""rcollar"文字及图形商标的注册人——新安煤业公司给自己员工发放的红领品牌衬衣质量低劣——一审认为虽然新安煤业公司是生产煤炭的企业，但是侵权产品提供者，又拒不提供产品的合法来源，应认定是侵权行为人并应由其承担赔偿责任——二审维持一审判决

裁判摘录

【6】本案中，红领集团已提交证据证实其为涉案注册商标的权利人，也提交证据证明新安煤业公司发放了涉案侵权产品。在此情况下，新安煤业公司作为煤炭生产企业，应就其发放的涉案侵权产品是否有合法来源承担举证责任，但新安煤业公司拒不说明、提供被控侵权产品的来源及生产者，考虑到新安煤业公司有职工4000多人，其给每位职工发放三件侵权衬衣，数量大，影响广，侵权故意明显，故新安煤业公司不是真正意义上的消费者，应推定其为涉案侵权产品的生产者。因此，原审法院认定"新安煤业公司未经许可在同一种产品上使用他人的注册商标，是侵权行为人应承担赔偿责任"并无不当。另，侵权行为发生时，新安煤业公司是枣庄矿业集团的分支机构，枣庄矿业集团应对新安煤业公司的侵权行为承担连带责任。

第六十条

60. 1 ［4］ 停止侵权

BDY，星河湾案（20150226/B2015-32. 38/D2015-04）：停止侵权责任的承担应当遵循善意保护原则并兼顾公共利益

星河湾公司等 v 炜赋公司，再审，最高院（2013）民提字第 102 号判决书，王闯、王艳芳、朱理

> 案情概要

　　星河湾公司等起诉炜赋公司使用"星河湾花园"作为其开发的楼盘名称，构成商标侵权及不正当竞争—商品与服务类似—一审、二审认为被告为正当使用—再审认为构成商标侵权，但不构成不正当竞争

> 裁判摘录

　　【8】根据民法关于善意保护之原则，在商标权等知识产权与物权等其他财产权发生冲突时，应以其他财产权是否善意作为权利界限和是否容忍的标准，同时应兼顾公共利益之保护。本案中，由于炜赋公司经南通市民政局批准将小区命名为"炜赋·星河湾"，小区居民已经入住多年，且并无证据证明其购买该房产时知晓小区名称侵犯星河湾公司商标权，如果判令停止使用该小区名称，会导致商标权人与公共利益及小区居民利益的失衡，因此本院不再判令停止使用该小区名称，但炜赋公司在其尚未出售的楼盘和将来拟开发的楼盘上不得使用相关"星河湾"名称作为其楼盘名称。

60. 1 ［5］ 消除影响

FY，樱花卫厨案（20160828/F2016-17）：商誉受到负面影响可适用消除影响

樱花卫厨公司 v 苏州樱花公司等，二审，江苏高院（2015）苏知民终字第 179 号判决书，顾韬、罗伟明、史乃兴

> 案情概要

　　樱花卫厨公司认为苏州樱花公司等被告使用其"樱花""SAKURA"商标构成侵权和不正当竞争—一审认为樱花卫厨公司未能证明各被告之间有共同侵权的故意或共同

实施侵权行为，不支持其共同侵权的诉请——二审认为苏州樱花公司、苏州樱花公司中山分公司、中山樱花集成厨卫公司、中山樱花卫厨公司使用"樱花"作为其企业字号构成不正当竞争，侵犯了樱花卫厨公司的注册商标专用权——苏州樱花公司、苏州樱花公司中山分公司、中山樱花集成厨卫公司、中山樱花卫厨公司、屠某灵、余某成构成共同侵权，应承担连带责任

裁判摘录

【75】对于中山樱花集成厨卫公司、中山樱花卫厨公司提出一审判决其在《中国消费者报》刊登声明、消除影响没有法律依据的上诉理由，鉴于苏州樱花公司、苏州樱花公司中山分公司、中山樱花集成厨卫公司、中山樱花卫厨公司在经营的产品上与樱花卫厨公司互有重合，苏州樱花公司、苏州樱花公司中山分公司、中山樱花集成厨卫公司、中山樱花卫厨公司的侵权行为主要通过网络实施，受众面广；实践中曾经因消费者举报被有关工商行政机关行政处罚，在一定范围内会导致公众对其评价降低，而由于苏州樱花公司、苏州樱花公司中山分公司、中山樱花集成厨卫公司、中山樱花卫厨公司与樱花卫厨公司字号相同，公众容易产生混淆或误认，樱花卫厨公司的商誉亦必然会受到不同程度的负面影响。【76】故对于樱花卫厨公司要求上述主体在有关媒体上发表声明以澄清其与樱花卫厨公司之间的关系的诉讼请求，应予支持。

FY，优衣库Ⅰ案[1]（20151231/F2016-16）：未实际使用商标不能要求消除影响

指南针公司等 v 优衣库公司等，二审，上海高院（2015）沪高民三（知）终字第97号判决书，王静、陶冶、曹闻佳

案情概要

指南针公司注册有第25类服装上的第10619071号"UL"商标，认为优衣库公司等使用与"UL"相同或近似标识侵犯其商标权——一审认为，被告构成侵权，但原告未实际使用商标，没有损失，被告不需承担赔偿责任——二审维持一审判决

裁判摘录

【28】消除影响通常是适用于人格权受到侵害时，被侵权人因侵权行为导致社会评

---

[1] 该案再审是年报案例、十大案例"优衣库Ⅱ案"。再审推翻一审、二审，认为原告不侵权，被告恶意取得并行使商标权不受法律保护。

价降低而适用的法律救济措施。由于商标可以承载商业信誉，故当商标之声誉因侵权行为遭受损害时，即该标识在相关公众中的社会评价被降低，权利人可以要求侵权人承担消除影响之法律责任以恢复其商标原有声誉。【29】然而本案中，由于指南针公司、中唯公司未实际使用涉案注册商标，故权利商标未承载因使用行为而在相关公众中形成的商誉。同时，一、二审中指南针公司、中唯公司也未能提交证据证明因本案侵权行为降低了涉案"[图一]"注册商标的社会评价，故指南针公司、中唯公司要求消除影响的主张缺少需恢复的社会评价作为基础，即缺乏所需恢复的被贬损的商标声誉。因此，原审法院未支持指南针公司、中唯公司要求优衣库公司、优衣库船厂店承担消除影响之民事责任的主张，并无不妥。

UL

图一　第 10619071 号商标图样

CY，静冈刀具案（20130705/C2014-10）：误导消费者可要求消除影响

静冈刀具 v 天华刀具，一审，太仓法院（2013）太知民初字第 16 号判决书，李勇、王勇、范培亚

案情概要

原告静冈刀具起诉被告侵犯其"静冈刀具"图文商标—完全嵌入—特定联系—攀附故意—一审认定侵权

裁判摘录

【4】……由于天华公司在法定代表人名片、宣传册、网站等使用静冈公司商标及嵌入静冈公司商标会误导相关消费者，故静冈公司要求其就涉案侵权行为消除影响的诉请予以支持，具体方式将结合侵权行为的性质、规模及影响等因素酌情确定。

FY，阿迪达斯 Y-3 案（20101202/F2010-38）：消除影响范围应当与侵权宣传范围相当

阿迪达斯公司 v 京固公司等，一审，东莞中院（2010）东中法民三初字第 142 号判决书，程春华、尹河清、涂林宗

案情概要

阿迪达斯公司对"Y-3"标识进行了商标国际注册—效力延伸保护至中国—核准使用商品包括皮革制品、箱子等—有很高的知名度和影响力—京固公司注册有"Y3"商标—核准使用商品为第 28 类"球及球拍专用袋"—委托金固公司在国内经销—其生产的"Y3"标识多功能包等不属于第 28 类商品—阿迪达斯公司认为两公司生产、销售的商品构成商标侵权—法院认为两商标属近似商标，且被告的商品扩大了商标使用范围，构成侵权

裁判摘录

【6】……根据《最高人民法院关于审理商标民事纠纷案件适用法律若干问题的解释》第二十一条第（一）项的规定，人民法院在审理侵犯注册商标专用权纠纷案件中，依据民法通则第一百三十四条、商标法第五十三条的规定和案件具体情况，可以判决侵权人承担停止侵害、排除妨碍、消除危险、赔偿损失、消除影响等民事责任。本院综合考虑本案侵权产品的宣传范围较小，判定京固公司和金固公司无须承担在《知识产权报》刊登声明等方式的消除影响的民事责任。

DY，宝马 l 案（20091215/D2009-04）：商标侵权案件可以判决承担消除影响的责任

宝马公司 v 世纪宝马公司，一审，湖南高院（2009）湘高法民三初字第 1 号判决书，孙元清、唐慧、钱丽兰

案情概要

宝马公司诉世纪宝马公司等商标侵权及不正当竞争—一审认定原告第 12 类的引证商标驰名—世纪宝马公司未对宝马公司的在先权利采取适当的避让措施，未正当使用案外人许可其使用的商标—模仿原告宝马公司的驰名商标—不正当利用宝马公司驰名商标的市场声誉牟取不法利益—易造成相关公众误认—侵犯商标权—明知宝马公司具有较高知名度的企业字号为"宝马"，仍将"宝马"文字组合登记为企业名称中的字号进行商业使用—违背诚实信用原则和公认的商业道德—侵犯宝马公司知名字号—构成不正当竞争

> **裁判摘录**

【11】……本案被告的侵权行为主观故意明显，客观上造成了市场混乱，已给原告宝马公司的商誉造成严重不良影响，故本院对原告宝马公司要求上述被告在全国发行的报纸、期刊上刊登声明，为原告消除影响的诉讼请求予以支持。

FY，加德士案（20090000/F2009-24）：商标侵权案件可以判决承担消除影响的责任

雪佛龙能源公司 v 济南加德士公司，二审，山东高院（2009）鲁民三终字第 194 号判决书，徐清霜、丛未、刘晓梅

> **案情概要**

雪佛龙能源公司起诉济南加德士公司使用"加多士"标志构成商标侵权及不正当竞争—得到一审法院支持—二审维持一审判决，认为济南加德士公司使用与在先注册商标相同的文字作为企业字号，从事同类生产销售活动，易导致混淆

> **裁判摘录**

【20】……根据最高人民法院《关于审理商标民事纠纷案件适用法律若干问题的解释》第 21 条规定，人民法院在审理商标侵权案件中可以根据权利人的要求与实际情况适用"消除影响"的民事救济措施。而不正当竞争案件中，根据该类行为的行为性质，结合民法通则的精神，亦可将"消除影响"作为侵权民事责任的重要方式。

60.1 ［6］法院调解

FY，参考消息案（20160729/F2016-19）：经法院调解同意进行提供宣传推广版面

参考消息报社 v 博瑞公司，二审，福建高院（2015）闽民终字第 1533 号调解书，陈一龙、张宏伟、蔡伟

> **案情概要**

参考消息报社出版《参考消息》报，拥有注册商标"参考消息"，核定在第 16 类

商品——博瑞公司登记并实际经营的域名为 hiapk. com 的网站（安卓网），在站内的安卓市场平台（apk. hiapk. com），向网民提供名称为"参考消息"的 App 手机应用程序——一审认定被告未经许可，将与原告注册商标相同的"参考消息"文字商标在其网站上使用，足以使相关公众产生混淆误认，构成对原告注册商标专用权的侵害——不需认驰——二审阶段双方达成和解协议

裁判摘录

【1】……福建百度博瑞网络科技有限公司负责在 2016 年 8 月 1 日至 2017 年 1 月 31 日期间在《百度手机助手》App 上为参考消息报社的《参考消息》安卓 App 发布相当于 665000 元资源价值的宣传推广。【7】……参考消息报社在 2016 年 8 月 1 日至 2017 年 1 月 31 日期间，没有向福建百度博瑞网络科技有限公司申请发布 App 推广，视为其放弃了相应的宣传推广，参考消息报社也不得要求福建百度博瑞网络科技有限公司退还相应的广告发布费用，本协议视为已履行完毕。【8】……如参考消息报社在申请具体广告发布时，福建百度博瑞网络科技有限公司平台进行业务性调整或产品性调整，且原推广宣传位置不再存在，福建百度博瑞网络科技有限公司可将参考消息报社产品放置在其平台的同等、同类、同等价值的位置，具体发布形式、发布时间等由双方协商确定。

DY，iPad 案（20120000/D2012-01）：经法院调解同意转让

苹果公司等 v 深圳唯冠，二审，广东高院（2012）粤高法民三终字第 8、9 号调解书，合议庭成员［缺］

案情概要

唯冠控股子公司"深圳唯冠"在中国大陆申请并注册了两个"IPAD"商标，使用在其自行研发的液晶显示器等电子产品上——唯冠控股另一子公司"台湾唯冠"在欧盟、韩国等地共获得 8 个"iPad"相关注册商标专用权——台湾唯冠与 IP 公司签订前述 iPad 商标整体转让协议——苹果公司从 IP 公司处受让前述 iPad 商标——苹果公司等起诉深圳唯冠，请求确认深圳唯冠涉案两 IPAD 商标归苹果公司所有，并要求深圳唯冠赔偿损失——一审驳回原告诉请——二审和解，苹果公司支付深圳唯冠 6000 万美元而获得商标权

结案说明

在二审诉讼期间，经法院主持调解，苹果公司、IP 公司与深圳公司达成和解，并请求二审法院出具民事调解书。双方达成如下协议：苹果公司、IP 公司向法院账户汇

入若干美元，由法院依法处置，以解决有关争议商标登记到苹果公司名下所面临的各种实际问题，深圳唯冠公司完全配合争议商标登记到苹果公司名下的所有手续，此后双方撤销境内外所有司法诉讼和行政投诉，并不再围绕争议商标发起司法诉讼和行政投诉。❶

DY，大运案（20111202/D2011-03）：再审中双方和解达成协议可以限制注册范围

江汽集团等 v 红太阳公司，再审，最高院（2011）民申字第 223 号裁定书，夏君丽、殷少平、钱小红

> **案情概要**

红太阳公司认为江汽公司侵犯其涉案商标—江汽集团和江汽公司起诉要求确认不侵权—一审认定不侵权—二审维持一审判决—再审期间双方和解—红太阳公司根据双方协议撤回再审申请—法院准予撤回。

> **裁判摘录**

【1】江淮集团、江淮股份将涉案标识仅使用在"小汽车"（具体为：乘用车及乘用车配件）商品上，在向商标局申请注册时，无论是以单一的图形还是图形与文字构成的组合商标进行申请，其所指定使用的商品仅限于第 12 类的"小汽车"（具体为：乘用车及乘用车配件）。【2】在本协议签署之日 10 日内，双方应当将正在发生纠纷的商标侵权诉讼、商标行政诉讼、商标局行政纠纷、商标评审委员会行政纠纷等所有商标纠纷案件，双方应各自主动予以撤回。

60.2 行政处罚

FX，金燕案（20140417/F2014-48）：自行去除侵权标识无需加处罚款

祥和泰公司 v 江苏省工商局，二审，江苏高院（2013）苏知行终字第 4 号判决书，王天红、徐美芬、罗伟明

---

❶ 涉案调解书并未公开，此处根据《中国知识产权指导案例评注（第四辑）》有关该案的介绍进行整理。

案情概要

　　江苏省工商局认为祥和泰公司侵犯他人"金燕及图"，遂进行了行政处罚—祥和泰公司诉至法院—一审认为祥和泰公司的行为属于商标性使用，且两商标近似，构成侵权—江苏省工商局作出的行政处罚证据不足且明显不合理，予以撤销—二审认为祥和泰公司构成商标侵权，但根据"过罚相当原则"，不应予以行政处罚

裁判摘录

　　【12】……注册商标专用权是一项法定的授权性权利，实践中极有可能出现被控侵权人无意踏入注册商标保护范围的情形。因此，工商行政机关在对侵权行为进行查处时，应当注意对被控侵权行为人是否存在主观故意以及是否造成实际损害后果加以甄别，突出行政执法的重点是制止恶意侵权和重复侵权。而对于那些没有主观故意且未造成实际损害后果，责令停止侵权行为即足以保护商标专用权并恢复商标管理秩序的，可以在责令立即停止侵权行为的同时，明确告知行政相对人自行去除侵权标识，无需加处罚款、没收等行政处罚，以体现商标法的立法目的以及商标行政执法的谦抑与平衡。本案中，祥和泰公司在省工商局查处过程中，积极配合调查并已经重新制作了包装袋。故省工商局责令其停止侵权已经可以达到制止侵权行为的执法目的，没有再处行政处罚的必要。

第六十条

CDX，乐活案（20120731/C2013-10/D2012-09）：行政处罚应遵循过罚相当原则

鼎盛公司 v 苏州工商局等，二审，江苏高院（2011）苏知行终字第 4 号判决书，袁滔、李昕、刘莉

案情概要

　　鼎盛公司认为自己使用"乐活 LOHAS"不是商标意义的使用—不构成侵权—不应被行政处罚—一审维持了行政处罚决定—二审认为属于商标使用—混淆性近似—但是处罚显失公正

裁判摘录

　　【14】……行政主体在实施行政处罚时，应当遵循该条规定的"过罚相当原则"。

如果行政机关作出的行政处罚明显违背"过罚相当原则"，使行政处罚结果与违法程度极不相适应，则应当认定属于行政处罚显失公正。【19】……苏州工商局在对鼎盛公司进行行政处罚时，责令其停止侵权行为即足以达到保护注册商标专用权以及保障消费者和相关公众利益的行政执法目的，但苏州工商局未考虑鼎盛公司上述主观上无过错，侵权性质、行为和情节显著轻微，尚未造成实际危害后果等因素，同时对鼎盛公司并处 50 万元罚款，使行政处罚的结果与违法行为的社会危害程度之间明显不适当，其行政处罚缺乏妥当性和必要性，应当认定属于显失公正的行政处罚。

第六十三条 【侵权赔偿】

侵犯商标专用权的赔偿数额，按照权利人因被侵权所受到的实际损失确定；实际损失难以确定的，可以按照侵权人因侵权所获得的利益确定；权利人的损失或者侵权人获得的利益难以确定的，参照该商标许可使用费的倍数合理确定。对恶意侵犯商标专用权，情节严重的，可以在按照上述方法确定数额的一倍以上五倍以下确定赔偿数额。赔偿数额应当包括权利人为制止侵权行为所支付的合理开支。

人民法院为确定赔偿数额，在权利人已经尽力举证，而与侵权行为相关的账簿、资料主要由侵权人掌握的情况下，可以责令侵权人提供与侵权行为相关的账簿、资料；侵权人不提供或者提供虚假的账簿、资料的，人民法院可以参考权利人的主张和提供的证据判定赔偿数额。

权利人因被侵权所受到的实际损失、侵权人因侵权所获得的利益、注册商标许可使用费难以确定的，由人民法院根据侵权行为的情节判决给予五百万元以下的赔偿。

人民法院审理商标纠纷案件，应权利人请求，对属于假冒注册商标的商品，除特殊情况外，责令销毁；对主要用于制造假冒注册商标的商品的材料、工具，责令销毁，且不予补偿；或者在特殊情况下，责令禁止前述材料、工具进入商业渠道，且不予补偿。

假冒注册商标的商品不得在仅去除假冒注册商标后进入商业渠道。

📌 本条导读

获得赔偿是侵权诉讼的一个重要目标。2001年《商标法》相对比较灵活，权利人可以自由选择侵权获利与侵权损失都可以作为计算赔偿的依据。2013年则严格了求偿顺序，首先是损失，其次是获利，然后是许可费（墙锢案）。该法同时规定恶意侵权的可以给予最多三倍的惩罚性赔偿，2019年《商标法》进一步修改到最多五倍的赔偿。如果前面三种方法均不能确定，则可以综合各种因素给予不超过500万元（2019年法）的法定赔偿。如果被告妨碍举证，则需要承担相应的不利后果。

本条列举的赔偿计算方法是基于注册商标专用权被侵犯，但不影响未注册驰名商标被损害时参照适用（拉菲Ⅳ案），甚至适用惩罚性赔偿（新华字典案）。另外，本条规定的是不涉及违约的侵权行为，但2002年商标民事司法解释准许双方就赔偿数额达成协议，实际操作中还可以适用于违反合同的情况（三精案）。尽管不侵权之诉是侵权之诉的一体两面，两者的诉讼目的仍有不同，故法院不支持在该程序中索赔（水宝宝Ⅰ案）。

63.1［1］。就基于因侵权损失计算赔偿而言，如果不能证明销量减少是直接因侵权所造成，则不能在此基础上计算赔偿金额（雅马哈Ⅰ案）。在母子公司的关联关系上，子公司的销售审计结果也不能直接用于母公司损失的依据（棉桃案）。为了抵消侵权的影响而支出的合理的广告费可作为原告损失的一部分得到赔偿（红日案、威极案）。

63.1［2］。就基于因侵权获利计算赔偿而言，早期案例就是基于这一思路进行的（龙泉剑案），具体计算时需要全面考虑各种相关因素（采蝶轩案、老板案、FILA案），恶意的存在也会影响利润率的确定（敌杀死案、FILA案），网站上的标价可作为计算的依据（老板案），

63.1［3］。2013年《商标法》明确了权利人的损失或者侵权人获得的利益难以确定的，赔偿可参照该商标许可使用费的倍数确定（吉尼斯案）。也有判决认为独占许可的情况下，许可人对涉案商标不享有除收取许可使用费之外的其他经济权利（五贝子案）。

63.1［4］。恶意对赔偿的影响有个渐进的过程，在旧版《商标法》没有法定赔偿时，它会直接影响依据原告损失或被告获利计算时利润率的确定；在法定赔偿中，恶意也是重要的考虑因素之一；与前两者不同，这里收录的是2013年《商标法》中明确规定的惩罚性赔偿，也即是赔偿基数能确认的情况下加倍的赔偿，基数不能确定时不能适用（太平鸟案）；确定倍数时，要考虑恶意的程度和具体的侵权情节（小米Ⅲ案、MOTR案、红日案、FILA案、吉尼斯案、巴洛克案、约翰迪尔案），这是对恶意更明确的打击。当然，也有法院认为，惩罚也要有一定限度，尤其是在已有刑事罚金的情况下（adidas案）。

63.1［5］。对于合理费用的界定，就合理开支而言，批量诉讼的非合理开销可以不予支持（优衣库Ⅰ案）。合理开支不限于民事侵权案件本身，在特定情况下，甚至可以覆盖相应的授权确权行政程序中的合理开支（普利司通案）。

63.2。关于妨碍举证的法律后果，早在2007年法院已开始将其纳入计赔考量因素中（雅马哈Ⅱ案），2013年之后类似案例进一步增加（以纯案、墙锢案、希能案）。

63.3［1］。法定赔偿是基于以上计算方法均不能得出满意结论的变通做法（梦特娇Ⅰ案、鳄鱼Ⅲ案、苹果新概念案、路易威登Ⅲ案、路易威登Ⅴ案、雅培案、阿迪达斯Y-3案、米其林Ⅳ案、拉菲Ⅰ案、卡地亚Ⅱ案、三一重工案、静冈刀具案、大喜大案、NBA案、樱花卫厨案、普利司通案、和睦家案）。侵权人有恶意的，在确定法定赔偿时要予以特别考虑。需要注意的是，有案件虽然使用了"惩罚性赔偿"的说法，但实际属于法定赔偿的范畴（樱花卫厨案）。在已有刑事案件的情况下，早期有认为刑事处罚可以减轻民事赔偿（迪豆案），但后来法院认为不论是在附带民事诉讼中（璜时得案），还是单独的民事诉讼中（路易威登Ⅲ案），均不能将刑事案件认定的事实当然作为限制民事赔偿的依据。已有工商机关认定不必然成为法院判赔的依据，仍需个案审查（镇江陈醋案）。

63.3［2］。酌定赔偿。对于难以证明因侵权受损或侵权获利的具体数额，但有证据证明前述数额明显超过法定赔偿最高限额的，可以在法定赔偿最高限额以上酌情确定赔偿数额（勾图形案、六福Ⅲ案、惠普Ⅱ案、五粮液Ⅴ案、汇源案、

3M 案、OPPO 案、North Face 案)。

63　赔偿一般条件

SY，水宝宝Ⅰ案（20180308）：确认不侵权之诉不支持赔偿

拜耳关爱公司等 v 李某等，一审，杭州余杭区法院（2017）浙 0110 民初 18624 号判决书，成文娟、唐少鹏（陪）、凌金才（陪）

> **案情概要**

两原告起诉要求法院确认其对涉案标识享有合法在先权利，涉案标识在涉案产品上的使用系合法使用，不侵犯李某涉案商标权——并要求判令李某立即停止利用涉案商标权进行侵权投诉、侵权警告等行为——一审确认原告不侵权，不支持原告要求被告赔偿

> **裁判摘录**

【10】因两原告并未举证证明被告李某的侵权投诉对其造成何种不良影响，且李某主要通过淘宝平台进行投诉，即使因投诉导致涉案产品下架，消费者终端亦不会显示涉案产品被下架的原因，因此，两原告要求两被告消除影响缺乏事实依据，本院不予支持。两原告还主张为应对李某的投诉其支出了大量的费用，要求李某承担相应费用 50 万元。本院认为，李某对两原告的损失承担责任的前提系李某的投诉行为本身构成侵权，而本案仅是确认不侵权之诉，两原告就李某的行为是否构成侵权另行提起了不正当竞争之诉并主张了因被告李某的投诉所造成的损失，故在本案中对该费用本院不予支持。另外，原告的第二项诉请要求李某停止侵权投诉与侵权警告，因本案为确认不侵权之诉并非侵权赔偿之诉，李某的投诉行为本身是否侵权需在另案中作出认定，故在本案的确认不侵权之诉中，两原告的上述诉请缺乏依据，本院不予支持。

DWY，新华字典案（20171228/D2017-05）：侵害未注册驰名商标的也可参照商标法使用惩罚性赔偿

商务印书馆 v 华语出版社等，一审，北京知产院（2016）京 73 民初 277 号判决书，张玲玲、冯刚、杨洁

> **案情概要**

商务印书馆认为华语出版社生产、销售《新华字典》辞书的行为侵害了其"新华

字典"未注册驰名商标—侵犯其知名商品特有装潢—一审认为"新华字典"为未注册驰名商标，华语出版社使用"新华字典"构成侵权—《新华字典》（第 11 版）使用的装潢具备特有性，华语出版社使用相近似的装潢设计构成不正当竞争—赔偿 300 万元

【55】鉴于《商标法》明确规定未注册驰名商标应受到《商标法》的保护且根据《侵权责任法》规定侵害他人民事权益的，应当承担侵权责任，加之，未注册驰名商标之所以获得保护是因为其经过长期大量使用而获得较高知名度，他人在与未注册驰名商标使用商品相同或类似商品上进行使用属于搭便车行为，获得了不当利益且损害了未注册驰名商标的利益。因此，针对未注册驰名商标的侵害行为亦应承担赔偿的侵权责任。关于侵害未注册驰名商标的赔偿数额计算可以参照侵犯商标专用权的损害赔偿额的方法进行。【58】……本院将参考北京市新闻出版广电局备案的部分被控侵权字典印刷委托书的信息统计数量、2014 年内地上市的出版企业年度平均净资产收益情况、华语出版社在全国各大书店与当当网、京东网、天猫网等网络商城的销售情况，综合考虑华语出版社被诉侵权行为的性质及主观故意，参照《商标法》第六十三条第一款规定，对恶意侵犯商标专用权，情节严重的，可以在按照上述方法确定数额的一倍以上三倍以下确定赔偿数额。具体计算如下：2012 年 9 月 30 日至 2016 年 9 月 30 日，华语出版社因出版印刷被控侵权字典而获利为 $20310160 \times 11.29\% = 2293017.064$ 元。鉴于华语出版社在《新华字典》（第 11 版）中使用了与商务印书馆知名商品特有装潢相近似的装潢，造成了相关公众的混淆、误认，其具有一定的主观恶意。本院在前述计算的侵权获利的基础上考虑华语出版社涉案侵权行为的主观恶意，按照上述方法确定数额的 1.5 倍确定本案的赔偿数额，该赔偿数额已经超出了商务印书馆 300 万元赔偿数额的诉讼请求，故，本院对商务印书馆 300 万元赔偿数额的诉讼请求予以全额支持。

FY，拉菲Ⅳ案（20171227/F2017-18）：未注册驰名商标被恶意侵犯也有权获得赔偿

拉菲酒庄 v 保醇公司等，一审，上海知产院（2015）沪知民初字第 518 号判决书，吴盈喆、刘静、程黎

拉菲酒庄认为保醇公司等在葡萄酒上使用"LAFITTE"侵犯其"LAFITE"注册商标，使用"拉菲特"侵犯其"拉菲"未注册驰名商标—一审认为被告使用"LAFITTE"侵犯了原告的"LAFITE"注册商标专用权，使用"拉菲特"标识侵犯了原告的未注册

驰名商标"拉菲"的商标权利—赔偿 200 万元

【13】……《商标法》第三十六条第二款对该商标最终是否能被准予注册不确定期间因使用人的恶意给商标注册人造成的损失提供了救济途径。而本案侵权行为发生的时间早于原告取得"拉菲"商标专用权的时间，商标法及其相关司法解释虽未规定未在我国注册的驰名商标受侵害时可以获得赔偿，但本案被告保醇公司对"拉菲特"标志的使用主观恶意明显，结合上述《商标法》第三十六条第二款规定的立法本意以及对未注册驰名商标的侵害确实也给权利人造成损失的实际情况，本案中两被告应自其侵权行为发生时起根据商标法的相关规定对原告予以赔偿。……本案中，原告因被侵权所受到的实际损失、两被告因侵权所获得的利益以及注册商标许可使用费均难以确定，故本院结合如下具体因素酌情确定赔偿数额［200 万元］：1. 原告涉案注册商标的知名度以及未注册商标的驰名程度及其显著性；2. 两被告实施本案侵权行为具有明显的主观恶意；3. 两被告的侵权持续时间、侵权规模、被诉侵权商品的销售情况；4. 侵权商品进口单价（包含进口需要交纳的相关税收）与销售价格之间的差价；5. 侵权商品系酒类商品；6. 原告虽对其主张的合理费用未提供证据，但律师确实参与了本案诉讼，故结合本案中律师的工作量、律师费收费标准等对其主张的律师费全额予以支持；对其主张的公证费根据相关证据与本案的关联程度酌情予以支持。

第六十三条

SY，墙锢案（20171031）：依照法律规定的顺序适用赔偿计算方法

美巢公司 v 秀洁公司等，二审，北京高院（2017）京民终 335 号判决书，陶钧、王晓颖、孙柱永

原告美巢公司享有第 3303708 号和第 4882697 号"墙锢"注册商标专用权—被告秀洁公司在商品上使用"秀洁墙锢""兴潮墙锢""易康墙锢"字样—原告起诉被告商标侵权—被告抗辩认为并非商标意义的使用，"墙锢"为建材家装领域内对"混凝土界面处理剂"商品约定俗成的商品通用名称—一审认为秀洁公司关于"墙锢"文字作为该类商品的约定俗成通用名称的抗辩主张缺乏事实和法律依据，其使用属于商标意义的使用，构成侵权—可以根据权利人选择的计算方法计算赔偿数额—全额支持 1000 万元赔偿请求—二审维持侵权认定—一审有法律适用错误，原告在赔偿计算方法上没有选择权—以侵权获利为据确认赔偿额可以得到支持—一审对侵权商品销售量计算错误—改判 600 万元

裁判摘录

【22】……2013 年《商标法》第六十三条第一款并未沿用 2001 年《商标法》第五十六条第一款规定计算赔偿数额的表述方式，而是确定了侵害商标专用权的赔偿数额计算方式的法定顺序，即首先以被侵权人所受到的实际损失为依据，在难以确定的情况下，可以按照侵权人的获利进行计算，若均无法确定时，还可以参照商标许可费的倍数合理确定。【23】……一审法院在未准确对 2001 年《商标法》第五十六条第一款规定与 2013 年《商标法》第六十三条第一款规定的具体变化进行认知的基础上，仍然适用商标民事纠纷案件若干问题［《最高人民法院关于审理商标民事纠纷案件适用法律若干问题的解释》］第十三条的规定，显然存在错误，本院对此予以纠正。……【25】……在无法确定美巢公司基于涉案被控侵权行为所产生的实际损失的基础上，其要求按照秀洁公司因实施涉案被控侵权行为所获得的利益确定赔偿数额具有事实和法律依据，本院对此予以采纳。

FY，三精案（20161212/F2016-15）：合理的约定赔偿可获得支持

哈药三精公司 v 北京三精等，一审，哈尔滨中院（2015）哈知初字第 155 号判决书，杨欣、毛保森、王爱萍（陪）

案情概要

哈药三精公司认为北京三精使用"三精"标识和作为字号使用侵犯其商标权，也构成不正当竞争——一审支持原告

裁判摘录

【14】……北京三精公司因侵权所获得的利益和哈药三精公司因被侵权所受到的损失均难以确定。依据北京三精公司与哈药三精股份公司签订的《〈品牌使用协议〉之终止及后续义务协议书》，北京三精公司违反协议擅自使用"三精"等注册商标以及"三精"字号或保证在终止使用企业字号日期后发生误导公众或造成市场混淆的损害哈药三精股份有限公司合法权益的行为的，应向哈药三精股份公司支付违约金共 50 万元整，即北京三精公司、哈药三精股份公司在订立《〈品牌使用协议〉之终止及后续义务协议书》时对侵权赔偿数额等事宜已有充分的预见，并且该约定符合《最高人民法院关于审理商标民事纠纷案件适用法律若干问题的解释》第十六条第三款关于"当事人按照本条第一款的规定就赔偿数额达成协议的，应当准许"等法律规定。哈药三精公

司承继了哈药三精股份有限公司就涉案注册商标所享有的权利义务，并且，北京三精公司和哈药三精公司均没有对该约定提出异议，没有主张该赔偿数额明显过高、过低或显失公平。因此，该协议就赔偿数额的约定对北京三精公司和哈药三精公司均有约束力。哈药三精公司请求的赔偿数额过高，缺乏事实依据，不符合合同约定，对其主张的过高部分不予支持。

63.1 ［1］原告损失赔偿

SY，红日案[●]（20190102）：为抵消侵权影响的广告费可作为侵权损失的计算基础

广州红日公司 v 睿尚公司等，一审，广州知产院（2017）粤 73 民初 2239 号判决书，龚麒天、莫伟坚、朱文彬

> **案情概要**

广州红日公司起诉多家被告侵犯其"红日 Redsun 及图"商标及字号，构成商标侵权及不正当竞争—法院认为被告睿尚公司在燃气灶等商品上对"红日 E 家"的使用可以视为是其注册商标"红日 e 家及图"的使用—权利冲突，法院有权管辖—原告字号在被告商标申请注册时至今具有反法保护的字号权益—睿尚公司恶意攀附原告字号知名度，有违诚信，造成混淆—作为销售商的江西红日等 4 名被告违反注意义务，与睿尚构成共同侵权—作为委托生产方的千代公司没有违反注意义务，与睿尚公司不构成共同侵权—无证据显示涉案两名睿尚公司的股东以个人名义参与侵权，与睿尚公司不构成共同侵权—睿尚公司在其注册商标核准商标之外的洗碗机上的使用，构成对原告商标的侵犯—被诉域名侵犯原告商标权—二审维持一审

> **裁判摘录**

【79】5. 原告支付的广告费。被告侵权行为不仅造成市场混淆，而且容易使人误认原告红日厨卫是落后产品将被红日 E 家淘汰，也损害了原告的商誉利益。为应对侵权，原告不仅在其官网发出严正声明，还通过各种渠道（包括机场、中央人民广播电台、高铁车票、陕西卫视、知名网络媒体等）投放消除或抵消不良影响的广告，加大对红日产品的宣传力度。本院认为，原告上述行为属自助救济行为，具有必要性和合理性，其广告费属于侵权直接损失，理应获得赔偿。为证明其 2017 年支付巨额广告费，原告提交了广告合同、广告费审计报告、广告费发票、相关网络媒体报道等证据。

[●] 2020 年 4 月 15 日，广东高院以（2019）粤民终 477 号判决书维持一审判决。

其中，仅在广州白云国际机场、中央人民广播电台、高铁车票和陕西卫视投放广告约定的广告费已近 1400 万元。上述证据相互印证，足以证明原告主张。经核算发票，原告当年广告费总计 1745 万元，本院予以全额支持。由于被告构成恶意侵权且情节严重，即便不考虑原告其他损失，仅以广告费损失为基础适用三倍惩罚性赔偿进行计算，所确定的赔偿数额也已经超过 5000 万元。

DY，威极案（20121126）：权利人用于澄清事实、消除影响的合理限度内的广告费应获得赔偿

海天公司 v 威极公司，一审，佛山中院（2012）佛中法知民初字第 352 号判决书，安建须、郑正坚、谭志华

案情概要

原告海天公司认为威极公司突出使用"威极"标识和登记为企业字号侵犯其商标权，构成不正当竞争——一审认为，被告威极公司构成侵权和不正当竞争

裁判摘录

【41】……在威极公司被查出违法使用工业盐水生产酱油产品后，社会公众纷纷猜测海天公司与威极公司之间存在一定的关联关系，若不及时对社会公众澄清事实，则有可能使海天公司商誉受损程度扩大，因此海天公司为了及时澄清事实，避免侵权损害结果扩大而刊登广告的行为具有必要性。【42】……本院仅对该笔广告费中合理的部分予以支持。由于海天公司支付的广告费是海天公司为减轻威极公司侵权行为对海天公司商誉造成的损害而支付的，是因威极公司的侵权行为而发生的费用，因此，该笔费用属于侵权损害赔偿的一部分，理应由威极公司承担。但是，海天公司为消除影响、恢复名誉而投放的广告必须以合理、适度为限，对超过必要限度而支付的广告费，海天公司无权向威极公司主张赔偿。【43】从海天公司投放广告的时间和范围看，其投放广告的时间跨度为 2012 年 5 月 25 日至 2012 年 6 月 1 日，投放的区域包括广东、湖南、山东、海南、北京、上海、四川等十多个省、市，考虑到威极公司给海天公司商誉造成较大的损害，影响范围较广，故海天公司投放广告的时间跨度及地域范围均在合理的范围内，本院对此予以确认。【44】从海天公司投放广告的内容看，海天公司的广告主要包括两大部分，一部分是公开声明，另一部分是产品宣传。除了于 2012 年 5 月 25 日在《羊城晚报》及《佛山日报》中刊登的广告均为公开声明外，海天公司所投放的其他广告中超过一半面积的篇幅是用于产品宣传，只有不到一半的篇幅为公开声明。本院认为，对广告中的公开声明部分，由于该部分内容是用于澄清事实、消除影响，

故本院对该部分内容所对应的广告费予以支持。对广告中的产品宣传部分，尽管海天公司为恢复其商誉可适当地对其产品进行宣传，但不能超过必要的限度。由于海天公司广告中产品宣传的部分篇幅过大，已超过为消除影响、恢复商誉所需的必要限度，故本院仅对该部分广告费中的合理部分予以支持。综上，本院酌定对海天公司支付的广告费用中的 300 万元予以支持。

CY，雅马哈 I 案（20020806/C2003-03）：因侵权行为产生的直接损失才可作为赔偿依据

雅马哈株式会社 v 港田集团等，一审，天津高院（2001）高知初字第 3 号判决书，黄跃建、李砚芬、王兵

案情概要

雅马哈株式会社诉二被告侵犯其"yamaha"以及"vision"商标—同一商品—相同标记—法院认定侵权

裁判摘录

【7】原告请求赔偿数额的主要证据是，株洲南方雅马哈摩托车有限公司销售数量减少的统计资料和原告为此案调查和制止二被告侵权而支付的相关费用统计，包括律师费、广告费等，但原告没有提供原始凭证，缺乏证明力，故不予采信。应当认为，被告的侵权行为可能是原告的合资企业产品销售量减少的一个因素，会间接损害原告作为合资企业的股东利益。但销售数量的增减受市场的多种因素影响，被告的侵权行为并不是唯一因素，因此被告侵权行为对原告合资企业销售量和影响，难以作为赔偿的直接证据。原告因本案而支付的律师费用，根据原告提供的资料，难以确定合理的数额；已支出的广告费用，其中也包含与本案无关的内容。为此，原告请求赔偿的数额，证据不足。但原告有关赔偿范围的合理主张，可作为确定本案被告赔偿数额的因素予以考虑。鉴于本案被告侵权造成的损失数额难以确定，故依照《中华人民共和国民法通则》关于侵权赔偿原则和公平诚信原则的规定，酌情考虑有关赔偿合理因素及相关情节确定赔偿数额。

CY，棉桃案（19990906/C2001-02）：子公司销售审计结果不能作为母公司损失的依据

艾格福公司 v 南京第一农药厂，一审，南京中院，文号［缺］，合议庭成员［缺］

案情概要

原告享有"棉桃"注册商标专用权—原告起诉被告未经其许可擅自使用"棉桃"注册商标,构成商标侵权—法院认为同类产品,足以误认,构成商标侵权—原告损失不能证明—按照被告所获利润计算赔偿

裁判摘录 ❶

【2】……对被告南京一农厂的侵权行为给原告艾格福公司造成的经济损失,艾格福公司以天津协通会计事务所的审计报告为证,请求判令南京一农厂赔偿其经济损失人民币 300 万元。查艾格福公司是在法国注册的法人,而艾格福天津有限公司是艾格福公司的一个子公司,与艾格福公司是两个独立的法人。天津协通会计事务所的报告,是对艾格福天津有限公司的销售情况进行审计得出的结论,这不能代表被侵权人艾格福公司因侵权所遭受的损失。艾格福公司以审计报告为证要求赔偿,除此以外再不能提交其他证据证明自己因被侵权而遭受的经济损失,属证据不足。故本案不能以被侵权人提出的损失额解决赔偿问题。

63.1 ［2］ 侵权获利赔偿

SY,FILA 案（20181120）:恶意侵权的获利赔偿额可以根据毛利润计算

斐乐公司 v 中远鞋业等,再审,北京高院（2018）京民申 4666 号裁定书,刘晓军、张玲玲、蒋强

案情概要

斐乐公司起诉多名被告侵犯其"FILA"系列注册商标专用权,斐乐文字商标专用权,侵犯其知名商品的特有包装、装潢以及企业名称权—一审认定构成商标侵权,但证据不足以认定其请求保护的涉案鞋类商品的包装、装潢已与斐乐公司建立起特定联系,从而具有区别商品来源的功能—一审以侵权获利计算赔偿—参照《最高人民法院关于审理专利纠纷案件适用法律问题的若干规定》,以营业利润为标准,确定被告侵权所获得的利润 =（营业收入 - 营业成本 - 营业税金及附加 - 销售费用 - 管理费用 - 财务费用）÷3—有恶意,三倍赔偿—二审维持商标侵权认定—三上诉人认为赔偿数额过高,应适用"被控侵权商品销售总数额×被控侵权商品销售利润率 = 被控侵权商品销售获

---

❶ 该裁判摘要引自《最高人民法院公报》2001 年第 2 期,非判决原文。

利"的计算标准—二审认可上诉人的计算方法，并适用方法检验一审法院认定的侵权获利并未过高—驳回上诉—再审认可一审、二审法院根据侵权获利计算赔偿数额的方法—认可惩罚性赔偿—驳回再审申请

裁判摘录

【3】关于损害赔偿的计算方法，一审判决和二审判决均是被申请人斐乐公司在一审时主张的以侵权获利作为赔偿数额的计算方法，再审申请人中远鞋业公司、独特公司、刘某对此并不持异议。根据《商标民事司法解释》［《最高人民法院关于审理商标民事纠纷案件适用法律若干问题的解释》］第十三条规定，在确定侵权人的赔偿数额时，可以根据权利人选择的计算方法计算赔偿数额。因此，本院对一、二审法院根据侵权获利计算赔偿数额的方法予以确认。一审判决在计算侵权获利时是参照《最高人民法院关于审理专利纠纷案件适用法律问题的若干规定》第二十条第三款规定，对此再审申请人中远鞋业公司、独特公司、刘某并不持异议，其对此提出申请再审的主要理由是一审判决推定被诉侵权商品的营业利润所占比例为中远鞋业公司涉案年份总营业利润的三分之一与事实不符，二审并未予以纠正。从一审审理期间的证据可知，中远鞋业公司在其网站 www.zhongyuanshoes.com 中所进行的宣传显示，涉案年份包括涉案侵权商标在内的三个鞋类品牌形成三足鼎立之势，公司销售量与品牌知名度迅速提升。同时，还宣传"产品曾经远销世界五大洲 40 多个国家和地区，深受全球客商的一致信赖和好评，创国内同行业出口创汇水平之首。"从前述宣传来看，可以证明中远鞋业公司还从事鞋类产品外贸出口业务，但并不能说明其出口的鞋类产品并非或不包含前述三个品牌的产品。此外，再审申请人中远鞋业公司、独特公司、刘某还主张其同时接受他人委托从事外销鞋类商品的生产且该项业务已成为中运鞋业公司营业收入的主要来源，并就此提交了相关合同和发票。但从其提交的合同和发票来看，并没有具体商标的体现。结合其在宣传中的表述不能完全排除其外销鞋类不包含有前述三个品牌的产品，因此，一审法院在中远鞋业公司提供的 2015 年、2016 年度财务数据的基础上计算出营业利润后，按照其宣传的三个品牌形成鼎立之势，推定涉案商品占比为三分之一并无明显不妥。二审法院在此基础上支持一审法院前述计算方法亦无明显不当。再审申请人中远鞋业公司、独特公司、刘某的该项申诉理由缺乏依据，本院不予支持。

【4】二审判决根据再审申请人中远鞋业公司、独特公司、刘某在二审时的上诉主张，又通过侵权商品销售量与该商品单位利润乘积的方法印证一审判决计算的赔偿数额是否适当，对此再审申请人中远鞋业公司、独特公司、刘某并无异议且对于涉案期间侵权商品销售额为 1800 万元予以明确认可，其申请再审的主要理由为根据该种计算方法所采用的商品单位利润计算方法不当，且得出的单位利润畸高。二审判决在计算商品单位利润时是按照在电商平台上的最低销售价格减去瑞安市鞋革行业协会出具的《夏季平底平跟休闲薄底帆布鞋成本价证明》中列明的一双普通夏季平底平跟休闲薄底帆布鞋的成本价，最终得出一双被控侵权商品的销售利润至少为 41.8%，从而认为侵权

获利数额远高于一审判决认定数额。根据《商标民事司法解释》第十四条规定，侵权所获得的利益，可以根据侵权商品销售量与该商品单位利润乘积计算。二审判决在印证一审判决数额适当时采取的计算方法并无不妥。结合再审申请人中远鞋业公司、独特公司、刘某的再审理由，关键在于二审判决确定的商品单位利润的计算是否适当。再审申请人中远鞋业公司、独特公司、刘某认为二审判决确定的商品单位利润畸高，主张按照商品单位利润应为纯利润，即不仅应减去商品制作成本，还应减去销售、财务等各项支出。对此本院认为，《商标民事司法解释》第十四条并未将商品单位利润限定为纯利润，在当前加大知识产权侵权损害赔偿力度的司法政策指引下，二审法院考虑了侵权行为与正常商品经营之间的区别，从遏制侵权加大赔偿力度的角度出发，采取销售价格减去成本价格后再除以销售价格的方法计算得出毛利润后作为计算赔偿数额的依据并无明显不当。此外，在再审期间，再审申请人中远鞋业公司、独特公司、刘某为证明二审确定的商品利润率畸高，提交了中远鞋业公司销售涉案侵权产品的专项审计报告，但从审计报告的数据来看，涉案侵权产品在天猫、淘宝和京东线上销售的利润在不同的月份区间呈现利润率明显不同的状况，京东平台在2016年4月至12月期间的利润率可达29%，而天猫和淘宝平台在2016年1月至12月份期间的利润率仅为1.07%。基于该份审计报告的数据为中远鞋业公司自行提供，为本案诉讼自行委托商业机构进行审计，且在同一期间在不同平台利润率出现明显差异尚未给出合理理由的情况下，再审申请人中远鞋业公司、独特公司、刘某主张以该份审计报告确定的2.21%作为单位商品利润率的主张缺乏依据，本院不予支持。

FY，老板案（20181029/F2018-19）：侵权网站上的标价可作为销售价格的认定依据

杭州老板公司等 v 香港老板公司等，二审，浙江高院（2018）浙民终20号判决书，蒋中东、何琼、陈宇

案情概要

　　杭州老板公司是第11类厨房用排油烟机等商品上"老板""ROBAM""ROBAM老板"系列商标的权利人——在吸油烟机等家用电器上具有较高知名度——香港老板公司香为依照香港特别行政区法律设立的公司，在大陆地区在吸油烟机等家用电器上使用"ROBAND"商标——杭州老板公司认为香港老板公司使用"ROBAND"商标构成商标侵权，使用"老板"字号构成不正当竞争，索赔1000万元——一审判决香港老板公司停止对"ROBAM老板"系列注册商标专用权的侵权行为，停止使用含有"老板"字样的企业名称，共同赔偿老板电器公司经济损失100万元——双方不服一审判决，提起上诉——二审认为，被告使用"ROBAND"商标和"老板"字号构成商标侵权和不正当竞争——一

审认定赔偿数额不当—侵权网站上的标价可以作为认定销售价格的依据—变更赔偿额为经济损失人民币 1000 万元、维权合理开支人民币 48523 元

裁判摘录

【15】……权利人为公证购买型号为 CXW－218－T8 的吸油烟机和型号为 KX603 的燃气灶共支付销售款 5000 元，但该两款产品在侵权网站上的标价分别为 4480 元和 1980 元，首先，侵权产品实际售价虽低于网站标价，但相差不大，且商业实践中吸油烟机和燃气灶成套打折出售的情况也较为常见，故侵权网站上的标价可以作为认定销售价格的依据。其次，关于利润率，《最高人民法院关于审理商标民事纠纷案件适用法律若干问题的解释》第十四条规定："商标法第五十六条第一款规定的侵权所获得的利益，可以根据侵权商品销售量与该商品单位利润乘积计算；该商品单位利润无法查明的，按照注册商标商品的单位利润计算。"本案中，老板电器公司系上市公司，该公司的主营业务即生产销售"老板"品牌的厨房电器产品，故对其年度报告中披露的利润率的真实性及与本案的关联性均应予认定。香港老板电器、厦门乐保德公司和嵊州乐保德公司作为专门以生产销售 ROBAND 系列侵权产品为主的企业，其利润率理应高于规范经营的上市公司，故权利人关于按照老板电器公司的营业利润率计算侵权获利的主张应予支持。最后，权利人主张损害赔偿的时间范围是 2016 年 10 月 27 日即起诉日期前推两年加起诉后的 6 个月，被诉侵权人虽然辩称其早已停止生产销售行为，但并未提供相应证据，故对权利人主张损害赔偿的时间范围予以确认。【16】根据出库单显示的销售数量、侵权网站上标注的每类产品的平均售价及权利人的营业利润率，计算可得 2014 年 7 月至 2015 年 12 月的侵权获利在 1200 万元左右（少量产品在侵权网站上没有标价无法计算），再结合权利人主张的损害赔偿时间范围，本院认为，香港老板电器、厦门乐保德公司和嵊州乐保德公司因侵权所获得的利益已经超过权利人上诉主张的赔偿数额 985 万元，权利人另行主张的维权费用 48523 元亦在合理范围内，故权利人的上诉请求成立，应予支持。

BY，采蝶轩案（20160607/B2016-14）：损害赔偿数额的计算应考虑时间因素并遵循比例原则

梁某等 v 采蝶轩集团等，再审，最高院（2015）民提字第 38 号判决书，周翔、朱理、宋淑华

案情概要

原告认为被告使用"采蝶轩 CAIDIEXUAN"和"采蝶轩图形"商标，并将前述注

册商标以企业字号的形式突出使用，侵害其商标专用权，并构成不正当竞争——一审认为采蝶轩集团将"采蝶轩"标识作为非注册商标用于产品使用在先——采蝶轩集团"采蝶轩"商品商标在合肥地区的知名度和影响力系由其独创，而原告商品商标和服务商标的使用范围和影响力并未延及合肥地区——店面门头上使用"采蝶轩"标识，系对自身享有的服务商标权的行使——无混淆，不构成商标侵权——原告不符合不正当竞争之诉的主体条件——二审维持一审——再审不认可采蝶轩集团的在先使用权——构成商标侵权——原告符合不正当竞争之诉的主体条件——但涉案企业名称注册时原告"采蝶轩"商标尚无知名度——不构成不正当竞争

裁判摘录

【25】……本案中，梁某、卢某坚主张按照被申请人和巴莉甜甜公司分别从 2002 年和 2005 年起至起诉时止的侵权获利来计算损害赔偿额，并据此提出了 1500 万元的赔偿额。本院认为，关于侵权损害赔偿时间的计算，《商标案件适用法律问题解释》[《最高人民法院关于审理商标民事纠纷案件适用法律若干问题的解释》] 第十八条规定："侵犯注册商标专用权的诉讼时效为二年，自商标注册人或者利害关系人知道或者应当知道侵权行为之日起计算。商标注册人或者利害关系人超过二年起诉的，如果侵权行为在起诉时仍在持续，在该注册商标专用权有效期限内，人民法院应当判决被告停止侵权行为，侵权损害赔偿数额应当自权利人向人民法院起诉之日起向前推算二年计算。"本案中，梁某、卢某坚于 2012 年 9 月 17 日向一审法院提起诉讼时，侵权行为仍在持续，故本案的损害赔偿计算时间，应从梁某、卢某坚提起本案诉讼之日起向前推算两年计算，梁某、卢某坚主张从 2002 年和 2005 年起计算损害赔偿数额没有法律依据。关于被申请人和巴莉甜甜公司的侵权获利，梁某、卢某坚主张按照其销售收入与中山市采蝶轩食品有限公司的销售利润率的乘积计算。本院认为，被申请人和巴莉甜甜公司的销售收入与其生产经营规模、广告宣传、商品质量等是密切相关的，不仅仅来源于对涉案商标的使用以及涉案商标的知名度，故对梁某、卢某坚的前述主张本院不予支持……

SY，敌杀死案（20000613）：回函确认会立即停止侵权后还继续使用具有明显故意，应加重赔偿

艾格福天津公司 v 富顺生化厂，二审，最高院（1999）知终字第 11 号判决书，董天平、邰中林、张辉

案情概要

艾格福公司被授权使用涉案商标"敌杀死"等——艾格福公司发现市场上销售富顺

生化厂生产、销售的冠以"10%高效敌杀死""敌杀死"和"DECIS"字样的农药产品——函告富顺生化厂，要求其停止侵权行为——富顺生化厂回函表示立即停止生产和销售"高效敌杀死"产品，更改标签——富顺生化厂仍继续生产、销售在标签上冠以"敌杀死""高效敌杀死"字样的农药产品——一审认定侵权——商标注册人对某些专业出版物上将溴氰菊酯的商品名与"敌杀死"商标混淆的情况疏于管理，但注册商标撤销前，仍应受商标法保护——二审维持侵权认定，纠正赔偿计算方法

裁判摘录

【1】……在被上诉人的成本、税金难以查清的情况下，原审法院参考被上诉人的销售收入和影响被上诉人生产成本的各种因素来确定本案的赔偿，其方法是适当的，但被上诉人在接到上诉人的警告并回函确认立即停止侵权后仍继续进行侵权行为，有明显的侵权故意，原审法院未考虑其主观恶意程度而未加重其赔偿责任有所不妥。上诉人主张按照农药生产的常规利润来计算本案的赔偿额，但没有提供充分证据来证明该常规利润；上诉人认为侵权产品属于劣质农药，并要求以此加重被上诉人的赔偿责任也缺乏事实依据。上诉人以在原审法院查封的被上诉人的标签中有标有上诉人于1995年1月更名前的公司名称"天津罗素·优克福公司"字样的标签，即认为被上诉人在此之前就有侵权行为并请求从1994年7月起计算本案的赔偿数额，但上诉人并未提供证据证明被上诉人在1994年7月至1996年间实际使用相同标签销售侵权产品，其该请求亦缺乏事实依据。……原判认定事实基本清楚，适用法律基本正确，但确定150000元的损害赔偿数额过低，不足以保护商标注册人的合法权益，应予变更〔根据判项可知，变更为338481元〕。

CY，龙泉剑案（19880330/C1988-03）：被告因侵权所获利润应是税后利润

龙泉县宝剑厂 v 万字号宝剑厂，二审，浙江高院，文号〔缺〕，合议庭成员〔缺〕

案情概要

原告龙泉县宝剑厂依法享有"龙泉"牌和"龙凤七星"牌宝剑注册商标专用权——被告在其生产的宝剑上使用与原告注册的"龙泉""龙凤七星"宝剑相同的商标——一审认为，被告侵权，全额赔偿侵权期间因侵权所获利润96670.65元——被告以原鉴定有些费用未列入生产成本为由，提出上诉——二审维持侵权认定，改判赔偿数额为所获利润37088.14元

裁判摘录 ❶

【1】浙江省高级人民法院受理上诉人的上诉后，委托原鉴定机关对万字号宝剑厂侵权产品销售利润的结论进行复核。在复核时，万字号宝剑厂又提供了一些本应入账而未入账的单据。据此，丽水地区审计局依法重新作出鉴定：万字号宝剑厂侵权产品销售利润为 91505.15 元，其中包括已上缴所得税 47047 元，国家给其减免的税款 7370.01 元。【2】被上诉人分别于 1979 年 10 月和 1984 年 12 月，依法取得了"龙泉""龙凤七星"注册商标专用权。上诉人未经注册商标所有人的许可，在其生产的宝剑上使用与被上诉人注册的"龙泉""龙凤七星"宝剑相同的商标，属侵犯注册商标专用权的行为；在生产的"龙泉古剑""双龙七井""双凤七井"宝剑及包装物、产品说明书上使用与"龙泉""龙凤七星"相近似的商标，亦属侵权行为。原审法院判决定性准确，审判程序合法。由于上诉人在原审法院审理中，未依法提供证据，致使鉴定机关对侵权期间产品销售利润额计算浙江省高级人民法院经调解无效，依照《民事诉讼法（试行）》第一百五十一条第一款第（三）项的规定，于 1988 年 3 月 30 日，判决如下：一、维持丽水地区中级人民法院判决的第一项和第二项；二、变更第三项为万字号宝剑厂在侵权期间因侵权所获利润 37088.14 元，全额赔偿县宝剑厂，判决书送达后 10 日内付清；三、万字号宝剑厂在侵权期间国家给予减免的 7370.01 元税款，上缴国库。

63.1 [3] 许可费标准

SY，吉尼斯案（20181002）：许可费作为赔偿的计算依据

吉尼斯公司 v 奇瑞公司等，二审，广东高院（2017）粤民终 2347 号判决书，邱永清、肖海棠、喻洁

案情概要

原告吉尼斯公司拥有"GUINNESS WORLD RECORDS""吉尼斯世界纪录""吉尼斯"等注册商标，核定使用的服务包括第 41 类上的"组织挑战赛""组织表演（演出）"等——自 2000 年起，吉尼斯公司在中国出版多本关于吉尼斯世界纪录的书籍——原告认为被告奇瑞公司等未经授权，在 16 个城市举办的"奇瑞艾瑞泽挑战吉尼斯中国巡演"活动中，大规模、突出使用涉案商标，构成商标侵权和不正当竞争——一审认为被告在巡演活动中，以及网站上使用被诉侵权标志是商标性使用——不是正当使用——构成

---

❶ 摘自《最高人民法院公报》1988 年第 3 期，非判决原文。

商标侵权及不正当竞争—恶意—惩罚性赔偿—二审维持一审商标侵权及反不正当竞争的认定—维持惩罚性赔偿

裁判摘录

【32】……本案中，由于没有证据证明吉尼斯公司因侵权遭受的损失或者奇瑞公司、奇瑞销售公司因侵权获得的利益，而吉尼斯公司提交的认证服务费中包含了商标许可的费用，一审法院据此以商标许可费的合理倍数计算赔偿数额并无不当。吉尼斯公司提交多份与他人的世界纪录认证服务合同及发票证明，吉尼斯公司单场世界纪录认证服务的费用大部分为 84800 元。由于该单场认证服务费用包括咨询服务费、认证服务费和商标许可费，综合考虑合同约定的咨询服务、认证服务的具体内容，涉案商标的知名度和价值，以及二者对认证服务费用的贡献比例，一审法院酌情认定的单场涉案活动商标许可费并未超出合理范围。根据奇瑞销售公司与案外人签订的南线合同和北线合同，以及吉尼斯公司提交的相关公证书的记载，一审法院认定奇瑞公司、奇瑞销售公司共在全国 16 个城市举办涉案活动亦无不当。奇瑞公司、奇瑞销售公司主张在 2014 年 5 月 10 日之后的 10 站活动中已经没有使用被诉侵权标识，但根据（2014）京方圆内经证字第 26106 号公证书的记载，该主张与事实不符，故奇瑞公司、奇瑞销售公司关于一审法院计算侵权活动场次错误的上诉意见依据不足，本院不予采纳。

FY，五贝子案（20171127/F2017-15）：商标注册人独占许可他人后不能独立获赔

刘某 v 安之酸公司等，二审，安徽高院（2017）皖民终 525 号判决书，汪利民、霍楠、刘颖

案情概要

刘某拥有第 3 类化妆品、洗发液商品上的"五贝子"注册商标—安之酸公司拥有第 3 类商品的"安之酸五贝子"注册商标—刘某认为安之酸公司在其染发剂、焗油膏上突出使用"五贝子"侵犯其商标权—一审认为被告突出使用"五贝子"构成侵权，赔偿 25 万元—二审维持侵权的认定，不支持赔偿损失的请求，仅支持合理支出 1.5 万元。

裁判摘录

【3】关于赔偿经济损失问题，鉴于刘某已将案涉商标独占许可给案外人御美天品

公司使用，许可期限自 2009 年 12 月 20 日至 2017 年 12 月 31 日，在此期间刘某无权使用该商标，对涉案商标不享有除收取许可使用费之外的其他经济权利，刘某也未就案涉被控侵权行为给其造成了实际的经济损失进行举证，故对其赔偿损失的请求不予支持，但对其为制止侵权所支付的合理开支酌情支持 1.5 万元。

63.1 [4] 惩罚性赔偿

SY，adidas 案（20191227）：惩罚性赔偿应考虑已有的刑事罚金

阿迪达斯公司 v 李某等，一审，重庆自贸试验区法院（2019）渝 0192 民初 787 号判决书，杨晓玲、潘寒冰、余博

案情概要

　　阿迪达斯公司是第 3336263 号注册商标"adidas"的权利人—被告李某大量购进假冒原告涉案商标标识的服装、鞋子—被告贺某杰负责销售日常管理—以销售假冒注册商标的商品罪追究二被告刑事责任—李某被判处有期徒刑 3 年，缓刑 5 年，并处罚金 100 万元；贺某杰被判处有期徒刑一年半，缓刑两年，并处罚金 30 万元—阿迪达斯公司提起民事诉讼，要求补偿性赔偿 53 万元，惩罚性赔偿 12 万元，共 65 万元—法院支持赔偿 22 万元—不支持惩罚性赔偿

裁判摘录

　　【6】……原告主张……惩罚性赔偿 120000 元。本院认为，被告因销售涉案品牌商品构成销售假冒注册商标的商品罪，并被处以刑事罚金、收缴犯罪所得。虽然刑事罚金与惩罚性赔偿责任性质、适用程序、支付对象不同，前者系刑事责任，主要目的为剥夺或削弱犯罪人犯罪的经济能力，后者为民事责任，目的在于加大违法成本、阻却未来侵权行为发生，但惩罚性赔偿对违法行为的惩治和遏制功能与刑事罚金具有一定的同质性。因此，是否适用惩罚性赔偿，应考虑先期的刑事罚金是否已经达到惩罚性赔偿的遏制侵权功能。如果刑事罚金已经超过补偿性赔偿金的倍数，足以达到民事惩罚性赔偿的遏制侵权功能，则不宜再适用惩罚性赔偿。本案中，被告在刑事处罚中已经被没收了全部侵权产品，两被告共被处以 130 万元的刑事罚金，并收缴犯罪所得 22 万元，合计 152 万元，该金额已经超出原告主张的补偿性赔偿金 53 万元的近两倍、为本院酌定赔偿金额 22 万元的近七倍，已达到遏制侵权的功能，不宜再叠加适用惩罚性赔偿金。因此，对原告主张二被告承担惩罚性赔偿的请求，本院不予支持。

SY，小米Ⅲ案（20191231）：恶意的程度和情节轻重决定惩罚性赔偿的倍数

小米科技公司等 v 中山奔腾公司等，二审，江苏高院（2019）苏民终 1316 号判决书，曹美娟、袁滔、施国伟

案情概要

原告小米科技公司等起诉多名被告侵犯其"小米"等商标并构成不正当竞争——一审认定原告"小米"商标构成驰名商标，认为被告侵犯了原告的商标专用权并构成不正当竞争——具有明显恶意，情节极为恶劣——按照被告获利数额的二倍计算赔偿——二审维持一审侵权认定——对一审判决的两倍惩罚倍数予以调整，按照三倍计算

裁判摘录

【26】……一审法院综合考虑三上诉人主观上具有侵权恶意、侵权情节恶劣、侵权后果严重等因素，适用惩罚性赔偿，具有事实和法律依据。同时，本院认为，在确定具体的惩罚倍数时还需考虑以下事实和相关因素：1. 2018 年 8 月 8 日涉案"小米生活"注册商标被国家商评委宣告无效，2019 年 9 月 9 日北京知识产权法院作出行政判决，驳回中山奔腾公司的诉讼请求。2019 年 6 月 12 日一审法院对本案作出判决，而小米科技公司、小米通讯公司一、二审提供的证据显示，直到二审期间，中山奔腾公司、独领风骚公司仍在持续宣传、销售被控侵权商品，具有明显的侵权恶意。2. 根据小米科技公司、小米通讯公司在一审提交的数份公证书记载，其在涉案大部分线上店铺中仅公证购买一款商品，以该款商品评论数计算销售额，并未将店铺中所有侵权商品销售额计算在内。而中山奔腾公司、独领风骚公司通过多家电商平台、众多店铺在线上销售，网页展示的侵权商品多种多样，数量多，侵权规模大，这一情节亦应作为确定惩罚数额的考量因素。3. 涉案"小米"商标为驰名商标，具有较高的知名度、美誉度和市场影响力。但被控侵权商品"小米生活"Mi001 电磁炉螺钉和连接，MW－806 手持式挂烫机分别于 2018 年、2019 年被上海市市场监督管理局认定为不合格产品。且从涉案店铺商品评价可知，部分用户亦反映被控侵权商品存在一定的质量问题。因此，中山奔腾公司、独领风骚公司在被控侵权商品上使用"小米生活"商标，在一定程度上会降低消费者对于"小米"驰名商标的信任，导致该商标所承载的良好声誉受到损害，故对于涉案侵权行为应加大司法惩处力度。【27】基于上述分析，结合二审另查明的事实，为充分发挥民事损害赔偿在制裁侵权和救济权利中的作用，有效遏制侵权行为再发生，确保权利人获得足够的损害赔偿，本院确定以侵权获利额为赔偿基数，按照三倍酌定本案损害赔偿额，对一审判决确定倍的惩罚倍数标准予以适当调整。根据前述计算方式，销售额为 61158213.3 元，以 33.35% 的利润率计算，侵权获利额为 20396264.1 元，按照 3 倍计算为 61188792.4 元，故一审判决对小米科技公司、小米通

讯公司赔偿 5000 万元的诉讼请求予以全额支持，并无不当。关于合理开支，小米科技公司、小米通讯公司主张其为制止侵权行为支出了律师费、公证费等费用共计 414198元，有相应票据、公证书等相关证据予以印证，且数额合理，故一审判决一并予以支持，亦无不当。

DY，MOTR 案[●]（20190828/D2019-05）：惩罚性赔偿应考虑恶意程度及侵权情节

平衡身体公司 v 永康一恋公司，一审，上海浦东新区法院（2018）沪 0115 民初 53351号判决书，宫晓艳、邵勋、姜广瑞

案情概要

原告平衡身体公司在中国多个商品和服务类别上注册了"MOTR"商标—原告认为被告在相同商品上使用与其引证商标相同的商标—被告在 2012 年因侵犯原告知识产权曾与原告签订和解协议—被告提出多项抗辩—一审认定侵权—攀附故意—在先和解协议—侵权影响范围及后果—恶意三倍赔偿

裁判摘录

【17】……根据"产品单位利润 = 产品单价 - 产品成本"公式，可以计算得出侵权产品的单位利润在 678 ~ 930 元之间，再根据"侵权获利 = 产品销售量 × 产品单位利润"公式，可以推算出被告对侵权产品的获利在 101.7 万 ~ 139.5 万元之间。【18】为进一步查明侵权产品销售获利的精确数额，本院责令被告提交相关销售数据、财务账册和原始凭证，但被告拒绝提交，其行为已构成举证妨碍。根据《商标法》第六十三条第二款规定，在原告已经尽力举证，而与侵权行为相关的账簿、资料主要由被告掌握的情况下，被告不提供账簿、资料的，法院可以参考原告的主张和提供的证据判定赔偿数额，故在被告拒绝提交证据的情况下，本院认定被告的侵权获利在 101.7 万 ~139.5 万元之间。【21】第一，被告使用的侵权标识与原告的权利商标标识完全相同，且二者使用于相同产品上，产品的款式、颜色、商标的标识位置等几乎完全相同，此种全面摹仿原告商标及产品的行为足见被告侵犯原告商标权、攀附原告商誉的意图十分明显。【22】第二，被告早在 2011 年已因出口西班牙的产品涉嫌侵权而被原告发函警告，在原告多次沟通之后，被告最终签署和解协议，承诺今后不会从事任何可能侵犯或妨碍原告所拥有的知识产权的活动，但时隔几年之后，被告再次被发现生产销售

● 永康一恋公司随后申请再审。2020 年 8 月 3 日，上海知识产权法院以（2020）沪 73 民申 1 号裁定书驳回再审申请。

侵犯原告注册商标专用权的产品。被告此种不信守承诺、无视他人知识产权的行为，是对诚实信用原则的违背，侵权恶意极其严重。【23】第三，被告在 2016 年的销售总额已达 800 余万元，本案中被告通过微信商城、微信朋友圈、工厂、展览会等线上、线下多种渠道进行侵权产品的推广和销售，产品被售往厦门等省市，可见被告的生产经营规模较大、产品销售渠道多、涉及地域范围广，侵权行为影响较大。【24】第四，被告的侵权行为不仅造成市场混淆，而且侵权产品还存在脱胶的质量问题，会使得消费者误购并误认为原告的产品存在质量问题，会给原告的商业信誉带来负面评价，侵权后果较为严重。【25】……被告的主观恶意明显、侵权情节严重，应加大对被告的惩罚力度，故在本案中确定三倍的惩罚性赔偿比例。上述确定的侵权获利金额的三倍已超过 300 万元，鉴于原告在本案中主张包含合理支出在内总计 300 万元的损害赔偿金额，因此对其主张予以全额支持。

SY，红日案❶（20190102）：侵权人的恶意影响赔偿数额确定

广州红日公司 v 睿尚公司等，一审，广州知产院（2017）粤 73 民初 2239 号判决书，龚麒天、莫伟坚、朱文彬

案情概要

广州红日公司起诉多家被告侵犯其"红日 Redsun 及图"商标及字号，构成商标侵权及不正当竞争——法院认为被告睿尚公司在燃气灶等商品上对"红日 E 家"的使用可以视为是其注册商标"红日 e 家及图"的使用——权利冲突，法院有权管辖——原告字号在被告商标申请注册时至今具有反法保护的字号权益——睿尚公司恶意攀附原告字号知名度，有违诚信，造成混淆——作为销售商的江西红日等四名被告违反注意义务，与睿尚构成共同侵权——作为委托生产方的千代公司没有违反注意义务，与睿尚公司不构成共同侵权——无证据显示涉案两名睿尚公司的股东以个人名义参与侵权，与睿尚公司不构成共同侵权——睿尚公司在其注册商标核准商标之外的洗碗机上的使用，构成对原告商标的侵犯——被诉域名侵犯原告商标权——二审维持一审

裁判摘录

【75】……被告睿尚公司、江西红日、河北光诺、陕西爱博和郑州凯圣瑞的主观心理状态……被告睿尚公司在本案禁令后仍继续组织实施侵权行为。以上足以证明五被告恶意侵权，且情节严重，理应受到法律严惩。本院在确定被告赔偿数额时将对此充

---

❶ 2020 年 4 月 15 日，广东高院以（2019）粤民终 477 号判决书维持一审判决。

分考虑。【76】需要指出的是，相关被告在本案诉讼中多次出尔反尔。比如，被告蓉尚公司在禁令听证中确认被告江西红日、河北广诺、陕西爱博和郑州凯圣瑞是其省级总经销，确认禁令后的《律师声明》是其发布，但在庭审中均予以否认。被告陕西爱博、郑州凯圣瑞在禁令听证中确认是被告睿尚公司省级总经销商，但在庭审中亦予以否认。这些反悔行为既没有合理解释也没有足够证据证明，是对民事诉讼诚信原则的违背，也是被告侵权恶意在诉讼中的延续和表现。本院不仅予以禁止，而且在确定赔偿数额时也给予一定考虑。【79】……经核算发票，原告当年广告费总计 1745 万元，本院予以全额支持。由于被告构成恶意侵权且情节严重，即便不考虑原告其他损失，仅以广告费损失为基础适用三倍惩罚性赔偿进行计算，所确定的赔偿数额也已经超过 5000 万元。【80】综合考虑上述因素，原告诉请睿尚公司赔偿损失 5000 万元依据充分，本院亦予以全额支持。

SY，FILA 案（20181120）：恶意明显的适用三倍赔偿并无不当

斐乐公司 v 中远鞋业等，再审，北京高院（2018）京民申 4666 号裁定书，刘晓军、张玲玲、蒋强

案情概要

斐乐公司起诉多名被告侵犯其"FILA"系列注册商标专用权，斐乐文字商标专用权，侵犯其知名商品的特有包装、装潢以及企业名称权——一审认定构成商标侵权，但证据不足以认定其请求保护的涉案鞋类商品的包装、装潢已与斐乐公司建立起特定联系，从而具有区别商品来源的功能——一审以侵权获利计算赔偿——参照《最高人民法院关于审理专利纠纷案件适用法律问题的若干规定》，以营业利润为标准，确定被告侵权所获得的利润 =（营业收入 - 营业成本 - 营业税金及附加 - 销售费用 - 管理费用 - 财务费用）÷3——有恶意，三倍赔偿——二审维持商标侵权认定——三上诉人认为赔偿数额过高，应适用"被控侵权商品销售总数额 × 被控侵权商品销售利润率 = 被控侵权商品销售获利"的计算标准——二审认可上诉人的计算方法，并适用方法检验一审法院认定的侵权获利并未过高——驳回上诉——再审认可一、二审法院根据侵权获利计算赔偿数额的方法——认可惩罚性赔偿——驳回再审申请

裁判摘录

【5】关于二审判决适用三倍惩罚性赔偿是否适当的问题，根据《商标法》第六十三条规定，对恶意侵犯商标专用权，情节严重的，可以在按照上述方法确定数额的一倍以上三倍以下确定赔偿数额。本案中，再审申请人中远鞋业公司、独特公司、刘某

作为与再审被申请人斐乐公司同行业经营者，在其申请商标与斐乐公司主张权利的商标近似的情况下被驳回后，仍在生产销售的涉案侵权商品上通过改变自身注册商标标志的方式造成消费者的混淆误认，在涉案侵权商品销售数额巨大的情况下，一、二审法院适用三倍的惩罚性赔偿并无不当，本院对再审申请人的该项申请主张不予支持。

SY，吉尼斯案（20181002）：惩罚性赔偿并不仅适用于重复侵权

吉尼斯公司 v 奇瑞公司等，二审，广东高院（2017）粤民终 2347 号判决书，邱永清、肖海棠、喻洁

案情概要

原告吉尼斯公司拥有"GUINNESS WORLD RECORDS""吉尼斯世界纪录""吉尼斯"等注册商标，核定使用的服务包括第 41 类上的"组织挑战赛""组织表演（演出）"等——2000 年起，吉尼斯公司在中国出版多本关于吉尼斯世界纪录的图书——原告认为被告奇瑞公司等未经授权，在 16 个城市举办的"奇瑞艾瑞泽挑战吉尼斯中国巡演"活动中，大规模、突出使用涉案商标，构成商标侵权和不正当竞争——一审认为被告在巡演活动中，以及网站上使用被诉侵权标志是商标性使用——不是正当使用——构成商标侵权及不正当竞争——恶意——惩罚性赔偿——二审维持一审商标侵权及反不正当竞争的认定——维持惩罚性赔偿

裁判摘录

【33】……吉尼斯公司在涉案活动实施前曾向奇瑞公司发出律师函，要求奇瑞公司停止侵权。奇瑞公司正常的做法应该是积极履行注意义务，本着诚实信用的原则尊重他人商标权的合理权利界限，但奇瑞公司、奇瑞销售公司并未提交证据证明其采取了恰当的应对措施，相反，在明知举办涉案活动涉嫌侵权的情况下，仍然大量、突出使用与他人具有较高显著性和知名度的注册商标相近似的商标，并结合采用引人误解的宣传，故意混淆相关公众对涉案活动的服务来源，其侵权的主观恶意明显。涉案活动举办的城市多，且通过互联网在全国范围内进行了大量宣传，奇瑞公司、奇瑞销售公司的侵权行为影响大、范围广，情节严重。一审法院据此对奇瑞公司、奇瑞销售公司适用惩罚性赔偿并无不当。奇瑞公司、奇瑞销售公司主张其并非恶意侵权的上诉意见依据不足，本院不予采纳。商标法规定对于恶意侵权且情节严重的，可以适用惩罚性赔偿，奇瑞公司、奇瑞销售公司认为惩罚性赔偿仅适用于重复侵权的上诉意见依据不足，本院不予采纳。

FY，巴洛克案（20181012/F2018-18）：以权利人的实际损失为基数确定商标惩罚性赔偿数额

巴洛克公司 v 浙江巴洛克公司，二审，江苏高院（2017）苏民终 1297 号判决书，汤茂仁、罗伟明、何永宏

案情概要

　　原告巴洛克公司是"生活家""生活家巴洛克""ELEGANTLIVING"系列商标的权利人—该系列商标在木地板行业具有较高知名度—被告浙江巴洛克公司在地板产品、外包装、宣传册、海报、网站、门头装潢等处标注"生活家""生活家巴洛克"等字样—原告认为被告的行为构成商标侵权和不正当竞争—一审认为被告侵害了原告涉案商标专用权—在同种商品上使用与巴洛克公司知名商品特有包装相同或相近似的包装，构成擅自使用巴洛克公司知名商品特有包装—不规范标注其企业名称，大肆使用"生活家巴洛克""生活家"等标识，构成不正当竞争，赔偿经济损失人民币 1000 万元—二审维持一审

裁判摘录

　　【12】一审判决确定本案的赔偿数额时采用了"因销售流失而损失的利润"及"因价格侵蚀而损失的利润"两种计算方法，并考虑了巴洛克公司因侵权行为而遭受的未来销售利润损失、商誉损害、为禁止侵权而支出合理维权费用以及浙江巴洛克公司侵权的恶意、严重情节等多方面因素，认定浙江巴洛克公司因侵权行为给巴洛克公司造成的损失（包括合理维权开支）远超过人民币 1000 万元。［一审充分考虑恶意后，确定两倍赔偿倍数］该认定有理有据，方法科学，因果关系妥当，推理合理、清晰。

SY，太平鸟案（20180425）：无法确定赔偿基数则不能适用惩罚性赔偿条款

太平鸟公司 v 富贯达等，二审，广州知产院（2017）粤 73 民终 2097 号判决书，谭海华、彭盎、姚勇刚

案情概要

　　太平鸟公司是第 1420247 号"PEACEBIRD 太平鸟"注册商标和第 11965527 号

"PEACEBIRD" 注册商标的注册人—被告未经"太平鸟公司"许可的情况下，生产假冒其 PEACEBIRD 注册商标的服饰—一审认定侵权，判决富贯达公司赔偿太平鸟公司经济损失及合理开支共计 80000 元—原告要求黄某、刘某炳连带赔偿的请求不予支持—二审认为黄某、刘某炳不能以其系职务行为为由免除该案侵权责任的承担—法定赔偿 20 万元

【裁判摘录】

【16】……太平鸟公司请求考虑侵权人的主观恶意适用三倍赔偿的惩罚性赔偿条款，但适用前述《商标法》第六十三条第一款关于"对恶意侵犯商标专用权，情节严重的，可以在按照上述方法确定数额的一倍以上三倍以下确定赔偿数额"的规定应当在查明权利人实际损失、侵权人获利或商标许可使用费的具体数额的前提下才能适用。而本案中无法按照上述方法查明具体的数额，故本案不能适用前述一倍以上三倍以下的惩罚性赔偿条款。但法定赔偿并非单纯的补偿性赔偿，而是具有一定惩罚性因素的赔偿方式，故在酌定本案赔偿数额时本院将考虑本案侵权人的侵权行为是否具有适用惩罚性赔偿的条件。首先，本案侵权人故意实施侵权行为且情节严重，涉案刑事判决书认定黄某与黄某艳在 2015 年年底开始经营富贯达公司从事制造、销售被诉侵权商品的经营活动，在富贯达公司查获了生产设备一批、吊牌 4300 个及假冒涉案注册商标的服饰 179 件，富贯达公司的股东黄某、生产管理者刘某炳亦被依法认定为假冒注册商标罪并被判处 5000 元罚金，可见本案侵权人故意实施侵权行为且已到达刑事犯罪的严重情节；其次，公安机关现场查获的 179 件侵权服饰经鉴定价值约 11.9 万元，而黄某供述其销售的服饰成品达 2000 件，可见侵权人从本案侵权行为中获利较大；第三，根据前述分析，一审法院酌定赔偿 8 万元与本案侵权行为的性质、持续时间等侵权情节等不符，太平鸟公司主张本案赔偿数额为 20 万元合理，本院予以支持。本案 20 万元赔偿数额中惩罚性赔偿金额为 5 万元，因涉案刑事判决已经对黄某、刘某炳判处有期徒刑七个月并处罚金 5000 元，故其侵权行为已经受相应的惩罚，黄某、刘某炳对本案酌定惩罚性赔偿 5 万元不承担连带赔偿责任。

SY，约翰迪尔案（20171208）：恶意赔偿需先确定赔偿数额基数，且不包括制止侵权的合理开支

迪尔公司 v 约翰迪尔（北京）公司等，二审，北京高院（2017）京民终 413 号判决书，陶钧、王晓颖、孙柱永

【案情概要】

原告迪尔公司等起诉约翰迪尔（北京）公司等侵犯其商标权利、企业名称权，并

构成虚假宣传、商业诋毁——一审基本支持原告主张，但未认定商业诋毁——二审认为一审关于涉案被控侵权行为及不正当竞争行为的认定并无不当，但其判决主项存在错误，对其遗漏第8380176号"PLUS-50"商标以及概括表述涉案不正当竞争行为的判项予以纠正

【24】……关于约翰迪尔北京公司、约翰迪尔丹东公司及兰西佳联迪尔公司是否应当承担惩罚性赔偿，应当从以下几方面予以认定：第一，2013年《商标法》第六十三条所确定的"惩罚性赔偿"仅限于按照权利人的损失、侵权人的获利或参照商标许可使用费的倍数确定赔偿数额时方可据此按照一倍以上三倍以下，即计算惩罚性赔偿的基数范围时不包括按照2013年《商标法》第六十三条第三款所规定的酌定赔偿情形，以及不能将权利人为制止侵权行为所支付的合理开支纳入计算的基数范围。本案中，一审法院是以约翰迪尔北京公司、约翰迪尔丹东公司及兰西佳联迪尔公司基于涉案侵权行为所获利润为基数，计算的惩罚性赔偿数额，故计算范围与方式并无不当。第二，适用"惩罚性"赔偿应当以被控侵权人"恶意侵犯商标专用权且情节严重"为要件，其中"恶意"应当仅限于"明知"即故意而为，虽然注册商标经申请核准注册后具有公示性，诚实信用的市场主体应当主动避让，但是一般而言被控侵权人从事侵犯商标专用权的行为主观上存在过错，并不当然能够认定为"故意"。同时，关于"情节严重"是指被控侵权人从事的侵犯商标专用权的行为从方式、范围、所造成的影响等方面均对权利人产生了巨大的损失与消极影响。本案中，约翰迪尔北京公司、约翰迪尔丹东公司及兰西佳联迪尔公司在多个省市、通过多种渠道、利用多种手段，并且在工商行政部门已经查处的情况下继续从事侵犯涉案商标专用权的行为，考虑到迪尔公司、约翰迪尔中国公司主张涉案商标的显著性、知名度以及涉案被控侵权行为所造成的损害后果的严重性，一审法院适用"惩罚性"赔偿计算具体赔偿数额并无不当，本院予以确认。

63.1 ［5］ 合理开支

SY，普利司通案（20190528）：因恶意抢注商标引发的商标侵权纠纷案件，权利人在相应行政程序中的合理开支也可获赔

株式会社普利司通 v 水浒公司，一审，苏州中院（2018）苏05民初572号判决书，赵晓青、林银勇、王蔚珏

普利司通为全球知名的轮胎制造商，系"**普利司通**""**BRIDGESTONE**"注册商标权

利人——水浒公司申请注册"**FULISITONG**
福力思通"商标（简称福力思通商标）——生效行政判决书认
为福力思通商标与"**普利司通**""**BRIDGESTONE**"商标构成近似，不应核准注册——水浒
公司仍继续使用福力思通商标，丰民汽配亦销售带有福力思通商标的轮胎——普利司通
起诉被告构成商标侵权——一审认定侵权——因恶意抢注商标引发的商标侵权纠纷案件，
权利人实际支出的维权费用应当包括权利人在商标异议、无效行政程序以及后续行政
诉讼中所花费的所有合理开支。

裁判摘录

【12】普利司通公司为本案维权，从商标异议到行政诉讼，再到本案侵权纠纷，考
虑其漫长的维权过程以及调查取证、聘请执业律师等诸多环节必然产生相应的调查费、
公证费、律师费、翻译费、检索费等费用，其在本案中主张的 291343 元维权合理开支
在合理范围之内，本院亦予以支持。

FY，优衣库Ⅰ案[1]（20151231/F2016-16）：批量诉讼重复支出的非合理费用不予赔偿

指南针公司等 v 优衣库，二审，上海高院（2015）沪高民三（知）终字第 97 号判决
书，王静、陶冶、曹闻佳

案情概要

指南针公司注册有 25 类服装上的第 10619071 号"UL"商标，认为优衣库公司等
使用与"UL"相同或近似标识侵犯其商标权——一审认为，被告构成侵权，但原告未实
际使用商标，没有损失，被告不需承担赔偿责任——二审维持原判

裁判摘录

【22】……虽然企业注册多个商标之行为不被法律所禁止，但根据一审查明的事
实，已足以证明作为会展、咨询类公司的指南针公司、中唯公司大量注册商标之目的
并非为了自身使用，而是意图通过大量注册商标并转让之行为进行牟利。同时，在完
全可以通过向优衣库公司或迅某公司主张权利即能达到维权目的之情况下，指南针公
司、中唯公司却选择以优衣库公司或迅某公司及其不具有独立法人资格的各门店作为

---

[1] 该案再审是年报案例、十大案例"优衣库Ⅱ案"。再审推翻一审、二审，认为原告不侵权，被告恶意取得
并行使商标权不受法律保护。

第六十三条

共同被告的方式，就相同事实在全国各地法院提起批量诉讼，明显具有通过利用注册商标批量诉讼以获取多重赔偿之意图。在已有另案生效判决判令相同侵权事实之侵权人迅某公司承担指南针公司、中唯公司相关维权合理费用之前提下，该种因批量诉讼策略所产生的律师费、公证费、购买产品费用之诉讼成本均系重复支出，并非《商标法》（2001 年修正）所保障之权利人因侵权行为所必须支出的合理费用范畴。同时，基于本案注册商标权利人诉讼目的之非正当性，从引导社会公众诚信诉讼、节约司法资源的角度出发，法院亦不应责令侵权人承担权利人因重复诉讼而支出之费用，以避免产生鼓励此种诉讼策略的司法效果。因此，指南针公司、中唯公司在本案中支出的律师费、公证费、购买产品费用，应自行承担。

63.2　举证妨碍

SY，希能案[1]（20180518）：侵权人妨碍举证的法院可参考权利人的主张和提供的证据判定赔偿数额

济民公司 v 亿华公司，二审，上海知产院（2017）沪 73 民终 299 号判决书，何渊、黄旻若、凌宗亮

案情概要

原告济民公司于 1998 年注册"悉能"商标—被告亿华公司 2004 年申请注册"希能"商标—原告提起异议—商标局裁定不予注册—商评委核准注册——、二审维持商评委裁定—再审裁定不应注册—商评委重新作出被告商标不予注册的决定—原告诉被告于 2004 年起使用"希能"商标的行为构成侵权——审认为被告商标系恶意申请，且未经核准，不享有注册商标专用权—被告使用被诉标识，足以导致相关公众误认、混淆，构成商标侵权—二审维持一审

裁判摘录

【10】关于赔偿损失的民事责任。本院认为，《商标法》第六十三条第二款的规定："人民法院为确定赔偿数额，在权利人已经尽力举证，而与侵权行为相关的账簿、资料主要由侵权人掌握的情况下，可以责令侵权人提供与侵权行为相关的账簿、资料；侵权人不提供或者提供虚假的账簿、资料的，人民法院可以参考权利人的主张和提供的证据判定赔偿数额。本案中，在一审法院要求亿华公司提供侵权药品账册以及销售记录的情况下，亿华公司明确拒绝提供，已经构成举证妨碍。综合考虑侵权行为的持续

---

[1]　亿华公司申请再审，上海高院 2019 年 6 月 14 日作出（2018）沪民申 1401 号裁定书驳回其再审申请。

时间、主观恶意、药品的利润情况，特别是亿华公司关于其经营规模、销售业绩等的宣传情况，一审法院判令亿华公司赔偿济民公司包括合理开支在内的经济损失 550 万元，并无不当。

SY，墙锢案（20171031）：侵权人故意怠于举证的法院可参考权利人的主张和提供的证据判定赔偿数额

美巢公司 v 秀洁公司等，二审，北京高院（2017）京民终 335 号判决书，陶钧、王晓颖、孙柱永

案情概要

　　原告美巢公司享有第 3303708 号和第 4882697 号"墙锢"注册商标专用权—被告秀洁公司在商品上使用"秀洁墙锢""兴潮墙锢""易康墙锢"字样—原告起诉被告商标侵权—被告抗辩认为并非商标意义的使用，"墙锢"为建材家装领域内对"混凝土界面处理剂"商品约定俗成的商品通用名称—一审认为秀洁公司关于"墙锢"文字作为该类商品的约定俗成通用名称的抗辩主张缺乏事实和法律依据，其使用属于商标意义的使用，构成侵权—可以根据权利人选择的计算方法计算赔偿数额—全额支持 1000 万元赔偿请求—二审维持侵权认定—一审有法律适用错误，原告在赔偿计算方法上没有选择权—以侵权获利为据确认赔偿额可以得到支持—一审对侵权商品销售量计算错误—改判 600 万元

裁判摘录

　　【26】……一审法院以口头明确告知的方式责令秀洁公司提供侵权行为相关的账簿、资料等，并未违反法律规定，亦未损害秀洁公司的合法权益。【27】……只要权利人已经尽力举证，而人民法院通过明确告知，但不限于书面的方式，使侵权人能够清楚知悉所应当提供证据的种类、范围、内容等，以及拒不提交的法律后果，人民法院就可以参考权利人的主张和提供的证据判定赔偿数额。【28】本案中，根据一审法院所做的工作记录，其已经通过电话联系的方式责令秀洁公司提供相关侵权账簿、资料，并且告知其拒不提交的法律后果，而秀洁公司在一审程序中对此拒不提交，应当承担相应的法律后果。在秀洁公司并未说明其具有合理事由的情况下，即使在二审程序中提交了专项审计报告，本院对此亦不予以接受。当事人应当对于法律已经明确规定的举证义务采取积极的方式，而不能故意怠于举证，通过不同审级程序采取差别对待方式，无视法律规定，由此所带来的不利后果应当由该当事人自行承担。

第六十三条

SY, 以纯案（20140919）：适用举证妨碍规则并非一概支持权利人诉求

郭某林 v 周某伟，二审，江西高院（2014）赣民三终字第 18 号判决书，杨国安、丁保华、邹征优

案情概要

郭某林受让取得 1293407 号"以纯"商标，核定使用商品第 25 类—周某伟在其经营的网店中挂售"以纯板型"等款式服装—没有说明挂售"以纯板型"服装的合法来源—郭某林起诉周某伟商标侵权并要求赔偿经济损失 50 万元—一审法院认定侵权—郭某林上诉认为赔偿金额过少—周某伟的所有销售记录都应当由周某伟提供给法庭，因为证据由其控制，但周某伟拒绝提供—二审维持侵权认定—责令周某伟提供其网店经营具体数据，周某伟拒绝提交—依据证据规则，应认定其获利数额不止数千元，郭某林认为原审判赔数额过低的理由成立—酌增赔偿金额

裁判摘录

【1】……关于赔偿数额，郭某林主张 521003 元，并概算周某伟获利 90 万元左右；周某伟辩称自己获利仅 2200 余元。关于周某伟的获利，郭某林根据周某伟淘宝成交栏其中部分网页的显示，推算周某伟的所有销售量及获利。该种推算虽有一定依据，但具体周某伟销售被控侵权产品何时起售、实际成交笔数、最终实际成交价多少、利润比例、每月成交量是否均衡等均无法考证。对此，郭某林概算周某伟巨额获利而只主张 52 万元，亦可说明概算依据明显不足。本院责令周某伟提供其网店经营具体数据，周某伟拒绝提交，依据证据规则，应认定其获利数额不止数千元。郭某林认为原审判赔数额过低的理由成立，对其该项上诉主张予以支持。考虑郭某林注册商标许可使用费情况及周某伟淘宝建店时间、侵权行为方式、被控侵权产品销售价格、拒绝提供其网店经营具体数据等因素，应酌情增加周某伟对郭某林包括维权合理开支在内的赔偿金额。

CY, 雅马哈Ⅱ案（20070425/C2007-10）：妨碍举证需要承担不利后果

雅马哈公司 v 浙江华田公司，二审，最高院（2006）民三终字第 1 号判决书，孔祥俊、夏君丽、王艳芳

案情概要

雅马哈公司起诉浙江华田公司等侵犯其"YAMAHA""FUTURE"等商标专用权——引证商标知名度——被告伪造商号突出使用原告商标——误导——混淆——一、二审认为侵权

裁判摘录

【11】因台州华田销售公司、台州嘉吉公司拒绝向原审法院提交营业利润和成本的相关证据，也未向本院提出上诉请求，故浙江华田公司关于雅马哈发动机株式会社主张的计算方法未扣除经营成本、所得税等费用的上诉理由，本院不予支持。

63.3 ［1］法定赔偿

FWY，和睦家案（20190628/F2019-06）：可根据被告侵权广告的影响确定侵权赔偿

和睦家公司 v 福州和睦佳医院等，再审，最高院（2018）最高法民再 428 号判决书，夏君丽、郎贵梅、马秀荣

案情概要

原告拥有第 4182278 号"United Family 和睦家"、第 4182184 号图形商标等商标——"和睦家"也是原告企业字号——原告起诉被告对"和睦佳"的使用侵犯其前述商标并构成不正当竞争——一审认为侵犯了第 4182278 号商标——不侵犯第 4182184 号商标——被告注册和使用"和睦佳"字号不构成不正当竞争——判赔 30 万元——二审维持一审——再审纠正二审——被告成立时原告"和睦家"字号已经具有较高知名度和市场认可度——被告注册和使用"和睦家"做字号有攀附故意，容易引起混淆误认，是不正当竞争——责令被告停止在企业名称中使用"和睦佳"文字，并变更企业名称——对第 4182184 号商标也构成侵权——全额支持原告的 300 万赔偿请求

裁判摘录

【19】本院认为，医疗服务行业为消费者的生命、健康、安全提供服务保障，医疗服务提供者的混淆误认对消费者利益的损害一般更为严重。福州和睦佳作为提供医疗服务的主体，在和睦家公司的注册商标及字号已具有一定市场知名度的情况下，自

2011 年设立以来不仅使用与"和睦家"高度近似的"和睦佳"作为企业字号,还在经营活动中突出使用与和睦家公司第4182278 号注册商标相近似的"和睦佳",使用与和陆家公司第4182184 号注册商标相近似的被诉侵权图形标识,在宣传中使用"国际 JCI 认证"等不实信息进行虚假宣传,其侵权行为持续时间长、攀附和睦家公司商誉的主观意图明显,不仅侵害了和陆家公司注册商标专用权等合法权益,容易造成消费者混淆和误认,也扰乱了正常的市场经营秩序,损害了广大患者的合法权益,其侵权行为的情节较为严重。而且,福州和陆佳提供的其 2013 年至 2015 年税务审计报告显示,其年收入均超过 900 万元,2014 年、2015 年的广告宣传投入接近甚至超过其全年营业收入的 50%,宣传力度强,范围广,影响大,客观上亦加剧了消费者混淆误认的可能性,加重了对和睦家公司的损害。此外,和睦家公司在一审阶段提供的证据显示其为制止侵权行为,支出公证费、差旅费、律师费等合计 167700 元。综合考虑上述因素,本院全额支持和睦家公司主张的 300 万元赔偿请求。

United Family 和 睦 家		
第4182278号注册商标	第4182184号注册商标	被诉侵权图形标识

SY,普利司通案(20190528):恶意会加重赔偿金额

株式会社普利司通 v 水浒公司,一审,苏州中院(2018)苏 05 民初 572 号判决书,赵晓青、林银勇、王蔚珏

案情概要

普利司通为全球知名的轮胎制造商,系"**普利司通**""**BRIDGESTONE**"注册商标权利人—水浒公司申请注册商标(简称"福力思通商标")—生效行政判决书认为福力思通商标与"**普利司通**""**BRIDGESTONE**"商标构成近似,不应核准注册—水浒公司仍继续使用福力思通商标,丰民汽配亦销售带有福力思通商标的轮胎—普利司通起诉被告构成商标侵权—一审认定侵权—因恶意抢注商标引发的商标侵权纠纷案件,权利人实际支出的维权费用应当包括权利人在商标异议、无效行政程序以及后续行政诉讼中所花费的所有合理开支

裁判摘录

【11】……水浒公司从事轮胎生产、销售,其申请商标并加以使用,

具有傍名牌的主观故意。而其商标申请于 2013 年 11 月 25 日即已被商评委认定为与普利司通公司的涉案注册商标构成近似，不予注册。其后的行政诉讼，法院生效判决再次确认 **FULISITONG** **福力思通** 商标与普利司通公司商标构成相同或类似商品上的近似商标。但水浒公司仍继续使用，其后续行为构成恶意侵权。对于其后续的恶意侵权行为，在确定侵权赔偿数额时，可施以惩罚性赔偿，加重其赔偿金额。

FY，樱花卫厨案（20160828/F2016-17）：赔偿数额应与恶意侵权行为相称

樱花卫厨公司 v 苏州樱花公司等，二审，江苏高院（2015）苏知民终字第 179 号判决书，顾韬、罗伟明、史乃兴

案情概要

樱花卫厨公司认为苏州樱花公司等被告侵犯其"樱花""SAKURA"商标并构成不正当竞争——一审认为樱花卫厨公司未能证明各被告之间有共同侵权的故意或共同实施侵权行为，不支持其共同侵权的诉请——二审认为苏州樱花公司、苏州樱花公司中山分公司、中山樱花集成厨卫公司、中山樱花卫厨公司使用"樱花"作为其企业字号构成不正当竞争，侵犯了樱花卫厨公司的注册商标专用权——苏州樱花公司、苏州樱花公司中山分公司、中山樱花集成厨卫公司、中山樱花卫厨公司、屠某灵、余某成构成共同侵权，应承担连带责任

裁判摘录

【71】对于樱花卫厨公司主张苏州樱花公司、苏州樱花公司中山分公司、中山樱花集成厨卫公司、中山樱花卫厨公司、屠某灵、余某成连带赔偿其经济损失 200 万元的诉讼请求，其未举证证明因涉案侵权行为所受到的损失或苏州樱花公司、苏州樱花公司中山分公司、中山樱花集成厨卫公司、中山樱花卫厨公司因侵权所获的利润，本院综合考虑上述主体侵权行为的性质、过错程度、持续时间、樱花卫厨公司"樱花"系列注册商标及字号的知名度及其为制止侵权所支付的合理费用等因素酌情确定赔偿数额。【72】特别需要强调的是，在本院作出关于苏州樱花电器有限公司侵犯樱花卫厨公司商标权及不正当竞争的（2009）苏民三终字第 0038 号判决后，屠某灵仍继续成立公司，不断扩大侵权规模。【73】这说明屠某灵等侵权恶意明显。【74】本院认为，樱花卫厨公司请求的赔偿数额与屠某灵等的恶意侵权行为相称，具有相当事实基础，应当予以支持。

FY，NBA 案（20140915/F2014-26）：法定赔偿额的确认是法院在法定范围内自由行使裁量权

NBA 公司 v 特易购公司，二审，山东高院（2014）鲁民三终字第 143 号判决书，刘晓梅、丛卫、张金柱

案情概要

NBA 公司在中国注册 NBA 及其图形、各球队队徽等多个商标—特易购公司未经许可大量销售侵犯 NBA 公司注册商标专用权的运动鞋—NBA 公司起诉侵权—一审法院认为特易购公司构成侵权，判令赔偿数额为 40 万元—二审维持一审，认为赔偿数额属在法定范围内依法行使自由裁量权

裁判摘录

【3】……NBA 公司未能提交证据证明其因被控侵权行为所遭受的损失以及特易购公司侵权获利，原审法院根据本案具体情节，综合考虑 NBA 公司涉案商标所享有的声誉、特易购公司的侵权主观恶意程度以及 NBA 公司维权合理支出等因素酌定赔偿数额为 40 万元，属在法定范围内依法行使自由裁量权，并无不当。

FY，大喜大案（20140716/F2014-24）：侵权利益及被侵权人损失均难确定的适用法定赔偿

希杰公司 v 美笑食公司等，一审，延边中院（2013）延中民三知初字第 14 号判决书，金成焕、母龙刚、李德吉

案情概要

希杰公司被授权使用第 1011359 号和第 1127240 号"大喜大"注册商标，并享有制止侵权获得赔偿的权利—希杰公司起诉多个被告侵犯其商标权利—法院认定侵权—侵权所获利益和所受损失难以确定，根据各侵权人的侵权情节确定赔偿

裁判摘录

【28】本案中，被告美笑食公司、朴某义、朴某日、崔某林、裴某林、阿里郎公

司、长白山公司的侵权事实存在，且原告因上述被告的侵权行为而产生一定的经济损失，因侵权人侵权所得利益或者被侵权人因被侵权所受损失难以确定，故应按《中华人民共和国商标法》第五十六条第二款规定，确定其侵权赔偿数额。

FY，路易威登Ⅴ案（20130819/F2013-29）：法定赔偿需综合考虑各种因素

路易威登 v 宝宏酒店、潘某爱等，二审，海南高院（2013）琼民三终字第80号判决书，赵英华、林达、高俊华

案情概要

路易威登依法拥有"LOUIS VUITTON"注册商标—被告潘某爱等销售假冒原告注册商标的服装，宝宏酒店向潘某爱出租场地—路易威登诉潘某爱与宝宏酒店构成共同侵权—一审，潘某爱构成侵权，宝宏酒店未构成共同侵权且不需承担任何责任—路易威登上诉—二审维持潘某爱构成侵权，宝宏酒店不构成共同侵权但应承担相应的管理责任，就其中20%赔偿金额承担补充赔偿责任

裁判摘录

【6】本案中，路易威登马利蒂未能提供证据证明潘某爱因侵权所获得的利益，也未能提供证据证明其因被潘某爱侵权所受到的损失，故赔偿数额应由人民法院根据潘某爱侵权行为的情节作出相应判决。而依据《最高人民法院关于审理商标民事纠纷案件适用法律若干问题的解释》第十六条及第十七条的规定，人民法院在确定赔偿数额时，应当考虑侵权行为的性质、期间、后果，商标的声誉，商标使用许可费的数额，商标使用许可的种类、时间、范围及制止侵权行为的合理开支等因素综合确定。制止侵权行为所支付的合理开支，包括权利人或者委托代理人对侵权行为进行调查、取证的合理费用。人民法院根据当事人的诉讼请求和案件具体情况，可以将符合国家有关部门规定的律师费用计算在赔偿范围内。

CY，静冈刀具案（20130705/C2014-10）：损失及获利均难查清的适用法定赔偿

静冈刀具 v 天华刀具，一审，太仓法院（2013）太知民初字第16号判决书，李勇、王勇、范培亚

┌─────────────┐
│ **案情概要** │
└─────────────┘

　　静冈刀具起诉被告侵犯其"静冈刀具"图文商标—完全嵌入—特定联系—攀附故意—一审认定侵权

┌─────────────┐
│ **裁判摘录** │
└─────────────┘

　　【3】法院认为，因原告静冈公司未能举证证明其因侵权行为所遭受的具体损失，亦未能提供被告侵权获利的直接证据，故综合考虑涉案注册商标的知名度、侵权行为的性质和规模、侵权物品的价值、静冈公司为制止侵权行为所支出的合理费用等因素酌情确定。

DY，三一重工案（20121206/D2012-02）：涉案商标及企业名称的知名度等因素会影响法定赔偿数额

三一重工公司 v 永合公司，二审，湖南高院（2012）湘高法民三终字第61号判决书，曾志红、邓国红、钱丽兰

┌─────────────┐
│ **案情概要** │
└─────────────┘

　　原告三一重工公司从事建筑工程机械、起重机械经营—拥有第1550869号（第7类的压路机等）和第6131503号"三一"注册商标（第7类的地质勘探、采矿选矿用机器设备、采煤机、机床等）—被告永合公司经营范围包括锻压机床、刀模具、工矿机械配件生产、销售—原告起诉被告未经许可在其企业名称中冠以"三一"文字，在其产品、对外宣传中使用"三一重工""三一机床"等标识构成商标侵权及不正当竞争—一审认为易产生误导，损害原告与"三一"商标的对应关系，构成对原告第1550869号驰名商标的侵犯—被告故意攀附原告的知名度及市场影响力，易产生混淆，构成不正当竞争—二审维持一审

┌─────────────┐
│ **裁判摘录** │
└─────────────┘

　　【5】由于本案诉讼中，双方当事人均未能证明侵权人因侵权所获得的利益及被侵权人所受到的损失，因此，原审法院按照法定赔偿的方式确定本案的赔偿金额是正确的。在具体的赔偿数额方面，原审法院综合商标侵权行为与不正当竞争行为所造成的损失交叉重合、涉案商标和企业名称之知名度、侵权情节、侵权人的主观故意及权利

人为维权所支出的合理费用等因素，在法定赔偿金额的范围内确定由上诉人永合公司赔偿被上诉人三一重工公司 40 万元并无不妥。

FZ，璜时得（20120104/F2011-49）：刑事认定的假冒产品不等同于附带民事赔偿的标准

宜昌检察院 v 熊某传等，二审，湖北高院（2011）鄂知刑终字第 1 号判决书，刘建新、徐翠、童海超

【 案情概要 】

　　璜时得公司注册有"璜时得"商标—熊某传等生产并销售假冒"璜时得"粘合剂产品—公安机关在熊某传制假窝点发现假冒产品—检察院提起公诉—璜时得公司提起附带民事诉讼—一审认为熊某传犯假冒注册商标罪，同时应承担对璜时得公司的赔偿责任—二审认为定罪准确，附带民事赔偿处理得当，纠正量刑

【 裁判摘录 】

　　【6】……上诉人熊某传、熊某梦除二审认定的销售数量之外，还向全国多个省份销售过假冒"璜时得"注册商标的粘合剂产品，其销售数量和金额虽无法确定，但销售侵权产品的事实客观存在。故上诉人熊某传、熊某梦销售侵权产品的全部获利以及被上诉人璜时得公司因被侵权受到的全部损失均无法确定。据此，本案认定扣押和销售的假冒产品的价值只是确定熊某传刑事责任的依据，但不能成为民事赔偿的标准。综合考虑上诉人熊某传、熊某梦生产侵权产品的规模和时间、销售侵权产品的范围与价格、侵权行为的性质及后果等因素，本院认为，原审酌情决定由熊某传、熊某梦连带赔偿璜时得公司的经济损失 30 万元，符合法律规定，本院依法予以维持。

FY，卡地亚Ⅱ案（20111202/F2011-19）：确定法定赔偿数额要考虑侵权行为及被侵权商标的知名度

卡地亚公司 v 铭坤公司等，二审，上海高院（2011）沪高民三（知）终字第 93 号判决书，张晓都、王静、马剑峰

【 案情概要 】

　　卡地亚公司注册有"Cartier""卡地亚"商标—核定使用在第 14 类等多个类别的

商品，但不含 19 类—被告铭坤公司等将"卡地亚"作为其的陶瓷类商品标识使用及宣传—卡地亚公司起诉被告商标侵权及不正当竞争—一审认定卡地亚公司引证商标驰名—被告属于商标使用行为—足以使相关公众误认为两者具有相当程度的联系，构成商标侵权—违反诚实信用—金丝玉玛公司与铭坤公司构成不正当竞争—二审维持一审

裁判摘录

【5】……本案中并无证据能够证明三上诉人的侵权获利，也无证据证明被上诉人因被侵权遭受的实际损失，故原审法院综合考虑三上诉人实施侵权行为的性质、情节、规模、影响范围以及被上诉人涉案两项注册商标的知名度、被上诉人为本案支出的合理费用等因素，酌情确定上诉人铭坤公司和上诉人金丝玉玛公司共同赔偿被上诉人经济损失人民币 45 万元、上诉人章某树赔偿被上诉人经济损失人民币 5 万元，并无不当。

CDY，拉菲Ⅰ案（20110817/C2012-07/D2011-02）：损失及获利均难查清的适用法定赔偿

拉菲公司 v 金鸿德公司等，二审，湖南高院（2011）湘高法民三终字第 55 号判决书，曾志红、唐小妹、陈小珍

案情概要

拉菲公司认为金鸿德公司未经许可在相同商品上使用"LAFITE FAMILY"标记等行为，侵犯其"LAFITE"商标权利并构成不正当竞争—一、二审认为构成侵权及不正当竞争

裁判摘录

【7】……由于在本案诉讼中，双方当事人均未能证明侵权人因侵权所获得的利益及被侵权人所受到的损失，因此，原审法院按照法定赔偿的方式确定本案的赔偿金额是正确的，在具体的赔偿数额方面，原审法院综合涉案侵权行为损失混同、商标和知名商品特有的名称之知名度、侵权的情节、主观故意及维权所支出的必要费用等情况酌定上诉人金鸿德公司赔偿被上诉人 30 万元并无不妥。上诉人虽然主张赔偿数额过高，但未提交证据予以证明，因此其关于原审判决确定的赔偿金额过高的上诉理由亦不能成立，本院不予支持。

FWY，米其林Ⅳ案（20110426/F2011-25）：被侵犯的商标的知名度等因素会影响法定赔偿的数额

米其林公司 v 喻某等，二审，广东高院（2011）粤高法民三终字第163号判决书，邓燕辉、李泽珍、欧丽华

案情概要

米其林公司认为喻某在喇叭产品上使用"米其林+miQolin"商标，何某芳销售该产品，侵犯其驰名商标，同时，喻某将"米其林"作为字号使用构成不正当竞争——一审和二审均认为，米其林公司商标构成驰名商标，被告的使用构成侵权和不正当竞争

裁判摘录

【9】本案中，由于侵权人喻某因侵权所获得的利益或者被侵权人米其林公司因被侵权所受到的损失均难以确定的，因此，原审法院综合考虑米其林公司涉案三个商标的声誉、喻某侵权行为的性质和情节、米其林公司为制止侵权所支付的合理费用等因素，酌定喻某赔偿米其林公司10万元，该数额是在法定允许的幅度范围之内，有充分的事实和法律依据，本院对此予以维持。

FY，阿迪达斯 Y-3 案（20101202/F2010-38）：过高的法定赔偿数额应予纠正

阿迪达斯公司 v 京固公司等，一审，东莞中院（2010）东中法民三初字第142号判决书，程春华、尹河清、涂林宗

案情概要

阿迪达斯公司对"Y-3"标识进行了商标国际注册——效力延伸保护至中国——核准使用商品包括皮革制品、箱子等——有很高的知名度和影响力——京固公司注册有"Y3"商标——核准使用商品为第28类"球及球拍专用袋"——委托金固公司在国内经销——其生产的"Y3"标识多功能包等不属于第28类商品——阿迪达斯公司认为两公司生产、销售的商品构成商标侵权——法院认为两商标属近似商标，且被告的商品扩大了商标使用范围，构成侵权

裁判摘录

【5】……鉴于阿迪达斯公司因被侵权所受的实际损失和京固公司及金固公司因侵

权所获的违法所得均无法查明，原告虽然提出 50 万元人民币的赔偿请求，但是对于 50 万元的赔偿数额未能向法院提供直接证据支持，根据《中华人民共和国商标法》第五十六条规定，侵犯商标专用权的赔偿数额，为侵权人在侵权期间因侵权所获得的利益，或者被侵权人在被侵权期间因被侵权所受到的损失，包括被侵权人为制止侵权行为所支付的合理开支。前款所称侵权人因侵权所得利益，或者被侵权人因被侵权所受损失难以确定的，由人民法院根据侵权行为的情节判决给予 50 万元以下的赔偿。本院认为上述原告请求的 50 万元赔偿数额过高，不予全额支持，综合本案的事实、可能给原告造成的损失、被告京固公司的主观因素、阿迪达斯公司为制止侵权所支出相关费用的合理性及必要性等因素，酌情判定京固公司、金固公司赔偿阿迪达斯公司经济损失（含合理费用）人民币 20 万元。

FY，镇江陈醋案（20100000/F2010-34）：工商机关认定的侵权数额能否作为法院判赔依据应结合个案认定

镇江市醋业协会 v 腾飞食品公司，一审，阜阳中院（2010）阜民三初字第 22 号判决书，合议庭成员［缺］

案情概要

原告镇江市醋业协会 2007 年取得"镇江陈醋"集体商标注册，核定商品为第 30 类醋类商品—许可其会员单位使用—原告发现被告未经其授权，在醋类商品上使用"镇江陈醋"字样—向工商机关举报—工商机关作出行政处罚—醋业协会认为工商机关认定的仅是该次处罚查明的数额—请求法院适用法定赔偿—法院认定被告侵犯原告商标权—判赔 4 万元

裁判摘录 ❶

【1】……安省阜南县工商行政管虽然查明镇江市润州区恒运酱醋厂许可安徽腾飞食品有限公司在酱醋产品上使用"恒运"商标，但安徽腾飞食品有限公司未能举证证明其有权在醋类产品上使用"镇江陈醋"的合法理由，其未经允许在同种类商品上的使用行为损害了"镇江陈醋"注册商标权人镇江市醋业协会的利益，依法应予赔偿。因镇江市醋业协会未能举证其因侵权所受损失，安徽腾飞食品有限公司亦未能举证证明其因侵权所获利益，且安徽省阜南县工商行政管理局是依据安徽腾飞食品有限公司委托人的口头陈述认定的该公司侵权生产数额，该单方陈述在没有其他证据佐证的情

---

❶　摘自《中国知识产权指导案例评注》（第 3 辑），非判决原文。

况下不能作为认定安徽腾飞食品有限公司生产销售侵权商品数额的依据。综合"镇江陈醋"的商誉、安徽腾飞食品有限公司的侵权性质、期间、后果等，依法酌定安徽腾飞食品有限公司侵权赔偿数额为 40000 元。

FY，雅培案（20100422/F2010-32）：确定法定赔偿额需考虑主、客观多种因素

雅培制药 v 汕头雅培公司等，一审，上海一中院（2010）沪一中民五（知）初字第 9 号判决书，胡震远、陆凤玉、胡瑜

案情概要

雅培制药公司认为被告汕头雅培公司在明知"雅培"为驰名商标的情况下，将"雅培"恶意注册为字号，将"中美·雅培"作为商标使用，构成侵权和不正当竞争——一审认为，被告构成侵权和不正当竞争

裁判摘录

【13】有关被告汕头雅培公司的赔偿数额问题，根据我国法律规定，可以权利人的损失或者侵权人的获利来计算。不过，现有的证据未能体现原告损失或被告汕头雅培公司获利的具体数额，故本院依法适用法定赔偿，并综合考虑以下因素，确定被告汕头雅培公司的具体赔偿数额：原告的"雅培"商标曾被认定为驰名商标的事实、"雅培"注册商标专用权所具有的市场价值、"雅培"商标、字号一体化战略所具有的品牌效应、原告的商业成功度、在婴幼儿食品行业中的市场地位，被告汕头雅培公司搭便车的主观恶意程度、实施商标侵权及不正当竞争的持续时间、通过商标、字号一体化模仿的侵权模式、覆盖全国的销售网络、销售价格，以及原告及其委托代理人对侵权行为进行调查、取证所支出的合理费用。

FY，路易威登 Ⅲ 案（20090723/F2009-30）：综合考虑已有刑事处罚和取证难度等各种要素综合考量确定法定赔偿

路易威登 v 仲雯公司等，一审，上海一中院（2009）沪一中民五（知）初字第 34 号判决书，刘军华、刘静、沈强

第六十三条

案情概要

路易威登系第 18 类的皮革、箱包等商品上 "LV" "LOUISVUITTON" 注册商标的专用权人—被告销售假冒原告注册商标的商品，被行政处罚和判处了相应的刑罚—原告提起民事侵权，索赔 100 万元—一审，被告构成侵权，赔偿 50 万元

裁判摘录

【5】本案中，原告请求判令三被告支付 100 万元赔偿金，已经超出了法定赔偿额 50 万元的上限。对此本院认为，为贯彻全面赔偿原则，如果确有证据表明原告的损失或者被告获利明显超出 50 万元，则可以考虑超出法定赔偿限额来确定合理的赔偿数额。本案原告主张被告林某仲和被告吴某雯用销售假冒商标的商品的所获利润购置了大量房产，要求以此为据酌情确定三被告应支付的损害赔偿金额，但该主张并没有直接证据加以证明，且本案查明的事实表明三被告销售的假冒注册商标商品所包括的品牌众多，故而难以认定三被告获利均来自于对原告注册商标专用权的侵权。此外，无论采用何种计算损失的方法，均应考虑全面赔偿原则以补偿性质为主这一因素，参酌原告可能遭受的实际损失来确定合理的赔偿数额。本院注意到，被告假冒原告注册商标的商品售价与原告商品售价相差悬殊，相关公众因误认或者混淆来源而购买被告销售的商品的可能性较小，故而造成原告商标区别功能淡化以及商誉贬损可能性亦较小，本院在确定赔偿数额时亦应酌情予以考虑。鉴于原告提起本案诉讼之时，三被告已经因销售假冒注册商标商品的行为受到了刑事处罚，相关侵权事实已经刑事判决确定，故而原告调查侵权行为的难易程度及所支出的费用均应相对较低，本院在确定原告的合理开支时应酌情予以考量。综合以上分析，本院认为原告主张在法定赔偿额以上确定三被告应赔偿的金额并无事实和法律依据，本院不予支持。【6】本院注意到，三被告销售假冒原告注册商标商品的主观故意明显，持续时间较长，利用原告注册商标极高的知名度和商誉获利的动机和效果明显，本院应作为确定赔偿额时的酌情从重情节予以考虑。本院注意到三被告数次被查扣的假冒注册商标商品中，假冒原告注册商标的商品均占多数，故本院应在确定赔偿额时充分加以考量。【7】本院注意到，三被告曾于 2002 年、2004 年因售假受到了工商行政管理部门的查处，原告及时得到了查处情况的通知，但并没有向被告主张民事赔偿。现自前两次的查处时间至本案起诉时止，已经超过了两年的诉讼时效，故而本院认为三被告所主张的诉讼时效抗辩，对于原告因三被告于 2004 年遭查处之前的侵权行为所遭受的损害而言，属于有效的抗辩。本院在确定赔偿数额时应当仅考虑弥补原告因被告在 2004 年查处以后所实施的侵权行为所可能造成的损害，但本院应将三被告重复侵权的情况作为造成侵权行为较为严重的情节来考量。【8】鉴于三被告被公安机关查扣的假冒商品均未实际销售获利，故上海市徐汇区人民法院在刑事判决中认定的案值并不能作为确定本案三被告赔偿数额的依据，

对于三被告的相关主张本院不予采纳。【9】综上所述，本院综合三被告侵权的主观过错程度、侵权持续时间、侵害后果严重程度、原告制止侵权的合理开支大小等因素，确定三被告应连带赔偿原告经济损失及合理开支共计人民币 50 万元。

FY，迪豆案（20080616/F2008-32）：确认民事赔偿应考虑已经受过的刑事处理

恒泉公司 v 周某涛等，一审，银川中院（2008）银民知初字第 2 号判决书，周宁林、吴志明、李鸿雁

案情概要

恒泉公司注册有涉案引证商标"迪豆"—被告周某涛委托他人印制了大量"迪豆"标识的外包装及说明书—对外销售假冒产品—曾被判处非法制造注册商标标识罪—原告诉多名被告侵权，请求民事赔偿—一审认为周某涛的行为构成商标侵权，应予赔偿—鉴于该案已经由刑事处理，经济赔偿应酌情予以考虑

裁判摘录

【1】本院认为，法人依法取得的商标专用权受法律保护。原告恒泉公司依法取得"迪豆"注册商标专用权，应当受法律保护。被告周某涛伪造、擅自制造原告"迪豆"注册商标标识，人民法院已经依据我国《刑法》的有关规定，以非法制造注册商标标识罪判处有期徒刑 7 个月，并处罚金 1 万元，同时其行为亦构成了对原告注册商标专用权的侵犯，应当依法承担相应的民事责任。【5】鉴于本案已及时通过司法程序的刑事处理，被告周某涛的民事侵权行为已经得到有效的制止和制裁，原告的经济损失已控制在较低范围。因此，原告请求被告赔偿损失的主张，应当依照我国《商标法》第五十六条第二款关于"侵权人因侵权所得利益，或者被侵权人因被侵权所受损失难以确定的，由人民法院根据侵权行为的情节判决给予 50 万元以下的赔偿"的规定，酌情予以考虑。

FY，苹果新概念案（20080528/F2008-40）：法定赔偿额需综合考虑的各种因素

苹果公司 v 苹果新概念公司等，一审，沈阳中院（2008）沈中民四初字第 77 号判决书，曲阿翔、张健、侯杨

第六十三条

案情概要

苹果公司认为被告苹果新概念公司使用"苹果"作为字号，同时，在电脑和数字音乐相关的产品突出使用侵权苹果图形构成侵权和不正当竞争——一审认为被告构成侵权和不正当竞争

裁判摘录

【4】苹果新概念公司侵犯了原告的注册商标专用权和构成不正当竞争，依法应承担停止侵权、消除影响和赔偿损失的法律责任。因苹果新概念公司的不当宣传主要通过其公司网站进行，受其侵权标识及不正当竞争行为影响产生误认或混淆的范围系特定消费群体，故苹果新概念公司应在此范围内刊登声明消除影响。鉴于原告未能提供证据证明其因被告侵权行为所受到的经济损失及苹果新概念公司因侵权而获得的利益，本院综合考虑被告侵权行为对原告商标侵权的同时构成不正当竞争，苹果新概念公司产品销售和广告宣传的范围和时间，经原告律师函通知仍未停止使用涉案标识的侵权情节，以及原告为制止被告侵权行为所支出的合理律师费、调查公证费用等因素，酌情确定被告苹果新概念公司的赔偿数额。

SWY，鳄鱼Ⅲ案（20070516）：定牌加工方仅是定作方商标使用行为的具体实施者，应承担相对较小的赔偿责任

拉科斯特公司 v 宏鑫公司，二审，江苏高院（2007）苏民三终字第 34 号判决书，吕娜、汤茂仁、顾韬

案情概要

拉科斯特公司认为宏鑫公司生产的 T 恤衫侵犯其第 141103 号、第 1318589 号、第 G800005 号鳄鱼图形及 141102 号"LACOSTE"注册商标，请求法院判定侵权并赔偿损失 300 万元——宏鑫公司辩称系他人出具了虚假的授权许可证明，委托其贴牌加工涉案商品，自己没有利润，也没有对原告的市场份额产生影响——一审认为被告并未尽到充分注意义务，构成侵权——被告作为加工方只赚取加工费——是加工承揽关系，非买卖关系——出口行为是交付加工物行为，非商品销售行为不能将生产数量视为销售数量——支持赔偿 5 万元——二审维持一审——实际商标使用人是定作方，加工方是定作方商标使用行为的具体实施者，责任相对较小

裁判摘录

【5】尽管涉案注册商标具有较高知名度，但结合本案的具体情况，确定本案赔偿额时还应考虑以下因素：首先，宏鑫公司在本案中系根据国外定作方委托进行定牌加工。如果定牌加工的商品全部出口至国外，没有在我国市场上销售，则在我国市场上不会因该定牌加工行为造成相关公众对商品或者商品来源产生混淆或误认，也不会对商标权人的市场利益造成损害。其次，由于宏鑫公司作为加工方，其所加工商品的品种、数量、质量、商标的使用等均是由定作方韩国 Shelton 公司指定的，涉案侵权商标虽是由宏鑫公司在实际加工过程中使用在商品上，但宏鑫公司的这种商标使用行为是其履行加工合同的行为和结果，因此，此类定牌加工商品的实际商标使用人是定作方，加工方只不过是定作方商标使用行为的具体实施者而已，且加工方获取的也仅仅是加工费，商标的巨大市场利益是由定作方所享有的，故定作方应承担主要民事赔偿责任，而宏鑫公司作为加工方承担的责任应相对较小。最后，因拉科斯特公司提供的证据表明宏鑫公司加工生产的侵权产品均已被海关和工商部门所查扣，尚未实际流入市场，故对拉科斯特公司的市场份额亦不产生影响。【6】……尽管拉特斯特公司涉案注册商标具有较高知名度，但在综合考虑上述诸因素以及拉科斯特公司为制止侵权支付的查询费、差旅费等合理开支的情况下，一审判决依法确定本案赔偿额为 5 万元并无不当。

CY，梦特娇Ⅰ案（20040706/C2005-12）：法定赔偿额需综合考虑的各种因素

博内特里公司 v 梅蒸公司等，二审，上海高院（2004）沪高民三（知）终字第 24 号判决书，王海明、李澜、马剑峰

案情概要

博内特里公司认为被告使用"梦特娇·梅蒸"等标志侵犯其"梦特娇"和"花图形"商标权利，并构成不正当竞争—近似混淆——一、二审认定侵权及不正当竞争成立

裁判摘录

【6】……关于本案的赔偿数额问题，根据有关司法解释的规定，在审理商标侵权案件以及不正当竞争案件中，当被侵权的权利人或被侵害的经营者的损失难以计算，侵权行为人或给其他经营者造成损害的经营者的利润无法查明时，人民法院可以根据权利人或被侵害的经营者遭受侵害的实际情形酌情确定赔偿额。原审法院根据上诉人

以及原审被告侵权行为的性质、时间长短、影响以及被上诉人为制止侵权行为支出的合理开支等具体情况，酌情确定 50 万元的赔偿数额并无不当。

63. 3 ［2］酌定赔偿

FY，勾图形案（20190923/F2019-13）：明显超过法定赔偿的获利数额的可以通过酌定赔偿方式确定

七波辉公司 v 超日公司等，二审，山东高院（2019）鲁民终 728 号判决书，张金柱、于军波、柳维敏

> **案情概要**

原告七波辉公司获得注册商标权利人的授权许可，享有对第 1545218 号、第 8543393 号和第 8543434 号商标的独占使用权，且有权以自己的名义提起商标侵权诉讼——超日公司使用"七波威"等标志——一审认定商标侵权——七波威公司在香港注册之前，七波辉公司的企业字号及"七波辉"系列商标已经在童鞋行业取得了很高的市场知名度，为相关公众所知悉——超日公司、七波威公司使用"七波威"企业字号的行为不正当——不论是规范使用还是突出使用，均难以避免产生市场混淆——构成不正当竞争——赔偿 400 万元——二审维持商标侵权及不正当竞争认定——认为一审法院确定赔偿数额的方式虽有不当，但确定的赔偿数额符合该案实际

> **裁判摘录**

【3】本案中，虽然七波辉公司一审中没有明确说明采用何种方式确定赔偿数额，但明确提出计算的公式，根据七波辉公司提供的说明，可以看出其主张是通过侵权获利来计算赔偿数额，其二审对此也予以了确认。此种情况下，一审法院仍然采用法定赔偿方式确定赔偿数额不当。超日公司在二审中对阿里巴巴网页真实性不予认可，但一方面，其在一审中对该网页真实性没有异议，另一方面，其虽然进行否认，但并未提供有效财务账簿等证据，故本院对该证据予以采信。本院认为，本案中虽然没有确切的证据证明超日公司的侵权获利，但根据超日公司在阿里巴巴网站的宣传，其月产15 万双鞋、年出口额 5001 万元至 1 亿元、年营业额 1 亿元以上，按照七波辉公司主张的利润每双 10 元计算，超日公司的获利远远超过一审法院确定的 400 万元，足以证明其侵权获利超过了商标法法定赔偿最高限额，故对超日公司关于赔偿数额过高的主张不予支持。一审法院确定赔偿数额的方式虽有不当，但确定的赔偿数额符合本案实际，本院予以维持。

SWY，六福Ⅲ案（20191008）：证据证明侵权获利明显高于最高法定赔偿可以支持

六福集团 v 六六福公司，二审，广东高院（2019）粤民终 957 号判决书，邓燕辉、郑颖、林恒春

案情概要

　　原告六福集团起诉被告六六福公司等侵犯其商标权并构成不正当竞争——一审认定被告构成商标侵权及不正当竞争，判赔 50 万元——二审维持一审认定，但认为判赔金额过低——证据足以证明六六福公司因侵权所获得利益远远超过商标法所规定的最高法定赔偿数额，也远远超过六福集团本案中所主张的 600 万元赔偿数额——判赔 600 万元

裁判摘录

　　【16】六福集团还上诉认为其在原审中提交的珠宝行业内数家上市公司的年报，证明同行业者的毛利率均在 20% 以上，加盟销售毛利率平均也在 20% 以上，因此即使按照加盟店每家每年 10 万元的销售额来计算，六六福公司销售侵权产品的获利也达到 10 万元×232 家店×2 年×20% = 928 万元。本院对此认为，即使珠宝行业内的同行业者毛利率平均在 20% 以上，但是，六六福公司是否每年均向加盟店收取毛利率的 20% 以及加盟店每年销售额是否达到 10 万元，均属于主观推断，并没有直接证据予以证明，因此本院对六福集团该主张不予支持。但是，加盟店销售的是六六福公司的珠宝首饰商品，六六福公司必然会从中获得利益，而且六六福公司也直接销售侵权商品并据此获得利益，上述所获得利益均属于侵权所得，在计算六六福公司的赔偿数额时应予考虑。【17】在确定本案的赔偿数额时，除了上述因素外，还应考虑六福集团涉案注册商标的知名度、六六福公司实施商标侵权和不正当竞争两种侵权行为、侵权标识对侵权获利的贡献率、六六福公司侵权故意等因素。综合六福集团提供的上述证据，足以证明六六福公司因侵权所获得利益远远超过商标法所规定的最高法定赔偿数额，也远远超过六福集团本案中所主张的 600 万元赔偿数额，因此本院确定六六福公司应赔偿六福集团经济损失为 600 万元，原审法院判决六六福公司赔偿六福集团经济损失和合理费用共计 50 万元，该判赔数额明显过低，本院予以纠正。

SWY，惠普Ⅱ案（20190530）：刑案中对假冒商品的价值认定仅限于确定刑事责任，不能直接用作民事赔偿的依据

惠普公司 v 孙某等，一审，广州天河区法院（2016）粤 0106 民初 20467 号判决书，童

宙轲、刘小红（陪）、何伙森（陪）

案情概要

原告惠普公司经涉案商标的权利人惠普发展公司授权处理其在中国境内的有关侵犯知识产权权益的法律事务——起诉被告拼装、改装并销售标有"HP及图"商标的印刷机侵犯第 7749459 号和第 11365403 号商标——生产、销售假冒 HP Indigo 印刷机专用油墨、图像油侵犯第 7749458 号商标——生产、销售假冒 HP Indigo 印刷机专用 BID 侵犯第 7749457 号商标——相关刑事案件曾认为生产行为存疑，但是销售行为可以确认，判处相关被告人销售假冒注册商标的商品罪——法院基本支持惠普公司诉讼请求

裁判摘录

【6】……刑事案件与民事案件的证明标准并不相同，不应以刑事案件的高标准取代民事证明标准。关联刑事判决基于刑事证明标准，对孙某、周某丽、李某鹏等生产假冒油墨行为未予认定，并不排除民事诉讼以其自身标准对该事实作出认定。本案系侵害商标权纠纷案件，受民事法律规范调整，若本案现有证据能够达到高度盖然性的证明标准，可以认定天恒公司广州分公司存在上述被控侵权行为。【24】关联刑事案件认定扣押的假冒油墨产品的价值仅用于确定被告刑事责任，并非侵权人的全部获利或被侵权人的全部损失，故不应作为确定本案赔偿数额的直接依据。……鉴于现在证据并不足以证明惠普公同因三被告侵权行为所受到的实际损失数额，以及三被告实施侵权行为所获得的利益，综合考虑以下因素：1. 涉案注册商标在全国范画内享有较高的知名度和良好的声誉；2. 三被告侵权行为从 2012 年开始实施，直至 2014 年年底被查处，持续时间较长。三被告生产并销售的侵权品数量较多，产品通过参加印刷行业专业展会及开通官方网站等多种渠道进行推介，规模较大。《鉴定意见书》仅以缴获的销售单据中标有"HP"字样且有数量有金额的商品金额计为 886164 元，该金额与袁巧娟等人供述相比明显偏小并不合理，《鉴定意见书》未将仅有数量无金额的商品 31565 件予以统计，原因应归咎于天恒公司未能据实填写销售单据等财务凭证，在天恒公司未能提供相应证据将其排除在侵权产品销售数额之外的情况下，惠普公司对此参照同类产品单价并以孙某自认的印刷机毛利 15% 统一推算的利润额具有一定的合理性，考虑到统计口径不一致可能导致重复计算、同型号产品销售价格存有差异时选取中间价可能偏高等因素，若以三分之一作为排除上述因素后的利润，该利润额已超过法定赔偿限额 300 万元，侵权获利较高；3. 三被告作为工业印刷机从业者，明知惠普公司注册商标予以假冒，其主观恶意明显；4. 孙某等因涉案侵权行为已被追究刑事责任，判处有期徒刑并处相应的罚金；本院认为涉案侵权获利已明显超过法定赔偿限额 300 万元，故确定天恒公司、孙某连带赔偿惠普公司经济损失 300 万元。考虑到侵权印刷机在涉案侵权产品中的获利所占比例，酌情确定乔岳公司对其中 90 万元承担连带责任。对于

超出部分，本院不予支持。

BY，五粮液 V 案（20190528/B2019-37）：明显超出法定最高赔偿额的，法院可综合酌定赔偿金额

五粮液股份公司 v 滨河公司等，再审，最高院（2017）最高法民再 234 号判决书，夏君丽、郎贵梅、马秀荣

案情概要

原告五粮液股份公司称被告滨河公司等在其生产和销售的酒类商品上使用标识"九粮液"的行为侵犯其被独占许可使用的涉案多个有关"五粮液"的注册商标专用权——一审认为被告不侵权——原告"五粮液"商标的知名度使得酒类商品的相关公众，在看到被诉侵权商品上的上述标识时，虽通常会联想到原告的"五粮液"商标，却通常并不会认为被诉侵权商品系由五粮液股份公司生产或与五粮液股份公司具有特定联系——与第 33 类的两个引证商标无混淆、误认——滨河公司选择"九粮"具有搭五粮液股份公司"五粮液"便车的恶意，但是原告并没有主张，法院不予评述——与 35 类的引证商标不近似——二审维持一审——再审推翻一审、二审，认定被告的行为构成商标侵权

裁判摘录

【21】五粮液股份公司在一、二审及再审阶段提交了证明滨河公司因侵权所获得利益的相关证据，……上述数据包含滨河公司的商品销售利润，但是根据现有证据无法区分被诉侵权商品在其中所占的比例和具体利润，故仍无法清楚证明滨河公司因侵权所获得的利益。鉴于上述数据已经远远高于《商标法》第五十六条规定的 50 万元的法定赔偿最高限额，综合考虑被诉侵权行为的表现形式、滨河公司被诉侵权期间商品的销售利润和销售范围、滨河公司的主观恶意，以及五粮液股份公司注册商标的知名度、为制止本案侵权行为支付的合理费用等因素，本院确定滨河公司向五粮液股份公司支付赔偿金人民币 500 万元。

FY，汇源案（20171222/F2017-10）：恶意会加重赔偿

北京汇源 v 菏泽汇源，二审，最高院（2015）民三终字第 7 号判决书，秦元明、马秀荣、佟姝

案情概要

北京汇源认为菏泽汇源在其罐头系列产品上使用"汇源"侵犯其第 32 类果汁上的"汇源"商标——在企业名称中使用"汇源"构成不正当竞争——请求驰名商标跨类保护，索赔 1 亿元——一审认为商品类似，无需认驰——认定侵权及不正当竞争，判赔 300 万元——上诉要求 1000 万元——二审认为无需认驰，维持商标侵权和不正当竞争，判赔 1000 万元

裁判摘录

【12】……一审法院综合考虑北京汇源公司两注册商标的较高知名度、菏泽汇源公司具有明显主观恶意、菏泽汇源公司生产销售范围以及相关公众造成实际混淆的后果等因素，酌定菏泽汇源公司赔偿北京汇源公司经济损失 300 万元。但是一审法院酌定赔偿额仅考虑了水果罐头的生产和销售量，而没有考虑冰糖山药罐头和八宝粥等两种侵权产品，同时考虑到菏泽汇源公司主观恶意明显，为让北京汇源公司利益得到补偿，让被诉侵权人菏泽汇源公司无利可图，根据北京汇源所提交的菏泽汇源公司销售额以及获利情况的证据，酌定菏泽汇源公司赔偿北京汇源公司经济损失 1000 万元。

FWY，3M 案[1]（20150909/F2015-16）：侵权人妨碍举证法院可参考权利人的主张和提供的证据判定赔偿数额

3M 公司 v 华威公司，二审，浙江高院（2015）浙知终字第 152 号判决书，应向健、王磊、陈为

案情概要

3M 公司注册有 3M 商标——华威公司申请注册"3N"标志，并使用在车身反光标识产品上——3M 公司对"3N"商标提出异议——商标局认为"3N"商标与"3M"商标近似，不核准——华威公司持续使用 3N 商标——3M 公司诉至法院——一审法院认为"3M"和"3N"商标整体效果上构成近似，华威公司侵权——二审维持一审，认为华威公司的在后使用行为不具有正当性和合法性——华威公司申请再审——驳回再审申请

---

[1] 华威公司申请再审，2016 年 3 月 24 日，最高院以（2016）最高法民申 187 号裁定驳回其再审申请。

裁判摘录

【11】……原审法院在确定华威公司所应支付的赔偿额时，综合考量了华威公司生产、销售侵权产品的规模大、时间长、范围广，侵权情节严重；侵权产品的利润率较高；华威公司具有侵权的主观恶意；"3M"商标和商号较高的知名度；3M公司、3M中国公司为制止本案侵权行为支付的维权合理费用等涉案因素。原审法院还特别考量到华威公司有能力提供而拒不提供反映其侵权产品的生产销售数量及利润的财务凭证，导致本案中其公司因侵权所获得的利益无法查清的情节，认为华威公司应对其举证妨碍承担不利的法律后果，继而推定其侵权获利巨大，已远远超过50万元的法定赔偿最高限额。据此，原审法院酌情确定华威公司应向3M公司、3M中国公司赔偿损失人民币350万元。本院认为，原审判决所确定的赔偿额既符合本案客观实际，也在其合理的裁量范围之内。

FY，OPPO案（20120625/F2012-32）：在法定最高限额以上合理确定赔偿数额

欧珀公司 v 星宝通公司等，二审，广东高院（2012）粤高法民三终字第79号判决书，潘奇志、李泽珍、肖少杨

案情概要

欧珀公司起诉星宝通公司等生产和销售的被控侵权产品上使用"ccpo"标志侵犯其"OPPO"注册商标专用权——一审认为有近似，容易误认，构成侵权——判赔260万元——二审维持一审

裁判摘录

【11】对于难以证明侵权受损或侵权获利的具体数额，但有证据证明损失数额明显超过法定赔偿最高限额的，应当综合全案的证据情况，在法定最高限额以上合理确定赔偿数额。……鉴于欧珀公司无法证明其因被侵权所受到的实际损失或者星宝通公司因侵权所获得的利益，考虑到涉案注册商标具有较高的知名度、欧珀公司投入巨额资金进行宣传广告并获得了较高的知名度、商标在手机类产品销售中起到的重要识别作用和吸引作用、星宝通公司在诉讼中并未提交完整的财务账册资料，存在着侵权的故意以及星宝通公司侵权的持续时间、地域范围、规模大小等因素，原审法院酌定本案星宝通公司赔偿欧珀公司包括合理维权费用在内的经济损失人民币260万元并无不妥，本院予以维持。

第六十三条

FY，North Face 案（20100512/F2010-31）：证据证明侵权获利明显高于最高法定赔偿可以支持

北面公司 v 梅某辉等，二审，上海高院（2010）沪高民三（知）终字第 14 号判决书，张晓都、李澜、马剑峰

案情概要

北面公司在中国注册有"THE NORTH FACE"字母注册商标及相关图形商标—梅朝辉委托皓柏公司生产羽绒服—使用了北面公司的商标—北面公司诉其侵犯了注册商标使用权—一审法院认定构成侵权—赔偿 60 万元—二审维持一审

裁判摘录

【2】综合考虑到 2005 年 8 月 25 日签订的《杭州柏尔豪工贸有限公司购销合同》中约定的羽绒服共计 11000 件，同年 10 月 13 日签订的《杭州柏尔豪工贸有限公司购销合同》中约定的羽绒服共计 6600 件，涉案出运单中记载的棉衣 10000 件，涉案出库单涉及的羽绒服 8094 件，以及被卢湾区工商局查获的羽绒服 1080 件和被湖州市工商局没收封存的羽绒服 5300 件，原审法院认定本案已实现销售的涉案羽绒服至少 8094 件并无不当［一审曾认定，即使根据销售该类商品的一般单位利润计算，被告梅某辉、被告皓柏公司销售 8094 件涉案羽绒服的获利也已超过了法定赔偿的最高限额即 50 万元的标准，并在法定赔偿最高限额 50 万元以上予以酌情确定赔偿 60 万元］。至于上诉人梅某辉所说原审法院未曾查明所称已运往美国的 8094 件服装是在何时、经过何人、通过何种途径运往国外的，这并不影响原审法院的上述事实认定。

第六十四条 【赔偿免责】

注册商标专用权人请求赔偿，被控侵权人以注册商标专用权人未使用注册商标提出抗辩的，人民法院可以要求注册商标专用权人提供此前三年内实际使用该注册商标的证据。注册商标专用权人不能证明此前三年内曾经实际使用过该注册商标，也不能证明因侵权行为受到其他损失的，被控侵权人不承担赔偿责任。

销售不知道是侵犯注册商标专用权的商品，能证明该商品是自己合法取得并说明提供者的，不承担赔偿责任。

本条导读

法律规定了某些情况下可以不予赔偿的情形：主要是原告商标如果在诉前三年没有实际使用（第 1 款），以及被告属于善意销售人（第 2 款）。

64.1 关于不使用不赔偿，2013 年修法前已有一些早期的案例（红河案、中凯案），甚至因不使用已经被撤销，不能获得追溯性保护的案例（名爵案）。之后司法实践逐步增多，除了维权的合理开支外，一般不支持其他赔偿请求（雨洁案、五谷丰登案、优衣库I案）。当然，如果已经许可投入使用，则自然不存在没有使用的抗辩（三精案）。

64.2 关于善意销售免赔，如果能证明自己的确不知情，则可以免于赔偿（古丈毛尖案、CARIOCA 案），但如果没有尽到合理的审查义务者以及不能说明进货来源者除外（茅台Ⅰ案、NBA 案、郎酒案、Columbia 案、波马Ⅱ案）。当然，如果销售商根本没有与制造商构成共同侵权，就无需赔偿权利人的所有损失（波马Ⅰ案）。

64.1 三年不使用免赔

FY，优衣库Ⅰ案[1]（20151231/F2016-16）：不使用不赔偿

指南针公司等 v 优衣库等，二审，上海高院（2015）沪高民三（知）终字第 97 号判决书，王静、陶冶、曹闻佳

---

[1] 该案再审是年报案例、十大案例"优衣库Ⅱ案"。再审推翻一审、二审，认为原告不侵权，被告恶意取得并行使商标权不受法律保护。

案情概要

　　指南针公司注册有 25 类服装上的第 10619071 号"UL"商标，认为优衣库公司等使用与"UL"相同或近似标识侵犯其商标权——一审认为，被告构成侵权，但原告未实际使用商标，没有损失，被告不需承担赔偿责任——二审维持原判

裁判摘录

　　【21】侵权损害赔偿责任的承担，主要是为了弥补业已发生的侵权行为对权利人所造成的经济损失。除原判对优衣库公司、优衣库船厂店不应承担赔偿损失之民事责任的相关理由外，本院还认为，鉴于指南针公司、中唯公司未实际使用"[图一]"注册商标，被控侵权行为未产生侵占其商品市场份额的损害后果，因此指南针公司、中唯公司并不存在因被控侵权行为所产生的实际经济损失，故原审法院对指南针公司、中唯公司要求优衣库公司、优衣库船厂店承担损害赔偿责任之请求未予支持，具有事实和法律依据。【23】此外，指南针公司、中唯公司另主张，只要其在法律规定的三年内使用了商标，即使侵权时间发生在使用行为之前，侵权人都应承担赔偿责任。本院认为，根据《商标法》（2001 年修正），商标注册后连续三年停止使用的，可由国家商标局撤销该注册商标，该规定系考量注册商标是否应被依法撤销的情形，而本案是侵权之诉，根据侵权行为发生时所施行之商标法的相关规定，权利人在商标注册后三年内是否使用并非侵权索赔的法律依据，故指南针公司、中唯公司该主张，本院不予支持。

图一　第 10619071 号商标图样

FY，三精案（20161212/F2016-15）：许可他人使用也属于商标的使用，可以据此要求赔偿

哈药三精公司 v 北京三精公司等，一审，哈尔滨中院（2015）哈知初字第 155 号判决书，杨欣、毛保森、王爱萍（陪）

案情概要

　　哈药三精公司认为北京三精公司使用"三精"标识和作为字号使用侵犯其商标权，构成不正当竞争——一审认为被告使用"三精"构成侵权和不正当竞争。

裁判摘录

【10】哈药三精股份公司举示的哈药集团三精英美制药有限公司《全国企业信用信息查询表》《委托加工合同》、双黄连中药牙膏、双黄连植物精华皂等证据，证明哈药三精股份公司通过其全资子公司授权许可他人使用了涉案注册商标，哈药三精公司授权许可他人使用涉案商标亦是对涉案注册商标的使用。因此，北京三精公司依据《中华人民共和国商标法》第六十四条第一款关于"注册商标专用权人不能证明此前三年内实际使用过该注册商标，也不能证明因侵权行为受到其他损失的，被控侵权人不承担赔偿责任"的规定，主张因哈药三精股份公司连续三年未使用涉案注册商标，北京三精公司不承担赔偿责任的抗辩主张不成立。

FY，五谷丰登案（20150706/F2015-21）：不使用不赔偿，但可以要求合理开支

格力公司 v 美的公司，二审，广东高院（2015）粤高法民三终字第 145 号判决书，邓燕辉、凌健华、欧阳昊

案情概要

格力公司是"五谷丰登"注册商标专用权人—美的公司在其生产的空调器上使用了与"五谷丰登"标识—格力诉美的构成侵权—一审认为美的构成侵权，赔偿 380 万元—二审认为格力公司构成侵权，但注册商标因为没有实际使用，从而没有起到区分商品来源的功能，虽然美的公司侵害了格力公司注册商标专用权，但不会给格力公司造成实际损失，不需赔偿，只需支付合理费用

裁判摘录

【19】……未使用的注册商标因为没有使用，也就没有区分商品来源的功能，所谓侵害商标权不会造成消费者混淆，也不会给商标权人造成损失；未使用的注册商标也不是商誉的载体，侵害人无从借用其商誉推销自己的产品，无从通过侵害行为获得利益，所以未使用的注册商标的商标权人没有因侵害行为受到损害，其侵权损害赔偿请求权也就不成立。但是，在商标权人拥有注册商标而且该注册商标未被撤销或者被宣告无效的情形下，就应当拥有该商标完整的权利，商标权人享有在核定使用的商品上使用核准注册的商标的专有使用权和在相同或类似商品上禁止他人使用相同或近似商标的排斥权，即使商标权人未实际使用其注册商标，但他人的使用行为会妨碍商标权

人对其商标权的行使，妨碍商标权人拓展市场的空间。因此，商标权人有权依照法律的规定制止他人的侵权行为，由此所支付的合理开支可以作为因侵害行为所受的损失，商标权人有权请求侵害人予以赔偿，即商标权人享有以"合理开支"为内容的损害赔偿请求权……【20】本案中，格力公司于 2011 年 4 月 21 日经国家商标局核准注册了第 8059133 号"五谷丰登"商标。格力公司分别于 2011 年 11 月 8 日、2013 年 1 月 16 日两次以公证的方式购买了被诉侵权产品，并于 2013 年 11 月 8 日向原审法院提起本案诉讼。格力公司没有提供证据证明美的公司被诉侵权行为一直持续到起诉之后，相反，美的公司在一审答辩中以及在二审开庭时均确认其在收到法院送达的起诉材料后，就在相关空调器产品上停止使用被诉侵权标识，格力公司对此也没有提出异议，因此本院对美的公司陈述的事实予以确认。故格力公司应提供证据证明其本案注册商标在美的公司实施被诉侵权行为之前已经实际使用的事实。但是，根据格力公司提供的证据，只能证明其于 2013 年 11 月 15 日与他人签订合同销售标有格力公司本案注册商标的空调器产品，于 2013 年 11 月 19 日委托他人印制标有本案注册商标的空调器的宣传折页，显然，上述证据均形成在提起本案诉讼之后，格力公司并未提交证据证明在美的公司实施被诉侵权行为之前已经实际使用其注册商标。可见，在美的公司实施被诉侵权行为之前，格力公司本案注册商标因为没有实际使用，从而没有起到区分商品来源的功能，虽然美的公司侵害了格力公司注册商标专用权，但不会给格力公司造成实际损失，而且美的公司无从借用格力公司本案注册商标尚未建立起来的商誉来推销自己的产品并因此而获得利益。而且格力公司没有提供证据证明美的公司使用被诉侵权标识的行为给格力公司本案注册商标造成不良影响，从而损害该商标可能承载的商誉。因此，格力公司侵权损害赔偿请求权不能成立，其请求以美的公司因侵权所获得的利益作为计算赔偿损失的依据，不应得到支持。原判决对此认定错误，本院予以纠正。但是，格力公司为制止美的公司的侵权行为所支付的合理开支，可以请求美的公司予以赔偿，原判决对此认定正确，本院予以维持。

FY，雨洁案（20141126/F2014-27）：不使用的只考虑赔偿合理开支

拉芳家化公司 v 潍坊雨洁公司，一审，潍坊中院（2014）潍知初字第 341 号判决书，丁岩、冯海玲、郭介友（陪）

案情概要

原告拉芳家化公司诉被告潍坊雨洁公司生产印有"雨洁"字样的洁肤湿巾等行为侵犯构成商标侵权和不正当竞争——一审认为，被告构成商标侵权，同时，"雨洁"并非商品特有名称，被告不构成正当竞争——原告不能证明其近三年来使用注册商标，不承担赔偿责任，仅支付合理开支

【6】关于法律责任如何承担的问题。因被告的行为侵害了原告享有的涉案商标专用权，故原告要求被告停止侵权的诉讼请求，有事实和法律依据，本院予以支持。……原告未能提交有效证据证明其在近三年来使用涉案的第 3135949 号注册商标，但是，考虑到原告为制止被告的侵权行为支付了一定的律师费、交通费、食宿费等差旅费用，律师已实际出庭参加诉讼，相关的发票、单据已经作为证据提交法庭，被告依法应当承担原告为制止被告的侵权行为所支付的上述合理开支，本院依法酌情确定金额为18000 元。

EY，名爵案（20121130/E2012-06）：因不使用而被撤销的商标不能获得追溯性保护

徐某 v 名爵公司等，二审，江苏高院（2012）苏知民终字第 183 号判决书，王天红、徐美芬、罗伟明

案情概要

2008 年 1 月 11 日，徐某起诉多名被告生产、销售的小型机动车擅自使用了涉案侵权标志，构成对其"名爵 MINGJUE 及图"商标专用权的侵犯—2009 年 12 月 8 日引证商标的不使用撤销被终审判决支持—一审认为标志近似，但原告该注册商标并未在小型机动车商品上实际使用—无混淆或误认—追溯短暂有效期未使用商标这样的形式意义上的商标权，已无必要更无实质意义—二审维持一审判决

裁判摘录

【4】……商标受保护的原因不在于标识形式本身，而在于它所代表的商品或服务及由商品或服务所体现的商誉。如果注册商标在有效期内并未在核定使用的商品上实际使用，且因连续三年未使用已经被撤销，该权利在有效期内未能体现出其商业价值，亦即没有可保护的实质性利益存在，对于此类已被撤销的商标专用权，无须再给予追溯性的司法保护。

第六十四条

FY，中凯案（20090821/F2009-28）：商标未使用仅能获赔制止侵权的合理开支

王某燕 v 中凯文化公司，二审，浙江高院（2009）浙知终字第 98 号判决书，周平、陈宇、林孟

案情概要

王某燕认为中凯文化公司、新华书店未经其许可，擅自生产、销售标有"中凯"商标的音像制品，侵犯其商标专用权——一审认为中凯文化公司在相同商品上使用"中凯文化"等标识构成侵权，但将"中凯"作为字号使用不易使相关公众产生误认——二审认为中凯文化公司突出使用其"中凯"字号，侵犯了王某燕的注册商标专用权

裁判摘录

【6】本案中，台州中凯文化公司在转让"中凯"注册商标前，未曾在音像制品领域使用过该商标。王某燕受让该商标后，仅用于空白光盘，亦未曾在音像光盘类商品上使用，即应认为该商标在电影、电视剧音像市场中尚未形成一定的消费群体。王某燕虽主张已通过普通许可方式许可百姓公司在戏剧等音像制品上使用该注册商标，但王某燕未能提供许可费交付的依据，也未能提交包装上印有"中凯"注册商标的《白蛇后传》实际销售的证据。同时考虑到音像制品作为一种特殊的版权产品，其市场及其利润取决于包括作品本身的受众范围在内的多种因素，并由著作权人将特定的著作权财产权利分割给复制出版发行、销售网络传播等环节具体受让享有。中凯文化公司并非作品的著作权人以及音像制品的邻接权人，其经销音像制品的利润主要来源于作品本身，其在被控侵权的音像制品上标注"中凯"字样仅用以示明其经销商身份，且音像制品的特点决定了"中凯"字号对消费者选择的影响力有限。同时，王某燕并未获得上述版权作品的著作权人及邻接权人的经销授权，其并无合法资格可以经销或在上述作品的利润中具有分割获益的权利。因此，中凯文化公司的侵权行为并没有给王某燕造成直接现实的经济损失，王某燕也未能提交因中凯文化公司突出使用"中凯"字号而给其造成实际损失和其他损害的依据。据此，赔偿额仅应限于王某燕为制止侵权行为所支付的合理律师代理费及其他合理开支，本院酌情确定赔偿额为 3 万元。

BFY，红河案（20090408/B2009-17.32/F2009-18）：商标未使用仅能获赔为制止侵权而遭受的损失

泰和公司等 v 城投置业，再审，最高院（2008）民提字第 52 号判决书，于晓白、夏君

丽、殷少平

案情概要

　　泰和公司以城投置业使用"红河红"标记侵犯其"红河"商标等事由起诉——一审、二审认为侵权成立——再审认为原告商标并未使用，被告"红河红"经实际使用已形成识别商品的显著含义的功能，无混淆，不构成侵权——被告在广告挂旗上使用"红河啤酒"字样的行为，是未经许可在同一种商品上将与注册商标相同的文字作为未注册商标使用的行为——构成侵权

裁判摘录

　　【8】……对于不能证明已实际使用的注册商标而言，确定侵权赔偿责任要考虑该商标未使用的实际情况。被申请人没有提交证据证明其"红河"注册商标有实际使用行为，也没有举证证明其因侵权行为受到的实际损失，且被申请人在一审时已经明确放弃了其诉讼请求中的律师代理费的主张，对于其诉讼请求中的调查取证费未能提供相关支出的单据，但是被申请人为制止侵权行为客观上会有一定的损失，本院综合考虑本案的情况，酌定申请再审人赔偿两被申请人损失共计2万元。

64.2　正当销售免赔

FY，Columbia 案（20170411/F2017-21）：不能提供进货来源的销售商不能免除侵权责任

哥伦比亚公司 v 联邦阿迪服装店，一审，新疆生产建设兵团第八师中院（2016）兵08民初50号判决书，蔡立军、张小萍、游绍群

案情概要

　　哥伦比亚公司起诉联邦阿迪服装店销售侵犯其商标权利的服装——被告对侵权本身及查封扣押无异议——在抗辩不知情的情况下进货，无销售，无损失——一审认为被告不能提供进货来源，抗辩不能支持

裁判摘录

　　【2】……被控侵权商品侵犯了原告商标专用权。被告虽辩称其在不知情的情况下进的货，但不能说明被控侵权商品的进货来源，其辩解理由不能成立。【3】……因原

告未向法院证明因被告侵权所遭受的损失，也无证据证明被告的获利情况，本院结合哥伦比亚公司注册商标的知名度、被告的侵权情节、主观过错程度以及哥伦比亚公司为制止侵权所支出的合理费用等因素，确定被告赔偿原告哥伦比亚公司经济损失人民币 20000 元。

FY，郎酒案（20151230/F2015-23）：销售者负有审查义务

古蔺郎酒厂 v 张某莉，二审，重庆高院（2015）渝高法民终字第 509 号判决书，黑小兵、白昌前、宋黎黎

案情概要

古蔺郎酒厂被授权使用"郎"商标—张某莉销售的"郎"牌贵宾郎酒系假冒商品—受到行政处罚—古蔺郎酒厂诉至法院请求赔偿—一审认为无证据证明张某莉明知或应知其商品系假冒商品，不承担赔偿责任—二审认为张某莉在购买涉案郎酒时没有尽到合理审查义务，应承担赔偿责任

裁判摘录

【2】虽然张某莉主张其销售的涉案郎酒系从重庆市江北区观农贸盘市场重庆运鸿酒业经营部经营者苑某处购进，同时提供了进货清单、中国农业银行转账凭证及经销商名片予以佐证，但酒类产品属于特许经营范围，张某莉未向供货方索取有效的产品质量检验合格证明复印件以及加盖酒类经营者印章的酒水随附单，违反了《酒类流通管理办法》的相关规定，没有在购买涉案郎酒时尽到合理的审查义务，无法证明进货渠道的合法性。因此，古蔺郎酒厂公司关于张某莉系以明显不合理的低价购进涉案郎酒、涉案郎酒不具备合法来源、张某莉应承担侵权赔偿责任的主张成立，本院依法予以支持，张某莉依法应对古蔺郎酒厂公司承担侵犯注册商标专用权的赔偿责任。

FY，NBA 案（20140915/F2014-26）：销售者对商品的合法来源负有审查义务

NBA 公司 v 特易购公司，二审，山东高院（2014）鲁民三终字第 143 号判决书，刘晓梅、丛卫、张金柱

案情概要

NBA 公司注册有"NBA"相关商标—特易购公司未经许可大量销售侵犯 NBA 公司

注册商标专用权的运动鞋—NBA 公司诉特易购公司商标侵权—一审法院认为特易购公司构成侵权，判令赔偿数额为 40 万元—二审维持一审判决，认为赔偿数额属在法定范围内依法行使自由裁量权

裁判摘录

【2】……被控侵权球鞋在鞋舌、鞋帮、鞋跟等最易吸引消费者注意的位置均标注了 NBA 公司的涉案商标……销售单价仅为 69 元。基于 NBA 公司旗下涉案商标已有的知名度，特易购公司理应注意到被控侵权球鞋的标识以及其低廉的价格，特易购公司应当对被控侵权球鞋是否 NBA 公司授权产品做进一步审查。但特易购公司未予审查，而是直接放任了被控侵权产品上市、销售，故特易购公司对其销售被控侵权产品行为难辞其咎。在此情形下，特易购公司对被控侵权产品是否有合法来源并不影响其责任承担。

FY，CARIOCA 案（20130701/F2013-24）：提供合法来源的销售者不赔偿

环球公司 v 际通文具等，二审，山东高院（2013）鲁民三终字第 32 号判决书，刘晓梅、张亮、张金柱

案情概要

环球公司为"CARIOCA"注册商标的权利人—核定使用商品包括文具、绘图用具等—环球公司起诉际通文具总经销，际通铅笔生产、永旺东泰销售的水彩笔侵犯其"CARIOCA"注册商标—一审认为际通文具与际通铅笔侵犯了环球公司的注册商标专用权，承担连带赔偿责任—永旺东泰已尽审慎注意义务，不承担赔偿责任—二审维持一审判决

裁判摘录

【10】……销售者只有在具有主观过错的情形下，才承担赔偿责任，即如果商标权人没有证据证明销售者知道其行为侵权，并且销售者能够提供合法正规的进货票据或合同证明涉案商品是通过真实的市场交易获得的，能够说明真实的供货商，则销售者可以免除赔偿责任。本案中，永旺东泰在原审中提交了相应的证据证明其销售的涉案侵权产品有合法来源，而环球公司没有提交其"CARIOCA"商标具有较高知名度的证据，不能证明永旺东泰知道或应当知道其销售的涉案产品侵权。故，永旺东泰销售不知道是侵犯他人注册商标专用权的产品，该产品系通过真实的市场交易获取且存在真

实供货人，永旺东泰依法得以免除赔偿责任。

BY，波马 II 案（20100521/B2010-33）：未与制造者构成共同侵权的销售者不承担连带赔偿责任

波马公司 v 广客宇公司，再审，最高院（2009）民申字第 1882 号裁定书，夏君丽、王艳芳、周云川

案情概要

　　波马公司起诉广客宇公司侵犯其豹子图形商标权—销售者—规模小—波马公司并未向该案被控产品的制造者主张权利—一审、二审、再审认为广客宇构成侵权，在侵权行为情节、性质、程度范围内承担相应的责任

裁判摘录

　　【2】……广客宇公司是销售商，而非制造者，在未与制造者构成共同侵权、需要承担连带责任时，广客宇公司仅就其销售行为承担相应的责任，而不一并承担制造者应当承担的责任，更不能由某一销售商赔偿权利人因侵权而受到的所有损失。……本案中，波马公司虽主张广客宇公司销售规模较大，但没有提供相应的证据，相反广客宇公司提交了进货单等证明及销售情况说明，证明其销售行为为规模小、数量少。同时，被控商品使用了与注册商标相近似的标志，广客宇公司的此种销售行为与销售假冒注册商标商品不同，其主观过错较小。而且本案中，被控侵权产品上已经标注了产品的制造者，广客宇公司也提交了制造者的营业执照等相关证据，在该种情况下，波马公司完全可以另行向制造者主张权利，获得相应的救济。因此，原审判决广客宇公司赔偿波马公司经济损失 1000 元和诉讼合理支出 700 元并无不妥。

FY，古丈毛尖案（20091023/F2009-29）：分装并作为自己的商品提供给消费者是生产者，能提供合法来源的消费者可以免除赔偿责任

古丈茶业 v 华茗茶业等，一审，长沙天心区法院（2008）天民初字第 2500 号判决书，赵纯、唐文东、郑新文（陪）

案情概要

　　古丈茶业是"古丈毛尖及图"证明商标的注册人—监督管理—华茗公司将原告注册

商标主要部分的文字作为商业标识在相同商品上突出使用—极易导致误认—主观非属善意—构成侵权—平和堂公司销售涉案侵权商品—构成侵权—无证据证明有主观过错—能证明商品的来源及提供者—可不承担赔偿责任

裁判摘录

【6】……根据《最高人民法院关于产品侵权案件的受害人能否以产品的商标所有人为被告提起民事诉讼的批复》，任何将自己的姓名、名称、商标或者可资识别的其他标识体现在产品上，表示其为产品制造者的企业或个人，均属于《中华人民共和国民法通则》第一百二十二条规定的"产品制造者"和《中华人民共和国产品质量法》规定的"生产者"。故被告华茗公司将茶叶分装并作为自己的产品提供给消费者，属于生产行为，而不是销售行为，不能据此主张免除赔偿责任。【7】被告平和堂公司销售了涉案侵权商品，构成对原告注册商标专用权的侵犯。但被告平和堂公司并非专业的茶叶经营者，并不具备识别涉案证明商标功能及其授权问题的一般能力，本案现有证据尚不足以证明被告平和堂公司在销售涉案侵权商品中存在主观过错。被告平和堂公司能证明商品的来源及提供者，符合《商标法》第五十六条第三款的免责条件，可不承担赔偿责任。

FY，茅台 I 案（20090901/F2009-33）：作为销售者的酒类经营者负有对供货方资格的审查义务

茅台酒厂 v 君临酒店，二审，重庆高院（2009）渝高法民终字第 159 号判决书，周敏、黑小兵、贺付琴

案情概要

茅台酒厂拥有 33 类（酒类）的"贵州茅台"商标—君临酒店销售假冒的茅台酒—一审认为被告构成侵权，但尽到了合理审查义务，其主观上没有过错，不应承担赔偿责任—二审认为君临酒店未尽到作为销售者所应尽到的合理审查义务，其主观上存在过错，依法应承担赔偿责任

裁判摘录

【1】君临酒店作为重庆市高新技术产业开发区融商务旅行、会展洽谈和休闲娱乐为一体的挂牌五星级豪华商务酒店，在重庆具有很高知名度和市场占有率，其销售的酒类不但种类多且数量也大，作为一家经营多年的五星级豪华商务酒店，对商务部制

定的《酒类流通管理办法》应该了解并知悉其中的规定，但其在酒类经营中，未按照《酒类流通管理办法》的规定向首次供货方索取其营业执照、卫生许可证、生产许可证（限生产商）、登记表、酒类商品经销授权书（限生产商）等复印件，也未索取有效的产品质量检验合格证明复印件以及加盖酒类经营者印章的《随附单》或符合本办法第十四条第二款规定的单据，违反了《酒类流通管理办法》的规定。虽然君临酒店向法庭提供了其以正常市场价格购买该批茅台酒的发票以及付款凭证，并说明了该酒是从茅台文兴酒业祝福祖国酒销售总部的重庆业务代表何某强处购进，且曾对同批次贵州茅台酒进行了送检，但上述这些行为均不能免除其作为一个酒类经营者遵守商务部制定的《酒类流通管理办法》的义务，就可以不对何某强销售贵州茅台酒的资格等进行审查就在其处购买酒。因而，君临酒店未尽到作为销售者所应尽到的合理审查义务，其主观上存在过错，依法应承担赔偿责任。

FY，波马 I 案（20081010/F2008-31）：未尽合理注意义务的销售商不能免除赔偿责任

波马公司 v 好又多公司，一审，苏州中院（2008）苏中知民初字第 65 号判决书，吴宏、眭敏、赵晓青

> **案情概要**

原告波马公司在中国注册有第 76559 号 "🐾" 图形等商标—原告发现被告好又多公司销售标有与波马公司第 76559 号商标近似图形的运动鞋—发律师函要求停止侵权—被告仍销售—原告诉至法院—一审法院认定被告侵犯原告商标权—判赔 16 万元

> **裁判摘录**

【3】……根据《中华人民共和国商标法》第五十六条第三款的规定，销售不知道是侵犯注册商标专用权的商品，能证明该商品是自己合法取得的并说明提供者的，不承担赔偿责任。按照该规定，销售者要免除承担赔偿经济损失的责任，就必须证明其已提供了合法来源，即通过合法的进货渠道、以正常的买卖关系、合理的价格，从他人处购买的被控侵权商品，且主观上不知道其销售的是侵权商品。本案中好又多公司尽管抗辩其销售的涉案两款运动鞋有合法来源，但其自始至终未能提供该两款鞋的供货合同及相关交易凭证，故该抗辩理由不能成立。根据本院查明的事实，波马公司的 "🐾" 品牌及其商标具有相当高的知名度和显著性，好又多公司作为从事商品零售业的大型超市，是具有专业管理经验的商业企业，其认知品牌的能力应比一般的消费者

高，其对波马公司的注册商标理应有所了解。好又多公司在销售时应该注意到上述两款涉案运动鞋上所标的品牌均不是波马公司的品牌，但鞋上却标有与波马公司注册商标相近似的图案，同时，该两款运动鞋的价格远低于原告注册商标的商品。如果好又多公司在销售时尽到合理注意义务，其完全能够采取适当措施避免商标侵权行为的发生，但好又多公司却疏于对其销售商品是否侵犯他人注册商标专用权的合理审查，主观过错明显，其行为已构成对波马公司注册商标专用权的侵犯。好又多公司以低廉的价格在大型零售超市销售侵权商品，必然给波马注册商标的良好声誉造成负面影响，同时也给波马公司造成经济损失，故好又多公司应当承担停止侵权、赔偿损失、消除影响的民事责任。

第六十四条

第六十五条 【临时禁令】

商标注册人或者利害关系人有证据证明他人正在实施或者即将实施侵犯其注册商标专用权的行为，如不及时制止将会使其合法权益受到难以弥补的损害的，可以依法在起诉前向人民法院申请采取责令停止有关行为和财产保全的措施。

本条导读

临时禁令主要是为了避免即发侵权成为现实或侵权规模蔓延扩大而创设的特殊救济。在 2001 年正式写入《商标法》之前，司法已有相关尝试，尽管不是严格意义的诉前临时禁令（天朝案）。

之后相关实践逐步增多而且各有特点，包括将此判理适用于外观设计申请（路易威登Ⅱ案），适用时列明保全条件（中国好声音案）以及对违反保全禁令的予以处罚（新百伦Ⅱ案）。大型商业活动的到来也可体现临时禁令颁发的紧迫性（小米Ⅱ案）。

2018 年知识产权行为保全司法解释细化了《民事诉讼法》第 100、101 条的诉前、诉中保全程序。

SWY，小米Ⅱ案（20191023）：购物节临近可成为诉中禁令的考虑因素

小米科技公司 v 佛山小米公司等，一审，深圳中院（2018）粤 03 民初 3317/3318 之二裁定书，陈文全、骆丽莉、李华

案情概要

小米科技公司起诉多名被告侵犯其"小米""ɪ̄ɪ"商标权并构成不正当竞争—临近"国庆""双 11"等相关产品线上线下销售旺季—侵权行为正在现实、持续地发生—会导致更多难以弥补的损害—法院裁定支持行为保全

裁判摘录

【2】……申请人请求保护的商标权稳定，不采取行为保全措施会使申请人的合法权益受到难以弥补的损害、造成案件裁决难以执行等损害，且不采取行为保全措施对申请

人造成的损害超过采取行为保全措施对被申请人造成的损害，采取行为保全措施不会损害社会公共利益。申请人所提的行为保全申请事项符合法律规定，本院予以支持。

DY，新百伦 II 案（20180201/D2018-09）：被申请人拒不履行诉中行为保全裁定的可处以罚款

博斯达克公司 v 苏州中院，江苏高院（2017）苏司惩复 19 号复议决定书；（2018）苏司惩复 4 号复议决定书

案情概要

新平衡公司享有"NEW BALANCE"等多个商标的专用权—相关运动鞋的装潢设计被认定为知名商品特有装潢—授权新百伦公司在中国境内生产销售 New Balance 运动鞋—郑某忠在美国成立"USA New BaiLun Sporting Goods Group Inc"公司，将公司名称翻译为"美国新百伦体育用品集团有限公司"，授权自己的独资公司深圳新平衡公司生产和销售带有涉案侵权标志的运动鞋—新百伦公司认为被告侵犯其商标权并构成不正当竞争—申请诉中行为保全—苏州中院作出行为保全裁定书，责令被申请人立即停止生产、销售涉案鞋类产品—被申请人拒绝履行生效裁定后，苏州中院向被申请人送达《告知书》，告知其应立即履行生效裁定及拒不履行的法律后果—被申请人仍未履行—苏州中院据此对多个被申请人处以罚款，其中对深圳新平衡公司处以 100 万元罚款—被申请人不服罚款决定，向江苏省高级人民法院申请复议—江苏省高级人民法院驳回复议请求，维持苏州中院决定书

裁判摘录

【2】……法院作出行为保全裁定是依据权利人或利害关系人（申请人）提供的现有证据，综合考虑相关因素而确定的。……在收到行为保全裁定后，行为人必须切实履行裁定内容，否则将承担严厉的法律制裁。本案中，根据相关证据显示，博斯达克公司在收到生效行为保全裁定后仍然继续从事被控侵权行为，故一审法院依法作出罚款决定。该罚款决定是对博斯达克公司等当事人拒不履行法院生效行为保全裁定、妨碍民事诉讼行为采取的强制措施，是以博斯达克公司等继续从事行为保全裁定所禁止的行为为前提，不需要等待法院生效裁判对其所从事的行为是否确实侵害了权利人的知识产权作出认定。

第六十五条

FY，中国好声音案（20160620/F2016-36）：诉前行为保全的适用应综合考虑各种因素

浙江唐德公司 v 上海灿星公司等，一审，北京知产院（2016）京 73 行保 1 号裁定书，杜长辉、陈勇、张晓丽

【案情概要】

浙江唐德公司认为上海灿星公司等未经授权使用"中国好声音"节目名称和有关标识，造成相关公众的混淆误认，侵犯其驰名商标权和知名服务特有名称权—情况紧急，如果不及时阻止将会造成难以弥补的损害和难以消除的侵权影响—申请诉前行为保全—部分保全请求符合法律规定，应予支持

【裁判摘录】

【5】审查是否应当责令被申请人停止相关行为，主要考虑以下因素：申请人是否是权利人或利害关系人；申请人在本案中是否有胜诉可能性；是否具有紧迫性，以及不立即采取措施是否可能使申请人的合法权益受到难以弥补的损害；损害平衡性，即不责令被申请人停止相关行为对申请人造成的损害是否大于责令被申请人停止相关行为对被申请人造成的损害；责令被申请人停止相关行为是否损害社会公共利益；申请人是否提供了相应的担保。【7】……浙江唐德公司作为涉及 Talpa 公司相关知识产权的独占许可使用合同的被许可人，属于《民事诉讼法》第一百零一条第一款规定的利害关系人，应有权提出包括本案申请在内的保全申请。【9】……上海灿星公司存在使用第 G1098388 号、第 G1089326 号注册商标及构成侵权的可能性。【10】……本案诉前保全申请审查阶段，无法对上述两节目标识是否构成未注册驰名商标进行判断。【11】……上海灿星公司和世纪丽亮公司的上述行为，存在构成不正当竞争行为的可能性。【12】……如不责令上海灿星公司和世纪丽亮公司立即停止涉案行为，将可能对浙江唐德公司的权益造成难以弥补的损害。【13】……若不责令上海灿星公司和世纪丽亮公司停止涉案行为对浙江唐德公司造成的损害大于责令上海灿星公司和世纪丽亮公司停止涉案行为对其造成的损害。【14】第五，责令被申请人停止相关行为是否损害社会公共利益。对于是否损害社会公共利益的考量，在商标侵权及不正当竞争纠纷案件中主要需考虑是否对消费者利益和社会经济秩序造成损害。本案中，责令上海灿星公司和世纪丽亮公司停止涉案行为可能仅涉及上海灿星公司和世纪丽亮公司的经济利益，没有证据证明将会损害社会公共利益。【15】……浙江唐德公司提供的 1.3 亿元现金已汇至本院，担保条件已满足。同时，在本裁定执行的过程中，如有证据证明上海灿星公司和世纪丽亮公司因停止涉案行为造成更大损失的，本院将责令浙江唐德公司追加相应的担保。浙江唐德公司不追加担保的，本院将解除保全。

SY，路易威登Ⅱ案（20090320）：外观设计可构成对商标的即发侵权

路易威登公司 v 王某，二审，北京高院（2009）高民终字第 1544 号判决书，刘辉、岑宏宇、焦彦

案情概要

路易威登公司认为王某注册的外观设计专利侵犯了其商标权利——一、二审法院均认为相关公众会将涉案专利产品或者以涉案专利产品为原料的服装服饰等商品误认为路易威登公司的商品——被告构成商标侵权

裁判摘录

【1】……授予专利权的外观设计与在先权利相冲突的，可以不经宣告外观设计专利无效而在民事诉讼中直接认定是否已经或可能侵犯在先权利，不受经行政程序取得的权利须经行政程序方可否定其效力的一般规则的限制，其经行政程序取得的权利不能成为阻却违法的事由。而且宣告该外观设计专利权无效恰恰以"提交生效的能够证明权利冲突的处理决定或者判决"为前提条件或者前置程序。……【3】将200430014165.1 号外观设计产品与路易威登公司第 241012 号商标和第 241081 号商标核定使用的"皮革"商品相比，由于"皮革"属于面料的一种，因此，二者属于类似商品。此外，涉案专利产品"面料"与其他各涉案商标核定使用的服装、服饰等商品相比，虽然二者的功能、用途及消费渠道等并不相同，涉案专利产品与路易威登公司涉案商标核定使用的商品并不构成类似商品，但鉴于路易威登公司各涉案商标核定使用商品中如服装、围巾、钱包、伞等商品均需要以面料为原材料，如果在面料上使用与路易威登公司注册商标相同或相近似的设计要素，亦容易造成相关公众的混淆和误认。【4】由涉案专利的公告视图可知，该外观设计主要由"LV"的文字图形及几种花瓣图形组合排列而成，其中的 LV 文字图形与路易威登公司的第 241081 号商标和第241029 号商标均由 LV 文字叠加构成，图案设计基本相同；几种花瓣图形与路易威登公司的第 1106237 号商标、第 1106302 号商标、第 1120556 号商标和第 1112498 号商标亦极为相近；LV 的文字图形及几种花瓣图形的组合排列与路易威登公司的第 241012 号和第 241014 号商标极为近似。在此情况下，相关公众会将涉案专利产品或者以涉案专利产品为原料的服装服饰等商品误认为路易威登公司的商品，从而给路易威登公司的注册商标专用权造成损害。……【5】王某的 200430014165.1 号外观设计专利产品主视图上使用的图形分别与路易威登公司的涉案注册商标的图形相同，虽然本案中并无证据显示王某已实际将其外观设计专利产品投入市场使用，但其一旦投入市场即不可避

免地会造成相关公众的混淆误认，给路易威登公司的上述注册商标专用权造成侵害，因此原审判决判令王某不得使用其 200430014165.1 号外观设计专利产品以避免实际侵害结果的发生并无不当。

SY，天朝案（19991112）：大量购买侵权标识和包装材料可以构成即发侵权

天朝公司 v 运河化工厂，二审，北京高院（1999）高知终字第 63 号判决书，魏湘玲、刘薇、马永红

案情概要

原告天朝公司拥有天朝牌文字和图形注册商标，用于汽车防冻液—被告运河化工厂亦为生产和销售汽车防冻液的企业—被告大量购买刻有天朝牌商标图形及天朝字样的防冻液外包装桶—原告起诉被告商标侵权—被告认为只购买包装桶，但并未销售，不侵权—一审认为构成侵权，因无实际损失，不赔偿—二审维持一审判决—大量购买说明有用于销售的目的—侵权准备—无实际损失，不赔偿

裁判摘录

【1】……天朝公司与运河化工厂同为生产防冻液的企业，运河化工厂明知包装桶上刻有天朝公司的商标，还大量购买天朝公司的包装桶，说明其购买的目的就是为了使用这种包装桶销售自己的产品，主观上有明显的过错，运河化工厂已经为进一步侵犯天朝公司商标权做好了准备。但是运河化工厂没有使用这种包装桶销售自己的产品，还没有给天朝公司造成损害后果。因此，可以认定运河化工厂的行为侵犯了天朝公司的商标权。鉴于运河化工厂的行为没有给天朝公司造成实际损失，故应承担停止侵权、赔礼道歉的责任，并给付天朝公司因诉讼而支出的合理费用。

第六十七条 【刑事责任】

未经商标注册人许可，在同一种商品上使用与其注册商标相同的商标，构成犯罪的，除赔偿被侵权人的损失外，依法追究刑事责任。

伪造、擅自制造他人注册商标标识或者销售伪造、擅自制造的注册商标标识，构成犯罪的，除赔偿被侵权人的损失外，依法追究刑事责任。

销售明知是假冒注册商标的商品，构成犯罪的，除赔偿被侵权人的损失外，依法追究刑事责任。

本条导读

对于商标假冒行为，早在 1982 年《商标法》制定之前的 1979 年《刑法》中即有明确规定，1993 年全国人大常务委员会关于惩治假冒注册商标犯罪的补充规定中对于假冒商标、销售假冒商品及制作假冒商标标识全面加以规范，1997 年制定新的《刑法》时相关规定更加完备。《商标法》中也有依法追究刑事责任的原则规定。

首先需要明确，"商标假冒"针对的是"注册商标"，但是并不限于商品商标，假冒服务商标（中国石油案），或是集体商标和证明商标也会构成商标假冒的相关罪名（UL 案）。2020 年刑法修正案（十一）已经明确规定了假冒服务注册商标构成犯罪（刑法第 213 条）。

商标假冒相关罪名认定中，相同商品认定是一个至关重要的问题，不是同一种商品的不能构成刑事责任（多米诺 I 案）。如何确定非法经营额是另一个定罪量刑的关键因素（TOYOTA 案、五粮液 I 案、周黑鸭 II 案、南孚聚能环案、海鸥案、华为案、SAMSUNG 案）。

假冒两种以上商标构成加重情节（芝华士案、红牛 I 案、拉菲 II 案）。标有注册商标图样的标识都应加以计算（惠普 I 案）。生产、销售假冒伪劣商品不以产品售出为既遂判定标准（REGAL 案、拉菲 II 案）。

在假冒商标商品生产过程中分工合作以共犯论处（Kiehl's 案、SKF 案、稻花香 I 案、太太乐案、洋河大曲案、Taylormade 案）。对于构成数罪的，例如没有牵连关系的（金龙鱼案），以及销售假冒商品罪加他罪（中华案），假冒注册商标罪加假冒专利罪（伊利 II 案），均可以并罚。对于未注册商标构成著作权犯罪的可以一并追究（LAKME 案）。

对于专以实施假冒犯罪为名处理的公司不以单位犯罪论（金龙鱼案、斯伯丁案），负有直接主管责任的法定代表人可与单位一起追究法律责任（西门子案、GYRUS 案）。

违法所得应予没收（恒洁案）。长期犯罪主观恶性大的罪犯不适用缓刑（恒源祥案）。

当然，无法检验的商品应当剔除计算（茅台Ⅲ案）。如果有未遂、坦白或悔罪情节的，量刑时也可加以考虑（CHANEL 案、茅台Ⅱ案、金洲案）。

检察院作出不起诉决定的案件，作为被害人的知识产权人可尝试自诉（ABB 案）。

SWZ，ABB 案（20200410）：检察院作出不起诉决定后被害人仍可通过自诉寻求救济

ABB 公司 v 迪顿公司等，二审，芜湖中院（2020）皖 02 刑终 62 号裁定书，肖珍、张元、陈勇

案情概要

芜湖海关查获由迪顿公司（该公司的股东、法定代表人、执行董事和总经理均为本案被告人张某锋）委托报关出口的 1629 箱共 165480 个印有"ABB"商标的断路器——出口申报价值为 151040 美元——ABB 公司确认该批货物为假冒"ABB"注册商标的侵权产品——价值高达 866 万元人民币——芜湖海关将案件移送芜湖市公安局进行刑事追诉——芜湖开发区检察院认为现有证据不足以证明张某锋明知是假冒注册商标的商品而予以销售——犯罪事实不清、证据不足，不起诉——ABB 公司提起刑事自诉——一审认定被告人销售明知是假冒注册商标的商品，且数额巨大，判决被告单位迪顿公司犯销售假冒注册商标的商品罪，单处罚金 85 万元；判决被告人张某锋犯销售假冒注册商标的商品罪，判处有期徒刑三年六个月，并处罚金 80 万元；扣押的 165480 个假冒 ABB 注册商标的断路器由扣押机关芜湖海关依法处理——二审维持一审

裁判摘录

【-3】从书面证据来看，案涉货物的《海关出口货物报关单企业留存联》显示生产销售单位为迪顿公司，案涉货物商业发票抬头为迪顿公司，并在发票下方加盖有迪顿公司印章。从口供来看，张某峰在案涉货物被海关扣留后第一时间形成的《扣留现场笔录》中，陈述"货物是按照客户的要求进行制造"。向张某峰交付案涉货物的江西捷利电气有限公司总经理何某平及工作人员占某国等证人在案涉货物的货主问题上均一致陈述货主为张某峰。张某峰、迪顿公司虽在一审、二审中辩称迪顿公司并非销售方，仅受境外客户穆罕默德委托代理提货和报关出口，但既无在案证据证明，亦未提供任何有关线索以供核实，故一审认定迪顿公司就案涉货物存在对外出口销售行为，符合在案证据和法律规定。【-1】根据在案证据显示，张某峰在案涉货物提货前，即2016 年 5 月初，即告知负责运输的安徽海全国际货运代理有限公司货源地为江西省都

阳县。2016 年 5 月 16 日申报的《中华人民共和国海关出口货物报关单》显示货源地为"温州"。由迪顿公司提交给芜湖海关的案涉货物的申报要素显示货物品牌为迪顿公司英文名称"Teaton",型号为"D47 - 63"。落款日期为 2016 年 5 月 16 日的迪顿公司装箱单和商业发票载明的货物型号为"SH201 - C"和"SH203 - C"两个系列 9 个型号。上述两系列型号均为 ABB 公司生产的断路器产品型号编码,每个型号对应的数量和单价均有不同且案涉《中华人民共和国海关出口货物报关单》企业留存联显示的品牌和型号为申报要素所载"Teaton""DZ47 - 63"。上述事实可以证明,张某峰在明知对外销售的案涉货物非自有品牌和型号的前提下仍对案涉货物的真实型号予以隐瞒,在向芜湖海关报关出口时申报虚假的货源地和货物品牌及型号。结合张某峰的行业从业经历、迪顿公司经营范围和主营义务,一审认定张某峰对所销售的商品是假冒"ABB"注册商标的商标是明知的,符合在案证据。张某峰、迪顿公司上诉主张一审法院进行二次推定,有违罪刑法定原则,于法无据,与在案证据相悖,本院不予采信。

FWZ,Kiehl's 案(20200102/F2019-49):根据在共同犯罪中的地位和作用量刑

上海三分检 v 许某纬等,二审,上海高院(2019)沪刑终 106 号裁定书,张斌、张莹、张本勇

案情概要

莱雅公司和日本株式会社 DR. CL:LABO 在我国化妆品等商品上先后分别注册了"KIEHL'S""科颜氏"和"LaboLabo"商标——被告人许某纬等 9 人,未经注册商标权人许可,在同一种商品上使用与注册商标相同的商标,并对外销售——一审认定假冒注册商标罪——共同犯罪——二审维持一审

裁判摘录

【3】……上诉人许某纬、鲁某学自 2015 年起就开始假冒"KIEHL'S"商标商品,许某纬自 2017 年下半年又开始假冒"LaboLabo"商标商品;仅从 2017 年 7 月计算,许某纬犯罪金额达 463 万余元、鲁某学参与犯罪金额达 415 万元。上诉人许某纬、鲁某学假冒注册商标犯罪时间长,情节特别严重,均应当在三年以上七年以下,并在非法经营额 50% 以上一倍以下判处自由刑和罚金。其中,许某纬系共同犯罪的组织者和主要获利者,系主犯,对全部犯罪承担责任;鲁某学参与帮助假冒注册商标犯罪,系从犯,对其减轻处罚。一审法院根据两人在共同犯罪中的地位和作用,判处被告人许某纬有期徒刑四年六个月,并处罚金人民币 220 万元,被告人鲁某学有期徒刑一年十个月,

并处罚金人民币 8 万元，原判量刑并无不当。本院对上诉人许某纬、鲁某学及其二名上诉人的辩护人关于原判量刑过重的辩护意见不予采纳。

DZ，SKF 案（20190425/D2019-10）：在犯罪的关键环节发挥作用的应认定为主犯；相关民事案件中积极配合赔偿属于降低社会危害性的表现可酌情从轻

厦门思明区检察院 v 德乐盟公司等，二审，厦门中院（2018）闽 02 刑终 632 号判决书，陈璐璐、王铁玲、谢爱芳

案情概要

被告人杨某凤、杨某淦共同经营管理被告单位德乐盟公司和兴恒昌公司—2014 年 5 月至 2016 年 10 月，两被告单位购入假冒 "SKF" "FAG" "NSK" "NTN" "INA" "HRB" "ZWZ" "Koyo" 等注册商标的轴承并对外销售—两被告单位还在未经注册商标权利人许可的情况下，擅自采用购进无商标标识或部分国产其他品牌的轴承重新打标的方式，使用前述注册商标标识生产轴承并对外销售—两被告单位和两被告人的行为均已构成假冒注册商标罪和销售假冒注册商标的商品罪—两被告单位是共同犯罪—被告单位和被告人均应数罪并罚—被害单位斯凯孚公司在本案二审时，提起民事诉讼，就本案被告人的侵权行为提出民事赔偿要求，后各方达成和解，斯凯孚撤诉—杨某淦上诉，主张自己不是主犯—二审维持一审定罪—杨某淦也是主犯，参与度较低，可以作为量刑酌定情节—对杨某淦适用缓刑

裁判摘录

【1】本院认为，原审被告单位厦门德乐盟科技有限公司、厦门兴恒昌贸易有限公司未经注册商标所有人许可，在同一种商品上使用与其注册商标相同的商标，且假冒两种以上注册商标，非法经营数额达 2852443.07 元，情节特别严重；原审被告单位厦门德乐盟科技有限公司、厦门兴恒昌贸易有限公司还销售明知是假冒注册商标的商品，已销售金额 2061366.51 元，未销售侵权产品的价值 1517545.50 元，数额巨大。上诉人杨某凤、杨某淦系两原审被告单位直接负责的主管人员。上诉人杨某凤、杨某淦、两原审被告单位的行为均分别构成假冒注册商标罪和销售假冒注册商标的商品罪。两原审被告单位是共同犯罪。两原审被告单位以及上诉人杨某凤、杨某淦均应数罪并罚。

【2】……上诉人杨某凤、杨某淦的供述与证人蔡某、杨某、黄某、曹某、戴某等的证言相互印证，可以证实上诉人杨某凤、杨某淦均系原审被告单位德乐盟公司、兴恒昌公司的主要负责人，共同经营管理两原审被告单位。上诉人杨某淦主要负责联系客户

等对外销售工作，该职能在涉案的假冒注册商标罪和销售假冒注册商标的商品罪中系主要犯罪环节，故上诉人杨某淦在共同犯罪中不应认定为从犯。但在案证据体现，在本案案发期间，上诉人杨某淦还另外从事餐饮经营活动，其在客观上对本案犯罪行为的参与程度相较于上诉人杨某凤而言较低，该情节可作为量刑酌定情节予以考量。【4】……上诉人杨某淦一方面具有自首、立功等法定从轻或减轻情节，另一方面鉴于上诉人杨某淦实施的是侵害财产性权益的犯罪，其在二审期间积极赔偿被害单位斯凯孚公司经济损失，取得被害单位谅解，降低了犯罪行为的社会危害性，具备处罚酌定从轻情节。结合上诉人杨某淦的具体犯罪行为及其在共同犯罪中地位、作用等因素考量，本院决定对上诉人杨某淦依法减轻处罚。

PZ，GYRUS 案（20181109/P2018-05）：销售假冒注册商标的商品罪"数额较大"的认定

北京通州区检察院 v 李某仓等，一审，通州区法院（2018）京 0112 刑初 939 号判决书，赵智一（独任）

案情概要

"GYRUS"是医疗器械和耗材知名品牌—李某仓实际经营北京某科技有限公司—从他人处购进假冒"GYRUS"牌高频电刀附件并以公司名义对外销售—曾被行政处罚—检察院立案监督—移送—检察院以北京某科技有限公司、李某仓涉嫌销售假冒注册商标的商品罪提起公诉—法院支持检察院指控的罪名

裁判摘录

【-5】……2016 年 4 月至 2017 年 3 月，被告人李某仓担任北京某科技有限公司总经理期间，多次从其他个人处购进假冒"GYRUS"牌高频电刀附件 114 支并以公司名义对外销售 88 支……已销售金额达人民币 141300 元。2017 年 4 月 1 日，执法人员当场起获未销售的"GYRUS"牌高频电刀附件 26 支……货值金额共计人民币 28900 元……【1】本院认为，被告单位北京某科技有限公司以单位名义销售明知是假冒注册商标的商品，为单位牟取非法利益，数额较大，其行为已构成销售假冒注册商标的商品罪，系单位犯罪，依法应予惩处。被告人李某仓作为北京某科技有限公司的直接负责的主管人员，为单位谋取不正当利益，数额较大，其行为已构成销售假冒注册商标的商品罪，依法亦应予惩处。公诉机关指控的罪名成立。

第六十七条

PZ，恒洁案（20181107/P2018-04）：已实际收到的销售假冒产品的金额是违法所得，应予没收

江门新会区检察院 v 宋某等，二审，江门中院（2018）粤07刑终330号判决书，梁宇俊、甄锦源、肖文文

案情概要

被告人宋某未经"恒洁""HEGLL"注册商标权利人许可，生产假冒上述注册商标的卫浴产品并销售—被告人卢某明知被告人宋某在上述工厂内生产假冒上述注册商标的卫浴产品，仍接受宋某的雇请，负责安排生产、产品打标、发货—检察院指控两被告人假冒注册商标罪—一审认定检察院指控罪名成立—检察院提起抗诉，认为一审判决认定事实清楚，但未判决追缴违法所得或者责令退赔，并在二被告人尚未交出违法所得的情况下适用缓刑，属于适用法律错误，适用缓刑不当—二审认为应追缴违法所得或者责令退赔—并非拒不交出违法所得—缓刑部分的抗诉意见不予支持

裁判摘录

【4】《中华人民共和国刑法》第六十四条规定，犯罪分子违法所得的一切财物，应当予以追缴或者责令退赔……【5】……原审被告人宋某、卢某未经注册商标权利人的许可，销售假冒"恒洁""HEGLL"注册商标的卫浴产品，已销售假冒产品金额为63000元，未销售假冒产品的价值222984元，非法经营数额共285984元，情节特别严重，原审被告人宋某、卢某的行为已构成假冒注册商标罪行为。已销售假冒产品金额63000元，宋某已经实际收到。该63000元，是宋某、卢某在实施假冒注册商标违法行为过程中获得的违法收入，应属于违法所得。63000元违法所得，并不包括被害人的合法财产，故应予以没收。原审被告人宋某、卢某的辩护人提出违法所得实际是指获利金额，且还涉及民事诉讼中的赔偿损失，违法所得数额不确定的辩护意见，依据不足，本院不予采纳。抗诉机关广东省江门市新会区人民检察院的抗诉意见及广东省江门市人民检察院支持抗诉的意见认为一审法院对未对违法所得判决追缴或责令退赔属于适用法律错误，本院予以采纳。

PZ，惠普Ⅰ案（20180919/P2018-06）：标识数量应是标有注册商标图样的商标标识件数，而不是完整的包装盒个数

廊坊安次区检察院 v 孟某辉等，一审，廊坊安次区法院（2018）冀1002刑初106号判决书，张鸣、王德增（陪）、张立为（陪）

案情概要

被告人孟某辉在未经"hp"（惠普）注册商标权利人授权许可，提供电子模板，委托被告单位丰彩公司印刷带有注册商标"hp"商标标识的包装盒面纸及不干胶防伪标—孟某辉先后通过物流公司将部分伪造的商标标识发往广州等地—被告单位海赫荣达公司受被告人孟某辉委托将上述印刷带有注册商标"hp"商标标识的包装盒面纸制作成包装盒—检察院指控被告人孟某辉、被告单位丰彩公司、海赫荣达公司，以及两被告单位负责安排生产的主要负责人非法制造注册商标标识罪—各被告人、单位对于指控的犯罪事实及罪名无异议—法院支持检察院指控的罪名

裁判摘录

【−24】……被告人孟某辉非法制造注册商标标识共计1114723件；被告单位廊坊市丰某印刷有限公司、被告人潘某坡非法制造注册商标标识1031400件；被告单位廊坊市海赫荣某印刷有限公司、被告人李某君非法制造注册商标标识35500件；经被害单位授权广州骏荣知识产权服务有限公司鉴定，上述商标标识均未经注册商标权人的许可擅自制造，属非法制造的商标标识。【1】……被告人孟某辉未经授权或委托，擅自制造他人注册商标标识，情节特别严重，其行为构成非法制造注册商标标识罪。被告单位廊坊市丰某印刷有限公司，以单位名义实施犯罪，违法所得归单位所有，构成单位犯罪，情节特别严重，被告人潘某坡作为对廊坊市丰某印刷有限公司直接负责的主管人员，应对单位犯罪承担相应的刑事责任，其行为均构成非法制造注册商标标识罪。被告单位廊坊市海赫荣某印刷有限公司以单位名义实施犯罪，违法所得归单位所有，构成单位犯罪，情节严重，被告人李某君作为廊坊市海赫荣某印刷有限公司业务员，实施涉案业务，其行为均构成非法制造注册商标标识罪。公诉机关指控罪名成立。在共同犯罪中各被告人均积极主动，均系主犯。……辩护人关于被告人孟某辉非法制造的商标标识应以完整的包装盒为单位计算犯罪数额的辩护意见，经查，被告人孟某辉非法制造的各类包装盒面纸、防伪标、型号标等均印有完整的"hp"注册商标，应以标有注册商标图样的商标标识件数计算其犯罪数额，辩护人该辩护意见，本院不予采纳。

第六十七条

PZ，洋河大曲案（20180907/P2018-01）：假冒注册商标罪共同犯罪

德州经济技术开发区检察院 v 祁某康等，一审，德州经济技术开发区法院（2018）鲁1491刑初92号判决书，卢金峰、刘士勇（陪）、崔凤江（陪）

案情概要

祁某康在王某印的教授下掌握了制作假酒的方法，后又经王某印介绍，多次从邢某志处购买洋河青瓷、海之蓝、泸州老窖等假冒包装材料—购买散酒自行灌装—祁某国明知祁某康系假冒注册商标而予以帮助灌装—王某印明知被告人祁某康系自行灌装假冒注册商标的酒水而教授其生产方法，帮助其运输相关假冒包材—张某平生产假冒牛栏山二锅头、泸州老窖、五粮液、洋河海之蓝、剑南春等白酒并卖予祁某康—王某印明知张某平生产的各类酒水系假冒注册商标的商品而居间介绍—检察院指控被告人祁某康、王某印、祁某国、张某平犯假冒注册商标罪，邢某志犯销售非法制造的注册商标标识罪—法院认为公诉机关指控的事实和罪名成立

裁判摘录

【6】……被告人祁某康未经注册商标所有人许可，在同一商品上使用与其注册商标相同的商标，假冒两种以上注册商标，非法经营数额在15万元以上，属情节特别严重。被告人王某印、祁某国明知被告人祁某康使用假冒注册商标生产、销售白酒，而予以提供帮助。被告人张某平未经注册商标所有人许可，在同一商品上使用与其注册商标相同的商标，假冒两种以上注册商标，非法经营数额在3万元以上，属情节严重，上述四名被告人之行为均已构成假冒注册商标罪，且系共同犯罪。被告人邢某志明知系他人伪造的注册商标标识，销售两种以上注册商标标识，非法经营额达3万元以上，属情节严重，其行为已构成销售非法制造的注册商标标识罪。公诉机关指控的事实和罪名成立，本院予以确认。……被告人祁某康在共同犯罪中起主要作用，显系主犯，被告人王某印、祁某国为被告人祁某康使用假冒注册商标制作商品提供帮助，系从犯，依法应当从轻或者减轻处罚。

DZ，华为案（20180507/D2018-10）：非法制造注册商标标识罪案件中经营数额认定的证据采信标准

深圳宝安区检察院 v 李某志等，二审，深圳中院（2018）粤03刑终655号判决书，蒋筱熙、王媛媛、兰诗文

案情概要

被告人李某志、巫某等人未经商标权人授权，加工生产假冒"三星""华为"注册商标的手机玻璃面板—检察院以假冒注册商标罪提起公诉——一审认为公诉机关指控

罪名有误，应认定非法制造注册商标标识罪——根据被害单位出具的价格说明，以非法经营数额作为量刑标准作出认定——二审维持罪名认定，纠正量刑，认为在无法查明实际销售价格和市场中间价格的情况下，应按照刑法规定的销售伪造、擅自制造两种以上注册商标标识数量予以量刑处罚

裁判摘录

【6】……本院认为，根据《最高人民法院、最高人民检察院关于办理侵犯知识产权刑事案件具体应用法律若干问题的解释》第十二条规定，非法经营数额是指行为人在实施侵犯知识产权行为过程中，制造、储存、运输、销售侵权产品的价值。已销售的侵权产品的价值，按照实际销售的价格计算。制造、储存、运输和未销售的侵权产品的价值，按照标价或已查清的侵权产品的实际销售平均价格计算。侵权产品没有标价或无法查清其实际销售价格的，按照被侵权产品的市场中间价格计算。本案中关于非法经营数额的加工费以及销售单价均只有两被告人的供述，现场查获的送货单上没有记载任何产品规格型号或种类，无法与被告人供述相印证。故本案的侵权产品的价值无法按照实际销售价格进行计算。侵权产品没有标价或无法查清其实际销售价格的，按照被侵权产品的市场中间价格计算。鉴定中心认定正规售后均没有单独更换及销售玻璃面板，无法确定市场中间价格。而本案被害单位出具的《价格证明》不属于法律及相关司法解释规定的市场中间价格，故一审法院按被害单位报价计所缴获面板共计价值人民币 648000 元作为本案非法盈利的数额不当，本院对此予以纠正。

SZ，中国石油案（20180323）：服务商标可以适用刑法保护

景德镇浮梁县检察院 v 余某牛，一审，浮梁法院（2018）赣 0222 刑初 1 号判决书，周闻、汪秀清（陪）、姚永安（陪）

案情概要

浮梁检察院指控被告人余某牛未经中石油许可，私自定做并悬挂中石油所持有的"中国石油"及"宝石花"注册商标标志、标识，以中石油名义对外销售汽油、柴油，销售金额共计 2976343.69 元，应当以假冒注册商标罪追究其刑事责任——被告人抗辩"中国石油"系服务商标，不属于刑法中商标犯罪的对象——一审认为服务商标同样涵盖于《刑法》第 213 条规定的"注册商标"之内，被告人构成假冒注册商标罪

裁判摘录

【1】本院认为，就辩护人提出的本罪犯罪对象问题，最高人民法院刑事审判第二

庭曾于 2009 年针对一起商标类个案对公安部经济犯罪侦查局有一份复函（〔2009〕刑二函字第 28 号），提到："我国《商标法》第三条规定：'经商标局核准注册的商标为注册商标，包括商品商标、服务商标和集体商标、证明商标；商标注册人享有商标专用权，受法律保护。'因此，《刑法》第二百一十三条至二百一十五条所规定的'注册商标'应当涵盖'集体商标'"。言下之意，服务商标同样涵盖于《刑法》第二百一十三条规定的"注册商标"之内，应受我国刑法保护。同时，依据《中华人民共和国商标法》第六十七条规定"未经商标注册人许可，在同一种商品上使用与其注册商标相同的商标，构成犯罪的，除赔偿被侵权人的损失外，依法追究其刑事责任"，第四条规定"本法有关商品商标的规定，适用于服务商标"。因此，在同一种服务项目上使用与他人注册的服务商标相同的商标，情节严重的，同样构成犯罪。对辩护人针对本罪犯罪对象的相关辩护意见不予采纳。

PZ，LAKME 案（20180319/P2018-03）：品牌虽无商标注册但有版权登记也可获得刑法保护

义乌市检察院 v 楚菲公司等，一审，义乌法院（2018）浙 0782 刑初 429 号判决书，王亚萍、王建年（陪）、叶芹弟（陪）

案情概要

被告单位楚菲公司经该公司法定代表人、被告人张某伟决定，伙同他人在未经注册商标所有人许可的情况下，生产假冒第 990446 号"Vaseline"、第 212780 号"MAYBELLINE"、第 834258 号"M. A. C"等商标的化妆品被查获—经商标权利人鉴定为假冒—涉案品牌"LAKME"在中国境内未申请注册商标，但"LAKME"标识作为美术作品在国家版权局进行了美术作品登记—检察院以涉嫌假冒注册商标罪、侵犯著作权罪对张某伟、楚菲公司提起公诉—对犯罪事实及罪名无异议—要求从轻处罚—法院认为指控的事实和罪名成立—考虑具体情节，从轻处罚

裁判摘录

【1】……被告单位义乌市楚菲化妆品有限公司未经注册商标所有人许可，在同一种商品上使用与其注册商标相同的商标，情节特别严重，其行为已构成假冒注册商标罪。被告单位义乌市楚菲化妆品有限公司以营利为目的，未经著作权人许可，复制发行其作品，情节特别严重，其行为已构成侵犯著作权罪。被告人张某伟系被告单位义乌市楚菲化妆品有限公司的法定代表人及该公司本案犯罪行为的直接责任人员，应当负刑事责任。

PZ，茅台Ⅲ案（20171225/P2017-03）：销售假冒注册商标商品罪的认定；未经检验的商品不能推定为假冒商品

商洛市商州区检察院 v 聂某桥等，二审，商洛中院（2017）陕 10 刑终 87 号判决书，余高奇、周鹏飞、王锡彬

案情概要

被告人聂某桥、吴某霞伪造虚假身份证，以聂某强、吴某英的名义连同杜某华（另案处理）和金晖公司签订了茅台酒购销协议书—共销售 3900 瓶—公安机关追回 2951 瓶—经商标权利人贵州茅台酒厂检验，该批茅台酒并不是其包装生产，侵犯了其"贵州茅台"注册商标专用权—检察院指控被告人聂某桥、吴某霞犯销售假冒注册商标的商品罪—一审支持公诉指控的事实及罪名—假冒商品数量是 3900 瓶—聂某桥上诉支出其发货的 200 箱左右的"白瓷光瓶"酒，没有商标，与被扣押的 2951 瓶茅台酒不同—二审查明被告人销售的是有包装、有商标的"飞天茅台酒"—3900 瓶茅台酒中，949 瓶因原物灭失无法检验是否属于假冒注册商标的商品—销售假冒注册商标商品的数量及违法所得应以 2951 瓶计算—支持一审定罪，纠正量刑

裁判摘录

【1】……上诉人聂某桥及原审被告人吴某霞以营利为目的，违反商标管理法规，未经商标权人许可，销售明知是假冒注册商标的商品，销售金额数额巨大，二被告人的行为均已构成销售假冒注册商标的商品罪，且其二人系共同犯罪，均应予依法惩处。上诉人聂某桥在共同犯罪中起主要作用，系主犯，应根据其所参与的犯罪进行处罚；原审被告人吴某霞在共同犯罪过程中起次要作用，系从犯，依法可对其减轻处罚。……【3】……虽然本案证据能够证明上诉人聂某桥销售 650 箱（3900 瓶）"飞天茅台酒"的事实，但由于客观原因，仅对公安机关扣押的 2951 瓶"飞天茅台酒"经检验为侵犯中国贵州茅台酒厂（集团）有限责任公司"贵州茅台"注册商标专用权的商品，其余 949 瓶因原物灭失无法检验是否属于假冒注册商标的商品，故对上诉人聂某桥、吴某霞销售假冒注册商标商品的数量及违法所得应以 2951 瓶计算，辩护人提出的辩护意见成立，本院予以支持。

SZ，UL案（20171107）：假冒证明商标也会构成刑事犯罪

抚州市临川区检察院 v 陈某刚，一审，抚州市临川区法院（2017）赣 1002 刑初 469 判

决书号，章燕玲、丁筱玲（陪）、万园秀（陪）

案情概要

美国 UL 公司在中国注册了 UL、RU 商标（证明商标）—被告人陈某刚未经美国 UL 公司的授权，生产了印有 UL、RU 认证商标的端子台共 400 多万条，非法经营数额 500 余万元人民币—一审认定假冒注册商标罪—有期徒刑三年，缓刑四年，并处罚金人民币 20 万元

裁判摘录

【-7】被告人陈某刚系江西金比电子有限公司的法定代表人。2015 年 12 月 11 日，抚州市公安局经济犯罪侦查支队根据报案人董某的举报，到江西金比电子有限公司现场查获了大量未经美国 UL 有限责任公司授权的印有 UL、RU 认证商标的 PA7、PA8、PA10 等型号的端子台。经查，从 2014 年 6 月开始，被告人陈某刚未经美国 UL 有限责任公司的授权，生产了印有 UL、RU 认证商标的端子台共 400 多万条，非法经营数额约 500 万元人民币。【1】本院认为，被告人陈某刚未经注册商标所有人的许可，在同一种商品上使用与其注册商标相同的商标，情节特别严重，其行为已构成假冒注册商标罪。公诉机关指控的犯罪事实及罪名成立，本院应予确认。

PZ，海鸥案（20170906/P2017-04）：未流入市场的假冒商品亦应计入非法经营额

天津河北区检察院 v 魏某等，二审，天津河北区法院（2017）津 0105 刑初 138 号判决书，李金柱、乔双红、宋玉文（陪）

案情概要

"HAIOU 海鸥""GOLD SEA – GULL""SEA – GULL" 系海鸥公司注册的商标—驰名商标和中华老字号—被告人魏某（海鸥公司原职工）为牟取非法利益，伙同张某鹏，在未经海鸥公司许可，从他处订制假冒的海鸥手表零配件及说明书等，雇佣他人组装假冒的海鸥手表—利用六家淘宝店铺在网上以正品海鸥表进行宣传，以明显低于市场价格公开对外销售—海鸥公司报案—检察院以假冒注册商标罪对多名被告人提起公诉—法院支持公诉事实及罪名

第
六
十
七
条

裁判摘录

【-6】关于被告人魏某、张某鹏辩护人所提现场查获的886块海鸥手表价值54万余元，未流入市场，不应计入非法经营数额的辩护意见，经查，上述查获的商品虽系尚未销售的产品，但均系被告人魏某、张某鹏制造的假冒注册商标商品。根据法律规定，非法经营数额是指行为人在实施侵犯知识产权行为过程中，制造、储存、运输、销售产品的价值。故现场查获的涉案商品均应计入犯罪数额。其非法经营数额可按上述同类商品在淘宝网上已实际销售的价格计算。辩护人所提的辩护意见，无法律依据，本院不予采纳。【1】……被告人魏某、张某鹏在未经"HAIOU 海鸥""GOLDSEA – GULL""SEA – GULL"商标注册所有权人授权许可的情况下，购进假冒的"HAIOU 海鸥""GOLDSEA – GULL""SEA – GULL"注册商标的手表零配件、说明书、外包装盒及提袋，制造假冒"HAIOU 海鸥""GOLDSEA – GULL""SEA – GULL"注册商标的手表，并通过网店对外以"正品"销售，属于未经注册商标所有人许可，在同一种商品上使用与其相同的商标的行为，非法经营数额远超过25万元，情节特别严重，其行为均已构成假冒注册商标罪。被告人魏某东、闫某伶、周某永明知被告人魏某、张某鹏实施假冒注册商标的行为，仍从事制造注册假冒商标商品的工作，非法经营数额超过25万元，情节特别严重，其行为均已构成假冒注册商标罪。被告人杜某亮、孙某龙明知被告人魏某、张某鹏在实施假冒注册商品的行为后，仍从事制造注册假冒商标商品的工作，非法经营数额超过5万元，情节严重，其行为均已构成假冒注册商标罪。公诉机关指控的罪名成立，本院予以支持。

PZ，南孚聚能环案（20170711/P2016-02）：视觉上基本无差别、足以对公众产生误导构成"相同商标"；计算非法经营额应优先适用侵权商品实际销售价格；数罪并罚

南平市延平区检察院 v 陈某虎等，二审，南平中院（2017）闽07刑终49号判决书，周滨、陈黎明、叶锟

案情概要

被告人陈某虎购进光身电池组织工人贴标生产、包装假冒南孚"聚能环"电池并销售——雇佣被告人程某静负责生产工作——雇用被告人李某寿接送货——陈某虎还通过其经营的店铺销售他人生产的假冒"南孚电池"——陈某虎与被告人曹某渝任法定代表人的安徽省安庆市龙珠包装有限公司共谋，印刷假冒"南孚电池"标纸并销售——检察院指控被告人陈某虎、程某静、李某寿犯假冒注册商标罪，被告人陈某虎、曹某渝、罗某贵犯非

法制造注册商标标识罪，被告人陈某虎、裴某新犯销售假冒注册商标的商品罪——一审支持公诉罪名——区分主犯、从犯量刑——考虑自首等情节——陈某虎数罪并罚——二审对一审部分维持，部分改判

裁判摘录

【−6】……上诉人陈某虎在其生产的 ybw "聚能环" 电池产品包装商标中直接使用了与福建南平南孚电池有限公司电池产品包装相同的注册商标，且其包装商标图案、标识、颜色组合等整体外观与福建南平南孚聚能环电池产品无明显差别，足以对普通消费者产生误导……符合关于 "在同一种商品上使用与其注册商标相同的商标" 的定罪条件，依法应以假冒注册商标罪追究其刑事责任。【−5】……经查，《最高人民法院、最高人民检察院关于办理侵犯知识产权刑事案件适用法律若干问题的解释》第十二条第一款明确规定，已销售的侵权产品的价值，按照实际销售的价格计算。制造、储存、运输和未销售的侵权产品的价值，按照标价或者已经查清的侵权产品的实际销售平均价格计算。侵权产品没有标价或者无法查清其实际销售价格的，按照被侵权产品的市场中间价格计算。……原判在有证据证明上诉人陈某虎销售假冒南孚 "聚能环" 注册商标电池实际价格的情况下，仍以被侵权正品南孚聚能环电池市场价格认定上诉人陈某虎非法经营数额，认定事实和适用法律错误。……鉴于认定上诉人陈某虎销售假冒南孚注册商标电池的价格和原审被告人裴某新销售假冒南孚 "聚能环" 注册商标电池的价格，只有上诉人陈某虎、原审被告人裴某新各自的供述，没有其他证据印证，无法查清其实际销售价格，故原判按照被侵权产品的市场中间价格计算认定非法经营数额，符合法律规定，本院予以确认。……【1】……上诉人陈某虎、原审被告人程某静、李某寿未经福建南平南孚电池有限公司许可，在其生产的电池产品上使用与南孚电池有限公司注册商标相同的 "聚能环" 文字商标和白色锯齿形 "闪电" 图案商标，非法经营数额共计人民币 239996.88 元，情节严重，其行为均已构成假冒注册商标罪。上诉人陈某虎、原审被告人曹某渝、罗某贵违反商标管理法规，擅自制造他人注册的商标标识，数量共计 300 万件，情节特别严重，其行为均已构成非法制造注册商标标识罪。上诉人陈某虎、原审被告人裴某新明知是假冒注册商标的商品仍予贮藏和销售，其中陈某虎非法经营数额共计人民币 190720 元，裴某新非法经营数额共计人民币 226350 元，均属数额较大，其行为均已构成销售假冒注册商标的商品罪。上诉人陈某虎一人犯数罪，应依法惩处，并予数罪并罚。出庭检察员发表的出庭意见，依据充分，理由成立，予以支持。

FZ，西门子案（20170000/F2017-49）：对国际注册商标可进行刑事司法保护

合肥高新技术产业开发区检察院 v 国耀公司等，一审，合肥高新技术产业开发区法院

（2017）皖 0191 刑初 56 号判决书，李楠、李章伦（陪）、杨丽（陪）

案情概要

　　西门子股份公司通过马德里国际注册方式，将涉案注册号为 G683480 "西门子"及注册号为 G637074 的 "SIEMENS" 商标在多个类别与行业中进行注册保护—西门子（中国）有限公司经授权对西门子品牌产品真伪进行鉴别—被告单位国耀公司以明显低于市场价格从他处购买假冒的西门子牌远景系列开关、插座，转手卖给湘源公司—数额较大—被告人钟某锐作为公司法人代表，负有直接的主管责任—销售假冒商标的商品罪

裁判摘录

　　【1】……被告单位合肥市国耀电子有限公司销售假冒注册商标的商品，数额较大，被告人钟某锐作为公司法人代表，负有直接的主管责任，被告单位和被告人的行为均构成销售假冒注册商标的商品罪，依法应当追究刑事责任。公诉机关指控罪名成立。

FZ，斯伯丁案（20161019/F2016-48）：商标权利人出具的鉴定文本应属于被害人陈述而非鉴定意见；设立后以实施犯罪为主要活动的不以单位犯罪论处

蚌埠禹会区检察院 v 沈某等，二审，蚌埠中院（2016）皖 03 刑终 194 号裁定书，任秀莲、王国强、唐红旭

案情概要

　　沈某经营两家体育用品公司—与杜某甲一起从多处购买 "斯伯丁""耐克""阿迪达斯" 等假冒商标—生产上述品牌的假冒篮球—利用其他网店对外发货销售—非法经营数额巨大—一审认为沈某等人构成假冒注册商标罪—周某甲等明知商品系假冒商品，仍进行售卖，构成销售假冒注册商标的商品罪—二审维持一审判决

裁判摘录

　　【-4】……商标权利人出具的鉴定文本应属于被害人陈述而非刑事诉讼证据中的鉴定意见，其内容为被害单位的辨认。除上述鉴定文本外，相关证人证言及被告人的有罪供述，均能证实被告人生产、销售假冒商品的事实。一审法院对案涉相关鉴定函予以采

纳正确，以假冒注册商标罪对沈靓、杜某甲定罪处罚，定性准确。……【–3】……《最高人民法院关于审理单位犯罪案件具体应用法律有关问题的解释》规定，公司、企业、事业单位设立后，以实施犯罪为主要活动的，不以单位犯罪论处。本案中，综合被告人供述及相关证据，能够证实案涉二公司的实际经营人及决策者均为沈某个人，主要生产假冒品牌篮球并对外销售，且资金往来均为沈某本人及其妻子账户。故本案不符合单位犯罪的构成要件，依法不以单位犯罪论处。

FZ，周黑鸭Ⅱ案（20160304/F2016–49）：网络销售假货的邮费也应计入非法经营额

武汉江岸区检察院 v 邓某成等，二审，武汉中院（2016）鄂01刑终147号裁定书，许继学、彭露露、刘畅

案情概要

被告人邓某成、程某荣等未经"周黑鸭"注册商标所有人许可，在同一种商品上使用与其注册商标相同的商标—公诉机关指控被告人犯假冒注册商标罪—一审认为被告人未经"周黑鸭"注册商标所有人许可，在同一种商品上使用与其注册商标相同的商标，情节特别严重，应以假冒注册商标罪追究刑事责任—二审维持一审判决

裁判摘录

【–2】关于上诉人邓某成及其辩护人提出的网络销售的邮费不应计算在非法经营额之内的上诉意见。因本案涉嫌犯罪的网络销售行为以快递方式进行，快递寄件行为属于假冒注册商标犯罪行为不可分割的一个部分，从非法经营数额的认定上来看，快递费用与购买原材料、购买包材费用等均不应从非法经营数额中扣除。

AZ，SΛMSUNG案（20150908/A20170306–87）：刷信誉的不真实交易如无相反证据亦可计入非法经营数额、违法所得数额

宿迁检察院 v 郭某升等，一审，宿迁中院（2015）宿中知刑初字第4号判决书，程黎明，朱庚，白金

案情概要

宿迁检察院指控三被告人在未经三星（中国）投资有限公司授权许可的情况下，

从他人处批发假冒三星手机裸机及配件进行组装，利用其在淘宝网上开设的"三星数码专柜"网店进行"正品行货"宣传—以明显低于市场价格公开对外销售—应当以假冒注册商标罪追究其刑事责任—法院支持公诉

裁判摘录

【2】三被告人郭某升、孙某标、郭某锋对假冒三星注册商标的犯罪事实予以供认，但对假冒三星 I8552 手机数量及非法经营额、非法获利数额提出异议，对此，本院认为公诉机关关于三被告人共计销售假冒的三星 I8552 手机 20000 余部，销售金额 2000 余万元，非法获利 200 余万元的指控能够成立：①关于三被告人共计销售涉案手机 20000 余部、销售金额 2000 余万元的指控，虽然被告人供述与辩解之间不完全不一致，庭审中只认可假冒手机 10000 余部，淘宝交易记录中包含刷信誉的虚假交易部分，但被告人之前的供述能够与有关证人证言、书证、电子数据等证据相印证。被告人郭某升在公安机关供述 2014 年 1 月后基本就没有刻意安排刷信誉，被告人郭某锋在公安机关供述真实交易量 20000 部以上；……证人的证言表明，该淘宝网店每日销售数量较少的也在 100 部以上，日销售量多的在 200 部以上，以日销售 100 部计算，从 2013 年 11 月至 2014 年 6 月销售量也达 20000 余部；公安机关查获的送货单显示 2013 年 12 月 31 日至 2014 年 6 月 26 日，"三星数码专柜"接收手机机头达 24914 部；支付宝向被告人郭某锋银行账户大额付款至 2014 年 6 月 16 日达 22694303 元，从 2013 年 10 月份开始郭某锋银行账户对外大额付款明显增多，仅向提供手机机头的沈某谋、张某昭二人付款即达 840 万元以上，而手机机头进价仅为 400 多元；2013 年 11 月 26 日至 2014 年 6 月 6 日期间"三星数码专柜"淘宝记录显示的交易成功的成交数量 23163 部手机，交易金额 21263452 元；快递公司电脑系统记录，仅顺丰快递系统记录显示接受三被告寄出的物流达 23844 件次。上述证据能够互相佐证，共同证明三被告人利用淘宝网店"三星数码专柜"销售假冒三星 I8552 手机 20000 余部，销售金额 2000 余万元的事实。②公安机关现场扣押的笔记本与郭某锋的供述能够相互印证，证明三被告人违法所得 200 多万元。虽然郭某升、郭某锋辩解称其不是专业财会人员，没有做过精确统计，笔记本记录不能反映准确的经营及获利情况，但该笔记本为郭某升、郭某锋所记录，清楚记录了 2014 年 1 月份到 5 月份每个月的获利情况，记录显示 2014 年 1 月到 5 月份总获利 2159688 元，这与被告人郭某锋在公安机关的供述一致。③关于该网店存在刷信誉的问题，被告人郭某升的供述和辩解与孙某标的供述和辩解及证人证言等证据之间互相矛盾。郭某升供述和辩解称该网店刷信誉是其或郭某锋在网上通过 QQ 联系雇人进行的，并由其负责寄发刷信誉的空包裹，其他人不知道有刷信誉的情况，在公安机关供述 2014 年 1 月后没有刻意安排刷信誉，而在庭审中又供述 2014 年 3 月后刷信誉就比较少。而孙某标供述和辩解称其知道刷信誉的情况，也负责寄发刷信誉的空包裹，并且负责发货的工作人员都知道有刷信誉的情况，且该网店一直都有刷信誉的行为，这与郭某升的供述与辩解存在矛盾。而证人……证言中则陈述没有发现刷信誉的情况，这

第六十七条

与孙某标的供述存在矛盾。此外，被告人郭某升、郭某锋、孙某标自己也无法识别淘宝网销售记录中哪些为刷信誉的虚假交易，哪些为真实交易，也提供不了帮助刷信誉者的具体的信息或线索。另外，各地公安机关调查的885部假冒手机买受人的证言及其提供的购买的假冒三星I8552手机照片，均反映没有刷信誉的交易，而公安机关调查的885部假冒手机买受人分布在全国各地，具有一定的抽样调查效力。综合被告人的供述和辩解、证人证言，三被告人关于他们网店存在刷信誉行为实际销售量只有10000余部的辩解不能成立。综上所述，公诉机关提供的证据之间能够互相印证，共同证明公诉机关关于三被告人共计销售假冒的三星I8552手机20000余部，销售金额2000余万元，非法获利200余万元的指控能够成立。

DZ，太太乐案（20150617/D2015-10）：没有直接销售涉案假冒产品也可构成假冒商标罪

襄阳检察院 v 张某等，二审，湖北高院（2015）鄂知刑终字第1号裁定书，徐翠、张浩、童海超

案情概要

张某、邹某先购买一般品牌的味精、鸡精，包装后冒充名牌产品"太太乐"鸡精、"莲花"味精产品销售，后又自己配方，用食盐、味精、香料等制造调味品，冒充名牌产品"南德"调味料销售——一审认为被告人张某、邹某构成假冒注册商标罪，被告人王某宝构成销售非法制造的注册商标标识罪——二审基本维持一审判决，对王某宝的刑期计算有误，依法予以纠正

裁判摘录

【-3】1. 关于上诉人邹某是否参与销售涉案假冒产品的问题。经查，上诉人张某和邹某系夫妻关系，二人共同生产制造"莲花"味精、"太太乐"鸡精、"南德"调味料等假冒产品，且张某和邹某均供述，张某负责洽谈、送货、收款等，邹某负责记账，二人的上述行为属于在共同销售环节中的不同分工。邹某关于其并未参与销售涉案假冒产品的辩解理由，与客观事实不符，本院不予采纳。

PZ，红牛I案（20150323/P2015-05）：假冒两种以上商标的情节认定

东莞第二市区检察院 v 陈某田等，一审，东莞市第二法院（2015）东二法知刑初字第1

号判决书，吕宏、李子聪（陪）、方燕萍（陪）

案情概要

被告人陈某田雇佣被告人陈某姣、周某云、陈某等生产假冒加多宝、王老吉、红牛等注册商标饮料—工商查处—现场查获假冒加多宝 2640 罐、假冒王老吉 26400 罐、假冒红牛 18000 罐，共价值 8 万余元—检察院以假冒注册商标罪提起公诉—法院支持公诉罪名

裁判摘录

【1】……被告人陈某田、陈某姣、周某云、陈某未经注册商标所有人许可，在同一商品上使用与其注册商标相同的商标，且假冒三种注册商标，情节严重，其行为已构成假冒注册商标罪，依法应予以惩处。被告人陈某田是老板，是犯罪行为的主要责任人和受益者，在共同犯罪中起主要作用，是主犯；被告人陈某姣、周某云、陈某是员工，起次要作用，是从犯，依法均从轻处罚。四被告人虽系被动归案，但都能如实供述，依法可予以从轻处罚。考虑到四被告人的犯罪行为，同时具有危害食品安全的性质，本院酌情从重处罚。

第六十七条

PZ，拉菲 II 案（20150120/P2014-05）：假冒两种以上商标的情节判定；具体的获利来源不影响假冒注册商标罪的认定；假冒商品未销售不影响假冒注册商标罪既遂认定，但可酌情从轻处罚

烟台芝罘区检察院 v 华仕酒业公司等，一审，烟台芝罘区法院（2014）芝少刑初字第 100 号，邹艳、安云娟（陪）、张宜宁（陪）

案情概要

被告单位华仕酒业公司未经商标专用权人许可，购买假冒酒瓶、酒标、瓶盖、木塞和散装葡萄酒液，利用被告单位先期装配的葡萄酒灌装生产线，生产假冒"拉菲""奔富""木桐""龙船"等国际知名葡萄酒—销售牟利—已销售金额共计 159.5 万余元—仓库内查获未经销售的价值 23.5 万余元的葡萄酒一批，经鉴定，均系假冒注册商标的产品—其他被告人的参与—检察院以假冒注册商标罪提起公诉—法院支持检察院指控的事实及罪名

裁判摘录

【1】……被告单位烟台华仕兄弟酒业有限公司在生产经营活动中违反国家商标管理法规，未经注册商标所有人许可，在同一种商品上使用与其注册商标相同的商标，侵犯了国家对商标的管理制度和他人注册商标的专用权，已构成假冒注册商标罪，因被告单位假冒两种以上注册商标，且非法经营数额在十五万元以上，属情节特别严重。被告人徐某某系被告单位直接负责的主管人员，被告人梁某某、刘某、李某甲、隋某、翟某、李某乙作为被告单位的直接责任人员，依法均已构成假冒注册商标罪。被告人于某明知被告单位生产、销售假冒注册商标的商品，仍帮助运输，与被告单位成立共犯，其行为亦构成假冒注册商标罪。……被告人于某辩称其未从被告单位获利，而是联系运送从物流公司获得提成，其行为不应与被告单位构成共犯的辩解理由，本院认为，被告人于某主观上明知被告单位生产、销售假冒注册商标的商品，客观上为被告单位销售假冒注册商标的葡萄酒提供了帮助，其行为完全符合共同犯罪的构成特征，至于其从何处获利并不影响其犯罪的成立……被告人徐某某的辩护人提出公诉机关指控的未销售数额系犯罪未遂的辩护意见，本院认为，公安机关查扣的该部分侵权产品已由被告单位加工完成，客观上已实际侵害了商标专利权人的商标专用权，属犯罪既遂，故辩护人的该辩护意见，于法不合，本院依法不予采纳，但量刑时可考虑该部分侵权产品尚未流入社会的情节酌情从轻处罚。

FZ，多米诺Ⅰ案（20141218/F2014-49）：刑事案件中同一商品的认定

广州越秀区检察院 v 谢某周等，二审，广州中院（2014）穗中法知刑终字第 21 号判决书，龚麒天、邓永军、彭盎

案情概要

杜高公司在没有获取多米诺公司授权的情况下，生产、销售外形与多米诺 A200 相似的喷码机，改装多米诺原装 E50 型喷码机后销售，同时还生产销售标示有 "for domino" 字样喷码机零配件——一审认定被告人谢某周等生产、销售喷码机零配件及 A200 型、E50 型喷码机的行为构成假冒注册商标罪——二审认为一审事实不清，证据不足，发回重审——重审认定被告人谢某周等生产、销售涉案喷码机零配件的行为不侵权，但生产、销售 A200 型、E50 型喷码机的行为构成假冒注册商标罪——二审认为各被告人生产、销售的 "喷码机" 与涉案注册商标核定使用商品不属于同一种商品，不构成假冒注册商标罪——撤销重审判决，宣告各被告人无罪

【 裁判摘录 】

【2】……本案中，"喷码机"并非《类似商品和服务区分表》中所列商品名称，而本案第 G709885 号注册商标是根据《商标国际注册马德里协定》和《商标国际注册马德里协定有关议定书》的规定于 1999 年通过领土延伸指定到我国并获得保护，多米诺公司申请时使用英文提交相关文件，并没有对申请使用的商品附对应的中文翻译件，且申请文件中并未包含商品的图片或文字说明，因此无法将杜高公司生产、销售的喷码机与涉案注册商标申请时的商品图片或文字说明进行对比分析。依据上述司法解释的规定，本案只能根据商品的功能、用途、销售渠道、消费对象等方面分析杜高公司生产、销售的喷码机与本案第 G709885 号注册商标核定使用的商品是否属于同一种商品。【3】第一，杜高公司生产、销售的喷码机应属于工业用机械设备。【5】第二，喷码机行业的倾向性意见是喷码机商品属于第七类商品。【7】第三，本案现有证据不能证实第 G709885 号注册商标核定使用的第九类商品中具体哪一个商品包括了杜高公司生产的喷码机。【10】第四，从多米诺公司的商标注册情况看，其最初在喷码机商品上使用的商标是申请注册在第七类商品上的。【12】第五，商标局商标评审委员会认为第七类的印刷机器、喷墨印刷机、喷码机（印刷工业用）等商品与第九类的喷墨打印装置等商品不属于"同一种商品"。【14】第六，原审判决根据多米诺公司生产的喷码机在机器结构和功能上均可与计算机连用来判断涉案喷码机属于第九类商品，理由不成立。【15】……涉案喷码机属于《类似商品和服务区分表》中的第七类商品，即杜高公司生产、销售的喷码机与多米诺公司第 G709885 号注册商标核定使用的第九类商品并非"同一种商品"。

第六十七条

PWZ，Taylormade 案（20140404/P2014-06）：共同犯罪意图之内的行为不是实行过限；假冒两种以上注册商标的情节判断

厦门思明区检察院 v 吴某林等，一审，厦门思明区法院（2013）思刑初字第 417 号判决书，倪宗泽、黄丽敏（陪）、高若愚（陪）

【 案情概要 】

吴某林、吕某达出资成立艺兴达金属加工厂——未经注册商标所有人许可生产标有"Taylormade""XXIO""Ping""Callaway""Titleist""Cleveland""Odyssey"等注册商标的高尔夫球头等产品并销售——吴某受雇开车进货、送货、发货和收取货款——石某平未经注册商标所有人许可生产标有"Taylormade""XXIO""Ping""Callaway""Titleist""Cleveland"等注册商标的高尔夫球杆等产品并销售——李某全未经注册商标所有人许可

生产、加工标有"Taylormade""Ping""Callaway""XXIO""Mizuno"等注册商标的高尔夫球杆等产品并销售—朱某分未经注册商标所有人许可生产标有"Taylormade""Ping""Callaway""Titleist""Mizuno"等注册商标的高尔夫球杆等产品并销售—检察院指控吴某林、吕某达、吴某、石某平、李某全、朱某分犯假冒注册商标罪—法院支持检察院指控的罪名—吴某林、吕某达、吴某系共同犯罪

裁判摘录

【-5】……被告人吴某林既然称只有在客户要的货仓库内库存没有的，才去找别人少量调货，则被查扣的库存积货必然不会包含向他人调取的产品；况且被告人吕某达与被告人吴某林合谋生产销售假冒产品，吴某林向他人调货出售的行为并没有超出此共同犯意的范围，即使被告人吕某达未参与分赃，亦当承担共同犯罪的刑事责任。
【1】……被告人吴某林、吕某达、吴某、石某平、李某全、朱某分未经注册商标所有人许可，在同一种商品上使用与其注册商标相同的商标，同时假冒两种以上注册商标，且非法经营数额均在25万元以上，情节特别严重，其行为均已构成假冒注册商标罪。公诉机关指控的罪名成立，本院予以支持。被告人吴某林、吕某达、吴某系共同犯罪，其中被告人吴某林、吕某达系主犯，被告人吴某在共同犯罪中起次要、辅助作用，是从犯，应依法从轻、减轻处罚。

PZ，恒源祥案（20131223/P2014-08）：长期实施销售假冒注册商标的商品犯罪，可认定为主观恶性大，不适用缓刑

郴州市苏仙区检察院 v 陈某华，一审，郴州市苏仙区法院（2013）郴苏刑初字第181号判决书，谢祥昌、周裕蓉、胡贵成（陪）

案情概要

被告人陈某华伙同陈某春、李某军（均另案处理）购买白板服饰，加工制成假冒恒源祥、哥弟、柒牌、劲霸、七匹狼、梦特娇等名牌服饰—通过实体店及网点销售—后陈某春、李某军退伙，陈某华独自经营—检察院以销售假冒注册商标的商品罪提起公诉—法院支持公诉事实及罪名

裁判摘录

【1】……被告人陈某华违反商标管理法规，伙同他人或单独销售明知是假冒注册商标的商品，其中已销售金额达2025068元，未销售货值达9045440元，数额巨大，其

行为已构成销售假冒注册商标的商品罪。在共同犯罪过程中，被告人陈某华起主要作用，系主犯。公诉机关指控被告人陈某华犯销售假冒注册商标的商品罪罪名成立，本院予以支持。……被告人陈某华实施销售假冒注册商标的商品犯罪时间长达一年以上，可见其主观恶性大，且销售金额亦巨大，不仅侵犯他人知识产权，而且严重破坏社会主义市场经济秩序，其认罪态度虽较好，但其行为不宜适用缓刑，故其辩护理由均不成立，其辩护意见本院均不予采纳。

FZ，稻花香 I 案（20131025/F2013-50）：假冒注册商标罪部分共同犯罪人单独审判

宜昌检察院 v 周某忠等，一审，宜昌中院（2013）鄂宜昌中知刑初字第 1 号判决书，苗劲松、严光俊、罗娟

案情概要

稻花香公司注册有"稻花香""清样"商标—颜某松、余某飞、金某细（均已判刑）在未经许可的情况下组织生产假冒"稻花香"清样白酒—周某忠、蔡某漂为其提供调酒、灌装、包装盒、手提袋、酒瓶盖等帮助—非法经营数额合计 358000 元—检察院以假冒注册商标罪提起公诉，认为周某忠、蔡某漂在假冒注册商标共同犯罪中起到从犯的作用—法院支持检控事实及罪名

裁判摘录

【1】……被告人周某忠、蔡某漂未经"稻花香""清样"注册商标所有人湖北稻花香酒业股份有限公司许可，也未在金某细提供湖北稻花香酒业股份有限公司授权委托书等证明文件的情况下，被告人周某忠为金某细生产散装白酒，并帮助其灌装成假冒稻花香"清样"白酒共计 358 件（500mL×4 瓶×1 件），非法经营数额共计 25500 元，被告人蔡某漂明知金某细实施假冒"稻花香""清样"注册商标犯罪，仍帮助其提供标识为"稻花香""清样"商标的木包装盒、布袋、酒瓶盖各 1600 个，另获利 13000 元。根据最高人民法院、最高人民检察院、公安部《关于办理侵犯知识产权刑事案件适用法律若干问题的意见》第十五条的规定，被告人周某忠、蔡某漂应以假冒注册商标罪的共犯论处。

FZ，REGAL 案（20130828/F2013-49）：生产、销售伪劣产品罪的既遂不以产品售出为标准

厦门检察院 v 王某利等，一审，厦门中院（2011）厦刑初字第 62 号判决书，邱一帆、刘文珍、林青（陪）

案情概要

被告人王某利、张某毅、陈某取明知是假冒注册商标且伪劣的烟而非法运输出口—检察院提起公诉—两次追加起诉——一审支持检控罪名—生产、销售伪劣产品罪—共同犯罪—王某利为主犯，张某毅、陈某取为从犯

裁判摘录

【-3】关于被告人王某利、陈某取的辩护人分别提出本案假冒伪劣卷烟尚未销售即被查获，应认定为犯罪未遂的辩护意见。经查，本案被查获的假冒伪劣卷烟系已生产成品的香烟，生产伪劣产品的行为已完成，属犯罪既遂，生产卷烟的目的是为了销售，运输是生产、销售的环节之一，不论卷烟最终是否销售，均不影响既遂形态的认定。辩护人提供的证据不能证实被告人王某利仅是为香烟的生产者或销售者而组织运输，因此，其应对生产、销售卷烟的行为承担刑事责任，其行为已构成生产、销售伪劣产品罪。被告人张某毅、陈某取受被告人王某利雇用参与共同犯罪，应与主犯王某利在同一罪名内共同承担刑事责任。故三被告人的行为均构成生产、销售伪劣产品罪，属犯罪既遂。故上述辩护意见不能成立，不予采纳。

DZ，金龙鱼案（20130815/D2013-10）：成立后以实施犯罪为主要活动的不以单位犯罪论处；无牵连关系的应数罪并罚

郑州检察院 v 宗某贵等，二审，河南高院（2013）豫法知刑终字第 2 号裁定书，宋旺兴、赵艳斌、秦世飞

案情概要

被告人宗某贵、黄某安未经金龙鱼、鲁花注册商标所有人许可，分别从他处购进原油并非法制造的金龙鱼、鲁花注册商标标识，雇佣多名工人在其公司内生产假冒金龙鱼、鲁花注册商标的食用油并销售—检察院指控宗某贵、黄某安、陈某孝等犯假冒注册商标罪、销售假冒注册商标的商品罪、销售非法制造的注册商标标识罪—一审支

持检控罪名—二审维持一审判决

> **裁判摘录**

【-14】……郑州鼎鼎油脂有限公司成立后，以实施犯罪为主要活动，假冒注册商标非法经营数额 19249759.5 元，销售非法制造的注册商标标识 542604 件，依法不以单位犯罪论处。【-13】关于假冒注册商标及销售非法制造的注册商标标识是否属牵连犯的问题，经查，被告人宗某贵、黄某安等人所实施的假冒注册商标犯罪行为与销售非法制造的注册商标标识犯罪行为之间无牵连关系，依法应数罪并罚。

FZ，五粮液 I 案（20121204/F2012-49）：无法查清实际销售价格的按照被侵权产品的市场中间价格计算涉案金额

福州鼓楼区检察院 v 陈某良，一审，福州鼓楼区法院（2012）鼓刑初字第 399 号判决书，林跃男、陈建忠、王明亮

> **案情概要**

陈某良购买"尖庄""金六福""长三角"等白酒，指使他人进行灌装、贴标，以次充好生产假冒注册商标的"五粮液"酒—销售假冒"五粮液"酒—检察院公诉—法院认为陈某良的行为构成假冒注册商标罪

> **裁判摘录**

【5】对于涉案金额的认定问题。被告人及其辩护人对涉案金额的评估结论有异议。对于榕价认扣（2012）644 号价格鉴定结论所依据的标准问题，本院认为，根据"两高"《关于办理侵犯知识产权刑事案件具体应用法律若干问题的解释》第十二条规定，已销售的侵权产品的价值，按照实际销售的价格计算。无法查清实际销售价格的，按照被侵权产品的市场中间价格计算。本案中，在侦查阶段及两次庭审过程中，公安机关及本院均多次讯问被告人，假酒销售渠道，但被告人的回答均是"时间久了记不清了"以及"都是和酒楼的采购联系，电话记不清了"，导致无法查清实际销售价格。福州市价格认证中心按照市场中间价格计算非法经营数额符合法律规定。在庭审过程中，榕价认扣（2012）644 号鉴定结论书已作为证据交给被告人质证，被告人虽表示异议但并未申请重新评估。本院依法对该评估结论进行了审查，该评估机构、评估人员均具备相关的资格。评估程序合法，故该结论可予以采信，即被告人已销售部分的涉案金额为 9850200 元，当场查扣未销售部分的涉案金额为 596270 元，以上共计 1446470 元。

第六十七条

FZ，茅台Ⅱ案（20120425/F2012-48）：假冒商标罪的认定及数罪并罚

宜兴检察院 v 胡某良，一审，宜兴法院（2012）宜知刑初字第9号判决书，合议庭成员［缺］

案情概要

茅台酒厂注册有"贵州茅台"文字商标及"飞天"图形商标—胡某良生产、销售假冒大量"飞天""贵州茅台"白酒—宜兴市公安局查货该批货物—宜兴市检察院提起公诉—一审认为胡某良非法经营数额巨大，依法构成假冒注册商标罪，销售假冒注册商标的商品罪

裁判摘录 ●

【1】"飞天""贵州茅台"注册商标依法经我国商标局核准注册，受法律保护。被告人胡某良伙同他人未经注册商标所有人的许可，在同一种商品上使用与其注册商标相同的商标，非法经营数额达人民币17295600元，情节特别严重，该行为已经构成假冒注册商标罪，且属共同犯罪，应予惩处；被告人胡某良还销售明知是假冒注册商标的商品，货值金额达人民币597840元，数额巨大，应予惩处。公诉机关的指控事实清楚，证据确实、充分，罪名成立，应予采纳。被告人胡某良应以假冒注册商标罪、销售假冒注册商标的商品罪二罪数罪并罚。被告人胡某良在实施假冒注册商标的犯罪过程中，因意志以外的原因导致未能全部生产完毕，系犯罪未遂，对该部分犯罪可以比照既遂犯从轻处罚或减轻处罚；被告人胡某良在实施销售假冒注册商标的商品犯罪过程中，因意志以外的原因导致销售未遂，对该部分犯罪也可以比照既遂犯从轻处罚或减轻处罚。

FZ，伊利Ⅱ案（20101018/F2010-49）：假冒商标罪及假冒专利罪数罪并罚

呼和浩特市检察院 v 仇某营等，一审，呼和浩特中院（2010）呼刑知初字第2号判决书，吴建平、胡雪莹、达林太

● 此裁判摘录摘自《中国知识产权指导案例评注》（第五辑），非判决原文。

案情概要

被告人仇某营等明知"伊利""蒙牛"商标为注册商标，伙同被告人崔某芷、闫某全、闫某文、黄某礼生产假冒伊利雪糕、假冒蒙牛公司雪糕—呼和浩特市检察院指控仇某营等构成假冒注册商标罪—法院支持公诉

裁判摘录

【1】……被告人仇某营明知伊利公司和蒙牛公司的涉案商标均为注册商标，并享有涉案产品的外观专利权，而且两公司生产的雪糕产品在市场中较高知名度，但为牟取非法利益，未经注册商标所有人和专利权人许可，伙同被告人崔某芷、闫某全、闫某文、黄某礼在同一种商品上使用与伊利公司注册商标相同的商标及外观设计专利生产、销售假冒雪糕产品，非法经营数额为 3119998 元；还伙同被告人闫某波在同一种商品上使用与蒙牛公司注册商标相同的商标及外观设计专利生产、销售假冒雪糕产品，非法经营数额为 1773680 元，被告人仇某营非法经营数额合计为 4893678 元。上述六被告人生产、销售的假冒产品的注册商标和包装足以使一般消费者将其制售的雪糕产品同伊利公司、蒙牛公司的相关雪糕产品相混淆，并将其误认为是伊利公司和蒙牛公司相同商标的产品而进行消费，其行为均分别构成假冒注册商标罪及假冒专利罪，依法构成假冒注册商标罪，且犯罪情节特别严重。

DWZ，芝华士案（20100521/D2010-10）：假冒两种以上的商标且非法经营数额在 15 万元以上构成"情节特别严重"

北京大兴区检察院 v 刘某龙，一审，大兴法院（2010）大刑初字第 320 号判决书，解文静、董志启（陪）、闫占芳（陪）

案情概要

刘某龙以自行灌装方式自制芝华士、红牌、黑牌等名酒—未经许可加贴商标、进行包装后通过物流托运方式销往各地—检察院以假冒注册商标罪提起公诉—法院认为刘某龙未经许可假冒两种以上注册商标，构成假冒注册商标罪

裁判摘录

【1】……被告人刘某龙未经注册商标所有人许可，在同一种商品上使用与其注册

商标相同的商标，且假冒两种以上注册商标，非法经营数额在 15 万元以上，其行为已构成假冒注册商标罪，根据《最高人民法院、最高人民检察院关于办理侵犯知识产权刑事案件具体应用法律若干问题的解释》之有关规定，系情节特别严重，应予惩处。

FZ，CHANEL 案（20100000/F2010-48）：坦白可从轻处罚

北京朝阳区检察院 v 杨某君，二审，北京二中院（2010）二中刑终字第 682 号裁定书，合议庭成员［缺］

案情概要

被告人杨某君存放带有 GUCCI、CHANEL、LOUIS VUITTON 注册商标标识的男女式包，用于销售牟利—检察院以销售假冒注册商标的商品罪提起公诉—一审认定杨某君构成销售假冒注册商标的商品罪—涉案物品尚未售出即被查获，系犯罪未遂—被告人杨某君案发后具有认罪悔罪表现，故对其所犯罪行依法从轻处罚—二审维持一审判决

裁判摘录

【1】杨某君所提其主动交代其他存放假冒注册商标的商品的库房，有坦白行为，原判量刑过重的上诉理由，经查，一审法院对上述情节已予以考虑，在量刑时已对其从轻处罚，杨某君的上诉理由，不予采纳。一审法院根据杨某君犯罪的事实、犯罪的性质、情节及对于社会的危害程度作出的判决，定罪及适用法律正确，考虑其系犯罪未遂、有认罪悔罪表现，对其从轻处罚的量刑适当，对在案物品的处理亦无不当，审判程序合法，应予维持。

FZ，金洲案（20091016/F2009-50）：根据案情宽严相济地适用刑罚

上海浦东新区检察院 v 长正公司等，一审，上海浦东新区法院（2009）浦刑初字第 1824 号判决书，丁寿兴、倪红霞、冯祥

案情概要

涉案"金洲及图"商标于 1995 年核准注册，核定使用商品为第 6 类钢管等—2004 年 2 月，"金洲及图"商标被商标局认定为驰名商标—该商标转让给金洲公司—被告单位长正公司是上海市安装工程有限公司材料供应商—谭某为长正公司总经理—被告从

他处采购并供应的镀锌钢管被鉴定为假冒产品——涉案商品的"金洲"及图形标识与金洲公司的"金洲及图"注册商标基本一致——假冒注册商标罪——主动接受讯问,如实供述,积极赔偿,弥补权利人经济损失——减轻处罚——破坏世博工程建设,社会危害性大,不适用缓刑

裁判摘录 ❶

【1】被告单位长正公司、被告人谭某明知是假冒注册商标的商品仍予以销售,既侵犯了金洲公司的注册商标专用权,也破坏了我国的商标管理制度,扰乱了社会主义市场经济秩序,且销售数额巨大,其行为已构成销售假冒注册商标的商品罪。被告单位长正公司是经工商行政管理局核准注册的有限责任公司,被告人谭某是被告单位的总经理,主要负责公司的经营活动,其以被告单位的名义与安装公司签订合同销售镀锌钢管,并收取货款,利益归属于被告单位,故本案系单位犯罪。被告人谭某曾经多次经销过"金洲"牌钢管,应当对"金洲"商标有相当的认知,并熟悉该商标钢管的价格和销售流程,但被告人谭某仍以明显的低价从非正规渠道购买假冒的"金洲"牌镀锌钢管,还伪造了产品质量证明书。上述事实足以认定被告人谭某明知其销售的是假冒注册商标的商品。被告人谭某作为被告单位长正公司的总经理,是该公司实施犯罪行为的直接责任人员,依法应负刑事责任。公诉机关指控被告单位长正公司、被告人谭某犯销售假冒注册商标的商品罪,罪名成立,应予支持。【2】被告单位长正公司、被告人谭某主动接受工商行政管理局的调查和公安机关的讯问,如实供述犯罪事实,应认定为自首,依法可从轻或减轻处罚;被告单位长正公司、被告人谭某自愿认罪,认罪态度较好,可酌情从轻处罚;同时,被告单位长正公司、被告人谭某积极与商标权人协商侵权赔偿事宜,并支付了赔偿款,弥补了权利人的经济损失,综合以上因素,决定对被告单位长正公司和被告人谭某减轻处罚。但2010年的上海世博会是举世瞩目的盛大活动,是向全世界展现我国形象的重要平台,被告单位长正公司及被告人谭某的行为破坏了世博工程建设,社会危害性较大。被告人谭某的辩护人提出对被告人谭某适用缓刑的意见本院不予采纳。……

第六十七条

DZ,TOYOTA 案(20081121/D2008-09):"非法经营数额"可按照被侵权产品的市场中间价格计算

宁德市霞浦县检察院 v 华丰公司等,一审,霞浦县法院(2008)霞刑初字第 178 号判决书,王新宇、沈晚晖、胡恒松

---

❶ 摘自《中国知识产权指导案例评注》(下卷),非判决原文。

案情概要

华丰公司法定代表人曾某熙自行买回"toyota""renaul""citroeu"等品牌的汽车刹车片—未经许可组织本厂工人生产上述同款式汽车刹车片—工商局查扣—商品价值达 500 万元—检察院公诉—法院认为华丰公司及曾某熙构成假冒注册商标罪—"非法经营数额"按照被侵权产品的市场中间价格计算

裁判摘录

【1】根据《最高人民法院、最高人民检察院关于办理侵犯知识产权刑事案件具体应用法律若干问题的解释》第十二条规定,"非法经营数额"可按照被侵权产品的市场中间价格计算。……即"toyota"刹车片 9100 盒 ×60 元 =54.6 万元,"hyunori kia"刹车片 1000 盒 ×55 元 =5.5 万元、500 盒 ×50 元 =2.5 万元,"honda"刹车片 1320 盒 × 55 元 =7.26 万元,"bendix"刹车片 3140 盒 ×70 元 =21.98 万元。其中"vaieo"品牌的刹车片,被告单位和被告人未提供市场价格,以被侵权单位及其委托代理单位出具的价格证明计算,即 500 盒 ×350 元 =17.5 万元,另"renault""citroen"两款刹车片无权利人声明,以价格评估结论报告书确定的单价为依据,即 renault 刹车片 3640 盒 × 10.5 元 =3.822 万元,citroen 刹车片 4000 盒 ×4.957 元 =1.9828 万元,上述合计非法经营数额为人民币 115.14 万元。被告人曾某熙提出假冒注册商标的产品价值没有 5132918 元的辩解及辩护人伍某信、蔡某良提出商标权人所提供的零售价格不能作为确认"非法经营数额"的依据的辩护意见,部分予以采纳。

CZ,中华案(20080917/C2009-06):帮助犯罪分子逃避处罚并参与销售假冒注册商标的商品可数罪并罚

上海静安区检察院 v 黄某海,二审,上海二中院(2008)沪二中刑终字第 474 号裁定书,吴欣、逄淑琴、赵雁

案情概要

被告人黄某海向犯罪分子通风报信—帮助犯罪分子逃避处罚—与他人共同销售假冒注册商标的商品—一、二审均认定帮助犯罪分子逃避处罚罪、销售假冒注册商标的商品罪—两罪并罚

裁判摘录

【1】……被告人黄某海作为烟草专卖行政主管部门的稽查工作人员，负有实行烟草专卖管理，查禁相关违法及犯罪活动的职责，但却向犯罪分子通风报信，帮助犯罪分子逃避处罚；又与他人共同销售假冒注册商标的商品，数额较大，其行为已分别构成帮助犯罪分子逃避处罚罪、销售假冒注册商标的商品罪，依法应予两罪并罚。

第六十七条

第二部分　反不正当竞争法

第二条 【不正当竞争认定原则】

经营者在生产经营活动中，应当遵循自愿、平等、公平、诚信的原则，遵守法律和商业道德。

本法所称的不正当竞争行为，是指经营者在生产经营活动中，违反本法规定，扰乱市场竞争秩序，损害其他经营者或者消费者的合法权益的行为。

本法所称的经营者，是指从事商品生产、经营或者提供服务（以下所称商品包括服务）的自然人、法人和非法人组织。

📖 本条导读

诚实信用原则不仅是民事法律活动的基本准则，也是认定不正当竞争行为的基本依据，《保护工业产权巴黎公约》第 10 条之二所规定的违反工商业诚实惯例的竞争行为构成不正当竞争行为的核心也是诚实信用。当然，法院直接援引该条判案的情况并不太多，或者说司法政策一直主张在有具体条款规范的时候不宜引用原则性条款审理案件。

2［1］在认定是否违反诚实信用原则时，需要考虑历史因素及是否存在攀附商誉的行为（卡地亚Ⅰ案、唐老一正斋案、紫峰案），以及具体分析行为的不正当性或可责性（山孚Ⅰ案、山孚Ⅱ案），具体可以包括刻意利用注册商标制造混淆（奥普Ⅰ案）、恶意抢注商标并用以投诉他人（水宝宝Ⅱ案）、互联网条件下的干扰正常经营活动（奇虎Ⅱ案）、利用他人的商标、企业名称或字号作为搜索关键词（美闻比萨案、畅想案、金夫人案）、影视续集制播中不公平利用他人市场成果（笔仙案）。允许正当的模仿（快手案）。对于正常的平行进口需要平衡各方利益加以判断（OBO 案）。

2［2］至于竞争关系的认定，司法一贯持较为宽松的观点，重点在相关市场参与方是否因其行为获得不当的利益（天聪 1 号案、路易威登Ⅰ案、小拇指案、皇马案、金山案、采蝶轩案、欢乐颂案、微信Ⅲ案、水宝宝Ⅱ案）。

2［1］ 诚信原则

SY，OBO 案❶（20190709）：销售平行进口的正品不违反诚信原则及公平竞争原则

欧宝公司 v 施富公司，一审，广州南沙区法院（2018）粤 0115 民初 2364 号判决书，

---

❶ 2020 年 5 月 6 日，广州知产法院以（2019）粤 73 民终 6976 号判决书驳回欧宝公司上诉。

梁颖、张帮明（陪）、陈润彰（陪）

案外人德国 OBO 公司是"OBO 及图"等商标的所有人—使用于第 6 类的避雷装置原件—原告欧宝公司是德国 OBO 公司在中国大陆地区的全资子公司，在中国大陆拥有上述商标的排他性许可权—被告施富公司进口标有涉案侵权标志的防雷设备到中国大陆销售—原告认为被告构成商标侵权及不正当竞争—被告抗辩涉案商品通过合法的报关手续从新加坡的经销商处"平行进口"，属于正品—一审认为不构成商标侵权，也不构成不正当竞争—欧宝公司上诉，被驳回

【21】我国商标法是协调商标权人私人利益和社会公众利益之间关系的法律，其既保护商标权人的商标专用权，也保障社会公众涉及商标的利益。我国反不正当竞争法体现的则是公共利益、经营者利益、消费者利益"三元叠加"的保护目标。无论是商标法，还是反不正当竞争法，其价值追求的目标均是基于全局性的多元利益之间的协调和均衡，而并非某一利益的最大化。同时，若仅为矫正某种形式上的不公平，而对其他主体施以过大的责任，则可能造成另外一种不公平的发生。从司法实践角度看，适用上述法律时，应遵循宽容谦抑、审慎介入的理念，鼓励公平竞争，促进市场良性发展。【22】……一方面，施富公司不存在违反国家公共政策、法律、商业道德，扰乱市场竞争秩序，损害消费者合法权益的主观恶意和客观行为，没有证据证实该进口行为对公共利益和消费者利益造成明显损害（并有增加利益的可能性）；另一方面，没有证据显示施富公司主观上为与欧宝公司争夺涉案产品的市场份额，采取明显低价销售等不正当竞争方式，并导致欧宝公司利益遭受实质性损害。相反，从施富公司为履行合同亦向欧宝公司的合法经销商购买产品以替代其错误电压产品的行为，可显示施富公司进口涉案产品的主观目的是为了减少成本，增加利润，而非为了低价销售。同时，可看出，在时间、地域、成本、需求迫切度、售后服务等维度的选择上，涉案产品（正品）的经营者和消费者在市场中享有并应享有充分自由选择的权利，涉案产品的平行进口行为并未导致上述选择权的损害或扭曲。【23】……欧宝公司没有证据证实其利益因涉案产品平行进口遭受实质性损害，现其仅以平行进口产品和国内产品之间的价格差异，造成其分销区域利益受损为依据，要求施富公司承担不正当竞争的不利法律后果，明显对施富公司施以过大的责任。实际上，欧宝公司的分销区域利益并非没有其他救济途径。商标权人德国 OBO 公司与其在各个区域的关联企业、经销商，如欧宝公司、The White and Bai Pte Ltd 等之间对于分销区域的权利义务、利益分配等问题，可通过各自订立的契约予以约束和调整，并更好地进行综合统筹管理。欧宝公司现以其分销区域利益受损为由，要求施富公司承担不正当竞争侵权责任依据不足，本院不予支持。

SY，金夫人案（20180628）：购买与他人商标文字相同的关键词使用但未造成混淆的不构成不正当竞争

金夫人公司 v 米兰公司等，再审，江苏高院（2017）苏民申 2676 号裁定书，张继军、左其洋、罗有才

案情概要

金夫人公司设立于 1989 年 2 月 1 日，经营范围包括摄影、婚纱礼服的出租、零售、商业特许经营—2002 年 12 月 28 日获准注册第 1979849 号"金夫人 GOLDEN-LADY 及图"，使用于第 42 类的服务—金夫人公司认为米兰公司使用"金夫人"作为搜索关键词，参加百度公司推出的竞价排名推广服务，并能够在搜索结果中显示米兰公司的标题、描述及网址链接，构成侵权—一审认定米兰公司和百度公司构成共同侵权—二审认为米兰公司设置推广链接的行为不属于对涉案商标的商标性使用，亦未对涉案商标的功能产生损害，不构成商标侵权—未损害原告合法权益，不构成不正当竞争—百度公司仅提供百度推广服务本身未侵犯金夫人公司的商标权，也未构成不正当竞争—再审维持二审判决

裁判摘录

【5】……本案中，米兰公司将金夫人公司"金夫人"作为百度推广服务的关键词的行为，其目的是增加该公司网站的点击量，增加该公司的知名度，希望为其带来潜在的商业交易机会，但这种商业交易机会并非法定权利，金夫人公司也未提供证据证明米兰公司的行为实质性损害了金夫人公司的正当利益或消费者利益。【6】米兰公司仅在系统后台设置关键词，金夫人公司官网链接仍排搜索结果第一位、米兰公司链接只排在第三位，米兰公司链接描述内容及点击打开后的网站中并无"金夫人"商标等相关内容，米兰公司的行为并未使相关公众产生混淆误认，也未误导消费者，金夫人公司官网并未使用本案涉案商标，二审法院结合关键词广告市场特性以及网络用户的认知水平等因素，综合认定米兰公司的行为尚未达到违反诚实信用原则和公认的商业道德的程度，并无不当。【7】其次，金夫人公司一、二审诉讼中并未以米兰公司、百度公司侵犯其企业名称或字号作为支持其诉请的事实与理由，仅提出米兰公司、百度公司侵犯其商标专用权，现提出关键词"金夫人"同时也是该公司名称中的关键词，但依上述分析，该理由同样不能成立，故二审判决适用法律并无不当。【8】此外，根据原审查明事实，多家企业商标名称为"金夫人"，金夫人公司认为一般搜索者通过"金夫人"关键词搜索就是寻找婚纱摄影，与事实不符；正式颁布的《互联网广告管理

暂行办法》删除了此前征求意见稿中关于"使用他人商标、企业名称作为文字链接广告、付费搜索广告关键字、加入网站页面或源代码提高搜索度，诱使消费者进入错误网站"等内容，无论被删除内容是否存在争议，均不影响二审判决对米兰公司行为的认定。

SY，水宝宝Ⅱ案（20180308）：恶意取得和行使商标权扰乱市场竞争秩序构成不正当竞争

拜耳关爱公司等 v 李某等，一审，杭州余杭区法院（2017）浙0110民初18627号判决书，成文娟、唐少鹏（陪）、凌金才（陪）

案情概要

　　两原告起诉要求判令李某立即停止利用涉案商标权进行侵权投诉、侵权警告等行为——一审认为原、被告有竞争关系，被告恶意取得和行使商标权，扰乱市场竞争秩序，构成不正当竞争——赔偿70万元

裁判摘录

　　【7】根据《反不正当竞争法》第二条规定，经营者在市场交易中，应当遵循自愿、平等、公平、诚实信用的原则，遵守公认的商业道德。该法所称的不正当竞争，是指经营者违反该法规定，损害其他经营者的合法权益，扰乱社会经济秩序的行为。因此，认定被诉行为是否构成不正当竞争，关键在于判断该行为是否违反诚实信用原则和公认的商业道德。诚实信用原则是一切市场活动参与者所应遵循的基本准则。一方面，它鼓励和支持人们通过诚实劳动积累社会财富和创造社会价值，并保护在此基础上形成的财产性权利，以及基于合法、正当的目的支配该财产性权益的自由和权利；另一方面，它又要求人们在市场活动中讲究信用，诚实不欺，在不损害他人合法利益、社会公共利益和市场秩序的前提下追求自己的利益。当事人违反诚实信用原则，损害他人合法权益，扰乱市场正当竞争秩序，恶意取得、行使商标权，可以认定为不正当竞争行为。【11】……李某明知原告对涉案图案享有在先权利以及在先使用于涉案产品上，仍然利用原告未及时注册商标的漏洞，将其主要识别部分申请注册为商标，并以该恶意抢注的商标针对涉案产品发起投诉以谋取利益，以及欲通过直接售卖商标以获得暴利。李某的获利方式并非基于诚实劳动，而是攫取他人在先取得的成果及积累的商誉，属于典型的不劳而获行为，该种通过侵犯他人在先权利而恶意取得、行使商标权的行为，违反了诚实信用原则，扰乱了市场的正当竞争秩序，应认定为《反不正当竞争法》第二条规定的不正当竞争行为。【14】两原告同时主张淘宝公司构成不正当竞

争，理由为淘宝公司受理了李某的投诉从而使得投诉行为发生，本院认为，李某取得了涉案商标的注册商标专用权，具有合格权利人的外观特征，淘宝公司作为网络服务平台接到权利人合格的通知后进行相应处理符合法律规定，并不存在明知或应知李某实施不正当竞争行为仍未采取措施的情形，不构成对两原告的不正当竞争，且两原告诉请要求淘宝公司将李某列入恶意投诉黑名单的主张，缺乏依据，且淘宝公司并不存在该黑名单。

SY，快手案（20170918）：正当模仿不构成不正当竞争

一笑公司 v 乐鱼公司，一审，北京海淀区院（2016）京 0108 民初 35369 号判决书，杨德嘉、曹丽萍、周元卿

案情概要

　　原告一笑公司开发经营快手软件—被告乐鱼公司开发经营小看软件—原告认为被告大量抄袭其快手软件的操作流程及页面布局、编辑元素，在热门栏目下提供使用快手软件制作的视频，使用快手软件制作视频特有的装饰图片—起诉被告不正当竞争——一审认为被告是正当模仿，原告主张缺乏依据，不予支持

裁判摘录

　　【5】……市场竞争中，即使有经营者发挥主观能动性，对软件的现有功能设计新的操作步骤，或者对新开发出的功能设计相应的操作步骤，而且，不论这些操作步骤是为了实现该软件的必要功能，还是非必要功能，都不能阻止其他经营者开发制作出为实现同样功能而模仿借鉴相同或近似操作步骤的软件。法律鼓励自由竞争意味着允许模仿自由，可自由模仿的内容显然包括向公众提供相同功能的软件，而为了实现相同的功能，设计对应的操作步骤是模仿的必要范畴。因此，一笑公司对快手软件所设计的 18 个视频编辑操作步骤不享有合法权益，即使乐鱼公司在小看软件中设计了与快手软件相同的 18 个视频编辑操作步骤，也不构成对一笑公司的不正当竞争。【6】正当模仿和不正当竞争的界限在于模仿不能造成相关公众对产品或服务来源的混淆。如果经营者不仅借鉴了他人产品功能层面的设计，对他人产品或服务的模仿，还造成了相关公众对商品来源的混淆，就有可能构成不正当竞争。【7】……一般而言，以图文形式呈现的软件操作界面可以有体现相关实用性功能的层级菜单、工具按钮、供用户选择操作的素材等设计，还可以有部分起到美化、标示经营者身份的独特设计，只有相关独特的界面设计或界面设计的组合形成了相对稳定的指向性表现形式，达到可区分商品或服务来源的作用，经营者才能制止他人对相关界面进行恶意模仿。

FY，畅想案（20150717/F2015-39）：使用他人有一定知名度的企业名称或字号作为搜索关键词的行为有违诚信构成不正当竞争

畅想公司 v 中源公司等，二审，浙江高院（2015）浙知终字第 71 号判决书，周平、陈宇、刘静

案情概要

畅想公司起诉二被告不正当竞争——一审认为被告在客户邮件中推广其商品和服务，将其与畅想公司进行优劣对比，又未能提供证据加以证明，构成商业诋毁——最高级别的形容词进行对外宣传的行为，引人误解，构成虚假宣传——二审认为一审认定事实清楚，适用法律不当，撤销一审判决——认定商业诋毁、虚假宣传，并责令被告立即停止在百度推广服务中使用"畅想软件"等搜索关键词——申请再审被驳回

裁判摘录

【13】……首先，畅想公司经多年经营，在业内积累了一定的商誉和知名度，其外贸软件产品的受众亦较为广泛，其合法取得的企业名称和字号应依法受到妥善而全面的保护。其次，使用畅想公司的企业名称和字号等实施百度搜索的行为人很可能是畅想公司的目标客户或潜在客户，亦是中源公司、中晟公司所要争取的对象。中源公司、中晟公司作为与畅想公司相互熟知的同地域的同业竞争者，在无任何正当使用畅想公司企业名称和字号的合法事由的情况下，却将畅想公司的企业名称、字号等作为搜索关键词通过百度进行推广链接，显然具有不当利用畅想公司商誉，攫取其客户资源，以获取不正当竞争利益的主观故意。而当客户搜索"畅想软件"或"宁波畅想软件开发有限公司"时，位列搜索结果首行的"富通天下"广告推送极可能吸引客户一定的注意力，客观上会增加该两公司网站的点击量，亦极可能影响到客户的选择，给该两公司带来潜在的商业交易机会。再者，虽然百度推广在将"富通天下"作为首条推送的同时，标注有"推广链接"的字样以示区别，但即使百度搜索行为人最终未对产品的来源产生混淆误认，但该两公司利用此类后台设置的关键词搜索模式，进行广告推送，显属不当使用他人的企业名称或字号，有悖于诚实信用原则和公认的商业道德，具有可责性，应给予明确的否定性评价。

FY，笔仙案（20140701/F2014-31）：电影名搭乘便车违反公平诚信原则

永旭良辰公司 v 泽西年代公司等，一审，北京三中院（2014）三中民初字第 6412 号判

决书，蒋利玮、刘仁婧、张玲玲

案情概要

　　原告永旭良辰公司出品影视作品《笔仙》和《笔仙Ⅱ》，其《笔仙Ⅲ》即将公映—被告泽西年代公司、星河联盟公司共同出品并即将上映《笔仙惊魂3》—易使相关公众将《笔仙惊魂3》误认为《笔仙》和《笔仙Ⅱ》的续集，对《笔仙惊魂3》和《笔仙Ⅲ》产生混淆—不正当利用永旭良辰公司已开拓的电影市场成果—违反了诚实信用原则和商业道德，构成不正当竞争—歧义性语言—虚假宣传—一审法院基本支持原告

裁判摘录

　　【4】……永旭良辰公司已经公映了《笔仙》和《笔仙Ⅱ》且已收获了一定的票房和知名度，并在《笔仙Ⅱ》首映时宣布了《笔仙Ⅲ》将于2014年7月17日上映。……泽西年代公司和星河联盟公司跳过《笔仙惊魂2》直接拍摄《笔仙惊魂3》并于2014年4月4日公映……从事一系列行为……容易使相关公众将《笔仙惊魂3》误认为《笔仙》《笔仙Ⅱ》的续集，对《笔仙惊魂3》和《笔仙Ⅲ》产生混淆，从而使《笔仙惊魂3》借助《笔仙》《笔仙Ⅱ》已经取得的票房影响力和《笔仙Ⅲ》的宣传营销来推广扩大其知名度，提高其票房收入。……不公平地利用了永旭良辰公司已开拓的电影市场成果，增加自己的交易机会并获取市场竞争优势，违反了诚实信用原则和商业道德，构成不正当竞争，应承担相应的法律责任。

SY，美闻比萨案（20140612）：将他人商标作为搜索关键词可构成不正当竞争

意典美闻公司 v 商机在线公司等，二审，天津高院（2014）津高民三终字第11号判决书，黄砚丽、赵博、刘震岩

案情概要

　　原告意典美闻公司从事速冻食品生产、餐饮服务等—原告获得许可使用第4437894号"美闻比萨、PIZZA、SEVEN"文字商标（第30类）及第8072016号"美闻比萨、PIZZASEVENON – WHEELS"文字商标（第35类）—被告商机在线公司在其经营的28商机网上使用了"美闻比萨"作为关键词进行竞价排名，并将网页标题设定为"在28商机网留言，美闻比萨有……"—一审认为侵害第8072016号注册商标，不侵害第4437894号商标—无法证明百度网讯公司等有明知，不构成共同侵权—二审认为不是商标性使用，

不构成商标侵权—构成不正当竞争

裁判摘录

【19】……本案中，即便作为网络信息服务的商机在线公司，与从事比萨类产品的生产经营及加盟连锁业务的意典美闻公司之间不具有直接的竞争关系，但商机在线公司经营的 28 商机网所提供服务的内容主要是"餐饮小吃""服装鞋帽"等各类日常用品、生活服务及其商家的招商加盟信息，两者推广的内容和面对的客户亦存在交叉与重合，故不应排除两者之间的竞争关系，即上诉人与被上诉人之间具备反不正当竞争法所调整的竞争关系。【20】根据本案已查明事实并结合前述商标侵权问题中的相关分析，意典美闻公司不仅自营而且以商业特许经营的方式从事比萨类产品的经营活动，已开设多家店面，在相关领域已享有一定的知名度，而商机在线公司在与"美闻比萨"没有任何联系的情况下，通过百度网站的推广服务，将与意典美闻公司注册商标文字部分相同的"美闻比萨"字样作为关键词供网络用户搜索，并链接至其所经营的 28 商机网站，虽不足以让用户对两者所提供商品及服务的来源产生混淆，但致使用户在输入"美闻比萨"这一关键词寻找相关信息时，会在查询结果（推广链接）中发现商机在线公司设置的网站链接，表明商机在线公司主观上具有利用"美闻比萨"的良好信誉吸引相关网络用户的注意力，进而增加其网站的点击率的意图，同时节省了其本应付出的广告宣传成本。该行为分散了用户对注册商标所涉产品及相关服务的注意力，减轻了用户访问涉案商标权利人产品及服务的兴趣，客观上，不当利用了商标权利人已取得的商誉和市场影响为其谋取交易机会并从中获益，是一种不劳而获的"搭便车"行为。故商机在线公司将"美闻比萨"在百度网站的推广链接中作为搜索关键词使用的行为，违反了诚实信用原则，构成对意典美闻公司的不正当竞争。

BDY，奇虎 II 案（20140218/B2014-34.35.36/D2014-01）：互联网业务中不遵守诚信原则可构成不正当竞争

腾讯科技等 v 奇虎公司等，二审，最高院（2013）民三终字第 5 号判决书，奚晓明、孔祥俊、王闯、王艳芳、朱理

案情概要

腾讯科技等认为奇虎公司等通过运营 www.360.cn 网站向用户提供"360 扣扣保镖"软件下载—通过各种途径进行推广宣传—不正当竞争—一审、二审支持原告主张

裁判摘录

【7】《反不正当竞争法》第二条规定，经营者在市场交易中，应当遵循自愿、平等、公平、诚实信用的原则，遵守公认的商业道德。违反本法规定，损害其他经营者的合法权益，扰乱社会经济秩序的行为属于不正当竞争。本院认为，这些规定同样适用于互联网市场领域。本案中，认定上诉人的前述行为是否构成不正当竞争，关键在于该行为是否违反了诚实信用原则和互联网行业公认的商业道德，并损害了被上诉人的合法权益。【8】这种免费平台与广告或增值服务相结合的商业模式是本案争议发生时，互联网行业惯常的经营方式，也符合我国互联网市场发展的阶段性特征。事实上，本案上诉人也采用这种商业模式。这种商业模式并不违反反不正当竞争法的原则精神和禁止性规定，被上诉人以此谋求商业利益的行为应受保护，他人不得以不正当干扰方式损害其正当权益。上诉人专门针对 QQ 软件开发、经营扣扣保镖，以帮助、诱导等方式破坏 QQ 软件及其服务的安全性、完整性，减少了被上诉人的经济收益和增值服务交易机会，干扰了被上诉人的正当经营活动，损害了被上诉人的合法权益，违反了诚实信用原则和公认的商业道德，一审判决认定其构成不正当竞争行为并无不当。

FY，紫峰案（20130425/F2013-38）：作为商誉载体的建筑物名称可适用反法中一般诚信条款保护

国资绿地公司 v 紫峰绿洲酒店，二审，南京中院（2012）宁知民终字第 24 号判决书，张雁、周晔、龚震

案情概要

原告国资绿地起诉被告紫峰绿洲酒店在企业名称中使用"紫峰绿洲"侵犯其注册商标及企业名称权—被告模仿紫峰大厦的外观，侵犯其建筑作品著作权—模仿紫峰大厦装修设计，名称中使用"紫峰"，构成擅自使用知名商品特有的名称和包装装潢—虚假宣传—有混淆—违反诚信原则—一审仅支持原告有关被告攀附"紫峰大厦"的知名度故意注册并使用带有"紫峰"字样企业名称的行为构成不正当竞争的主张—不支持商标侵权、著作权侵权、擅自使用知名商品特有的名称和包装装潢和虚假宣传的主张—二审认为"紫峰绿洲公司的行为似乎都不能直接适用各单行法确定的具体侵权行为"，但有违反法一般条款

裁判摘录

【2】……虽然本案上诉人行为不属于《反不正当竞争法》第二章列举的不正当竞

争行为，但就本案紫峰绿洲公司的所有被诉行为综合来看，则可以清楚地看出紫峰绿洲公司具有明显攀附紫峰大厦商誉的故意，其在企业名称、特别是招牌中使用"紫峰"字样具有不诚信、不正当性，关键是其行为已对国资绿地金融中心所具有的法律上值得保护的合法利益造成损害。因此，人民法院可以适用反不正当竞争法的一般条款来维护市场公平竞争，否则就无法制止紫峰绿洲公司的行为对国资绿地金融中心合法权益造成的损害。【4】……"紫峰大厦"虽然从自然属性上看属于建筑物，但在本案中它同时也是国资绿地金融中心商誉的重要载体，国资绿地金融中心通过策划构思、开发建设、经营管理、广告宣传等，使"紫峰大厦"凝聚了其良好的商誉，使"紫峰"字样的显著性逐渐增强，"紫峰"品牌的知名度不断提高，具有越来越高的识别商品或服务提供者的作用，并在"紫峰"品牌与国资绿地金融中心之间建立了较高程度的关联性。故国资绿地金融中心有权就损害其商誉的不正当竞争行为提起诉讼，被上诉人作为一审原告就紫峰绿洲公司在企业名称和招牌中使用"紫峰"字样提起不正当竞争之诉主体适格。【5】……本案双方当事人的争议焦点主要是紫峰绿洲公司在企业名称和招牌中使用"紫峰"字样是否对国资绿地金融中心构成不正当竞争，而不是"紫峰大厦"作为建筑物名称权的归属。【6】……经过国资绿地金融中心的策划构思和开发建设，"紫峰大厦"成为当时"江苏第一、中国第四、世界第七"的超高层建筑，并呈现深蓝色玻璃镜面和浅灰色墙砖组成的"蟠龙"造型，"紫峰大厦"以其特有的高度和外观为南京市的社会公众广为知晓，成为南京市的地标性建筑。通过命名"紫峰"，"紫峰大厦"与南京市民几乎无人不知的紫金山联系起来，又扩大了其知名度。经过国资绿地金融中心的经营管理和广告宣传，树立了"紫峰"的品牌，使"紫峰"成为代表南京市高端消费层次和水平的品牌，与"紫峰大厦"所呈现的高度和外观相称，进一步提升了"紫峰大厦"和"紫峰"品牌在南京市的知名度。【8】……本院认为，紫峰绿洲公司的上述行为方式或手段具有明显的攀附国资绿地金融中心商誉的主观故意，并且这些方式或手段应当予以综合分析和考量，足以导致消费者产生混淆，误认为上诉人紫峰绿洲公司系国资绿地金融中心所设立的另一家分公司或关联公司，或是与国资绿地金融中心同属一家公司。紫峰绿洲公司的行为攀附了国资绿地金融中心的商誉，混淆了商品和服务提供者的来源，违反了公平、诚实信用的原则，损害了被上诉人国资绿地金融中心的合法权益，扰乱了正常的市场竞争和经济秩序，对国资绿地金融中心构成不正当竞争。

CFY，唐老一正斋案（20110525/C2011-12/F2011-31）：诚信经营既要考虑历史因素也要规范使用

唐老一正斋 v 一正集团等，二审，江苏高院（2009）苏民三终字第 91 号判决书，吕娜、刘莉、施国伟

案情概要

唐老一正斋起诉被告使用"一正"作为字号，并在膏药上使用含有"一正"汉字名称的行为构成不正当竞争—知名商品—混淆——、二审均认为不构成不正当竞争—各自诚实经营，各自规范使用其商品名称和商标，必要时可以附加标识加以区别

裁判摘录

【13】综上所述，由于"一正膏"与"唐老一正斋"曾经中断历史近四十年，且因经营模式的特殊性限制其现有社会影响力的扩展，加之唐老一正斋公司并无证据证明一正集团公司、一正科技公司在注册使用"一正"商标与"一正"字号时，攀附了其现有商誉，且客观上已经或足以造成相关公众的混淆和误认，故其主张一正集团公司、一正科技公司构成不正当竞争行为依据不足，本院不予支持。江苏大德生药房连锁有限公司、江苏大德生药房连锁有限公司镇江新概念药房合法销售一正集团公司、一正科技公司的"一正痛消"膏药等产品，亦不构成侵权。【14】需要同时指出的是，"一正膏"与"唐老一正斋"所承载及体现的深厚地域文化特征和鲜明中华文化传统，即使在现代市场经济的环境下，仍然应当得到鼓励和发扬光大。因此，本着"尊重历史、照顾现实"的原则，鉴于一正集团公司、一正科技公司生产的"一正痛消"膏药等产品已经销售至镇江地区，为了更好地保护"唐老一正斋"老字号的无形资产，传承其独特的产品与工艺，继承其所蕴含的优秀文化传统，同时也促进"一正"驰名商标的进一步发展，防止市场主体的混淆和冲突，双方当事人都应当各自诚实经营，各自规范使用其商品名称和商标，必要时可以附加标识加以区别，以保护消费者权益，维护市场正常的竞争秩序。

FY，奥普I案（20111205/F2011-21）：注册商标变形使用可构成不正当竞争

奥普公司 v 凌普公司等，二审，浙江高院（2011）浙知终字第 200 号判决书，合议庭成员［缺］

案情概要

奥普公司起诉凌普公司对相关"奥普"标志的使用侵犯其"奥普"等商标，并构成不正当竞争—一审基本支持原告—电器模块商品上商标近似，构成商标侵权—金属扣板产品内外包装及专卖店店招及室内装潢上，变形使用，突出使用，攀附故意，不正当竞争—二审维持一审判决

裁判摘录 ❶

【2】凌普公司在其金属扣板产品内外包装上将其"（缺图）"注册商标变更为"奥普集成吊顶""（缺图）"标识，将"奥普"文字予以突出，使其标识的显著特征发生了根本性变化。由于金属扣板可以根据消费者的选择，加载包括奥普公司在内的不同厂家和品牌的电器模块等组件，因此凌普公司在其金属扣板产品包装上使用"奥普"相关标识，极易使相关公众误认为该金属扣板产品系奥普公司产品，或与奥普公司存在特定联系。而且凌普公司的经销商往往将上述侵害奥普公司商标权的电器模块等组件与金属扣板同店销售，两者具有相同的销售渠道和消费群体，相关的标识必然为相关公众同时感知，故在金属扣板产品包装上使用"奥普"相关标识，也极易使相关公众将该金属扣板产品与一起销售的电器模块等组件联系起来，产生上述误认。凌普公司在明知其行为可能引起误认或混淆的情况下，仍在金属扣板产品内外包装上使用"奥普"相关标识，具有攀附"奥普"商标市场良好声誉、进行不正当竞争的故意，构成不正当竞争。

BCFY，山孚II案❷（20101018/B2010-24.25.26.27/C2011-10/F2010-41）：一种利益受反法保护并不构成该利益的受损方获得民事救济的充分条件

山东食品公司等 v 圣克达诚公司等，再审，最高院（2009）民申字第 1065 号裁定书，邵中林、秦元明、郎贵梅

案情概要

原告山东食品公司等主张被告圣克达诚公司、马某庆的行为致使其丧失了对日出口海带贸易机会，从而构成不正当竞争——一审基本支持原告主张，认为被告构成不正当竞争——二审认为被告的行为并不具有不正当性——再审维持二审认定

裁判摘录

【4】在反不正当竞争法上，一种利益应受保护并不构成该利益的受损方获得民事救济的充分条件。商业机会虽然作为一种可以受到反不正当竞争法所保护的法益，但本身并非一种法定权利，而且交易的达成并非完全取决于单方意愿而需要交易双方的

---

❶ 该裁判摘自《中国知识产权指导案例评注》（第4辑），非判决原文。
❷ 该案二审是 2009 年公报案例"山孚I案"。

合意，因此他人可以自由参与竞争来争夺交易机会。竞争对手之间彼此进行商业机会的争夺是竞争的常态，也是市场竞争所鼓励和提倡的。对于同一交易机会而言，竞争对手间一方有所得另一方即有所失。利益受损方要获得民事救济，还必须证明竞争对手的行为具有不正当性。只有竞争对手在争夺商业机会时不遵循诚实信用的原则，违反公认的商业道德，通过不正当的手段攫取他人可以合理预期获得的商业机会，才为反不正当竞争法所禁止。……【12】……虽然人民法院可以适用反不正当竞争法的一般条款来维护市场公平竞争，但同时应当注意严格把握适用条件，以避免不适当干预而阻碍市场自由竞争。凡是法律已经通过特别规定做出穷尽性保护的行为方式，不宜再适用反不正当竞争法的一般规定予以管制。总体而言，适用《反不正当竞争法》第二条第一款和第二款认定构成不正当竞争应当同时具备以下条件：一是法律对该种竞争行为未作出特别规定；二是其他经营者的合法权益确因该竞争行为而受到了实际损害；三是该种竞争行为因确属违反诚实信用原则和公认的商业道德而具有不正当性或者说可责性，这也是问题的关键和判断的重点。……【14】……马某庆本人作为山东食品公司长期负责对日海带出口业务的部门经理，其在职期间即筹划设立了新公司并在离职之后利用该新公司与山东食品公司开展对日海带出口业务竞争，但并无证据表明马某庆负有法定或者约定的竞业限制义务。就本案而言，关键在于马某庆在职期间筹划设立圣克达诚公司和离职之后利用圣克达诚公司与山东食品公司开展竞争是否违反了诚实信用的原则和公认的商业道德。用一般的社会观念衡量，作为一个被企业长期培养和信任的职工，马某庆的所作所为可能并不合于个人品德的高尚标准，不应该得到鼓励和提倡，但这并不当然意味着他作为一个经济人同时违反了诚实信用原则和公认的商业道德。在不负有竞业限制义务的情况下，企业的一般劳动者在职期间筹划设立新公司为离职后的生涯做准备，属于市场常见现象，法律上对此行为本身也无禁止性规定。当然，如果劳动者在职期间即利用职务之便以新设公司名义攫取本应由原企业获得的现实经济利益，则应另当别论。本案中马某庆在职期间筹划设立的新公司于2006年9月22日成立，其与原企业劳动合同于2006年12月31日届满，间隔仅3个多月，时间相对较短，申请再审人也无充分证据证明马某庆在职期间即利用职务之便为新设立的圣克达诚公司牟取利益。在市场经济环境下，任何人只要不违反法律都可以和其他任何人开展竞争，劳动力或者说人才的流动也是市场竞争的必然要求和重要方面，人才流动或者说"职工跳槽"后与原企业争夺商业机会，可以有效地形成和促进竞争。因此，马某庆在职期间筹划设立新公司为离职后的生涯做准备的行为，并非不合常理，其在离职后以圣克达诚公司的名义与山东食品公司开展竞争，也无可厚非，不能因其与原公司争夺商业机会就推定其具有主观恶意，本案有证据证明的马某庆和圣克达诚公司的有关行为并不违反诚实信用的原则和公认的商业道德。二审法院有关在没有法定的和约定的竞业限制以及不侵害商业秘密等特定民事权益的情况下，职工有权自由与企业开展竞争的判理表述，表面上看文字表述似不尽周延，但这里所讲的职工有权自由竞争的本意当然是指开展合法竞争，并不包括采取违反诚实信用的原则和公认的商业道德的手段开展非法竞争。申请再审人的有关主张与二审判决有关

第二条

判理在本质上并不矛盾。【15】……应予指出的是，作为具有学习能力的劳动者，职工在企业工作的过程中必然会掌握和积累与其所从事的工作有关的知识、经验和技能。除属于单位的商业秘密的情形外，这些知识、经验和技能构成职工人格的组成部分，是其生存能力和劳动能力的基础。职工离职后有自主利用其自身的知识、经验和技能的自由，因利用其自身的知识、经验和技能而赢得客户信赖并形成竞争优势的，除侵犯原企业的商业秘密的情况外，并不违背诚实信用的原则和公认的商业道德。一审法院有关企业职工在履行单位交办工作过程中所形成的竞争优势，如同在履行单位工作中产生的发明创造一样，其权利享有者是公司而非职工，因此，马某庆将本属于山东食品公司的竞争优势获为圣克达诚公司所有，属于将日本客户对自己基于履行职务行为所产生信赖的滥用，严重违背了诚实信用的原则，也违背了公认的商业道德的认定，并不正确。

CY，山孚Ⅰ案❶（20091215/C2009-09）：正当的竞争行为不具可责性

山东食品公司等 v 圣克达诚公司等，二审，山东高院（2008）鲁民三终字第83号判决书，戴磊、柳维敏、丛卫

案情概要

原告山东食品公司等主张被告圣克达诚公司、马某庆的行为致使其丧失了对日出口海带贸易机会，从而构成不正当竞争——一审基本支持原告主张，认为被告构成不正当竞争——二审认为被告的行为并不具有不正当性，不构成不正当竞争

裁判摘录

【2】本案涉及的对日出口海带贸易机会是国内企业获得的可以就相关区域产特定数量海带对日出口的资格，是一种交易机会。2007年，圣克达诚公司获得该交易机会，山东食品获得的海带出口配额因此随之减少，圣克达诚公司获得该交易机会的行为由此给山东食品造成了损害，但竞争本身是经营者之间互相争夺交易机会的行为，在交易机会的得失之间，往往会给竞争对手造成损害。这种损害虽然是构成不正当竞争行为的必要条件，但不是充分条件，仅仅造成损害并不必然构成不正当竞争，是否构成不正当竞争还必须认定相关竞争行为是否具有不正当性。……【7】……在离开山东食品后，马某庆以正当的方式，帮助圣克达诚公司获取了贸易机会，不违反诚实信用等原则，其行为不具有不正当性，属于正当竞争。【8】……圣克达诚公司争取贸易机会

---

❶ 本案再审为2010年度年报案例、2011年度公报案例的"山孚Ⅱ"案。

的行为仅仅是向中粮集团提出经营出口日本海带贸易的请求，上述配额的分配是中粮集团、日本北海道渔联综合双方能力确定的结果，在竞争过程中，圣克达诚公司没有违反公认的商业道德，没有违反诚实信用原则，其行为不具有不正当性。【12】……对于法律未作特别规定的竞争行为，只有按照市场经济环境下公认的商业标准和普遍认识能够认定违反法律原则性条款规定时，才可以依据《反不正当竞争法》第二条的规定认定为不正当竞争行为。在认定具体行为是否构成不正当竞争时，不能违反或偏离《反不正当竞争法》的立法目的，防止因不适当扩大不正当竞争范围而妨碍自由、公平竞争。【13】具体到本案，山东食品、山孚日水与马某庆没有关于限制马某庆离职后从事具有竞争关系的业务的竞业禁止约定，马某庆离职后有从业的自由，即使在其离职后使用其在职期间积累的对日出口海带贸易经验从事竞争性业务，山东食品、山孚日水也无权予以制止。山东食品或山孚日水没有把对日出口海带贸易机会视为其商业秘密，没有与马某庆约定应遵守对日出口海带贸易机会商业秘密，马某庆获取该贸易机会也不涉及对其商业秘密的侵害，何况，本案中山东食品没有请求依据竞业禁止或侵犯商业秘密的特别规定对其进行司法保护。在没有法定的和约定的竞业限制以及不侵害商业秘密等特定民事权益的情况下，这既是经营者的合法权益，又符合公共政策。因此，原审判决认定马某庆的行为严重违背了诚实信用的原则，也违背了公认的商业道德，构成不正当竞争不当。

FY，卡地亚 I 案（20090717/F2009-31）：搭便车违反诚信

卡地亚公司 v 卡地亚婚纱，二审，云南高院（2009）云高民三终字第 35 号判决书，任志祥、孔斌、杨凌萍

案情概要

卡地亚公司认为卡地亚婚纱公司将"卡地亚"作为企业字号，并将"卡地亚那"和"Cartirena"作为服务标识使用的行为，侵犯其注册商标专用权，而且构成不正当竞争——一审法院认为差异较大，不会混淆误认，不构成侵权——没扰乱竞争秩序，不构成不正当竞争——二审推翻一审，改判侵权及不正当竞争

裁判摘录

【2】虽然卡地亚公司与卡地亚婚纱公司各自提供的商品和服务属于不同行业和类别，但二者均属于生活领域的消费品，并与时尚文化领域都存在一定联系，其所涉及的公众是相互关联的，卡地亚婚纱公司使用与卡地亚公司的驰名商标完全相同的文字作为企业名称的行为，实际上利用了卡地亚公司基于该商标所产生的良好声誉，违背

了《反不正当竞争法》第二条规定的诚实信用原则和公认的商业道德，已经构成不正当竞争。

2［2］竞争关系

SY，水宝宝Ⅱ案（20180308）：竞争关系不限于同行之间

拜耳关爱公司等 v 李某等，一审，杭州余杭区法院（2017）浙 0110 民初 18627 号判决书，成文娟、唐少鹏（陪）、凌金才（陪）

案情概要

两原告起诉要求判令李某立即停止利用涉案商标权进行侵权投诉、侵权警告等行为——一审认为原被告有竞争关系，被告恶意取得和行使商标权，构成不正当竞争——赔偿 70 万元

裁判摘录

【5】随着市场经济与互联网经济的深度融合，经营者之间的竞争已经不限于同行业之间，从广义角度来讲，参与市场竞争之行为皆可能具有某种程度的竞争关系。因此，只要使用不正当的手段破坏他人的竞争优势从而增强自己的竞争优势或获得相应利益，即"损人肥己"的行为即可以认为存在不正当竞争行为。本案中，两原告是化妆品行业的经营者，被告李某庭审中虽然陈述其为无业，但是从两原告提供的证据可见，李某注册了大量的商标，商标核定商品类别涵盖了化妆品等多项类别，李某通过其注册在化妆品类别的涉案商标针对两原告的涉案产品发起投诉主张权利，并提供付费撤诉业务，李某的投诉行为导致两原告的涉案产品被下架从而影响了两原告的正常经营活动，而李某通过提供付费撤诉而获得个人利益，由此可见，李某的行为不可避免地破坏了两原告的竞争优势而使其个人获益，故李某与两原告之间存在直接的竞争关系。

FY，微信Ⅲ案（20171213/F2018-20）：竞争关系不仅存在于同行业之间

腾讯公司 v 微信保健品公司，一审，合肥市中院，（2017）皖 01 民初 526 号判决书，樊坤、汪寒、张宏强

案情概要

腾讯公司是"微信"即时通讯服务的开发者，也是"微信""微信及图"商标的

权利人——安徽微信保健品公司成立在后，将"微信"二字用于其企业名称进行登记，并在其经营的食品和保健品商品上使用"微信"标识——腾讯公司认为被告构成商标侵权和不正当竞争，索赔 25 万元——一审认为安徽微信保健品公司在企业名称中使用"微信"字样对腾讯科技公司构成不正当竞争——腾讯科技公司的"微信及图"商标构成驰名商标——被告在其产品上使用"微信及图"商标侵犯腾讯科技公司的注册商标专用权——赔偿经济损失 25 万元

裁判摘录

　　【2】……竞争关系的构成并不仅仅存在于同行业之间，只要经营者的行为可能给其他经营者造成损害且经营者可能基于该行为获得现实或潜在的经济利益，则应认定该经营者与其他经营者存在竞争关系。

SY，欢乐颂案（20171204）：经营范围不一致不能排除竞争关系的存在

正午阳光公司 v 太平人寿公司，一审，北京朝阳区法院（2017）京 0105 民初 10025 号判决书，李自柱、赵翠霞（陪）、朱蓓（陪）

案情概要

　　原告正午阳光公司是热播都市剧《欢乐颂》的制作单位及出品方，《欢乐颂》五位主要女性角色又被称为"五美"——太平人寿公司未经许可撰写了两篇题为《跟着"五美"选保险》的宣传文章，并投放于若干自媒体平台——原告认为被告侵犯其知名商品特有名称、装潢，并构成虚假宣传，违反诚信原则——法院认为被告行为不构成不正当竞争，驳回原告诉请

裁判摘录

　　【1】……是否构成不正当竞争行为并适用《反不正当竞争法》，应当主要从被诉具体竞争行为本身的属性上进行判断，而非要求经营者之间必须属于同业竞争者或者其提供的商品或服务具有可替代性。本院对太平人寿公司提出因双方经营范围不一致以及双方提供的商品和服务无可替代性，故双方不存在竞争关系，其不可能构成不正当竞争以及本案无适用《反不正当竞争法》前提的答辩意见，不予支持。**【2】**……只要被诉竞争行为可能给其他经营者造成竞争利益的损害，或者破坏其他经营者的竞争优势，该其他经营者即与该被诉竞争行为具有了法律上的利害关系，该其他经营者就有权利提起不正当竞争诉讼，请求法院适用《反不正当竞争法》对该竞争行为进行评价

和规范。本案中，尽管正午阳光公司是涉案电视剧的制片者之一，但其提起本案诉讼的法律基础并不是其对涉案电视剧享有的著作权本身，而是涉案电视剧在市场竞争中可能会给正午阳光公司带来的竞争利益。正午阳光公司认为太平人寿公司涉案被诉不正当竞争行为可能会损害到该竞争利益，故正午阳光公司与涉案被诉不正当竞争行为具有法律上的利害关系，其有权提起本案诉讼，请求法院依照《反不正当竞争法》对涉案被诉不正当竞争行为进行审查。太平人寿公司提出正午阳光公司不享有涉案电视剧及相关元素的著作权，故无权提起本案诉讼的答辩意见于法无据，本院不予支持。

BY，采蝶轩案（20160607/B2016-29）："实际经营者"不是竞争关系成立的前提

梁某等 v 采蝶轩集团等，再审，最高院（2015）民提字第 38 号判决书，周翔、朱理、宋淑华

案情概要

原告认为被告使用"采蝶轩 CAIDIEXUAN"和"采蝶轩图形"商标，并将前述注册商标以企业字号的形式突出使用，侵害其商标专用权，并构成不正当竞争——一审认为采蝶轩集团将"采蝶轩"标识作为非注册商标用于产品使用在先——采蝶轩集团"采蝶轩"商品商标在合肥地区的知名度和影响力系由其独创，而原告商品商标和服务商标的使用范围和影响力并未延及合肥地区——店面门头上使用"采蝶轩"标识，系对自身享有的服务商标权的行使——无混淆，不构成商标侵权——原告不符合不正当竞争之诉的主体条件——二审维持一审判决——再审不认可采蝶轩集团的在先使用权——构成商标侵权——原告符合不正当竞争之诉的主体条件——但涉案企业名称注册时原告"采蝶轩"商标尚无知名度——不构成不正当竞争

裁判摘录

【20】……梁某、卢某坚是涉案注册商标权人，其认为被申请人和巴莉甜甜公司的行为侵害了涉案注册商标专用权，构成不正当竞争，即可以据此提起诉讼，其诉讼主体资格的有无，不能仅据其是否系具体的涉诉商标产品的实际经营者来判断。

FY，金山案（20140912/F2014-30）：竞争关系的成立取决于经营者的经营行为是否具有"损人利己的可能性"

合一公司 v 金山软件公司等，二审，北京一中院（2014）一中民终字第 3283 号判决

书，芮松艳、逯遥、周文君

案情概要

合一公司经营优酷视频网站——免费用户观看视频时需观看片头广告——金山安全公司是猎豹浏览器的开发者、版权者——金山网络公司是猎豹网站的版权者——猎豹浏览器由猎豹网站提供下载服务——过滤优酷视频广告，并对过滤优酷网广告的功能进行宣传——合一公司起诉被告不正当竞争——一审认为原被告之间存在竞争关系——猎豹浏览器方的行为不具备价值中立性，具有主观过错，构成不正当竞争——二审维持一审判决——应考虑是否具有"损人利己的可能性"——猎豹浏览器的过滤功能非基于公益目的，有违行业惯例

裁判摘录

【56】……竞争关系的构成不取决于经营者之间是否属于同业竞争，亦不取决于是否属于现实存在的竞争，而应取决于经营者的经营行为是否具有"损人利己的可能性"。具体而言，取决于以下两个条件：该经营者的行为是否具有损害其他经营者经营利益的可能性（即是否具有损人的可能性）；该经营者是否会基于这一行为而获得现实或潜在的经营利益（即是否具有利己的可能性）。也就是说，如果经营者的行为不仅具有对其他经营者的经营利益造成损害的可能性，且该经营者同时会基于这一行为而获得现实或潜在的经营利益，则可以认定二者具有竞争关系，否则无法得出这一结论。但至于其是同业经营者还是非同业经营者，其是现实的经营者还是潜在经营者，均不会影响竞争关系的认定。【62】具体到本案，虽然合一公司从事视频网站的经营行为，而金山网络公司与金山安全公司从事被诉猎豹浏览器的开发及提供等经营行为，就经营内容而言二者并非同业经营者。但因竞争关系的认定并不以是否为同业经营者为判断依据，而被诉猎豹浏览器所具有的视频广告过滤的功能不仅可能对合一公司的免费视频加广告这一经营活动及其所带来的经营利益造成损害，同时亦可能会使金山网络公司及金山安全公司由此获得更多用户从而获利，因此，金山网络公司及金山安全公司实施的被诉行为具有损人利己的可能性，合一公司与金山网络公司、金山安全公司具有竞争关系。【82】相比"同业经营者"，不得破坏其他经营者正常经营活动这一原则对于"非同业经营者"更为重要。对于同业经营者而言，经营者虽亦有破坏其他经营者经营活动的可能性，但因该经营者自身亦需要在这一行业中生存，故即便其经营活动会对其他经营者现有商业模式造成破坏，但通常亦会有可替换的商业模式产生。如果经营者在破坏现有商业模式的情况下却并不代之以新的商业模式，则势必使得其自身的经营活动亦无法存续，这种行为显然是经营者所不会选择的。这也就意味着，通常情况下同业经营者的破坏行为虽可能会对其他"经营者"造成损害，但原则上不会对"整个行业"产生实质损害。【83】但对于"非同业经营者"而言，情形则完全

不同。在非同业竞争中，因其他行业的经营情形对该经营者所处行业以及该经营者自身利益通常并不会产生实质性影响，因此，该经营者在实施破坏行为时很可能不会考虑代之以可替换的商业模式，这也就意味着，这一破坏行为很可能会对另一行业的生存造成致命影响。【84】这一情形在互联网环境下更为突出。相比传统竞争环境中的非同业竞争，互联网的虚拟性、互联网技术的交叉性以及互联网各行业间的相互依存关系，使得互联网各行业之间相互干扰相互破坏更为便利。（例如，因网络用户通常只有在使用浏览器的情况下才可能获得各网站的内容，因此浏览器的提供者具有影响各网站经营活动的便利条件）。这一情形意味着，互联网行业中破坏经营活动的行为对于互联网各行业造成影响的可能性明显大于传统行业。因此，对于互联网行业中的此类行为予以禁止，具有至关重要的意义。

FY，皇马案（20140527/F2014-25）：不论是否是营利组织，都可成为竞争主体

杨某卿等 v 恒大足球学校等，二审，广东高院（2013）粤高法民三终字第 630 号判决书，欧丽华、李泽珍、郑颖

案情概要

杨某卿是"皇马"商标的注册商标专用权人—核定服务项目包括"组织体育比赛"—杨某卿等认为恒大足球学校等侵犯注册商标专用权—反向混淆—虚假宣传—一审认为无误认或混淆—不损害原告权益—不构成侵权及不正当竞争—二审维持一审判决—恒大足球学校对"恒大皇马足球学校"的使用不是商标意义上的使用，不侵权—无竞争关系，无混淆，无损权益，不构成不正当竞争

裁判摘录

【7】……虽然恒大足球学校并非企业，而是民办非企业单位，根据国务院《民办非企业单位登记管理暂行条例》的规定，其为从事非营利性社会服务活动的社会组织，并非"营利性"法人，但作为市场经济的有机组成部分并参与相关学校教育竞争的主体，不论是否营利性组织，应同样适用这些竞争规则。

AFY，小拇指案（20130219/A20140626-30/F2013-22）：反法中的经营者未必具有直接的竞争关系

兰某军等 v 天津小拇指公司等，二审，天津高院（2012）津高民三终字第 46 号判决

书，刘震岩、赵博、向晓辉

案情概要

兰某军、杭州小拇指公司起诉天津小拇指公司、天津华商公司侵害其"小拇指"商标权及不正当竞争——单独或突出使用——注册和使用"tjxiaomuzhi"网站域名——杭州小拇指超越经营范围——一审认定商标侵权，未认定不正当竞争——二审认定商标侵权及不正当竞争

裁判摘录

【4】是否存在竞争关系是认定构成不正当竞争的首要条件。……反不正当竞争法所调整的竞争关系的主体应为市场经营者之间，而市场主体之间竞争关系的存在，并非仅以相同行业或服务类别为限。……【5】……杭州小拇指公司本身不具备从事机动车维修的资质，也并未实际从事汽车维修业务，但从其所从事的汽车玻璃修补、汽车油漆快速修复等技术开发活动，以及经授权许可使用的注册商标核定服务项目所包含的车辆保养和维修等可以认定，杭州小拇指公司通过将其拥有的企业标识、注册商标、专利、专有技术等经营资源许可其直营店或加盟店使用，使其成为"小拇指"品牌的运营商，以商业特许经营的方式从事与汽车维修相关的经营活动。因此，杭州小拇指公司是汽车维修市场的相关经营者，其与天津小拇指公司及天津华商公司之间存在竞争关系。

第二条

SY，路易威登Ⅰ案（20060823）：非同业经营也会构成竞争关系

路易威登公司 v 鑫贵公司等，一审，上海二中院（2004）沪二中民五（知）初字第242号判决书，李国泉、吴登楼、杨煜

案情概要

路易威登是第241081号"LV"注册商标的商标注册人——两被告在其大型户外广告中使用"LV"注册商标，且广告画面中标有"LV"注册商标的手提包处在画面中最显著的位置——原告起诉被告商标侵权及不正当竞争——法院认为原被告存在竞争关系——两被告在广告中使用"LV"包的行为有恶意，系不正当地获取利益——损害了原告的合法权利，扰乱了正当的竞争秩序——构成不正当竞争——广告中的"LV"图案对被告的楼盘没有商标性标识作用，不会产生混淆，不构成商标侵权

【10】虽然原被告的经营范围不同，但不管是否同业经营，经营者的经营成本、经营方式、交易机会等都将影响经营者在整个市场上的竞争能力，因此竞争既可能发生在同业经营者中，也可能发生在非同业经营者中。而如果经营者以不正当的方式与竞争对手或其他经营者直接或间接地争夺交易机会，损害竞争对手或其他经营者的合法权利，破坏正当的竞争秩序，就构成不正当竞争。【13】两被告明知"LV"手提包有较高的知名度，……两被告将其宣传行为建立在原告商品之上，系故意利用原告资源，不正当地获取利益。【15】……两被告为了商业目的，未付出正当努力而故意直接利用原告的经营成果，获取有利的市场竞争地位，损害了原告的合法权利。两被告通过搭便车的形式抬高其楼盘形象，获得了其本不应有的比其他竞争者更有利的优势地位，打破了诚实信用、平等公平的竞争秩序。

CY，天聪 1 号案（20041209/C2005-06）：通过附属企业的经营间接从市场获利也是经营者

中国药科大学 v 福瑞公司，一审，南京中院（2004）宁民三初字第 219 号判决书，刘红兵、程堂发、卢山

案情概要❶

原告起诉被告在宣传其"天聪 1 号"胶囊产品时，擅自使用原告名称，编造事实，虚假宣传，误导消费者——一审认为原告具有市场经营者资格，被告对原告名称的使用不是正当使用，对"天聪 1 号"胶囊的宣传是引人误解的虚假宣传——鉴于在该案中查明被告福瑞科技公司违反《反不正当竞争法》第五条第（三）项和第 9 条第一款的规定，实施了盗用他人名称进行虚假宣传的不正当竞争行为，还违反《中华人民共和国专利法》第 59 条的规定，实施了以非专利产品冒充专利产品的行为，法院作出民事制裁决定书，罚款被告 15 万元——二审中，法院准予福瑞公司撤回上诉——民事制裁部分经复议维持

裁判摘录❷

【1】……原告中国药科大学是从事教学科研工作的事业法人，其虽然不在市场上

---

❶ 有关民事制裁的部分，参照《最高人民法院公报》2005 年第 6 期整理。
❷ 摘自《最高人民法院公报》2005 年第 6 期，非判决原文。

直接从事商品经营，但通过附属企业的经营活动，将其研制开发的药品和医疗器械等推向市场，并且通过附属企业的上缴，间接从市场上获利。事实上，附属企业的上缴，已经成为中国药科大学的经费来源之一。因此，中国药科大学的市场经营者资格应予确认。

第
二
条

第六条 【仿冒行为】

经营者不得实施下列混淆行为，引人误认为是他人商品或者与他人存在特定联系：

（一）擅自使用与他人有一定影响的商品名称、包装、装潢等相同或者近似的标识；

（二）擅自使用他人有一定影响的企业名称（包括简称、字号等）、社会组织名称（包括简称等）、姓名（包括笔名、艺名、译名等）；

（三）擅自使用他人有一定影响的域名主体部分、网站名称、网页等；

（四）其他足以引人误认为是他人商品或者与他人存在特定联系的混淆行为。

本条导读

1993 年制定的《反不正当竞争法》在第 5 条专门规定了对知名商品特有包装装潢及人名、企业名称的保护，2017 年第一次修改全面改造了该条，将其作为全面规制混淆行为的条款，具体分为四个方面，依次涉及商品标识［第（一）项］、主体标识［第（二）项］、网络标识［第（三）项］及其他混淆行为［第（四）项］，本书也按同样的体例对原有的判决进行了分类，尽管当时并没有这样的概念。2019 年第二次修改时未涉及该条。

《最高人民法院关于审理不正当竞争民事案件应用法律若干问题的解释》第 5 条提到商品的名称、包装、装潢属于商标法禁止使用的标志的，也不能获得《反不正当竞争法》（本书简称为"反法"）的保护（特种兵生榨椰子汁案）。其实企业名称、域名也应受此约束。

6（1）。关于第（一）项，在《反不正当竞争法》出台之前，法院已经根据《民法通则》对抄袭他人包装、装潢的不当竞争行为进行了规制（喜凰案），立法之后，案例类型愈加丰富。

第一，除了传统的名称、包装、装潢的商业标识外（晓宇老火锅案、古洞春案），保护对象不断扩大，药品名称或装潢（曲美Ⅱ案、念慈菴案、岷山案）、图书名称（火星金星图书案、股神案）、营业场所（玉山居案、顺峰案）、网络服务名称（去哪儿案）、游戏名称（使命召唤案）、产品型号（TEF6621T 芯片案、宝凯案）、产品本身形状（晨光案、卡骆驰案、路虎Ⅴ案）、提供服务的工具设计和服饰（胡同游案）也通过装潢的扩大解释得以保护。

第二，在显著性要求上，产品的通用名称（84 消毒液案）、具有描述作用的词汇（肠清茶案）被认定不具备保护条件，但含有原料名称的（富硒康案）或普通要素经过组合的整体可以产生显著性（费列罗案、六个核桃案、黛尔吉奥案）或经过使用可以取得显著性（老干妈Ⅰ案、绵竹大曲案），甚至可以适当考虑域外证据（费列罗案）或出口商品的知名度（岷山案）或在进口免税店的使用（仙草蜜案），对于遭遇连续抄袭的装潢条件可以适当放宽（乌苏啤酒案）。有一些特殊情况的显著性问题也得到了关注，如之前存在历史原因的共同使用的名称归属问题（泥人张Ⅰ案、万达案）、一个企业生产不同装潢的产品（虎头牌案）以及商标许可合同结束以后对于许可期间的装潢归属（王老吉Ⅰ案、王老吉Ⅱ案）。

第三，在知名度要求上，中外文能形成对应关系的可以保护（拉菲Ⅰ案），即使发生主体变动，相关权益也可以继承（赛诺维案），但已经通过《反不正当竞争法》保护的不再认定驰名商标（诸葛酿Ⅱ案），没有真实使用的不能产生知名度（同德福Ⅰ案）。知名度应结合具体商品综合认定（毕加索Ⅰ案）。知名度不要求覆盖全国（山楂树下案）。

第四，权利冲突时保护在先权利。注册商标在前，以相同或者近似标识在类似商品上主张知名商品特有名称权就不能得到支持（荣华月饼案）；在处理与在后商标或外观设计等的关系上，主流意见是在先有一定影响的标志可以对抗在后的商标（歌力思Ⅱ案、史密斯案）以及在后的外观设计（恒大冰泉案、脆香米案、老干妈Ⅰ案），少数意见认为在后注册商标不存在不正当竞争的问题（克东腐乳案）。在有案外人已经获得商标专用权的情况下，仍可以给予反法保护（天厨案）。

第五，涉及混淆认定的，有别出心裁地进行排列组合的（哈啤案），有亦步亦趋抄袭新装潢的（乌苏啤酒案）。当然，如果只是叙述性使用则不会产生混淆（避风塘Ⅰ案）。

6（2）。关于第（二）项，企业名称的保护具有地域性（天厨案、死海案），虽然也有法院认为企业名称可以在全国保护（瑞特案）。借助域外或异地注册作为掩护的案例早期比较多（宝马Ⅰ案、宝马Ⅱ案、华联案、振泰案、死海案、嘉实多案、欧莱雅Ⅰ案、吴良材案），但如果时间确实在前的（蚂蚁搬家案）或者有历史原因的（大宝案）可以继续使用。另外，企业名称可以继承（正野Ⅰ案、正野Ⅱ案），但合同终止的则不可以继续使用（三精案、巴洛克案）。

企业成立之前预先核准的企业名称应视情况给予适当的保护（谷歌Ⅱ案）。

知名度方面，没有达标的企业名称不能保护（维秘Ⅰ案、唐老一正斋案），没有形成中外文对应关系的不能受到保护（凯摩高案），对应关系要求稳定且唯一，否则不能保护（美孚Ⅱ案）。但商标的知名度会加速企业名称知名度的形成（红日案）、出口企业的中英文企业名称也可以形成对应关系（天容案）、简称可以保护（天津青旅案、山起案、中粮案）。老字号问题的特殊性也容易造成认识不统一（同庆号Ⅰ案、同庆号Ⅱ案）。

个体工商户字号可以比照企业名称保护（晓宇老火锅案），个人姓名也可以受到反法保护（王跃文案、李瑞河案、zhoulibo案、姚明一代案）。

在对抗范围上，不仅同类的营业范围可以产生混淆（红磨坊案、周黑鸭Ⅰ案、天印案），不同类的也可保护（尼康案、三一重工案、宝马Ⅰ案）。企业名称还可以对抗商标（歌力思Ⅱ案、小羚羊案）、对抗人名（庆丰案、中信案）、对抗域名（weldmold案）。销售正品的商家不得使用正品的商标作为招牌（FENDI案、GUCCIⅠ案、GUCCIⅡ案），但如果是销售网络的成员则不会被禁止（五粮液Ⅱ案）。存在授权关系的，要从实质上进行审查，以避免利用表面合法的授权关系从事搭车行为（冠生园案）。但如果字号本身有含义，不能对抗他人在字号原有含义上的合理使用（避风塘Ⅰ案）。

6（3）。关于第（三）项，网络标识的案例不多（开心网案、weldmold案、去哪儿案、19floor案、NVIDIA案）。

6（4）。关于第（四）项，这一项主要收录了商标作为权利基础的案件，具体又可以分为两小类，第一类是商标对抗未突出的企业名称全称的，第二类是商标对抗无电子商务的域名注册或使用的。

6（4）[1]。关于第一小类，商标对抗企业名称按照《商标法》第58条的规定转到《反不正当竞争法》来规制，因此商标注册不再具有当然对抗的全国效力，在主张地的知名度就成为一个焦点，没有当地知名度的就可能都不到支持（王将饺子案），但在证明知名度且不一定是驰名商标的情况下，认定不正当竞争并无法律上的障碍（雪中彩影案、加德士案、尼康案、欧莱雅Ⅱ案、轩尼诗Ⅰ案、星巴克案、微信Ⅰ案），而且在先商标属于驰名商标的情况下，甚至还可以跨类对抗他人的企业名称（三一重工案、卡地亚Ⅰ案、九牧案、微信Ⅲ案），当然，如果并没有"在先"驰名，是没有办法做到这种对抗的（蒙娜丽莎案）。当然，在先注册的（新华案）或具有历史原因的也可以不认定不正当竞争（同德福Ⅰ案、同德福Ⅱ案、张小泉案）。另外，对销售者不应课以过重的注意义务（小天鹅案）。

6（4）[2]。关于第二小类，在《最高人民法院关于审理涉及计算机网络域名民事纠纷案件适用法律若干问题的解释》明确驰名商标可以对抗域名注册之前不到两周就已经有了判例（舒肤佳案），接下来更是产生了一系列司法实践（杜邦案、飞利浦案、海信案）。当然，反不正当竞争法适用时也并不以驰名商标为先决条件（IKEA案、梦工厂案），之后的《最高人民法院关于审理涉及驰名商标保护的民事纠纷案件应用法律若干问题的解释》也明确了这一点。

6（1） 商品标识

SY，山楂树下案（20200120）：知名商品的知名度不必覆盖全国，且知名商品的特有名称可以和注册商标重合或共存

冠芳可乐公司 v 山楂树下饮品公司，再审，最高院（2019）最高法民再337号判决书，王艳芳、钱小红、晏景

案情概要

　　原告冠芳可乐公司主张被告山楂树下饮品公司使用"山楂树下"作为企业名称中的字号，包含了其第9981672号、第16529654号注册商标中的"楂树下"，构成不正当竞争——主张被告字号侵犯其知名商品上的特有名称"山楂树下"，亦构成不正当竞争——一审认为不构成不正当竞争，原告未能举证证明其权利商标的使用情况和知名度，也未能证明其商品为知名商品以及"山楂树下"为知名商品特有的名称——二审维持一审——再审认为构成知名商品特有名称——构成不正当竞争

裁判摘录

　　【1】……在我国境内具有一定市场知名度，并非要求相关产品在全国范围内均具有一定的市场知名度。根据冠芳可乐公司对其冠芳牌的"山楂树下"商品广告宣传时间、程度、地域范围以及商品销售的区域等方面的证据以认定其在2016年以前我国境内具有一定的市场知名度。原审法院认为"其销售的范围也主要以河北省为主，故冠芳可乐公司对其冠芳品牌的'山楂树下'商品无论从广告宣传时间、程度、地域范围以及商品销售的区域等方面认定不能达到在我国境内具有一定市场知名度，为相关公众所知晓的程度。"本院认为，该认定事实上是要求相关商品在全国范围内知名，不符合反不正当竞争法及相关司法解释对知名商品地域范围的规定，原审法院对此适用法律错误，本院予以纠正。【2】……相关知识产权法并不禁止同一客体同时受到不同知识产权法的保护，也不禁止在同一商品上权利人享有不同知识产权。原审法院前述认定事实上等于认为使用了注册商标的商品，其知名商品的名称无论是否特有均不能发挥识别商品来源的作用，该认定无事实和法律依据，适用法律错误，本院予以纠正。【3】……原审法院认定"山楂树下"不能认定为知名商品特有的名称的另一理由是依据国家工商行政管理局《关于禁止仿冒知名商品特有的名称、包装、装潢的不正当竞争行为的若干规定》第三条第三项："本规定所称知名商品特有的名称，是指知名商品独有的与通用名称有显著区别的商品名称。但该名称已经作为商标注册的除外。"二审法院认为"二审期间冠芳可乐公司提交了国家知识产权局颁发的第16529657号《商标注册证》一份，证明'山楂树下'已经获得了商标专用权，故'山楂树下'不能认定为知名商品特有的名称"。本院认为，原审法院对该规章的理解有误，该条含义是指某一名称已经作为商标注册的，不再作为知名商品的特有名称受到保护，并非是指作为商标注册则丧失了特有性和显著区别性。"山楂树下"已经被核准注册为商标的事实，一方面说明了该标识的显著性和特有性，另一方面也并不妨碍其在被核准注册之前作为知名商品受到反不正当竞争法的保护。原审法院对此认定适用法律错误，本院予以纠正。【5】根据前述分析，在2016年以前冠芳可乐公司生产的"山楂树下"饮品名称属于《反不正当竞争法》第五条第（二）项规定的知名商品特有的名称。山楂树下饮

品公司成立于 2016 年 12 月 2 日，经营范围为果汁饮品新技术研发；预包装食品批发兼零售。其作为同行业，与冠芳可乐公司同处天津地域，应知冠芳可乐公司生产的"山楂树下"饮品的知名度，仍然将其作为字号登记，生产同种产品，容易造成和他人的知名商品相混淆，使购买者误认为是该知名商品，构成不正当竞争，应当承担相应的法律责任。原审法院认定其不构成不正当竞争，认定事实与适用法律均有错误，本院予以纠正。

BY，特种兵生榨椰子汁案（20191230/B2019-49）：以具有不良影响的标志作为显著识别部分的包装装潢不具反法可保护性

苏萨公司 v 超鑫湘汇公司等，再审，最高院（2019）最高法民申 4847 号裁定书，佟姝、戴怡婷、毛立华

案情概要

原告苏萨公司认为其"特种兵生榨椰子汁"具有较高知名度和影响力—特有的包装、装潢—被告超鑫湘汇公司等生产和销售的产品侵犯其知名商品特有包装、装潢—一审认定苏萨公司的商品为南方地域的知名商品，但涉案商品的包装装潢非特有，双方包装装潢不构成相同或近似—二审维持一审认定—再审认为涉案包装、装潢的构成要素均指向特种兵，而特种兵商标已被生效判决认定具有不良影响，不得作为商标使用—苏萨公司主张的包装装潢权利不具可保护性—涉案包装、装潢存在差异—驳回苏萨公司再审申请

裁判摘录

【5】……根据《反不正当竞争法》第六条第（一）项规定，经营者不得擅自使用与他人有一定影响的商品名称、包装、装潢等相同或者近似的标识，引人误认为是他人商品或者与他人存在特定联系。同时，《最高人民法院关于审理不正当竞争民事案件应用法律若干问题的解释》第五条规定，商品的名称、包装、装潢属于《商标法》第十条第一款规定的不得作为商标使用的标志，当事人请求依照《反不正当竞争法》第五条第（二）项规定予以保护的，人民法院不予支持。因此，对于包装、装潢的仿冒行为，受到反不正当竞争法保护的竞争利益，应当符合以下两个层次的要求：1. 被仿冒的包装、装潢不属于《商标法》第十条第一款规定的不得作为商标使用的标志。2. 被仿冒的包装、装潢有一定影响，具有可识别性。其中，不违反法律对商业标识的禁止性规定是第一层次的判断，如果包装、装潢属于法律规定禁止作为商业标识使用的情形，则无需进一步判断该包装、装潢是否具有一定影响。即使其能够产生独立的识别

性，也不应受到反不正当竞争法的保护。【6】本案中，"特种兵 THE SPECIAL ARMS 及图"商标（简称特种兵商标）申请注册过程中，已有生效裁判文书认定，该标志具有不良影响，构成《商标法》第十条第一款第（八）项规定的情形。……【7】对此，本院认为，首先，通常情况下，商标标志与包装、装潢形成一个整体，共同发挥识别作用。商品的包装、装潢一般由商标、商品名称以及装饰性图案、颜色等要素组合构成。商标是识别商品来源的标志，具有一定知名度的商标通常产生溢出效应，能够使相关公众将含有该商标的包装、装潢与商品提供者建立一定的联系。因此，含有商标的包装、装潢，可以在整体上发挥识别商品来源的作用。当然，在商标以外的其他包装、装潢元素也产生了独立的市场价值，能够独立发挥识别作用时，也需要考虑包装、装潢中其他构成要素的利益保护。本案中，特种兵商标含有的"特种兵""THE SPECIAL ARMS"文字、七名士兵的剪影、盾牌图形、五角星图形等元素均占据涉案包装、装潢的显著位置。在特种兵商标之外，涉案包装、装潢的其他要素或是与特种兵相关的元素，如瓶身整体的迷彩图案，或是商品名称，如"生榨椰子汁""植物蛋白饮料"。因此，特种兵商标是涉案包装、装潢的显著识别部分。【8】其次，判断单个的包装、装潢元素能否成为正当的竞争利益，需要考虑商标标志与装潢元素的关系。本案中，涉案包装、装潢是以特种兵为核心进行的设计构思，涉案包装、装潢的整体颜色、包装外形均与特种兵相关，"特种兵"文字为涉案包装、装潢的组成部分，而非可以随意替换的要素。【9】最后，根据《反不正当竞争法》第一条的规定，反不正当竞争法的立法目的在于通过制止不正当竞争行为，鼓励和保护公平竞争，保护经营者和消费者的合法权益。因此，经营者请求保护的包装装潢只有在不损害他人及社会公共利益的情况下，才能够成为反不正当竞争法保护的合法权益。换言之，如果包装、装潢的显著识别部分是可能损害公共利益的商业标识时，包装、装潢与该商业标识均不具有获得法律保护的正当性基础。否则，将导致无法依据商标法获得保护的标志，反而能够通过反不正当竞争法获得保护的不良导向。

SY，路虎 V 案（20190313）：车型设计如具有显著性可作为有一定影响的装潢进行保护

捷豹路虎 v 江铃公司等，一审，北京朝阳区法院（2016）京 0105 民初 10383 号判决书，李自柱、谭乃文、张冬梅（陪）

> 案情概要

　　原告捷豹路虎认为被告江铃公司和达畅陆风公司生产、展示、预售和销售的"陆风 X7"汽车设计侵犯了其"揽胜极光"车型设计，构成不正当竞争—形状构造类商品装潢—混淆——一审法院认定被告侵犯原告有一定影响的装潢，构成不正当竞争

裁判摘录

【10】……反不正当竞争法所保护的商品装潢，不仅指为识别与美化商品而在商品或者其包装上附加的文字、图案色彩及其排列组合，也包括属于物品本体但具有装饰作用的物品整体或者局部外观构造，但由商品自身的性质产生的形状，为获得技术效果而具有的商品形状以及使商品具有实质性价值的形状除外。无论是文字图案类装潢还是形状构造类装潢，其之所以受反不正当竞争法保护，不在于其具有新颖性或者独创性，而在于该装潢具有显著性，能够起到区别商品来源的作用。通过对商品装潢的保护，能够制止市场混淆行为，防止消费者对不同经营者经营的同类商品产生混淆误认，从而保护该商品装潢上凝结的经营者商誉。【11】……捷豹路虎公司请求保护的装潢为"揽胜极光"汽车外观，包括下压式车顶、悬浮式车顶、上扬的特征线条、蚌壳式发动机盖、整车轮廓造型等五点设计特征。根据（2018）京行终 4169 号二审行政判决书的认定，汽车外观的整体立体形状和各个组成部件的布局均存在较大的设计空间。捷豹路虎公司提交的其使用、宣传"揽胜极光"车型的在案证据，可以证明"揽胜极光"形状装潢系捷豹路虎公司将平直并陡然下斜的车顶、全黑立柱、隆起贝壳形状的发动机盖、车身多处上扬线条、短小的前后悬等构成元素进行了独特的排列组合，其整体上具有区别于一般汽车外观常见设计的显著特征。……证据进一步证明，在"揽胜极光"汽车形状装潢与捷豹路虎公司分离时，相关公众依然认为使用"揽胜极光"汽车形状装潢的汽车属于路虎汽车。可见，"揽胜极光"汽车形状装潢与"揽胜极光"汽车及捷豹路虎公司已经建立起了稳定的市场联系，起到了区分不同经营者所经营的同类汽车的作用。【12】……结合在案证据，可以证明捷豹路虎公司的"揽胜极光"汽车形状装潢已具有较高的知名度和影响力。【13】……江铃公司提交了若干用以证明"揽胜极光"车型仅具有实用功能的论文，该组证据显示"楔形造型能有效地克服升力，改善汽车行驶稳定性""增加棱线有利于提升抗凹性能"。但"楔形"系指数学中不规则的平面图形，不指向具体的角度、线条的组成和形状，论文中也未提及线条上扬具有任何功能性作用，故在案证据尚不能证明涉案"揽胜极光"汽车外观的车窗形状及上扬的特征线条是由于功能性作用的实现而具有的形状构造，也不能证明"揽胜极光"汽车形状装潢系基于功能而设计。江铃公司也未提供证据证明涉案"揽胜极光"汽车形状装潢是由汽车本身的性质产生的形状，或者是为了使汽车具有实质性价值而设计的形状。

FY，使命召唤案（20180725/F2018-16）：游戏名称可被认定为知名商品的名称受到保护

动视公司 v 华夏公司等，二审，上海知产院（2018）沪 73 民终 222 号判决书，钱光

文、范静波、何渊

　　动视公司开发了"CALL OF DUTY/使命召唤"知名电子游戏，在第41类服务及第9类商品上分别注册了两项"使命召唤"商标—动视公司发现华夏公司等发行涉案电影"使命召唤"—动视公司认为各被告未经许可将原告的注册商标用作电影名称，构成对原告注册商标专用权的侵害，构成不正当竞争—一审认为华夏公司使用"使命召唤"作为电影名称并未侵害原告享有的注册商标专用权—"使命召唤"游戏名称可以被认定为知名商品的名称受到保护—华夏公司未经原告许可，故意攀附原告游戏名称的知名度，擅自将"使命召唤"作为电影名称使用，构成擅自使用知名商品特有名称的不正当竞争，酌定赔偿额为30万元—合理开支30万元—二审维持一审判决

裁判摘录

　　【11】涉案游戏名称《使命召唤》属于有一定影响的商品名称……涉案游戏具有一定的市场知名度、为相关公众所知悉，属于"有一定影响"的游戏商品。且涉案游戏进入中国后，即以《使命召唤》作为其中文名称，经动视公司的长期使用，该中文名称《使命召唤》已经与涉案游戏及其涉案游戏的制作者相关联，成为相关公众区分涉案游戏及涉案游戏来源的主要标识。因此，涉案游戏名称《使命召唤》属于有一定影响的商品名称。【12】华夏公司将"使命召唤"作为电影名称使用，具有将涉案电影与涉案游戏相关联，攀附涉案游戏商誉的主观恶意。【13】相关公众已经产生了涉案电影与涉案游戏具有特定联系的混淆和误认。【14】华夏公司将"使命召唤"作为涉案电影名称，不属于对于"使命召唤"这一词语的合理使用。【15】……华夏公司将"使命召唤"作为涉案电影名称使用的行为，属于擅自使用与动视公司有一定影响的涉案游戏名称相同的标识，引人误认为涉案电影与涉案游戏存在特定联系的混淆行为，构成对动视公司的不正当竞争。

FY，天厨案（20180528/F2018-40）：知名商品的特有包装装潢权并不因案外人在后把涉案包装装潢主要部分注册为商标而丧失

重庆天厨天雁公司 v 成都天厨公司等，二审，重庆一中院（2017）渝01民终3926号判决书，谭颖、张琰、姜蓓

案情概要

　　原告重庆天厨天雁公司起诉成都天厨公司侵犯其知名商品特有装潢和知名字号，

其他被告构成共同侵权——一审认为原告生产的 80% 味精的包装袋装潢构成知名商品的特有包装装潢——案外人就涉案装潢图案主要部分获得的商标权与原告知名商品特有包装装潢权利相互独立，互不影响——涉案装潢构成近似装潢，足以使相关消费者混淆，误认——原告有权主张"天厨"字号权利，被告侵犯了原告字号权——二审认为被告侵犯了原告的知名商品特有包装装潢——重庆天厨天雁的"天厨"字号知名度范围有限，成都天厨公司在其企业名称登记之时不具有搭便车的故意，且其使用企业名称的行为不足以引起相关公众的误认——不构成对原告企业名称的侵犯

裁判摘录

【12】……在通常情形下，包装装潢中主要部分被他人申请注册为商标后，该包装装潢不应当再被认定为知名商品特有的包装装潢。因为商标一旦获准注册即具有专用权，排斥他人在相同类似商品上使用相同近似商标。反不正当竞争法对于知名商品特有包装装潢的保护本质上是对未注册商标的保护，相对于商标法对注册商标的保护而言具有补充性。商标核准注册后，在其核定使用的商品范围内，与其相同或者近似的标识，不能再通过实际使用行为而产生未注册商标权或者知名商品特有包装装潢权，否则将损害商标注册制度的基本价值。但本案中，涉案 80% 味精的包装装潢构成知名商品的特有包装装潢，被上诉人依法应当享有知名商品的特有包装装潢权，且该权利并不能因案外人就涉案包装装潢的主要部分注册商标而丧失，原因在于：其一，被上诉人使用的涉案包装装潢与案外人上海冠生园公司的注册商标的图形并不完全相同。其二，被上诉人使用涉案包装装潢远早于案外人涉案商标的申请注册日期，且在案外人申请注册商标之前已经获得较高的知名度。……其三，被上诉人与案外人上海冠生园公司所签订的协议并非传统意义上的商标许可使用协议，而应当是特殊历史背景下的商标共存。案外人上海冠生园公司与被上诉人都源于吴蕴初先生创办的天厨味精厂，两者之间具有历史渊源关系。从上海天厨味精厂与重庆天厨味精厂签订《关于"佛手"商标问题会议纪要》看，其主要目的是解决上海天厨味精厂的商标注册和续展问题，且其许可方式是"该商标的有效期内无偿使用的权利"。双方还约定了各自的市场区域，这种约定各自市场区域，也是承认各自在相应市场区域中使用会议纪要中所涉及商标的相应权利。

FY，玉山居案（20171228/F2017-34）：客栈装修装饰有商品属性可作为装潢保护

弥香客栈 v 玉山居客栈等，一审，桂林叠彩区法院（2017）桂 0303 民初 214 号判决书，曾臻、江荣华（陪）、刘金莲（陪）

案情概要

　　原告弥香客栈认为被告玉山居客栈等模仿其内部装修的行为侵犯其知名商品特有装潢—法院认为，原告客栈的装修装饰构成知名商品特有装潢，被告使用相近似的装潢构成不正当竞争

裁判摘录

　　【5】本案中，双方当事人争议所指向的标的物载体为客栈，也即旅社酒店（以下简称旅店）。作为旅店，其在市场经营中的主要功能是为消费者提供居住、餐饮、休闲娱乐等商业服务。旅店并非字面理解意义上的商品，旅店所提供给消费者的使用价值在于它的商业服务功能。旅店的经营者在进行旅店经营时必须对旅店进行装修，基本功能性的装修足以使旅店正常履行其基本的商业服务功能。但随着社会物质生活水平的不断上升，消费者对旅店的服务条件及内容的需求也不断提高。旅店的商业价值不仅仅局限于其能够实现基本的居住、餐饮、娱乐等功能，在此基础上，根据市场的需求，旅店经营者需要从各个方面不断对其旅店经营进行全方位提升，以达到获取更多商业价值的目的。故具有个性化特征，以及优质、多元化服务内容的旅店经营，在市场中更能受到消费者青睐，能够获取更多的商业利益。因此，旅店内部装修装饰的好坏、优劣，以及是否为独具特色的服务内容等因素，是区别于同行业者竞争实力的一个重要内容和组成部分，其有助于旅店经营内涵价值的提升，进而提升旅店的经营业绩，为旅店经营者带来更多的市场收益。旅店的内部装修装饰与旅店的整体经营不可分割，其能为旅店的经营者带来商业利益，实现商业价值，故其具有商品属性。【6】根据《最高人民法院关于审理不正当竞争民事案件应用法律若干问题的解释》第三条的规定："由经营者营业场所的装饰、营业用具的式样、营业人员的服饰等构成的具有独特风格的整体营业形象，可以认定为反不正当竞争法第五条第（二）项规定的'装潢'。"本案双方争议的旅店装修装饰属于该条款规定的"装潢"范畴。故本案原告客栈的装修装饰属于我国知识产权法律保护的客体，原告对其客栈的装修装饰依法享有知识产权，应受法律保护。【9】构成知名商品特有装潢应具备以下两个基本条件：一是特有性，二是知名度。【11】针对本案争议标的载体，所谓的"特有"，是指具有独特风格的营业场所的装饰、营业场所的整体形象等。【19】本院认为，根据原告提供的证据，证实原告聘请的设计公司将原告客栈的设计成果作为其公司的精品案例列入该公司的宣传手册进行宣传推广，且该成果的设计师获得了业内的相关奖项，新闻媒体对原告经营者开设经营该客栈的经历进行了采访报道，相关旅游住宿网站的排名位列等情况具有客观性，二被告针对原告提供的上述证据的真实性未提供反证予以驳斥，故对上述证据所反映的客观事实，本院予以确认。尽管原告提供的获奖证书不能直接证明系因设计原告客栈获得该奖项，网络排名亦并非权威数据，但结合设计公司的宣

传手册及新闻媒体的宣传报道，在一定程度上能够证实原告客栈的经营成果在阳朔旅游住宿业内具有明显的个性特色，并产生了一定的影响力，相较于当地其他同行业者，其在一定区域范围内具有一定知名度。

FY，晓宇老火锅案（20171201/F2017-35）：知名服务特有名称可以享受反法保护

晓宇老火锅 v 林峰晓宇餐饮店，一审，重庆渝北区法院（2017）渝 0112 民初 7238 号判决书，余博、潘寒冰、周静（陪）

　案情概要

　　原告晓宇老火锅认为被告林峰晓宇餐饮店在餐饮服务上使用带有"晓宇"字样的经营活动侵犯其企业名称及知名商品特有名称权——一审认为，原告"晓宇火锅"、"渝味晓宇火锅"是反法保护的"知名商品（服务）的特有名称"，原告对"渝中区晓宇老火锅"这一名称及"晓宇"字号享有名称权——被告在经营过程中使用含有"晓宇"字样的行为侵害了原告享有的知名服务特有名称权益和字号权，构成不正当竞争——赔偿 70000 元

　裁判摘录

　　【4】……原告通过在其经营活动中实际、长期、广泛宣传使用"晓宇火锅""渝味晓宇火锅"的行为，使相关公众建立了"晓宇火锅""渝味晓宇火锅"的特定经营者系原告这样的认知，"晓宇火锅""渝味晓宇火锅"已经与原告建立了稳定的联系，故"晓宇火锅""渝味晓宇火锅"应当属于受反不正当竞争法保护的"知名商品（服务）的特有名称"。

FY，TEF6621T 芯片案（20171018/F2017-32）：产品型号可构成知名商品特有名称

恩智浦公司等 v 晶源公司等，二审，深圳中院（2017）粤 03 民终 835 号判决书，丘庆均、江剑军、潘亮

　案情概要

　　原告恩智浦公司等认为被告晶源公司生产、销售的电子芯片上使用"TEF6621T"

名称，侵犯其知名商品特有名称——一审认为原告在汽车音频、收音芯片中使用型号"TEF6621T"具有一定的知名度——"TEF6621T"在汽车音频、收音芯片产品上已与原告产生了特定的联系，足以起到识别商品来源的作用，构成知名商品的特有名称——被告与原告为同业经营者——明知原告"TEF6621T"芯片的存在——仍在同一种产品上使用与原告商品相同的名称——对其命名无法提供合理依据——具有明显攀附他人商誉恶意——客观上造成混淆，扰乱了正常的竞争秩序——构成擅自使用他人知名商品特有名称的不正当竞争行为——二审维持一审判决

裁判摘录

【3】"TEF6621T"为恩智浦半导体公司、NXP公司、恩智浦半导体荷兰公司、恩智浦中国公司生产、销售的汽车音频、收音芯片的型号，一般只具区分企业自己不同规格产品的功能，判断该芯片的型号是否符合法律规定的知名商品"特有名称"，关键在于该型号经过使用是否具有区别商品来源和指代商品名称功能的显著性特征。集成电路商品种类繁多，各企业对不同商品型号命名时除了代表类型、工作温度范围、封装形式等行业惯用代码，企业一般会在编制型号时加入代表自己企业的特定代码或企业自行编制的商品类别代码，使得商品的型号具有一定区别来源的"特有"性。"TEF6621T"系恩智浦半导体公司、NXP公司、恩智浦半导体荷兰公司、恩智浦中国公司根据企业自己商品型号命名规则命名，非国家或行业的通用型号名称。晶源公司、友达公司、亿达公司上诉称"TEF6621T"为通用名称，依据不足。"TEF6621T"经过恩智浦半导体公司、NXP公司、恩智浦半导体荷兰公司、恩智浦中国公司的长期使用，相关公众已将"TEF6621T"与恩智浦半导体公司、NXP公司、恩智浦半导体荷兰公司、恩智浦中国公司生产、销售的涉案汽车音频、收音芯片建立起特定的联系。如恩智浦半导体公司、NXP公司、恩智浦半导体荷兰公司、恩智浦中国公司提交的证据显示，百度搜索"TEF6621T"结果前两页的信息包括经销商的商品信息、网络销售平台的商品信息等均指向恩智浦半导体公司、NXP公司、恩智浦半导体荷兰公司、恩智浦中国公司的涉案芯片，结合行业对该芯片介绍的相关文章、该芯片知名度等证据，"TEF6621T"已在相关公众中起到识别商品或服务来源的作用，一审认定其构成知名商品特有名称的事实清楚，证据充分。

BFY，六个核桃案（20170929/B2017-34/F2017-29）：通用元素可自由使用，但整体视觉效果不能与他人知名商品特有的包装、装潢近似

养元公司 v 六仁烤公司等，再审，最高院（2017）最高法民申3918号裁定书，朱理、毛立华、佟姝

案情概要

养元公司主张其"六个核桃"饮品包装、装潢为知名商品特有包装、装潢,被告六仁烤公司在其核桃乳饮品上使用近似的包装装潢——养元公司认为六仁烤公司在核桃乳饮品上使用近似的包装装潢构成不正当竞争——一审、二审、再审认为,被告六仁烤公司的商品包装、装潢与养元公司的商品包装、装潢近似,易使相关公众产生误认,构成不正当竞争,赔偿 12 万元

裁判摘录

【3】……对知名商品特有包装、装潢的保护,是基于一般消费者对商品包装、装潢整体视觉效果的判断,对于构成包装、装潢的颜色、图案、材料等通用元素,各市场经营主体均可以自由使用,但不能在整体视觉效果上与他人知名商品特有的包装、装潢近似,从而使消费者对商品来源产生混淆、误认。

DY,王老吉 II 案(20170727/D2017-01):对包装装潢权益有积极贡献的多方主体可诚实共享权益

广药集团 v 加多宝公司,二审,最高院(2015)民三终字第 3 号判决书,宋晓明、夏君丽、周翔、钱小红、佟姝

案情概要

广药集团诉加多宝公司擅自使用其知名商品特有包装装潢——一审支持原告——认定该案知名商品为"王老吉凉茶"——认定该案所涉知名商品特有包装装潢的内容是指标明在王老吉红罐凉茶产品的罐体上包括黄色字体"王老吉"等文字、红色底色等色彩、图案及其排列组合等组成部分在内的整体内容——认定该案所涉知名商品特有包装装潢权应由广药集团享有,加多宝公司无权享有该权利——加多宝公司上诉——二审认为加多宝公司生产经营的红罐王老吉凉茶应为该案特有包装装潢所依附的商品——商标许可期间产生的外溢于商标权的商誉特征——广药集团和加多宝公司均有贡献——涉案知名商品特有包装装潢权益由广药集团与加多宝公司共同享有

裁判摘录

【33】综合考虑上述因素,结合红罐王老吉凉茶的历史发展过程、双方的合作背

景、消费者的认知及公平原则的考量，因广药集团及其前身、加多宝公司及其关联企业，均对涉案包装装潢权益的形成、发展和商誉建树，各自发挥了积极的作用，将涉案包装装潢权益完全判归一方所有，均会导致显失公平的结果，并可能损及社会公众利益。因此，涉案知名商品特有包装装潢权益，在遵循诚实信用原则和尊重消费者认知并不损害他人合法权益的前提下，可由广药集团与加多宝公司共同享有。一审法院所作涉案知名商品特有包装装潢应由广药集团享有、加多宝公司无权享有的认定，缺乏事实与法律依据，亦有违社会效果，本院予以纠正。

DY，王老吉 | 案（20170727/D2017-01）："特有包装装潢"与"知名商品"互为表里、不可割裂

加多宝公司 v 王老吉大健康公司，二审，最高院（2015）民三终字第 2 号判决书，宋晓明、夏君丽、周翔、钱小红、佟姝

案情概要

　　加多宝公司诉王老吉大健康公司擅自使用其知名商品特有包装装潢——一审不支持原告——认定该案知名商品为"王老吉凉茶"——认定该案所涉知名商品特有包装装潢的内容是指标明在王老吉红罐凉茶产品的罐体上包括黄色字体"王老吉"等文字、红色底色等色彩、图案及其排列组合等组成部分在内的整体内容——认定该案所涉知名商品特有包装装潢权应由广药集团享有，加多宝公司无权享有该权利——广药集团将"王老吉"商标及相应的包装装潢许可给大健康公司使用，后者为正当使用——加多宝公司上诉——二审认为加多宝公司生产经营的红罐王老吉凉茶应为该案特有包装装潢所依附的商品——商标许可期间产生的外溢于商标权的商誉特征——广药集团和加多宝公司均有贡献——涉案知名商品特有包装装潢权益由广药集团与加多宝公司共同享有——王老吉大健康的使用不构成不正当竞争

裁判摘录

　　【11】包装装潢具有显著识别特征，并使用于具有一定知名度的商品之上，是与包装装潢有关的商业标识性权益获得反不正当竞争法保护的条件。在适用《反不正当竞争法》第五条第（二）项的规定时，应对"特有包装装潢"与"知名商品"之间的关系做出正确理解，即二者具有互为表里、不可割裂的关系。只有使用了特有包装装潢的商品，才能够成为反不正当竞争法评述的对象。相反，抽象的商品名称，或无确定内涵的商品概念，脱离于包装装潢所依附的具体商品，缺乏可供评价的实际使用行为，不具有依据《反不正当竞争法》第五条第（二）项规定进行评价的意义。

第六条

FY，克东腐乳案（20170328/F2017-31）：注册商标不会构成对企业名称和知名商品特有名称的不正当竞争

克东腐乳公司 v 福龙食品厂，二审，黑龙江高院（2017）黑民终 55 号判决书，才桂平、徐明珠、丁锐

案情概要

克东腐乳公司享有企业字号及知名商品特有名称"克东腐乳"—福龙食品厂将"哈克东"商标使用在腐乳类商品上—克东腐乳公司起诉福龙食品厂不正当竞争—辩称正当使用—一审认为有混淆，有误认，构成不正当竞争—二审认为被告是对注册商标的正当使用，不构成不正当竞争

裁判摘录

【3】……企业名称权……知名商品特有名称权……这两项规定中所确定的不正当竞争行为的构成条件有两个，一是擅自使用，二是造成混淆误认，只有两个条件同时具备才构成侵权。关于以上规定中的"擅自使用"，应为使用人无权使用、滥用或未经权利人许可而自行使用的情形。本案中，福龙酿造厂所使用的"哈克东"商标具有合法的权利来源，系其经依法申请，由商标主管机关核准而取得的注册商标，该商标核定使用商品类别为第 29 类（包括腐乳、豆腐制品等），注册有效期限自 2008 年 9 月 14 日至 2018 年 9 月 13 日。在"哈克东"注册商标有效期内，福龙酿造厂有权在其核定的腐乳商品上使用该注册商标，不存在需要任何其他权利人许可才能使用的问题。本案福龙酿造厂在其生产销售的腐乳商品包装上标注使用的"哈克东"注册商标，其使用的形式和内容均与所注册的商标一致，不存在任何以拆分、重新组合等形式突出使用"克东"二字混淆产品来源和出处的情形，且福龙酿造厂在其腐乳商品包装的显著位置上标注生产厂家为"哈尔滨市福龙食品酿造厂"，产品来源及出处明确，使用商标的行为规范，不存在滥用注册商标的情形，故福龙酿造厂的行为并未侵犯克东腐乳公司的企业名称权及"克东腐乳"知名商品特有名称权，不构成不正当竞争。一审判决认定福龙酿造厂对带有"克东腐乳"字样的"哈克东大块腐乳"的生产销售已经对克东腐乳公司构成不正当竞争并判决赔偿的处理结果不当，本院予以纠正。

FY，恒大冰泉案（20160801/F2016-37）：在后外观不能对抗他人知名商品特有包装装潢

深圳恒大公司 v 吉林冰泉公司等，一审，长春中院（2016）吉 01 民初 310 号判决书，

刘劲钢、单艳芳、姜晓涛

> **案情概要**

　　深圳恒大获得授权使用"恒大冰泉"等商标以及矿泉水瓶外观设计，享有"恒大冰泉"矿泉水商品特有的名称、包装、装潢权益—被告擅自生产、销售模仿"恒大冰泉"知名商品特有包装、装潢的产品"长白山泉"—一审认定被告构成了对原告知名商品特有包装、装潢权益的侵害—被告虽有"长白山泉"饮用水瓶外观设计专利，属于在后权利，不得以不正当手段侵犯他人在先权利

> **裁判摘录**

　　【11】对于"恒大冰泉"矿泉水瓶外观设计专利处于无效审查程序，本院认为，在专利复审委员会❶尚未作出无效决定前，不影响对现有外观设计专利权的保护，更不影响"恒大冰泉"矿泉水瓶包装、装潢特有性的认定。【14】……"长白山泉"饮用水瓶的外观设计属于在后权利，依据诚实信用原则，在后权利不得以不正当手段侵害他人的在先权利。

SY，歌力思Ⅱ案（20160630）：在先知名商品特有名称可以对抗在后注册商标

歌力思公司 v 王某永等，再审，最高院（2016）最高法民申 1617 号裁定书，周翔、秦元明、罗霞

> **案情概要**

　　歌力思公司起诉被告刘某销售"歌力思女包"及王某永恶意申请注册及使用第 7925873 号"歌力思"商标的行为侵害其第 1348583 号"歌力思"商标—刘某销售"歌力思女包"及王某永恶意申请及使用"歌力思"商标的经营行为侵害其"歌力思"知名商号权、知名商品特有的名称权—一审认可歌力思公司的"歌力思"商标及字号的知名度，未认定知名商品特有名称—对王某永商标注册问题的争议需通过行政程序解决—对王某永注册商标在核定商品的使用，是注册商标之间的纠纷，需通过行政程序解决，无需认驰—在生产、经营活动中使用"歌力思"的行为具有攀附歌力思股份公司商誉、搭便车的主观故意—有误认—二被告侵犯原告的在先字号，构成不正当竞争—二审维持一审判决—再审认为一审、二审对于歌力思公司提出的两个注册商标之

---

❶　已更名为国家知识产权局专利局复审和无效审理部。

间产生的权利冲突争议未予受理，对歌力思公司提出的不正当竞争纠纷予以受理，依法有据—已有生效判决确认王某永涉案商标的注册难谓正当—王某永等对于"歌力思"商标的使用侵犯歌力思公司在先商号权

裁判摘录

【2】……鉴于本案歌力思公司所指控的不正当竞争行为是王某永在使用商标的经营活动中存在侵害其商号及知名商品特有名称权益的行为，一审、二审法院在《中华人民共和国反不正当竞争法》的法律规定下审理本案，依法有据。一审、二审判决均援引了实体法对本案进行了判决，王某永提出一审、二审法院审理本案无法律依据的理由，无事实和法律依据，本院不予支持。

FY，卡骆驰案❶（20150414/F2015-37）：知名商品自身形状可以构成特有装潢

卡骆驰公司等 v 厦门卡骆驰公司等，上海二中院（2013）沪二中民五（知）初字第172 号判决书，李国泉、杨馥宇、赵福生（陪）

案情概要

原告卡骆驰公司等认为被告厦门卡骆驰公司、晋江卡骆驰公司、明吉公司、林某源共同生产、销售，上海来红公司销售的鞋类产品上使用的装潢、名称与其"CROCS""卡骆驰"品牌鞋类产品特有的装潢、名称相同或近似，易混淆或误认，构成不正当竞争—一审认为两原告"CROCS""卡骆驰"品牌鞋类产品构成"知名商品"—原告 6 款鞋类产品装潢的共有显著特征区别于其他同类鞋类产品装潢—认定卡骆驰洞洞鞋装潢为知名商品的特有装潢，足以对原告的 6 款鞋类产品装潢提供保护—不再分别认定特有装潢—原告主张的"猛犸 Mammoth"鞋类产品装潢，原告提供的证据不足以证明其特有性—被告以著作权抗辩—仅进行过著作权登记，不足以证明被告林志源对两款被诉侵权的产品及产品标签的装潢享有著作权—被告行为侵害了原告的知名商品特有装潢—原告证据不足以支持特有名称的主张

裁判摘录

【7】……两原告经营的"CROCS""卡骆驰"品牌鞋类产品为中国大陆地区其所

---

❶ 同时上榜的还有上海市第二中级人民法院（2013）沪二中民五（知）初字第 173、174 号判决书。此处选取最具典型意义的第 172 号。

在行业及相关公众知悉，依法可以认定为"知名商品"。【10】……原告主张的"卡漫 Cayman""卡骆班 Crocband""迪特 Duet""欧罗 Off Road""贝雅 Baya""伊莱克托 Electro" 6 款鞋类产品装潢具有区别于其他同类鞋类产品装潢的以下三个显著特征：1. 鞋头宽大采用圆弧形处理；2. 鞋面上均匀分布圆形孔洞；3. 鞋后端配有活动绑带。以上具有三个共同特征的装潢经两原告长期使用具备区别商品来源的功能，符合法律规定的关于特有性的要求，可以认定为知名商品的特有装潢（该装潢以下简称卡骆驰洞洞鞋装潢）。上述 6 款鞋类产品的装潢只是在以上三个共同特征的基础上，分别附加了其他设计特征。鉴于认定卡骆驰洞洞鞋装潢为知名商品的特有装潢，足以对原告的 6 款鞋类产品装潢提供保护，对原告要求对该 6 款鞋类产品每款分别认定为知名商品的特有装潢的要求，本院不予支持。

FY，虎头牌案（20150119/F2015-42）：使用同一注册商标生产销售不同包装装潢的多款商品，其中某一款商品的包装装潢并不必然因此而不具有显著性

虎头电池公司等 v 华太电池公司，广东高院（2014）粤高法民三终字第 100 号判决书，欧丽华、李泽珍、郑颖

案情概要

虎头电池公司起诉华太电池公司擅自使用其虎头牌电池知名商品特有包装、装潢——一审认定知名商品特有装潢，基本支持原告诉求——二审维持一审判决

裁判摘录

【4】……"虎头牌电池"是否构成知名商品，应当以中国境内为地域标准，以相关公众是否知悉为主观标准，综合考虑该商品的销售时间、销售区域、销售额和销售对象，进行任何宣传的持续时间、程度和地域范围等因素作出认定。……"虎头牌电池"出展历届广交会。广交会是中国非常重要并具有国际影响力的进出口商品交易会，举办地在中国境内，大量进出销售合同订立于展会活动期间，据此可以判断"虎头牌电池"虽然主要为出口商品，但大量销售行为发生在中国境内……【5】企业使用同一注册商标生产销售不同包装装潢的多款商品，在经营活动中是非常普遍的，其中某一款商品的包装装潢并不必然因此而不具有显著性，其他商品的包装装潢也不必然对该商品的包装装潢产生淡化效果。商品的包装装潢是否特有，关键还是看该商品包装装潢是否具备了足以让相关公众区别其来源的显著性。华太公司未能举证否认涉案的红黄包装装潢是"虎头牌电池"极为重要的畅销商品，也未能举反证证明其不具有区别来源的识别性，故如前所述，本院综合考虑涉案"虎头牌电池"红黄包装装潢本身的

设计特点、使用时间、商品生产销售规模、商誉等因素，认定其构成特有包装装潢。

DY，去哪儿案（20140319/D2014-04）：将他人在先知名服务特有名称用作企业名称构成不正当竞争

北京趣拿公司 v 广州去哪公司，二审，广东高院（2013）粤高法民三终字第 565 号判决书，岳利浩、喻洁、石静涵

案情概要

原告北京趣拿公司认为被告广州去哪公司侵犯其知名服务特有的名称"去哪儿"等及域名"qunar. com"——一审认为被告侵害了原告的知名服务特有名称及域名——二审认为原告的"去哪儿"等构成知名服务特有名称，被告使用"去哪"作为企业字号构成不正当竞争——被告使用"quna. com"等域名有正当理由，不构成对原告域名的侵害

裁判摘录

【2】……［原告的］服务应当认定为知名服务。"去哪儿""去哪儿网""qunar. com"等服务标识不属于通用名称，而是具有区别服务来源的显著特征的服务名称，应当认定为反不正当竞争法规定的知名服务的特有名称。【3】……广州去哪公司曾用名为广州市龙游仙踪旅行社有限公司，成立于 2003 年 12 月 10 日。2009 年 5 月 26 日，该公司经过工商登记变更名称为含有"去哪"字号的现名。广州去哪公司辩称，其使用"去哪"作为企业字号原因是该公司享有"quna. com"域名，"去哪"是根据域名的拼音而确定的，故具有合法依据。本院认为，该公司的理由不能成立。理由是：（1）广州去哪公司变更企业名称时间为 2009 年 5 月 26 日，而该公司经受让取得"quna. com"域名的时间为 2009 年 7 月 3 日，因此该公司取得域名与变更企业名称之间不具有直接的因果关系；（2）广州去哪公司与北京趣拿公司同属提供旅游业网络服务类的企业，且双方曾经有业务合作关系，广州去哪公司对北京趣拿公司享有的"去哪儿"等服务名称并不陌生。由于"quna. com"域名的拼音与"去哪"文字并不具有一一对应的关系，当广州去哪公司选择变更公司名称时，对于"去哪儿"等知名服务的特有名称，有依法规避的义务；（3）广州去哪公司未经许可，使用与知名服务特有名称"去哪儿"相近似的"去哪"文字注册为企业字号，客观上造成和他人的知名服务相混淆，使消费者误认为是该知名服务的后果。广州去哪公司攀附"去哪儿"知名服务特有名称市场知名度的主观故意非常明显，违反了诚实信用原则，构成不正当竞争。

BFY，赛诺维案（20131207/B2013-26/F2013-04）：知名商品特有的包装、装潢权益可承继

桂林南药公司 v 赛诺维公司，再审，最高院（2013）民提字第 163 号判决书，王永昌、秦元明、吴蓉

案情概要

桂林南药公司起诉赛诺维公司以极其近似的方式仿冒其乳酶生片知名商品包装、装潢（同时也是外观设计专利），侵犯其外观设计，并构成不正当竞争——一审、二审均认为原告没有证据证明其产品为知名商品，以及涉案包装、装潢系知名商品特有包装、装潢，未支持原告——再审认为原告基于与桂林制药厂的特殊关系，从后者处承继知名商品特有的包装、装潢——被告构成不正当竞争

裁判摘录

【5】知名商品特有的包装、装潢属于反不正当竞争法保护的财产权益，应当可以转让和承继。在桂林制药厂生产的乳酶生片为知名商品的情形下，其生产的 0.15 克袋装乳酶生片的包装、装潢应当属于知名商品特有的包装、装潢。基于桂林南药公司和桂林制药厂本身具有较为特殊的承继关系且两者生产的乳酶生片为同一种商品，加之桂林南药公司和桂林制药厂在 0.15 克袋装乳酶生片上使用的包装、装潢并无实质性差别，桂林南药公司应当有权承继桂林制药厂所拥有的上述知名商品特有的包装、装潢权益，桂林南药公司生产销售的 0.15 克袋装乳酶生片的包装、装潢属于知名商品特有的包装、装潢。据此，一审、二审认定事实错误，适用法律不当，本院予以纠正。

第六条

BY，火星金星图书案（20131126/B2013-27）：具有区别商品来源的作用的图书名称也可构成知名商品的特有名称

吉林文史出版社 v 华文出版社等，再审，最高院（2013）民申字第 371 号裁定书，王闯、朱理、何鹏

案情概要

吉林文史出版社起诉华文出版社等侵犯其著作权及知名商品特有名称和装潢——一审认为不侵犯著作权，侵犯知名商品特有名称和装潢——二审、再审维持一审认定，但认为一审判赔过高，予以调整

裁判摘录

【5】《反不正当竞争法》第五条第（二）项规定的知名商品的名称、包装和装潢的特有性是指该商品名称、包装和装潢能够起到区别商品来源的作用，而不是指该商品名称、包装和装潢具有新颖性或者独创性。对相关公众而言，只要该商品名称、包装和装潢由于商业使用已经客观上起到区别商品来源的作用，其便具有了特有性，其是否具有新颖性或者独创性并不重要。当然，商品名称、包装和装潢的新颖性或者独创性与特有性具有一定的联系。如果商品名称、包装和装潢具有新颖性或者独创性，将该种具有新颖性或者独创性商品名称、包装和装潢用于商业活动，则该名称、包装和装潢通常会起到区别商品来源的作用，因而具备特有性。但是，即使商品名称、包装和装潢不具有新颖性或者独创性，也不意味着其必然不具有特有性。在经营者将该不具有新颖性或者独创性商品名称、包装和装潢用于商业活动的情况下，如果经过使用，该商品及其名称、包装和装潢具有了一定的知名度，该名称、包装和装潢成为相关公众区分商品来源的标识之一，则其同样具备特有性。……涉案图书名称《男人来自火星女人来自金星》……其名称已经具有了区别商品来源的作用，构成知名商品的特有名称。……涉案图书的装潢包含封面与封底，封面的装饰图片选择、位置排列、颜色搭配以及封面和封底的中英文文字、宣传标语的选择、排列布置等均体现出一定的特色……在涉案图书已具有较高知名度的情况下，其装潢已经具有区别商品来源的作用，构成知名商品的特有装潢。

FY，同德福Ⅰ案❶（20130703/F2013-30）：被保护的知名商品特有名称应当是实际投入使用的商品名称

成都同德福 v 重庆同德福等，一审，重庆一中院（2013）渝一中法民初字第 273 号判决书，钟拯、刘娟娟、陈刚（陪）

案情概要

成都同德福注册商标"同德福 TONGDEFU 及图"—起诉二被告在明知其商标知名度的情形下，将与其相同的文字作为企业的字号在相同或类似商品上突出使用，构成商标侵权，将"同德福"登记为字号，在相同或类似商品上使用，构成不正当竞争—被告反诉原告不正当竞争—一审认为原告不能证明其商标注册后至 2002 年余某华注册个体工商户之前，其"同德福 TONGDEFU 及图"商标已经具有相当知名度—被告善意登记字

---

❶ 该案二审是指导案例"同德福Ⅱ案"。

号—不构成不正当竞争—未突出使用—不构成商标侵权—原告对其历史及荣誉的宣传构成虚假宣传—被告证据不足以证明其自身或相关公众实际使用"同德福"指称其商品，关于知名商品特有的名称的主张不能成立，关于原告因擅自使用该知名商品特有名称而构成不正当竞争的主张不成立

裁判摘录

【12】《反不正当竞争法》给予知名商品特有名称以法律保护的目的在于，商品名称通过实际使用达到知名商品特有名称的程度即具有了指示商品来源的意义，如若他人擅自作相同或相似使用就可能引起市场混淆，因此，被保护的知名商品特有名称应当是实际投入使用的商品名称。从本案证据来看，重庆同德福公司不同时期的产品外包装均突出标注"合川桃片"，按照普通消费者的一般消费习惯，"合川桃片"被理解为该商品的名称。此外，重庆同德福公司、余某华提交的中华名小吃、消费者喜爱产品两项荣誉证书亦显示，其获奖产品的名称也不是"同德福"，而是"余复光1898合川桃片"。故，重庆同德福公司、余某华提交的证据不足以证明其自身或相关公众实际使用"同德福"指称其商品。鉴于重庆同德福公司、余某华关于知名商品特有的名称的主张不能成立，进而关于成都同德福公司因擅自使用该知名商品特有名称而构成不正当竞争的主张亦不能成立。

第六条

SY，史密斯案（20121025）：知名商品的特有名称、包装、装潢对抗在后商标

艾欧史密斯公司 v 广州史密斯公司等，二审，上海一中院（2012）沪一中民五（知）终字第248号判决书，唐震、朱俊、胡瑜

案情概要

原告艾欧史密斯公司经案外人许可，使用"史密斯"等商标，起诉多名被告使用"史密斯"等标志的行为侵犯其商标权并构成不正当竞争—一审认定被告方对相关标志的使用构成商标使用—侵犯原告商标权利、企业名称权利，并构成虚假宣传—二审维持一审认定

裁判摘录

【7】……被诉侵权组合标识在形式上是由文字、字母、线条等要素组合而成；在实际使用方式上，均被使用在被诉侵权产品的显著位置，且在右上角均标注有表示注

册商标的"®"标记，足以使一般消费者将其作为一个注册商标来对待；在功能上，亦起到区别商品和来源的作用，故两上诉人对 9 个被诉侵权组合标识的使用足以构成商标法意义上的商标使用，本院对两上诉人的上述辩称意见不予采纳。【8】至于两上诉人在 2011 年 7 月 14 日之前使用被诉组合侵权标识的行为，因被上诉人在原审起诉时就该行为一并主张商标侵权及不正当竞争行为，故原审法院认定因第 8041336 号商标尚未取得注册商标专用权，该行为不构成商标侵权，但被上诉人的热水器产品和商标已经具有了较高的知名度，能够起到识别和区分产品来源作用，属于《反不正当竞争法》所保护的知名商品的特有名称、包装、装潢，两上诉人的行为明显具有攀附被上诉人的良好商誉和商品声誉，以达到不劳而获、"搭便车"的非法目的，构成不正当竞争。

SY，毕加索 I 案（20120929）：知名商品应结合具体产品，考虑各种因素综合判断

帕弗洛公司 v 艺想公司，再审，最高院（2011）民申字第 623 号裁定书，金克胜、朱理、杜微科

案情概要

帕弗洛公司认为艺想公司在相同商品上恶意使用与其商品相同的商品名称、包装和装潢，谋取不正当利益，构成不正当竞争——一审认为帕弗洛公司的商品不能认定为知名商品，但认定艺想公司在其商品上仿冒帕弗洛公司的商品名称、包装装潢，构成不正当竞争——二审认为帕弗洛公司的"毕加索"书写工具构成知名商品——艺想公司在被控侵权产品上擅自使用与帕弗洛公司知名商品特有名称、装潢近似的名称、装潢的行为构成不正当竞争——一审法院某些定性不当和法律适用不当并不影响该案的实体处理结果——再审驳回艺想文化用品有限公司的再审申请

裁判摘录

【3】《反不正当竞争法》第五条第（二）项所称的知名商品是指在中国境内具有一定的市场知名度，为相关公众所知悉的商品。商品的知名性是商品特有名称、包装和装潢受反不正当竞争法保护的重要门槛。知名性要求的本质在于，在商品具有一定知名度的情况下，除一些特殊情况外，商品的特有名称、包装和装潢一般会具有区别商品来源的作用。反不正当竞争法对在相关市场上已经具有区别商品来源作用的商品特有名称、包装和装潢进行保护，赋予其制止他人搭车模仿的权利，其目的在于为知名品牌的培育和成长创造有利空间，防止因仿冒行为影响知名品牌的发展。因此，认

定《反不正当竞争法》第五条第（二）项所称的知名商品是为保护具有区别商品来源意义的商品特有名称、包装和装潢服务的，只要其在相关公众中具有一定的知名度即可，并不要求为相关公众广为知晓。知名商品的认定，应当结合具体产品，考虑各种因素进行综合判断，如该商品的销售时间、销售区域、销售额和销售对象，进行任何宣传的持续时间、程度和地域范围，作为知名商品受保护的情况等。在有些情况下，还需要考虑具体产品的市场定位、市场特点和市场成熟度等因素，对商品是否知名作出恰如其分的判断。本案中，帕弗洛公司自 2004 年起即开始生产、销售"毕加索"书写工具，在全国十几个大中城市设立了专柜进行销售，销售时间较长、销售区域较广；帕弗洛公司积极参加 2005 年至 2008 年的行业展会进行产品推广，并曾获得"2005 年中国国际文化用品博览会最佳展示奖"；帕弗洛公司提交的网络排名、网络关键词搜索结果表明，其产品的市场影响力逐步扩大。此外，还要考虑到，帕弗洛公司的"毕加索"书写工具不仅是一种书写工具，还是一种馈赠礼品，其市场定位是中、高端客户，其销售的规模和数量必然有所限制。自 2004 年开始，帕弗洛公司的"毕加索"书写工具进入市场初创时期，其市场正处于开创、发展之中，根据日常生活经验，此一时期通常需要在产品开发、市场宣传方面进行较大投入，其产品的利润率等显然会受到影响。基于帕弗洛公司本案"毕加索"书写工具产品的上述市场定位和市场特点，该产品的市场占有率和利润率不应该成为决定其是否知名的决定性因素。综合考虑上述因素，本院认为，帕弗洛公司的"毕加索"书写工具在相关公众中已经具有一定的市场知名度，可以认定为《反不正当竞争法》第五条第（二）项意义上的知名商品。艺想公司关于帕弗洛公司的经营规模和销售总额较小，因而不可能构成知名商品的申请再审理由不能成立，本院不予支持。

SY，荣华月饼案（20120828）：在他人已有注册商标专用权存在的情况下，不能以相同或者近似标识在类似商品上再取得知名商品特有名称权

香港荣华公司等 v 今明公司等，最高院（2012）民提字第 38 号判决书，于晓白、骆电、王艳芳

案情概要

香港荣华公司等认为今明公司等未经许可，生产、销售的月饼商品侵犯其"花好月圆"系列注册商标、"荣华"未注册驰名商标以及"荣华月饼"知名商品特有名称权益，构成侵犯注册商标专用权及不正当竞争——今明公司辩称是根据许可使用苏某荣所有的第 533357 号"荣华"注册商标——追加苏某荣为第三人——一审认定被告侵犯原告 4 件注册商标——认定原告"荣华"未注册商标驰名——二审认为无需认定"荣华"文字为未注册驰名商标，而应认定"荣华月饼"为香港荣华公司的知名商品特有名称——今

明公司没有规范使用其第 533357 号商标—被告既侵犯原告注册商标专用权，又侵犯"荣华月饼"知名商品特有名称—苏某荣申请再审—部分再审理由成立—原告有关知名商品特有名称权的主张缺乏事实与法律依据

裁判摘录

【7】本案中，第 533357 号商标由案外人永乐糖果厂于 1990 年 11 月 10 日获准注册，核定使用在国际分类第 30 类的"糖果、糕点"商品上，后经商标局核准，该商标转让于苏某荣开办的个体工商户顺德市勒流镇荣华面包厂，经续展，第 533357 号商标目前仍在权利有效期内，且其注册商标专用权仍归属于苏某荣目前实际经营的佛山市顺德区勒流苏氏荣华食品商行。2006 年 7 月 20 日，今明公司与苏某荣就第 533357 号注册商标签订了《商标许可使用合同》，许可今明公司自 2006 年 7 月 19 日至 2007 年 4 月 30 日期间在第 30 类商品上使用第 533357 号商标。根据已经查明的事实，香港荣华公司公证购买由今明公司生产、世博分公司实际销售的被诉侵权商品和进行网上证据保全行为的时间均在上述商标许可使用合同的期限内，被诉侵权商品上文字部分的主要识别部分"荣华"与今明公司被许可使用的第 533357 号商标的文字组合及呼叫基本相同，且该标识使用在月饼商品上，故今明公司在被诉侵权商品上使用"荣华月饼"文字的行为具有正当性。因此，香港荣华公司和东莞荣华公司所提今明公司、世博分公司生产、销售被诉侵权商品的行为侵犯了其知名商品特有名称权的主张缺乏事实与法律依据，二审法院所作今明公司和世博分公司的行为侵犯了香港荣华公司和东莞荣华公司知名商品特有名称权的认定不当，本院对此予以纠正。

附：

最高人民法院知识产权审判庭关于"荣华月饼"是否为知名商品特有名称等有关问题的复函

国家工商行政管理总局商标局：

你局商标函字〔2013〕38 号《关于请明确"荣华月饼"是否为知名商品特有名称等问题的函》收悉。对于你局函中涉及的相关问题，我庭答复意见如下：

根据我国的商标注册制度，商标一旦获准注册即具有专用权，排斥他人在相同类似商品上使用相同近似商标。反不正当竞争法对于知名商品特有名称的保护本质上是对未注册商标的保护，相对于商标法对注册商标的保护而言具有补充性。商标核准注册后，在其核定使用的商品范围内，与其相同或者近似的标识，不能再通过实际使用行为而产生未注册商标权或者知名商品特有名称权，否则将损害商标注册制度的基本价值。

第 533357 号"荣华"商标于 1990 年 11 月 10 日即在"糖果、糕点"商品上获得注册。在他人已有注册商标专用权存在的情况下，香港荣华公司不能依据其在后对"荣华月饼"的使用行为，以相同或者近似标识在"月饼"这一类似商品上再取得一个知名商品特有名称权。此外，根据我院在（2012）民提字第 38 号民事判决中查明的

事实，香港荣华公司在 1990 年 11 月 10 日前的宣传和使用行为主要发生在香港地区，并没有证据证明香港荣华公司的"荣华月饼"在第 533357 号"荣华"商标核准注册前已在内地具有一定知名度，因此，本案中也不存在香港荣华公司通过善意的在先使用行为而获得知名商品特有名称权的情况。

与本案有关的其他问题，以我院作出的（2012）民提字第 38 号民事判决书的内容为准。

以上意见，供参考。

2013 年 7 月 11 日

BY，宝凯案（20120627/B2012-30）：产品型号可构成知名商品特有名称

宝凯公司 v 万顺公司等，再审，最高院（2012）民申字第 398 号裁定书，金克胜、罗霞、郎贵梅

案情概要

宝凯公司起诉万顺公司等使用"BK"标志构成不正当竞争——"BK"为特定产品型号——相关公众知悉，具有较高的市场知名度和良好的行业信誉——知名商品特有名称——反法保护——一审、二审、再审支持原告

裁判摘录

【5】……河北宝凯公司的"BK"系列低压电器产品销售时间长、销售范围广、质量优良，在低压电器产品领域为相关公众所知悉，具有较高的市场知名度和良好的行业信誉。因此，可以认定河北宝凯公司生产的"BK"系列低压电器产品为《反不正当竞争法》第五条第（二）项规定的"知名商品"。

BDY，泥人张 I 案（20120228/B2012-31.32/D2012-07）：特定技艺或者作品的特定称谓用作商品名称可以反法保护

泥人张艺术开发公司等 v 泥人张博古陶艺厂等，再审，最高院（2010）民提字第 113 号判决书，邰中林、郎贵梅、朱理

案情概要

泥人张艺术开发公司等认为三被告将"北京泥人张"作为产品名称、企业名称、

第六条

域名使用和宣传的行为足以造成混淆，构成不正当竞争——一审认为"泥人张"已成为知名彩塑艺术品的特有名称——三原告有权将"泥人张"作为艺术品名称及企业名称使用，是"泥人张"名称的专有权人之——三被告行为构成不正当竞争——三被告所获得的经济利益和市场效益非单纯地靠使用"泥人张"名称所产生——三原告对三被告使用"北京泥人张"名称的情况早就知晓，一直未提出异议，懈怠行使权利——对三原告提出的经济损失赔偿的请求不予支持——为诉讼支出的合理费用适当支持——二审认为该案争议的"泥人张"名称并非我国《民法通则》中所规定的公民的姓名或者法人的名称——泥人张艺术开发公司成立晚于被告北京泥人张博古陶艺厂和泥人张艺术品公司——不能以在后权利对抗成立在先的北京泥人张博古陶艺厂、泥人张艺术品公司的企业名称和商品名称——被告涉案网站域名有不妥——再审认为申请再审人对"泥人张"享有多项民事权益，应当依法给予保护——不足以认定被申请人及其家族已被相关公众称为"泥人张"或者"北京泥人张"——不是通用称谓——支持一审，撤销二审

裁判摘录

【7】从对"泥人张"的使用历史和现状看，"泥人张"具有多种含义和用途，承载多种民事权益。就本案而言，首先，"泥人张"作为对张明山及其后代中泥塑艺人包括本案申请再审人张某、张某岳这一特定人群的称谓，具有很高的知名度，是张明山及其后几代人通过自己的劳动创造形成的。同时，该称谓还承载着极大的商业价值，用"泥人张"标识泥塑作品，明确了作品的来源或者作品与张明山及其后几代人的特定联系，不仅便于消费者准确识别相关商品来源，而且显然会增强使用者的市场竞争力和获利能力。因此，"泥人张"作为张明山及其后代中泥塑艺人的特定称谓，应当受到法律保护。其次，"泥人张"这一称谓在使用过程中，已经从对特定人群的称谓发展到对该特定人群所传承的特定泥塑技艺和创作、生产的作品的一种特定称谓，在将其用作商品名称时则属于反不正当竞争法意义上的知名商品（包括服务）的特有名称，同样也应当受到法律保护。因此，申请再审人张某、张某岳作为张明山后代中从事彩塑创作的人员，申请再审人泥人张艺术开发公司作为由张宏岳成立并任法定代表人且经张某等"泥人张"权利人授权使用"泥人张"的公司，有权就他人未经许可以各种形式对"泥人张"进行商业使用的行为主张权利。……【18】……"行业＋姓氏"或者"商品＋姓氏"确实是社会大众特别是北京人对民间艺人的一种称谓方法。但是，这种方法并不是仅有的一种称谓方法，而且，这也不意味着根据这种方法产生的称谓就必然是相关商品的通用名称，是人人可以自由使用的称谓。……媒体或者特定范围内的人称其他做泥人的艺人为"泥人张"，通常是一种文学上的比较手法，体现了对该艺人技艺的艺术性肯定或者夸张。……媒体报道对于"泥人张"的使用并不能当然赋予被报道的张姓泥塑艺人亦可以在商业活动中使用"泥人张"这一称谓的权利。

CDY，拉菲Ⅰ案（20110817/C2012-07/D2011-02）：知名商品唯一对应中文名称可以构成知名商品特有名称

拉菲公司 v 金鸿德公司等，二审，湖南高院（2011）湘高法民三终字第55号判决书，曾志红、唐小妹、陈小珍

案情概要

拉菲公司认为金鸿德公司未经其许可在相同商品上使用"LAFITE FAMILY"标记等行为，侵犯其"LAFITE"商标权利并构成不正当竞争—域名及网站上有关标记的使用—误认—一审、二审均认为构成商标侵权及不正当竞争

裁判摘录

【4】……认定知名商品，应当考虑该商品的销售时间、销售区域、销售额和销售对象，进行任何宣传的持续时间、程度和地域范围，作为知名商品受保护的情况等因素进行综合判断，亦可适当考虑国外已知名等因素。……被上诉人尚杜·拉菲特罗兹施德民用公司生产的 LAFITE 葡萄酒在我国葡萄酒市场已具有较高的知名度，应认定为我国《反不正当竞争法》所指的知名商品。【5】……"拉菲"事实上系 LAFITE 葡萄酒知名商品唯一对应的中文名称，具有区别商品来源的显著性，应认定其为 LAFITE 葡萄酒知名商品的特有名称。上诉人金鸿德公司在其葡萄酒商品上突出使用"拉菲世族"文字，该文字不仅完整包含了"拉菲"二字，且"拉菲"二字构成该组文字的主要识别和呼叫部分，二者构成近似。上诉人金鸿德公司未经许可，在相同商品上擅自使用与他人知名商品近似的商品名称，造成和他人知名商品相混淆，使购买者误认为是该知名商品，其行为构成对被上诉人的不正当竞争，应承担相应的责任。

第六条

BFY，肠清茶案（20110802/B2011-36/F2011-29）：描述性的商品名称不构成特有名称

御生堂公司 v 康士源公司等，再审，最高院（2011）民提字第60号判决书，夏君丽、马秀荣、周云川

案情概要

御生堂公司起诉被告擅自使用其知名商品特有名称、包装、装潢—一审、二审支持特有名称、装潢—再审仅支持特有装潢

> **裁判摘录**

【3】……在御生堂公司肠清茶产品上市之前,保健品行业存在"肠清口服液""肠清胶囊"等称谓,并有相关研究文章发表。可见,"肠清"有"肠道清理"之意,其直接表明了该类商品的功能和用途,一般情况下不具有识别商品来源的作用,不能成为某一市场主体享有权利的特有名称,除非该主体能证明该商品名称通过使用获得了显著特征,能够将商品来源直接指向该市场主体。本案中,御生堂公司负有这一举证责任。……御生堂公司提交大量平面媒体广告……侧重宣传的是肠清茶产品的功能,未能克服肠清茶本身所具有的描述商品功能的性质,不能达到使相关公众将"肠清茶"与某一特定来源主体联系起来的目的。"肠清茶"三字在御生堂肠清茶产品包装装潢中占有显著位置也并不必然表明其能够成为指代产品来源的标识。故本院认为御生堂公司主张"肠清茶"为其知名商品特有名称证据不足,不予支持。

BFY,晨光案(20101203/B2010-28.29/F2010-42):内在于商品之中的形状构造类装潢可以构成知名商品的特有装潢

晨光公司 v 微亚达公司等,再审,最高院(2010)民提字第16号裁定书,郃中林、朱理、郎贵梅

> **案情概要**

晨光公司起诉被告生产、销售的681型水笔仿冒了其知名商品 K-35 型按动式中性笔的特有装潢—不正当竞争行为—一审、二审支持—再审期间双方达成和解协议—微亚达公司等撤回再审申请—最高院允许撤回

> **裁判摘录**

【2】……外观设计专利权终止后,该设计并不当然进入公有领域;在符合反不正当竞争法的保护条件时,它还可以受到该法的保护。具体而言,由于商品的外观设计可能同时构成商品的包装或者装潢,因而可以依据反不正当竞争法关于知名商品特有包装、装潢的规定而得到制止混淆的保护。……主张该设计受到知名商品特有包装、装潢保护的权利人应提供更加充分的证据来证明有关设计仍应受法律保护。【3】……在外延上,商品的装潢一般可以分为如下两种类型:一类是文字图案类装潢,即外在于商品之上的文字、图案、色彩及其排列组合;另一类是形状构造类装潢,即内在于物品之中,属于物品本体但具有装饰作用的物品的整体或者局部外观构造,但仅由商

品自身的性质所决定的形状、为实现某种技术效果所必需的形状以及使商品具有实质性价值的形状除外。……如果把装潢仅仅理解为附加、附着在商品本体上的文字、图案、色彩及其排列组合，就会把商品自身的外观构造排除在外，从而不恰当地限缩了装潢的范围。【4】……对于形状构造类装潢而言，不能基于使用该种形状构造的商品已经成为知名商品就当然认为该种形状构造已经起到了区别商品来源的作用，更不能仅凭使用该种形状构造的商品已经成为知名商品就推定该种形状构造属于知名商品的特有装潢。因而，认定形状构造类装潢构成知名商品特有装潢，需要有更加充分的证据证明该种形状构造起到了区别商品来源的作用。可见，与外在于商品之上的文字图案类装潢相比，内在于商品之中的形状构造类装潢构成知名商品的特有装潢需要满足更严格的条件。这些条件一般至少包括：（1）该形状构造应该具有区别于一般常见设计的显著特征。（2）通过在市场上的使用，相关公众已经将该形状构造与特定生产者、提供者联系起来，即该形状构造通过使用获得了第二含义。也就是说，一种形状构造要成为知名商品的特有装潢，其仅仅具有新颖性和独特性并对消费者产生了吸引力是不够的，它还必须能够起到区别商品来源的作用。只要有充分证据证明该形状构造特征取得了区别商品来源的作用，就可以依据知名商品的特有装潢获得保护。

FY，绵竹大曲案（20100316/F2010-36）：本身显著性低但经使用具有了实际识别作用的商品名称可认定为知名商品特有名称

剑南春公司 v 宝松利公司等，二审，湖南高院（2010）湘高法民三终字第 11 号判决书，孙元清、唐小妹、陈小珍

第六条

案情概要

原告剑南春公司认为被告宝松利公司等使用与原告"绵竹大曲"近似的"锦竹大曲"文字的行为侵犯其知名商品特有名称权和商标权——一审认为被告在"绵竹大曲"商标获准注册之前使用，构成对原告知名商标特有的名称"绵竹大曲"的不正当竞争；在"绵竹大曲"商标获准注册后使用，构成对原告注册商标的侵权——二审维持原判

裁判摘录

【4】尽管"绵竹大曲"系"地名＋通用名称"，但基于被上诉人剑南春公司对"绵竹大曲"商品名称的持续使用，"绵竹大曲"文字已具有了实际的识别作用，能成为相关公众区别商品来源的标识，已构成知名商品特有的名称，对于在相同或类似商品上使用与"绵竹大曲"相同或近似的商业标识、混淆商品来源的行为，被上诉人剑南春公司有权依法予以制止。

FX，脆香米案（20100224/F2010-47）：在后外观不能对抗在先知名商品包装、装潢

聚满仓公司 v 无锡工商北塘分局，二审，无锡中院（2010）锡知行终字第 1 号判决书，陆超、王强、朱佳丹

案情概要

玛氏公司注册有"脆香米"商标—有较高知名度—聚满仓公司申请"香脆米"食品袋外观设计专利—授予专利—洁雷商行经销"香脆米"产品—北塘工商分局接到对洁雷商行的举报—发现其经销的"香脆米"与"脆香米"的包装装潢相似—认为洁雷商行涉嫌不正当竞争—扣留商品—作出行政处罚—生产商聚满仓公司不服—提起行政复议—复议维持—聚满仓公司起诉至法院—一审认为"香脆米"包装、装潢与"脆香米"特有包装、装潢构成近似，构成不正当竞争，行政处罚予以维持—二审维持一审判决

裁判摘录

【2】"脆香米"巧克力包装、装潢的使用时间早于"香脆米"的外观设计专利权的取得时间，上诉人外观设计专利权的取得并不影响对其不正当竞争行为的认定。

FY，诸葛酿Ⅱ案（20091215/F2009-37）：知名商品特有名称、包装、装潢与未注册驰名商标择一保护

江口醇集团公司 v 佳冠酒业公司，二审，广东高院（2007）粤高法民三终字第 318 号判决书，欧修平、潘奇志、高静

案情概要

原告认为被告佳冠酒业公司仿冒其知名商品特有名称、包装、装潢，构成不正当竞争，同时侵犯其驰名商标—一审支持原告主张—认定江口醇集团公司使用在白酒类产品上的"诸葛酿"未注册商标为驰名商标，被告构成了对江口醇集团公司的"诸葛酿"未注册驰名商标权的侵犯—二审认为被告侵犯原告知名商品特有名称—没有必要再认定"诸葛酿"为未注册的驰名商标，对"诸葛酿"构成未注册驰名商标的

主张不予支持

裁判摘录

【18】……从广义上讲，知名商品的特有名称、包装和装潢均在一定程度上起到标识产品来源的作用，属于未注册商标。在司法实践中，对权利主张人既要求从知名商品的特有名称、包装和装潢角度予以保护，又要求从未注册驰名商标角度予以保护的，一般择一保护即可。本案中在已经将江口醇公司的"诸葛酿"认定为知名商品的"特有名称"的情况下，没有必要再认定"诸葛酿"为未注册的驰名商标。

FY，富硒康案（20090000/F2009-38）：包含原料名称但实际起到区别作用的特有名称可以受到反法保护

华信公司 v 草珊瑚公司等，二审，安徽高院（2009）皖民三终字第 26 号判决书，余听波、陶恒河、王怀正

案情概要

华信公司起诉被告生产、销售的"江绿"牌"富硒康"口服液侵犯其知名特有名称及包装装潢——草珊瑚公司辩称"富硒康"是商品的通用名称——一审基本支持原告诉请——二审维持一审判决

裁判摘录 [1]

【3】……可以认定华信公司生产的"富硒康"口服液具有较高的市场知名度，为相关公众所知悉，系知名商品。……"富硒康"口服液……为华信公司首创并一直使用至今，虽然其中包含表示商品部分原料的文字，但华信公司通过持续使用、广泛宣传，使其取得了区别商品来源的显著特征，故可以认定"富硒康"为上述知名商品"富硒康"口服液的特有名称。……"富硒康"口服液的包装装潢亦具有显著的区别性特征，有一定的独创性，能起到与其他商品相区别的作用，并非相关商品所通用，属于其特有的包装装潢。

---

[1]　摘自《中国知识产权指导案例评注》（下卷），非判决原文。

FY，乌苏啤酒案（20090000/F2009-41）：连续跟随变换抄袭他人特有装潢属于搭便车行为

乌苏啤酒公司 v 禹宫啤酒公司，二审，新疆高院（2009）新民三终字第 21 号判决书，张凡、郭利柱、刘峰

案情概要

乌苏啤酒公司发现禹宫啤酒公司生产和销售的"金装啤酒"仿冒其啤酒的外包装、装潢——一审认为禹宫啤酒公司商品的包装、装潢与乌苏啤酒公司知名商品的包装、装潢非常相似，足以造成消费者误认——构成不正当竞争——二审维持一审判决

裁判摘录❶

【2】对产品包装、装潢是否近似的比较与认定，应当采用整体观察和隔离观察的方法对主要部分进行比较，而无须进行过于细致的比较。运用整体观察、隔离观察以及对主要部分相比较的方法来看，禹宫啤酒公司"伊犁雪"牌金装啤酒与乌苏啤酒公司的"乌苏"牌啤酒相比：瓶形、瓶体颜色相同，外包装、装潢形状、颜色整体搭配布局基本相同，颜色和图案及文字的装潢整体布局相似，瓶颈部和瓶身主标贴上均使用了基本相同的图案，背标贴均为长方形，尺寸有差距，但整体颜色与背标贴内的文字和整体布局也构成近似。原审法院认为乌苏啤酒公司的产品与禹宫啤酒公司的产品两者包装、装潢近似，容易引起一般消费者施以普通注意力下的误认和混淆并无不当，二审法院予以维持。【3】乌苏啤酒公司的产品是在新疆地域内知名度很高的商品，为避免被仿冒，乌苏啤酒公司先后三次更换商品的包装、装潢，所更换的包装、装潢在更换前，市场上没有与之近似的包装、装潢，更换后的包装、装潢当然是其特有的包装、装潢。根据本案查明事实，禹宫啤酒公司连续三次跟随更换商品的包装、装潢，无论从商品的整体感观和视觉上，还是从图案、色彩、形状、总体设计构思上均与乌苏啤酒公司知名商品的包装、装潢非常相似，足以造成消费者误认。禹宫啤酒公司的行为明显是搭知名商品便车的行为，主观恶意明显。

FY，黛尔吉奥案（20081215/F2008-41）：特有设计元素具有显著特征的包装装潢可以保护并对抗他人恶意在赠品上的使用

黛尔吉奥等 v 蓝樽公司，一审，上海二中院（2008）沪二中民五（知）初字第 18 号判

---

❶ 摘自《中国知识产权指导案例评注》（下卷），非判决原文。

决书，陆卫民、徐晨平、何渊

案情概要

黛尔吉奥公司是"JOHNNIE WALKER"系列威士忌酒知识产权的持有人，享有包括"黑牌"威士忌酒等产品包装装潢的权利——帝亚吉欧上海公司经黛尔吉奥公司授权，对"黑牌"威士忌酒等产品的包装装潢享有使用权——原告认为蓝樽公司的"宝路"威士忌酒包装装潢与其"黑牌"威士忌酒包装装潢相似——提起不正当竞争之诉——一审认为"黑牌"威士忌酒构成"特有的包装、装潢"，且蓝樽公司主观上具有将两者相混淆的故意，构成不正当竞争——至少销售侵权"宝路"威士忌酒 36984 瓶——行业平均利润——赔偿 125 万元

裁判摘录

【3】……证据，足以证明"黑牌"威士忌酒在中国境内具有一定的市场知名度，为相关公众所知悉，可以认定为《反不正当竞争法》第五条第（二）项规定的"知名商品"。【4】其次，从两原告主张的"黑牌"威士忌酒的包装装潢看，该包装装潢使用了四方形透明玻璃瓶、黑底金色英文手写体瓶盖、弧形颈标、斜形标贴、长方形底标、黑、金两色的色彩组合等特有的设计元素。这些特有的设计元素是"黑牌"威士忌酒区别其他同类商品的显著特征。被告蓝樽公司提供的现有证据并不能否定上述设计元素的特有性和显著性。因此，本院认为，两原告主张的"黑牌"威士忌酒的包装装潢应当认定为《反不正当竞争法》第五条第（二）项规定的"特有的包装、装潢"。【6】……被告蓝樽公司系专业生产、销售威士忌酒的公司，其在网站上对"黑牌"威士忌酒的介绍也表明，被告蓝樽公司对"黑牌"威士忌酒的知名度是明知的。因此，其在设计"宝路"威士忌酒的包装装潢时，理应避免与"黑牌"威士忌酒的包装装潢相近似。但是，被告蓝樽公司既在"宝路"威士忌酒上使用与"黑牌"威士忌酒相近似的包装装潢，又在其经营的网站中将"黑牌"威士忌酒作为自己的产品宣传。可见，被告蓝樽公司主观上具有使普通消费者将"黑牌"威士忌酒与"宝路"威士忌酒相混淆的故意。故本院对于被告蓝樽公司的上述辩称意见，不予采信。【9】……即使该539箱"宝路"威士忌酒属于赠品，被告蓝樽公司的此种行为，也属于商业行为，其结果同样会导致两原告"黑牌"威士忌酒销售数量的减少，损害两原告的合法权益。故本院对被告蓝樽公司称539箱属于赠品，不能作为"宝路"威士忌酒销售数量的辩称意见，不予采信。

FY，顺峰案（20081215/F2008-39）：餐饮服务的特有名称、营业装潢可以得到反法保护

远大顺峰公司 v 刘某燕，二审，黑龙江高院（2008）黑知终字第33号判决书，孙天文、刘淑敏、杨兴明

案情概要

原告远大顺峰公司主张其"顺峰肥牛火锅"构成知名商品特有的名称，其所使用的装潢构成知名商品特有的装潢——原告认为被告刘某燕在经营中使用与"顺峰肥牛火锅"相同或近似的知名商品特有的名称及其装潢构成侵权——一审认定被告侵犯原告知名商品特有的名称和装潢，构成不正当竞争——二审维持一审认定

裁判摘录

【2】认定商品的特有名称、包装、装潢，应当从整体上考察其是否成为明显区别于其他同类商品的特定标识，以其是否具有表示特定商品的市场含义为依据进行判定，而不能仅仅依据商品名称的文字是否有创造性或者将其文字组合割裂后加以判断。远大顺峰公司及其加盟连锁店在经营餐饮服务过程中长期使用"顺峰肥牛火锅"等基本一致的名称、宣传用语以及店面装饰、店匾样式、内饰布置、菜谱配系、汤汁制作技术、服务人员服装等整体形象，已经被相关公众所普遍知悉，使消费者将"顺峰肥牛火锅"的名称及其相关的装潢与远大顺峰公司提供的餐饮服务形成特定的联系，成为识别商品来源的重要标志，故原审判决认定"顺峰肥牛火锅"属于远大顺峰公司知名商品特有的名称，其营业场所的装饰、营业用具的式样、营业人员的服饰等组合属于远大顺峰公司知名商品特有的装潢正确，应予维持。刘某燕将"顺峰肥牛火锅"中的三个词割裂开来，以"顺峰"系注册商标、"肥牛""火锅"系商品通用名称为由主张"顺峰肥牛火锅"不属于知名商品特有名称，不能成立。

ACY，费列罗案（20080324/A20150415-47/C2008-06）：认定知名商品不排除适当考虑国外已知名的因素

费列罗公司 v 蒙特莎公司等，再审，最高院（2006）民三提字第3号判决书，孔祥俊、王永昌、邰中林

案情概要

费列罗公司诉被告侵犯其知名商品特有包装装潢——一审认为双方均为知名商品——

被告在中国知名度更高—可以区分—被告不构成不正当竞争—二审认为知名度应在国际范围内考察—有混淆—构成不正当竞争—再审基本维持二审认定，更正赔偿

裁判摘录

【3】……反不正当竞争法所指的知名商品，是在中国境内具有一定的市场知名度，为相关公众所知悉的商品。在国际已知名的商品，我国法律对其特有名称、包装、装潢的保护，仍应以在中国境内为相关公众所知悉为必要。所主张的商品或者服务具有知名度，通常系由在中国境内生产、销售或者从事其他经营活动而产生。认定知名商品，应当考虑该商品的销售时间、销售区域、销售额和销售对象，进行任何宣传的持续时间、程度和地域范围，作为知名商品受保护的情况等因素，进行综合判断；也不排除适当考虑国外已知名的因素。本案二审判决中关于"对商品知名状况的评价应根据其在国内外特定市场的知名度综合判定，不能理解为仅指在中国境内知名的商品"的表述欠当，但根据 FERRERO ROCHER 巧克力进入中国市场的时间、销售情况以及费列罗公司进行的多种宣传活动，认定其属于在中国境内的相关市场中具有较高知名度的知名商品正确。

FY，曲美 Ⅱ 案（20080321/F2008-42）：知名药品的特有包装装潢可以受到反法保护

太极涪陵制药厂 v 沈阳恒久公司等，一审，重庆五中院（2007）渝五中民初字第 225 号判决书，曹柯、陈秀良、杨丽霞

案情概要

太极涪陵制药厂认为，被告生产"曲线美"减肥胶囊擅自使用了与其知名商品近似的包装、装潢，使普通消费者难以区分，侵犯了原告的合法权益—一审认为，被告在"曲线美"减肥胶囊上使用与"曲美"减肥胶囊特有装潢近似的装潢，构成不正当竞争

裁判摘录

【3】法院认为，特有的包装、装潢是指非为相关商品所通用，并具有显著区别性特征的包装、装潢。其中，包装是指为识别商品以及方便携带、储运而使用在商品上的辅助物和容器；装潢是指为识别与美化商品而在商品或者其包装上附加的文字、图案、色彩及其排列组合。"曲美"减肥胶囊使用了呈长方体状的纸盒包装，该包装为胶

囊类药品所通用，不具有区别商品来源的显著特征，因而不能构成"曲美"减肥胶囊特有的包装。在装潢方面，"曲美"减肥胶囊在其包装上使用了柠檬黄作底色；包装正面的左下角有深蓝色的"曲美"二字，且"曲"字中间的竖笔略呈"s"形，寓意女性身材的曲线；右上角有黑色的"qumei"拼音字样，在拼音左边有"taui"商标和红色"s"曲线，同样寓意女性身材；在拼音下方有"曲美"减肥胶囊的批准文号和两粒胶囊图案，而原告太极涪陵制药厂的名称标注在包装正面的右下角。法院认为，"曲美"减肥胶囊在装潢上采用柠檬黄作底色十分醒目，而寓意女性身材的"曲美"字样和"s"形图案占据了包装正面的主要位置是其显著特点，两粒胶囊的图案也表明了该药品的类型。另外，原告太极涪陵制药厂的名称以及药品的批准字号都以较小字体标注在不显眼的位置，使整个装潢和谐且富有美感。因此，"曲美"减肥胶囊的装潢具有区别商品来源的显著特征，应属于"曲美"减肥胶囊特有的装潢。【6】至于沈阳恒久公司的使用行为是否构成不正当竞争行为，法院认为应当考虑该使用行为是否损害了原告的合法权益。虽然"曲美"减肥胶囊是一种药品，"曲线美"减肥胶囊是一种保健食品，但"曲线美"减肥胶囊自称具有减肥功能并适宜于肥胖人群，与"曲美"减肥胶囊的疗效和治疗人群相同，且二者的销售渠道均是通过药房对外销售，消费人群是希望减肥的消费者。由于"曲线美"减肥胶囊使用了与"曲美"减肥胶囊近似的装潢，而被告沈阳恒久公司的名称和"曲线美"减肥胶囊作为保健食品的批准文号都以较小字体标注，容易被忽略，再加上"曲线美"减肥胶囊在销售渠道和消费对象等方面与"曲美"减肥胶囊相同，足以使一般购买者在仅施以普通注意力的情况下将"曲线美"减肥胶囊误认为是"曲美"减肥胶囊。因此，被告沈阳恒久公司在"曲线美"减肥胶囊上使用与"曲美"减肥胶囊特有装潢近似的装潢已经构成了不正当竞争行为。

FY，念慈菴案（20080000/F2008-38）：知名药品的特有包装装潢可以受到反法保护

念慈菴公司 v 潮州京都公司，二审，广东高院（2008）粤高法民三终字第 93 号判决书，王静、于小山、张学军

案情概要

原告念慈菴公司起诉被告潮州京都公司侵犯其第 1140754 号"暗花方框＋向日葵"图案注册商标及知名商品包装——一审认为原告"京都念慈菴蜜炼川贝枇杷膏"为知名商品，依据不足——原告产品是药品，被告产品没有药品标识，不会混淆——商标不近似，不构成商标侵权——二审认为不构成商标侵权——原告"京都念慈菴蜜炼川贝枇杷膏"属于知名产品——特有包装装潢——被控侵权产品使用的包装装潢因仿冒念慈菴公司"京都念慈菴蜜炼川贝枇杷膏"知名产品特有的包装装潢，构成不正当竞争

裁判摘录 ❶

【4】根据上述法律、司法解释及部门规章的规定，被控侵权产品使用的包装装潢是否构成仿冒知名产品的特有包装装潢成立的条件是：（1）商品必须为知名商品；（2）商品的包装、装潢必须具有区别商品来源的显著特征，使相关公众便于识别；（3）该包装、装潢必须使用在先；（4）两者之间构成相同或相似，使相关公众容易误认；（5）该包装、装潢如果已经由其权利人注册为商标的话，则不再以知名商品的特有名称、包装和装潢来予以保护。【5】……综合以上证据可知，念慈菴公司持有的第1202272号"念慈菴"注册商标系使用于"京都念慈菴蜜炼川贝枇杷膏"产品上而被认定为驰名商标的，"京都念慈菴蜜炼川贝枇杷膏"产品应认定为知名产品。【6】念慈菴公司请求保护的产品包装装潢……整体上看具有区别商品来源的显著特征，使相关公众便于识别，属于知名产品特有的包装装潢。【7】比对被控侵权产品与请求保护的产品，……从整体上观察，二者在色彩、构图上基本相同，细节部位的差别不足以使二者之间产生显著的差异，相关公众施以一般注意力，容易造成误认。【9】……被控侵权产品使用的包装装潢因仿冒念慈菴公司"京都念慈菴蜜炼川贝枇杷膏"知名产品特有的包装装潢，构成不正当竞争……

CY，古洞春案（20041213/C2006-09）：知名商品特有名称应基于在先使用且具有显著特征

古洞春公司 v 怡清源公司等，二审，湖南高院（2004）湘高法民三终字第82号判决书，孙元清、伍斐、钱丽兰

案情概要

原告古洞春公司起诉被告不正当竞争—知名商品特有名称—虚假宣传—一审支持原告—二审认为证据不足以证明古洞春的商品是知名商品，"野茶王""野茶"亦不是特有名称—被告未伪造产地，标注符合客观事实—对涉案标志的使用不构成不正当竞争

裁判摘录

【2】……判定一个具体商品是否为知名商品，应参照该具体商品在特定市场的生

产销售历史、销售地域、销售量、市场占有率、信誉情况及广告投入和覆盖面等因素进行综合判断。【3】判定商品的名称是否为知名商品的特有名称，首先应认定某一商品生产经营者在先使用，这是判定商品名称具有特有性的外在标准。……同时，作为商品的名称应具有显著性特征，能够区别该商品的来源。

CY，哈啤案（20040913/C2005-03）：使用他人知名商品特有名称相同或近似的名称

哈尔滨公司 v 圣士丹公司，二审，黑龙江高院，文号［缺］，合议庭成员［缺］

案情概要

哈啤公司起诉被告使用"哈啤"标志侵犯其知名商品特有名称—擅自使用—不正当竞争—一审认可哈尔滨啤酒为知名商品，"哈啤"为其特有名称，被告行为构成不正当竞争—二审调解结案，被告承认不正当竞争行为，原告放弃赔偿

裁判摘录 ❶

【1】根据生产销售的时间、地域、产销量、市场占有率、商品在同类产品中的排名、商家为商品宣传所做的广告投入，以及该商品为消费者熟知的程度等情况判断，原告哈尔滨公司生产的哈尔滨啤酒，可以被认定为知名商品。"哈啤"作为哈尔滨啤酒的简称，经过哈尔滨公司多年不断的广告宣传，已经深入人心，得到广大消费者的认同，成为哈尔滨啤酒这个知名商品的特有名称。【2】……被告圣士丹公司经许可使用他人横排带拼音的"哈金 HAJIN"商标时，不按被核准时的图形使用，而是利用中文特点，只取该商标中的"哈金"二字，将其竖排，然后旁加"啤酒"二字，使其成为横排的"哈啤金酒"标识，或者把"哈豪"商标加"啤酒"二字竖排，使其成为横排的"哈啤豪酒"标识，足以造成消费者混淆误认，误导消费者，从而达到借"哈啤"二字的知名度提高自己产品销量的目的。圣士丹公司的这种行为，触犯反不正当竞争法的规定，有违商家应恪守的诚信原则，侵犯了原告哈尔滨公司的知名商品特有名称专用权，损害了哈尔滨公司的商业信誉和商品声誉，应当承担侵权损害的赔偿责任。

---

❶ 摘引自《最高人民法院公报》2005 年第 3 期，非判决原文。

CY，避风塘Ⅰ案（20030618/C2004-06）：作为菜肴名称的合理使用不构成不正当竞争行为

避风塘公司 v 德荣唐公司，二审，上海高院（2003）沪高民三（知）终字第49号判决书，澹台仁毅、鞠晓红、张晓都

案情概要

避风塘公司认为德荣唐公司使用"避风塘"对其构成不正当竞争——一审、二审均认为被告属于正当使用菜肴名称——不侵权

裁判摘录

【6】……即使上诉人所提供的服务可以被认定为知名服务，但由于"避风塘"已具有了烹调方法及菜肴名称的含义，且上诉人所提供的餐饮服务包括避风塘特色风味菜肴，故"避风塘"难以成为上诉人知名服务的特有名称。即使通过上诉人的经营，"避风塘"作为上诉人服务的名称获得了足够的显著性而可以被认定为是知名服务的特有名称，被上诉人在烹调方法及菜肴名称的含义上使用"避风塘"仍属合理使用，不构成擅自使用知名服务特有名称的行为。

CY，84 消毒液案（20030323/C2003-05）：商品的通用名称不能独占使用

地坛医院 v 爱特福公司等，二审，最高院（2002）民三终字第1号判决书，蒋志培、段立红、夏君丽

案情概要

原告地坛医院起诉被告对于"84"字样的使用侵犯其知名商品特有名称——一审支持原告——二审肯定原告商品是知名商品——商品名称已经通用化——不能独占使用——被告不构成不正当竞争

裁判摘录

【3】所谓知名商品的特有名称，是指不为相关商品所通用，具有显著区别性特征，并通过在商品上的使用，使消费者能够将该商品与其他经营者的同类商品相区别的商品名称，但已经注册为商标就不再具有知名商品特有名称的属性，而具有了注册商标

权的专有性。特有名称又相对于商品的通用名称，商品的通用名称不能获得知名商品特有名称的独占使用权。……目前市场上生产销售"84"消毒液企业获得的经卫生部批准的许可批件上，按照卫生部发布的《健康相关产品命名规定》的要求，其产品名称均是各生产企业的商标与"84"消毒液的文字组合，仅凭"84"消毒液的名称已不能区别该商品来源。区别该类产品的标志是各生产厂家的商标，而非"84"消毒液的商品名称，因此，地坛医院所提出的"84"消毒液为其知名商品的特有名称，进而由其专有的主张实难支持。

SY，胡同游案（20020319）：提供服务所使用的工具设计及服饰能区分服务的可作为特有装潢保护

胡同文化游览公司 v 四方博通旅游公司，二审，北京高院（2002）高民终字第 84 号判决书，刘继祥、魏湘玲、周翔

案情概要

原告胡同文化游览公司为其"胡同游"服务专门设计了三轮车外观及车工服饰——原告起诉被告四方博通旅游公司使用与其相近似的三轮车外观及车工服饰，以及选择与其相同的路线和景点的行为构成不正当竞争——一审认定原告的三轮车外观及车工服饰是知名服务的特有装潢，被告行为侵犯该特有装潢——路线及景点是客观存在的，原告不能独占——二审维持一审认定

裁判摘录

【2】为使"胡同游"服务更具民族文化特色，胡同文化游览公司专门设计了三轮车外观及车工服饰，并率先使用。其人力三轮车外观与从事同类"胡同游"服务所通用的人力三轮车外观有明显区别，应认定为其特有。该三轮车外观及车工服饰与胡同文化游览公司提供的"胡同游"服务密切相关，成为消费者识别其服务的区别性标识，对消费者识别服务产生影响，属于该公司服务的特有装潢。【3】四方博通旅游公司与胡同文化游览公司均系从事胡同游览服务的人力三轮车运营企业，双方具有竞争关系。四方博通旅游公司在从事胡同游览服务时，所使用的人力三轮车外观及车工服饰的色彩及其组合以及由此形成的整体风格均与胡同文化游览公司所特有的人力三轮车外观及车工服饰相近似，甚至在其自己发放的宣传材料中还使用了胡同文化游览公司的车队通过银锭桥时的照片。因此，在胡同文化游览公司的三轮车外观及车工服饰属于知名服务的特有装潢、消费者对其服务的特有装潢已形成特定印象的情况下，四方博通旅游公司的上述行为很容易使消费者将其服务与胡同文化游览公司的服务相混淆，对

消费者选择服务产生影响，进而对胡同文化游览公司的合法权益造成损害，其行为已构成不正当竞争，应承担相应的法律责任。胡同文化游览公司要求其停止侵害，赔偿损失，理由正当，应予支持。原审法院根据四方博通旅游公司侵权行为所持续的时间、程度等因素，酌情确定的赔偿数额并无不当。

SY，万达案（20011215）：知名商品特有装潢的共同权利人有权自行使用或者许可他人使用该装潢

万达公司等 v 仁宇公司等，二审，最高院（1999）知终字第 8 号判决书，蒋志培、董天平、张辉

案情概要

　　福州铅笔厂享有"葵花牌""燕子牌"商标权—与燕子牌商标配套使用的铅笔的特有装潢—轻工公司是涉案特有装潢的共同权利人—福州铅笔厂授权原告万达公司生产和销售使用前述商标及特有装潢的铅笔—仁宇公司未经许可，擅自在其生产的铅笔上使用"葵花牌"商标—轻工公司委托仁宇公司生产使用前述装潢的铅笔—一审认定仁宇公司侵犯"葵花牌"商标，轻工公司侵犯知名商品特有的装潢，构成不正当竞争—二审认为轻工公司是涉案知名商品特有装潢的共同权利人，不构成不正当竞争

裁判摘录

　　【3】知名商品特有装潢的合法使用人享有排除他人使用、维护其正当竞争利益的权利。在确定权利人时，该装潢的使用情况是关键事实。在知名商品上首先使用该装潢的使用者应当确认为权利人。熊猫图案和花与棱形组合图案特有装潢的产生和使用始于二十世纪七十年代，福州铅笔厂与轻工公司基于当时国家的外贸体制，分别将使用上述装潢的 7301、7302 号铅笔向国内外市场销售，从而使 7301、7302 号铅笔逐步在国内国际相关市场产生知名度，为相关消费者所知悉。因此，7301、7302 号铅笔能够成为知名商品，是上述两家企业共同努力的结果，其特有装潢的合法权利人也为上述两家企业。万达公司基于福州铅笔厂的许可而使用该装潢，其既非首先使用该装潢的经营者，也不是使该商品知名的经营者，其使用权固然可以产生制止他人不正当竞争的效果，但不能成为主张权利人轻工公司停止使用该装潢的合法权利依据。其关于轻工公司停止使用熊猫图案和花与棱形组合图案特有装潢的诉讼请求应予驳回。【4】……轻工公司与福州铅笔厂为本案涉讼装潢的共同权利人。在双方没有明确约定的情况下，共同权利人有权自行使用或者许可他人使用该装潢，故福州铅笔厂主张轻工公司不正当竞争的诉讼请求应予驳回。

SY，老干妈Ⅰ案●（20010320）：商品名称使用获得显著性可成为特有名称并可依诚信原则对抗在后外观设计

老干妈公司 v 华越公司等，二审，北京高院（2000）高知终字第 85 号判决书，程永顺、刘继祥、马永红

案情概要

　　原告老干妈公司起诉被告华越公司盗用其企业字号及产品的特有名称，仿冒其产品瓶贴外观设计，被告望京购物中心违法销售被告华越公司生产的仿冒"老干妈"产品——一审认为原告的"老干妈"风味豆豉辣酱产品及其所使用的"老干妈"风味豆豉包装瓶瓶贴设计都应得到保护——华越公司使用涉案商品名称有搭车故意，构成不正当竞争——华越公司除继续使用已获得外观设计专利权的"老干妈"风味豆豉包装瓶瓶贴外，不得再使用与贵阳老干妈公司相近似的"老干妈"风味豆豉包装瓶瓶贴——燕莎购物中心销售的涉案商品所使用的包装瓶瓶贴已获得外观设计专利权，不侵权——二审认为被告侵犯了原告知名商品特有名称及包装装潢。

裁判摘录

　　【2】知名商品的特有名称，是指知名商品独有的与通用名称有显著区别的商品名称。知名商品的特有名称不需要任何部门的认定或授予，而完全是经营者的一种市场成果，只要一种商品名称在市场上具有了区分相关商品的作用，就应认定具有了特有名称的意义。"老干妈"作为一种地方风味豆豉的商品名称是贵阳老干妈公司创先使用的，也是由于贵阳老干妈公司的使用而知名的。"老干妈"三个字虽然没有独特的创新，但由于贵阳老干妈公司的使用，使"老干妈"三个字已经与贵阳老干妈公司及其生产的风味豆豉密切相关，不可分割，成为该商品的代表和象征，在社会上说起"老干妈"，人们自然会想到它代表贵州老干妈公司生产的风味豆豉。故"老干妈"已经具有了与其他相关商品相区别的显著特征，应认定"老干妈"为贵阳老干妈公司生产的风味豆豉的特有名称。【5】湖南华越食品公司改用其获得外观设计专利权的瓶贴后，产品名称仍为"老干妈"，与在此之前产品上使用的瓶贴相比，包装、装潢的整体风

　　● 2003 年 10 月 23 日，最高院针对华越公司再审申请，作出（2001）民三监字第 10 号驳回再审申请通知书，指出："你公司 98315226.8 号外观设计专利已于 2002 年 1 月 22 日经国家知识产权局专利复审委员会以第 4131 号无效宣告请求审查决定书宣告无效。2002 年 12 月，国家工商行政管理总局商标评审委员会以商评字（2002）第 0547 号异议复审裁定书裁定你公司经商标局初步审定并公告的第 1376547 号'刘湘球老干妈及图'商标不予核准注册。上述决定与裁定均已生效。据此，原审法院依据《中华人民共和国反不正当竞争法》处理本案并无不当。你公司申请再审所依据的事实已发生变化，申请再审的理由不符合法律规定的再审条件，本院予以驳回。"

格、设计手法以及"老干妈"三个字的字形完全相同，图案结构、色彩运用及其排列组合也完全一致，区别仅在于将原瓶贴上的黄色椭圆形图案，改变为黄色菱形图案，以及图案中的文字内容有所变动。但从整体上看，普通消费者仍然不能区分出该产品与贵阳老干妈公司同类产品的区别，该产品所使用的名称、包装、装潢仍旧与贵阳老干妈公司同类产品相近似，给消费者造成混淆，因此亦构成侵权。现湖南华越食品公司以使用的瓶贴已获得外观设计专利权为由，认为其使用该瓶贴用作其产品的包装、装潢的行为，不构成对贵阳老干妈公司的侵权。由于本案案由为不正当竞争纠纷，权利人请求保护的是其知名商品特有的名称、包装、装潢的权利，它与专利权属于两种类型的知识产权权利。不同类型的知识产权权利发生冲突，人民法院应当按照民法通则规定的诚实信用原则和保护公民、法人的合法的民事权益原则，依法保护在先使用人享有继续使用的合法的民事权益。因此，湖南华越食品公司以其享有外观设计专利权为由，主张不构成对贵阳老干妈公司侵权的抗辩理由不能成立。由于贵阳老干妈公司在风味豆豉产品上使用的"老干妈"特有名称及其包装、装潢的行为先于湖南华越食品公司，故湖南华越食品公司使用其瓶贴用作产品包装、装潢，并使用"老干妈"作为商品名称，已经给消费者造成混淆，其行为属于不正当竞争，构成对贵阳老干妈公司的侵权，应承担停止侵权、赔礼道歉、赔偿损失的民事责任。湖南华越食品公司上诉认为，信息沟通的欠缺，是造成两省同类企业的产品包装、装潢相近似的真正原因，不属于不正当竞争，缺乏事实和法律依据，本院不予采纳。鉴于双方分别申请注册的商标，均在国家商标评审委员会审理中，均未获得商标权，故原审法院认定湖南华越食品公司已获得"刘湘球老干妈及图"商标权有误，本院予以纠正。

CY，股神案（20000628/C2001-02）：假冒知名商品特有名称构成不正当竞争

金洪恩公司 v 惠斯特中心，一审，北京海淀区法院（2000）海知初字第74号判决书，李东涛、王宏丞、戴国

案情概要

原告金洪恩公司对"股神"标记享有商标及知名商品特有名称权利——被告惠斯特中心使用"股神2000"等标记——建立联系和对比——误导消费者——构成不正当竞争

裁判摘录

【2】……原告的"股神"软件先于被告的"股市经典"软件进入市场，原告为销售"股神"软件，进行了大量的广告宣传，并在一定时间内在双方均认可的专业软件

排行榜上保持了销售量位居前列的市场地位，说明该软件在股票类软件市场中已具有知名度，"股神"二字已成为该软件商品声誉的象征，原告亦从中获得了市场竞争优势。【4】……被告自 2000 年起将其"股市经典"软件名称变更为"股神 2000"，在两个专业软件商品之间建立了联系和对比，误导了消费者，降低了原告"股神"软件的商品声誉和"股神"注册商标在进入市场时识别商品的能力，已构成了对原告的注册商标和知名商品特有名称"股神"的假冒。

SY，岷山案（19990529）：出口商品的包装、装潢也可以成立知名商品特有包装、装潢

佛慈制药厂 v 岷山制药厂等，二审，最高院（1998）知终字第 3 号判决书，杨金琪、董天平、王永昌

案情概要

佛慈制药厂 1967 年开始使用"岷山"商标，1979 年获得注册—缺乏出口经营权—岷山牌中成药的出口业务由其他公司经营—1985 年改由医保公司经营—佛慈制药起诉要求医保公司移交国内外注册的岷山牌商标—起诉岷山制药厂生产的"唐龙"牌中成药的包装、装潢近似于"岷山"牌产品包装，而且厂名与"岷山"牌商标相同，构成不正当竞争—一审支持商标权移交，认定岷山制药厂不正当竞争—二审认为国外商标不是中国法律调整的范围—认定岷山制药厂构成不正当竞争

裁判摘录

【1】……佛慈制药厂是"岷山"牌商品包装、装潢的最早使用人，其"岷山"牌商品在美国、东南亚等国家广泛销售，在相关消费者中具有知名度；其包装、装潢独特，属于特有的包装、装潢。根据《中华人民共和国反不正当竞争法》第五条第（二）项规定，该包装、装潢应当受到法律保护。医保公司在广交会上展销岷山制药厂生产的与"岷山"牌商品特有包装、装潢相近似的商品，构成不正当竞争，应当承担不正当竞争法律责任。由于该不正当竞争行为发生在 1997 年，因此，岷山制药厂关于不应当适用反不正当竞争法的上诉理由，本院不予支持。佛慈制药厂虽无出口经营权，但不影响该厂行使反不正当竞争的权利，医保公司的这一上诉理由不能成立……

CY，仙草蜜案（19980727/C1999-05）：经济特区的国营外币免税商场销售的货物也应认为是进入中国境内市场的货物

泰山公司 v 台福公司，二审，最高院（1998）知终字第 1 号判决书，蒋志培、程永顺、王永昌

案情概要

　　泰山公司起诉台福公司擅自使用其知名商品"仙草蜜"和"八宝粥"两饮品的特有包装装潢，构成不正当竞争——台福公司反诉泰山公司侵犯其外观设计专利权——一审支持原告，认为被告反诉缺乏依据——二审维持原判——原告涉案两种产品在中国台湾地区享有较高的知名度，1993 年底开始在厦门经济特区国营外币免税商场销售，早于被告的使用——特有的包装装潢享有专用权——被告未经许可使用在相同商品上，构成不正当竞争

裁判摘录

　　【1】……泰山公司在中国大陆地区对"仙草蜜""八宝粥"两产品的特有的包装装潢享有专用权，应依法予以保护。台福公司未经泰山公司许可，在自己生产的相同商品上，擅自使用与泰山公司前述基本相同的包装装潢，足以造成消费者的误认，已构成不正当竞争，应当承担相应的民事法律责任。台福公司……认为经济特区的国营外币免税商场销售的货物受到监管和限制，因此在该商场销售的货物不能认为已进入中国境内市场的上诉理由不能成立，本院亦不予采纳。

CY，喜凰案（19900102/C1990-03）：使用与在先特有装潢近似的装潢构成不正当竞争

莒县酒厂 v 文登酿酒厂，二审，山东高院，文号［缺］，合议庭成员［缺］

案情概要

　　原告注册有"喜凰"商标——用于白酒——被告白酒产品的注册商标是"天福山"牌——被告把带有原告商标标识"喜凰"酒的瓶贴中的"喜凰"牌注册商标更换为"天福山"牌注册商标，喜凰酒的"凰"字更换为"凤"字，其余均仿照印制——装潢在设计构图、字型、颜色等方面与原告的近似，造成消费者误认误购——一审认定商标侵权——二审认为被告使用与自己的注册商标完全不同的"喜凤酒"三个字作为自己的酒的特

（竖排）第六条

定名称，从而制作出与被上诉人相近似的瓶贴装潢—不构成商标侵权—违反民法诚实信用原则—不正当的竞争行为

裁判摘录 [1]

【1】……被上诉人山东省莒县酒厂在本厂生产的白酒上使用的圆圈图形喜凰牌注册商标，属商标专用权的保护范围。除此之外，被上诉人瓶贴装潢上的图案、文字、颜色等，不属注册商标专用权保护之列。上诉人山东省文登酿酒厂仿照被上诉人的瓶贴装潢，制作了与被上诉人相近似的瓶贴装潢，使用在自己生产的白酒上，原判决把这种行为认定为侵害商标专用权，是适用法律不当。但是，上诉人为与被上诉人竞争，违反国家工商行政管理局、轻工业部、商业部关于酒的商标应当同其特定名称统一起来的规定，使用与自己的注册商标完全不同的"喜凤酒"三个字作为自己酒的特定名称，从而制作出与被上诉人相近似的瓶贴装潢，造成消费者误认误购。同时，上诉人还在同一市场上采用压价的手段与被上诉人竞争，致使其在经济上遭受一定损失。上诉人的上述行为，不仅违反了《民法通则》第四条规定的公民、法人在民事活动中，应当遵循诚实、信用的原则，而且违反了第五条的规定，侵害了被上诉人合法的民事权益。依照《民法通则》第七条的规定，上诉人的这种行为，还损害了社会公共利益，扰乱了社会经济秩序，是不正当的竞争行为，必须予以制止。被上诉人由此遭受的经济损失，必须由上诉人赔偿。

6（2）主体标识

FY，冠生园案（20190903/F2019-17）：从实质上审查授权关系判断是否有违诚信

冠生园公司 v 红伊人公司等，一审，重庆自贸区法院（2019）渝 0192 民初 6600 号判决书，樊雯夔、贺海艳、潘寒冰

案情概要

冠生园公司享有第 246111 号注册商标"冠生园"的专用权，以及"冠生园"字号权—红伊人公司经台湾冠生园集团（香港）有限公司授权，在其生产、销售的"广式台冠月饼"产品包装袋侧面标注了授权商企业全称"台湾冠生园集团（香港）有限公司"字样—被告雅福链超市销售了涉案月饼—法院认为涉案行为不是商标使用，不构成商标侵权—红伊人公司在涉案月饼上标示授权商台湾冠生园集团（香港）有限公司

的行为有违诚信，会引人误认为是他人商品或者与他人存在特定联系，构成不正当竞争

裁判摘录

【3】……原告已充分举示证据证明"冠生园"无论是作为商标还是其企业字号，于全国范围内，在月饼食品领域均具有极高的知名度与影响力，其"冠生园"作为企业字号，已与原告公司产生不可割裂的对应关系，可被认定为具有一定影响的企业字号。对于原告所拥有的该项竞争性权益，其他经营者应基于诚实信用原则，在同业经营活动中进行合理避让，以避免不当使用他人字号的混淆行为，引人误认为是他人商品或者与他人存在特定联系，否则，其行为即属于不正当竞争行为，理应依照我国反不正当竞争相关规定予以规治。本案中，本院结合现有证据及日常常理，认定被告红伊人公司在对涉案月饼的生产经营中，在涉案月饼包装侧面标注授权商为台湾冠生园集团（香港）有限公司的行为，属于使用原告"冠生园"字号，并产生混淆，引人误认为是他人商品或者与他人存在特定联系的不正当竞争行为。具体理由如下：【4】首先，被告红伊人公司经营范围为生产糕点（烘焙类糕点、月饼），实际生产涉案月饼，与原告属于生产月饼领域的同业竞争企业。在该领域，原告企业字号在全国范围内具有极高知名度的情况下，被告红伊人公司理应知晓原告商标及企业字号并在生产经营活动中进行合理避让，否则其行为难言符合商业经营中的诚实信用原则。【5】其次，被告红伊人公司的法定代表人周某生同时为台湾冠生园集团（香港）有限公司唯一董事，周某生作为台湾冠生园集团（香港）有限公司的授权签字代表与红伊人公司签订了涉案授权委托书，并签署唯一董事决议，再次确认双方公司的授权委托内容，结合原告字号知名度、周某生在两公司的身份、周某生自述其为台湾冠生园集团（香港）有限公司实际控制人、被告红伊人公司的经营领域以及具体授权内容可知，该两公司的授权、被授权行为实际为被告红伊人公司明知原告"冠生园"字号在月饼生产领域具有极高影响力的情况下，利用其法定代表人周某生为台湾冠生园集团（香港）有限公司唯一董事的特殊身份地位，在具体授权、确认双方授权的公司行为方面，均由周某生作为台湾冠生园集团（香港）有限公司授权签字代表或由周某生作出唯一董事决议进行确认，进而以此为依据在生产的涉案月饼包装侧面标注授权商为台湾冠生园集团（香港）有限公司，同时将该公司地址载明为台湾地区而非注册的香港特别行政区，而该授权商标识中即存在与原告"冠生园"字号相同的字号，从而引人误认为涉案产品或被告企业与原告公司存在特定联系，进而达到"搭便车"，攀附原告市场商誉，以达到不当占有原告市场份额的非法目的。【6】综上，被告红伊人公司在涉案月饼上标示授权商为台湾冠生园集团（香港）有限公司的行为，系被告红伊人公司作为原告的同业竞争企业，在明知原告方企业字号具有极高市场知名度与影响力的情况下，违反诚实信用原则，利用其公司法定代表人周某生同时为台湾冠生园集团（香港）有限公司唯一董事的特殊身份地位，以签订授权委托的形式，在其生产的涉案月饼上标注台湾冠生

第六条

688　Ⅱ　中国商标及不正当竞争案例精要

集团（香港）有限公司公司名称，且该被标注公司名称字号与原告企业字号相同，引人误认为涉案产品、被告企业与原告公司存在特定联系，构成不正当竞争行为。

FY，美孚Ⅱ案（20190731/F2019-10）：没有形成唯一指向的字号不能获得反法保护

埃克森美孚公司等 v 大众油业公司等，二审，上海高院（2016）沪民终 35 号判决书，王静、陶冶、朱佳平

案情概要

　　原告认为二被告使用"DasMeiFu""大众美浮"等多个标志的行为侵犯其"MOBIL"和"美孚"注册商标及其在先知名字号——认为被告大众油业申请注册和注册"DasMobil"等有关商标对其构成不正当竞争——一审认定商标侵权——没有认驰必要——原告主张的"MOBIL"和"美孚"字号非——对应关系——被告大众油业有关商标注册和申请不侵犯原告在先字号，不构成不正当竞争——赔偿 30 万元——二审部分纠正一审——赔偿 100 万元

裁判摘录

　　【37】对于大众油业公司使用"DasMobil""DasMeiFu"标识的行为是否构成对埃克森美孚公司、美孚石油公司企业字号的不正当竞争的问题，首先，对于埃克森美孚公司（EXXON MOBIL CORPORATION）、美孚石油公司（MOBIL PETROLEUM COMPANY INC.）企业名称中的"MOBIL""美孚"中英文字号，根据本案证据显示，除上述两公司以外，在我国境内还曾存在美孚石油（天津）有限公司、美孚（太仓）石油有限公司、美孚石油（中国）投资有限公司等使用"美孚"字号的公司，因此埃克森美孚公司、美孚石油公司在本案中未能证明其已经通过对各自"埃克森美孚""EXXON MOBIL"和"美孚""MOBIL"中英文字号的使用，使其字号与其公司之间形成了稳定且唯一对应的关联关系，使润滑油等产品的相关公众能够通过以其字号来辨别市场经营主体，而不会对上述同时使用"MOBIL""美孚"字号的市场经营主体产生混淆。即便如其所述，其他使用该字号的市场主体为该两公司的关联公司，鉴于该些公司在法律上均独立于埃克森美孚公司和美孚石油公司，故不能视为同一法律主体。埃克森美孚公司、美孚石油公司认为"MOBIL""美孚"字号与其公司构成——对应关系等上诉理由，本院不予支持。其次，埃克森美孚公司（EXXON MOBIL CORPORATION）企业名称中的"埃克森美孚"和"EXXON MOBIL"系其对应的中文和英文字号，将大众油业公司使用的、"DasMobil""DasMeiFu"标识与上述两字号进行比对，无论在文字、

图形及整体结构等方面均存在区别，不会造成他人将埃克森美孚公司和大众油业公司各自提供的润滑油产品的混淆或误认，因此不存在对该公司在先字号权的侵害，不构成不正当竞争。

SY，红日案❶（20190102）：在先字号对抗在后注册商标；市场主体所使用的商标文字与字号相同时，商标知名度可直接证明字号知名度

广州红日公司 v 睿尚公司等，一审，广州知产法院（2017）粤 73 民初 2239 号判决书，龚麒天、莫伟坚、朱文彬

案情概要

广州红日公司起诉睿尚公司等多家被告侵犯其"红日 Redsun 及图"商标及字号，构成商标侵权及不正当竞争——一审认为被告睿尚公司在燃气灶等商品上对"红日 E 家"的使用可以视为是其注册商标"红日 e 家及图"的使用——权利冲突——法院管辖权——原告字号在睿尚公司商标申请注册时至今具有反法保护的字号权益——睿尚公司恶意攀附原告字号知名度，有违诚信原则，造成混淆——作为销售商的江西红日等 4 名被告违反注意义务，与睿尚构成共同侵权——全额支持 5000 万元赔偿，连带责任——作为委托生产方的千代公司没有违反注意义务，与睿尚公司不构成共同侵权——无证据显示涉案两名睿尚公司的股东以个人名义参与侵权，与睿尚公司不构成共同侵权——睿尚公司在其注册商标核准商标之外的洗碗机上的使用，构成对原告商标的侵犯——被诉域名侵犯原告商标权

裁判摘录

【12】……将反不正当竞争法保护的字号权益与商标法保护的注册商标专用权进行比较，虽然前者由司法机关在个案中认定，后者由行政机关事先审核授权，但两者同属标识类知识产权，禁用权地域范围均及于全国，故它们之间是平等的，没有尊卑贵贱之分。被告主张注册商标专用权的阶位更高，效力范围更大，依据不足，本院不予支持。在此情况下，保护在先权利，符合社会公众普遍的公平理念和价值判断。……【18】……商标的基本功能是区分商品来源，字号的基本功能是区分市场主体，但是商品来源于市场主体。在市场主体所使用的商标文字与字号不同的情况下，商标通过指示商品来源指向该市场主体，商标知名度可以间接证明字号知名度。但在市场主体所使用的商标文字与字号相同的情况下，商标实际直接指向该市场主体，商标知名度可

---

❶ 2020 年 4 月 15 日，广东高院以（2019）粤民终 477 号判决维持一审判决。

第六条

以直接证明字号知名度。原告商标和字号均使用红日中文，故其商标知名度可以直接证明其字号知名度。

FY，巴洛克案（20181012/F2018-18）：合作关系终止后对字号或企业名称的使用构成不正当竞争

巴洛克公司 v 浙江巴洛克公司，二审，江苏高院（2017）苏民终 1297 号判决书，汤茂仁、罗伟明、何永宏

案情概要

原告巴洛克公司是"生活家""生活家巴洛克""ELEGANT LIVING"系列商标的权利人—该系列商标在木地板行业具有较高知名度—被告浙江巴洛克公司在地板产品、外包装、宣传册、海报、网站、门头装潢等处标注"生活家""生活家巴洛克"等字样—原告认为被告的行为构成商标侵权和不正当竞争—一审认为被告侵害了原告涉案商标专用权—在同种商品上使用与巴洛克公司知名商品特有包装相同或相近似的包装，构成擅自使用巴洛克公司知名商品特有包装—不规范标注其企业名称，大肆使用"生活家巴洛克""生活家"等标识，构成不正当竞争，赔偿经济损失人民币 1000 万元—二审维持一审判决

裁判摘录

【7】合作关系终止后，浙江巴洛克公司对字号或企业名称的使用构成不正当竞争。浙江巴洛克公司使用"生活家巴洛克"作为企业字号是基于双方合作经营对外开展业务的需要而被授权许可使用，否则其名称的由来及变更将成为无源之水。巴洛克公司在一审中提供大量证据证明了浙江巴洛克公司在生产、销售的产品上、广告宣传中、网页中以及经营门店的门头及门店装潢中使用"生活家""生活家巴洛克"字样及其企业名称等表现形式，同时证明"生活家""生活家巴洛克"等商业标识以及巴洛克公司字号享有较高知名度和商业信誉。因此，基于巴洛克公司的授权及合作需要，浙江巴洛克公司在双方合作期间可依约使用其字号，但在合作关系终止后，特别是在巴洛克公司明确要求其在商业环境中停止使用有关标识及企业字号之后，浙江巴洛克公司使用上述标识以及企业名称或其简称必然产生市场混淆与误认的后果。浙江巴洛克公司明知巴洛克公司商标及企业字号享有较高知名度以及使用相关文字会造成相关公众的混淆，仍不予避让与停止使用，相反却继续刻意使用，主观恶意明显。于此情形，在缺乏法律依据及合同依据的情况下，法院应当认定其构成商标侵权与不正当竞争，责令其变更企业名称中的字号，以制止与惩治这种恶意侵权行为。

FY，天厨案（20180528/F2018-40）：在先登记的企业名称权利人并不必然有权禁止他人在其他区域登记的企业名称

重庆天厨天雁公司 v 成都天厨公司等，二审，重庆一中院（2017）渝 01 民终 3926 号判决书，谭颖、张琰、姜蓓

案情概要

　　原告重庆天厨天雁公司起诉成都天厨公司侵犯其知名商品特有装潢和知名字号，其他被告构成共同侵权——一审认为原告生产的 80% 味精的包装袋装潢构成知名商品的特有包装装潢——案外人就涉案装潢图案主要部分获得的商标权与原告知名商品特有包装装潢权利相互独立，互不影响——涉案装潢构成近似装潢，足以使相关消费者混淆、误认——原告有权主张"天厨"字号权利，被告侵犯了原告字号权——二审认为被告侵犯了原告的知名商品特有包装装潢——重庆天厨天雁的"天厨"字号知名度范围有限，成都天厨公司在其企业名称登记之时不具有搭便车的故意，且其使用企业名称的行为不足以引起相关公众的误认——不构成对原告企业名称的侵犯

裁判摘录

　　【19】……企业名称在先登记的权利人有权排除他人在相同行政区划范围内登记同一名称，但其企业名称权能否禁止他人在其核准登记的区域范围内以近似的字号或在核准登记的区域范围外以相同或近似的字号登记为企业名称，取决于：1. 在先登记企业名称的知名度及其知名区域范围，一般来说企业字号的保护范围与其知名度的地域范围一致。2. 他人在后登记企业名称的行为是否具有过错，是否违反其注意义务。3. 在后企业名称的使用是否足以使相关公众产生混淆。企业名称作为商业标识保护体系中的有机部分，对其保护可以从商业标识保护体系角度进行综合分析，一方面，企业名称本质上是一种未注册商标，其保护力度原则上不应当超过相同标识的注册商标。另一方面，企业名称的保护力度和确定行为人主观过错的规则，可以借鉴商标保护的理念：在先企业名称固有的显著性和知名度越强，其保护力度和保护范围越大，在后使用人的避让义务就越高；在先企业名称中的字号被其他经营者使用得越多，该字号就越处于公有领域，在先企业名称的使用人对该字号的控制力度就越低，在后使用人的避让义务也就越低。【30】……重庆天厨天雁公司与成都天厨公司的企业名称均属合法登记取得，从现有证据来看，重庆天厨天雁公司的"天厨"字号知名度范围有限，成都天厨公司在其企业名称登记之时不具有搭便车的故意，且其使用企业名称的行为不足以引起相关公众的误认。

第六条

SY，同庆号Ⅱ案（20171221）：老字号权利主体的消失并不意味着其已进入公有领域

西双版纳同庆号 v 易武同庆号等，再审，最高院（2017）最高法民申 2722 号裁定书，李剑、张志弘、杜微科

案情概要

西双版纳同庆号认为易武同庆号等使用"同慶號"，侵害其"同庆"商标，构成不正当竞争——一审认为被告构成侵权和不正当竞争——二审认为，西双版纳同庆号和易武同庆号与老字号"同慶號"均无历史渊源，双方均以老字号的历史进行宣传，企图嫁接老字号历史，被告不构成侵权和不正当竞争——再审认为二审有漏审——西双版纳同庆号 5501734 号"同庆"文字商标和 3390521 号"同庆及图"图文商标的主要识别部分均为"同庆"文字，后者的核准注册日期早于涉案"同慶金磚"产品的生产日期——易武同庆号使用"同慶號"、在普洱茶商品上标注"同慶金磚"、突出使用企业名称中的"同慶號"——完整包含了涉案商标的文字部分——读音、含义完全相同——指令云南高院再审

裁判摘录

【5】"同慶號"茶庄发祥于 1736 年西双版纳易武茶乡，1948 年歇业之后处于长期停用状态，但权利主体的消失并不意味着其已进入公有领域，也不意味着成为任何人均可以以任意方式使用的文化符号，二审法院"从法律性质上讲，中断使用的老字号标识失去了私权属性，成为公共资源"的认定有所不当，本院予以纠正。

FY，晓宇老火锅案（20171201/F2017-35）：个体工商户的字号也可作为反法企业名称保护

渝中区晓宇老火锅 v 晓宇餐饮店，一审，重庆渝北区法院（2017）渝 0112 民初 7238 号，余博、潘寒冰、周静（陪）

案情概要

原告渝中区晓宇老火锅认为被告晓宇餐饮店在餐饮服务上使用带有"晓宇"字样

的经营活动侵犯其企业名称及知名服务特有名称——被告辩称个体工商户字号不属《反不正当竞争法》第 5 条第（三）项规定的企业名称，"晓宇"不属于知名字号，也不受反法保护，无恶意，不混淆——一审认为被告在经营过程中使用含有"晓宇"字样的行为侵害了原告享有的知名服务特有名称权益和字号权，构成不正当竞争——赔偿70000 元

裁判摘录

【8】本案中，原告渝中区晓宇老火锅系张平经营的个体工商户，营业执照上载明其名称为"渝中区晓宇老火锅"。《中华人民共和国民法通则》第二十六条规定，个体工商户可以起字号。第九十九条规定，公民享有姓名权；法人、个体工商户、个人合伙享有名称权。《个体工商户名称登记管理办法》第六条规定，个体工商户名称由行政区划、字号、行业、组织形式依次组成。根据前述法律法规之规定，"晓宇"即为原告的字号。原告对"渝中区晓宇老火锅"这一名称及"晓宇"字号享有名称权，该权利受法律保护。本院对被告辩称个体工商户字号不属于反不正当竞争法规定的企业名称的意见不予采信。

SWY，FENDI 案（20170728）：未经许可在店招中使用他人有知名度的字号引起混淆的，构成不正当竞争

芬迪公司 v 益朗公司等，二审，上海知产院（2017）沪 73 民终 23 号判决书，何渊、吴盈喆、陈瑶瑶

案情概要

芬迪公司系第 261718 号等多个涉案商标的所有人，负责产品和包装的设计及提供推广产品所需的材料等——芬迪公司授权芬迪有限公司负责生产和销售——芬迪上海公司被合法授权负责购买和进口"FENDI"产品并销售——益朗公司向法国 SHPDESIGN 公司（芬迪公司授权"FENDI"经销商）购买芬迪商品，并与首创公司签订商铺租赁合同，开设店招为"FENDI"的店铺——标示店铺及产品销售时使用中英文"芬迪""FENDI"标志——芬迪公司起诉被告构成商标侵权及不正当竞争——一审认为益朗公司销售的系正牌"FENDI"产品，对有关标记的使用是合理使用——不构成商标侵权，也不构成不正当竞争——二审认为被告在店招上使用"FENDI"标志超出了合理使用的范围，且不是善意使用——侵犯了原告第 35 类企业经营、企业管理服务类别中的第 G1130243 号商标及企业名称权利——首创公司协助侵权

【7】……本案中，……足以证明芬迪公司其外国企业名称（FENDI ADELE S. R. L.）中的主要部分"FENDI"，经芬迪公司在中国境内长期、单独的使用，已经和芬迪公司形成对应关系，并具有一定的市场知名度、为相关公众所知悉。故"FENDI"作为芬迪公司外国企业名称（FENDI ADELE S. R. L.）中的"字号"，可以认定为《反不正当竞争法》第五条第（三）项规定的"企业名称"。现益朗公司未经芬迪公司许可，在涉案店铺的店招上单独使用了芬迪公司的字号"FENDI"，并已经致使相关公众产生涉案店铺由芬迪公司经营或者经芬迪公司授权经营，涉案店铺提供的服务由芬迪公司提供或者由芬迪公司授权提供的混淆和误认。……属于擅自使用芬迪公司企业名称，引人误认为是芬迪公司提供服务的不正当竞争行为，益朗公司应当就此承担相应的民事侵权责任。

FY，同庆号 I 案❶（20161221/F2016-24）：可以合理简化使用企业名称或适当有度地改变、删减企业名称

西双版纳同庆号 v 易武同庆号等，二审，云南高院（2016）云民终 534 号判决书，邓玲、陈姣、孙熹

西双版纳同庆号认为易武同庆号等侵害其第 5501734 号"同庆"等商标，也构成不正当竞争——一审认为原、被告各有注册商标，但被告使用时对自己的注册商标进行了折分、简化，改变了显著特征，与原告商标近似混淆；企业名称中的使用构成不正当竞争——二审认为，西双版纳同庆号和易武同庆号与老字号"同庆號"均无历史渊源，双方均有嫁接老字号历史的企图——西双版纳同庆号第 5501734 号"同庆"文字商标显著性较低，且未诚信地实际使用，被混淆、借用可能性小，保护范围不宜过宽——被告不构成侵权和不正当竞争

【29】企业使用名称是为了表明身份或示明商品（服务）来源，这是开展商业经营的必备条件，同时也体现了基本的商业道德要求——企业在商业经营中应当诚实善意

---

❶ 该案已被最高法院再审改判，也即"同庆号 II 案"。

地使用自己的名称，向相关公众和市场管理者准确地表明身份，不能引起误导。最准确表明身份的方式就是完整、规范地使用企业名称，不改变组成文字的样式，不任意添加或删减组成文字。但是在商业实践中，合理地简化使用企业名称，适当有度地改变、删减企业名称组成文字仍然能够准确表明企业身份，法律对此亦不予禁止。基于此，不完整、不规范使用企业名称并不一定损害其他经营者的合法权益，判别标准就在于是否导致身份认识错误，以及是否对其他经营者正当竞争权益造成损害，扰乱社会经济秩序。【30】本案中，易武同庆号使用企业名称时将部分简体文字改变为繁体字（"云"变为"雲"、"庆"变为"慶"、"号"变为"號"、"业"变为"業"），且将"同慶號"三个字用黑括号框住——"雲南易武［同慶號］茶業有限公司"，也有将"同慶號"三个字与其他组成文字用空格隔开的情况——"雲南易武同慶號茶業有限公司"。上述行为……有不规范之处，它改变了部分组成文字的字体，突出了"同慶號"三个字，但是该企业名称的所有组成文字均得以完整地、按顺序地呈现，相关公众当然能准确、清晰地读识出易武同庆号的主体身份，不可能导致主体的认识错误，尚属于法律能容忍的限度，不构成不正当竞争。

FY，三精案（20161212/F2016-15）：有在先字号不一定能主张在先权利

哈药三精公司 v 北京三精等，一审，哈尔滨中院（2015）哈知初字第155号判决书，杨欣、毛保森、王爱萍（陪）

案情概要

　　哈药三精公司认为北京三精使用"三精"标识和作为字号使用侵犯其商标权，构成不正当竞争—曾签订《品牌使用协议》—已经到期—一审认为，被告到期后使用"三精"构成侵权和不正当竞争

裁判摘录

　　【8】北京三精公司是在明知《品牌使用协议》到期后其无权使用"三精"字号，且已经为履行终止协议相关约定而终止使用"三精"字号，并将字号变更为"中科精彩"的情况下，又再次变更企业名称为北京三精公司，其再次更名使用"三精"字号，既构成违约，亦构成不正当竞争。同时，北京三精公司在其网站的企业简介中称："北京三精公司（原名北京三精国药日化有限公司）是集科研、生产、销售于一体的现代化企业。作为三精制药向日化领域扩展的平台，我公司以'制药'的严谨态度……本公司不仅拥有三精医药研发的深厚实力……"，故意混淆北京三精公司与哈药三精公司的关系。因此，北京三精公司再次更名使用"三精"字号的行为，主观上具有攀附哈

药三精公司的恶意，客观上使相关公众误认为其与哈药三精公司仍然具有特定联系，造成混淆误认，哈药三精公司主张北京三精公司构成不正当竞争成立，应予支持。北京三精公司自愿签订并履行《〈品牌使用协议〉履行终止确认书》《〈品牌使用协议〉之终止及后续义务协议书》及其承诺后，已失去继续或者重新使用"三精"字号的权利，其关于北京三精公司最早使用"三精"字号的时间早于涉案商标注册日，对"三精"字号具有合法在先权的抗辩主张，违背前述《中华人民共和国合同法》第六十条和《中华人民共和国反不正当竞争法》第二条第一款等法律规定及其合同约定和承诺，不成立，不应支持。

CY，天容案（20161110/C2018-10）：出口商品上使用英文企业名称可以构成不正当竞争行为

天容公司 v 昊华公司，一审，上海浦东新区法院（2015）浦民三（知）初字第1887号判决书，宫晓艳、邵勋、李加平（陪）

案情概要

天容是原告公司字号—昊华公司在出口印度的杀螟丹原药上使用天容公司的英文企业名称—天容公司起诉被告擅自使用其企业名称—一审认为反法保护的企业名称不限于主管机关依法登记注册的企业名称—昊华公司擅自使用原告企业名称构成不正当竞争

裁判摘录

【3】……《反不正当竞争法》第五条第（三）项规定的企业名称不限于经企业登记主管机关依法登记注册的企业名称，虽然反不正当竞争法及司法解释未明确规定企业英文名称可以获得反不正当竞争法的保护，但亦不能由此推论企业英文名称不受反不正当竞争法的保护。【4】……"天容"是原告的字号，"TIANRONG"系"天容"的汉语拼音，"JIANGSU TIANRONG GROUP CO., LTD"与原告的中文企业名称存在对应关系，且原告在经营活动中实际使用该英文名称，该英文企业名称已具有识别市场经营主体的作用，属于《反不正当竞争法》第五条第（三）项规定的企业名称，依法受反不正当竞争法的保护。【6】……被告在出口印度的杀螟丹上使用了原告的英文企业名称，主观上具有仿冒的故意，客观上引人误认为是原告的商品，挤占了原告的出口市场份额，给原告造成损害。被告的行为不仅损害了原告的合法权益，也扰乱了正常的对外贸易市场秩序，属于《反不正当竞争法》第五条第（三）项所规定的擅自使用他人企业名称的不正当竞争行为。

BCDY，庆丰案（20160929/B2016-12/C2018-12/D2016-02）：恶意注册使用企业名称构成不正当竞争

庆丰包子铺 v 庆丰餐饮公司，再审，最高院（2016）最高法民再 238 号判决书，骆电、李嵘、马秀荣

案情概要

庆丰包子铺认为庆丰餐饮公司侵犯了其在先的"庆丰"企业字号及注册商标——一审认为无证据证明在庆丰餐饮公司注册并使用被诉企业名称时，原告经营地域和商誉已经涉及或影响到济南和山东——不混淆，也不违反诚信原则——被告使用具有合理性——不侵犯商标权，也不构成不正当竞争——二审维持一审认定——再审认为有商标性使用，有混淆，有攀附恶意——构成商标侵权及不正当竞争

裁判摘录

【14】……根据一审、二审法院查明的事实，庆丰包子铺自 1956 年开业，1982 年 1 月 5 日起开始使用"庆丰"企业字号，至庆丰餐饮公司注册之日止已逾二十七年，属于具有较高的市场知名度、为相关公众所知悉的企业名称中的字号，庆丰餐饮公司擅自将庆丰包子铺的字号作为其字号注册使用，经营相同的商品或服务，具有攀附庆丰包子铺企业名称知名度的恶意，其行为构成不正当竞争。

第六条

FY，李瑞河案（20160713/F2016-39）：不得擅自使用他人姓名注册企业名称

天福公司等 v 刘某致，二审，福建高院（2016）闽民终 563 号判决书，张宏伟、张丹萍、孙艳

案情概要

天福公司总裁系李瑞河——生产销售的茶叶包装上均有"李瑞河"名字——天福公司及李瑞河均有一定知名度——"天福 TIANFU"商标为认定为驰名商标——刘某致经营的茶店销售"李瑞河"牌茶产品——经申请取得"李瑞河"著作权的作品登记书——注册有"李瑞河 LI RUI HE"商标——核定使用商品包括茶类——后商评委对该商标做出无效宣

告—李瑞河等诉其侵权—一审认为刘某致擅自使用他人姓名，易产生误认，构成不正当竞争行为—二审法院维持一审认定

裁判摘录

【5】刘某致与天福公司同在福建省漳浦地区，且从事相同行业，理应知道李瑞河与天福公司的关系及李瑞河在茶业经营领域的知名度，但仍在其生产、销售的茶叶产品上使用李瑞河的"姓名"，明显具有搭便车、傍名牌的主观故意，其行为容易使相关公众将其产品误认为与天福公司及李瑞河相关联，应属于擅自使用他人姓名的不正当竞争行为，依法应承担停止侵权、赔偿损失的法律责任。

SY，歌力思Ⅱ案（20160630）：在先商号可以对抗在后注册商标

歌力思公司 v 王某永等，再审，最高院（2016）最高法民申 1617 号裁定书，周翔、秦元明、罗霞

案情概要

歌力思公司起诉被告刘某销售"歌力思女包"及王某永恶意申请注册及使用第7925873 号"歌力思"商标的行为侵害其第 1348583 号"歌力思"商标—刘某销售"歌力思女包"及王某永恶意申请及使用"歌力思"商标的经营行为侵害其"歌力思"知名商号权、知名商品特有的名称权—一审认可歌力思公司的"歌力思"商标及字号的知名度，未认定知名商品特有名称—对王某永商标注册问题的争议需通过行政程序解决—对王某永注册商标在核定商品的使用，是注册商标之间的纠纷，需通过行政程序解决，无须认驰—在生产、经营活动中使用"歌力思"的行为具有攀附歌力思股份公司商誉、搭便车的主观故意—有误认—二被告侵犯原告的在先字号，构成不正当竞争—二审维持一审认定—再审认为一审、二审对于歌力思公司提出的两个注册商标之间产生的权利冲突争议未予受理，对歌力思公司提出的不正当竞争纠纷予以受理，依法有据—已有生效判决确认王某永涉案商标的注册难谓正当—王某永等对于"歌力思"商标的使用侵犯歌力思公司在先商号权

裁判摘录

【2】……鉴于本案歌力思公司所指控的不正当竞争行为是王某永在使用商标的经营活动中存在侵害其商号及知名商品特有名称权益的行为，一审、二审法院在《中华人民共和国反不正当竞争法》的法律规定下审理本案，依法有据。……【3】……第

7925873 号商标由中文文字"歌力思"构成，与歌力思公司在先使用的企业字号以及歌力思公司在先于服装商品上注册的"歌力思"商标的文字构成完全相同。王某永作为第 7925873 号商标的专用权人，在实际经营中以实际已不存在的 GLEAS 歌力思（法国）、法国歌力思（香港）国际有限公司与第 7925873 号商标共同使用，鉴于本院于2014 年 8 月 14 日就王某永起诉歌力思公司等因侵害商标权纠纷再审一案做出的（2014）民提字第 24 号民事判决已经认定，"歌力思本身为无固有含义的臆造词，具有较强的固有显著性，依常理判断，在完全没有接触或知悉的情况下，因巧合而出现雷同注册的可能性较低。歌力思公司地处广东省深圳市，王某永曾长期在广东省广州市经营皮具商行，作为地域接近、经营范围关联程度较高的商品经营者，王某永对'歌力思'字号及商标完全不了解的可能性较低。在上述情形之下，王某永仍于 2009 年在与服装商品关联性较强的手提包、钱包等商品上申请注册第 7925873 号商标，其行为难谓正当。"因此，本院认为，鉴于歌力思公司在相关领域的知名度，尤其是王某永与歌力思公司在关联诉讼中经生效判决确认的相关事实，王某永在第 7925873 号商标的使用中，存在攀附歌力思公司的商誉，搭歌力思公司"歌力思"的企业字号之便车的行为，导致相关公众对其产品与歌力思公司生产的相关产品产生混淆和误认。二审法院综合考虑歌力思公司的在先权利状况以及王某永取得和行使权利的正当性等因素，认定王某永侵害了歌力思公司的商号权益，存在不正当竞争行为，该认定并无不当。

SY，GUCCI ‖ 案（20160613）：招商时未经许可使用他人企业名称可构成不正当竞争

古乔古希公司 v 摩尔公司等，二审，广东高院（2015）粤高法民三终字第 363 号判决书，邓燕辉、凌健华、张苏柳

案情概要

古乔古希公司在中国合法注册了多个"GUCCI"商标，使用于第 18 类、第 25 类和第 35 类有关商品——企业名称中包括"GUCCI"字号——古乔古希公司认为自己的"GUCCI"注册商标和字号被多名被告在摩尔商场大量且突出使用和宣传，引起相关公众的极大误解，构成商标侵权及不正当竞争——一审认为被告正邦公司、华绪公司、淘铺公司的使用不是商标使用，不构成商标侵权，与原告无同业竞争关系，不构成不正当竞争——摩尔公司的行为构成商标侵权，擅自使用原告企业字号，虚假宣传，构成不正当竞争——二审认为一审认定事实和适用法律虽有瑕疵，但判决结果正确，予以维持——被告在销售摩尔商场商铺的广告中多处使用"GUCCI"标识构成不正当竞争——摩尔公司在"GUCCI"店铺突出使用"GUCCI"标识构成商标侵权

裁判摘录

【9】本案中，古乔古希公司的名称为"GUCCI0 GUCCI S. P. A."，该名称在中国境内进行商业使用，应当认定为《中华人民共和国反不正当竞争法》所保护的"企业名称"。其中"GUCCI"是"GUCCIO GUCCI S. P. A."企业名称中的字号，具有较高的市场知名度、为相关公众所知悉，可以认定为受法律保护的企业名称中的字号。摩尔公司、华绪公司、淘铺公司未经古乔古希公司许可，在销售摩尔商场商铺的广告中多处使用"GUCCI"标识，宣传"国际一线品牌 GUCCI 实签入驻 MO MALL"，将"GUCCI"字号用于广告宣传等商业活动中，引人误认为摩尔商场与古乔古希公司存在许可使用等授权关系，导致相关公众对摩尔商场的"GUCCI"店铺的商品及服务的来源产生了误认，容易使消费者误认为摩尔商场的"GUCCI"店铺的销售服务及售后服务均系古乔古希公司直接提供。因此，该被诉侵权行为构成《中华人民共和国反不正当竞争法》第五条第（三）项规定的侵害企业名称权的不正当竞争行为。

SY，GUCCI Ⅰ案（20150724）：销售正品也不得擅自将该商品的商标用作店招

古乔公司 v 盼多芙公司等，二审，上海知产院（2015）沪知民终字第 185 号判决书，何渊、刘静、范静波

案情概要

古乔公司系"GUCCI"包袋等商品商标和货物展出等服务商标的专用权人—米岚公司是米兰广场的经营管理者—盼多芙公司、兴皋公司承租米兰广场店铺，经营"GUCCI"品牌的包袋等商品，并在店铺招牌、店内装潢中突出使用"GUCCI"字样—米岚公司在其官方网站、新浪微博中将"GUCCI"列为入驻品牌并进行报道宣传—一审认为盼多芙公司和兴皋公司不构成对古乔公司商品商标的侵害，但构成服务商标侵权及不正当竞争—米岚公司帮助侵权，并构成虚假宣传—二审维持一审判决

裁判摘录

【5】……"GUCCI"作为古乔公司企业名称"GUCCIO GUCCI S. P. A."中的字号，属于《反不正当竞争法》第五条第（三）项所规定的"企业名称"，应当依法受到《反不正当竞争法》的保护。……盼多芙公司、兴皋公司在涉案店铺招牌上先后使用"（缺图）"和"OUTLET GUCCI"，在店内装潢中先后使用"GUCCI"和"OUTLET

GUCCI"的行为，足以使相关公众对涉案店铺的经营者的身份，涉案店铺经营者与古乔公司之间的关联关系产生混淆和误认，从而使盼多芙公司、兴皋公司获取不应有的竞争优势。因此，盼多芙公司、兴皋公司的上述行为违反了《反不正当竞争法》第五条第（三）项的规定，构成不正当竞争。

FY，中粮案（20150629/F2015-41）：企业字号及其前身的简称在保护时可以一并考虑

中粮集团公司 v 中粮福润公司等，二审，安徽高院（2015）皖民三终字第 65 号判决书，何爱武、吴莹、樊坤

案情概要

原告中粮集团公司认为被告福润公司和海一郎公司未经其许可，在公司名称中使用其享有注册商标权且知名度极高的"中粮"字样，构成不正当竞争——一审认为，被告福润公司当初申请注册公司名称不具有主观恶意、未违反诚实信用原则，其字号为"中粮福润"，而非中粮集团公司诉称的仅为"中粮"，未侵犯中粮企业名称权，但存在一定的虚假宣传行为——二审认为，被告福润公司将含有"中粮"字样的文字作为企业名称予以注册并进行实际商业使用，构成不正当竞争——被告海一郎公司在其网站和产品宣传手册中使用"中粮"文字进行宣传构成不正当竞争

裁判摘录

【3】……经过中粮集团公司的长期宣传和使用，"中粮"系列商标和"中粮"字号在农产品领域已经具有很高的知名度，为相关公众所知悉，在农产品市场上形成了固定的联系，相关公众通常都会习惯性地联系或联想，使其对于其他含有"中粮"字样的经营农产品的企业名称具有较强的排斥力，应当给予范围更宽和强度更大的法律保护。福润公司于 2009 年 8 月 20 日登记设立，迟于上述"中粮"系列商标的注册时间和企业名称的登记注册时间，相比福润公司，中粮集团公司对于"中粮"文字使用在先，其享有在先注册商标专用权和企业名称权。【4】……"中粮"文字具有较强的识别力。福润公司在注册企业名称时使用"中粮"文字没有任何正当、合理的理由，海一郎公司在二审庭审中解释系因都是农产品，故在企业名称中加上"中粮"文字，该陈述更加证明福润公司注册企业名称本身即不具有正当性，系不正当地将他人具有较高知名度的在先注册商标和字号注册登记为自己的企业名称。【5】……"中粮"文字构成福润公司企业名称中的核心文字。福润公司的字号虽由"中粮福润"四个汉字组成，"中粮"仅是其中的部分文字，其字号中另有"福润"二字，但因"中粮"系

第六条

列注册商标和"中粮"字号具有较高知名度和显著性，使得福润公司字号中最具识别力的文字是"中粮"二字，"中粮"文字构成福润公司企业名称中最具有标识作用的部分，最具有显著性，最易使相关公众将其与产品来源联系起来，认为福润公司与中粮集团公司产品在来源上具有特定的联系，从而产生市场混淆。

FY，weldmold 案（20140928/F2014-33）：将他人英文字号注册为域名属于不正当竞争

威尔德摩德公司 v 慧邦汉默公司等，二审，山东高院（2014）鲁民三终字第98号判决书，刘晓梅、丛卫、张亮

案情概要

　　原告威尔德摩德公司（亦称"美国汉默公司"）起诉被告侵犯其商标权并构成不正当竞争——一审认为构成不正当竞争，商标侵权证据不足——被告上诉，认为域名"weldmold – china. com"不构成不正当竞争——二审驳回上诉，维持一审判决

裁判摘录

　　【2】……威尔德摩德公司在本案中要求保护的权利既包括其企业名称权，也包括其域名权……【3】……慧邦汉默公司在成立、经营过程中及注册域名时，对于美国汉默公司即为本案威尔德摩德公司，以及威尔德摩德公司的英文企业名称"WELDMOLD COMPANY"是明知的，对于威尔德摩德公司在行业内的地位、经营时间、知名度及影响力亦应当是知晓的。……慧邦汉默公司将含有威尔德摩德公司英文企业字号的"weldmold – china. com"注册为公司域名，主观上具有攀附威尔德摩德公司知名度借以宣传自己的不正当意图，客观上亦会使相关公众产生慧邦汉默公司与威尔德摩德公司之间存在某种关联关系的误识。该行为违反了反不正当竞争法所倡导的诚实信用原则和公认的商业道德，扰乱了正常的社会经济秩序，构成不正当竞争，应当予以禁止。慧邦汉默公司关于"WeldMold"属于商品的通用名称，不能作为企业名称使用的主张缺乏证据支持，也无相关事实及法律依据，本院不予支持。

BFY，大宝案（20130508/B2013-32/F2013-20）：基于历史原因对企业名称的合理使用如无更改则可以继续

大宝化妆品公司 v 大宝日化厂等，再审，最高院（2012）民提字第166号判决书，于

晓白、王艳芳、李嵘

案情概要

"大宝"等商标的权利人大宝化妆品公司起诉被告大宝日化厂等商标侵权及不正当竞争——大宝化妆品公司及大宝日化厂在设立、经营、字号及商标使用方面存在历史联系——一审认为大宝日化厂使用含有"大宝"的企业名称具有合理性——两被告在产品及网站上使用的"大宝日化"及"DABAORIHUA"标识侵犯了原告的商标权——有历史原因且无主观过错,不赔偿——二审维持一审——再审认可大宝日化厂使用含有"大宝"的企业名称具有合理性——突出使用"大宝日化""DABAORIHUA"标识——攀附"大宝"系列注册商标商誉的恶意——易使相关公众对其商品来源产生混淆误认,或者认为不同的生产者之间具有关联关系——支持原告商标侵权及赔偿诉请

裁判摘录

【13】本案中,大宝化妆品公司未完全否认大宝日化厂使用"大宝"字号具有合理性,但对"合理性"的时间界限,其认为应以强生中国公司收购大宝化妆品公司之时为准,即在此之前使用"大宝"字号具有合理性,在此之后继续使用"大宝"字号已不再具有合理性。鉴此,强生中国公司收购大宝化妆品公司时的对价,是否包括大宝日化厂也应与三露厂的其他下属企业一样,停止使用"大宝"字号,是一个事实问题。由于大宝化妆品公司与大宝日化厂对该事实说法不一,故根据"谁主张,谁举证"的原则,大宝化妆品公司对其主张负有举证责任。由于大宝化妆品公司始终未能提供《股权转让协议》,而其提供的证据都是该协议签订之后,强生中国公司与三露厂、大宝化妆品公司与大宝日化厂之间的来往信函等,因此,大宝化妆品公司以该等证据证明其主张的证明力较弱。因三露厂与大宝日化厂之间不存在隶属关系,故即使三露厂有所谓确认、承诺,亦对大宝日化厂没有约束力。考虑到大宝日化厂持续使用"大宝"字号已 20 多年,特别是本案中没有证据证明强生中国公司收购大宝化妆品公司时,大宝日化厂也参与其中且已经明确大宝日化厂也不能再继续使用"大宝"字号的事实,故本院对大宝化妆品公司关于判令大宝日化厂停止使用"大宝"字号的请求不予支持。

CY,维秘 | 案(20130423/C2013-12):字号作为企业名称进行保护需要一定市场知名度

维秘公司 v 锦天公司,一审,上海二中院(2012)沪二中民五(知)初字第 86 号判决书,何渊、胡宓、余震源

案情概要

原告维秘公司英文商号为"VICTORIA'S SECRET",对应的中文翻译为"维多利亚的秘密"——原告在中国注册了多个"维多利亚的秘密""VICTORIA'S SECRET"商标——被告锦天公司未经授权对外宣称其为原告的总经销商,在中国以直营或特许加盟形式开展经营活动——被告使用原告的"维多利亚的秘密""VICTORIA'S SECRET"商标和企业名称对外销售商品——原告起诉被告商标侵权,并构成擅自使用他人企业名称和虚假宣传的不正当竞争行为——法院认为被告销售的是正牌的维多利亚的秘密品牌内衣商品,无混淆误认,不构成商标侵权——原告的企业字号"VICTORIA'S SECRET"尚不属于我国反不正当竞争法保护的企业名称,且被告销售的商品也非假冒商品,不构成擅自使用他人企业名称的不正当竞争行为——被告行为构成引人误解的虚假宣传

裁判摘录

【11】……根据《反不正当竞争法》以及司法解释的规定,擅自使用他人企业名称或者姓名,引人误认为是他人商品的构成不正当竞争。在中国境内进行商业使用的外国(地区)企业名称,应当认定为《反不正当竞争法》第五条第(三)项规定的"企业名称"。具有一定的市场知名度、为相关公众所知悉的企业名称中的字号,可以认定为《反不正当竞争法》第五条第(三)项规定的"企业名称"。在本案中,原告明确在中国境内并没有实体经营活动,仅通过邮购和网购的方式进行销售,且原告提交的证据也不足以证明其主张的企业字号"VICTORIA'S SECRET"已经具有一定的知名度,为相关公众所知悉。因此,本院认为,原告的企业字号"VICTORIA'S SECRET"尚不属于我国反不正当竞争法保护的企业名称,且被告销售的商品也非假冒商品,因此,被告的行为不构成擅自使用他人企业名称的不正当竞争行为。

AFY,小拇指案(20130219/A20140626-30/F2013-22):企业名称中使用他人的企业名称可构成不正当竞争

兰某军等 v 天津小拇指公司等,二审,天津高院(2012)津高民三终字第46号判决书,刘震岩、赵博、向晓辉

案情概要

兰某军、杭州小拇指公司起诉天津小拇指公司、天津华商公司侵害其"小拇指"商标权并不正当竞争——单独或突出使用——注册和使用"tjxiaomuzhi"网站域名——杭州小

拇指超越经营范围——一审认定商标侵权，未认定不正当竞争——二审认定商标侵权及不正当竞争

裁判摘录

【13】天津小拇指公司以"小拇指"为字号登记使用，必然会使相关公众误认两者存在某种渊源或联系，加之天津小拇指公司存在单独或突出使用"小拇指"汽车维修、"天津小拇指"等字样进行宣传的行为，足以使相关公众对市场主体和服务来源产生混淆和误认，容易造成竞争秩序的混乱。

DY，三一重工案（20121206/D2012-02）：将他人企业名称及驰名商标作为企业字号使用可构成不正当竞争

三一重工 v 永合公司，二审，湖南高院（2012）湘高法民三终字第 61 号判决书，曾志红、邓国红、钱丽兰

案情概要

原告三一重工公司从事建筑工程机械、起重机械经营——拥有第 1550869 号商标，使用于第 7 类的压路机等，以及第 6131503 号"三一"注册商标，使用于第 7 类的地质勘探、采矿选矿用机器设备、采煤机、机床等——被告永合公司经营范围包括锻压机床、刀模具、工矿机械配件生产、销售——原告起诉被告未经许可在其企业名称中冠以"三一"文字，在其产品、对外宣传中使用"三一重工""三一机床"等标识构成商标侵权及不正当竞争——一审认为易产生误导，损害原告与"三一"商标的对应关系，构成对原告第 1550869 号驰名商标的侵犯——被告故意攀附原告的知名度及市场影响力，易产生混淆，构成不正当竞争——二审维持一审

裁判摘录

【4】上诉人未经被上诉人许可，在企业名称中冠以"三一"文字，该文字与被上诉人的企业名称相同，与被上诉人所持有的 1550869 号"三一"驰名商标亦相同，虽然二者分属经营不同商品的企业，但上诉人的行为明显故意攀附被上诉人的知名度及市场影响力，有可能使相关公众产生误认和混淆，对被上诉人的企业名称和商标功能产生实际损害，属于擅自使用他人的企业名称损害竞争对手的不正当竞争行为，并同时属于违反诚实信用原则、将他人驰名商标作为企业字号使用的不正当竞争行为。上诉人关于其行为不构成不正当竞争的上诉主张无事实及法律依据，依法应予驳回。

第六条

BY，五粮液Ⅱ案（20121130/B2012-23）：销售过程中使用生产商企业名称销售正品不构成不正当竞争

五粮液集团 v 天源通海公司，再审，最高院（2012）民申字第887号裁定书，夏君丽、钱小红、董晓敏

案情概要

五粮液集团起诉天源通海公司销售的酒产品上使用的标记侵犯其商标权，并构成不正当竞争—授权经销商—善意使用—一审、二审、再审均未支持原告

裁判摘录

【5】锦绣前程系列酒本身为五粮液公司所生产，天源通海公司在经营活动中使用五粮液公司的企业名称，主要是为了指明锦绣前程系列酒的生产商和来源以及宣传推广锦绣前程系列酒，使用五粮液公司的企业名称并不存在引人误认为是他人的商品的问题。

FY，宝马Ⅱ案（20121126/F2012-20）：使用第三方企业名称也可以构成不正当竞争

宝马公司 v 宝驰公司等，二审，北京高院（2012）高民终字第918号判决书，李燕蓉、孔庆兵、马军

案情概要

宝马公司注册有"宝马"系列商标—分别使用在第12类及第25类的相关商品—宝驰公司先后被案外人许可使用第3249546号"MBWL及图"商标和第4719183号"丰宝马丰 FENGBAOMAFENG及图"商标—第3249546号商标在服装等商品的注册被撤销—宝马公司诉宝驰公司在服装等商品、网站、店铺等多处使用的多个涉案标记构成商标侵权及不正当竞争—一审认为被告变形使用其被合法授权的标志—在相同商品上使用与原告引证商标近似的标记，构成商标侵权—被告使用涉案企业名称"德国世纪宝马集团股份有限公司"，有违诚信，易产生混淆误认，构成不正当竞争—无须认驰—二审维持一审判决

裁判摘录

【7】德国世纪宝马公司注册成立于香港特别行政区，而宝马公司为世界上知名的汽车制造商，注册成立于德国。广州世纪宝驰公司在服装吊牌、网站、宣传图册等处使用"德国世纪宝马集团股份有限公司"企业名称，意在利用宝马公司的商誉从事经营活动牟取非法利益，容易使相关公众对二者的产品及相互关联性产生混淆或误认，其行为违背诚实信用原则和公认的商业道德，原审法院认定广州世纪宝驰公司的行为构成对宝马公司的不正当竞争正确。广州世纪宝驰公司关于使用"德国世纪宝马集团股份有限公司"有合法授权，不构成侵权的抗辩理由不能成立，本院不予支持。

DY，姚明一代案（20120913/D2012-08）：擅自将他人姓名、肖像、签名及其相关标识进行商业性使用既侵犯人格权又构成不正当竞争

姚明 v 武汉云鹤公司，二审，湖北高院（2012）鄂民三终字第 137 号判决书，刘建新，陈辉，童海超

案情概要

知名男子篮球运动员姚明认为武汉云鹤公司擅自使用其姓名、肖像，利用虚构事实进行宣传，引人误认，使普通消费者误认误买；在产品上擅自将其姓名、肖像及包含其姓名的"姚明一代"作为商业标识进行使用，构成民事侵权和不正当竞争—要求赔偿 1000 万元—一审部分支持原告—判赔 30 万元—姚明上诉—二审法院认为原告并未提供因涉案侵权行为造成其直接损失依据及其计算方式，要求直接参照相关代言费赔偿其实际损失的事实和法律依据并不充分—被告侵权故意明显—改判被告赔偿 100 万元

裁判摘录

【3】……作为篮球运动员，姚明本身的市场知名度不言而喻，其商业价值、品牌影响力不容否认。武汉云鹤公司对姚明提交的其与案外人之间签订的相关代言协议的真实性虽提出质疑，但无法否认姚明品牌价值及其市场影响力。同时，姚明作为社会公众人物，一直具有良好的社会形象。在此情形下，受《反不正当竞争法》保护的自然人姓名，不同于一般意义上的人身权，是区别不同市场主体的商业标识。未经权利人授权或许可，任何企业或个人不得擅自将他人姓名、肖像、签名及其相关标识进行商业性使用。武汉云鹤公司作为市场经营者，违反公认的商业道德，违背诚实信用原

第六条

则，其行为不仅严重损害权利人的合法权益，也严重损害消费者的合法权益，严重扰乱社会经济秩序，应予立即和严厉制止。

FY，泥人张 II 案（20120522/F2012-36）：混淆是制止仿冒类不正当竞争行为的重要法律基础

泥人张世家 v 陈某谦等，二审，天津高院（2012）津高民三终字第 16 号判决书，王屹松、李华、刘震岩

案情概要

泥人张世家等主张其享有"泥人张"及"泥人张"第六代传人专有名称权、姓名权，认为被告陈某谦、雅观研究所等侵犯其权利并存在虚假宣传，构成不正当竞争——一审认为被告的使用不侵犯原告权利，亦不构成虚假宣传——二审维持一审判决

裁判摘录

【7】本案中，上诉人泥人张世家认为其对"泥人张"享有专有权，并据此主张被上诉人使用"泥人张"的行为侵犯了其企业名称权，构成不正当竞争。本院认为，首先，泥人张世家的企业名称是"天津市泥人张世家绘塑老作坊"，泥人张世家在二审中当庭认可其在经营场所悬挂的招牌是"泥人张世家"。根据天津市高级人民法院（1996）高知终字第 2 号民事判决，张明山后代从事彩塑创作的人员和天津泥人张彩塑工作室经有关部门核准均有权将"泥人张"名称作为企业或机构名称的部分内容使用，双方未经协商一致，不得将"泥人张"名称转让或许可他人使用。从目前天津市范围内泥人张世家、天津市泥人张塑古斋和天津泥人张彩塑工作室同时并存的现状可以看出，名称中含有"泥人张"的企业或机构，在实际使用时已各自从字号上区分彼此，基于这种区分使用的现状，应认定泥人张世家的字号为"泥人张世家"而非"泥人张"，故泥人张世家无权单独就"泥人张"作为其字号主张权利。其次，混淆是制止仿冒类不正当竞争行为的重要法律基础。本案中，被上诉人只是在介绍陈某谦身份时使用了"泥人张第六代传人"的称谓，并未将"泥人张""泥人张世家"作为商标、商品名称或企业名称中的字号等商业标识单独或突出使用，显然不具有"搭他人商业成果便车"的主观恶意，亦不足以造成相关公众的混淆、误认。故被上诉人的使用行为未侵害泥人张世家的企业名称权，不构成对泥人张世家的不正当竞争。上诉人的该项主张，本院不予支持。

FY，zhoulibo 案（20120426/F2012-37）：具有一定市场知名度的自然人姓名及对应拼音可依反法得到保护

岳某宇 v 周立波，一审，上海二中院（2011）沪二中民五（知）初字第 171 号判决书，芮文彪、何渊、赵福生（陪）

案情概要

原告注册了域名 zhoulibo.com—被告投诉—亚洲域名争议解决中心认为原告是恶意注册，裁决将涉案域名转移给被告—原告认为亚洲域名中心的上述裁决不符合相关法律的规定—诉至法院—一审法院驳回原告诉讼请求

裁判摘录

【13】……在商品经营中使用具有一定市场知名度，为相关公众所知悉的自然人的姓名、笔名、艺名等享有禁止他人擅自使用或禁止他人以不正当手段从事市场交易等经营活动的合法权益。本案中，自 1984 年起，被告周立波一直使用其姓名"周立波"参加各类商业性演出，主演了《浪荡鬼》、《今夜星辰》、《笑看明天》、《美景佳缘》等多部脍炙人口的滑稽戏，参演了《王先生之欲火焚身》和《家里比较烦》等影视剧，特别是在 2006 年 12 月推出《海派清口》专场。可见，在 2007 年 10 月 7 日，原告岳彤宇注册涉案域名之前，被告周立波的姓名"周立波"已经因其商业表演，在相关公众中具有一定的知名度，为相关公众所知悉。在 2007 年 10 月后，被告周立波作为表演者推出了《笑侃三十年》、《笑侃大上海》等海派清口专场，参与了《壹周立波秀》、《中国达人秀》等节目，接受了多家媒体的专访，被誉为海派清口创始人。以上事实足以证明被告周立波在其海派清口等商业性演出中使用了其姓名"周立波"，被告周立波的姓名已因其商业性演出具有较高的知名度，而"zhoulibo"是被告周立波姓名拼音的表现形式，两者具有一一对应关系，故被告周立波的姓名及其拼音"zhoulibo"已为相关公众所知悉。综上，本院认为，被告周立波对其姓名"周立波"及其拼音"zhoulibo"享有禁止他人擅自使用或禁止他人以不正当手段从事市场交易等经营活动的合法权益。

第六条

SY，谷歌 II 案（20120405）：企业成立之前预先核准的企业名称应视情况给予适当的保护

谷歌中国 v 北京谷歌，再审，最高院（2011）民监字第 57 号裁定书，于晓白、骆电、王艳芳

案情概要

　　谷歌中国认为北京谷歌违反诚实信用原则和公认的商业道德，损害其在先取得的合法权益—要求判令北京谷歌停止商标侵权及不正当竞争行为，变更其企业名称，赔偿损失—一审认为中文"谷歌"商标属于申请中、未核准的未注册商标，尚不能产生注册商标专用权的效力，故不属于权利保护的范畴—谷歌中国对"谷歌"企业名称享有在先权利，美国 GOOGLE 公司和谷歌中国对"GOOGLE"享有驰名商标权和翻译名称权—北京谷歌使用"谷歌"注册企业名称构成侵权—变更企业名称，赔偿 10 万元—二审基本维持一审判决，认为赔偿数额并无不当—没必要认驰，纠正一审部分措辞—北京谷歌申诉被驳回

裁判摘录

　　【3】依照企业名称登记管理相关行政法规及行政规章的规定，企业名称须经核准登记注册后方可使用，并在规定的范围内享有专用权。可见，于核准登记注册之前，企业并不享有相应的企业名称权。但这并不意味着在核准登记注册之前，企业就其名称不享有任何权益。但是，对于企业成立之前预先核准的企业名称，应视情况给予适当的保护。【4】本案中，谷歌中国于 2006 年 3 月 20 日取得了企业名称预先核准。三日后，国家工商行政管理总局将该预先核准的信息在中国外资登记网上进行了公示，已为公众所知晓。之后，谷歌中国在该企业名称保留期限内得以成立。美国 GOOGLE 公司作为世界范围内有影响的互联网企业，其"GOOGLE"标识作为其企业字号及注册商标有着较高的知名度。鉴于美国 GOOGLE 公司的子公司谷歌爱尔兰在中国设立谷歌中国取得企业名称预先核准、公示的时间早于北京谷歌，且美国 GOOGLE 公司通过互联网向全球正式发布"GOOGLE"中文翻译名称为"谷歌"的时间亦早于北京谷歌，故一审、二审法院以美国 GOOGLE 公司基于"GOOGLE"和"谷歌"厂商名称享有的相应权利均应受中国法律保护，并认定美国 GOOGLE 公司许可谷歌中国使用"GOOGLE"和"谷歌"字号的协议合法有效，谷歌中国根据授权协议依法有权提起本案之诉并无不当。就谷歌中国而言，由于其系外商投资企业，故其设立程序较之内资企业较为复杂，从时间上看，其被批准设立并取得营业执照的时间虽然晚于北京谷歌，但这并不影响谷歌中国对已取得企业名称预先核准后所应享有的相关权益的保护。北京谷歌以其领取经营执照的时间早于谷歌中国，应对"谷歌"字号享有在先权利的主张缺乏依据。

AFY，天津青旅案（20120320/A20140626-29/F2012-35）：企业简称视同企业名称享受反不正当竞争法保护

天津中青旅 v 天津国青旅，二审，天津高院（2012）津高民三终字第 3 号判决书，李

华、刘震岩、裴然

案情概要

天津中青旅诉天津国青旅擅自使用其企业名称—企业简称—明知—恶意—一审基本支持原告—二审维持一审判决

裁判摘录

【1】"天津青旅"作为企业简称，已与天津中国青年旅行社之间建立起稳定的关联关系，具有识别经营主体的商业标识意义。对于具有一定市场知名度并为相关公众所熟知、已实际具有商号作用的企业名称的简称，可以根据《中华人民共和国反不正当竞争法》第五条第（三）项的规定，依法予以保护。【3】未经天津中国青年旅行社的许可，涉诉网站及其推广链接与赞助商链接中擅自使用"天津中国青年旅行社"及"天津青旅"，足以使相关公众在网络搜索、查询中产生混淆误认，损害了天津中国青年旅行社的合法权益，该擅自使用行为依照《中华人民共和国反不正当竞争法》第五条第（三）项的规定构成不正当竞争行为，应予制止，并承担相应的民事责任。

CFY，唐老一正斋案（20110525/C2011-12/F2011-31）：仅广告投入不足以证明字号知名度

唐老一正斋 v 一正集团等，二审，江苏高院（2009）苏民三终字第 91 号判决书，吕娜、刘莉、施国伟

案情概要

唐老一正斋起诉被告使用"一正"作为字号，并在膏药上使用含有"一正"汉字名称的行为构成不正当竞争—知名商品—混淆—一审、二审均认为不构成不正当竞争

裁判摘录

【5】对于老字号商品来说，其是否可以获得反不正当竞争法及相关司法解释所规定的知名商品的保护，应当结合老字号的历史商誉等因素予以综合考量，而不能仅仅考虑广告宣传投入等因素。

FY，小羚羊案（20110315/F2010-43）：将他人知名字号用作商标构成不正当竞争

小羚羊公司 v 捷安达公司，二审，江苏高院（2010）苏知民终字第 161 号判决书，王天红、袁滔、张长琦

【案情概要】

小羚羊公司认为其企业名称中特有的"小羚羊"字号通过公司大量的广告投入及媒体宣传为全国消费者所熟知，被告捷安达公司擅自在其商品及市场推广中使用"小羚羊"的行为构成不正当竞争——一审认为被告捷安达公司将"小羚羊"标识用于电动自行车上属擅自使用小羚羊公司的企业名称，构成对小羚羊公司企业名称权的侵犯，构成不正当竞争——二审维持一审判决

【裁判摘录】

【6】2010 年 5 月，捷安达公司获准注册的"小羚羊"文字商标核定使用商品仅限于自行车；自行车、三轮车等方向指示器；自行车、三轮车或摩托车鞍座，并不包括电动自行车。因此，捷安达公司无权据此在电动自行车上使用"小羚羊"文字商标。即使如捷安达公司所主张，其已向国家商标局提出在电动自行车上核准使用"小羚羊"图文商标的申请，也不足以证明其有权在电动自行车上使用"小羚羊"商标。鉴于"小羚羊"字号的行业知名度，一审法院认定捷安达公司在电动自行车上使用"小羚羊"文字标识，具有攀附小羚羊公司"小羚羊"字号的恶意，并无不当。由于该标识的主要部分仍为"小羚羊"，捷安达公司将该标识用于电动自行车上，足以使相关公众误认为该商品来源于小羚羊公司。一审法院据此认定捷安达公司将该标识用于电动自行车上属擅自使用小羚羊公司的企业名称，构成对小羚羊公司企业名称权的侵犯，符合法律规定，应予维持。捷安达公司关于其未侵犯小羚羊公司的企业名称权，不构成不正当竞争的上诉理由，没有依据，本院不予支持。

FY，周黑鸭Ⅰ案（20110608/F2011-24）：将他人知名商标注册使用为企业名称构成不正当竞争

湖北周黑鸭公司 v 湖北汉味周黑鸭公司，二审，湖北高院（2011）鄂民三终字第 25 号判决书，合议庭成员［缺］

【案情概要】

原告湖北周黑鸭公司认为，被告在产品上使用与其注册商标近似的图形、文字，

侵犯其商标权，采用与其相同的产品名称、包装装潢侵犯其知名商品特有的名称、包装、装潢权，恶意注册并不当使用"汉味周黑鸭"企业名称，侵犯了其知名商品的特有名称——一审认为被告使用及授权加盟店使用的小男孩图形与原告部分引证商标标识近似，易混淆，构成商标侵权——被告注册并使用"汉味周黑鸭"企业名称有明显"傍名牌""搭便车"的故意，侵犯原告"周黑鸭"在先知名企业名称和知名商品特有名称、包装、装潢，也构成虚假宣传——二审维持一审判决

裁判摘录 ❶

【1】汉味周黑鸭公司在同属第 29 类商品的包装、购物袋、礼盒、网站和加盟店店面招牌、购物小票等上面使用与第 6716524 号图形商标、第 6313769 号图形商标几乎相同或近似的小男孩图形标识"（缺图）"，其行为极易造成消费者的混淆，构成对第 6716524 号、第 6313769 号注册商标的侵犯。而第 4685626 号商标系"周黑鸭"文字加图形的组合商标，其商标中的图形部分即已在本案中得到相应保护，文字部分即"周黑鸭"三字其作为鸭类卤制品的商品名称及企业名称更为知名，且其所核定使用的商品或服务范围毕竟分属不同类别，因此原审认定汉味周黑鸭公司在其产品包装、购物袋、礼盒、网站和加盟店店面招牌、购物小票等上面使用视觉上基本无差别的小男孩图形标识，以及"周黑鸭"汉字、汉语拼音文字，并未侵犯湖北周黑鸭公司第 4685626 号注册商标专用权，并无明显不当。原审单基于汉味周黑鸭公司企业名称核准时间早于第 4685626 号商标核准注册时间以及二者所核准商品或服务范围之间的不同，认定汉味周黑鸭公司登记注册并使用"汉味周黑鸭"企业名称的行为不构成对第 4685626 号注册商标的侵犯，略有不妥。但由于原审已认定汉味周黑鸭公司登记注册并使用"汉味周黑鸭"企业名称的行为构成不正当竞争，且汉味周黑鸭公司的涉案侵权行为存在竞合之可能，故原审认定汉味周黑鸭公司注册并使用"汉味周黑鸭"企业名称的行为不构成侵犯第 4685626 号注册商标专用权，具有相应依据。遂依照《民事诉讼法》第一百五十三条第一款第（一）项之规定，判决驳回双方上诉，维持原审判决。

第六条

第 6716524 号商标图样

第 6313769 号商标图样

第 4685626 号商标图样

---

❶ 摘自《中国知识产权指导案例评析》（第 4 辑），非判决原文。

CFY，尼康案（20101228/C2012-08/F2010-39）：企业名称也可跨类获得反法保护

株式会社尼康 v 浙江尼康等，一审，西安中院（2009）西民四初字第 302 号判决书，姚建军、张熠、史琦

案情概要

株式会社尼康起诉浙江尼康等在电动车及店招等位置使用涉案标志侵犯其注册在相机等商品上的"Nikon"等商标—不正当竞争—认定驰名—法院支持原告主张

裁判摘录

【18】浙江尼康使用"尼康"作为企业字号具有明显的攀附株式会社尼康商业声誉的主观意图，其在经营中使用"尼康"作为企业字号，足以误导相关公众将浙江尼康及其产品与株式会社尼康发生混淆、误认或建立联系，因此，浙江尼康构成对株式会社尼康的不正当竞争。

BCFY，正野 II 案❶（20100106/B2010-23/C2012-03/F2010-40）：企业名称权益可承继

伟雄集团等 v 顺德正野等，再审，最高院（2008）民提字第 36 号判决书，于晓白、夏君丽、殷少平

案情概要

伟雄集团等三原告通过长期、大量的宣传，使"正野"商标及其产品在市场上具有较高声誉—原告起诉顺德正野等对"正野"的使用构成不正当竞争—一审支持原告—二审认为被告是正当使用—再审认为构成不正当竞争—字号权益的承继—被告行为足以导致误认

裁判摘录

【7】受反不正当竞争法保护的企业名称，特别是字号，不同于一般意义上的人身

---

❶ 该案提审裁定是 2008 年年报案例"正野 I 案"。

权，是区别不同市场主体的商业标识，本质上属于一种财产权益。根据原审法院查明的事实，1994 年 5 月，原顺德市正野电器实业公司开始使用正野字号，高明正野公司于 1996 年 5 月成立。1998 年 4 月 30 日，原顺德市正野电器实业公司并入高明正野公司。原顺德市正野电器实业公司注销后，其债权债务均由高明正野公司承继，字号所产生的相关权益也可由高明正野公司承继。【8】原顺德市正野电器实业公司于 1994 年 5 月即开始使用"正野"字号，且于 1995 年 1 月获得伟雄集团公司的授权，使用"正野 GENUIN"商标。高明正野公司成立后，也根据与伟雄集团公司的商标许可合同，使用"正野 GENUIN"商标。通过原顺德市正野电器实业公司和高明正野公司的广告宣传和相关商品的销售，"正野"字号及相关产品已具有一定的市场知名度，为相关公众所知悉。1999 年 2 月，顺德光大集团公司将"正野 ZHENGYE"注册商标许可顺德正野公司使用，生产经营家用电风扇、插头插座、空调器等。顺德正野公司在其开关插座的宣传资料、宣传报刊、经销场所、价目表、包装盒、包装袋等的显著位置上使用"正野 ZHENGYE"字样。顺德光大集团公司、顺德正野公司使用"正野 ZHENGYE"商标的行为，足以使相关公众对商品的来源产生误认，侵犯高明正野公司在先"正野"字号权益，构成不正当竞争。

DY，宝马Ⅰ案（20091215/D2009-04）：搭乘他人知名字号便车属于不正当竞争

宝马公司 v 世纪宝马公司等，一审，湖南高院（2009）湘高法民三初字第 1 号判决书，孙元清、唐慧、钱丽兰

案情概要

宝马公司诉世纪宝马公司等商标侵权及不正当竞争——一审认定原告第 12 类的引证商标驰名——世纪宝马公司未对宝马公司的在先权利采取适当的避让措施，未正当使用案外人许可其使用的商标——模仿原告宝马公司的驰名商标——不正当利用宝马公司驰名商标的市场声誉牟取不法利益——易造成相关公众误认——侵犯商标权——明知宝马公司具有较高知名度的企业字号为"宝马"，仍将"宝马"文字组合登记为企业名称中的字号进行商业使用——违背诚实信用原则和公认的商业道德——侵犯宝马公司知名字号——构成不正当竞争

裁判摘录

【7】……原告宝马公司带有"BMW"商标的汽车自进入中华人民共和国境内以来，其"BMW"商标、字号一直与中文"宝马"文字作为商标和字号联合使用，"宝

马"字号因宝马公司的长期使用和广泛宣传已产生很强的显著性，"宝马"代表了宝马公司的汽车商品所具有的优秀品质，宝马（BMW）商标、字号已经完全与宝马公司提供的汽车商品之间建立了特定的、一一对应的联系，"宝马"已成为 BMW 汽车品牌在中国境内的统一称呼，经过宝马公司长期经营和广泛宣传，其"宝马"字号已为业内人士及相关公众广为知悉。字号作为企业名称中的核心要素，是一个企业区别于其他企业的主要标志。……被告世纪宝马公司在明知宝马公司具有较高知名度的企业字号为"宝马"的情况下，仍将"宝马"文字组合登记为"深圳市世纪宝马服饰有限公司"企业名称中的字号进行商业使用，同时，还在产品上使用案外人"世纪宝马集团有限公司"企业名称，明显违背诚实信用原则和公认的商业道德。其行为的目的就是要利用原告宝马公司所享有的商业信誉从事经营活动，获取非法利益。……二者非常近似，容易使相关公众对原告与被告公司的产品及其关联性产生混淆或误认，从而达到其"搭便车"非法牟利的目的。尽管世纪宝马公司提供的是服装、服饰商品，但由于"宝马"已属于宝马公司的驰名商标，其作为字号也已具有较高的知名度，为相关公众所知晓，因此被告世纪宝马公司登记并使用含有"宝马"字样的企业名称，以及使用案外人在香港登记的世纪宝马集团有限公司企业名称显然是在有意误导公众，具有明显的主观恶意，属于典型的不正当竞争行为，依法应当予以禁止。

DY，吴良材案（20091127/D2009-05）：明知他人字号知名度及影响力仍变更为与之相同的字号属于有攀附故意

三联集团等 v 苏州吴良材眼镜公司，二审，江苏高院（2009）苏民三终字第 181 号判决书，吕娜、徐美芬、陈芳华

案情概要

原告三联集团、三联吴良材眼镜公司起诉被告在其店面招牌、眼镜盒等相关产品和服务上对"吴良材"字号的使用侵害其"吴良材"注册商标专用权——被告将"吴良材"作为其字号登记并使用的行为构成不正当竞争——一审认为被告在其店面招牌、眼镜盒等相关产品和服务上对其"吴良材"字号的使用侵害了"吴良材"注册商标专用权，同时，将"吴良材"作为其字号登记并使用的行为构成不正当竞争——二审维持一审判决

裁判摘录

【14】……从苏州吴良材眼镜公司一审庭审中的陈述来看，其在与"吴良材"字号或商标没有任何渊源的情况下，之所以将企业字号由"宝顺"变更为"吴良材"的原

因在于其知晓"吴良材"在眼镜行业的影响。"吴良材"虽然最初只是自然人的姓名，但是自吴良材本人于1807年将其姓名作为企业字号使用之后，"吴良材"就具有了双重属性，既是自然人的姓名，又是企业的字号。由于"吴良材"作为企业字号的长期使用，其知名度和影响力也随之不断扩大，并于1993年被国内贸易部认定为"中华老字号"，结合被上诉人的前身早在1987年6月和1997年5月即在江苏省境内相继设立"上海吴良材眼镜店南通分店"和"上海三联商业（集团）吴良材眼镜昆山店"，并在1998年1月在浙江省境内设立"嘉兴上海吴良材眼镜有限公司"的事实，以及上诉人一审中关于吴良材主要成名于江浙一带的陈述，可以证明在上诉人于1998年3月及1999年11月变更其经营部及企业字号之前，"吴良材"作为眼镜行业的企业字号在江浙地区已具有较高知名度。上诉人苏州吴良材眼镜公司作为"吴良材"字号影响力所覆盖区域内的同行业竞争者，其在理应知晓"吴良材"字号知名度及影响力的情况下，仍将其企业名称由"宝顺"变更为"吴良材"，主观上具有明显攀附三联吴良材眼镜公司"吴良材"字号知名度和影响力的故意。苏州吴良材眼镜公司关于被上诉人没有证据证明其在变更企业字号前"吴良材"品牌具有较高知名度，其不具有攀附故意的上诉理由不能成立，本院不予支持。

FY，瑞特案（20091102/F2009-39）：企业全称在规定范围内有绝对专用权

瑞特公司 v 刘某，一审，大连中院（2009）大民四初字第237号判决书，白波、贾春雨、李守众

案情概要

原告瑞特公司认为被告刘某在网页"公司简介"中，采用与其网页几乎完全相同的宣传用语，并称瑞特公司系其下属公司，构成不正当竞争——一审支持原告——被告利用其他企业名称及产品声誉形成的优势地位，采取搭便车的方式开展竞争的行为，构成了对他人企业名称专用权的侵犯及不正当竞争

裁判摘录

【1】对于企业名称的全称，企业在规定的范围内享有绝对的专用权。经工商机关核准注册的企业名称，在全国范围内他人不得擅自使用。企业名称是区别不同市场主体的标志，在企业经营过程中，企业名称与其商业信誉、产品或服务质量紧密相连，可以产生较强的广告效应和公众影响力。

FY，蚂蚁搬家案（20090804/F2009-26）：在先企业名称的合法使用应受保护

成都蚂蚁公司及江西蚂蚁公司 v 南昌蚂蚁公司，二审，江西高院（2009）赣民三终字第 20 号判决书，刘建玲、丁保华、曾光

案情概要

原告成都蚂蚁公司于 1996 年成立，享有蚂蚁图形商标（2000 年注册）和"蚂蚁"文字商标（2002 年注册）的专用权，类别均为第 39 类运输经纪、递送（信件和商品）等服务—另一原告江西蚂蚁公司于 2007 年 4 月成立，2008 年获得成都蚂蚁公司许可使用涉案商标—被告南昌蚂蚁公司于 2001 年成立，在南昌地区使用"蚂蚁"企业字号在先—原告起诉被告商标侵权和不正当竞争—被告反诉原告商标侵权和不正当竞争—一审认为被告使用"蚂蚁"文字作为企业名称组成部分经合法登记享有在先权利，在店堂招牌上使用蚂蚁图形商标的行为侵犯了商标所有权人的专用权—江西蚂蚁公司、南昌蚂蚁公司均存在侵权行为—二审维持一审判决

裁判摘录

【1】……在权利发生冲突时，应当按照诚实信用、维护公平竞争和保护在先权利等原则，保护合法的在先权利。根据已查明的事实，南昌蚂蚁公司早于江西蚂蚁公司成立，其虽晚于成都蚂蚁公司成立，但由于企业名称、字号保护限于一定地域范围，且成都蚂蚁公司没有在南昌地区开展业务，因此，南昌蚂蚁公司在南昌地区使用"蚂蚁"企业字号在先。……江西蚂蚁公司合法取得成都蚂蚁公司商标排他使用权，有权禁止他人在相同或类似服务上使用近似或相同商标，对南昌蚂蚁公司使用与注册商标相近似的图形商标，已通过原判认定侵权并责令停止使用，对此，江西蚂蚁公司和南昌蚂蚁公司均未提出异议，也未提出上诉。但江西蚂蚁公司受让商标使用权并不等同企业名称权，即使成都蚂蚁公司使用企业名称在先，该项由成都蚂蚁公司享有的权利与江西蚂蚁公司无涉，江西蚂蚁公司并不由此获得在先权对抗南昌蚂蚁公司的在先权；何况，南昌蚂蚁公司的企业名称中使用蚂蚁字号，并不具有恶意或傍名牌搭便车的故意，不构成对成都蚂蚁公司企业名称权的侵犯，因此，该项主张没有理由，不予支持。

FY，嘉实多案（20090625/F2009-36）：合法形式掩护利用他人商业信誉商标声誉有违诚信

嘉实多公司 v 姚某新等，一审，上海二中院（2008）沪二中民五（知）初字第 91 号判

决书，李国泉、陈燕雯、寿仲良

案情概要

嘉实多公司注册有"CASTROL"系列商标—姚某新出资成立香港嘉实多公司—申请注册"CASIBAR 嘉帅及图"商标—嘉实多公司提异议—商标局发布异议公告—香港嘉实多公司的产品包装上使用了"CASIBAR 嘉帅及图"商标—对外宣传中突出使用"嘉实多"文字—多个工商部门认为其产品属仿冒产品—嘉实多公司诉其构成不正当竞争—一审认为被告利用了嘉实多公司的商业信誉，使他人对商品来源产生混淆，构成不正当竞争

裁判摘录

【8】……两被告以境外授权的表面合法形式为掩护，在中国大陆境内商业使用包含"嘉实多"字号的香港嘉实多公司企业名称，以此利用原告的商业信誉、商标声誉从事经营活动，使他人对市场主体及其商品的来源产生混淆，其行为违背了民事活动应当遵循公平、诚实信用的原则以及公认的商业道德，损害了原告的合法权利，破坏了公平竞争秩序，其行为构成对原告的不正当竞争……

第六条

BCFY，山起案（20090427/B2009-24/C2010-03/F2009-34）：企业特定简称可视为企业名称获得反法保护

山东起重机厂 v 山起重工，再审，最高院（2008）民申字第 758 号裁定书，王永昌、邰中林、李剑

案情概要

山东起重机厂起诉山起重工侵犯其"山起"字号，构成不正当竞争—公众认可的特定简称—混淆可能—一审、二审、再审基本支持原告主张

裁判摘录

【5】……对于具有一定市场知名度、为相关公众所熟知并已实际具有商号作用的企业或者企业名称的简称，可以视为企业名称。如果经过使用和公众认同，企业的特定简称已经为特定地域内的相关公众所认可，具有相应的市场知名度，与该企业建立起了稳定联系，已产生识别经营主体的商业标识意义，他人在后擅自使用该知名企业

简称，足以使特定地域内的相关公众对在后使用者和在先企业之间发生市场主体上的混淆，进而将在后使用者提供的商品或服务误认为在先企业提供的商品或服务，造成市场混淆，在后使用者就会不恰当地利用在先企业的商誉，侵害在先企业的合法权益。此时，《反不正当竞争法》第五条第（三）项对企业名称保护的规定可以适用于保护该企业的特定简称。山起重工公司与山东起重机厂同处青州市区，两者距离较近，经营范围基本相同，在"山起"作为山东起重机厂的特定简称已经为相关公众认可的情况下，山起重工公司也理应知道"山起"是山东起重机厂的特定简称。在这种情况下，山起重工公司仍然在企业名称中使用"山起"作为字号，足以造成相关公众对两家企业产生误认，侵犯了山东起重机厂的合法权益，构成不正当竞争。

CWX，欧莱雅 I 案（20081219/C2009-11）：实际以傍名牌为目的使用他人字号属于不正当竞争

罗芙仙妮公司 v 上海工商金山分局等，二审，上海一中院（2008）沪一中行终字第367号判决书，糜世峰、李欣、樊华玉

案情概要

上海工商金山分局根据该案第三人欧莱雅公司举报，查处并认定罗芙仙妮公司生产、销售涉案化妆品，擅自使用"欧莱雅"字号，易使消费者产生混淆—行政处罚—上海工商复议维持原行政处罚决定—原告起诉要求认定其不侵权—原告法定代表人在香港注册登记了"法国欧莱雅集团有限公司"，并授权罗芙仙妮公司作为该集团下属"罗芙仙妮"品牌在中国的全权代理，宣传使用该集团公司的企业徽标、企业名称、公章等—一审、二审均未支持原告主张，认定被告行为属于傍名牌，属于不正当竞争行为

裁判摘录

【6】……企业生产经营中需诚实信用、公平竞争。上诉人罗芙仙妮公司在委托生产、销售的"罗芙仙妮"系列化妆品和"碧优泉"系列化妆品的产品、包装以及宣传中突出"法国""欧莱雅"，在招商手册中称"来自法国的顶级品牌"，又将与大众熟悉的"L'OREAL"相似的"OREAL"、图形商标等在"碧优泉"化妆品上联合标注，而在化妆品的包装上均未标识实际权利人或生产企业，且在宣传中又未予以特示的区别。……法国欧莱雅集团有限公司由上诉人罗芙仙妮公司法定代表人才某晶于2004年5月27日在香港注册成立，2004年9月14日罗芙仙妮公司注册成立，同月17日法国欧莱雅集团有限公司即对罗芙仙妮公司授权使用企业名称、公章等；2006年12月才某

晶通过股权转让成为复杉公司唯一股东和法定代表人后，罗芙仙妮公司又委托复杉公司加工生产涉案化妆品，从法定代表人均为才某晶的法国欧莱雅集团有限公司在香港的注册成立及对罗芙仙妮公司的授权，到罗芙仙妮公司委托复杉公司生产涉案化妆品等一系列的行为，再结合才某晶"法国欧莱雅集团有限公司不从事生产经营活动，为罗芙仙妮品牌产品授权而注册"的陈述，以及上诉人罗芙仙妮公司在化妆品标识、产品以及企业宣传中的种种行为，可以判断法国欧莱雅集团有限公司在香港的注册成立系为了规避国内对企业注册的严格审查，具有规避法律的主观恶意性，也可以认定该系列运作的真实目的是为了傍用第三人"欧莱雅"的驰名企业名称，混淆上诉人产品和第三人产品、使消费者将上诉人商品误认为第三人的"欧莱雅""碧欧泉"产品，上诉人认为不存在不正当竞争行为，不予采信。

BY，正野Ⅰ案❶（20081215/B2008-14）：企业名称权益可以承继

伟雄集团等 v 顺德正野等，再审，最高院（2005）民三监字第 15－1 号裁定书

【案情概要】

　　伟雄集团等三原告通过长期、大量的宣传，"正野"商标及其产品在市场上具有较高声誉—原告起诉顺德正野等对"正野"的使用构成不正当竞争—一审支持原告—二审认为被告是正当使用—再审认为字号相关权益可承继—如有混淆，仍可能构成不正当竞争—裁定提审

【裁判摘录】

　　【1】……受反不正当竞争法保护的企业名称，特别是字号，不同于一般意义上的人身权，是区别不同市场主体的商业标识。原顺德市正野电器实业公司注销后，其债权、债务均由高明正野公司承继，字号也可由高明正野公司承继。【2】再审被申请人顺德正野公司与再审申请人伟雄集团公司、原顺德市正野电器实业公司均在同一地区，知道再审申请人"正野"商标和"正野"字号的知名度，却登记使用与再审申请人伟雄集团公司"正野"注册商标相同的"正野"文字作为企业名称中的字号，使用与高明正野公司企业名称字号相同的"正野"字号，生产经营电风扇、插头插座、空调器等，倘若足以使相关公众对商品的来源产生混淆，即使再审申请人伟雄集团公司的"正野 GENIUN"商标未被认定为驰名商标或者著名商标，或者未突出使用企业名称字号，仍可构成不正当竞争行为。二审法院以再审被申请人顺德正野公司成立的时间早

―――――――――

　　❶　该案提审后法院的判决是 2010 年度年报案例和五十典型案例，以及 2012 年第 3 期公报案例的"正野Ⅱ案"。

第六条

于 2000 年 12 月伟雄集团公司的"正野 GENIUN"商标被评为广东省著名商标的时间为由，认定未构成侵犯商标权，且顺德正野公司根据顺德光大集团的许可拥有"正野 ZHENGYE"商标使用权，使用"正野"字号具有合法的权利基础和正当理由的认定，适用法律错误。

FY，华联案（20081017/F2008-37）：恶意注册和使用他人字号构成不正当竞争行为

华联超市 v 金湖世纪华联公司等，二审，上海高院（2008）沪高民三（知）终字第 111 号判决书，朱丹、杨煜、马剑峰

案情概要

华联超市起诉金湖世纪华联公司等擅自使用与其"华联"字号相近似的"世纪华联"字号并有其他不正当竞争行为——一审支持企业名称部分的诉请，不支持关于门店特有装潢被侵犯部分的主张——对外销售原告定牌产品属于搭便车，有恶意——二审维持一审判决

裁判摘录

【4】……从形式上看，金湖世纪华联公司的企业名称系通过行政审批合法取得，但该公司对企业名称的登记及使用具有明显的主观恶意，对此，原审法院已作了详尽的分析，本院不再赘述。金湖世纪华联公司将"华联"作为企业字号的一部分注册，系以合法形式掩盖其非法目的，不仅损害了被上诉人的合法权益，而且损害了消费者的合法权益，扰乱了社会经济秩序，构成不正当竞争。

SWY，中信案（20080923）：将姓名作为企业名称的字号注册使用不得违反诚实信用原则

中信集团 v 中信家具公司等，二审，北京高院（2007）高民终字第 1809 号判决书，张冰、钟鸣、程霞

案情概要

中信集团起诉中信家具公司等在使用"中信"标记侵犯其"中信"商标并构成不

正当竞争—主张驰名—一审不支持中信集团—中信家具公司开始使用"中信"作为企业字号早于中信集团，且使用字号有合理来源—虽然中信家具公司注册使用"中信"字号晚于中信集团取得"中信"注册商标，但中信集团未举证证明中信家具公司注册其企业名称字号时，其"中信"商标已经处于驰名状态—不能跨类保护—二审认为中信家具公司注册成立时中信集团的字号"中信"已经有较高知名度，其"中信"商标已经驰名—构成商标侵权及不正当竞争

裁判摘录

【7】由于中信集团的"中信"字号在顺德中信家具公司注册成立时已经具有较高的知名度，其"中信"商标也已经达到驰名商标的状态，中信集团的经营、投资业务遍及多个不同领域，因此顺德中信家具公司在其企业名称中注册、使用"中信"，容易使人误解其所生产、销售的商品来自中信集团，因此构成擅自使用他人企业名称的不正当竞争行为。对于原审判决以顺德中信家具公司法定代表人的父亲名字为陈中信而作出的其将"中信"作为其企业名称的一部分注册、使用有正当理由的认定，本院认为，将姓名作为企业名称的字号注册、使用，同样不得违反诚实信用原则并不得侵犯他人在先的企业名称权，故原审判决的上述认定是错误的，本院予以纠正。中信集团关于顺德中信家具公司注册、使用"中信"字号构成不正当竞争的上诉主张成立，本院对此予以支持。

FY，凯摩高案（20080505/F2008-29）：中外文标志未建立起唯一、特定的联系和指向关系则不能认定近似

凯摩高公司 v 盐城凯摩高公司，盐城中院（2007）盐民三初字第36号判决书，陈健、葛丹峰、吴名

案情概要

原告凯摩高公司注册有"www.camoga.com"和 www.camoga.it 域名，并通过国际注册使其商标"CAMOGA"在中国获得保护—原告起诉被告盐城凯摩高公司商标侵权及不正当竞争—原告要求认定"CAMOGA"驰名—一审认为不需认定驰名—被告注册涉案域名 www.chinacamoga.com 和 www.camoga.net 构成商标侵权及不正当竞争—被告将其企业名称标注为"Yancheng Camoga Machinery Co. Ltd"，构成不正当竞争—被告将中文"凯摩高"注册为企业字号及用作产品标识的行为不构成商标侵权或不正当竞争

【5】……首先，原告凯摩高公司是在意大利注册的一家外国公司，企业名称为"Camoga S. p. A."，其核心字号"Camoga"与中文"凯摩高"在表现形式上并不相同。虽然原告在中国国内设立了全资子公司"南京凯摩高"，但在法律上，原告和其子公司是两个独立的民事法人主体，其经营行为产生的法律上的权利义务关系并不相同，故不能认为被告的企业注册侵犯了原告的企业名称权。其次，从"凯摩高"与原告注册商标"CAMOGA"相似性的对比上来分析，要认定中文"凯摩高"构成对"CAMOGA"商标的侵权，必须要有充分的证据证明中文"凯摩高"和"CAMOGA"商标之间存在唯一、特定的联系和指向，而这种联系和指向的确定性要以相关公众的认知度为衡量标准。从原告举证的情况看，虽然原告凯摩高公司是一家以生产制鞋机械而闻名的老字号企业，该公司"CAMOGA"牌鞋机系列产品在同行业领域也有一定的影响力和知名度，但原告及其南京子公司在中国市场上对其"CAMOGA"产品的宣传和销售中从未突出使用过中文"凯摩高"的商业标识。从本院对相关行业的市场调查情况来看，原告在中国国内市场营销中也未能建立"CAMOGA"商标与中文"凯摩高"标识之间的唯一、特定联系，相关领域和公众并未形成中文"凯摩高"文字系"CAMOGA"商标专用中文音译的这种认识，故在法律上不能认定中文"凯摩高"和"CAMOGA"商标之间具有相似性。原告凯摩高公司认为被告盐城凯摩高使用中文"凯摩高"作为企业字号及产品标识构成商标侵权或不正当竞争的理由不能成立，本院不予采纳。

FY，死海案（20080000/F2008-43）：企业名称傍名牌构成不正当竞争

死海公司 v 死海休闲公司，一审，成都中院（2008）成民初字第76号判决书，何岗、李峥嵘、李卫平

原告死海公司成立于2002年，并于2006年在第43类上注册了"死海"商标—被告2006年核准注册成立—经营范围与原告类似—原告起诉被告傍名牌，构成不正当竞争—法院认为"死海"是原告字号、服务商标显著部分及知名服务特有名称—被告明知原告"死海"知名度，注册并使用"死海"字号—容易产生误认—构成不正当竞争

【1】……根据我国企业登记管理的相关法律、法规的规定，他人在其他的行政区划内注册与之相同的字号并不被当然禁止。但在本案中，因"死海"不仅是死海公司的企业字号，也是死海公司注册的服务商标的显著性部分，更是死海公司提供的知名服务的特有名称。因此，当这三者集中反映在字号上时，"死海"字号也就成为一种区别服务主体来源的商业标识和企业信誉的载体，当然应作为《反不正当竞争法》所保护的客体。根据《反不正当竞争法》第五条第（三）项关于擅自使用他人的企业名称或者姓名，引人误认为是他人商品的行为属于不正当竞争行为之规定，死海休闲公司在明知"死海"较为知名的情况下，基于利用"死海"所蕴含商业价值的目的，在特定地域内将自己企业名称的字号也注册为"死海"并使用的行为，容易使相关公众产生误认，该行为未遵循公平、诚实信用的原则和公认的商业道德，损害了在先权利人的合法权利，构成了不正当竞争，应当承担相应的民事责任。据此对死海公司关于死海休闲公司立即在其公司名称中停止使用"死海"字号的主张，本院予以支持。

SY，振泰案（20050606）：将他人企业字号注册为自己的企业字号造成混淆的构成不正当竞争

振泰公司 v 同心公司，二审，江苏高院（2004）苏民三终字第59号判决书，宋健、袁滔、顾韬

案情概要

振泰公司在先注册"振泰"字号和"振泰ZT"商标—同心公司使用"真泰ZT"商标—同一类商品上的近似商标—两企业同属一个地区—同心公司曾将"振泰"作为其企业字号注册—一审认为同心公司构成商标侵权及不正当竞争—二审认为两者各自拥有的注册商标专用权引起的纠纷应先向有关行政部门申请处理—同心公司曾将"振泰"作为其企业字号使用的行为不构成突出使用—未产生相关公众误认的后果—一审法院认定此行为构成商标侵权不当—构成对振泰公司字号权的侵犯—同心公司只需对其更名之前侵犯振泰公司字号权的行为承担赔偿责任

裁判摘录

【3】……振泰公司和同心公司之间因各自拥有的注册商标专用权所引起的权利

---

❶　摘引自《中国知识产权指导案例评注》（上卷），非判决原文。

冲突纠纷，振泰公司应先行向有关行政管理部门申请处理，人民法院不应直接受理。【5】……同心公司将"振泰"作为企业字号在商品上使用的行为并不构成突出使用，也未产生容易使相关公众误认的后果，同心公司的行为并未给振泰公司注册商标专用权造成其他损害。一审判决关于同心公司此行为构成了对振泰公司注册商标专用权造成其他损害的认定不当，应予纠正。……【7】本案中，经综合考虑包括其法定代表人在内的同心公司多名股东均曾在振泰公司任职、同心公司与振泰公司均位于泰兴市河失镇城黄西路同一区域且经营类型相同、振泰公司产品具有较高的市场知名度以及振泰公司"振泰"字号注册在先等因素。本院认为，同心公司在 2000 年 10 月至 2002 年 1 月间，将与振泰公司相同的企业字号"振泰"注册为其企业字号的行为存在明显的"搭便车"主观恶意，违背了经营者在市场交易中所应遵循的平等、公平、诚实信用原则，在客观上对相关公众造成了混淆和误认，侵犯了振泰公司在先注册的企业名称权（字号权）。

附：

最高人民法院（2004）民三他字第 10 号函

江苏省高级人民法院：

你院（2004）苏民三终字第 59 号《关于江苏振泰机械织造公司与泰兴市同心纺织机械有限公司侵犯商标专用权、企业名称权纠纷一案的请示报告》收悉。经研究，并征求国家工商行政管理总局的意见，基本同意你院审委会倾向性意见，即：

一、根据民事诉讼法第一百一十一条第（三）项、商标法第三十条、第四十一条的规定，对涉及注册商标授权争议的注册商标专用权权利冲突纠纷，告知原告向有关行政主管机关申请处理，人民法院不予受理。

二、对违反诚实信用原则，使用与他人注册商标中的文字相同或者近似的企业字号，足以使相关公众对其商品或者服务的来源产生混淆的，根据当事人的诉讼请求，可以依照民法通则有关规定以及反不正当竞争法第二条第一、二款规定，审查是否构成不正当竞争行为，追究行为人的民事责任。

最高人民法院
2005 年 2 月 17 日

CY，王跃文案（20041214/C2005-10）：擅自使用他人具有商业标识作用的姓名构成不正当竞争

湖南王跃文 v 河北王跃文等，一审，长沙中院（2004）长中民三初字第 221 号判决书，丁建平、余晖、杨凤云

> **案情概要**

原告王跃文是湖南作家，著有《国风》等著作—河北王跃文等擅自使用原告姓名—

法院认定侵犯著作权并构成不正当竞争

裁判摘录

【1】……被告王跃文虽然在原告王跃文成名后改名为王跃文，但其改名行为并不违反法律规定，被告王跃文依法享有自己的姓名权，但公民在行使自己权利时，不得侵害他人的合法权利，故其使用姓名的方式不得与他人在特定领域已具有的标识作用相冲突。【6】被告王跃文、中元公司借鉴原告在文化市场具有的声誉，对其作品进行引人误解的宣传，使消费者对作品的来源产生混淆，违背诚实信用原则，实施不正当竞争，其行为应予制止，并应对此承担相应的民事责任；被告华龄出版社未尽合理审慎义务，对被告王跃文、中元公司所造成的不正当竞争结果，负有主观过错，亦应对两被告的行为承担连带责任。

CY，避风塘Ⅰ案（20030618/C2004-06）：在字号字样的原有含义上可以合理地使用字号字样

避风塘公司 v 德荣唐公司，二审，上海高院（2003）沪高民三（知）终字第49号判决书，澹台仁毅、鞠晓红、张晓都

案情概要

避风塘公司认为德荣唐公司使用"避风塘"对其构成不正当竞争——一审、二审均认为被告属于正当使用菜肴名称——不侵权

裁判摘录

【6】……知名服务的特有名称是指知名服务独有的与通用名称有显著区别的服务名称。即使上诉人所提供的服务可以被认定为知名服务，但由于"避风塘"已具有了烹调方法及菜肴名称的含义，且上诉人所提供的餐饮服务包括避风塘特色风味菜肴，故"避风塘"难以成为上诉人知名服务的特有名称。即使通过上诉人的经营，"避风塘"作为上诉人服务的名称获得了足够的显著性而可以被认定为是知名服务的特有名称，被上诉人在烹调方法及菜肴名称的含义上使用"避风塘"仍属合理使用，不构成擅自使用知名服务特有名称的行为。因此，上诉人认为被上诉人的行为构成擅自使用知名服务特有名称的不正当竞争行为的上诉理由不能成立。……如果他人只是在字号字样的原有含义上合理地使用字号字样，企业名称权人就无权禁止。上诉人对其企业名称"上海避风塘美食有限公司"享有企业名称专用权，"避风塘"是上诉人企业名称中的字号。但"避风塘"具有避风小港湾和烹调方法及菜肴名称的原有含义，被上

诉人的行为只是在烹调方法及菜肴名称的含义上使用"避风塘"字样，且其使用方式并不违背餐饮行业标识服务特色的行业惯例，故上诉人无权禁止。上诉人认为被上诉人的行为侵犯了其企业名称权的上诉理由不能成立。

CY，天印案（19970101/C1998-02）：使用他人企业名称推销自己的商品构成不正当竞争

南京自动化厂 v 南京天印厂，一审，南京中院，文号［缺］，合议庭成员［缺］

案情概要

原告起诉被告冒用其厂名推销产品—被告认为这是其业务人员擅自为之，被告得知后已经制止，也未从中盈利—一审认定构成不正当竞争

裁判摘录 ❶

【1】《中华人民共和国民法通则》第九十九条第二款和第一百零一条规定，法人享有名称权、名誉权。在市场经济条件下，企业的知名度决定着企业在市场竞争中的地位。知名度高的企业生产的产品，与其他企业生产的相同产品比较，市场占有率高。因此知名度高的企业的名称，不仅仅是民法通则赋予企业法人的一项民事权利，它还隐含着企业的财产权利。电器产品对质量有很高的要求。原告自动化厂的知名度，是凭借自己产品的质量赢来的。……被告天印厂原是自动化厂产品部件的加工协作单位，为了能使自己生产的整机进入市场，不惜以"使用他人的企业名称"的不正当竞争手段来推销自己的产品。这种行为既侵害了自动化厂的名称权，损害了自动化厂的名誉和利益，又破坏了正常的市场竞争秩序，也给用户安全使用电器商品造成潜在的威胁。对此，天印厂应当承担相应的民事责任。……天印厂称冒用自动化厂厂名销售产品是其业务人员擅自所为，该厂不应承担民事责任的辩解理由，不能成立。被告天印厂利用原告自动化厂的知名度销售自己的产品，其不正当竞争行为给自动化厂造成经济损失，依照《反不正当竞争法》第二十条的规定，应当赔偿。

CY，红磨坊案（19940519/C1994-03）：擅自使用他人字号并欺骗性宣传构成不正当竞争

天府之国公司 v 红磨坊公司，一审，上海静安区法院（1994）经初字第87号，周福

---

❶ 摘自《最高人民法院公报》1998年第2期，非判决原文。

民、黄磊、姚峥

案情概要

天府之国公司 1993 年 10 月开张，专营川菜、火锅——被告红磨坊公司招聘原天府之国公司工作人员 8 人，1993 年 12 月 30 日开设火锅厅——被告在营业场所外显著位置挂出"红磨坊二楼火锅厅特聘'天府之国'特级火锅师主厨，欢迎品尝"的横幅，并购买了印有原告标记的火锅单用于对外经营——被告部分服务员对外营业时身着原告制服——被告火锅厅负责人私下要求原告的男迎接人员为其"拉客"——法院认为被告行为构成误导、欺骗的不正当竞争行为

裁判摘录 ❶

【1】被告红磨坊公司的上述行为，是一种误导、欺骗的不正当竞争行为，违反了《中华人民共和国反不正当竞争法》第五条和第九条的有关规定，而且被告的行为直接造成了原告营业额下降的损害结果。为维持公平竞争和合法经营，保障社会主义市场经济秩序健康发展，根据反不正当竞争法第二十条的规定，被告应承担损害赔偿责任。

6（3）网络标识

SY，NVIDIA 案（20150417）：将他人在先域名主要识别部分注册为域名主要部分可构成不正当竞争

维蒂亚公司 v 鼎天地公司，二审，北京高院（2014）高民（知）终字第 4833 号判决书，潘伟、孔庆兵、石必胜

案情概要

原告维蒂亚公司注册有"NVIDIA"商标，使用在第 9 类"计算机、计算机外围设备"等商品上——"NVIDIA"是原告英文商号中的主要识别部分——原告在先注册有"nvidia. cn"等域名——起诉被告注册和使用争议域名"nvidia. com. cn"侵犯其网络域名——一审认为被告注册争议域名的行为侵犯了维蒂亚公司的相关权益，构成不正当竞争——证据不足以证明争议域名已经被实际使用，亦不能证明争议域名侵犯了原告"NVIDIA"商标的专用权——赔偿（含合理开支）2 万元——二审维持一审判决

---

❶　本判决摘录自《最高人民法院公报》1994 年第 3 期，非判决原文。

第六条

裁判摘录

【8】……鼎天地公司销售计算机显卡商品，与维蒂亚公司均为计算机显卡及芯片行业的同业经营者，其对于维蒂亚公司享有较高知名度的"NVIDIA"在先商标或商号应当知晓，争议域名中的"nvidia"显著性较强，在该域名中起到显著识别作用。鼎天地公司在本案中未提交证据证明其对"nvidia"标识享有相关权益，亦未说明注册争议域名的其他正当理由，在此情况下，其将该标识作为主要识别部分注册为争议域名，该行为明显具有不正当目的，具有恶意。相关公众看到争议域名时，极易将该域名与维蒂亚公司联系在一起，产生该域名由维蒂亚公司所注册或具有一定联系的认知，造成混淆。此外，维蒂亚公司注册有以"NVIDIA"作为主要识别部分的系列域名，争议域名的主要识别部分与维蒂亚公司上述域名的主要识别部分相同或相似，亦容易使相关公众将争议域名与维蒂亚公司持有的域名相混淆，并导致相关公众访问争议域名。因此，鼎天地公司注册争议域名的行为侵犯了维蒂亚公司的相关权益。

FY，weldmold 案（20140928/F2014-33）：将他人域名注册为自己的域名构成不正当竞争行为

威尔德摩德公司 v 慧邦汉默公司等，二审，山东高院（2014）鲁民三终字第 98 号判决书，刘晓梅、丛卫、张亮

案情概要

原告威尔德摩德公司（亦称"美国汉默公司"）起诉被告侵犯其商标权并构成不正当竞争——一审认为构成不正当竞争，商标侵权证据不足——被告上诉，认为域名"weldmold-china.com"不构成不正当竞争——二审驳回上诉，维持一审判决

裁判摘录

【2】……威尔德摩德公司在本案中要求保护的权利既包括其企业名称权，也包括其域名权……【4】……慧邦汉默公司注册的"weldmold-china.com"域名与威尔德摩德公司的"weldmold.com"域名相比，整体组成构成近似，主要部分均为"weldmold"，仅有的区别在于有无"-china"后缀，而这种区别并不足以使相关公众对两域名进行区分，与之相反会导致相关公众误认为"weldmold-china.com"是"weldmold.com"域名的中文版，进而将慧邦汉默公司与威尔德摩德公司的产品或服务相混淆。因慧邦汉默公司对域名的主要部分"weldmold"并不享有权利，也无注册、使用该域名的正当理由，且其注册"weldmold-china.com"域名的时间为 2003 年，晚于"weldmold.com"域名

的注册时间 1997 年，主观上亦存在利用该域名造成两公司的产品或服务相混淆的故意，故本院认为慧邦汉默公司注册使用"weldmold – china.com"域名的行为符合最高人民法院《关于审理涉及计算机网络域名民事纠纷案件适用法律若干问题的解释》第四条规定的情形，构成不正当竞争。

DY，去哪儿案（20140319/D2014-04）：域名容忍共存

北京趣拿公司 v 广州去哪公司，二审，广东高院（2013）粤高法民三终字第 565 号判决书，岳利浩、喻洁、石静涵

案情概要

北京趣拿公司认为被告广州去哪公司擅自使用"去哪儿""quna.com"等商业标记的行为侵犯其知名服务特有的名称—使用"quna.com"等域名的行为侵犯其域名权益—一审支持原告—二审认为，北京趣拿公司使用的"去哪儿"等构成知名服务特有名称，广州去哪公司使用"去哪"作为企业字号构成不正当竞争—广州去哪公司使用"quna.com"等域名有正当理由，不构成对原告域名权益的侵害

裁判摘录

【5】……广州去哪公司对域名"quna.com"享有合法权益，使用该域名有正当理由……：（1）2003 年 6 月 6 日，"quna.com"域名初次登记注册。而"qunar.com"域名被注册并创建网站的时间是 2005 年 5 月 9 日，较"quna.com"域名初次登记注册的时间要晚将近两年。因此，"quna.com"域名的注册是正当的。"quna.com"域名后经多次转让，于 2009 年 5 月 9 日由苑景恩（广州去哪公司的法定代表人）受让取得，2009 年 7 月 3 日由广州去哪公司受让取得，这种转让行为亦不违反法律规定。广州去哪公司使用合法受让的"quna.com"域名，法律不应干涉。（2）2010 年 8 月 27 日，北京趣拿公司曾就广州去哪公司的"quna.com"域名向亚洲域名争议解决中心北京秘书处提交投诉书，请求移转广州去哪公司名下的上述域名给北京趣拿公司。专家组认为，投诉人不能同时满足相关《统一域名争议解决政策》规定的三个条件；从而缺乏理由支持"裁决被投诉人将争议域名转移给投诉人"的请求。进一步证明广州去哪公司使用"quna.com"域名有正当理由；（3）北京趣拿公司的"qunar.com"域名与广州去哪公司的"quna.com"域名因仅相差一个字母"r"，构成相近似，在使用过程中不免会产生混淆，双方对此均有容忍的义务。如果以两个域名在使用过程中产生混淆的结果，反推广州去哪公司使用"quna.com"域名存在恶意，进而推定广州去哪公司取得"quna.com"域名没有正当理由，因此构成不正当竞争行为，不符合推理逻辑。

【6】……相较北京趣拿公司的"qunar.com"域名而言，"123quna.com""mquna.com"

域名与广州去哪公司使用的"quna.com"域名更为近似。由于广州去哪公司使用"quna.com"域名有正当理由，随后注册的"123quna.com""mquna.com"域名也应当允许注册和使用。……【7】应当指出，本案双方当事人均享有来源合法的域名权益，双方需要彼此容忍，互相尊重，长期共存。一方不能因为在经营过程中知名度提升，就剥夺另一方的生存空间；另一方也不能恶意攀附知名度较高一方的商誉，以谋取不正当的商业利益。据此，广州去哪公司虽然有权继续使用"quna.com""123quna.com""mquna.com"域名，但是也有义务在与域名相关的搜索链接及网站上加注区别性标识，以使消费者将上述域名与北京趣拿公司"去哪儿""去哪儿网""qunar.com"等知名服务特有名称相区分。

DY，开心网案（20110411/D2011-07）：域名使用不会导致混淆误认，不构成不正当竞争

开心人公司 v 千橡互联公司等，北京高院（2011）高民终字第846号判决书，张冰、刘晓军、谢甄珂

案情概要

开心人公司创办了"开心网"（kaixin001.com），并拥有"开心"文字注册商标专用权—两被告使用"开心网"作为网站名称，使用"kaixin.com"域名—开心人公司起诉追究二被告商标侵权及不正当竞争的责任—一审认为两被告使用"开心网"标识和"kaixin.com"域名，提供社会性网络服务，因服务不类似，不构成商标侵权—将开心人公司知名服务的特有名称"开心网"作为网站名称—构成不正当竞争—二审维持一审判决

裁判摘录

【2】……根据上述规定可知，被告注册域名的行为被认定为侵权或不正当竞争的前提是被告的域名晚于原告的域名。本案中，首先，开心人公司"kaixin001.com"域名的注册时间晚于"kaixin.com"域名的注册时间，故千橡互联公司和千橡网景公司受让并使用"kaixin.com"域名的行为不符合上述规定中应当被认定为侵权或不正当竞争的条件。其次，由于"开心网"是开心人公司知名网站的名称，千橡互联公司和千橡网景公司的侵权行为具体表现是将"kaixin.com"域名设置为指向与开心人公司知名网站名称相同的"开心网"，导致互联网用户对涉案网站发生混淆的原因也是千橡互联公司和千橡网景公司将其域名"kaixin.com"指向"开心网"。因此，在原审法院已经判令千橡互联公司和千橡网景公司不得在提供社会性网络服务中使用与开心人公司知名网站名称"开心网"相同或近似的名称的情况下，"kaixin.com"域名与开心人公司知

名网站名称"开心网"的关联已经断开，千橡互联公司和千橡网景公司根据原审判决的内容使用"kaixin. com"域名不会再导致互联网用户产生混淆、误认，原审判决已足以消除互联网用户对涉案两家"开心网"所产生的混淆、误认后果。因此，千橡互联公司和千橡网景公司注册和使用"kaixin. com"域名的行为本身并不构成不正当竞争。在千橡互联公司和千橡网景公司使用"kaixin. com"域名不构成侵权或不正当竞争条件的情况下，原审法院不再就主观过错作出认定并无不当。开心人公司据此所提上诉理由，缺乏事实和法律依据，本院不予支持。

DY，19floor 案（20081124/D2008-07）：注册并使用相似的域名刻意模仿对方网站的构成不正当竞争

都快网络公司 v 王某阳，浙江高院（2008）浙民三终字第 286 号判决书，周平、周卓华、王亦非

案情概要

都市快报社在 2001 年 4 月 23 日注册了 19floor. net 域名，经过几年的经营和管理，该网站及其论坛在网民中具有较高的知名度及网民的认可度—— 19floor. net 域名的相关权益后转入杭州都快网络传媒有限公司——19floor. com 域名于 2005 年注册备案，由王某阳开办和实际经营——19floor. com 网站采用了与 19floor. net 网站相同的论坛程序——在论坛栏目的设置上也基本相同——一审法院认定王某阳构成不正当竞争——二审法院维持原判

裁判摘录

【7】从字面看，19floor. net 与 19floor. net 两个域名均为国际顶级域名（. net 和. com）下的二级域名，其字符串均为"19floor"，两者完全相同，中文含义均为"19 楼"，故该两个域名构成相似。从网站的论坛架构和栏目设置看，在后注册使用的 19floor. net 网站论坛无论是色彩、板块设置，还是栏目类型、页面构架均与之前注册并具有一定知名度的 19floor. net 网站存在相同和相似之处。从结果看，在两个论坛上发帖的许多网民对于所进入的网站产生了混淆，误入网站的情况时有发生。因此，本院认为，王某阳经营管理的 19floor. net 网站对 19floor. net 网站存在刻意模仿，足以造成相关公众对两者的误认和混淆。且王某阳在经营使用自己网站过程中，故意与都快网络公司的网站混淆，误导网络用户访问其网站，主观上具有明显的恶意。根据最高人民法院《关于审理涉及计算机网络域名民事纠纷案件适用法律若干问题的解释》第四条第（二）（四）项和第五条第（二）项的规定，王某阳的行为已经构成不正当竞争行为，应承担相应的民事责任。

6（4）［1］商标对抗企业名称

SY，蒙娜丽莎案（20171229）：在后驰名的商标不能对抗他人在先且合理使用的企业名称

蒙娜丽莎集团 v 蒙娜丽莎建材公司等，再审，最高院（2017）最高法民再 80 号判决书，李剑、杜微科、李丽

案情概要

原告蒙娜丽莎集团起诉被告蒙娜丽莎建材公司使用"蒙娜丽莎"字号侵犯其第 1476867 号"M＋蒙娜丽莎＋MONALISA＋图形"、第 3406138 号"蒙娜丽莎"商标权益—起诉蒙娜丽莎建材公司和贝佳斯公司在网站、名片、招牌灯位置使用"MONALISA""蒙娜丽莎""蒙娜丽莎头像"等标志侵犯其第 1765162 号"MONAL-ISA"、第 3406138 号"蒙娜丽莎"以及第 3263410 号蒙娜丽莎头像商标—一审认定被告构成对第 1476867 号"M＋蒙娜丽莎＋MONALISA＋图形"、第 1765162 号"MONAL-ISA"英文商标、第 3406138 号"蒙娜丽莎"中文商标的侵害—停止侵权，更改字号—蒙娜丽莎集团上诉，要求判令蒙娜丽莎建材公司和贝佳斯公司停止在店铺内使用蒙娜丽莎画像—二审撤销一审判决，驳回原告全部诉讼请求—蒙娜丽莎建材公司具有正当、稳固的商标权利基础，且具有知名度—合理使用—原告商标是在被告商标注册后驰名—蒙娜丽莎画像不是商标性使用—蒙娜丽莎建材公司将"蒙娜丽莎"作为企业字号予以登记和使用具有其合理和正当性—再审维持二审判决

裁判摘录

【8】……蒙娜丽莎建材公司系由其法人股东蒙娜丽莎洁具有限公司与自然人股东丁某刚于 2007 年共同设立，而蒙娜丽莎洁具有限公司的生产、经营范围为蒸汽房、洁具、泳池桑拿设备等，与蒙娜丽莎集团涉案注册商标核定使用的第 19 类瓷砖类商品存在较大差异，并且其成立时间为 2001 年 8 月，早于蒙娜丽莎集团涉案商标最早被认定为驰名的时间 2006 年。故蒙娜丽莎洁具有限公司字号的在先取得具有合法性。而蒙娜丽莎建材公司成立时沿用其投资企业合法取得的字号，反映了与投资主体的特定关系。【9】蒙娜丽莎建材公司成立之时，第 1558842 号注册商标已由其股东丁某刚合法受让，后该商标又由蒙娜丽莎建材公司与蒙娜丽莎洁具有限公司共同受让。而蒙娜丽莎建材公司的经营范围与其第 1558842 号注册商标核定使用的商品类别一致。蒙娜丽莎建材公司使用其注册商标作为企业字号，与其注册商标发挥指示来源的功能相一致。故二审判决认为蒙娜丽莎建材公司使用"蒙娜丽莎"字号具有一定的合理性和正当性，不足以导致相关公众的混淆误认，未侵害蒙娜丽莎集团注册商标专用权，并无不当，本院予以维持。

FY，微信Ⅲ案（20171213/F2018-20）：在非类似商品上选择企业名称应避让他人驰名商标的文字部分

腾讯公司 v 微信保健品公司，一审，合肥市中院（2017）皖 01 民初 526 号判决书，樊坤、汪寒、张宏强

案情概要

　　腾讯公司"微信"即时通讯服务的开发者，也是"微信""微信及图"商标的权利人——安徽微信保健品作为后成立的企业，将"微信"二字用于其企业名称进行登记，并在其经营的食品和保健品商品上使用"微信"商标标识——腾讯公司认为被告构成商标侵权和不正当竞争，索赔 25 万元——一审认为安徽微信保健品公司在企业名称中使用"微信"字样对腾讯科技公司构成不正当竞争——腾讯科技公司的"微信及图"商标构成驰名商标——被告在其产品上使用"微信及图"商标侵犯腾讯科技公司的注册商标专用权——赔偿经济损失 25 万元

裁判摘录

　　【2】……微信保健品公司成立于 2015 年 10 月 23 日，虽然其经许可使用的第 9881749 号"（图一）"商标的注册日期早于腾讯科技公司涉案三件"微信及图"商标的注册日期，但微信保健品公司未举证证明其选择"微信"二字作为企业名称中的字号之前第 9881749 号"（图一）"注册商标经长期持续实际使用与其经营的保健品之间建立起稳定联系的事实。腾讯科技公司的"微信"即时通讯服务实际投入使用是在 2010 年 1 月 21 日，在微信保健品公司成立之时，腾讯科技公司的"微信"即时通讯服务因具有十分方便快捷的特点，已经通过海量用户的长期使用与腾讯科技公司建立起稳定的联系，其"微信及图"商标标识也家喻户晓、广为人知。从字面意思看，"微信"二字与通讯、信息联系密切，而与保健品、食品饮料等商品毫无关联。故微信保健品公司作为后成立的企业，在选择其企业名称中的字号时应对腾讯科技公司的即时通讯服务名称"微信""微信及图"驰名商标中的文字部分进行合理避让，避免相关公众误认为微信保健品公司与腾讯科技公司存在许可使用、关联企业等特定联系。微信保健品公司另外辩称其企业名称经公司登记主管机关依法登记注册，但根据《中华人民共和国公司法》和《中华人民共和国公司登记管理条例》《企业名称登记管理实施办法》的规定，公司登记主管机关登记企业名称时，该企业名称中的字号是否使用了他人的注册商标并不在审查范围内，因此经依法登记的企业名称并不当然地不构成不正当竞争。综上，微信保健品公司将"微信"二字用于其企业名称进行登记，主观上具有攀附腾讯科技公司"微信"即时通讯服务和"微信及图"商标知名度的故意，违反了诚实信用和公平竞争原则，构成不正当竞争。

微 信
WEIXIN

图一　第 9881749 号商标图样

SY，九牧案（20170904）：驰名商标跨类对抗在后企业名称

九牧集团等 v 粤九牧公司等，二审，北京高院（2017）京民终 51 号判决书，陶钧、王晓颖、孙柱永

> **案情概要**

　　原告九牧集团拥有第 4044548 号"JOMOO 九牧"商标，核定使用商品为第 11 类的澡盆等—转让给另一原告九牧厨卫—原告起诉被告使用"JUOMU"等标记的行为侵犯其商标权利并构成不正当竞争—一审认为原告引证商标在"浴室装置、浴室洁具"等商品上的驰名，被告构成侵权及不正当竞争—二审维持一审判决

> **裁判摘录**

　　【7】……本案中，根据九牧集团、九牧厨卫提供的证据可以证明，在粤九牧公司正式成立前（即 2013 年 2 月 20 日）涉案的"JOMOO 九牧"商标已经具有较高知名度，且涉案商标的中文"九牧"并非汉语中的固定词汇，同时粤九牧公司所生产经营的抽油烟机、灶具等厨房用品与涉案商标驰名的卫浴商品在经营领域中具有一定的关联性，粤九牧公司应当对他人在先具有较高知名度和显著性的商标标志进行主动避让。而且粤九牧公司并未举证证明其在字号中使用文字"九牧"具有合理事由，或相关市场其他主体已经合法存在使用"九牧"作为字号的情形，故粤九牧公司将他人具有较高知名度且市场竞争中具有关联性的商标标志作为其字号进行使用，容易使相关公众对商品来源产生混淆，损害注册商标权利人的合法权益，破坏了市场竞争秩序，属于违反诚实信用原则和公认商业道德的行为，一审判决关于粤九牧公司在企业字号中使用文字"九牧"构成不正当竞争行为的认定正确，本院予以确认。

FY，微信 I 案（20160927/F2016-21）：将他人在先具有一定知名度的注册商标登记注册为其企业字号构成不正当竞争

腾讯科技公司 v 广东微信公司等，二审，佛山中院（2016）粤 06 民终 3137 号判决书，

刘建红、郑正坚、吴媛媛

案情概要

腾讯科技公司认为广东微信公司使用"广东微信"侵犯其商标权并构成不正当竞争—一审认为广东微信公司在其经营场所等处使用"广东微信"字样侵犯腾讯科技公司商标权，同时，在其企业名称中使用"微信"字号构成不正当竞争—二审维持原判

裁判摘录

【3】企业名称与商标均属于商业标识，前者的主要功能在于区分不同经营主体，后者的主要功能则在于指示商品或服务来源，二者在功能上存在重合之处。经营者在选择其企业名称时应遵循诚实信用原则，对他人在先具有一定知名度的注册商标作合理避让，避免因注册使用含他人注册商标的企业名称而造成相关公众的混淆误认。如果经营者出于搭便车的故意，将他人在先具有一定知名度的注册商标登记注册为其企业字号，并将含该企业字号的企业名称在相同或类似的商品或服务上使用，造成相关公众混淆或误认，则其行为因违反了经营者在市场竞争中所应遵循的诚实信用原则，构成不正当竞争。

BY，小天鹅案（20160918/B2016-11）：超出销售者审查义务和能力范围的不构成不正当竞争

小天鹅公司 v 包头百货等，再审，最高院（2016）最高法民申 2216 号裁定书，骆电、马秀荣、李嵘

案情概要

小天鹅公司诉被告对于"小天鹅"的使用构成商标侵权及不正当竞争—生产商使用含有"小天鹅"字样的企业名称—应起诉生产商—超出销售者义务和能力

裁判摘录

【9】生产商使用含有"小天鹅"字样的企业名称，并在商品上标注该企业名称，是否属于反不正当竞争法规范的不正当竞争行为，小天鹅公司可起诉生产商予以解决。对于销售者而言，判断其销售商品的生产商的企业名称是否存在不正当竞争问题，超

出了销售者的审查义务和能力范围。

AY，同德福‖案❶（20131218／A20160520-58）：善意使用他人商标文字作为自己字号不构成不正当竞争

成都同德福 v 重庆同德福等，二审，重庆高院（2013）渝高法民终字 292 号判决书，李剑、周露、宋黎黎

案情概要

  成都同德福注册商标"同德福 TONGDEFU 及图"—起诉两被告在明知其商标知名度的情形下，将与其相同的文字作为企业的字号在相同或类似商品上突出使用，构成商标侵权，将"同德福"登记为字号，在相同或类似商品上使用，构成不正当竞争—被告反诉原告不正当竞争—一审认为原告不能证明其商标注册后至 2002 年余某华注册个体工商户之前，其"同德福 TONGDEFU 及图"商标已经具有相当知名度—被告善意登记字号—不构成不正当竞争—未突出使用—不构成商标侵权—原告对其历史及荣誉的宣传构成虚假宣传—被告证据不足以证明其自身或相关公众实际使用"同德福"指称其商品，关于知名商品特有的名称的主张不能成立，关于原告因擅自使用该知名商品特有名称而构成不正当竞争的主张不成立—二审维持一审判决

裁判摘录

  【2】……个体工商户余某华及重庆同德福公司与成都同德福公司经营范围相似，存在竞争关系；其字号中包含"同德福"三个字与成都同德福公司的"同德福 TONG-DEFU 及图"注册商标的文字部分相同，与该商标构成近似。其登记字号的行为是否构成不正当竞争关键在于该行为是否违反诚实信用原则。第一，成都同德福公司没有证据证明在余某华注册个体工商户时其商标已具有相当的知名度，即便他人将"同德福"登记为企业字号，但只要规范使用字号，就不足以引起相关公众误认，不能说明余某华登记字号的行为具有"搭便车"的恶意。第二，根据《合川县志》等历史文献资料记载，在二十世纪二十年代至五十年代，"同德福"商号享有较高商誉。同德福斋铺先后由余某春、余某光、余某祚三代人经营，尤其是在余某光经营期间，同德福斋铺生产的桃片获得了较多荣誉。余某华基于同德福斋铺的商号曾经获得的知名度和同德福斋铺原经营者直系后代的身份，将其个体工商户及企业的字号登记为"同德福"符合常理，具有合理性。即使其此前未从事过桃片生产经营，也可能有多种原因，不影响

---

❶ 该案一审是 2013 年度五十典型案例"同德福Ⅰ案"。

其在具备条件时才将前辈直系亲属经营过的"同德福"商号登记为个体工商户字号的合理性，仅因与"同德福"商号同名的注册商标在先注册，不足以推定其登记字号行为具有攀附他人注册商标的主观故意。综合以上两点，余某华登记个体工商户字号的行为是善意的，并未违反诚实信用原则，不构成不正当竞争。同时，根据法律、法规和司法解释的相关规定，除驰名商标外，将与他人注册商标相同或近似的文字登记为企业字号的行为本身并不为法律所禁止，只有将上述企业字号在相同或者类似商品上突出使用且容易使相关公众产生误认的，才属于《商标法》第五十二条第（五）项规定的给他人注册商标专用权造成其他损害的行为。因此，即便是人民法院已判决维持国家工商总局商标评审委员会的商标争议裁定，基于经营的延续性，余某华变更个体工商户字号及重庆同德福公司登记企业字号的行为也是合理的，并不为法律法规所禁止，亦未违反诚实信用原则，不构成不正当竞争。

FY，同德福 I 案❶（20130703/F2013-30）：没有误认不构成侵权或不正当竞争

成都同德福 v 重庆同德福等，一审，重庆一中院（2013）渝一中法民初字第 273 号判决书，钟拯、刘娟娟、陈刚（陪）

案情概要

成都同德福注册商标"同德福 TONGDEFU 及图"——起诉两被告在明知其商标知名度的情形下，将与其相同的文字作为企业的字号在相同或类似商品上突出使用，构成商标侵权，将"同德福"登记为字号，在相同或类似商品上使用，构成不正当竞争——被告反诉原告不正当竞争——一审认为原告不能证明其商标注册后至 2002 年余某华注册个体工商户之前，其"同德福 TONGDEFU 及图"商标已经具有相当知名度——被告善意登记字号——不构成不正当竞争——未突出使用——不构成商标侵权——原告对其历史及荣誉的宣传构成虚假宣传——被告证据不足以证明其自身或相关公众实际使用"同德福"指称其商品，关于知名商品特有的名称的主张不能成立，关于原告因擅自使用该知名商品特有名称而构成不正当竞争的主张不成立

裁判摘录

【8】从主观上看，重庆同德福公司以前述方式使用"同德福"字样是为了表明同德福斋铺的商号具有较高知名度以及公司与该斋铺之间存在历史渊源，其并没有搭

---

❶ 该案二审是指导案例"同德福 II 案"。

"同德福 TONGDEFU 及图"商标便车的故意；从客观上看，前述使用方式将重庆同德福公司与同德福斋铺联系起来，而未建立起其与"同德福 TONGDEFU 及图"商标的联系，不会造成相关公众的误认。因此，重庆同德福公司的前述两种使用行为亦不构成不正当竞争。

DY，三一重工案（20121206/D2012-02）：驰名商标可以对抗企业名称的攀附行为

三一重工 v 永合公司，二审，湖南高院（2012）湘高法民三终字第 61 号判决书，曾志红、邓国红、钱丽兰

案情概要

原告三一重工公司从事建筑工程机械、起重机械经营—拥有第 1550869 号商标，使用于第 7 类的压路机等，以及第 6131503 号"三一"注册商标，使用于第 7 类的地质勘探、采矿选矿用机器设备、采煤机、机床等—被告永合公司经营范围包括锻压机床、刀模具、工矿机械配件生产、销售—原告起诉被告未经许可在其企业名称中冠以"三一"文字，在其产品、对外宣传中使用"三一重工""三一机床"等标识构成商标侵权及不正当竞争—一审认为易产生误导，损害原告与"三一"商标的对应关系，构成对原告第 1550869 号驰名商标的侵犯—被告故意攀附原告的知名度及市场影响力，易产生混淆，构成不正当竞争—二审维持一审判决

裁判摘录

【4】……本案中，被上诉人于 1994 年 11 月 22 日成立，虽然其企业名称数次变更，但"三一"一直是其企业名称中最为显著和核心的部分，构成被上诉人的企业字号，该字号经被上诉人的持续使用及广泛宣传，具有较高的知名度，根据最高人民法院《关于审理不正当竞争民事案件应用法律若干问题的解释》第六条的规定，被上诉人的"三一"字号可以认定为《反不正当竞争法》第五条第一款第（三）项规定的"企业名称"，依法受法律保护。上诉人未经被上诉人许可，在企业名称中冠以"三一"文字，该文字与被上诉人的企业名称相同，与被上诉人所持有的 1550869 号"三一"驰名商标亦相同，虽然二者分属经营不同商品的企业，但上诉人的行为明显故意攀附被上诉人的知名度及市场影响力，有可能使相关公众产生误认和混淆，对被上诉人的企业名称和商标功能产生实际损害，属于擅自使用他人的企业名称损害竞争对手的不正当竞争行为，并同时属于违反诚实信用原则，将他人驰名商标作为企业字号使用的不正当竞争行为……

FY，轩尼诗Ⅰ案（20120420/F2012-26）：将他人商标注册用为企业名称可构成不正当竞争

轩尼诗公司 v 昌黎轩尼诗公司等，一审，合肥中院（2012）合民三初字第 29 号判决书，齐东海、张宏强、汪寒

案情概要

原告轩尼诗公司是第 33 类商品上的第 890628 号 "Hennessy" 商标、第 3909238 号 "轩尼诗" 商标以及第 890643 号 "手持战斧图形" 商标的权利人——原告起诉多名被告商标侵权，起诉被告昌黎轩尼诗公司在企业名称中使用 "轩尼诗" 构成不正当竞争——一审部分支持原告商标侵权主张——认定华晋贸易公司使用涉案域名 hensy.cn 销售侵权产品，构成商标侵权——认定昌黎轩尼诗公司企业名称中使用 "轩尼诗" 构成不正当竞争

裁判摘录

【14】原告轩尼诗公司第 3909238 号 "轩尼诗" 商标注册于 2005 年 11 月 28 日，早于被告昌黎轩尼诗公司的设立时间。"轩尼诗" 属于臆造词，除用来指向原告及其酒产品外，无其他含义，昌黎轩尼诗公司在企业名称中使用 "轩尼诗"，缺乏令人信服的诚实信用事由；其与原告同处酒类行业，应当知晓以 "轩尼诗" 为字号容易引发混淆，或者令相关公众误认为其与原告存在某种关联。根据《最高人民法院民事审判第三庭关于转发（2004）民三他字第 10 号函的通知》中的意见，本院认定昌黎轩尼诗公司的行为对原告构成不正当竞争。

第六条

FY，新华案（20110331/F2011-23）：合理使用合法注册的企业名称不构成侵权

山东新华医药集团 v 青州新华包装公司，一审，潍坊中院（2010）潍知初字第 336 号判决书，陈伟、蔡霞、祝卫华

案情概要

原告山东新华医药集团诉称其享有 "新华" 商标专用权，认为被告一直使用带有 "新华" 字样的商号进行生产经营活动，并在网上发布其产品生产销售信息，侵犯了其

合法权益——一审认为，商标专用权与企业名称权各自都有其权利范围，均应受法律保护——被告在先取得"青州新华包装制品有限公司"这一企业名称权，应认为其有权在不侵犯他人合法权益的基础上使用其企业名称，不构成对原告商标专用权的侵害，同时，被告在其企业字号中注册使用"新华"字样，不会造成相关公众对两家企业的混淆和误认，不构成不正当竞争

裁判摘录

【1】法院认为，虽然原告享有专用权的商标与被告企业名称中的字号同为"新华"二字，商标权与企业名称权之间不可避免地发生冲突，但商标专用权与企业名称权各自都有其权利范围，均应受法律保护。因被告在先取得了"青州新华包装制品有限公司"这一企业名称权，应认为其有权在不侵犯他人合法权益的基础上使用其企业名称进行民事活动的权利，且被告在实际经营中并未有不合理使用其企业名称的行为，故被告将"新华"作为字号使用时不会导致相关公众混淆和误认，不构成对原告商标专用权的侵害。

FWY，欧莱雅 II 案（20110324/F2010-33）：与他人高知名度的商标近似的字号构成不正当竞争行为

欧莱雅公司 v 杭州欧莱雅等，二审，江苏高院（2009）苏民三终字第 168 号判决书，王成龙、袁滔、杨凤庆

案情概要

莱雅公司拥有"L'ORAL""莱雅""欧莱雅""L'ORAL 欧莱雅""L'OREAL 欧莱雅"等注册商标——美莲妮公司、杭州欧莱雅公司在相同商品上使用"L'OIYIR""LOIYIR"及"莱雅丽晶"等标识——一审认为，被告构成商标侵权和不正当竞争——二审维持原判

裁判摘录

【7】杭州欧莱雅公司将"欧莱雅"字样作为其企业字号，对莱雅公司构成不正当竞争。……对此本院认为，企业字号虽系合法取得，但如有证据证明企业在选择该字号时具有攀附他人商誉的明显故意，则应认定其违反了诚实信用原则，损害了其他经营者的合法权益，从而构成不正当竞争。……综上，杭州欧莱雅公司明知"欧莱雅"既是莱雅公司的知名品牌，又是莱雅公司的另一中文译名，仍然将"欧莱雅"字样作为其企业字号，主观上显然具有攀附莱雅公司商誉的故意，客观上损害了莱雅公司的

市场利益。一审判决其停止使用"欧莱雅"字号、赔偿因此给莱雅公司造成的经济损失，合法有据。综上，杭州欧莱雅公司在明知其对"欧莱雅"不享有合法权利的情况下，将"欧莱雅"文字作为企业名称中的字号进行登记并经营使用，违反公平、诚实信用原则，易造成相关公众的误认，构成对莱雅公司的不正当竞争。

CFY，尼康案（20101228/C2012-08/F2010-39）：驰名商标可跨类保护到企业名称

株式会社尼康 v 浙江尼康等，一审，西安中院（2009）西民四初字第 302 号判决书，姚建军，张熠，史琦

案情概要

株式会社尼康起诉浙江尼康等在电动车及店招等位置使用涉案标志侵犯其注册在相机等商品上的"Nikon"等商标—不正当竞争—认定驰名—法院支持原告主张

裁判摘录

【21】在此情形下，浙江尼康于 2006 年 6 月不正当地将株式会社尼康具有较高知名度的在先注册商标和企业字号"尼康"注册登记为其企业名称中的字号，其注册使用"尼康"的行为本身即违法。根据本案的具体案情，浙江尼康将"尼康"作为企业字号使用，足以误导相关公众将浙江尼康及其产品与株式会社尼康发生混淆、误认或建立联系，株式会社尼康请求浙江尼康停止在企业名称中使用"尼康"文字的不正当竞争行为，事实依据充分，本院依法予以支持。

BFY，王将饺子案（20100624/B2010-18/F2010-30）：特定情况下可判决规范使用但不停止使用企业名称

李某廷 v 王将饺子，再审，最高院（2010）民提字第 15 号判决书，夏君丽、王艳芳、周云川

案情概要

李某廷认为王将饺子注册并使用"王将"字号，侵犯其"王将"商标—一审、二审支持李某廷—再审认为大连王将公司注册使用企业名称本身并不违法，只在不规范

第六条

使用的范围内构成侵权

【裁判摘录】

【2】……如果注册使用企业名称本身具有不正当性，如不正当地将他人具有较高知名度的在先注册商标作为字号注册登记为企业名称，即使规范使用仍足以产生市场混淆的，可以按照不正当竞争处理；如果是不规范使用企业名称，在相同或者类似商品上突出使用与他人注册商标相同或相近的企业的字号，容易使相关公众产生误认的，属于给他人注册商标专用权造成其他损害的行为，依法按照侵犯商标专用权行为处理。……如果不正当地将他人具有较高知名度的在先注册商标作为字号注册登记为企业名称，注册使用企业名称本身即违法，不论是否突出使用均难以避免产生市场混淆的，可以根据当事人的请求判决停止使用或者变更该企业名称；如果企业名称的注册使用并不违法，只是因突出使用其中的字号而侵犯注册商标专用权的，判决被告规范使用企业名称、停止突出使用行为即足以制止被告的侵权行为，因此这种情况下不宜判决停止使用或者变更企业名称。规范使用企业名称与停止使用或变更企业名称是两种不同的责任承担方式，不能因突出使用企业名称中的字号从而侵犯商标专用权就一律判决停止使用或变更企业名称。【3】本案中，虽然李某廷的"王将"商标注册在先，但其仅在黑龙江省哈尔滨市实际使用，且在大连王将公司注册登记企业名称时并未具有较高知名度。同时，由于大连王将公司是日本王将株式会社投资成立的，大连王将公司以王将为字号注册其企业名称，具有一定合理性。如果大连王将公司在经营活动中规范使用其王将饺子（大连）餐饮有限公司的企业名称，不足以导致相关公众的混淆误认。因此大连王将公司注册使用企业名称本身并不违法。原审判决以李某廷的"王将"商标注册在先，认定大连王将公司的企业名称与李某廷的注册商标相冲突、侵犯了注册商标专用权，并据此判决大连王将公司在李某廷"王将"商标注册证核定服务项目的范围内停止使用含有"王将"字样的企业名称，没有事实和法律依据，本院予以纠正。【4】虽然大连王将公司注册使用企业名称本身并无不当，但是，大连王将公司没有规范使用其企业名称，而在其招牌、招贴和餐具等突出使用其字号，其所使用的标志"王将""王蒋"与李某廷在先核准注册的商标标志虽存在一些差异，但这种差异是细微的，以相关公众的一般注意力难以区分，使用在相同服务上，容易使相关公众产生误认，根据《最高人民法院关于审理商标民事纠纷案件适用法律若干问题的解释》第一条的规定，大连王将公司的上述行为侵犯了李某廷的注册商标专用权，其应当停止相应侵权行为并赔偿李惠廷的经济损失。

FY，加德士案（20090000/F2009-24）：字号非突出使用可构成不正当竞争

雪佛龙能源公司 v 济南加德士公司，二审，山东高院（2009）鲁民三终字第 194 号判

决书，徐清霜、丛未、刘晓梅

> **案情概要**

雪佛龙能源公司起诉济南加德士公司使用"加多士"标志构成商标侵权及不正当竞争——一审法院支持原告——二审维持一审判决，认为济南加德士公司使用与在先注册商标相同的文字作为企业字号，从事同类生产销售活动，易导致混淆

> **裁判摘录**

【4】……此种以非突出使用的方式使用与他人在先注册商标文字相同的企业名称的行为是否构成不正当竞争，应当按照《民法通则》和《反不正当竞争法》的有关规定进行衡量。……具体应从济南加德士公司的行为后果与主观状态两个方面加以考虑：一是其后果是否使普通消费者对市场主体及其商品的来源产生混淆或者混淆的可能；二是其实施该行为主观上是否存在恶意。【10】……应当认定雪佛龙能源公司经过多年使用与宣传，已进一步增强了该"加德士"标识的知名度与显著性，济南加德士公司在后将与他人在先注册使用并具有较强知名度与良好商誉的"加德士"标识用作企业字号，开展与雪佛龙能源公司相同的经营活动，具有明显攀附雪佛龙能源公司商誉、混淆市场的故意。

FY，卡地亚 I 案（20090717/F2011-31）：在先商标权利人可起诉在后核准登记的企业名称

卡地亚公司 v 卡地亚婚纱公司，二审，云南高院（2009）云高民三终字第 35 号判决书，任志祥、孔斌、杨凌萍

> **案情概要**

卡地亚公司认为卡地亚婚纱公司将"卡地亚"作为企业字号，并将"卡地亚那"和"Cartirena"作为服务标识使用的行为，侵犯其注册商标专用权，且构成不正当竞争——一审法院认为较大差异，不会混淆误认，不构成侵权——没扰乱竞争秩序，不构成不正当竞争——二审推翻一审，改判侵权及不正当竞争

> **裁判摘录**

【1】……卡地亚公司的"卡地亚"商标早在 2003 年就在国家商标局核准注册，依

法取得我国法律保护，而卡地亚婚纱公司是 2004 年才在工商部门登记成立，因此卡地亚公司属于在先权利人，有权对使用与其注册商标相同文字作为企业名称的卡地亚婚纱公司起诉，即使该企业名称经过工商部门核准登记也不例外。其二，虽然卡地亚公司与卡地亚婚纱公司各自提供的商品和服务属于不同行业和类别，但二者均属于生活领域的消费品，并与时尚文化领域都存在一定联系，其所涉及的公众是相互关联的，卡地亚婚纱公司使用与卡地亚公司的驰名商标完全相同的文字作为企业名称的行为，实际上利用了卡地亚公司基于该商标所产生的良好声誉，违背了《反不正当竞争法》第二条规定的诚实信用原则和公认的商业道德，已经构成不正当竞争。其三，卡地亚婚纱公司使用的服务标识"卡地亚那"和字母"Cartirena"，实际上是模仿卡地亚公司的"卡地亚"和"Cartier"商标的主要部分而来，二者已构成近似，进而可能导致公众误认为卡地亚婚纱公司与卡地亚公司之间有某种特定联系，而且这种误认还会淡化卡地亚公司驰名商标的显著性，存在损害该驰名商标品牌价值的可能。因此，二审法院认为卡地亚婚纱公司使用"卡地亚那"和"Cartirena"作为服务标识的行为，已经侵害了卡地亚公司的注册商标专用权。

CY，星巴克案（20061220/C2007-06）：将他人驰名商标用作字号产生误解的构成不正当竞争

星源公司等 v 上海星巴克等，二审，上海高院（2006）沪高民三（知）终字第 32 号判决书，朱丹、李澜、马剑峰

案情概要

星源公司等起诉被告使用"星巴克""STARBUCKS"构成商标侵权及不正当竞争—引证商标驰名—被告用作企业字号—混淆误认—一审、二审支持星源公司

裁判摘录

【3】上诉人上海星巴克明知"STARBUCKS"或"星巴克"系他人具有较高知名度的商标，仍然擅自将"星巴克"作为其企业名称中的字号进行登记和使用，并在其分支机构上海星巴克分公司的企业名称中使用，两上诉人的行为违反了诚实信用的原则和公认的商业道德，足以造成相关公众对"STARBUCKS"及"星巴克"商标的注册人与两上诉人的混淆，或使相关公众误认为双方有特定的联系。因此，两上诉人以不正当的手段利用了星源公司良好的商业信誉，从而提高了自己的知名度和影响力，故两上诉人的行为构成对被上诉人星源公司的不正当竞争，两上诉人应当依法承担停止侵害、赔礼道歉、消除影响、赔偿损失的民事责任。

CY，雪中彩影案（20050530/C2006-05）：客观混淆及主观故意构成不正当竞争

南京雪中彩影 v 江宁雪中彩影等，一审，南京中院（2004）宁民三初字第 312 号判决书，刘红兵、程堂发、卢山

案情概要

南京雪中彩影起诉被告使用"雪中彩影"标记侵犯其商标权利并构成不正当竞争——企业名称未突出使用——法院认为不构成商标侵权，构成不正当竞争

裁判摘录

【3】判定两被告的行为是否构成不正当竞争，既要看其后果是否使普通消费者对市场主体及其服务的来源产生混淆或者混淆的可能，也要看两被告实施该行为主观上是否存在故意。【4】首先，两被告的行为有可能导致消费者对双方当事人提供服务的来源及主体产生混淆。南京雪中彩影公司登记于 1993 年，"雪中彩影"商标注册于 1996 年，经过长达十余年的苦心经营，在南京市婚纱摄影行业和普通消费者中具有一定的知名度。南京雪中彩影公司在其门头招牌、摄影预约单和广告宣传材料上一直以"雪中彩影"名义进行标示和宣传，"雪中彩影"商标与南京雪中彩影公司及其提供的婚纱摄影服务之间，已经在普通消费者中建立了特定的联系。在这种情况下，上海雪中彩影公司登记含有"雪中彩影"字号的企业名称，在南京地区设立分公司开展与南京雪中彩影公司相同的经营活动，客观上会引起消费者对商标注册人与企业名称所有人产生误认或者误解，认为上海雪中彩影公司、上海雪中彩影江宁分公司与南京雪中彩影公司存在某种特定联系或关联关系，进而对两者提供的婚纱摄影服务产生混淆。两被告认为，消费者被其吸引的主要因素是其提供的优质服务，与企业名称无关。本院认为，消费者选择服务一般基于企业的知名度、商业标识的显著性、服务质量、优惠程度等多种因素，但不能否认企业名称、品牌等商业标识对消费者的吸引力。因此，两被告提供的服务质量如何，并不影响其登记和使用的企业名称容易造成市场主体和服务来源混淆的事实。上海雪中彩影公司、上海雪中彩影江宁分公司的该辩解意见不能成立，本院不予支持。【5】其次，两被告主观上具有明显的攀附故意。……南京雪中彩影公司登记于 1993 年，经营婚纱摄影长达十余年，"雪中彩影"商标注册于 1996 年，其字号与注册商标的文字相同，更增强了该商业标记的显著性，在南京市同行业和普通消费者中具有相当的知名度。两被告在南京从事相同营业，应当知道南京雪中彩影公司及其"雪中彩影"注册商标的存在。但从上海雪中彩影公司成立时与上海宝

谊经济发展公司订立的房屋租赁合同看，其在上海的经营场所面积仅为八平方米，并不具备直接开展婚纱摄影业务的基本条件。上海雪中彩影公司在成立后十天即在南京市江宁区登记设立上海雪中彩影江宁分公司，开展与南京雪中彩影公司相同的经营活动，并在其宣传单中将其企业名称简化为"上海雪中彩影"，具有明显地攀附"雪中彩影"品牌知名度的故意。两被告认为其不存在故意的抗辩理由不能成立，本院不予采纳。

SY，张小泉案（20040719）：不能以在后取得的注册商标及驰名商标禁止在先取得的字号的继续使用

杭州张小泉 v 上海张小泉刀剪总店等，上海高院（2004）沪高民三（知）终字第27号判决书，朱丹、王静、鞠晓红

案情概要

杭州张小泉起诉上海张小泉刀剪总店等使用"张小泉"等字样的行为构成商标侵权及不正当竞争—一审不支持原告—历史原因—被告不侵权，但不能再扩展使用—二审维持一审判决

裁判摘录

【2】由于"刀剪总店"的"张小泉"字号的取得远远早于上诉人"张小泉牌"注册商标及驰名商标的取得，也远远早于上诉人"张小泉"注册商标的取得。因此，根据保护在先权利的原则，上诉人不能以在后取得的注册商标及驰名商标禁止在先取得的字号的继续使用，故被上诉人"刀剪总店"在企业名称中使用"张小泉"文字不构成对上诉人"张小泉"及"张小泉牌"注册商标及驰名商标的侵犯。【3】被上诉人"刀剪总店"成立后，长期在产品和包装上突出使用"张小泉"或"上海张小泉"，而且这一行为在上诉人注册"张小泉牌"和"张小泉"商标前就已存在，"刀剪总店"并非在上诉人的商标驰名后，为争夺市场才故意在产品和包装上突出使用"张小泉"或"上海张小泉"。可见，"刀剪总店"突出使用"张小泉"或"上海张小泉"系善意突出使用自己的字号以及简化使用自己的企业名称，不具有搭上诉人注册商标及驰名商标便车的主观恶意。因此，在充分尊重历史因素的前提下，根据公平、诚实信用的原则，不能认定"刀剪总店"在产品标识中使用并突出"张小泉"文字的行为构成对上诉人的商标侵权和不正当竞争。然而，随着我国法律制度的不断完善和市场经济的逐步发展，企业名称的简化使用应当进一步规范。因此，为避免相关公众对上诉人与"刀剪总店"的产品产生误认，保证上诉人的注册商标与被上诉人"刀剪总店"的企

业名称都能在市场上正当合法地使用，今后"刀剪总店"应在商品、服务上规范使用其经核准登记的企业名称。【4】由于"刀剪总店"的字号的取得远远早于上诉人"张小泉牌"和"张小泉"商标的取得，并且"刀剪总店"的字号具有较高的知名度，"刀剪公司"由"刀剪总店"投资90%的股份与他人合资成立，因此，"刀剪公司"使用"张小泉"字号实际上是"刀剪总店"对其老字号在合理范围内的扩展使用。本案中，"张小泉"文字无论作为字号还是商标，其知名度和声誉的产生都有长期的历史原因，"刀剪公司"没有在产品和服务等经营行为中，采用不正当手段搭上诉人注册商标及驰名商标的便车，因此，在充分尊重本案涉及的历史因素的前提下，根据公平、诚实信用的原则，不能认定"刀剪公司"在企业名称中使用"张小泉"文字构成对上诉人"张小泉"及"张小泉牌"注册商标及驰名商标的侵犯。但是，为规范市场秩序，被上诉人"刀剪总店""刀剪公司"今后在企业发展过程中，应当充分尊重上诉人的注册商标和驰名商标，不得在企业转让、投资等行为中再扩展使用其"张小泉"字号，"刀剪总店"对"刀剪公司"不持有股份时，"刀剪公司"不得在企业名称中再使用"张小泉"文字。【8】……在判决主文中驳回原告的诉讼请求并不妨碍法院根据我国市场竞争不断规范化的要求，在判决书中阐述对"刀剪总店""刀剪公司"今后使用企业名称和字号的行为进行适当限制的意见。

附：

最高人民法院关于对杭州张小泉剪刀厂与上海张小泉刀剪总店、上海张小泉刀剪制造有限公司商标侵权及不正当竞争纠纷一案有关适用法律问题的函

（2003）民三他字第1号

上海市高级人民法院：

你院《关于杭州张小泉剪刀厂与上海张小泉刀剪总店、上海张小泉刀剪制造有限公司商标侵权及不正当竞争纠纷一案的请示报告》收悉。经研究，对请示中涉及的法律适用问题答复如下：

一、同意你院关于应当依法受理本案的意见。

二、同意你院关于在先取得企业名称权的权利人有权正当使用自己的企业名称，不构成侵犯在后注册商标专用权行为的意见。企业名称权和商标专用权各自有其权利范围，均受法律保护。企业名称经核准登记以后，权利人享有在不侵犯他人合法权益的基础上使用企业名称进行民事活动、在相同行政区划范围内阻止他人登记同一名称、禁止他人假冒企业名称等民事权利。考虑到本案纠纷发生的历史情况和行政法规、规章允许企业使用简化名称以及字号的情况，上海张小泉刀剪总店过去在产品上使用"张小泉"或者"上海张小泉"字样的行为不宜认定侵犯杭州张小泉剪刀厂的合法权益。今后上海张小泉刀剪总店应当在商品、服务上规范使用其经核准登记的企业名称。

三、使用与他人在先注册并驰名的商标文字相同的文字作为企业名称或者名称中部分文字，该企业所属行业（或者经营特点）又与注册商标核定使用的商品或者服务相同或者有紧密联系，客观上可能产生淡化他人驰名商标，损害商标注册人的合法权

益的，人民法院应当根据当事人的请求对这类行为予以制止。从你院请示报告中所陈述的查明事实看，本案上海张小泉刀剪总店成立在先且其字号的知名度较高，上海张小泉刀剪制造有限公司系上海张小泉刀剪总店与他人合资设立，且"张小泉"文字无论作为字号还是商标，其品牌知名度和声誉的产生都是有长期的历史原因。因此，请你院根据本案存在的上述事实以及本案被告是否存在其他不正当竞争行为等全案情况，对上海张小泉刀剪制造有限公司使用"张小泉"文字是否构成侵权或者不正当竞争及赔偿等问题，依法自行裁决。

以上意见供参考。

最高人民法院

2003 年 11 月 4 日

6（4）［2］ 商标对抗域名

FY，梦工厂案（20170519/F2017-23）：不能将他人具有合法在先权益的名称注册为域名

曾某云 v 梦工厂，一审，厦门思明区法院（2015）思民初字第 4746 号，李缘缘、蔡丽萍（陪）、邓艳妹（陪）

案情概要

梦工厂自 1995 年起在全球注册了众多包含"dreamworks"及其对应中文"梦工厂""梦工场"的商标——曾某云于 2011 年注册域名 shanghaidreamworks. com、orientaldreamworks. com——梦工厂以涉案域名侵犯其商标权为由向 WIPO 仲裁中心提出投诉——WIPO 仲裁中心裁决曾某云将涉案域名转移给梦工厂——曾某云向法院起诉，认为梦工厂动画公司投诉行为是以后申请的商标反向侵夺在先合法注册的域名——法院认为，梦工厂对"dreamworks"享有在先权益，曾某云注册、使用域名的行为侵犯了梦工厂动画公司的合法权益，构成不正当竞争

裁判摘录

【2】……梦工厂动画公司享有在先合法权益。【5】……曾某云并未享有在先合法权益或使用涉案域名致其产生一定知名度。【9】……曾某云注册使用涉案域名与梦工厂动画公司的在先权益构成近似，足以造成相关公众误认。【16】……曾某云曾欲高价出售的行为。【22】综上，本院认为，梦工厂动画公司对"dreamworks"企业名称、包含涉案域名主要识别部分"dreamworks"及中译文"梦工厂""梦工场"的商标享进行了广泛的使用和宣传，具有合法的在先权益。【23】曾某云域名注册前未取得相关合法

在先权益，域名注册后长时间内未使用并欲高价出售，同时也未充分使用域名使其具有一定的知名度而足以与梦工厂动画公司的在先权益进行区分。【24】综合《商标法》《反不正当竞争法》《最高人民法院关于审理涉及计算机网络域名民事纠纷案件适用法律若干问题的解释》的相关规定，曾某云注册、使用域名的行为侵犯了梦工厂动画公司的合法权益，构成不正当竞争。

FY，海信案（20080218/F2008-26）：注册但未使用以他人驰名商标为主要部分的域名构成不正当竞争

海信电子公司 v 海信计算机公司等，山东高院（2007）鲁民三终字第 105 号判决书，戴磊、柳维敏、战玉祝

案情概要

海信电子公司享有注册在第 9 类电视机等商品上的"海信"以及"HiSense"商标专用权—驰名商标—海信计算机公司使用"海信"企业名称中的字号—字号的授权是无效的—明知驰名商标的状态—突出使用—混淆—构成商标侵权—实际使用的涉案域名构成商标侵权—未使用的域名构成不正当竞争—二审维持一审判决

裁判摘录

【8】由于青岛海信电子产业控股股份有限公司对"hisense"注册商标依法享有合法的民事权益，且"hisense"注册商标为驰名商标，青岛海信计算机科技发展有限公司对"hisense"为主要部分的域名不享有权益，也无注册该域名的正当理由，对于青岛海信计算机科技发展有限公司未投入实际使用的另外两个含有"hisense"字样的域名，根据《最高人民法院关于审理涉及计算机网络域名民事纠纷案件适用法律若干问题的解释》第四条、第五条的规定，原审判决认定青岛海信计算机科技发展有限公司注册该两域名的行为构成不正当竞争并无不当。

CY，飞利浦案（20031225/C2004-09）：域名侵犯商标权构成不正当竞争

蒋某新 v 飞利浦公司，一审，上海二中院（2002）沪二中民五（知）初字第 214 号判决书，陆卫民、周庆余、杨煜

　　蒋某新注册的 Philipscis. com 域名—飞利浦公司投诉—裁定转移给飞利浦公司—蒋某新起诉撤销域名仲裁裁决——审认定域名侵犯商标权

　　【3】域名侵犯商标权需要考虑几个问题：（1）被告飞利浦公司的商标是否受我国法律保护；（2）原告蒋某新注册并使用的域名是否与飞利浦公司的商标近似，并且足以造成相关公众误认；（3）蒋某新注册并使用该域名是否有正当理由，其对该域名或者该域名的主要部分是否享有权益；（4）蒋某新注册并使用该域名，是否怀有恶意。【4】……被告飞利浦公司的 PHILIPS 商标已在我国注册，飞利浦公司对 PHILIPS 商标享有的商标权合法有效，双方当事人对此无异议，且原告蒋海新还承认 PHILIPS 商标是驰名商标。【5】……原告蒋某新注册的域名 philipscis. com，前七个字母 philips 与被告飞利浦公司的 PHILIPS 商标完全相同，后三个字母 cis 与飞利浦公司下属部门的简称 CSI 仅顺序不同，应当判定这个域名与飞利浦公司的商标近似，足以造成相关公众误认。【6】……（1）原告蒋某新称，philip 是其英文名，sc 是其居住地的缩写，is 是互联网系统或伺服器的缩写。对为何要将英文名、居住地与互联网系统或伺服器的缩写连在一起注册为域名，蒋某新不能解释。因此蒋某新的解释过于牵强，不具有说服力。（2）蒋某新称，其经飞利浦保安及通讯系统特级经销商的合法授权，从事飞利浦通讯及视像保安系统产品的销售，网站是为此项销售服务的，因此注册使用这个域名并无不当。事实是，获得飞利浦通讯及视像保安系统产品权的是新屋公司，不是蒋某新。况且商标和产品具有不同的权利，获得他人产品的经销权，不等于同时取得了在经营活动中使用他人商标的权利。（3）蒋某新称，其已在搜索引擎上对 philipscis. com 域名进行过登记，这个域名因其所作的登记而广为人知。事实是，只有互联网用户输入一定的关键字后，搜索引擎才能提供包含该关键字的网站或网页，不会在用户不输入关键字的情况下，将在搜索引擎上登记过的内容自动公之于众。仅作搜索登记，不能使域名广为人知。相反，互联网用户只有想了解被告飞利浦公司或者该公司的商标 PHILIPS 时，才会将 PHILIPS 作为关键字输入，搜索引擎也才能把有关 PHILIPS 的域名（包括蒋某新登记过的 philipscis. com 域名）提供给互联网用户。因此，在搜索引擎上对 philipscis. com 域名进行登记，不会使该域名广为人知，只会使互联网用户产生该域名对应的网站与飞利浦公司有某种关系的误解。蒋某新对该域名的主要部分不享有权益，没有注册使用该域名的正当理由。【7】……（1）PHILIPS 商标于 1980 年在中国注册后，经被告飞利浦公司的努力，该商标目前在我国已有相当的知名度。原告蒋某新注册的域名，前七个字母与 PHILIPS 商标完全相同，后三个字母虽与飞利浦公司的部门简称 CSI 顺序不同，但该域名对应的网站却主要销售飞利浦公司 CSI 部门的产品。

（2）在争议域名对应的网站首页页面上，不仅出现了飞利浦公司的宣传标语，而且多处出现 CSI 字样。结合蒋某新注册的域名及其对域名的使用，应当认定：蒋某新注册该域名，意在借飞利浦公司的知名度，误导并吸引互联网用户访问其以该域名开通的网站，怀有侵犯飞利浦公司合法权益的恶意。

CY，杜邦案（20011115/C2002-03）：域名可能侵犯驰名商标

杜邦公司 v 国网公司，二审，北京高院（2001）高知终字第 47 号判决书，程永顺、张雪松、刘辉

案情概要

杜邦公司起诉国网公司注册的域名"dupont.com.cn"，无合法依据占有了其驰名商标注册人的商业利益—构成不正当竞争—一审、二审均支持

裁判摘录

【5】……"DU PONT"注册商标作为驰名商标，杜邦公司享有该驰名商标能够给其带来的全部商业利益，对"DU PONT"这一驰名商标的保护范围应延伸到计算机网络上。国网公司在中国互联网络信息中心注册的"dupont.com.cn"域名未经杜邦公司同意，将"dupont"一词在自己注册的域名中作为具有识别性的三级域名，构成了对杜邦公司该驰名商标的复制。国网公司的复制行为，必将在计算机网络中造成相关公众对国网公司与杜邦公司的混淆。国网公司在诉讼中没有证据证明其注册"dupont.com.cn"有何正当理由。国网公司作为经营计算机网络信息咨询服务和在线服务的经营者，应当知道在计算机网络中域名的作用和价值，却将杜邦公司所有的"DU PONT"驰名商标注册为自己的域名，其商业目的十分明显。况且，国网公司将杜邦公司所有的驰名商标"DU PONT"注册为自己的域名后并未实际使用，其行为应认定为有意阻止杜邦公司注册该域名。国网公司在收到杜邦公司在中国的子公司发出的要求其停止使用并撤销"dupont.com.cn"域名的函件后，仍未停止使用，其行为明显具有恶意。国网公司的行为侵犯了杜邦公司的"DU PONT"注册商标专用权。同时，国网公司没有合法依据、无偿占有杜邦公司所有的驰名商标所能够带来的、本应属于杜邦公司的商业利益，其行为违背了中国《民法通则》《反不正当竞争法》和《巴黎公约》中所规定的民事活动中应当遵守的诚实信用原则，构成了对杜邦公司的不正当竞争，应承担相应的民事责任。

第六条

SY，IKEA 案（20011115）：将他人注册商标注册为域名构成不正当竞争

英特艾基公司 v 国网公司，二审，北京高院（2000）高知终字第 76 号判决书，陈锦川、张冰、刘辉

案情概要

原告英特艾基公司在多个国家和地区注册了"IKEA"和"IKEA"及图形组合商标—1983 年始，在中国多类商品上注册了"IKEA"和"IKEA"及图形组合商标和"宜家"商标—1998 年原告在上海、北京开设了以"IKEA"为标志的大型家居专卖店—1997 年 11 月 19 日，被告国网公司在中国互联网络信息中心申请注册了"ikea. com. cn"的域名，但未在计算机网络上实际使用—一审认为被告将原告的驰名商标注册为域名，侵害了原告的驰名商标—非善意注册行为的主观动机十分明显，违反了公平竞争、诚实信用的基本原则，构成不正当竞争—二审维持不正当竞争认定—认为涉案域名注册时原告商标尚未驰名，未侵犯原告商标权

裁判摘录

【1】本院认为，中国与荷兰均为《巴黎公约》的成员国。英特艾基公司作为在荷兰注册成立的法人，在其认为正当权益在中国受到侵害时，有权依照《巴黎公约》的规定向中国法院提起诉讼，中国法院应依据中国的法律和《巴黎公约》的规定进行审理。【3】域名是用户在计算机网络中的名称和地址，是用于区别其他用户的标志，具有识别功能。本案中，国网公司注册的域名"ikea. com. cn"中区别于其他域名的，具有识别性的部分是其三级域名"ikea"，而"ikea"与英特艾基公司在中国商标局注册的商标"IKEA"相同，足以造成相关公众对两者的误认。国网公司没有证据证明其对"ikea"一词享有权益，也没有证据证明其注册域名"ikea. com. cn"有何正当理由，而且在其域名注册后没有实际使用。国网公司作为经营计算机网络信息咨询服务和在线服务的经营者，应当知道域名在计算机网络中的作用和价值，却将英特艾基公司的"IKEA"注册商标作为具有识别性的三级域名使用在自己注册的域名中，其为商业目的有意阻止英特艾基公司注册该域名的意图是显而易见的，其行为具有恶意，违背了中国反不正当竞争法所规定的诚实信用的原则，构成了对英特艾基公司的不正当竞争，应承担相应的民事责任。国网公司所提其行为未构成对英特艾基公司不正当竞争行为的上诉理由不能成立。【5】在涉及计算机网络域名的民事纠纷案件的审理中，对驰名商标的认定实质上是对客观事实的确认，中国法院可以根据当事人的请求及案件的具体情况，对涉及的注册商标是否为驰名商标作出认定。国网公司所提一审法院违反法定程序认定英特艾基公司的注册商标"IKEA"为驰名商标的上诉理由不能成立。【6】英特艾基公司提交的证据不足以证明"IKEA"注册商标在国网公司注册"ikea. com. cn"域名之

时已成为驰名商标。根据中国商标法，国网公司注册"ikea. com. cn"域名的行为未构成对英特艾基公司"IKEA"注册商标专用权的侵犯。国网公司所提英特艾基公司的"IKEA"注册商标不是驰名商标，国网公司未侵犯英特艾基公司注册商标专用权的上诉理由成立。

SY，舒肤佳案（20010705）：将他人驰名商标注册为域名构成不正当竞争

宝洁公司 v 晨铉公司，二审，上海高院（2001）沪高知终字第 4 号判决书，吕国强、王海明、朱丹

案情概要

原告宝洁公司在中国注册有"舒肤佳""safeguard"及多个相关商标—被告晨铉公司申请注册了 safeguard. com. cn 域名—一审认为原告"safeguard"注册商标应当被认定为在市场上享有较高声誉并为相关公众所熟知的注册商标，被告域名是恶意注册—二审维持一审判决

裁判摘录

【3】……上诉人的企业名称、商标等商业标志均与 safeguard 一词没有联系。虽然上诉人的经营范围和产品与 safeguard 的意思有关，但是这不能证明在系争域名注册前，上诉人对 safeguard 本身享有正当的权利或合法利益，也不能证明上诉人系正当注册系争域名。可见，上诉人在注册系争域名前对 safeguard 本身不享有正当的权利或合法利益。【7】……被上诉人使用在香皂商品上的 safeguard、舒肤佳文字和图形组合商标系驰名商标。上诉人在注册系争域名前对 safeguard 本身不享有正当权利或合法利益。上诉人在第一次注册系争域名前应当知道、在第二次注册前已经知道 safeguard 与被上诉人驰名商标中的 safeguard 相同，上诉人仍然注册系争域名。上诉人的域名注册行为不仅在主观上具有过错，而且在客观上足以导致公众对双方当事人关系的误认，使上诉人网站可以利用被上诉人的驰名商标及企业的商业信誉来提高其知名度，增加其点击率。因此，上诉人的域名注册行为违反了诚实信用的原则和公认的商业道德，不正当地利用了被上诉人的商业信誉，损害了被上诉人的商业利益，构成对被上诉人的不正当竞争，应承担相应的民事责任。

第八条 【虚假宣传】

经营者不得对其商品的性能、功能、质量、销售状况、用户评价、曾获荣誉等作虚假或者引人误解的商业宣传，欺骗、误导消费者。

经营者不得通过组织虚假交易等方式，帮助其他经营者进行虚假或者引人误解的商业宣传。

本条导读

虚假宣传行为是《保护工业产权巴黎公约》第 10 条之二所列明的第二种典型的不正当竞争行为，2017 年《反不正当竞争法》修改时对虚假宣传进行了调整，之前的第 5 条第（四）项所指的质量标志等荣誉宣传也被整合到本条之中。至于虚假广告则会依照《反不正当竞争法》第 20 条规定转至《广告法》处理。

虚假宣传的本质是使人产生误解（路虎 IV 案），虚构事实（绿色形象大使案），最高级的宣传用语容易产生夸大效果（畅想案），对老字号的不实表述也会构成虚假宣传（同德福 II 案），尽管不是直接欺骗，但使用歧义性的语言仍会被认为是虚假宣传（吉尼斯案、笔仙案）。附赠他人品牌的商品也可能产生转借他人声誉的不实宣传效果（富丽真金案）。

但如果没有误导的故意，尤其是相关公众并未被误导（桩基信息案、龙门镖局案）、个别用词不妥（五粮液 II 案）、客观表述办学关系（皇马案）、表明烹调方式及菜肴名称（避风塘 I 案）或表明实际生产制造者的变动（王老吉 IV 案）则不会构成虚假宣传。

FY，龙门镖局案（20190926/F2019-30）：没引起误解不构成虚假宣传

联盟影业 v 小马奔腾壹公司等，二审，北京高院（2019）京民终 229 号判决书，谢甄珂、俞惠斌、陈曦

案情概要

原告联盟影业委托案外人陈某宁创作 160 集电视剧《武林外传》剧本——原告永久性拥有该剧所生产的全部版权及衍生物品的所有权，陈某宁享有署名权——起诉八

被告在联合投资出品的电视剧《龙门镖局》的宣传中有不正当竞争行为—一审认为宣称《龙门镖局》系《武林外传》的升级版的宣传构成虚假宣传—构成商业诋毁—不侵犯原告知名商品特有名称—二审认为证据不足以证明会造成误解，不构成虚假宣传—不足以降低或贬损原告商业信誉、商品声誉，不构成商业诋毁

裁判摘录

【3】根据上述规定，1993 年《反不正当竞争法》规定的虚假宣传行为，其本质在于引人误解。真实是诚实商业行为的主要原则之一，禁止欺骗是公平竞争观念的应有之意。虚假宣传会使诚实的竞争对手失掉客户，会使消费者受错误信息的引导而花费更多的选择成本，会减少市场的透明度，最终会对整个经济和社会福利带来不利后果。经营者应当对一般消费者的普遍理解予以足够注意，尤其是在涉及他人商业信誉或商品声誉时，应当对相关事实作全面、客观的介绍，并采取适当措施避免使消费者产生歧义，进而造成误认。但同时，在认定某一宣传行为是否构成 1993 年《反不正当竞争法》所规制的虚假宣传行为时，不仅要对宣传内容的真实性、客观性进行分析，也要关注宣传行为的后果是否导致了相关公众的误认，造成了引人误解的实际后果或者可能性。【4】具体到本案，……由于艺术作品本身的特性，以及观众欣赏需求的多样性，其水平和质量的高低往往缺乏客观的标准，相关公众对于一部影视剧的质量评判通常也不会仅依赖于他人的推介。单就观众这一市场受众而言，不会因为观看了一部被宣传为好的剧而当然地不再观看另一部被对比宣传为不好的剧，即对于电视剧的观众而言，不会像购买商品的相关公众那样，基于某一产品系另一产品的升级版的表述就选择一个产品并当然地放弃另一产品。电视剧与其他商品相比，对于观众而言，不同剧之间并不当然地具有替代性。就版权交易市场而言，在案证据无法证明上述宣传内容对联盟影业公司《武林外传》电视剧的版权授权市场带来了负面影响，也无证据证明联盟影业公司在《武林外传》电视剧的版权授权市场上因此遭受损失。此外，虽然有新闻报道提到"曾投资《武林外传》的那家公司（指小马奔腾公司）上市对赌失败要赔建银文化 6 亿元"。但根据二审查明的事实，电影《武林外传》的出品方和联合摄制单位包括北京小马奔腾影业有限公司，故该报道并不能证明相关公众已对壹影视公司或小马奔腾公司与电视剧《武林外传》出品方产生误认。一审法院据此认定部分媒体对两剧的提供者产生了实际混淆是错误的。除此以外，联盟影业公司并未提交引人误解的其他证据。

BFY，王老吉IV案（20190528/B2019-50/F2019-28）：符合事实且不造成误解的宣传不是虚假宣传

大健康公司 v 加多宝中国公司，再审，最高院（2017）最高法民再 151 号判决书，王

艳芳、钱小红、杜微科

　　大健康公司起诉加多宝中国公司发布包含"全国销量领先的红罐凉茶改名加多宝"广告语的行为是虚假宣传，构成不正当竞争——一审认为是虚假宣传——二审维持一审，认为加多宝中国公司的行为已经超出了以合理方式客观地向相关消费者进行告知的范围，构成引人误解的虚假宣传——再审认为符合事实，不会造成误解——不构成虚假宣传

【裁判摘录】

　　【8】……从涉案广告语的含义看，加多宝中国公司对涉案广告语"全国销量领先的红罐凉茶改名加多宝"的描述和宣传是真实和符合客观事实的。根据查明的事实，鸿道集团自 1995 年取得"王老吉"商标的独占许可使用权后，加多宝中国公司及其关联公司生产、销售"王老吉"红罐凉茶，直到 2012 年 5 月 9 日中国国际经济贸易仲裁委员会对广药集团与鸿道集团之间的商标许可合同作出仲裁裁决，鸿道集团停止使用"王老吉"商标，在长达十多年的时间内加多宝中国公司及其关联公司作为"王老吉"商标的被许可使用人，通过多年的广告宣传和使用，已经使"王老吉"红罐凉茶在凉茶市场具有很高知名度。……而在"王老吉"商标许可使用期间，广药集团并不生产和销售"王老吉"红罐凉茶。因此，涉案广告语前半部分"全国销量领先的红罐凉茶"的描述与统计结论相吻合，不存在虚假情形，且其指向性非常明确，指向的是加多宝中国公司及其关联公司生产和销售的"王老吉"红罐凉茶。2012 年 5 月 9 日，"王老吉"商标许可协议被仲裁委裁决无效后，加多宝中国公司开始生产"加多宝"红罐凉茶，因此在涉案广告语后半部分宣称"改名加多宝"也是客观事实的描述。【9】……本案中，在商标使用许可期间，加多宝中国公司及其关联公司通过多年持续、大规模的宣传和使用行为，不仅显著地提升了王老吉红罐凉茶的知名度，而且向消费者传递了王老吉红罐凉茶的实际经营主体为加多宝中国公司及其关联公司。由于加多宝中国公司及其关联公司在商标许可使用期间生产的"王老吉"红罐凉茶已经具有很高知名度，相关公众普遍认知的是加多宝中国公司及其关联公司生产的"王老吉"红罐凉茶，而不是广药集团授权大健康公司于 2012 年 6 月生产和销售的"王老吉"红罐凉茶。在加多宝中国公司及其关联公司不再生产"王老吉"红罐凉茶后，加多宝中国公司使用涉案广告语实际上是向相关公众行使告知义务，告知相关公众以前的"王老吉"红罐凉茶现在商标已经为加多宝，否则相关公众反而会误认为大健康公司生产的"王老吉"红罐凉茶为原来加多宝中国公司及其关联公司生产的"王老吉"红罐凉茶。因此，加多宝中国公司使用涉案广告语不存在易使相关公众误认误购的可能性。【10】……其一，虽然"王老吉"商标知名度和良好声誉是广药集团和加多宝中国公司及其关联公司共同创造的结果，但是"王老吉"商标知名度的提升和商誉却在

很大程度上源于加多宝中国公司及其关联公司在商标许可使用期间大量的、持续多年的宣传和使用。加多宝中国公司使用涉案广告语的确占用了"王老吉"商标的一部分商誉，但由于"王老吉"商标商誉在很大程度上源于加多宝中国公司及其关联公司的贡献，因此这种占用具有一定合理性。其二，广药集团收回"王老吉"商标后，开始授权许可大健康公司生产"王老吉"红罐凉茶，这种使用行为本身即已获得了"王老吉"商标的巨大商誉。其三，2012 年 6 月大健康公司开始生产"王老吉"红罐凉茶，因此消费者看到涉案广告语客观上并不会误认为"王老吉"商标已经停止使用或不再使用，凝结在"王老吉"红罐凉茶上的商誉在大健康公司生产"王老吉"红罐凉茶后，自然为大健康公司所享有。其四，大健康公司是在商标许可合同被仲裁裁决认定无效后才开始生产"王老吉"红罐凉茶，此前其并不生产"王老吉"红罐凉茶，因此涉案广告语并不能使其生产的"王老吉"红罐凉茶无形中失去了原来拥有的知名度和商誉。【11】本案中，涉案广告语虽然没有完整反映商标许可使用期间以及商标许可合同终止后，加多宝中国公司为何使用、终止使用并变更商标的相关事实，确有不妥。但是加多宝中国公司在商标许可合同终止后，为保有在商标许可期间其对"王老吉"红罐凉茶商誉提升所做出的贡献而享有的权益，将"王老吉"红罐凉茶改名"加多宝"的基本事实向消费者告知，其主观上并无明显不当；在客观上，基于广告语的简短扼要特点，以及"王老吉"商标许可使用情况、加多宝中国公司及其关联公司对提升"王老吉"商标商誉所做出的贡献，消费者对"王老吉"红罐凉茶实际经营主体的认知，结合消费者的一般注意力、发生误解的事实和被宣传对象的实际情况，加多宝中国公司使用涉案广告语并不产生引人误解的效果，并未损害公平竞争的市场秩序和消费者的合法权益，不构成虚假宣传行为。即便部分消费者在看到涉案广告语后有可能会产生"王老吉"商标改为"加多宝"商标，原来的"王老吉"商标已经停止使用或不再使用的认知，也属于商标许可使用关系中商标所有人与实际使用人相分离后，尤其是商标许可关系终止后，相关市场可能产生混淆的后果，但该混淆的后果并不必然产生反不正当竞争法上的"引人误解"的效果。

SY，吉尼斯案（20181002）：使用歧义性语言片面宣传可构成虚假宣传

吉尼斯公司 v 奇瑞公司等，二审，广东高院（2017）粤民终 2347 号判决书，邱永清、肖海棠、喻洁

[案情概要]

　　原告吉尼斯公司拥有"GUINNESS WORLD RECORDS""吉尼斯世界纪录""吉尼斯"等注册商标，核定使用的服务包括第 41 类上的"组织挑战赛""组织表演（演出）"等—2000 年起，吉尼斯公司在中国出版多本关于吉尼斯世界纪录的图书—原告

认为被告奇瑞公司等未经授权，在 16 个城市举办的"奇瑞艾瑞泽挑战吉尼斯中国巡演"活动中，大规模、突出使用涉案商标，构成商标侵权和不正当竞争——一审认为被告在巡演活动中，以及网站上使用被诉侵权标志是商标性使用——不是正当使用——构成商标侵权及不正当竞争——恶意——惩罚性赔偿——二审维持一审商标侵权及反不正当竞争的认定——维持惩罚性赔偿

裁判摘录

【28】……本案中，奇瑞公司系国内知名汽车制造、销售商，"艾瑞泽"系汽车名称，奇瑞公司、奇瑞销售公司是在推广艾瑞泽汽车的活动中进行的前述宣传，其在宣传后半句中称"全新艾瑞泽 7 以至真实力""再一次挑战"等表述，会让人误以为艾瑞泽汽车曾经挑战过或者奇瑞公司的其他汽车曾经挑战过世界纪录，在奇瑞公司和奇瑞销售公司没有明示的情况下，相关公众施以一般注意力，不会认为该宣传前半句的"奇瑞为中国屡创吉尼斯世界纪录"系奇瑞公司冠名的车队创造的纪录，而是在该语境中将"奇瑞为中国屡创吉尼斯世界纪录"与奇瑞公司汽车的高质量和高性能产生联系，从而对"车技好"的客观事实产生了"汽车品质高"的误解，奇瑞公司、奇瑞销售公司通过歧义性的语言作出片面宣传，足以引人误解，构成虚假宣传的不正当竞争。奇瑞公司、奇瑞销售公司主张其不构成不正当竞争的上诉意见依据不足，本院不予采纳。

FX，路虎Ⅳ案（20170928/F2017-48）：虚假宣传的本质是使相关公众产生误解

捷豹路虎 v 上海市浦东新区市监局等，一审，上海浦东新区法院（2017）沪 0115 行初 291 号判决书，张斌、徐俊、叶菊芬

案情概要

上海市浦东新区市场监督管理局认为捷豹路虎有虚假宣传行为对其进行行政处罚——复议维持——一审认为构成虚假宣传，处罚决定应予维持

裁判摘录

【3】……人民法院应当根据日常生活经验、相关公众一般注意力、发生误解的事实和被宣传对象的实际情况等因素，对引人误解的虚假宣传行为进行认定。因此，在认定原告上述宣传行为是否构成虚假宣传时，不应根据汽车行业专家或与涉案车辆毫无接触可能性的普通公众的认知标准来评判，而应基于涉案汽车的消费者或潜在消费

群体、汽车产业链的相应经营人员等相关公众的认知标准进行评判；也不应要求相关公众对涉案车辆的配置、性能等做极为深入、全面的研究与了解，而应以相关公众施以普通的注意力，结合涉案车辆的实际宣传情况等，作出综合认定。【4】……经营者可在对外宣传中对其商品可实现的功能进行全方位介绍，但应同时做合理的提示以避免消费者对其商品质量、性能等产生误解。本案中，原告在宣传册中就"全地形反馈适应系统"的五种模式进行了多页的详细介绍，但无论是图文介绍，还是配置表，均未提示消费者其中的"大岩石/圆石慢行模式"需选装双速分动箱后才可实现。消费者在阅看该宣传册后，会产生涉案车辆标准装备的"全地形反馈适应系统"包含有"大岩石/圆石慢行模式"的认知。可见，原告的上述宣传内容与车辆实际情况不符，会导致相关公众产生误解。【5】……对相关公众而言，其看到2014年版涉案车辆宣传册中关于"中央电子差速锁"为标准装备的宣传，极易产生涉案车辆装备了"摩擦片式自锁式中央差速器"这一具有更优秀越野性能的差速器的误解，事实上也确有相关消费者产生此种误解。【6】就"驾驶员座椅侧向支撑调节"而言，涉案车辆四种车型中仅3.0升 V6 Luxury 汽油版标准装配的驾驶员座椅（即温莎豪华真皮座椅）具有该功能，3.0升 SDV6 柴油版、3.0升 V6HSE 汽油版两种车型可通过选装温莎豪华真皮座椅实现该功能，3.0升 V6SE 汽油版车型无法选装该座椅，故无法实现该功能。……原告关于"驾驶员座椅侧向支撑调节"的宣传与事实不符，且会导致相关公众产生误解。【8】涉案宣传册的尾部附有"重要声明"，内容包括"……该手册既不应视为目前路虎汽车技术规格的可靠指导……"。为此，原告认为其已尽到提示义务。本院认为，此类声明是否足以构成相关公众不产生误解的抗辩，应结合声明的方位、内容等进行综合判断。从方位上看，该声明系在宣传册尾部，而非存在于需要澄清的宣传内容处。从内容上看，其仅为一句概括性的陈述，并未针对任何具体宣传内容。如前所述，宣传册中的涉案宣传内容已使得相关公众产生误解。在此情况下，仅仅在宣传册尾部称该宣传册"不应视为目前路虎汽车技术规格的可靠指导"，并不能消除相关公众因整本宣传册中极为翔实和明确的宣传所产生的误解。【9】……在商业社会中，宣传行为系营销活动的一部分，对商品销售有极大的促进作用。虽然消费者购置涉案车辆时，可通过进一步的了解和销售人员的介绍而知晓该车辆的实际配置。但涉案车辆的配置甚多，而不同消费者的认知能力有所不同，部分消费者在购车过程中根据其自身的认知能力而了解宣传册内容与车辆实际配置的差别，不代表任何消费者均认识到该差别。原告既然选择了通过宣传册对其所经营商品的装备、性能等进行宣传，就应确保其宣传内容与实际情况相符。原告将涉案宣传内容发布到其网站上，使得相关公众看到该宣传内容后对其商品配置及性能产生误解，原告还因此而产生相对于其同业竞争者的竞争优势，属于应受《反不正当竞争法》所规制的虚假宣传行为。

第八条

FY，富丽真金案（20160929/F2016-41）：销售自己产品时附赠他人产品可构成虚假宣传

富丽真金家纺 v 富丽真金家具，二审，湖南高院（2016）湘民终 545 号判决书，陈小珍、徐康、刘雅静

案情概要

富丽真金家纺享有"富麗真金及图"商标权利—富丽真金家具在销售活动中选择富丽真金家纺公司的产品作为赠品，并将"富丽真金"中简体的"丽"字改为繁体的"麗"字—原告起诉被告构成不正当竞争及虚假宣传—一审认为被告有违诚信，构成不正当竞争—赠品的使用不构成虚假宣传—二审认为涉案行为属于虚假宣传

裁判摘录

【4】……赠送商品作为一种销售手段本身并无不当性，但赠送商品等任何销售手段、经济活动都应遵循诚实信用原则和公认的商业道德，尊重在先权利并合理避让，而不得变相搭便车，损害他人的合法权益。……【5】……赠送家纺公司床上用品成为变相的宣传手段，不当地将家纺公司商标的知名度和商誉转借到家具公司的商品上，淡化家具公司商品与家纺公司商品在商标表象、来源及发展背景等方面的差异，混淆家具公司和家纺公司这两家不同的经营主体，足以让相关公众误认为"富丽真金"床垫等商品来源于家纺公司，或者家具公司与家纺公司有关联公司、授权生产等特定联系，家具公司由此不当获取了竞争优势和交易机会，违背了家纺公司商标使用意愿，损害了家纺公司的知名度和商誉，故家具公司销售自己商品时赠送家纺公司床上用品的行为属于"以其他引人误解的方式进行商品宣传"，构成引人误解的虚假宣传。

FY，畅想案（20150717/F2015-39）：使用最高级、最佳形容词进行没有事实依据的夸大宣传构成虚假宣传

畅想公司 v 中源公司，二审，浙江高院（2015）浙知终字第 71 号判决书，周平、陈宇、刘静

案情概要

畅想公司起诉两被告不正当竞争—一审认为被告在客户邮件中推广其商品和服务，将其与畅想公司进行优、劣对比，又未能提供证据加以证明，构成商业诋毁—使用最

高级别的形容词进行对外宣传的行为，引人误解，构成虚假宣传—二审认为一审判决认定事实基本清楚，但适用法律不当—认定商业诋毁、虚假宣传，并责令被告立即停止在百度推广服务中使用"畅想软件"等搜索关键词—向最高法院申请再审被驳回

裁判摘录

【9】就虚假宣传行为本身而言，其有悖于公认的商业道德，势必造成对市场正常竞争秩序的侵扰，损害公共利益，直接或间接侵害了同业经营者的合法权益，故从维护和净化市场竞争秩序、促进公平竞争的角度出发，本院认为，符合以下要件即可在民事诉讼中对虚假宣传行为作出认定：一是诉讼双方应为同业经营者，具有直接的市场竞争关系；二是宣传内容与实际情况不符，存在引人误解的虚假内容，或者虽陈述的内容真实，但使人产生模糊判断和误解的。【11】关于中源公司、中晟公司在其官网宣传过程中使用最高级、最佳形容词的问题。依据《中华人民共和国广告法》（1995年2月1日施行）第七条第二款第（三）项之规定，广告不得使用国家级、最高级、最佳等用语。而该两公司在其官网上传的宣传文章中，大量使用"最大""唯一""最成熟""最好"等最高级、最佳形容词，如宣称自身系中国最大的外贸管理软件服务品牌、行业中唯一享誉业界的驰名商标、唯一得到国家商务部的认可、目前市场上最成熟、易用性最好的外贸管理系统等，而该两公司却未能提供任何有效证据对其主张的上述最高级、最佳的表述内容予以证实，"富通天下"亦未曾被认定为驰名商标，其宣称的"唯一"具有的 CBS 软件架构也缺乏技术依据，该两公司的上述宣传内容缺乏事实依据，夸大自身的竞争优势，易引人误解，继而以此获取不正当竞争利益，应认定属于虚假宣传。而畅想公司作为中源公司、中晟公司的主要竞争对手，该两公司的上述宣传内容存在对畅想公司的间接贬损，易使畅想公司的营销效果受到直接损害，故畅想公司系提出涉案虚假宣传主张的适格主体。

第
八
条

FY，笔仙案（20140701/F2014-31）：使用歧义性语言故意造成误解构成虚假宣传

永旭良辰公司 v 泽西年代公司等，一审，北京三中院（2014）三中民初字第 6412 号判决书，蒋利玮、刘仁婧、张玲玲

案情概要

原告永旭良辰公司出品影视作品《笔仙》《笔仙Ⅱ》，《笔仙Ⅲ》即将公映—被告泽西年代公司、星河联盟公司共同出品的《笔仙惊魂3》即将上映—易使相关公众将《笔仙惊魂3》误认为《笔仙》《笔仙Ⅱ》的续集，对《笔仙惊魂3》和《笔仙Ⅲ》产

生混淆—不正当利用永旭良辰公司已开拓的电影市场成果—违反了诚实信用原则和商业道德，构成不正当竞争—歧义性语言—虚假宣传—一审法院基本支持原告

裁判摘录

【13】因此该媒体宣传中所称的"笔仙系列"属于歧义性语言，既有"笔仙"游戏典故、笔仙题材之义，也有指称永旭良辰公司的《笔仙》和《笔仙Ⅱ》电影系列之义。泽西年代公司和星河联盟公司的该项行为属故意以模棱两可的歧义性词语宣传《笔仙惊魂3》，足以使相关公众产生误解，将《笔仙惊魂3》与永旭良辰公司的《笔仙》《笔仙Ⅱ》系列相混淆，构成虚假宣传，应当承担相应的法律责任。

FY，皇马案（20140527/F2014-25）：对办学关系的客观表述不构成虚假宣传

杨某卿等 v 恒大足球学校等，二审，广东高院（2013）粤高法民三终字第 630 号判决书，欧丽华、李泽珍、郑颖

案情概要

杨某卿是"皇马"商标的注册商标专用权人—核定服务项目包括"组织体育比赛"—杨某卿等认为恒大足球学校等侵犯注册商标专用权—反向混淆—虚假宣传—一审认为无误认或混淆—不损原告权益—不构成侵权及不正当竞争—二审维持一审—恒大足球学校对"恒大皇马足球学校"的使用不是商标意义上的使用，不侵权—无竞争关系，无混淆，无损权益，不构成不正当竞争

裁判摘录

【11】本院认为，构成引人误解的虚假宣传，可以是宣传对象的可责性，即虚假的事实，也可以是宣传方式的可责性，即语言带有歧义性，但无论是宣传内容还是宣传方式具有可责任，均应以足以造成相关公众误解为归依。恒大足球学校系恒大地产公司出资创办，该校名称由字号、行（事）业或业务领域、组织形式依次组成，"恒大"为其字号。"恒大皇马足球学校"是一个未经登记核准的名称，在恒大足球学校的核准名称中增加了字号内容"皇马"二字，从而表面赋予其校名不实的成分。恒大足球学校将其用于广告宣传，目的在于直观推介自己的业务特色。恒大足球学校此种宣传使用是建立在其与皇家马德里足球俱乐部基金会进行教学合作且采用皇家马德里足球俱乐部基金会教育方式培养足球运动员的教学模式的基础上，"恒大皇马足球学校"是对

恒大足球学校办学主体和办学优势的客观表述。被上诉人能够提供其使用"皇马"的理由及依据。鉴于"皇马"在足球领域的特有的指向性，相关公众不会产生"恒大皇马足球学校"与上诉人之间的误认。

AY，同德福 II 案❶（20131218/A20160520-58）：对渊源产生误解的宣传构成虚假宣传

成都同德福 v 重庆同德福等，二审，重庆高院（2013）渝高法民终字 292 号判决书，李剑、周露、宋黎黎

案情概要

　　成都同德福注册商标"同德福 TONGDEFU 及图"—起诉两被告在明知其商标知名度的情形下，将与其相同的文字作为企业的字号在相同或类似商品上突出使用，构成商标侵权；将"同德福"登记为字号，在相同或类似商品上使用，构成不正当竞争—被告反诉原告不正当竞争—一审认为原告不能证明其商标注册后至 2002 年余某华注册个体工商户之前，其"同德福 TONGDEFU 及图"商标已经具有相当知名度—被告善意登记字号—不构成不正当竞争—未突出使用—不构成商标侵权—原告对其历史及荣誉的宣传构成虚假宣传—被告证据不足以证明其自身或相关公众实际使用"同德福"指称其商品，关于知名商品特有的名称的主张不能成立，关于原告因擅自使用该知名商品特有名称而构成不正当竞争的主张不成立—二审维持一审判决

裁判摘录

　　【4】本院认为，成都同德福公司在其网站上宣传的"同德福牌"桃片的部分历史及荣誉，与史料记载的同德福斋铺的历史及荣誉一致，且标注了史料来源，但没有举证证明其与同德福斋铺存在何种主体上的联系。其产品外包装上标注"百年老牌""老字号""始创于清朝乾隆年间"等字样，亦无法证明有任何事实依据。重庆同德福公司被重庆市商业委员会认定为重庆市第一批"重庆老字号"之一和成都同德福公司没有被国家机关认定为老字号的事实，也可佐证成都同德福公司与老字号同德福斋铺没有实质联系。成都同德福公司的上述行为均没有事实依据，容易使消费者对其品牌的起源、历史及其与同德福斋铺的渊源关系产生误解，进而取得竞争优势，故构成虚假宣传。

---

❶ 该案一审是五十典型案例"同德福 I 案"。

第八条

FY，桩基信息案（20130603/F2013-37）：使相关公众误解才能构成虚假宣传

江苏建华公司 v 上海中技公司，二审，江苏高院（2012）苏知民终字第219号判决书，袁滔、曹美娟、张长琦

【案情概要】

原告江苏建华公司认为被告上海中技公司在涉案《招股说明书（申报稿）》中有虚假宣传行为，对管桩行业的经营者构成不正当竞争——一审认为《招股说明书（申报稿）》具有披露产品、经营管理等方面的信息，属于反法中的"广告或其他方法"——上海中技公司在涉案《招股说明书（申报稿）》被控侵权部分的相关陈述中有表述不规范，但尚没有达到足以引人误解的程度，不具有反不正当竞争法的可责性——二审维持一审判决

【裁判摘录】

【3】首先，反不正当竞争法所规制的引人误解的虚假宣传行为，主要针对的是商品或服务市场。按照市场交易观念，能够成为购买及决定购买某商品或服务的相关公众，需根据商品或服务的不同类型划定相应的范围。对于普通的商品或服务，应以一般消费者的普通注意力进行判断；对于专业性商品或服务，则应根据专业人士的普通注意力进行判断。本案中，针对涉案建筑施工桩基商品市场，因桩基不属于普通的日常消费品，作为专业性很强的特殊商品，消费该商品的相关公众应当是指购买或决定购买桩基的建筑工程相关业主和从事桩基工程有关的专业技术人员。对于建筑工程的业主而言，相关工程中是否需要使用桩基，以及如何选择桩型，必须依靠从事桩基工程的具有相应资质的专业技术人员的选择。……由于桩基工程有关的专业技术人员不会也不可能仅凭《招股说明书（申报稿）》中的相关陈述即作出选择桩型的决定，作为建筑工程的业主自然也不会根据《招股说明书（申报稿）》中对两种桩基的比对陈述轻易作出选择决定。因此，《招股说明书（申报稿）》中被控侵权的内容不会引起桩基商品相关公众的误解。【4】作为潜在的投资者及股民未来是否决定购买上海中技公司的股票进行投资，通常需要结合该发行人披露的公司经营管理及产品特点等全部信息进行综合考虑，《招股说明书（申报稿）》中所占比例极小的被控侵权内容尚不足以成为未来作出投资决策的依据，故被控侵权内容尚不足以引起潜在投资者及股民的误解。

BY，五粮液 ‖ 案（20121130/B2012-23）：用词不妥不一定构成虚假宣传

五粮液集团 v 天源通海公司，再审，最高院（2012）民申字第887号裁定书，夏君丽、钱小红、董晓敏

【 案情概要 】

　　五粮液集团起诉天源通海公司销售的酒产品上使用的标记侵犯其商标权，并构成不正当竞争—授权经销商—善意使用—一审、二审、再审均未支持原告

【 裁判摘录 】

　　【6】本院认为，从整个经营活动来看，天源通海公司作为锦绣前程系列酒的山东运营商，采取上述宣传方式的目的是为了推广和销售五粮液公司生产的锦绣前程系列酒，而且在宣传中其也表明是五粮液新品的山东运营商，天源通海公司主观上不存在不正当竞争的故意，客观上也没有损害五粮液公司的整体利益。尽管在宣传中用语有不妥之处，但也难以构成引人误解的虚假宣传。

FY，绿色形象大使案（20090000/F2009-42）：虚构事实构成虚假宣传

银翼公司 v 交通大学等，一审，重庆五中院（2009）渝五中法民初字第247号判决书，合议庭成员［缺］

【 案情概要 】

　　原告承办"2009 中国·重庆绿色形象大使活动"—被告举办"方特绿色形象大使活动"并注明活动主办方与"2009 中国·重庆绿色形象大使活动"的主办方相同，对活动流程的描述也与"2009 中国·重庆绿色形象大使活动"一致—原告认为被告属于虚假宣传—一审认为被告违反了诚实信用原则和公认的商业道德，扰乱了社会经济秩序，损害了原告银翼公司的商业利益—构成不正当竞争

【 裁判摘录 】

　　【3】……对于从事商品经营或者营利性服务的主体而言，承办公益活动或在公益活动中冠名可以起到扩大其知名度的作用，有利于承办者或冠名者所从事的商品经营或者营利性服务，增强其竞争实力和交易机会。因而，承办公益活动以及在公益活动

第八条

中冠名的行为具有广告宣传的商业价值，应当遵循诚实信用原则及商业道德，不得作出引人误解的虚假宣传。本案中，被告交通大学为"方特绿色形象大使招募活动"的承办者，而被告方特公司为该活动的冠名赞助者。涉案海报上载明"方特绿色形象大使火热招募中……，只要你获奖，你将立即成为2009中国绿色形象大使，获得由重庆市绿色志愿者联合会、重庆市红十字基金会绿基金颁发的绿色形象大使证书及聘书，成为重庆公益史上第一位绿色环保形象代言人……"。但被告交通大学和被告方特公司均没有提供充分证据证明其已经获得合法授权承办或冠名"2009中国·重庆绿色形象大使活动"。二被告也未提供充分证据证明海报上所记载的相关内容属实。因此，法院根据日常生活经验、相关公众一般注意力、发生误解的事实和被宣传对象的实际情况等因素，认定该行为属于引人误解的虚假宣传行为。

CY，避风塘 I 案（20030618/C2004-06）：在烹调方法及菜肴名称的含义上使用"避风塘"不构成虚假宣传

避风塘公司 v 德荣唐公司，二审，上海高院（2003）沪高民三（知）终字第49号判决书，澹台仁毅、鞠晓红、张晓都

案情概要

避风塘公司认为德荣唐公司使用"避风塘"对其构成不正当竞争——一审、二审均认为被告属于正当使用菜肴名称——不侵权

裁判摘录

【5】由于"避风塘"是独特烹调方法以及由该种烹调方法制成的特色风味菜肴的名称，经营包括提供"避风塘"特色风味菜肴餐饮服务的被上诉人德荣唐公司，在其一楼和二楼的玻璃窗上分别印有"避风塘畅饮"和"避风塘料理"、在菜单上方标有"唐人街避风塘料理"、在设置的路标上印有"唐人街餐厅避风塘"字样的行为，均是告诉消费者其所提供的餐饮服务的特色。被上诉人是在烹调方法及菜肴名称的含义上使用"避风塘"一词的，其行为并不构成《反不正当竞争法》第九条所规定的虚假宣传。

第十一条 【商业诋毁】

经营者不得编造、传播虚假信息或者误导性信息，损害竞争对手的商业信誉、商品声誉。

本条导读

商业诋毁属于《保护工业产权巴黎公约》第10条之二中列明的第三种不正当竞争行为，该行为是从2017年修订之前的《反不正当竞争法》第14条重新排序而来的。

散布虚伪事实造成商业评价降低的会构成商业诋毁（娃哈哈案、奇虎Ⅰ案、奇虎Ⅱ案）。如果没有产生贬损作用则不能认定商业诋毁（龙门镖局案）。对比性广告是商业诋毁的多发地带（曲美Ⅰ案、蓝月亮案、畅想案）。恶意投诉也会构成商业诋毁（亿能仕案）。

此外，商业诋毁并不需要直接指明诋毁对象的名称（蘭王案），超出必要程度的维权言论也会构成商业诋毁，尤其是办案机关尚未正式认定之前发布不实信息的（德标案、HRS案）；片面陈述事实也会造成商业诋毁（杜康Ⅲ案）。

FY，龙门镖局案（20190926/F2019-30）：没产生贬损作用不构成商业诋毁

联盟影业 v 小马奔腾壹公司等，二审，北京高院（2019）京民终229号判决书，谢甄珂、俞惠斌、陈曦

案情概要

原告联盟影业委托案外人陈某宁创作160集电视剧《武林外传》剧本——原告永久性拥有该剧所生产的全部版权及衍生物品的所有权，陈某宁享有署名权——起诉八被告在联合投资出品的电视剧《龙门镖局》的宣传中有不正当竞争行为——一审认为宣称《龙门镖局》系《武林外传》的升级版的宣传构成虚假宣传——构成商业诋毁——不侵犯原告知名商品特有名称——二审认为证据不足以证明会造成误解，不构成虚假宣传——不足以降低或贬损原告商业信誉、商品声誉，不构成商业诋毁

【7】与虚假宣传相比，商业诋毁侧重于对竞争对手的营业活动、商品或者服务进行虚假陈述进而损害其商业信誉、商品声誉。上述规定中的虚伪事实，既包括虚假的事实，也包括其他引人误解的事实，只要导致损害竞争对手的商业信誉、商品声誉的后果，即构成商业诋毁行为。【8】本案中，一审判决认定陈某宁有关《龙门镖局》能完胜《武林外传》的陈述构成商业诋毁。其中"完胜"一词是指以较大优势胜过对手。如前所述，根据新闻报道的内容，《龙门镖局》和《武林外传》相比确实在某些方面有所改变或提升，考虑到影视剧等艺术作品在优劣的评判方面缺乏客观标准，因此上述改变或者提升是否能够达到"完胜"的程度，属于见仁见智的问题。据此，陈某宁有关"完胜"的表述一方面确实缺乏客观标准或参数。但另一方面，该表述尚不足以使相关公众据此得出两剧优劣的评判结论，并进而降低或贬损《武林外传》出品方联盟影业公司的商业信誉、商品声誉。因此，一审判决就此所作认定有误，应予纠正。

FY，亿能仕案（20190410/F2019-33）：恶意进行淘宝投诉可构成商业诋毁

亿能仕公司 v 捷客斯公司等，二审，大连中院（2019）辽02民终1083号判决书，逄春盛、王立媛、贾春雨

捷客斯公司针对亿能仕公司淘宝店铺销售的商品多次投诉—亿能仕公司起诉捷客斯公司商业诋毁—一审认定捷客斯数次投诉，未尽注意义务，主观恶意明显，违反诚信—构成商业诋毁—二审维持一审判决

【4】……本案中，亿能仕公司与捷客斯公司均在淘宝网开设店铺从事 ENEOSSUS-TINA 品牌润滑油的销售业务，两者具有同业竞争关系。故认定捷客斯公司的涉案行为是否构成商业诋毁，应当判断捷客斯公司是否具有故意捏造、散布虚伪事实的行为，并造成亿能仕公司商誉损害的后果。【5】首先，捏造虚伪事实的一方有义务证明其所述内容的真实性，如果其不能举证证明其投诉理由具有确切的事实依据，应当认定其捏造虚假事实。本案中，捷客斯公司于 2017 年 7 月至 11 月期间在阿里巴巴知识产权保护平台对亿能仕公司经营的淘宝店铺发起十余次投诉行为，投诉类型均属"涉嫌出售

假冒/盗版商品侵权"。捷客斯公司主张亿能仕公司销售的润滑油产品侵犯了其授权管理的"ENEOS"及"SUSTINA"两个注册商标的商标专用权，应对其投诉内容的真实性承担举证责任。捷客斯公司投诉所依据的证明材料主要为亿能仕公司经营的"亿能仕官方店"淘宝店铺的涉案商品销售信息的网站截图，理由是亿能仕公司销售的润滑油产品外包装与其所售商品存在差异。但是，亿能仕公司店铺所售商品的中文标签明确标注"原装正品"，并列明生产商、进口经销商等信息；而捷客斯公司所售商品是由"捷客斯（广州）润滑油有限公司"出品的分装产品，二者在产品外包装上存在差异是正常且合理的。而且，即使亿能仕公司销售的润滑油产品使用了案涉注册商标，具有侵犯注册商标专用权的可能性，《中华人民共和国商标法》还为侵权人提供了正当使用、在先使用、商标权用尽等合法抗辩事由。事实上，亿能仕公司正是主张其所售涉案商品属于日本原装进口产品，并提供了其进口手续等相关证据。此时，如果捷客斯公司仍然坚持认为亿能仕公司构成侵权，其应当要求行政机关查处或向法院提起诉讼，但其并没有启动上述合法的救济程序。捷客斯公司在未经调查核实，没有购买过涉案商品，也未做任何基础性比对工作，更没有任何国家有权机关认定亿能仕公司构成侵权的情况下，即自行认定亿能仕公司销售的案涉产品属于侵犯注册商标专用权的侵权产品，并且以其出售假冒商品为由在淘宝网知识产权保护平台对其发起投诉，该判断过于轻率武断，缺乏事实依据，其行为应当属于捏造虚伪事实。【6】其次，捷客斯公司的持续多次投诉行为具有主观恶意。捷客斯公司不仅是涉案商标的知识产权代理人，而且也是涉案商标的许可使用人，相比其他同业竞争者，其在投诉过程中负有更高的合理、谨慎的注意义务。根据淘宝公司制定并公布的《淘宝规则》，捷客斯公司清楚知晓其投诉行为给亿能仕公司店铺造成的后果，其在没有任何证据证明亿能仕公司销售的涉案商品为侵权产品的情形下，便向阿里巴巴知识产权平台发起投诉，导致亿能仕公司的涉案商品下架无法进行销售。在亿能仕公司提交其进货来源的相关材料表明其商品具有合法来源并申诉成功，且发送律师函后，捷客斯公司理应对其投诉所应尽的注意义务具有更清楚的认知，如果其仍坚持认为亿能仕公司构成侵权，应当通过行政或司法程序予以解决。但是，捷客斯公司既未与亿能仕公司沟通协商，亦未向工商行政管理部门或司法部门寻求救济，而是在没有进一步核实信息、补充证据的情况下，在亿能仕公司每次申诉成功后便以相同理由立即再次启动投诉程序，在亿能仕公司的淘宝店铺成立仅短短四个月的时间内便持续密集地针对涉案商品以相同理由向阿里巴巴知识产权平台发起十余次投诉。甚至，在亿能仕公司于2017年10月11日向法院提起本案诉讼以后，在法院尚未对其投诉行为的正当性做出认定的情况下，捷客斯公司仍然没有停止投诉行为，又接连发起多次投诉，其行为具有连贯性，显然具有追求亿能仕公司涉案商品无法正常上架销售的意图，足见其主观过错是明显而确定的。【7】再次，捷客斯公司的屡次投诉行为造成亿能仕公司商誉损害的后果。捷客斯公司以案涉商标知识产权代理人的身份将亿能仕公司所售商品认定为假冒商品，并在淘宝网的知识产权保护平台上发起投诉，是对该公司商品声誉的严重负面评价。而且，其投诉直接导致亿能仕公司的涉案产品下架，使亿能仕公司所营淘宝店铺的多款商品信息无法通过搜索、商品链接方式等方式供有需求的消费者进行查看，即使申诉成功产品恢复上架，也会对其销售记录和好评信息产生负面影响，并造成网络搜索排名下降等一系列后果，客观上已经导致亿能仕公司商业信誉及产品信誉的损害后果，减少了亿能仕公司所营店铺的交易机会，对其经营活动具有明显的限制，合法权益受到不可逆转的损失。同时，商业诋毁侵犯的客体具有双重性，不仅单纯侵犯了商誉主体的利益，同时也损害了公平、诚信的竞争秩序。两家公司作为同业竞争者，捷客斯公司通过使亿能仕公司因商誉受损处于劣势的竞争地位，从而使己方获得不公平的竞争优势。因此，捷客斯公司的不正当竞争行为不仅侵犯了亿能仕公司的商业信誉，同时也损害了公平、诚信的竞争秩序。【8】关于捷客斯公司主张的其遵守淘宝网的投诉规则并未做任意扩散，对于产品下架原因没有涉及具体公开的理由，不影响被上诉人的企业社会信誉，因而不构成商业诋毁的上诉理由。第一，《反不正当竞争法》第十四条中对于虚伪事实的散布方式并未做限制性规定。所谓"散布"，为分散传布之意。散布行为的基本要求是将虚伪事实以一定方式传递给第三人，其行为模式是以行为人为原点将相关信息对外扩散，其行为具有面向公众性，但具体手段可以不同，传递方式可以多样。对虚伪事实的捏造、散布之规定，系强调侵权者对虚伪事实的源头性责任或传播性责任，侵权者在特定情形下散布虚伪事实，损害竞争对手的行业信誉或商品声誉，破坏了正当的市场竞争秩序，即可以认定构成商业诋毁。第二，根据该条的立法目的，如果行为人向某一特定对象传播所编造的虚伪事实，给当事人的经营活动造成实质性影响的，也可构成商业诋毁。认定某行为是否损害商誉应考察该行为的目的及结果是否通过传播某种信息影响消费者的选择。本案中，捷客斯公司编造虚假信息向淘宝网发起投诉的行为虽仅限于淘宝购物平台，具有一定的封闭性。但是众所周知，淘宝网是国内首屈一指的电商平台，捷客斯公司向淘宝网的知识产权平台投诉的结果覆盖整个平台，直接切断了公众在淘宝网上接触亿能仕公司涉案产品的通道，较之传统的虚伪事实传播方式，影响范围更广，损害后果更大，产生的效果立竿见影，该行为的直接性、即时性和破坏性更为突出。因此，从举轻以明重的角度出发，捷客斯公司的屡次投诉行为具有散布行为所要求的公众性特点，已构成商业诋毁。捷客斯公司的该项上诉理由，缺乏法律依据，本院不予支持。

FY，德标案（20180611/F2018-41）：超出必要限度的维权言论可构成商业诋毁

上海德标公司等 v 深圳德标公司，二审，贵州高院（2018）黔民终 665 号判决书，朱进、秦娟、黄新

[案情概要]

  被告深圳德标公司委托他人投诉原告上海德标公司销售侵权产品，并在市场监督

管理局执行公务时进行拍照并发布信息—使人认为原告的产品是傍名牌产品—损害了原告商品声誉——一审认定被告散布虚伪事实，构成不正当竞争——二审维持一审判决

裁判摘录

【5】……上海德标公司、贵州德标公司与深圳德标公司均经营同类产品，双方的经营业务存在竞争关系，系同业竞争者。二是深圳德标公司代理人何某举报上海德标公司、贵州德标公司商标侵权后，观山湖区市场监督管理局对上海德标公司生产、贵州德标公司销售的产品进行查封，只是行政机关在案件调查过程中依法对证据采取保全的一种手段，而非作出商标侵权事实认定的结论。在司法机关或行政机关未对上海德标公司、贵州德标公司是否侵害深圳德标公司注册商标专用权作出认定前，深圳德标公司代理人何某在其朋友圈发布"不给傍山寨货及不法分子可乘之机……"等图文信息，不仅缺乏事实依据，且容易误导相关公众对上海德标公司、贵州德标公司作出负面评价，产生对上海德标公司、贵州德标公司不利的宣传效果。据此，深圳德标公司主观上具有通过实施商业诋毁行为以削弱竞争对手市场竞争能力、谋求自己市场竞争优势的主观故意，客观上实施了散布虚伪事实对竞争对手进行诋毁、贬低的行为。三是微信平台具有一定开放性，虽然涉案微信的受众具有一定特定性，但不能排除这些受众在看到被控侵权言论后不再转发和传播，从本案公证照片可以看出，深圳德标公司发布的上述图文照片已被部分转发，……上述言论属于脱离客观事实的主观臆断，是对真实情况的过度解读，极具攻击性，而非普通大众朴素情感，必然会对上海德标公司和贵州德标公司的商业信誉、商品声誉造成损害。四是深圳德标公司作为市场经营者有权对其他经营者的违法行为进行监督，但维权应当在合理限度内，并要有"边界意识"，不能逾越私力救济的权利范围，以自己的立场对其他经营者及其行为作出价值判断，以此来打击、排挤竞争对手。即使上海德标公司、贵州德标公司客观上存在商标侵权行为，深圳德标公司仍有合法救济渠道，维权发布的言论不应超出必要的限度，且必须出于维权的目的。【6】综上，深圳德标公司在无充分证据，且相关商标权侵权纠纷未经司法机关或行政机关审理终结并作出认定的情况下，在其委托代理人的微信朋友圈散布、传播虚伪事实，并且导致数人转载，足以对社会公众产生误导，引起公众对上海德标公司、贵州德标公司的社会评价减损以致商业信誉、商品声誉受到损害，影响竞争对手的交易机会和竞争优势，深圳德标公司的行为已超出维权的合理限度，构成《反不正当竞争法》第十四条所规定的商业诋毁行为。故深圳德标公司主张其言论不构成商业诋毁的上诉理由不能成立，本院不予支持。

第十一条

FWY，杜康Ⅲ案（20170605/F2017-30）：片面陈述真实事实而容易引人误解也可构成商业诋毁

白水杜康 v 洛阳杜康，二审，陕西高院（2017）陕民终 154 号判决书，张小燕、宋小敏、常宝堂

案情概要

白水杜康诉洛阳杜康商业诋毁——一审基本支持原告——考虑历史渊源——二审基本维持一审商业诋毁的认定，部分变更一审

裁判摘录

【4】……"虚伪事实"，既包括全部或部分事实的虚伪和对真实情况的歪曲，也包括片面陈述真实事实而容易引人误解的情形。后者较之前者更具有隐蔽性，亦更加难以判定，其判定应以是否足以导致相关消费者对相关商品产生错误认识，进而影响消费者的选择为标准。当该陈述足以使相关消费者对相关商品产生误解，影响消费者的决定，并对竞争对手的商誉产生负面影响，损害竞争者的利益时，即构成法律规定的商业诋毁。换言之，即使某一事实是真实的，但由于对其进行了片面、不公正、不准确的陈述，引人误解，仍会对竞争者的商誉造成损害，亦属于《反不正当竞争法》第十四条予以规范的商业诋毁情形。【8】……本案"杜康"商标的形成是一个复杂的历史过程……洛阳杜康公司的上述陈述，实际上是将其他持有含"杜康"二字商标的经营者与杜康之间的渊源割裂开来，极易使相关消费者认为只有该产品的生产企业与"杜康"商标拥有关系，进而亦容易使消费者产生白水杜康公司及其商品与杜康没有关系的错误认识，从而使相关消费者对白水杜康公司相关商品产生质疑或否定性评价，从而影响消费者的选择，进而影响白水杜康公司的商誉。……主观上存在过错。……属于《反不正当竞争法》第十四条规范的情形……构成商业诋毁……

FY，畅想案（20150717/F2015-39）：商业诋毁的对象不一定被明确提及，但要有明确指向；诋毁人不能将诋毁对象自身的过错用以抗辩

畅想公司 v 中源公司，二审，浙江高院（2015）浙知终字第 71 号判决书，周平、陈宇、刘静

案情概要

畅想公司起诉二被告对其构成商业诋毁——一审认为被告在客户邮件中推广其商品和

服务，将其与畅想公司进行优、劣对比，又未能提供证据加以证明，构成商业诋毁—最高级别的形容词进行对外宣传的行为，引人误解，构成虚假宣传—二审认为一审判决认定事实基本清楚，但适用法律不当—认定商业诋毁、虚假宣传，并责令被告立即停止在百度推广服务中使用"畅想软件"等搜索关键词—被告向最高法院申请再审被驳回

裁判摘录

【3】……商业诋毁的构成要求行为主体应限定为经营者，且行为对象系其竞争对手，行为人应具有损害竞争对手商誉的故意，客观上行为人系通过编造虚假信息，或是对真实状况加以歪曲，构成虚伪事实，进而将所捏造的虚伪事实以各种方式向不特定的多数人或者特定的共同客户或同行业的其他竞争者进行传播，对竞争对手的商业信誉和商品声誉造成损害。【4】关于中源公司和中晟公司在其官网上发表《从战略合作伙伴的高度来甄选软件服务商—富通天下中标华飞公司 ERP 项目》文章的行为。该篇文章的主题是宣传该两公司的"富通天下"软件中标华飞公司的 ERP 项目，在描述华飞公司原先采用的"某宁波本地软件公司"的软件具有"速度越来越慢、远程性差、软件扩展性差、报表输出性能差、缺少财务系统"等技术软肋时，并未明确指向畅想公司，即使华飞公司事后确认其使用的外贸业务管理系统由畅想公司提供，但现有证据并不能证明相关公众在阅读该篇文章后必然将"某宁波本地软件公司"等同于畅想公司，也不能证明畅想公司的商业信誉和商品声誉因之受损，故中源公司和中晟公司的本节被诉行为并不构成商业诋毁。【5】关于中源公司、中晟公司在阿里巴巴外贸圈外贸服务论坛发表《外贸服务市场不是娱乐圈》文章并附有第 144 号案的《民事起诉状》和《受理案件通知书》的行为。……本院认为，虽然在通篇行文中，并未明确提及畅想公司，但通过所附的法律文书，读者极易将中源公司、中晟公司在文中所称的"害群之马"与其起诉的畅想公司紧密相连，指向对象较为明确，也易导致相关公众可能将文中提及的诸多外贸软件行业的不良现象与畅想公司相联系，虽然畅想公司在第 144 号案中实施的商业诋毁行为已被本院所认定，但文中提及的商业诋毁之外的其他行为并未得到证据证实。且对于畅想公司的诋毁行为，该两公司已通过诉讼方式得到救济，在现代法治社会，"同态复仇"的方式不应得到肯定和提倡，畅想公司的前述行为亦不能成为中源公司和中晟公司发表本节所涉文章的合法抗辩事由，该两公司的行为符合商业诋毁的构成要件，同样应承担相应的民事责任。……【6】关于中晟公司员工施某补发送含有争议内容的邮件的行为。……就该邮件内容而言，包含有富通天下相对于畅想软件的六大优势，畅想公司绑架客户、上百家企业将畅想软件替换为富通天下软件等表述，而中源公司、中晟公司均未能提供证据对该邮件内容予以证实，相关内容均系主观臆断，属捏造虚假事实，且通过发送邮件的方式向客户进行传播，易造成相关客户对畅想公司及其产品的评价降低。该两公司通过贬低竞争对手的方式提升自身美誉度，以期获取不正当竞争利益，对畅想公司的商业信誉和商品声誉造成损害，其本节所涉被诉行为构成商业诋毁。

第十一条

BDY，奇虎Ⅱ案（20140218/B2014-34. 35. 36/D2014 -01）：基于非正当目的评价他人产品或服务，误导公众，损人商誉的构成商业诋毁

腾讯科技等 v 奇虎公司等，二审，最高院（2013）民三终字第 5 号判决书，奚晓明、孔祥俊、王闯、王艳芳、朱理

案情概要

　　腾讯科技等认为奇虎公司等通过运营 www. 360. cn 网站向用户提供"360 扣扣保镖"软件下载—通过各种途径进行推广宣传—片面、不准确—引人误解—超出正当商业评价、评论的范畴—一审、二审支持原告主张

裁判摘录

　　【13】判定某一行为是否构成商业诋毁，其判定标准是该行为是否属于捏造、散布虚伪事实，对竞争对手的商业信誉或者商品声誉造成了损害。【15】换言之，即使某一事实是真实的，但由于对其进行了片面的引人误解的宣传，仍会对竞争者的商业信誉或者商品声誉造成损害，因此亦属于《反不正当竞争法》第十四条予以规范的应有之义，一审法院对此进行认定并无不当。【21】……经营者对于他人的产品、服务或者其他经营活动并非不能评论或者批评，但评论或者批评必须有正当目的，必须客观、真实、公允和中立，不能误导公众和损人商誉。经营者为竞争目的对他人进行商业评论或者批评，尤其要善尽谨慎注意义务。

DY，奇虎Ⅰ案（20110914/D2011-06）：违反诚信原则损害他人商业信誉可构成商业诋毁

腾讯科技等 v 奇虎公司等，二审，北京二中院（2011）二中民终字第 12237 号判决书，葛红、张剑、杨静

案情概要

　　被告奇虎公司等通过"360 网"发布明确针对 QQ 软件的多篇文章内容，称 QQ 软件窥视用户隐私由来已久—原告认为奇虎公司的行为损害了其商业信誉和商品声誉，构成了不正当竞争—一审认为被告采取不属实地表述事实、捏造事实的方式，

具有明显的不正当竞争的意图，损害了腾讯公司的商业信誉和商品声誉，构成了商业诋毁——二审维持一审判决

裁判摘录

【15】……涉案"360隐私保护器"对相关监测结果的描述缺乏客观公正性，足以误导用户产生不合理的联想，对QQ软件的商品声誉和商业信誉带来一定程度的贬损。上诉人奇虎科技公司、三际无限公司、原审被告奇智软件公司使用"360隐私保护器"对QQ软件扫描结果使用"可能涉及您的隐私"等相关描述，损害了腾讯科技公司、腾讯计算机公司及其"腾讯QQ"软件产品的商业信誉，构成商业诋毁。【15】在上诉人奇虎科技公司、三际无限公司、原审被告奇智软件公司并未证明被上诉人腾讯科技公司、腾讯计算机公司扫描的文件含有用户隐私的情况下，上述评价和表述缺乏事实基础，并且带有较强的感情色彩并具有负面评价效果和误导性后果，违背诚实信用的公认商业道德，损害了腾讯科技公司、腾讯计算机公司及其"腾讯QQ"软件产品的商业信誉，亦构成商业诋毁。

FY，HRS案（20110725/F2011-30）：先前诉讼未判决时即发布对对方不利的否定评价可构成商业诋毁

宣达公司 v 孟莫克公司等，一审，上海一中院（2009）沪一中民五（知）初字第228号判决书，郑军欢、徐燕华、刘俊炜

案情概要

宣达公司起诉被告恶意提起商业秘密诉讼，并发布不实信息诋毁其商誉构成商业诋毁——一审支持原告主张——原告未提供证据证明提起商业秘密诉讼本身有恶意或有不正当性，这一部分不构成商业诋毁——两被告在商业秘密诉讼尚未作出判决时擅自发布对原告不利的否定性评价——对原告的正常经营造成了实质性影响，足以损害原告的商业信誉——构成商业诋毁

裁判摘录

【3】……两被告发送该律师函时本院对其提起的侵犯商业秘密诉讼尚未作出判决，两被告在没有提供相关事实依据以及司法机关未对原告等是否侵犯其商业秘密作出权威认定的情况下，擅自发布上述对原告不利的否定性评价，被告的行为已经对原告的正常经营造成了实质性影响，足以损害原告的商业信誉。虽然原告与无锡东沃公司最

第十一条

终就 DWHS 技术签约成功，但这一结果并不影响两被告前述行为不正当性的认定。综上所述，两被告的行为构成对原告的商业诋毁，依法应承担停止侵权、消除影响、赔偿损失等民事责任。

BY，蘭王案（20090804/B2009-26）：商业诋毁行为并不要求行为人必须直接指明诋毁的具体对象的名称

大鹤蛋品 v 百兰王公司，再审，最高院（2009）民申字第 508 号裁定书，邹中林、郎贵梅、秦元明

案情概要

大鹤蛋品起诉百兰王公司构成商业诋毁——明知——对象可辨别——损害他人商业信誉和商品声誉——一审、二审、再审支持原告主张

裁判摘录

【3】……本案中，申请再审人发表的《声明》虽然没有指明针对的对象是被申请人，但当时上海仅仅有其与被申请人两家公司销售"蘭王"品牌鸡蛋，申请再审人对此是明知的，而消费者完全可以根据该声明得出这样的判断，其他"蘭王"牌鸡蛋的经营者侵犯了申请再审人的商标权，被申请人作为"蘭王"牌鸡蛋的生产者，其商业信誉和商品声誉自然会因此受到损害。因此，百兰王公司发表的《声明》构成对被申请人的商业诋毁。

SY，蓝月亮案（20020905）：贬低他人的比较广告构成不正当竞争

蓝月亮公司 v 宝洁公司等，二审，广东高院（2001）粤高法知终字第 57 号判决书，邱文宽、于小山、佘琼圣

案情概要

蓝月亮公司被授权独占使用一种 250ml 挤压式的包装瓶外观设计专利——外形独特——蓝月亮公司起诉被告发布的广告不当地使用了自己产品的包装瓶做对比，构成不正当竞争——一审认定该广告对消费者可以产生是新汰渍洗衣粉和蓝月亮衣领净对比的想象，对蓝月亮衣领净产品有一定的影射作用——涉案广告在一定程度上容易产生诱导消费者

用汰渍洗衣粉替代蓝月亮衣领净的效果，对蓝月亮公司产品的市场产生消极的影响，也在一定程度上贬低了蓝月亮公司的产品，构成不正当竞争行为，判赔 20 万元—二审维持一审的不正当竞争认定，调整赔偿为 657 万元

裁判摘录

【1】……根据《反不正当竞争法》和《广告法》的规定，我国现行法律对比较广告采取了原则允许，例外禁止的制度，即除药品、医疗器械广告不得与其他药品、医疗器械的功能和安全性进行比较外，法律并不禁止比较广告。……比较广告应当遵循法律规定的公平、诚实信用的原则和公认的商业道德。对比的内容要以客观存在的具体事实为依据，不得散布虚假信息；提供的信息必须全面，不得作片面的或引人误解的对比；内容的表述必须准确，不得让消费者产生歧义；应当尊重他人权益，不得诋毁他人商业信誉或商品声誉。……【2】……本案宝洁公司的广告有言过其实的成分，会令人产生误解，并对衣领净产品有贬低之意，违反了《反不正当竞争法》和《广告法》的规定。由于广告中用蓝月亮衣领净具有独特外观的包装瓶代表衣领净产品，相关消费者会将该广告直接与蓝月亮衣领净联系起来，应当认定该广告行为构成对蓝月亮公司的不正当竞争，损害了蓝月亮公司的产品声誉，宝洁公司应当承当停止侵权、赔礼道歉、赔偿损失的民事责任。

SY，曲美 I 案（20020509）：恶意比较广告构成不正当竞争

涪陵药厂 v 罗氏上海公司等，二审，重庆高院（2001）渝高法民终字第 168 号，张勤、程晓东、周敏

案情概要

涪陵药厂在市场上销售商品名为"曲美"的减肥药—罗氏上海公司在市场上销售商品名为"赛尼可"的减肥药—被告罗氏上海公司在被告罗氏中国公司注册并持有的网站上以及在其印刷的宣传手册中，将原告涪陵药厂生产的"曲美"减肥药与自己生产的"赛尼可"减肥药进行比较—一审认为该行为属于广告性质的行为—不恰当比较—两被告连带责任—二审维持一审判决

裁判摘录

【3】罗氏上海公司在互联网发布赛尼可药品信息，是借用网络媒介推销产品的一种宣传行为。其印制并向药房发放《赛尼可——你可以信赖的长期合作伙伴》手册，

亦在于使经销者和通过经销者让消费者了解赛尼可减肥药，起到对该药品的宣传和促销作用。就该信息所指向的对象而言，主要是药品经销者和消费者。此两种宣传行为，均主要在于提高赛尼可在药品经销者和消费者中的声誉，起到广而告知的作用。罗氏上海公司的行为属广告行为之一种，其应当符合有关广告法律的相关规定。根据《中华人民共和国广告法》第十二条、第十四条的规定，广告不得贬低其他生产经营者的商品或者服务。药品、医疗器械广告不得有与其它药品、医疗器械的功效和安全性比较的内容。罗氏上海公司在互联网将赛尼可与曲美进行比较，称曲美不如赛尼可安全，赛尼可是目前最安全的减重药物等；在《赛尼可——你可以信赖的长期合作伙伴》手册中将赛尼可与西布曲明（曲美）的作用机制进行比较，称西布曲明有严重的副作用等，其实质在于夸大并突出曲美的不足，进而起到贬低曲美的作用。该行为属于对涪陵药厂生产的曲美药品的贬低行为和对药品与药品的功效和安全性进行比较的不当行为。【4】其次，从公众对药品信息的普遍认知要求来看，应当知道的是全面的客观事实，特别是对一般的药品消费者而言，因事关自身的健康权利，面对非全面的客观信息，就很难判定其真实性。而罗氏上海公司以这种比较方式，向一般的药品消费者所提供的信息，就整体而言并不能使客观事实得到全面反映，不全面即不客观真实，其内容的片面性使该比较信息具有虚伪性。因此，罗氏上海公司的这一行为，还同时违反了《中华人民共和国反不正当竞争法》第十四条的禁止性规定，即经营者不得捏造、散布虚伪事实，损害竞争对手的商业信誉、商品声誉。

CY，娃哈哈案（19961007/C1997-01）：散布虚伪事实损害原告的商品声誉是不正当竞争行为

娃哈哈公司 v 巨人集团，一审，杭州中院文号［缺］，合议庭成员［缺］

案情概要

原告娃哈哈公司研制生产了"娃哈哈儿童营养液"—被告巨人集团生产类似产品"巨人吃饭香"，并称原告产品有激素，会造成儿童早熟，产生现代儿童病—杭州中院认为被告散布虚伪事实损害原告的商品声誉，构成不正当竞争—被告承认侵权—双方达成调解协议

裁判摘录 ❶

【1】……被告巨人集团散布虚伪事实损害原告的商品声誉，是不正当竞争行为，

---

❶ 摘自《最高人民法院公报》1997 年第 1 期，非判决原文。

依照《反不正当竞争法》第二十条的规定，应当承担侵权损害赔偿责任，并应当承担原告因调查其不正当竞争行为所支付的合理费用。……被告表示要对自己的侵权行为进行反思并引以为戒。被告的态度得到原告的谅解。在法院的主持下，双方于1996年10月7日达成调解协议……一、被告巨人集团承认有不正当竞争行为，给原告娃哈哈集团的商业信誉和商品声誉造成损害，愿意承担相应的法律责任。二、巨人集团停止不正当竞争行为。在本案结束后，双方以新闻发布会形式，由巨人集团向娃哈哈集团赔礼道歉，消除影响。具体时间与方式双方另行商定。三、巨人集团向娃哈哈集团赔偿直接经济损失人民币200万元，由巨人集团以相等价值的房产折抵。具体手续由双方按有关规定办理。

第十一条

第十七条 【救济】

经营者违反本法规定，给他人造成损害的，应当依法承担民事责任。

经营者的合法权益受到不正当竞争行为损害的，可以向人民法院提起诉讼。

因不正当竞争行为受到损害的经营者的赔偿数额，按照其因被侵权所受到的实际损失确定；实际损失难以计算的，按照侵权人因侵权所获得的利益确定。经营者恶意实施侵犯商业秘密行为，情节严重的，可以在按照上述方法确定数额的一倍以上五倍以下确定赔偿数额。赔偿数额还应当包括经营者为制止侵权行为所支付的合理开支。

经营者违反本法第六条、第九条规定，权利人因被侵权所受到的实际损失、侵权人因侵权所获得的利益难以确定的，由人民法院根据侵权行为的情节判决给予权利人五百万元以下的赔偿。

📖 本条导读

2017 年《反不正当竞争法》修订时对民事救济进行了较大的调整，之前关于对商业仿冒、虚假宣传和商业诋毁可以全面参照《商标法》的赔偿方式的司法解释应该不再适用。例如，按照许可费的合理倍数计算方式以及惩罚性赔偿乃至证据妨碍规定都没有适用于前三类不正当竞争行为的明确规定。新法虽然将法定赔偿的高限提高到 500 万元，但取消了虚假宣传和商业诋毁的法定赔偿方式。对违反第 6 条的行为的行政处罚，可参看第 18 条的规定。

17.1 民事责任的承担。不正当竞争行为涉及不同主体参与的情况下，首先要对他们的行为后果进行区分，特许方不必然为被特许方承担责任（富安娜案），非法经营也不必然构成需要承担民事责任的不正当竞争（黄金假日 I 案），但特定关系人（如员工甚至案外人）的行为也可能由相关主体承担责任（龙门镖局案、泰福珠宝案）。

17.2 [1] 管辖和时效。关于企业名称的民事冲突法院有权处理（星群案、港中旅案），不能网络购物收货地作为侵权行为地确定地域管辖（新百伦 I 案），有关联关系的可以提起反诉（格力案），原告方受到行政处罚并不妨碍其提起民事诉讼（小拇指案），要求处理企业名称争议尤其是具有恶意的申请不受五年的时间限制（威极案、特仑苏案）。

17.2 [2] 诉的关联。关联的诉讼需要遵循"一事不再理"的规则（黄金假日 II 案、使命召唤案）。

17.2 [3] 证据。对于提交伪证欺骗法院的行为可以处以罚款（华润案），对于公证证据也不能一概采信（六个核桃案）。

17.2[4]行为保全。符合条件，可适用行为保全（一起来捉妖案、海宁案、帮5淘案）。

17.2[5]和解撤诉及调解。对于当事人自愿和解并注销或变更企业名称的，法院可以许可（正新案、世纪金源案），原审判决确有错误的，法院还可以在允许撤诉的裁定中予以纠正（避风塘Ⅱ案）。

17.2[6]民事制裁。法院有权对当事人的违法行为处以民事制裁（天聪1号案）。

17.2[7]停止使用或变更名称。对于构成不正当竞争的企业名称，法院有权要求其停止使用（星群案）乃至变更企业名称（谷歌Ⅱ案、滚石案、微信Ⅰ案），不足以消除混淆的不能适用附加识别标识的处理方式（火星金星图书案），屡次变更仍不符合要求的不能算履行了停止使用的禁令判决（港中旅案）。

17.3[1]原告损失赔偿。原告营业额降低可以作为赔偿的考量因素（红磨坊案），行业平均营业利润也可以用来计算原告损失（黛尔吉奥案）。

17.3[2]被告获利赔偿。对于不是以侵权为业的被告可以按照营业利润计算赔偿数额（天容案）。

17.3[3]合理开支。对于仅仅注册了企业名称的行为，法院认为至少应该允许原告获得合理开支的赔偿（金螳螂案）。

17.4[1]法定赔偿。对于难以查清确切损失或获利的商业仿冒行为可以综合考虑判决支付法定赔偿（费列罗案、姚明一代案、维秘Ⅰ案、晓宇老火锅案），对于仅仅注册企业名称的不正当竞争行为，法院可以结合具体情节判决给予适当的赔偿（谷歌Ⅰ案、松下案）。不受当事人撤诉影响的赔偿，不需要变动（杜康Ⅱ案）。

17.4[2]酌定赔偿。对于难以证明因侵权受损或侵权获利的具体数额，但有证据证明前述数额明显超过法定赔偿最高限额的，可以在法定赔偿最高限额以上酌情确定赔偿数额（奇虎Ⅱ案）。

17.1　民事责任承担

FY，泰福珠宝案（20181103/F2018-36）：员工职务行为构成商业诋毁由店主承担责任

金泰福珠宝店 v 金嘉利珠宝店等，二审，湖南高院（2018）湘民终360号判决书，伍胜、唐小妹、曾志燕

案情概要

原告起诉被告在微信上发布信息，称其商品为假货，构成商业诋毁——一审认为涉案被告中两个体工商户的珠宝店为适格被告，珠宝店的实际经营者及员工不是适格被

第十七条

告—证据不足以证明被告有商业诋毁行为—二审认为一审关于适格被告的认定正确，但说理不当—员工从事的涉案行为是职务行为—金嘉利珠宝店作为原告的同业竞争者，未尽谨慎注意义务和管理义务，在未经核实真实性的情况下，导致涉案视频和文字经其员工通过微信朋友圈对外转发—对原告商誉造成不良影响—构成商业诋毁

裁判摘录

【6】……（涉案）文字内容具有明显的贬损性和指向性，该转发行为存在着明显的贬低他人、宣传自己、抢夺市场、引导消费者购买方向、形成市场竞争优势的主观故意。综前，本院认为，被上诉人金嘉利珠宝店和金嘉福珠宝店作为同业竞争者，未尽谨慎注意义务和管理义务，在未经核实真实性的情况下，导致涉案视频和文字经其员工通过微信朋友圈对外转发，为自己谋取不正当利益，对上诉人金泰富珠宝一店的商誉造成一定不良影响，构成商业诋毁，并应承担相应法律责任。

FY，龙门镖局案（20190926/F2019-30）：相关人员的行为可以视为宣传主体的行为

联盟影业 v 小马奔腾壹公司等，二审，北京高院（2019）京民终 229 号判决书，谢甄珂、俞惠斌、陈曦

案情概要

原告联盟影业委托案外人陈某宁创作 160 集电视剧《武林外传》剧本—原告永久性拥有该剧所生产的全部版权及衍生物品的所有权，陈某宁享有署名权—起诉八被告在联合投资出品的电视剧《龙门镖局》的宣传中有不正当竞争行为—一审认为宣称《龙门镖局》系《武林外传》的升级版的宣传构成虚假宣传—构成商业诋毁—不侵犯原告知名商品特有名称—二审认为证据不足以证明会造成误解，不构成虚假宣传—不足以降低或贬损原告商业信誉、商品声誉，不构成商业诋毁

裁判摘录

【1】……鉴于陈某宁和壹影视公司在编剧合同中明确约定，应壹影视公司要求，陈某宁应当参加电视剧的宣传活动，且在案证据不能证明陈某宁有权在编剧合同约定的酬金之外，基于《龙门镖局》一剧发行而另外获得收益。因此，一审法院有关壹影视公司作为电视剧《龙门镖局》的著作权人对陈某宁的宣传行为承担责任的认定并无

不当。对壹影视公司的该项上诉理由，本院不予支持。

FY，富安娜案（20160802/F2016-42）：被特许经营方构成商业诋毁，特许经营方不必然承担共同责任

梦洁家纺 v 富安娜家居等，二审，长沙中院（2016）湘 01 民终 1380 号，杨文滔、蔡晓、潘威

案情概要

梦洁家纺起诉富安娜家居等通过"海安富安娜家纺"的微信平台进行的有关报道构成商业诋毁——一审支持原告主张——二审基本维持一审，纠正部分法律适用错误

裁判摘录

【9】上诉人名巢公司与被上诉人梦洁公司均系家纺产品的经营者……，其行为属于捏造、散布虚伪事实。……容易导致消费者改变购买选择，上诉人名巢公司的行为违背了诚实信用原则和公认的商业道德，对竞争对手的商品声誉或者商业信誉产生负面影响和评价，损害了原告梦洁公司的利益。……构成对原告的商业诋毁。【12】……特许人富安娜公司对被特许人名巢公司应有一定的管理义务，特许人对自己的商业信誉，如对品牌管理及对竞争对手的商业评价更应当谨慎管理，以免误导消费者，特别是在信息时代，通过网络信息发布的未经核实的信息，极易误导消费者，本案富安娜公司本身知名度较高，其有责任对其经销商针对竞争对手的网络行为进行必要的监管。……在本案所涉商业诋毁行为发生后，如梦洁公司采取合理的通知措施，则富安娜公司应采取力所能及的管理措施，但本案中并无证据证明梦洁公司进行了合理的通知，故不能仅因富安娜公司与名巢公司有特许经营关系而认定富安娜公司应对名巢公司的侵权行为承担连带责任。……本案梦洁公司并未提交证据证明富安娜公司就本案所涉诋毁行为与名巢公司具有共同故意或为名巢公司商业诋毁提供帮助行为，也没有证据证明富安娜公司的行为符合法律规定的应承担连带责任的其他情形，梦洁公司甚至不能证明其进行了合理的通知，故原审判决富安娜公司应对名巢公司给梦洁公司造成损害的扩大部分与名巢公司承担连带责任缺乏事实与法律依据，本院予以纠正。

BDY，黄金假日Ⅰ案（20091022/B2009-23.25/D2009-08）：非法经营不必然同时构成不正当竞争行为

黄金假日旅行社 v 携程计算机公司等，二审，最高院（2007）民三终字第 2 号判决书，

孔祥俊、王永昌、邰中林

案情概要

黄金假日旅行社诉被告非法经营旅行社业务和非法从事机票代理业务，构成不正当竞争及虚假宣传—非法经营—不当然等于民事侵权—未获法院支持

裁判摘录

【5】……对于违反有关行政许可法律、法规的非法经营行为，一般属于应当承担行政责任乃至刑事责任的问题，应当依法由相应的行政主管部门或者刑事司法机关审查认定。只有在违反有关行政许可法律、法规的非法经营行为同时构成民事侵权行为的情况下，才涉及应否承担民事责任的问题。也就是说，非法经营并不当然等于民事侵权，民事诉讼原告不能仅以被告存在非法经营行为来代替对民事侵权行为的证明责任。【6】……不论经营者是否属于违反有关行政许可法律、法规而从事非法经营行为，只有因该经营者的行为同时违反《反不正当竞争法》的规定，并给其他经营者的合法权益造成损害时，其他经营者才有权提起民事诉讼，才涉及该经营者应否承担不正当竞争的民事责任问题。即使是对《反不正当竞争法》第九条第一款规定的引人误解的虚假宣传行为，也并非都是经营者可以主张民事权利的行为，也应当符合经营者之间具有竞争关系、有关宣传内容足以造成相关公众误解、对经营者造成了直接损害这三个基本条件。【7】……上诉人并未举证证明该二被上诉人的有关行为包括上述误导性后果使上诉人自身受到了直接的损害，不能简单地以相关公众可能产生上述与上诉人无关的误导性后果而代替上诉人对自身受到损害的证明责任。

17.2 ［1］管辖、时限

BY，新百伦 I 案（20170613/B2017-33）：网络购物收货地不能作为侵权行为地确定案件的地域管辖

新百伦公司 v 马内尔等，二审，最高院（2016）最高法民辖终107号裁定书，王艳芳、董晓敏、何鹏

案情概要

新百伦公司诉马内尔公司使用涉案标志构成不正当竞争—被告认为一审法院无管辖权—管辖异议—被驳回—二审法院推翻一审裁定—网络买卖合同—网购收货地—侵权主张并非仅针对特定的产品—不是侵权行为地—分案重新确定管辖

裁判摘录

【2】……侵犯知识产权案件中，由于附着了商标或者其他权利的商品具有大范围的可流通性，如何确定侵权行为地有不同于一般民事纠纷案件的特殊性。……因侵犯注册商标专用权行为提起的民事诉讼，由商标法（指 2001 年修正的《商标法》）第十三条、第五十二条所规定侵权行为的实施地、侵权商品的储藏地或者查封扣押地、被告住所地人民法院管辖。根据该条规定，在侵犯商标权案件中，除了大量侵权商品的储藏地以及海关、工商等行政机关依法查封、扣押侵权商品的所在地外，仅侵权行为的实施地或者被告住所地可以作为管辖依据，而不再依据侵权结果发生地确定管辖。本案中，新百伦公司认为马内尔公司的侵权行为是基于周乐伦的授权，通过"百伦 BOLUNE"微信公众账号销售被诉侵权产品，参照前述司法解释规定，新百伦公司可以在马内尔公司被诉侵权行为的实施地以及该公司住所地的人民法院提起诉讼。马内尔公司住所地位于广东省广州市天河区，新百伦公司亦无其他证据证明其在公司住所地之外的其他地区实施了侵权行为，故应以该住所地作为对马内尔公司相应行为确定管辖的依据。《最高人民法院关于适用〈中华人民共和国民事诉讼法〉的解释》第二十条规定："以信息网络方式订立的买卖合同，通过信息网络交付标的的，以买受人住所地为合同履行地；通过其他方式交付标的的，收货地为合同履行地。合同对履行地有约定的，从其约定。"该条规定是对《民事诉讼法》第二十三条、第三十四条关于合同履行地的补充规定。对于以信息网络方式订立的买卖合同，确定被告住所地或者合同履行地存在一定的困难，故司法解释该条进行了明确。由于合同案件与侵犯知识产权及不正当竞争案件存在较大的不同，合同案件一般发生在合同当事人之间，且其影响基本仅限于特定的行为和特定的当事人，而在侵犯知识产权和不正当竞争案件中，当事人通过网络购物方式取得被诉侵权产品，虽然形式上与"以信息网络方式订立买卖合同"并无区别，但其所提出的侵权主张并非仅针对这一特定的产品，而是包含了特定权利的所有产品；其主张也并非仅针对合同的另一方主体，而可能是与此产品相关的、根据法律规定可能构成侵权的其他各方主体。考虑到上述区别，并考虑到侵犯知识产权案件和不正当竞争案件中对侵权行为地的确定有专门的规定，在此类案件中，如果原告通过网络购物方式购买被诉侵权产品，不宜适用《最高人民法院关于适用〈中华人民共和国民事诉讼法〉的解释》第二十条的规定来确定案件的地域管辖。一审法院援引《最高人民法院关于适用〈中华人民共和国民事诉讼法〉的解释》第二十条的规定，认定南京市既是马内尔公司的侵权行为实施地，也是侵权结果发生地，适用法律不当，本院予以纠正。

FY，港中旅案（20150324/F2015-19）：企业名称之间的冲突法院可以管辖

港中旅集团 v 张家界中港公司，二审，湖南高院（2015）湘高法民三终字第 4 号判决

书，陈小珍、邓国红、唐小妹

　　港中旅集团注册有"港中旅国际""港中旅"等商标—起诉张家界港中公司使用"港中旅"标志构成商标侵权及不正当竞争—一审认为被告具有"搭便车"的故意，突出使用"港中旅"足以构成误认，构成商标侵权及不正当竞争—二审肯定原告"港中旅"商业标识和企业字号的知名度—被告两次改名有攀附恶意，违反诚信，构成不正当竞争—标志近似，有混淆，构成商标侵权

　　【2】本案中，中国港中旅集团公司认为张家界中港国际旅行社有限公司使用其企业名称的行为构成不正当竞争，张家界中港国际旅行社有限公司则认为其企业名称经工商登记，属合法使用，该争议应当先行提交工商行政部门解决。本院认为，《最高人民法院关于审理注册商标、企业名称与在先权利冲突的民事纠纷案件若干问题的规定》第二条规定："原告以他人企业名称与其在先的企业名称相同或者近似，足以使相关公众对其商品的来源产生混淆，违反反不正当竞争法第五条第（三）项的规定为由提起诉讼，符合民事诉讼法第一百零八条规定的，人民法院应当受理。"本案中，中国港中旅集团公司提起的不正当竞争之诉符合该司法解释规定的受理条件，原审法院据此受理该不正当竞争纠纷有事实和法律依据。至于中国港中旅集团公司企业名称是否在先使用、张家界中港国际旅行社有限公司企业名称是否与其相同或近似、是否违反了《反不正当竞争法》第五条第（三）项的规定等事项，属于本案的实体审查，不影响本纠纷的受理。

BY，格力案（20131218/B2013-35）：明显针对性、对抗性和关联性的诉讼可作为反诉处理

江西格力 v 江西美的等，再审，最高院（2013）民申字第 2270 号裁定书，王闯、王艳芳、佟姝

　　江西格力诉江西美的等对其构成不正当竞争—江西美的反诉—一审、二审、再审认为双方互有不正当竞争行为

裁判摘录

【1】……具体到本案而言，本诉要解决的问题是江西美的公司在《江南都市报》《南昌晚报》等媒体上刊登"全直流比 1 赫兹好"等广告语的行为是否构成对江西格力公司的商业诋毁，反诉要解决的问题是江西格力公司在《江南都市报》《南昌晚报》等媒体上刊登"全直流早 OUT 了，不再用 10 年前的技术"等广告语的行为是否构成对江西美的公司的商业诋毁。本诉与反诉所针对的具体事实和法律关系虽然不具有同一性，但两项侵权行为的实施者互为本诉与反诉部分的原告、被告，借助的媒体完全相同、实施时间极为接近，且侵权行为的具体形式亦高度近似，由此可以看出，两侵权行为在产生原因上具有明显的针对性、对抗性和关联性，其目的均是通过发布比较广告的方式获取相关地域内空调销售方面的竞争优势。由于本案反诉与本诉之间存在事实与法律关系上的关联性，一审、二审法院以反诉与本诉具有牵连关系、人民法院合并审理符合设立反诉制度的目的为由对江西美的公司的反诉予以受理和审理的做法并无不当，本院予以支持。

AFY，小拇指案（20130219/A20140626-30/F2013-22）：违反行政规章经营也有权提起不正当竞争之诉

兰某军等 v 天津小拇指公司等，二审，天津高院（2012）津高民三终字第 46 号判决书，刘震岩、赵博、向晓辉

案情概要

兰某军、杭州小拇指公司起诉天津小拇指公司、天津华商公司侵害其"小拇指"商标权及不正当竞争—单独或突出使用—注册和使用"tjxiaomuzhi"网站域名—杭州小拇指超越经营范围—一审认定商标侵权，未认定不正当竞争—二审认定商标侵权及不正当竞争

裁判摘录

【5】……依据本案现有证据，并不能够直接认定杭州小拇指公司存在非法经营机动车维修或特许经营业务的行为。即使杭州小拇指公司因其经营范围中有关项目的记载构成违反行政法规和规章，也并不影响其主张合法的民事权益，杭州小拇指公司有权提起本案不正当竞争之诉。

SWY，特仑苏案（20141015）：请求停止并变更企业名称并无期限限制

蒙牛公司 v 特仑苏公司，二审，北京高院（2014）高民终字第 2403 号判决书，谢甄珂 钟鸣 亓蕾

案情概要

原告蒙牛公司享有第 4719376 号"特仑苏"商标、第 4763136 号"特仑苏及图"商标的专用权—核定使用于牛奶、牛奶制品等商品—原告认为被告特仑苏公司登记并使用企业名称"天津市特仑苏乳制品销售有限公司"、在被诉侵权商品中突出使用了"特仑苏"商标，使用与原告"特仑苏"商品风格完全一致的包装装潢，侵犯其商标权并构成不正当竞争—被告郭某红销售侵权产品—一审认定商标侵权成立，被告特仑苏公司应停止使用"特仑苏"文字企业名称并变更企业名称—不支持原告知名商品特有包装装潢—赔偿 50 万元—被告郭某红能证明合法来源，不负赔偿责任—二审维持一审认定

裁判摘录

【8】根据本案查明的事实，在特仑苏公司企业名称申请登记之前，蒙牛公司的"特仑苏"品牌就已经开始使用，并获得了相关的声誉，应当认定为有较高知名度。特仑苏公司在本案中被诉的规范使用其企业名称的行为远远晚于蒙牛公司"特仑苏"商标形成较高知名度的时间，而且作为同样从事牛奶商品生产销售的企业，特仑苏公司对蒙牛公司的"特仑苏"商标理应知晓，其仍然使用包含"特仑苏"的企业名称，即使规范使用仍难以避免市场的混淆，因此原审法院判令特仑苏公司停止使用其企业名称并变更企业名称是正确的。特仑苏公司的登记时间晚于蒙牛公司两涉案商标的获准注册时间，且认定两涉案商标具有较高知名度足以给予蒙牛公司保护，相关法律、行政法规、司法解释和最高人民法院的相关司法政策也都不要求请求停止并变更企业名称必须在某一期限内提出及其相应的例外情形，故本案无需认定两涉案商标为未注册驰名商标，原审判决的相应认定虽欠妥但其结论正确，本院对此仍予维持。特仑苏公司关于两涉案商标无需被认定为未注册驰名商标的上诉理由成立，但是其关于蒙牛公司在原审中已经放弃了驰名商标的主张、其登记企业名称没有恶意从而无需停止使用并变更企业名称等上诉理由，均缺乏事实和法律依据，本院对此不予支持。

DY，威极案（20121126/D2013-02）：请求处理恶意注册企业名称的不受5年限制

海天公司 v 威极公司，一审，佛山中院（2012）佛中法知民初字第352号判决书，安建须、郑正坚、谭志华

案情概要

原告海天公司认为威极公司突出使用"威极"标识和登记为企业字号侵犯其商标权，构成不正当竞争——一审认为被告威极公司构成侵权和不正当竞争

裁判摘录

【11】海天公司的"威极"注册商标注册于1994年2月28日，威极公司的企业名称登记注册于1998年2月24日，海天公司的"威极"注册商标专用权相对而言是在先权利。判断威极公司将"威极"二字注册为其企业字号是否构成不正当竞争，关键要看威极公司将"威极"二字注册为其企业字号是否存在主观恶意，即以攀附海天公司的商标商誉为目的，且该行为是否足以造成市场混淆。【27】根据《国家工商行政管理局关于解决商标与企业名称中若干问题的意见》第七条的规定，处理商标与企业名称混淆的案件，应当自商标注册之日或者企业名称登记之日起五年内提出请求，但恶意注册或者恶意登记的不受此限。本案中，威极公司登记企业名称的时间至今虽已超过五年，但由于威极公司是为了攀附海天公司的商标商誉而将海天公司的"威极"商标注册为其企业字号，其主观具有恶意，且威极公司登记的企业名称已造成了市场的混淆，其行为已构成不正当竞争，故对威极公司企业名称的处理不应受上述规定的五年期限限制。由于威极公司在庭审过程中亦同意不再使用其企业字号，故根据海天公司的诉求，威极公司应立即停止使用其带有"威极"二字的企业名称，并向工商行政管理部门办理企业名称变更手续。

第十七条

BY，星群案（20090924/B2009-33）：法院有权处理因使用企业名称侵害他人合法民事权益的案件

星群药业等 v 星群食品，再审，最高院（2008）民申字第982号裁定书，邰中林、王艳芳、李剑

案情概要

星群药业等起诉星群食品故意将与其字号及"星群夏桑菊"注册商标中的汉字

"星群"恶意注册为字号—侵犯了其在先合法权利—商标侵权及不正当竞争—一审未予支持—二审认为不构成商标侵权,但构成不正当竞争—再审维持二审判决

裁判摘录

【11】在星群食品饮料公司企业名称预核准和企业成立之前,由于星群药业公司和星群滋补营养品厂长期的生产、经营和宣传,"星群"字号早已为相关公众所熟知,拥有了一定的市场知名度。星群食品饮料公司与星群药业公司、星群滋补营养品厂同处广州市,不仅在后选择使用与后者相同的字号,生产与后者类似的夏桑菊颗粒产品,甚至还使用与后者近似的装潢,具有"搭便车"的明显恶意,严重背离了公平、诚信的市场竞争原则和公认的商业道德。在这种情况下,原审法院判决星群食品饮料公司立即停止使用"星群"字号,适用法律并无不妥。……尽管企业名称管理属于工商行政管理机关的职权范围,但是对于使用企业名称侵害他人合法民事权益,构成侵权或不正当竞争的行为,则属人民法院司法权的职权范围,人民法院有权运用民事责任方式对相应的民事侵权或不正当竞争行为做出处理。星群食品饮料公司关于原审判决滥用司法权的申请再审理由不能成立。

17.2 [2] 诉的关联

FY,使命召唤案(20180725/F2018-16):对同一侵权行为主张两种不同权利构成请求权竞合,不能同时满足

动视公司 v 华夏公司等,二审,上海知产院(2018)沪73民终222号判决书,钱光文、范静波、何渊

案情概要

动视公司开发了《CALL OF DUTY/使命召唤》知名电子游戏,在第41类服务及第9类商品上分别注册了两项"使命召唤"商标—动视公司发现华夏公司等发行涉案电影《使命召唤》—动视公司认为各被告未经许可将原告的注册商标用作电影名称,构成对原告注册商标专用权的侵害,构成不正当竞争—一审认为,华夏公司使用"使命召唤"作为电影名称并未侵害原告享有的注册商标专用权—《使命召唤》游戏名称可以被认定为知名商品的名称受到保护,被告华夏公司未经原告许可,故意攀附原告游戏名称的知名度,擅自将《使命召唤》作为电影名称使用,构成擅自使用知名商品特有名称的不正当竞争—二审维持一审判决

裁判摘录

【17】……本案中，动视公司主张的华夏公司的涉案商标侵权行为以及侵害动视公司知名商品特有名称的侵权行为，属于同一行为，动视公司对该同一侵权行为主张两种不同权利已经构成请求权竞合。而在构成请求权竞合时，动视公司虽然可以自由选择请求权，但当动视公司所选择的请求权获得满足后，动视公司所享有的其他请求权也随之消灭。

BDY，黄金假日Ⅱ案（20091022/B2009-38/D2009-08）：生效裁判的既判力所及范围不能再次被起诉

黄金假日旅行社 v 携程计算机公司等，二审，最高院（2007）民三终字第 4 号裁定书，孔祥俊、王永昌、郃中林

案情概要

黄金假日旅行社诉携程计算机公司等虚假宣传——该案主要事实已有发生法律效力的判决确认合法性——相同被告——相同的事实——重复诉讼——一审驳回起诉——二审维持一审裁定

裁判摘录

【2】……人民法院在民事诉讼中适用"一事不再理"原则，禁止当事人就同一诉讼标的向人民法院重复起诉。判断是否属于重复诉讼，关键要看是否是同一当事人基于同一法律关系、同一法律事实提出的同一诉讼请求。【3】将本案与在前的上海市高级人民法院（2005）沪高民三（知）终字第 36 号案（以下简称第 36 号案）相比较可以得出，本案原告有关要求判令携程计算机公司和携程商务公司停止"中国旅游业首家在美国上市的公司"和"携程旅行网于 2003 年 12 月 9 日在美国纳斯达克成功上市"的虚假宣传的诉讼请求部分，实质上系第 36 号案的重复诉讼。……虽然两案被诉行为的发生时间和地点有所不同，但对于已为在先生效裁判确认其合法性的行为，在生效裁判之后的继续实施，仍属于生效裁判的既判力所及范围，应当受到法律的保护而不能够被再次起诉。

第十七条

17.2 ［3］ 证据

BFY，六个核桃案（20170929/B2017-34/F2017-29）：不能仅因调查经过公证就当然采信

养元智汇公司 v 六仁烤公司等，再审，最高院（2017）最高法民申 3918 号裁定书，朱理、毛立华、佟姝

案情概要

养元公司主张其"六个核桃"饮品包装、装潢为知名商品特有包装、装潢，被告六仁烤公司在其核桃乳饮品上使用近似的包装装潢构成不正当竞争——一审、二审认为，被告六仁烤公司的商品包装、装潢与养元公司的商品包装、装潢近似，易使相关公众产生误认，构成不正当竞争，赔偿 12 万元

裁判摘录

【2】……第 498 号公证书涉及市场统计调查，对该项证据应否采信，应当具体审查该市场统计调查的客观性、科学性、适法性等有关情况，不能仅因该调查经过公证就当然采信。第 498 号公证书所记载的市场统计调查，由六仁烤公司设计、提供相关表格，并派员参与调查过程，非由中立第三方独立完成，故其客观性存疑；从调查表格的设计来看，一张调查表同时记录多名受访人的意见，每名受访人均能看到其他受访人的选择结果，不是在不受外界影响的状态下独立作出判断，易出现从众效应，故不具有科学性；调查过程中，对两种商品的隔离摆放，不符合法律对隔离比对的要求，每名受访人均能同时看到两种商品；从问卷问题的设计来看，直接询问受访人是否发生实际混淆，没有考虑混淆可能性。因此，原审法院对第 498 号公证书不予采信并无不当……。

BFY，华润案❶（20151104/B2015-37/F2015-35）：提交伪证应处罚

大象公司 v 华润公司等，再审，最高院（2014）民提字第 196 号判决书，夏君丽、钱小红、殷少平

---

❶ 该案文书（2014）民提字第 196 号上榜 2015 年年报案例，（2014）民提字第 196 - 1、196 - 2 号处罚决定书上榜 2015 年五十典型案例。此处主要对（2014）民提字第 196 号进行整理，并在案情概要加入了处罚决定书的内容。

案情概要

大象公司起诉华润公司在产品上使用的"滑雪人物版面"侵犯其知名商品特有的包装、装潢构成不正当竞争——一审支持原告诉求——二审基本维持一审——再审发现大象公司严重违反诚信原则，提交伪证，不支持其诉求——（2014）民提字第196-1号罚款决定书对大象公司罚款100万元——（2014）民提字第196-2号对大象公司董事长杨某武罚款10万元

裁判摘录

【20】……大象公司提交的两份公证证据所指向的涉案包装罐存在诸多漏洞、疑点，本院根据双方当事人提交的证据的内容，运用逻辑推理和日常生活经验法则进行分析判断，结合本案其他事实，进行全面、客观的审核，认定大象公司提交的武汉第0835号公证书、吴江第1504号公证书中所指的涉案包装罐是伪证，不予采信。与涉案包装罐有关的上述两份公证证据、大象公司法定代表人杨某武在2005年11月所做的著作权登记的作品完成时间、在本案中提交的关于其使用的滑雪人物图片的来源的书面陈述，因与事实不符，也不予采信。原审判决对相关证据的认定存在错误，导致对案件事实认定错误，本院一并予以纠正。【21】从本案审理过程中，本院还查明大象公司利用涉案的包装罐及相应的公证书，对华润公司多次提起商标争议、行政诉讼、民事诉讼，严重违反诚信原则，提交伪证、作虚假陈述，严重妨碍人民法院审理案件，扰乱司法秩序，影响司法公正。大象公司的法定代表人杨某武不仅对上述证据造假及恶意诉讼活动知情，而且显然参与了相关活动。大象公司的证人陶某庆提供虚假证言，帮助大象公司作伪证，也是明知故犯。因此，本院对大象公司及其法定代表人杨某武的造假行为及不诚信诉讼行为，对证人陶某庆作伪证的行为，予以严厉谴责，并将另行依照法定程序予以处罚。

17.2 [4] 行为保全

FY，一起来捉妖案（20190827/F2019-34）：有证据证明不及时制止侵权行为会造成难以弥补的损失的，可适用诉前行为保全

重庆腾讯公司等 v，幻电公司等，一审，上海浦东新区法院（2019）沪0115行保1号裁定书，徐俊、姜广瑞、林新建（陪）

案情概要

申请人重庆腾讯公司系涉案网络游戏《一起来捉妖》的著作权人——授权另一申请

人深圳腾讯公司独家运营该游戏—被申请人谌某涛在游戏中使用并大量售卖给游戏玩家使用妨碍《一起来捉妖》正常运行的虚拟定位插件—将使用虚拟定位插件操作涉案游戏的过程录制成多个视频，放置到被申请人幻电公司运营的 bilibili 网站、App 平台进行宣传、推广等商业活动，并设置了专区—法院支持申请人的诉前行为保全

裁判摘录

【4】被申请人谌某涛提供、推广的虚拟定位插件通过改变涉案网络游戏正常运行的生态环境，导致涉案游戏以地理位置为核心的功能玩法难以实现，玩家时间、金钱的投入和产出方面的平衡性被打破，由此导致申请人通过增值服务获得游戏收入的交易机会降低，申请人的合法权益因此受损。同时，使用虚拟定位插件的游戏玩家相较于未使用的玩家将获得明显的竞技优势，遵守游戏规则的正常游戏玩家的合法权益难以保障。而且，被申请人谌某涛基于涉案游戏牟取利益的主观意图明显。故被申请人谌某涛的上述行为涉嫌构成对申请人的不正当竞争。被申请人谌某涛借助被申请人幻电公司运营的 bilibili 网站和 App 平台对涉案虚拟定位插件进行宣传、推广，进一步扩大了其行为的影响范围。故申请人请求对被申请人采取诉前行为保全措施具有相应的事实基础和法律依据。【6】申请人提交的初步证据显示，涉案游戏因虚拟定位插件问题遭受部分正常玩家的投诉及差评，涉案游戏的下载量亦呈现下降趋势。因虚拟定位引发的问题已经给且正在给两申请人带来负面影响。此外，一款网络游戏从立项、设计、制作到上网运营，需要耗费大量的人力、物力和财力，若不及时制止被申请人的上述行为，任由涉案虚拟定位插件泛滥，可能对申请人的竞争优势、经营利益以及涉案游戏的市场份额带来难以弥补的损害。【8】……被申请人谌某涛提供、推广的涉案虚拟定位插件已经给且正在给两申请人带来负面影响，申请人的合法权益处于被侵蚀的风险之中。申请人请求法院责令被申请人谌某涛停止提供、推广妨碍涉案游戏正常运行的虚拟定位插件的行为、被申请人幻电公司删除其运营的 bilibili 网站及 App 平台内相关视频的行为系为防止对涉案游戏继续带来损害所采取的合理措施，该申请指向明确、范围适当，不会造成当事人间利益的显著失衡。此外，本院亦责令申请人提供了相应的担保，被申请人因申请人诉前行为保全错误可能带来的损害已有充分的法律保障。【10】……本案中，涉案虚拟定位插件系一款市场化产品，产品本身并不具有社会公共产品的属性，产品的提供者亦系完全市场化的经营主体，故对被申请人采取诉前行为保全措施不会损害社会公共利益。

FY，海宁案（20161129/F2016-26）：销售旺季可以是颁发诉中禁令的考量因素

中国皮革城公司 v 浙商皮革城公司，二审，重庆高院（2016）渝民终 536 号裁定书，

喻志强、黑小兵、戈光应

案情概要

中国皮革城公司起诉浙商皮革城公司侵害商标权及不正当竞争—原告申请诉中禁令—案外人海宁皮革城担保公司出具了保函，为此次诉中禁令申请提供了 300 万元信用担保—法院支持诉中禁令。

裁判摘录

【1】……中国皮革城公司与浙商皮革城公司均从事专业皮革市场相关服务，具有直接竞争关系。浙商皮革城公司使用"海宁皮革城"名称〔包括"港海宁皮革城""重庆空港海宁皮革城""重庆浙商空港（海宁）皮革城""空港（海宁）皮革城"等字样〕宣传、经营涉嫌侵犯中国皮革城公司的权益，有可能构成不正当竞争。当前季节是皮革服装销售旺季，若不及时制止浙商皮革城公司的上述行为，可能对中国皮革城公司的竞争优势、市场份额造成难以弥补的损害后果，在中国皮革城公司提供适当担保的前提下，有必要对浙商皮革城公司的上述行为发布禁令。

FY，帮 5 淘案（20151024/F2015-38）：全面考虑胜诉可能及对权利人的损害等因素确定诉前行为保全

浙江淘宝 v 载和公司等，上海浦东新区法院（2015）浦禁字第 1 号裁定书，徐俊、倪红霞、叶菊芬

案情概要

浙江淘宝系"淘宝网"（www.taobao.com）的所有者及实际运营者—载和公司系"帮 5 买"网站（www.b5m.com）的所有者及经营者—载和公司在"帮 5 买"官网向公众推荐一款名为"帮 5 淘"的网页插件的下载—载信公司开发并提供技术支持服务—用户使用 IE、百度、搜狗等主流浏览器在"淘宝网"购物时，"帮 5 淘"插件会自动嵌入"淘宝网"页面，在页面中出现"帮 5 买"网站的广告栏和搜索栏—用户在"淘宝网"某一店铺选定了某一商品或服务准备买入时，"帮 5 淘"插件会自动嵌入到"淘宝网"店铺的页面中，并在原有标价附近以醒目方式出现"现金立减"或"帮 5 买扫一扫立减 1 元"等链接及相应的二维码。用户一旦点击"帮 5 淘"插件所嵌入的链接，网页会自动跳转到"帮 5 买"网站页面，并在该网站完成下单、支付等交易流程—浙江淘宝向上海市浦东新区市场监督管理局举报—已立案，正在调查中—浙江淘宝申请诉前行为

第十七条

保全——法院支持保全申请

> **裁判摘录**

【1】本院认为，涉案诉前行为保全应满足以下条件：（1）申请人具有胜诉可能性；（2）不采取保全措施会对申请人造成难以弥补的损害；（3）采取保全措施不损害社会公共利益。本案中，根据申请人提供的证据材料，可初步证明"帮5淘"插件的发行者为被申请人载信公司，被申请人载和公司以"帮5淘"插件嵌入"淘宝网"购物页面的方式，使得"淘宝网"购物页面出现"现金立减"等标志，从而导致原本欲在"淘宝网"进行交易的用户被引导至"帮5买"网站，并进而与被告载和公司达成交易。结合上述条件进行分析，首先，"淘宝网"与"帮5买"网站均为购物网站，二者具有直接竞争关系。载和公司的上述行为使其无需付出相应的宣传推广费用即可借助申请人的平台获得用户和交易机会，涉嫌不正当地利用"淘宝网"的知名度和用户基础。因此，两被申请人的行为有可能构成不正当竞争。其次，"淘宝网"的交易量巨大，且近年来具有购物狂欢节之称的"双十一"即将到来，若不及时制止上述被控侵权行为，可能对申请人的竞争优势、市场份额造成难以弥补的损害。最后，采取保全措施不会损害社会公共利益，且申请人已提供有效担保。

17.2 ［5］ 和解撤诉及调解

BFY，避风塘 II 案（20091231/B2009-43/F2009-35）：准许和解撤诉的裁定可以纠正原审判决的错误

避风塘公司 v 东涌公司，再审，最高院（2007）民三监字第21-1号裁定书，邰中林、秦元明、郎贵梅

> **案情概要**

避风塘公司认为东涌公司擅自使用"避风塘"字样，构成不正当竞争——一审、二审败诉——申诉——最高院审查期间，双方达成和解协议——东涌公司肯定"避风塘"为避风塘公司特有的服务名称，表示尊重避风塘公司对此享有的合法权益——最高院认可和解协议

> **裁判摘录**

【1】……上述和解协议系双方当事人自愿达成，不具有侵害国家利益、社会公共利益或者侵害案外人利益的情形，不违背当事人真实意思，也并不违反法律、行政法

规禁止性规定。其中，对于协议中当事人一致认可"避风塘"已成为上诉人知名服务的特有名称的问题，虽与原审法院的有关认定不同，但根据本案现有证据和原审法院以及本院查明的有关事实，本院予以认可。

FY，世纪金源案（20090714／F2009-40）：经调解同意变更企业名称

世纪金源集团 v 河南世纪金源公司，二审，河南高院（2009）豫法民三终字第 12 号调解书，王永伟、傅印杰、谷彩霞

【案情概要】

世纪金源集团起诉河南世纪金源公司未经其许可，将"世纪金源"作为其企业名称中的字号登记使用，并将其开发销售的楼盘命名为"金源第一城""金源城上城"等行为构成不正当竞争——一审认为世纪金源集团成员及其关联公司对于"世纪金源""金源"这两个商业标识享有商业利益——承载了世纪金源集团及关联公司较高的商誉和知名度——被告在企业名称中使用"世纪金源"字号构成不正当竞争——被告将"金源"作为其开发的房地产项目名称的行为违反诚信原则，构成不正当竞争——二审调解结案。

【裁判摘录】

【1】……河南世纪金源公司于本和解协议生效之日起 18 个月内向工商行政管理机关申请变更其企业名称，停止在其企业字号中使用"世纪金源""金源"文字。【2】……河南世纪金源公司仅限于在目前已经开发的房地产项目"金源第一城""金源城上城""金源新里程"中使用"金源"标识。【3】……河南世纪金源公司于本和解协议生效之日起 15 日内支付世纪金源公司 15 万元。

FY，正新案（20090000／F2009-43）：经调解同意注销企业名称

正新公司 v 豪文公司等，一审，天津二中院（2008）二中民三初字第 78 号调解书，王教柱、李金梅、胡浩

【案情概要】

原告正新公司产品标识为"正新"——拥有"正新牌"注册商标——被告豪文公司代

理销售标有"正新轮胎（台湾）控股集团有限公司"全称字样的轮胎外胎—正新控股还注册了"www.taiwanzhengxin.com"域名，并在网站上宣传其产品—正新公司起诉豪文公司和正新控股不正当竞争—法院主持调解结案

裁判摘录

【1】在审理过程中，经一审法院主持调解，双方当事人自愿达成如下调解协议：一、被告正新控股在本调解书生效之日起三个月内注销"正新轮胎（台湾）控股集团有限公司"企业名称，并注销"www.taiwanzhengxin.com"网络域名；二、两被告在本调解书生效之日起六个月内完成整改，停止在轮胎商品及其包装装潢上、商业文书及广告宣传和网页上使用带有"正新"字样的任何标识，包括"正新轮胎（台湾）控股集团有限公司"企业名称和"www.taiwanzhengxin.com"网络域名；……

17.2 ［6］民事制裁

CY，天聪1号案（20041209/C2005-06）：法院有权对违法行为处以民事制裁

中国药科大学 v 福瑞公司，二审，南京中院（2004）宁民三初字第219号民事制裁决定书，刘红兵、程堂发、卢山

案情概要❶

原告起诉被告在宣传其"天聪1号"胶囊产品时，擅自使用原告名称，编造事实，虚假宣传，误导消费者—一审认为原告具有市场经营者资格，被告对原告名称的使用不是正当使用，对"天聪1号"胶囊的宣传是引人误解的虚假宣传—鉴于在该案中查明被告福瑞科技公司违反《反不正当竞争法》第5条第（三）项和第9条第一款的规定，实施了盗用他人名称进行虚假宣传的不正当竞争行为，还违反《专利法》第59条的规定，实施了以非专利产品冒充专利产品的行为，法院作出民事制裁决定书，罚款被告15万元—二审中，法院准予福瑞公司撤回上诉—民事制裁决定经复议维持。

裁判摘要❷

【1】……福瑞科技公司主观上具有利用虚假宣传获取不正当利益的恶意。福瑞科

---

❶ 有关民事制裁的部分，参照《最高人民法院公报》2005年第6期整理。
❷ 此处依参照《最高人民法院公报》2005年第6期整理，段落编号从"江苏省高级人民法院复议后认为"起算。

技公司关于是合法使用中国药科大学名称的复议理由，不能成立。【2】南京市工商行政管理局建邺分局只对被制裁人福瑞科技公司的工作人员在南京市建邺区南湖路散发印刷品广告的行为进行过处罚，并未对福瑞科技公司的侵犯中国药科大学名称权和进行虚假宣传的不正当竞争行为立案查处。由于一审制裁决定与南京市工商局建邺分局处罚决定所基于的事实不同，故一审制裁决定不是对福瑞科技公司的重复处罚。【3】被制裁人福瑞科技公司以非专利产品冒充专利产品，违反了《中华人民共和国专利法》第五十九条的规定。一审对在审理民事案件中发现的违法行为进行制裁，是依法行使法律赋予的职权，与当事人的诉讼理由和诉讼请求无关。福瑞科技公司关于一审超过当事人的诉讼请求作出处罚不合法的理由，不能成立。【4】综上，被制裁人福瑞科技公司违反诚实信用原则，对自己的产品进行虚假宣传，扰乱了市场经济秩序。一审对此予以制裁，是正确的，且处罚幅度并未超过相关法律的规定，应当维持。

17.2 ［7］ 停止使用或变更名称

FY，微信 I 案（20160927／F2016-21）：无论是否突出都可能构成不正当竞争的可以判决停止或变更企业名称

腾讯科技公司 v 广东微信公司等，二审，佛山中院（2016）粤 06 民终 3137 号判决书，刘建红、郑正坚、吴媛媛

案情概要

　　原告腾讯科技公司拥有"微信及图"商标，注册使用在第 9 类和第 38 类的相关商品和服务—2013 年前述商标获得注册—知名度—2014 年被告广东微信成立，经营范围为软件和信息技术服务—原告认为被告使用"广东微信"侵犯其商标权并构成不正当竞争—一审认为广东微信公司在其经营场所等处使用"广东微信"字样侵犯腾讯科技公司商标权，在其企业名称中使用"微信"字号构成不正当竞争—二审维持原判

裁判摘录

　　【6】停止使用企业名称、规范使用企业名称均是在被诉企业名称侵犯注册商标专用权或构成不正当竞争的情况下侵权人承担民事责任的方式。因企业名称不正当使用他人具有较高知名度的注册商标，不论是否突出使用均难以避免产生市场混淆的，当事人有权请求判决停止使用或者变更该企业名称。本案中，因广东微信公司登记注册带"微信"字号的企业名称在主观上具有攀附腾讯科技公司注册商标商誉的故意，客观上也足以造成混淆或误认，其注册使用企业名称的行为具有违法性，一审法院根据腾讯科技公司的诉讼请求，判令广东微信公司立即停止在其企业名称中使用"微信"字

号并办理相应的企业名称变更手续于法有据。在报刊、网站等刊登相关公告虽然在一定程度上可以消除因混淆误认而造成的不良影响，但并不能避免广东微信公司的企业名称继续产生混淆或误认，不判令广东微信公司停止在其企业名称中使用"微信"字号并办理变更企业名称手续不足以制止侵权行为，故广东微信公司上诉主张以刊登公告的形式代替停止在企业名称中使用"微信"字号等民事责任于法无据，本院不予支持。

FY，港中旅案（20150324/F2015-19）：二审期间改名的企业字号仍然近似不属于停止侵权

港中旅集团 v 张家界中港公司，二审，湖南高院（2015）湘高法民三终字第 4 号判决书，陈小珍、邓国红、唐小妹

【案情概要】

原告港中旅集团注册有"港中旅国际""港中旅"等商标—起诉被告张家界中港公司使用"港中旅"标志构成商标侵权及不正当竞争—一审认为被告具有"搭便车"的故意，突出使用"港中旅"足以构成误认，构成商标侵权及不正当竞争—二审肯定原告"港中旅"商业标识和企业字号的知名度—被告两次改名有攀附恶意，违反诚信原则，构成不正当竞争—标志近似，有混淆，构成商标侵权

【裁判摘录】

【4】…… 张家界中港国际旅行社有限公司的行为构成不正当竞争，同时也侵害了他人的注册商标专用权，依法应当承担停止侵权并赔偿经济损失的民事责任。其虽然在二审期间将公司名称中字号部分由"港中旅"变更为"中港"，但二字号仍属相似范畴，且张家界中港国际旅行社有限公司使用"港中旅"字号时间较长，虽然变更了企业字号，但公司经营范围和营业地址并未变更，仍易导致混淆，因此，该企业字号文字字数和顺序的变更不属于法律意义上的停止侵权行为。张家界中港国际旅行社有限公司认为其已停止侵权的主张没有事实依据。

FY，滚石案（20140519/F2014-24）：规范使用仍不能避免混淆误认的可责令变更企业名称

滚石国际公司 v 武汉滚石公司，二审，湖北高院（2013）鄂民三终字第 395 号判决书，刘建新、陈辉、张浩

案情概要

滚石国际公司诉武汉滚石公司不正当竞争——一审认为武汉滚石公司有搭便车的故意，容易导致混淆，构成不正当竞争——判决武汉滚石公司变更企业名称——二审维持一审判决

裁判摘录

【1】具有一定的市场知名度、为相关公众所知悉的企业名称中的字号，可以认定为《反不正当竞争法》第五条第（三）项规定的"企业名称"。滚石国际公司的字号"滚石"已经为相关社会公众所认可，具有相应的市场知名度，社会公众已经将"滚石"和滚石国际公司建立了稳定的关联关系。因此，"滚石"可以视为上诉人滚石国际公司的企业名称，应当将"滚石"视为《反不正当竞争法》第五条第（三）项规定加以保护的企业名称。【6】在具体停止侵权方式即武汉滚石公司如何变更企业名称上，一审法院已充分考虑到武汉滚石公司登记及其实际使用"滚石"字号的行为，即使规范使用仍难以避免消费者的混淆、误认，且可能会妨碍滚石国际公司对该字号的登记使用行为，因此对滚石国际公司请求判令武汉滚石公司停止使用"滚石"作为字号并判令其对企业名称进行变更的诉讼请求，予以支持，具有相应的事实和法律依据。

BY，火星金星图书案（20131126／B2013-31）：附加识别标识不能消除混淆的不能适用

吉林文史出版社 v 华文出版社等，再审，最高院（2013）民申字第 371 号裁定书，王闯、朱理、何鹏

案情概要

吉林文史出版社起诉华文出版社等侵犯其著作权及知名商品特有名称和装潢近似的名称和装潢——一审认为不侵犯著作权，侵犯知名商品特有名称和装潢——二审、再审维持一审认定，但认为一审判赔过高，予以调整

裁判摘录

【9】华文出版社主张……本案可以判决责令附加区分来源的其他标识，原审判决判令停止出版发行被诉侵权图书，责任过重。……停止侵害责任的具体方式的确定，

需要结合被诉行为的特点，考虑具体责任方式的合目的性、必要性和均衡性。即：该种具体责任方式要能够合适于实现停止侵害的目的；在能够有效实现停止侵害目的的各种手段中，对被诉侵权人利益造成的不利影响相对较小，且不会与停止侵害的目的不成比例。本案中，华文出版社实施了使用与他人知名商品近似的名称和装潢的不正当竞争行为。对于使用与他人知名商品近似的名称的行为而言，只要被诉侵权图书使用"男人来自火星女人来自金星"这一名称，均可能导致相关公众发生混淆和误认，附加区别标识不足以起到停止侵害的目的。对于使用与他人知名商品近似的装潢的行为而言，只有变更装潢，改变原有装潢的显著性的情况下，才会达到停止侵害的目的。因此，本案中通过附加区别标识不足以实现停止侵害的目的，原审法院判令华文出版社于判决生效后立即停止出版、发行使用《男人来自火星女人来自金星大全集》名称及其封面封底设计的图书，这一责任方式并无不当。华文出版社的相应申请再审理由亦不能成立，本院不予支持。

SY，谷歌 II 案（20120405）：企业名称侵犯他人在先权利或者构成不正当竞争的，可责令变更

谷歌中国 v 北京谷歌，再审，最高院（2011）民监字第 57 号裁定书，于晓白、骆电、王艳芳

案情概要

谷歌中国认为北京谷歌违反诚实信用原则和公认的商业道德，损害其在先取得的合法权益—要求判令北京谷歌停止商标侵权及不正当竞争行为，变更其企业名称，赔偿损失—一审认为中文"谷歌"商标属于申请中、未核准的未注册商标，尚不能产生注册商标专用权的效力，故不属于权利保护的范畴—谷歌中国对"谷歌"企业名称享有在先权利，美国 GOOGLE 公司和谷歌中国对"GOOGLE"享有驰名商标权和翻译名称权—北京谷歌使用"谷歌"注册企业名称构成侵权—变更企业名称，赔偿 10 万元—二审基本维持一审判决，认为赔偿数额并无不当—没必要认驰，纠正一审部分措辞—北京谷歌申诉被驳回

裁判摘录

【8】《最高人民法院关于审理注册商标、企业名称与在先权利冲突的民事纠纷案件若干问题的规定》第四条明确规定："被诉企业名称侵犯注册商标专用权或者构成不正当竞争的，人民法院可以根据原告的诉讼请求和案件具体情况，确定被告承担停止使用、规范使用等民事责任。"据此，行为人注册企业名称侵犯他人在先权利或者构成不

正当竞争的，其责任承担方式并不限于"停止"或"规范"使用企业名称。一审、二审法院根据谷歌中国的诉讼请求及本案的具体情况，从规范市场经济秩序，制止侵权行为，消除市场混淆考虑，适用《中华人民共和国反不正当竞争法》及其相关司法解释，判令北京谷歌变更其企业名称并不违反法律。北京谷歌认为一审、二审法院适用法律错误于法无据。

BY，星群案（20090924/B2009-33）：不正当竞争可以判决停止使用企业名称

星群药业等 v 星群食品，再审，最高院（2008）民申字第982号裁定书，邰中林、王艳芳、李剑

案情概要

　　星群药业等起诉星群食品故意将与其字号及"星群夏桑菊"注册商标中的汉字"星群"恶意注册为字号——侵犯了其在先合法权利——商标侵权及不正当竞争——一审未予支持——二审认为不构成商标侵权，但构成不正当竞争——再审维持二审

裁判摘录

　　【11】在星群食品饮料公司企业名称预核准和企业成立之前，由于星群药业公司和星群滋补营养品厂长期的生产、经营和宣传，"星群"字号早已为相关公众所熟知，拥有了一定的市场知名度。星群食品饮料公司与星群药业公司、星群滋补营养品厂同处广州市，不仅在后选择使用与后者相同的字号，生产与后者类似的夏桑菊颗粒产品，甚至还使用与后者近似的装潢，具有"搭便车"的明显恶意，严重背离了公平、诚信的市场竞争原则和公认的商业道德。在这种情况下，原审法院判决星群食品饮料公司立即停止使用"星群"字号，适用法律并无不妥。《最高人民法院关于审理注册商标、企业名称与在先权利冲突的民事纠纷案件若干问题的规定》（以下简称《规定》）第二条规定，原告以他人企业名称与其在先的企业名称相同或者近似，足以使相关公众对其商品的来源产生混淆，违反《反不正当竞争法》第五条第（三）项的规定为由提起诉讼，符合《民事诉讼法》第一百零八条规定的，人民法院应当受理。《规定》第四条还进一步明确，被诉企业名称侵犯注册商标专用权或者构成不正当竞争的，人民法院可以根据原告的诉讼请求和案件具体情况，确定被告承担停止使用、规范使用等民事责任。尽管企业名称管理属于工商行政管理机关的职权范围，但是对于使用企业名称侵害他人合法民事权益，构成侵权或不正当竞争的行为，则属人民法院司法权的职权范围，人民法院有权运用民事责任方式对相应的民事侵权或不正当竞争行为作出处

理。星群食品饮料公司关于原审判决滥用司法权的申请再审理由不能成立。

17.3［1］原告损失赔偿

FY，黛尔吉奥案（20081215/F2008-41）：以行业平均利润确定单位利润

黛尔吉奥等 v 蓝樽公司，一审，上海二中院（2008）沪二中民五（知）初字第 18 号判决书，陆卫民、徐晨平、何渊

案情概要

黛尔吉奥公司是"JOHNNIE WALKER"系列威士忌酒知识产权的持有人，享有包括"黑牌"威士忌酒等产品包装装潢的权利——帝亚吉欧上海公司经黛尔吉奥公司授权，对"黑牌"威士忌酒等产品的包装装潢享有使用权——原告认为蓝樽公司的"宝路"威士忌酒包装装潢与其"黑牌"威士忌酒包装装潢相似——提起不正当竞争之诉——一审认为"黑牌"威士忌酒构成"特有的包装、装潢"，且蓝樽公司主观上具有将两者相混淆的故意，构成不正当竞争——至少销售侵权"宝路"威士忌酒 36984 瓶——行业平均利润——赔偿 125 万元

裁判摘录

【7】……在计算被侵权人因侵权所受损失的方法中，包括了侵权商品销售量与被侵权商品的单位利润乘积的计算方法。因此，本案中，两原告要求以被告蓝樽公司销售"宝路"威士忌酒的数量与原告帝亚吉欧上海公司销售"黑牌"威士忌酒的单位利润的乘积，作为确定两原告经济损失的计算方法，符合上述法律的规定，本院予以支持。【11】……本院采纳两原告的诉讼主张，确认被告蓝樽公司至少销售侵权"宝路"威士忌酒 3082 箱，计 36984 瓶。【12】……两原告主张原告帝亚吉欧上海公司销售"黑牌"威士忌酒的单位利润为 54.7 元，并向本院提供了上骁审专字（2008）第 42 号审计报告。但是，两原告在庭审中以保护商业秘密为由，拒绝向本院提供得出该审计结果的相关财务账册。故本院对该审计报告难以采信。因此，对于两原告销售"黑牌"威士忌酒所获的单位利润，本院将按照该类商品行业内平均销售利润，酌情予以确定。

CY，红磨坊案（19940519/C1994-03）：被侵权人营业额的降低可以用作计算赔偿的参考

天府之国公司 v 红磨坊公司，一审，上海静安区法院（1994）经初字第 87 号判决书，

周福民、黄磊、姚峥

　　天府之国公司 1993 年 10 月开张，专营川菜、火锅—被告红磨坊公司招聘原天府之国公司工作人员 8 人，1993 年 12 月 30 日开设火锅厅—被告在营业场所外显著位置挂出"红磨坊二楼火锅厅特聘'天府之国'特级火锅师主厨，欢迎品尝"的横幅，并购买了印有原告标记的火锅单用于对外经营—被告部分服务员对外营业时身着原告制服—被告火锅厅负责人私下要求原告的男迎接为其"拉客"—法院认为被告行为构成误导、欺骗的不正当竞争行为

裁判摘录 ❶

　　【1】……被告的行为系不正当竞争行为，损害了原告的利益，应当根据《中华人民共和国反不正当竞争法》第二十条之规定承担赔偿责任。该条款规定：被侵害者的损失难以计算的，赔偿额为侵权人在侵权期间因侵权而获得的利润。因本案被告的营业额中已包括西餐部分的营业额，且西餐部分的营业额和火锅厅的营业额难以区分。故从被告获利的角度来确定赔偿额很困难。可以从原告于 1993 年 10 月至 1994 年 3 月营业额变化的角度来确定赔偿额。

17.3 [2] 被告获利赔偿

CY，天容案（20161110/C-201810）：侵权人并非以侵权为业时按照营业利润计算赔偿金额更合理

天容公司 v 昊华公司，一审，上海浦东新区法院（2015）浦民三（知）初字第 1887 号判决书，宫晓艳、邵勋、李加平

案情概要

　　天容是原告公司字号—昊华公司在出口印度的杀螟丹原药上使用天容公司的英文企业名称—天容公司起诉被告擅自使用其企业名称—一审认为反法保护的企业名称不限于主管机关依法登记注册的企业名称—昊华公司擅自使用原告企业名称构成不正当竞争

---

❶ 该摘录根据中国审判案例数据库整理，非判决原文。

裁判摘录

【8】……本案可以根据侵权商品销售量与该商品的单位利润乘积确定赔偿金额。
【9】……企业在经营中需缴纳相应的税金，支出相应的费用，尤其是销售费用、管理费用、财务费用在企业正常支出中通常占有相当大的比例。由于计算毛利润时未扣除营业税金及附加、销售费用、管理费用、财务费用，故企业的毛利润和营业利润一般都存在较大的差距。……本案被告除了生产销售侵权商品，还有其他正常的经营业务，涉案商品的货值仅占其营业收入的一小部分，被告并非以侵权为业，故本案按照营业利润计算赔偿金额更为合理。

17.3 ［3］合理开支

SY，金螳螂案（20180417）：纯粹企业名称注册行为可以仅支持合理开支部分的赔偿

苏州金螳螂公司 v 北京金螳螂公司，二审，北京知产院（2017）京 73 民终 1078 号判决书，宋鹭、何暄、刘炫孜

案情概要

苏州金螳螂公司起诉北京金螳螂公司将与其第 1031597 号、第 1031891 号金螳螂商标的文字识别部分相同的"金螳螂"文字用作企业名称，构成不正当竞争——一审支持原告主张——二审维持一审判决

裁判摘录

【5】……将他人商标的登记注册为企业名称的行为如构成不正当竞争，该企业须承担停止使用相关企业名称的义务，但是否承担赔偿损失的责任应以该企业在实际经营中如何使用该企业名称为考量依据。由于苏州金螳螂公司在一审期间明确仅主张北京金螳螂公司注册企业名称的行为构成不正当竞争，并表示暂未发现北京金螳螂公司在实际经营中使用金螳螂字样，而北京金螳螂公司亦表示其自成立后从事展览展示相关行业，未从事建筑装饰行业。本案中，既然苏州金螳螂公司认可其未发现北京金螳螂公司在实际经营活动存在利用被诉企业名称误导相关公众、混淆服务来源的情况，且仅对北京金螳螂公司的企业名称注册行为主张构成不正当竞争，故苏州金螳螂公司主张赔偿损失的事实基础并不存在。一审法院关于赔偿损失认定有误，本院予以纠正。苏州金螳螂公司就本案支出的合理开支 5024 元有相应票据支持，本院予以全额支持。

17.4〔1〕法定赔偿

SWY，松下案（20190930）：单纯注册企业名称也可构成不正当竞争，可判决赔偿损失和合理开支

松下公司 v 四通松下电气公司，一审，深圳罗湖区法院（2018）粤 0303 民初 23538 号判决书，潘燕清、巩新丽（陪）、姚雪芬（陪）

> 案情概要

　　原告松下公司经营电气、通信、电子以及照明机械器具的制造和销售—原告拥有"松下"字号所有权，并在多个类别注册"Panasonic"及"松下"商标—曾多次被认驰—被告经营范围是电器、开关、插座等—被告将"松下"文字作为其企业字号的组成部分—一审认可原告商标及字号的知名度—被告将"松下"作为其企业字号登记，有攀附恶意，易引起混淆，构成不正当竞争—法定赔偿 10 万元

> 裁判摘录

　　【2】原告与其在中国的关联公司均在先成立于 1935 年及 1994 年，被告于 2014 年才在后将"松下"作为其企业字号登记注册于其企业名称，被告的上述行为容易使相关公众认为被告的商品来源于原告或被告与原告之间存在关联关系，引起混淆或误认，被告并未举证证明其使用"松下"作为企业字号具有合理理由，据上，被告的行为主观上具有攀附原告商誉的故意，客观上容易造成相关公众的混淆误认，被告上述将"松下"作为其企业字号登记的行为已经构成不正当竞争……【4】至于赔偿的数额，原告并未提交证据证明其因被侵权所受到的实际损失，也未提交证据证明被告因侵权所获得的利益，本院依据原告企业名称的知名度、被告侵权行为的性质、期间及原告制止侵权行为的合理开支等因素，酌情确定被告赔偿的金额为人民币 100000 元。原告请求过高部分，本院不予支持。

FY，晓宇老火锅案（20171201/F2017-35）：综合考虑确定法定赔偿

晓宇老火锅 v 林峰晓宇餐饮店，一审，重庆渝北区法院（2017）渝 0112 民初 7238 号判决书，余博、潘寒冰、周静（陪）

案情概要

原告晓宇老火锅认为被告林峰晓宇餐饮店在餐饮服务上使用带有"晓宇"字样的经营活动侵犯其企业名称及知名商品特有名称权——一审认为，被告在经营过程中使用含有"晓宇"字样的行为侵害了原告享有的知名服务特有名称权益和字号权，构成不正当竞争，赔偿7万元

裁判摘录

【16】关于经济损失赔偿数额的确定，由于原被告双方均未举示有效证据证明原告因被告的不正当竞争行为所受的实际损失或被告因不正当竞争行为所获得的利润，故本院根据本案的性质、原告字号（亦是原告知名服务的特有名称）的知名度、被告的侵权时间、情节、范围、经营规模等因素，酌情确定被告赔偿原告经济损失（含原告因调查被告的不正当竞争行为所支付的律师费、公证费、餐费、照片冲洗费等）70000元。

SY，NVIDIA 案（20150417）：域名注册行为构成不正当竞争要承担赔偿责任

维蒂亚公司 v 鼎天地公司，二审，北京高院（2014）高民（知）终字第4833号判决书，潘伟、孔庆兵、石必胜

案情概要

原告维蒂亚公司注册有"NVIDIA"商标，使用在第9类"计算机、计算机外围设备"等商品上——"NVIDIA"是原告英文商号中的主要识别部分——原告在先注册有"nvidia.cn"等域名——起诉被告注册和使用争议域名"nvidia.com.cn"侵犯其网络域名——一审认为被告注册争议域名的行为侵犯了维蒂亚公司的相关权益，构成不正当竞争——证据不足以证明争议域名已经被实际使用，亦不能证明争议域名侵犯了原告"NVIDIA"商标的专用权——赔偿（含合理开支）2万元——二审维持一审判决

裁判摘录

【13】鼎天地公司注册争议域名的行为构成不正当竞争，侵犯了维蒂亚公司的相关权益，其对争议域名不享有正当的民事权益，故争议域名不应由其继续持有和使用，应当将该域名转移给维蒂亚公司。本案争议域名并未被实际使用，维蒂亚公司、鼎天

地公司亦均未提交因上述不正当竞争行为所获利益或所受损失的相关证据，故原审法院依据鼎天地公司不正当竞争行为的性质、情节和过错程度、维蒂亚公司"NVIDIA"商标及商号的知名度情况等综合因素酌情确定赔偿数额，并对相关公证费、律师费等合理支出一并予以酌情考虑，并无不妥。

CY，维秘I案（20130423/C2013-12）：综合考虑各种因素确定法定赔偿额

维秘公司 v 锦天公司，一审，上海二中院（2012）沪二中民五（知）初字第 86 号判决书，何渊、胡宓、余震源（陪）

案情概要

　　原告维秘公司英文商号为"VICTORIA'S SECRET"，对应的中文翻译为"维多利亚的秘密"—原告在中国注册了多个"维多利亚的秘密""VICTORIA'S SE-CRET"商标—被告锦天公司未经授权对外宣称其为原告的总经销商，在中国以直营或特许加盟形式开展经营活动—被告使用原告的"维多利亚的秘密""VICTORIA'S SE-CRET"商标和企业名称对外销售商品—原告起诉被告商标侵权，并构成擅自使用他人企业名称和虚假宣传的不正当竞争行为—法院认为被告销售的是正牌的维多利亚的秘密品牌内衣商品，无混淆误认，不构成商标侵权—原告的企业字号"VICTORIA'S SE-CRET"尚不属于我国反法保护的企业名称，且被告销售的商品也非假冒商品，不构成擅自使用他人企业名称的不正当竞争行为—被告行为构成引人误解的虚假宣传

裁判摘录

　　【14】……根据原、被告提交的证据材料，综合考虑本案中被告的侵权行为方式、侵权持续时间、侵权损害后果、侵权获利状况等因素，酌情确定赔偿数额。另外，本院也将根据原告提交的代理费、查档打印费、公证费、差旅费发票等支付凭证，以及案件的复杂程度等因素酌情确定合理费用的数额。另外，本院也将根据原告提交的代理费、查档打印费、公证费、差旅费发票等支付凭证，以及案件的复杂程度等因素酌情确定合理费用的数额。

DY，姚明一代案（20120913/D2012-08）：不能直接参照相关代言费确定实际损失

姚明 v 武汉云鹤公司，二审，湖北高院（2012）鄂民三终字第 137 号判决书，刘建新，

陈辉，童海超

案情概要

　　知名男子篮球运动员姚明认为武汉云鹤公司擅自使用其姓名、肖像，利用虚构事实进行宣传，引人误认，使普通消费者误认误买；在产品上擅自将其姓名、肖像及包含其姓名的"姚明一代"作为商业标识进行使用，构成民事侵权和不正当竞争—要求赔偿1000万元—一审部分支持原告—判赔30万元—姚明上诉—二审法院认为原告并未提供因涉案侵权行为造成其直接损失依据及其计算方式，要求直接参照相关代言费赔偿其实际损失的事实和法律依据并不充分—被告侵权故意明显—改判被告赔偿100万元

裁判摘录

　　【2】……广告代言费虽是名人一定时期的收入来源甚至主要收入来源，但并不是唯一来源，更不能将其直接作为计算因他人侵权行为所受实际损失的参考标准。民事损害赔偿，要求损害结果与侵权行为之间存在一定的因果关系，不能完全根据权利人因其他商业机会所获收益来直接确定本案发生的实际损害赔偿金额。同时，本案审理不能不注意这一事实，即：姚明提交的证据及其庭审、代理词中都认可姚明代言了Reebok公司即锐步国际有限公司生产的体育用品。正因为如此，才能理解为什么姚明在国内代言的都是非竞争类的保险、通信等行业，而没有代言竞争类的体育品牌的缘故。所以在此情形下，其实际损失就更不能参照其相关代言费用进行计算。据此，在并未提供因涉案侵权行为造成其直接损失依据及其计算方式的情况下，姚明上诉要求直接参照相关代言费赔偿其实际损失的事实和法律依据并不充分，故对其该部分上诉请求不予支持。

FY，杜康 II 案❶（20120227/F2013-25）：当事人撤销反法部分的上诉不影响依据商标法判决的赔偿

杜康酒业 v 酒泉酒业等，二审，河南高院（2011）豫法民三终字第 194 号判决书，傅印杰、赵艳斌、焦新慧

---

❶ 该案一审是 2012 年五十典型案例"杜康 I 案"。

案情概要

杜康酒业起诉酒泉酒业等侵犯其"杜康"注册商标并构成虚假宣传——一审支持原告——"杜康"商标与"白水杜康"商标之间的历史渊源关系,"杜康"商标在先注册的事实以及两个商标在外观上的高度近似性,酒泉酒业虽被授权使用"白水杜康",也应保持高度审慎的注意义务——酒泉酒业的使用混淆产品来源——网站内容容易导致误认——虚假宣传,攀附原告"杜康"商标的知名度——世纪华联超市销售行为构成侵权——二审期间杜康酒业撤回虚假宣传的起诉——二审基本维持一审认定,撤销虚假宣传部分的判项

裁判摘录

【1】……本案在二审审理期间,杜康酒业公司申请撤回对酒泉酒业公司虚假宣传行为诉讼。对于当事人处分其诉权,并不侵害对方当事人的利益,也不违背法律规定,本院准予杜康酒业公司撤回对酒泉酒业公司虚假宣传行为部分的起诉。……【3】……原审判决虽然认定酒泉酒业公司构成虚假宣传,但并未依据相关法律判决酒泉酒业公司承担相应的赔偿经济损失责任。原审判决依照《中华人民共和国商标法》的相关规定酌定判其赔偿经济损失 15 万元适当,本院予以维持。

SY,谷歌 I 案(20081230):将他人享有企业名称权的文字注册为企业字号构成不正当竞争,应予赔偿

谷歌中国 v 北京谷歌,一审,北京海淀区法院(2008)海民初字第 7567 号判决书,宋鱼水、卢正新、李颖

案情概要

谷歌中国[谷歌信息技术(中国)有限公司]认为北京谷歌违反诚实信用原则和公认的商业道德,损害其在先取得的合法权益——要求判令北京谷歌停止商标侵权及不正当竞争行为,变更其企业名称,赔偿损失——一审认为中文"谷歌"商标属于申请中、未核准的未注册商标,尚不能产生注册商标专用权的效力,故不属于权利保护的范畴——谷歌中国对"谷歌"企业名称享有在先权利,美国 GOOGLE 公司和谷歌中国对"GOOGLE"享有驰名商标权和翻译名称权——北京谷歌使用"谷歌"注册企业名称构成侵权——变更企业名称,赔偿 10 万元

裁判摘录

【24】本案原告谷歌中国在起诉中仅对被告的注册行为提出侵权主张……【25】美国 GOOGLE 公司和谷歌中国对 GOOGLE 享有驰名商标权和翻译名称权，且该翻译名称"谷歌"根据在先受理原则享有了企业字号的合法权利，北京谷歌在企业名称中擅自使用"谷歌"的行为既存在主观上的故意，也造成相关公众混淆误认的后果，侵犯了美国 GOOGLE 公司和谷歌中国对"GOOGLE"的商标意义上的翻译名称权和"谷歌"已被核准为企业字号的企业名称权，违反了公平、诚信原则和公认的商业道德，构成不正当竞争。【26】……对于上述不正当竞争行为给谷歌中国造成的损失，北京谷歌亦应一并赔偿。至于赔偿数额，本院将考虑不正当竞争的情节、影响、范围等因素酌情予以判定，不再全部支持谷歌中国的诉讼请求。

ACY，费列罗案（20080324/A20150415-47/C2008-06）：法定赔偿上限不能超越

费列罗公司 v 蒙特莎公司等，再审，最高院（2006）民三提字第 3 号判决书，孔祥俊、王永昌、邰中林

案情概要

费列罗公司诉被告侵犯其知名商品特有包装装潢—一审认为双方均为知名商品—被告在中国知名度更高—可以区分—被告不构成不正当竞争—二审认为知名度应国际范围内考察—有混淆—构成不正当竞争—再审基本维持二审，更正赔偿

裁判摘录

【12】知名商品的特有包装、装潢属于商业标识的范畴，确定《反不正当竞争法》第五条第（二）项规定的不正当竞争行为的损害赔偿额，可以参照确定侵犯注册商标专用权的损害赔偿额的方法。由于费列罗公司未能提供证据证明其因本案不正当竞争行为所遭受的经济损失或者蒙特莎公司因本案不正当竞争行为所获得的利润，人民法院在确定赔偿数额时可以参照商标法有关法定赔偿的规定，根据侵权行为的情节，给予人民币 50 万元以下的赔偿。据此，二审法院判令蒙特莎公司赔偿费列罗公司人民币 70 万元于法无据，应予纠正。本院综合考虑 FERRERO ROCHER 巧克力的知名度、蒙特莎公司实施不正当竞争行为的时间、规模等因素，酌情确定蒙特莎公司赔偿费列罗公司人民币 50 万元的经济损失。

17.4 [2] 酌定赔偿

BDY，奇虎 II 案（20140218/B2014-34.35.36/D2014-02）：明显超出法定赔偿上限的不适用法定赔偿

腾讯科技等 v 奇虎公司等，二审，最高院（2013）民三终字第 5 号判决书，奚晓明、孔祥俊、王闯、王艳芳、朱理

案情概要

腾讯科技等认为奇虎公司等通过运营 www.360.cn 网站向用户提供"360 扣扣保镖"软件下载—通过各种途径进行推广宣传—不正当竞争——审、二审支持原告主张

裁判摘录

【28】……证据至少足以表明，上诉人发布扣扣保镖的行为给被上诉人造成的损失已经明显超过了法定赔偿的最高限额，本案依法不适用法定赔偿额的计算方法，而应当综合案件的具体证据情况，在法定赔偿最高限额以上合理确定赔偿额。本案中，一审法院在确定赔偿数额时，全面考虑了以下因素：1. 上诉人实施的侵权行为给被上诉人造成的损失包括业务收入、广告收入、社区增值业务收入和游戏收入，QQ.com 网站的流量减少，QQ 新产品推广渠道受阻，被上诉人品牌和企业声誉因商业诋毁而受损；2. 互联网环境下侵权行为迅速扩大及蔓延；3. 被上诉人商标和公司声誉的市场价值；4. 上诉人具有明显的侵权主观恶意；5. 被上诉人为维权支出的合理费用等。本院认为，一审法院在综合考虑上述因素并根据本案证据确定被上诉人遭受的经济损失数额已经远远超过法定赔偿限额的情形下，将本案赔偿数额确定为 500 万元并无不当。

第十七条

第三部分　附表

附表 1 《中华人民共和国商标法》修正对照表

使用说明：①每个版本相对于其左侧一列的版本为"新法"，相对于其右侧一列的版本为"旧法"；②每个版本与其相邻的新、旧法进行比对，并对有关变化作出标记；③新法相对于旧法增加／变更的部分用黑体加粗，旧法相对于新法删减／被变更部分用斜体并加下划线，相对于旧法增加／变更更的部分如随后又被删减／变更，叠加使用黑体加粗和斜体并加下划线；个别文字变，但整体叙述方式未变动的，整体标注；④旧法法条位置有变化的，标注新法条应位置。

1982 年《商标法》	1993 年《商标法》	2001 年《商标法》	2013 年《商标法》	2019 年《商标法》
1983 年 3 月 1 日起施行	1993 年 2 月 22 日第一次修正	2001 年 10 月 27 日第二次修正	2013 年 8 月 30 日第三次修正	2019 年 4 月 23 日第四次修正
第一章 总则	第一章 总则	第一章 总则	第一章 总则	第一章 总则
第一条 为了加强商标管理，保护商标专用权，促使生产者保证商品质量和维护商标信誉，以保障消费者的利益，促进社会主义商品经济的发展，特制定本法。	第一条 为了加强商标管理，保护商标专用权，促使生产者保证商品质量和维护商标信誉，以保障消费者的利益，促进社会主义商品经济的发展，特制定本法。	第一条 为了加强商标管理，保护商标专用权，促使生产、经营者保证商品和服务质量，维护商标信誉，以保障消费者和生产、经营者的利益，促进社会主义市场经济的发展，特制定本法。	第一条 为了加强商标管理，保护商标专用权，促使生产、经营者保证商品和服务质量，维护商标信誉，以保障消费者和生产、经营者的利益，促进社会主义市场经济的发展，特制定本法。	第一条 为了加强商标管理，保护商标专用权，促使生产、经营者保证商品和服务质量，维护商标信誉，以保障消费者和生产、经营者的利益，促进社会主义市场经济的发展，特制定本法。
第二条 国务院工商行政管理部门工商行政管理局主管全国商标注册和管理的工作。 第二十条 国务院工商行政管理部门设立商标评审委员会，负责处理商标争议事宜。	第二条 国务院工商行政管理部门工商行政管理局主管全国商标注册和管理的工作。 第二十条 国务院工商行政管理部门设立商标评审委员会，负责处理商标争议事宜。	第二条 国务院工商行政管理部门工商行政管理局主管全国商标注册和管理的工作。 国务院工商行政管理部门设立商标评审委员会，负责处理商标争议事宜。	第二条 国务院工商行政管理部门工商行政管理局主管全国商标注册和管理的工作。 国务院工商行政管理部门设立商标评审委员会，负责处理商标争议事宜。	第二条 国务院工商行政管理部门工商行政管理局主管全国商标注册和管理的工作。 国务院工商行政管理部门设立商标评审委员会，负责处理商标争议事宜。

续表

1982年《商标法》 1983年3月1日起施行	1993年《商标法》 1993年2月22日第一次修正	2001年《商标法》 2001年10月27日第二次修正	2013年《商标法》 2013年8月30日第三次修正	2019年《商标法》 2019年4月23日第四次修正
第三条 经商标局核准注册的商标为注册商标，商标注册人享有商标专用权，受法律保护。	第三条 经商标局核准注册的商标为注册商标，商标注册人享有商标专用权，受法律保护。	第三条 经商标局核准注册的商标为注册商标，包括商品商标、服务商标和集体商标、证明商标；商标注册人享有商标专用权，受法律保护。 本法所称集体商标，是指以团体、协会或者其他组织名义注册，供该组织成员在商事活动中使用，以表明使用者在该组织中的成员资格的标志。 本法所称证明商标，是指由对某种商品或者服务具有监督能力的组织所控制，而由该组织以外的单位或者个人使用于其商品或者服务，用以证明该商品或者服务的原产地、原料、制造方法、质量或者其他特定品质的标志。 集体商标、证明商标注册和管理的特殊事项，由国务院工商行政管理部门规定。	第三条 经商标局核准注册的商标为注册商标，包括商品商标、服务商标和集体商标、证明商标；商标注册人享有商标专用权，受法律保护。 本法所称集体商标，是指以团体、协会或者其他组织名义注册，供该组织成员在商事活动中使用，以表明使用者在该组织中的成员资格的标志。 本法所称证明商标，是指由对某种商品或者服务具有监督能力的组织所控制，而由该组织以外的单位或者个人使用于其商品或者服务，用以证明该商品或者服务的原产地、原料、制造方法、质量或者其他特定品质的标志。 集体商标、证明商标注册和管理的特殊事项，由国务院工商行政管理部门规定。	第三条 经商标局核准注册的商标为注册商标，包括商品商标、服务商标和集体商标、证明商标；商标注册人享有商标专用权，受法律保护。 本法所称集体商标，是指以团体、协会或者其他组织名义注册，供该组织成员在商事活动中使用，以表明使用者在该组织中的成员资格的标志。 本法所称证明商标，是指由对某种商品或者服务具有监督能力的组织所控制，而由该组织以外的单位或者个人使用于其商品或者服务，用以证明该商品或者服务的原产地、原料、制造方法、质量或者其他特定品质的标志。 集体商标、证明商标注册和管理的特殊事项，由国务院工商行政管理部门规定。

续表

1982 年《商标法》1983 年 3 月 1 日起施行	1993 年《商标法》1993 年 2 月 22 日第一次修正	2001 年《商标法》2001 年 10 月 27 日第二次修正	2013 年《商标法》2013 年 8 月 30 日第三次修正	2019 年《商标法》2019 年 4 月 23 日第四次修正
第四条 企业、事业单位和个体工商业者，对其生产、制造、加工、拣选或者经销的商品，需要取得商标专用权的，应当向商标局申请商标注册。	第四条 企业、事业单位和个体工商业者，对其生产、制造、加工、拣选或者经销的商品，需要取得商标专用权的，应当向商标局申请商标注册。企业、事业单位和个体工商业者，对其提供的服务项目，需要取得商标专用权的，应当向商标局申请服务商标注册。本法有关商品商标的规定，适用于服务商标。	第四条 自然人、法人或者其他组织对其生产、制造、加工、拣选或者经销的商品，需要取得商标专用权的，应当向商标局申请商标注册。自然人、法人或者其他组织对其提供的服务项目，需要取得商标专用权的，应当向商标局申请服务商标注册。本法有关商品商标的规定，适用于服务商标。	第四条 自然人、法人或者其他组织在生产经营活动中，对其商品或者服务需要取得商标专用权的，应当向商标局申请商标注册。本法有关商品商标的规定，适用于服务商标。	第四条 自然人、法人或者其他组织在生产经营活动中，对其商品或者服务需要取得商标专用权的，应当向商标局申请商标注册。不以使用为目的的恶意商标注册申请，应当予以驳回。本法有关商品商标的规定，适用于服务商标。
		第五条 两个以上的自然人、法人或者其他组织可以共同向商标局申请注册同一商标，共同享有和行使该商标专用权。	第五条 两个以上的自然人、法人或者其他组织可以共同向商标局申请注册同一商标，共同享有和行使该商标专用权。	第五条 两个以上的自然人、法人或者其他组织可以共同向商标局申请注册同一商标，共同享有和行使该商标专用权。
第五条 国家规定必须使用注册商标的商品，必须申请商标注册，未经核准注册的，不得在市场销售。	第五条 国家规定必须使用注册商标的商品，必须申请商标注册，未经核准注册的，不得在市场销售。	第六条 国家规定必须使用注册商标的商品，必须申请商标注册，未经核准注册的，不得在市场销售。	第六条 法律、行政法规规定必须使用注册商标的商品，必须申请商标注册，未经核准注册的，不得在市场销售。	第六条 法律、行政法规规定使用注册商标的商品，必须申请商标注册，未经核准注册的，不得在市场销售。

续表

1982 年《商标法》1983 年 3 月 1 日起施行	1993 年《商标法》1993 年 2 月 22 日第一次修正	2001 年《商标法》2001 年 10 月 27 日第二次修正	2013 年《商标法》2013 年 8 月 30 日第三次修正	2019 年《商标法》2019 年 4 月 23 日第四次修正
第六条　商标使用人应当对其使用商标的商品质量负责。各级工商行政管理部门应当通过商标管理，监督商品质量，制止欺骗消费者的行为。	第六条　商标使用人应当对其使用商标的商品质量负责。各级工商行政管理部门应当通过商标管理，监督商品质量，制止欺骗消费者的行为。	第七条　商标使用人应当对其使用商标的商品质量负责。各级工商行政管理部门应当通过商标管理，监督商品质量，制止欺骗消费者的行为。	第七条　申请注册和使用商标，应当遵循诚实信用原则。商标使用人应当对其使用商标的商品质量负责。各级工商行政管理部门应当通过商标管理，制止欺骗消费者的行为。	第七条　申请注册和使用商标，应当遵循诚实信用原则。商标使用人应当对其使用商标的商品质量负责。各级工商行政管理部门应当通过商标管理，制止欺骗消费者的行为。
第七条　商标使用的文字、图形或者其组合，应当有显著特征，便于识别。使用注册商标的，并应当标明"注册商标"或者注册标记。	第七条　商标使用的文字、图形或者其组合，应当有显著特征，便于识别。使用注册商标的，并应当标明"注册商标"或者注册标记。	第八条　任何能够将自然人、法人或者其他组织的商品与他人的商品区别开的可视性标志，包括文字、图形、字母、数字、三维标志和颜色组合，以及上述要素的组合，均可以作为商标申请注册。	第八条　任何能够将自然人、法人或者其他组织的商品与他人的商品区别开的标志，包括文字、图形、字母、数字、三维标志、颜色组合和声音等，以及上述要素的组合，均可以作为商标申请注册。	第八条　任何能够将自然人、法人或者其他组织的商品与他人的商品区别开的标志，包括文字、图形、字母、数字、三维标志、颜色组合和声音等，以及上述要素的组合，均可以作为商标申请注册。
		第九条　申请注册的商标，应当有显著特征，便于识别，并不得与他人在先取得的合法权利相冲突。商标注册人有权标明"注册商标"或者注册标记。	第九条　申请注册的商标，应当有显著特征，便于识别，并不得与他人在先取得的合法权利相冲突。商标注册人有权标明"注册商标"或者注册标记。	第九条　申请注册的商标，应当有显著特征，便于识别，并不得与他人在先取得的合法权利相冲突。商标注册人有权标明"注册商标"或者注册标记。

续表

1982 年《商标法》1983 年 3 月 1 日起施行	1993 年《商标法》1993 年 2 月 22 日第一次修正	2001 年《商标法》2001 年 10 月 27 日第二次修正	2013 年《商标法》2013 年 8 月 30 日第三次修正	2019 年《商标法》2019 年 4 月 23 日第四次修正
第八条 商标不得使用下列文字、图形： （1）同中华人民共和国的国家名称、国旗、国徽、军旗、勋章相同或者近似的； （2）同外国的国家名称、国旗、国徽、军旗相同或者近似的； （3）同政府间国际组织的旗帜、徽记、名称相同或者近似的； （4）同"红十字"、"红新月"的标志、名称相同或者近似的； （5）本商品的通用名称和图形； （6）直接表示商品的质量、主要原料、功能、用途、重量、数量及其他特点的； （7）带有民族歧视性的； （8）夸大宣传并带有欺骗性的； （9）有害于社会主义道德风尚或者有其他不良影响的。	第八条 商标不得使用下列文字、图形： （1）同中华人民共和国的国家名称、国旗、国徽、军旗、勋章相同或者近似的； （2）同外国的国家名称、国旗、国徽、军旗相同或者近似的； （3）同政府间国际组织的旗帜、徽记、名称相同或者近似的； （4）同"红十字"、"红新月"的标志、名称相同或者近似的； （5）本商品的通用名称和图形； （6）直接表示商品的质量、主要原料、功能、用途、重量、数量及其他特点的； （7）带有民族歧视性的； （8）夸大宣传并带有欺骗性的； （9）有害于社会主义道德风尚或者有其他不良影响的。 县级以上行政区划的地名或者公众知晓的外国地名，不得作为商标。但是，地名具有其他含义的除外；已经注册的使用地名的商标继续有效。 （该条第 5、6 项后被 2001 年版第十一条吸收）	第十条 下列标志不得作为商标使用： （一）同中华人民共和国的国家名称、国旗、国徽、国歌、勋章相同或者近似的，以及同中央国家机关所在地特定地点的名称或者标志性建筑物的名称、图形相同的； （二）同外国的国家名称、国旗、国徽、军旗等相同或者近似的，但经该国政府同意的除外； （三）同政府间国际组织的名称、旗帜、徽记等相同或者近似的，但经该组织同意或者不易误导公众的除外； （四）与表明实施控制、予以保证的官方标志、检验印记相同或者近似的，但经授权的除外； （五）同"红十字"、"红新月"的名称、标志相同或者近似的； （六）带有民族歧视性的； （七）夸大宣传并带有欺骗性的； （八）有害于社会主义道德风尚或者有其他不良影响的。 县级以上行政区划的地名或者公众知晓的外国地名，不得作为商标。但是，地名具有其他含义或者作为集体商标、证明商标组成部分的除外；已经注册的使用地名的商标继续有效。	第十条 下列标志不得作为商标使用： （一）同中华人民共和国的国家名称、国旗、国徽、国歌、勋章相同或者近似的，以及同中央国家机关所在地特定地点的名称或者标志性建筑物的名称、图形相同的； （二）同外国的国家名称、国旗、国徽、军旗等相同或者近似的，但经该国政府同意的除外； （三）同政府间国际组织的名称、旗帜、徽记等相同或者近似的，但经该组织同意或者不易误导公众的除外； （四）与表明实施控制、予以保证的官方标志、检验印记相同或者近似的，但经授权的除外； （五）同"红十字"、"红新月"的名称、标志相同或者近似的； （六）带有民族歧视性的； （七）带有欺骗性，容易使公众对商品的质量等特点或者产地产生误认的； （八）有害于社会主义道德风尚或者有其他不良影响的。 县级以上行政区划的地名或者公众知晓的外国地名，不得作为商标。但是，地名具有其他含义或者作为集体商标、证明商标组成部分的除外；已经注册的使用地名的商标继续有效。	第十条 下列标志不得作为商标使用： （一）同中华人民共和国的国家名称、国旗、国徽、国歌、勋章相同或者近似的，以及同中央国家机关所在地特定地点的名称或者标志性建筑物的名称、图形相同的； （二）同外国的国家名称、国旗、国徽、军旗等相同或者近似的，但经该国政府同意的除外； （三）同政府间国际组织的名称、旗帜、徽记等相同或者近似的，但经该组织同意或者不易误导公众的除外； （四）与表明实施控制、予以保证的官方标志、检验印记相同或者近似的，但经授权的除外； （五）同"红十字"、"红新月"的名称、标志相同或者近似的； （六）带有民族歧视性的； （七）带有欺骗性，容易使公众对商品的质量等特点或者产地产生误认的； （八）有害于社会主义道德风尚或者有其他不良影响的。 县级以上行政区划的地名或者公众知晓的外国地名，不得作为商标。但是，地名具有其他含义或者作为集体商标、证明商标组成部分的除外；已经注册的使用地名的商标继续有效。

续表

1982 年《商标法》 1983 年 3 月 1 日起施行	1993 年《商标法》 1993 年 2 月 22 日第一次修正	2001 年《商标法》 2001 年 10 月 27 日第二次修正	2013 年《商标法》 2013 年 8 月 30 日第三次修正	2019 年《商标法》 2019 年 4 月 23 日第四次修正
	第八条： (5) 本商品的通用名称和图形、型号； (6) 直接表示商品的质量、主要原料、功能、用途、重量、数量及其他特点的；	第十一条 下列标志不得作为商标注册： (一) 仅有本商品的通用名称、图形、型号的； (二) 仅直接表示商品的质量、主要原料、功能、用途、重量、数量及其他特点的； (三) 缺乏显著特征的。 前款所列标志经过使用取得显著特征，并便于识别的，可以作为商标注册。	第十一条 下列标志不得作为商标注册： (一) 仅有本商品的通用名称、图形、型号的； (二) 仅直接表示商品的质量、主要原料、功能、用途、重量、数量及其他特点的； (三) 其他缺乏显著特征的。 前款所列标志经过使用取得显著特征，并便于识别的，可以作为商标注册。	第十一条 下列标志不得作为商标注册： (一) 仅有本商品的通用名称、图形、型号的； (二) 仅直接表示商品的质量、主要原料、功能、用途、重量、数量及其他特点的； (三) 其他缺乏显著特征的。 前款所列标志经过使用取得显著特征，并便于识别的，可以作为商标注册。
		第十二条 以三维标志申请注册商标的，仅由商品自身的性质产生的形状、为获得技术效果而需有的商品形状或者使商品具有实质性价值的形状，不得注册。	第十二条 以三维标志申请注册商标的，仅由商品自身的性质产生的形状、为获得技术效果而需有的商品形状或者使商品具有实质性价值的形状，不得注册。	第十二条 以三维标志申请注册商标的，仅由商品自身的性质产生的形状、为获得技术效果而需有的商品形状或者使商品具有实质性价值的形状，不得注册。
		第十三条 就相同或者类似商品申请注册的商标是复制、摹仿或者翻译他人未在中国注册的驰名商标，容易导致混淆的，不予注册并禁止使用。 就不相同或者不相类似商品申请注册的商标是复制、摹仿或者翻译他人已经在中国注册的驰名商标，误导公众，致使该驰名商标注册人的利益可能受到损害的，不予注册并禁止使用。	第十三条 为相关公众所熟知的商标，持有人认为其权利受到侵害时，可以依照本法规定请求驰名商标保护。 就相同或者类似商品申请注册的商标是复制、摹仿或者翻译他人未在中国注册的驰名商标，容易导致混淆的，不予注册并禁止使用。 就不相同或者不相类似商品申请注册的商标是复制、摹仿或者翻译他人已经在中国注册的驰名商标，误导公众，致使该驰名商标注册人的利益可能受到损害的，不予注册并禁止使用。	第十三条 为相关公众所熟知的商标，持有人认为其权利受到侵害时，可以依照本法规定请求驰名商标保护。 就相同或者类似商品申请注册的商标是复制、摹仿或者翻译他人未在中国注册的驰名商标，容易导致混淆的，不予注册并禁止使用。 就不相同或者不相类似商品申请注册的商标是复制、摹仿或者翻译他人已经在中国注册的驰名商标，误导公众，致使该驰名商标注册人的利益可能受到损害的，不予注册并禁止使用。

续表

1982 年《商标法》1983 年 3 月 1 日起施行	1993 年《商标法》1993 年 2 月 22 日第一次修正	2001 年《商标法》2001 年 10 月 27 日第二次修正	2013 年《商标法》2013 年 8 月 30 日第三次修正	2019 年《商标法》2019 年 4 月 23 日第四次修正
		第十四条 认定驰名商标应当考虑下列因素：（一）相关公众对该商标的知晓程度；（二）该商标使用的持续时间；（三）该商标的任何宣传工作的持续时间、程度和地理范围；（四）该商标作为驰名商标受保护的记录；（五）该商标驰名的其他因素。	第十四条 驰名商标应当根据当事人的请求，作为处理涉及商标案件需要认定的事实进行认定。认定驰名商标应当考虑下列因素：（一）相关公众对该商标的知晓程度；（二）该商标使用的持续时间；（三）该商标的任何宣传工作的持续时间、程度和地理范围；（四）该商标作为驰名商标受保护的记录；（五）该商标驰名的其他因素。在商标注册审查、工商行政管理部门查处商标违法案件过程中，当事人依照本法第十三条规定主张权利的，商标局根据审查、处理案件的需要，可以对商标驰名情况作出认定。在商标争议处理过程中，当事人依照本法第十三条规定主张权利的，商标评审委员会根据处理案件的需要，可以对商标驰名情况作出认定。在商标民事、行政案件审理过程中，当事人依照本法第十三条规定主张权利的，最高人民法院指定的人民法院根据审理案件的需要，可以对商标驰名情况作出认定。生产、经营者不得将“驰名商标”字样用于商品、商品包装或者容器上，以及广告宣传、展览以及其他商业活动中。	第十四条 驰名商标应当根据当事人的请求，作为处理涉及商标案件需要认定的事实进行认定。认定驰名商标应当考虑下列因素：（一）相关公众对该商标的知晓程度；（二）该商标使用的持续时间；（三）该商标的任何宣传工作的持续时间、程度和地理范围；（四）该商标作为驰名商标受保护的记录；（五）该商标驰名的其他因素。在商标注册审查、工商行政管理部门查处商标违法案件过程中，当事人依照本法第十三条规定主张权利的，商标局根据审查、处理案件的需要，可以对商标驰名情况作出认定。在商标争议处理过程中，当事人依照本法第十三条规定主张权利的，商标评审委员会根据处理案件的需要，可以对商标驰名情况作出认定。在商标民事、行政案件审理过程中，当事人依照本法第十三条规定主张权利的，最高人民法院指定的人民法院根据审理案件的需要，可以对商标驰名情况作出认定。生产、经营者不得将“驰名商标”字样用于商品、商品包装或者容器上，以及广告宣传、展览以及其他商业活动中。

续表

1982 年《商标法》 1983 年 3 月 1 日起施行	1993 年《商标法》 1993 年 2 月 22 日第一次修正	2001 年《商标法》 2001 年 10 月 27 日第二次修正	2013 年《商标法》 2013 年 8 月 30 日第三次修正	2019 年《商标法》 2019 年 4 月 23 日第四次修正
		第十五条　未经授权，代理人或者代表人以自己的名义将被代理人或者被代表人的商标进行注册，被代理人或者被代表人提出异议的，不予注册并禁止使用。	第十五条　未经授权，代理人或者代表人以自己的名义将被代理人或者被代表人的商标进行注册，被代理人或者被代表人提出异议的，不予注册并禁止使用。 就同一种商品或者类似商品申请注册的商标与他人在先使用的未注册商标相同或者近似，申请人与该他人具有前款规定以外的合同、业务往来关系或者其他关系而明知该他人商标存在，该他人提出异议的，不予注册。	第十五条　未经授权，代理人或者代表人以自己的名义将被代理人或者被代表人的商标进行注册，被代理人或者被代表人提出异议的，不予注册并禁止使用。 就同一种商品或者类似商品申请注册的商标与他人在先使用的未注册商标相同或者近似，申请人与该他人具有前款规定以外的合同、业务往来关系或者其他关系而明知该他人商标存在，该他人提出异议的，不予注册。
		第十六条　商标中有商品的地理标志，而该商品并非来源于该标志所标示的地区，误导公众的，不予注册并禁止使用；但是，已经善意取得注册的继续有效。 前款所称地理标志，是指标示某商品来源于某地区，该商品的特定质量、信誉或者其他特征，主要由该地区的自然因素或者人文因素所决定的标志。	第十六条　商标中有商品的地理标志，而该商品并非来源于该标志所标示的地区，误导公众的，不予注册并禁止使用；但是，已经善意取得注册的继续有效。 前款所称地理标志，是指标示某商品来源于某地区，该商品的特定质量、信誉或者其他特征，主要由该地区的自然因素或者人文因素所决定的标志。	第十六条　商标中有商品的地理标志，而该商品并非来源于该标志所标示的地区，误导公众的，不予注册并禁止使用；但是，已经善意取得注册的继续有效。 前款所称地理标志，是指标示某商品来源于某地区，该商品的特定质量、信誉或者其他特征，主要由该地区的自然因素或者人文因素所决定的标志。

续表

1982年《商标法》1983年3月1日起施行	1993年《商标法》1993年2月22日第一次修正	2001年《商标法》2001年10月27日第二次修正	2013年《商标法》2013年8月30日第三次修正	2019年《商标法》2019年4月23日第四次修正
第九条 外国人或者外国企业在中国申请商标注册的,应当按其所属国和中华人民共和国签订的协议或者共同参加的国际条约办理,或者按对等原则办理。	第九条 外国人或者外国企业在中国申请商标注册的,应当按其所属国和中华人民共和国签订的协议或者共同参加的国际条约办理,或者按对等原则办理。	第十七条 外国人或者外国企业在中国申请商标注册的,应当按其所属国和中华人民共和国签订的协议或者共同参加的国际条约办理,或者按对等原则办理。	第十七条 外国人或者外国企业在中国申请商标注册的,应当按其所属国和中华人民共和国签订的协议或者共同参加的国际条约办理,或者按对等原则办理。	第十七条 外国人或者外国企业在中国申请商标注册的,应当按其所属国和中华人民共和国签订的协议或者共同参加的国际条约办理,或者按对等原则办理。
第十条 外国人或者外国企业在中国申请商标注册和办理其他商标事宜的,应当委托国家指定的组织代理。	第十条 外国人或者外国企业在中国申请商标注册和办理其他商标事宜的,应当委托国家指定的组织代理。	第十八条 外国人或者外国企业在中国申请商标注册和办理其他商标事宜的,应当委托国家认可的具有商标代理资格的组织代理。	第十八条 申请商标注册或者办理其他商标事宜,可以自行办理,也可以委托依法设立的商标代理机构办理。 外国人或者外国企业在中国申请商标注册和办理其他商标事宜的,应当委托依法设立的商标代理机构办理。	第十八条 申请商标注册或者办理其他商标事宜,可以自行办理,也可以委托依法设立的商标代理机构办理。 外国人或者外国企业在中国申请商标注册和办理其他商标事宜的,应当委托依法设立的商标代理机构办理。
			第十九条 商标代理机构应当遵循诚实信用原则,遵守法律、行政法规,按照被代理人的委托办理商标注册申请或者其他商标事宜;对在代理过程中知悉的被代理人的商业秘密,负有保密义务。 委托人申请注册的商标可能存在本法规定不得注册情形的,商标代理机构应当明确告知委托人。 商标代理机构知道或者应当知道委托人申请注册的商标属于本法第十五条和第三十二条规定情形的,不得接受其委托。 商标代理机构除对其代理服务申请商标注册外,不得申请注册其他商标。	第十九条 商标代理机构应当遵循诚实信用原则,遵守法律、行政法规,按照被代理人的委托办理商标注册申请或者其他商标事宜;对在代理过程中知悉的被代理人的商业秘密,负有保密义务。 委托人申请注册的商标可能存在本法规定不得注册情形的,商标代理机构应当明确告知委托人。 商标代理机构知道或者应当知道委托人申请注册的商标属于本法第四条、第十五条和第三十二条规定情形的,不得接受其委托。 商标代理机构除对其代理服务申请商标注册外,不得申请注册其他商标。

续表

1982 年《商标法》 1983 年 3 月 1 日起施行	1993 年《商标法》 1993 年 2 月 22 日第一次修正	2001 年《商标法》 2001 年 10 月 27 日第二次修正	2013 年《商标法》 2013 年 8 月 30 日第三次修正	2019 年《商标法》 2019 年 4 月 23 日第四次修正
			第二十条 商标代理行业组织应当按照章程规定，严格执行吸纳会员的条件，对违反行业自律规范的会员实行惩戒。商标代理行业组织对其吸纳的会员和对会员的惩戒情况，应当及时向社会公布。	第二十条 商标代理行业组织应当按照章程规定，严格执行吸纳会员的条件，对违反行业自律规范的会员实行惩戒。商标代理行业组织对其吸纳的会员和对会员的惩戒情况，应当及时向社会公布。
			第二十一条 商标国际注册遵循中华人民共和国缔结或者参加的有关国际条约确立的制度，具体办法由国务院规定。	第二十一条 商标国际注册遵循中华人民共和国缔结或者参加的有关国际条约确立的制度，具体办法由国务院规定。
第二章 商标注册的申请	第二章 商标注册的申请	第二章 商标注册的申请	第二章 商标注册的申请	第二章 商标注册的申请
第十一条 申请商标注册的，应当按规定的商品分类表填报使用商标的商品类别和商品名称。	第十一条 申请商标注册的，应当按规定的商品分类表填报使用商标的商品类别和商品名称。	第十九条 申请商标注册的，应当按规定的商品分类表填报使用商标的商品类别和商品名称。	第二十二条 商标注册申请人应当按规定的商品分类表填报使用商标的商品类别和商品名称，提出注册申请。商标注册申请人可以通过一份申请就多个类别的商品申请注册同一商标。商标注册申请等有关文件，可以以书面方式或者数据电文方式提出。	第二十二条 商标注册申请人应当按规定的商品分类表填报使用商标的商品类别和商品名称，提出注册申请。商标注册申请人可以通过一份申请就多个类别的商品申请注册同一商标。商标注册申请等有关文件，可以以书面方式或者数据电文方式提出。
第十二条 同一申请人在不同类别的商品上使用同一商标的，应当按商品分类表分别提出注册申请。	第十二条 同一申请人在不同类别的商品上使用同一商标的，应当按商品分类表分别提出注册申请。	第二十条 商标注册申请人在不同类别的商品上申请注册同一商标的，应当按商品分类表提出注册申请。		

续表

1982年《商标法》 1983年3月1日起施行	1993年《商标法》 1993年2月22日第一次修正	2001年《商标法》 2001年10月27日第二次修正	2013年《商标法》 2013年8月30日第三次修正	2019年《商标法》 2019年4月23日第四次修正
注册商标要在同一类的其他商品上使用的，应当另行提出注册申请。	第十三条 注册商标要在同一类的其他商品上使用的，应当另行提出注册申请。	第二十一条 注册商标需要在同一类的其他商品上使用的，应当另行提出注册申请。	第二十三条 注册商标需要使用核定使用范围之外的商品上取得商标专用权的，应当另行提出注册申请。	第二十三条 注册商标需要在核定使用范围之外的商品上取得商标专用权的，应当另行提出注册申请。
注册商标需要改变文字、图形的，应当重新提出注册申请。	第十四条 注册商标需要改变文字、图形的，应当重新提出注册申请。	第二十二条 注册商标需要改变其标志的，应当重新提出注册申请。	第二十四条 注册商标需要改变其标志的，应当重新提出注册申请。	第二十四条 注册商标需要改变其标志的，应当重新提出注册申请。
注册商标需要变更注册人的名义、地址或者其他注册事项的，应当提出变更申请。	第十五条 注册商标需要变更注册人的名义、地址或者其他注册事项的，应当提出变更申请。	第二十三条 注册商标需要变更注册人名义、地址或者其他注册事项的，应当提出变更申请。（该条成为2013年版第四十一条，内容没有修改）		
		第二十四条 商标注册申请人自其商标在外国第一次提出商标注册申请之日起六个月内，又在中国就相同商品以同一商标提出商标注册申请的，依照该外国同中国签订的协议或者共同参加的国际条约，或者按照相互承认优先权的原则，可以享有优先权。依照前款要求优先权的，应当在提出商标注册申请的时候提出书面声明，并且在三个月内提交第一次提出的商标注册申请文件的副本；未提出书面声明或者逾期未提交商标注册申请文件副本的，视为未要求优先权。	第二十五条 商标注册申请人自其商标在外国第一次提出商标注册申请之日起六个月内，又在中国就相同商品以同一商标提出的商标注册申请的，依照该外国同中国签订的协议或者共同参加的国际条约，或者按照相互承认优先权的原则，可以享有优先权。依照前款要求优先权的，应当在提出商标注册申请的时候提出书面声明，并且在三个月内提交第一次提出的商标注册申请文件的副本；未提出书面声明或者逾期未提交商标注册申请文件副本的，视为未要求优先权。	第二十五条 商标注册申请人自其商标在外国第一次提出商标注册申请之日起六个月内，又在中国就相同商品以同一商标提出注册申请的，依照该外国同中国签订的协议或者共同参加的国际条约，或者按照相互承认优先权的原则，可以享有优先权。依照前款要求优先权的，应当在提出商标注册申请的时候提出书面声明，并且在三个月内提交第一次提出的商标注册申请文件的副本；未提出书面声明或者逾期未提交商标注册申请文件副本的，视为未要求优先权。

续表

1982年《商标法》1983年3月1日起施行	1993年《商标法》1993年2月22日第一次修正	2001年《商标法》2001年10月27日第二次修正	2013年《商标法》2013年8月30日第三次修正	2019年《商标法》2019年4月23日第四次修正
		第二十五条 商标在中国政府主办的或者承认的国际展览会展出的商品上首次使用的，自该商品展出之日起六个月内，该商标的注册申请人可以享有优先权。 依照前款要求优先权的，应当在提出商标注册申请的时候提出书面声明，并且在三个月内提交展出其商品的展览会名称、在展出商品上使用该商标的证据、展出日期等证明文件；未提出书面声明或者逾期未提交证明文件的，视为未要求优先权。	第二十五条 商标在中国政府主办的或者承认的国际展览会展出的商品上首次使用的，自该商品展出之日起六个月内，该商标的注册申请人可以享有优先权。 依照前款要求优先权的，应当在提出商标注册申请的时候提出书面声明，并且在三个月内提交展出其商品的展览会名称、在展出商品上使用该商标的证据、展出日期等证明文件；未提出书面声明或者逾期未提交证明文件的，视为未要求优先权。	第二十六条 商标在中国政府主办的或者承认的国际展览会展出的商品上首次使用的，自该商品展出之日起六个月内，该商标的注册申请人可以享有优先权。 依照前款要求优先权的，应当在提出商标注册申请的时候提出书面声明，并且在三个月内提交展出其商品的展览会名称、在展出商品上使用该商标的证据、展出日期等证明文件；未提出书面声明或者逾期未提交证明文件的，视为未要求优先权。
		第二十六条 为申请商标注册所申报的事项和所提供的材料应当真实、准确、完整。	第二十七条 为申请商标注册所申报的事项和所提供的材料应当真实、准确、完整。	第二十七条 为申请商标注册所申报的事项和所提供的材料应当真实、准确、完整。
第三章 商标注册的审查和核准	第三章 商标注册的审查和核准	第三章 商标注册的审查和核准	第三章 商标注册的审查和核准	第三章 商标注册的审查和核准
第十六条 申请注册的商标，凡符合本法有关规定的，由商标局初步审定，予以公告。	第十六条 申请注册的商标，凡符合本法有关规定的，由商标局初步审定，予以公告。	第二十七条 申请注册的商标，凡符合本法有关规定的，<u>由商标局初步审定，予以公告</u>。	第二十八条 对申请注册的商标，商标局应当自收到商标注册申请文件之日起九个月内审查完毕，符合本法有关规定的，予以初步审定公告。	第二十八条 对申请注册的商标，商标局应当自收到商标注册申请文件之日起九个月内审查完毕，符合本法有关规定的，予以初步审定公告。

续表

1982年《商标法》 1983年3月1日起施行	1993年《商标法》 1993年2月22日第一次修正	2001年《商标法》 2001年10月27日第二次修正	2013年《商标法》 2013年8月30日第三次修正	2019年《商标法》 2019年4月23日第四次修正
			第二十九条 在审查过程中，商标局认为商标注册申请内容需要说明或者修正的，可以要求申请人作出说明或者修正。申请人未作出说明或者修正的，不影响商标局作出审查决定。	第二十九条 在审查过程中，商标局认为商标注册申请内容需要说明或者修正的，可以要求申请人作出说明或者修正。申请人未作出说明或者修正的，不影响商标局作出审查决定。
第十七条 申请注册的商标，凡不符合本法有关规定或者同他人在同一种商品或者类似商品上已经注册的或者初步审定的商标相同或者近似的，由商标局驳回申请，不予公告。	第十七条 申请注册的商标，凡不符合本法有关规定或者同他人在同一种商品或者类似商品上已经注册的或者初步审定的商标相同或者近似的，由商标局驳回申请，不予公告。	第二十八条 申请注册的商标，凡不符合本法有关规定或者同他人在同一种商品或者类似商品上已经注册的或者初步审定的商标相同或者近似的，由商标局驳回申请，不予公告。	第三十条 凡不符合本法有关规定或者同他人在同一种商品或者类似商品上已经注册的或者初步审定的商标相同或者近似的，由商标局驳回申请，不予公告。	第三十条 凡不符合本法有关规定或者同他人在同一种商品或者类似商品上已经注册的或者初步审定的商标相同或者近似的，由商标局驳回申请，不予公告。
第十八条 两个或者两个以上的申请人，在同一种商品上，以相同或者近似的商标申请注册的，初步审定并公告申请在先的商标；同一天申请的，初步审定并公告使用在先的商标，驳回其他人的申请，不予以公告。	第十八条 两个或者两个以上的申请人，在同一种商品上，以相同或者近似的商标申请注册的，初步审定并公告申请在先的商标；同一天申请的，初步审定并公告使用在先的商标，驳回其他人的申请，不予公告。	第二十九条 两个或者两个以上的申请人，在同一种商品或者类似商品上，以相同或者近似的商标申请注册的，初步审定并公告申请在先的商标；同一天申请的，初步审定并公告使用在先的商标，驳回其他人的申请，不予公告。	第三十一条 两个或者两个以上的商标注册申请人，在同一种商品或者类似商品上，以相同或者近似的商标申请注册的，初步审定并公告申请在先的商标；同一天申请的，初步审定并公告使用在先的商标，驳回其他人的申请，不予公告。	第三十一条 两个或者两个以上的商标注册申请人，在同一种商品或者类似商品上，以相同或者近似的商标申请注册的，初步审定并公告申请在先的商标；同一天申请的，初步审定并公告使用在先的商标，驳回其他人的申请，不予公告。

续表

1982年《商标法》 1983年3月1日起施行	1993年《商标法》 1993年2月22日第一次修正	2001年《商标法》 2001年10月27日第二次修正	2013年《商标法》 2013年8月30日第三次修正	2019年《商标法》 2019年4月23日第四次修正
第十九条 对初步审定的商标,自公告之日起三个月内,任何人均可以提出异议。无异议或者经裁定异议不能成立的,发给商标注册证,并予公告;经裁定异议成立的,不予核准注册。	第十九条 对初步审定的商标,自公告之日起三个月内,任何人均可以提出异议。无异议或者经裁定异议不能成立的,发给商标注册证,并予公告;经裁定异议成立的,不予核准注册。	第三十条 对初步审定的商标,自公告之日起三个月内,任何人均可以提出异议。公告期满无异议的,予以核准注册,发给商标注册证,并予公告。(该条成为2013年版第三十三条,并有修改)		
第二十条 国务院工商行政管理部门设立商标评审委员会,负责处理商标争议事宜。	第二十条 国务院工商行政管理部门设立商标评审委员会,负责处理商标争议事宜。(该条后被2001年版第二条吸收)			
		第三十一条 申请商标注册不得损害他人现有的在先权利,也不得以不正当手段抢先注册他人已经使用并有一定影响的商标。	第三十二条 申请商标注册不得损害他人现有的在先权利,也不得以不正当手段抢先注册他人已经使用并有一定影响的商标。	第三十二条 申请商标注册不得损害他人现有的在先权利,也不得以不正当手段抢先注册他人已经使用并有一定影响的商标。
		第三十条 对初步审定的商标,自公告之日起三个月内,任何人均可以提出异议。公告期满无异议的,予以核准注册,发给商标注册证,并予公告。	第三十三条 对初步审定公告的商标,自公告之日起三个月内,在先权利人、利害关系人认为违反本法第十三条第二款和第三款、第十五条、第十六条第一款、第三十条、第三十一条、第三十二条规定的,或者任何人认为违反本法第十条、第十一条、第十二条规定的,可以向商标局提出异议。公告期满无异议的,予以核准注册,发给商标注册证,并予公告。	第三十三条 对初步审定公告的商标,自公告之日起三个月内,在先权利人、利害关系人认为违反本法第十三条第二款和第三款、第十五条、第十六条第一款、第三十条、第三十一条、第三十二条规定的,或者任何人认为违反本法第十条、第十一条、第十二条、第十九条第四款规定的,可以向商标局提出异议。公告期满无异议的,予以核准注册,并予公告。

续表

1982 年《商标法》1983 年 3 月 1 日起施行	1993 年《商标法》1993 年 2 月 22 日第一次修正	2001 年《商标法》2001 年 10 月 27 日第二次修正	2013 年《商标法》2013 年 8 月 30 日第三次修正	2019 年《商标法》2019 年 4 月 23 日第四次修正
第二十一条 对驳回申请、不予公告的商标，商标局应当书面通知申请人。申请人不服的，可以在收到通知十五天内申请复审，由商标评审委员会作出终局决定，并书面通知申请人。	第二十一条 对驳回申请、不予公告的商标，商标局应当书面通知申请人。申请人不服的，可以自收到通知十五日内申请复审，由商标评审委员会作出终局决定，并书面通知申请人。	第三十二条 对驳回申请、不予公告的商标，商标局应当书面通知商标注册申请人。商标注册申请人不服的，可以自收到通知之日起十五日内向商标评审委员会申请复审，由商标评审委员会作出决定，并书面通知申请人。当事人对商标评审委员会的决定不服的，可以自收到通知之日起三十日内向人民法院起诉。	第三十四条 对驳回申请、不予公告的商标，商标局应当书面通知商标注册申请人。商标注册申请人不服的，可以自收到通知之日起十五日内向商标评审委员会申请复审。商标评审委员会应当自收到申请之日起九个月内作出决定，并书面通知申请人。有特殊情况需要延长的，经国务院工商行政管理部门批准，可以延长三个月。当事人对商标评审委员会的决定不服的，可以自收到通知之日起三十日内向人民法院起诉。	第三十四条 对驳回申请、不予公告的商标，商标局应当书面通知商标注册申请人。商标注册申请人不服的，可以自收到通知之日起十五日内向商标评审委员会申请复审。商标评审委员会应当自收到申请之日起九个月内作出决定，并书面通知申请人。有特殊情况需要延长的，经国务院工商行政管理部门批准，可以延长三个月。当事人对商标评审委员会的决定不服的，可以自收到通知之日起三十日内向人民法院起诉。

续表

1982年《商标法》1983年3月1日起施行	1993年《商标法》1993年2月22日第一次修正	2001年《商标法》2001年10月27日第二次修正	2013年《商标法》2013年8月30日第三次修正	2019年《商标法》2019年4月23日第四次修正
第二十二条 对初步审定、予以公告的商标提出异议的，商标局应当听取异议人和申请人陈述事实和理由，经调查核实后，作出裁定。当事人不服的，可以在收到通知十五天内申请复审，由商标评审委员会作出终局裁定，并书面通知异议人和申请人。	第二十二条 对初步审定、予以公告的商标提出异议的，商标局应当听取异议人和申请人陈述事实和理由，经调查核实后，作出裁定。当事人不服的，可以在收到通知十五天内申请复审，由商标评审委员会作出终局裁定，并书面通知异议人和申请人。	第三十三条 对初步审定、予以公告的商标提出异议的，商标局应当听取异议人和被异议人陈述事实和理由，经调查核实后，作出裁定。当事人不服的，可以自收到通知之日起十五日内向商标评审委员会申请复审，由商标评审委员会作出裁定，并书面通知异议人和被异议人。当事人对商标评审委员会的裁定不服的，可以自收到通知之日起三十日内向人民法院起诉。人民法院应当通知对方当事人作为第三人参加诉讼。	第三十五条 对初步审定公告的商标提出异议的，商标局应当听取异议人和被异议人陈述事实和理由，经调查核实后，在公告期满之日起十二个月内作出是否准予注册的决定，并书面通知异议人和被异议人。有特殊情况需要延长的，经国务院工商行政管理部门批准，可以延长六个月。 商标局作出准予注册决定的，发给商标注册证，并予公告。异议人不服的，可以依照本法第四十四条、第四十五条的规定向商标评审委员会请求宣告该注册商标无效。 商标局作出不予注册决定，被异议人不服的，可以自收到通知之日起十五日内向商标评审委员会申请复审。商标评审委员会应当自收到申请之日起十二个月内作出复审决定，并书面通知异议人和被异议人。有特殊情况需要延长的，经国务院工商行政管理部门批准，可以延长六个月。被异议人对商标评审委员会的决定不服的，可以自收到通知之日起三十日内向人民法院起诉。人民法院应当通知异议人作为第三人参加诉讼。 商标评审委员会在复审过程中，所涉及的在先权利的确定必须以人民法院正在审理或者行政机关正在处理的另一案件的结果为依据的，可以中止审查。中止原因消除后，应当恢复审查程序。	第三十五条 对初步审定公告的商标提出异议的，商标局应当听取异议人和被异议人陈述事实和理由，经调查核实后，在公告期满之日起十二个月内作出是否准予注册的决定，并书面通知异议人和被异议人。有特殊情况需要延长的，经国务院工商行政管理部门批准，可以延长六个月。 商标局作出准予注册决定的，发给商标注册证，并予公告。异议人不服的，可以依照本法第四十四条、第四十五条的规定向商标评审委员会请求宣告该注册商标无效。 商标局作出不予注册决定，被异议人不服的，可以自收到通知之日起十五日内向商标评审委员会申请复审。商标评审委员会应当自收到申请之日起十二个月内作出复审决定，并书面通知异议人和被异议人。有特殊情况需要延长的，经国务院工商行政管理部门批准，可以延长六个月。被异议人对商标评审委员会的决定不服的，可以自收到通知之日起三十日内向人民法院起诉。人民法院应当通知异议人作为第三人参加诉讼。 商标评审委员会在复审过程中，所涉及的在先权利的确定必须以人民法院正在审理或者行政机关正在处理的另一案件的结果为依据的，可以中止审查。中止原因消除后，应当恢复审查程序。

续表

1982年《商标法》 1983年3月1日起施行	1993年《商标法》 1993年2月22日第一次修正	2001年《商标法》 2001年10月27日第二次修正	2013年《商标法》 2013年8月30日第三次修正	2019年《商标法》 2019年4月23日第四次修正
		第三十四条 当事人在法定期限内对商标局或者商标评审委员会作出的裁定不申请复审或者对商标评审委员会作出的裁定不向人民法院起诉的,裁定生效。 经裁定异议不能成立的,发给商标注册证,并予公告;经裁定异议成立的,不予核准注册。 经裁定异议不能成立而核准注册的,商标注册申请人取得商标专用权的时间自初审公告三个月期满之日起计算。	第三十六条 法定期限届满,当事人对商标局作出的驳回申请决定、不予注册决定不申请复审或者对商标评审委员会作出的复审决定不向人民法院起诉的,驳回申请决定、不予注册决定或者复审决定生效。 经审查异议不成立而准予注册的商标,商标注册申请人取得商标专用权的时间自初审公告三个月期满之日起计算。自该商标公告期满之日起至准予注册决定作出前,对他人在同一种或者类似商品上使用与该商标相同或者近似的标志的行为不具有追溯力;但是,因该使用人的恶意给商标注册人造成的损失,应当给予赔偿。	第三十六条 法定期限届满,当事人对商标局作出的驳回申请决定、不予注册决定不申请复审或者对商标评审委员会作出的复审决定不向人民法院起诉的,驳回申请决定、不予注册决定或者复审决定生效。 经审查异议不成立而准予注册的商标,商标注册申请人取得商标专用权的时间自初审公告三个月期满之日起计算。自该商标公告期满之日起至准予注册决定作出前,对他人在同一种或者类似商品上使用与该商标相同或者近似的标志的行为不具有追溯力;但是,因该使用人的恶意给商标注册人造成的损失,应当给予赔偿。
		第三十五条 对商标注册申请和商标复审申请应当及时进行审查。	第三十七条 对商标注册申请和商标复审申请应当及时进行审查。	第三十七条 对商标注册申请和商标复审申请应当及时进行审查。

1982年《商标法》1983年3月1日起施行	1993年《商标法》1993年2月22日第一次修正	2001年《商标法》2001年10月27日第二次修正	2013年《商标法》2013年8月30日第三次修正	2019年《商标法》2019年4月23日第四次修正
		第三十六条　商标注册申请人发现商标申请文件有明显错误的，可以申请更正。商标局依法在其职权范围内作出更正，并通知当事人。前款所称更正错误不涉及商标申请文件或者注册文件的实质性内容。	第三十八条　商标注册申请人或者注册人发现商标申请文件或者注册文件有明显错误的，可以申请更正。商标局依法在其职权范围内作出更正，并通知当事人。前款所称更正错误不涉及商标申请文件或者注册文件的实质性内容。	第三十八条　商标注册申请人或者注册人发现商标申请文件或者注册文件有明显错误的，可以申请更正。商标局依法在其职权范围内作出更正，并通知当事人。前款所称更正错误不涉及商标申请文件或者注册文件的实质性内容。
第四章　注册商标的续展、转让和使用许可	第四章　注册商标的续展、转让和使用许可	第四章　注册商标的续展、转让和使用许可	第四章　注册商标的续展、变更、转让和使用许可	第四章　注册商标的续展、变更、转让和使用许可
第二十三条　注册商标的有效期为十年，自核准注册之日起计算。	第二十三条　注册商标的有效期为十年，自核准注册之日起计算。	第三十七条　注册商标的有效期为十年，自核准注册之日起计算。	第三十九条　注册商标的有效期为十年，自核准注册之日起计算。	第三十九条　注册商标的有效期为十年，自核准注册之日起计算。
第二十四条　注册商标有效期满，需要继续使用的，应当在期满前六个月内申请续展注册；在此期间未能提出申请的，可以给予六个月的宽展期。宽展期满仍未提出申请的，注销其注册商标。每次续展注册的有效期为十年。续展注册经核准后，予以公告。	第二十四条　注册商标有效期满，需要继续使用的，应当在期满前六个月内申请续展注册；在此期间未能提出申请的，可以给予六个月的宽展期。宽展期满仍未提出申请的，注销其注册商标。每次续展注册的有效期为十年。续展注册经核准后，予以公告。	第三十八条　注册商标有效期满，需要继续使用的，应当在期满前六个月内申请续展注册；在此期间未能提出申请的，可以给予六个月的宽展期。宽展期满仍未提出申请的，注销其注册商标。每次续展注册的有效期为十年。续展注册经核准后，予以公告。	第四十条　注册商标有效期满，需要继续使用的，商标注册人应当在期满前十二个月内按照规定办理续展手续；在此期间未能办理的，可以给予六个月的宽展期。每次续展注册的有效期为十年，自该商标上一届有效期满次日起计算。期满未办理续展手续的，注销其注册商标。商标局应当对续展注册的商标予以公告。	第四十条　注册商标有效期满，需要继续使用的，商标注册人应当在期满前十二个月内按照规定办理续展手续；在此期间未能办理的，可以给予六个月的宽展期。每次续展注册的有效期为十年，自该商标上一届有效期满次日起计算。期满未办理续展手续的，注销其注册商标。商标局应当对续展注册的商标予以公告。

续表

1982 年《商标法》 1983 年 3 月 1 日起施行	1993 年《商标法》 1993 年 2 月 22 日第一次修正	2001 年《商标法》 2001 年 10 月 27 日第二次修正	2013 年《商标法》 2013 年 8 月 30 日第三次修正	2019 年《商标法》 2019 年 4 月 23 日第四次修正
		第二十三条　注册商标需要变更注册人名义、地址或者其他注册事项的，应当提出变更申请。	第四十一条　注册商标需变更注册人的名义、地址或者其他注册事项的，应当提出变更申请。	第四十一条　注册商标需变更注册人的名义、地址或者其他注册事项的，应当提出变更申请。
第二十五条　转让注册商标的，转让人和受让人应当共同向商标局提出申请。受让人应当保证使用该注册商标的商品质量。转让注册商标经核准后，予以公告。	第二十五条　转让注册商标的，转让人和受让人应当共同向商标局提出申请。受让人应当保证使用该注册商标的商品质量。转让注册商标经核准后，予以公告。	第三十九条　转让注册商标的，转让人和受让人应当签订转让协议，并共同向商标局提出申请。受让人应当保证使用该注册商标的商品质量。转让注册商标经核准后，予以公告。受让人自公告之日起享有商标专用权。	第四十二条　转让注册商标的，转让人和受让人应当签订转让协议，并共同向商标局提出申请。受让人应当保证使用该注册商标的商品质量。转让注册商标的，商标注册人对其在同一种商品上注册的近似的商标，或者在类似商品上注册的相同或者近似的商标，应当一并转让。对容易导致混淆或者有其他不良影响的转让，商标局不予核准，书面通知申请人并说明理由。转让注册商标经核准后，予以公告。受让人自公告之日起享有商标专用权。	第四十二条　转让注册商标的，转让人和受让人应当签订转让协议，并共同向商标局提出申请。受让人应当保证使用该注册商标的商品质量。转让注册商标的，商标注册人对其在同一种商品上注册的近似的商标，或者在类似商品上注册的相同或者近似的商标，应当一并转让。对容易导致混淆或者有其他不良影响的转让，商标局不予核准，书面通知申请人并说明理由。转让注册商标经核准后，予以公告。受让人自公告之日起享有商标专用权。

续表

1982年《商标法》1983年3月1日起施行	1993年《商标法》1993年2月22日第一次修正	2001年《商标法》2001年10月27日第二次修正	2013年《商标法》2013年8月30日第三次修正	2019年《商标法》2019年4月23日第四次修正
第二十六条 商标注册人可以通过签订商标使用许可合同,许可他人使用其注册商标。许可人应当监督被许可人使用其注册商标的商品质量。被许可人应当保证使用该注册商标的商品质量。 商标使用许可合同应当报商标局备案。	第二十六条 商标注册人可以通过签订商标使用许可合同,许可他人使用其注册商标。许可人应当监督被许可人使用其注册商标的商品质量。被许可人应当保证使用该注册商标的商品质量。 经许可使用他人注册商标的,必须在使用该注册商标的商品上标明被许可人的名称和商品产地。 商标使用许可合同应当报商标局备案。	第四十条 商标注册人可以通过签订商标使用许可合同,许可他人使用其注册商标。许可人应当监督被许可人使用其注册商标的商品质量。被许可人应当保证使用该注册商标的商品质量。 经许可使用他人注册商标的,必须在使用该注册商标的商品上标明被许可人的名称和商品产地。 商标使用许可合同应当报商标局备案。	第四十三条 商标注册人可以通过签订商标使用许可合同,许可他人使用其注册商标。许可人应当监督被许可人使用其注册商标的商品质量。被许可人应当保证使用该注册商标的商品质量。 经许可使用他人注册商标的,必须在使用该注册商标的商品上标明被许可人的名称和商品产地。 许可他人使用其注册商标的,许可人应当将其商标使用许可报商标局备案,由商标局公告。商标使用许可未经备案不得对抗善意第三人。	第四十三条 商标注册人可以通过签订商标使用许可合同,许可他人使用其注册商标。许可人应当监督被许可人使用其注册商标的商品质量。被许可人应当保证使用该注册商标的商品质量。 经许可使用他人注册商标的,必须在使用该注册商标的商品上标明被许可人的名称和商品产地。 许可他人使用其注册商标的,许可人应当将其商标使用许可报商标局备案,由商标局公告。商标使用许可未经备案不得对抗善意第三人。

续表

1982年《商标法》1983年3月1日起施行	1993年《商标法》1993年2月22日第一次修正	2001年《商标法》2001年10月27日第二次修正	2013年《商标法》2013年8月30日第三次修正	2019年《商标法》2019年4月23日第四次修正
第五章 注册商标争议的裁定	第五章 注册商标争议的裁定	第五章 注册商标争议的裁定	第五章 注册商标的无效宣告	第五章 注册商标的无效宣告
第二十七条 对已经注册的商标有争议的，可以自该商标经核准注册之日起一年内，向商标评审委员会申请裁定。 商标评审委员会收到裁定申请后，应当通知有关当事人，并限期提出答辩。	第二十七条 已经注册的商标，违反本法第八条规定的，或者是以欺骗手段或者其他不正当手段取得注册的，由商标局撤销该注册商标；其他单位或者个人可以请求商标评审委员会裁定撤销该注册商标。 除前款规定的情形外，对已经注册的商标有争议的，可以自该商标经核准注册之日起一年内，向商标评审委员会申请裁定。 商标评审委员会收到裁定申请后，应当通知有关当事人，并限期提出答辩。	第四十一条 已经注册的商标，违反本法第十条、第十一条、第十二条规定的，或者是以欺骗手段或者其他不正当手段取得注册的，由商标局撤销该注册商标；其他单位或者个人可以请求商标评审委员会裁定撤销该注册商标。 已经注册的商标，违反本法第十三条、第十五条、第十六条、第三十一条规定的，自商标注册之日起五年内，商标所有人或者利害关系人可以请求商标评审委员会裁定撤销该注册商标。对恶意注册的，驰名商标所有人不受五年的时间限制。 除前两款规定的情形外，对已经注册的商标有争议的，可以自该商标经核准注册之日起五年内，向商标评审委员会申请裁定。 商标评审委员会收到裁定申请后，应当通知有关当事人，并限期提出答辩。	第四十四条 已经注册的商标，违反本法第十条、第十一条、第十二条规定的，或者是以欺骗手段或者其他不正当手段取得注册的，由商标局宣告该注册商标无效；其他单位或者个人可以请求商标评审委员会宣告该注册商标无效。 商标局作出宣告注册商标无效的决定的，应当书面通知当事人。当事人对商标局的决定不服的，可以自收到通知之日起十五日内向商标评审委员会申请复审。商标评审委员会应当自收到申请之日起九个月内作出决定，并书面通知当事人。有特殊情况需要延长的，经国务院工商行政管理部门批准，可以延长三个月。当事人对商标评审委员会的决定不服的，可以自收到通知之日起三十日内向人民法院起诉。	第四十四条 已经注册的商标，违反本法第四条、第十条、第十一条、第十二条规定的，或者是以欺骗手段或者其他不正当手段取得注册的，由商标局宣告该注册商标无效；其他单位或者个人可以请求商标评审委员会宣告该注册商标无效。 商标局作出宣告注册商标无效的决定的，应当书面通知当事人。当事人对商标局的决定不服的，可以自收到通知之日起十五日内向商标评审委员会申请复审。商标评审委员会应当自收到申请之日起九个月内作出决定，并书面通知当事人。有特殊情况需要延长的，经国务院工商行政管理部门批准，可以延长三个月。当事人对商标评审委员会的决定不服的，可以自收到通知之日起三十日内向人民法院起诉。
第二十八条 对核准注册前已经提出异议并经裁定的商标，不得再以相同的事实和理由申请裁定。	第二十八条 对核准注册前已经提出异议并经裁定的商标，不得再以相同的事实和理由申请裁定。	第四十二条 对核准注册前已经提出异议并经裁定的商标，不得再以相同的事实和理由申请裁定。		

续表

1982年《商标法》1983年3月1日起施行	1993年《商标法》1993年2月22日第一次修正	2001年《商标法》2001年10月27日第二次修正	2013年《商标法》2013年8月30日第三次修正	2019年《商标法》2019年4月23日第四次修正
第二十九条 商标评审委员会作出维持或者撤销注册商标的终局裁定后,应当书面通知有关当事人。	第二十九条 商标评审委员会作出维持或者撤销注册商标的终局裁定后,应当书面通知有关当事人。	第四十三条 商标评审委员会作出维持或者撤销注册商标的裁定后,应当书面通知有关当事人。 当事人对商标评审委员会的裁定不服的,可以自收到通知之日起三十日内向人民法院起诉。人民法院应当通知对方当事人作为第三人参加诉讼。	其他单位或者个人请求商标评审委员会宣告该注册商标无效的,商标评审委员会收到申请后,应当书面通知有关当事人,并限期提出答辩。商标评审委员会应当自收到申请之日起九个月内作出维持注册商标或者宣告注册商标无效的裁定,并书面通知当事人。有特殊情况需要延长的,经国务院工商行政管理部门批准,可以延长三个月。当事人对商标评审委员会的裁定不服的,可以自收到通知之日起三十日内向人民法院起诉。人民法院应当通知商标裁定程序的对方当事人作为第三人参加诉讼。 第四十五条 已经注册的商标,违反本法第十三条第二款和第三款、第十五条、第十六条第一款、第三十条、第三十一条、第三十二条规定的,自商标注册之日起五年内,在先权利人或者利害关系人可以请求商标评审委员会宣告该注册商标无效。对恶意注册的,驰名商标所有人不受五年的时间限制。	其他单位或者个人请求商标评审委员会宣告注册商标无效的,商标评审委员会收到申请后,应当书面通知有关当事人,并限期提出答辩。商标评审委员会应当自收到申请之日起九个月内作出维持注册商标或者宣告注册商标无效的裁定,并书面通知当事人。有特殊情况需要延长的,经国务院工商行政管理部门批准,可以延长三个月。当事人对商标评审委员会的裁定不服的,可以自收到通知之日起三十日内向人民法院起诉。人民法院应当通知商标裁定程序的对方当事人作为第三人参加诉讼。 第四十五条 已经注册的商标,违反本法第十三条第二款和第三款、第十五条、第十六条第一款、第三十条、第三十一条、第三十二条规定的,自商标注册之日起五年内,在先权利人或者利害关系人可以请求商标评审委员会宣告该注册商标无效。对恶意注册的,驰名商标所有人不受五年的时间限制。

续表

1982年《商标法》1983年3月1日起施行	1993年《商标法》1993年2月22日第一次修正	2001年《商标法》2001年10月27日第二次修正	2013年《商标法》2013年8月30日第三次修正	2019年《商标法》2019年4月23日第四次修正
			商标评审委员会收到宣告注册商标无效的申请后，应当书面通知有关当事人，并限期提出答辩。商标评审委员会应当自收到申请之日起十二个月内作出维持注册商标或者宣告注册商标无效的裁定，并书面通知当事人。有特殊情况需要延长的，经国务院工商行政管理部门批准，可以延长六个月。当事人对商标评审委员会的裁定不服的，可以自收到通知之日起三十日内向人民法院起诉。人民法院应当通知商标裁定程序的对方当事人作为第三人参加诉讼。 商标评审委员会在依照前款规定对无效宣告请求进行审查的过程中，所涉及以人民法院正在审理或者行政机关正在处理的案件的结果为依据的，可以中止审查。中止原因消除后，应当恢复审查程序。	商标评审委员会收到宣告注册商标无效的申请后，应当书面通知有关当事人，并限期提出答辩。商标评审委员会应当自收到申请之日起十二个月内作出维持注册商标或者宣告注册商标无效的裁定，并书面通知当事人。有特殊情况需要延长的，经国务院工商行政管理部门批准，可以延长六个月。当事人对商标评审委员会的裁定不服的，可以自收到通知之日起三十日内向人民法院起诉。人民法院应当通知商标裁定程序的对方当事人作为第三人参加诉讼。 商标评审委员会在依照前款规定对无效宣告请求进行审查的过程中，所涉及以人民法院正在审理或者行政机关正在处理的案件的结果为依据的，可以中止审查。中止原因消除后，应当恢复审查程序。

续表

1982年《商标法》1983年3月1日起施行	1993年《商标法》1993年2月22日第一次修正	2001年《商标法》2001年10月27日第二次修正	2013年《商标法》2013年8月30日第三次修正	2019年《商标法》2019年4月23日第四次修正
			第四十六条 法定期限届满，当事人对商标局宣告注册商标无效的决定不申请复审或者对商标评审委员会的复审决定、维持注册商标或者宣告注册商标无效的裁定不向人民法院起诉的，商标局的决定或者商标评审委员会的复审决定、裁定生效。	第四十六条 法定期限届满，当事人对商标局宣告注册商标无效的决定不申请复审或者对商标评审委员会的复审决定、维持注册商标或者宣告注册商标无效的裁定不向人民法院起诉的，商标局的决定或者商标评审委员会的复审决定、裁定生效。
			第四十七条 依照本法第四十四条、第四十五条的规定宣告无效的注册商标，由商标局予以公告，该注册商标专用权视为自始即不存在。 宣告注册商标无效的决定或者裁定，对宣告无效前人民法院作出并已执行的商标侵权案件的判决、裁定、调解书和工商行政管理部门作出并已执行的商标侵权案件的处理决定以及已经履行的商标转让或者使用许可合同不具有追溯力。但是因商标注册人的恶意给他人造成的损失，应当给予赔偿。 依照前款规定不返还商标侵权赔偿金、商标转让费、商标使用费，明显违反公平原则的，应当全部或者部分返还。	第四十七条 依照本法第四十四条、第四十五条的规定宣告无效的注册商标，由商标局予以公告，该注册商标专用权视为自始即不存在。 宣告注册商标无效的决定或者裁定，对宣告无效前人民法院作出并已执行的商标侵权案件的判决、裁定、调解书和工商行政管理部门作出并已执行的商标侵权案件的处理决定以及已经履行的商标转让或者使用许可合同不具有追溯力。但是因商标注册人的恶意给他人造成的损失，应当给予赔偿。 依照前款规定不返还商标侵权赔偿金、商标转让费、商标使用费，明显违反公平原则的，应当全部或者部分返还。

续表

1982 年《商标法》1983 年 3 月 1 日起施行	1993 年《商标法》1993 年 2 月 22 日第一次修正	2001 年《商标法》2001 年 10 月 27 日第二次修正	2013 年《商标法》2013 年 8 月 30 日第三次修正	2019 年《商标法》2019 年 4 月 23 日第四次修正
第六章 商标使用的管理	第六章 商标使用的管理	第六章 商标使用的管理	第六章 商标使用的管理	第六章 商标使用的管理
			第四十八条 本法所称商标的使用，是指将商标用于商品、商品包装或者容器以及商品交易文书上，或者将商标用于广告宣传、展览以及其他商业活动中，用于识别商品来源的行为。	第四十八条 本法所称商标的使用，是指将商标用于商品、商品包装或者容器以及商品交易文书上，或者将商标用于广告宣传、展览以及其他商业活动中，用于识别商品来源的行为。
第三十条 使用注册商标，有下列行为之一的，由商标局责令限期改正或者撤销其注册商标： （1）自行改变注册商标的文字、图形或者其组合的； （2）自行改变注册商标的注册人名义、地址或者其他注册事项的； （3）自行转让注册商标的； （4）连续三年停止使用的。	第三十条 使用注册商标，有下列行为之一的，由商标局责令限期改正或者撤销其注册商标： （1）自行改变注册商标的文字、图形或者其组合的； （2）自行改变注册商标的注册人名义、地址或者其他注册事项的； （3）自行转让注册商标的； （4）连续三年停止使用的。	第四十四条 使用注册商标，有下列行为之一的，由商标局责令限期改正或者撤销其注册商标： （一）自行改变注册商标的； （二）自行改变注册人名义、地址或者其他注册事项的； （三）自行转让注册商标的； （四）连续三年停止使用的。	第四十九条 商标注册人在使用注册商标的过程中，自行改变注册商标、注册人名义、地址或者其他注册事项的，由地方工商行政管理部门责令限期改正；期满不改正的，由商标局撤销其注册商标。 注册商标成为其核定使用的商品的通用名称或者没有正当理由连续三年不使用的，任何单位或者个人可以向商标局申请撤销该注册商标。商标局应当在收到申请之日起九个月内作出决定。有特殊情况需要延长的，经国务院工商行政管理部门批准，可以延长三个月。	第四十九条 商标注册人在使用注册商标的过程中，自行改变注册商标、注册人名义、地址或者其他注册事项的，由地方工商行政管理部门责令限期改正；期满不改正的，由商标局撤销其注册商标。 注册商标成为其核定使用的商品的通用名称或者没有正当理由连续三年不使用的，任何单位或者个人可以向商标局申请撤销该注册商标。商标局应当在收到申请之日起九个月内作出决定。有特殊情况需要延长的，经国务院工商行政管理部门批准，可以延长三个月。

续表

1982 年《商标法》1983 年 3 月 1 日起施行	1993 年《商标法》1993 年 2 月 22 日第一次修正	2001 年《商标法》2001 年 10 月 27 日第二次修正	2013 年《商标法》2013 年 8 月 30 日第三次修正	2019 年《商标法》2019 年 4 月 23 日第四次修正
第三十一条 使用注册商标,其商品粗制滥造,以次充好,欺骗消费者的,由各级工商行政管理部门分别不同情况,责令限期改正,并可以予以通报或者处以罚款,或者由商标局撤销其注册商标。	第三十一条 使用注册商标,其商品粗制滥造,以次充好,欺骗消费者的,由各级工商行政管理部门分别不同情况,责令限期改正,并可以予以通报或者处以罚款,或者由商标局撤销其注册商标。	第四十五条 使用注册商标,其商品粗制滥造,以次充好,欺骗消费者的,由各级工商行政管理部门分别不同情况,责令限期改正,并可以予以通报或者处以罚款,或者由商标局撤销其注册商标。		
第三十二条 注册商标被撤销的或者期满不再续展的,自撤销或者注册之日起一年内,商标局对与该商标相同或者近似的商标注册申请,不予核准。	第三十二条 注册商标被撤销的或者期满不再续展的,自撤销或者注册之日起一年内,商标局对与该商标相同或者近似的商标注册申请,不予核准。	第四十六条 注册商标被撤销的或者期满不再续展的,自撤销或者注册之日起一年内,商标局对与该商标相同或者近似的商标注册申请,不予核准。	第五十条 注册商标被撤销、被宣告无效或者期满不再续展的,自撤销、宣告无效或者注销之日起一年内,商标局对与该商标相同或者近似的商标注册申请,不予核准。	第五十条 注册商标被撤销、被宣告无效或者期满不再续展的,自撤销、宣告无效或者注销之日起一年内,商标局对与该商标相同或者近似的商标注册申请,不予核准。
第三十三条 违反本法第五条规定的,由地方工商行政管理部门责令限期申请注册,可以并处罚款。	第三十三条 违反本法第五条规定的,由地方工商行政管理部门责令限期申请注册,可以并处罚款。	第四十七条 违反本法第六条规定的,由地方工商行政管理部门责令限期申请注册,可以并处罚款。	第五十一条 违反本法第六条规定的,由地方工商行政管理部门责令限期申请注册,违法经营额五万元以上的,可以处违法经营额百分之二十以下的罚款,没有违法经营额或者违法经营额不足五万元的,可以处一万元以下的罚款。	第五十一条 违反本法第六条规定的,由地方工商行政管理部门责令限期申请注册,违法经营额五万元以上的,可以处违法经营额百分之二十以下的罚款,没有违法经营额或者违法经营额不足五万元的,可以处一万元以下的罚款。

续表

1982 年《商标法》 1983 年 3 月 1 日起施行	1993 年《商标法》 1993 年 2 月 22 日起第一次修正	2001 年《商标法》 2001 年 10 月 27 日第二次修正	2013 年《商标法》 2013 年 8 月 30 日第三次修正	2019 年《商标法》 2019 年 4 月 23 日第四次修正
第三十四条 使用未注册商标，有下列行为之一的，由地方工商行政管理部门予以制止，限期改正，并可以予以通报或者处以罚款：（1）冒充注册商标的；（2）违反本法第八条规定的；（3）粗制滥造，以次充好，欺骗消费者的。	第三十四条 使用未注册商标，有下列行为之一的，由地方工商行政管理部门予以制止，限期改正，并可以予以通报或者处以罚款：（1）冒充注册商标的；（2）违反本法第八条规定的；（3）粗制滥造，以次充好，欺骗消费者的。	第四十八条 使用未注册商标，有下列行为之一的，由地方工商行政管理部门予以制止，限期改正，并可以予以通报或者处以罚款：（一）冒充注册商标的；（二）违反本法第十条规定的；（三）粗制滥造，以次充好，欺骗消费者的。	第五十二条 将未注册商标冒充注册商标使用的，或者使用未注册商标违反本法第十条规定的，由地方工商行政管理部门予以制止，限期改正，并可以予以通报，违法经营额五万元以上的，可以处违法经营额百分之二十以下的罚款，没有违法经营额或者违法经营额不足五万元的，可以处一万元以下的罚款。	第五十二条 将未注册商标冒充注册商标使用的，或者使用未注册商标违反本法第十条规定的，由地方工商行政管理部门予以制止，限期改正，并可以予以通报，违法经营额五万元以上的，可以处违法经营额百分之二十以下的罚款，没有违法经营额或者违法经营额不足五万元的，可以处一万元以下的罚款。
			第五十三条 违反本法第五十四条规定的，由地方工商行政管理部门责令改正，处十万元以下罚款。	第五十三条 违反本法第五十四条规定的，由地方工商行政管理部门责令改正，处十万元以下罚款。
第三十五条 对商标局驳回注册商标的决定，当事人不服的，可以在收到通知十五天内申请复审，由商标评审委员会作出终局决定，并书面通知申请人。	第三十五条 对商标局驳回注册商标的决定，当事人不服的，可以在收到通知十五天内申请复审，由商标评审委员会作出终局决定，并书面通知申请人。	第四十九条 对商标局驳回注册商标的决定，当事人不服的，可以自收到通知之日起十五日内向商标评审委员会申请复审，由商标评审委员会作出决定，并书面通知申请人。当事人对商标评审委员会的决定不服的，可以自收到通知之日起三十日内向人民法院起诉。	第五十四条 对商标局撤销或者不予撤销注册商标的决定，当事人不服的，可以自收到通知之日起十五日内向商标评审委员会申请复审。商标评审委员会应当自收到申请之日起九个月内作出决定，并书面通知当事人。有特殊情况需要延长的，经国务院工商行政管理部门批准，可以延长三个月。当事人对商标评审委员会的决定不服的，可以自收到通知之日起三十日内向人民法院起诉。	第五十四条 对商标局撤销或者不予撤销注册商标的决定，当事人不服的，可以自收到通知之日起十五日内向商标评审委员会申请复审。商标评审委员会应当自收到申请之日起九个月内作出决定，并书面通知当事人。有特殊情况需要延长的，经国务院工商行政管理部门批准，可以延长三个月。当事人对商标评审委员会的决定不服的，可以自收到通知之日起三十日内向人民法院起诉。

续表

1982年《商标法》1983年3月1日起施行	1993年《商标法》1993年2月22日第一次修正	2001年《商标法》2001年10月27日第二次修正	2013年《商标法》2013年8月30日第三次修正	2019年《商标法》2019年4月23日第四次修正
			第五十五条 法定期限届满，当事人对商标局作出的撤销注册商标的决定不申请复审或者对商标评审委员会作出的复审决定不向人民法院起诉的，撤销注册商标的决定、复审决定生效。 被撤销的注册商标，由商标局予以公告，该注册商标专用权自公告之日起终止。	第五十五条 法定期限届满，当事人对商标局作出的撤销注册商标的决定不申请复审或者对商标评审委员会作出的复审决定不向人民法院起诉的，撤销注册商标的决定、复审决定生效。 被撤销的注册商标，由商标局予以公告，该注册商标专用权自公告之日起终止。
第三十六条 对工商行政管理部门根据本法第三十一条、第三十三条、第三十四条的规定作出的罚款决定，当事人不服的，可以在收到通知十五天内，向人民法院起诉；期满不起诉又不履行的，由有关工商行政管理部门申请人民法院强制执行。	第三十六条 对工商行政管理部门根据本法第三十一条、第三十三条、第三十四条的规定作出的罚款决定，当事人不服的，可以在收到通知十五天内，向人民法院起诉；期满不起诉又不履行的，由有关工商行政管理部门申请人民法院强制执行。	第五十条 对工商行政管理部门根据本法第四十五条、第四十八条的规定作出的罚款决定，当事人不服的，可以自收到通知之日起十五日内，向人民法院起诉；期满不起诉又不履行的，由有关工商行政管理部门申请人民法院强制执行。		
第七章 注册商标专用权的保护	第七章 注册商标专用权的保护	第七章 注册商标专用权的保护	第七章 注册商标专用权的保护	第七章 注册商标专用权的保护
第三十七条 注册商标的专用权，以核准注册的商标和核定使用的商品为限。	第三十七条 注册商标的专用权，以核准注册的商标和核定使用的商品为限。	第五十一条 注册商标的专用权，以核准注册的商标和核定使用的商品为限。	第五十六条 注册商标的专用权，以核准注册的商标和核定使用的商品为限。	第五十六条 注册商标的专用权，以核准注册的商标和核定使用的商品为限。

续表

1982 年《商标法》 1983 年 3 月 1 日起施行	1993 年《商标法》 1993 年 2 月 22 日第一次修正	2001 年《商标法》 2001 年 10 月 27 日第二次修正	2013 年《商标法》 2013 年 8 月 30 日第三次修正	2019 年《商标法》 2019 年 4 月 23 日第四次修正
第三十八条 有下列行为之一的，均属侵犯注册商标专用权： （1）未经注册商标所有人的许可，在同一种商品或者类似商品上使用与其注册商标相同或者近似的商标的； （2）擅自制造或者销售他人注册商标的； （3）给他人的注册商标专用权造成其他损害的。	第三十八条 有下列行为之一的，均属侵犯注册商标专用权： （1）未经注册商标所有人的许可，在同一种商品或者类似商品上使用与其注册商标相同或者近似的商标的； （2）**销售明知是假冒注册商标的商品的；** （3）**伪造、擅自制造他人注册商标标识或者销售伪造、擅自制造的注册商标标识的；** （4）给他人的注册商标专用权造成其他损害的。	第五十二条 有下列行为之一的，均属侵犯注册商标专用权： （一）未经商标注册人的许可，在同一种商品或者类似商品上使用与其注册商标相同或者近似的商标的； （二）销售侵犯注册商标专用权的商品的； （三）伪造、擅自制造他人注册商标标识或者销售伪造、擅自制造的注册商标标识的； （四）**未经商标注册人同意，更换其注册商标并将该更换商标的商品又投入市场的；** （五）给他人的注册商标专用权造成其他损害的。	第五十七条 有下列行为之一的，均属侵犯注册商标专用权： （一）未经商标注册人的许可，在同一种商品上使用与其注册商标相同的商标的； （二）未经商标注册人的许可，在同一种商品上使用与其注册商标近似的商标，或者在类似商品上使用与其注册商标相同或者近似的商标，容易导致混淆的； （三）销售侵犯注册商标专用权的商品的； （四）伪造、擅自制造他人注册商标标识或者销售伪造、擅自制造的注册商标标识的； （五）未经商标注册人同意，更换其注册商标并将该更换商标的商品又投入市场的； （六）**故意为侵犯他人商标专用权行为提供便利条件，帮助他人实施侵犯商标专用权行为的；** （七）给他人的注册商标专用权造成其他损害的。	第五十七条 有下列行为之一的，均属侵犯注册商标专用权： （一）未经商标注册人的许可，在同一种商品上使用与其注册商标相同的商标的； （二）未经商标注册人的许可，在同一种商品上使用与其注册商标近似的商标，或者在类似商品上使用与其注册商标相同或者近似的商标，容易导致混淆的； （三）销售侵犯注册商标专用权的商品的； （四）伪造、擅自制造他人注册商标标识或者销售伪造、擅自制造的注册商标标识的； （五）未经商标注册人同意，更换其注册商标并将该更换商标的商品又投入市场的； （六）故意为侵犯他人商标专用权行为提供便利条件，帮助他人实施侵犯商标专用权行为的； （七）给他人的注册商标专用权造成其他损害的。

续表

1982 年《商标法》 1983 年 3 月 1 日起施行	1993 年《商标法》 1993 年 2 月 22 日第一次修正	2001 年《商标法》 2001 年 10 月 27 日第二次修正	2013 年《商标法》 2013 年 8 月 30 日第三次修正	2019 年《商标法》 2019 年 4 月 23 日第四次修正
			第五十八条 将他人注册商标、未注册的驰名商标作为企业名称中的字号使用，误导公众，构成不正当竞争行为的，依照《中华人民共和国反不正当竞争法》处理。	第五十八条 将他人注册商标、未注册的驰名商标作为企业名称中的字号使用，误导公众，构成不正当竞争行为的，依照《中华人民共和国反不正当竞争法》处理。
			第五十九条 注册商标中含有的本商品的通用名称、图形、型号，或者直接表示商品的质量、主要原料、功能、用途、重量、数量及其他特点，或者含有的地名，注册商标专用权人无权禁止他人正当使用。 三维标志注册商标中含有的商品自身的性质产生的形状、为获得技术效果而需有的商品形状或者使商品具有实质性价值的形状，注册商标专用权人无权禁止他人正当使用。 商标注册人申请商标注册前，他人已经在同一种商品或者类似商品上先于商标注册人使用与注册商标相同或者近似并有一定影响的商标的，注册商标专用权人无权禁止该使用人在原使用范围内继续使用该商标，但可以要求其附加适当区别标识。	第五十九条 注册商标中含有的本商品的通用名称、图形、型号，或者直接表示商品的质量、主要原料、功能、用途、重量、数量及其他特点，或者含有的地名，注册商标专用权人无权禁止他人正当使用。 三维标志注册商标中含有的商品自身的性质产生的形状、为获得技术效果而需有的商品形状或者使商品具有实质性价值的形状，注册商标专用权人无权禁止他人正当使用。 商标注册人申请商标注册前，他人已经在同一种商品或者类似商品上先于商标注册人使用与注册商标相同或者近似并有一定影响的商标的，注册商标专用权人无权禁止该使用人在原使用范围内继续使用该商标，但可以要求其附加适当区别标识。

续表

1982 年《商标法》 1983 年 3 月 1 日起施行	1993 年《商标法》第一次修正 1993 年 2 月 22 日第一次修正	2001 年《商标法》第二次修正 2001 年 10 月 27 日	2013 年《商标法》第三次修正 2013 年 8 月 30 日	2019 年《商标法》第四次修正 2019 年 4 月 23 日第四次修正
第三十九条　有本法第三十八条所列侵犯注册商标专用权行为之一的，被侵权人可以向侵权人所在地县级以上工商行政管理部门要求处理。有关工商行政管理部门有权责令侵权人立即停止侵权行为，赔偿被侵权人的损失，赔偿额为侵权人在侵权期间因侵权所获得的利润或者被侵权人在被侵权期间因被侵权所受到的损失。对情节严重的，可以并处罚款。当事人对处理决定不服的，可以在收到通知十五天内，向人民法院起诉；期满不起诉又不履行的，由有关工商行政管理部门申请人民法院强制执行。对侵犯注册商标专用权的，被侵权人也可以直接向人民法院起诉。	第三十九条　有本法第三十八条所列侵犯注册商标专用权行为之一的，被侵权人可以向侵权人所在地县级以上工商行政管理部门要求处理。有关工商行政管理部门有权责令侵权人立即停止侵权行为，赔偿被侵权人的损失，赔偿额为侵权人在侵权期间因侵权所获得的利润或者被侵权人在被侵权期间因被侵权所受到的损失。侵犯注册商标专用权，未构成犯罪的，可以并处罚款。当事人对工商行政管理部门处理决定不服的，可以在收到通知十五天内，向人民法院起诉；期满不起诉又不履行的，由有关工商行政管理部门申请人民法院强制执行。对侵权人也可以直接向人民法院起诉。（该条第一句有关赔偿的规定后被 2001 年版第五十六条吸收调整）	第五十三条　有本法第五十二条所列侵犯注册商标专用权行为之一，引起纠纷的，由当事人协商解决；不愿协商或者协商不成的，商标注册人或者利害关系人可以向人民法院起诉，也可以请求工商行政管理部门处理。工商行政管理部门处理时，认定侵权行为成立的，责令立即停止侵权行为，没收、销毁侵权商品和专门用于制造侵权商品、伪造注册商标标识的工具，并可以处罚款。当事人对处理决定不服的，可以自收到处理通知之日起十五日内依照《中华人民共和国行政诉讼法》向人民法院起诉；侵权人期满不起诉又不履行的，工商行政管理部门可以申请人民法院强制执行。进行处理的工商行政管理部门根据当事人的请求，可以就侵犯商标专用权的赔偿数额进行调解；调解不成的，当事人可以依照《中华人民共和国民事诉讼法》向人民法院起诉。	第六十条　有本法第五十七条所列侵犯注册商标专用权行为之一，引起纠纷的，由当事人协商解决；不愿协商或者协商不成的，商标注册人或者利害关系人可以向人民法院起诉，也可以请求工商行政管理部门处理。工商行政管理部门处理时，认定侵权行为成立的，责令立即停止侵权行为，没收、销毁侵权商品和主要用于制造侵权商品、伪造注册商标标识的工具，违法经营额五万元以上的，可以处违法经营额五倍以下的罚款，没有违法经营额或者违法经营额不足五万元的，可以处二十五万元以下的罚款。对五年内实施两次以上商标侵权行为或者有其他严重情节的，应当从重处罚。销售不知道是侵犯注册商标专用权的商品，能证明该商品是自己合法取得并说明提供者的，由工商行政管理部门责令停止销售。对侵犯商标专用权的赔偿数额的争议，当事人可以请求进行处理的工商行政管理部门调解，也可以依照《中华人民共和国民事诉讼法》向人民法院起诉。经工商行政管理部门调解，当事人未达成协议或者调解书生效后当事人不履行的，当事人可以依照《中华人民共和国民事诉讼法》向人民法院起诉。	第六十条　有本法第五十七条所列侵犯注册商标专用权行为之一，引起纠纷的，由当事人协商解决；不愿协商或者协商不成的，商标注册人或者利害关系人可以向人民法院起诉，也可以请求工商行政管理部门处理。工商行政管理部门处理时，认定侵权行为成立的，责令立即停止侵权行为，没收、销毁侵权商品和主要用于制造侵权商品、伪造注册商标标识的工具，违法经营额五万元以上的，可以处违法经营额五倍以下的罚款，没有违法经营额或者违法经营额不足五万元的，可以处二十五万元以下的罚款。对五年内实施两次以上商标侵权行为或者有其他严重情节的，应当从重处罚。销售不知道是侵犯注册商标专用权的商品，能证明该商品是自己合法取得并说明提供者的，由工商行政管理部门责令停止销售。对侵犯商标专用权的赔偿数额的争议，当事人可以请求进行处理的工商行政管理部门调解，也可以依照《中华人民共和国民事诉讼法》向人民法院起诉。经工商行政管理部门调解，当事人未达成协议或者调解书生效后当事人不履行的，当事人可以依照《中华人民共和国民事诉讼法》向人民法院起诉。

续表

1982 年《商标法》1983 年 3 月 1 日起施行	1993 年《商标法》1993 年 2 月 22 日第一次修正	2001 年《商标法》2001 年 10 月 27 日第二次修正	2013 年《商标法》2013 年 8 月 30 日第三次修正	2019 年《商标法》2019 年 4 月 23 日第四次修正
		第五十四条　对侵犯注册商标专用权的行为，工商行政管理部门有权依法查处；涉嫌犯罪的，应当及时移送司法机关依法处理。	第六十一条　对侵犯注册商标专用权的行为，工商行政管理部门有权依法查处；涉嫌犯罪的，应当及时移送司法机关依法处理。	第六十一条　对侵犯注册商标专用权的行为，工商行政管理部门有权依法查处；涉嫌犯罪的，应当及时移送司法机关依法处理。
		第五十五条　县级以上工商行政管理部门根据已经取得的违法嫌疑证据或者举报，对涉嫌侵犯他人注册商标专用权的行为进行查处时，可以行使下列职权：（一）询问有关当事人，调查与侵犯他人注册商标专用权有关的情况；（二）查阅、复制当事人与侵权活动有关的合同、发票、账簿以及其他有关资料；（三）对当事人涉嫌从事侵犯他人注册商标专用权活动的场所实施现场检查；（四）检查与侵权活动有关的物品；对有证据证明是侵犯他人注册商标专用权的物品，可以查封或者扣押。工商行政管理部门依法行使前款规定的职权时，当事人应当予以协助、配合，不得拒绝、阻挠。	第六十二条　县级以上工商行政管理部门根据已经取得的违法嫌疑证据或者举报，对涉嫌侵犯他人注册商标专用权的行为进行查处时，可以行使下列职权：（一）询问有关当事人，调查与侵犯他人注册商标专用权有关的情况；（二）查阅、复制当事人与侵权活动有关的合同、发票、账簿以及其他有关资料；（三）对当事人涉嫌从事侵犯他人注册商标专用权活动的场所实施现场检查；（四）检查与侵权活动有关的物品；对有证据证明是侵犯他人注册商标专用权的物品，可以查封或者扣押。工商行政管理部门依法行使前款规定的职权时，当事人应当予以协助、配合，不得拒绝、阻挠。在查处商标侵权案件过程中，对商标权属存在争议或者权利人同时向人民法院提起商标侵权诉讼的，工商行政管理部门可以中止案件的查处。中止原因消除后，应当恢复或者终结案件查处程序。	第六十二条　县级以上工商行政管理部门根据已经取得的违法嫌疑证据或者举报，对涉嫌侵犯他人注册商标专用权的行为进行查处时，可以行使下列职权：（一）询问有关当事人，调查与侵权有关的情况；（二）查阅、复制当事人与侵权活动有关的合同、发票、账簿以及其他有关资料；（三）对当事人涉嫌从事侵犯他人注册商标专用权活动的场所实施现场检查；（四）检查与侵权活动有关的物品；对有证据证明是侵犯他人注册商标专用权的物品，可以查封或者扣押。工商行政管理部门依法行使前款规定的职权时，当事人应当予以协助、配合，不得拒绝、阻挠。在查处商标侵权案件过程中，对商标权属存在争议或者权利人同时向人民法院提起商标侵权诉讼的，工商行政管理部门可以中止案件的查处。中止原因消除后，应当恢复或者终结案件查处程序。

续表

1982 年《商标法》 1983 年 3 月 1 日起施行	1993 年《商标法》第一次修正 1993 年 2 月 22 日	2001 年《商标法》第二次修正 2001 年 10 月 27 日	2013 年《商标法》第三次修正 2013 年 8 月 30 日	2019 年《商标法》第四次修正 2019 年 4 月 23 日
	第三十九条（第一句）有本法第三十八条所列侵权行为之一的，被侵权人可以向县级以上工商行政管理部门要求处理，有关工商行政管理部门有权责令侵权人立即停止侵权行为，赔偿被侵权人的损失，赔偿额为侵权人在侵权期间因侵权所获得的利润或者因被侵权人在被侵权期间因被侵权所受到的损失。	第五十六条　侵犯商标专用权的赔偿数额，为侵权人在侵权期间因侵权所获得的利益，或者被侵权人在被侵权期间因被侵权所受到的损失，包括被侵权人为制止侵权行为所支付的合理开支。前款所称侵权人因侵权所得利益，或者被侵权人因被侵权所受损失难以确定的，由人民法院根据侵权行为的情节判决给予五十万元以下的赔偿。销售不知道是侵犯注册商标专用权的商品，能证明该商品是自己合法取得的并说明提供者的，不承担赔偿责任。（该条第三款后被 2013 年版第六十四条吸收）	第六十三条　侵犯商标专用权的赔偿数额，按照权利人因被侵权所受到的实际损失确定；实际损失难以确定的，可以按照侵权人因侵权所获得的利益确定；权利人的损失或者侵权人获得的利益难以确定的，参照该商标许可使用费的倍数合理确定。对恶意侵犯商标专用权，情节严重的，可以在按照上述方法确定数额的一倍以上三倍以下确定赔偿数额。赔偿数额应当包括权利人为制止侵权行为所支付的合理开支。人民法院为确定赔偿数额，在权利人已经尽力举证，而与侵权行为相关的账簿、资料主要由侵权人掌握的情况下，可以责令侵权人提供与侵权行为相关的账簿、资料；侵权人不提供或者提供虚假的账簿、资料的，人民法院可以参考权利人的主张和提供的证据判定赔偿数额。权利人因被侵权所受到的实际损失、侵权人因侵权所获得的利益、注册商标使用许可费难以确定的，由人民法院根据侵权行为的情节判决给予三百万元以下的赔偿。	第六十三条　侵犯商标专用权的赔偿数额，按照权利人因被侵权所受到的实际损失确定；实际损失难以确定的，可以按照侵权人因侵权所获得的利益确定；权利人的损失或者侵权人获得的利益难以确定的，参照该商标许可使用费的倍数合理确定。对恶意侵犯商标专用权，情节严重的，可以在按照上述方法确定数额的一倍以上五倍以下确定赔偿数额。赔偿数额应当包括权利人为制止侵权行为所支付的合理开支。人民法院为确定赔偿数额，在权利人已经尽力举证，而与侵权行为相关的账簿、资料主要由侵权人掌握的情况下，可以责令侵权人提供与侵权行为相关的账簿、资料；侵权人不提供或者提供虚假的账簿、资料的，人民法院可以参考权利人的主张和提供的证据判定赔偿数额。权利人因被侵权所受到的实际损失、侵权人因侵权所获得的利益、注册商标使用许可费难以确定的，由人民法院根据侵权行为的情节判决给予五百万元以下的赔偿。

续表

1982年《商标法》1983年3月1日起施行	1993年《商标法》1993年2月22日第一次修正	2001年《商标法》2001年10月27日第二次修正	2013年《商标法》2013年8月30日第三次修正	2019年《商标法》2019年4月23日第四次修正
				人民法院审理商标纠纷案件，应权利人请求，对属于假冒注册商标的商品，除特殊情况外，责令销毁；对主要用于制造假冒注册商标的商品的材料、工具，责令销毁，且不予补偿；或者在特殊情况下，责令禁止前述材料、工具进入商业渠道，且不予补偿。假冒注册商标的商品不得在仅去除假冒注册商标后进入商业渠道。
		五十六条（第三款）销售不知道是侵犯注册商标专用权的商品，能证明该商品是自己合法取得的并说明提供者的，不承担赔偿责任。	第六十四条 注册商标专用权人请求赔偿，被控侵权人以注册商标专用权人未使用注册商标提出抗辩的，人民法院可以要求注册商标专用权人提供此前三年内实际使用该注册商标的证据。注册商标专用权人不能证明此前三年内曾经实际使用过该注册商标，也不能证明因侵权行为受到其他损失的，被控侵权人不承担赔偿责任。销售不知道是侵犯注册商标专用权的商品，能证明该商品是自己合法取得并说明提供者的，不承担赔偿责任。	第六十四条 注册商标专用权人请求赔偿，被控侵权人以注册商标专用权人未使用注册商标提出抗辩的，人民法院可以要求注册商标专用权人提供此前三年内实际使用该注册商标的证据。注册商标专用权人不能证明此前三年内曾经实际使用过该注册商标，也不能证明因侵权行为受到其他损失的，被控侵权人不承担赔偿责任。销售不知道是侵犯注册商标专用权的商品，能证明该商品是自己合法取得并说明提供者的，不承担赔偿责任。

续表

第三部分 附表 II 853

1982年《商标法》1983年3月1日起施行	1993年《商标法》1993年2月22日第一次修正	2001年《商标法》2001年10月27日第二次修正	2013年《商标法》2013年8月30日第三次修正	2019年《商标法》2019年4月23日第四次修正
		第五十七条 商标注册人或者利害关系人有证据证明他人正在实施或者即将实施侵犯其注册商标专用权的行为，如不及时制止，将会使其合法权益受到难以弥补的损害的，可以在起诉前向人民法院申请采取责令停止有关行为和财产保全的措施。 人民法院处理前款申请，适用《中华人民共和国民事诉讼法》第九十三条至第九十六条的规定。	第六十五条 商标注册人或者利害关系人有证据证明他人正在实施或者即将实施侵犯其注册商标专用权的行为，如不及时制止将会使其合法权益受到难以弥补的损害的，可以依法在起诉前向人民法院申请采取责令停止有关行为和财产保全的措施。	第六十五条 商标注册人或者利害关系人有证据证明他人正在实施或者即将实施侵犯其注册商标专用权的行为，如不及时制止将会使其合法权益受到难以弥补的损害的，可以依法在起诉前向人民法院申请采取责令停止有关行为和财产保全的措施。
		第五十八条 为制止侵权行为，在证据可能灭失或者以后难以取得的情况下，商标注册人或者利害关系人可以在起诉前向人民法院申请保全证据。 人民法院接受申请后，必须在四十八小时内作出裁定；裁定采取保全措施的，应当立即开始执行。 人民法院可以责令申请人提供担保，申请人不提供担保的，驳回申请。 申请人在人民法院采取保全措施后十五日内不起诉的，人民法院应当解除保全措施。	第六十六条 为制止侵权行为，在证据可能灭失或者以后难以取得的情况下，商标注册人或者利害关系人可以依法在起诉前向人民法院申请保全证据。	第六十六条 为制止侵权行为，在证据可能灭失或者以后难以取得的情况下，商标注册人或者利害关系人可以依法在起诉前向人民法院申请保全证据。

续表

1982年《商标法》1983年3月1日起施行	1993年《商标法》1993年2月22日第一次修正	2001年《商标法》2001年10月27日第二次修正	2013年《商标法》2013年8月30日第三次修正	2019年《商标法》2019年4月23日第四次修正
第四十条 假冒他人注册商标，包括自擅自制造或者销售他人注册商标标识的，除赔偿被侵权人的损失，可以并处罚款外，对直接责任人员由司法机关依法追究刑事责任。	第四十条 假冒他人注册商标，构成犯罪的，除赔偿被侵权人的损失外，依法追究刑事责任。 伪造、擅自制造他人注册商标标识或者销售伪造、擅自制造的注册商标标识，构成犯罪的，除赔偿被侵权人的损失外，依法追究刑事责任。 销售明知是假冒注册商标的商品，构成犯罪的，除赔偿被侵权人的损失外，依法追究刑事责任。	第五十九条 未经商标注册人许可，在同一种商品上使用与其注册商标相同的商标，构成犯罪的，除赔偿被侵权人的损失外，依法追究刑事责任。 伪造、擅自制造他人注册商标标识或者销售伪造、擅自制造的注册商标标识，构成犯罪的，除赔偿被侵权人的损失外，依法追究刑事责任。 销售明知是假冒注册商标的商品，构成犯罪的，除赔偿被侵权人的损失外，依法追究刑事责任。	第六十七条 未经商标注册人许可，在同一种商品上使用与其注册商标相同的商标，构成犯罪的，除赔偿被侵权人的损失外，依法追究刑事责任。 伪造、擅自制造他人注册商标标识或者销售伪造、擅自制造的注册商标标识，构成犯罪的，除赔偿被侵权人的损失外，依法追究刑事责任。 销售明知是假冒注册商标的商品，构成犯罪的，除赔偿被侵权人的损失外，依法追究刑事责任。	第六十七条 未经商标注册人许可，在同一种商品上使用与其注册商标相同的商标，构成犯罪的，除赔偿被侵权人的损失外，依法追究刑事责任。 伪造、擅自制造他人注册商标标识或者销售伪造、擅自制造的注册商标标识，构成犯罪的，除赔偿被侵权人的损失外，依法追究刑事责任。 销售明知是假冒注册商标的商品，构成犯罪的，除赔偿被侵权人的损失外，依法追究刑事责任。
			第六十八条 商标代理机构有下列行为之一的，由工商行政管理部门责令限期改正，给予警告，处一万元以上十万元以下的罚款；对直接负责的主管人员和其他直接责任人员给予警告，处五千元以上五万元以下的罚款；构成犯罪的，依法追究刑事责任：	第六十八条 商标代理机构有下列行为之一的，由工商行政管理部门责令限期改正，给予警告，处一万元以上十万元以下的罚款；对直接负责的主管人员和其他直接责任人员给予警告，处五千元以上五万元以下的罚款；构成犯罪的，依法追究刑事责任：

续表

1982年《商标法》1983年3月1日起施行	1993年《商标法》1993年2月22日第一次修正	2001年《商标法》2001年10月27日第二次修正	2013年《商标法》2013年8月30日第三次修正	2019年《商标法》2019年4月23日第四次修正
			（一）办理商标事宜过程中，伪造、变造或者使用伪造、变造的法律文件、印章、签名的； （二）以诋毁其他商标代理机构等手段招徕商标代理业务或者以其他不正当手段扰乱商标代理市场秩序的。 （三）违反本法第十九条第三款、第四款规定的。 商标代理机构有前款规定行为的，由工商行政管理部门记入信用档案；情节严重的，商标局、商标评审委员会并可以决定停止受理其办理商标代理业务，予以公告。 商标代理机构违反诚实信用原则，侵害委托人合法权益的，应当依法承担民事责任，并由商标代理行业组织按照章程规定予以惩戒。	（一）办理商标事宜过程中，伪造、变造或者使用伪造、变造的法律文件、印章、签名的； （二）以诋毁其他商标代理机构等手段招徕商标代理业务或者以其他不正当手段扰乱商标代理市场秩序的； （三）违反本法第四条、第十九条第三款和第四款规定的； 商标代理机构有前款规定行为的，由工商行政管理部门记入信用档案；情节严重的，商标局、商标评审委员会并可以决定停止受理其办理商标代理业务，予以公告。 商标代理机构违反诚实信用原则，侵害委托人合法权益的，应当依法承担民事责任，并由商标代理行业组织按照章程规定予以惩戒。 对恶意申请商标注册的，根据情节给予警告、罚款等行政处罚；对恶意提起商标诉讼的，由人民法院依法给予处罚。

续表

1982年《商标法》1983年3月1日起施行	1993年《商标法》1993年2月22日第一次修正	2001年《商标法》2001年10月27日第二次修正	2013年《商标法》2013年8月30日第三次修正	2019年《商标法》2019年4月23日第四次修正
		第六十条　从事商标注册、管理和复审工作的国家机关工作人员必须秉公执法，廉洁自律，忠于职守，文明服务。 商标局、商标评审委员会以及从事商标注册、管理和复审工作的国家机关工作人员不得从事商标代理业务和商品生产经营活动。	第六十九条　从事商标注册、管理和复审工作的国家机关工作人员必须秉公执法，廉洁自律，忠于职守，文明服务。 商标局、商标评审委员会以及从事商标注册、管理和复审工作的国家机关工作人员不得从事商标代理业务和商品生产经营活动。	第六十九条　从事商标注册、管理和复审工作的国家机关工作人员必须秉公执法，廉洁自律，忠于职守，文明服务。 商标局、商标评审委员会以及从事商标注册、管理和复审工作的国家机关工作人员不得从事商标代理业务和商品生产经营活动。
		第六十一条　工商行政管理部门应当建立健全内部监督制度，对负责商标注册、管理和复审工作的国家机关工作人员执行法律、行政法规和遵守纪律的情况，进行监督检查。	第七十条　工商行政管理部门应当建立健全内部监督制度，对负责商标注册、管理和复审工作的国家机关工作人员执行法律、行政法规和遵守纪律的情况，进行监督检查。	第七十条　工商行政管理部门应当建立健全内部监督制度，对负责商标注册、管理和复审工作的国家机关工作人员执行法律、行政法规和遵守纪律的情况，进行监督检查。
		第六十二条　从事商标注册、管理和复审工作的国家机关工作人员玩忽职守、滥用职权、徇私舞弊，违法办理商标注册、管理和复审事项，收受当事人财物，牟取不正当利益，构成犯罪的，依法追究刑事责任；尚不构成犯罪的，依法给予行政处分。	第七十一条　从事商标注册、管理和复审工作的国家机关工作人员玩忽职守、滥用职权、徇私舞弊，违法办理商标注册、管理和复审事项，收受当事人财物，牟取不正当利益，构成犯罪的，依法追究刑事责任；尚不构成犯罪的，依法给予处分。	第七十一条　从事商标注册、管理和复审工作的国家机关工作人员玩忽职守、滥用职权、徇私舞弊，违法办理商标注册、管理和复审事项，收受当事人财物，牟取不正当利益，构成犯罪的，依法追究刑事责任；尚不构成犯罪的，依法给予处分。

续表

1982 年《商标法》	1993 年《商标法》	2001 年《商标法》	2013 年《商标法》	2019 年《商标法》
1983 年 3 月 1 日起施行	1993 年 2 月 22 日第一次修正	2001 年 10 月 27 日第二次修正	2013 年 8 月 30 日第三次修正	2019 年 4 月 23 日第四次修正
第八章　附则	**第八章　附则**	**第八章　附则**	**第八章　附则**	**第八章　附则**
第四十一条　申请商标注册和办理其他商标事宜的，应当缴纳费用，具体收费标准另定。	第四十一条　申请商标注册和办理其他商标事宜的，应当缴纳费用，具体收费标准另定。	第六十三条　申请商标注册和办理其他商标事宜的，应当缴纳费用，具体收费标准另定。	第七十二条　申请商标注册和办理其他商标事宜的，应当缴纳费用，具体收费标准另定。	第七十二条　申请商标注册和办理其他商标事宜的，应当缴纳费用，具体收费标准另定。
	第四十二条　本法的实施细则，由国务院工商行政管理部门制定，报国务院批准施行。			
第四十二条　本法的实施细则，由国务院工商行政管理部门制定，报国务院批准施行。	第四十三条　本法自 1983 年 3 月 1 日起施行。1963 年 4 月 10 日国务院公布的《商标管理条例》同时废止；其他有关商标管理的规定，凡与本法抵触的，同时失效。本法施行以前已经注册的商标继续有效。	第六十四条　本法自 1983 年 3 月 1 日起施行。1963 年 4 月 10 日国务院公布的《商标管理条例》同时废止；其他有关商标管理的规定，凡与本法抵触的，同时失效。本法施行前已经注册的商标继续有效。	第七十三条　本法自 1983 年 3 月 1 日起施行。1963 年 4 月 10 日国务院公布的《商标管理条例》同时废止；其他有关商标管理的规定，凡与本法抵触的，同时失效。本法施行前已经注册的商标继续有效。	第七十三条　本法自 1983 年 3 月 1 日起施行。1963 年 4 月 10 日国务院公布的《商标管理条例》同时废止；其他有关商标管理的规定，凡与本法抵触的，同时失效。本法施行前已经注册的商标继续有效。
第四十三条　本法自 1983 年 3 月 1 日起施行。1963 年 4 月 10 日国务院公布的《商标管理条例》同时废止；其他有关商标管理的规定，凡与本法抵触的，同时失效。本法施行以前已经注册的商标继续有效。				

附表 2 《中华人民共和国反不正当竞争法》修正对照表

使用说明：①每个版本相对于其左侧一列的版本为"新法"，相对于其右侧一列的版本为"旧法"；②每个版本与其相邻的新、旧法进行比对，并对有关变化作出标记，旧法相对于新法增加/变更的部分用黑体加粗，旧法相对于新法删减/被变更部分用斜体并加下划线，新法相对于旧法增加/变更的部分加粗并加下划线；个别文字未变，但整体叙述方式变动的，整体标注。

1993 年《反不正当竞争法》 1993 年 12 月 1 日起施行	2018 年《反不正当竞争法》 2017 年 11 月 4 日第一次修正	2019 年《反不正当竞争法》 2019 年 4 月 23 日第二次修正
第一章 总 则	第一章 总 则	第一章 总 则
第一条 为保障社会主义市场经济健康发展，鼓励和保护公平竞争，制止不正当竞争行为，保护经营者和消费者的合法权益，制定本法。	第一条 为了促进社会主义市场经济健康发展，鼓励和保护公平竞争，制止不正当竞争行为，保护经营者和消费者的合法权益，制定本法。	第一条 为了促进社会主义市场经济健康发展，鼓励和保护公平竞争，制止不正当竞争行为，保护经营者和消费者的合法权益，制定本法。
第二条 经营者在市场交易中，应当遵循自愿、平等、公平、诚实信用的原则，遵守公认的商业道德。 本法所称的不正当竞争，是指经营者违反本法规定，损害其他经营者的合法权益，扰乱社会经济秩序的行为。 本法所称的经营者，是指从事商品经营或者营利性服务（以下所称商品包括服务）的法人、其他经济组织和个人。	第二条 经营者在生产经营活动中，应当遵循自愿、平等、公平、诚信的原则，遵守法律和商业道德。 本法所称的不正当竞争行为，是指经营者在生产经营活动中，违反本法规定，扰乱市场竞争秩序，损害其他经营者或者消费者的合法权益的行为。 本法所称的经营者，是指从事商品生产、经营或者提供服务（以下所称商品包括服务）的自然人、法人和非法人组织。	第二条 经营者在生产经营活动中，应当遵循自愿、平等、公平、诚信的原则，遵守法律和商业道德。 本法所称的不正当竞争行为，是指经营者在生产经营活动中，违反本法规定，扰乱市场竞争秩序，损害其他经营者或者消费者的合法权益的行为。 本法所称的经营者，是指从事商品生产、经营或者提供服务（以下所称商品包括服务）的自然人、法人和非法人组织。

续表

1993年《反不正当竞争法》 1993年12月1日起施行	2018年《反不正当竞争法》 2017年11月4日第一次修正	2019年《反不正当竞争法》 2019年4月23日第二次修正
第三条　各级人民政府应当采取措施，制止不正当竞争行为，为公平竞争创造良好的环境和条件。 县级以上人民政府工商行政管理部门对不正当竞争行为进行监督检查；法律、行政法规规定由其他部门监督检查的，依照其规定。	第三条　各级人民政府应当采取措施，制止不正当竞争行为，为公平竞争创造良好的环境和条件。 国务院建立反不正当竞争工作协调机制，研究决定反不正当竞争重大政策，协调处理维护市场竞争秩序的重大问题。	第三条　各级人民政府应当采取措施，制止不正当竞争行为，为公平竞争创造良好的环境和条件。 国务院建立反不正当竞争工作协调机制，研究决定反不正当竞争重大政策，协调处理维护市场竞争秩序的重大问题。
第四条　国家鼓励、支持和保护一切组织和个人对不正当竞争行为进行社会监督。 国家机关工作人员不得支持、包庇不正当竞争行为。	第四条　县级以上人民政府履行工商行政管理职责的部门对不正当竞争行为进行查处；法律、行政法规规定由其他部门查处的，依照其规定。	第四条　县级以上人民政府履行工商行政管理职责的部门对不正当竞争行为进行查处；法律、行政法规规定由其他部门查处的，依照其规定。
	第五条　国家鼓励、支持和保护一切组织和个人对不正当竞争行为进行社会监督。 国家机关及其工作人员不得支持、包庇不正当竞争行为。 行业组织应当加强行业自律，引导、规范会员依法竞争，维护市场竞争秩序。	第五条　国家鼓励、支持和保护一切组织和个人对不正当竞争行为进行社会监督。 国家机关及其工作人员不得支持、包庇不正当竞争行为。 行业组织应当加强行业自律，引导、规范会员依法竞争，维护市场竞争秩序。
第二章　不正当竞争行为	第二章　不正当竞争行为	第二章　不正当竞争行为
第五条　经营者不得采用下列不正当手段从事市场交易，损害竞争对手： （一）假冒他人的注册商标； （二）擅自使用知名商品特有的名称、包装、装潢，或者使用与知名商品近似的名称、包装、装潢，造成和他人的知名商品相混淆，使购买者误认为是该知名商品； （三）擅自使用他人的企业名称或者姓名，引人误认为是他人的商品； （四）在商品上伪造或者冒用认证标志、名优标志等质量标志，伪造产地，对商品质量作引人误解的虚假表示。	第六条　经营者不得实施下列混淆行为，引人误认为是他人商品或者与他人存在特定联系： （一）擅自使用与他人有一定影响的商品名称、包装、装潢等相同或者近似的标识； （二）擅自使用他人有一定影响的企业名称（包括简称、字号等）、社会组织名称（包括简称等）、姓名（包括笔名、艺名、译名等）； （三）擅自使用他人有一定影响的域名主体部分、网站名称、网页等； （四）其他足以引人误认为是他人商品或者与他人存在特定联系的混淆行为。	第六条　经营者不得实施下列混淆行为，引人误认为是他人商品或者与他人存在特定联系： （一）擅自使用与他人有一定影响的商品名称、包装、装潢等相同或者近似的标识； （二）擅自使用他人有一定影响的企业名称（包括简称、字号等）、社会组织名称（包括简称等）、姓名（包括笔名、艺名、译名等）； （三）擅自使用他人有一定影响的域名主体部分、网站名称、网页等； （四）其他足以引人误认为是他人商品或者与他人存在特定联系的混淆行为。

1993 年《反不正当竞争法》1993 年 12 月 1 日起施行	2018 年《反不正当竞争法》2017 年 11 月 4 日第一次修正	2019 年《反不正当竞争法》2019 年 4 月 23 日第二次修正
第六条 公用企业或者其他依法具有独占地位的经营者，不得限定他人购买其指定的经营者的商品，以排挤其他经营者的公平竞争。		
第七条 政府及其所属部门不得滥用行政权力，限定他人购买其指定的经营者的商品，限制其他经营者正当的经营活动。 政府及其所属部门不得滥用行政权力，限制外地商品进入本地市场，或者本地商品流向外地市场。		
第八条 经营者不得采用财物或者其他手段进行贿赂以销售或者购买商品。在账外暗中给予对方单位或者个人回扣的，以行贿论处；对方单位或者个人在账外暗中收受回扣的，以受贿论处。 经营者销售或者购买商品，可以以明示方式给对方折扣，可以给中间人佣金。经营者给对方折扣、给中间人佣金的，必须如实入账。接受折扣、佣金的经营者必须如实入账。	第七条 经营者不得采用财物或者其他手段贿赂下列单位或者个人，以谋取交易机会或者竞争优势： （一）交易相对方的工作人员； （二）受交易相对方委托办理相关事务的单位或者个人； （三）利用职权或者影响力影响交易的单位或者个人。 经营者在交易活动中，可以以明示方式向交易相对方支付折扣，或者向中间人支付佣金。经营者向交易相对方支付折扣、向中间人支付佣金的，应当如实入账。接受折扣、佣金的经营者也应当如实入账。 经营者的工作人员进行贿赂的，应当认定为经营者的行为；但是，经营者有证据证明该工作人员的行为与为经营者谋取交易机会或者竞争优势无关的除外。	第七条 经营者不得采用财物或者其他手段贿赂下列单位或者个人，以谋取交易机会或者竞争优势： （一）交易相对方的工作人员； （二）受交易相对方委托办理相关事务的单位或者个人； （三）利用职权或者影响力影响交易的单位或者个人。 经营者在交易活动中，可以以明示方式向交易相对方支付折扣，或者向中间人支付佣金。经营者向交易相对方支付折扣、向中间人支付佣金的，应当如实入账。接受折扣、佣金的经营者也应当如实入账。 经营者的工作人员进行贿赂的，应当认定为经营者的行为；但是，经营者有证据证明该工作人员的行为与为经营者谋取交易机会或者竞争优势无关的除外。
第九条 经营者不得利用广告或者其他方法，对商品的质量、制作成分、性能、用途、生产者、有效期限、产地等作引人误解的虚假宣传。 广告的经营者不得在明知或者应知的情况下，代理、制作、发布虚假广告。	第八条 经营者不得对其商品的性能、功能、质量、销售状况、用户评价、曾获荣誉等作虚假或者引人误解的商业宣传，欺骗、误导消费者。 经营者不得通过组织虚假交易等方式，帮助其他经营者进行虚假或者引人误解的商业宣传。	第八条 经营者不得对其商品的性能、功能、质量、销售状况、用户评价、曾获荣誉等作虚假或者引人误解的商业宣传，欺骗、误导消费者。 经营者不得通过组织虚假交易等方式，帮助其他经营者进行虚假或者引人误解的商业宣传。

续表

1993年《反不正当竞争法》	2018年《反不正当竞争法》	2019年《反不正当竞争法》
1993年12月1日起施行	2017年11月4日第一次修正	2019年4月23日第二次修正
第十条 经营者不得采用下列手段侵犯商业秘密： （一）以盗窃、利诱、胁迫或者其他不正当手段获取权利人的商业秘密； （二）披露、使用或者允许他人使用以前项手段获取的权利人的商业秘密； （三）违反约定或者违反权利人有关保守商业秘密的要求，披露、使用或者允许他人使用其所掌握的商业秘密。 第三人明知或者应知前款所列违法行为，获取、使用或者披露他人的商业秘密，视为侵犯商业秘密。 本条所称的商业秘密，是指不为公众所知悉，能为权利人带来经济利益，具有实用性并经权利人采取保密措施的技术信息和经营信息。	第九条 经营者不得实施下列侵犯商业秘密的行为： （一）以盗窃、贿赂、欺诈、胁迫或者其他不正当手段获取权利人的商业秘密； （二）披露、使用或者允许他人使用以前项手段获取的权利人的商业秘密； （三）违反约定或者违反权利人有关保守商业秘密的要求，披露、使用或者允许他人使用其所掌握的商业秘密。 第三人明知或者应知商业秘密权利人的员工、前员工或者其他单位、个人实施本条第一款所列违法行为，仍获取、披露、使用或者允许他人使用该商业秘密的，视为侵犯商业秘密。 本法所称的商业秘密，是指不为公众所知悉，具有商业价值并经权利人采取相应保密措施的技术信息和经营信息。	第九条 经营者不得实施下列侵犯商业秘密的行为： （一）以盗窃、贿赂、欺诈、胁迫、电子侵入或者其他不正当手段获取权利人的商业秘密； （二）披露、使用或者允许他人使用以前项手段获取的权利人的商业秘密； （三）违反保密义务或者违反权利人有关保守商业秘密的要求，披露、使用或者允许他人使用其所掌握的商业秘密； （四）教唆、引诱、帮助他人违反保密义务或者违反权利人有关保守商业秘密的要求，获取、披露、使用或者允许他人使用权利人的商业秘密。 经营者以外的其他自然人、法人和非法人组织实施前款所列违法行为的，视为侵犯商业秘密。 第三人明知或者应知商业秘密权利人的员工、前员工或者其他单位、个人实施本条第一款所列违法行为，仍获取、披露、使用或者允许他人使用该商业秘密的，视为侵犯商业秘密。 本法所称的商业秘密，是指不为公众所知悉，具有商业价值并经权利人采取相应保密措施的技术信息、经营信息等商业信息。
第十一条 经营者不得以排挤竞争对手为目的，以低于成本的价格销售商品。 有下列情形之一的，不属于不正当竞争行为： （一）销售鲜活商品； （二）处理有效期限即将到期的商品或者其他积压的商品； （三）季节性降价； （四）因清偿债务、转产、歇业降价销售商品。		

续表

1993 年《反不正当竞争法》 1993 年 12 月 1 日起施行	2018 年《反不正当竞争法》 2017 年 11 月 4 日第一次修正	2019 年《反不正当竞争法》 2019 年 4 月 23 日第二次修正
第十二条　经营者销售商品,不得违背购买者的意愿搭售商品或者附加其他不合理的条件。		
第十三条　经营者进行有奖销售不得采用下列手段进行有奖销售: (一)采用谎称有奖或者故意让内定人员中奖的欺骗方式进行有奖销售; (二)利用有奖销售的手段推销质次价高的商品; (三)抽奖式的有奖销售,最高奖的金额超过五千元。	第十条　经营者进行有奖销售不得存在下列情形: (一)所设奖的种类、兑奖条件、奖金额或者奖品等有奖销售信息不明确,影响兑奖; (二)采用谎称有奖或者故意让内定人员中奖的欺骗方式进行有奖销售; (三)抽奖式的有奖销售,最高奖的金额超过五万元。	第十条　经营者进行有奖销售不得存在下列情形: (一)所设奖的种类、兑奖条件、奖金额或者奖品等有奖销售信息不明确,影响兑奖; (二)采用谎称有奖或者故意让内定人员中奖的欺骗方式进行有奖销售; (三)抽奖式的有奖销售,最高奖的金额超过五万元。
第十四条　经营者不得捏造、散布虚伪事实,损害竞争对手的商业信誉、商品声誉。	第十一条　经营者不得编造、传播虚假信息或者误导性信息,损害竞争对手的商业信誉、商品声誉。	第十一条　经营者不得编造、传播虚假信息或者误导性信息,损害竞争对手的商业信誉、商品声誉。
第十五条　投标者不得串通投标,抬高标价或者压低标价; 投标者和招标者不得相互勾结,以排挤竞争对手的公平竞争。		
	第十二条　经营者利用网络从事生产经营活动,应当遵守本法的各项规定。 经营者不得利用技术手段,通过影响用户选择或者其他方式,实施下列妨碍、破坏其他经营者合法提供的网络产品或者服务正常运行的行为: (一)未经其他经营者同意,在其合法提供的网络产品或者服务中,插入链接、强制进行目标跳转; (二)误导、欺骗、强迫用户修改、关闭、卸载其他经营者合法提供的网络产品或者服务; (三)恶意对其他经营者合法提供的网络产品或者服务实施不兼容; (四)其他妨碍、破坏其他经营者合法提供的网络产品或者服务正常运行的行为。	第十二条　经营者利用网络从事生产经营活动,应当遵守本法的各项规定。 经营者不得利用技术手段,通过影响用户选择或者其他方式,实施下列妨碍、破坏其他经营者合法提供的网络产品或者服务正常运行的行为: (一)未经其他经营者同意,在其合法提供的网络产品或者服务中,插入链接、强制进行目标跳转; (二)误导、欺骗、强迫用户修改、关闭、卸载其他经营者合法提供的网络产品或者服务; (三)恶意对其他经营者合法提供的网络产品或者服务实施不兼容; (四)其他妨碍、破坏其他经营者合法提供的网络产品或者服务正常运行的行为。

续表

1993 年《反不正当竞争法》 1993 年 12 月 1 日起施行	2018 年《反不正当竞争法》 2017 年 11 月 4 日第一次修正	2019 年《反不正当竞争法》 2019 年 4 月 23 日第二次修正
第三章 监督检查	第三章 对涉嫌不正当竞争行为的调查	第三章 对涉嫌不正当竞争行为的调查
第十六条 县级以上监督检查部门对不正当竞争行为,可以进行监督检查。 第十七条 监督检查部门在监督检查不正当竞争行为时,有权行使下列职权: (一)按照规定程序询问被检查的经营者、利害关系人、证明人,并要求提供证明材料或者与不正当竞争行为有关的其他资料; (二)查询、复制与不正当竞争行为有关的协议、账册、单据、文件、记录、业务函电和其他资料; (三)检查与本法第五条规定的不正当竞争行为有关的财物,必要时可以责令被检查的经营者说明该商品的来源和数量,暂停销售,听候检查,不得转移、隐匿、销毁该财物。	第十三条 监督检查部门调查涉嫌不正当竞争行为,可以采取下列措施: (一)进入涉嫌不正当竞争行为的经营场所进行检查; (二)询问被调查的经营者、利害关系人及其他有关单位、个人,要求其说明有关情况或者提供与被调查行为有关的其他资料; (三)查询、复制与涉嫌不正当竞争行为有关的协议、账簿、单据、文件、记录、业务函电和其他资料; (四)查封、扣押与涉嫌不正当竞争行为有关的财物; (五)查询涉嫌不正当竞争行为的经营者的银行账户。 采取前款规定的措施,应当向监督检查部门主要负责人书面报告,并经批准。采取前款第四项、第五项规定的措施,应当向设区的市级以上人民政府监督检查部门主要负责人书面报告,并经批准。 监督检查部门调查涉嫌不正当竞争行为,应当遵守《中华人民共和国行政强制法》和其他有关法律、行政法规的规定,并应当将查处结果及时向社会公开。	第十三条 监督检查部门调查涉嫌不正当竞争行为,可以采取下列措施: (一)进入涉嫌不正当竞争行为的经营场所进行检查; (二)询问被调查的经营者、利害关系人及其他有关单位、个人,要求其说明有关情况或者提供与被调查行为有关的其他资料; (三)查询、复制与涉嫌不正当竞争行为有关的协议、账簿、单据、文件、记录、业务函电和其他资料; (四)查封、扣押与涉嫌不正当竞争行为有关的财物; (五)查询涉嫌不正当竞争行为的经营者的银行账户。 采取前款规定的措施,应当向监督检查部门主要负责人书面报告,并经批准。采取前款第四项、第五项规定的措施,应当向设区的市级以上人民政府监督检查部门主要负责人书面报告,并经批准。 监督检查部门调查涉嫌不正当竞争行为,应当遵守《中华人民共和国行政强制法》和其他有关法律、行政法规的规定,并应当将查处结果及时向社会公开。
第十八条 监督检查部门工作人员监督检查不正当竞争行为时,应当出示检查证件。		

1993 年《反不正当竞争法》 1993 年 12 月 1 日起施行	2018 年《反不正当竞争法》 2017 年 11 月 4 日第一次修正	2019 年《反不正当竞争法》 2019 年 4 月 23 日第二次修正
第十九条　监督检查部门在监督检查不正当竞争行为时，被检查的经营者、利害关系人和证明人应当如实提供有关资料或者情况。	第十四条　监督检查部门调查涉嫌不正当竞争行为，被调查的经营者、利害关系人及其他有关单位、个人应当如实提供有关资料或者情况。	第十四条　监督检查部门调查涉嫌不正当竞争行为，被调查的经营者、利害关系人及其他有关单位、个人应当如实提供有关资料或者情况。
	第十五条　监督检查部门及其工作人员对调查过程中知悉的商业秘密负有保密义务。	第十五条　监督检查部门及其工作人员对调查过程中知悉的商业秘密负有保密义务。
	第十六条　对涉嫌不正当竞争行为，任何单位和个人有权向监督检查部门举报，监督检查部门接到举报后应当依法及时处理。 监督检查部门应当向社会公开受理举报的电话、信箱或者电子邮件地址，并为举报人保密。对实名举报并提供相关事实和证据的，监督检查部门应当将处理结果告知举报人。	第十六条　对涉嫌不正当竞争行为，任何单位和个人有权向监督检查部门举报，监督检查部门接到举报后应当依法及时处理。 监督检查部门应当向社会公开受理举报的电话、信箱或者电子邮件地址，并为举报人保密。对实名举报并提供相关事实和证据的，监督检查部门应当将处理结果告知举报人。
第四章　法律责任	第四章　法律责任	第四章　法律责任
第二十条　经营者违反本法规定，给被侵害的经营者造成损害的，应当承担损害赔偿责任，被侵害的经营者的损失难以计算的，赔偿额为侵权人在侵权期间因侵权所获得的利润；并应当承担被侵害的经营者因调查该经营者侵害其合法权益的不正当竞争行为所支付的合理费用。 被侵害的经营者的合法权益受到不正当竞争行为损害的，可以向人民法院提起诉讼。	第十七条　经营者违反本法规定，给他人造成损害的，应当依法承担民事责任。 经营者的合法权益受到不正当竞争行为损害的，可以向人民法院提起诉讼。 因不正当竞争行为受到损害的经营者的赔偿数额，按照其因被侵权所受到的实际损失确定；实际损失难以计算的，按照侵权人因侵权所获得的利益确定。赔偿数额还应当包括经营者为制止侵权行为所支付的合理开支。	第十七条　经营者违反本法规定，给他人造成损害的，应当依法承担民事责任。 经营者的合法权益受到不正当竞争行为损害的，可以向人民法院提起诉讼。 因不正当竞争行为受到损害的经营者的赔偿数额，按照其因被侵权所受到的实际损失确定；实际损失难以计算的，按照侵权人因侵权所获得的利益确定。经营者恶意实施侵犯商业秘密行为，情节严重的，可以按照上述方法确定数额的一倍以上五倍以下确定赔偿数额。赔偿数额还应当包括经营者为制止侵权行为所支付的合理开支。 经营者违反本法第六条、第九条规定，权利人因被侵权所受到的实际损失、侵权人因侵权所获得的利益难以确定的，由人民法院根据侵权行为的情节判决给予权利人五百万元以下的赔偿。

续表

1993 年《反不正当竞争法》1993 年 12 月 1 日起施行	2018 年《反不正当竞争法》2017 年 11 月 4 日第一次修正	2019 年《反不正当竞争法》2019 年 4 月 23 日第二次修正
第二十一条　经营者假冒他人的注册商标，擅自使用他人的企业名称或者姓名，伪造或者冒用认证标志、名优标志等质量标志，伪造产地，对商品质量作引人误解的虚假表示的，依照《中华人民共和国商标法》《中华人民共和国产品质量法》的规定处罚。 经营者擅自使用知名商品特有的名称、包装、装潢，或者使用与知名商品近似的名称、包装、装潢，造成和他人的知名商品相混淆，使购买者误认为是该知名商品的，监督检查部门应当责令停止违法行为，没收违法所得，可以根据情节处以违法所得一倍以上三倍以下的罚款；情节严重的，可以吊销营业执照；销售伪劣商品，构成犯罪的，依法追究刑事责任。	第十八条　经营者违反本法第六条规定实施混淆行为的，由监督检查部门责令停止违法行为，没收违法商品。违法经营额五万元以上的，可以并处违法经营额五倍以下的罚款；没有违法经营额或者违法经营额不足五万元的，可以并处二十五万元以下的罚款。情节严重的，吊销营业执照。 经营者登记的企业名称违反本法第六条规定的，应当及时办理名称变更登记；名称变更前，由原企业登记机关以统一社会信用代码代替其名称。	第十八条　经营者违反本法第六条规定实施混淆行为的，由监督检查部门责令停止违法行为，没收违法商品。违法经营额五万元以上的，可以并处违法经营额五倍以下的罚款；没有违法经营额或者违法经营额不足五万元的，可以并处二十五万元以下的罚款。情节严重的，吊销营业执照。 经营者登记的企业名称违反本法第六条规定的，应当及时办理名称变更登记；名称变更前，由原企业登记机关以统一社会信用代码代替其名称。
第二十二条　经营者采用财物或者其他手段进行贿赂以销售或者购买商品的，监督检查部门可以根据情节处以一万元以上二十万元以下的罚款，有违法所得的，予以没收。	第十九条　经营者违反本法第七条规定贿赂他人的，由监督检查部门没收违法所得，处十万元以上三百万元以下的罚款。情节严重的，吊销营业执照。	第十九条　经营者违反本法第七条规定贿赂他人的，由监督检查部门没收违法所得，处十万元以上三百万元以下的罚款。情节严重的，吊销营业执照。
第二十三条　公用企业或者其他依法具有独占地位的经营者，限定他人购买其指定的经营者的商品，以排挤其他经营者的公平竞争的，省级或者设区的市的监督检查部门应当责令停止违法行为，可以根据情节处以五万元以上二十万元以下的罚款。被指定的经营者借此销售质次价高商品或者滥收费用的，监督检查部门应当没收违法所得，可以根据情节处以违法所得一倍以上三倍以下的罚款。		

续表

1993年《反不正当竞争法》 1993年12月1日起施行	2018年《反不正当竞争法》 2017年11月4日第一次修正	2019年《反不正当竞争法》 2019年4月23日第二次修正
第二十四条　经营者利用广告或者其他方法，对商品作引人误解的虚假宣传的，监督检查部门应当责令停止违法行为，消除影响，可以根据情节处以一万元以上二十万元以下的罚款。 广告的经营者，在明知或者应知的情况下，代理、设计、制作、发布虚假广告的，监督检查部门应当责令停止违法行为，没收违法所得，并依法处以罚款。	第二十条　经营者违反本法第八条规定对其商品作虚假或者引人误解的商业宣传，或者通过组织虚假交易等方式帮助其他经营者进行虚假或者引人误解的商业宣传的，由监督检查部门责令停止违法行为，处二十万元以上一百万元以下的罚款；情节严重的，处一百万元以上二百万元以下的罚款，可以吊销营业执照。 经营者违反本法第八条规定，属于发布虚假广告的，依照《中华人民共和国广告法》的规定处罚。	第二十条　经营者违反本法第八条规定对其商品作虚假或者引人误解的商业宣传，或者通过组织虚假交易等方式帮助其他经营者进行虚假或者引人误解的商业宣传的，由监督检查部门责令停止违法行为，处二十万元以上一百万元以下的罚款；情节严重的，处一百万元以上二百万元以下的罚款，可以吊销营业执照。 经营者违反本法第八条规定，属于发布虚假广告的，依照《中华人民共和国广告法》的规定处罚。
第二十五条　违反本法第十条规定侵犯商业秘密的，监督检查部门应当责令停止违法行为，可以根据情节处以一万元以上二十万元以下的罚款。	第二十一条　经营者违反本法第九条规定侵犯商业秘密的，由监督检查部门责令停止违法行为，处十万元以上五十万元以上三百万元以下的罚款；情节严重的，处五十万元以上三百万元以下的罚款。	第二十一条　经营者以及其他自然人、法人和非法人组织违反本法第九条规定侵犯商业秘密的，由监督检查部门责令停止违法行为，没收违法所得，处十万元以上一百万元以下的罚款；情节严重的，处五十万元以上五百万元以下的罚款。
第二十六条　经营者违反本法第十三条规定进行有奖销售的，监督检查部门应当责令停止违法行为，可以根据情节处以一万元以上十万元以下的罚款。	第二十二条　经营者违反本法第十条规定进行有奖销售的，监督检查部门责令停止违法行为，处五万元以上五十万元以下的罚款。	第二十二条　经营者违反本法第十条规定进行有奖销售的，由监督检查部门责令停止违法行为，处五万元以上五十万元以下的罚款。
第二十七条　投标者串通投标，抬高标价或者压低标价；投标者和招标者相互勾结，以排挤竞争对手的公平竞争的，其中标无效。监督检查部门可以根据情节处以一万元以上二十万元以下的罚款。		
	第二十三条　经营者违反本法第十一条规定损害竞争对手商业信誉、商品声誉的，由监督检查部门责令停止违法行为，消除影响，处十万元以上五十万元以下的罚款；情节严重的，处五十万元以上三百万元以下的罚款。	第二十三条　经营者违反本法第十一条规定损害竞争对手商业信誉、商品声誉的，由监督检查部门责令停止违法行为，消除影响，处十万元以上五十万元以下的罚款；情节严重的，处五十万元以上三百万元以下的罚款。

续表

1993年《反不正当竞争法》1993年12月1日起施行	2018年《反不正当竞争法》2017年11月4日第一次修正	2019年《反不正当竞争法》2019年4月23日第二次修正
	第二十四条 经营者违反本法第十二条规定妨碍、破坏其他经营者合法提供的网络产品或者服务正常运行的，由监督检查部门责令停止违法行为，处十万元以上五十万元以下的罚款；情节严重的，处五十万元以上三百万元以下的罚款。	第二十四条 经营者违反本法第十二条规定妨碍、破坏其他经营者合法提供的网络产品或者服务正常运行的，由监督检查部门责令停止违法行为，处十万元以上五十万元以下的罚款；情节严重的，处五十万元以上三百万元以下的罚款。
	第二十五条 经营者违反本法规定从事不正当竞争，有主动消除或者减轻违法行为危害后果等法定情形的，依法从轻或者减轻行政处罚；违法行为轻微并及时纠正，没有造成危害后果的，不予行政处罚。	第二十五条 经营者违反本法规定从事不正当竞争，有主动消除或者减轻违法行为危害后果等法定情形的，依法从轻或者减轻行政处罚；违法行为轻微并及时纠正，没有造成危害后果的，不予行政处罚。
	第二十六条 经营者违反本法规定从事不正当竞争，受到行政处罚的，由监督检查部门记入信用记录，并依照有关法律、行政法规的规定予以公示。	第二十六条 经营者违反本法规定从事不正当竞争，受到行政处罚的，由监督检查部门记入信用记录，并依照有关法律、行政法规的规定予以公示。
	第二十七条 经营者违反本法规定，应当承担民事责任、行政责任和刑事责任，其财产不足以支付的，优先用于承担民事责任。	第二十七条 经营者违反本法规定，应当承担民事责任、行政责任和刑事责任，其财产不足以支付的，优先用于承担民事责任。
第二十八条 经营者有违反被责令暂停销售，不得转移、隐匿、销毁被查封、扣押的财物行为的，监督检查部门可以根据情节处以被销售、转移、隐匿、销毁财物的价款的一倍以上三倍以下的罚款。	第二十八条 妨害监督检查部门依照本法履行职责，拒绝、阻碍调查的，由监督检查部门责令改正，对个人可以处五千元以下的罚款，对单位可以处五万元以下的罚款，并可以由公安机关依法给予治安管理处罚。	第二十八条 妨害监督检查部门依照本法履行职责，拒绝、阻碍调查的，由监督检查部门责令改正，对个人可以处五千元以下的罚款，对单位可以处五万元以下的罚款，并可以由公安机关依法给予治安管理处罚。
第二十九条 当事人对监督检查部门作出的处罚决定不服的，可以自收到处罚决定之日起十五日内向上一级主管机关申请复议；对复议决定不服的，可以自收到复议决定书之日起十五日内向人民法院提起诉讼；也可以直接向人民法院提起诉讼。	第二十九条 当事人对监督检查部门作出的决定不服的，可以依法申请行政复议或者提起行政诉讼。	第二十九条 当事人对监督检查部门作出的决定不服的，可以依法申请行政复议或者提起行政诉讼。

续表

1993 年《反不正当竞争法》1993 年 12 月 1 日起施行	2018 年《反不正当竞争法》2017 年 11 月 4 日第一次修正	2019 年《反不正当竞争法》2019 年 4 月 23 日第二次修正
第三十条　政府及其所属部门违反本法第七条规定，限定他人购买其指定的经营者的商品、限制其他经营者正当的经营活动，或者限制商品在地区之间正常流通的，由上级机关责令其改正；情节严重的，由同级或者上级机关对直接责任人员给予行政处分。被指定的经营者借此销售质次价高商品或者滥收费用的，监督检查部门应当没收违法所得，可以根据情节处以违法所得一倍以上三倍以下的罚款。		
第三十一条　监督检查部门滥用职权，玩忽职守，构成犯罪的，依法追究刑事责任；不构成犯罪的，给予行政处分。	第三十条　监督检查部门工作人员滥用职权，玩忽职守，徇私舞弊或者泄露调查过程中知悉的商业秘密的，依法给予处分。	第三十条　监督检查部门工作人员滥用职权，玩忽职守，徇私舞弊或者泄露调查过程中知悉的商业秘密的，依法给予处分。
第三十二条　监督检查部门工作人员徇私舞弊，对明知有违反本法规定构成犯罪的经营者故意包庇不使其受追诉的，依法追究刑事责任。	第三十一条　违反本法规定，构成犯罪的，依法追究刑事责任。	第三十一条　违反本法规定，构成犯罪的，依法追究刑事责任。
		第三十二条　在侵犯商业秘密的民事审判程序中，商业秘密权利人提供初步证据，证明其已经对所主张的商业秘密采取保密措施，且合理表明商业秘密被侵犯，涉嫌侵权人应当证明权利人所主张的商业秘密不属于本法规定的商业秘密。 商业秘密权利人提供初步证据合理表明商业秘密被侵犯，且提供以下证据之一的，涉嫌侵权人应当证明其不存在侵犯商业秘密的行为： （一）有证据表明涉嫌侵权人有渠道或者机会获取商业秘密，且其使用的信息与该商业秘密实质上相同； （二）有证据表明商业秘密已经被涉嫌侵权人披露、使用或者有被披露、使用的风险； （三）有其他证据表明商业秘密被涉嫌侵权人侵犯。
第五章　附则 第三十三条　本法自 1993 年 12 月 1 日起施行。	第五章　附则 第三十二条　本法自 2018 年 1 月 1 日起施行。	第五章　附则 第三十三条　本法自 2019 年 1 月 1 日起施行。

附表 3 关联案件汇总表

为方便大家阅读和理解，我们将本书收录的通过编号统一命名的关联案件制表如下，简要呈现各案关系，没有程序上直接关联的，则不标注。

关联案件	所属案件	对应文号	主要内容	关联关系
奥普案	奥普Ⅲ案	(2019) 浙民终 22 号	奥普家居公司等诉新能源公司等商标侵权及不正当竞争，获得驰名商标跨类保护	
	奥普Ⅱ案	(2016) 最高法民再 216 号	新能源公司、凌普公司诉奥普卫厨公司使用"AUPU 奥普"等标志侵权，没有得到支持，法院认为没有混淆，不侵权	
	奥普Ⅰ案	(2011) 浙知终字第 200 号	奥普公司诉凌普公司使用"奥普"等标志构成侵权及不正当竞争，得到法院支持	
白沙案	白沙Ⅱ案	(2012) 民申字第 14 号	Ⅱ案法院认为对村名的正当使用不侵权	Ⅰ、Ⅱ是同一案件的二审及再审
	白沙Ⅰ案	(2008) 闽民终字第 514 号	Ⅰ案法院认为对村名的正当使用不侵权	
宝马案	宝马Ⅲ案	(2015) 沪知民初字第 58 号	Ⅲ案涉及恶意的全面审查，即使有些被控侵权的标记在权利商标驰名前获得注册，也不一定能排除被告的恶意	
	宝马Ⅱ案	(2012) 高民终字第 918 号	Ⅱ案中宝马公司用 25 类的注册直接对抗了宝驰公司在 25 类上的变形使用标志，以及企业名称中的使用。法院认为宝马公司 12 类的引证商标并没有认驰必要	
	宝马Ⅰ案	(2009) 湘高法民三初字第 1 号	Ⅰ案中宝马公司 12 类的商标被认驰，用以对抗世纪宝马在 25 类的使用，以及在企业名称中的使用	
波马案	波马Ⅱ案	(2009) 民申字第 1882 号	Ⅱ案涉及销售商和制造商没有构成共同侵权的情况下，销售商的赔偿责任承担问题	
	波马Ⅰ案	(2008) 苏中知民初字第 65 号	Ⅰ案涉及未尽合理注意义务的销售商不能免除赔偿责任的问题	

关联案件	所属案件	对应文号	主要内容	关联关系
彼得兔案	彼得兔Ⅱ案	（2005）高行终字第85号	Ⅱ案涉及第713230号商标，沃恩公司针对社科出版社的行政投诉，工商局、一审、二审均认为社科出版社对相关标记的使用是商标使用且构成对第713230号商标的侵犯	Ⅰ、Ⅱ案都属于沃恩公司引证基于相关著作权注册的商标投诉社科出版社侵权，社科出版社继而又提起民事确认不侵权之诉的系列案件。共同的背景是相关著作权已经进入公共领域。Ⅰ案涉及11个商标，向行政机关举报的是其中10个。民事起诉时行政处理决定尚未作出。但Ⅰ案一审诉讼期间，Ⅱ案行政处理决定确认原告侵犯了被告其中一个商标权，涉及该商标的因已被有权机关处理而被驳回。不在行政投诉范围内的那个商标因不存在民事争议被驳回
	彼得兔Ⅰ案	（2003）一中民初字第6356号	Ⅰ案中相关著作权已进入公共领域，沃恩公司基于该著作权注册了商标，并行政投诉社科出版社对于涉案标志的使用侵犯其商标权，社科出版社提起民事确认不侵权之诉，法院认定原告的涉案使用是正当使用，不侵权	
毕加索案	毕加索Ⅱ案	（2014）沪高民三（知）终字第117号	Ⅱ案有关许可合同，法院认为明知在先许可的在后被许可人不是善意第三人，但是不是善意第三人未必就有恶意	
	毕加索Ⅰ案	（2011）民申字第623号	Ⅰ案中最高院明确了知名商品包装装潢的认定原则	
避风塘案	避风塘Ⅲ案	（2013）行提字第8号	Ⅲ案中上海避风塘对竹家庄公司的避风塘及图商标提无效，因"避风塘"本身有一定的通用含义，竹家庄的标记也没引起混淆误认，上海避风塘的主张没有得到支持	Ⅱ案是对与Ⅰ案相关联的（2003）沪高民三（知）终字第50号的再审
	避风塘Ⅱ案	（2007）民三监字第21-1号	Ⅱ案中，双方再审中和解并得到法院支持，被告肯定"避风塘"为原告特有的服务名称，表示尊重避风塘公司对此享有的合法权益	
	避风塘Ⅰ案	（2003）沪高民三（知）终字第49号	Ⅰ案上海避风塘起诉德荣唐不正当竞争，法院认为被告是正当使用	

续表

关联案件	所属案件	对应文号	主要内容	关联关系
CROCODILE案	CROCODILE Ⅱ案	（2012）鲁民三终字第81号	Ⅱ案也是通过否定定牌加工商品上标记在中国不构成商标使用，进而认定不侵权	
	CROCODILE Ⅰ案	（2011）粤高法民三终字第467号	Ⅰ案涉及定牌加工中的侵权认定，因为涉案商品在中国没有进入流通领域，法院认定没有发挥商标的功能，不会混淆误认，不构成侵权	
稻香村案	稻香村Ⅱ案	（2014）知行字第85号	Ⅱ案北稻成功异议苏稻的"稻香村及图"商标，标记近似，商品类似	Ⅰ、Ⅱ案是同一案件的二审及再审
	稻香村Ⅰ案	（2014）高行终字第1103号	Ⅰ案北稻成功异议苏稻的"稻香村及图"商标，标记近似，商品类似	
稻花香案	稻花香Ⅱ案	（2016）最高法民再374号	Ⅱ案法院认为稻花香不是通用名称，被告构成侵权	
	稻花香Ⅰ案	（2013）鄂宜昌中知刑初字第1号	Ⅰ案法院认定被告人生产假冒的"稻花香""清样"白酒，构成假冒注册商标罪	
东风案	东风Ⅱ案	（2016）最高法民再339号	Ⅱ案是再审，法院认为加工方已尽审查义务，不侵权	Ⅰ、Ⅱ案是同一案件的二审及再审
	东风Ⅰ案	（2015）苏知民终字第36号	Ⅰ案是二审，法院认为加工方未尽审查义务，构成侵权	
杜康案	杜康Ⅲ案	（2017）陕民终154号	Ⅲ案是白水杜康诉洛阳杜康商业诋毁，得到法院的支持	Ⅰ、Ⅱ案是同一案件的一审和二审
	杜康Ⅱ案	（2011）豫法民三终字第194号	Ⅱ案是Ⅰ案的二审，基本维持一审	
	杜康Ⅰ案	（2011）郑民三初字第74号	Ⅰ案中在先注册的"杜康"成功对抗在后注册的"白水杜康"	
多米诺案	多米诺Ⅱ案	（2017）粤民终2659号	对改装行为是否构成侵权做出明确	两案无直接程序关联，但针对同一改装行为，刑案未认定犯罪，但民事认定了侵权
	多米诺Ⅰ案	（2014）穗中法知刑终字第21号	刑案认定不构成犯罪	

关联案件	所属案件	对应文号	主要内容	关联关系
鳄鱼案	鳄鱼Ⅷ案	（2018）最高法行再 134 号	Ⅷ案涉及域外共存协议对近似判断的影响，以及商标近似判断本身	
	鳄鱼Ⅶ案	（2009）民三终字第 3 号	Ⅶ案涉及近似判断	
	鳄鱼Ⅵ案	（2009）沪一中民五（知）初字第 211 号	Ⅵ案法院认为市场管理方没有对租户尽到监管义务，为侵权提供了方便条件	
	鳄鱼Ⅴ案	（2008）苏中知民初字第 180 号	Ⅴ案涉及被告自己拥有注册商标，但对自己的注册商标变形使用，被认定侵权	
	鳄鱼Ⅳ案	（2007）高民终字第 1243 号	Ⅳ案涉及被告自己拥有注册商标，但对自己的注册商标变形使用，被认定侵权	
	鳄鱼Ⅲ案	（2007）苏民三终字第 34 号	Ⅲ案涉及定牌加工方的责任承担	
	鳄鱼Ⅱ案	（2005）高行终字第 341 号	Ⅱ案涉及国际注册争议期计算	
	鳄鱼Ⅰ案	（2004）沪高民三（知）终字第 97 号	Ⅰ案涉及在先著作权对抗在后商标申请的程序选择	
歌力思案	歌力思Ⅱ案	（2016）最高法民申 1617 号	Ⅱ案是最高法院的再审判决，涉及歌力思公司起诉商标所有人侵犯其商标、商号及知名商品特有名称	
	歌力思Ⅰ案	（2014）民提字第 24 号	Ⅰ案是最高法院的再审判决，涉及恶意商标注册人不得对抗歌力思公司以及误发注册证无效	
功夫熊猫案	功夫熊猫Ⅱ案	（2014）民申字第 1033 号	Ⅱ案再审，也认为被告在电影名字中使用"功夫熊猫"不是商标性使用，不侵权	Ⅰ、Ⅱ案是同一案件的二审及再审
	功夫熊猫Ⅰ案	（2013）高民终字第 3027 号	Ⅰ案二审，认为被告在电影名字中使用"功夫熊猫"不是商标性使用，不侵权	

续表

关联案件	所属案件	对应文号	主要内容	关联关系
狗不理案	狗不理Ⅲ案	（2008）民三监字第 10 - 1 号	Ⅲ案狗不理集团诉天丰园侵犯其"狗不理"服务商标，再审维持二审	Ⅱ、Ⅲ案是同一案件的二审及再审
	狗不理Ⅱ案	（2007）鲁民三终字第 70 号	Ⅱ案狗不理集团诉天丰园侵犯其"狗不理"服务商标，一审认为天丰园不侵权，二审认为在猪肉灌汤包上可以用，但是在宣传匾额等位置不能用	
	狗不理Ⅰ案	（1994）黑高经再字第 93 号	Ⅰ案法院认为老字号后人不当然有商标权，也无所谓许可别人使用	
谷歌案	谷歌Ⅱ案	（2011）民监字第 57 号	Ⅱ案肯定原告"谷歌"字号享有在先权利，被告将"谷歌"注册为自己的字号有恶意，一、二审法院判令变更企业名称无误	Ⅰ案、Ⅱ案是同一案件的一审和再审。其中一审确认的不正当竞争、变更企业名称、赔偿损失，基本得到二审维持。再审针对被告的申诉，也维持了一审的认定
	谷歌Ⅰ案	（2008）海民初字第 7567 号	Ⅰ案法院认为被告把原告享有在先企业名称权，同时也是驰名商标"GOOGLE"对应中文翻译的"谷歌"注册为自己的字号，构成不正当竞争，应变更企业名称，并赔偿原告损失	
GUCCI 案	GUCCI Ⅱ案	（2015）粤高法民三终字第 363 号	Ⅱ案认定店招中超出合理范围的使用他人商标也可构成商标侵权	
	GUCCI Ⅰ案	（2015）沪知民终字第 185 号	Ⅰ案中认定店招中的使用他人商标会侵犯他人的服务商标并构成不正当竞争	
红牛案	红牛Ⅱ案	（2018）京民初 166 号	Ⅱ案涉及转让合同内容的确定，且被许可人不能通过对被许可使用的商标的广告宣传行为取得商标的所有权	
	红牛Ⅰ案	（2015）东二法知刑初字第 1 号	Ⅰ案中，假冒两种以上的品牌的饮料被认定为构成犯罪	

关联案件	所属案件	对应文号	主要内容	关联关系
黄金假日案	黄金假日Ⅱ案	（2007）民三终字第4号	Ⅱ案中因为黄金假日旅行社起诉的部分行为涉及重复诉讼被驳回	两案处理的是同一纠纷。Ⅰ案针对实体判决[（2006）冀民三初字第3-2号民事判决]的二审；Ⅱ案针对同一案的有关裁定[（2006）冀民三初字第3-1号民事裁定]的二审
	黄金假日Ⅰ案	（2007）民三终字第2号	Ⅰ案中黄金假日旅行社诉多名被告虚假宣传未获支持	
惠普案	惠普Ⅱ案	（2016）粤0106民初20467号	Ⅱ案是关联刑事案件判决后权利人又通过民事案件要求确认侵权并要求赔偿的案件。法院基本支持了原告的诉讼请求，明确了刑事、民事程序证据标准的不同，认定销售商未经许可对商品进行实质改动构成侵权，不适用权利用尽的抗辩	
	惠普Ⅰ案	（2018）冀1002刑初106号	Ⅰ案涉及追究若干被告人非法制造注册商标标识的行为，并确认标识数量应是标有注册商标图样的商标标识件数，而不是完整的包装盒个数	
金华火腿案	金华火腿Ⅱ案	（2003）沪二中民五（知）初字第239号	Ⅱ案是民事案件，浙江食品公司诉几家使用了"金华"相关标志的企业构成侵权，但是没有得到支持	两案程序无关联，但是内容有关联。Ⅰ案对于Ⅱ案是否可以受理，以及是否侵权的认定有影响
	金华火腿Ⅰ案	（2005）年高行终字第162号	Ⅰ案是行政案件，针对商标局的批复，该批复对于Ⅱ案中被告是否侵权的认定有决定性的影响	
卡地亚案	卡地亚Ⅱ案	（2011）沪高民三（知）终字第93号	Ⅱ案是对抗他人在陶瓷商品上的使用，法院认定被告构成商标使用，并进而认定对原告驰名商标有淡化	
	卡地亚Ⅰ案	（2009）云高民三终字第35号	Ⅰ案是对抗婚纱公司将"卡地亚"作为企业字号，并将"卡地亚那"和"Cartirena"作为服务标识使用的行为	

续表

关联案件	所属案件	对应文号	主要内容	关联关系
卡斯特案	卡斯特Ⅱ案	（2013）鲁民三终字第 155 号	Ⅱ案是张裕卡斯特提起的确认不侵权之诉，得到法院支持	
	卡斯特Ⅰ案	（2010）知行字第 55 号	Ⅰ案中法院认为，使用商标从事的经营活动本身违法，并不能否认"商标使用"的存在	
库尔勒香梨案	库尔勒香梨Ⅱ案	（2019）黑民终 610 号	Ⅱ案中法院认为不能举证证明其销售产品来源于特定产地构成地理标志证明商标侵权	
	库尔勒香梨Ⅰ案	（2005）新民三终字第 7 号	Ⅰ案中法院认为正当使用品种名称可以抗辩侵权	
拉菲案	拉菲Ⅳ案	（2015）沪知民初字第 518 号	Ⅳ案拉菲公司通过认驰对抗了引证商标注册前被告的侵权行为	
	拉菲Ⅲ案	（2016）最高法行再 34 号	Ⅲ案拉菲公司引证在先商标和商号成功无效他人注册的"拉菲庄园"	
	拉菲Ⅱ案	（2014）芝少刑初字第 100 号	Ⅱ案中多名被告人从事假冒"拉菲"等多种酒的生产和销售，被认定构成假冒注册商标罪	
	拉菲Ⅰ案	（2011）湘高法民三终字第 55 号	Ⅰ案中确认 LAFITE 葡萄酒是知名商品，"拉菲"是与其唯一对应的中文名称，具有区别商品来源的显著性，应认定其为 LAFITE 葡萄酒知名商品的特有名称	
蜡笔小新案	蜡笔小新Ⅲ案	（2011）高行终字第 1428 号	Ⅲ案涉及以批量抢注理由无效注册商标	
	蜡笔小新Ⅱ案	（2007）民三监字第 25 - 1、26 - 1、27 - 1、28 - 1、29 - 1、30 - 1、31 - 1、32 - 1、33 - 1 号	Ⅱ案中最高法院再审裁定明确五年期限始自注册日起算	
	蜡笔小新Ⅰ案	（2007）民三监字第 14 - 1 号	Ⅰ案涉及著作权可以对抗注册商标的使用	

关联案件	所属案件	对应文号	主要内容	关联关系
老干妈案	老干妈 II 案	（2017）京民终 28 号	II 案涉及成为驰名商标的老干妈可以跨类对抗他人将其用作牛肉棒的口味名称	
	老干妈 I 案	（2000）高知终字第 85 号	I 案中法院认为取得"第二含义"的老干妈香辣酱可以受到反法保护	
联想案	联想 II 案	（2014）苏知民终字第 142 号	II 案涉及授权零售商店招中使用他人商标，超出合理使用的范围，被认定商标侵权	
	联想 I 案	（2011）高行终字第 1739 号	I 案涉及行政程序中驰名商标的跨类保护	
六福案	六福 III 案	（2019）粤民终 957 号	III 案是六福集团针对六六福公司的侵权诉讼，六福集团胜诉并获得酌定赔偿	
	六福 II 案	（2018）最高法行再 100 号	II 案是六福集团对"禧六福珠寶 XILIUFUJEWELLERY 及图"提起无效引起的确权诉讼	
	六福 I 案	（2018）黔行终 590 号	I 案是香港周六福投诉红果周六福商标侵权而引发行政查处，并继而产生的行政诉讼	
路虎案	路虎 V 案	（2016）京 0105 民初 10383 号	V 案中法院认为车型有显著性也可构成一定影响的装潢	
	路虎 IV 案	（2017）沪 0115 行初 291 号	IV 案中原告在产品宣传材料中使用了与实际不符的信息先后被行政机关和法院认定为虚假宣传	
	路虎 III 案	（2017）粤民终 633 号	III 案涉及以汽车上的驰名商标对抗他人在维生素饮料上的使用	
	路虎 II 案	（2016）川民终 350 号	II 案中法院认为经异议裁定核准注册的商标可主张权利并要求赔偿	
	路虎 I 案	（2011）高行终字第 1151 号	I 案中法院认为英文商标的中文指代经使用可获得一定影响	
路易威登案	路易威登 VI 案	（2014）合民三初字第 203 号	VI 案中法院认定售假人所在市场的管理者侵权，但是物业公司不侵权	
	路易威登 V 案	（2013）琼民三终字第 80 号	V 案中法院认为仅仅向售假者出租场地不能认为是共同销售侵权，不承担连带责任，但是对于售假者的行为承担管理责任	
	路易威登 IV 案	（2008）粤高法民三终字第 345 号	IV 案中法院认定被告在钟表上使用花图形标志仅起到装饰作用不是商标使用	
	路易威登 III 案	（2009）沪一中民五（知）初字第 34 号	III 案中法院认为在先刑事案件认定未遂不影响民事侵权成立	

续表

关联案件	所属案件	对应文号	主要内容	关联关系
路易威登案	路易威登Ⅱ案	（2009）高民终字第 1544 号	Ⅱ案中法院认为外观设计可构成对商标的即发侵权	
	路易威登Ⅰ案	（2004）沪二中民五（知）初字第 242 号	Ⅰ案中法院认定被告虽然与原告不是同业竞争者，但在宣传自己的地产项目的广告中使用原告的商标也构成不正当竞争	
美孚案	美孚Ⅱ案	（2016）沪民终 35 号	Ⅱ案中法院指出在特定情况下，已被宣告无效的商标的侵权行为可以在未结诉讼中一并追究赔偿责任；但是字号要得到保护，必须要与企业名称有稳定且唯一的对应关系	
	美孚Ⅰ案	（2016）京民终 544 号	Ⅰ案中法院阐明了认定驰名商标淡化需要考虑的因素	
梦特娇案	梦特娇Ⅱ案	（2012）行提字第 28 号	Ⅱ案中法院认为在先商标承载的商誉可以辐射到在后商标	
	梦特娇Ⅰ案	（2004）沪高民三（知）终字第 24 号	Ⅰ案中法院认为拆分组合使用注册商标可能构成商标侵权	
米其林案	米其林Ⅶ案	（2014）粤高法民三终字第 239 号	Ⅶ案涉及非法店招行为的法律定性，法院认为商业圆额上突出使用与涉案商标相同商标，被认定侵犯相应的服务商标和商品商标	
	米其林Ⅵ案	（2012）高行终字第 1865 号	Ⅵ案涉及民事认驰后，影响行政程序，成功对抗他人的注册	
	米其林Ⅴ案	（2011）沪二中民五（知）初字第 5 号	Ⅴ案涉及戏仿，法院认为即使自称仅供消遣（戏仿）的行为，不妨碍侵权的认定	Ⅵ案采信了Ⅳ案的审理结果
	米其林Ⅳ案	（2011）粤高法民三终字第 163 号	Ⅳ案涉及驰名商标的个案认定，在先的行政判决认定米其林不驰名，但是本民事判决法院采用了新证据认定了米其林驰名，并进而认定被告侵权	
	米其林Ⅲ案	（2009）长中民三初字第 72 号	Ⅱ案中法院认为改速度等级会损害商标识别功能并进而构成侵权	
	米其林Ⅱ案	（2009）长中民三初字第 73 号	Ⅱ案中法院认为销售无强制 3C 认证标志的正品可构成侵权	

关联案件	所属案件	对应文号	主要内容	关联关系
米其林案	米其林Ⅰ案	（2008）二中民三初字第3号	Ⅰ案涉及在驰名商标跨类保护到企业名称上	
茅台案	茅台Ⅲ案	（2017）陕10刑终87号	Ⅲ案涉及已销售的商品有部分灭失，没办法检验，因此不能认定为假冒商品	
	茅台Ⅱ案	（2012）宜知刑初字第9号	Ⅱ案被告人自己生产假贵州茅台酒等，构成假冒商标罪；明知他人销售的是假贵州茅台酒，仍然回购并销售，构成销售假冒注册商标的商品罪	
	茅台Ⅰ案	（2009）渝高法民终字第159号	Ⅰ案涉及酒店对其销售的酒类产品的审查义务问题	
泥人张案	泥人张Ⅱ案	（2012）津高民三终字第16号	Ⅱ案法院认为被告并没有将原告主张权利的"泥人张"等标记作为商标、企业名称或服务标记使用，无混淆，不侵权，也没有虚假宣传	
	泥人张Ⅰ案	（2010）民提字第113号	Ⅰ案再审法院认为特定技艺或者作品的特定称谓用作商品名称可依反法保护	
耐克案	耐克Ⅱ案	（2016）京行终4133号	Ⅱ案有关本类认驰对抗超过五年的在后恶意注册	
	耐克Ⅰ案	（2001）深中法知产初字第55号	Ⅰ案中有关定牌加工被认定侵权	
欧莱雅案	欧莱雅Ⅱ案	（2009）苏民三终字第168号	Ⅱ案涉及把他人高知名度商标注册为企业名称并使用构成不正当竞争；还涉及把被诉侵权产品上作为商标使用的标记与作为企业名称使用的标记结合起来判断混淆	
	欧莱雅Ⅰ案	（2008）沪一中行终字第367号	Ⅰ案是由行政查处引发的诉讼，被查处人擅自使用了欧莱雅的字号构成不正当竞争	

关联案件	所属案件	对应文号	主要内容	关联关系
苹果案	苹果Ⅲ案	（2009）行提字第 2 号	Ⅲ案中法院认为被异议人自身先后商标的关系影响近似判断	
	苹果Ⅱ案	（2009）行提字第 3 号	Ⅱ案中法院认为不应因存在本类注册反而削弱驰名商标的保护	
	苹果Ⅰ案	（2008）高行终字第 272 号	Ⅰ案涉及 13.2 的适用，法院认为该条款同样适用于相同或类似商品上复制、摹仿或翻译他人已注册驰名商标	
妻之友案	妻之友Ⅱ案	（2003）一中民初字第 4331 号	Ⅱ案中法院认为无效转让后再许可是无效许可	两案无直接程序关联；但是Ⅰ案的转让行为被认定无效直接影响到了Ⅱ中的许可行为被认定为无效
	妻之友Ⅰ案	（2002）一中民初字第 7331 号	Ⅰ案中涉案转让被认定为无效	
奇虎案	奇虎Ⅱ案	（2013）民三终字第 5 号	Ⅱ案涉及互联网领域违反诚信的处理	
	奇虎Ⅰ案	（2011）二中民终字第 12237 号	Ⅰ案涉及商业诋毁	
乔丹案	乔丹Ⅱ案	（2015）知行字第 332 号	Ⅱ案中最高法院裁定不能对应肖像的人形剪影不能保护	
	乔丹Ⅰ案	（2016）最高法行再 27 号	Ⅰ案中最高法院再审裁定"乔丹"中文侵犯在先姓名权	
曲美案	曲美Ⅱ案	（2007）渝五中民初字第 225 号	Ⅱ案涉及知名药品包装装潢的保护	
	曲美Ⅰ案	（2001）渝高法民终字第 168 号	Ⅰ案涉及恶意比较广告	
雀巢瓶案	雀巢瓶Ⅱ案	（2014）知行字第 21 号	Ⅱ案涉及雀巢公司的国际注册立体酱油瓶被无效，其显著性未获支持	两案无直接的程序关联，但Ⅰ案的结果对Ⅱ案有一定影响
	雀巢瓶Ⅰ案	（2010）粤高法民三终字第 418 号	Ⅰ案认为雀巢公司的国际注册立体商标显著性弱，虽有近似，但不混淆，味事达公司不侵权	

关联案件	所属案件	对应文号	主要内容	关联关系
山孚案	山孚Ⅱ案	(2009) 民申字第 1065 号	Ⅱ案观点与二审相同, 更细化	Ⅱ案是Ⅰ案的再审
	山孚Ⅰ案	(2008) 鲁民三终字第 83 号	Ⅰ案中法院认为对于离职员工与原企业进行有竞争的商业活动, 不能一概认定是不正当竞争, 还是要看是否有竞业禁止, 是否有违诚信	
四叶草案	四叶草Ⅱ案	(2015) 新民三终字第 16 号	Ⅱ案是给付之诉, 法院认为不得与Ⅰ案的确认之诉相矛盾	程序无关联, 内容有关联
	四叶草Ⅰ案	(2013) 民申字第 237 号	Ⅰ案中法院认为收到警告函不是提起确认不侵权之诉的前提条件	
水宝宝案	水宝宝Ⅱ案	(2017) 浙 0110 民初 18627 号	依据在先著作权针对他人恶意注册和使用有关标记进行投诉的行文提起反法之诉并要求赔偿	两案无直接程序关联。但内容有关联, 是权利人针对他人恶意注册并行使商标权的行为采取的联合诉讼
	水宝宝Ⅰ案	(2017) 浙 0110 民初 18624 号	针对恶意商标注册人的投诉提起的确认不侵权之诉	
汤沟案	汤沟Ⅱ案	(2016) 最高法民申 1063 号	Ⅱ案涉及商标转让协议的诚信履行	
	汤沟Ⅰ案	(2006) 苏民三终字第 94 号	Ⅰ案涉及非善意使用地名不构成正当使用	
同德福案	同德福Ⅲ案	(2013) 知行字第 80 号	Ⅲ案中引证商标长期停止使用不构成已经使用并有一定影响的商标, 未能成功无效他人的涉案"同德福 TONGDEFU"标记	
	同德福Ⅱ案	(2013) 渝高法民终字 292 号	诚信登记他人非驰名商标作为自己字号无混淆不构成不正当竞争	Ⅰ、Ⅱ案是同一案件的一审及二审
	同德福Ⅰ案	(2013) 渝一中法民初字第 273 号	Ⅰ案中原告基于注册商标起诉被告商标侵权及不正当竞争, 遭遇反诉。法院肯定原告注册商标效力, 但认定被告的企业名称是善意注册和正当使用; 且原告的一系列使用行为会使人误以为其与老字号同德福斋铺有一定联系, 构成虚假宣传	

续表

关联案件	所属案件	对应文号	主要内容	关联关系
同庆号案	同庆号Ⅱ案	（2017）最高法民申 2722 号	Ⅱ案认为注册商标在有效存续期间应获得合法有效的保护	Ⅰ、Ⅱ案是同一案件的二审及再审，再审推翻二审
	同庆号Ⅰ案	（2016）云民终 534 号	Ⅰ案认为指向商标权利人之外第三方的混淆不适用 57.1.2	
王老吉案	王老吉Ⅳ案	（2017）最高法民再 151 号	双方解除许可关系后，加多宝关于"王老吉改名为加多宝"的广告语，最终被最高院确认不是虚假宣传	Ⅰ、Ⅱ案确认可以共同贡献，共享权益
	王老吉Ⅲ案	（2019）京行终 3105 号	王老吉公司申请注册"加多宝及图"立体商标，但是因为自己的过失没能获得提交三面视图的机会，因此未获注册	
	王老吉Ⅱ案	（2015）民三终字第 3 号	广药集团诉加多宝公司，主张特有包装装潢权利	
	王老吉Ⅰ案	（2015）民三终字第 2 号	加多宝公司诉大健康公司，主张特有包装装潢权利	
微信案	微信Ⅳ案	（2019）京民终 332 号	被告推销"微信食品"侵犯原告驰名商标	
	微信Ⅲ案	（2017）皖 01 民初 26 号	被告将"微信"注册为企业名称，且使用在食品上被认定为不正当竞争和对原告驰名商标的侵犯	
	微信Ⅱ案	（2016）最高法行申 3313 号	创博亚太公司在第 38 类的"信息服务"等服务上申请"微信"商标，被认定没有显著性，也没有使用获得显著性（和腾讯无关）	
	微信Ⅰ案	（2016）粤 06 民终 3137 号	在经营中使用他人有知名度的商标被认定为不正当竞争	
维秘案	维秘Ⅱ案	（2014）沪高民三（知）终字第 104 号	Ⅱ案中原告用服务商标对抗他人销售真品，获得胜诉	两案无直接的程序关联，但是体现了诉讼策略的不同对于案件结果的影响
	维秘Ⅰ案	（2012）沪二中民五（知）初字第 86 号	Ⅰ案中，法院认为销售正品不会造成混淆的不侵权，没有支持原告	
维纳斯案	维纳斯Ⅱ案	（2004）民三终字第 2 号	Ⅱ案涉及被告在涉案商品上也使用了自己的商标，而把与原告商标文字相同的"维纳斯"用作规格、款式名称，法院认为不是商标使用，而且考虑到销售渠道等，也不会有混淆，因此，被告不侵权	
	维纳斯Ⅰ案	（1999）沪高知终字第 28 号	Ⅰ案有关商标许可合同的有效性	

续表

关联案件	所属案件	对应文号	主要内容	关联关系
伟哥案	伟哥Ⅱ案	（2009）民申字第 268 号	Ⅱ案涉及商品形状立体商标，但包装外看不到，不认为是使用	
	伟哥Ⅰ案	（2009）民申字第 313 号	Ⅰ案有关"伟哥"文字商标，自己未主动使用也未认可他人的使用，不是未注册商标，更不是未注册驰名商标，无法作为依据起诉他人侵权	
五粮液案	五粮液Ⅴ案	（2017）最高法民再 234 号	Ⅴ案认定滨河酒九粮液的使用侵犯了五粮液的商标权	Ⅳ案、Ⅴ案比对对象有一定关联
	五粮液Ⅳ案	（2014）知行字第 37 号	Ⅳ案认定五粮液与滨河九粮液各有知名度，不混淆，不近似	
	五粮液Ⅲ案	（2013）川民终字 665 号	Ⅲ案销售商未经许可使用原告商标，遮盖原有商标，被认定侵权	
	五粮液Ⅱ案	（2012）民申字第 887 号	Ⅱ案法院认定销售商做了必要的标注，是善意使用	
	五粮液Ⅰ案	（2012）鼓刑初字第 399 号	Ⅰ案涉及在勾兑的假酒上使用他人注册商标构成假冒注册商标罪	
小肥羊案	小肥羊Ⅲ案	（2014）粤高法民三终字第 27 号	内蒙古小肥羊在侵权诉讼中对抗他人的非法使用	各案无直接程序关联。但是Ⅰ、Ⅱ两案是不同异议人对于同一商标申请提起的异议，且都没能阻挡该商标的注册；Ⅰ、Ⅱ两案所确定的事实对于Ⅲ案的审理结果有影响
	小肥羊Ⅱ案	（2006）高行终字第 94 号	内蒙古小肥羊的小肥羊及图商标基于使用获得显著性成功对抗西安小肥羊异议，获得注册	
	小肥羊Ⅰ案	（2006）高行终字第 92 号	内蒙古小肥羊的小肥羊及图商标基于使用获得显著性成功对抗陕西小肥羊异议，获得注册	
小米案	小米Ⅲ案	（2019）苏民终 1316 号	Ⅲ案是小米科技等诉中山奔腾，涉及侵权的惩罚性赔偿	
	小米Ⅱ案	（2018）粤 03 民初 3317/3318 之二	Ⅱ案是小米科技诉佛山小米等，涉及购物前的诉中禁令	
	小米Ⅰ案	（2016）宁民终 13 号	Ⅰ案是小米科技诉华润万家等，涉及侵权商品生产商的认定	
新百伦案	新百伦Ⅱ案	（2018）苏司惩复 4 号	Ⅱ案中原告申请诉中行为保全，得到法院支持，但是被告拒不履行，被处以罚款	
	新百伦Ⅰ案	（2016）最高法民辖终 107 号	Ⅰ案中被告提管辖异议，法院最终认为网络购物收货地不能作为侵权行为地确定案件的地域管辖，遂分案重新确定管辖	

关联案件	所属案件	对应文号	主要内容	关联关系
轩尼诗案	轩尼诗Ⅱ案	（2016）渝0112民初17407号	仅以同时使用了其他标志为由不能抗辩侵权	
	轩尼诗Ⅰ案	（2012）合民三初字第29号	将他人商标注册用作为企业名称可构成侵权	
雪舫蒋案	雪舫蒋Ⅱ案	（2014）民申字第1233号	对商标许可合同行使单方解除权应当遵循诚实信用原则，不得滥用解除权	
	雪舫蒋Ⅰ案	（2013）浙知终字第301号	在商品上同时使用自己的商标和他人的商标也会构成侵权	
雅马哈案	雅马哈Ⅱ案	（2006）民三终字第1号	Ⅱ案中被告构成侵权，且有妨碍证据的行为	
	雅马哈Ⅰ案	（2001）高知初字第3号	Ⅰ案中法院认为在合同及产品目录上使用他人商标推销自己的商品属于商标使用可构成侵权	
伊利案	伊利Ⅱ案	（2010）呼刑知初字第2号	Ⅱ案中被告被以假冒商标罪和假冒专利罪数罪并罚	
	伊利Ⅰ案	（2009）高行终字第1418号	Ⅰ案中法院认为驰名商标可以得到反淡化的保护	
优衣库案	优衣库Ⅱ案	（2018）最高法民再396号	Ⅱ案法院认为原告指南针公司的商标根本没有使用意图，涉案诉讼为恶意提起，不能得到支持，被告优衣库等不构成侵权	两案有些关联，但并无程序连接。该再审是针对（2015）沪高民三（知）终字第45号
	优衣库Ⅰ案	（2015）沪高民三（知）终字第97号	Ⅰ案法院认定被告优衣库等构成侵权，但认为原告指南针公司的商标并未实际使用，因此不能得到赔偿	
正野案	正野Ⅱ案	（2008）民提字第36号	Ⅱ案法院提审后，认可原告企业名称承继，否定了被告正当使用	Ⅰ案是决定提审的文书；Ⅱ案是提审后作出的判决
	正野Ⅰ案	（2005）民三监字第15-1号	Ⅰ案承认原告企业名称承继，拉长其权利存续的时间线，否定了被告的正当使用	
周黑鸭案	周黑鸭Ⅱ案	（2016）鄂01刑终147号	Ⅱ案是刑事案件，认定假冒商标罪	
	周黑鸭Ⅰ案	（2011）鄂民三终字第25号	Ⅰ案涉及将他人知名商标注册使用为企业名称	

关联案件	所属案件	对应文号	主要内容	关联关系
诸葛酿案	诸葛酿Ⅱ案	（2007）粤高法民三终字第318号	Ⅱ案中法院指出知名商品特有名称、包装、装潢与未注册驰名商标择一保护	
	诸葛酿Ⅰ案	（2007）民三监字第37－1号	Ⅰ案法院认为被告"诸葛酿"作为商品名称有在先使用，无恶意，不侵权	

附表4 全部案件索引表

为满足大家按照单个案件查询的需要，本书将收录的全部案件制表如下，并注明案件名、判决时间及涉及条文。其中，案件名按照拼音顺序排列，判决时间使用8个数字编码表示（年月日），涉及条文的"商"指《商标法》，"反"指《反不正当竞争法》。

案件名	判决时间	涉及条文
19floor 案	20081124	反6（3）
21 金维他案	20091027	商14
3M 案	20150909	商57（2），63.3
84 消毒液案	20030323	反6（1）
85℃案	20181214	商59.1
ABB 案	20190410	商67
ABRO 案	20080312	商57（2）
adidas 案	20191227	商63.1
ADVENT 案	20111124	商30
AmCham 案	20170711	商44
ANDIS 案	20181031	商15.1，30
BEST BUY 案	20111028	商11.1（2）
BLUETOOTH 案	20161227	商11.1（2）
BOSS 案	20071220	商57（2）
BURBERRY 格子案	20170424	商57（1）
CARIOCA 案	20130701	商57（7），64.2
CHANEL 案	20100000	商67
CHOPPIES 案	20171228	商15.2
Columbia 案	20170411	商64.2
CONVERSE 案	20181205	商57（2）
CPU 案	20180412	商47
CROCODILE Ⅱ案	20120627	商48
CROCODILE Ⅰ案	20111216	商48
DCLSA 案	20150820	商49
Dyneema 案	20180800	商32
FACEBOOK 案	20160425	商44

续表

案件名	判决时间	涉及条文
FENDI 案	20170728	商 57（6），57（7），反 6（2）
FILA 案	20181120	商 63.1
For Volvo 案	20051208	商 57（7）
GG 案	20080407	商 57（2）
GUCCI Ⅱ 案	20160613	商 57（7），反 6（2）
GUCCI Ⅰ 案	20150724	商 57（7），反 6（2）
GYRUS 案	20181109	商 67
HCBank 案	20120824	商 9
HONDA 案	20190923	商 48，57（2）
HRS 案	20110725	反 11
IDEAL 案	19980811	商 57（1）
IKEA 案	20011115	反 6（4）
iPad 案	20120000	商 60.1
IPHONE 案	20151227	商 14
iska 案	20120605	商 7，60.1
jiayougo 案	20170911	商 57（7）
JING TANG 案	20010514	商 57（3）
JOLIDA 案	20091102	商 48
Jordan 案	20151202	商 10.1（2）
Kiehl's 案	20200102	商 67
KING 案	20050530	商 57（5）
Kobe8 案	20171227	商 32
KOHLER 案	20080107	商 56
LAKME 案	20180319	商 67
LONGLIFE 案	20120523	商 59.1
Maggi 案	20190926	商 14
Malata 案	20160418	商 57（5）
MANGO 案	20171215	商 49
MK 案	20190610	商 57（2）
MLGB 案	20190203	商 10.1（8）
MOTR 案	20190906	商 63.1
NAPA 案	20160830	商 16
NBA 案	20140915	商 63.3，64.2
NEXUS 案	20161223	商 30
North Face 案	20100512	商 63.3

案件名	判决时间	涉及条文
NVIDIA 案	20150417	反 6（3），17.4
OBO 案	20190709	商 57（7），反 2
OPPO 案	20120625	商 57（2），63.3
ORA 案	20170116	商 36，59.3
OSM 案	20190704	商 57（2）
Parrot 案	20140418	商 57（2）
PEAK 案	20170421	商 48
POPSTAR 案	20181022	商 7
Prada 案	20131206	商 48
PRETUL 案	20151126	商 48
QQ 案	20140717	商 32
RBI 案	20051229	商 57（1）
REGAL 案	20130828	商 67
Romanee	20190610	商 16
SΛMSUNG 案	20150908	商 67
SKF 案	20190425	商 67
SODA 案	20170308	商 49
SOYODA 案	20140722	商 48
SPTL 案	20171031	商 16
TAIKOO 案	20120129	商 60.1
Taylormade 案	20140404	商 67
TEF6621T 芯片案	20171018	反 6（1）
TELEMATRIX 案	20180928	商 47
TMT 案	20000515	商 4
TOOFACED 案	20171221	商 32
TOYOTA 案	20081121	商 67
UL 案	20171107	商 67
USAPRO 案	20181220	商 49
weldmold 案	20140928	反 6（2），6（3）
Wolsey 案	20130326	商 43
zhoulibo 案	20120426	反 6（2）
ZIPPO 案	20131210	商 57（7）
阿迪达斯 Y－3	20101202	商 57（2），60.1，63.3
阿迪王案	20101108	商 60.1
阿尔山案	20191206	商 10.2

案件名	判决时间	涉及条文
爱国者案	20181122	商 56
爱马仕案	20121213	商 11.1（3）
安佑案	20160602	商 57（7）
奥妮案	20110913	商 43
奥普Ⅲ案	20190618	商 57（7）
奥普Ⅱ案	20160625	商 57（2）
奥普Ⅰ案	20111205	反 2
巴洛克案	20181012	反 6（2）
白家案	20081126	商 57（2）
白沙Ⅱ案	20120523	商 59.1
白沙Ⅰ案	20091225	商 59.1
白象案	20141011	商 31
百家湖案	20041220	商 59.1
柏森案	20160927	商 30
帮 5 淘宝	20151024	反 17.2
宝凯案	20120627	反 6（1）
宝利通电话案	20181224	商 8
宝马Ⅲ案	20160930	商 57（7）
宝马Ⅱ案	20121126	商 14，57（2），反 6（2）
宝马Ⅰ案	20091215	商 57（2），57（6），60.1，反 6（2）
宝庆案	20140730	商 43
保宁案	20091120	商 57（7）
报达家政案	20150716	商 59.3
贝豪案	20171121	商 60.1
彼得兔Ⅱ案	20050901	商 57（2）
彼得兔Ⅰ案	20041223	商 9
笔仙案	20140701	反 2，8
毕加索Ⅱ案	20150930	商 43
毕加索Ⅰ案	20120929	反 6（1）
避风塘Ⅲ案	20150108	商 11.1（1），32
避风塘Ⅱ案	20091231	反 17.2
避风塘Ⅰ案	20030618	反 6（1），6（2），8
波马Ⅱ案	20101215	商 64.2
波马Ⅰ案	20081010	商 57（2），64.1
波斯猫案	20161107	商 57（2）

续表

案件名	判决时间	涉及条文
捕鱼达人案	20181019	商 32
不二家案	20151110	商 57（7）
步云案	20050429	商 60.1
采埃孚案	20140717	商 32, 45
采蝶轩案	20160607	商 59.3, 63.1, 反 2
采乐案	20091022	商 30, 45
蔡林记案	20150820	商 57（2）
参考消息案	20160729	商 60.1
曹操案	20170419	商 57（2）
肠清茶案	20110802	反 6（1）
畅想案	20150717	反 2, 8, 11
超妍案	20171030	商 59.3
晨光案	20101203	反 6（1）
诚联案	20080924	商 32, 44
城隍案	20140603	商 10.1（8）
厨味案	20171025	商 49
脆香米案	20100224	反 6（1）
打鼓皮案	20171017	商 59.1
大宝案	20130508	商 57（1）, 60.1, 反 6（2）
大富翁案	20101224	商 59.1
大闽案	20150804	商 7
大磨坊案	19931030	商 57（3）
大宁堂案	20170921	商 57（7）
大喜大案	20140716	商 57（4）, 63.3
大运案	20111202	商 60.1
大姨妈案	20191227	商 10.1（8）
黛尔吉奥案	20081215	反 6（1）, 17.3
稻花香Ⅱ案	20171222	商 59.1
稻花香Ⅰ案	20131025	商 67
稻香村Ⅱ案	20141219	商 30
稻香村Ⅰ案	20140508	商 30
德标案	20180611	反 11
灯影案	20181229	商 59.1
嘀嗒团案	20121219	商 57（6）
滴滴打车案	20150206	商 57（2）

续表

案件名	判决时间	涉及条文
迪奥真我香水瓶案	20180426	商8，21
迪豆案	20080616	商63.3
迪尔案	20140402	商56
敌杀死案	20000613	商63.1
滇重楼案	20180319	商59.1
钓鱼台案	20161216	商57（2）
东风Ⅱ案	20171228	商57（1）
东风Ⅰ案	20151216	商57（1）
杜邦案	20011115	反6（4）
杜康Ⅲ案	20170605	反11
杜康Ⅱ案	20120227	反17.4
杜康Ⅰ案	20110712	商57（2）
多米诺Ⅱ案	20181225	商57（7）
多米诺Ⅰ案	20141218	商67
鳄鱼Ⅷ案	20181129	商30，32
鳄鱼Ⅶ案	20101229	商57（2）
鳄鱼Ⅵ案	20091026	商57（6）
鳄鱼Ⅴ案	20090407	商57（2）
鳄鱼Ⅳ案	20071107	商57（2）
鳄鱼Ⅲ案	20070516	商63.3
鳄鱼Ⅱ案	20051219	商45
鳄鱼Ⅰ案	20050608	商9
飞币案	20180512	商48
飞利浦案	20031225	反6（4）
非常了得案	20151020	商57（2）
非诚勿扰案	20161226	商48，57（2）
费列罗案	20080324	反6（1），17.4
枫叶案	19980610	商57（5）
氟美斯案	20130926	商32
福联升案	20151118	商7
福特野马案	20181224	商30
富安娜案	20160802	反17.1
富丽真金案	20160929	反8
富士宝案	20110412	商30
富硒康案	20090000	反6（1）
赣案	20190723	商57（2）

案件名	判决时间	涉及条文
港中旅案	20150320	反 17.2
高露洁案	20110711	商 56
歌力思Ⅱ案	20160630	商 7，56，反 6（1），（2）
歌力思Ⅰ案	20140814	商 7，56
格里高利案	20160921	商 32
格力案	20131218	反 17.2
功夫熊猫Ⅱ案	20141127	商 48
功夫熊猫Ⅰ案	20131220	商 48
勾图形案	20190923	商 63.3
狗不理Ⅲ案	20090205	商 59.1
狗不理Ⅱ案	20071010	商 59.1
狗不理Ⅰ案	19941228	商 57（2）
孤星案	20161220	商 32
古洞春案	20041213	反 6（1）
古丈毛尖案	20091023	商 57（2），59.1，64.2
谷歌Ⅱ案	20120405	反 6（2），17.2
谷歌Ⅰ案	20081230	反 17.4
股神案	20000628	反 6（1）
冠生园案	20190903	反 6（2）
广本案	20131210	商 32
广云贡饼案	20140819	商 32
龟博士案	20151118	商 15.1，30
滚石案	20140519	反 17.2
国医案	20100906	商 49
哈慈案	19931029	商 57（1），（3）
哈啤案	20040118	反 6（1）
海尔曼斯案	20080808	商 14，57（7）
海宁案	20161129	反 17.2
海鸥案	20170906	商 67
海棠湾案	20130812	商 4
海信案	20080218	商 57（7），反 6（4）
海洋案	20121220	商 56
汉王案	20120618	商 57（5）
和睦家案	20190628	商 63.3
黑天鹅案	20041215	商 59.3

案件名	判决时间	涉及条文
恒大案	20171129	商 49
恒大冰泉案	20160801	反 6（1）
恒洁案	20181107	商 67
恒升案	20030128	商 56
恒盛案	19991103	商 57（7）
恒源祥案	20131223	商 67
红河案	20090408	商 57（1），57（2），64.1
红领案	20101230	商 60.1
红磨坊案	19940519	反 6（2），17.3
红牛Ⅱ案	20191125	商 42，43
红牛Ⅰ案	20150323	商 67
红日案	20190102	商 63.1，反 6（2）
红鞋底案	20181224	商 8
宏济堂案	20141202	商 57（2）
胡同游案	20020319	反 6（1）
虎头牌案	20150119	反 6（1）
花桥案	20130806	商 57（7），59.1
华联案	20081017	反 6（2）
华美案	20190306	商 57（7）
华润案	20151104	反 17.2
华为案	20180507	商 67
华源案	20180705	商 31
欢乐颂案	20171204	反 2
皇马案	20140527	商 48，57（2），反 2，8
黄金假日Ⅱ案	20091022	反 17.2
黄金假日Ⅰ案	20091022	反 17.1
璜时得	20120104	商 63.3
汇博案	20171221	商 48
汇源案	20171222	商 14，63.3
惠普Ⅱ案	20190530	商 57（7），63.3
惠普Ⅰ案	20180919	商 67
火星金星图书案	20131126	反 6（1），17.2
吉力贝案	20190822	商 57（7）
吉尼斯案	20181102	商 48，57（7），59.1，63.1，反 8
加德士案	20090000	商 57（2），60.1，反 6（4）

续表

案件名	判决时间	涉及条文
加加案	20110831	商 30
嘉实多案	20090625	反 6（2）
嘉裕长城案	20060810	商 57（2）
江小白案	20191226	商 15.1
蒋有记案	20130427	商 59.3
洁水案	20150728	商 57（7）
金夫人案	20180628	商 48，反 2
金戈铁马案	20170920	商 57（2）
金龟子案	20191112	商 32
金华火腿Ⅱ案	20050825	商 59.1
金华火腿Ⅰ案	20050518	商 59.1
金骏眉案	20131212	商 11.1（1）
金龙鱼案	20130815	商 67
金山案	20140912	反 2
金螳螂案	20180417	反 17.3
金通案	20121123	商 60.1
金燕案	20140417	商 60.2
金州案	20051107	商 59.1
金洲案	20091016	商 67
精科案	20120725	商 57（7）
静冈刀具案	20130705	商 57（2），60.1，63.3
九牧案	20170904	商 57（7），反 6（4）
九制陈皮案	20191107	商 59.1，59.3
久安案	20150803	商 57（3）
酒鬼案	20191213	商 13
巨化案	20150807	商 14
绝对案	20131008	商 57（7）
卡地斯帕案	20140424	商 57（5）
卡地亚Ⅱ案	20111202	商 48，57（7），63.3
卡地亚Ⅰ案	20090717	商 57（7），反 2，6（4）
卡骆驰案	20150414	反 6（1）
卡斯特Ⅱ案	20151230	商 48，57（2）
卡斯特Ⅰ案	20111217	商 49
开心网案	20110411	反 6（3）
凯摩高案	20080505	商 14，57（7），反 6（2）

案件名	判决时间	涉及条文
康王案	20081225	商 49
柯达案	20060406	商 14, 57 (7)
可立停案	20101224	商 32
克东腐乳案	20180129	反 6 (1)
克诺尔案	20191212	商 57 (2)
库尔勒香梨 II 案	20191112	商 16
库尔勒香梨 I 案	20051215	商 59.1
酷狗案	20170313	商 14
快手案	20170918	反 2
葵花宝典案	20190130	商 32
拉法基案	20140827	商 56
拉菲 IV 案	20171227	商 14, 63
拉菲 III 案	20161223	商 30
拉菲 II 案	20150814	商 67
拉菲 I 案	20110817	商 57 (7), 63.3, 反 6 (1)
蜡笔小新 III 案	20120323	商 44
蜡笔小新 II 案	20111209	商 45
蜡笔小新 I 案	20081209	商 9
赖茅案	20150908	商 32
蓝色风暴案	20070524	商 57 (2)
蓝月亮案	20020905	反 11
蘭王案	20090804	反 11
郎酒案	20151230	商 64.2
老板案	20181029	商 63.1
老干妈 II 案	20170424	商 57 (7), 59.1
老干妈 I 案	20010320	反 6 (1)
乐活案	20120731	商 48, 60.2
雷博案	20140916	商 15.1
雷茨案	20080722	商 57 (2)
李金记案	20121214	商 30
李瑞河案	20160713	商 60.1, 反 6 (2)
李兴发案	20120326	商 10.1 (8)
理想空间案	20190903	商 59.3
立邦案	20120524	商 57 (7)
立清酸案	20180110	商 36

续表

案件名	判决时间	涉及条文
利莱森玛案	20120000	商 57 (2)
莲香楼案	20130911	商 43
联想 Ⅱ 案	20140902	商 57 (7)
联想 Ⅰ 案	20120307	商 13, 14
脸谱案	20160627	商 21
良子案	20111115	商 7
六福 Ⅲ 案	20191008	商 63.3
六福 Ⅱ 案	20181126	商 30
六福 Ⅰ 案	20180820	商 57 (2)
六个核桃案	20170929	反 6 (1), 17.2
六味地案	20110929	商 33
龙大哥案	20060808	商 5
龙门镖局案	20180112	反 8, 11, 17.1
龙泉剑案	19880330	商 63.1
鲁锦案	20090805	商 59.1
路虎 Ⅴ 案	20190313	反 6 (1)
路虎 Ⅳ 案	20170928	反 8
路虎 Ⅲ 案	20170527	商 7, 57 (7)
路虎 Ⅱ 案	20161208	商 36
路虎 Ⅰ 案	20110929	商 32
路易威登 Ⅵ 案	20141202	商 57 (6)
路易威登 Ⅴ 案	20130819	商 57 (6), 63.3
路易威登 Ⅳ 案	20091218	商 48, 57 (2)
路易威登 Ⅲ 案	20090723	商 60.1, 63, 63.3
路易威登 Ⅱ 案	20090320	商 65
路易威登 Ⅰ 案	20060823	反 2
绿色形象大使案	20090000	反 8
马路边边案	20190729	商 57 (7)
马卡龙案	20181217	商 11.1 (1)
蚂蚁搬家案	20090804	反 6 (2)
盲公饼案	20110824	商 59.1
茅山案	20040312	商 59.1
茅台 Ⅲ 案	20171225	商 67
茅台 Ⅱ 案	20120425	商 67
茅台 Ⅰ 案	20090901	商 60.1, 64.2

续表

案件名	判决时间	涉及条文
梅思泰克案	20110506	商48，57（2）
美孚Ⅱ案	20190731	商47，反6（2）
美孚Ⅰ案	20171129	商57（7）
美图秀秀案	20170925	商14
美闻比萨案	20140612	商48，反2
蒙娜丽莎案	20171229	商57（7），反6（4）
梦工厂案	20170519	反6（4）
梦特娇Ⅱ案	20131213	商30
梦特娇Ⅰ案	20040706	商57（2），63.3
咪咕案	20180730	商14
米其林Ⅶ案	20141223	商57（7）
米其林Ⅵ案	20130621	商14
米其林Ⅴ案	20111123	商57（2）
米其林Ⅳ案	20110426	商60.1，63.3
米其林Ⅲ案	20090708	商57（7）
米其林Ⅱ案	20090424	商57（7）
米其林Ⅰ案	20081010	商57（7）
绵竹大曲案	20100316	反6（1）
棉桃案	19990906	商63.1
妙多案	20170110	商7
名趣案	20190929	商5
岷山案	19990529	反6（1）
闽和案	20170222	商47
名爵案	20121130	商64.1
莫代尔案	20110829	商11.1（2）
牧羊案	20120720	商57（2）
那式生活案	20171121	商43
耐克Ⅱ案	20161025	商45
耐克Ⅰ案	20021210	商57（1）
南孚聚能环案	20170711	商67
尼康案	20101228	商14，57（7），反6（2），（4）
泥人张Ⅱ案	20120522	反6（2）
泥人张Ⅰ案	20120228	反6（1）
念慈菴案	20080000	反6（1）
扭扭案	20000510	商47

续表

案件名	判决时间	涉及条文
欧莱雅Ⅱ案	20110324	商 57（2），反 6（4）
欧莱雅Ⅰ案	20081219	反 6（2）
欧尚案	20181031	商 16
派克汉尼汾案	20140813	商 32
盘古案	20111111	商 48，57（6）
盘龙云海案	20160719	商 49
片仔癀案	20091027	商 57（7）
平安案	20161121	商 48，57（2）
苹果Ⅲ案	20100910	商 30
苹果Ⅱ案	20091111	商 14
苹果Ⅰ案	20081219	商 13
苹果新概念案	20080528	商 63.3
普兰娜案	20170509	商 26
普利司通案	20190528	商 63.1，63.3
妻之友Ⅱ案	20031209	商 43
妻之友Ⅰ案	20030820	商 42
齐鲁案	20110713	商 57（2）
祁门红茶案	20171225	商 44
奇虎Ⅱ案	20140218	反 2，11，17.4
奇虎Ⅰ案	20110914	反 11
杞酒案	19980616	商 47
启航案	20151231	商 59.3
千禧龙案	20030928	商 59.1
墙锢案	20171031	商 59.1，63，63.2
乔丹Ⅱ案	20171227	商 32
乔丹Ⅰ案	20161207	商 7，32
沁州黄案	20131230	商 59.1
青岛奥商案	20100320	反 12
青华案	20151123	商 49
清样案	20150325	商 44
庆丰案	20160929	商 57（7），反 6（2）
秋林案	20091215	商 30
曲美Ⅱ案	20080321	反 6（1）
曲美Ⅰ案	20020509	反 11
去哪儿案	20140319	反 6（1），（3）

案件名	判决时间	涉及条文
全成案	20150814	商 43
雀巢瓶Ⅱ案	20141024	商 11.2
雀巢瓶Ⅰ案	20101117	商 57 (2)，59.3
日产案	20111130	商 7，14，48
荣华月饼案	20120828	反 6 (1)
瑞特案	20091102	反 6 (2)
赛克思案	20151030	商 7
赛里木案	20120619	商 59.1
赛诺维案	20131207	反 6 (1)
三得利案	20171228	商 49
三河福成案	20070405	商 57 (7)
三精案	20161212	商 60.1，63，64.1，反 6 (2)
三毛案	19970819	商 9
三一重工案	20121206	商 14，57 (1)，63.3，反 6 (2)，(4)
散利痛案	20090113	商 11.1 (1)
散列通案	20090525	商 32
沙特阿美案	20160627	商 10.1 (2)，(8)
鲨鱼案	20171027	商 32
傻子瓜子案	20020326	商 5
山顿案	19910814	商 57 (1)
山孚Ⅱ案	20101018	反 2
山孚Ⅰ案	20091215	反 2
山起案	20090427	反 6 (2)
山楂树下案	20200120	反 6 (1)
杉杉案	20170413	商 43
神舟兴陇案	20190923	商 48
圣迪奥案	20121204	商 48
圣象案	20131210	商 13
史密斯案	20121025	反 6 (1)
使命召唤案	20180725	反 6 (1)，17.2
世纪金源案	20090714	反 17.2
舒肤佳案	20010705	反 6 (4)
双 C 案	20181227	商 57 (2)
双弧线案	20190719	商 48
水宝宝Ⅱ案	20180308	反 2

案件名	判决时间	涉及条文
水宝宝 I 案	20180308	商 9，63
顺峰案	20081215	反 6（1）
斯伯丁案	20161019	商 67
斯蒂尔橙灰颜色案	20180807	商 11.2
死海案	20080000	反 6（2）
四叶草 II 案	20150422	商 60.1
四叶草 I 案	20131220	商 60.1
松江案	20161017	商 57（2）
松下案	20190930	反 17.4
苏泊尔案	20181115	商 30
酸酸乳案	20061016	商 13
索爱案	20101231	商 32
索菲亚案	20170315	商 14
太太乐案	20150617	商 67
钛马赫案	20161031	商 59.1
泰福珠宝案	20181103	反 17.1
泰山大帝案	20160511	商 10.1（8）
汤沟 II 案	20160624	商 42
汤沟 I 案	20060908	商 59.1
汤瓶八诊案	20190820	商 11.2
唐老一正斋案	20110525	反 2，6（2）
特仑苏案	20141015	反 17.2
特种兵生榨椰子汁案	20191230	反 6（1）
腾讯 QQ 声音案	20180927	商 11.2
天朝案	19991112	商 65
天厨案	20180528	反 6（1），6（2）
天聪 1 号案	20050131	反 2，17.2
天津青旅案	20120320	反 6（2）
天容案	20161110	反 6（2），17.3
天印案	19970101	反 6（2）
田霸案	20160331	商 5
同德福 III 案	20131210	商 32
同德福 II 案	20131218	商 57（7），反 6（4），8
同德福 I 案	20130703	反 6（1），6（4）
同济案	20120807	商 44

续表

案件名	判决时间	涉及条文
同庆号Ⅱ案	20171221	商 57（2），反 6（2）
同庆号Ⅰ案	20161221	商 57（2），59.1，64.2，反 6（2）
头包西灵案	20071215	商 15.1
土家人案	20101224	商 4
挖坑案	20081220	商 59.1
娃哈哈案	19961007	反 11
湾仔码头案	20151202	商 49
万宝案	20101119	商 49
万达案	20011215	反 6（1）
王记酱骨案	20190723	商 57（7）
王将饺子案	20100624	商 57（7），反 6（4）
王老吉Ⅳ案	20190528	反 8
王老吉Ⅲ案	20190730	商 8
王老吉Ⅱ案	20170727	反 6（1）
王老吉Ⅰ案	20170727	商 43，反 6（1）
王跃文案	20041214	反 6（2）
威极案	20121126	商 57（7），63.1，反 17.2
微信Ⅳ案	20190805	商 57（7）
微信Ⅲ案	20171213	反 2，6（4）
微信Ⅱ案	20161227	商 11.1（2）
微信Ⅰ案	20160927	反 6（4），17.2
沩山茶案	20110629	商 11.1（2）
维秘Ⅱ案	20150213	商 57（7）
维秘Ⅰ案	20130423	商 57（7），反 6（2），17.4
维纳斯Ⅱ案	20041215	商 57（2）
维纳斯Ⅰ案	19990906	商 43
伟哥Ⅱ案	20090624	商 48
伟哥Ⅰ案	20090624	商 14
乌苏啤酒案	20090000	反 6（1）
无印良品案	20120629	商 32
吴良材案	20091127	商 57（7），60.1，反 6（2）
五贝子案	20171127	商 63.1
五谷丰登案	20150706	商 48，64.1
五粮液Ⅴ案	20190528	商 57（2），63.3
五粮液Ⅳ案	20170630	商 30

续表

案件名	判决时间	涉及条文
五粮液Ⅲ案	20131216	商 57（7）
五粮液Ⅱ案	20121130	商 57（7），反 6（2），8
五粮液Ⅰ案	20110818	商 67
武当红案	20131216	商 57（7）
武松打虎案	19970611	商 9
西门子案	20170410	商 67
希能案	20180518	商 47，63.2
喜凰案	19900102	反 6（1）
喜力啤酒案	20180620	商 57（2）
喜盈门案	20141128	商 57（7）
仙草蜜案	19980727	反 6（1）
香槟案	20150210	商 16
香格里拉案	20181120	商 49
小肥羊Ⅲ案	20140709	商 57（2）
小肥羊Ⅱ案	20060519	商 32
小肥羊Ⅰ案	20060519	商 11.2
小辣椒案	20151118	商 57（2）
小羚羊案	20110315	反 6（2）
小米Ⅲ案	20191231	商 63.1
小米Ⅱ案	20191023	商 65
小米Ⅰ案	20160328	商 60.1
小拇指案	20130219	商 57（7），反 2，6（2），17.2
小天鹅案	20160918	商 48，反 6（4）
晓宇老火锅案	20171201	反 6（1），6（2），17.4
心形图案	20091209	商 57（2）
新百伦Ⅱ案	20180201	商 65
新百伦Ⅰ案	20170613	反 17.2
新东阳案	20131220	商 15.1
新华案	20110331	反 6（4）
新华书店案	20150803	商 59.3
新华字典案	20171228	商 13，59.1，63
星巴克案	20061220	反 6（4）
星河湾案	20150226	商 57（2），60.1
星群案	20090924	反 17.2
杏花村案	20101018	商 13

续表

案件名	判决时间	涉及条文
杏灵案	20110228	商 11.1（1）
盱眙龙虾案	20170602	商 59.1
轩尼诗Ⅱ案	20171122	商 57（2）
轩尼诗Ⅰ案	20120420	商 57（7），反 6（4）
雪舫蒋Ⅱ案	20141203	商 43
雪舫蒋Ⅰ案	20140430	商 57（7）
雪花粉案	20071107	商 59.1
雪域尼玛案	20190225	商 57（2）
雪中彩影案	20050530	商 57（7），60.1，反 6（4）
鸭王案	20130226	商 32
雅洁案	20140630	商 60.1
雅马哈Ⅱ案	20070425	商 63.2
雅马哈Ⅰ案	20020806	商 48，63.1
雅培案	20100422	商 63.3
雅漾案	20151028	商 57（7）
岩韵案	20120719	商 59.1
羊栖菜案	20120904	商 11.1（1）
阳光超人案	20181224	商 59.3
洋河案	20180208	商 57（7）
洋河大曲案	20180907	商 67
姚明一代案	20120913	反 6（2），17.3
一代粽师案	20150915	商 57（2），60.1
伊利Ⅱ案	20101018	商 67
伊利Ⅰ案	20091216	商 13
衣念案	20110425	商 57（6）
以纯案	20140919	商 63.2
亿能仕案	20190410	反 11
一起来捉妖案	20190827	反 17.2
银成案	20191226	商 7
银娃案	20031024	商 57（5）
樱花卫厨案	20160828	商 60.1，63.1
鹰牌花旗参案	20120000	商 57（6）
永恒印记案	20141128	商 30
优衣库Ⅱ案	20181228	商 4
优衣库Ⅰ案	20151231	商 60.1，63.1，64.1

续表

案件名	判决时间	涉及条文
雨洁案	20141126	商 57（2），64.1
玉浮梁案	20181212	商 57（2），59.3
玉兰案	20160519	商 45
玉山居案	20171228	反 6（1）
约翰迪尔案	20171208	商 14，63.1
阅江楼案	20171213	商 59.1
张小泉案	20040719	反（4）
镇江陈醋案	20100000	商 63.3
振泰案	20050606	反 6（2）
正泰案	20140811	商 48
正新案	20090000	反 17.2
正野 II 案	20100106	反 6（2）
正野 I 案	20081215	反 6（2）
芝华士案	20100521	商 67
蜘蛛王案	20171222	商 30
至宝三鞭酒案	20010412	商 57（7）
雉鸡案	20100624	商 57（2）
中国好声音案	20160620	商 65
中国劲酒案	20101224	商 10.1（1）
中国石油案	20180323	商 67
中华案	20080917	商 67
中凯案	20090821	商 57（7），64.1
中粮案	20150629	反 6（2）
中铁案	20090921	商 14
中信案	20080923	商 14，反 6（2）
舟山带鱼案	20121108	商 16
周黑鸭 II 案	20160304	商 67
周黑鸭 I 案	20110608	反 6（2）
诸葛酿 II 案	20091215	反 6（1）
诸葛酿 I 案	20090116	商 57（2）
竹叶青青花瓷案	20181219	商 30
桩基信息案	20130603	反 8
状元案	20161226	商 42
啄木鸟案	20110712	商 7，30
紫峰案	20130425	反 2

后 记

　　编辑一本可以经常更新的商标及不正当竞争案例精要的想法，其实始于 20 年前的《中国商标报告》。当时案件数量没有现在这么多，互联网也没有像现在这样发达，判决书的获取远不如现在这么便利，因此当时主要想给大家提供精选的判决原文。应该说，纸件形式既有它的便利性，也有它的局限性。便利性自不待言，网上阅读毕竟不如纸质阅读方便，但它的局限性也很明显，一是容量有限，二是随着时间的积累，要想快速查阅几十年的相关案例变得越来越困难，而且某些案例真正重要的判理往往只在有限的几个段落里，从越来越长的判决书中找到这几段话也变得越来越费时费力。

　　怎样方便大家分门别类地检索查阅自己亟需的判例，促使我们萌发了编辑现在这本案例精要的想法。2016 年 10 月，我们在《万慧达商标法及反法实务指南》中尝试汇编了最高院指导案例、年报、公报案例审判观点。基本的出发点是把相关领域的重要判决"一网打尽"，做到指导案例、年报案例、公报案例、典型案例等都能"尽收眼底"，同时也通过自选案例的方式"拾遗补缺"，保持一定的灵活性和完整性。同时，每个案例的要点都细化到各个相关的法条中，并按时间顺序倒序排列，以保证读者能够一眼看到最新的判例。

　　为了不增加读者的负担，我们对每个案例都进行了同样体例的编选，即保证判决时间、审理法院、审判人员、要点提示、案情概要都能一目了然。同时，对于主体部分的裁判摘录我们作了如下处理：首先，为了克服我国判决书中没有段落编号的困难，我们决定从"本院认为"开始，按自然段落编号，保证相关内容的定位；其次，我们只选择最为重要的内容，无关部分则用省略号代替，确保最大限度地减轻读者的阅读负担；最后，为了读者能够快速查找相关判决，我们在每一个法条下面都集中撰写了"本条导读"，将归于此条的多个案例按照法律要点的逻辑顺序加以简单的梳理，对于有相反判决方向的案例尤其给予了重点关注。

　　我国虽然不是判例法国家，但最高人民法院一直在推动"案例指导"及"类案类判"制度，个案的差异固然会导致结果的不同，但大同小异的案情总不应该有大异小同的结果。事实上，最高人民法院在公布各类典型案例时，以及我们在编选相关判决时，都会侧重在具有普遍意义的法律问题，目的也是对今后的类似案件有所参考。当然，在编选过程中，我们也会发现某些法律问题的回答在不同时期有一个变化的过程，甚至在不同地方的法院乃至上下级法院间仍有不一致的地方，发现这种不一致，也正是为我们进一步发现、防止、减少以至消除这种不一致创造条件。

　　这是我们第一次尝试把所有的最高人民法院公布的各类典型案例集合到一起，时间跨度 30 多年，不少早期案例的案号、原文查找起来都十分困难。我们也因此劳烦了不少当事企业、代理律师乃至法院法官帮助我们查找，这里也就不再一一致谢，实在是"看似寻常最奇崛，成如容易却艰辛"，其中甘苦只有实际做过才能体会。至于遇到一个案例可能具有若干法律点的时候，如何选择取舍、安排布置也让我们煞费苦心，加之还有一些我们自认为虽然没有上榜但却有参考意义的自选案例，总的目的都是为了尽可能梳理各个法条的前世今生，发掘背后每个案例的来龙去脉，为代理和裁判提供思考的进阶。

目前我们的案例限于商标和与商业仿冒、虚假宣传和商业诋毁有关的不正当竞争，接下来我们计划进一步编选专利和商业秘密案例，以及著作权和邻接权案例。理想状态是等上述三卷出齐以后，再把三卷中与救济有关的部分合成一卷，形成一个三加一的《中国知识产权案例精要》的格局，这样可能更有助于总结三类权利在内容上的个性和救济中的共性。

我们也衷心希望大家在阅读使用的过程中能够向我们反馈存在的问题和不妥（huanghui@ wanhuida. com），为我们提供更多优秀的案例，以便在修订下一版时不断完善。另外，为了配合大家的阅读，我们也会尝试利用最新的互联网技术，不时推出一定主题的电子案例专辑。

本书的编辑和出版历时两年多，尤其跨越新型冠状病毒肺炎疫情，在此我们要特别感谢知识产权出版社的编辑龚卫、吴烁女士，没有她们的全力以赴，这本书的出版可能还需要更多时日。另外，万慧达的各位同事尤其是白刚、任海燕、苏亮、苏和秦、姚红军、李森、盛安平、李斌及君策中心的曹中强、汪泽等先生和女士为本书的筹划、出版都提供了很多很好的意见和建议，万慧达的秦慧敏女士为本书的案例收集和内容整理做了大量的基础性工作，在此也一并表示感谢。

黄　晖

2020 年 12 月 31 日于北京